第4版

NSCA決定版

ストレングス
トレーニング&
コンディショニング

Essentials of
Strength Training and Conditioning

Fourth Edition

NATIONAL STRENGTH AND CONDITIONING ASSOCIATION

G. Gregory Haff, PhD, CSCS,*D, FNSCA
Edith Cowan University, Western Australia

N. Travis Triplett, PhD, CSCS,*D, FNSCA
Appalachian State University, Boone, NC

Editors

日本語版総監修
篠田邦彦 新潟大学教育学部 教授

監修
岡田純一 早稲田大学スポーツ科学学術院 教授

Book House HD, Ltd., Tokyo

Essentials of strength training and conditioning / National Strength and Conditioning Association ; G. Gregory Haff, N. Travis Triplett, editors. -- Forth edition.

English edition: Copyright© 2016, 2008, 2000, 1994 by National Strength and Conditioning Association
All rights reserved.

Original English edition published by Human Kinetics, P.O. Box 5076, Champain, IL 61825-5076, U.S.A.

Japanese translation rights arranged by the UNI Agency, Tokyo.
This Japanese Edition: Copyright©2018, 2010, 2002, 1999 by Book House HD, Ltd.

日本語版への序文

　本書はNational Strength & Conditioning Association（NSCA）による『Essentials of Strength Training and Conditioning 4th Edition（G. Gregory Haff, PhD, CSCS*D, FNSCA and N. Travis Triplett, PhD, CSCS*D, FNSCA）』の日本語版である。これは2016年の英語版原著第4版の出版にあたり、中1年を置いて日本語版発刊の運びとなったものである。遡れば2008年の英語版原著第3版出版後、日本語版が2009年に出版されている。第3版から第4版までの約10年の間に世界は大きく動き、NSCAジャパンも大きく変化してきた。第3版出版当時の理事長は金久博昭氏（東京大学教授：当時）であったが、2011年には森谷敏夫氏（京都大学教授：当時）へと引き継がれ、2017年6月に篠田邦彦（新潟大学教授）が就任した。2017年には積年の夢であった専用のトレーニング施設HPC（Human Performance Center）が流山市に竣工、事務局もHPC内に移転している。また、CSCS、NSCA-CPTの認定試験はコンピューターベース試験へと移行、時期を問わず受験することが可能になった。一方でS&Cの認知度を引き上げる手立てのひとつとして主に若者の関心向上に着目し「トレーニング検定」のテキストを作成、検定試験も開始した。2016年にはNSCAジャパン設立25周年を迎え、その記念行事を兼ね2017年1月には第5回NSCA国際カンファレンスが幕張メッセで開催された。内外から多数の参加者を得て、盛会のうちに閉幕した。

　1991年に本協会が設立、2000年には会員数が1000名を超え、現在は6000名に迫らんとしている。会員数の増加とともに有資格者数も安定的に増加傾向を示し、先のオリンピックを初めとする様々な国際大会における輝かしい選手の活躍の裏には多くのNSCAジャパンに所属する仲間の支えがあることは特記すべきである。2018年は平昌（ピョンチャン）冬季五輪、2020年には東京オリンピック・パラリンピックを迎え、さらなる努力の成果が期待される。

　こうしたS&Cの機運の高まりのなかで、最新の知識と技術の粋を集めた本書を出版することができ、その総監修の任を与えられたことは光栄の至りである。この第4版は、第2版から第3版への更新時に見られた飛躍的な質的向上をさらに上回る充実した内容となっている。それは、英語版の序文にも記されているように、各章の参考文献を最新のものに更新し、章立てを従来の22章から24章に増やしたことからも充実度の向上をうかがうことができる。さらに以前には見られない特徴として近年、脚光をあびているケトルベルやチェーン、大きなタイヤ、ゴムバンド・チューブなどのツールを利用したエクササイズについて言及し、新たな章を起こして解説していることは注目される。しかも、その解説は最新の研究の成果に基づいており、研究と現場を橋渡しするミッションを的確に体現した内容となっている。

　S&Cにかかわるさまざまな分野の、より新しい知識と技術を一冊の本にまとめあげた英文原著の著者の方々、日本語版の出版を許可していただいたNSCA本部に対し心からの敬意と感謝を表するものである。また、日本語版の出版にあたり、監修の労をとっていただいた岡田純一氏（早稲田大学スポーツ科学学術院教授）、第一次翻訳に携わっていただいた方々、そして本書の編集に多大な労力を費やしていただいたブックハウス・エイチディの浅野将志氏に、この場をお借りして感謝の意を表するものである。

2018年1月

NSCAジャパン理事長　篠田　邦彦

目次

日本語版への序文　iii
編者・執筆者・英語版監修者　viii
英語版序文　x
英語版謝辞　xiii
図表クレジット　xv

第1章　身体の構造と機能 ··· 1
N. Travis Triplett, PhD

筋骨格系　2 ● 神経筋系　8 ● 心臓血管系　13 ● 呼吸器系　16 ● まとめ　18

第2章　レジスタンスエクササイズのバイオメカニクス ························· 21
Jeffrey M. McBride, PhD

骨格筋　22 ● 身体の解剖学的平面と主な身体の運動　27 ● 筋力とパワー　27 ● 筋収縮に対する抵抗を生み出すもの　36 ● 関節のバイオメカニクス：レジスタンストレーニングにおける懸念事項　41 ● まとめ　44

第3章　運動とトレーニングの生体エネルギー論 ······························· 47
Trent J. Herda, PhD, and Joel T. Cramer, PhD

基本用語　48 ● 生物学的エネルギー機構　49 ● 基質の消費と補給　60 ● 生体エネルギー論からみたパフォーマンス制限因子　62 ● 酸素摂取量と運動への無酸素性機構、有酸素性機構の関与　62 ● トレーニングの代謝特性　64 ● まとめ　67

第4章　レジスタンスエクササイズに対する内分泌系の応答 ················ 71
William J. Kraemer, PhD, Jakob L. Wingren, PhD, and Barry A. Spiering, PhD

ホルモンの合成、貯蔵、分泌　72 ● ホルモン相互作用の標的組織としての筋　75 ● ホルモンによる変化を仲介する受容体の役割　76 ● ホルモンのカテゴリ　77 ● 高重量のレジスタンスエクササイズとホルモン濃度の増加　79 ● ホルモンの相互作用のメカニズム　79 ● 末梢の血液でのホルモンの変化　80 ● 内分泌系の適応　81 ● 主要な同化ホルモン　81 ● 副腎ホルモン　91 ● その他のホルモンについての考察　94 ● まとめ　95

第5章　無酸素性トレーニングプログラムへの適応 ··························· 97
Duncan French, PhD

神経的な適応　98 ● 筋の適応　104 ● 結合組織の適応　108 ● 無酸素性トレーニングに対する内分泌応答と適応　113 ● 無酸素性エクササイズに対する心臓血管系と呼吸器系の急性応答　114 ● 有酸素性トレーニングと無酸素性トレーニングの相互作用　117 ● オーバートレーニング　119 ● ディトレーニング　123 ● まとめ　124

第6章　有酸素性持久力トレーニングプログラムに対する適応 ················· 127
Ann Swank, PhD, and Carwyn Sharp, PhD

有酸素性運動に対する短期的応答 128 ● 有酸素性運動に対する長期的な適応 132 ● 有酸素性持久力トレーニングへの適応 136 ● 有酸素性持久力の適応に影響する外的および個人的要因 138 ● オーバートレーニング：定義、有病率、診断、可能性のあるマーカー 142 ● まとめ 145

第7章　年齢差・性差とレジスタンスエクササイズへの影響 ················· 149
Rhodri S. Lloyd, PhD, and Avery D. Faigenbaum, EdD

子ども 150 ● 女性の競技選手 160 ● 高齢者 164 ● まとめ 169

第8章　競技への準備とパフォーマンスの心理学 ················· 171
Traci A. Statler, PhD, and Andrea M. DuBois, MS

スポーツ心理学の役割 172 ● 理想的なパフォーマンス状態 173 ● エネルギーマネジメント：覚醒、不安、ストレス 173 ● 覚醒と不安がパフォーマンスに及ぼす影響 175 ● モチベーション（動機づけ）178 ● 注意と集中 180 ● パフォーマンス改善のための心理学的テクニック 182 ● 運動スキルの獲得および学習の促進 188 ● まとめ 192

第9章　健康における基本的な栄養学的要因 ················· 195
Marie Spano, MS, RD

スポーツ栄養の専門職の役割 196 ● 標準的な栄養ガイドライン 198 ● 主要栄養素 202 ● ビタミン 212 ● ミネラル 212 ● 水分と電解質 217 ● まとめ 221

第10章　パフォーマンスを最大化するための栄養戦略 ················· 223
Marie Spano, MS, RD

試合前・中・後の栄養 224 ● 体組成を変化させるための栄養戦略 240 ● 摂食障害と栄養補給障害（幼児における摂食障害）246 ● まとめ 248

第11章　パフォーマンスを増強させる物質と方法 ················· 251
Bill Campbell, PhD

パフォーマンス増強物質の種類 252 ● ホルモン 255 ● 栄養補助食品 265 ● まとめ 277

第12章　テストの選択と実施の原則 ················· 279
Michael McGuigan, PhD

テスト実施の理由 280 ● テストに関する用語 280 ● テストの質の評価 281 ● テストの選択 283 ● テストの実施 285 ● まとめ 289

第13章　選択したテストの実施、スコアの記録、解釈 ················· 291
Michael McGuigan, PhD

競技パフォーマンスの要素の測定 292 ● 選択されたテストプロトコルとデータの記録 296 ● テストデータの統計的評価 323 ● まとめ 326

第 14 章　ウォームアップと柔軟性トレーニング ‥‥‥‥‥‥‥‥‥‥‥‥ 351
Ian Jeffreys, PhD

ウォームアップ　352 ● 柔軟性　355 ● ストレッチングのタイプ　359 ● まとめ　365 ● 静
的ストレッチングテクニック　366 ● 動的ストレッチングテクニック　378

第 15 章　フリーウェイトおよびマシーントレーニングのための ‥‥‥‥‥ 389
エクササイズテクニック
Scott Caulfield, BS, and Douglas Berninger, MEd

エクササイズテクニックの基礎知識　390 ● フリーウェイトエクササイズの補助　392 ● ま
とめ　396 ● レジスタンストレーニング種目　396

第 16 章　代替的様式および非伝統的用具のための ‥‥‥‥‥‥‥‥‥‥‥‥ 447
エクササイズテクニック
G. Gregory Haff, PhD, Douglas Berninger, MEd, and Scott Caulfield, BS

一般的ガイドライン　448 ● 自体重トレーニング法　448 ● コアスタビリティとバランスト
レーニングの方法　449 ● 可変抵抗トレーニング法　452 ● 非伝統的な用具によるトレーニ
ング方法　456 ● 片側でのトレーニング　461 ● まとめ　461 ● 代替的様式と非伝統的なエ
クササイズ　462

第 17 章　レジスタンストレーニングのためのプログラムデザイン ‥‥‥‥‥ 479
Jeremy M. Sheppard, PhD, and N. Travis Triplett, PhD

無酸素性運動の処方における原則　480 ● ステップ 1：ニーズ分析　481 ● ステップ 2：エ
クササイズ種目の選択　484 ● ステップ 3：トレーニング頻度　488 ● ステップ 4：エクサ
サイズの順序　490 ● ステップ 5：トレーニング負荷と反復回数　492 ● ステップ 6：トレ
ーニング量　505 ● ステップ 7：休息時間　507 ● まとめ　511

第 18 章　プライオメトリックトレーニングのための ‥‥‥‥‥‥‥‥‥‥‥ 513
プログラムデザインとテクニック
David H. Potach, PT, and Donald A. Chu, PhD, PT

プライオメトリックの力学と生理学　514 ● プログラムデザイン　517 ● 年齢にまつわる考
慮すべき事柄　521 ● プライオメトリックスとその他のエクササイズ　523 ● 安全面の配慮
524 ● まとめ　527 ● プライオメトリックドリル　527

第 19 章　スピードおよびアジリティトレーニングのための ‥‥‥‥‥‥‥‥ 565
プログラムデザインとテクニック
Brad H. DeWeese, EdD, and Sophia Nimphius, PhD

スピードとアジリティのメカニクス　567 ● スピードのための神経生理学的な基礎　569 ●
ランニングスピード　572 ● アジリティのパフォーマンスと方向転換能力　578 ● スピード
の強化法　581 ● アジリティの強化法　584 ● プログラムデザイン　585 ● スピード向上の
戦略　586 ● アジリティ向上のための戦略　589 ● まとめ　592 ● スピード＆アジリティド
リル　593

第20章 有酸素性持久力トレーニングのための プログラムデザインとテクニック …………………………………… 603
Benjamin H. Reuter, PhD, and J. Jay Dawes, PhD

有酸素性持久力パフォーマンスに関係する要因 605 ● 有酸素性持久力トレーニングのプログラムデザイン 606 ● 有酸素性持久力トレーニングプログラムのタイプ 612 ● トレーニングシーズンに応じたプログラムデザインの実施 615 ● 有酸素性持久力トレーニングに関する論点 616 ● まとめ 618 ● 有酸素性持久力トレーニングのエクササイズ 619

第21章 ピリオダイゼーション …………………………………………… 627
G. Gregory Haff, PhD

ピリオダイゼーションに関連する中心的な概念 628 ● ピリオダイゼーションのヒエラルキー（階層構造）631 ● ピリオダイゼーションにおける期 632 ● ピリオダイゼーションの期と競技シーズンの対応 637 ● ピリオダイゼーションの波状モデルと線形モデル 638 ● 年間トレーニング計画の例 639 ● まとめ 641

第22章 リハビリテーションとリコンディショニング ………………………… 651
David H. Potach, PT, and Terry L. Grindstaff, PhD, PT, ATC

スポーツ医学チーム 652 ● 傷害のタイプ 656 ● 組織の治癒 656 ● リハビリテーションとリコンディショニングの目標 657 ● プログラムデザイン 663 ● 受傷および再受傷リスクの低減 667 ● まとめ 667

第23章 施設のデザイン、レイアウト、組織化 ………………………………… 671
Andrea Hudy, MA

新しい施設の設計における一般的側面 672 ● 既存のストレングス＆コンディショニング施設 674 ● 競技プログラムのニーズ評価 674 ● ストレングス＆コンディショニング施設の設計 675 ● ストレングス＆コンディショニング施設における機器の配置 678 ● 床面および設備のメンテナンスと清掃 680 ● まとめ 681

第24章 施設のポリシー、手順、法的問題 …………………………………… 691
Traci Statler, PhD, and Victor Brown, MS

ミッションステートメントおよびプログラムの目標 692 ● プログラムの目的 692 ● ストレングス＆コンディショニングパフォーマンスチーム 693 ● 法律的・倫理的問題 697 ● スタッフの方針と活動 702 ● 施設運営 705 ● 緊急時の計画と対応 705 ● まとめ 708

例題の回答集　710

文献　711

索引　769

単位の換算　781

編者紹介　782

編者・執筆者・英語版監修者

［編者・執筆者］

Douglas Berninger, MEd, CSCS,*D, RSCC
National Strength and Conditioning Association

Victor Brown, III, MS, ATC, CSCS, NSCA-CPT
Ithaca College

Bill Campbell, PhD, CSCS, FISSN
University of South Florida

Scott Caulfield, BS, CSCS,*D, RSCC*D
National Strength and Conditioning Association

Donald Chu, PhD, PT, ATC, CSCS,*D, NSCA-CPT,*D, FNSCA
Athercare Fitness & Rehabilitation and Rocky Mountain University of Health Professions

Joel Cramer, PhD, CSCS,*D, NSCA-CPT,*D, FNSCA
University of Nebraska-Lincoln

Jay Dawes, PhD, CSCS,*D, NSCA-CPT,*D, FNSCA
University of Colorado-Colorado Springs

Brad H. DeWeese, EdD, CSCS, NSCA-CPT, USATF
East Tennessee State University

Andrea DuBois, MS, HSF
University of Southern California

Avery Faigenbaum, EdD, CSCS,*D, CSPS, FACSM, FNSCA
The College of New Jersey

Duncan French, PhD, CSCS
University of Northumbria at Newcastle

Terry Grindstaff, PhD, PT, ATC, SCS, CSCS
Creighton University

G. Gregory Haff, PhD, CSCS,*D, FNSCA
Edith Cowan University

Trent Herda, PhD
University of Kansas

Andrea Hudy, MA, CSCS, RSCC*D
University of Kansas

Ian Jeffreys, PhD, CSCS,*D, NSCA-CPT,*D, RSCC*D, FNSCA
University of South Wales

William J. Kraemer, PhD, CSCS,*D, FACSM, FNSCA
The Ohio State University

Rhodri Lloyd, PhD, CSCS,*D
Cardiff Metropolitan University

Jeffrey McBride, PhD, CSCS, FNSCA
Appalachian State University

Michael McGuigan, PhD, CSCS
Auckland University of Technology, New Zealand

Sophia Nimphius, PhD, CSCS,*D
Edith Cowan University

David Potach, MS, PT, SCS, CSCS,*D, NSCA-CPT,*D
Specialized Physical Therapy

Benjamin Reuter, PhD, ATC, CSCS,*D
California University of Pennsylvania

Carwyn Sharp, PhD, CSCS,*D
National Strength and Conditioning Association

Jeremy Sheppard, PhD, CSCS,*D, RSCC*E
Edith Cowan University

Marie Spano, MS, RD, CSCS, CSSD
Spano Sports Nutrition Consulting

Barry Spiering, PhD, CSCS
Nike Sport Research Lab

Traci Statler, PhD, CSCS, CC-AASP
California State University, Fullerton

Ann Swank, PhD, CSCS, FACSM
University of Louisville

N. Travis Triplett, PhD, CSCS,*D, FNSCA
Appalachian State University

Jakob Vingren, PhD, CSCS,*D, FACSM
University of North Texas

［第 3 版までの編者・執筆者］

William B. Allerheiligen, MS, CSCS,*D, NSCA-CPT,*D, FNSCA

Stephanie Armitage-Kerr, PhD, CSCS

Thomas R. Baechle, EdD, CSCS,*D, Retired, NSCA-CPT,*D, Retired

Richard A. Borden, PhD, PT, CSCS, Retired, FNSCA

Evan B. Brody, PhD

Donald A. Chu, PhD, PT, ATC, CSCS,*D, NSCA-CPT,*D, FNSCA

Mike Conley, MD, PhD

Brian Conroy, MD, PhD, CSCS

Joel T. Cramer, PhD, CSCS,*D, NSCA-CPT,*D, FNSCA

Gary Dudley, PhD, CSCS, FACSM

Roger W. Earle, MA, CSCS,*D, NSCA-CPT,*D

Boyd Epley, MEd, CSCS,*D, RSCC*E, FNSCA

Avery D. Faigenbaum, EdD, CSCS,*D, CSPS, FACSM, FNSCA

Karl E. Friedl, PhD

John Garhammer, PhD, CSCS, NSCA-CPT, FNSCA

Lori Greenwood, PhD, ATC, LAT

Michael Greenwood, PhD, CSCS,*D, RSCC*D, FACSM, FNSCA

Terry L. Grindstaff, PhD, PT, ATC, SCS, CSCS

Patrick S. Hagerman, EdD, CSCS, NSCA-CPT, FNSCA

Everett Harman, PhD, CSCS, NSCA-CPT, TSAC-F

Robert T. Harris, PhD

Bradley D. Hatfield, PhD, FACSM

Jay R. Hoffman, PhD, CSCS,*D, RSCC*D, FACSM, FNSCA

William R. Holcomb, PhD, ATC/L, CSCS,*D, FNSCA

Jean Barrett Holloway, MA, CSCS

Gary R. Hunter, PhD, CSCS, FACSM

Ian Jeffreys, PhD, CSCS,*D, NSCA-CPT,*D, RSCC*D, FNSCA

William J. Kraemer, PhD, CSCS,*D, FACSM, FNSCA

Clay Pandorf, BS

Steven S. Plisk, MS

David H. Potach, MS, PT, SCS, CSCS,*D, NSCA-CPT,*D

Jeffrey A. Potteiger, PhD, FACSM

Nicholas A. Ratamess, PhD, CSCS,*D, FNSCA

Kristin Reimers, PhD, RD

Benjamin H. Reuter, PhD, ATC, CSCS,*D

Fred Roll, BS

Jaime Ruud, MS, RD

Douglas M. Semenick, EdD

Barry A. Spiering, PhD, CSCS

Michael H. Stone, PhD, FNSCA

Jeffrey R. Stout, PhD, CSCS, FACSM, FNSCA

Ann Swank, PhD, CSCS, FACSM

John Taylor, MS, FNSCA

Jakob L. Vingren, PhD, CSCS,*D

Dan Wathen, MS, ATC, CSCS,*D, NSCA-CPT,*D, FNSCA

Mark A. Williams, PhD, FACSM

英語版序文

1994年、Essentials of Strength Training and Conditioning の初版が刊行された。第2版（2000年）を経て10万部以上となり、拡充し最新のものとなった第3版は2008年に刊行された。最新版である本書も、引き続きストレングス＆コンディショニング専門職にとって最も包括的な参考書である。本書は30名の専門家が編著者としてストレングストレーニング＆コンディショニングに関する科学的原理、概念、理論とそれらの競技パフォーマンスへの適用について調査した。

解剖学や生化学、バイオメカニクス、内分泌学、栄養学、運動生理学、心理学その他の諸科学の最先端の専門的な視点に基づく、安全で効果的なトレーニングプログラムをデザインするにあたっての原則に触れた書籍がないという認識を背景として、初版が生まれたのである。また、当時は妥当できちんと管理された研究が少なかったことも、包括的な情報源をつくり出すうえで妨げとなっていた。ようやくEssentials of Strength Training and Conditioningが刊行されると、この分野における決定的なテキストブックとなったのである。

その6年後に刊行された第2版においては、初版の内容を改めたのみに留まらず、範囲や応用に関して総点検を行った。テキスト全体を通して、また追加の100超のページを通して、各章の編著者は科学をパフォーマンスへと転化させる最新かつ適切で決定的な研究および概念を用いた。章の目的やキーポイント、応用に向けたカコミ欄、3つの競技に関するレジスタンストレーニングのプログラム例など、多くの学習ツールが盛り込まれた。これらの改善に加え、すべてカラーとなり、数100枚のカラー写真が用いられ、第2版は本当に素晴らしいものになった。

その8年後に刊行された第3版においては、章を再構成および拡充し、新しい写真と最新の用語を用いた。それに加えて、図版を現代的なものとし、教員および学生向け情報源が加わり、ストレングス＆コンディショイングを学び指導するうえで優れた情報源であることに寄与することとなった。

第4版への改訂

この第4版においては、最新の研究および情報が論理的な形式で盛り込まれており、学生がストレングス＆コンディショニング職に向けて準備をする際に、またスポーツ学の専門家が競技選手のトレーニングに関わる際にEssentials of Strength Training and Conditioningが最も優れた情報源であるということを再認識するものとなった。以下に、主な改善点を示す。

- 最新の研究——とくに高強度インターバルトレーニング、オーバートレーニング、アジリティおよび方向転換、健康およびパフォーマンスのための栄養、ピリオダイゼーション——は、この分野における一般的なトレンドについての読者の理解を助けるだろう。
- 代替的様式および非伝統的な用具を用いたエクササイズについてのテクニックを示す、方法と写真を掲載した新しい章。
- 最大筋力、パワー、有酸素性能力についてのテストを含む、10のテストが追加となり、また柔軟性エクササイズやレジスタンストレーニングエクササイズ、プライオメトリックエクササイズ、スピード＆アジリティドリルが追加され、最新のガイドラインに沿ったプログラムをデザインするうえで助けとなるだろう。

各章の最初には、目的について記述され、読者を導くキーポイントもまとめられている。重要語句は太字になっており、各章末に列挙した。各章の内容の応用となるカコミ欄が設けられ、後半の章におい

キーポイント → （左上のページ）

ウェブリソースを得ることが
できるアイコン → （右上のページ）

16 ストレングストレーニング&コンディショニング

量であれ血液の貯蔵所の役割を果たすことができる（13）。さらに、胸などの静脈には、一方向性の弁が備わっていて血液の逆流を防ぎ、静脈還流を助けている。

● **心臓血管系は、身体のあらゆる機能に適した環境の補充を続ける中で栄養素を輸送し、老廃物を除去する。血液は、細胞代謝に使われる酸素を肺から組織へと送る。そして、代謝で最も多くつくられる副産物である二酸化炭素を組織から肺に送り、肺から体外に排出される。**

血液

血液が果たす重要な役割は、細胞での代謝に使われる酸素を肺から各組織へと輸送することと、代謝の副産物である二酸化炭素を組織から肺へと輸送することである。酸素の輸送は、赤血球中に含まれる鉄タンパク質である**ヘモグロビン**が役割を担う。ヘモグロビンはさらに酸‐塩基平衡の維持、つまり細胞内の化学反応の速度にも大きく影響する水素イオン濃度の調節という重要な役割も持っている。血液の主要構成物である**赤血球**の機能はこれだけではない。大量の炭酸脱水酵素を含んでおり、この酵素が二酸化炭素と水の触媒となって二酸化炭素の除去を促進する機能を持つ。

呼吸器系

呼吸器系の主な機能は、酸素と二酸化炭素の交換である。ヒトの呼吸器系の構造を図1.15に示す。鼻を通過してきた空気は鼻腔は、入ってきた空気に加湿、加温、濾過するという3つの作用を施す（13）。その後、空気は口腔、気管、気管支、細気管支を通って肺に到る。**気管**は第1世代呼吸経路、左右の**気管支**は第2世代呼吸経路と呼ばれ、それぞれさらに枝々に次世代に分岐して**細気管支**となる。およそ23世代を経て、空気は**肺胞**に到達し、この肺胞でガスの交換が行わ

れる（13）。

● 呼吸器系の主な機能は、酸素と二酸化炭素の交換である……

空気の交換
肺にどのくらいの量の空気（吸気および呼気……
……

骨格筋のポンプとは何か？
骨格筋のポンプとは、筋肉の収縮系を手助けすることである。筋のポンプは、一方向脈がより優しく血液を押し戻すのを助ける。筋が収縮することで静脈が圧迫されるが、この弁が一方向にこの流れ、心臓に戻っていく。運動後、すぐにじまらず身動き続けるように言われる理由は、利用することで血液が下肢に滞留するのを防ぐためである。対照的な話として、長時間依位姿勢定期的に筋を収縮させて血液を心臓に戻すよう還流を促すことが重要である。

カコミ欄 → （上記のカコミ）

エクササイズの
方法と写真 → （右のページ）

胸部

▶ 15.15 フラット・ダンベルフライ（およびインクラインでのバリエーション）
このエクササイズはインクラインベンチで行うこともできる。その場合、ダンベルは胸ではなく頭（顔）上に上げる。

開始姿勢：挙上者
- 2つのダンベルをニュートラル（クローズド）グリップで握る。
- ベンチで印呼位になり、5ポイントコンタクトの姿勢をとる。
- 補助者にダンベルを開始位置へ動かす合図を送る。
- 両方のダンベルを同時に押し上げて、両腕を伸ばして、胸の上で肘関節を平行にする。
- 軽く肘を曲げ、肘を外側に向ける。
- 1回ごとに、この姿勢から動作を開始する。

開始姿勢：補助者
- 片方の膝を床につけ、もう片方の脚を前に出して足の裏をつけに続ける（もしくは両膝を曲げて跪立ちの姿勢になる）
- 挙上者の前腕の手首に近い部分を握る。
- 挙上者の合図で、胸の上の開始位置へのダンベルの移動を助ける。
- 挙上者の前腕からゆっくりと手を離す。

下ろす動作段階：挙上者
- ダンベルが胸あるいは胸の同一線上に達するまで、大きな弧を描きながら下ろす。

- ダンベルのハンドルを互いに平行に保って、肘を下ろしていく。
- 手首を固定し、肘はやや曲げた状態を保つ。
- 手、手首、前腕、肘、上腕、肩を同じ垂直面上に保つ。
- 5ポイントコンタクトの姿勢を保つ。

下ろす動作段階：補助者
- ダンベルを下ろす間、挙上者の前腕付近に手を構えておくが、触れない。

上げる動作段階：挙上者
- 両方のダンベルを近づけるように大きな弧を描いて、開始位置までもどす。
- 手首を固定し、肘はやや曲げた状態を保つ。
- 手、手首、前腕、肘、上腕、肩を同じ垂直面上に保つ。
- 5ポイントコンタクトの姿勢を保つ。

上方への動作段階：補助者
- ダンベルを上げる間、挙上者の前腕付近に手を構えておくが、触れない。

主に使われる筋
大胸筋、三角筋前部

開始姿勢

上方および下方への動作

96 ストレングストレーニング&コンディショニング

重要語句 →

重要語句
- アロステリック結合部位（allosteric binding site）
- アナボリック（同化）ホルモン（anabolic hormone）
- カタボリック（異化）ホルモン（catabolic hormone）
- クロスリアクティビティ、交差反応性（cross-reactivity）
- 日内変動（diurnal variation）
- 下方制御（downregulation）
- 内分泌腺（endocrine gland）
- 汎適応症候群、GAS（General Adaptation Syndrome）
- ホルモン（hormone）
- ホルモン‐受容体複合体（hormone-receptor complex; H-RC）
- 鍵と鍵穴の理論（lock-and-key theory）
- 神経内分泌免疫学（neuroendocrine immunology）
- 神経内分泌学（neuroendocrinology）
- ポリペプチドホルモン（polypeptide hormone）
- タンパク質分解酵素（proteolytic enzyme）
- セカンドメッセンジャー（secondary messenger）
- ステロイドホルモン（steroid hormone）
- 標的組織細胞（target tissue cell）
- 甲状腺ホルモン（thyroid hormone）

例題 →

例題

1. レジスタンストレーニング後、急性的な（短期的な）ホルモン分泌によって身体に伝えられない情報はどれか？
   a. 生理学的ストレスの量
   b. 運動の代謝要求
   c. 生理学的ストレスのタイプ
   d. エネルギー消費

2. 次に挙げるホルモンⅠ〜Ⅳのうち、筋組織の成長を促すものはどれか？
   Ⅰ．成長ホルモン
   Ⅱ．コルチゾール
   Ⅲ．IGF-I
   Ⅳ．プロゲステロン
   a. Ⅰ、Ⅲ
   b. Ⅱ、Ⅳ
   c. Ⅰ、Ⅱ、Ⅲ
   d. Ⅱ、Ⅲ、Ⅳ

3. 以下のうち、成長ホルモンの機能ではないものはどれか？
   a. 脂肪分解の増加
   b. コラーゲン合成の減少
   c. アミノ酸輸送の増加
   d. グルコース利用の減少

4. 次に挙げるホルモンのうち、神経の変化に最も影響を与えるものはどれか？
   a. 成長ホルモン
   b. テストステロン
   c. コルチゾール
   d. IGF

5. 次のエクササイズセッションのうち、成長ホルモンを最も上昇させるのはどのタイプか？

	休息	量	セット数
a.	30秒	多い	3
b.	30秒	少ない	1
c.	3分	多い	1
d.	3分	少ない	3

ては3つの競技におけるレジスタンストレーニング
のプログラム例を挙げた。テストやストレッチング、
レジスタンストレーニング、代替的様式、プライオ
メトリックス、アジリティトレーニング、有酸素性
持久力エクササイズに関する詳細な方法や写真が用
いられている。そして最後に、各章末には選択肢式
の練習問題があり、巻末の710ページに答えが示さ
れている（訳注：別途、Human Kinetics社との手
続きが必要なビデオやweb resorce、教員および学
生向けの教材については省略した。詳細については、
http://www.HumanKinetics.com/EssentialsOfStr
engthTrainingAndConditioning を参照）。

認定試験

Essentials of Strength Training and Condi-
tioningは、NSCAのCSCS（認定ストレングス＆コ
ンディショニングスペシャリスト）の認定試験の準
備に向けた主要な情報源である。

ストレングス＆コンディショニングにおける世界
的な機関であるNSCA(National Strength and Con-
ditioning Association）は、競技パフォーマンスや
フィットネス向上のための研究に基づいた知識や現
場への応用を広め、支えている。50カ国以上にわた
って3万人以上のメンバーがおり、NSCAはストレ
ングス＆コンディショニングの研究や理論、実践に
関するクリアリングハウス（情報交換を行う拠点）
を設けた。

CSCSおよびNSCA-CPTは、非政府・非営利団
体のNational Commition for Certifying Agencies
（米国資格認定委員会、ワシントンDC）より、この
種の資格の中では初めて全国的な認定を受けた。現
在では、75カ国に住む4万人以上の専門職がNSCA
の認定資格の両方またはどちらかを保持している。

ストレングストレーニング＆コンディショニング
の本質を学ぶうえで、また認定試験の準備のどちら
においても、あるいは専門職の参考文献として、こ
の『Essentials of Strength Training and Condi-
tioning, Forth Edition』は、現場の指導者、研究者
の理解を深め、またより効果的なストレングストレ
ーニング＆コンディショニングプログラムの助けと
なるだろう。

英語版謝辞

NSCAのEssentials of Strength Training and Conditioning第4版の刊行という大きな仕事は、数えきれない多くの人の協力なしに成し遂げることはできなかっただろう。この象徴的なテキストの歴史的な積み重ねが私たちを導く原理として、またこれまでの版の多くの著者らのハードワークが本書の力強い基礎をなしている。したがって、私たちはこれまでの編者であるThomas BaechleとRoger Earleに、20年前の先見の明によって私たちが今日ここにあるということに対して、またこれまでの版における情熱的な仕事に対して、感謝申し上げる。この版においては、Roger EarleのHuman Kineticsでの役割を超えた継続的な貢献なしにはできなかっただろう。本書および私たちの執筆の道のりの多くの側面において手助けしてくれた本当の友人である。

この過程を通して手助けしてくれたKeith CineaとCarwyn Sharpにも感謝を申し上げたい。彼らがNSCAの存在を代表し、私たちの専門性を下支えする科学、また本書の内容を決定づける基準として位置づけてくれた。現在の、そして未来のストレングス＆コンディショニング専門職のための鍵となる情報源であるため、本書が本当にNSCAの科学から現場へというミッションを確実なものとすることは非常に重要であり、KeithとCarwynの2人はこの哲学のアンバサダーとなった。原稿の編集からグラフィックデザインに至るまで、本書の刊行のあらゆる段階を完了するうえで不可欠であった、Human Kinetics社の多くの人にも感謝を申し上げる。おそらく最も大きな感謝を伝えたいのは、進行担当編集と管理担当編集を務めたChris DrewsとKarla Walshであり、初心者の編者らを無数の方法で助けてくれた。ChrisとKarlaがいなければ、私たちはおそらくこの過程で道に迷ってしまっただろう。

G. Gregory Haff, PhD, CSCS,*D, FNSCA

共同編集者で長年の友人であるTriplettへ：私はこの重要な書籍の編集をともに行いたい方はほかにいないと考えていた。あなたの親切な心とおおらかなスタイルは、私の「陶磁器屋の牛」（不器用、無神経）という方法論を完璧に補完している。いつも親友の1人でいてくれてありがとう！

私は家族に感謝しなければならない。妻のErinは、私が夢を追い求め、今回のようなプロジェクトを経験するためにすべてを尽くしてくれた。彼女の支えなしには、私は人生の重たいリフティングバーの下で、行き詰まっていただろう。困難なときに補助してくれる強い人がいるというのは祝福であり、私はあなたが知っているよりもあなたのことを愛している。私の父、Guy Haffへ――11歳のときにあなたがWest Morris YMCAに連れて行き、リフティングを教えてくれたことが、ウェイトを挙上するというのが私の人生の仕事となったのではないかと思っている。それがなければ、今何をしているか、想像もつかない。最後に、私の努力を母Sandra Haffに捧げる。あなたが今どこにいようとも、私という人間を、日々追い求める人間であることを誇りに思ってくれることを望む。母さん、あなたがいないのを寂しく思い、また、私に起きたことすべてを見てもらえたらと願う。

N. Travis Triplett, PhD, CSCS,*D, FNSCA

大学の授業で初めてウェイトトレーニングを履修したときには、結果としてストレングス＆コンディショニングの分野でこのようなやりがいのある仕事を重ねることになるとは夢にも思わなかった。私の

人生と仕事において現時点、情熱的に本プロジェクトに参加するという時点までに役割を果たしてくれたすべての人たちに感謝してもしきれない。幸運なことに、私は両親から強い基礎となるものを受け取っている——それがどうなったか、ここで二人に見てもらいたかったと望む。私は支えてくれてまた毎日を明るくしてくれた兄弟と友人にも感謝したい。専門家としてはMike StoneとBill Kreamerの二人に大きな影響を受けた。彼らのメンターシップと友情は大変にありがたいものである。無数の同僚や世界中の卒業生が、私の知識やこれまでの成功に力を貸してくれた。ほとんど会うことができなくても、すべての方々に感謝している。

　最後に、共同編集者であり素晴らしい友人であるGreg Haffへ：大学院生のとき、ランチビュッフェで座ってストレングス＆コンディショニングについて話していたのが、こんなことになると誰が予想できたでしょう？　これからも友情と協力が何年も続くことを楽しみにしている。

図表クレジット

Figure 2.5 Reprinted, by permission, from B.A. Gowitzke and M. Milner, 1988. *Scientific bases of human movement,* 3rd ed. (Baltimore, MD: Lippincott, Williams & Wilkins), 184-185.

Figure 2.10 Reprinted, by permission, from E.A. Harman, M. Johnson, and P.N. Frykman, 1992, "A movement-oriented approach to exercise prescription," *NSCA Journal* 14 (1): 47-54.

Figure 2.13 Reprinted from K. Jorgensen, 1976, "Force-velocity relationship in human elbow flexors and extensors." In *Biomechanics A-V,* edited by P.V. Komi (Baltimore, MD: University Park Press), 147. By permission of P.V. Komi.

Figure 4.5 Reprinted from *Steroids,* Vol. 74(13-14), J.L. Vingren, W.J. Kraemer, et al., "Effect of resistance exercise on muscle steroid receptor protein content in strength trained men and women," pgs. 1033-1039, copyright 2009, with permission from Elsevier.

Figure 4.7 Adapted from W.J. Kraemer et al., 1998, "Hormonal responses to consecutive days of heavy-resistance exercise with or without nutritional supplementation," *Journal of Applied Physiology* 85 (4): 1544-1555. Used with permission.

Table 5.3 Reprinted, by permission, from A. Fry, 1993, "Physiological responses to short-term high intensity resistance exercise overtraining," Ph.D. Diss., The Pennsylvania State University; Meeusen R, Duclos M, Foster C, Fry A, Gleeson et al., 2013, "Prevention, diagnosis, and treatment of the over training syndrome: joint consensus statement of the European College of Sports Science and the American College of Sports Medicine," *Medicine and Science in Sport and Exercise* 45: 186-205.

Figure 7.2 Reprinted, by permission, from A.D. Faigenbaum et al., 2013, "Youth resistance training: past practices, new perspectives and future directions," *Pediatric Exercise Science* 25: 591-604.

Figure 8.1 Reprinted, by permission, from R.S. Weinberg and D. Gould, 2015, *Foundations of sport and exercise psychology,* 6th ed. (Champaign, IL: Human Kinetics), 79.

Figure 8.2 Reprinted, by permission, from B.D. Hatfield and G.A. Walford, 1987, "Understanding anxiety: Implications for sport performance," *NSCA Journal* 9(2): 60-61.

Table 9.6 Adapted, by permission, from K. Foster-Powell, S. Holt, and J.C. Brand-Miller, 2002, "International table of glycemic index and glycemic load values," *American Journal of Clinical Nutrition* 76: 5-56. © American Society for Nutrition.

Table 9.10 Reprinted, by permission, from M.N. Sawka et al., 2007, "American College of Sports Medicine position stand. Exercise and fluid replacement," *Medicine and Science of Sport and Exercise* 39: 377-390, 2007.

Table 10.5 Reprinted, by permission, from National Heart, Lung, and Blood Institute, 1998, "Clinical guidelines on the identification, evaluation, and treatment of overweight and obesity in adults: The evidence report," *Obesity Research* 6: 464.

Table 10.6 Reprinted, by permission, from National Heart, Lung, and Blood Institute, 1998, "Clinical guidelines on the identification, evaluation, and treatment of overweight and obesity in adults: The evidence report," *Obesity Research* 6: 464.

Figure 13.6 Adapted, by permission, from G.M. Gilliam, 1983, "300 yard shuttle run," *NSCA Journal* 5 (5): 46.

Figure 13.11 Adapted, by permission, from D. Semenick, 1990, "Tests and measurements: The T-test," *NSCA Journal* 12(1): 36-37.

Figure 13.12 Adapted, by permission, from K. Pauole et al., 2000, "Reliability and validity of the T-test as a measure of agility, leg power, and leg speed in college age males and females," *Journal of Strength and Conditioning Research* 14: 443-450.

Figure 13.16 Reprinted, by permission, from M.P. Reiman, 2009, *Functional testing in performance* (Champaign, IL: Human Kinetics), 109.

Table 13.1 Adapted, by permission, from J. Hoffman, 2006, *Norms for fitness, performance, and health* (Champaign, IL: Human Kinetics), 36-37.

Table 13.2 Reprinted, by permission, from J. Hoffman, 2006, *Norms for fitness, performance, and health* (Champaign, IL: Human Kinetics), 36-37.

Table 13.3 Reprinted, by permission, from J. Hoffman, 2006, *Norms for fitness, performance, and health* (Champaign, IL: Human Kinetics), 38.

Table 13.5 Reprinted, by permission, from J. Hoffman, 2006, *Norms for fitness, performance, and health* (Champaign, IL: Human Kinetics), 58. Adapted from D.A. Chu, 1996, *Explosive power and strength* (Champaign, IL: Human Kinetics).

Table 13.6 Reprinted, by permission, from J. Hoffman, 2006, *Norms for fitness, performance, and health* (Champaign, IL: Human Kinetics), 58; adapted from D.A. Chu, 1996, *Explosive power and strength* (Champaign, IL: Human Kinetics).

Table 13.10 Reprinted, by permission, from American College of Sports Medicine, 2014, *ACSM's guidelines for* *exercise testing and prescription*, 9th ed. (Baltimore, MD: Lippincott, Williams, and Wilkins), 101.

Table 13.11 Source: Canadian Physical Activity, *Fitness & Lifestyle Approach: CSEP-Health & Fitness Program's Appraisal & Counselling Strategy*, Third Edition, © 2003. Reprinted with permission from the Canadian Society for Exercise Physiology.

Table 13.19 Adapted, by permission, from ACSM, 2014, *ACSM's guidelines for exercise testing and prescription*, 9th ed. (Philadelphia: Wolters Kluwer Health/Lippincott Williams & Wilkins), 88.

Table 13.22 Reprinted, by permission, from J. Hoffman, 2006, *Norms for fitness, performance, and health* (Champaign, IL: Human Kinetics), 113.

Table 13.25 Adapted, by permission, from V. H. Heyward, 1998, *Advanced fitness assessment and exercise prescription*, 3rd ed. (Champaign, IL: Human Kinetics), 155.

Table 13.26 Adapted, by permission, from V. H. Heyward, 1998, *Advanced fitness assessment and exercise prescription*, 3rd ed. (Champaign, IL: Human Kinetics), 12.

Table 16.1 Adapted, by permission, from D.T. McMaster, J. Cronin, and M. McGuigan, 2009, "Forms of variable resistance training," *Strength & Conditioning Journal* 31: 50-64.

Table 16.2 Adapted, by permission, from D.T. McMaster, J. Cronin, and M. McGuigan, 2010, "Quantification of rubber and chain-based resistance modes," *Journal of Strength and Conditioning Research* 24: 2056-2064.

Figure 17.1 Reprinted, by permission, from R.W. Earle, 2006, Weight training exercise prescription. In: *Essentials of personal training symposium workbook* (Lincoln, NE: NSCA Certification Commission), 2006

Figure 17.2 Reprinted, by permission, from R.W. Earle, 2006, Weight training exercise prescription. In: *Essentials of personal training symposium workbook* (Lincoln, NE: NSCA Certification Commission).

Figure 19.1 Reprinted, by permission, from K. Häkkinen, K. and P.V. Komi, 1985, "The effect of explosive type strength training on electromyographic and force production characteristic of leg extensor muscles during concentric and various stretch-shortening cycle exercises," *Scandinavian Journal of Sports Sciences* 7(2): 65-76. Copyright 1985 Munksgaard International Publishers, Ltd. Copenhagen, Denmark.

Figure 19.3 Reprinted, by permission, from K.P. Clark and P.G. Weyand, 2014, "Are running speeds maximized with simple-spring stance mechanics?" *Journal of Applied Physiology* 117(6): 604-615

Figure 19.11 Reprinted, by permission, from S.S. Plisk and V. Gambetta, 1997, "Tactical metabolic training," *Strength & Conditioning* 19(2): 44-53.

Table 19.4 Adapted, by permission, from S. Nimphius, 2014, Increasing agility. In *High-performance training for sports*, edited by D. Joyce and D. Lewindon (Champaign, IL: Human Kinetics), 194.

Table 19.5 Adapted, by permission, from S. Nimphius, 2014, Increasing agility. In *High-performance training for sports*, edited by D. Joyce and D. Lewindon (Champaign, IL: Human Kinetics), 185-198.

Table 20.2 Reprinted, by permission, from NSCA, 2012, Aerobic endurance training program design, by P. Hagerman. In *NSCA's essentials of personal training*, 2nd ed., edited by J.W. Coburn and M.H. Malek (Champaign, IL: Human Kinetics), 395.

Figure 21.1 Adapted, by permission, from G.G. Haff and E.E. Haff, 2012, Training integration and periodization. In *NSCA's guide to program design*, edited by J. Hoffman (Champaign, IL: Human Kinetics), 215.

Figure 21.2 Adapted, by permission, from G.G. Haff and E.E. Haff, 2012, Training integration and periodization. In *NSCA's guide to program design*, edited by J. Hoffman (Champaign, IL: Human Kinetics), 216.

Figure 21.3 Adapted, by permission, from G.G. Haff and E.E. Haff, 2012, Training integration and periodization. In *NSCA's guide to program design*, edited by J. Hoffman (Champaign, IL: Human Kinetics), 219.

Table 21.1 Adapted from G.G. Haff and E.E. Haff, 2012, Training integration and periodization. In *NSCA's guide to program design*, edited by J. Hoffman (Champaign, IL: Human Kinetics), 220.

Figure 21.4 Reprinted, by permission, from G.G. Haff and E.E. Haff, 2012, Training integration and periodization. In *NSCA's guide to program design*, edited by J. Hoffman (Champaign, IL: Human Kinetics), 223; adapted from figure 11.7, p. 2239. Reprinted from *Weight Training: A Scientific Approach*, 2nd edition, by Michael H. Stone and Harold St. O'Bryant, copyright © 1987 by Burgess.

Table 23.1 Adapted, by permission, from W. Kroll, 1991, "Structural and functional considerations in designing the facility, part I," *NSCA Journal* 13(1): 51-58, 1991

Figure 23.6 Adapted, by permission, from National Strength and Conditioning Association, 2004, *NSCA's essentials of personal training*, edited by R.W. Earle and T.R. Baechle (Champaign, IL: Human Kinetics), 604-606.

Table 24.1 Adapted, by permission, from NSCA, 2009, *Strength & conditioning professional standards and guidelines* (Colorado Springs, CO: NSCA), 17.

Figure 24.3 Reprinted, by permission, from R.W. Earle, 1993, *Staff and facility policies and procedures manual* (Omaha, NE: Creighton University).

Table 24.2 Adapted, by permission, from NSCA, 2011, *Performance training center emergency policies and procedures manual* (Colorado Springs, CO: NSCA), 3.

CHAPTER 1

Structure and Function of Body Systems
身体の構造と機能

N. Travis Triplett, PhD

▶ 本章を終えると

- 筋と骨の全体構造から微細構造までを説明することができる。
- 筋収縮の「滑走説」を説明することができる。
- 筋線維タイプごとの形態的・機能的特徴と、スポーツ競技との関連を説明することができる。
- 心臓血管系と呼吸器系の解剖学的、生理学的な特性について説明することができる。

著者は、本章の執筆にあたって多大な貢献をいただいたRobert T. HarrisとGary R. Hunterに対し、ここに感謝の意を表します。

2 ストレングストレーニング&コンディショニング

身体運動やスポーツのパフォーマンスを遂行するには、効果的で目的的な身体のさまざまな動作が必要である。

このときのさまざまな動作は、さまざまな筋の活動で生産された力によって生み出され、その力は身体のさまざまな部位で形成される骨格のてこ作用によって生産される。このような作用を起こす骨格筋は大脳皮質の制御下にあり、末梢神経系の運動神経を介して骨格筋細胞や骨格筋線維を賦活させる。これら一連の神経筋の作用を継続的に維持するためには、活動している組織に継続的に酸素や栄養素を供給しながら、その一方で二酸化炭素や副産物の除去を行う心臓血管系や呼吸器系の働きが必要である。

科学的な知識を可能な限り活用して、競技者向けの効果的なトレーニングプログラムを構成するために、ストレングス&コンディショニング専門職に求められるのは、単に筋骨格系の機能だけでなく、エクササイズを行う際の筋活動を直接的に支えている心臓血管系、呼吸器系も含めた身体に備わるシステムについて理解を深めることである。こうしたことから、本章では、筋力および筋パワーの維持向上の基礎をなす筋骨格系、神経筋系、心臓血管系、呼吸器系の構造や機能について解説する。

筋骨格系

筋骨格系はヒトの身体活動に特有の、非常に多様な動作ができるようにつくられている骨、関節、筋、腱で構成される。ここでは、筋骨格系のさまざまな構成要素についてそれぞれを個別に解説するとともに、それぞれの構成要素同士がどのように関連するかについて解説する。

骨格

筋は外部の物体や地面に直接力を加えるような働きはしない。筋の停止側の骨を引き寄せて、関節に回転を与えて運動を起こすことにより、そこで生産された力を外界に伝達するという手順を踏む。筋の機能は「引く」ことのみであり、「押す」ことはできない。しかし、骨で形成されるてこの作用により、筋の「引く」力を外界の物体を引く力だけでなく押す力にも用いることができる。

個人差はあるが、一般に身体には206の骨が存在するとされている。この比較的軽量で強靭な構造が、てこ、支持、保護の機能をつくり出している（図1.1）。頭蓋骨、脊柱（C1から尾骨まで）、肋骨、胸骨により形成されるものを**体幹骨格**（体軸性骨格）と呼ぶ。肩甲帯（肩甲骨と鎖骨）、腕や手首、手部の骨（上腕骨、橈骨、尺骨、手根骨、中手骨、指節骨）、下肢帯（寛骨）、脚や足首、足部の骨（大腿骨、膝蓋骨、脛骨、腓骨、足根骨、中足骨、趾節骨）で形成されるものを**体肢骨格**と呼ぶ。

骨と骨が連結しているところを関節と呼ぶ。関節のなかでも**線維性連結**（頭蓋骨の縫合など）はほとんど関節運動を起こさない。**軟骨性連結**（椎間板など）はある程度の運動が可能である。**滑膜性連結**（肘や膝など）においてはかなり大きい可動域を持つ。スポーツ競技やエクササイズで表現される運動の大部分は滑膜性連結の部分で起こるが、その最も重要な特徴は摩擦が小さく大きな可動域を持つということである。関節をつくる骨同士の端（関節面）は滑らかな**硝子軟骨**で覆われ、関節全体は、**滑液**で満たされた関節包で包まれている。多くの関節には靱帯と軟骨による支持構造がある（13）。

事実上ほとんどすべての関節の運動は、ある点または軸を中心とした回転運動と捉えることができる。関節は、その回転軸の数によって分類される。**単軸関節**、たとえば肘関節などは、1つの回転軸で蝶番のように動く。膝関節を蝶番関節に分類する場合が少なくないが、関節の可動域内を動く際のいずれの

成人の骨格の成長に影響を与える要因は何か？

成人の骨格によい影響を与え得ることはさまざまあるが、その多くは筋を働かせた結果によるものである。身体に高負荷がかけられたとき（肉体労働やレジスタンストレーニング）、骨の骨密度やミネラル含有量は増加する。衝撃を伴う爆発的な動作を行った場合にも同様のことが起こり得る。高強度あるいはハイパワーの発揮が求められ、強い衝撃を伴う着地が含まれる体操競技などの活動に携わっている人の間では、骨密度が高いことがよく見られる（11）。骨の適応に影響を及ぼすそれ以外の要因は、体軸性骨格に負荷がかかっているか否かと、どのくらいの頻度で負荷がかかるか、である。骨の適応期間は、骨格筋の適応期間よりも長いので、刺激の頻度や強度、種類に変化をつけることが重要である。

第1章 身体の構造と機能 3

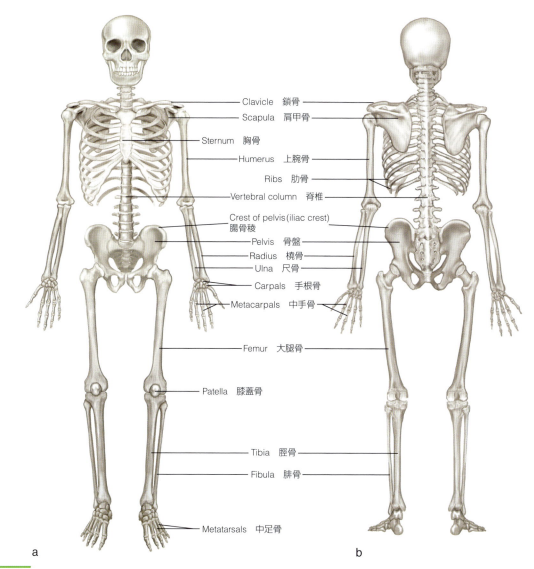

図1.1 ヒトの男性の骨格を（a）前方から見たものと、（b）後方から見たもの

局面でも運動軸が変わるため、純粋な蝶番関節とはいえない。**二軸関節**、たとえば手関節や足関節では、直交する2つの軸に沿って運動が起こる。**多軸関節**、たとえば肩関節や股関節などの球関節（臼関節）は直交する3つの軸で規定される動作平面に沿って運動が可能である。

脊柱は柔軟性のある椎間板で区切られた椎骨から成り立ち、この構造がさまざまな動作を可能にしている。脊柱は、頸部の7個の頸椎、上背部の12個の胸椎、下背部の5個の腰椎、癒合して骨盤の後部を構成する5個の仙椎、骨盤から下方に伸びた3〜5個の尾椎（これは内部に残った尾の痕跡と考えられる）、の5つの部分に分けることができる。

骨格筋

骨格を動かすことを可能にしている筋群を図1.2に示した。骨と骨が連結する部分が関節であり、骨格筋の両端は関節をまたいでそれぞれの骨に付着している。このように配置されていないと、動かすことはできない。

骨格筋の全体構造と微細構造

骨格筋とは、筋組織、結合組織、神経、血管を含んだ器官である。身体に430以上ある骨格筋は、**筋外膜**と呼ばれる線維性結合組織に覆われている。筋外膜は筋の両端で腱に移行する（図1.3）。**腱**は**骨膜**（骨を覆う結合組織）に付着しているので、筋の収

4　ストレングストレーニング&コンディショニング

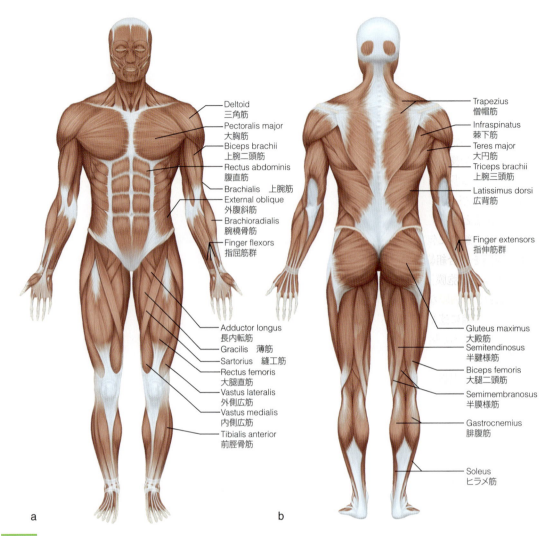

図1.2　男性の人の骨格筋系の（a）前方から見た図、（b）後方から見た図

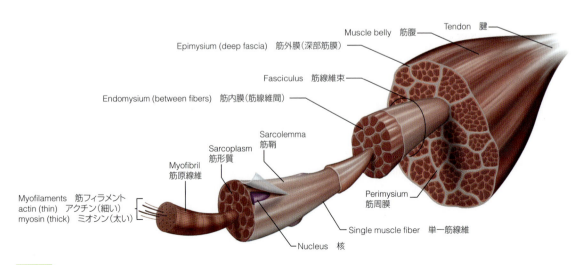

図1.3　3種類の結合組織の模式図。筋外膜（外側）、筋周膜（筋線維束という筋線維のまとまりを包む）、筋内膜（個々の筋線維を包む）

縮は腱を介して骨を引き寄せる力となる。四肢の筋が付着している2つの場所は、**近位**（体幹に近い）と**遠位**（体幹から遠い）と呼ぶ。体幹の筋が骨に付着する2カ所の部位は、**上位**（頭に近いほう）と**下位**（足に近いほう）と呼ぶ。

　筋細胞の多くは、**筋線維**と呼ばれる直径50〜100μm（ヒトの髪の毛の直径程度）の長い円柱状の細胞（中には筋の全長に及ぶものも存在する）である。筋細胞の表面には多数の核が存在し、低倍率の拡大でも縞模様が観察される。筋外膜の内部では、150もの筋線維がまとまって**筋線維束**を形成し、**筋周膜**と呼ばれる結合組織に包まれている。また、個々の筋線維の周囲を結合組織性の筋内膜が包んでおり、**筋鞘**（筋線維の細胞膜）に隣接している（13）。筋外膜、筋周膜、**筋内膜**など、これらすべての結合組織がまとまって腱に連結することにより、個々の筋線維で発生した張力が腱に伝達されるのである（図1.3）。

　運動神経（神経細胞）とその支配下にある筋線維

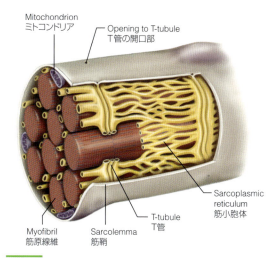

図1.5　筋線維の断面図

との接合部を、運動終板あるいは**神経筋接合部**という（図1.4）。各筋線維に存在する神経筋接合部は1カ所のみであるが、1本の運動神経は、多数の筋線維（数百あるいは数千に至る場合もある）を支配している。1本の運動神経とその神経により支配される筋線維を**運動単位**と呼ぶ。1つの運動単位に含まれる筋線維は、これを支配する神経が刺激されるとそのすべてが収縮する。

　筋線維の内部構造を図1.5に示す。筋線維の細胞質である**筋形質**には、線維性タンパク質からなる収縮要素、その他のタンパク質、貯蔵グリコーゲン、脂肪粒、酵素、ミトコンドリア、筋小胞体といった特別な働きを持つ細胞小器官が含まれている。

　そのうち細胞質の大部分を占めているのは数百の**筋原線維**で、直径は1μm（髪の毛の直径の約100分の1）である。筋原線維には筋線維を収縮させる仕組みがあり、それを構成するのは主に**ミオシン**フィラメントと**アクチン**フィラメントという2種の**筋フィラメント**である。ミオシンフィラメント（太いフィラメント：直径16nm。髪の毛の直径の約1万分の1）は200個のミオシン分子で構成されている。ミオシンフィラメントは球状の頭部、ヒンジ（蝶番）部分、線維状の尾部からなる。球形の頭部がミオシンフィラメントから一定の間隔で突き出ており、この頭部が左右で**クロスブリッジ**を形成し、アクチンと相互作用する。アクチンフィラメント（細いフィラメント：直径約6nm）は、2本の筋線維が互いに巻きつくように伸びる二重らせん構造を形成している。このミオシンフィラメントとアクチンフィラメ

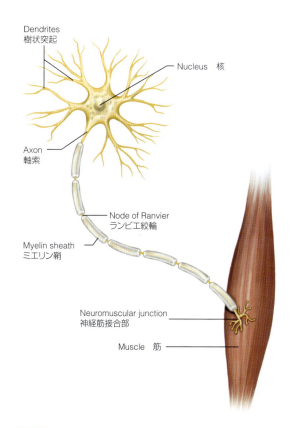

図1.4　運動単位。運動単位は、1本の運動神経とこれによって支配される筋線維で構成される。多くの場合、1つの運動単位は数百本の筋線維を支配する。

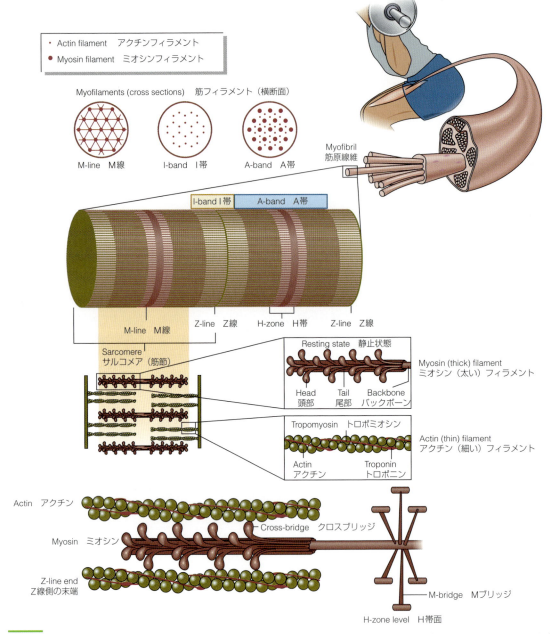

図1.6 筋におけるミオシンおよびアクチンフィラメントの詳細図。ミオシンフィラメント（太い）とアクチンフィラメント（細い）の配列によって骨格筋に縞模様が現れる。

ントは、骨格筋の最小の収縮単位である**サルコメア**内で長軸方向に沿って並んでいる。1つのサルコメアの長さは、収縮していない状態で平均2.5μm、このサルコメアが筋線維の全長にわたって縦に連なっている（筋長1cm当たり約4500個）(1)。図1.6にサルコメア中のミオシンフィラメントとアクチンフィラメントの構造と配列を示す。ミオシンフィラメントは、サルコメアの中央部（H帯の中央）にあるMブリッジにより、隣接するミオシンフィラメント同士がつながっている。アクチンフィラメントはサルコメアの両端でZ線に固定されている。このZ線は筋線維の端から端まで繰り返し存在する。1本のミオシンフィラメントを6本のアクチンフィラメントが取り囲み、1本のアクチンフィラメントの周囲は3本のミオシンフィラメントが取り囲んでいる。

サルコメアにおけるミオシンフィラメント、アクチンフィラメント、Z線の配列により、骨格筋には明暗が交互に並ぶパターンができ、これを拡大する

と縞模様として観察できる。暗く見える**A帯**はミオシンフィラメントが並んでいる部分である。明るく見える**Ⅰ帯**は2つのサルコメアが接する部分で、アクチンフィラメントのみとなっている（13）。Ⅰ帯の中央に見える、薄く暗い線が**Z線**である。**H帯**はサルコメアの中央部で、ミオシンフィラメントのみが存在するところである。筋が収縮するとき、アクチンフィラメントがサルコメアの中央部に向かってミオシンフィラメントに重なるように滑り込むため、H帯の幅は縮小し、（両端の）Z線もサルコメア中央に向けて引き寄せられるため、Ⅰ帯の幅も縮小する。

　筋原線維を取り囲むように並行して走る複雑な細管系を筋小胞体といい、筋小胞体の末端は、Z線の近くで**終末槽**（小胞）に移行している（図1.5）。この終末槽にはカルシウムイオンが貯蔵されていて、カルシウムイオンの量を調節することで、筋収縮をコントロールする。また、筋小胞体と垂直に交わるように**T管**（横行小管、横細管）が走っていて、その末端はZ線の付近で2つの筋小胞体終末槽の間に入る。T管は、表層の筋原線維間を通り、筋細胞表面で筋鞘につながっているため、放電（脱分極）された**活動電位**（神経の電気的刺激）は表面から筋線維全体にほぼ同時に伝達される。これによって筋全体でカルシウムイオンの放出が起こり、全体での収縮が起こる。

> 運動神経からの活動電位の放電（脱分極）が、筋小胞体から筋原線維へのカルシウムイオンの放出を促し、筋の張力発揮を引き起こす。

筋収縮の滑走説

　滑走説とは、「サルコメアの両端のアクチンフィラメントがミオシンフィラメントに重なり合うようにサルコメア内部に向かって滑走することで、Z線がサルコメア中央に引き寄せられ、筋線維全体が短縮する（図1.7）」とする学説である。アクチンフィラメントがミオシンフィラメント上を滑り込むのでH帯とⅠ帯も、ともに縮小していく。

　ミオシンクロスブリッジがアクチンフィラメント

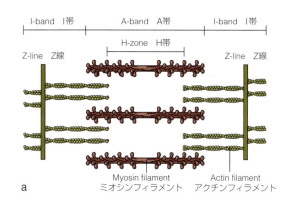
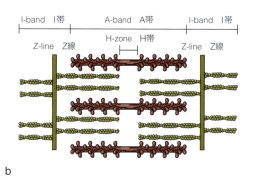
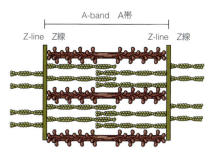

図1.7　筋原線維の収縮。（a）伸張された状態の筋は、Ⅰ帯とH帯の幅が長くなっていて、アクチンと結合しているクロスブリッジは少ないため、発揮できる張力は小さい。（b）筋が収縮すると（ここでは部分的に収縮）、Ⅰ帯とH帯が短くなる。このときのクロスブリッジとアクチンの位置関係が張力発揮に最適となるために発揮できる張力は大きくなる。（c）収縮した筋では、アクチン同士が重なってしまい、クロスブリッジ－アクチン間の位置関係に基づく張力発揮の可能性を減じてしまうので、発揮できる張力は小さい。

を引く動きが、アクチンフィラメントが動く原因となっている。個々のクロスブリッジが1回屈曲してもアクチンフィラメントが移動する距離はごくわずかであり、測定可能なほどに筋が収縮するには、筋全体の多数のクロスブリッジが非常に速く屈曲を繰り返す必要がある（13）。

静止期

通常の静止状態の筋では、カルシウムイオンの多くは筋小胞体に蓄えられたままなので、筋原線維中にはほとんど存在しない。そのため、アクチンフィラメントと結合しているミオシンクロスブリッジはごくわずかである。アクチンと結合している部分が点在していて、ミオシンとアクチンの間に弱い相互作用しかなくても、貯蔵されていたカルシウムが放出されてアクチンとの結合部位が露出するとこの相互作用は強力になる（筋の張力が生み出される）。

興奮−収縮期

ミオシンクロスブリッジが屈曲する前に、まずアクチンフィラメントと結合する必要がある。筋小胞体が刺激を受けてカルシウムイオンを放出すると、カルシウムイオンは、アクチンフィラメントに沿って等間隔に位置する**トロポニン**というタンパク質と結合する（図1.6）。トロポニンは、カルシウムイオンとの親和性が非常に高い。このことにより、アクチンフィラメントの二重らせん構造の溝に沿って存在するもう1つのタンパク質分子、**トロポミオシン**に変化が起きてミオシンクロスブリッジはより素早くアクチンフィラメントと結合してアクチンフィラメントをサルコメア中心部へと引き寄せる力を生み出すことが可能になる（1）。筋がある瞬間に発生する力の大きさは、その瞬間にアクチンフィラメントと結合しているミオシンクロスブリッジの数と強く関連していると理解することが重要である（1）。

▶ ある瞬間におけるアクチンとミオシンの間で形成されるクロスブリッジの数は、その瞬間の筋の発揮する張力を決める。

収縮期

引き寄せる動き、すなわちパワーストローク（首ふり運動）に必要なエネルギーは、ミオシンATP

アーゼという酵素が触媒となってアデノシン三リン酸（ATP）がアデノシン二リン酸（ADP）とリン酸に加水分解することによって得られる。また、アクチンの活性部位に結合していたミオシンクロスブリッジがアクチンから離れて元の位置に戻るためには、ミオシンクロスブリッジの球状の頭部のADPが新たなATP分子に置換される必要がある。このとき、カルシウムが十分に存在してトロポニンと結合することができれば筋収縮は継続し、カルシウムが十分でなければ筋は弛緩することになる。カルシウムは、こうした筋収縮の調節以外にも、解糖、酸化によるエネルギー代謝、タンパク質の合成や分解など骨格筋で起こる数多くの過程の調節に関わっている（10）。

▶ アクチンおよびミオシンフィラメントが結合、屈曲を繰り返すためには、クロスブリッジにカルシウムとATPが必要である。

再充填期

筋収縮が起こるには、カルシウムとトロポニンの結合、ミオシンクロスブリッジとアクチンの結合、**パワーストローク**、アクチンとミオシンの解離、ミオシン頭部の位置のリセットという一連の過程が、筋線維全体で数多く繰り返されなければならない。筋原線維中のカルシウムや、アクチンからミオシンを解離するうえで必要なATP、ATPの分解の触媒に必要なミオシンATPアーゼが十分に存在していることで、この筋収縮が起こる。

弛緩期

運動神経の興奮が止まると筋は弛緩する。カルシウムが筋小胞体に再吸収されると、アクチンフィラメントとミオシンフィラメントの結合が差し止められ、アクチンとミオシンが結合していない状態に戻り、筋は弛緩する。

神経筋系

筋線維は、運動神経によって支配されている。運動神経は脊髄から筋へ電気化学的信号という形でインパルスを伝える。運動神経の軸索の末端は、通常、多数に枝分かれしている。つまり、1本の運動神経

が数多くの筋線維を支配している。この全体構造が筋線維のタイプ、筋線維の特性、機能、エクササイズにおける関わり方を決めている。

筋の興奮

1本の運動神経でインパルス（活動電位）が発生すると、その運動神経が支配するすべての筋線維が同時に興奮し、力が発揮される。筋の制御の度合いについては、1つの運動単位に含まれる筋線維の数によって決まり、眼の筋など、非常に精密な機能が求められる筋の運動単位では、1本の運動神経が支配する筋線維が1本のみということもある。こうした小さい筋では、活動する運動単位の数を変えることによって、眼球の精密な動きに必要なきわめて微妙な力の調節が行われている。一方、それほど精密な調節が求められることの少ない大腿四頭筋では、数百本の筋線維が1本の運動神経に支配される。

運動神経により伝えられるこの活動電位（電流）は、直接筋線維を興奮させるのではない。運動神経は、化学的物質を介して筋線維を興奮させる。神経細胞の末端に活動電位が伝わると、神経筋接合部に神経伝達物質の**アセチルコリン**の放出が起こり、このことにより筋鞘に興奮が起こる。放出されたアセチルコリンが十分な量であれば、筋鞘に活動電位が生じ、筋線維が収縮する。このとき、運動単位のすべての筋線維が同時に収縮して力を発揮する。運動神経の刺激により筋線維の一部のみが収縮するというエビデンスは存在しない。また、より大きな活動電位がより強い収縮をつくり出すこともない。これは、筋における**「全か無の法則」**として知られている。

運動神経を伝わってきた活動電位は、その運動単位に含まれる筋線維を短時間興奮させる。この短時間の収縮を**単収縮**と呼ぶ。筋鞘の興奮により、筋線維内にカルシウムが放出され、前述したように筋収縮が起こる。アクチンフィラメントとミオシンフィラメントが引き合う相互作用に対して外部から抵抗が加わると、張力が発生する。単収縮時に放出されるカルシウムイオンの量は、アクチンとミオシンを最大限に活動させ、筋線維が最大収縮するのに十分だが、張力が最大に達する前に再吸収されるので、筋は弛緩する（図1.8a）。筋線維が完全に弛緩する前に、運動神経の刺激によって2回目の単収縮が起こると、2つの単収縮が重なり合って（加重）、発揮される張力は1回の単収縮より大きくなる（図1.8b）。単収縮の間隔が短くなるほど、ミオシンクロスブリッジが結合する合計数が増し、それだけ発揮される力も大きくなる。運動神経からの刺激の発火頻度が高くなると、単収縮間の間隔が短くなり、ついには単収縮が融合して**強縮**と呼ばれる状態になる（図1.8c, d）。これがある運動単位が発揮できる最大の張力となる。

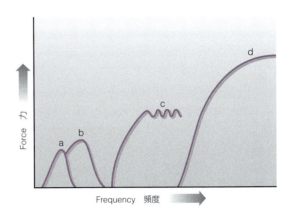

図1.8 運動単位の単収縮、加重、強縮。(a) 単収縮、(b) 2回の単収縮の加重、(c) 不完全強縮、(d) 完全強縮。

筋収縮のステップ

筋収縮のステップ（段階）は、下記のようにまとめられる。
1. （ミオシンATPアーゼにより）ATPの分解が始まると、ミオシン頭部が「エネルギーが満ちた状態」となり、これにより、アクチンと結合する形になることが可能になる。
2. ATP分解の過程でリン酸が放出されることにより、ミオシン頭部が変形し、移動する。
3. このことによりアクチンフィラメントがサルコメアの中心部へと引き寄せられる。これをパワーストローク（首ふり運動）と呼ぶ。このときADPが放出される。
4. 1回のパワーストロークが起こると別のATP分子がミオシン頭部に結合した後に、ミオシン頭部はアクチンと解離する。というのも、この結合の過程が解離を促進するからである。
5. ミオシン頭部は、別のアクチンと結合する準備ができた状態になり（ステップ1で述べた通り）、ATPおよびATPアーゼ、トロポニンに結合するカルシウムが十分に存在する限り、このサイクルが続く。

表1.1　筋線維タイプの主な特徴

特徴	筋線維のタイプ		
	タイプⅠ	タイプⅡa	タイプⅡx
運動神経のサイズ	小さい	大きい	大きい
動員の閾値	低い	中間／高い	高い
神経伝達速度	遅い	速い	速い
収縮速度	遅い	速い	速い
弛緩速度	遅い	速い	速い
疲労への耐性	高い	中間／低い	低い
持久力	高い	中間／低い	低い
力の生産	低い	中間	高い
パワー出力	低い	中間／高い	高い
有酸素性酵素量	高い	中間／低い	低い
無酸素性酵素量	低い	高い	高い
筋小胞体の複雑さ	低い	中間／高い	高い
毛細血管密度	高い	中間	低い
ミオグロビン量	高い	低い	低い
ミトコンドリアのサイズ・密度	高い	中間	低い
筋線維の直径	小さい	中間	大きい
色	赤	白／赤	白

筋線維のタイプ

　骨格筋を構成する筋線維には、それぞれ形態学的および生理学的特徴がある。これらの特徴によるそれぞれの基準があり、その基準に沿った分類体系で分類される。最も広く知られているのは、単収縮に要する時間による分類で、遅筋線維、速筋線維という表現が使われる。1つの運動単位はすべて同じタイプの筋線維で構成されているので、その運動単位についてはこの分類体系を用いて明示することができる。速筋運動単位は力の発揮に要する時間は短いが弛緩も急速に起こるため、単収縮の時間が短い。これに対して、遅筋運動単位は力発揮の立ち上がり、弛緩ともに遅く、単収縮の時間が長い。

　遅筋線維、速筋線維の分類には、ミオシンATPアーゼに組織化学的染色を施す方法がしばしば用いられる。さまざまな技法によって複数のタイプの線維を染色できるが、いずれの手法にも共通して分類されるのはタイプⅠ（遅筋線維）、タイプⅡa（速筋線維）、タイプⅡx（速筋線維）である。これ以外の分類方法には、ミオシン重鎖（MHC）タンパク質の量による分類がある。この方法によって与えられる名称はミオシンATPアーゼによる方法と同様である。

　タイプⅠ、タイプⅡの筋線維の機能的特徴の違いは、筋収縮の際に筋線維に求められるエネルギーの供給能力にみられる明確な差異、さらには疲労耐性の差異にも現れる。タイプⅠ線維は、効率がよく、疲労しにくく、有酸素的なエネルギー供給能力が高いが、素早く筋力を発揮する可能性には限界がある。それはミオシンATPアーゼの活性が低く、無酸素的パワーが低いという特性による（2,8）。

　これに対してタイプⅡ線維は、基本的には正反対すなわち効率が悪く、疲労しやすく、有酸素的なエネルギー供給能力が低いが、速い筋収縮が可能で、ミオシンATPアーゼ活性が高く、無酸素的パワーが高いという特徴がある（2,8）。タイプⅡaとタイプⅡx線維の大きな違いは、酸化による有酸素的エネルギー供給能にある。タイプⅡa線維はタイプⅡx線維に比べて、有酸素性代謝に優れ、筋線維周囲を取り囲む毛細血管が多いため、疲労しにくい（3,7,9,12）。こうした違いに基づけば、ヒラメ筋のように姿勢保持に関わる筋ではタイプⅠ線維の割合が高いのに対し、巨大で、いわゆる移動運動に関わる運動器である大腿四頭筋などの筋群では、タイプⅠ線維とタイプⅡ線維が混在し、ローパワー、ハイパワーいずれの活動も可能（前者はジョギング、後者

はスプリント走）な組成を持つ、ということは驚く
ようなことではない。表1.1に筋線維のタイプごと
の特徴をまとめた。

▶ 運動単位は、形態学的、生理学的に異なる特徴を持ち、
そのことがそれぞれの機能的能力の違いとなる。

運動単位の動員パターン

　我々は日常生活の経験を通して、ある筋肉はある
課題を達成するために求められる水準に応じて発揮
筋力の程度を自在に変えることができることに気づ
いている。このように発揮する力を変化・調整する
能力は、滑らか、かつ、調和のとれた動作遂行に不
可欠である。筋の発揮する力を調節する方法は2種
類ある。1つは運動単位を賦活する際に発火頻度を
変化させるものである。運動単位が一度しか発火し
なければ起こる単収縮では発揮される力は弱い。発
火頻度が高くなって、単収縮が加重されると発揮さ
れる力は大きくなる。この方法による力の調節は、
一般に手などの小さな筋でとくに重要である。発揮
される力が小さいときも、発火頻度が低いとしても
その筋のほとんどの運動単位は発火している。筋全
体で発揮する力は、個々の運動単位の発火頻度を上
昇させることによって増大させる。骨格筋が発揮す
る力を調節するもう1つの方法は、発火する運動単
位の数を変えることであり、これを動員と呼ぶ。大
腿部などの大きな筋は動員がかかると運動単位が強
縮に近い状態まで賦活される。さらに大きな力を発
揮するときには、賦活する運動単位の動員数を増や
す。

　ある身体活動において動員される運動単位のタイ
プは、その活動の生理学的特徴によって決まる（表
1.2）。長距離走のような活動には、効率や持久力、
疲労耐性に優れた遅筋運動単位が関わる。レース終
盤でスパートをかけるときのように、それまで以上
の強い力が必要になると速筋の運動単位を動員して
ペースを上げるのだが、残念なことにこの強度を長
時間維持することはできない。パワークリーンなど、
ほぼ最大筋力に近い発揮が求められる活動では、ほ
とんどすべての運動単位に動員がかかるが、中でも
速筋の運動単位がより重要な役割を果たす。しかし、
まだトレーニングを十分に積んでいない者には、す

表1.2 　競技種目ごとの筋線維タイプの相対的な関与

競技種目	タイプⅠ	タイプⅡ
100m走	低い	高い
800m走	高い	高い
マラソン	高い	低い
オリンピックウェイトリフティング	低い	高い
サッカー、ラクロス、ホッケー	高い	高い
アメリカンフットボール（ワイドレシーバー）	低い	高い
アメリカンフットボール（ラインマン）	低い	高い
バスケットボール、ハンドボール	低い	高い
バレーボール	低い	高い
野球あるいはソフトボール（ピッチャー）	低い	高い
ボクシング	高い	高い
レスリング	高い	高い
50m水泳	低い	高い
陸上競技フィールド種目	低い	高い
クロスカントリースキー、バイアスロン	高い	低い
テニス	高い	高い
スキー（滑降、回転）	高い	高い
スピードスケート	高い	高い
自転車（トラック種目）	低い	高い
自転車（長距離）	高い	低い
漕艇	高い	高い

べての運動単位を動員することは難しいと考えられ
る（4,5,6）。ただ、もし相当な努力により、速筋の運
動単位を多数動員できるようになったとしても、い
かなる状況の下でも最大張力が発揮されるほどの高
頻度の発火を実現することは困難であると思われる。

▶ 筋が発揮する力は、個々の運動単位の発火頻度、あるい
は賦活して動員する運動単位の数により調節される。

固有受容感覚

　固有受容器は、関節、筋、腱に存在する特殊化し
た感覚器である。これらの器官は圧力や張力を敏感
に感知して、筋の動きに関する情報を中枢神経系の
意識および無意識を司る領域に送る役割を果たして
いる。これによって、脳は運動感覚や、重力に対す
る身体各部の位置（姿勢）を正確に認知するために

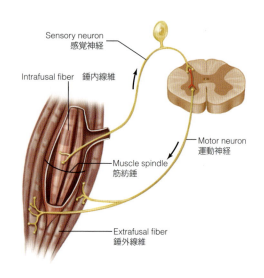

図1.9 筋紡錘。筋が伸張され、筋紡錘の形状が変化すると、筋紡錘の感覚神経が賦活し、インパルスが脊髄に送られる。この感覚神経は脊髄で運動神経とシナプス結合しているために筋収縮が起こる。

必要な情報を得ることができる。しかし、固有受容器からの情報は大部分が無意識のレベルで処理されているので、姿勢の保持や身体各部位の位置の調節をいちいち意識的に行う必要はない。

> 固有受容器は特殊化した感覚器であり、適切な筋緊張を維持したり、複雑な協調が求められる動作を行う際に必要な情報を中枢神経系に送る役割を持つ。

筋紡錘

筋紡錘は、結合組織の鞘に包まれた特殊な筋線維からなる固有受容器である（図1.9）。これらの特殊な筋線維は**錘内線維**と呼ばれており、筋紡錘の外側の通常の筋線維（**錘外線維**）とほぼ平行に配列している。筋紡錘は、筋の長さおよび長さの変化の割合に関する情報を感知する。筋が伸長されると筋紡錘も引き伸ばされる。この形状の変化が筋紡錘の感覚神経を賦活して脊髄にインパルスを送る。脊髄で感覚神経は運動神経とシナプス結合しているので、その伸長した筋を支配している運動神経を興奮させることになる。このようにして、筋紡錘は、筋が抵抗に打ち勝つために必要な張力を発揮できるように制御している。負荷が増大すると、筋がよりいっそう伸長され、筋紡錘の働きによって、筋の活動が増大する。緻密な動作が要求される筋には高密度で筋紡錘が存在し、筋収縮を細やかに制御している。筋紡錘の働きを示すわかりやすい例として、膝蓋腱反射がある。膝伸展筋の膝蓋骨下部の腱をたたくと、この筋紡錘が引き伸ばされる。これによって膝伸展筋の錘外線維が賦活する。すると筋線維が収縮し、膝が急激に伸展する。膝伸展筋群が収縮すると、錘内線維も短縮し、筋紡錘の興奮（脱分極）は停止する。

ゴルジ腱器官

ゴルジ腱器官（GTO）は、筋腱接合部の近くの腱に存在する固有受容器で、錘外線維と縦方向につながっている（図1.10）。ゴルジ腱器官は、筋が活動してその腱が引き伸ばされると興奮し、筋の張力が高まるとゴルジ腱器官の放電も増大する。ゴルジ

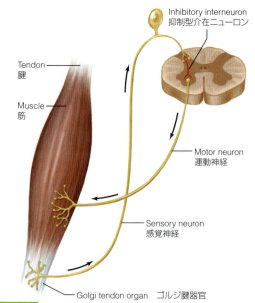

図1.10 ゴルジ腱器官（GTO）。極度に大きな負荷が筋に加わると、ゴルジ腱器官に放電が起こる。ゴルジ腱器官の感覚神経は、脊髄の抑制型介在ニューロンとシナプス結合しており、さらにこの介在ニューロンは同じ筋を支配する運動神経とシナプス結合していて、運動神経に抑制をかける。

アスリートが力の生産について改善するにはどうしたらよいか？

- 神経的な動員を最適化するために、トレーニングに重い負荷を用いる時期を組み込む。
- 目的とする運動に使われる筋の横断面積を増加させる。
- 速筋線維の筋の動員を最適化するために、複数の筋、多関節を用いるより爆発的な運動を行う。

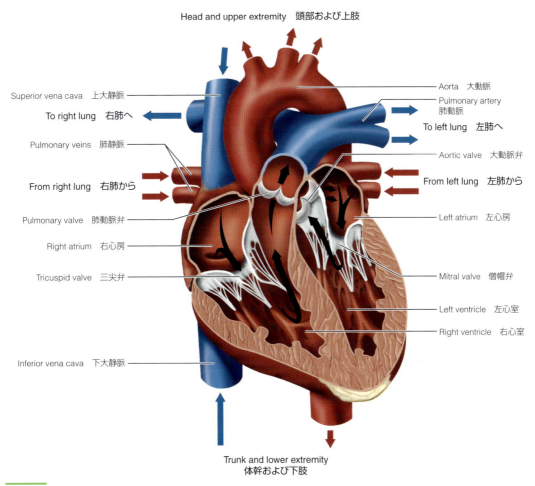

図1.11 ヒトの心臓の構造と各部位（左右の心房および心室）からの血流の流れ。

腱器官の感覚神経は、脊髄の抑制型介在ニューロンとシナプス結合しており、さらにこの介在ニューロンは同じ筋を支配する運動神経とシナプス結合し、運動神経に抑制をかける。その結果として、高まっていた筋と腱の張力は低下する。このように、筋紡錘の作用によって筋の活動が増大するのに対し、ゴルジ腱器官から神経に入力された信号は筋活動を抑制する結果につながる。

この抑制プロセスは、過度の張力発揮を防ぐメカニズムと考えられる。張力が低い場合にはゴルジ腱器官はほとんど働かないが、極度に大きな負荷が筋に加わった場合には、ゴルジ腱器官が反射的に抑制をかけて筋が弛緩することになる。この抑制を解除する運動野の働きは、高重量でのレジスタンストレーニングによって起こる基本的な適応の1つと考えられる。

心臓血管系

心臓血管系の主な役割は、身体の機能のすべての環境を維持しながら栄養素を輸送し、老廃物や副産物を除去することである。心臓血管系は、体内の酸－塩基平衡、水分量、体温などの調節にとどまらず、その他さまざまな生理機能の調節に重要な役割を果たしている。この項では、心臓と血管の解剖学的構造と生理学的機能について解説する。

心臓

心臓は、筋でできた器官であり、関連を持つ2つのポンプが壁を隔てて連結した構造となっている。右のポンプは肺に、左は肺以外の全身に血液を送り出す。左右のポンプは、それぞれ**心房**と**心室**に分かれている（図1.11）。血液は、左右のそれぞれの心房から同側の心室に送られ（左心房から左心室へ、

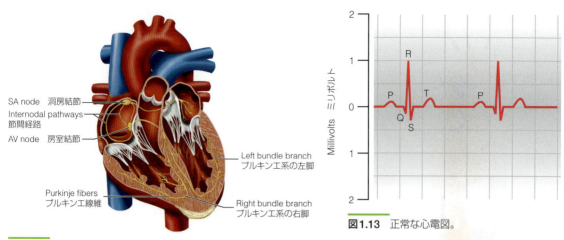

図1.12 心臓の伝導系。

図1.13 正常な心電図。

右心房から右心室へ）、右心室は肺循環に、左心室は体循環に血液を送り出す主要な力を出す（13）。

弁

三尖弁と**僧帽（二尖）弁**（これらを**房室弁**と呼ぶ）は、**心室収縮**時に心室から心房へと血液が逆流するのを防ぐ。**大動脈弁**と**肺動脈弁**（これらを**半月弁**と呼ぶ）は、**心室弛緩**（心拡張）時に大動脈および肺動脈から心室への血液の逆流を防ぐ。弁の開閉は受動的に起こる。圧力勾配が後方に傾くと血液が逆方向に押されるので弁は閉じ、圧力勾配が前方に傾き、血液が押し出されて弁は開く（13）。

伝導系

特殊心筋が関わる刺激伝導系（図1.12）が、心臓の機械的収縮を制御している。刺激伝導系は以下のように働く。

- **洞房結節（SA結節）**。心臓に備わったペースメーカー）から、周期的に電気的インパルスを発する。
- SA結節からのインパルスは節間経路を通って**房室結節**（AV結節）に伝える。
- 房室結節で、心室へインパルスを伝える前にわずかな遅延が起こる。
- **房室束（AV束）**がインパルスを心室に伝える。
- **左右の脚**は、さらに**プルキンエ線維**に枝分かれし、心室全体にインパルスを伝える。

洞房結節は、右心房の上方外側壁に位置し、特別な役割を持つ小さな筋組織である。

この結節の線維は心室の筋線維につながっているので、洞房結節（SA結節）で生じた電気的インパルスは、通常、瞬時に心房に広がる。このインパルスの心室への伝導は、速くなりすぎないように伝導系により制御されているため、心室の収縮前に心房内の血液を心室に送り出す時間が確保できる。インパルスが心室へ伝導するのを遅延させる役割を果たしているのは、主に房室結節とそれに付随する伝導線維である。房室結節は、右心房の後中隔壁に位置する（13）。

房室束から出た左右の脚は心室まで伸びている。この両脚は、房室障壁を貫通する最初の部分を除いて、房室結節の線維とは正反対の機能的特徴を持つ。これらは房室結節の線維よりサイズが大きく、ずっと速い速度でインパルスを伝える。左右の脚はプルキンエ線維に移行して心室により深く入り込み、インパルスをごく短時間のうちに心室全体に伝えるので、左右の心室はほぼ同時に収縮を起こす（13）。

洞房結節の脱分極の頻度が（毎分60～80回）と、房室結節（毎分40～60回）あるいは心室線維（毎分15～40回）を上回っていることにより、心臓は律動的に制御されている。洞房結節の脱分極が起こるたびに、そのインパルスが房室結節や心室線維に伝えられ、その興奮性の膜の脱分極を起こす。これらの組織は自発的に興奮できる性質を持つが、自発的興奮が起こる前に、上述したように洞房結節からの刺激を受けて脱分極を起こす。

心筋に固有の律動性と伝導性は、脊髄の心臓血管中枢からの影響を受ける。心臓血管中枢は、いずれも自律神経系である**交感神経系**と**副交感神経系**を介

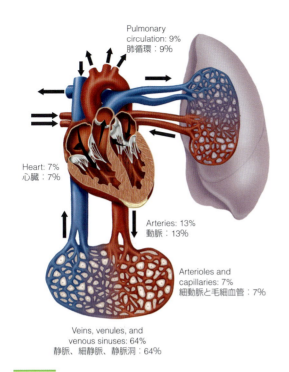

図1.14 循環系を構成する動脈系（右）と静脈系（左）。パーセント値は安静時の循環系各部の血液量の分布を示している。

して心臓に信号を伝える。心房は、交感神経系および副交感神経系の両方の多数のニューロンによる支配を受けるが、心室はほぼ交感神経系のみの支配を受ける。交感神経系の刺激は洞房結節の脱分極を加速し（変時作用）、心拍数が高くなる。副交感神経系の刺激は、洞房結節の脱分極の頻度を遅くして、心拍数を減少させる。安静時の心拍数は、通常毎分60～100拍で、60拍未満は**徐脈**、100拍を超える場合は**頻脈**とされる。

心電図

心臓の電気的活動は体表で記録することができ、これをグラフ化したものが**心電図（ECG）**である。図1.13に示すように、正常な心電図は**P波、QRS複合体、T波**から構成される（QRS複合体はQ波、R波、S波に分けることが多い）。P波とQRS複合体は脱分極を記録したもので、心臓の機械的収縮を引き起こす電気的興奮を表している。**脱分極**とは膜電位が逆転することで、通常はマイナスである膜の内側が弱いプラスとなり、外側が弱いマイナスとなる。P波は、心房が脱分極を起こして収縮したときに、心筋細胞に電位変化が起きたことを表している。QRS複合体は、心室が脱分極を起こして収縮したときの電位変化である。それらとは対照的に、T波は心室が脱分極から回復したときの電位変化を示している。この過程は**再分極**と呼ばれ、脱分極の直後に心室の筋に起こる。心房にも再分極は起こるが、通常、心室が脱分極しているときと同時に起こるため、その波はQRS複合体の波形に覆い隠されてしまう（13）。

血管

中心部の循環（肺循環）と末梢の循環（体循環）は併せて1つの閉じた循環系を2つの構成要素をもって形成している。その構成要素の1つは**動脈系**であり、心臓から血液を送り出す。もう1つが**静脈系**で、血液を心臓に戻す（図1.14）。それぞれの血管について解説する。

動脈

動脈の機能は、心臓から送り出された血液を速やかに輸送することである。心臓から押し出された血液にはかなり高い圧力がかかっているため、動脈は筋でできた強い壁を持っている。動脈から枝分かれした細動脈は、毛細血管へと血液を送る際に血管を制御する働きをする。毛細血管への血液の流入の調節をするのは、主に細動脈である。細動脈の壁は強い筋でできており、細動脈を完全に閉じることも、反対に何倍にも拡張することも可能であり、各組織の求めに応じて毛細血管への血流を幅広い範囲で変化させている（13）。

毛細血管

毛細血管は、身体のさまざまな組織の間質液と血液との間で行われる酸素や体液（水分）、栄養素、電解質、ホルモン、その他の物質の交換を促すという機能を持つ。毛細血管の壁は非常に薄く、必ずしもすべてではないものの、こうした物質を透過する性質を持つ（13）。

静脈

細静脈は毛細血管からの血液を集めて、徐々により大きな静脈に合流し、血液は組織から心臓へと戻っていく。静脈系に加わる圧は非常に低いため、筋でできてはいるが静脈の壁は薄い。このことにより、静脈は大幅な収縮や拡張が可能で、少量であれ、大

量であれ血液の貯蔵所の役割を果たすことができる（13）。さらに、脚などの静脈には、一方向性の弁が備わっていて血液の逆流を防ぎ、静脈還流を助けている。

> ▶ 心臓血管系は、身体のあらゆる機能に適した環境の維持を助ける中で栄養素を輸送し、老廃物を除去する。血液は、細胞で代謝に使われる酸素を肺から組織に送る。そして、代謝で最も多くつくられる副産物である二酸化炭素を組織から肺に送り、肺から体外に排出される。

血液

血液が果たす重要な役割は、細胞での代謝に使われる酸素を肺から各組織へと輸送することと、代謝の副産物である二酸化炭素を組織から肺へと輸送することである。酸素の輸送は、赤血球中に含まれる鉄タンパク質であるヘモグロビンが役割を担う。ヘモグロビンはさらに酸-塩基平衡の維持、つまり細胞内の化学反応の速度にも大きく影響する水素イオン濃度の調節という重要な役割も持っている。血液の主要構成物である赤血球の機能はこれだけではない。大量の炭酸脱水酵素を含んでいて、この酵素が二酸化炭素と水の触媒となって二酸化炭素の除去を促進する機能を持つ。

呼吸器系

呼吸器系の主な機能は、酸素と二酸化炭素の交換である。ヒトの呼吸器系の構造を図1.15に示す。鼻を通過するときに鼻腔は、入ってきた空気に加温、加湿、濾過という3つの作用を施す（13）。その後、空気は気管、気管支、細気管支を通って肺に到る。気管は第1世代呼吸経路、左右の気管支は第2世代呼吸経路と呼ばれ、それぞれがさらに次々に次世代に分岐して細気管支となる。およそ23世代を経て、空気は肺胞に到達し、この肺胞でガスの交換が行わ

れる（13）。

> ▶ 呼吸器系の主な機能は、酸素と二酸化炭素の交換である。

空気の交換

肺にどのくらいの量の空気（吸気および呼気）を出し入れするかについては、肺を拡張させたり、元の状態に復元させたりする運動によって調節される。肺は自ら拡張・収縮することはなく、次の2つの方法、すなわち横隔膜が上下動することで胸腔が伸縮することと、肋骨が上下動することで胸腔前後方向の直径が増減して拡張・収縮する（13）。通常の静かな呼吸は、ほとんどが横隔膜の動きによって行われている。吸気時は横隔膜が収縮すると胸腔内が陰圧になり吸引力が生じて空気が肺に吸入される。呼気時は、横隔膜が弛緩し、肺や胸壁、腹部の各構造が弾性により復元して肺が圧縮され、空気が排出される。呼吸が激しくなると、弾性力だけで必要な呼吸応答を行うには力が不十分である。そこで、主に腹部の筋を収縮させて横隔膜の底を押し上げることで必要な力を補うことになる（13）。

もう1つの肺を拡張させる方法は、胸郭の挙上である。安静時には、胸腔は小さく、肋骨は下向きに傾斜している。胸郭を挙上させると、胸骨が脊椎から離れるように前に移動して肋骨がほぼ前方に向く。胸郭を挙上する筋を吸気筋と呼び、外肋間筋、胸鎖乳突筋、前鋸筋、斜角筋がこれに含まれる。胸部を下げる筋を呼気筋と呼び、腹部の筋（腹直筋、外腹斜筋、内腹斜筋、腹横筋）と内肋間筋が含まれる（13）。

肺胸膜と胸壁胸膜（胸膜とは、肺を包み、胸壁の内側を覆う膜のこと）の間の狭い空間の圧は胸腔内圧と呼ぶ。通常、胸腔内圧はわずかに陰圧となっている。肺は弾性のある構造なので、通常の吸気時には胸郭が拡張すれば肺の表面が伸ばされるが、弾性で戻ろうとする力が働いて陰圧が高まり吸気が促さ

骨格筋のポンプとは何か？

骨格筋のポンプとは、筋肉の収縮が循環系を手助けすることである。筋のポンプは、一方向性の弁を備えている静脈系が心臓へと血液を押し戻すのを助ける。筋が収縮することで静脈が圧迫されるが、この弁があるために血液は一方向にのみ流れ、心臓に戻っていく。運動後、すぐに止まらず動き続けるように言われる理由の1つは、この機構を利用することで血液が下肢に滞留するのを防ぐためである。対照的な話として、長時間座位姿勢を取っているときは、定期的に筋を収縮させて血液を心臓に戻すよう還流を促すことが重要である。

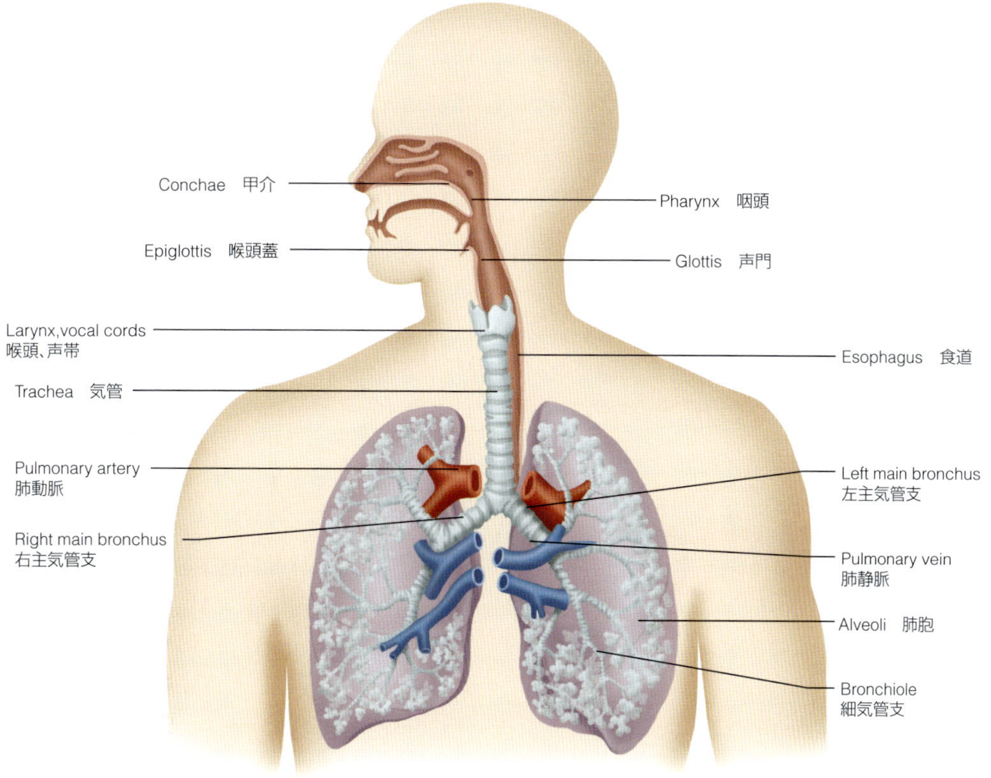

第1章　身体の構造と機能　**17**

Conchae　甲介	Pharynx　咽頭
Epiglottis　喉頭蓋	Glottis　声門
Larynx,vocal cords 喉頭、声帯	Esophagus　食道
Trachea　気管	
Pulmonary artery 肺動脈	Left main bronchus 左主気管支
Right main bronchus 右主気管支	Pulmonary vein 肺静脈
	Alveoli　肺胞
	Bronchiole 細気管支

図1.15　ヒトの呼吸器系の構造。

れる。呼気時は、基本的には、その逆が起こる（13）。

　肺胞内圧とは、声門が開き、肺への空気の出入りがない状態での肺胞内の圧を指す。この状態では、気管から肺胞に至るまでの呼吸樹（respiratory tree）すべての部分は同じ圧であり、その圧は大気圧に等しい。吸気時に、空気の体内への流れを起こすには、肺胞内圧が大気圧より低くならなければならない。そして、呼気時には、肺胞内圧は大気圧より高くならなければならない（13）。

　通常の安静時呼吸では、肺換気に要するエネルギーは、身体で消費される全エネルギーのわずか3〜5％に過ぎない。しかし、非常に激しい運動時には、全エネルギー消費量の8〜15％まで増加することがあるので、とくに運動誘発性喘息などで気道抵抗

が増加する場合には、エネルギー消費の増加が顕著となる。症状の程度に応じて、医師による評価を含む予防措置を取ることが勧められる。

呼吸ガスの交換

　換気によって酸素が肺胞から肺の血液へと拡散し、二酸化炭素は血液から肺胞内へと拡散する。**拡散**の過程は、分子が単純でランダムな運動をすることにより、肺胞の毛細血管膜を通り抜けるというものである。その動きの方向は、一方向ではなく、互いに相対する方向である。分子自体が運動するエネルギーによって、拡散が起こる。全体として気体の拡散は濃度の高い側から低い側へと起こり、これら2つの気体の拡散速度は、毛細血管と肺胞内での濃度（分

呼吸に関する筋をトレーニングすることがいかに重要か？

　日常的に運動を行うことは、呼吸筋の機能を維持する上で有用である。呼吸筋を繰り返し収縮させる持久的な運動と、横隔膜や腹部の筋に負荷をかけて姿勢を維持しつつ腹腔内圧を高める（バルサルバ法）レジスタンストレーニングは、双方とも、いくつかの筋にトレーニング適応をもたらす。このことは、トレーニングを行うことで加齢が進んでも肺の機能を保たせるのに役立つ。しかしながら、手術後やベッドレスト状態が長く続いたために呼吸パターンが阻害されている場合を除いて、呼吸筋のみをトレーニングすることは通常、必要ではない。

圧）によって決まる（13）。

安静時の肺胞内の酸素分圧は、肺の毛細血管よりおよそ60mmHg高いため、酸素が毛細血管へと拡散する。同様に、二酸化炭素は逆方向に拡散する。このガス交換の過程は、瞬間的といってよいほど急速に行われる（13）。

骨格筋系、神経筋系、心臓血管系、呼吸器系の機能・構造に関する知識を身につけておくことが重要である。これには、筋線維の全体構造、微細構造の持つ機能、筋線維のタイプ、腱と筋の相互関係、運動単位とその活動、心臓や血管系、肺、呼吸器系の相互作用といった知識も含まれる。個々のアスリートのニーズに合ったトレーニング戦略を立てるために、このような情報が必要となる。

まとめ

ストレングス＆コンディショニング専門職がコンディショニングの科学的基礎を理解するためには、

重要語句

A帯（A-band）
アセチルコリン（acetylcholine）
アクチン（actin）
活動電位（action potential）
全か無の法則（all-or-none principle）
肺胞内圧（alveolar pressure）
肺胞（alveoli）
大動脈弁（aortic valve）
体肢骨格（appendicular skeleton）
動脈系（arterial system）
細動脈（arteriole）
動脈（artery）
房室束（atrioventricular [AV] bundle）
房室結節（atrioventricular [AV] node）
房室弁（atrioventricular [AV] valves）
心房（atrium）
体軸性骨格（axial skeleton）
二軸関節（biaxial joint）
骨膜（periosteum）
徐脈（bradycardia）
気管支（bronchi）
細気管支（bronchiole）
毛細血管（capillary）
軟骨性連結（cartilaginous joint）
クロスブリッジ（crossbridge）
脱分極（depolarization）
拡張期（diastole）
拡散（diffusion）
遠位（distal）

心電図（electrocardiogram; ECG）
筋内膜（endomysium）
筋外膜（epimysium）
錘外線維（extrafusal fibers）
筋線維束（fasciculi）
速筋線維（fast-twitch fiber）
線維性連結（fibrous joints）
ゴルジ腱器官（Golgi tendon organ：GTO）
ヘモグロビン（hemoglobin）
硝子軟骨（hyaline cartilage）
H帯（H-zone）
I帯（I-band）
下位（inferior）
錘内線維（intrafusal fibers）
左脚（left bundle branch）
僧帽弁（mitral valve）
運動神経（motor neuron）
運動単位（motor unit）
多軸関節（multiaxial joint）
筋線維（muscle fiber）
筋紡錘（muscle spindle）
心筋（myocardium）
筋原線維（myofibril）
筋フィラメント（myofilament）
ミオシン（myosin）
神経筋接合部（neuromuscular junction）
副交感神経系（parasympathetic nervous system）
筋周膜（perimysium）
胸膜（pleura）

胸膜圧（pleural pressure）

パワーストローク（power stroke）

固有受容器（proprioceptor）

近位（proximal）

肺動脈弁（pulmonary valve）

プルキンエ線維（Purkinje fiber）

P波（P-wave）

QRS複合体（QRS complex）

赤血球（red blood cell）

再分極（repolarization）

右脚（right bundle branch）

筋鞘（sarcolemma）

サルコメア、筋節（sarcomere）

筋形質（sarcoplasm）

筋小胞体（sarcoplasmic reticulum）

半月弁（semilunar valve）

洞房結節（sinoatrial [SA] node）

滑走説（sliding-filament theory）

遅筋線維（slow-twitch fiber）

上位（superior）

交感神経系（sympathetic nervous system）

滑液（synovial fluid）

滑膜性連結（synovial joints）

収縮期（systole）

頻脈（tachycardia）

腱（tendon）

強縮（tetanus）

気管（trachea）

三尖弁（tricuspid valve）

トロポミオシン（tropomyosin）

トロポニン（troponin）

T管（T-tubule）

T波（T-wave）

単収縮（twitch）

タイプⅠ線維（Type I fiber）

タイプⅡa線維（Type IIa fiber）

タイプⅡx線維（Type IIx fiber）

単軸関節（uniaxial joints）

静脈（vein）

静脈系（venous system）

心室（ventricle）

細静脈（venule）

脊柱（vertebral column）

Z線（Z-line）

例題

1．筋活動を調節する物質は次のどれか？
   a．カリウム
   b．カルシウム
   c．トロポニン
   d．トロポミオシン

2．神経筋接合部で運動単位の筋線維を興奮させる
　作用を持つ物質は次のどれか？
   a．アセチルコリン
   b．ATP
   c．クレアチンリン酸
   d．セロトニン

3．野球の投球動作では、ボールを投げる直前に腕
　が急速に引き伸ばされる。この伸展を感知して、
　反射的に筋活動を高める反応を引き起こすのは
　どれか？
   a．ゴルジ腱器官
   b．筋紡錘
   c．錘外筋
   d．パチーニ小体

4．通常、心臓の電気的インパルスはどこから始ま
　るか？
   a．房室結節（AV結節）
   b．洞房結節（SA結節）
   c．脳
   d．交感神経系

5．正常な心電図で、QRS複合体のときには何が起
　こっているか？
   Ⅰ．心房の脱分極
   Ⅱ．心房の再分極
   Ⅲ．心室の再分極
   Ⅳ．心室の脱分極
   a．Ⅰ、Ⅲ
   b．Ⅱ、Ⅳ
   c．Ⅰ、Ⅱ、Ⅲ
   d．Ⅱ、Ⅲ、Ⅳ

CHAPTER 2

Biomechanics of Resistance Exercise

レジスタンスエクササイズの
バイオメカニクス

Jeffrey M. McBride, PhD

▶ 本章を終えると

- 骨格筋の主な構成要素を明確にすることができる。
- 筋骨格系のてこの種類を区別することができる。
- スポーツ活動中や運動中の主な解剖学的な動きを明確にすることができる。
- 並進運動と回転運動における仕事とパワーを算出することができる。
- 人間の筋力とパワーに関連する諸要素について説明することができる。
- トレーニング機器の抵抗とパワーのパターンの違いを評価することができる。
- 運動時の関節のバイオメカニクスの重要な要素について示すことができる。

著者は、本章の執筆にあたって多大な貢献をいただいたEverett Harmanに対し、ここに感謝の意を表します。

バイオメカニクスの知識は、スポーツや運動を含めた身体の動きを理解するうえで重要である。**バイオメカニクス**は、筋骨格系の構成要素が相互作用して動きを生み出すメカニズムを考えるものである。どのように身体の動作が起こり、動作において筋骨格系にどのようにストレスが加わるかについて洞察を持っていることで、より安全で効果的なレジスタンストレーニングのプログラムをデザインすることができる。

本章では、最初に骨格筋と身体のメカニクス（力学）について概略を述べる。次に筋力およびパワーの発揮に関連するバイオメカニクスの原理について解説する。そして、トレーニング機器の抵抗として用いられる重力や慣性、摩擦、流体抵抗、弾性などの特性について述べ、その後、肩、腰、膝を中心に、レジスタンストレーニング時の関節のバイオメカニクスを解説する。

骨格筋

動作を起こしたり、外部の物体に力を伝えたりするうえで、骨格筋の両端が結合組織を介して骨に付着していることが必要となる。解剖学上の本来の定義としては、**近位**（身体の中心に近い側）の付着部を**起始**とし、**遠位**（身体の中心から遠い側）の付着部を**停止**としている。動きの小さい側の付着部を起始、大きい側を停止とする定義もあるが、この定義では起始と停止が逆になることがあり、混乱を招く可能性がある。腸骨筋を例に取ると、ストレートレッグ・シットアップでは、動きの小さい大腿骨側が起始となり、動きの大きい骨盤側が停止となる。ところがレッグレイズでは、骨盤は動かないため、骨盤への付着部が起始となり、動きの起こる大腿骨側が停止となる。これと比べて本来の定義では起始、停止が一貫している。

筋が骨に付着する方法は様々である。**筋性付着**は筋の起始に多くみられ、筋線維が直接広範囲の骨に付着して、力が分散されやすい構造となっている。**線維性付着**は、**腱**などが混じり合うようにして、筋鞘と骨を取り巻く結合組織の両方をつないでいる。骨自体にも線維が伸びており、結合をより強固なものにしている。

身体のあらゆる運動において、実質的に複数の筋の動作が関与するが、ある動きについて、最も直接的に動作を起こす筋を**主働筋**と呼び、その動作速度を緩めたり止めたりする筋を**拮抗筋**と呼ぶ。拮抗筋は、関節を安定させたり、素早い動作の最後に四肢を止めるのを助けたりする働きをしており、これによって関節構造（靭帯や軟骨による**軟骨性連結**）を保護している。たとえば投動作では、上腕三頭筋が主働筋として働き、肘を伸展させて、ボールを加速する。肘が完全な伸展に近づくにつれて、上腕二頭筋が拮抗筋として肘の伸展を遅くして動きを止めるように働き、これによって肘の構造を内的な衝撃から保護する。

ある関節運動において、動作を間接的に補助する筋を**協働筋**という。たとえば肩甲骨を安定させる筋は、上腕の動作中に協働筋として作用する。協働筋が働かない場合、上腕の運動を起こす筋の多くは肩甲骨に起始を持つため、効率的に作用できない。また、2つの関節をまたいでいる筋（二関節筋）が主働筋である場合に、身体の動きをコントロールするのも協働筋の作用である。たとえば、大腿直筋は股関節と膝関節をまたいでおり、収縮することで股関節の屈曲と膝関節の伸展を担う二関節筋である。深くしゃがみ込んだ状態から立ち上がるときには、股関節の伸展と膝関節の伸展が行われる。体幹を前傾させずに立ち上がろうとするとき、大腿直筋が収縮して膝伸展に作用すると、同時に股関節の屈曲にも作用するため、これを打ち消すために大殿筋などの股関節伸筋が協働筋として収縮する必要がある。

筋骨格系のてこ

身体には、顔、舌、心臓、血管平滑筋、括約筋などてこを通じた作用をしない筋も多数あるが、スポーツ競技や運動に直接関わる身体運動は、主に骨格によるてこを通じて起こる。そういった身体の動作がどのように起こるかを理解するには、てこについての基本的な知識が必要である。基本用語の定義を以下に示す。

第一種のてこ——筋力と抗力が支点をはさんで反対側に作用するてこ（図2.2）。
支点——てこの軸となる点。
てこ——剛体または半剛体でできている物体で、力（作用線が支点を通らない）が加えられた際に、

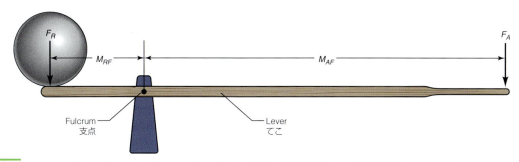

図2.1 てこ。てこは、ある一点に加えられた力のうち、回転弧の接線方向の分力を反対側へと伝達する。F_A＝てこに加えられた力。M_{AF}＝加えられた力のモーメントアーム。F_R＝てこの回転に対する抗力。M_{RF}＝抗力のモーメントアーム。てこがつりあった状態では、物体に対して加えられた力は、F_Rと等しく、方向は反対となっている。

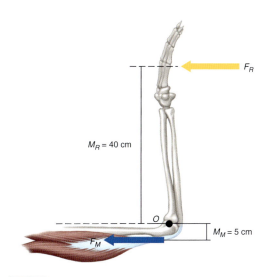

図2.2 第一種のてこ（前腕）。抵抗に対して肘を伸展している（例：トライセップスエクステンション）。O＝支点。F_M＝筋力。F_R＝抗力。M_M＝筋力のモーメントアーム。M_R＝抗力のモーメントアーム。力学的有効性＝M_M/M_R＝5cm/40cm＝0.125であり、1.0より小さいため、一般的には不利な条件である。

回転を妨げるような物体に対して力を発揮するように働く（図2.1）。

力学的有効性——てこに加えられた力のモーメントアームと、抗力のモーメントアームの比（図2.1）。加えられた力のトルクと抗力のトルクとが釣り合うためには、「筋力×筋力のモーメントアーム」が「抗力×抗力のモーメントアーム」と等しくなければならない。力学的有効性が1.0を超えていれば、抗力より小さい筋力で等しいトルクが生み出せることになる。逆に力学的有効性が1.0未満の場合、存在する抗力よりもより大きい力（筋力の発揮）が必要となることを示しており、筋肉にとっては明らかに不利である。

モーメントアーム（またはフォースアーム、レバーアーム、トルクアーム）：——支点から力の作用線までの垂直距離。作用線とは、力の作用点を通り、力の発揮されている方向に無限にのびる直線をいう。

筋の張力——生化学的な活動（筋収縮）、あるいは非収縮性組織が伸張されることにより生み出され、筋の両端を互いに引き寄せようとする力。

抗力——身体の外部で発生し、筋の張力と逆に作用する力（例：重力や慣性、摩擦）。

第二種のてこ——筋力と抗力が支点からみて同じ側に作用し、筋力のモーメントアームのほうが長いてこ。ふくらはぎの筋を作用させて背伸びをする動作がその例であり、母趾球が支点となる（図2.3）。筋力のモーメントアームのほうが長く力学的有効性が高いため、発揮する筋力は抗力（つまり体重）以下でよい。

第三種のてこ——筋力と抗力が支点からみて同じ側に作用し、筋力のモーメントアームのほうが短いてこ（図2.4）。力学的有効性は1.0未満で、そのため、抗力のトルクと等しいトルクを生み出すために、抗力以上の筋力の発揮が必要となる。

トルク（またはモーメント）——支点を中心として物体を回転させようとする力の大きさ。モーメントアームの長さと力の大きさの積と定義されている。

図2.2は、第一種のてこを示している。なぜなら、筋力と抗力が支点をはさんで反対側に作用するからである。アイソメトリック（等尺性）あるいは一定のスピードの関節運動中は、$F_M × M_R = F_R × M_R$である。M_MはM_Rより小さいため、F_MはF_Rよりも大きくな

けれa ばならない。このことはこの並びの不利になる特性を示している（たとえば、相対的に小さな外的な抵抗に対して、より大きな筋力が必要となる）。

四肢に関節まわりの回転運動を起こす筋は、ほとんどが力学的有効性が1.0より小さいため、外界の物体に対して作用する力よりもはるかに大きな筋力が発揮されている。たとえば図2.2において、抗力のモーメントアームは筋力のモーメントアームの8倍であるため、筋力は抗力の8倍となる。このように筋や腱に生じる内力はきわめて大きく、こうした組織に傷害が生じる大きな原因となる。実際の運動中においては、支点の位置をどこにするかの違いによって、第一種、第二種、第三種のうち、どのてこに分類されるかが変わるため、てこの分類ができることよりも、力学的有効性について理解していることのほうがより重要である。

現実世界の運動においては、力学的有効性が連続的に変化することがしばしばある。以下がその例である。

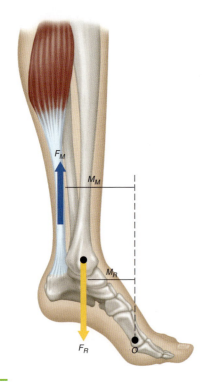

図2.3 第二種のてこ（足部）。抵抗に対して足関節を底屈している（例：スタンディング・ヒールレイズ）。F_M＝筋力。F_R＝抗力。M_M＝筋力のモーメントアーム。M_R＝抗力のモーメントアーム。身体を挙上する際、母指球が足部の回転の中心となり、支点（O）となる。M_MはM_Rより大きいため、F_MはF_Rよりも小さくなる。

- 膝関節は真の蝶番関節でないため、膝の伸展・屈曲運動では回転軸が可動域全体で連続的に変化し、大腿四頭筋やハムストリングスが作用する際のモーメントアームの長さも変化する。膝の伸展では、膝蓋骨（いわゆる膝のお皿）によって大腿四頭筋腱が回転軸に近づきすぎないように保たれ、大腿四頭筋の力学的有効性の大幅な変化を防いでいる（図2.5）。
- 肘の伸展や屈曲では、膝蓋骨のように回転軸と腱の力の作用線との垂直距離を一定に保つための構造はない（図2.6）。
- フリーウェイトを用いたレジスタンストレーニングでは、ウェイトによる抗力のモーメントアームの長さは、バーベルあるいはダンベルの中心を通る線から、回転運動の起こっている関節までの水平距離で、ウェイトの挙上に伴って変化する（図2.7）。

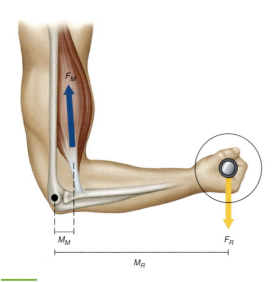

図2.4 第三種のてこ（前腕）。抵抗に対して肘関節を屈曲している（例：バイセップスカール）。F_M＝筋力。F_R＝抗力。M_M＝筋力のモーメントアーム。M_R＝抗力のモーメントアーム。M_MはM_Rより小さいため、F_MはF_Rよりも大きくなければならない。

> 骨格筋の多くは、体内におけるてこの配置と、身体が抵抗する外力との関係により力学的有効性がかなり低い状態で働いている。このため、スポーツ競技やほかの身体活動では、手足が外部の物体や地面に及ぼす力よりもかなり大きな力が、筋や腱に加えられている。

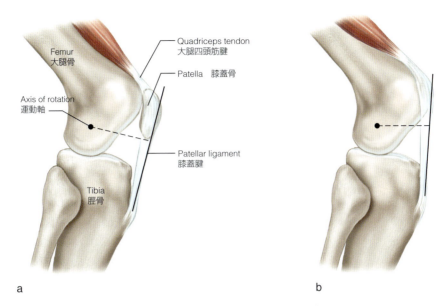

図2.5 （a）膝蓋骨は膝の回転軸からの距離を保つことによって、大腿四頭筋の力学的有効性を高くする。（b）膝蓋骨がなければ、大腿四頭筋の腱が膝の回転軸に近づき、筋力の作用する際のモーメントアームが短くなり、筋の力学的有効性が低下する。Gowitzke and Milner, 1988（12）より許可を得て転載。

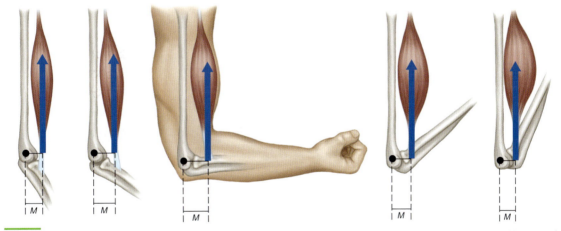

図2.6 上腕二頭筋の収縮により肘関節の屈曲が起こると、関節可動域を通じて回転軸から上腕二頭筋腱の作用線までの垂直距離が変化する。モーメントアーム（M）が短いと、力学的有効性が小さくなる。

腱の付着部位のバリエーション（変異）

　腱の骨への付着部位には、人体のほかの構造と同じくかなりの解剖学的な個人差がある。関節の中心から遠い位置に腱が付着している人は、モーメントアームが長く、大きなトルクを関節まわりに発揮できるため、より高重量のウェイトを挙上する能力がある（図2.6において腱の付着部位が図の位置よりも関節から離れている場合、モーメントアーム〔M〕は増加する）。ところが、腱が関節から遠いところに付着していることは、運動に必ずしも有利に作用するとは限らない（トレードオフの関係にある）と認識することは重要である。腱の付着が関節中心から遠いことで力学的有効性が大きくなるものの、最大スピードは失われる。なぜなら、同じ可動域の関節運動を起こすために、筋はより短縮しなければならないからである。つまり、筋の短縮が同じであっても、身体セグメント（前腕や上腕などの部位）の関節における回転角度が減少するため、動作スピードの減少となる。図2.8aには、仮にある長さの筋の短縮が起こった場合、37°の回転が起こることを示している。しかし、腱の付着部位が関節における回転の中心から遠い図2.8bでは、力動的な三角形の各

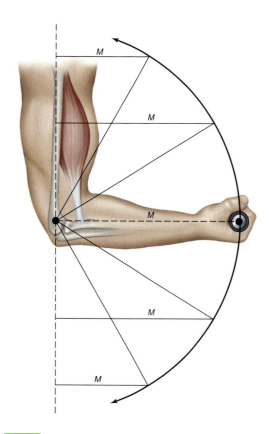

図2.7 ウェイトの挙上に伴って、ウェイトと肘との水平距離が変化するので、ウェイトの作用するモーメントアーム（M）も変化し、その結果として抵抗トルクが変化する。

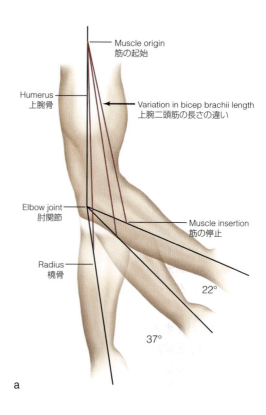

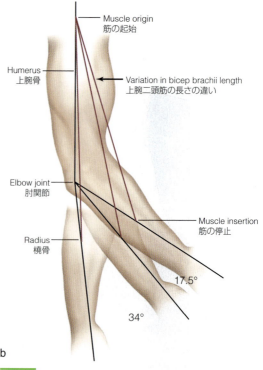

図2.8 関節中心と腱の付着部位との距離が（a）近い場合と、（b）遠い場合での一定の筋短縮によって生じる関節角度の変化。モーメントアームが長いbにおいては、一定の筋力に対して大きなトルクが生じるが、1回の筋収縮当たりの関節角度の変位量が減少するため運動のスピードは低下する。

頂点が起始と停止と関節の回転の中心なので、同じだけ筋の短縮が起こっても34°の回転しか起こらない。

　同じ回転速度での動作を起こすために、腱の付着が関節から遠い場合にはより速い速度の筋収縮が必要となるが、本章後半に述べるように「力−速度関係」（34）が反比例の関係にあることから、速度を上げると力は低下する。したがって、腱の付着部位が関節から遠い場合、速い動作で発揮される筋力は低くなる。

　相対的にわずかな構造上の個人差が、どのようにして有利また不利という結果につながり得るかがわかるだろう。骨格の並びを変えることはできないが、腱の付着部位が関節から遠いと、パワーリフティングなどの遅い動作には有利であるのに対し、テニスのストロークのような競技の中でみられる速度の速い動作には不利になるということを理解しておくことは重要である。

身体の解剖学的平面と主な身体の運動

図2.9は、基本的な解剖学的立位肢位を示している。これは直立して、両腕を体側に下垂し、手のひらを正面に向けた姿勢のことである。解剖学では、MRI画像に示されるように、身体を左右に分ける矢状面、前後に分ける前額面、上下に分ける水平面の3平面でみるのが一般的である。また、各平面とも、必ずしも身体の中央を通らなくてもよい。解剖学的平面は、主な身体の運動を表現するうえでも役立つ。たとえば、スタンディング・バーベルカールの動作は矢状面で、スタンディング・ダンベルラテラルレイズは前額面で、ダンベルフライは水平面で動きが起こる。

人間の運動のバイオメカニクス的な分析が、狙いとする身体活動を定量化して分析する際に用いられることがある。しかしながら、分析に必要な機器や専門的な知識がない場合に競技動作の基本的特徴を把握するには、簡便な視覚的観察を用いるのが妥当である。視覚的観察をもとにエクササイズを選択するときに、競技動作で使用されている関節が同じ動作を行うようなエクササイズを選択することで、トレーニングの特異性につながる。なお、視覚的観察には、スローモーションのビデオが役立つ。また、デジタルビデオで撮影されたスポーツ動作の詳細な解析ができる市販のソフトウェアも利用できる。

図2.10に、動作を考えた運動処方に向けた、管理しやすいフレームワーク（枠組み）を提供する簡便な身体動作の例を示した。なお、実際の身体運動では、矢状面、前額面、水平面のいずれか1つの平面上のみで起こる運動はほとんどないが、各平面上で筋をエクササイズすることで得られるトレーニング効果は、各平面間での動作の強化にも十分に関与するため、主要な3平面上での運動のみを考える。

図2.10に示すすべての動作が含まれていれば、そのトレーニングプログラムは総合的かつバランスがよいといえるかもしれないが、中には標準的なトレーニングプログラムから外される動作があったり、重点的に行われる動作もある。標準的なレジスタンストレーニングプログラムには含まれないが競技動作において重要度の高い動作として、肩関節の内・外旋（投動作、テニス）、膝関節の屈曲（短距離走）、股関節の屈曲（蹴り、短距離走）、足関節の背屈（走動作）、股関節の内・外旋（ピボット）、股関節の内・外転（側方移動）、体幹の回旋（投動作、打撃動作）、さまざまな方向への首の運動（ボクシング、レスリング）などがある。

筋力とパワー

「筋力」と「パワー」という用語は、スポーツ競技やその他の身体活動において、最大努力に関係する複数の重要な能力を表現するために広く使用されている。しかし、残念なことに用語の使い方で一貫性に欠けていることがしばしばある。この項では、筋力とパワーを理解するための科学的基礎と、さまざまな要因が筋力やパワーの発揮にどのように影響を及ぼすかについて解説する。

基本的な定義

筋力が力を発揮する能力であることは広く受け入れられているが、筋力をどのように測定するかについては、さまざまな意見がある。筋力を定量的に測定する最も古い方法は、おそらく挙上可能な重量を

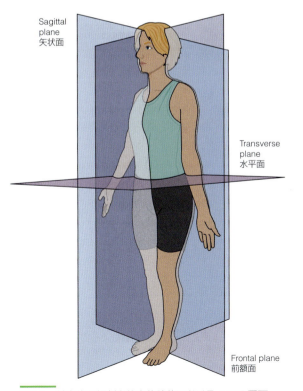

図2.9 基本的な解剖学的立位肢位における3つの平面

手関節－矢状面 掌屈 　リストカール 　テニスのサーブ 背屈 　リストエクステンション 　ラケット競技のバックハンド	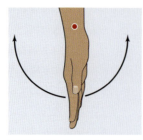	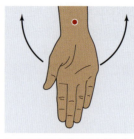	**手関節－前額面** 尺屈 　尺側へのリストカール 　野球のバッティング 橈屈 　尺側へのリストカール 　ゴルフのバックスイング
肘－矢状面 屈曲 　バイセップスカール 　ボウリング 伸展 　トライセップスプッシュダウン 　砲丸投げ	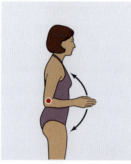	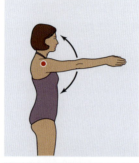	**肩－矢状面** 屈曲 　フロント・ショルダーレイズ 　ボクシングのアッパーカット 伸展 　ナローグリップ・ロウ 　競泳（自由型）
肩－前額面 内転 　ワイドグリップ・プルダウン 　競泳（平泳ぎ） 外転 　ワイドグリップ・ショルダープレス 　飛び板飛び込み	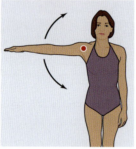	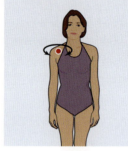	**肩－水平面** 内旋 　腕相撲の動き（ダンベル、ケーブル） 　野球のピッチング 外旋 　腕相撲の逆の動き 　空手の防御
肩－水平面 （上腕が体幹に対して90°） 内転 　ダンベルフライ 　テニスのフォアハンド 外転 　ベントオーバー・ラテラルレイズ 　テニスのバックハンド		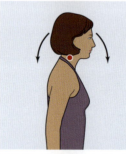	**首－矢状面** 屈曲 　ネックマシーン 　前転 伸展 　バックブリッジ 　後転
首－水平面 左回旋 　徒手抵抗 　レスリング 右回旋 　徒手抵抗 　レスリング			**首－前額面** 左側屈 　ネックマシーン 　スキーのスラローム 右側屈 　ネックマシーン 　スキーのスラローム

図2.10
主な身体運動の一覧。記載がなければ、それぞれの運動は解剖学的基本肢位で定義された平面上の運動である。また、それぞれの運動に関連の深いレジスタンストレーニングのエクササイズ種目、競技動作も記載している。
Harman, Johnson, and Frykman, 1992（16）より許可を得て転載。

第 2 章　レジスタンスエクササイズのバイオメカニクス　29

下背部－矢状面
屈曲
　シットアップ
　やり投げ

伸展
　バックマシーン
　後転

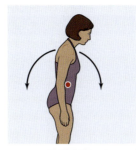

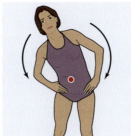

下背部－前額面
左側屈
　頭上を通したメディシンボールの
　フック投げ
　体操競技の側転

右側屈
　サイドベンド
　バスケットボールのフックショット

下背部－水平面
左回旋
　メディシンボール・サイドトス
　野球のバッティング

右回旋
　トルソーマシーン
　ゴルフのスイング

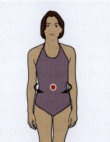

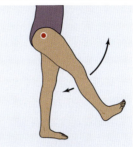

股関節－矢状面
屈曲
　レッグレイズ
　アメリカンフットボールのパント

伸展
　スクワット
　幅跳びの離地

股関節－前額面
内転
　スタンディング・アダクションマシーン
　サッカーのサイドステップ

外転
　スタンディング・アダクションマシーン
　ローラーブレード

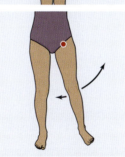

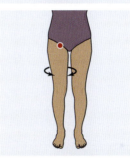

股関節－水平面
内旋
　抵抗をかけた内旋
　バスケットボールのピボット動作

外旋
　抵抗をかけた外旋
　フィギュアスケートのターン

股関節－水平面
（大腿が体幹に対して90°）
内転
　アダクションマシーン
　空手の内払い

外転
　シーティッド・アブダクションマシーン
　レスリングのエスケープ動作

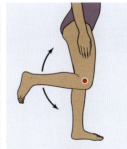

膝－矢状面
屈曲
　レッグカール
　飛び込みの抱え込み動作

伸展
　レッグエクステンション
　バレーボールのブロック

足関節－矢状面
背屈
　トゥーレイズ
　ランニング

底屈
　カーフレイズ
　走り高跳び

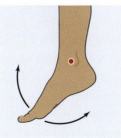

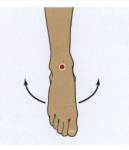

足関節－前額面
内がえし
　抵抗をかけた内反
　サッカーのドリブル

外がえし
　抵抗をかけた外反
　スピードスケート

図2.10　（続き）
Harman, Johnson, and Frykman, 1992（16）より許可を得て転載。

測定することだろう。技術的な進歩によって、等尺性筋力測定や等速性筋力測定が一般化している。身体や用具（例：野球のバット、やり投げのやり、テニスラケット）の加速度（単位時間当たりの速度変化）は、すべてのスポーツ競技に関連する。加速度はニュートンの第二法則による抗力に関連する。

$$力＝質量×加速度 \qquad (2.1)$$

　異なるさまざまな速さで筋力を発揮する能力には個人差があるため（43）、等尺性や低速のウェイトの挙上による筋力測定結果から高速度で力を発揮する能力を推定しても、かなり幅のあるものにならざるを得ない。したがって、さまざまな負荷で競技選手の筋力の能力を測定すれば、その人の競技特異的な能力や弱点について、より深い洞察がもたらされる。運動速度を制御およびモニターしつつ行う筋力測定には高性能の機器を必要とするが、スポーツ競技においては等尺性筋力測定や最大挙上重量よりも明らかに価値は高いといえる。

ポジティブワークとポジティブパワー（正の仕事と正のパワー）

　特定の動作速度あるいは高速度における筋力の能力に対する好奇心から、高速度での筋力発揮能力の指標となるパワーに関心が集まっている。日常的に用いられる**パワー**という言葉は「爆発的な筋力」という曖昧な定義がなされている（42）。しかしながら、物理学用語としては「単位時間当たりの仕事量」と定義される。ここでいう**仕事**とは、「ある物体に加えられた力」と「力が加えられた方向に移動した物体の距離」の積である。定量的には、仕事とパワーは以下のように定義される。

$$仕事＝力×移動距離 \qquad (2.2)$$
また
$$パワー＝仕事÷時間 \qquad (2.3)$$

　パワーは「物体に加えられた力」と「力が加えられた方向への物体の速度」の積、あるいは「物体の速度」と「物体が移動した方向に加えられた力」の積としても算出される。

　本章の等式を用いるには、統一された単位系を使

表2.1　一般的な計測値をSI単位系へ変換する方法

SI単位	元の単位	換算法
ニュートン（N）	ポンド（lb）	×4.448（4.448をかける）
ニュートン（N）	キログラム重（kg）	×（地域の重力加速度）
ニュートン（N）	キログラム力（kg）	×9.807
メートル（m）	フィート（ft）	×0.3048
メートル（m）	インチ（in.）	×0.02540
ラジアン（rad）	度（°）	×0.01745

用する必要がある。世界的基準である国際単位系（SI）では、力はニュートン（N）、距離はメートル（m）、仕事はジュール（J：すなわちニュートン×メートルあるいはN・m）、時間は秒（s）、パワーはワット（W：すなわちJ/s）で示す。それ以外の一般的な単位系をSI単位系に換算する方法を表2.1に示す。

　式2.2を適用する例としては、ウェイトの重量（F_1）と求める加速度に要した力（F_2）の和と、ウェイトが持ち上がった垂直変位（D）の積で求められる。ウェイトと力の方向が、変位の方向と一致することに注意すべきである。この関係を決定づけるのは、力のベクトルと変位のベクトルの間の角度（θ）によって定義される。たとえば、100kgのバーベルを2m挙上する動作を10回繰り返したときの仕事量を算出してみよう。

1. バーベルの**重量**（F_1）をSI単位（ニュートン）で算出する。バーベルの質量（kg）に地域別の重力加速度（m/s^2）をかけて求める。地域別の重力加速度が不明な場合は、概算値として9.8m/s^{2}を使用する。前述のように、シータ（θ）は、力と変位の両ベクトル間の距離であり、この場合ゼロとなる。

$$F_1 \uparrow F_2 \uparrow D \uparrow \theta = 0°$$

　バーの重量に対抗するために加えられた力（F_1）$= 9.8\,m/s^2 × 100\,kg × \cos 0° = 980\,N$

2. 追加の力（F_2）を計算するには、ある一定の割合

でバーの質量を加速させる必要がある（後で計算する際に、バーを下げていくときに、制御された方法で行う必要がある）。たとえば、もし上方への加速度を $2\,\mathrm{m/s^2}$ としたい場合、必要な力は、

バーに対して上方に加えられる力（F_2）
$= 2\,\mathrm{m/s^2} \times 100\,\mathrm{kg} \times \cos 0° = 200\,\mathrm{N}$

3. 式2.2を適用して、10回の動作の総仕事量をジュールで算出する。

仕事（正の方向）$= (980\,\mathrm{N} + 200\,\mathrm{N}) \times 2\,\mathrm{m} \times 10$ 回
$= 23,600\,\mathrm{J}$

こうした仕事量の算出は、1回のワークアウトの量を定量化する際に非常に有用である。セットごとの仕事量を上記の方法で算出し加算していくことで、トレーニング全体の総仕事量を明らかにすることができる。フリーウェイトを使ったエクササイズでは、各個人の動作の、床からバーまでの高さの最高位置と最低位置を測定し、最高値から最低値を引いてバーの垂直移動距離を求める。ウェイトスタックを用いたエクササイズでは、スタックの垂直移動距離を測定する。ウェイトの重量にかかわらずエクササイズ種目ごとの各個人におけるバーの移動距離は同じなので、測定はバーのみか最も軽いスタックのみで行う。上記の例で、10回の動作の所要時間が40秒間ならば、式2.3から、発揮された平均パワーは以下のようになる。

パワー（正の方向）$= 23,600\,\mathrm{J}/40$ 秒 $= 590\,\mathrm{W}$

ネガティブワークとネガティブパワー（負の仕事と負のパワー）

パワーは力と速度の積であるため、加えた力と反対方向にウェイトが移動すると（ウェイトをゆっくりと降下させる場合など）、算出される仕事やパワーは負の値となる。このような「ネガティブ」な仕事、あるいは「ネガティブ」なパワーは、ウェイトを下ろす動作や、素早い速度の運動から減速させるというような筋の伸張性活動時にみられる。厳密にいえば、ネガティブワーク（負の仕事）やネガティブパワー（負のパワー）というものは存在せず、負の仕

事と呼ばれるものは筋が行った仕事ではなく、筋が作用を受けた（筋に対して行われた）仕事とするべきである。ウェイトの挙上時には、筋はそのウェイトに対して仕事をし、ウェイトの位置エネルギーは増加する。一方で、ウェイトを降下させると、ウェイトの位置エネルギーによって同等の仕事がスポーツ選手に対して作用することになる。したがって、ウェイトの挙上と降下を繰り返す場合、選手がウェイトに正と負の仕事を繰り返すというよりは、選手とウェイトが交互に仕事をすると理解される。そして、動作が行われる速度によって、発揮されるパワーの出力が決まる。バーを下方へ自由落下させたときの加速度は $9.8\,\mathrm{m/s^2}$ である。もし加えられた力が合計で $980\mathrm{N}$（F_2）であれば、加速度は $0\,\mathrm{m/s^2}$ となる。ここで力を $200\mathrm{N}$ 減らすと（バーの質量の $100\mathrm{g}$ で 200 を除す、$\mathrm{a} = \mathrm{F/m}$）、加速度は下方へ $2\,\mathrm{m/s^2}$ となる（言い換えると、バーに加わる力を減少させることによって、バーの加速度を制御している）。

1. 力（F_3）を計算するには、一定の加速度でバーを下方に下ろしていく必要がある。たとえば、もし下方への加速度を $2\,\mathrm{m/s^2}$ としたい場合、必要な力は、

$F_1\!\uparrow F_3\!\downarrow D\!\downarrow \theta = 0°$

バーを下方へ加速させる際に差し引かれた力は
（F_3）$= 2\,\mathrm{m/s^2} \times 100\,\mathrm{kg} \times \cos 0° = 200\,\mathrm{N}$

2. 式2.2を適用して、10回の動作の総仕事量をジュールで算出する。

仕事（負の方向）$= (980\,\mathrm{N} + {-200}\,\mathrm{N}) \times {-2}\,\mathrm{m} \times 10$ 回 $= {-15,600}\,\mathrm{J}$

3. 式2.3を適用して、10回の動作の平均パワーをワットで算出する。

パワー（負の方向）$= {-15,600}\,\mathrm{J}/40$ 秒 $= {-390}\,\mathrm{W}$

角運動量とパワー

上記の仕事やパワーの等式は、物体が直線上をある位置から別の位置に移動する際に適用した。物体に対して回転軸周りに回転運動を始めさせたり、回

転している物体の回転速度を変化させる際には、仮に物体が全く移動しなくても、仕事やパワーが必要である。物体の回転角度を**角変位**といい、SI単位ではラジアン（rad）を用いる。1 rad＝180°÷π＝57.3°、ここでπは3.14とする。**角速度**は物体の回転スピードで、単位はrad/sである。トルクの単位はN・mで仕事の単位と同じだが、混同してはならない。この違いは、トルクのmはモーメントアームの長さ（力の作用線と**垂直**）を示しているが、仕事の単位においては力の作用線に**沿った**移動距離を示すものである。物体が移動する際と同じく、物体の回転運動における仕事の単位はJ（ジュール）、パワーはW（ワット）で表される。

回転運動の仕事は以下の式によって求められる。

仕事＝トルク×角変位　　　　　　　　**(2.4)**

式2.3を使って、並進運動のパワーと同様に、**回転運動のパワー**を算出することができる。

▶ 筋力は低速動作による発揮筋力、パワーは高速動作による発揮筋力という意味合いで使用されることがあるが、どちらの変数も、ある速度において力を発揮する能力が反映されるものである。パワーは力と速度の関数で、直接算出できる。

筋力 vs. パワー

「パワー」という言葉は、日常的に使用されている意味と科学的な定義が異なるため、種々の誤解が生じている。たとえばパワーリフティング競技では、大きな力が発揮されるが運動速度は遅く、発揮される力学的パワーは重量挙げ（オリンピックリフティング）などのほかのスポーツ競技より小さい（6）。このような矛盾があっても、パワーリフティングという競技名が変わることはおそらくないだろう。ストレングス＆コンディショニング専門職は、曖昧さを避けるためにもパワーという用語は常に科学的な意味で使うべきである。また、**筋力は低速動作による発揮筋力、パワーは高速動作による発揮筋力**という意味合いで使用されることがあるが、どちらの変数も、ある速度において力を発揮する能力が反映されるものである。パワーは力と速度の関数で、直接算出できる。そのため、3つの変数である力、速度、

パワーのうち2つがわかっていれば、残りの変数を算出できる。もし特定の動作速度において大きな力あるいはパワーを発揮できる人というのは、厳密には、同じ能力——つまり、ある特定の速度で物体を加速させる能力があるということを意味する。したがって、筋力は低速動作、パワーは高速動作と関連させるのは妥当ではない。どのような動作速度であれ、筋力は、ある速度で力を発揮する能力であり、パワーは発揮された力と速度の積である。最も重要なことは、あるスポーツ競技において、その特徴的な速度で力を発揮する能力であり、重力に打ち勝って身体や用具を加速させる能力である。抵抗が大きく、比較的動きが遅いスポーツ競技であれば低速度での筋力が重要であり、抵抗が小さく、動きが非常に速いスポーツ競技では高速度での筋力が重要となる。たとえば、アメリカンフットボールのラインマン（オフェンスとディフェンス）が押し合う際には、相手選手から加えられる筋力と相手選手の体重による慣性の影響で、動作速度は遅くなる。この状況では筋は高速度で収縮できないため、低速度で力とパワーを発揮する能力がパフォーマンスにおいて重要な構成要素となる。対照的に、バドミントンでは慣性による抵抗となるものは軽量のラケットと選手自身の腕のみなので、筋はすぐに最大速度に達する。したがってストロークを素早く調節するには、高速度で力とパワーを発揮する能力が重要となる。

▶ ウェイトリフティング競技（オリンピックリフティング）では、パワーリフティングよりもパワーの構成要素が強い。これは挙上動作において、重いウェイトを用い、動作の速度がより大きいためである。

筋力に関与するバイオメカニクス的因子

筋力の発揮には、神経制御、筋の横断面積、筋線維の配列、筋長、関節角度、筋収縮速度、関節の角速度、体格など、多数のバイオメカニクス的な因子が関与する。ここではこれらの諸要因について、三次元的な筋力の関係や、筋力−体重比も含めて解説する。

神経制御

神経は、筋収縮に使われる運動単位のタイプと数の調節（**動員**）と、運動単位の**発火頻度の調節**とい

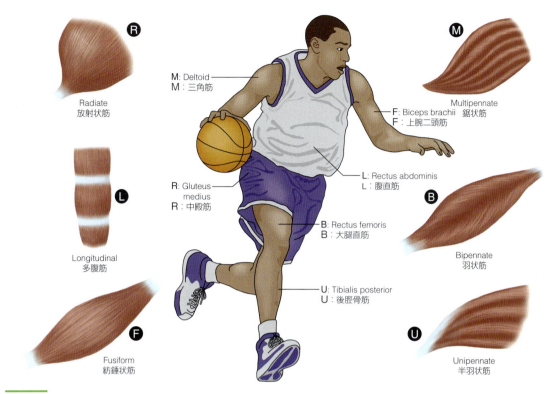

図2.11 筋線維の配列の種類と、それぞれの例。

う2種類の方法で最大筋力の発揮に関与する(4)。一般に、(a) 収縮する運動単位数が増加する、(b) 大きな運動単位が動員される、(c) 発火頻度が上昇する、というときに筋力が大きくなる。レジスタンストレーニング開始直後の数週間で生じる筋力の向上は、脳が、ある量の収縮性の組織で生じる力をより大きくする方法を学習するという神経的な適応が大きく寄与していることが明らかになっている (33)。レジスタンストレーニングを始めたばかりの人が、最初の数週間のような筋力の向上を維持できずに意欲を失うことは珍しくない。そのような人たちは、トレーニング計画を順守すれば、筋肥大など神経の適応に比べてより時間のかかる他のメカニズムを介してだが、継続的な向上という結果を実現することができるということを知っておくことが重要である。

筋の横断面積

ほかのすべての条件が等しければ、筋が発揮できる力は、筋量より筋の横断面積との関係が強い (11, 31)。たとえば、体脂肪率はほぼ等しいけれども身長が異なる2人のスポーツ選手の場合、上腕二頭筋部の周径囲が等しく上腕の筋横断面積がほぼ等しい場合、より身長の高い(したがってより体重が重い)選手は、筋長が長く、筋量が大きくなるが、上腕二頭筋の筋力は、両者間でほぼ等しくなる。筋力が同じで体重が重いため、身長の高いほうの選手は自分の身体を持ち上げたり、加速したりするときに不利となる(たとえば主に自重を使うようなエクササイズや体操を行う場合)。一流の体操選手に非常に背の高い選手が少ない理由は、このことによる。第1章で述べたように、レジスタンストレーニングは筋力と筋の横断面積の双方を増加させる。

筋線維の配列

筋の最大収縮によって発揮される力は、筋の横断面積に対して16〜100N/cm^{2}とされている (21)。これほど大きな幅がある理由として、筋の長軸に対するサルコメアの配列の違いがある(図2.11)(21)。**羽状筋**(うじょうきん)では、筋線維が腱に対して斜めに並び(配列し)、羽のような形状となる。筋の起始と停止を結んだ線と筋線維の角度を**羽状角**と呼び、0°は羽状角がない状態を意味する。

人体の筋の多くは羽状筋であるが (20,39)、羽状

角が15°を超えるものは少ない。実際のところ、筋における羽状角は一定ではなく、筋が短縮するにつれて羽状角は大きくなる。したがって、横断面積が同じであれば、何らかの要因によって羽状角の変化が起これば、筋力や収縮速度にも影響することになる。羽状角が大きくなると、横断面に対して並列に存在するサルコメア数は多くなるが、縦に交わるサルコメア数が少なくなることから、紡錘状筋と比較して筋力発揮に優れ、最大短縮速度では劣ることになる。それに比べて、羽状角がより小さいと、並行するサルコメアの数を犠牲にすることになるが、縦に連なって並ぶサルコメアの数が多いので高速度を生成するのに有利となる。いずれにしても、羽状角の大きさは伸張性、等尺性、低速の収縮における筋力発揮に影響を与える（40）。最も重要なのは、羽状角は遺伝的要因によって決まると考えられるものの、トレーニングを通して修正が可能であり、これが筋のサイズが同じように見える個人間で筋力やスピードに違いがみられることを説明する助けとなるだろう。

筋長

　筋が静止長にあるときは、アクチンフィラメントとミオシンフィラメントが互いに隣り合って並び、結合できるクロスブリッジの数が最大となる（図2.12）。したがって、筋が発揮できる力は、この静止長において最大となる。筋が静止長をかなり超過して引き伸ばされた状態では、ミオシンフィラメントとアクチンフィラメントがお互いに隣り合う割合が減少する。結合できるクロスブリッジの数が減少するため、静止長と比べて筋が発揮できる力は小さくなる。また、筋が収縮して静止長よりかなり短くなった状態では、アクチンフィラメント同士が重なり合い、この場合も利用可能なクロスブリッジ数が減少し、発揮される力は小さくなる。

関節角度

　直線上で起こるものも含めて、すべての身体運動は関節まわりの回転運動によって起こり、筋が発揮する力はトルクとして現れる（トルク値が大きいことは、加えられた力が四肢または身体部位を関節周りに回転させようとする働きが大きいことを示すことを思い出していただきたい）。このことから、力

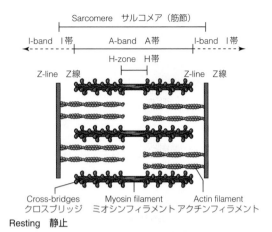

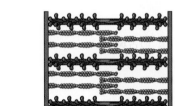

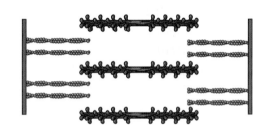

図2.12 筋が静止長のとき、また伸張・収縮したときのアクチンフィラメントとミオシンフィラメントの相互作用を示す模式図。筋が静止長のとき、アクチンとミオシンがクロスブリッジをつくる機会が増加する（訳注：クロスブリッジをつくる条件が整う）ため、筋が力を発揮する能力は最も高くなる。

と関節角度の関係ではなく、トルクと関節角度の関係を取り上げる。関節に加わるトルクは関節角度によって大きく変化する。この変化は主に筋の力－長さ関係によるものであり、また筋や腱、関節の内部構造の動的な位置関係によりてこが変化し続けるためでもある。これについて、図2.2、図2.3、図2.4で示す。また、その他にも運動様式（等尺性、等張性など）や、身体のどの関節であるか、その関節で使用されている筋、筋の収縮スピードなどが要因として挙げられる（10）。

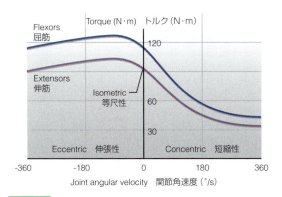

図2.13 伸張性および短縮性筋活動における力−速度曲線
Jorgensen, 1976 (23). より許可を得て転載。

筋収縮速度

A.V.Hill (19) の古典的な実験により、動物の摘出筋において、収縮速度が速いほど発揮できる力は低下するという関係が示されている。この関係は直線的ではなく、わずかな速度変化に対して発揮できる力が急激に減少する（図2.13を参照）。ヒトは動作の技術によって、この関係の最もよい状態を引き出すことができる。たとえば垂直跳びの動作開始時には、腕を上方に振り上げることで肩を通して身体に下向きの力が加わり、身体の上方への動きを遅くし、これにより股関節および膝関節の伸筋群はよりゆっくりと収縮させられることになる。そのため、これら伸筋群はより大きな力をより長い時間にわたって発生させることができる。

関節の角速度

筋の活動様式は3種類に分けられる。筋内で力が発生しているときに、外力に妨げられなければ筋の両端の距離が近づく。なお、**収縮**（contraction）という用語には「短くなる」（shortening）という意味が含まれ、伸張性・等尺性筋活動を正確に表現していないため、筋収縮より**筋活動**（muscle action）という用語のほうが望ましい。

- **短縮性筋活動**では、収縮する力が抗力よりも大きいため、筋が短縮する。筋内で発生し、その筋を短縮させようとする力が、腱に加えられている、筋を引き伸ばそうとする外力より大きい。水泳や自転車は、ほぼすべてが短縮性筋活動である。
- **伸張性筋活動**では、収縮する力が抗力より小さいため、筋が伸張される。筋内で発生し、その筋を短縮させようとする力が、腱に加わる筋を引き伸ばそうとする外力より小さい（筋痛とケガの危険性が増大する）。あらゆるレジスタンスエクササイズのウェイトを下ろす局面で起こる。標準的なレジスタンストレーニングでは、伸張性筋活動による力が加わることにより、重量によってウェイトが下向きに加速されるのを防いでいる。これにより、ウェイトはスピードを増して床や身体に衝突するのではなく、徐々に下降する。
- **等尺性筋活動**では、収縮する力が抗力と等しく、筋長には変化が生じない。筋内で発生し、その筋を短縮させようとする力が、腱に加わる、筋を引き伸ばそうとする外力と等しい。体幹を真っ直ぐに保って行うシットアップでは、腹筋の等尺性筋活動により体幹の固さを保ち、股関節屈曲によって上体を起こす。これとは対照的に、カールアップの動作では、腹筋において上昇時には短縮性筋活動が、下降時には伸張性筋活動がそれぞれ起こっている。

筋トルクは、筋の活動様式に基づく関節の角速度に応じて変化する（図2.13）。等速性（一定のスピード）機器を用いた実験の結果、ヒトを被験者とした短縮性運動では角速度が上昇するにつれてトルクは減少することが示された。対照的に、伸張性運動では角速度を上昇させていくと約90°/s（1.57rad/s）に達するまで最大トルクは上昇し、それ以上になると徐々に減少した（4）。このことは、筋が最大の力を発揮できるのは伸張性筋活動時であるということを意味する。この例として、競技選手がストリクトな（厳密に規定した）フォームでウェイトを挙上できないとき、「チーティング（ごまかし）」動作を用いることがある。たとえば、アームカールの動作の途中で肘屈筋の筋力が短縮性筋活動で上限となったために「スティッキングポイント」に到達したところで、その人は体幹を後傾させ、肘屈筋に等尺性あるいは伸張性筋活動をさせてバーに加える力を大きくすることにより、動きを継続させることができるというものである。

筋力−体重比

陸上競技の短距離走や跳躍などの競技における身体活動では、動作に関与する筋の筋力と、加速され

る身体部位の質量の比が非常に重要である。筋力－体重比は、競技選手の加速能力を直接的に示す。もしトレーニングを行った後に、体重が15%増加したが筋力の向上は10%だったとすると、筋力－体重比が減少し、競技選手の加速する能力は低下したことになる。陸上競技の短距離や跳躍の選手は、筋力－体重比が最も高くなるよう、筋量について新しい試みを行うことで、最高のパフォーマンスという結果につながるという便益を受けるかもしれない。

体重別に階級ごとで戦う競技では、筋力－体重比はきわめて重要である。仮にすべての出場選手が同じ体重であったとしたら、筋力が最も高い選手が決定的に有利だろう。体格の大きな選手の筋力－体重比は、体格の小さな選手より低いのが一般的である。これは、体格が大きくなるときに、筋量（そして同時に体重）の増加が、筋の横断面積（そして同時に筋力）の増加を上回るためである（3）。その階級における他の選手と比べて、相対的に筋力が最も高くなる階級を決定するうえで、試行錯誤をすることは役立つだろう。その選手が最も競争力のある階級がわかれば、その階級の体重制限を超過しないようにしながら、できるだけ筋力を高めることが目標となる。

体格

ほかの条件が同じで、体重差を考えなければ（パウンド・フォー・パウンド）、身体の大きい選手よりも身体の小さい選手のほうが、筋力が大きいことは以前から知られている（9）。この理由は、筋の最大収縮力は横断面積、すなわち長さの2乗に比例するのに対し、筋重量は筋量、すなわち長さの3乗に比例するためと説明される。このため、体格が大きくなった場合、筋力の向上より体重増加のほうが大きく、身体組成が一定であれば、小さい選手のほうが筋力－体重比は高いことになる（9）。

体重の階級が異なる選手間のパフォーマンスを比較することについて、常に興味が持たれている。挙上重量を体重で割った値での比較が一般的に行われるが、これでは体格の増大に伴う筋力－体重比の低下が考慮されておらず、身体の大きな選手に不利となってしまう。挙上した負荷をより公平に比較するために種々の計算式が考案されてきたが、**古典的公式**として、筋の横断面積と筋量の関係を考慮して、

挙上重量を体重の2/3乗で除した値が用いられてきた。この古典的公式では、より軽量あるいは重量の選手よりも中間（ミドル）の階級が有利に評価される傾向があるため、それ以外の公式も考案されている（5）。しかしながら、中間の階級の選手が最もよいパフォーマンスであるという結果が出るこの古典的公式で決めることが、実際のところ、最も公平なのかもしれない。なぜなら、多くの人たちの形態計測を行うとベル曲線を描く正規分布を示し、体重の測定の大部分は平均値近くに集まるためである。

> ▶ 陸上競技の短距離走や跳躍などの競技における身体活動では、動作に関与する筋の筋力と、加速される身体部位の質量の比が非常に重要である。筋力－体重比は、競技選手の加速能力を直接的に示す。

筋収縮に対する抵抗を生み出すもの

筋力トレーニングにおいて抵抗を生み出すものとして、重力や慣性、摩擦、流体、弾性などがある。本項では、これらのさまざまな抵抗に打ち勝つために必要な力やパワーについての情報を提供する。さまざまな抵抗を用いたエクササイズ機器の原理を理解することにより、有効性と妥当性について洞察が得られるだろう。

重力

重力により物体には下向きの力が加えられる。別の見方をすればこれが物体の重量（weight）と呼ばれ、物体の質量（mass）とその地域の重力加速度の積で求められる。

$$F_g = m \times a_g \tag{2.5}$$

ここで、F_g は重力による下向きの力（物体の重量と同じ）、m は物体の質量、a_g は地域の重力加速度を示す。重力加速度には地域差がある。バネ秤や電子秤にバーベルを載せたときに示されるのは、バーベルの実際の重量である。てんびん秤を用いるとその質量が測定されるため、重量（F_g）を求める場合は、式2.5を用いて計算する必要がある。

「重量」と「質量」という用語は、一般的に間違っ

て使用されることがしばしばある。たとえば、バーベルやスタックマシーンのプレートにはポンド表示のものがあるが、ポンドは力の単位であり、質量の単位ではない。バーベルプレートの質量は変化しないが、重量は地域別の重力加速度によって変化し得る。そのため、ウェイトプレートの質量を表すには、キログラム（kg）を用いる。重量は、質量ではなく力を表すので、その物体の重量は数kgである、という表現は正しくない。その代わりに、「バーベルの質量は85kg」と表現するべきである。個人が挙上可能な質量は、わずかながら地球上の地域による重力加速度の差の影響を受ける（表2.1を参照）。たとえ物理的には変化がなくても、同じ85kgのバーベルが、もし月面上であれば約14kgであるように感じるだろう。

レジスタンストレーニングにおける重力の利用

重力加速度は、物体に対して常に鉛直下向きに作用する。そのため、定義上トルク発揮におけるモーメントアームは力の作用線に対して垂直となり、ウェイトのモーメントアームは常に水平となる。したがって、物体の重量によるトルクは「物体の重量×物体から支点（関節）までの水平距離」で表される。動作中、物体の重量は一定であるが、関節の軸からの水平距離は変化し続ける。ウェイトと関節の水平距離が小さくなると加えられる抵抗トルクは小さくなり、水平距離が大きくなると加えられる抵抗トルクが大きくなる。たとえばアームカールでは、肘関節からバーベルまでの水平距離は、前腕が水平となったときに最大となる。したがって、競技選手はこの位置（姿勢）のとき、ウェイトを支えるために最大の筋トルクを発揮しなければならない。前腕が水平から上方または下方のどちらかに変位すると、モーメントアームは減少し、ウェイトによる抵抗トルクも減少する（図2.7を参照）。そして、ウェイトが支点である肘関節の真上または真下に位置しているとき、ウェイトの抵抗トルクはなくなる。

エクササイズテクニックによって、動作中の抵抗トルクのパターンが影響を受けることがあり、また筋群へのストレスが変わることがある。たとえばバックスクワットでは、体幹の前傾を大きくするとウェイトと膝関節の水平距離が小さくなるため、膝関節周りの抵抗トルク（大腿四頭筋が対抗しなければ

ならないトルク）は減少する。これと同時に、ウェイトと股関節の水平距離は大きくなるため、股関節周りの抵抗トルク（殿筋やハムストリングスが対抗しなければならないトルク）は増加する。この抵抗トルクのパターンは、バーベルを上背部のできるだけ低い位置まで下げたとき（しばしばローバースクワットと呼ばれる）に最も頻繁にみられる。身体とバーを合わせた重心が両足から外に出ないように、競技選手はさらに前方へと体幹の前傾を大きくすることで、転倒を防がなければならない（訳注：重心が支持基底面上から外れると転倒してしまう）。この場合、バーと股関節の水平距離が大きくなり、バーと膝関節の水平距離は小さくなるため、股関節伸筋にストレスが集中し、膝伸筋へのストレスは減少する。これと反対の抵抗トルクのパターンは、ハイバースクワットでみられ、これはバーベルを首に近づけて高くするものである。このバーの位置では、膝周りの抵抗トルクが増加し、同時に股関節周りの抵抗トルクは減少する（ローバースクワットと反対のことが起こる）。

> ▶ エクササイズテクニックによって、動作中の抵抗トルクのパターンが影響を受けることがあり、また筋群へのストレスが変わることがある。

ウェイトスタック・マシーン

ウェイトスタック・マシーンの抵抗源は、フリーウェイトと同様に重力である。しかし、プーリーやカム、ケーブル、ギアなどを用いることにより、これらのマシーンは抵抗の方向やパターンに関して調整できる幅が広くなっている。フリーウェイトとウェイトスタックマシーンには、それぞれ長所と短所がある。ウェイトスタックマシーンの長所としては、以下の点が挙げられる。

- **安全性**。ウェイトにぶつかる、つまずく、押しつぶされるなどの原因でケガをする可能性が低い。ウェイトスタックの制御を維持するうえで、必要となるスキルはフリーウェイトと比べて少ない。
- **デザインの柔軟性**。フリーウェイトでは身体動作に対して抵抗を加えることが難しい場合も、マシーンでは実現可能である（例：ラットプルダウン、股関節の内転と外転、レッグカール）。また、一

定の範囲内で抵抗のパターンを設定できる。
- **簡便性**。動作の協調性不足やテクニック不足から、フリーウェイトを安全に挙上することに不安を感じるような人たちにとって、マシーンは安心して使用できると感じられる。さらに、スタックへピンを差し込むだけで重量の選択ができるため、バーにウェイトを取り付けるよりも迅速かつ簡便である。

一方、フリーウェイトの長所として以下の点が挙げられる。

- **全身のトレーニング**。フリーウェイトのエクササイズ種目は、立位で行い、重量を全身で支えるものが多く、ウェイトスタック・マシーンに比べて筋や骨格の多くの部位に負荷がかかる。このような重量のかかるトレーニングによって骨の石灰化が促進されるため、後々の人生において骨粗鬆症にならないようにする予防の助けとなる（13）。さらに、フリーウェイトの動作は機器から制約を受けるのではなく、選手自身が動作を制御し、（ウェイトを）支持しながら安定性を保つために筋を働かせることが必要となる。また、パワークリーンやスナッチなどの「構造的（structural）」エクササイズは、身体の大部分の筋を刺激するうえでとくに有用である。
- **実生活での活動のシミュレーション**。何かを挙上したり加速を与えたりすることは、大部分のスポーツや、そのほかの身体的な活動においてみられる。マシーンでは1つの筋群を単独でトレーニングするものが多いのに対し、フリーウェイトを挙上する際には複数の筋群をより「自然に」協調させる。

ノーチラススポーツ／メディカルインダストリーズ社は、ウェイトスタックのモーメントアーム長が変化するマシーンを開発し、関節運動の可動域に応じて抵抗トルクを変動させるという概念を広く普及させた（図2.14）。このマシーンには、回転することで半径が変化するカムが用いられている。筋が発揮できるトルクが大きなところでは抵抗が大きくなり、筋の発揮できるトルクが小さいところでは抵抗が小さくなるという設計であった。しかしながら、

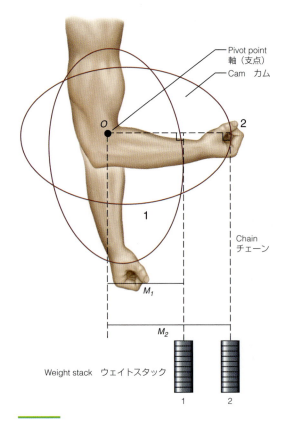

図2.14 カムを使用したウェイトスタック・マシーンでは、ウェイトのモーメントアーム（*M*：チェーンからカムの軸までの距離）が動作中に変化する。カムが位置1から位置2へ回転すると、ウェイトのモーメントアームは長くなり、したがって抵抗トルクが増加する。

このシステムを考案されたように機能させるには、一定のゆっくりとした角速度で動かす必要があり、一貫してこれを行うのは難しい。また、カムを使用したマシーンには、身体のトルク発揮能力に適合していないものも多い（9）。

慣性

バーベルやウェイトスタックが加速されると、競技選手には重力に加えて**慣性力**がかかる。重力は下向きにのみ作用するが、慣性力はどの方向にも作用する。ウェイトを挙上する際、選手はウェイトの重量と慣性力の和に等しい力を上方向に働かせている。その際の慣性力はバーの質量とバーの上方向への加速度との積である。前後左右どの方向であれ、バーに水平に力を加えると、水平方向の加速度が発生する。どのようなエクササイズでも、動作の開始時には、バーの速度がゼロの状態から上方へ加速され、動作の頂点付近では速度がゼロになるまで減速され

るなど、何らかの加速度が関わっており、これによって挙上している手から弾道を描いて飛び出していくということがない。この加速パターンでは、主働筋は動作開始直後の加速局面ではバーの重量以上の抵抗を受けるが、関節可動域の最終域に近づくにつれて抵抗はバーの重量以下になる（27）。このバーの減速は、(a) バーに加える上方への力をバーの重量よりも減少させてバーを減速する方法、(b) 拮抗筋を用いてバーを押し下げる方法、という2種類のいずれかによる。いずれにしても、減速によって、動作の最終局面では主働筋への抵抗は減少する。

　最小限の加速度でゆっくりと行う方法と比較すると、ウェイトに高い加速度を与える方法（「爆発的な」エクササイズ）では、筋への抵抗が関節可動域のうち挙上開始時に大きく、挙上終了直前で小さくなる。しかしながら、慣性が追加されるために、このような加速をつけたエクササイズでは、ゆっくりとした動作より重いウェイトを扱うことが可能で、その動作に関与するすべての筋に最大に近い抵抗を加えることが可能になる。たとえば高重量のパワークリーンでは、脚、殿部、背部などの力の強い筋によりバーに垂直方向の加速度が与えられて速度が上がり、上体の筋がそのバーの重量と等しい力を鉛直方向に発揮できなくても、バーは最高点で重力による減速によって速度がゼロになるまで上昇し続ける。

　加速によって動作の質が変化し、抵抗のパターンが予測しにくくなるが、レジスタンストレーニングにおいて加速は必ずしも望ましくないものではない。スポーツ競技や日常生活において、加速は自然な動作の持っている特徴であり、さまざまなレジスタンストレーニング種目においても、求められる神経筋系のトレーニング効果をおそらく生み出すだろう。スナッチ、クリーン＆ジャークなどのオリンピックリフティング種目は、高重量の抵抗に大きな加速度を与える能力の向上に効果的である（25）。

　加速や減速は、実質的にすべての自然な運動の特徴である。たとえば、短距離走では腕や脚に加速と減速を繰り返すことが必要となる。野球や円盤投げ、砲丸投げ、やり投げなどの投動作では、一連の身体動作によってボールや円盤などを加速させ、高スピードでリリース（放出）する。この加速は特定の種類の動作パターンであるため、加速動作のトレーニングには特異性が存在し得る。これが、パワークリ

ーンやハイプルなどの爆発的エクササイズが、脚や股関節筋群の働きで身体（物体）を加速させる多くの競技のトレーニングで行われている理由である。また、通常より軽い、あるいは通常より重い用具を使って実際の競技動作を行う、いわゆる「ブラケットテクニック」も、加速トレーニングの方法である。通常より重い砲丸を使ってトレーニングを行うと、より大きな慣性が筋に加わることで収縮速度が遅くなるため、筋の力－速度関係にしたがって、加速動作において通常の砲丸を使った場合よりも大きな力が発揮されることになる。逆に、軽い砲丸を使うと、慣性が小さいため、砲丸により素早い加速度を与えてリリースのスピードを高めることができ、求める加速度と速度で神経筋系を働かせるトレーニングともなる。ここで述べた動作中に負荷を増加あるいは減少させるという原理は、加速させる能力を前述の方法を通して向上させる理論的な基礎であるが、投球やスプリントなど、特異性の高い活動あるいは技術指向の活動において負荷を変化させることによる影響についても考慮する必要がある。たとえば、身体は新しい負荷を伴う特定の動作に対する運動パターンを調整するのに時間がかかるため、用具を変化させることによって、テクニックに負の結果をもたらす可能性がある。

摩擦

　摩擦とは、ある物体が他の物体と接触した状態で、その物体を移動させようとする際に接触面に生じる抗力である。この摩擦を抵抗として利用しているエクササイズ機器には、ベルトまたはブレーキパッドを用いた自転車エルゴメータ、リストカールを行うマシーンがある。そのような機器において、

$$F_R = k \times F_N \tag{2.6}$$

　ここでF_Rは抗力（摩擦力）、kは2つの物体間の摩擦係数、F_Nは垂直抗力で、物体それぞれに対して互いに反対向きに作用する力（訳注：作用・反作用の法則により生じる力）である。

　物体が動き始めの状態と、移動を維持している状態とでは摩擦係数は異なる。その他の条件を一定にすると、接触している2つの表面（サーフェス）の間ですでに始まっている動きを維持するよりも、動

かし始めるほうが、大きな力を要する。このため摩擦抵抗を利用したエクササイズ機器では、動作開始時に比較的大きな力が必要であり、動作が始まってからはスピードに関係なく必要な力は比較的一定となる。こういった機器の中には、互いの摩擦面の接触を一定に保つ機構により垂直抗力を調整するものもある。

アメリカンフットボールや陸上競技のトレーニングに使われるウェイトスレッド（そり）は、摩擦と慣性の両方を抵抗とする機器の例である。このスレッドの慣性による抵抗は、スレッドの質量と加速度の両者に比例する。スレッドの滑走部と地面との間の摩擦による抵抗は、接触面の摩擦係数とスレッドが地面に対して加える正味の力（重力からスレッドを押している人によって加えられた上向きの力を差し引いたもの）の両者に比例する。スレッドの質量を高くして、スレッドにかかる重力を増やすことができる。また、摩擦係数の大きさはスレッドが置かれた表面（砂、土、乾いた草地、濡れた草地など。サーフェス）により変化する。したがって、戸外でのトレーニングでは、そういった機器によって一定の抵抗が繰り返し提供されることはない。とはいえ、この機器の有用な点は、フリーウェイトでは難しい水平方向の抵抗を加えられるところである。静止しているスレッドの摩擦係数は滑走中の摩擦係数より大きいため、静止しているスレッドを動かし始めるときには、スレッドを動かし続けるよりも大きな力が必要である。いったんスレッドが動き始めれば、摩擦係数は比較的一定を保つ。したがって、スピードが増加しても摩擦抵抗は変化しないことを理解しておく必要がある。しかし、式2.3によるとパワーの出力はスピードとともに増加する。また、式2.1で表されているように、低スピードから高スピードに移行する際には加速度によりさらに抵抗が加わる。

流体抵抗

物体が流体（液体または気体）中を移動する場合や、物体の周囲や開口部を流体が通過する際に生じる抵抗力を**流体抵抗**という。流体抵抗は水泳や漕艇、ゴルフ、短距離走、円盤投げ、野球のピッチングなどで重要な因子となっている（水泳と漕艇における流体は水、それ以外は空気抵抗）。油圧式（液体）、空気圧式（気体）のエクササイズ機器が出現してお

り、またとくに高齢者や妊婦の間で水中運動の人気が高まっており、レジスタンストレーニングにおいてこの現象は重要になってきている。流体抵抗には、流体が物体の表面上を移動する際に摩擦によって生じる**表面抵抗**と、流体が物体に対して通過する際にその前面や後面を押すことで生じる**形状抵抗**の2種類がある。形状抵抗には、物体の断面積（前面面積）が大きく影響する。

流体抵抗を利用したエクササイズ機器には、エクササイズ動作を行うにつれて、シリンダー内のピストンによって流体が開口部を通過するものが多い。ピストンがより速く押されるほど、また開口部が小さいほど、あるいは流体の粘性が高いほど抗力は大きくなる。他の要素が等しければ、抵抗はピストンの運動の速度にほぼ比例する。

$$F_R = k \times v \qquad (2.7)$$

ここでF_Rは抗力、kはシリンダーとピストンの物理特性や、流体の粘性、開口部の数と大きさと形によって決まる定数、vはシリンダーに対するピストンの速度である。

スピードが高まるのに伴い、流体がシリンダーに与える抵抗が増大することから、動作の開始直後には急激な加速が可能であり、高スピードに到達した後はわずかな加速が可能である。したがって、動作スピードは中程度の範囲に限られる。運動の速度が、ある一定の範囲内に限られるとはいえ、このような機器による運動様式は、時々言及されるような等速性（一定速度）であるとはいえない。なお、この種の機器の多くは流体の開口部の調節が可能である。開口部が大きいほど、流体抵抗による加速の抑制が起こる前により高い動作速度に到達することが可能となる。

一般に流体抵抗を用いた機器では、内部ポンプを備えているもの以外は伸張性動作の局面に抵抗を加えることができない。フリーウェイトでは、ウェイトの挙上時には主働筋の短縮性筋活動が起こり、降下中は伸張性筋活動が起こる。流体抵抗の機器では伸張性の抵抗が加わらず、ある筋群が動作において短縮性筋活動を行うと、その反対方向への動作ではその拮抗筋が短縮性筋活動を行うことになる。言い換えると、フリーウェイトやウェイトマシーンでは、

ある筋群がほとんど休みなく短縮性と伸張性の筋活動を交互に続けるのに対し、流体抵抗マシーンでは一般に主働筋と拮抗筋が交互に短縮性筋活動を起こし、交互に休息を繰り返すことになる。こうした伸張性筋活動が起こらない流体抵抗マシーンでは、伸張性筋活動が関与するスポーツ動作（例：ランニングやジャンプ、投動作）のために最適な特異的トレーニングはおそらく行えないだろう。

弾性

　エクササイズ機器の中でも、とくに家庭用に開発されたものの多くにバネやバンド、弓、しなる棒などの弾性要素が抵抗源として用いられている。通常、弾性要素による抵抗はその伸びた距離に比例する。

$$F_R = k \times x \qquad (2.8)$$

　ここでF_Rは抵抗力、kは弾性要素の物理特性による定数、xは弾性要素が静止状態から引き伸ばされた距離である。

　弾性抵抗の最も明確な特徴は、弾性要素の伸びに比例して抵抗が増大する点である。この弾性抵抗の機器の問題点として、動作の初期の負荷が小さく、動作終了時の負荷が最大になることが挙げられる。これは、人体における実質的にすべての筋群の筋力発揮パターン（可動域の両端に近づくほど発揮張力が低下する）とは明らかに異なる。弾性抵抗を用いた機器のもう1つの問題点は、動作に与える抵抗を調節する際に、利用できる弾性要素の数という制限を受けることも問題となる。効果的なレジスタンスエクササイズ機器には、トレーニングの回数（レップ数）を望ましい動作範囲で実施することができるように、抵抗が十分に変化する仕組みが必要である。

　跳躍パワーを伸ばす手段として、ゴムバンドにより垂直跳びに抵抗を加える製品がある。しかしながら、ゴムバンドは大殿筋や大腿四頭筋などの大きな筋が強い力を発揮する跳躍の始動時にはほとんど抵抗を与えることができない。バンドによる抵抗は、ジャンプする人が空中にいるときに最大となる——筋に対する抵抗というよりむしろジャンプしている人を地面に引き戻す作用が主で、筋に対する抵抗とはならず、また着地時のスピードを増して、ケガの危険性を高めるおそれがある。

関節のバイオメカニクス：レジスタンストレーニングにおける懸念事項

　あらゆる身体活動と同様に、レジスタンストレーニングにはある程度の危険性が伴う。しかしながら、多くのスポーツ競技や身体的コンディショニングの方法と比較して、その危険性は一般に低い（36,37）。傷害の発生率でみても、最も高いのはチーム競技で、中間がランニングとエアロビクス、最も低かったのがサイクリングやウォーキング、ウェイトトレーニング（1000時間当たり4件）となっている。大学アメリカンフットボール選手を対象とした調査では、レジスタンストレーニングに関係する傷害は1シーズンに選手100名につき0.35件であった。レジスタンストレーニングによる傷害に起因するシーズン中の欠場時間は、0.74％にすぎなかった（44）。レジスタンストレーニングによるケガの危険性は相対的に低いとはいえ、慎重なリスクマネジメント（危機管理）により傷害が発生する可能性を最小にすることが望ましい。背部、肩、膝を中心にレジスタンストレーニングにおける傷害予防について以下に解説する。

▶ レジスタンストレーニングによるケガの危険性は、その他のスポーツや身体的コンディショニングによるものと比較すると低い。

背部

　脊柱が吊り橋のケーブルのように連なる四足歩行の動物と対照的に、人間は直立し、脊椎は弾性のある椎間板をはさんで積み重なった形態をとっている。直立姿勢と両手、両腕を自由に使えることによる恩恵がある一方で、立位や座位、歩行、走行時にさえ椎間板が圧縮されるという不利益もある——物を持ち上げる、運ぶなどの動作ではその圧縮力が増加する。立位のとき、上体で力を加えると、その力は背部を通って脚や地面へと伝えられる。それに加えて、背部の筋は力学的有効性が非常に低いため、挙上する物体の重量をはるかに上回る力を発揮しなければならない。こうしたことから、背部はとくにケガが起こりやすい部位となっている。しかしながら、脊椎の内的な負荷は挙上中の姿勢によって大きく変化し（24）、負荷を伴う深いスクワット姿勢が必ずし

も背部のケガと関連しているわけではない（18）ということに注意する必要がある。

背部のケガ

背部のケガは極度の衰弱を引き起こし、持続的で、治療が困難となる場合が多い。したがって、レジスタンストレーニング中のケガを予防することに、できる限り努力すべきである。下背部はとくにケガが起こりやすい。椎間板ヘルニアのうち85～90%が、腰椎で一番下に位置する2つの腰椎間（L4-L5間）、または腰椎と仙椎の間（L5-S1間）の椎間板に発生している（1,3）。これは、挙上動作中に椎間板に加わる圧縮力が非常に高いことを考えると驚くことではない。ウェイトを手や肩で支持した姿勢で体幹が前傾すると、下背部とウェイトとの水平距離が増大し、下位椎間板周りのトルクが増大する。ウェイトから椎間板までの水平距離と比較して、脊柱起立筋の作用線と椎間板との水平距離が非常に近い（約5cm）ため、背部の筋は力学的有効性が低い中で働く必要がある。その結果として、背筋群が挙上重量の10倍以上の力を発揮しなければならない。これらの力が隣接する椎体間の椎間板を圧縮するように作用し、傷害につながるおそれがある。

L5-S1間の圧縮力や、靭帯の負担を最小化するには、背部を丸めるより、背部をニュートラルに保った姿勢のほうがよいことが明らかになっている（2）。したがって、脊椎や椎間板、椎間関節、靭帯、背筋群などの傷害予防には、背中を丸めた姿勢よりも、通常の腰椎**前弯**姿勢のほうがよい。また、背部を丸めるより反った姿勢のほうが、下背部の筋群が発揮できる力も大きい（7）。

脊柱は、自然なS字型をしており、胸椎部でやや丸まり（**後弯**）、腰椎部で前弯している。脊椎が楔形の形状をしていることで、この自然な弯曲ができる。しかしながら、脊柱がS字型のとき、椎間板は扁平な形状である。下背部が丸まると椎体の**腹側**の端が椎間板前部を押しつぶすことになる。対照的に、反対に背部が強く反った場合は椎体の**背側**の端が椎間板後部を押しつぶす。そのような椎間板に均等ではない圧縮力によって、椎間板損傷の危険性を増大させる可能性がある（3）。したがって、一般に、レジスタンストレーニングを行う際には下背部を軽度前弯の状態に保って実施することで、椎間板損傷の危険性を減らすべきである。

腹腔内圧とリフティングベルト

横隔膜と体幹の深層筋が収縮すると、腹腔内圧が上昇する。なぜなら、腹腔は主に液体で構成されており、通常、気体はわずかしか存在しておらず、実質的に圧縮されないためである（3）。周囲の筋（腹部の深層筋と横隔膜）が緊張することにより、腹腔内の組織と液体成分が圧力を受けて「液体のボール」（図2.15）となり、レジスタンストレーニング中の脊椎支持機能を助ける（3）。そのような支持は、エクササイズを行う際に必要となる脊柱起立筋の発揮張力と、それに伴う椎間板への圧縮力の両方を顕著に減少させる（3,30）。

腹腔内圧を上昇させるうえで、必ずしも**バルサルバ法**を行う必要はないということに注意するのは重要である。バルサルバ法においては、声門を閉じ、肺内に空気を閉じ込め、腹部や胸郭部の筋を収縮させることにより、体幹下部での「液体のボール」とともに体幹上部で「気体のボール」をつくる。この方法には、体幹全体の強度が増して重いウェイトを支持することが容易になるという利点がある（15）。たとえば、重いウェイトでのスクワットでは、とくに体幹が最も前傾する、伸張性局面から短縮性局面へ

図2.15 深部腹筋群と横隔膜の収縮によって形成される「液体のボール」。

の切り替えが起こる付近で、多くの競技選手がバルサルバ法を用いている。しかしながら、バルサルバ法によって胸腔内圧が上昇するとともに、心臓に対して過剰な圧縮力が加わり、心臓への血液還流が起こりにくくなるという望ましくない副作用を伴うと考えられる。さらに、バルサルバ法では一過性の血圧上昇が起こって、やや高い血圧値になることがある（15）。声門を閉じなくても、横隔膜や腹筋を収縮させて腹部に「液体のボール」をつくることは可能であり、この場合には胸部は圧迫されない。これら2つの選択肢から、胸部における圧力を高めることなく脊柱下部の支持を増すうえで、より安全であると考えられている方法をレジスタンストレーニングで用いるべきである。気道を意識的に開いておくことで、胸部での圧迫を起こさずに腹腔内圧を上昇させることが可能になる。きつい動作時には、気道を開いたまま、腹部の筋と横隔膜を反射的に収縮させる。バルサルバ法に伴う危険性を認識しており、意識消失を起こすほどの血圧上昇を避けられる選手（とくに重量挙げ選手やパワーリフティング選手）にとっては、バルサルバ法による挙上も選択肢となる。

　ウェイトリフティング用のベルトは、レジスタンストレーニング中の腹腔内圧上昇に寄与することが明らかとなっており、正しく使うことで安全性の向上に効果的であると考えられる（17,28）。しかしながら、すべてのエクササイズにおいてベルトを着用することは、腹腔内圧を上昇させる腹筋群に対するトレーニング刺激が不十分となる可能性があることが警告されている（17）。習慣的にベルトを着用している人が突然ベルトなしでエクササイズを行うと、とくに危険性がある。なぜなら、脊柱起立筋にかかる力を低減させるうえで、腹筋群が十分な腹腔内圧を生み出せないためである。結果として椎間板への圧縮力が増大し、背部の傷害の危険性が高くなる。傷害予防のための注意事項を以下に挙げる。

- 下背部に直接影響しないエクササイズでは、ベルトを着用しない。
- 背部に直接ストレスが加わるエクササイズでは、最大挙上重量、またはそれに近い重量を扱う場合のみベルトを着用する。軽い負荷ではベルトを着用せずに動作を行うことにより、椎間板に過大な圧縮力を加えずに、腹腔内圧上昇させる腹部の深層筋が強化される。
- 背筋群や腹腔内圧上昇に寄与する筋群の筋力を計画的に徐々に高め、安全なレジスタントレーニング種目の技術を身につけるために、ベルトを着用しないというのも合理的な選択となるだろう。世界レベルのウェイトリフティング選手の多くが、ベルトを使用していない。

肩

　肩は、その構造とトレーニング中に受ける力の両方により、レジスタントレーニング中にとくにケガを起こす傾向にある。肩関節は、股関節と同様に、あらゆる方向への回転が可能である。しかし、安定した球関節である股関節と比較して、肩関節では上腕骨頭を保持する肩甲骨関節窩が浅く、完全な球関節ではないため、安定性は低い。肩関節は、身体の関節で最も大きな可動域を持っている。しかし、この非常に大きな可動性が、骨や筋、腱、靭帯、滑液包が密集している構造とともに肩の傷害を起こしやすい脆弱性を形成している。

　肩の安定性は、肩関節窩唇、滑膜、関節包、靭帯、筋、腱、滑液包によるところが大きい。とくに回旋筋腱板（ローテーターカフ：棘上筋、棘下筋、肩甲下筋、小円筋）や胸筋群は、上腕骨頭の保持に重要な役割を果たしている。広い可動域を有する肩では、こうしたさまざまな組織が互いに衝突しやすく、腱炎や周辺組織の炎症、変性を招きやすい。また、レジスタントレーニングに生じる大きな力により、靭帯や筋、腱の断裂が起こることもある。肩へのストレスが大きいため、さまざまなフォームでベンチプレス、ショルダープレスを行うときにはとくに注意が必要である。これらのエクササイズでとくに重要なのは、軽めのウェイトでウォームアップを行うことと、肩関節のあらゆる主要動作を含むバランスのとれたトレーニングを実施することである。

膝

　膝は、大腿と下腿という長い2本のてこの間にあるため、ケガが発生しやすい。膝関節における屈曲・伸展は、ほぼ完全に矢状面上の運動である。前額面および水平面での回旋運動は、靭帯性および軟骨性の安定化構造により主に制限されている。たとえば、アメリカンフットボール選手が足底を地面に強く固

定した状態で外側から脚に打撃を受けた場合、膝関節に前額面上のトルクが発生する。幸運にもトレーニング時には、矢状面以外の平面上の抵抗トルクが膝関節に加わることはほとんどない。

膝の構成要素の中でも膝蓋骨とその周囲の組織は、レジスタンストレーニング時のさまざまな力の影響を最も受けやすい。膝蓋骨の主な機能は、大腿四頭筋腱と膝の回転軸との距離を確保して大腿四頭筋のモーメントアームを長くし、その力学的有効性を向上させることである（図2.5）。もし導入された負荷、量、回復が不適切な場合、レジスタンストレーニング中に膝蓋腱に繰り返し加えられる大きな力により（ランニングなどの大きな力のかかる身体活動でも）、圧痛や腫れを特徴とする腱炎を起こすことがある。ただし、このようなエクササイズを行うことによって本質的に腱炎の危険性があるわけではない。すなわち、腱炎は非常に多い量や非常に高い強度を適切な段階を経ることなく行った結果なのである。

トレーニングや試合中にニーラップを使用することは珍しくない。ニーラップには、ドラッグストアで購入可能な薄く伸縮性のあるサポータータイプのものから、ウェイトリフティング専門店でのみ入手可能な強力な特製のものまで多様なタイプがある。ニーラップの使用、とくに強力なものの使用は、パワーリフティング選手の間で広がりをみせている。ニーラップの効果についての研究はほとんど行われていない。しかし、皮膚の損傷や膝蓋軟骨軟化症（膝蓋骨後面の軟骨の滑らかさが失われる）などの有害な副作用が報告されている（26）。強力なニーラップの弾性によるバネ効果によって、スクワットにおいて挙上する力が平均で110N増大することが示されている。すなわち、ニーラップの機能は膝の安定性の向上、傷害に対する心理的な安心感、筋への刺激という効果のみであるという認識は間違いである。ラップは、実際に膝の伸展を直接補助する。ニーラップの傷害予防効果についてのエビデンスが不足していることから、競技選手はニーラップの使用を最小限にとどめるべきである。もし、それでもなお使用したいならば、最大重量を挙上するセットでの使用に限定すべきである。

肘と手首

肘と手首における主な懸念事項は、頭上への挙上に関連している（8）。しかしながら、頭上への挙上に伴うこれらの関節におけるリスクは、投てき種目やテニスサーブなどのオーバーヘッド動作を伴う競技への参加を含むその他の原因と比較すると、非常に小さい（8）。その他の起こり得るケガの例として、肘の脱臼があり、体操競技において時々みられ（29）、牽引による骨端の炎症などのオーバーユース（使いすぎ）に関連したケガが飛び込み競技やレスリング、ホッケーで時々みられる（8）。主な懸念事項に、若い競技選手において骨端軟骨板（成長板）の損傷、すなわち肘の後面あるいは橈骨遠位部におけるオーバーユースがある（29）。ウェイトリフティングにおける肘および手首のケガの発生率は非常に散発的で、文献で言及されるのはケーススタディ（事例報告）を通してのみである。

ある研究では、中年の競技ウェイトリフティング選手における上腕三頭筋腱の損傷が示され（35）、別の研究ではレクリエーション的なウェイトレーニング実施者における上腕二頭筋腱の損傷が示されている（38）。245名の競技パワーリフターを対象とした研究では、肘と手首のケガの発生率が低いことが示された（41）。青年期のウェイトリフティング選手において、橈骨の遠位骨端部骨折の可能性を示唆するデータは、非常に限定的である（22）。最近の研究では、スポーツ医学分野の500名の専門家への調査によれば、ほとんどの回答者は骨端線が閉鎖する前（骨端の軟骨板が完全に骨化する前）においてレジスタンストレーニングを避けることは必ずしも必要ないと答えている（32）。

まとめ

読者がレジスタンストレーニング機器を選定したり、トレーニングプログラムをデザインするにあたり、本章で述べたバイオメカニクスの原理を十分に活用することが望まれる。エクササイズのタイプごとに身体に与える抵抗パターンがどのように違うかを理解することで、さまざまなスポーツ競技を行う選手に対して、また身体的パフォーマンスや健康、幸福感、自信の向上を目的としてレジスタンストレーニングを行う人に対して、それぞれの必要性に応じた安全で効果的なトレーニングプログラムを作成するために役立つ。

重要語句

加速度（acceleration）

主働筋（agonist）

解剖学的基本肢位（anatomical position）

羽状角（angle of pennation）

角変位（angular displacement）

角速度（angular velocity）

拮抗筋（antagonist）

バイオメカニクス（biomechanics）

ブラケットテクニック（bracketing technique）

軟骨性連結（cartilagious joint）

古典的公式（classic formula）

短縮性筋活動（concentric muscle action）

遠位（distal）

背側（dorsal）

伸張性筋活動（eccentric muscle action）

線維性付着（fibrous attachments）

第一種のてこ（first-class lever）

筋性付着（fleshy attachments）

流体抵抗（fluid resistance）

形状抵抗（form drag）

摩擦（friction）

前額面（frontal plane）

支点（fulcrum）

慣性力（inertial force）

停止（insertion）

等尺性筋活動（isometric muscle action）

後弯（kyphotic）

てこ（lever）

前弯（lordotic）

機械的有効性（mechanical advantage）

モーメントアーム（moment arm）

筋力（muscle force）

起始（origin）

羽状筋（pennate muscle）

パワー（power）

近位（proximal）

発火頻度の調節（rate coding）

動員（recruitment）

抗力（resistive force）

回転運動のパワー（rotational power）

回転運動の仕事（rotational work）

矢状面（sagittal plane）

第二種のてこ（second-class lever）

筋力（strength）

表面抵抗（surface drag）

協働筋（synergist）

腱（tendons）

第三種のてこ（third-class lever）

トルク（torque）

水平面（transverse plane）

バルサルバ法（Valsalva maneuver）

腹側（ventral）

脊柱（vertebral column）

ウェイト、体重（weight）

仕事（work）

46 ストレングストレーニング&コンディショニング

例題

1. パワーの定義は次のどれか？
   a. 質量×加速度
   b. 力×距離
   c. 力×速度
   d. トルク×時間

2. 体重が異なる重量挙げ選手のパフォーマンスを公平に評価するために用いられる古典的公式では、挙上重量を競技選手の何で割った値を求めるか？
   a. 体重
   b. 体重の2乗
   c. 除脂肪体重
   d. 体重の2/3乗

3. フリーウェイトのエクササイズにおいて、筋の発揮する力は次のどれによって変化するか？
   Ⅰ. ウェイトから関節までの垂直距離
   Ⅱ. 関節角度
   Ⅲ. 運動の加速度
   Ⅳ. 運動速度の2乗
   a. Ⅰ、Ⅱ
   b. Ⅰ、Ⅳ
   c. Ⅰ、Ⅱ、Ⅲ
   d. Ⅱ、Ⅲ、Ⅳ

4. 垂直跳びでは膝関節、股関節、肩関節で運動が起こるが、これらは主にどの解剖学的平面における運動か？
   a. 矢状面
   b. 垂直面
   c. 前額面
   d. 水平面

5. 競技選手が等速性肘伸展・屈曲のエクササイズを行っている。
   以下のうち、エクササイズ中に肘関節ではどのてこが使われているか。
   Ⅰ. 第一種のてこ
   Ⅱ. 第二種のてこ
   Ⅲ. 第三種のてこ
   a. Ⅰ
   b. Ⅱ
   c. Ⅰ、Ⅲ
   d. Ⅱ、Ⅲ

CHAPTER 3

Bioenergetics of Exercise and Training

運動とトレーニングの生体エネルギー論

Trent J. Herda, PhD, and Joel T. Cramer, PhD

▶ **本章を終えると**

- ヒトの骨格筋でATPを供給する基本的なエネルギー機構について説明することができる。
- 乳酸蓄積や、代謝によるアシドーシス、細胞における疲労の発現について理解することができる。
- さまざまな運動強度における基質の枯渇と充足のパターンを明らかにすることができる。
- パフォーマンスを制限する生体エネルギー的因子について述べることができる。
- トレーニングの代謝特性を考慮したトレーニングプログラムを作成することができる。
- インターバルトレーニングや高強度インターバルトレーニング、コンビネーショントレーニングにおける代謝的な要求と回復について説明でき、作業／休息比を最適化することができる。

運動やトレーニングの**代謝における特異性**を明らかにするためには、生体におけるエネルギー変換を理解する必要がある。効率的で有意義なトレーニングのプログラムをデザインするには、運動様式に応じてどのようにエネルギーを利用可能にしているか、またトレーニングのタイプに応じてエネルギー変換にどのように変化が生じるかについて理解することが重要である。本章では、生体エネルギー論の基本用語を定義し、アデノシン三リン酸（ATP）の役割を解説した後、骨格筋にATPを補充する3種類のエネルギー供給機構について論じる。さらに、エネルギー基質の枯渇および充足、とくに疲労や回復との関係における枯渇および充足、またパフォーマンスを制限する生体エネルギー要因、酸素摂取における有酸素性・無酸素性要素の関与についてみていく。最後に、トレーニングの代謝特性について述べる。

基本用語

生体エネルギー論は、生体内における**エネルギー**の流れを扱う学問であり、主に炭水化物（糖質）、タンパク質、脂質など化学エネルギーを持つ主要栄養素（三大栄養素）から、生体内で利用可能なエネルギー形態への変換について扱うものである。生物学的な仕事を行うのに必要なエネルギーは、こうした主要栄養素の化学結合を分解することにより供給される。

大きな分子を小さな分子に分解することを**異化作用**と呼び、これに伴ってエネルギーが放出される。逆に、小さい分子から大きい分子を合成することを**同化作用**といい、このとき異化作用により放出されたエネルギーが利用される。タンパク質をアミノ酸（複数）に分解するのは異化作用の例であり、複数のアミノ酸からタンパク質を合成するのは同化作用の例である。**発エルゴン反応**はエネルギーを放出する反応であり、一般に異化である。これに対し、**吸エルゴン反応**はエネルギーを必要とし、これには同化の過程や筋収縮が含まれる。生命システムにおける異化と同化、発エルゴン反応と吸エルゴン反応のすべてを、**代謝**という。異化作用（発エルゴン反応）由来のエネルギーは、中間分子である**アデノシン三リン酸（ATP）**を介して同化作用（吸エルゴン反応）の促進に用いられる。つまり、ATPが発エルゴン

反応から吸エルゴン反応へのエネルギー変換を可能にしている。ATPが十分に供給されなければ、筋の活動も成長も起こらない。したがって、ストレングス＆コンディショニングの専門職がトレーニングプログラムをデザインする際には、運動がATPの加水分解・再合成に対してどのような影響を及ぼすかについての基礎的な理解が必要なことは明らかである。

アデノシン三リン酸は、アデノシンと3つのリン酸基で構成されている（図3.1）。アデノシンは、アデニン（窒素を含む塩基）とリボース（五炭糖）によって構成されている。1分子のATPを分解してエネルギーを供給する反応には、水1分子が必要で、**加水分解**と呼ばれる。ATPの加水分解は、**アデノシン三リン酸分解酵素（ATPアーゼ）**と呼ばれる酵素の存在により促進される。ATPアーゼは複数存在するが、これらのうち、とくに**ミオシンATPアーゼ**はクロスブリッジを形成する際にATPの加水分解を促進する。また、その他の場所でATPを加水分解する酵素として、カルシウムATPアーゼとナトリウム−カリウムATPアーゼが挙げられる。**カルシウムATPアーゼ**は細胞質にあるカルシウムを筋小胞体に戻し、**ナトリウム−カリウムATPアーゼ**は脱分極後に、筋鞘内外の濃度勾配を維持する働きがある（59）。以下の式はATPの加水分解における反応物（左）、酵素（中央）、そして生成物（右）を示している。

$$\text{ATP} + \text{H}_2\text{O} \xrightleftharpoons{\text{ATPアーゼ}} \text{ADP} + \text{P}_i + \text{H}^+ + \text{エネルギー} \quad (3.1)$$

ここでADPは**アデノシン二リン酸**（リン酸基を2つだけ含む、図3.1）、P_iは**無機リン酸**、H+は水素イオン（プロトン）を示す。ADPがさらに加水分解されると、2つ目のリン酸基が離れ、**アデノシン一リン酸（AMP）**がつくられる。生物学的な仕事におけるエネルギー放出は、最初にATPの加水分解、次にADPの加水分解によって行われる。

ATPは、末端の2つのリン酸基の化学結合に多量のエネルギーが貯蔵されているため、高エネルギー分子に分類される。筋活動のエネルギーを得るうえでATPが継続的に必要となるが、筋細胞内にはATPが少量しか貯蔵されていないため、ATPの産

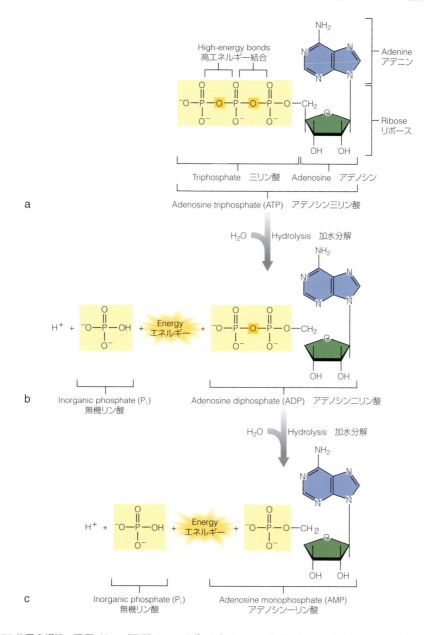

図3.1 （a）ATP分子の構造。アデノシン（アデニン＋リボース）、3つのリン酸基、高エネルギー化学結合の場所を示している。（b）ATPが加水分解されることによって末端の化学結合が外れ、エネルギーを放出し、ADP、無機リン酸（P_i）、水素イオン（H⁺）となる。（c）ADPが加水分解されることによって末端の化学結合が外れ、エネルギーを放出し、AMP、無機リン酸、水素イオンとなる。

生過程が細胞内で行われる必要がある。

生物学的エネルギー機構

哺乳類の筋細胞には、ATP補充のメカニズムとして3つのエネルギー機構がある（85,122）。

- ホスファゲン機構
- 解糖
- 酸化機構

運動に関連する生体エネルギー論では、**無酸素的代謝**や**有酸素的代謝**という言葉がしばしば用いられる。**無酸素性**の代謝過程では酸素を必要とせず、一方で**有酸素性**の代謝過程では酸素を必要とする。**ホスファゲン機構**と**解糖**は無酸素性機構であり、筋細胞の筋形質で起こる。**クレブス回路**や電子伝達系、**酸化機構**のその他の部分は有酸素性機構であり、筋

細胞のミトコンドリアで起こり、最終電子受容体として酸素を必要とする。

食物に含まれる主要栄養素（炭水化物、タンパク質、脂質）のうち、炭水化物だけは、酸素が直接関与しなくてもエネルギー代謝が可能である（21）。したがって、無酸素性代謝には炭水化物が重要である。常に3つのエネルギー機構すべてが活動しているが、それぞれの占める割合は第一に運動強度、第二に運動の継続時間によって決まる（45,85）。

▶ 筋の活動には、アデノシン三リン酸（ATP）の化学結合に貯蔵されているエネルギーが使われる。ヒトの骨格筋では、(1) ホスファゲン機構、(2) 解糖、(3) 酸化機構、の3つの基本的なエネルギー機構によりATPが補充される。

ホスファゲン機構

ホスファゲン機構は、主に短時間かつ高強度の運動（たとえばレジスタンストレーニングや短距離走）においてATPを供給するとともに、強度に関係なくすべての運動の開始時に大きく働く（62,70,153）。このエネルギー機構は、ATPの加水分解（式2.1）と、もう1つの高エネルギーリン酸分子であるクレアチンリン酸（PC、フォスフォクレアチン〔PCr〕とも呼ばれる）の分解に依存する。クレアチンキナーゼは、下記の反応においてクレアチンリン酸とADPからATPの合成を触媒する酵素である。

$$ADP + CP \xleftrightarrow{\text{クレアチンキナーゼ}} ATP + \text{クレアチン} \quad (3.2)$$

クレアチンリン酸がリン酸基を供給し、これがADPと結合することによってATPを補充する。クレアチンキナーゼの反応は高速でエネルギーを供給するものの、筋に貯蔵されているクレアチンリン酸は少量であるため、ホスファゲン機構は持続的な長時間の運動では主たるエネルギー供給機構にはなり得ない（30）。

ATPの貯蔵

体内には常に約80〜100gのATPが貯蔵されているが、これは運動のためのエネルギーの蓄えとして十分ではない（107）。加えて、貯蔵されたATPは基本的な細胞の機能維持に必要なため、完全に枯渇させることはできない。実際に、実験的に引き起こした筋疲労により、ATP濃度は運動前の50〜60％まで減少する（34,71,100,143）。したがって、ホスファゲン機構はクレアチンキナーゼ反応（式3.2）を用いてATP濃度を維持する。平常時において、骨格筋におけるクレアチンリン酸の濃度は、ATPより4倍から6倍高い（107）。したがって、ホスファゲン機構はクレアチンリン酸とクレアチンキナーゼの反応を通じ、急速なATP補充のためのエネルギー貯蔵の役割を担う。さらに、タイプⅡ線維（速筋）ではタイプⅠ線維（遅筋）よりもクレアチンリン酸の濃度が高い（95,132）。したがって無酸素性の爆発的な運動中、タイプⅡ線維の割合が高い人はホスファゲン機構を通じATPを早く補充できる可能性がある。

ATPを急速に補充できる1つの酵素による反応として、このほかにアデニル酸キナーゼ反応（ミオキナーゼ反応）がある。

$$2ADP \xleftrightarrow{\text{アデニル酸キナーゼ}} ATP + AMP \quad (3.3)$$

この反応が重要なのは、アデニル酸キナーゼ（ミオキナーゼ）反応の生成物であるアデノシン一リン酸（AMP）が解糖の反応を強力に促すためである（22,28）。

ホスファゲン機構の制御

ホスファゲン機構の反応（しばしば式3.1、3.2、3.3にて示される）は、質量作用の法則（もしくは質量作用の影響）により強くコントロールされている（107）。質量作用の法則とは、溶液中の反応物あるいは生成物（もしくは両方）の濃度が、その反応の方向を決定するというものである。ホスファゲン機構の反応のように酵素が介在する反応では、生成物の形成速度は反応物の濃度に大きく影響を受ける。これを示しているのが、式3.1、3.2、3.3の反応物と生成物の間の双方向の矢印である。たとえば、ATPが運動に必要なエネルギーを生成するために加水分解されるのに伴って（式3.1）、筋鞘におけるADP濃度が一時的に増加する（P_i濃度も同様）。これによって、クレアチンキナーゼとアデニル酸キナーゼ反応（式3.2および3.3）の速度が増加し、ATPの供給を補充する。この過程は、(a) 運動を中止する、または (b) 貯蔵クレアチンリン酸が枯渇しない程

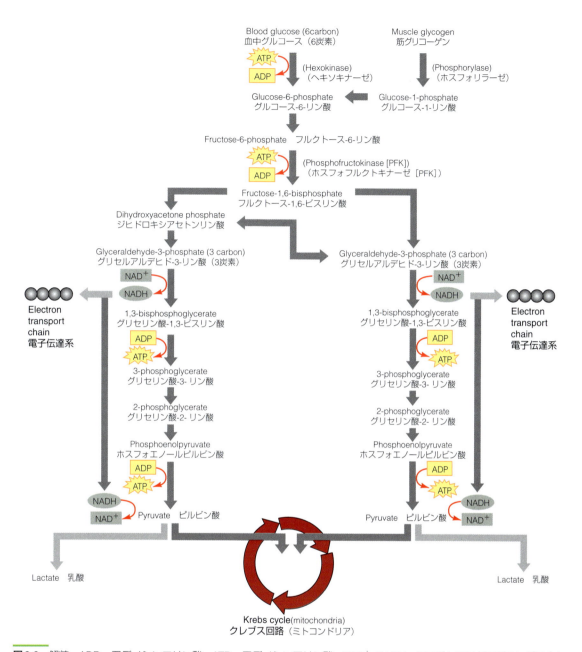

図3.2 解糖。ADP＝アデノシン二リン酸。ATP＝アデノシン三リン酸。NAD⁺, NADH＝ニコチンアミドアデニンジヌクレオチド。

度まで運動強度が低下し、解糖または酸化機構によって必要なATPを供給できるようになり、遊離クレアチンが再リン酸化される（式3.2）まで継続する（37）。この時点で筋形質のATP濃度は一定あるいは上昇し、その結果、クレアチンキナーゼ反応およびアデニル酸キナーゼ反応は低下、または逆に進む。結果として、式3.1、3.2、3.3は**平衡に近い反応**と呼ばれる反応となり、質量作用の法則に基づき反応物の濃度によって決められた方向に進む。

解糖

解糖とは、炭水化物（筋に貯蔵されているグリコーゲン、血中に運搬されてきたグルコース）を分解し、ATPを再合成することである（22,143）。解糖の過程には、酵素が触媒する複数の反応が関係する（図3.2）。結果として、解糖におけるATPの再合成速度はホスファゲン機構ほど速くはないものの、グリコーゲンおよびグルコースの供給がクレアチンリン酸と比べてはるかに多いことにより、ATP供給

能はかなり高い。ホスファゲン機構同様、解糖は筋形質で起こる。

図3.2で示されるように、解糖の最終生成物であるピルビン酸は2つの方向のうちいずれか1つに進む。

1. 筋形質において、ピルビン酸は乳酸へと変換される。
2. ピルビン酸はミトコンドリアへと輸送される。

ピルビン酸が乳酸に変換される場合、NAD^+の素早い再合成によってATPの再合成の速度は速いが、あまり持続しない。それはその後のH^+の産生と結果として起こる細胞質のpH低下のためである。この過程は、無酸素的解糖（速い解糖）と呼ばれることがある。一方、ピルビン酸がミトコンドリアに輸送され、クレブス回路に入る場合は、多くの反応があるためにATPの再合成速度は遅いが、運動強度が十分に低ければ、より長い時間にわたって再合成を継続することができる。この過程は、有酸素的解糖（遅い解糖）と呼ばれている。運動強度がより高いと、ピルビン酸とNADHの増加が、ピルビン酸脱水素酵素（デヒドロゲナーゼ）の扱うことのできる量を超え、それらは乳酸とNAD^+に変換される。残念ながら、解糖そのものは酸素に依存しないため、その過程を表現するには、無酸素（速い）や有酸素（遅い）解糖という用語は適切ではない。とはいうものの、ピルビン酸の運命は、最終的には細胞内のエネルギー需要に支配される。もしエネルギー需要が高く、レジスタンストレーニング中のように速いエネルギー変換が必要な場合、無酸素性解糖をさらに支えるためにピルビン酸は主に乳酸に変換される。もしエネルギー需要がそれほど高くなく、細胞内に酸素が十分供給されている場合、ピルビン酸はミトコンドリアでさらに酸化される。

解糖と乳酸の形成

ピルビン酸からの乳酸の形成は、乳酸脱水素酵素（デヒドロゲナーゼ）という酵素が触媒となる。この反応の最終的な結果が乳酸の形成と呼ばれることがあるが、それは間違いである。しかしながら、生理学的なpH（すなわち7付近）であることと、解糖のより早い段階でプロトンを消費することから、

乳酸というよりも乳酸塩が、乳酸脱水素酵素反応による生成物である。運動中に経験される筋疲労は、組織中の乳酸濃度が高いことと関連づけられることがしばしばあるが、乳酸は疲労の原因ではない（22, 27,123）。疲労しているときのプロトン（H^+）の蓄積により細胞内pHが低下し、解糖反応を抑制し、また筋の興奮－収縮連関を直接的に阻害する――これはおそらくカルシウムがトロポニンへ結合するのが抑制されるため（57,113）、あるいはクロスブリッジの形成が阻害されるためである（51,57,78,113,144）。さらにpHの低下は、細胞のエネルギー機構における酵素の代謝回転率を低下させる（9,78）。全体的にみて、運動によってpH低下が引き起こされるこの過程は代謝性アシドーシス（123）と呼ばれ、運動中に起こる末梢性疲労の大きな原因ではないかと考えられる（118）。さらに最近では、末梢性疲労における代謝性アシドーシスの役割について問われてきており（128）、末梢性疲労において顕著な役割を果たす、間質性のK^+（カリウムイオン）濃度の上昇や、P（リン）の濃度の上昇によってCa^{++}の放出が阻害されるといった別の要因についても報告されている（118,137）。しかし、研究結果によると、ATPの加水分解（式3.1）のような別のメカニズムが水素イオン蓄積の主たる原因であり、乳酸そのものは代謝性アシドーシスの加速ではなく抑制方向に働くと示唆されている（27,123）。囲み記事「乳酸は代謝性アシドーシスを引き起こさない！」を参照。実際に、乳酸はエネルギー基質としてとくにタイプI線維や心筋でしばしば利用される（10,106,160）。また、長時間の運動中や回復において、糖新生――炭水化物以外の物質からのグルコース形成――にも用いられる（19,106）。

通常、血液中や筋中の乳酸濃度は低い。安静時における正常な血中乳酸濃度の範囲は0.5〜2.2mmol/L（67）であり、筋でも湿重量（乾燥させていない水分を含んだ筋の重量）1kg当たり0.5〜2.2 mmolとされている（67）。乳酸の生成は運動強度の上昇とともに増加するが（67,127）、その生成量は筋線維のタイプによって異なると考えられる。過去の研究によると、最大乳酸生成量はタイプII線維で0.5mmol/g/s（46,105）、タイプI線維では0.25mmol/g/s（111）と報告されている。タイプII線維で乳酸生成速度が高いのは、タイプI線維と比べて、解糖に関与する

酵素の濃度あるいは活性が高いことが一因と考えられる（10,120）。血中乳酸濃度がどのレベルまで上昇し得るかは明らかではないが、血中濃度20〜25mmol/Lにおいて疲労困憊に至るとした報告（105）や、動的運動の継続を繰り返すことにより血中乳酸濃度が30mmol/L以上に上昇したという報告がある（79）。また、運動強度や筋線維タイプ以外にも、運動の継続時間（67）、トレーニング状態（66）、運動開始時のグリコーゲン量（67）などが乳酸の蓄積に影響する。

　血中乳酸濃度は、重炭酸塩（HCO_3^-）の緩衝の結果としての乳酸の生成量と除去量のバランスを反映する。HCO_3^-は、H^+がpHに及ぼす影響について、プロトンを受け取ることによって最小化する（H_2CO_3）。血液からの除去および緩衝能力は、ホメオスタシス的な範囲への回復を示す。乳酸は、生成された筋細胞内で酸化によって処理されるだけでなく、血液中を運ばれてほかの筋線維でも酸化されることがある（106）。また、乳酸は血液中を輸送されて肝臓に送られ、そこでグルコースに変換されることもある。この過程を**コーリ回路**と呼び、図3.3に示す。

　Gollnickら（67）、またその他の研究（8,72,116）において、血中乳酸濃度は、通常、運動後1時間以内に運動前のレベルまで回復し、運動の継続時間や強度、トレーニング状態、回復（リカバリー）の種類（例：パッシブリカバリーあるいはアクティブリカバリー）によって決まるということが報告されている。運動後に軽度の身体活動を実施することによって、運動後の乳酸除去の速度が上昇することが示されている（55,67,72,79,116）。たとえば、競技レベルの水泳選手において、最大努力での182.9m（200ヤード）の水泳後の乳酸の除去は、アクティブリカバリーのほうが、パッシブリカバリーと比較して高かった（72）。付け加えると、トレーニングを積んだ選手では、そのトレーニングのタイプが有酸素性（67）、無酸素性（62）のいずれであっても、トレーニングを積んでいない人に比べて乳酸除去速度が速い。血中乳酸濃度は、運動終了の約5分後にピークとなるが（67）、この遅れは、乳酸の緩衝と組織から血液への輸送に要する時間ととらえられている（93）。

　血中乳酸濃度は、低強度の持続的な運動後よりも、高強度の間欠的な運動（例：レジスタンストレーニングや短距離走）後に高値を示す（79,101,150）。しかし、同一の作業負荷（絶対値）でトレーニングを実施した場合には、トレーニングを積んでいない人よりもトレーニング経験者のほうが血中乳酸濃度は低い（66,89,141）。このことから有酸素性トレーニングと同様にレジスタンストレーニングによっても、乳酸反応が変化することがわかる（67,89,141）。トレーニングによる変化としては、同一の作業負荷ではトレーニングを積んだ人のほうが血中乳酸濃度は低く、最大運動時にはトレーニングを積んだ人のほうが高くなる（67,89,141）こともあげられる。

　ピルビン酸が乳酸に変換されるとき、最終的な解糖の反応は、次のように要約される。

$$\text{グルコース1分子} + 2P_i + 2ADP \rightarrow \text{乳酸2分子} + 2ATP + H_2O \quad (3.4)$$

クレブス回路へ続く解糖

　ミトコンドリア（有酸素的代謝の反応が起こる細胞小器官）に十分な酸素が存在すると、解糖の最終的な代謝産物であるピルビン酸は乳酸には変換されず、ミトコンドリアに輸送される。解糖の反応により産生された2分子の還元型**ニコチンアミドアデニンジヌクレオチド（NADH）**もミトコンドリアに輸送される（**還元**とは、水素を付加させることを意味する）。ミトコンドリアにおいて、ピルビン酸脱水素酵素複合体によりピルビン酸はアセチルCoA（CoAは補酵素Aを意味する）に変換され、CO_2と

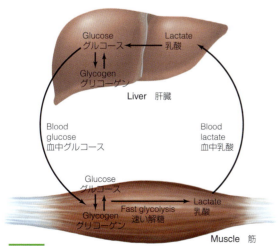

図3.3　コーリ回路。

乳酸は代謝性アシドーシスを引き起こさない！

「乳酸性アシドーシス」は、よくある間違った名称であり、高強度エクササイズ中の筋疲労に伴う、焼けるような感覚の原因は乳酸であると間違って信じられている。これは、骨格筋において解糖により乳酸が生成されると、すぐに乳酸塩に分離され熱くなるという仮定に基づいている（1,60,123）。しかしながら、解糖のホスホグリセリン酸キナーゼ反応はカルボン酸基（COO⁻）からリン酸を切り離す部分に関与している（103）。したがって、式3.4に示すように、乳酸塩からの切り離しにおいてプロトン（H⁺）は存在しない（60,123）。

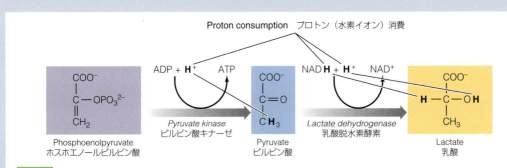

図3.4 解糖におけるホスホグリセリン酸キナーゼ反応。乳酸塩からリン酸を切り離す際に、プロトン（H⁺）は存在しないことを示す。

さらに、乳酸脱水素酵素（デヒドロゲナーゼ）反応そのものがプロトンを消費し、細胞をアルカリ化する（60,123）——これはアシドーシスとまったく反対である。実際に、Busa and Nuccitelli（27）は「細胞内の酸性負荷は、主にATP加水分解であり、乳酸蓄積ではない」（p.430）と述べている。運動によって引き起こされる代謝性アシドーシスにおけるプロトン（H⁺）蓄積の主な原因は、ミトコンドリア外でのATP加水分解であり、ピルビン酸から乳酸塩への変換ではない、とRobergsら（123）は強調している。結果として、乳酸性アシドーシスは、まさに誤った名称であって、高強度で疲労する運動中の骨格筋内のpH低下を表現するには、代謝性アシドーシスという用語を使うことが勧められる。

して炭素を失うという結果となる。アセチルCoAはクレブス回路に入って、ATPをさらに再合成することができる。NADH分子は電子伝達系に入り、これらもATP再合成のために利用される。

ピルビン酸がミトコンドリアに輸送された場合、解糖の最終的な反応は次のように要約される。

$$1\ \text{グルコース} + 2P_i + 2ADP + 2NAD^+ \rightarrow$$
$$2\ \text{ピルビン酸} + 2ATP + 2NADH + 2H_2O \quad (3.5)$$

解糖のエネルギー産生

代謝時のATP再合成には、主に2つのメカニズムがある。

1. 基質レベルのリン酸化
2. 酸化的リン酸化

リン酸化とは、無機リン酸（P_i）を他の分子に付加する過程である。たとえば、$ADP + P_i \rightarrow ATP$はADPをATPにするリン酸化である。**酸化的リン酸化**とは、**電子伝達系**におけるATPの再合成を意味する。対照的に、**基質レベルのリン酸化**では、代謝経路内の1つの反応でADPからATPが直接再合成されることを意味する。模式化すると、解糖において、基質レベルのリン酸化でADPからATPがつくられる段階は2つある（42）。

$$1,3\text{-ビスホスホグリセリン酸} + ADP + P_i$$
$$\xrightarrow{\text{ホスホグリセリン酸キナーゼ}} 3\text{-ホスホグリセリン酸} + ATP \quad (3.6)$$

$$\text{ホスホエノールピルビン酸} + ADP + P_i$$
$$\xrightarrow{\text{ピルビン酸キナーゼ}} \text{ピルビン酸} + ATP \quad (3.7)$$

解糖において、基質レベルのリン酸化によって再合成されるATPは合計4分子である（図3.2）。しかし、解糖では、フルクトース-6-リン酸から、フルクトース-1, 6-リン酸への反応（**ホスホフルクトキナーゼ[PFK]**という酵素が触媒する）に、ATP1分子の加水分解が必要である。これに加えて、グルコースの供給源としては血中グルコースおよび筋グ

リコーゲンの2つがある。血液中から筋細胞に入ったグルコースが細胞内に留まり、グルコース濃度勾配を保つためには、リン酸化される必要がある（67）。1分子の血中グルコースのリン酸化（ヘキソキナーゼが触媒となる）にも、1分子のATPの加水分解が必要である。一方、筋グリコーゲンがグリコーゲンホスホリラーゼという酵素の助けを借りて分解されグルコースになる反応（グリコーゲン分解）では、グルコースはすでにリン酸化されているため、ATPの加水分解を必要としない。すなわち、解糖が1分子の血中グルコースから始まる場合は、2分子のATPが消費されて、4分子のATPが再合成されるので、最終的に2分子のATPが再合成されることになる。筋グリコーゲンから始まる場合には、消費されるATPは1分子で、4分子のATPが再合成されるので、3分子のATPが再合成される。

解糖の制御

　一般に、解糖の反応は、高強度の筋活動時に、ADPや無機リン酸（P_i）、アンモニアの濃度上昇、そしてpHとアデノシン一リン酸（AMP）のわずかな低下により促進される（22,61,140）。いずれもATPの加水分解の増加とエネルギーの必要性を示している。対照的に、解糖の抑制は、pHやATP、クレアチンリン酸、クエン酸、遊離脂肪酸の大幅な減少によって起こり（12）、これらは通常安静時に起こるものである（解糖によってわずかにpHが低下するが、pH低下が継続するのであれば、解糖の速度が抑制されることに注意）。しかし、解糖反応の制御に寄与する要因はほかにもあり（107）、ヘキソキナーゼ、ホスホフルクトキナーゼ、ピルビン酸キナーゼという3つの重要な解糖系酵素の濃度や代謝回転率がそれにあたる。これら3つの酵素は、各々が重要なアロステリック結合部位（アロステリックは「異なるところ」を意味する）を持つため、解糖の制御を司る酵素といえる。アロステリック制御では、反応の最終生成物または一連の反応がフィードバックとなって、代謝経路における重要な酵素の代謝回転率を制御する。こうしたことから、この過程は最終生成物制御（85）、もしくはフィードバック制御（61）とも呼ばれる。アロステリック阻害は、最終生成物が制御酵素に結合して、その酵素の代謝回転率を低下させ、結果として生成物の形成が遅く

なって起こる。逆に、アロステリック促進は、酵素に「活性化因子（アクティベーター）」が結合して、酵素の代謝回転率が上がることによって起こる。

　グルコースをリン酸化してグルコース-6-リン酸にする反応の触媒であるヘキソキナーゼは、筋形質内のグルコース-6-リン酸の濃度によってアロステリック阻害を受ける（61）。したがって、グルコース-6-リン酸の濃度が高いほど、ヘキソキナーゼは阻害を受けることになる。付け加えると、グルコースのリン酸化によって、グルコースは細胞中に入り、その中に留まることになる。同様に、ホスホフルクトキナーゼ（PFK）反応（フルクトース-6-リン酸→フルクトース-1, 6-ビスリン酸）により、細胞ではグルコースをグリコーゲンとして貯蔵するのではなく、代謝することになる。この過程が律速段階となっているため、PFK酵素は、解糖における最も重要な制御因子（レギュレーター）となる。アデノシン三リン酸（ATP）はPFKのアロステリック阻害因子であり、したがって細胞内のATP濃度が上昇するにつれ、PFKの活性は低下し、フルクトース-6-リン酸から、フルクトース-1, 6-リン酸への変換が減少し、解糖系代謝経路の反応を鈍化させる。逆に、アデノシン一リン酸（AMP）はアロステリック促進因子であり、解糖の反応を強く刺激する。さらには、高強度の運動においては、AMPやアミノ酸の脱アミノ反応（アミノ酸分子からアミノ基が分離する）により生じるアンモニアにより、PFKの活性が高まる。ピルビン酸キナーゼは、ホスホエノールピルビン酸がピルビン酸に変換される際の触媒であり、解糖における最後の制御酵素である。ピルビン酸キナーゼは、ATPとアセチルCoA（クレブス回路の中間生成物）によってアロステリック阻害されるのに対し、高濃度のAMPとフルクトース-1, 6-ビスリン酸によってアロステリック促進される（61）。

乳酸性作業閾値（LT）と
血中乳酸蓄積開始点（OBLA）

　運動強度を増加させていくと、乳酸濃度曲線に変曲点が出現する（図3.5）ことが、最近のエビデンスによって示されている（39,98）。血中乳酸濃度が安静時濃度から急激に増加し始める運動強度または相対的運動強度を、乳酸性作業閾値（LT）と呼ぶ（161）。

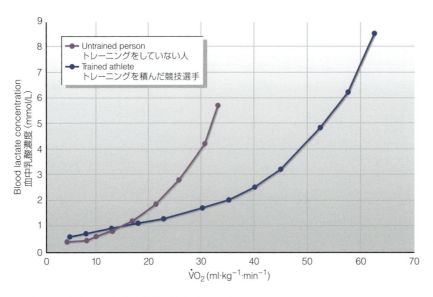

図3.5 乳酸性作業閾値（LT）と血中乳酸蓄積開始点（OBLA）

　LTは、エネルギー需要に対して、エネルギー産生を合わせようとして無酸素性機構への依存度を上昇させていることを示すと考えられる。LTは換気閾値（換気と$\dot{V}O_2$との相関における限界点）とよく一致し、無酸素性作業閾値の指標としてしばしば用いられる。一般にLTは、競技選手では最大**酸素摂取量**の70～80％、トレーニングを積んでいない人では50～60％程度の運動強度にあたる（29,52）。さらに高い相対運動強度で、乳酸濃度の2回目の上昇が指摘されている。この2回目の変曲点は**血中乳酸蓄積開始点（OBLA）**と呼ばれ、血中乳酸濃度が4mmol/L近くに達するところで起こる（83,136,142）。血中乳酸濃度曲線におけるこれらの変曲点は、中程度の運動強度、また大きな運動単位が動員され始める運動強度に一致すると考えられる（92）。大きな運動単位の筋細胞は、通常、タイプⅡ線維であり、無酸素性代謝に適し、乳酸を産生する。

　LTやOBLA付近、あるいはそれ以上の強度でトレーニングすることにより、LTおよびOBLAを右へ移動させる（すなわち、より高い運動強度で乳酸濃度が上昇し始める）とした研究結果が報告されている（39,43）。この乳酸濃度曲線の移動は、おそらくホルモン分泌の変化（とくに高強度の運動時のカテコールアミン分泌の減少）や、ミトコンドリア量の増加（これにより有酸素性機構によるATP産生が増加する）に起因すると考えられる。より高い運動強度で乳酸濃度が上昇し始めるようになれば（乳酸濃度曲線が右に移動すれば）、最大酸素摂取量に対してより高い割合の強度で運動しても、血中乳酸の蓄積がそれほど起こらないことになる（22,41）。

酸化（有酸素性）機構

　酸化機構は安静時および低強度の運動時に主にATPを供給し、基質として炭水化物と脂質が主に利用される（62）。タンパク質は、総エネルギーに対して大きく寄与しないものの、長期の飢餓や、90分を超える長時間の運動時にタンパク質の利用が顕著に増加する（41,102）。安静時にはATPの約70％が脂質から、約30％が炭水化物から得られている。運動を開始すると、運動強度の増加に伴い、主に使われるエネルギー基質が脂質から炭水化物へと移行する。炭水化物の供給が十分ならば、高強度の有酸素性運動では、必要とされるエネルギーのほぼ100％を炭水化物から得ることになり、脂質およびタンパク質の寄与は最低限となる。ところが、最大下（最大よりは小さい負荷）の定常状態での運動が長時間続くと、エネルギー基質は徐々に炭水化物から脂質へと再び戻っていき、わずかにタンパク質も使われるようになる（22）。

グルコースとグリコーゲンの酸化

　血中グルコースと筋グリコーゲンの酸化的代謝は、解糖から始まる。このとき十分な量の酸素が存在すれば、解糖の最終的な代謝産物であるピルビン酸は

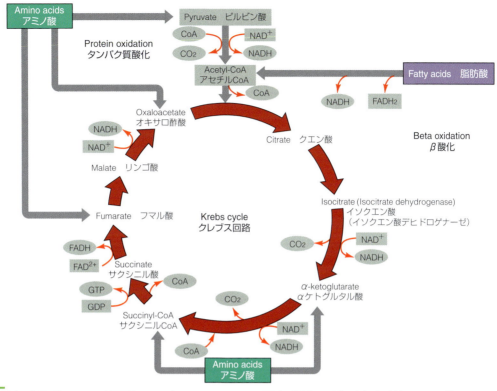

図3.6 クレブス回路。CoA＝補酵素A。FAD⁺, FADH, FADH＝フラビンアデニンジヌクレオチド。GDP＝グアニンニリン酸。GTP＝グアニン三リン酸。NAD⁺, NADH＝ニコチンアミドアデニンジヌクレオチド。

乳酸には変換されず、ミトコンドリアに輸送されてアセチルCo-A（炭素2分子）に変換され、クレブス回路に入る（7,61）。クレブス回路は、クエン酸回路、TCA回路とも呼ばれる。クレブス回路は、解糖から始まる一連の酸化反応で、グルコース1分子につき、グアニン三リン酸（GTP）から基質レベルのリン酸化により2分子のATPが間接的に産生される（図3.6）。

グルコース1分子からは、さらに6分子の還元ニコチンアミドアデニンジヌクレオチド（NADH）と2分子の還元**フラビンアデニンジヌクレオチド（FADH₂）**が産生される。NADHとFADH₂は水素原子を電子伝達系（ETC）に運び、ADPからATPを産生するのに使われる（22,107）。電子伝達系では、NADHとFADH₂を使ってADPを再びリン酸化し、

ATPを産生する（図3.7）。

この過程では、水素原子が連鎖反応（**チトクローム**と呼ばれる一連の電子運搬体による）を受け渡されていくことによって水素イオン（プロトン）の濃度勾配が生まれ、ATP産生のエネルギーを供給する。最終的には酸素が電子の受容体（受け取り手）となり、水が生成される。NADHとFADH₂は、電子伝達系のそれぞれ異なる場所に入るためATP産生能力は異なり、1分子のNADHからATP3分子が産生されるのに対し、1分子のFADH₂からはATP2分子しか産生されない。このATP産生過程は**酸化的リン酸化**と呼ばれる。解糖から始まってクレブス回路、電子伝達系を含めると、1分子の血中グルコースの分解により、最終的には38分子ものATPが産生される（22,85）。なお、解糖が筋グリコ

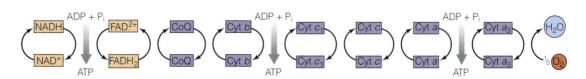

図3.7 乳酸性作業閾値（LT）と血中乳酸蓄積開始点（OBLA）

ーゲンから始まるときはヘキソキナーゼ反応を必要
としないため、最終的なATP産生は39分子となる。
いずれの場合も含めて、基質レベルのリン酸化とは
対照的に、酸化的リン酸化はATP合成の90%以上
を占める。このことは酸化機構（有酸素性機構）に
よるエネルギー変換の能力の大きさを示している。
これらの過程をまとめたものが、表3.1である。

脂質の酸化

　酸化エネルギー機構では、脂質も利用される。脂
肪細胞中に貯蔵されているトリグリセリドは、ホル
モン感受性リパーゼと呼ばれる酵素により分解され、
遊離脂肪酸とグリセロールが産生される。これによ
り、脂肪細胞から遊離脂肪酸が血液中に放出される。
この遊離脂肪酸は、体循環により筋線維へと運搬さ
れ、酸化される（88,121）。加えて、限られた量のト
リグリセリドが筋内に貯蔵されており、これがホル
モン感受性リパーゼとともに存在し、遊離脂肪酸の
筋内の供給源となる（22,47）。遊離脂肪酸はミトコ
ンドリアに入り、β酸化と呼ばれる一連の反応によ
って分解され、アセチルCoAと水素（プロトン）
が産生される（図3.6）。アセチルCoAは直接クレブ
ス回路に入り、水素原子はNADHとFADH$_2$により
電子伝達系に運ばれる（22）。β酸化によって供給
されるATP分子は数百となる。たとえば、3つの

表3.1　1分子のグルコースの酸化で得られる エネルギーの総量

過程	ATP生産量
遅い解糖	
基質のリン酸化	4
酸化的リン酸化：2 NADH 　（それぞれATP 3個）	6
クレブス回路 （グルコース1個あたりクレブス回路を2周）	
基質のリン酸化	2
酸化的リン酸化：8 NADH 　（それぞれATP 3個）	24
GTPを通して：2 FADH$_2$ 　（それぞれATP 2個）	4
合計	40*

＊血中グルコースから開始する場合、解糖でATP2個が使われるため、
産生されるATPの合計は40－2＝38となる。ミトコンドリアへの輸送
において、NADHがどのようなシャトル系を用いるかにより、この数
字は36となることもある。ATP＝アデノシン三リン酸。FADH$_2$＝フラ
ビンアデニンジヌクレオチド。GDP＝グアニンニリン酸。NADH＝ニ
コチンアミドアデニンジヌクレオチド。

16炭素の長鎖遊離脂肪酸（パルミチン酸）を持つ1
分子のトリグリセリドは分解され、β酸化によって
代謝され300を超えるATP分子が得られる（1つ
のパルミチン酸あたり100超のATP）。炭水化物や
脂質と比較して脂質の酸化は莫大なATPを合成す
ることが可能であるというのが、全般的な概念であ
る。

タンパク質の酸化

　タンパク質は、ほとんどの運動において主なエネ
ルギー供給源ではないが、さまざまな代謝過程を経
てアミノ酸に分解される。それらのアミノ酸のほと
んどがグルコースに変換されることがある（この過
程は**糖新生**と呼ばれる）ほか、ピルビン酸やその他
のクレブス回路の中間産物へと変換され、ATPの
産生に関わる場合もある（図3.6）。短時間の運動で
はアミノ酸によるATP産生はわずかと推定される
が、運動が長時間にわたるとエネルギー必要量の3
～18%をまかなうと推定される（20,138）。骨格筋で
酸化されるアミノ酸は、主に**分岐鎖アミノ酸**（ロイ
シン、イソロイシン、バリン）と考えられているが、
アラニン、アスパラギン酸、グルタミン酸も使われ
る場合がある（69）。アミノ酸の分解によって産生
された窒素を含む老廃物は、尿素と少量のアンモニ
アとして排出される（22）。アンモニアは毒性があり、
また疲労と関連していることから、アンモニアの生
成を経て排出することは重要である。

酸化機構の制御

　クレブス回路（図3.6参照）の律速段階は、イソ
クエン酸からαケトグルタル酸への反応（イソク
エン酸デヒドロゲナーゼにより触媒される）である。
イソクエン酸デヒドロゲナーゼはADPによって促
進され、ATPによりアロステリック阻害される。
NADHやFADH$_2$を産生する反応もまた、クレブス
回路の制御に影響する。もし水素の受容体である
NAD$^+$およびFAD^{2+}の量が少なく、十分に利用で
きない場合、クレブス回路の反応速度が低下する。
さらにグアニン三リン酸（GTP）が蓄積するとサク
シニルCoA濃度が上昇し、クレブス回路の最初の
反応（オキサロ酢酸＋アセチルCoA→クエン酸＋
CoA）が阻害される。電子伝達系は、ATPにより
阻害され、ADPにより促進される（22）。脂質や炭

第3章 運動とトレーニングの生体エネルギー論 59

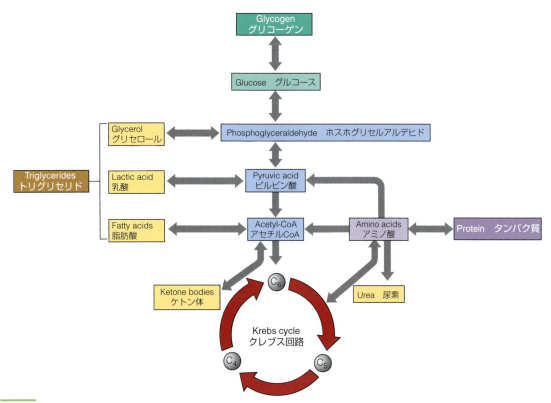

図3.8 脂質、炭水化物、タンパク質の代謝経路は、一部共通している。いずれも酸化されてアセチルCoAとなり、クレブス回路に入ることに注意。

表3.2 主に利用されるエネルギー機構に対する、継続時間と強度の影響

運動の継続時間	運動強度	主なエネルギー機構
0〜6秒間	非常にきつい	ホスファゲン
6〜30秒間	かなりきつい	ホスファゲンと速い解糖
30秒〜2分間	きつい	速い解糖
2〜3分間	普通	速い解糖と酸化機構
3分以上	軽い	酸化機構

競技選手が最大のパフォーマンスに達するべく最大努力をした際の運動の継続時間や強度、主なエネルギー機構の関係。

表3.3 ATP産生速度と産生能のランキング

機構	ATP産生速度	ATP産生能
ホスファゲン	1	5
速い解糖	2	4
遅い解糖	3	3
炭水化物の酸化	4	2
脂質およびタンパク質の酸化	5	1

1：最も速い、または最も大きい。5：最も遅い、または最も少ない。

水化物、タンパク質の代謝についてまとめたものが図3.8である。

エネルギー産生とその能力

　ホスファゲン機構や解糖、酸化機構は、運動強度と継続時間に応じて異なるエネルギー供給能を持つ（表3.2、3.3）。運動強度は筋活動のレベルと定義され、パワー（単位時間になされた仕事）の出力として定量化される（99）。高強度で高いパワー出力が必要となるレジスタンストレーニングなどの活動では、速い速度でのエネルギー供給を必要とするため、ホスファゲン機構により供給されるエネルギーにほぼすべてを依存している。一方、マラソンのような低強度で長時間の活動では大量のエネルギー供給を必要とし、酸化機構によるエネルギー供給への依存度が高い。上記の2つの活動の間にあたるさまざまな活動では、その強度や継続時間に応じて主要なエネルギー供給源が決定される（表3.2）。一般に、短時間かつ高強度の運動（レジスタンストレーニング、短距離走など）は、ホスファゲン機構と速い解糖に

依存する。強度が低下して継続時間が延びるにつれて、徐々に遅い解糖と酸化機構に移ることがわかる（45,129）。

> 一般に、あるエネルギー機構のATPを産生する最大速度（単位時間当たりのATP生成量）と、そのエネルギー機構の産生能（長時間にわたって産生できるATPの総量）とは逆相関関係にある。ホスファゲン機構はATP産生速度において最も高いが、脂質の酸化はATP産生能において最大である。結果として、ATPの主な供給は、高強度で短時間の運動（100mダッシュ）ではホスファゲン機構によって、また、中～高強度で短～中程度の時間継続される運動（400mダッシュ）では解糖によって、低強度で長時間の運動（マラソン）は酸化機構によって行われる。

運動の継続時間も、どのエネルギー機構が使われるかに対して大きな影響を与える。スポーツ競技の継続時間は、1～3秒といった短時間のもの（スナッチ、砲丸投げ）から、長いものでは4時間を超えるもの（ロングディスタンスのトライアスロン、ウルトラマラソン）まである。もし競技選手が最大努力（各種目において、可能な限り最高のパフォーマンスにつながる力を発揮する努力）をする場合、その考慮される時間は表3.2に示すものが妥当である（48,78,124,144,147）。

運動中および休息中のいずれにおいても、1つのエネルギー機構のみでエネルギーの供給を完全に担うということはない。無酸素性機構と有酸素性機構のどちらが、運動中に産生されるエネルギーにどの程度寄与するかは、第一に運動強度、第二に継続時間によって決まる（22,45,48）。

> 3つのエネルギー機構のうち、ATP産生においてそれぞれがどの程度寄与するかは、第一に筋活動の強度、第二に運動の継続時間によって決まる。運動中および休息中のどちらであっても、1つのエネルギー機構のみでエネルギーの供給を完全に担うということはない。

基質の消費と補給

生体エネルギー反応の出発物質となる分子はエネルギー基質と呼ばれ、これにはホスファゲン（ATPとクレアチンリン酸）、グルコース、グリコーゲン、乳酸、遊離脂肪酸、アミノ酸が含まれる。運動の強度や継続時間に応じて、それに適したエネルギー基質が選択的に消費され、その結果、その基質を使うエネルギー機構で産生されるエネルギーは減少する。運動中に経験する疲労は、ホスファゲン（66,87）やグリコーゲン（21,78,90,131）の枯渇と強く関係している。これに対し、遊離脂肪酸、乳酸、アミノ酸などはパフォーマンスが制限されるほどの枯渇が起こることはほとんどない。したがって、運動やスポーツの生体エネルギー論においては、運動に続いて起こるホスファゲンやグリコーゲンの消費と補給のパターンが重要である。

ホスファゲン

運動中の疲労は、ホスファゲン（ATPとCP）の減少と関係があると考えられている。筋中のホスファゲン濃度は、高強度の無酸素性運動では、有酸素性運動と比べて速く消費される（66,87）。なかでもクレアチンリン酸は、強度が高く、継続時間が短時間から中程度の場合、運動開始直後（5～30秒）に顕著に減少（50～70%）し、疲労困憊に至るような激しい運動ではほとんどすべて消費される（84,91,96,108）。筋のATP濃度は、実験的に引き起こした筋疲労の場合、運動前と比べてわずかに減少するとする研究結果もあるが（34）、最大で運動前の50～60%まで減少する（143）という研究結果もある。また、外部に力を加えるような動的な筋活動では、等尺性の筋力発揮と比較してより多くの代謝エネルギーが必要であり、ホスファゲン消費が多いことにも注目するべきである（18）。

運動中にはクレアチンリン酸の消費やミオキナーゼ反応のほか、グリコーゲンや遊離脂肪酸といったほかのエネルギー源から付加的なATPが供給されるため、筋内ATP濃度は十分なレベルが維持されている。運動後のホスファゲンの補給は比較的短時間で行われる。すなわち、ATPの完全な再合成は3～5分、CPの完全な再合成は8分以内に起こる（75,87）。ホスファゲンの補給は主に有酸素的代謝（75）により得られるが、高強度の運動直後には解糖も回復に関与する（29,40）。

ホスファゲン濃度についてのトレーニング効果は、十分に解明されていない。有酸素性の持久性トレーニングは安静時のホスファゲン濃度を上昇させる効果があり（49,97）、最大下パワーを発揮させる際に、パワーの値が同じになるまでのホスファゲンの消費

速度を低下させる効果がある（33,97）と考えられる。しかし、相対的パワー（最大パワーに対する割合）が同じ条件下ではこの傾向はみられない（33）。安静時のホスファゲン濃度の上昇を示した研究もあるが（12,125）、短期間（8週間）のスプリントトレーニング、そして6カ月間のレジスタンストレーニングまたは爆発的トレーニングでは、安静時のホスファゲン濃度の上昇は認められなかった（11,16,145,148）。ただし、スプリントトレーニングにより筋量が増加しているため、総ホスファゲン量が増大している可能性はある（148）。レジスタンストレーニングでは、5週間のトレーニング後に上腕三頭筋の安静時ホスファゲン濃度が上昇することが示されている（104）。このようなホスファゲン濃度の上昇は、タイプⅠ線維より多くのホスファゲンを持つことができるタイプⅡ線維の選択的肥大によって起こっていると考えられる（103）。

グリコーゲン

運動に利用できる貯蔵グリコーゲン量には限界があり、全身の筋の貯蔵グリコーゲン量は合計で約300～400g、肝臓では約70～100gである（135）。肝臓と筋における安静時のグリコーゲン濃度は、トレーニングと食事を操作することにより変化し（56,135）、短距離走やレジスタンストレーニングなどの無酸素性運動（16,104）、一般的な有酸素性持久的運動（64,65）ともに、これらの運動を行ったときに、同時に適切な栄養を摂取することで、安静時の筋グリコーゲン濃度を増加させることが示唆されている。

グリコーゲンの消費速度は運動強度と関係があり（135）、筋グリコーゲンは、強度が中程度から高強度の運動の重要なエネルギー源となる。肝グリコーゲンは、低強度の運動においてより重要となり、また運動の継続時間が長くなるとともに、代謝の過程

における寄与が高くなると考えられる。最大酸素摂取量の50、75、100％と相対的運動強度を高めていくと、筋グリコーゲン分解の速度も、それぞれ0.7、1.4、3.4mmol/kg/分上昇したという報告がある（131）。最大酸素摂取量の60％以上の強度の運動では、筋グリコーゲンの重要度が次第に大きくなり、運動中に筋グリコーゲンが完全に枯渇するような筋細胞が出現することも報告されている（130）。

ごく低い強度（最大酸素摂取量の50％未満）の運動では、筋へのグルコースの取り込みが少ないため、血中グルコース濃度は比較的一定に保たれる。運動時間が90分以上になると血中グルコース濃度の低下が認められるが、2.8mmol/L未満に減少することはほとんどない（2）。一方、最大酸素摂取量の50％以上での運動を長時間（90分以上）継続すると、肝グリコーゲンが消費されるため、血中グルコース濃度の低下が顕著となる。運動により血中グルコース濃度が2.5mmol/Lを下回ると、低血糖反応が起こる可能性がある（2,22）。血中グルコース濃度が2.5～3.0mmol/Lにまで低下するのは肝臓の炭水化物貯蔵量が減少するためで、酸化される炭水化物が減少し、最終的には疲労困憊の状態に至ることになる（32,35,135）。

高強度でのレジスタンストレーニングのような極めて高強度で間欠的な運動では、比較的少ないセット数（作業負荷の総量が少ない）であっても筋グリコーゲンの大幅な枯渇（20～60％）を引き起こす（99,124,144,146）。低反復回数あるいは低セット数のレジスタンストレーニングでは、ホスファゲンの減少が最大の制限因子となる場合もあるが、総セット数や総仕事量の多いレジスタンストレーニングでは、筋グリコーゲンの減少が制限因子になると考えられる（124）。この種の運動は、選択的な筋グリコーゲンの枯渇の原因となることがあり（タイプⅡ線維に

子どもと大人の間での、クレアチンリン酸の枯渇の違い

Kappensteinら（94）は、高強度間欠的運動時、子どもには大きな酸化能があることにより、大人と比べるとCPの消費が少なく、CPの再合成が速い、そして代謝性アシドーシスが低いという仮説を検証した。16名の子ども（平均年齢9歳）と16名の大人（平均年齢26歳）が、30秒間の動的な底屈を1RM（1回で挙上できる最大の負荷）の25％で10回行った。運動中および運動後に、クレアチンリン酸、ATP、無機リン酸（P_i）、リン酸－エステルが測定された。子どもにおいては、最初の運動の際にクレアチンリン酸の分解が顕著に低く、運動後およびリカバリー期間中の平均CPレベルは子どものほうが高かった。加えて、運動終了時の筋pHは、子どもにおいて顕著に高かった。この結果は、高強度間欠的運動中、子どものほうが酸化的代謝によってエネルギー需要に合わせることができるということを示唆している。

おいて、より枯渇する）、これもパフォーマンスの制限につながる（50,124）。レジスタンストレーニング中の筋グリコーゲン分解速度は、ほかの動的な運動と同様、運動強度によって決まる（運動強度が高くなるほど、グリコーゲン分解速度が速くなる）。しかし、総仕事量が同じならば、レジスタンストレーニングの運動強度とは無関係に、消費されるグリコーゲンの絶対量も同じになるであろう（69,124）。

回復期の筋グリコーゲンの補給には、運動後の炭水化物の摂取が深く関係している。速やかな補給のためには、運動後2時間おきに体重1kg当たり0.7〜3.0gの炭水化物を摂取するのが望ましいといわれている（56,135）。このレベルの炭水化物摂取は筋グリコーゲン補給を最大化することができ、運動後4〜6時間の間に、筋の湿重量1gにつき1時間に5〜6mmol補給される。十分に炭水化物を摂取すれば、筋グリコーゲンは24時間以内に完全に補給される（56,135）。しかし、強い伸張性筋活動を伴う運動（筋の損傷と関連している）では、筋グリコーゲンを完全に補給するには通常よりも長い時間を要すると考えられる（119,162）。

生体エネルギー論からみた パフォーマンス制限因子

運動やトレーニング中の疲労のメカニズムについては、最大パフォーマンスを制限する因子を考慮するべきである（22,49,78,86,102,154）。トレーニングのプログラムデザインにおいて、また運動中におけ

る疲労を遅らせパフォーマンスを促進しようとするうえで、個々のスポーツ競技のパフォーマンス制限因子についての理解が必要である。ほかにも潜在的な要因が推測されているものの、表3.4に、エネルギー源の枯渇と筋内の水素イオン増加からみた制限因子の例を示した。

グリコーゲンの枯渇が制限因子となるのは、主に有酸素性代謝にエネルギーを供給する、低強度で長時間継続する運動、そして、主に無酸素性代謝による強度の高い運動を繰り返す場合の両方である。レジスタンストレーニングや短距離走など、主に無酸素性代謝でまかなわれる運動で重要なのは、代謝性アシドーシスが筋収縮力の制限に影響を及ぼしていることである（53,78,114,115,123）。その他、筋疲労を起こして運動パフォーマンスを制限する可能性を持つ因子としては、細胞内の無機リン酸の増加、アンモニアの蓄積、ADPの増加、筋小胞体からのカルシウムイオン放出の減少などが挙げられる（4,5,129,154,158）。ただし、筋疲労の原因や、運動パフォーマンスの制限因子を明らかにするには、さらなる研究が必要である。

酸素摂取量と運動への 無酸素性機構、 有酸素性機構の関与

酸素摂取量（または酸素消費量）は、呼吸器系を通して酸素を体内に取り入れ、循環系を通して働く組織に届け、働く組織（主に骨格筋）が利用すると

表3.4　ATP産生速度と産生能のランキング

運動	ATPおよび クレアチンリン酸	筋グリコーゲン	肝グリコーゲン	貯蔵脂肪	pHの低下
マラソン	1	5	4〜5	2〜3	1
トライアスロン	1〜2	5	4〜5	1〜2	1〜2
5000m走	1〜2	3	3	1〜2	1
1500m走	2〜3	3〜4	2	1〜2	2〜3
400m水泳	2〜3	3〜4	3	1	1〜2
400m走	3	3	1	1	4〜5
100m走	5	1〜2	1	1	1〜2
円盤投げ	2〜3	1	1	1	1
1RMの60%でスナッチを 繰り返す（10セット）	4〜5	4〜5	1〜2	1〜2	4〜5

注：1＝最も問題にならない制限因子、5＝最も問題になる制限因子。

いう一連の能力を測定するものである。一定のパワーが継続的に発揮される低強度の運動では、運動開始直後の数分間は酸素摂取量が徐々に増加し、その後、定常状態（酸素の需要と供給が等しい）となる（図3.9）(7,83)。

しかしながら、運動開始直後には、有酸素性機構はエネルギー需要の増加に最初はゆっくりと反応するため、エネルギーの一部は無酸素性機構から供給される（62,153）。このような無酸素性機構によるエネルギーの供給は、**酸素借**と呼ばれている（83,107）。また、運動終了後の一定時間、酸素摂取量は、運動の強度と継続時間に応じて、運動前よりも高値のまま経過する。運動後の酸素摂取は、**酸素負債**（83, 107）あるいは、回復酸素（107）、**運動後過剰酸素消費（EPOC）**といった用語が用いられてきた（22）。EPOCは、身体を運動前の状態に回復させるために安静時以上の酸素を摂取している（139）ものだが、酸素借とEPOCの相関は低～中程度で（13, 77）、酸素借がEPOCに影響を与えることはあっても両者は同値を示すわけではない。EPOCに影響する可能性のある因子を囲み記事に示した（17,21,22,58,107）。

運動強度が最大酸素摂取量を超える場合には、無

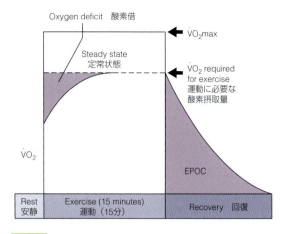

図3.9 低強度の定常状態におけるエネルギー代謝（最大酸素摂取量の75%）。EPOC＝運動後過剰酸素消費、$\dot{V}O_2$＝酸素摂取量。

酸素性機構が必要なエネルギーの大部分を供給する（図3.10）。一般に、無酸素性機構への依存が大きいほど、運動の継続時間は短くなる（7,68,156,157）。

表3.5は、自転車エルゴメータでの最大努力での持続運動において、有酸素性機構と無酸素性機構の大まかな寄与の割合を示したものである（110,149, 159）。無酸素性機構による寄与が主となるのは60

運動後過剰酸素消費は強度や継続時間、運動の種類によって決まる

運動後過剰酸素消費（EPOC）は、継続する$\dot{V}O_2$の増加を意味し、運動後数時間にわたってみられる場合もある（58）。

有酸素性運動とEPOC（17）
- 強度はEPOCに最も大きな影響がある。
- EPOCの最大値は、運動強度（50-60% $\dot{V}O_2$maxより高い）および継続時間（40分より長い）の両方が高いときにみられる。
- 短くて間欠的な最大酸素摂取量を超える運動（100% $\dot{V}O_2$maxより高い）を行うことで、総仕事量が少ないときに最大のEPOCをもたらすことがある。
- ある相対的な運動刺激に対するEPOCの反応は、個人差がある。
- 無酸素性運動の様式がEPOCに与える影響は、明らかでない。

レジスタンストレーニングとEPOC（17）
- 高負荷のレジスタンストレーニング（例：1RMの80～90%で8回3セット）では、サーキットウェイトトレーニング（例：1RMの50%で8回4セットを15回繰り返す）よりも大きいEPOCが引き起こされる。
- したがって、レジスタンストレーニングに対するEPOCの反応は、強度によっても変化する。

EPOCを変化させる要因（17）
- 血液および筋における酸素の再補充
- ATPおよびCPの再合成
- 体温や循環、換気の増加（上昇）
- トリグリセリド-脂肪酸サイクルの速度増加
- タンパク質の代謝回転の増加
- 回復中のエネルギーの効率性の変化

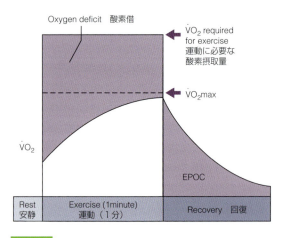

図3.10 高強度の定常状態におけるエネルギー代謝（最大パワーの80％）。ここでの「必要な酸素消費量」とは、このレベルでの酸素が摂取できると仮定した場合に、この強度の運動が継続できる酸素摂取量である。実際には酸素摂取量が不足するため、運動継続中は酸素借の状態が続く。EPOC＝運動後過剰酸素消費、$\dot{V}O_2$max＝最大酸素摂取量。

秒までで、それ以上では有酸素性機構が主となる。この種類の運動への無酸素性機構の寄与は、最大無酸素性能力を示している（109,149）。

トレーニングの代謝特性

　適切な運動強度や休息時間を設けることで、トレーニング時に、競技に特異的なエネルギー機構が「選択」される（22,107,155）。疲労困憊、あるいはそれに近い状態までの最大努力を必要とする中距離スプリント（400mから1600m）のようなスポーツおよび身体活動は実際にはまれである。多くのスポーツやトレーニング活動では、アメリカンフットボールやバスケットボール、ホッケーなどのように、短い休息時間をはさんで高強度（あるいは一定強度、ほぼ一定の強度）の運動が断続的に行われる形式に近い代謝特性を示す。こうしたタイプの運動の運動強度（発揮パワー）は、有酸素性機構のみを使って持続できる最大の発揮パワーよりもかなり大きい。し

たがって、無酸素性パワーや無酸素性能力のトレーニングを減らし、有酸素性トレーニングを重視して有酸素性パワーを増大させる方法は、こうしたスポーツ競技の選手には効果的とはいえない（82,109）。たとえば、野球選手が練習中に何kmも走るのは、無酸素性パワーおよびその発揮能力を改善するためのエクササイズに集中するのと比較して、恩恵は少ないだろう。

▶ 競技種目に合った運動強度、休息時間を用いることにより、トレーニング時に使われる主なエネルギー機構の「選択」が可能になり、それは取りも直さず、各競技の実際の代謝要求をより反映したものとなるので、より効果的で生産的な、競技種目に特異的な修練となる。

インターバルトレーニング

　インターバルトレーニングは、運動と休息時間の長さ（作業／休息比）を定めてトレーニングすることで、代謝経路内のエネルギー転換効率を高める適応を引き出すことに重点を置いたトレーニング法である。理論的には、適切な作業／休息比では、相対強度が同じ持続的な運動と比べて、より多くの仕事をより高い強度で行い、疲労は同等あるいは少ないと考えられる。Christensenらによる早期の研究において、5分間継続して走り、合計で30分のインターバル走を行ったとき、2：1、1：1、1：2の作業／休息比での運動の総走行距離、平均酸素摂取量、血中乳酸濃度を比較した（31）。被験者は、いずれの場合も5分以内で疲労に達する運動強度（スピード）で走るように求められた。継続して走った場合、疲労困憊に至るまでに走ることができた距離は1.3kmだったが、同じ運動強度で2：1、1：1、1：2の作業／休息比で走った場合、被験者はそれぞれ6.66km、5.00km、3.33km走ることができた。すなわち、インターバルトレーニングによってより多くのトレーニングをより高い運動強度で行うことが可

表3.5 運動を最大限に継続する際の無酸素性および有酸素性機構の寄与（自転車エルゴメータを使用）

運動継続時間（秒）	0〜5	30	60	90	150	200
運動強度（最大パワー出力に対するパーセンテージ）	100	55	35	31	データなし	データなし
無酸素性機構の寄与（％）	96	75	50	35	30	22
有酸素性機構の寄与（％）	4	25	50	65	70	78

能になる。この概念は45年以上前から確立されている（31）。

　30秒間自転車を全力でこぎ続けた後、4分間の休息（作業／休息比が1：8）という形式を4～7回繰り返すことを1セッションとして、計6セッション行う短期間（2週間）のインターバルトレーニングの研究が相次いで行われた。これらの研究では有酸素性持久力の倍増（26）だけでなく、骨格筋の有酸素性代謝能力（26,63）、pH低下に対抗する緩衝能力（26,63）、筋グリコーゲンの含有量（25,26）、タイムトライアルのパフォーマンス（25）において改善がみられた。さらに、同様の4週間にわたるインターバルトレーニングプログラムでは、トレーニングを積んだ自転車競技者において筋活動の増大と総仕事量の増加が示された（38）。つまり、最近の研究においても、代謝の適応についてのインターバルトレーニングの有効性が確認されていることになる。

　特定の作業／休息比を選択するための決定的なガイドラインの作成に用いることのできる結果を示す研究はほとんどない。しかしながら、一流自転車選手における、2通りの作業／休息比の間で、有酸素性および無酸素性代謝変数、総仕事量、疲労困憊までの時間の違いについて報告する研究がある（117）。自転車選手は、仕事率は固定で、40：20秒あるいは30：30秒の作業／休息のインターバルで疲労困憊までという、2つの間欠的なプロトコルを行った。40：20秒の作業／休息比のほうは、より高い代謝の値（最大酸素摂取量、乳酸濃度、電子伝達系）となったものの、顕著に総仕事量が減少し、疲労困憊までの時間も減少した。対照的に、30：30秒の作業／休息比のほうは、時間はかなり長く持続したが代謝の値は少し低かった。ほかの研究では、作業／休息比の強度と継続時間を通して、運動の変数を操作した。Wakefield and Glaister（152）は95％の$\dot{V}O_2$max以上の強度による作業時間の長さについて検討し、（休息時間を20秒に固定した場合）$\dot{V}O_2$maxの105％の強度で行う作業時間は、$\dot{V}O_2$maxの115％での作業時間の20秒、25秒を上回る30秒であると報告している。競技選手にとって適切な作業／休息比を決定する際に、各エネルギー供給機構それぞれに見合った時間間隔、作業強度、および回復時間の知識は、課せられたエクササイズの強度で達成できる仕事の量を最大限にするための判断材料として重要である。たとえばクレアチンリン酸（CP）の貯蔵が枯渇するような最大運動の後、クレアチンリン酸が完全に再合成されるまでには最大で8分間かかると考えられる（75）。このことから、短時間で高強度の運動では、ホスファゲンを補充する有酸素性機構を活用するために、運動時間の比率を（休息時間に対して）大きくする必要があることが示唆される（75）。

　これとは対照的に、低い運動強度での長時間の運動のトレーニングでは、運動の継続時間を長くするが、休息時間も延長し、運動時間の比率を（休息時間に対して）小さくする。運動の継続時間と代謝機構の関与、基質の回復を踏まえ、特定のエネルギー機構の向上に適した運動時間と休息時間の比率について、一般的なガイドラインを表3.6に示した。しかしながら、エビデンスに基づく最適な作業／休息比の推奨にはさらなる研究が必要である。

高強度インターバルトレーニング

　高強度インターバルトレーニング（HIIT） は、高強度運動と間欠的な回復期を短い間で繰り返す。高強度インターバルトレーニングは、典型的にランニングまたはサイクリングをベースとした運動様式を組み込んでおり、心肺（23）および神経筋（24）の適応を引き出すための効率的な運動手法である。実際に、Buchheit and Laursen（23）は、HIITについて「今日、競技選手の身体的パフォーマンスを改善するうえで最も効率的な運動の形の1つであると考えられている」（p.314）と述べている。高強度インターバルトレーニング（HIIT）は、高強度運動に続く低強度の回復期（リカバリーフェイズ）を含む課題のサイクルについて、しばしば議論される。最も的確な代謝的特性に到達するために、HIITの9つの変数を操作することができるということが示唆されている（23）。以下に示す。

- 毎回の課題サイクルの活動期の強度
- 毎回の課題サイクルの活動期の継続時間
- 毎回の課題サイクルの回復期の強度
- 毎回の課題サイクルの回復期の継続時間
- 各セットで行われる課題サイクルの数
- セットの数
- セット間の休息時間

表3.6　インターバルトレーニングを用いた、エネルギー機構に特異的なトレーニング

最大パワーに対する パーセンテージ	ストレスがかかる主な機構	典型的な運動時間	運動－休息時間比の範囲
90〜100	ホスファゲン	5〜10秒	1：12から1：20
75〜90	速い解糖	15〜30秒	1：3から1：5
30〜75	速い解糖と酸化	1〜3分	1：3から1：4
20〜30	酸化	3分超	1：1から1：3

- セット間の回復の強度
- HIITの運動様式

　しかしながら、著者ら（24）は、各課題サイクルの活動期および回復期における強度と継続時間が、考慮すべき最も重要な要因であることを示している。競技選手のHIITトレーニングの適応を最適化するうえで、HIITのセッションは、$\dot{V}O_2max$またはその付近での時間を最大化するべきである。より特異的には、課題サイクルの活動期の累積的な継続時間と強度は、$\dot{V}O_2max$の90％以上を、数分間にわたって等しく保つべきである。

　$\dot{V}O_2max$に対する非常に高いパーセンテージを繰り返し誘発するようにデザインされており、その結果、大きな運動単位の動員と最大に近い心拍出量が同時に起こることが、HIITプロトコルの便益である（6）。したがって、HIITは酸化的な筋線維の適応と心筋の肥大の両方に対する刺激を与える。付加的なHIITの適応には、$\dot{V}O_2max$や、プロトンの緩衝、グリコーゲン量、無酸素性作業閾値、疲労困憊までの時間、タイムトライアルのパフォーマンスが含まれる。たとえば、Gibalaら（63）は、酸素摂取量ピークの65％で継続的に90〜120分のサイクリングを行うのと比較して、酸素摂取量ピークの250％でHIIT 4〜6回、30秒の自転車スプリントを行ったとき、筋の緩衝能とグリコーゲン量の向上は同等であったと報告している。さらに、750kJの自転車タイムトライアルは両群で減少し、HIITで10.1％減少、長距離でゆっくりとした持久的トレーニング群では7.5％減少であった。したがって、HIITは、長距離でゆっくりとした持久的トレーニングと同等のパフォーマンスおよび生理学的な適応を提供するが、時間効率的な手段である。

　ストレングス＆コンディショニング専門職がHIITプログラムをデザインするとき、多数の要因について考慮すべきである。たとえば、400mスプリント選手は、2マイル（3200m）走のランナーよりも、無酸素性を中心とした継続時間と強度に特化したHIITプログラムを必要とするだろう。求められるトレーニング適応のためにその他の考慮すべきことは、レジスタンストレーニングと同様に、1日あたり、あるいは1週間あたりのエクササイズセッション数である。ピリオダイゼーションにより、プレシーズンにおける一般的な有酸素性および無酸素性機構の向上から、試合期における競技特異的なHIITセッションへと移行することができる。それに加えて、HIITセッションをほかのトレーニングセッション（例：チーム練習）と組み合わせることにより、より高いストレスとケガのリスクにつながったり、またオーバートレーニングという結果となったりするかもしれない。したがって、スポーツに関連したその他の活動を同時に行う際には、慎重に考慮して適切なHIITセッション数を決定することを保証すべきである。

複合トレーニング

　運動後の疲労回復には主に有酸素性機構が寄与することから、回復能力の向上を目的として、無酸素性競技の選手にも有酸素性トレーニングを実施させるべきことが示唆されている（複合トレーニング、クロストレーニングと呼ばれる）。いくつかの研究において、持久的フィットネスに関連したパワー発揮の回復について示されている（14,15,74）。Bogdanisら（14）は、10秒間の自転車スプリントにおいて、クレアチンリン酸の再合成や持久的フィットネス（$\dot{V}O_2max$）と、パワーの回復との関係について報告している。しかし、有酸素性トレーニングは無酸素性パフォーマンスの発揮能力、とくに強い筋力、高いパワーでのパフォーマンスを低下させる可能性がある（80）。有酸素性トレーニングによって無酸

素性エネルギー産生能が低下することは、ラットを用いた実験で示されている（151）。さらに、有酸素性トレーニングと無酸素性トレーニングを複合トレーニングとして並行して実施すると、筋周囲径が増加するのを低減したり（36,126）、最大筋力の低下（36,76,126）や、スピードやパワーに関連するパフォーマンス（44,73）が低下したりする可能性がある。

この現象が起こる正確なメカニズムは不明だが、複合トレーニングによって、有酸素性・無酸素性トレーニングのみと比較してオーバートレーニングを引き起こすレベルまでトレーニング量が増加していることが示唆されている。Hicksonら（82）は、段階的な持久的ランニングおよびサイクリング、レジスタンストレーニングを含む複合トレーニングは、プラトー効果と、究極的には筋力獲得を低下させるというエビデンスをもたらした。

とくに、高負荷のレジスタンストレーニングを持久的プログラムと組み合わせることで、最初の7週間におけるスクワットの筋力が顕著に向上し、それに続いてプラトー期（2週間）、その後プログラムを続けている間（2週間）にスクワットの筋力が減少したことが報告された。これらの結果は、ランニングやサイクリングなどの段階的な持久的トレーニングは筋力の上限を抑制することを示している。持久的トレーニングを組み合わせたとき、筋力の向上を妨げるその他のメカニズムが示唆されており、それらは（a）随意的活性化の急速な減少、（b）慢性的な筋グリコーゲンのレベル低下により、レジスタンストレーニング中の細胞内シグナル反応が制限されることがある、（c）筋線維タイプが遅筋線維へと移行する、などである（112）。

その一方で、無酸素性トレーニング（筋力トレーニング）により、低強度および高強度の運動での持久力が向上し得ることを示す研究やレビューがある（54,81,82,134）。Sedanoら（134）は、高度にトレーニングを積んだランナーにおいて、同時に持久力、レジスタンス、プライオメトリックトレーニングを行った結果として、パフォーマンスが改善されたと報告した。12週間にわたってレジスタンスおよびプライオメトリックトレーニングに参加したランナーにおいて、$\dot{V}O_2max$の低下はみられなかった。さらに、複合トレーニングによって、持久力トレーニングのみと比較して、最大筋力やピークランニング速度、3kmタイムトライアルといったパフォーマンス測定において向上がみられた。したがって、高度のトレーニングされたランナーにおいては、筋力トレーニングによって代謝的パラメーター（$\dot{V}O_2max$）が妨げられることなく、パフォーマンスが向上するようである。

酸化的代謝は激しい無酸素性運動（レジスタンストレーニングやスプリントトレーニング）からの運動後酸素摂取量の増加、乳酸の除去、クレアチンリン酸の再合成において重要ではあるが（133）、無酸素性競技の選手に対する有酸素性トレーニングの処方には十分な配慮が必要である。また、特異的な無酸素性トレーニングが有酸素性パワーを向上させ、回復の指標を改善する点も注目に値する（54）。したがって、無酸素性運動からの疲労回復を促すことを意図した過剰な有酸素性トレーニングは不要なようであり、筋力やパワーが主体となるスポーツ競技においては逆効果となるかもしれない。

まとめ

運動形態に応じたエネルギーの供給メカニズムや、トレーニング様式に応じたエネルギー供給への効果を理解することによって、より効果的なトレーニングのプログラムデザインが可能になる。どのエネルギー機構が筋活動のエネルギー供給に用いられるかは、第一に運動強度、第二に継続時間によって決まる。運動強度、継続時間、休息時間などの運動の特性が、代謝反応とトレーニングによる適応に大きな影響を与える。身体運動後にどのような代謝反応とトレーニングへの適応が起こるかが、運動とトレーニングの代謝特性の基礎となる。この原則に基づいてトレーニングプログラムを改善することにより、競技パフォーマンス向上につながる。

重要語句

アデノシン二リン酸（adenosine diphosphate：ADP）

アデノシン一リン酸（adenosine monophosphate：AMP）

アデノシン三リン酸分解酵素（ATPアーゼ）（adenosine triphosphatase）

アデノシン三リン酸（adenosine triphosphate：ATP）

アデニル酸キナーゼ反応（adenylate kinase reaction）

有酸素性（aerobic）

有酸素的解糖（aerobic glycolysis）

アロステリック促進（allosteric activation）

アロステリック阻害（allosteric inhibition）

同化作用（anabolism）

無酸素性（anaerobic）

無酸素的解糖（anaerobic glycolysis）

β酸化（beta oxidation）

生体エネルギー論（bioenergetics）

分岐鎖アミノ酸（branched-chain amino acid）

カルシウムATPアーゼ（calcium ATPase）

異化作用（catabolism）

コンビネーショントレーニング（combination training）

コーリ回路（Cori cycle）

クレアチンキナーゼ（creatine kinase）

クレアチンリン酸（creatine phosphate：CP）

チトクローム（cytochrome）

枯渇（depletion）

電子伝達系（electron transport chain：ETC）

吸エルゴン反応（endergonic reaction）

エネルギー（energy）

エネルギー基質（energy substrate）

運動後過剰酸素消費（excess postexercise oxygen consumption：EPOC）

発エルゴン反応（exergonic reaction）

速い解糖（fast glycolysis）

フラビンアデニンジヌクレオチド（flavin adenine dinucleotide：FADH$_2$）

糖新生（gluconeogenesis）

グリコーゲン分解（glycogenolysis）

解糖（glycolysis）

解糖の（glycolytic）

高強度インターバルトレーニング（high-intensity interval training：HIIT）

加水分解（hydrolysis）

無機リン酸（inorganic phosphate）

インターバルトレーニング（interval training）

クレブス回路（Krebs cycle）

乳酸性作業閾値（lactate lactate threshold：LT）

乳酸（lactic acid）

質量作用の法則（law of mass action）

質量作用の影響（mass action effect）

代謝性アシドーシス（metabolic acidosis）

代謝における特異性（metabolic specificity）

代謝（metabolism）

ミトコンドリア（mitochondria）

ミオキナーゼ反応（myokinase reaction）

ミオシンATPアーゼ（myosin ATPase）

平衡に近い反応（near-equilibrium reactions）

ニコチンアミドアデニンジヌクレオチド（nicotinamide adenine dinucleotide：NADH）

血中乳酸蓄積開始点（onset of blood lactate accumulation：OBLA）

酸化的リン酸化（oxidative phosphorylation）

酸化機構（oxidative system）

酸素負債（oxygen debt）

酸素借（oxygen deficit）

酸素摂取量（oxygen uptake）

ホスファゲン機構（phosphagen system）

クレアチンリン酸（phosphocreatine：PCr）

ホスホフルクトキナーゼ（phosphofructokinase：PFK）

リン酸化（phosphorylation）

ピルビン酸（pyruvate）

律速段階（rate-limiting step）

補給（repletion）

遅い解糖（slow glycolysis）

ナトリウム－カリウムATPアーゼ（sodium-potassium ATPase）

基質レベルのリン酸化（substrate-level phosphorylation）

湿筋肉（訳注：筋の湿重量を表現する際に用いられている）（wet muscle）

作業／休息比（work-to-rest ratio）

例題

1. 次の基質のうち無酸素性代謝が可能なものはどれか？
   a. グリセロール
   b. グルコース
   c. アミノ酸
   d. 遊離脂肪酸

2. 以下のどの反応が代謝性アシドーシス（例：高強度で疲労する運動中に筋内のpHが低下する）の主な原因となるか？
   a. $ATP \rightarrow ADP + P_i + H^+$
   b. ピルビン酸 + NADH → 乳酸 + NAD^+
   c. ADP + クレアチンリン酸 → ATP + クレアチン
   d. フルクトース-6-リン酸 → フルクトース-1, 6-ビスリン酸

3. 以下のエネルギー機構のうち、最も速くATPを生み出すのはどれか？
   a. ホスファゲン機構
   b. 有酸素的解糖
   c. 脂質の酸化
   d. 速い解糖

4. 酸化機構を通じてグルコース1分子を代謝することで、全体で約何個のATPが生成されるか？
   a. 27
   b. 34
   c. 38
   d. 41

5. 以下のエネルギー基質のうち、極端な強度あるいは継続時間の運動において、枯渇させることができないのはどれか？
   a. クレアチンリン酸
   b. グリコーゲン
   c. 水
   d. ATP

CHAPTER 4

Endocrine Responses to Resistance Exercise

レジスタンスエクササイズに
対する内分泌系の応答

William J. Kraemer, PhD, Jakob L. Wingren, PhD, and Barry A. Spiering, PhD

▶ **本章を終えると**

- ホルモンとは何か、それらがどのように相互作用するのか、標的組織にどのような影響を与えるのかなど、内分泌学の基本概念を理解することができる。
- 同化ホルモンの生理学的役割について説明することができる。
- レジスタンスエクササイズに対するホルモン応答を説明することができる。
- ヒトの内分泌応答を理解していることを示すトレーニングプログラムを作成することができる。

内分泌系は、身体の恒常性を正常に維持し、外的な刺激に対する身体の応答を助ける。これは運動による需要や回復を変化させたり手助けするのに影響を及ぼす、人体における複雑な情報伝達系の一部である。ストレングス＆コンディショニングの分野における内分泌系の重要性は、トレーニングのピリオダイゼーション理論の発展において、この系が重要な役割を果たしたことから明らかである（43）。副腎とストレスホルモンがディストレス（苦痛）や疲労、病気に対する適応においてどのような役割を果たすかについて、Hans Selye（カナダ人の内分泌学者）による研究が、図らずもピリオダイゼーションの理論的基盤となったのである。

旧東欧圏のスポーツ科学者や医師は、競技選手に起こるトレーニングへの応答パターンと、Selyeが観察したストレスのパターンとの間に類似性を見出した。Selyeは、有害な刺激（ストレッサー）に対して副腎が反応するかを説明するために、**汎適応症候群**という言葉をつくった（164,165）。この反応は、最初に機能低下を含む初期警告反応が起こり、続いて、ストレスに抵抗して、以前のベースラインの機能を上回るようになる。このようにストレスに抵抗して増加することを**適応**と呼び、もしストレッサーが運動であるならば、**トレーニング適応**と呼ばれる。ストレスに対して有用な適応を継続するためには、生体機能が回復できるように、適したタイミングで刺激（例：運動）を取り除き、それから増加させたストレスを再度かけること（段階的な過負荷）が鍵となる。

ストレングス＆コンディショニング専門職は、レジスタンスエクササイズに対するホルモン応答の基礎知識を持つことが重要である。ホルモンによるシグナル（内分泌的信号）は、同化（合成する）から、異化（分解する）に至るまで、さまざまな種類のメカニズムにおいて役割を果たす。血液における循環応答の変化を理解することは重要であるが、観察可能な変化は、レジスタンストレーニングプログラムが代謝的な課題（負荷）によって生み出される。高負荷のプログラム（例：1回挙上できる、1RMという強度で2または3セット、セット間の休息は5〜7分間）によりアンドロゲン受容体が上方制御（アップレギュレーション　※各章の初出時にカッコ内でカタカナを併記し、以下は漢字のみとする）を受

け、血中濃度に変化のないまま、利用可能な同化ホルモンを用いて同化の反応を観察することができる。内分泌的信号が信号伝達に関わっている間、血中濃度の変化はわずかであり、受容体のレベルを観察すべきである。運動処方によって内分泌系がどのように相互作用するかについて洞察や知識を得ることにより、ストレングス＆コンディショニング専門職は、どのようにして、レジスタンストレーニングに対する適切な適応をホルモンが仲介するのを手助けするかをより理解できる（93,96）。レジスタンストレーニングは、除脂肪組織量を劇的に増加させる（つまり筋肥大）唯一の自然な刺激であるが、どれほど筋や結合組織の大きさを増加させることができるかについては、レジスタンストレーニングプログラムにより顕著な差が存在する（44,128,189）。レジスタンスエクササイズのセッションにおいて、プログラム変数（強度、セット数、エクササイズの順番、休息時間の長さ、エクササイズ種目の選択）の中から各セッションに何を選択するかは、内分泌系の応答の現れ方とその程度に大きな役割を果たす。重要なのは、組織の適応は、運動後の血中ホルモン濃度の変化に影響を受ける（10,12,14,47,62,98,171）ということであり、また、各セッションのプログラム変数の適切な選択を通した内分泌系の自然な操作によって、標的組織の成長を促進し、パフォーマンスを改善することができる（78,158）。したがって、運動中や運動後に競技選手の体内で起こるこの自然な同化作用を理解することが、疲労回復や、身体の適応、プログラムデザイン、トレーニングの進行、最終的な競技パフォーマンスを成功に導く土台となる（42-44,93,94,101,103）。

ホルモンの合成、貯蔵、分泌

ホルモンとは、**内分泌腺**（分泌のための器官）やその他の特定の細胞によって合成・貯蔵され、血液中に放出される化学伝達物質（シグナル分子）である（図4.1、表4.1）。同様に、神経細胞もホルモンのような作用を持つ神経伝達物質を合成・貯蔵・分泌する。**神経内分泌学**は比較的新しい用語で、神経系と内分泌系の相互作用についての学問を意味する。一般的に内分泌腺は、その内分泌腺の受容体が受け取った化学的信号、もしくは直接的な神経の刺激に

より、ホルモンを放出する。たとえば、副腎髄質（副腎の中心部）は、脳からの神経の刺激によってエピネフリンというホルモンを放出する(91,104,112,182)。副腎皮質（副腎の辺縁部）は、下垂体から放出された副腎皮質刺激ホルモンの刺激によってコルチゾールというホルモンを合成し、分泌する（110,111,116）。刺激を受けると内分泌腺から血液中にホルモンが放出され、血液がホルモン（とその情報）を、標的組織の細胞にある各ホルモンに特異的な受容体に運ぶ。ペプチドホルモンの受容体は**標的組織細胞**の表面に、**ステロイドホルモン**と**甲状腺ホルモン**の受容体は標的組織の細胞質基質にある（6-8,11,37, 61）。

　内分泌機能は、血液中への放出を経由するものだけでなく、イントラクリン（細胞内分泌）、オートクリン（自己分泌）、パラクリン（傍分泌）などの分泌メカニズムによって機能するホルモンがある。ホルモンのイントラクリンおよびオートクリン分泌とは、細胞が細胞内に結合された受容体や細胞膜受容体を経由して、自らの細胞内にホルモンを放出することである。外からの刺激（他のホルモンなど）によってホルモンが分泌されることはあるが、その分泌されたホルモンは血流に入ることはない。たとえば、インスリン様成長因子Ⅰ（IGF-I）は、力学的な力の発揮による刺激、または成長ホルモンの筋細胞との相互作用によって、筋線維内に生産される可能性がある。一方、ホルモンのパラクリン分泌では、分泌したホルモンが相互作用するのは隣接した細胞であり、血液循環へと移動することはない。このような仕組みは、1つの標的細胞に相互作用するうえで、さまざまなホルモンが複数の役割を果たすことができることを示している。

　ホルモンを運搬するさまざまな結合タンパク質が血液中に存在する（6,8）。ペプチドホルモン、ステロイドホルモンのどちらも、これらの多くの結合タンパク質によって運搬される。見方を変えれば、これらの結合タンパク質は、血液中でホルモンを貯蔵する役割を担い、ホルモンの分解を抑制して、その半減期を延ばしていることになる。ほとんどのホルモンは、それぞれ特定の結合タンパク質から解離（遊離、離れること）して初めて活性化する。しかし、ホルモンと結合するタンパク質の中には、それ自身で生物学的な作用を持つものもある。たとえば、性ホルモン結合グロブリン（SHBG）は、テストステロンやエストロゲンが結合するタンパク質であり、特定の膜受容体に結合して、サイクリックAMP依存性シグナル経路の活性化を初期化することができる（50）。したがって、結合タンパクは血中で循環しているか細胞の受容体と結合しているかにかかわらず、内分泌機能と制御において主要な役割を担っている。結合したホルモンと受容体の相互作用は、内分泌学の領域において認識され始めたばかりであり、最近の研究では、ホルモンと標的組織のより複雑な制御が存在することが示唆されている（135）。

　多くのホルモンは、体内の複数の組織に作用する（1,3,82,84-86）。たとえば、テストステロンやその誘導体は体内のほぼすべての組織と相互作用する。ホルモンの相互作用の主な標的として本章では骨格筋組織を重点的に取り上げるが、レジスタンストレーニングがもたらす適応現象においては、骨や腎臓、肝臓のような他の多くの組織も同じく重要である。内分泌的信号を含めた生理学的現象のカスケード（訳注：カスケードは小さな滝が重なった流れのことで、一連の反応のことをこのように呼ぶ）は、運動単位が動作を生み出すために賦活した結果である

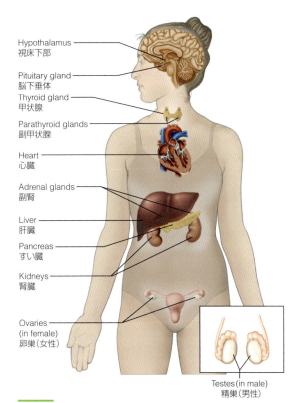

図4.1　身体の主な内分泌腺と、ホルモンを分泌するその他の腺

74 ストレングストレーニング&コンディショニング

表4.1　内分泌腺とホルモン

内分泌線	ホルモン	選択的な生理学的作用
脳下垂体前葉	成長ホルモン	肝臓からのIGF-Iの放出、タンパク質合成、成長、代謝を刺激する。その他の成長ホルモンの凝集体も生物学的機能を持ち、より複雑な成長ホルモンスーパーファミリーを形成する
	副腎皮質刺激ホルモン	副腎皮質における糖質コルチコイド放出を刺激する
	βエンドルフィン	鎮痛作用を促進する
	甲状腺刺激ホルモン	甲状腺からの甲状腺ホルモン分泌を刺激する
	卵胞刺激ホルモン	卵巣における卵胞、また精巣における精細管の成長を刺激する。卵および精子の形成を刺激する
	黄体形成ホルモン	排卵を刺激するとともに、性腺（卵巣や精巣）における性ホルモンの分泌を刺激する
	プロラクチン	乳腺における乳汁の産生を刺激する。黄体の維持およびプロゲステロン分泌
脳下垂体後葉	抗利尿ホルモン	平滑筋の収縮を刺激し、腎臓における水の再吸収を促進する
	オキシトシン	子宮収縮を刺激し、乳腺による乳汁分泌を刺激する
甲状腺	チロキシン（サイロキシン）	ミトコンドリアにおける酸化的代謝および細胞の成長を刺激する
	カルシトニン	血中カルシウムリン酸を減少させる
副甲状腺	副甲状腺ホルモン	血中カルシウム濃度を増加させる。血中リン酸濃度を減少させる。骨形成を刺激する。
すい臓	インスリン	細胞によるグルコース取り込みを促進することによって血中グルコース濃度を低下させる。グリコーゲンの貯蔵を促進する。脂肪の酸化と糖新生を抑制する。タンパク質合成に関与する
	グルカゴン	血中グルコース濃度を増加させる
副腎皮質	糖質コルチコイド（コルチゾール、コルチゾンなど）	タンパク質を分解し（異化作用）、アミノ酸を合成してタンパク質にするのを抑制する（抗同化作用）。タンパク質を炭水化物へと転換すること（糖新生）を刺激し、血中グルコース濃度を維持する。免疫細胞の機能抑制。脂質酸化の促進
	鉱質コルチコイド（アルドステロン、デオキシコルチコステロンなど）	ナトリウム・カリウムの保持により体液を増加させる
肝臓	インスリン様成長因子（IGF）	細胞内のタンパク質合成を増加させる
副腎髄質	エピネフリン	心拍出量を増加させる。血糖値およびグリコーゲン分解、脂質代謝を増加させる
	ノルエピネフリン	エピネフリンのような特性を持つ。血管を収縮させる
	プロエンケファリンフラグメント（例：ペプチドF）	免疫細胞の機能を亢進させる。鎮痛作用を促進する
卵巣	エストラジオール	女性的な身体的特徴（性徴）の発達を刺激する
	プロゲステロン	女性的な身体的特徴（性徴）および乳腺の発達を刺激する。妊娠を維持する
精巣	テストステロン	タンパク質を合成し（同化作用）、タンパク質をアミノ酸へと分解するのを抑制する（抗異化作用）。発育発達を刺激し、男性的な身体的特徴（性徴）の発達を刺激する
心臓（心房）	心房性ペプチド	ナトリウムやカリウム、体液量を調節する
腎臓	レニン	腎機能や透過性、溶質を調節する

（すなわちサイズの原理）。生理学的な反応の需要とその程度については、賦活された運動単位によって生み出されたこのニーズと関連している。筋組織が運動によってどの程度賦活されるかは、生理学的なシステムがどれほど必要とされているか、また運動中の力およびパワー発揮におけるホメオスタティック（恒常的）な需要や回復の需要に合致させるための関与の程度を示す。たとえば、1RMの80％の強度でスクワットのエクササイズを10回3セット、セット間に2分間の休息で行う場合、バイセップスカールを同じプロトコルで行う場合よりも、心拍数はより高くなるだろう。これら両方のエクササイズには、同じシステムが関わっているものの、筋組織の量がプロトコルの影響を受けることから、エクササイズプロトコルに違いが存在することになる。内分泌系は、特定のワークアウト時にストレスを受けるその他の標的組織や分泌腺も巻き込むのだが、それらのニーズは、繰り返しになるが、そのエクササイズに特異的な、自然な動員の需要と、動きをつくり出すときに関わるものによって決まる。したがって、5セットの5RMのワークアウトは、1セットの25RMワークアウトと比較して、運動単位の賦活や生理学的な援助と回復の必要性において、異なる需要がある。

ほとんどのホルモンは、複数の生理学的役割を担う。そうした役割には、生殖の調節や体内環境の維持（ホメオスタシス）、エネルギーの産生や利用、貯蔵、さらに成長や発達が含まれる。加えて、ホルモンは、複雑な方法で相互作用しあう。ある特定のホルモンが、何らかの生理学的メカニズムにおける役割に応じて、独自に働いたり、またはほかのホルモンに依存して機能したりする。このような複雑さや柔軟性を持つことで、内分泌系は、生理学的現象に対して適切な程度で応答することができ、また、多くの生理学的なシステム（系）や標的組織に対してそれぞれ異なる作用を同時にもたらすことができる。

ホルモン相互作用の標的組織としての筋

ホルモンのメカニズムは、レジスタンスエクササイズやトレーニングの結果として起こる、代謝や筋

における細胞のさまざまな過程の変化を仲介する統合された信号伝達システムの一部である。筋のリモデリングには、筋線維の断裂や損傷、炎症反応、損傷を受けたタンパク質の分解、ホルモンその他のシグナル（例：成長因子、サイトカイン）の相互作用、そして最終的に新しいタンパク質合成と、それを既存の、または新しいサルコメアに規則的に組み込む過程が含まれる（2,20）。炎症過程では、内分泌系の影響を受ける免疫系や免疫細胞（例：T細胞、B細胞）が関係する（51）。このような神経系、内分泌系、免疫系の関連を扱う学問分野は、**神経内分泌免疫学**と呼ばれる。この用語は、これら3つの系が相互に依存しており、筋のリモデリング過程が統合的な性質を持っていることを示している。私たちは、生物学的な過程について、考えを1つの系のみに限定することはできない。

ホルモンは、筋がレジスタンスエクササイズに適応する過程の一部である、タンパク質の合成と分解のメカニズムに密接に関係している。収縮タンパク質であるアクチンとミオシン、また構造タンパク質（例：デスミンやタイチン）の合成が起こり、これらのタンパク質が最終的にサルコメアに組み込まれると、分子レベルにおけるタンパク質合成過程が完了する。タンパク質合成のさまざまな過程で、インスリンやインスリン様成長因子（IGF）、テストステロン、成長ホルモンなどの**アナボリック（同化）ホルモン**（組織構築を促すホルモン）を含む数多くのホルモンが関与する。また、甲状腺ホルモンは、それ以外のホルモンの活性を発現させる重要なホルモンとして作用している（許容作用と呼ばれる）。組織構築におけるもう1つの重要な作用として、アナボリック（同化）ホルモンが、**カタボリック（異化）ホルモン**のタンパク質代謝に相反する作用を抑制することもあげられる。異化ホルモンとされるのはコルチゾール、プロゲステロンなどで、細胞のタンパク質の分解を進めることができる。コルチゾールが骨格筋に与える負の効果は、免疫細胞を非活性化する役割を果たすときや、mRNA翻訳開始に関わるAkt/mTOR経路にもみられる（Aktは、代謝に関わる酵素の一種。mTORは、メカニステックラパマイシン標的タンパク質）。ホルモンと筋線維、さらに運動後の筋線維の機能特性の変化の間の相互関係が、ホルモンが筋肥大における適応に与える影響

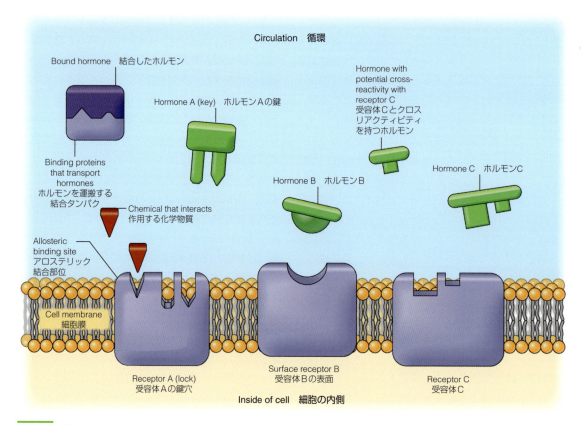

図4.2 細胞の受容体レベルでのホルモンの作用における古典的な鍵と鍵穴の理論を説明した概略図

を考えるうえでの基礎となっている。さらに繰り返しになるが、ホルモンの効果は、レジスタンストレーニングに対する骨格筋が適応するうえで、起こり得るメカニズムの1つにすぎない。

ホルモンによる変化を仲介する受容体の役割

ある特定のホルモンからの信号（とその作用）は、そのホルモンの受容体を持つ細胞にだけ伝えられる。これにより、ホルモンの信号は体内の細胞すべてに作用するのではなく、標的組織にのみ作用できる。通常、ホルモンは、細胞の代謝あるいは細胞核内におけるDNAの転写に作用しようとする（筋細胞は多数の核を持つことを思い出してほしい）。多くのホルモンは細胞膜を通過することができないため、それらのシグナルは二次メッセンジャーを介して伝達される必要がある（しばしば反応のカスケードの形を取ることがあり、最終的に相互作用と筋細胞の多核あるいは典型的な細胞の単核におけるDNAマシナリーを仲介する）。受容体は一般的に細胞膜に統合されているか（ポリペプチドホルモン受容体など）、細胞質基質に存在する（ステロイドおよび甲状腺ホルモンの受容体など）。筋線維から脳細胞に至るまで、すべての細胞に受容体があり、いくつかのホルモンからのメッセージや信号を仲介する。各ホルモンが特定の受容体にのみ相互作用することは、内分泌学の基本原理の1つである。この原理は、一般には**鍵と鍵穴の理論**（ホルモンが鍵で受容体が鍵穴、図4.2）と呼ばれる（41）。しかし、現在では、ホルモンと受容体の相互作用は、鍵と鍵穴という単純な理論以上に複雑であることが知られている。ホルモンには、特定の受容体としか結合しないという厳密な特性があるが、受容体は、特異的ではないホルモンと部分的に相互作用する場合もあり、これを**クロスリアクティビティ**（交差反応性）という（例：アロステリック結合あるいはプライマリ結合部位のブロックがあてはまる）。同様に、受容体の**アロステリック結合部位**と呼ばれる場所にホルモン以外の物質が結合することができ、本来のホルモンに対す

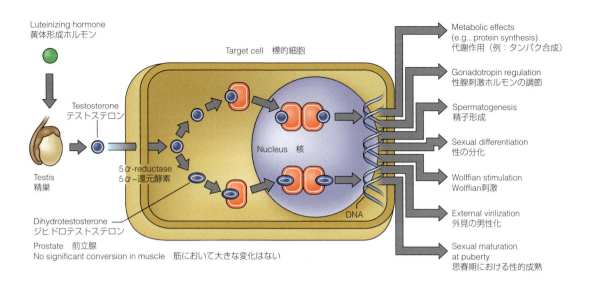

図4.3 典型的なステロイドの標的細胞への移行。それぞれ、テストステロンが骨格筋へ、またジヒドロテストステロンが性関連組織に入った場合で示したもの。1つの細胞に対して、ホルモン経路（テストステロンまたはジヒドロテストステロン）は1つのみ用いられるが、この図では2つの経路が一緒に示されている。それぞれが異なる生理学的な結果をもたらす。

る細胞の反応が促進されたり低減されたりする。最後に、受容体を介して最適な信号をつくり出すためには、凝集型（いくつかのホルモンが連結した形）でなければならないホルモンもある。なお、成長ホルモンがこれに当てはまると考えられてきたが、高分子重量分子は免疫結合ではなく、脛骨細胞株評価分析により生物活性受容体で結合していることがわかった（65）。

適応がこれ以上不可能となった状態（例：筋線維に最大量のタンパク質が付加される）（54）、あるいはホルモンによる「過剰な刺激」が起こった場合（例：インシュリン抵抗性）においては、受容体はそのような作用を起こす特定のホルモンに対して反応が弱くなったり反応しなくなり、さらなる作用が刺激されなくなる。このように、ホルモンが受容体と相互作用できなくなる状態を、受容体機能の**下方制御（ダウンレギュレーション）**という。受容体には、結合に対する感受性を調節する機能があり、結合可能な受容体数も変動する。受容体の結合特性や受容体数の変動は、内分泌腺から放出されるホルモン量の増加に合わせて劇的な適応となることがある。明らかに、受容体がホルモンとの反応性を失うと、そのホルモンによる細胞代謝の変化はないか、わずかとなる。たとえばテストステロンというホルモンでは、トレーニングによる影響は受容体の最大数のみであ

り、受容体の結合感受性については影響がないことが示されている（31）。トレーニングに対する筋の適応において受容体の変化が果たす役割について、研究者は学び始め、そして理解し始めたばかりである。

ホルモンのカテゴリ

ホルモンは、その分子構造から、大きく3つのカテゴリがある。すなわち、ステロイドホルモンとポリペプチドホルモン（あるいは単にペプチドホルモン）、アミンホルモンである。各カテゴリのホルモンは、それぞれ異なる方法で筋細胞に相互作用する。本章では、最初の2つのカテゴリについて、そしてエクササイズに関わるアミンホルモンで最もよく知られているカテコールアミンについて取り上げる。

ステロイドホルモンの相互作用

ステロイドホルモンには、副腎皮質から分泌されるホルモン（例：コルチゾール）や生殖腺から分泌されるホルモン（例：テストステロンやエストラジオール）が含まれ、脂溶性で、拡散によって筋線維の筋鞘を受動的に通過するが、能動的な輸送メカニズムも存在するとされている。どのステロイドホルモンでも、生物学的な効果を導く基本的な一連の現

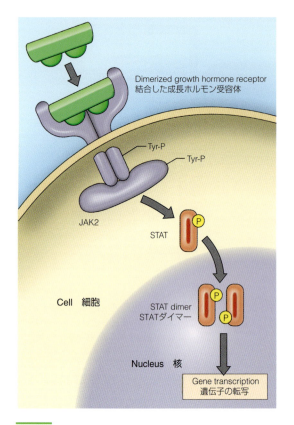

図4.4 典型的なポリペプチドホルモン（この例では成長ホルモン）が受容体と結合し、サイトカイン活性化JAK/STATシグナル伝達経路を経て相互作用を行う。ホルモンは外部の受容体と結合するが、二次メッセンジャー（STAT）が活性化され、細胞核に入ることができる。Tyr-P＝チロシナーゼ関連タンパク質。

象は同じである。筋鞘を通って拡散した後、ステロイドホルモンは受容体と結合して**ホルモン－受容体複合体**（hormone-receptor complex：H-RC）を形成し、これによって受容体の構造が変化して活性化される。それから、H-RCはもう1つのH-RCと結合し、細胞核へ移動し、DNAに到達する。H-RCは、特定のタンパク合成をコードしている転写ユニットを露出するために、二重鎖になったDNAを「開く」。H-RCが、あるホルモンによって遺伝子がプロモート（転写開始）される特定のエンハンサー、すなわち上流の調節エレメントを認識した後、DNAの特定の部分が転写される。その結果、メッセンジャーRNA（mRNA）は細胞の筋形質に運ばれ、リボソームにおいて、そのステロイドホルモンがプロモートする特定のタンパク質に翻訳される。図4.3で示すように、典型的なステロイドホルモン（テストステロン）は細胞膜を通って細胞内に入る。このように、ステロイドホルモンの作用は、細胞の遺伝子レベルでの相互作用によって完了する（31,155）。しかし、特定のタンパク質（たとえばアクチン）のためにmRNAがつくられることは、必ずしもリボソームでつくり出されたそのタンパク質がサルコメアに組み込まれることを意味しない。この特定のmRNAをつくり出すホルモンのメッセージは、タンパク質の合成の全過程の最初の部分でしかない。

ポリペプチドホルモンの相互作用

成長ホルモンやインスリンなどの**ポリペプチドホルモン**は、アミノ酸が連なった鎖によってつくられる。ポリペプチドホルモンは脂溶性ではないので、細胞核を通過できない。そこで、受容体がホルモン結合によって引き起こす立体構造の変化によって、細胞内の**二次メッセンジャー**が活性化される。この方法で、細胞膜の受容体はホルモンによる信号を、細胞内の信号伝達のカスケードを通じて細胞内へと伝達していく。一般的に、ポリペプチドホルモンによって始まる信号伝達のカスケードは、代謝の過程や、DNA転写、リボソームにおけるmRNA翻訳に影響を与える。たとえば、インスリンからのシグナルの1つは、グルコース輸送体（トランスポーター、GLUT4）を細胞質基質から細胞膜へ移動させ、グルコースの取り込みを増加させる（69）。図4.4は、典型的なポリペプチドホルモンが、サイトカイン活性化ヤヌスキナーゼ（JAK）／シグナル伝達性転写因子（STAT）シグナル経路を介して細胞核に相互作用する過程を示している。JAK/STAT経路は、さまざまなホルモンの多様な相互作用に用いられており、その詳細を明らかにする研究の途上にある継続的なトピックとなっている（21）。

アミンホルモンの相互作用

アミンホルモンは、アミノ酸のチロシン（例：エピネフリン、ノルエピネフリン、ドパミン）またはトリプトファン（例：セロトニン）から合成される。ペプチドホルモンと同様に、これらは細胞膜受容体に結合し、二次メッセンジャーを介して作用する。しかしながら、ペプチドホルモンとは対照的に、アミンホルモンは負のフィードバックを介した制御を受けない。

高重量の
レジスタンスエクササイズと
ホルモン濃度の増加

　長期間（数カ月から数年）にわたる継続的な高重量レジスタンストレーニングによって、顕著な適応反応が起こり、トレーニングされた筋のサイズや筋力、パワーが向上するという結果となる（71,72,92,93,102,108,119）。高重量のレジスタンスエクササイズを行った後には、同化ホルモン濃度の増加が起こり、これが骨格筋を含むさまざまな標的組織における、ホルモンの相互作用を高めるシグナルとなる。運動野からの刺激により、脳と賦活された筋から、多くの内分泌腺に向けてさまざまなシグナル（電気的、化学的、ホルモン性など）が送られる。鍵となる概念は、内分泌系を含むさまざまな生理学的なシステムが活性化された筋のニーズに鋭敏であり、したがって実施された運動プロトコルの種類によってあるシステムの関与の程度が決定されるということである。

　レジスタンスエクササイズの生理的ストレスにより、運動前（予測的反応）や運動中、運動後にホルモンが分泌される（35,38,48,53,56,73,114-116）。急性の（短期的な）ホルモンの分泌により、生理的ストレスの量とタイプ（例：エピネフリン）、その運動の代謝要求（例：インスリン）、安静時代謝において必要とされる基質の変化（例：基質利用の変化）などの多くの情報が体内に伝えられる。レジスタンスエクササイズによる特定の神経刺激パターンに合わせて、急性の運動ストレスに対する回復と適応という需要に対応することと関連した特定の目的のための、あるホルモンの変化が同時に起こる。ストレスとホルモン応答のパターンの組み合わせにより、特定のトレーニングプログラムに対する組織の適応反応が形づくられる。ある生理学的環境におけるレジスタンスエクササイズに反応して起こるホルモンの増加は、このタイプの運動ストレスに特有のものである。挙上される重い外的な負荷と、その結果としての大きな力の発揮には、有酸素性持久力運動のようなほかの運動タイプでは一般に刺激されない、閾値の高い運動単位の賦活が必要となる。この大きな力の発揮によるストレスに対する多くの反応の中に、筋鞘が栄養素を取り込む能力、筋細胞におけるホルモンへの感受性、ホルモン受容体数の変化が含

まれる。筋のアンドロゲン受容体（テストステロン受容体）の数は、わずか1、2回の高重量レジスタンスエクササイズセッションによっても増加する可能性がある（126,192）。加えて、組織の損傷に関連する局所的炎症過程と修復メカニズムも、ストレスによって活性化され、回復への時間的経過をたどる（20）。これらの変化が組み合わさって、トレーニングされていない筋の成長と筋力増加が起こる。

▶ 賦活された筋線維で生じた力が、受容体と膜の同化因子（ホルモンを含む）に対する感受性を高め、筋の成長と筋力の変化をもたらす。

　エクササイズセッションの後、ホルモン分泌や、その他の同化作用をもたらす分子シグナルのメカニズムという環境の中で、筋組織のリモデリングが始まる。しかし、ストレスが強すぎると、さまざまな要因の中で、同化ホルモンが受容体に結合できない、あるいは受容体の下方制御などの結果、筋における異化作用が同化作用を上回る場合がある（31,129）。したがって、運動ストレスに必要な反応が生起するためには、運動中だけでなく運動後もホルモンの作用が重要である（45-47）。前述したように、ホルモン応答（同化もしくは異化）の強さは、刺激された組織の量、リモデリングする組織の量、そしてエクササイズストレスの結果として修復が必要となった組織の量によって決まる（51,143）。したがって、運動刺激の特性（急性のプログラム変数の中で何を選択するか）は、エクササイズプロトコルに対する身体のホルモン応答にとって重要となる（94,96）。

ホルモンの相互作用の
メカニズム

　筋組織におけるホルモンの相互作用のメカニズムには、いくつかの要因が関係している。第1に、運動によって血液中のホルモン濃度が急激に増加すると、受容体と相互作用する可能性が高まる。しかしながら、影響を受ける生理学的機能がすでに遺伝的限界に近い場合（すなわち、適応できる潜在能力がほとんど残っていない場合）、受容体はホルモン濃度の増加に対して鋭敏ではない。たとえば長期間のトレーニングによってすでに最大サイズに達してい

る筋細胞は、筋にさらにタンパク質を付加しようとするホルモンの刺激信号に反応しない。同じように、受容体のホルモンに対する脱感作（感受性が低下すること）は、病気や薬物使用によって、安静時のホルモンレベルが長期的に上昇している場合にも起こり得る。ホルモン濃度の増加に対するこのような受容体の感受性の低下が、ヒトの筋において、いつ、どのように起こるのかは完全に解明されているわけではない。しかし、筋サイズの増加は、最終的には遺伝的素因によって制限される。第2に、高強度のレジスタンスエクササイズに対する適応は一般的に同化であるので、回復のメカニズムは筋細胞サイズの増加と関連がある。第3に、運動処方に誤りがあると、異化の効果が大きくなる、もしくは同化の効果が足りない（効果的でないエクササイズプログラムとなる）場合がある。その結果として、ホルモンのメカニズムが細胞成長に悪影響を与えたり、筋肥大を増強するメカニズムの活性化を最小限に抑えてしまうことがある。

　異なる方法を多く組み合わせることにより、運動によって引き起こされる筋肥大と、その過程に関わるホルモンを含めた分子シグナル伝達を刺激すると考えられている。このシグナル伝達は、骨格筋に対する重要なシグナルをもたらす神経的要因の影響を受け、したがって、同化の過程を増強することができる。たとえば、筋線維の神経的な賦活により、筋の受容体のホルモンの結合親和性が高まる。神経系とさまざまなホルモン機構が統合的な働きは、トレーニングを積んだ人とトレーニングを積んでいない人では異なる（73,161）。加えて、運動によって引き起こされる、ある種のホルモンのメカニズム（たとえばテストステロンによって仲介される）は、男女で異なる場合があり、また、年齢によって十分作用しない場合もある（38,100,115）。ホルモンのメカニズムは幅広く、（プログラムデザインやトレーニングレベル、性別、年齢、遺伝的素因、筋の適応の可能性などに基づいて）異なる効果を持つため、筋サイズ、筋力の維持や改善のための適応の手段は無数に存在すると考えられる（99）。

末梢の血液でのホルモンの変化

　私たちは、ワークアウトが人体に対して及ぼす物理的なストレスについて、血中ホルモン濃度を含めたさまざまな測定値をモニターすることによって多く学ぶ。モニターすることができる生化学的区分は1つのみであり、筋やタンパク質合成を刺激するその他の過程すべての文脈をみる必要がある（例：神経的要因、分岐鎖アミノ酸のロイシン）。トレーニングのさまざまな段階で血液サンプルを採取することで、ホルモン濃度が測定できる。筋を取り巻く液体、あるいは筋そのものからホルモンを測定することもできる（151）。血中ホルモン濃度は、ホルモン応答の仕組みの一部にすぎないため、解釈が難しい。しかし、血液サンプルのデータは内分泌腺の状態や反応、ホルモンによって調節されているメカニズムの機能的な状態を示す手がかりとなる。末梢ホルモン濃度は、さまざまな受容体の分布状態や細胞内での1つのホルモンの影響を示すものではないということに注意するべきである。しかしながら、通常、ホルモン濃度の大幅な増加は、ホルモンが受容体に相互作用する可能性が高いことを示すと仮定される。血漿量の減少がない場合の循環血中濃度の増加は、内分泌腺からの放出の増加を意味することはほとんど疑いない。この増加から得られる生理学的な結果は、今では標的組織の受容体の"状態"によって決まる——すなわち、ホルモンの信号が受容体と結合し、DNAマシナリーあるいは細胞内の標的のシグナル（例：mTOR経路）を翻訳することによって細胞内で現実化されるだろうか？　ホルモンの標的組織の受容体との結合の増加、ホルモン分解の増大、ホルモン分泌の低下、あるいはこれらの要因が組み合わされた結果など、ホルモン濃度の低下についての解釈は、さらに難しい。これらの直接的なホルモンの影響に加え、多くの異なる生理学的なメカニズムが、運動に伴うホルモンの末梢血中濃度の変化に寄与している。これには、概日リズムや体液分布の変化（運動によって血液から細胞区画内へと液体が押し出される）、組織クリアランスレート（組織における時間経過）、静脈における血液滞留、結合タンパクとのホルモンの相互作用が含まれる（18,24,25, 89）。これらすべてのメカニズムが相互作用して血中ホルモンの濃度が決まり、このことにより標的組織での受容体との反応性やその後の二次的作用に影響を与え、ホルモンの細胞への最終的な作用を引き起こす。したがって、運動によるホルモンへの特定

の効果を決定するとき、多くの異なる解釈を検討する必要がある。ホルモンの血中濃度の増加は、筋のサイズ増加、あるいは筋力の増加に必要不可欠というわけではないが、関係する内分泌腺のホルモン放出の活性化の向上を示している。

▶ ホルモン応答は、レジスタンスエクササイズのプロトコルの特性と密接に結びついている。

内分泌系の適応

　レジスタンストレーニングプログラムは、筋や結合組織などの器官を最終的な標的としているが、内分泌系においても多くの適応が起きる。言い換えると、筋をトレーニングするとき、内分泌腺もトレーニングされるのだ。前述したように、内分泌腺の関与は、その腺の分泌による賦活された運動単位への援助がどれほど必要かによって決まる。15回のリストカールを数セット行っただけでは、内分泌腺がホルモンの放出を増加させる刺激となるかは疑わしく、循環血中のホルモンは、そのような小さな筋群の運動の必要性に合わせた、通常のホメオスタシスの範囲の濃度となるだろう。しかしながら、局所の受容体はその運動で用いられた運動単位の必要性に合わせて、関連する筋組織が上方制御されるだろう。適応は、標的器官の変化や運動ストレスへの耐性の変化と関係する。異なる多くの部位とメカニズムが影響を受けるため、内分泌系における適応の可能性は大きい。適応の種類の例としては、以下のようなものが考えられる。

- ホルモンの合成量と貯蔵量
- 結合タンパク質を介したホルモン輸送
- 肝臓やその他の組織において、ホルモンのクリアランスにかかる時間
- ある一定の時間内に分解されるホルモンの量
- 運動ストレスによって起こる、血液から組織への体液の移動
- ホルモンとその受容体との結合の強さ（ホルモンと受容体との親和性）。これはトレーニングに対する反応としては稀である。
- 組織における受容体の数

- 分泌腺における量の変化と、場合によっては分泌細胞のサイズの変化
- ホルモン−受容体複合体（H-RC）や二次メッセンジャーによって細胞核に送られるシグナルの強さ
- （どれだけ筋タンパク質をつくるのか指令を出す）細胞核への相互作用の大きさ

　ホルモンは身体で恒常性の調節が必要なときに分泌される。すなわち、内分泌系は生理学的機能を正常な範囲に戻す仕組みの一部である（60）。内分泌系によってコントロールされている恒常性維持の機構は、急性の（即時の）レジスタンスエクササイズによるストレスに反応して活性化され、慢性的な（長い期間にわたる）レジスタンストレーニングによって変化する（32,55,57,64,73,81,172,173,184）。急性のレジスタンスエクササイズのストレスに対して急性の恒常性の変化を起こす仕組みとしては、一般に、ホルモンの濃度の急速な上昇、あるいは低下によって、生理的要素（血中グルコース濃度など）が調節される。これに比べて、レジスタンストレーニングに対する慢性的な安静時のホルモン濃度の増減はよりわずかである（172）。

主要な同化ホルモン

　筋線維の成長とリモデリングに関係する主要な同化ホルモンには、ここで解説するテストステロンや成長ホルモン、IGFがある。同様にインスリンや甲状腺ホルモンもあるが、これらに関しては、ほかで詳細に述べられている（45-48,60）のでそれらを参照してほしい。

テストステロン

　テストステロンは、骨格筋組織に作用する主要な男性ホルモンであり、ジヒドロテストステロンは性関連組織（男性では前立腺など）に作用する主要な男性ホルモンである。同化シグナルという点では循環血中のテストステロン濃度は重要であるが、受容体にテストステロンが結合することが、同化機能を刺激する上で鍵となる。したがって、循環血中のテストステロン（遊離または結合、その両方）の濃度は、そのイベント（事象）における絶対的なマーカーで

はない。しかしながら、テストステロン濃度が高くなることは、運動単位の賦活や止血条件の代謝需要における非直接的なマーカーとなり、典型的には受容体との結合の増加に伴って起こる。低ボリューム（少量）で1または2回行う、重いレジスタンストレーニングでは、ワークアウト後のテストステロン濃度に変化を生じない可能性がある、ということは潜在的には受容体の絶対数、したがって結合部位をまだ増加させることができる。しかしながら、受容体に対する影響は、まだ完全には解明されていない（171,188）。それにもかかわらず、テストステロン濃度の変化は、身体全体を通して標的組織に向けた劇的な同化シグナルである。

　循環血中のテストステロン量は、男女ともに、身体の同化状態を評価する生理学的マーカーとして提唱されてきた（70,129）。テストステロン放出のホルモン調節については、これまで詳細にレビューされている（31,61,97,106,189）。テストステロンは、筋組織に対して直接的にも間接的にも影響を与える。下垂体における成長ホルモンの放出を促進させ、これが筋のタンパク質合成に影響を与える。次に成長ホルモンが、テストステロンによるタンパク質合成の促進に対する許容効果あるいは相乗効果を持つと考えられる（138）。他のホルモンおよび他のシグナル伝達系との潜在的な相互作用は、骨格筋の強度および大きさに影響を及ぼす神経内分泌免疫系の高度に相互依存性の性質を示す。筋力や筋サイズの発達に対するテストステロンの効果は、テストステロンが神経系に及ぼす影響とも関係している（12,90）。たとえば、テストステロンはニューロン上の受容体に相互作用し、神経伝達物質の量を増加させ、構造タンパク質の変化に影響を及ぼす。こうした相互作用は、それぞれ、その神経が支配している筋における力の発揮能力の向上、筋量増加を促進する。

　テストステロンは、男性では精巣、女性では卵巣と副腎から分泌され、結合タンパク質（多くは性ホルモン結合グロブリンやアルブミン）によって標的組織に運ばれる。標的組織では、細胞内アンドロゲン受容体と結合するために、結合していたタンパク質から分離して細胞膜を通過する。テストステロンは、細胞膜の受容体にも結合するということが最近の研究で示されている。この結合によって、カルシウムの放出などテストステロンによる急激な細胞内作用が起こる（36,186）。ホルモン受容体と細胞への作用に関する知見は急速に増えており、将来必ず新発見がもたらされ、この分野における解明はさらに進むことだろう。

　男性では、レジスタンスエクササイズと同様に（60）、多くの種類の高強度の有酸素性持久力運動でも、運動中および運動後に末梢の血中テストステロン濃度の上昇が観察されている（119）。一貫した知見ではないものの、いくつかのデータで女性でもレジスタンスエクササイズ後にはテストステロン、とくに遊離テストステロンがわずかに上昇するということが示されている（188）。レジスタンスエクササイズの結果として起こるテストステロンの細胞に対する作用が一定ではない理由として、細胞膜での違い（レジスタンスエクササイズによって細胞膜に加わる力による）、シグナルを脳の高次中枢に送るフィードバック機構の違い（テストステロン濃度が高いことがフィードバックされて、黄体形成ホルモンの分泌を低下させるなど）が考えられる。さらに、受容体の相互作用も、運動条件が異なると細胞膜にかかる力が異なるため、大きな違いが生じる可能性がある（31）。高強度の有酸素性持久力運動は、組織にきわめて強い異化反応を起こす。テストステロン濃度の上昇が起こるのは、失ったタンパク質を維持するため、タンパク質合成が必要であることに関係しているかもしれない（179,180）。有酸素性持久力トレーニングでは、テストステロンが増加しても、一般に筋肥大は起こらない（103）。実際に、酸化ストレスにより、細胞への酸素の運搬能力を最適化するために、事実上筋線維サイズの減少を促進する場合がある（119）。運動刺激が適切でなければ、筋線維の成長を引き起こす細胞のメカニズムは、筋肥大が起こる程度まで活性化されない。

　18歳未満の男子では、複数の因子が、急性の血清テストステロン濃度の変化、運動中あるいは運動後のテストステロン濃度の顕著な上昇の有無に影響を与えると考えられる。それらの因子の中で鍵となるものに思春期の開始がある。思春期前の男子でのテストステロンの生成は非常に低いため、顕著な筋肥大を起こすには十分な量ではない。以下に示す運動の要素が、単独で、あるいは組み合わされて若い男性の血清テストステロン濃度の上昇につながる（38,57,100,115）。

第4章　レジスタンスエクササイズに対する内分泌系の応答　**83**

- 大筋群を使うエクササイズ（例：デッドリフト、パワークリーン、スクワット）
- 高重量の抵抗（1RMの85〜95％）
- 複数のセット、複数のエクササイズ種目による量が中程度から多量のトレーニング
- セット間の短い休息時間（30秒〜1分間）
- 2年もしくはそれ以上のレジスタンストレーニングの経験

　男性の血清総テストステロン濃度の上昇は、非常に大きい筋群のエクササイズ、たとえばデッドリフト（ただしベンチプレスでは当てはまらなかった）の前と直後に採血を行うと明らかである（38,68,74,114,190）。運動の直後ではなく運動後4時間以上経ってから採血が行われると、**日内変動**（1日を通して起こるホルモン濃度の正常な変動）や回復現象などの因子が急性のストレス応答の強さや傾向に影響を与えてしまう（32）。それに加えて、長時間にわたる血中テストステロン濃度の増加や減少には、日内変動による増減が反映される可能性があるため（103）、エクササイズ実施から長時間経過した後に採取した血液サンプルの解釈はさらに難しくなる。最近では、短期的レジスタンストレーニングによってテストステロンの日内変動は変化しないとの報告がある（122,163）。男性において、一般的に最もテストステロン濃度が高いのは朝で、その日の中で時間が経つにつれ減少していくが、概日パターンのどの時点でエクササイズを行っても増加は起こり得る。しかしながら、安静時の濃度が低いときには変化の程度が小さく、したがって、エクササイズの実施に伴って実際に増加は起こるものの、その絶対的な濃度は低くなる。現在では、ストレングストレーニングを一日のうちどの時間帯（例：午前もしくは午後）に行うかによって、安静時の総テストステロン濃度や概日パターン、絶対的な最大筋力の増加には顕著な影響があるということは示されていない（163）。女性は男性と比べると血清テストステロン濃度はかなり低く、1日の変動もほとんどない（ただし日内変動が小さいことを支持するデータは限られている）。しかしながら、アンドロゲン受容体の反応は、男性よりも急速な上方制御を伴う非常に動的なものであり、レジスタンスエクササイズの刺激に伴うテストステロンの存在をよりうまく利用していると考

えられる（188）。したがって、女性におけるレジスタンスエクササイズ後の血中テストステロンの上昇は、新たに利用できる血中のテストステロンを利用するために受容体がより素早く変化するようなインパクトを持っているかもしれない。

▶ 適切なワークアウトの量を用いた大筋群のエクササイズは、男性において総テストステロン濃度の急性の上昇をもたらす。

遊離テストステロンと性ホルモン結合グロブリン

　遊離テストステロン（輸送のための性ホルモン結合グロブリンとは異なり、結合タンパク質と結合していないテストステロンのこと）の運動に対する急性の反応は、ようやく解明が始まった段階である。遊離テストステロンは、総テストステロンの0.5〜2％を占めており、したがって総テストステロン濃度が高いことで、遊離テストステロンも高くなる。高重量で行うレジスタンスエクササイズ（例：1RMの80％で10回6セット）によって、男性および女性において、急性の遊離テストステロンの増加が起こることがあるが、上昇は女性においてより小さい（188）。男性においては、Kraemerら（120）が、遊離テストステロンのレジスタンスエクササイズへの反応に、年齢が影響を与えていることを示している。言い換えると、若い（30歳）男性は、高齢（62歳）男性よりもワークアウト後の遊離テストステロン濃度が高かった。このことは、若い男性のほうが、テストステロンが標的組織に相互作用する生物学的可能性がより高いことを示すものと考えられる。いわゆる遊離ホルモン仮説では、標的組織には遊離ホルモンのみが相互作用するとされている。しかし、結合したホルモンは筋など標的組織へのホルモン輸送の速度に大きな影響を与えており、この点で若年男性が高齢男性よりも運動後の過程で有利だといえる（34）。つまり、若年男性では高齢男性に比べて絶対的な総テストステロン量が高く、したがって遊離テストステロンのパーセンテージが高齢男性よりも高いといえる。

　結合タンパク質の役割や調節、作用、細胞との相互作用もまた、とくに総テストステロン量が男性と比べて非常に低い女性において、筋力向上について

の興味深い可能性を示している。筋細胞の成長刺激により、テストステロンは結合した状態をより長く保つ。実際に、結合タンパク質自体が生物学的活性を持つホルモンとして働いている可能性がある（159）。さまざまな結合タンパク質が、組織における相互作用の重要な因子という生物学的役割を果たしている（71,72,75,159）。Kvorningら（130,131）は、若年男性において、テストステロンはレジスタンストレーニングに対する同化反応の中で主要な役割を果たすことを示している。被験者が黄体化ホルモンブロッカー（阻害剤）を与えられたとき、テストステロン濃度は非常に低くなったが、それ以外の同化シグナル伝達系には影響がなく、筋力および除脂肪組織重量は、通常のテストステロン濃度でそれらが通常に機能している男性と比較して減少した。これらの古典的な研究は、内因性のテストステロンがレジスタンストレーニングにおける適応のメカニズムでいかに重要であるかを示している。

女性におけるテストステロン応答

テストステロンは主要な男性ホルモンであり、女性の循環血中テストステロン濃度は男性の約15分の1から20分の1である。これまでのほとんどの研究で、女性ではレジスタンストレーニング後の急性のテストステロン濃度の増加が示されず、最近のデータでは、増加したとしても比較的小幅であり（26,38,76,81,114,190）、遊離テストステロンにおいてのみ増加が時々みられた（188）と報告されている。

若い女性においても、10RMの強度で6セットのスクワットを行った反応として、小さいが明らかな血清テストステロンの増加がみられた（144）。加えて、Wingrenら（188）は、トレーニングを積んだ男女において高重量のレジスタンスエクササイズプロトコルに対する応答として急性の遊離テストステロン増加を観察したが、女性における濃度は、男性に比べると非常に低かった（図4.5参照）。副腎から高い濃度のアンドロゲンを放出できる女性もいるため、テストステロン濃度は、個人差があると考えられる。活動的でない対照群と比較して、定期的に運動を実施する女性では基準（ベースライン）となるテストステロン濃度の変化が観察されたとする報告がある（26）。しかし、その他の研究では、トレーニングによる血清テストステロン濃度の変化を示すことができなかった（38,76,81,114,190）。しかしながら、骨格筋のアンドロゲン受容体の約1時間という素早い上方制御によるテストステロンの利用は、女性においてテストステロンが増加するという大きな感受性と、またその利用の重要性は、再度、指摘しておく（118）。

トレーニングに対するテストステロンの適応

レジスタンストレーニングに対するテストステロンの応答は、まだ研究の途上である（73,119,173,188,191）。重要なことは、エクササイズプロトコルの需要への反応としてテストステロンが増加するということを明らかにしなければならない。そして、

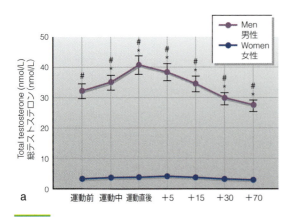 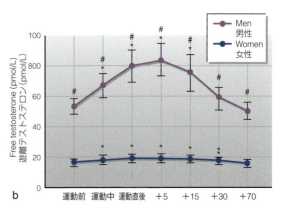

図4.5 1RMの80％で6セット、セット間に2分間の休息を入れたときの（a）総テストステロンと、（b）遊離テストステロンの応答。中間地点（Mid）のサンプルは3セット後である。＊エクササイズ前の値に比較して有意に増加していることを示す。＃対応する時間において女性との有意差を示す。
Wingren et al., 2009（188）. より許可を得て転載。

上昇したテストステロンを利用するために受容体の結合も増加する、もしくは筋に関連した代謝を増加させるシグナルについての必要性が失われるために受容体の結合は増加しないということである。それ以外の標的組織におけるその他の受容体（例：神経、サテライト細胞）も、ある時点（その標的組織における適応できる期間に依存する）において、より影響を受ける。したがって、安静時のテストステロン濃度の増加を期待することは、時代遅れの概念かもしれない。しかし、機能的な能力と課題（ワーク）をより多く行うことができる能力が改善することに起因する、運動による濃度増加を期待する人もいるだろう。テストステロンの安静時および運動後の濃度変化については、トレーニング時間とトレーニング経験が、きわめて重要な要因と考えられる。しかし、骨格筋におけるこのホルモンの役割は、筋細胞サイズの増大が上限に近づくにつれて変化する可能性がある。成人男性では、運動刺激が適切ならば（すなわち適切な量が動員されるように筋を使い、5〜10RMを複数セット行う）、急性のテストステロン濃度の上昇が観察される。古典的な研究ではHäkkinenら（73）が、2年間のトレーニングによってウェイトリフティングのエリート選手でさえ安静時の血清テストステロン濃度が上昇することを示した。この上昇と同時に、テストステロンの合成と放出に関係する脳の高次調節因子であり、視床下部からのシグナルへの応答としての脳下垂体後部から分泌される卵胞刺激ホルモンと黄体形成ホルモンの濃度の上昇が起こっている。テストステロンは、高度にトレーニングされた筋力・パワー系競技選手において神経の適応を促し、筋力の増大をもたらすことにより、長期間のトレーニングにおいて神経系の発達に関与する可能性を持つ（75,76）。さらに、トレーニングプログラムセッションによって引き起こされたテストステロン濃度の急性の上昇が起こったとき、レジスタンストレーニングに対して、より大きな適応を示した研究がいくつかある（78,158）。

　レジスタンスエクササイズとレジスタンストレーニングのアンドロゲン受容体に対する影響についての研究は多くはないが、最近発表された研究でこの話題が現在の関心となっていることが取り上げられている（126,156,187,188,192）。結果はさまざまで、アンドロゲン受容体数の増加および減少の両方が示

されているが、このような違いは、エクササイズプロトコルとサンプル採取のタイミングの違いから生じている可能性がある。このように多岐にわたる知見があるものの、レジスタンスエクササイズやトレーニングは最終的に筋のアンドロゲン受容体数を増加させると考えられる。アンドロゲン受容体の結合の増加に伴って、テストステロンの利用も促進される。それに加えて、ワークアウト前の栄養摂取は、骨格筋のアンドロゲン濃度を高める可能性があり、それがワークアウト前にタンパク質といくらかの炭水化物を摂取することが重要となる理由である（126）。

成長ホルモン

　成長ホルモンとは何か、また人体の中でどのような役割を果たしているのかについて、大きな混乱がある。近年、成長ホルモンは運動および医学の両方において、新たな複雑さを持っていることが明らかになってきた。DNA機構machineryから生じる最初のホルモンは、191のアミノ酸ポリペプチド（モノマーと呼ばれる。分子量22kDa）であり、下垂体前葉（腺下垂体）にある成長ホルモン分泌細胞で産生される。成長ホルモン分泌細胞には、バンド1（より小さな分子量の形、22kDa）とバンド2（凝集型のより分子量の大きな形）の2種類がある。1960年代および70年代の放射免疫測定の発達により、血液中の22kDaのほうが最初に評価されてきており、近年までより大きなほうの濃度について何が起こっているかについて見過ごされてきた。下垂体の成長ホルモンの内分泌学について、今では、22kDaのバリアント（変異体）のみが研究されてきたこれまでの認識よりもずっと複雑であるということが明らかになっている。成長ホルモンのスプライスバリアントと、さらに重要なことに、それらの異なる分子量の組み合わせによる凝集型（すなわち成長ホルモンのモノマーが複数結合している）で、血液は満たされている。加えて、シナリオ（筋書き）を複雑にしているのが、2種類の成長ホルモン結合タンパク質であり、これらもより高い分子量となる（例：成長ホルモンのモノマーが成長ホルモン結合タンパク質と結合している）。現在、科学者らはこのスーパーファミリーが果たしている複雑な制御の役割について明らかにし始めている。興味深いことに、22kDa成

長ホルモンモノマーのみと比較すると、生理活性成長ホルモン（例：凝集型）の濃度はより高い。このような結果を見てしまうと、成長ホルモンが体内でしていることが何であるか、この結果のみを見ただけで信じてしまう危険性がある。22kDaモノマーの生理学的な役割について完全には明らかになっていないことが示されており、医学においては肝臓のIGF-I放出がガンに関わる相互作用が示唆されている。したがって、成長ホルモンの凝集体が、運動に対する適応において、関連する成長ホルモンの一種として生物学的に重要な機能を持つかもしれない（128）。

運動に関する内分泌学的研究の大部分は、免疫アッセイ（ラジオイムノアッセイ［RIA］、酵素結合イムノソルベントアッセイ［ELISA］、酵素イムノアッセイ［EIA］）が簡便で知名度が高いため、22kDaアイソフォームについて検証している。これらの手法は、血液中に存在する量によって決定される抗体の相互作用に依存する。用いられる抗体は、一般的に22kDaの成長ホルモンバリアントに特異的であり、そのためにこのような手法では検出できない、あるいは検出閾値に達しないことがある。それにもかかわらず、最近のレギュレーションやさまざまな成長ホルモンのフォームのターゲットのモデルは、図4.6に示す通りである。生理学的なメカニズムや標的組織の多くが成長ホルモンの仲介と関連づけられており、このことは、ホルモンのスーパーファミリーがこうした多様性に富む効果に到達することが度々指摘されている。

成長ホルモンは、子どもの正常な発達に重要であるが、レジスタンストレーニングによるストレス適応においても重要な役割を果たしていると考えられる。McCallら（139）の研究では、成長ホルモンの応答と20週間のレジスタンストレーニングによる筋線維の肥大との正の相関が明らかとなったが、それでも、それ以外の成長ホルモンのバリアント（異型）の増加パターンは22kDaフォームの増加に類似しており、その相関を説明し得る可能性がある。このことは、単純な回帰を用いてホルモンの効果を決定することの問題が取り上げられることになり、したがって「原因と結果、すなわち因果関係」は単純な回帰ではなく、どのようなホルモンにおいてもそのような解釈を行う際に、厳格な注意が必要となる。成長ホルモンの標的となる組織は非常に広範囲であり、分子量が異なる変異型が、それぞれ骨や免疫細胞、骨格筋、脂肪細胞、肝臓組織など異なる標的組織に作用する。成長ホルモンと、そのスーパーファミリーの主な生理学的役割は以下の通りである（成長ホルモンスーパーファミリーのどの分子形態がそれぞれの役割を担うかについて明確さに欠けるが）。

- グルコース利用を減少させる
- グリコーゲン合成を減少させる
- 細胞膜を通過するアミノ酸輸送を促進する
- タンパク質合成を促進する
- 脂肪酸の利用を促進する
- 脂肪分解を促進する
- グルコースとアミノ酸の利用能の増加
- コラーゲン合成の促進
- 軟骨の成長の促進
- 窒素、ナトリウム、カリウム、リンの貯留促進
- 腎臓における血漿流量の増加、ろ過の促進
- 代償性腎肥大の促進
- 免疫細胞の機能の促進

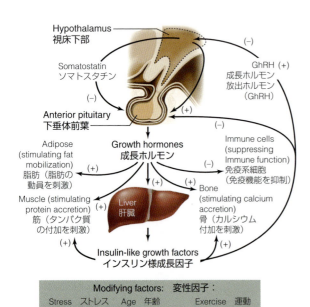

図4.6 成長ホルモンのサイバネティクス（フィードバック制御）と相互作用。

成長ホルモンの分泌は、神経内分泌系の複雑なフ

ィードバック機構によって調節されている（23,39,128,136,157,170,193）。多くのホルモンは、ほかのホルモンの働きを介して作用するが、成長ホルモンはさまざまなフォーム（形態、構造）を持っており、成長ホルモンの多くのフォームは標的組織に直接相互作用する。22kDaの成長ホルモンのフォームは、細胞のオートクリン分泌（自己分泌）によるIGFの放出を促し、体内のIGF濃度の全体的な変化に貢献するとともに、タンパク質合成のためのアミノ酸の利用を増加させる。これによって、一般的には組織の修復が促され、おそらくレジスタンスエクササイズ後には回復が促される状況につながると考えられる。IGFは、肝臓以外の組織（脂肪細胞、白血球など）からも放出されている可能性があり、ほかの組織ほど内因性IGFを合成しない筋そのものも含まれる（28,45,77）。それにもかかわらず、成長ホルモンは最も強力な同化ホルモンの1つとして、細胞に直接作用するきわめて重要な役割を担っている（139）。22kDa成長ホルモンの分泌とその血中濃度は、時間帯によって変動し、夜間、睡眠中に最大になる（40,98,170）。しかしながら、より高い量の生理活性成長ホルモンにおいては、サーカディアン（日周性）パターンを示していない。22kDaフォームの放出は、パルス状（爆発的）に起こる。1回に分泌される量も1日の間に変動し、運動によりその量と回数が増えると考えられる。夜間の分泌量の増加は、身体のさまざまな組織における修復のメカニズムと関係しているという仮説がある。つまり、成長ホルモンの分泌が、筋の収縮単位の適応とそれに続く筋力発揮に直接影響する可能性がある（139）。年齢や男女の性別、睡眠、栄養、アルコール摂取、運動などのさまざまな外的因子によっても、成長ホルモンの分泌パターンは変化する（16,17,19,152,185）。成長ホルモンは末梢循環に放出され、そこで成長ホルモン受容体の細胞外領域（ドメイン）を形成している特異的な結合タンパク質と結合する。一般に、成長ホルモンは標的細胞の原形質膜の受容体と結合することによって作用する。生物活性化成長ホルモンあるいはその凝集型やスプライスバリアントとの相互作用については、すでに私たちは成長ホルモンを複数の分子形態を持つと見ているように、現在の研究トピックであり続けている（65,125,181）。

ストレスに対する成長ホルモンの応答

　下垂体ホルモン（プロオピオメラノコルチン［POMC］、成長ホルモン、プロラクチンなど）は、レジスタンスエクササイズなどのさまざまな運動ストレスに応答する（26,29,56,60,113,116,132,134）。成長ホルモン（22kDa）濃度は、低酸素状態（177）だけでなく、息こらえ、過換気のみ（33）でも上昇する。22kDa成長ホルモン放出には、水素イオン濃度の上昇（pH低下）と乳酸濃度の上昇が実質的な刺激になると考えられる（64）。すべてのレジスタンスエクササイズのプロトコルが血清成長ホルモン濃度を上昇させるわけではない。VanHelderら（184）は、低負荷（7RMの28％）で各セットでの回数が多い形式では、22kDa成長ホルモンの血清濃度は変化しないと報告している。レジスタンスエクササイズへの22kDa成長ホルモンの有意な応答を引き出すためには、休息時間を長く（3分間以上）取った場合はとくに、強度が閾値に達していなければならないと考えられる（113）。これは、解糖系代謝との関連による可能性がある（少なくても22kDa変異型に関しては）。レジスタンスエクササイズの運動負荷、休息時間、量、レジスタンスエクササイズプロトコルにおけるエクササイズの選択によって、22kDa成長ホルモンの応答は異なる（5,43,44,139,143,166,167,174）。成長ホルモンの増加に関係する異なるいくつかのトレーニング変数を決定づけるようデザインされた研究で、Kraemerら（113）は、血清中の22kDa成長ホルモンの増加は、運動量、セット間の休息時間（短い休息時間だと22kDa成長ホルモンが高濃度）、抵抗（10RMでは乳酸値が高く22kDa成長ホルモンの反応性も高かった）によって異なることを示した。10RM（高負荷）で3セットを短い休息時間（1分間）で実施した運動強度（総仕事量は約60,000J）において、血清中の22kDa成長ホルモン濃度の大幅な上昇がみられた。最も劇的な上昇が起こったのは、運動の継続時間がより長く、休息時間が1分間の場合であった（10RMと5RMの比較）。このような違いは、1回のエクササイズセッションの構成（休息時間の長さなど）に関係しているので、レジスタンストレーニングに対する生理学的適応が評価を受ける際には、プログラムデザインの各変数に、より注意を払う必要がある。

> 成長ホルモンの放出は、休息の継続時間を含むレジスタンストレーニングのプロトコルの影響を受ける。休息時間の短いワークアウトは、仕事量が同様で休息時間の長いプロトコルと比較して血清中の濃度が高くなる。しかしながら、さまざまな分子形態（例：凝集型やスプライスバリアント）、成長ホルモンの種類が休息時間の長さにどれほど影響を受けるかについて、現時点では明らかになっていない。

女性における成長ホルモン応答

月経周期の間を通して、女性は男性に比べて成長ホルモン分泌の頻度が高く、分泌量が多いため、22kDa成長ホルモンの血中濃度が高い。ホルモン濃度と運動に対するホルモン応答は月経周期によって変化する（29）が、このメカニズムはよくわかっていない。Kraemerら（114,117）は、月経周期初期の卵胞期の間、女性は男性に比べ安静時の22kDa成長ホルモン濃度が有意に高いことを示した。さらに、休息時間が長く（3分間）、高負荷（5RM）での高強度のレジスタンスエクササイズプロトコルを用いたとき、22kDa成長ホルモン濃度は安静時の濃度以上に高くならなかった。しかし、休息時間が短く（1分間）、中程度の強度（10RM）のレジスタンスエクササイズプロトコルでは、血清成長ホルモン濃度の有意な増加が観察された。月経周期の各期によって安静時のホルモン濃度が変動するため、さまざまなレジスタンスエクササイズルーティンに対するホルモン応答パターンが変化する可能性があり（114,117）、さらに、ホルモンによる避妊薬（例：エストロゲンを含むバースコントロールピル）の服用により、22kDa成長ホルモンのレジスタンスエクササイズへの応答は増加した（127）。しかしながら、同じレジスタンスエクササイズへの男女の応答パターンを比較しても、ワークアウトが同様であれば同じであった（例：休息時間が短いと、休息時間が長いワークアウトと比べて22kDa成長ホルモン上昇が大きかった）。

生物活性化成長ホルモンもまた、どのような分子量が互いに結合しているかによって、さまざまに異なる分子量となる（例：2つのモノマーが互いに結合してダイマー、すなわち44kDa型となるように、成長ホルモンモノマーも互いに結合する）ということが研究によって示されている（128）。

興味深いことに、女性においては、生理活性成長ホルモンはレジスタンストレーニングによって変化することが示されている。22kDa型における変化はわずかであるが、安静時の濃度は増加するということが明らかになっている（125）。加えて、生理活性成長ホルモンは、高齢女性においては若年女性ほど高くなく、またレジスタンストレーニングは持久的エクササイズよりも生理活性成長ホルモンに対してより強力な刺激となる可能性がある（65）。初期の研究では、避妊薬もまた生理活性成長ホルモンに対して最小限の影響があることが示されている。さらに、より筋力の高い女性において、より高い濃度の生理活性成長ホルモンが観察され、またこのことから凝集型成長ホルモンの重要性が示唆される（123）。これらの成長ホルモンに関する新しい知見は、内分泌系のさらなる複雑さを改めて示し、また組織に対する重要なシグナルについて探求する必要性を示すものである。

月経周期に応じたレジスタンストレーニングのピリオダイゼーションに関する研究はまだ進んでおらず、さらなる研究により性別に関連した神経内分泌系の適応機構を解明する必要がある（43）。現在のところ、女性のテストステロン濃度が低いことと月経周期による安静時ホルモン濃度の変化が、神経内分泌系における男性との最も顕著な違いであると思われる。

トレーニングに対する成長ホルモンの適応

レジスタンストレーニングによる成長ホルモン濃度の変化の有無を調べるためには、長時間（2〜24時間）にわたる測定が必要である。パルス状に濃度が変化する部分を含めた時間−血中濃度曲線下面積から、分泌に変化が起こったかどうかがわかる。レジスタンストレーニングに対する成長ホルモン応答は詳細に研究されていないが、トップレベルのウェイトリフティング選手の安静時の22kDa成長ホルモン濃度の測定ではほとんど変化がなかった。フィードバック機構間の違い、受容体の感受性の変化、IGFの増加、日内変動、運動強度によって、レジスタンストレーニングによる成長ホルモンの適応が決まると思われる。トレーニングに関連した成長ホルモンの変化として、一般に、絶対的な運動ストレスに対する22kDa成長ホルモン応答の減少と、22kDa成長ホルモンのパルス状の分泌パターンの変化があ

ると考えられる。トレーニングによって引き起こされる22kDa成長ホルモンの反応の減少は、異なる分子量の型との相互作用の可能性を示すものと考えられる。トップレベルのウェイトリフティング選手群を対象とした9カ月間の研究では、各個人の応答には大きな差があり、集団としては、このトレーニング期間で有意な変化はみられなかった（未発表資料）。この結果は、おそらくより多くの凝集型成長ホルモンが生産されたことを意味するだろう。成長ホルモンの大部分は凝集型あるいは結合型であり、脳下垂体の研究が進むにつれて22kDa型の重要性は減少してきている。これは現在およびこれからの研究において注目される領域である。すでに述べたように、女性において安静時の濃度と、いくつかの分子量の成長ホルモンの型は、長期的なレジスタンストレーニングの影響も受けることが初期のデータで明らかとなっている（125）。現時点では、運動によってもたらされる22kDa成長ホルモンの応答は、トレーニングに伴う変化と安静時濃度のわずかな変化があることが明らかであると考えられており、月経周期によりわずかな増減があることが予想されている。22kDa成長ホルモンと対照的に、生理活性成長ホルモンについては、安静時濃度のほとんどの変化が、22kDa分子量よりも生理活性部分のわずかな変化を伴うと考えられる（125）。いまだに、長期的なレジスタンストレーニングによる選手の成長ホルモンの変化について、私たちは全容を理解するに至っていない。

インスリン様成長因子

　22kDa成長ホルモンの作用の一部は、**インスリン様成長因子**（IGF）、ソマトメジンとも呼ばれる小さなポリペプチドを介して起こる（27,37,45）。IGFスーパーファミリーが健康やパフォーマンスのバイオマーカーとして重要かもしれないと仮定されてきた（145,150）。IGF-Iは、70個のアミノ酸のポリペプチドであり、IGF-IIは67個のアミノ酸のポリペプチドである。後者の機能は、ほとんど明らかになっていない。繰り返すが、ペプチドのスーパーファミリーは結合タンパク質とともに存在する。22kDa成長ホルモンが肝細胞を刺激してIGFの合成を促し、肝臓からIGFが分泌される。成長ホルモンのほかに、甲状腺ホルモンやテストステロンなどもIGF合成の調

節に関係する（193-196）。ほかの多くのポリペプチドホルモンと同様、2つのIGFはどちらも巨大な前駆体分子として合成され、ホルモン自体がプロセシング（変換される一連の過程）を受けてさまざまな活性化ホルモンのバリアントとなる。IGFは結合タンパク質と結合して血液中を循環し、標的組織で結合タンパク質から離れて受容体と相互作用する（1,175,176）。血中IGF濃度の測定には通常、総濃度（結合型と遊離型の両方の濃度）、遊離型の濃度のいずれかを用いる。

　少なくとも6種類の循環中結合タンパク質が特定されており、こうした結合タンパク質が受容体と相互作用することができるIGFの量を調節している。IGF-Iの結合タンパク質1〜6のうち、結合タンパク質1と結合タンパク質3が運動への応答に関する研究が最も多く行われている。運動ストレスに対する各結合タンパク質の応答は独立しており、それぞれが独自の生物学的活性を有する。

　結合タンパク質は、IGFの運搬、IGFの生理学的作用において重要な因子である（22,23,49）。IGFは、筋細胞内からIGFと結合するタンパク質の分泌を刺激し、これによってIGFに対する細胞の応答性を調節していることが示されている（140）。血液中のIGF結合タンパク質は、IGFペプチドが受容体に結合するのを制限するうえで重要な役割を果たしており、22kDa成長ホルモン濃度に影響を受ける。栄養状態やインスリン濃度などのその他の要因も、IGF放出の重要なシグナルとなることが示されている。IGFの運搬・産生・調節コントロールに対して栄養が及ぼす影響は大きく、IGFの細胞への作用は劇的に変化する。窒素平衡やタンパク質の取り込みの急激な変化や栄養状態は、さまざまなメカニズムに影響を与える（22,121,139）。また、結合タンパク質はIGFの貯蔵庫として働き、細胞の受容体が利用可能であるというシグナルにより、結合タンパク質からIGFの遊離が起こると考えられる（13）。これによって、IGFの長期間の活性維持が可能になり、理論的には分解されるIGFの量が減少すると考えられる。

　筋力トレーニングでは、運動ストレス、短期的なホルモン応答、筋、神経系、骨格組織の細胞レベルでのリモデリングの必要性によって、これらのメカニズムの多くが影響を受ける（20,79,83,168）。複数のホルモンと受容体の劇的な作用により、レジスタ

90 ストレングストレーニング&コンディショニング

ンストレーニングに応答して強力な適応機構が働き、それに続いて筋力や筋サイズの変化が起こる。

運動に対するIGFの応答

運動との関連では、IGFの中で、タンパク質の同化に多くの役割を果たしているIGF-Iが主な研究課題となってきた（146,150）。健康やパフォーマンスについて重要な示唆を与えてくれるのは、ポリペプチドのスーパーファミリーと結合タンパク質もあてはまる（148）。血中IGF-I濃度が短期的に増加する正確な原因はわかっていないが、IGFを合成・貯蔵している脂肪細胞や筋細胞などのさまざまな細胞の損傷が関係していると考えられる（183）。IGF-Iはさまざまな生化学的に分類された区画（血液、間質液、筋）に存在し、循環中IGF-Iが運動に応答しているかどうかは、筋を取り巻く局所的な液体がどのようになっているかを反映している。男女におけるそれらの研究では、循環中の総および遊離IGF-Iは、間質液IGF-Iあるいは筋中IGF-Iタンパク質濃度の増加と関連していないことが示されている（151）。それらのデータは、運動による循環中のIGF-Iの増加は、そこで起こっている局所のIGF-Iシグナルを反映したものではなく、内分泌系の反応パターンの一面を示している。成長ホルモンの刺激を受けて肝臓からIGFが合成および放出されるまで8～24時間かかる（9,30）。これは、IGFが肝臓以外の貯蔵場所から放出されること、IGF放出がIGFを含んでいた細胞の損傷によるものであること、ある種の運動による成長ホルモンを介したIGFの放出は成長ホルモンを外から投与した場合とは異なった時間的推移をみせることを示すと考えられる。さまざまなタイプのエクササイズプロトコルに対するIGF血中濃度の系統的な変化は、IGFの放出と運搬に関わる調節因子と密接に関連していると考えられる（13）。IGF-I特有の作用と血清中の成長ホルモンとの関係を明らかにするためには、より長期的な血清濃度の変化を評価する必要がある（46）。男女において、2カ月のトレーニングによって筋力およびパワーが改善しているのにもかかわらず、IGF-Iは安定したままであった（147）。運動に関連した増加は、安静時の濃度がより低い値であったときに起こりやすい傾向であった（例：10から20nmol/L）。したがって、安静時濃度の安定性は、循環中のIGF-Iの絶対量の影響

を受けるものと考えられる。トレーニングの際、安静時濃度（例：35-45nmol/L）がより高い場合、エクササイズによる急性の増加は起こりにくいようである。重要なことは、結合タンパク質に結合していない遊離型が標的組織、とくに骨格筋に対して効果的な要素となる可能性があるということである（66,149,160）。

IGF-Iの筋への影響については、IGF-Iのオートクリン分泌（おそらくパラクリン分泌も関わる）の機構が最も重要である可能性がある。安静時、IGF濃度は脂肪細胞で比較的高く、骨格筋自体にはほとんど含まれない。しかしながら、レジスタンスエクササイズを行っている際の力学的な刺激、過負荷、筋細胞のストレッチが、IGF-Iの生産を潜在的に増加させる原因となる。筋でつくられたIGF-Iは、しばしばメカニカル成長因子と呼ばれることがあり、オートクリン機能により作用する（63,141）。筋でのIGF-Iの主な作用は、メカニカル成長因子のオートクリン作用であることが示唆されている。IGF-Iのスプライスバリアントが、（Eペプチドではなく）IGF-Iの成熟を通して筋芽細胞の分化を調節している可能性があるという仮説も提唱されており、このトピックの検証には大きな関心が集まっている（137）。IGFは、成長ホルモンを介さずに肝細胞以外から放出されている可能性がある（1,2,45,77,82,83）。さらに、細胞がIGFを合成・貯蔵し、IGFは末梢循環に入ることなく作用する可能性もある。

いくつかの研究ではIGF-Iの運動への応答が示されているが、このすべてが典型的な内分泌系の応答（すなわち運動による内分泌腺の刺激によって血液中にホルモンの放出が起こる）にあてはまるわけではない。男女とも、IGF-Iがレジスタントトレーニングに反応することが示されているが、それらの研究ではトレーニング前のIGF-Iの濃度が低かった（113,114）。別の研究では、トレーニング前のIGF-I濃度が高く、免疫反応法により検出される（22kDa）成長ホルモンは増加したにもかかわらず、IGF-I濃度の増加はみられなかった（118）。これらの研究から、IGF-Iのトレーニング前の濃度が運動によるIGF-I濃度の増加を決定する因子であると理論づけられた（すなわち、初期濃度が高ければ増加せず、低ければ増加する）。Kraemerら（121）の研究はこの説を支持したが、IGF-I濃度は、運動前後の炭

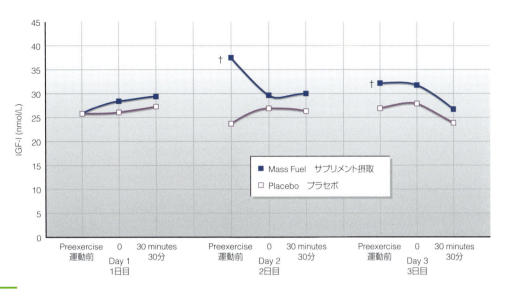

図4.7 高強度を用い、複数セットを行うレジスタンスエクササイズにおけるIGF-Iの応答。エクササイズは3日間連続して行い、2群のうち1群にはタンパク質と炭水化物を混合したサプリメント（mass fuel、マスフューエル）を、エクササイズ前およびエクササイズ後1時間の回復期間に与えた。†$p<0.05$、プラセボ群と比較して。
Kraemer et al., 1998（121）より、許可を得て転載。

水化物やタンパク質のサプリメント摂取といった短期的なカロリー摂取による反応のほうが強いことも示されている（図4.7）。

トレーニングに対するIGFの適応

　高強度レジスタンストレーニングに対するIGF-Iの応答についてはさまざまであるが、複数の研究によると、トレーニング前の初期濃度に基づいて変化することが示されている（すなわち、初期濃度が低ければIGF-I濃度は増加し、高ければ変わらないか減少する）（W.J. Kraemer、未発表データ）。加えて、食物の摂取あるいはカロリー制限の程度（あるいはその両方）が、安静時および運動による血中濃度に影響を与える（80,109）。女性においては、急性のレジスタンストレーニング中に総IGF-Iの増加とIGF結合タンパク質1濃度を減少させることが示されており、循環中IGF-I機構において、運動様式に特異的な適応が起こり得ることを示している（67）。トレーニングの効果は、IGFスーパーファミリーの応答パターンの異なるさまざまな側面の中で、未だに構築中のテーマである（149）。成長ホルモンと同様、トレーニングによるIGF-Iの適応は、放出・輸送・受容体との相互作用に関わるさまざまなメカニズムの影響を受けるものと考えられる。さらに、同じ結果（タンパク質合成）を標的としているその他の同化ホルモンとの相互作用も無視できない。さまざまな組織での高強度レジスタンストレーニングに対するIGF-Iの適応については、今後もさらなる研究が必要である。

副腎ホルモン

　副腎は、攻撃－逃避反応において非常に重大な役割を果たしている。副腎には、皮質と髄質の2つの主要な部分があり、両方とも運動ストレスに応答する。副腎髄質は神経系によって刺激されるので、応答が速く、ほぼ即時に応答する。一方、副腎皮質は下垂体前葉から放出される副腎皮質刺激ホルモン（ACTH）に刺激される。トレーニングやコンディショニングに最も重要な副腎ホルモンは、副腎皮質から放出される糖質コルチコイドであるコルチゾール、副腎髄質から放出されるカテコールアミン（エピネフリン、ノルエピネフリン、ドーパミン）、そしてエンケファリン含有ポリペプチド（ペプチドF）である（95,104,109,116,182）。ペプチドF（プロエンケファリン・フラグメント）は、免疫細胞の機能向上に重要な役割を果たしている（182）。このように、副腎髄質はストレスに対する即時の反応と、それに引き続いて起こるストレスからの回復に関係するホルモンの両方を分泌する。

コルチゾール

　従来、糖質コルチコイド、より特定するとヒトのコルチゾールは、骨格筋の異化ホルモンであると考えられてきた（45,47,129）。しかし、実際にはコルチゾールは糖質代謝のための主なシグナルホルモンであり、筋でのグリコーゲン貯蔵と関係している。グリコーゲン濃度が低いときには、エネルギーを得るためにほかの物質（タンパク質）を分解し、血中グルコース濃度（血糖値）の維持を支えなければならない。コルチゾール濃度は強い概日（サーカディアン）リズムを示し、早朝に最も濃度が高くなり、一日を通して下がっていく。したがって、コルチゾールの検査や比較を行う場合には、一日のうちどの時間帯であるかを考慮することが重要である。

コルチゾールの役割

　コルチゾールは、アミノ酸の炭水化物（糖質）への変換の刺激、**タンパク質分解酵素**の増加、タンパク質合成の抑制、グリコーゲン合成や免疫細胞機能などのグルコースに依存する過程を抑制することにより、主な異化作用を引き起こす。コルチゾールはタイプⅡ線維においてより強力な異化作用を引き起こし、これはタイプⅡ線維にはタイプⅠ線維よりも多くのタンパク質が少なくとも部分的には存在するためと考えられる。しかし、コルチゾールは、タイプⅠ線維の分解の制御に、より密接に関与している可能性がある（162）。筋肥大の過程は、タイプⅡ線維では筋タンパク質合成の劇的な増加への依存がより大きく、タイプⅠ線維では分解の抑制への依存がより強い。

　病気や関節の固定、ケガなどの状況下では、コルチゾール濃度の上昇を介して、収縮タンパク質の消失が起こり窒素が排泄される。これにより筋の萎縮とそれによる筋力低下が引き起こされる（45,133）。筋において、テストステロンとインスリンの同化作用は、コルチゾールの異化作用と逆の働きである。多くの受容体にテストステロンが結合し、その受容体複合体がDNAにおいてコルチゾールとその受容体複合体が結合できるタンパク質に関わる遺伝子をブロックすれば、タンパク質は保持されるか、または増加する。逆に、より多くの受容体にコルチゾールが結合すれば、タンパク質は分解され、減少する。筋における同化作用と異化作用のバランスは、収縮

を担うタンパク質に影響を与え、筋力に直接影響する。運動後の血中コルチゾール濃度の急性の上昇は、組織のリモデリング過程で急性の炎症反応が起こっていることを示している（51）。

レジスタンスエクササイズに対するコルチゾールの応答

　22kDa成長ホルモンと同様に、コルチゾールはレジスタンスエクササイズによって増加すると考えられる。最も劇的な増加が起こるのは、休息時間が短く運動量が多いときである（116,178）。トレーニングを積んで身体が適応している男性では、濃度増加に負の作用はないと考えられる。適応によって精巣でのコルチゾールは「抑制されなく」なり、テストステロンの核受容体に対する主な影響は維持される。

　コルチゾールは、無酸素性代謝への強い刺激を引き起こすレジスタンスエクササイズプロトコルに応答する。引き起こす異化作用が最も大きくなる急性のプログラム変数によって、成長ホルモンの最大の応答が引き起こされることは興味深い（116,166,178）。このようなことから、コルチゾールが長期間高濃度となる場合は有害作用があるかもしれないが、急性の上昇は筋組織のリモデリング過程の一部となる可能性がある。筋が自身をリモデリングし、より大きくするためには、ある程度の分解が起こらなければならない（この「分解」というのは、損傷と呼ばれるようなレベルではない）。コルチゾール濃度の急性の上昇は、損傷を受けたタンパク質を除去するのを助けることで、このリモデリング過程を助けると考えられる。

　コルチゾールは異化作用を持つため、競技選手も、ストレングス＆コンディショニング専門職も、コルチゾールを全身の組織における分解の指標としての可能性に強い関心を寄せている。コルチゾールは、このような指標としてある程度は機能するが、潜在的なオーバートレーニングの指標に用いるには増加幅が800nmol/lを超える必要があると考えられる（55,56,58,59）。テストステロンとコルチゾールの比も、身体の同化・異化の状態を調べるために用いられてきた（70）。これらの指標は概念としては魅力的だが、血清コルチゾール値やテストステロン－コルチゾール比によって、筋力やパワーの変化の推定、監視に成功した例はごく限られている（124）。コル

チゾールやほかのホルモンの持つ多様な役割を考慮しきれていない点が、これらの測定における問題であろう。レジスタンストレーニングが筋組織における糖質コルチコイド受容体に与える影響について調べた研究は少ないが、最近のデータでは、トレーニングを積んだ男性において、安静時および運動から70分間の休息期間後において、女性と比較して受容体の濃度が有意に低いことが示されている（180）。同時に、男性においては継続的な下方制御のみがみられたのに対して、同じエクササイズプロトコルを行った女性において、アンドロゲン結合能が運動の70分後に減少した後に増加した。このことは、女性はテストステロンの濃度が低く、アンドロゲン受容体がより迅速に上方制御されるが、糖質コルチコイド受容体はワークアウト前にすでに上方制御されていることを示す。

　興味深いことに、Bリンパ球において、糖質コルチコイド受容体の上方制御が、男女で運動前（予測的に）、運動中、運動の1時間後に観察された（52）。負荷の高い5RMのプロトコルを用いても、女性においては血中コルチゾール濃度の増加はみられなかったが、男性においてはみられた。このことは、コルチゾールに対する免疫細胞の受容体の応答は類似していても、性別によって刺激が異なることを示している。このようなデータは、標的組織が異なると、コルチゾールその他のホルモンシグナルに対する応答が異なる可能性があることを示している。

　コルチゾールの生理学的役割については、レジスタンストレーニングへの短期的（急性）応答と長期的（慢性）応答でおそらく大きな違いがあるだろう。コルチゾールの短期的な応答は運動の代謝ストレスを反映し、長期的な応答は、主にタンパク質代謝を含む組織の恒常性に関わっていると考えられる（45,51）。このように、オーバートレーニングやディトレーニング、受傷時におけるコルチゾールの役割は、筋組織の萎縮や筋力の発揮能力の低下がみられたときに重要になると考えられる（133）。このような役割についてはまだ証明されていないが、コルチゾールは免疫系の細胞（T細胞など）の機能を抑制して、回復と骨格筋組織のリモデリングに直接的な影響力を持つ。このコルチゾールが免疫細胞に与える影響は、劇的になることがあり、主な影響の1つである免疫細胞機能の「不活性化」により、高強度

の運動刺激後に観察される免疫抑制に対して部分的に寄与する（51）。高重量レジスタンスエクササイズにより、B細胞の糖質コルチコイド受容体の発現はエクササイズ中に減少し、回復中に増加し、より多くの結合を示して、回復中のB細胞活性を低下させる（52）。このような効果は、女性において、同等のトレーニングレベルの男性と比較していくぶん弱く、その応答の程度に性差があることを示している。

▶ 量が多く、大筋群を用い、短い休息時間で行うレジスタンスエクササイズプロトコルは、血清コルチゾール濃度の上昇をもたらす（119）。長期にわたってコルチゾール濃度が高いと有害な異化作用が発生する可能性があるが、短期的な上昇は筋組織のリモデリングと血糖値の維持に貢献すると考えられる。

カテコールアミン

　カテコールアミン——主にエピネフリン（アドレナリン）であるが、ノルエピネフリン（ノルアドレナリン）やドーパミンも当てはまる——は、副腎髄質から分泌される。カテコールアミンは中枢運動刺激物質として、また末梢血管拡張物質として働き、筋における酵素系の働きを高め、カルシウム放出を促進するので、短期的な筋力やパワーの発現において重要である（95）。ゆえに、レジスタンスエクササイズによるストレスでは、古典的な攻撃−逃避反応（fight-or-flight response）に似たことが起こる。高重量のレジスタンスエクササイズの直前と最中にカテコールアミンの放出量が高い男性はセッションを通して筋力発揮を維持できることが判明したことから、レジスタンストレーニング中のカテコールアミンの重要性が注目された（53）。筋組織の成長促進作用におけるカテコールアミンの役割はあまり明らかになっていないが、ほかの同化ホルモンの分泌を刺激するように作用する。

カテコールアミンの役割

　筋におけるエピネフリンとノルエピネフリンの生理学的作用は以下の通りである。

- 中枢神経系、代謝酵素の活性化による力の発揮の増加

- 筋収縮速度の上昇
- 血圧の上昇
- 利用可能なエネルギーの増加
- 血流量の増加（血管拡張により）
- テストステロンなど、ほかのホルモンの分泌速度の上昇

カテコールアミンは、レジスタンスエクササイズプロトコルによる急性の要求や身体的ストレスに反応すると考えられる（105）。筋力の向上と筋肥大を目的としてボディビルダーが一般的に用いている、高強度（10RM）で短い休息時間（セットやエクササイズ間の休息10〜60秒間）の高重量レジスタンスエクササイズのルーティン（10回×3セット）は、血漿ノルエピネフリン、エピネフリン、ドーパミン濃度を上昇させ、回復するまでの5分間その状態が続く（105）。それに加えて、エピネフリンは運動ストレスによる乳酸濃度との相関がある。副腎の応答は、ストレスが取り除かれるまで回復には関与しない。いくつかの内因性モルヒネ様物質（すなわちプロエンケファリン）が副腎髄質から分泌され、運動ストレスからの回復に重要な免疫系に働きかける（182）。もしトレーニングに変化がなければ、ストレスが継続することにより副腎は働き続け、コルチゾールの二次的な応答や、コルチゾールが免疫系細胞とタンパク質の構造へ及ぼす負の作用により回復は遅れる。長期的に高いストレスが続くことで、副腎が疲労することがあり、その時点では副腎髄質のカテコールアミンを放出する能力は減少する。

トレーニングに対するカテコールアミンの適応

高強度レジスタンストレーニングにより、最大運動中の選手のエピネフリン分泌量が増加することが示されてきた（104）。一方、トレーニングによって、ベンチプレスで1回のワークアウトに対するエピネフリン応答が低下することも示唆されてきた（68）。エピネフリンは代謝調節、力の発揮、ほかのホルモン（テストステロン、成長ホルモン、IGF）の応答メカニズムに関わっているので、カテコールアミンの刺激はレジスタンストレーニングに反応して起こる最初の内分泌メカニズムの1つと考えられる。

▶ 副腎が回復過程を進め、また免疫系とタンパク質構造に負の作用をもたらすコルチゾールの反応を防ぐことができるよう、トレーニングプロトコルには変化をつけなければならない。

その他のホルモンについての考察

正常な身体機能の維持とレジスタンストレーニングに対する適応には多くのホルモンが関係している（26,45,46,76,87,97,107）。私たちは、ある生理学的機能について1つ、または2つのホルモンの役割に注目しがちであるが、実際には、その他のホルモンによってそれらの主要なホルモンが作用しやすい環境がつくられている。インスリン、甲状腺ホルモン、βエンドルフィンなどのホルモンは、成長、修復、運動ストレスのメカニズムに関係するとされているが、残念なことに、レジスタンスエクササイズやトレーニングに対するそれらのホルモンの応答・適応に関するデータはほとんどない（48,116,120）。健康な人においてはインスリンと甲状腺ホルモンの分泌の恒常性はかなり厳密に調節されるため、これらのホルモンの安静時の血中濃度については、長期的なトレーニングによる適応は期待できないだろう。健康な人においてレジスタンストレーニングに続いてレジスタンストレーニングによるインスリン抵抗性の改善はみられるが、これらの変化は直近に行ったエクササイズセッションの短期的な効果しか反映していないと考えられる（15）。24時間の分泌速度、受容体の感受性、受容体との結合反応などのより長期的な変化が影響を受ける可能性はより高い。健康な人において、レジスタンスエクササイズおよびトレーニングが甲状腺ホルモンに与える影響については、文字通りほとんど注目されてこなかった。McMurrayら（142）は、甲状腺ホルモンのトリヨードチロニン（T3）濃度はレジスタンスエクササイズの急性の影響をほとんど受けなかったが、T3の前駆体であるチロキシン（T4）の濃度は、その後の夜の睡眠の間、急性に上昇した。より最近の研究では、レジスタンスエクササイズの24、48、72時間後においてT3あるいはT4に変化を見出すことはできなかった（88）。このことは、急性のレジスタンスエクササイズが甲状腺ホルモンに与える影

レジスタンストレーニングによって競技選手の内分泌系をどのように変化させるか？

一般的な概念
- 運動に動員される筋線維が多くなるほど、筋全体のリモデリングの可能性は大きくなる。
- レジスタンストレーニングによって活性化された筋線維のみが、ストレスに対するホルモン応答を含め、適応の対象となる。

血清テストステロン濃度を上昇させるために
血清テストステロン濃度は、以下の方法を単独で、あるいはいくつかを組み合わせて用いると急性に上昇することが示された。
- 大筋群を使うエクササイズ（デッドリフト、パワークリーン、スクワットなど）
- 高い強度（1RMの85％～95％）
- 複数のセット、複数のエクササイズ種目による量が中程度から多量のトレーニング
- セット間の短い休息時間（30秒～1分間）

22kDa成長ホルモン濃度を上昇させるために
成長ホルモン濃度は、以下の方法のどちらか、または両方を用いると急性に上昇することが示された。
- 乳酸濃度を上昇させ、酸－塩基バランスを乱すワークアウトを行う。つまり、高強度（10RM。すなわち高負荷）で各エクササイズを3セット実施し（総仕事量が多い）、休息時間を短く（1分間）する。
- ワークアウト前後に炭水化物、タンパク質を補給する。

副腎ホルモンの応答を最も効果的にするために
- 量が多く、大筋群を用い、短い休息時間を用いて、身体に副腎へのストレスを与える。
トレーニングプロトコルや休息時間の長さを短いものからより長く変化させることで完全に休息する日々を設け、副腎が回復過程を進めることができるよう、量の少ないワークアウトを用い、副腎髄質のストレスを軽減して副腎皮質からの慢性のコルチゾール分泌を防ぐ。
こうすることで、運動のストレスによって非機能的なオーバーユースやオーバートレーニングにつながることはないだろう。

響は短時間であることを示唆している。長期にわたるレジスタンストレーニングに伴うT3およびT4濃度の一過性の減少が、6カ月後（4）、3および5カ月後（4,153）にそれぞれみられたが、9カ月間のトレーニング後に、ベースラインの濃度に戻った。これらのホルモンに起きた変化はわずかであったが、レジスタンストレーニングに対する生理学的な適応において、代謝調節やアミノ酸合成、他のホルモンの放出のメカニズムを強めるなど、こうしたホルモンの許容作用が重要である。

まとめ

内分泌系についての研究、および内分泌系の神経系、免疫系、筋骨格系との相互作用の研究から、これらの系の機能が高度に統合され、非常に複雑であることが明らかになった。これらの系の間の情報伝達は、ホルモンやその他のシグナル分子（例：サイトカイン、ケモカイン、分子的シグナル伝達分子）によって行われる。ストレングス＆コンディショニング専門職や選手は何年にもわたって、身体における変化を媒介し、また高強度レジスタンストレーニングに対する適応的な反応を助けるものとして同化ホルモンの重要性を認めてきた。ワークアウトを最も効果的に活用するにも、オーバートレーニングを回避するにも、ストレングス＆コンディショニング専門職は、内分泌系が重要な役割を果たしていることを認識していなければならない。本章の目標は、レジスタンスエクササイズトレーニングによって身体が変化するのを媒介する、複雑で高度に組織化された系についての基礎的な知識を提供することである。

96 ストレングストレーニング&コンディショニング

重要語句

アロステリック結合部位（allosteric binding site）
アナボリック（同化）ホルモン（anabolic hormone）
カタボリック（異化）ホルモン（catabolic hormone）
クロスリアクティビティ、交差反応性（cross-reactivity）
日内変動（diurnal variation）
下方制御（downregulation）
内分泌腺（endocrine gland）
汎適応症候群、GAS（General Adaptation Syndrome）
ホルモン（hormone）

ホルモン－受容体複合体（hormone-receptor complex: H-RC）
鍵と鍵穴の理論（lock-and-key theory）
神経内分泌免疫学（neuroendocrine immunology）
神経内分泌学（neuroendocrinology）
ポリペプチドホルモン（polypeptide hormone）
タンパク質分解酵素（proteolytic enzyme）
セカンドメッセンジャー（secondary messenger）
ステロイドホルモン（steroid hormone）
標的組織細胞（target tissue cell）
甲状腺ホルモン（thyroid hormone）

例題

1. レジスタンストレーニング後、急性の（短期的な）ホルモン分泌によって身体に伝えられない情報はどれか？
   a. 生理学的ストレスの量
   b. 運動の代謝要求
   c. 生理学的ストレスのタイプ
   d. エネルギー消費

2. 次に挙げるホルモンⅠ～Ⅳのうち、筋組織の成長を促すものはどれか？
   Ⅰ. 成長ホルモン
   Ⅱ. コルチゾール
   Ⅲ. IGF-I
   Ⅳ. プロゲステロン
   a. Ⅰ、Ⅲ
   b. Ⅱ、Ⅳ
   c. Ⅰ、Ⅱ、Ⅲ
   d. Ⅱ、Ⅲ、Ⅳ

3. 以下のうち、成長ホルモンの機能ではないものはどれか？
   a. 脂肪分解の増加
   b. コラーゲン合成の減少
   c. アミノ酸輸送の増加
   d. グルコース利用の減少

4. 次に挙げるホルモンのうち、神経の変化に最も影響を与えるものはどれか？
   a. 成長ホルモン
   b. テストステロン
   c. コルチゾール
   d. IGF

5. 次のエクササイズセッションのうち、成長ホルモンを最も上昇させるのはどのタイプか？

	休息	量	セット数
a.	30秒	多い	3
b.	30秒	少ない	1
c.	3分	多い	1
d.	3分	少ない	3

CHAPTER 5

Adaptations to Anaerobic Training Programs
無酸素性トレーニングプログラムへの適応

Duncan French, PhD

▶ **本章を終えると**

- 有酸素性トレーニングの適応と、無酸素性トレーニング後の解剖学的・生理学的・パフォーマンスにおける適応の間の区別がつくようになる。
- 無酸素性トレーニングへの中枢神経および末梢神経の適応について考察することができる。
- 期分けされたプログラムの急性のトレーニング変数をどのように操作すると骨や筋、結合組織を変化させることができるか理解することができる。
- 無酸素性トレーニングに対する内分泌系の急性的な応答と慢性的な効果について説明することができる。
- 無酸素性トレーニングに対する心臓血管系の急性的な応答と慢性的な効果について解明することができる。
- オーバートレーニングとディトレーニングの原因、徴候、影響を認識することができる。
- 無酸素性トレーニングプログラムが筋力や筋持久力、パワー、柔軟性、運動パフォーマンスを促進させる可能性をどれほど持つかについて考察することができる。

著者は、本章の執筆にあたって多大な貢献をいただいたNicholas A. Ratamessに対し、ここに感謝の意を表します。

高強度で間欠的なエクササイズという特徴を持つ**無酸素性トレーニング**は、有酸素性エネルギー機構が可能であるよりも速い速度でアデノシン三リン酸（ATP）を再合成することを必要とする。結果的に、エネルギー要求の差は、酸素がなくても働く無酸素性エネルギー機構によって埋め合わされ、**無酸素性非乳酸機構**（ホスファゲン、あるいはクレアチンリン酸系としても知られる）、**無酸素性乳酸機構**（解糖系としても知られる）が含まれる。

無酸素性トレーニングへの応答として起こる長期的な適応は、トレーニングプログラムの特徴ととくに関連している。たとえば、筋力やパワー、筋肥大、筋持久力、運動スキル、コーディネーションの改善が、無酸素性トレーニングの様式に続く有用な適応として認識されている。これらには、レジスタンストレーニング、すなわちプライオメトリックドリル、スピードやアジリティ、インターバルトレーニングも含まれる。最終的には、有酸素性機構は、高強度の無酸素性運動における関与は限定的だが、低強度の運動中や休息時におけるエネルギー貯蔵の回復においては、重要な役割を果たしている（45）。

スプリントやプライオメトリックドリルなどのエクササイズは、ホスファゲン機構に負荷を与える。すなわち、それらは通常継続時間は10秒以下で、セット間（例：5〜7分間）にほぼ完全に回復することができるため、疲労を最小限にできる。継続時間がより長く、間欠的な無酸素性トレーニング、すなわち高強度のエクササイズ中により短い休息のインターバル（例：20〜60秒）が入るような場合、主として解糖系でのエネルギー産生を用いる。高強度エクササイズと短い休息時間の組み合わせは、無酸素性トレーニングにおける重要な側面であると考えられ、これと同様に、競技選手は試合中にしばしば疲労条件下で最大に近いパフォーマンスが要求される。しかしながら、適切な無酸素性トレーニングは、パフォーマンスの成否を決定する生理学的適応を最適化するような方法でプログラムを作成し処方することが非常に重要である。競争的な種目においては、すべてのエネルギー機構の複雑な相互作用を必要とし、試合における全体的な代謝要求を満たすために、エネルギー機構のそれぞれがどのような割合で寄与するかが異なっていることが示されている（表5.1）。

無酸素性トレーニング後の身体的および生理学的なさまざまな適応について多くの研究報告がなされ、これらの変化によって個々人は競技パフォーマンス水準の改善が可能となる（表5.2）。適応には、神経系、筋系、結合組織、内分泌系、心臓血管系における変化が含まれる。その変化は、トレーニングの初期（例：1〜4週間）から、数年間にわたって継続したトレーニング後に起こるものまで、さまざまな期間にわたって起こる。これまでのほとんどの研究は4〜24週間までの、トレーニングの初期から中期にわたる範囲について行われてきた。身体の個々のシステムが無酸素性代謝を使用して身体活動にどのように反応するかを理解することにより、ストレングス＆コンディショニング専門職は、トレーニングプログラムを計画することができるようになり、効果を予測でき、個人の強みと弱みに効率的に影響を与えることができるようになる。

神経的な適応

多くの無酸素性トレーニング様式は、筋のスピードとパワーを強調しており、最大のパフォーマンス発揮する（そして質の高いトレーニングを行う）には、最適な神経の動員ができるかどうかに大きく左右される。無酸素性トレーニングは、脳の上位中枢から始まり個々の筋線維レベルにつながる神経筋系を通して適応を引き起こす可能性がある（図5.1）。神経的な適応は競技パフォーマンスを最適化するための基礎であり、最大の筋力とパワーを発揮するためには、神経の作用を拡大させることが重要である。神経の作用の拡大は、高強度の筋収縮時の主働筋（その動作やエクササイズを主に行う筋）の動員、発火頻度、放電のタイミングとパターンの向上を通して起こると考えられている（4,69,166,167,174）。それに加えて、長期的なトレーニングに伴って、抑制メカニズム（たとえばゴルジ腱器官によるもの）の低下も起こると考えられる（1,63）。これらの複雑なメカニズムがどのように共存しているかについて完全には解明されていないが、神経の適応は、骨格筋の構造的変化が起きる前に起こるのが典型であることがわかっている（167）。

中枢の適応

運動単位の活動の増大は、より高次の脳中枢、す

表5.1 スポーツによる主な代謝要求

競技	ホスファゲン系	解糖系	有酸素性機構
アメリカンフットボール	高	中	低
アーチェリー	高	低	―
野球	高	低	―
バスケットボール	高	中〜高	低
ボクシング	高	高	中
飛込	高	低	―
フェンシング	高	中	―
フィールド種目	高	―	―
フィールドホッケー	高	中	中
ゴルフ	高	―	中
体操	高	中	―
アイスホッケー	高	中	中
ラクロス	高	中	中
マラソン	低	低	高
総合格闘技	高	高	中
パワーリフティング	高	低	―
漕艇	低	中	高
スキー			
クロスカントリー	低	低	高
ダウンヒル	高	高	中
サッカー	高	中	中
ストロングマン	高	中〜高	低
水泳			
短距離	高	中	―
長距離	低	中	高
テニス	高	中	低
トラック種目			
スプリント	高	中	―
中距離	高	高	中
長距離	―	中	高
超長距離	―	―	高
バレーボール	高	中	―
ウェイトリフティング	高	高	中
レスリング	高	中	低

注意：すべての活動において、全種類の代謝がある程度は関与している。

なわち最大レベルの筋力および筋パワーを発揮しようとする意図によって運動皮質の活動が高まることがその最初となる（41）。力発揮のレベルが高まるにつれて、あるいは新しい動作やエクササイズを学んでいるとき、神経筋機能の必要性も増すので、こ

れを支えるために運動皮質の活動が増大する。無酸素性のトレーニング法への適応は、とくに下行性の皮質脊髄路に沿った脊髄における実質的な神経的変化を反映したものである（3）。実際に、無酸素性トレーニングの方法を用いた後、力発揮のレベルの向

表5.2 レジスタンストレーニングへの生理学的適応

要素	レジスタンストレーニングに対する適応
パフォーマンス	
筋力	増加
筋持久力	高パワー出力時に増加
有酸素性パワー	変化なし、またはやや増加
無酸素性パワー	増加
力の立ち上がり速度（RFD）	増加
垂直跳び	能力の向上
スプリントスピード	向上
筋線維	
線維の断面積	増加
毛細血管密度	変化なし、または減少
ミトコンドリア密度	減少
筋原線維密度	変化なし
筋原線維量	増加
細胞質密度	増加
ミオシン重鎖タンパク質	増加
酵素活性	
クレアチンホスホキナーゼ	増加
ミオキナーゼ	増加
ホスホフルクトキナーゼ	増加
乳酸脱水素酵素	変化なし、または可変的
ナトリウム・カリウムATPアーゼ	増加
代謝エネルギー貯蔵	
ATPの貯蔵	増加
クレアチンリン酸の貯蔵	増加
グリコーゲンの貯蔵	増加
トリグリセリドの貯蔵	増加の可能性
結合組織	
靭帯の強度	増加の可能性
腱の強度	増加の可能性
コラーゲン含有量	増加の可能性
骨密度	変化なし、または増加
身体組成	
体脂肪率	減少
除脂肪体重	増加

ATP＝アデノシン三リン酸。

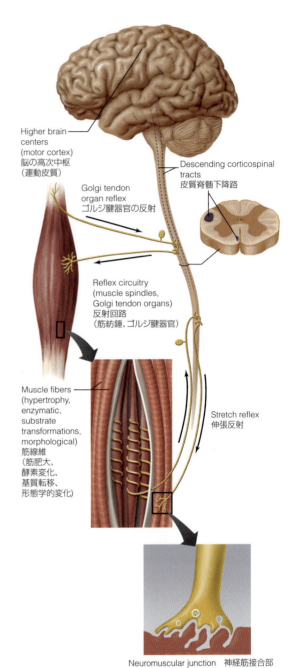

図5.1 神経筋系において適応する可能性のある部位

上を支える手段として速筋運動単位の動員が増加していることが示された（151）。これを、トレーニングしていない人に比べてみると、（トレーニングしていない人は）運動単位を最大に動員する能力が限られ、とくに速筋の運動単位において著しいことが示された（4）。トレーニングを積んでいない人や、ケガからのリハビリテーション中の人では、電気刺激のほうが、随意性の活動に比べて成果を得る効果が高いことが示されている。この反応は、特定の生理学的条件において利用可能な筋線維のすべてを活動させることが不可能な場合があることを示している。実際に、トレーニングを積んでいない人は最大努力中にわずか71％の筋組織しか活動していないことが研究によって示されている（7）。

運動単位の適応

神経筋系の機能単位は**運動単位**である。運動単位はα運動神経とそれが支配する筋線維からなり、支

配する筋線維の数は、繊細な動きを起こす小さな筋では10本未満、強い力を発揮する体幹、四肢の大きな筋では100本を超えるなど幅がある。最大筋力を発揮するには、筋内で使うことのできるすべての運動単位を活性化しなければならない。運動単位の発火頻度の変化もまた、力を生み出す能力に影響を与える。発火頻度の増加を伴う力の増加は、複数の活動電位が一時的に重なる連続的な筋収縮の重合（summation）を反映する。運動単位の発火頻度が増加するとともに、筋線維は活動電位によって収縮した後、完全に弛緩する時間がないまま次の活動電位によって収縮することで持続的に活動する。重なり合った活動電位の重合は、収縮における筋力増加として現れる（1）。これら発火頻度は、高重量のレジスタンストレーニング後に適応メカニズムが改善することを示している（166）。主動筋の最大筋力とパワーの増大は、(a) 動員の増加、(b) 発火頻度の増加、(c) 神経的な発火の同期の向上により複数の筋が強調して活動する（173）、(d) もしくはこれらの要因の組み合わせによって起こる。

一般に運動単位の動員と非動員の順序は**サイズの原理**に支配される（図5.2）。これは運動単位の単収縮力と動員の閾値の関係を示すものである（166, 167）。この原理に従い、動員の閾値と発火頻度にしたがって小さな運動単位から動員される。これにより、主動筋が随意的に発揮する力に幅が生まれる。多くの筋には、タイプⅠとタイプⅡの筋線維が含まれるため、発揮される力は非常に低いレベルから最大レベルまでの範囲にわたる。動員順序が高い運動単位は、大きな力、スピード、パワーを生み出すために主に使用される。力発揮の需要が増加するにつれて、低域値の運動単位から高閾値の運動単位の順に動員されていく。したがって、高重量のレジスタンストレーニングでは、漸進的に重くなる負荷を挙上するのに高い筋力を発揮するために運動単位のほとんどすべてが動員されるため、すべての筋線維は大きくなる（77,183,184）。最大筋力の発揮には、運動単位（閾値が高い運動単位を含む）を最大限に動員するだけでなく、運動単位を非常に高い発火頻度で活動させ、運動単位の活動の重合を促進し、収縮する活動の度合いを増加させる必要がある。ある運動単位がいったん動員されると、再動員に必要な賦活はより低い（低い賦活でも再動員することができる）(69)。この（賦活レベルの）低下により、重要な波及効果が考えられる。すなわち筋力とパワーのトレーニングにおいて、高閾値の運動単位がいったん動員されると、それより低い動員によって容易に再活性化できる可能性があるということである。

サイズの原理には例外がいくつか存在する。ある状況下では、アスリートは、低い閾値の運動単位を抑制し、高い閾値の運動単位を活性化させることができる（148,189）。この**選択的動員**は、筋のパワー発揮のために力の産生が非常に早いスピードが求められるときに重要である。実際に、力発揮の方向の急激な転換やバリスティックな筋収縮の両方——オリンピックリフティングやプライオメトリックス、スピードトレーニング、パワートレーニング、アジリティトレーニングの動作で見られるように——において、速筋運動単位の優先的動員が起こることが明らかになっている（148,189）。このような動員順序の多様性は、力発揮速度が成否の鍵を握る高速度のトレーニング様式に有用である。たとえば、選手が速筋運動単位の活性化の前に遅筋運動単位をすべて動員しなければならないとしたら、垂直跳びの測定において最大跳躍高に到達するために十分な角速度やパワーを生み出すことは難しいだろう。反動動作（しゃがみ込む動作）とそれに続く離地動作の間

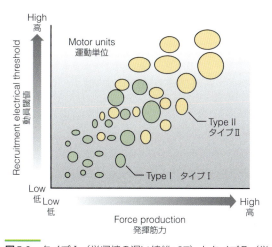

図5.2 タイプⅠ（単収縮の遅い線維：ST）とタイプⅡ（単収縮の速い線維：FT）線維を含む運動単位を「サイズ」要因ごとに並べた。低い閾値の運動単位が最初に動員されるが、これらは高い閾値の運動単位に比べ力発揮能力では劣る。高い閾値の運動単位を動員するためには、通常はそれ以前に低い閾値の運動単位が使われているはずである。これには例外があり、爆発的でバリスティックな収縮に関しては、選択的に高閾値の運動単位が動員され、より大きな力とパワーに到達する。

はしばしば、0.4秒未満であり、すべての運動単位を順に動員して爆発的にジャンプするのには不十分な時間である（4,113）。その代わり、選択的動員は爆発的なエクササイズに適した神経メカニズムといえる。加えて、特異的トレーニングによって、選択的動員が促進され、スポーツのパフォーマンス向上につながる可能性もある（149）。

> ▶ 高重量レジスタンストレーニングでは、高い筋力を発揮するために、サイズの順に筋線維が動員されるので、すべての筋線維が肥大する。上級者では、運動単位をサイズによる順序ではなく、大きな運動単位を最初に動員してより大きなパワーとスピードを生み出せるように中枢神経系が適応している可能性がある。

　筋肥大を目的とした長期的なレジスタンストレーニングによって生じる組織活性化のレベルも、神経的な動員の適応において重要な要素である。筋のサイズが増加すると、同じ負荷を挙上するために以前ほどの神経の活性化を必要としなくなることが、研究によって示されている。Ploutzら（174）は、9週間のレジスタンストレーニングによって、筋サイズが5％増加し、同一負荷を挙上するために活性化した大腿四頭筋の筋線維数は少なくなったことを報告している。この結果により、レジスタンストレーニングにおいて漸増的な（徐々に増やす）過負荷が重要であること、また最も適切な量の筋組織の継続的動員をどのように促進するかが示された。

　運動単位の適応には、このほかに発火頻度と発火の順序の変化も含まれる。発揮される力の大きさと運動単位の発火頻度には正の相関関係がある。すなわち、バリスティックな筋収縮の初期において発火頻度が高いことは、力発揮の立ち上がりを増加させる際にとくに重要である（1）。発火頻度の増加（動員に対して）は筋サイズに依存すると考えられ、力の発揮を増すために、小さな筋は発火頻度の増加への依存が大きく、大きな筋は動員によるところが大きい（48,63）。無酸素性トレーニングは、動員された運動単位の発火頻度の促進という役割を果たすことがエビデンスから示唆されている（4）。たとえば、レジスタンストレーニングによって、大きな力の発揮中に、通常の運動機能の非同期パターンではなく、活性化が同期したパターン（2個以上の運動単位の

一定間隔での発火）になる可能性がある（50,174）。無酸素性運動中の運動単位が同期することが果たす役割は完全には解明されていないが、おそらく同期することは力発揮のタイミングにとって重要であると考えられ、発揮される力の全体のレベルに関してはあまり重要ではないと考えられる。

神経筋接合部

　神経筋接合部は神経と骨格筋の接点で、ここも無酸素性トレーニング後の神経的な適応が起きる可能性のある場所である（38,39）。この構造を調査研究するのは困難であるため、ほとんどの研究においては、運動に対する神経筋接合部の適応を示すうえで動物モデルが用いられている。Deschenesら（40）は、ラットのヒラメ筋の神経筋接合部の適応に及ぼす高強度と低強度のトレッドミル持久走トレーニングによる影響を調べた。高強度および低強度のランニング後、神経筋接合部の総面積が増加したことがわかった。しかしながら、高強度トレーニングでは、低強度トレーニングと比較してシナプスが不規則な形態で広がり、神経終末の分枝の長さも長くなった。他の研究では、7週間のレジスタンストレーニング後に、運動終板の周囲長と面積の増加、運動終板の占める領域におけるアセチルコリン受容器の分散が示されている（39）。これらの適応は、無酸素性トレーニングによって、神経伝達を促進する神経筋接合部の有用な形態的変化が生じると考えられる。

神経筋における反射の増強効果

　無酸素性トレーニングは神経筋系の反射（筋紡錘の反射、伸張反射）におけるポジティブな変化の原因となり、また反射を通して発揮される力の大きさとその立ち上がりを高める。この**筋伸張反射**は、筋および結合組織の不随意性の弾性要素を利用しており、追加的なエネルギーを要することなく力発揮に対してポジティブに増加させるように働く。とくにレジスタンストレーニングは、反射の増強効果を19～55％増大させることが示されている（5）。さらに、レジスタンストレーニングを行っている競技選手（ウェイトリフター、ボディビルダー）はヒラメ筋における反射の増強効果がトレーニングをしていない人よりも大きかった（170）。

無酸素性トレーニングとEMG研究

　EMG（Electromyography：筋電図法）は、骨格筋における神経活動の大きさを調べるために用いられる一般的な研究手段である。研究や臨床では2種類の筋電図法が一般的に用いられている。すなわち、表面筋電図と筋内（針電極あるいは細いワイヤ）筋電図である。表面筋電図は、皮膚の表面に粘着性の電極を貼付する必要があり、それによって皮膚の下に広がる筋をモニターすることができる（152）。表面筋電図は、表層の筋をモニターするのに、より効果的であるが、表層の筋の活動電位を迂回して、より深層の筋の活動を検出することはできない。また、体脂肪が多い人では、この方法では筋電図の信号はより弱くなるだろう。それと比較して、筋内筋電図では、皮膚表面は麻痺させ、針電極または2本の細いワイヤ電極の針を皮膚表面から刺入させ、筋腹に置く。細いワイヤ電極によって、対象となる筋の特定の評価が強調され、局在する運動単位の活動電位が正確に記録される（85）。筋内筋電図は侵襲性があるため、主に採用されるのは研究あるいは臨床条件下においてである。筋電図の出力に影響を与えるような、特定の裏打ちするメカニズム（たとえば、動員の増加、発火率の増加、同期の増加、ゴルジ腱器官抑制）を決定することが困難な場合がしばしばあるが、神経筋の活動の増大を示すEMG信号の増加は、より大きな神経筋活動を示す。

　神経筋系を検討する際、重要な点は個人のトレーニング状況である。神経の適応（運動学習と協調の改善）はトレーニングの初期に起こり、同時に筋肥大を伴わない（73,75-77）。さらに、筋肥大の開始はEMGの減少と関係がある（145）。トレーニング状況が進行するとともに、神経と筋肥大のメカニズム間に相互作用があり、筋力とパワーのさらなる増加に寄与していると考えられる。

　Sale（166,167）は、トレーニングプログラムの初期（6〜10週間）において劇的な神経の適応が起こったことを報告した。トレーニング期間が長期化すると（10週間以上）筋肥大が起こり、筋力とパワーの向上に、神経の適応よりもこれらの構造的な変化が寄与するようになる。最終的に、トレーニング負荷に順応するにつれて、筋肥大はプラトー（訳注：伸びが頭打ちになること）に達する。しかしながら、そのようなときにはトレーニング計画に変化をつけ

る、あるいは負荷を漸増することで、再び神経的な適応が起こり、（生体にとっての）「新たな」物理的損傷に耐えることによってパフォーマンス向上に寄与するだろう。このパターンは、トレーニング需要の段階的な変化に応じて再現されるべきものであり、プログラムの種類はトレーニングを進める際には最も考慮すべき要素の1つとなる（77,80,161）。神経的要因は、高強度（1RMの85％超）のトレーニングでの筋力増大においてとくに重要である（145）。筋パワーを引き出すためにデザインされたトレーニングプログラムも、神経系に対する強力な刺激となり、トレーニング後のEMG増大につながる（149）。

　EMGを使った研究から、無酸素性トレーニングへの神経の適応に関していくつかの興味深い知見がもたらされている。

- 片側性のレジスタンストレーニングを行った筋は、反対側の安静にしている筋において、筋力および神経的な活動が増加し、これは**クロスエデュケーション**という現象として知られている（89）。文献レビューではトレーニングしていない側の筋力が最大22％、平均で約8％増加したことが示されている（163）。トレーニングされていない側の筋力増加には、その肢におけるEMGの増大が伴い（176）、筋力増加が主に中枢神経の適応によることを示唆している。

- トレーニングしていない人においては、**両側性の機能低下**が明らかである。これは両肢が同時に収縮して発揮した力は、片方ずつ個別に発揮した力の総和よりも小さくなる。研究では、両側での収縮時にはEMGが低い値を示し（63）、これは神経的なメカニズムが少なくとも部分的には関与していることが示唆されている。両側の長期的なトレーニングによって、両側性機能低下を抑えることができる。実際に、トレーニングを積んだ、あるいはより強い個人では、主動筋群の随意的な活性化の増加において、**両側性の促進**が引き出されることが示されている（15,171）。

- 主働筋の動作中、拮抗筋群の筋電図活動は、無酸素性トレーニングにより変化することが示されている。ほとんどの場合において、拮抗筋の共縮によって保護的なメカニズムがもたらされ、関節の安定性が増し、傷害の危険性が減少する（96）。

しかしながら、拮抗筋の活動が大きすぎると、主働筋の動作に逆行し、最大の力の発揮に対する抵抗となる。多くの研究により、レジスタンストレーニングによる拮抗筋の共縮の減少が示されている（26,76,151）。その一方で、短距離走とプライオメトリックトレーニングが共縮活動のタイミングを変化させることが明らかにされている（96）。共縮のパターンの変化がどのような役割を果たしているかは明らかでない。関節の安定性が重要となるバリスティックな動作において、あるいは慣れていない課題を行って固有の安定性がより求められるときに拮抗筋の活動の増大がみられる（48）。

筋の適応

骨格筋の無酸素性トレーニング後の適応としては構造と機能の両方に起こり、筋サイズの増加、筋線維タイプの移行、生化学的および超微細構造的な要素（筋の構造、酵素の活動、基質濃度など）の改善を含む変化が報告されている。まとめると、これらの適応は、スポーツ競技での成功に欠かせない筋力、パワー、筋持久力によって特徴づけられるパフォーマンスの改善に結びつく。

筋の発達

筋肥大とは、トレーニング後に起こる筋線維の断面積の拡大のことである。筋肥大と発揮される筋力との間には、正の相関関係がある。生物学的に、筋肥大は、筋原線維にある収縮タンパク質のアクチンとミオシンの増加（合成の亢進、分解の抑制、もしくはその両方）と、筋線維中の筋原線維の数の増加によって起こる。これらの収縮タンパクだけでなく、タイチンやネブリンのような構造タンパク質も、筋フィラメントの変化に比例して合成される。新しい筋フィラメントが既存の筋原線維の表面に付加され、その結果として筋原線維の直径が増大する。これらの付加の総合的な効果が、筋線維の肥大であり、まとめると筋、筋群全体の肥大となる。力学的な負荷にさらされている間（例：レジスタンストレーニング）、細胞内の一連の過程により遺伝子発現の調節とそれに続いてタンパク質合成の増加が促進される（165）。

筋の力学的変形により、ホルモン濃度とは独立して種々のタンパク質が刺激され、それらのタンパク質は筋肥大が明らかになる前に活性が高まっていることが示されている。とくに、力学的変形により、プロテインキナーゼB（Akt）-哺乳類ラパマイシン標的タンパク質（mTOR）経路、アデノシン一リン酸活性化プロテインキナーゼ（AMPK）経路、マイトジェン活性化プロテインキナーゼ（MAPK）経路が活性化する。中でも、Akt/mTOR経路はレジスタンストレーニングへの適応を直接的に調節するうえで、とくに重要である（179）。筋線維が収縮すると、Akt/mTORのシグナルが劇的に増加し、この反応が筋タンパク質合成と後に続く成長（筋新生として知られている過程）において非常に重要である。同時に、成長抑制因子群（ミオスタチンなど）のダウンレギュレーション（下方制御）は、レジスタンスエクササイズが、多くの成長シグナルおよび分解経路に有意な影響を及ぼしていることが示唆されている（18,98,101）。筋タンパク質の合成速度はレジスタンスエクササイズ後に上昇し、48時間にわたって上昇した状態が続いた（130,156）。タンパク質合成の増加の度合いに影響するものとして、炭水化物（糖質）とタンパク質の摂取量、利用可能なアミノ酸、栄養摂取のタイミング、ウェイトトレーニングによる力学的ストレス、筋細胞の水分量、同化ホルモンの応答とそれに続く受容器の応答などのさまざまな要因があげられる（19,115,162）。

▶ 筋肥大の過程には、筋原線維を構成する収縮タンパク質であるアクチンとミオシンの合成の亢進、筋線維そのものの中の筋原線維数の増加が関わっている。新しい筋フィラメントが、既存の筋原線維の外層に付加され、その結果として筋原線維の直径が増大する。

高強度の無酸素性トレーニング（例：レジスタンストレーニング）後の運動誘発性筋損傷（EIMD）や、筋原線維および筋線維のサルコメア（筋節）の均一構造の破壊も、筋の成長に顕著な影響を与える。これに関する理論的な基礎は、運動誘発性筋損傷に伴う構造的な変化は、筋組織を強くし、さらなる損傷から保護するための努力における遺伝子発現に影響を与えるということを示唆する。修復およびリモデリング過程そのものには、多数の調節メカニズム（ホルモン、免疫系、代謝など）が関わり、各個人のト

レーニング状態とも相互作用すると考えられる（105, 193）。しかしながら、炎症反応とタンパク質の代謝回転の増加（すなわち、全体的にはタンパク質の合成が増加）の両方は、究極的には、長期的な肥大させる適応に寄与すると理解されている（179）。タンパク質合成の過程は、（a）水分の吸収、（b）非収縮タンパク質の合成、（c）収縮タンパク質の合成の順となる（192）。同時に、分解が減少することによって全体的なタンパク質の喪失が減少し、線維のサイズを維持するように働く。

　高重量レジスタンストレーニングを開始して、数回のワークアウト後には筋タンパク質のタイプ（速筋型ミオシン重鎖など）の変化が起こり始める（113, 183）。しかしながら、実際に断面積が有意に変化するまでの筋肥大には、より長い期間のトレーニング（16回を超えるワークアウト）が必要となる（185）。初期のパフォーマンス変数（例：筋力、パワー）が増加するのに伴って、筋肥大の反応は初期に最大となり、その後、筋の成長の変化速度は徐々に低下していく（113）。高重量レジスタンストレーニングの成果を2年間にわたって追跡調査した結果では、筋力の向上はトレーニング強度の適切な上昇と並行して得られた。しかし、挙上パフォーマンスの向上において、筋肥大はほとんど寄与していなかった（80）。

　筋肥大の程度は、最終的にはトレーニングの刺激と急性のトレーニング変数がどのように処方されたかによって決まる。筋の成長を最適化するうえで、力学的刺激と代謝への刺激の組み合わせを最大化するには、トレーニングの適切なピリオダイゼーションは不可欠である。力学的要因には、高負荷の挙上や伸張性筋活動の実施、中程度から多量のトレーニング量（114）が含まれ、これらは筋力トレーニングの特徴である。適した力学的または代謝的ストレスを誘発する代替的方法として新しいトレーニング様式（例：血流制限トレーニング、177）の使用を支持するエビデンスが増えている。代謝的要因は、低～中程度あるいはやや高い強度で、量が多く、短い休息時間のトレーニング（ボディビルトレーニングの特徴）を行うことが中心になる（114）。まとめると、力学的要因によって、筋線維の動員の改善（成長が起こる前に筋線維の動員が起こる必要がある）、成長因子の発現、サルコメア（筋節）の破壊が起こり、筋横断面積の拡大が起こる（67,161）。代謝的要因は、

解糖系に負荷をかけ、結果として筋の成長に関与する代謝産物を増加させる。このようなプログラムによって、最も強力な同化ホルモンの応答が誘発される（115）。

　また、筋サイズ増加のメカニズムとして、運動科学の研究者が長年議論してきた仮説が、筋増殖である。**筋増殖**とは、高強度のレジスタンストレーニングに応答して筋線維が長軸方向に分裂し、筋線維の数が増加することを指す。筋増殖は、動物で起きることが示されているが（68,87）、人間については起こることを支持する研究（129,132,191）と否定する研究（131）に分かれており、議論の余地がある。こうした混乱が起こる理由の一部には、レジスタンストレーニングを行った選手とトレーニングされていない人を比較した横断的研究において、トレーニングを行った人に筋線維数が多いことが示されるためである。このシナリオでは、これが遺伝的なものか、筋増殖によるものかを決定することは難しい。科学者が動物に対して行う手順を、ヒトに対して行うことは倫理面および運用面の理由により不可能であることも考慮すべきである。結果として、いくつかの骨格筋の増殖を支持するより確かなデータは、動物研究において多くみられる（68,87）。動物モデルにおける筋増殖を研究する場合、研究者らは顕微鏡下で長軸方向における筋線維の数を数えるために筋全体を採取し、筋膜を剥がす。ヒトにおいては、筋全体を採取することはできない。その代わり、筋組織の小さなサンプルを得るために、ニードルバイオプシー（針を用いた生検法）が用いられる。そのようにして断面を調べ、数学的外挿（訳注：得られたデータから、そのデータの範囲外のことを推定すること）により、間接的に筋増殖がどのくらい起こっているかを推測する。筋増殖は完全に除外できないが、レジスタンストレーニングに対する筋組織の適応に関して重要なものになるとは考えられない。また仮に筋増殖が起こったとしても、最適な条件下で、刺激された組織のうちのわずか（おそらく10％以下）にしか起こらない。筋増殖が起こるとすれば、筋サイズの理論的な上限に達した筋線維の応答として、アナボリックステロイドやそのほかの成長促進剤を使用したり、大幅な、さらには過度の筋肥大につながる長期的トレーニングを積んだ選手に起こるという仮定も成り立つ。この分野の論点については、科

学的研究者の中でも、完全には解明されていない。

筋線維のサイズの変化

　無酸素性トレーニング後に生じる筋肥大の程度は、本質的に筋線維タイプと関連する。顕著な筋肥大を促進するためには、サイズの原理に基づき、高閾値の運動単位によって支配される筋線維をとくに活動させなければならない（36）。レジスタンストレーニング中、タイプⅠ、タイプⅡの両方の筋線維が動員される可能性があり、どのような頻度で動員されたかが最終的な適応過程の程度を決定づける。サイズの原理に従って、階層的な活性化によってのみ、タイプⅠまたはタイプⅡ線維がタンパク質合成を促進する調節過程のカスケード（訳注：化学反応が次々と連鎖的に起こることを小さな滝にたとえてカスケードと呼ぶ）を初期化するシグナル伝達メカニズムを受け取る。しかしながら、概して筋線維の活性化に続いて起こるこれらの筋肥大の応答は、数カ月間のトレーニング後、損傷を受けていない筋の断面積の増加につながる。典型的にはタイプⅡ線維はタイプⅠ線維よりもサイズの増加が大きいことが明らかであるため、肥大の程度は主となる２つの筋線維タイプの間で均一ではない（83）。実際に、選手の筋肥大の最終的な可能性は、筋内のタイプⅡ線維の割合によって決定されると考えられている（131,191）。つまり、遺伝的に速筋線維の割合が相対的に大きい選手は、遅筋線維が多い人よりも得られる筋量の増加の可能性が大きいと考えられる。

筋線維タイプの移行

　神経刺激のパターンは、無酸素性トレーニング後に起こる筋線維の適応がどの程度であるかを示す。筋線維は、理論的には酸化能力の低いものから高いものへと連続体を構成している（図5.3、第１章の筋線維のタイプの項を参照）。連続体は以下の通りである。タイプⅡx、Ⅱax、Ⅱa、Ⅱac、Ⅱc、Ⅰc、Ⅰのタイプがあり、ミオシン重鎖（MHC）の発現もこれと同様である（ミオシン重鎖Ⅱx、Ⅱa、Ⅰ）（181）。タイプⅠとタイプⅡの割合は遺伝的に決定されるが（154）、無酸素性トレーニング後にサブタイプ内で変化が起こることもある。トレーニングを行い、高閾値の運動単位が活性化すると、タイプⅡxからⅡaへの移行が起きる（25）。言い換えると、タイプⅡx

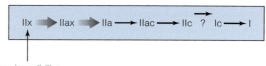
Exercise activities
身体活動

図5.3　トレーニングによって起こる筋線維の変化。これはトレーニング中に起こる、筋線維のミオシンATPアーゼおよびミオシン重鎖のタイプの変化を意味している。タイプⅡxからⅡax、ⅡaxからⅡaへの移行がみられ、さらにⅡacからⅡaへの変化は低い割合となる。タイプⅡx線維の運動単位を動員する身体活動によってⅡa線維への移行が始まる。

線維でミオシンATPアーゼのアイソフォームの量が変化し、酸化能力の高いタイプⅡa線維になる。実際に、高強度のレジスタンストレーニングと有酸素性持久的トレーニングを組み合わせた結果、タイプⅡxからタイプⅡaにほぼ完全に移行したことが報告されている（112）。速筋線維における変化は、通常、筋線維横断面積の変化速度とは関連していない。

　タイプⅡx線維は「予備の」線維であり、連続体の中でもより酸化能力の高い形に変化する（すなわち、中間の線維であるタイプⅡaxからⅡaへと変化）と考えられる（25）。こうした筋線維タイプの連続体における変化とそれに伴うミオシン重鎖の変化は、レジスタンストレーニングの初期に起こる。初期の研究では、Staronら（183）が男女の被験者に、高強度のレジスタンストレーニングプロトコル（６～12RMの負荷でスクワット、レッグプレス、ニーエクステンションをセット間の休息時間を２分間として複数セット行う）を週２回、８週間行わせて、その効果を検討した。その結果、女性では２週間のトレーニング（４回のワークアウト）後に、男性では４週間のトレーニング（８回のワークアウト）で、タイプⅡx線維の割合が有意に減少したと報告している。８週間のトレーニング後、タイプⅡx線維の割合は、男女ともに筋線維の総数の約18％から約７％にまで減少した。ミオシン重鎖の分析により、トレーニングの初期にⅡxミオシン重鎖はⅡaミオシン重鎖に置き換えられることが示された。さらにこの研究は、内分泌的な要因の変化（テストステロンとコルチゾールの相互作用）と筋線維タイプの変化に相関があったことを示した。興味深いことに、ディトレーニングでは逆の影響を示し、タイプⅡx線維が増加し、タイプⅡa線維は減少し（153）、タイプⅡx線維が以前より増加する（Ⅱxの割合がトレーニ

ング前より高くなる〔10〕）可能性も示された。このように筋線維サブタイプ内での移行は典型的であると考えられるが、タイプⅠからタイプⅡへの移行、その逆はほとんど起こらないと考えられており、そのうちのほとんどがミオシン重鎖のアイソフォームの違いや相対的に有酸素的な酵素の含有量の違いによるものであるようだ（155）。このような移行の可能性は、十分な事実が明らかになっていないため、現時点では断定できない。これらの問題は将来の研究課題であり、タイプⅠからタイプⅡへの移行はあるのか、とくにマラソンランナー（タイプⅠ線維の割合が高い）が高強度レジスタンストレーニングを行った場合、もしくはパワーリフター（タイプⅡ線維の割合が高い）が有酸素性持久力トレーニングを行った場合については興味深い。

構造の変化

羽状筋では、筋線維束が腱に対して斜めに付着している。**羽状角**は、可動域（動作範囲）と同じように筋が生み出す力に影響を与える。羽状角が大きくなれば、より多くのタンパク質を付加することもでき、筋の横断面積の増大が可能になる（2）。羽状筋においては、レジスタンストレーニングによって羽状角が拡大することが示されており、ストレングストレーニングを行っている選手はトレーニングしていない人に比べて、上腕三頭筋と外側広筋の羽状角が大きいことが示されている（2）。さらに、ストレングストレーニングを行っている選手では筋線維束も長く（94）、腓腹筋と外側広筋の筋線維束は長距離選手よりも短距離選手で長かった（6）。レジスタンストレーニング、短距離トレーニング、ジャンプトレーニングの組み合わせによって大腿直筋の筋線維束長が伸び、短距離トレーニングとジャンプトレーニングでは外側広筋の筋線維束長が伸びる（20）。このような構造上の変化は、腱と骨への力の伝達に正の影響を与える。

その他の筋の適応

レジスタンストレーニングは筋原線維量（128）、細胞質の密度（132）、筋小胞体とT管の密度（9）、ナトリウム－カリウムATPアーゼ活性（71）を高めることが示されている。まとめると、これらの変化が筋肥大を促進し、強い筋力発揮を可能にするように働く。短距離トレーニングはカルシウムの放出を促進することが示されており（150）、アクチンとミオシンのクロスブリッジの形成を促進することによってスピードとパワーの増加を助ける。

高重量レジスタンストレーニングは、筋内のミトコンドリア密度を低下させることも示されている（133）。ミトコンドリアの数は実際にはトレーニング期を通して一定、あるいはわずかに増加しているが、ミトコンドリアの密度は筋断面積に対する相対的なものとして表される。筋断面積の増加は、ミトコンドリアの増殖に対して不釣り合いに起こるので、結果として単位量当たりのミトコンドリアの密度は、筋肥大に伴って実際には減少する。同様のメカニズムにより、筋肥大によって筋線維当たりの毛細血管の数が実際にはいくらか増加していても、毛細血管の密度は減少する（184）。パワーリフティング選手、重量挙げ選手はともに、毛細血管密度は一般人に比べて有意に低いが、ボディビルダーは一般人と同様の毛細血管密度を示す（107）。ボディビルのワークアウトでは、水素イオン濃度の高い状態がつくられるが、筋線維当たりの毛細血管数の増加は、活動筋からの代謝産物の除去に役立つと考えられる（111,190）。

無酸素性エクササイズは、筋と血液のpHを大幅に低下させる（33）が、エクササイズ中の酸塩基平衡維持機能を調節するメカニズムは複数ある。一貫したトレーニング中の急性のpH変化（すなわちH^+濃度の増加）への適応に伴って、緩衝能力が向上する。この緩衝能力の向上によって働いている筋内のH^+の蓄積に耐えることが可能になり、疲労発生の遅れ、筋持久力の向上につながる（175）。この性質により、高強度インターバルトレーニング（短距離走、自転車）では、緩衝能力の16〜38％の増加が報告されている（17,175）。そのほか、無酸素性のチームスポーツの選手は、持久的競技の選手や一般の人よりも高い緩衝能力を持つことが示されている（47）。

骨格筋内では、基質の含有量と酵素の活性は、無酸素性トレーニングに応じて大きい範囲で適応を示す。最も注目すべきは、ATPとクレアチンリン酸（CP）濃度が間欠的な高強度の筋収縮後に繰り返し消耗すると、「超回復」効果によって、これらの高エネルギー化合物の貯蔵能力が増加するということ

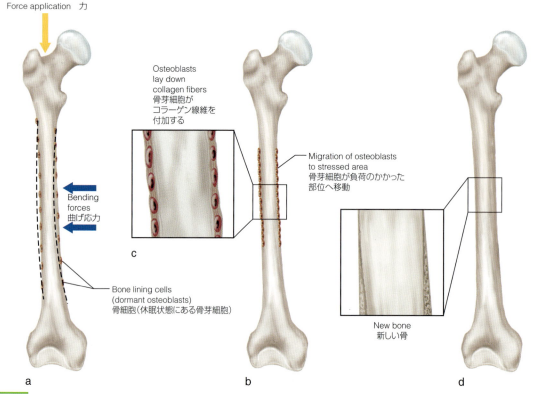

図5.4 力学的負荷に対する骨のモデリング（形成）。(a) 長軸方向に荷重ストレスが加わると骨が曲がり（破線）、最も変形の大きい部位で骨のモデリングを促す刺激となる。(b) 骨芽細胞がコラーゲン線維をその部位に付加する。(c) 休眠状態にあった骨芽細胞が負荷のかかった部位に移動する。(d) コラーゲン線維が石灰化し、効率よく骨の直径が増加する。

である。MacDougallら（135）は、5ヵ月のレジスタンストレーニング（8～10回、3～5セット。セット間の休息時間は2分間）後に、安静時のCPが28％増加し、ATPの濃度が18％増加したと報告している。加えて、このような無酸素性解糖が重点的に行われるボディビルスタイルのプログラムはグリコーゲン含有を促進する強い刺激になると考えられ、グリコーゲンの含有量が112％まで増加する。

結合組織の適応

骨、腱、靭帯、筋膜、軟骨などは、結合組織である。無酸素性運動によって付与される力は、骨格の特定の部分に変形をもたらす。筋収縮によって生じた力は骨とつながる腱の付着部に作用し、曲げ、圧縮、捻りを起こす。**力学的負荷**が骨に加わると、**骨芽細胞**が歪みの生じた部分の表面へと移動し、骨のモデリング（形成）を開始する（図5.4）。骨芽細胞は、主にコラーゲン分子からなるタンパク質を合成・分泌し、骨細胞間に沈着させて強度を高める。これらのタンパク質が**骨基質**を形成し、最終的にリン酸カルシウムの結晶（**ハイドロキシアパタイト**）として石灰化が進む。新たな骨形成は、主に骨の外側表面の**骨膜**で行われ、直径と強度が増す。

一般的な骨の生理学

骨の適応は体軸骨格（頭蓋骨、脊柱、肋骨、胸骨）と体肢骨格（肩甲帯、骨盤、上肢と下肢の骨）において異なる速度で起きる。これは、**海綿骨**と**皮質骨**（緻密骨）の量が異なるためとされる。密度が高い皮質骨が緻密な外殻を形成し、海綿骨を取り囲んでおり、2種類の骨の間を、繊細な層板を相互に連結したような構造（骨梁と呼ぶ）の海綿骨が埋めている。海綿骨の骨梁内の間隙は、脂肪組織や、骨髄（未成熟な赤血球などの血液をつくる）によって満たされている。骨髄腔から出ている血管は、縦横に通った管の網状組織を通って皮質骨に達する。海綿骨は密度が低く、質量に対する表面積が大きいため、皮質骨と比較して刺激に早く反応することができ、より柔らかく弱く柔軟性が高いことから、適応的な変

化が起こりやすい傾向にある。

MES（ミニマルエッセンシャルストレイン、minimal essential strain）とは、新たな骨形成を開始するための歪み刺激閾値を意味する。この閾値を一貫して超える信号により、ある特定の部位に骨芽細胞が移動し、骨形成を行うが、MESよりも低い力では新しい骨形成の適切な刺激にはならない。骨細胞は、骨の各部に日常的に加わる力がMESを超えないよう調節し、それによって骨折に対して十分な安全性の余裕をもたらしている。骨に生じる歪みは単位面積当たりの力（応力）によって決まる。MESは骨折を起こす力のおよそ1/10とされている。骨の直径が増加すると、力はより広い表面積に分散されて、力学的ストレスの量は減少する。骨の成長が進むと、以前はMESを超えていた力がMESより低くなる。したがって、MESを超えるレベルの力を生じる漸進的な体重がかかる身体活動が、骨の大きさと強度を増加するうえで最も効果的である。

▶ 閾値に達する、あるいはそれを超える力が加われば、応力を受けた面で新たな骨の成長が開始される。

無酸素性トレーニングと骨の成長

無酸素性トレーニング様式に対する応答として筋力の増加や筋肥大が進むにつれて、その後、筋収縮によって生み出される力が骨に与える力学的ストレスが増加し、骨そのものは適切な支持構造を備えるために質量と強度を高めていく。したがって、筋力または筋量の増加は骨密度（BMD：bone mineral density）の増加、もしくは骨の特定部位のミネラル含有量の増加につながると考えられる（93）。興味深いことに、身体活動の低下あるいは身体の一部の固定によって、反対の効果がもたらされ、骨基質と骨密度は増加時より速い速度で失われる（178）。骨密度と筋力、筋量の間に強い正の相関関係があることは、これまで多くの研究で示されてきた（158, 198）。レジスタンストレーニングを行っている選手は、同年代で運動していない人に比べて骨密度が高いことが報告されている（28,29,164）。身体活動によって骨密度以上に骨量、骨の表面積、骨の横幅の変化が起こりやすい人（例：プロサッカー選手）も見受けられる（198）。したがって、筋肥大と筋力向

上を刺激するエクササイズは、骨の成長も刺激すると考えられる。定量的には、骨の適応の時間経過にはある程度長い期間——およそ6カ月、あるいはそれ以上（27）——がかかり、本質的にはプログラムの構造によって決まる。

しかし、適応の過程は最初の数回のワークアウトから始まっている。骨形成の過程には、さまざまな物質（骨のみに対して特異的な物質）の血液中への分泌が関わっており、それは測定可能である。よって、骨形成マーカーの上昇は骨の形成の初期指標であり、刺激が長期間維持されれば、骨密度増加の前兆を示すことになる。

骨強度を増加させるためのトレーニング原理

骨の成長を促すことを目的とした無酸素性トレーニングプログラムでは、負荷の特異性、負荷のスピードと方向、トレーニング量、適したエクササイズ種目の選択、漸増性過負荷、多様性などの要素を考慮する（30）。負荷の特異性については、骨格の特定の有益な部位に、直接的に負荷が加わるエクササイズを選択することが要求される。身体がこれらの力を新しい、または新規のものと受け取ったときに、応力を受けた部位の骨の成長が刺激される。たとえば、大腿骨の骨密度の増加にはランニングは適した刺激となるだろうが、骨密度を高めようとして手首を強化するのは適した選択ではない。負荷の特異性の概念は、とくに、ストレングス＆コンディショニング専門職が、骨粗鬆症（骨密度と骨量が非常に低いレベルまで低下する疾患）を起こしやすい部位の骨量増加のトレーニングを処方する際に、非常に重要となる。殿部や脊柱などの臨床的に重要とされる部位の骨密度増加には、下肢への衝撃の少ない運動と比較して、下肢に大きな衝撃を与える体操競技（187）、バレーボールやバスケットボール（42）などのスポーツ競技の効果が高いとされている。さらに骨密度の増加は、すでに骨密度が高いレベルにあるトレーニングされた大学の選手にも起こる。刺激が十分であれば、骨密度の変化には生殖ホルモン（性ホルモン）の影響はない（187）。

骨形成刺激（新たな骨形成を刺激する要因）を最大限に引き出そうとするとき、エクササイズの選択は非常に重要である。本質的に、エクササイズは、

複数の関節が関与し、力のベクトルが脊柱と股関節を通り、単関節エクササイズで扱える負荷よりも重いものを使用するべきである（いわゆる**ストラクチュラルエクササイズ**）。Cusslerら（35）は、1年間に挙上したウェイトの総量と骨密度増加に比例関係があったことを示した。さらに、この研究の知見は、シーティッド・レッグプレスと比較してスクワットが大腿骨転子部の骨密度の増加により効果的だったとするエクササイズの特異性の重要性を再確認するものであった（35）。単関節を用いる、マシーンで行うエクササイズは、骨格の支持を促進するというより身体を安定させて単一の筋群のみを使用するため、その使用は限定すべきである。したがって、より効率的に骨の強度を高める方法としては、体軸性骨格と下半身においてはバックスクワット、パワークリーン、デッドリフト、スナッチ、プッシュジャークが、そして上半身においてはショルダープレスなどのエクササイズが勧められる。

骨は力学的な力に対してよく反応するため、**漸増性過負荷**の原理（エクササイズしている筋にかける負荷を、通常よりも徐々に重くしていく）を適用することは骨量増加のトレーニングにもあてはまる（70,196）。骨の最大強度は、筋が随意的に発揮する力よりもはるかに高いが、骨は何度も繰り返し加えられる強い力（1～10RMの負荷）に反応する。この骨の適応的な反応により、力が**疲労骨折**（骨の構造疲労が原因で起こる微細骨折）の危険が高まるレベルを超えないようにしている。漸増性過負荷は、多様な競技選手と非競技選手の骨密度を比較した研究によって支持されている（42,198）。実際に、青年期のトップレベルのウェイトリフターの骨ミネラ

ル化は、トレーニングしていない成人をはるかに上回る（29,91）。未成熟な骨のほうが、骨形成刺激に対して成熟した骨よりも反応しやすいことになり、興味深い発見である。さらに、成長期の身体活動によって、骨の外形と海綿骨の構造が影響を受け、骨格の強度の上昇が起こることが示されている（84）。骨格の成長中（すなわち青年期）の身体的活動に関連した骨への負荷と、骨の成長後（すなわち成人）の**ピーク骨量**の上昇が相関しており、また成人後の人生における骨量と相関しているということが最近のエビデンスによって示されている（186）。

新たな骨形成を刺激するためにプログラムをデザインする際、それ以外に考慮する必要があるのは、トレーニングの多様性である。身体の骨格の内部構造には、骨に加えられた歪みを回復させる機構が備わっている。加えられた力が最適に分散するように、骨基質内のコラーゲン線維の配列がストレスのかかる方向へと変化する。このため、多様なエクササイズを実施して力のベクトルの分布（そして方向）を変化させることにより、骨の中であらゆる方向への骨形成が促進されることになる。引き続いて、さまざまな方向へのコラーゲン形成が起こり、各方向への骨の強度が高まる。全体として、負荷の大きさや力の発揮速度が十分であれば、1回のトレーニングで30～35回の反復で十分であり、これ以上反復回数を増やしても骨が成長するための刺激は大きくならないとされている（57,178）。

> 骨の成長を刺激する力学的負荷の要素としては、負荷（強度）、負荷の加わる速度、力の方向、負荷の量（反復回数）が挙げられる。

競技選手はどのように骨形成を刺激することができるか？

骨形成を促進するために、競技選手は特異的にプログラムされた急性のトレーニング変数を用いて最適な適応を最大化する必要がある。

- 一度に多くの筋群が関与し、多関節運動で構造的エクササイズを選択する。個別の単関節動作を避ける。
- 直接的な軸方向の力のベクトルが脊柱と股関節を通り、単関節の補助エクササイズで扱える負荷よりも重いものを使用するエクササイズを選択する。
- 筋骨格系へのストレスに漸進的過負荷の原理を用いて、組織が刺激に慣れるのに伴い、負荷の漸増を継続する。
- 高負荷のエクササイズと、バリスティックなインパクト（衝撃）の高いエクササイズの両方を用いて、骨に異なる強度の力がかかるようにする。
- エクササイズの選択に変化をつけることで、力の配分を変化させることができ、また新しい骨の形成につながる独特な刺激を引き出すことができる。

無酸素性トレーニングに対する腱、靭帯、筋膜の適応

　腱、靭帯、筋膜、軟骨などの結合組織は複雑な動的構造を形成し、筋と骨の結合に欠かせない役割を持つ。結合組織の大部分は**コラーゲン**線維（骨、腱、靭帯はⅠ型、軟骨はⅡ型：図5.5）からなる。親タンパク質（訳注：元となるタンパク質のこと）である**プロコラーゲン**は、線維芽細胞により合成、分泌される。線維芽細胞は動物の結合組織において最も一般的にみられる細胞であり、細胞外マトリックスの合成において幹細胞として働き、傷の修復にも重要な役割を果たす。プロコラーゲン分子は、3本のタンパク質の鎖によって構成され、お互いに捻れてらせん構造をとる。未熟なコラーゲンが形成されることを防ぐために、両端に伸長した保護鎖を持って細胞から分泌される。酵素によって保護鎖が分離されると、活性を持ったコラーゲンとなり、別のコラーゲン分子と連なって1本の長い線維を形成する。これらの酵素の測定からコラーゲン代謝の指標が得られる。酵素レベルはトレーニングに応じて増加するため、Ⅰ型コラーゲン合成量の増加を示す（125）。

　コラーゲン線維が並列に配列して**コラーゲン細線維**を構成する。コラーゲンを光学顕微鏡下でみると骨格筋に似た縞模様を呈する。これは、コラーゲン細線維の中でコラーゲン分子が連なる隙間が重ならないように並んでいるためである。骨の成長と同様に、コラーゲン細線維がまとまってコラーゲン線維となり、コラーゲン線維はまとまってコラーゲン線維束となる。コラーゲンの強度は、コラーゲン線維束内において隣接するコラーゲン分子を結びつけている強い化学結合（**架橋結合**）による。コラーゲン線維束は長軸方向に束ねられて腱や靭帯を形成するだけでなく、層によって線維の方向が異なる、多層の膜状の組織（骨、軟骨、骨格筋の筋膜にみられる）も形成する。

　腱や靭帯では主にコラーゲンの束が密に並列している。成熟した腱や靭帯には、細胞がほとんど存在しない。このため、腱や靭帯には代謝の活発な細胞数はわずかで、酸素や栄養素の必要量は比較的少ない。靭帯には、コラーゲンに加えて弾性線維（**エラスチン**）も存在しており、正常な関節の可動域を確保するために靭帯にある程度の伸長が必要なためで

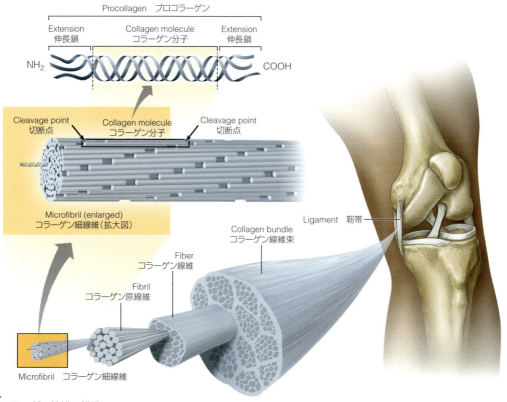

図5.5　コラーゲン線維の構造。

ある。腱と靭帯は非常に強く骨に付着しており、これによって力の伝達が最大限に行われる。骨格筋内部で階層ごとに組織を包み、互いを分離している線維性結合組織を総称して筋膜という。筋膜を構成する線維コラーゲン性の支持組織は、コラーゲン線維束が異なる方向に配列されているため、さまざまな方向からの力に抵抗できる。筋内の膜は筋の両端で収束し、筋収縮の力を骨に伝達する腱へと移行する。腱には血管が少なく血行に乏しいため、腱の代謝は筋に比べてずっと遅い（92）。エクササイズによる骨格筋への血流が増加しても、腱への血流は同様には増えない（99）。この血流が限られていることが、再生についての制限因子となり、腱のケガの後、治癒にかかる時間が顕著に長くなる理由である。

腱、靭帯、筋膜の成長のための主要な刺激は、高強度エクササイズ中に生み出される力学的な力である。組織の適応の程度は、エクササイズの強度に比例すると考えられる（99）。歪みの閾値を超える継続的な無酸素性運動は、結合組織を変化させる刺激に正の影響を及ぼす（92）。

筋肥大と筋力の増大に応じて、結合組織の機能が向上することは経験上明らかである。このとき、結合組織の強度の増加や負荷に対する耐性の増加は、以下の部位に起こる。

• 腱（靭帯）と骨表面の接合部。
• 腱あるいは靭帯の内部。
• 骨格筋内の網状の筋膜（99）。

筋の発揮する力が強くなるにつれ、骨との接合部により強い力が加わるため、骨－腱接合部とその力の作用線に沿って骨量の増加が起こる。

高強度の無酸素性トレーニングは、結合組織の成長と、力の伝達を増大する他の超微細構造の変化をもたらす。腱のサイズと強度の増加につながる腱内の特異的な変化は、以下の内容を含む。

• コラーゲン線維の直径の増大。
• 直径の増大したコラーゲン線維内の架橋結合の増加。
• コラーゲン線維数の増加。
• コラーゲン線維密度の上昇。

まとめると、これらの適応によって腱の能力が高まり、より大きな張力に耐えられるようになる（143）。

動物における筋肥大は、線維芽細胞の数とサイズの増加に関係し、供給されるコラーゲン量の増大につながる。線維芽細胞の活性化とそれに続く網状の結合組織の発達は、筋肥大のために必須である（142）。これが、トレーニングされた選手のバイオプシーでは、トレーニングをしていない個人よりも肥大した筋にコラーゲンの増加が起こるが、コラーゲン含量は筋量に比例する（143）ことの一因とも考えられる。最近の研究では腱スティフネス（歪みあるいは腱の伸張に対する力の伝達）はレジスタンストレーニングにより増加することが示唆されている（123）。Kuboら（121）は8週間のレジスタンストレーニング後にアキレス腱のスティフネスが15～19%増加したと報告している。トレーニングの強度は重要で、高負荷（1RMの80%）では腱スティフネスは増加したが、軽負荷（1RMの20%）では増加しなかった（122）。

無酸素性トレーニングへの軟骨の適応

軟骨は、強靭で外力に強い構造を持つ高密度の結合組織である。軟骨の主な機能は次の通りである。

• 関節内の骨表面を滑らかにする。
• 関節内に加わる力の衝撃を吸収する。
• 骨格への結合組織の付着を補強する。

軟骨自体には血液の供給がなく、滑液からの酸素や栄養素の拡散に頼らなければならない（これが軟骨の損傷の治癒が容易でない理由となる）。身体活動に関しては、2種類の軟骨が重要である。硝子軟骨（関節軟骨）は骨の関節表面を覆っている。線維軟骨は非常に強力な軟骨で、脊柱の椎間板や腱－骨接合部に存在する。

関節軟骨は滑液からの拡散によって栄養を供給されるため、関節の運動と関節の健康の維持は関係がある。関節で運動が起こると、関節包内圧が変化し、滑液から関節軟骨へと栄養素が移動する（180）。関節が固定されると、関節軟骨への酸素や必須栄養素の拡散が抑えられる。その結果、軟骨細胞の壊死や軟骨マトリックスの吸収が起こる（195）。最近わか

ってきたことでは、ヒトの軟骨は、外的な負荷がなくなると（例：手術後の固定や対麻痺）、萎縮や軟骨の厚さが薄くなることが示されている。しかしながら、外的負荷が軟骨の厚みの平均に与える影響については完全には解明されていない（46）。どのような場合であっても、軟骨の形態を決定づけるにあたっては遺伝の寄与が大きな役割を果たすと考えられる。

無酸素性トレーニングに対する内分泌応答と適応

ホルモンは、無酸素性トレーニング中のさまざまな調節の役割を担っており、安静時とエクササイズ中のいずれにおいても生体機能を正常域に維持するホメオスタシス（恒常性）メカニズムに影響を与える。これらには、同化および異化の過程を通した筋や骨、結合組織の発達も含まれる。第4章でも議論したように、無酸素性トレーニングに対する内分泌系の応答には、(a) エクササイズ中とその後の急性の変化、(b) ワークアウトに対する急性応答の長期間にわたる変化、(c) 安静時濃度の慢性的変化、(d) ホルモン受容体含有量の変化、が含まれる。

同化ホルモンの急性応答

無酸素性運動（とくにレジスタンストレーニング）に続いて、男性において30分後までにテストステロン、成長ホルモンの分子変異型（バリアント）、コルチゾールの濃度の上昇が示されている（104,105,115,117）。急性の運動（119,183）と、長期的なトレーニング（136）の両方において、運動開始時の身体からの要求によるホメオスタシスを変化させようとすることへの応答として、まず、このような素早いホルモン濃度の変動が起こり、その後安定する。その増加の程度は、大きな筋を使うエクササイズを行ったとき、あるいは、強度が中程度〜高強度、量も中程度〜多量、に組み合わせて休息時間がより短いワークアウト中に最大となる（111,115）。たとえば、血中乳酸塩（つまり高強度の無酸素性運動による）と成長ホルモン、コルチゾールの間に高い相関が存在し（78）、したがって水素イオン蓄積が成長ホルモンとコルチゾールの放出の主要な要因であると考えられる。そのほか、遊離テストステロンの上昇は、有酸素性トレーニングをしている男性より、レジスタンストレーニングをしている男性のほうが大きいことが示されており（82,193）、女性においても無酸素性運動後に若干のテストステロンの上昇を報告する研究もいくつかある（149）。

▶ 無酸素性エクササイズに対する同化ホルモンの短期的応答が、エクササイズのパフォーマンスやそれに続くトレーニングへの適応に重要である。同化ホルモン受容体のアップレギュレーション（上方制御）は、ホルモンの効果の伝達に重要である。

インスリン様成長因子Ⅰ（IGF-I）は、成長ホルモンの主要なメディエーターである。すなわち、身体のほとんどすべての細胞、とくに骨格筋、軟骨、骨において、成長促進を刺激する内分泌的メッセンジャーとして働く。運動に対するインスリン様成長因子Ⅰの急性応答は遅れて起こり、成長ホルモンの短期的応答により決定される。しかしながら、骨格

どのようにして競技選手は結合組織の適応を刺激することができるか？

腱、靱帯、筋膜
- 腱や靱帯、筋膜における長期的な適応は、外的抵抗を用いた漸増的な高強度な負荷パターンを通して刺激される。
- 低〜中程度の強度のエクササイズでは、結合組織のコラーゲン含有量に明らかな変化は認められないため、高強度の負荷を用いるべきである。
- 関節可動域全体を通して、力が加わるようにすべきであり、可能な場合は多関節エクササイズを用いるべきである。

軟骨
- 中程度の強度の無酸素性運動は、軟骨の厚さを増加させるのに適しているようだ。適切に漸増的な過負荷を加える場合には、激しい運動が変形性関節症を起こすことはないと考えられる。
- 組織の生存能は、さまざまな運動様式への適応によって、また可動域全体にわたって負荷が加えられることを確実にすることで維持される。

筋において、力学的負荷への応答として代替的な**力学的成長因子**がアップレギュレートされ、成長ホルモンから独立して働く（66）。これと比較してインスリン分泌は血中グルコースやアミノ酸の変化と並行して起こり、インシュリンに最も大きな影響を与えるのは、エクササイズ前、またはエクササイズ中、エクササイズ後の栄養摂取で、無酸素性エクササイズの刺激ではない（13）。カテコールアミン（エピネフリン、ノルエピネフリン、ドーパミン）は、無酸素性運動による短期的要求を反映し（22,56,105,111）、その濃度の増加は、力の発揮や筋収縮速度、エネルギー利用能の調節、そして他のホルモン（例：テストステロン）の増加に重要な役割を果たす。

短期的ホルモン応答の長期間にわたる変化

　長期にわたるレジスタンストレーニングを継続した結果、相対的なトレーニング強度を、時間をかけて漸進的に重くなる負荷に耐えるように身体が適応することで、より大きな筋力レベルを発揮できる能力へとつながった（80）。その結果として、無酸素性トレーニングへの急性応答はこれらの改善を反映するものとなると考えられ、主に成長ホルモンの応答を示す（34）。内分泌的機能の長期的な変化は、漸増する外的負荷に耐えるような応答を示し、運動「ストレス」の増加を反映したものである。したがって、急性のホルモン応答パターンの慢性的適応が長く続く、より高い運動強度に対して、よりよく耐える能力を潜在的に増加させるということが仮定される。

安静時ホルモン濃度の長期的変化

　無酸素性運動後の安静時ホルモン濃度の長期的な変化は起こらないようであり、テストステロンや成長ホルモン、IGF-I、コルチゾールの経時的変化の研究結果が終結していない（115）。その代わり、安静時濃度は、トレーニングプログラム（すなわち量や強度）や栄養学的な要因に対する実質的な応答における筋組織の状態を反映しているようである。ワークアウト中および直後の上昇は、基礎的な濃度の慢性的な上昇を必要とすることなく、組織のリモデリングに影響を与える十分な刺激を受容体に対して与えることを示しているのかもしれない（162）。同化ホルモンが慢性的に上昇することが、長期的にみる

と逆効果となる可能性に注意することが重要である。受容体が高レベルのホルモンにさらされ続けると、ダウンレギュレーションが起こる（応答が弱まる）傾向がある。たとえば、2型糖尿病においては、骨格筋の感受性は血中インシュリンの慢性的な上昇により減少する。このような理由から、アナボリックステロイドの使用者は、大量に継続して使用せず、周期的に使用量を増減させる。

ホルモン受容体の変化

　受容体の量は、ホルモンの応答によって引き起こされる適応を仲介するうえで重要である。文献においてアンドロゲン受容体は注目されており、その量（すなわち、標的組織における面積当たりの受容体の数）は、筋線維タイプ、筋収縮活動、テストステロンの濃度など複数の要因によって決まる。レジスタンストレーニングによって、ワークアウト後48〜72時間の間、アンドロゲン受容体量が増加する（15）。レジスタンスエクササイズの刺激によって、アンドロゲン受容体の急性の変化が仲介されると考えられる。Ratamessら（162）は10回のスクワットを1セットと6セット行った場合を比較し、1セットではアンドロゲン受容体量に変化はみられなかったが、より量の多いプロトコルではワークアウト1時間後にアンドロゲン受容体量に有意なダウンレギュレーション（発現低下）が起こったと報告した。この研究は、トレーニング量が十分なとき、アンドロゲン受容体量は、その他の研究で示されているアップレギュレーションの前に、まずダウンレギュレーションする可能性も示している。しかし、Kraemerら（118）は、ワークアウトの前後のタンパク質と炭水化物の摂取により、アンドロゲン受容体数の減少を抑えられることを示した。

無酸素性エクササイズに対する心臓血管系と呼吸器系の急性応答

　短期的な無酸素性運動と、継続して無酸素性トレーニングを行った場合の両方において、心臓血管系と呼吸器系の機能に有意な影響がみられる。これは無酸素性の競技の選手（51）と座業中心の人（97）の両方において起こり、心機能や心臓径の促進が明

らかである。高負荷のレジスタンストレーニングは心臓血管系にも効果をもたらすが、その仕組みは低負荷で少ない休息を繰り返すことや従来の有酸素性持久力トレーニングと異なる（52）。心臓、肺、循環系が、高い血圧、強い筋力の発揮という条件で機能する能力を高めることは、競技の競争による極度の需要に対する準備となる。

無酸素性エクササイズに対する
心臓血管系の急性応答

短時間の無酸素性運動により、心臓血管系の応答は大幅に高まる。心拍数、一回拍出量、心拍出量、血圧はレジスタンスエクササイズ中に有意に増加する。高強度（1RMの95％）のレッグプレスで、320/250 mmHgという血圧のピーク値と170拍という最大心拍数が報告された（134）。一般に、血圧の応答は、活動している筋量に応じて非線形に増加するとともに、各動作の伸張性局面より短縮性局面で高く、とくにエクササイズの「スティッキングポイント」において高くなる。血圧の大きな上昇が報告されているが、レジスタンストレーニングが安静時血圧に否定的な影響を与えることを示すデータは限られている（31）。このほか、胸腔内圧の増加、最大22％の血漿量減少も報告されている（157,162）。

> ▶ 短時間の無酸素性運動により心拍出量、一回拍出量、心拍数、酸素摂取量、収縮期血圧、活動している筋への血流量が増大する。

レジスタンスエクササイズのセット中、一回拍出量と心拍出量は主に動作の伸張性局面で増加し、とくにバルサルバテクニック（第2章参照）を使用したときに増加が大きい（49）。1回の挙上動作の中では短縮性局面のほうが（ウェイトを挙上するのが）困難であり、バルサルバ法によって胸腔内圧と腹腔内圧の上昇が著しいため、静脈還流が制限されることと拡張終期容量が縮小することにより、レジスタンスエクササイズに対する血行動態の反応として、伸張性局面中またはセット間の休息時に心拍出量が増加するような時間的な遅れが生じる。これは心拍数の応答にとくにあてはまり、セット終了から5秒間の心拍数はセット中よりも高くなる（160）。

レジスタンスエクササイズでは、(a) 負荷の強度、(b) 力を発揮した時間の長さ（繰り返した回数）、(c) 使われている筋の筋量によって、使われている筋への血流増加の程度が決まる。より軽い抵抗で多くの回数を挙上したとき、有酸素性エクササイズ中と同様な応答が起こる（64）。しかしながら、収縮している筋組織が血管を締め付け、局所的な閉塞を引き起こす結果として、高重量のエクササイズでは活動している筋への血流が減少する。最大随意収縮の20％以上の筋収縮のセット中は、その筋内の血流が妨げられるが、続いての休息時間には血流が増加する（**反応性充血**）（116）。興味深いことに、血流の欠如（そしてそれに続いて起こる水素イオンなどの代謝産物の増加とpHの減少）は筋の成長において強力な刺激である（188）。心臓血管系の短期的応答の大きさはエクササイズの量と強度、活動する筋量、休息時間の長さ、収縮速度によって決まる（113,160）。

安静時の心臓血管系機能の長期的適応

無酸素性トレーニングモダリティが安静時心拍数に与える影響については、完全には解明されていない。短期間のレジスタンストレーニングによって安静時心拍数が5〜12％低下したことが示されている（53,57）。しかしながら、この影響について長期間縦断的に研究した場合に、安静時心拍数が変化しない、または4〜13％減少するというさまざまな報告が混在している（53,57）。慢性的にレジスタンストレーニングを行っている競技選手（例：ボディビルダー、パワーリフター、ウェイトリフター）において、安静時心拍数の平均（60-78拍/分）は、トレーニングしていない人と比較して同等または低かった。

安静時血圧についてのメタ分析では、レジスタンストレーニングに対する適応として、収縮期血圧、拡張期血圧とも2〜4％の減少を示した（95）。応答が最も大きかったのは、初期にやや血圧が高かった人と考えられる。同様に、**圧−心拍数積**（心拍数×収縮期血圧：心筋仕事量の尺度）は、レジスタンストレーニング後、変化しない、または減少している（52,53）。1回拍出量は絶対値では増加したが、体表面積または除脂肪体重に対しては増加していない（53）。つまり、1回拍出量は、長期のレジスタンストレーニングにより、除脂肪組織量の増加に伴って増加する。総コレステロールと低密度リポタンパク質は、レジスタンストレーニングによっておそらく

変化しないか、わずかに減少するだろう。そして高密度リポタンパク質はおそらく増加するだろう(90)。このように、高重量のレジスタンストレーニングは、安静時の心機能にはほとんど影響を与えないが、量が多く、休息時間が短いプログラム(ボディビルディングやサーキットトレーニング)は、1回のワークアウトでの運動負荷が全体として大きいことから、より大きな機能改善が起こる結果となる可能性がある。

長期的なレジスタンストレーニングも、心臓のサイズを変化させる。左心室の壁の厚さと質量の増加が報告されているが、この増加は、体表面積または除脂肪体重に対する相対的な値をでみると消えてしまう(52,53)。この増加は、間欠的な血圧の上昇と胸腔内圧の上昇に加えて、除脂肪体重と身体のサイズの増加に対応する変化によるものと考えられる。レジスタンストレーニングによって高度に鍛えられた選手は、左心室後方と心室中隔の壁の厚さの絶対値が通常より大きい(55)。左心室の大きさ、容積はレジスタンストレーニングによって変化しないか、わずかな変化しか起こらず、有酸素性運動と大きく異なる。ボディビルダーにおいて、左右の心室の拡張終期容量と収縮終期容量の絶対値が通常より大きいことが報告されているが、ウェイトリフターでは報告がない(55)。これは、左心室容量の絶対値の増加には、量の多いトレーニングが大きく影響している可能性を示唆する。ボディビルダーが体脂肪を代謝し身体組成における脂肪を減らすことを促進ようとしてトレーニングプログラムに有酸素性運動を頻繁に取り入れていることに注意することが重要である。これにより、こうした適応の一部が有酸素性持久的トレーニングによってもたらされた可能性がある。ウェイトリフターと同様にボディビルダーは左心房内部の容量が、絶対値でも、相対値(除脂肪体重と体表面積に対して)でも通常より大きく、ボディビルダーのほうが有意に大きかった(37)。

無酸素性運動に対する心臓血管系の短期的応答の長期的な適応

長期的なレジスタンストレーニングによって、同一の絶対強度あるいは作業負荷での短期的な1回のレジスタンスエクササイズに対する心臓血管系の応答は弱まる。短期間の研究で、レジスタンストレー

ニングの結果、レジスタントトレーニングのワークアウト時に起こる心拍数や血圧、圧－心拍数積の急激な上昇が鈍るという適応が生じることが示された(139,169)。さらに、男性ボディビルダーは、1RMの50〜100%で動作が繰り返せなくなるまで続けるセット中の収縮期血圧や拡張期血圧、心拍数が、日常運動していない人やより少ないトレーニングを行っている人と比べて低かった(54)。興味深いことに、ボディビルダーの心拍出量と1回拍出量の最大値はパワーリフターよりも有意に大きく(49)、トレーニングの結果として、仕事負荷の絶対値当たりの心拍出量と1回拍出量がより大きくなる可能性を示している。これらの適応は、左心室の後負荷の減少によるものと考えられ、後負荷の減少は心拍出量の増加と心筋の酸素消費の減少につながる(49)。最後に、酸素吸収は通常、高負荷および低量のレジスタンストレーニングでは向上しない。持続的な有酸素性運動による向上が大きく、レジスタンストレーニングでも、多量で休息時間が短いプログラムでは、おそらくわずかに向上する(116)。

無酸素性運動に対する換気の適応

換気は、一般的にレジスタンスエクササイズの制限要因になることはなく、無酸素性トレーニングによる改善もほとんどない、またはわずかしかない。レジスタンスエクササイズ時、各セット中に換気量は有意に増加するが、回復時間の初めの1分間の増加はさらに大きい(160)。60L/minを超える換気が報告されており(160)、休息時間の間隔が短い(30秒から1分間)といった休息時間の長さが大きく影響を及ぼし、最大の増加が起こった。トレーニングによる適応には、最大運動時の1回換気量と呼吸数の増加が含まれる。しかしながら、最大下の運動では呼吸数が減少することが多く、1回換気量は増加する。こうした換気の適応は、運動で使用された筋の局所的、神経的、化学的適応によると考えられる(14)。さらに、トレーニングされていない人と比べて、トレーニングされた人では換気効率が高いことも明らかになっている(14)。この換気効率の上昇は、酸素の**換気当量**(組織に取り込まれた酸素に対する換気された空気の比率:$\dot{V}_E/\dot{V}O_2$)の低下という特徴を持つ。

有酸素性トレーニングと無酸素性トレーニングの相互作用

ストレングスおよびパワートレーニングと作業能力——持久的トレーニングの生理学は多様であり、ストレングス＆コンディショニング専門職は、これらの両方の身体的および生理学的特性の最適化を同時に得ようとする挑戦がプログラム作成において示される。レジスタンストレーニングと有酸素性持久力トレーニングを組み合わせて行うと、有酸素性持久力トレーニングの強度や量、頻度が高い場合には、筋力とパワーの向上を妨げるだろう（44,86,112）。Callisterら（24）は、スプリントトレーニングと有酸素性持久力トレーニングを同時期に並行して行うと、スプリントのスピードとジャンプのパワーが低下することを示した。このようなパワーの増強に好ましくない影響が現れる理由として、パワー発揮にマイナスとなる神経系の変化と、筋線維内の筋タンパクの変化が挙げられる。対照的に、高重量レジスタンスエクササイズは、筋力発揮に適した細胞レベルの変化を引き起こすと考えられるにもかかわらず、有酸素性パワーに有害作用はないことが大部分の研究で示されている（112）。わずかではあるが、レジスタンストレーニングは$\dot{V}O_2max$改善を阻害する可能性を示す研究がある（65）。興味深いことに、Kraemerら（120）はレジスタンスエクササイズと有酸素性持久力トレーニングを併用している女性は、有酸素性持久力トレーニングのみを行っている女性よりも有酸素性能力の向上が大きいと報告した。こうしたデータから、長距離走などの選手にも、トレーニングに競技特異的なレジスタンストレーニングを補助的に加えることが勧められるようになってきた。実際に、大部分の研究においては、有酸素的パワーに対して高重量のレジスタンストレーニングは、負の影響はあったとしても非常に限られている（197）ものの、持久的競技においては実際にはパフォーマンスを促進する役割を果たす（172）ことが示されている。

潜在的に筋力トレーニングと有酸素性持久力トレーニングの両立が困難なことについて調べたKraemerら（112）の研究では、3カ月間、高強度の筋力トレーニングと有酸素的持久力トレーニングを以下の5つの条件で行った。

1. レジスタンストレーニングと有酸素性持久力トレーニングを組み合わせた群（C群）、
2. 上半身のレジスタンストレーニングと有酸素性持久力トレーニングを組み合わせた群（UC群）、
3. レジスタンストレーニングのみの群（S群）、
4. 有酸素性持久力トレーニングのみの群（E群）、
5. 対照群。

その結果、S群はC群よりも1RMの筋力と筋力の立ち上がりが増加した。付け加えて、最大酸素摂取量の改善はトレーニングの同時進行による影響は受けなかった（3.2km［2マイル］走のタイムではほぼ等しい向上）。したがって、有酸素性持久力に関してはオーバートレーニングの徴候は現れなかった。

Kraemerら（112）の研究の中で特筆するべき発見は大腿筋群の筋線維サイズの変化である。先行研究では、有酸素性持久力トレーニングで筋線維の萎縮が起こることが示されている（15,65）。しかしながら、Kraemerらの研究グループ（112）は、タイプ IIxからタイプ IIaへの移行は、S群（トレーニング前は Type IIx は19.1±7.9％、トレーニング後に1.9±0.8％）および、C群（トレーニング前は Type IIx は14.11±7.2％、トレーニング後に1.6±0.8％）においてほぼ完全にみられた。興味深いことに、UC群とE群（インターバルトレーニングのみを行った）もまた、トレーニング後に有意なタイプ IIx線維の移行がみられた（UC群ではトレーニング前の22.6±4.9％からトレーニング後の19.2±3.6。E群ではトレーニング前の19.2±3.6％からトレーニング後の8.8±4.4％）。このことは、高重量レジスタンストレーニングが高強度の有酸素性持久力インターバルトレーニングよりも多くのタイプ IIx線維を動員することを示す。さらに、有酸素性持久力トレーニングを行った群では、少数（3％未満）のタイプ IIa線維がタイプ IIc線維へと移行していた。2つの種類のトレーニングを同時期に実施した群ではタイプ IIa線維のみサイズが増加したが、S群はタイプ I、IIc、IIzの線維が増加した。C群のタイプ I 線維の断面積が変わらず、タイプ IIa線維の断面積が増大したことは、筋力トレーニング刺激、有酸素性持久力トレーニング刺激という拮抗的な刺激が同時に与えら

れた場合の細胞適応を示しているものと思われる。なぜなら、筋力トレーニング単独では、タイプⅠ線維、タイプⅡ線維の両者の断面積が増大したからである。E群では、タイプⅠ線維とタイプⅡc線維に萎縮がみられた。これは、コルチゾールレベルの上昇（そしてテストステロンの減少）と、酸素の交換を増すために毛細血管と筋細胞との距離を短縮するという生理学的必要性によると考えられる。

　高強度レジスタンストレーニングと有酸素性持久力トレーニングを同時に行った影響は、ほとんどがトレーニングされていない人を対象として調査され

たものである（65,74,127,138）。一流競技選手に対して同時トレーニングに注目した研究はわずかである（172）。これらの両立の困難さを示したいくつかの研究では、週3回のレジスタンストレーニングと週3回の有酸素性持久力トレーニングを交互に行う（週6日連続してトレーニングを行う）、あるいは週4～6回、高強度のレジスタンストレーニングと有酸素性持久力トレーニングを同じ日に行っている（16,44,112）ため、オーバートレーニングの影響があると考えられる。2種類のトレーニングを同じ日に行う（ワークアウト間に少なくとも1日の休日を

無酸素性運動後に起こるパフォーマンス改善は何か？

筋力
- 100以上の研究のレビューでは、平均筋力の上昇は「トレーニングしていない人」で約40%、「中程度にトレーニングしている人」で約20%、「トレーニングしている人」で約16%、「上級者」で10%、「エリート選手」で2%で、そのトレーニング期間は4週間から2年間の幅である（103）。
- トレーニングに伴う筋線維タイプの変化は、運動単位のより高い動員が増加したことを反映する。タイプⅡx線維からタイプⅡa線維へ移行することで、同じ絶対的出力でのより大きな疲労耐性を示している。

パワー
- ジャンプスクワットにおいて絶対的ピークパワーを最大化するうえで最適な負荷は、1RMの0%（すなわち体重[31]）である。しかしながら、トレーニングを積んだパワーアスリートにおいて、ピークパワーはスクワットの1RMの30～60%に相当する負荷で最大となることが報告されている（12）。
- スクワットのピークパワーは、1RMの56%で、パワークリーンでは1RMの80%で最大される（31）。
- 上肢のパワーのピークは、ベンチプレスの1RMの46～62%に相当する負荷を用いたバリスティックなベンチプレススローで最大となる（11）。

局所筋持久力
- 無酸素性競技選手の横断的研究データから、筋持久力の向上、それに続く筋の適応の向上と同時に酸化能力と緩衝能力の改善が示された（100）。
- 無酸素性筋持久力トレーニングに対する骨格筋の適応としては、タイプⅡxからタイプⅡbへの筋線維の移行とともに、ミトコンドリアおよび毛細血管の数の増加、緩衝能力の向上、疲労耐性の向上、代謝酵素活性の上昇が挙げられる（64,116）。

身体組成
- レジスタンストレーニングによって除脂肪体重が増え、体脂肪が最大で9%減少する（116）。
- レジスタンストレーニングの結果として、除脂肪組織量の増加、日常の代謝率の上昇、運動時エネルギー消費量の増加が起こる（53）。

柔軟性
- 無酸素性トレーニングは柔軟性にプラスの効果を持つ可能性があり、レジスタンストレーニングとストレッチングの組み合わせは、筋量増加と柔軟性の改善を進める最も効果的な方法であると考えられる（116）。

有酸素性能力
- トレーニングを積んでいない人では、高重量のレジスタンストレーニングによって最大酸素摂取量が5～8%増加する。トレーニングを積んだ人では、レジスタンストレーニングは、有酸素的能力に対して有意な影響を及ぼさない（52）。
- サーキットトレーニングや、量が多く休息時間の短い（30秒以下）プログラムは最大酸素摂取量を向上させることが示されている（64）。

運動パフォーマンス
- レジスタンストレーニングはランニング効率、垂直跳び、短距離走のスピード、テニスサーブの速度、スイングと投げの速度、キックのパフォーマンスを高める（116）。

とって週3日の頻度とする）場合には、両立の困難さは同じ頻度ではあらわれていない（127,137,138）。例外となるのはSaleら（168）の研究で、週4日のトレーニング（レジスタンストレーニングを2回、有酸素性持久力トレーニングを2回）で、週2日（両日ともレジスタンストレーニングと有酸素性持久的トレーニングの両方を実施）のトレーニングより、レッグプレスの1RMの増加幅が大きい（25％と13％）ことを示している。これらの研究はワークアウト間の回復期間を延ばすことで、両立不能性を低減することが可能なことを示しており、同時に行うトレーニングについてのWilsonら（197）による最近のメタアナリシスにより、その原理が支持されている。

パワーの発揮については、高強度のレジスタンストレーニングと有酸素性持久力トレーニングの同時実施による負の影響が筋力より大きいと考えられる。Hakkinenら（74）は、21週間にわたって2種類のトレーニング、またはレジスタンストレーニングのみを行った結果、動的筋力と等尺性筋力の増加は同等だったが、レジスタンストレーニングのみの群では力の立ち上がりの向上がみられた一方、2種類のトレーニングを同時に実施した群では、それほどの増加はみられなかったと報告している。Kraemerら（112）も、レジスタンストレーニングのみの群では筋パワーが増加したが、2種類のトレーニングを併用した群では増加しないことを示している。レジスタンストレーニングのみの群は上肢と下肢のパワーのピーク値も増加したが、併用群では増加していない。パワー発揮は、低速度での筋力発揮より、筋力と有酸素性持久力の複合トレーニングの相反効果に影響を受けやすいと考えられる（112）。適応の大きさを決める要因として、最後に挙げられるのがエクササイズの順序である。LeverittとAbernethy（126）は、25分間の有酸素性運動のワークアウトの30分後に、3セットのスクワットで、動作回数が13～36％減少することを示した。

オーバートレーニング

トレーニングの目標は、身体に漸増的な負荷を与え、引き続いて改善したパフォーマンスに貢献し得る生理学的な適応を起こすことである。成功するトレーニングには、過負荷が関わるのみではなく、不適切な回復を伴う過度な過負荷の組み合わせも避けるべきである（140）。トレーニングの頻度や量、強度（あるいはこれらの組み合わせ）が過剰で、適切な休息や回復、栄養摂取が伴わない場合に、過度な疲労や病気、ケガ（あるいはこれらの組み合わせ）が起こり得る（110,124,185）。このトレーニングストレスの蓄積により、オーバートレーニングと呼ばれる適応不全の生理学的・心理学的徴候および症状を伴う、または伴わないパフォーマンスの長期的な減衰という結果をもたらし得る。競技選手がどの程度のオーバートレーニングであったかによって、パフォーマンスの回復にかかる期間が数週間、あるいは数カ月が必要となる（81,140）。

アスリートが、パフォーマンスの低下を招くような過度なトレーニングを経験したとき、この一時的な反応はオーバーリーチ、あるいは機能的オーバーリーチ（FOR）と呼ばれる（58,163）。この状態からの回復は、通常数日間あるいは数週間の休養で達成されるため、トレーニングプログラムの中に計画的にオーバーリーチングの期間を設けることがある。これは、オーバーワーク（パフォーマンスを抑え、耐性をつける）の後にテーパリング（訳注：トレーニング量を減らすこと）を行うことで、パフォーマンスの「超回復」を意図している。実際に、短期間のオーバーリーチング後に適切なテーパリング期をおくことで、有用な筋力とパワーの向上という結果となったことが示されている（163）。しかしながら、マネジメントに失敗した場合には、有害な影響を導くことがある（144）。

適切な回復や再生を伴うことなくトレーニング刺激を続けると、競技選手は過度のオーバーリーチ状態、あるいは非機能的オーバーリーチ（NFOR）へと発展することがある。非機能的オーバーリーチは、停滞とパフォーマンスの低下を導き、数週間から数カ月にわたって続く。競技選手がトレーニングと回復の間のバランスを十分に考慮しない場合は、長期にわたるトレーニングの苦痛の最初の徴候と症状として、パフォーマンスの低下や、疲労の増加、活力の低下、ホルモンの障害が表れる。これらが起こったとき、NFORとオーバートレーニング症候群（OTS）と名付けられる状態との間に区別をつけることは難しくなる。OTSの定義の中核となるのは、「継続する適応不良」であり、競技選手のみではな

Training overload トレーニングの過負荷	
Acute fatigue 急性の疲労	*Days* 数日
Functional overreaching (FOR) 機能的 オーバーリーチング（FOR）	*Days to weeks* 数日〜 数週間
Nonfunctional overreaching (NFOR) 非機能的 オーバーリーチング（NFOR）	*Weeks to months* 数週間〜 数カ月
Overtraining syndrome (OTS) オーバートレーニング 症候群（OTS）	*Months or more* 数カ月〜

図5.6 オーバートレーニング連続体。

く生物学的、神経化学的、内分泌的調整メカニズムのいくつかを含む。オーバートレーニングについては、燃え尽き症候群（バーンアウト）、慢性的オーバーワーク、停滞（staleness）、説明のつかないアンダーパフォーマンス症候群、過労などといった多数の用語が使われてきた（21,23）。図5.6に、オーバートレーニング連続体の進行を示す。

オーバートレーニング症候群は、6カ月も続く場合があり、最悪のケースシナリオでは、オーバート

レーニングによって選手生命が絶たれることもある。オーバートレーニング症候群には2つのタイプがあると提案されている、すなわち交感神経性と副交感神経性である。**交感神経性オーバートレーニング症候群**では安静時の交感神経の活動が高まり、一方の**副交感神経性オーバートレーニング症候群**では安静時、運動時の副交感神経の活動が高まる（140）。交感神経性のオーバートレーニング症候群が副交感神経性のものより先に生じ、またスピードやパワーのトレーニングを行った若年の選手では交感神経性の症候群が多いようだと考えられている（58）。最終的には、すべてのオーバートレーニングが副交感神経性の症候群につながり、身体全体のほとんどの生理学的な系において長期的な抑制が起こる（140）。回復が起こり得るため、オーバートレーニングがいつ長期的なもの（慢性）になるかを判断するのは難しい。さらに、オーバーリーチングへの戦略に対してよい反応を示す競技選手もいれば（163）、よい反応を示さず、オーバートレーニング症候群が進行してしまう選手もいる。

OTSの主な特徴は、トレーニング負荷が維持または増加する際に、高強度運動を続けることができなくなることである（141）。多くの事例において、OTSは長期にわたるNFORの帰結であって、それ自体はトレーニング負荷の処方の誤りや、短期的なトレーニング変数（例：強度、量、休息）のマネジメントの誤りに由来することがある。最も起こりや

表5.3 無酸素性オーバートレーニングの理論的な進行。

オーバー トレーニング の段階	日数	無酸素性パフォーマンス							
		パフォーマンス	神経系	骨格筋	代謝	心臓血管系	免疫	内分泌系	心理
急性の疲労	数日	影響なし、 または**向上**	神経機能 の変化	―	―	―	―	―	―
機能的 オーバーリー チング（FOR）	数日 から 数週間	**一時的に**低下 し、ベースラ インへ戻る	―	―	―	―	―	交感神経系 の活動と視 床下部の制 御の変化	―
非機能的 オーバーリ ーチング （NFOR）	数週間 から 数カ月	**停滞**あるいは 低下	運動のコ ーディネ ーション が低下	興奮収縮 連関の 変化	筋グリコ ーゲン 減少	安静時心拍数 および血圧の 上昇	免疫機能 の変化	ホルモン濃 度の変化	気分障害
オーバー トレーニング 症候群（OTS）	数カ月 から 数年	**低下**	―	力発揮の 低下	解糖能力 の低下	―	疾病およ び感染	―	情緒障害、 睡眠障害

Fry et al., 1993（62）, Meeusen et al., 2013（140）より許可を得て転載。

すい誤りは、プログラムの進み具合が速すぎることである。つまり、数週間あるいは数カ月にわたるトレーニングにおいて、十分な回復が伴わず量と強度のどちらか（または両方）の増加が速すぎると、構造的な損傷が徐々に大きくなり、オーバートレーニングに陥る可能性がある。無酸素性運動におけるオーバートレーニングの理論的な概要を表5.3に示す。

オーバートレーニングについて調べることを目的として、意図的にOTSを引き起こすことは、実験研究の状況では容易ではない。さらに、OTSの症状は一般的にNFORの症状より重篤であると考えられているが、この示唆を確認する、あるいは論破する科学的なエビデンスは存在せず（140）、OTSが起こったかどうかを確認することも難しい。その代わり、競技選手の縦断的なモニタリングは、オーバートレーニングの生理的応答とパフォーマンスへの影響を調べるうえで最も実際的な方法である。この研究の大部分は、おそらくより有病率が高い持久系の種目において実施されている。しかしながら、オーバートレーニングの競技選手の統計では、77%が高いレベルの筋力やスピード、コーディネーションが求められる種目を行っていることが示されている（58）。無酸素的活動（交感神経性）にみられるオーバートレーニングの症状もまた、有酸素的持久力活動（副交感神経性）にみられる症状と異なる（23,58）。

交感神経性のオーバートレーニングは、副交感神経性のオーバートレーニングと特徴が少し異なる。神経活動の上昇によって引き起こされる過剰な運動

無酸素性オーバートレーニングのマーカーは何か？

　OTSの中心的な病態メカニズムの知識は顕著に増加しているものの、OTSを早期に特定するための適切なツールに対する継続した強い要望がある。確定的な評価ツールが開発されるまで、オーバートレーニングが明らかであるかを検証するうえでコーチと選手はパフォーマンス低下を用いる必要がある。以下の基準が考慮されるだろう。

1. 競技選手は以下の症状のどれかを経験しているか？
   - 説明のつかないアンダーパフォーマンス（パフォーマンスの伸び悩み）
   - 継続的な疲労
   - トレーニング中の努力感の増加
   - 不規則な睡眠パターン
   - 食欲の低下

2. 最大運動テストのスコア、あるいは競技特異的パフォーマンステスト、バイタルサイン評価（脈拍数や血圧）が、過去のテストや通常あるいはベースラインよりも悪いか？

3. 選手のトレーニングプログラムのデザインに誤りはあるか？
   - トレーニング量の大幅な増加（＜5%）
   - トレーニング強度の大幅な増加
   - 単調なトレーニングの存在
   - 多数の、あるいは高頻度の試合

4. その他の交絡因子はあるか？
   - 交絡する疾病
   - 貧血
   - 感染性疾患
   - 筋損傷（高レベルのクレアチンキナーゼ）
   - 内分泌系の障害（糖尿病、カテコールアミン、副腎、甲状腺）
   - 重い摂食障害
   - 生物学的な異常（C反応性タンパク質、クレアチニン、フェリチン低下）
   - 筋骨格系のケガ
   - 心臓病学的症状
   - 成人発症喘息
   - アレルギー

　切迫したOTSの指標と考えることができる単一のマーカーは存在しないということに注意するべきである。OTSはもともと多因子であり、パフォーマンスや生理学的、生化学的、免疫学的、心理学的変数の組み合わせの規則的なモニタリングを考慮すべきであるということが、多血症の研究から示唆されている（140,185,194）。

単位の活性化によって、この種のオーバートレーニングが引き起こされると推測することができるが、そのほかに多くの要因が潜在的に寄与するだろう。短期的なNFORモデル（6日間連続で95％1RM負荷でマシーンスクワットを8セット行う）を適用して、Fryら（59）は、強度に特異的な反応について検討し、等速性トルクの低下、短距離走のタイムの遅れ、アジリティの測定におけるタイムの遅れといった非特異的なパフォーマンスの低下を報告している。しかしながら、彼らは1RMの筋力は維持されていることを見出した。その後のFryら（62）の研究では、被験者は1RMで10セットのトレーニングを7日間にわたって続け、1日休息を取った。その結果、被験者の73％に1RMの有意な低下（4.5kg）がみられた。興味深いことに、被験者の中にはNFORの状態に達することなく、測定値が伸びた者もいた。このことは、オーバートレーニング状態が起こるまでの経過が、個人の反応や、トレーニングの状態、遺伝的素質に大きく左右されることを示している。

無酸素性オーバートレーニングに
つながる誤り

　オーバートレーニング状態は、神経筋系への損傷または神経筋系の生理的機能へのマイナスの変化が関係している。どのような形のトレーニングであれ、無酸素的トレーニングプログラムの構造は、トレーニング刺激への反応の中で起こる物理的および生理学的適応の性質を最終的に決定づける。短期的なプログラムの要素の誤りは、どんなものでも、継続的に繰り返されると、OTSにつながると考えられる。これは、非常に意欲の高い競技選手が重く量の多いトレーニング負荷を高い頻度で行い、ワークアウト間において回復のための休息を制限する場合にしばしば起こり得る。継続的なパフォーマンス向上をより大きくするには、トレーニング量が重要であることが示されている。しかしながら、逆に、トレーニング量が過剰に多くなると、競技選手のストレスから回復する能力を上回る刺激が生じ、過度の筋痛や疲労が残る結果となる。したがって、トレーニングのピリオダイゼーションでは、注意深く計画してオーバートレーニングを避けるべきである。

無酸素性オーバートレーニングの
ホルモン指標

　定期的なパフォーマンス基準のモニタリングは、NFORあるいはOTSの開始を避けるうえで中心となるが、研究者の中には無酸素性オーバートレーニングを特徴づけようとして生物学的なマーカーを用いる者もいる。実際に、内分泌的要因が中心的な機能障害を仲介し、OTSの病因となるという長い間仮説が立てられてきた（140）。

　安静時血漿テストステロン／コルチゾール比は、オーバートレーニング状態の指標として長い間考えられてきた。この比の低下は、強度と期間に関連しているが、今では実際の生理学的なトレーニングの損傷を示すのみであり、診断的な目的で用いることができないということは明らかである（43）。ストレスの多い刺激への反応として、下垂体ホルモン（副腎皮質刺激ホルモン［ACTH］、成長ホルモン、黄体ホルモン、卵胞刺激ホルモン［FSH］）の上昇の鈍化が報告されている（194）。しかしながら、運動後の急性のホルモン反応は一様なようであるにもかかわらず、OTSによってもたらされる神経内分泌系の阻害の説明は単純ではない。実際に、末梢の代謝ホルモンをOTSの正確なマーカーとして用いることができるかは、現在も議論されているトピックである。FORに応答するオーバートレーニングを予測しようとして、テストステロンおよびIGF-Iの安静時濃度の減少が観察されている（159）ものの、レジスタンスエクササイズの反応において、急性のテストステロン応答が過去にオーバーリーチとなったことがあるトレーニングを積んだ人にみられた（61）。トレーニング量の増加によるオーバートレーニングによってコルチゾールが増加し、黄体形成ホルモンや総テストステロン、遊離テストステロンの安静時濃度が減少する（65）。さらに、エクササイズが引き起こす総テストステロンの上昇が抑制される可能性がある（79）。

　強度に関連したオーバートレーニングでは、ホルモンの安静時濃度に影響を受けないと考えられる（58）。Fryら（60）は高強度のオーバートレーニング（1RM、10セットのスクワットを2週間毎日実施）で血中テストステロンや遊離テストステロン、コルチゾール、成長ホルモンの濃度は変化しなかったと報告した。興味深いことに、Meeusenら（141）は、

競技選手の**トレーニング状態**は視床下部−下垂体の反応性に影響を与え、NFORへの応答に対して異なる神経内分泌的応答を伴うことを報告している。まず、高度にトレーニングを積んだ競技選手は、大きく高感度（過敏）な交感神経性ホルモン反応を経験するようであり、続いて、下垂体の感度の下方制御（ダウンレギュレーション）と長期的な下垂体の疲労を反映して循環中のホルモン濃度の抑制が起こる（141）。まとめると、内分泌系応答が適切なマーカーとしての役割を果たすには、1週間以上の観察が必要と考えられる。しかしながら、明らかになっているのは、これらは、NFORを早期に検出させ、またオーバートレーニング症候群の予防について早期に認識させる最も効果的な生物学的マーカーであろうということである。

オーバートレーニングの心理学的要因

気分プロフィール検査（POMS、profile of mood states）で判定される気分障害や心理症状は、長年にわたって競技選手のOTSと関連づけられてきた。高い負荷のレジスタンストレーニングに伴い、活力や動機づけ、自信の低下、また緊張や抑うつ、怒り、疲労、混乱、不安、いら立ちの増加、そして集中力の欠如が起こる（110）。心理学的特徴の変化は内分泌系の変化とも関連している（141）。多くの選手は実際にパフォーマンス低下が起こる前に、関連する心理的変化によってオーバートレーニングを感じていることがしばしばみられる。選手の気分や精神状態をモニタリングすることは、オーバートレーニングの病識を得るうえで非常に重要である（111,140）。

ディトレーニング

ディトレーニングという用語は、無酸素性トレーニングの中止または頻度、量、強度のどれかまたはこれらの変数の組み合わせて大幅に減少した後に続く、パフォーマンス低下と蓄積された生理学的適応の喪失を指す。**可逆性**の原理に従い、トレーニングによって引き起こされた適応は一過性であり、したがってトレーニング負荷が不十分であったり、完全になくしてしまうと、その適応は消失してしまうこともある。その結果、部分的あるいは完全な解剖学的、生理学的、パフォーマンス面の消失が起こる。

これらの消失の大きさは、ディトレーニング期間の長さとともに、当初の個人のトレーニング状態によって決まる。

トレーニング刺激の除去に続いてディトレーニングの効果が完全に観察されるまでには、時間的な遅れが生じる。全般的なスポーツパフォーマンスは、4週間にわたる不活動でも容易に維持されるが、高度にトレーニングを積んだ競技選手においては、伸張性の力および競技特異的なパワーは明らかに速く低下する（146）。トレーニングを積んだウェイトリフティング選手では、14日間にわたるトレーニング刺激の除去は、ベンチプレス（−1.7%）やスクワット（−0.9%）、等張性短縮性膝伸展力（−2.3%）、垂直跳びパフォーマンス（1.2%）において、有意な1RM筋力パフォーマンスに有意な影響を与えなかった（88）。レクリエーションでトレーニングしている男性においてはディトレーニングの最初の6週間で変化はほとんどみられなかった（108）。より長い期間のトレーニング停止は、ストレングストレーニングを積んだ競技選手において有意に明白な筋力パフォーマンス低下を伴う（146）が、8〜12週間にわたる不活動の期間中におけるその喪失は7〜12%に限定されている。この筋力喪失は、平均最大両側および片側筋内EMGの減少と関連している。実際に、初期の筋力低下は神経的なメカニズムに関係すると考えられ、ディトレーニング期間が長くなると筋萎縮の影響がより大きくなる。興味深いことに、筋力が低下してトレーニング前の値を下回ることは稀で、これは、刺激が取り除かれたときに、レジスタンストレーニングの残存効果があることを示唆している。しかし、トレーニングの再開時に、筋力が再度向上する速度は速く、このことは「マッスルメモリー」の概念を支持するものである。

トレーニング停止後の筋線維の特徴については、筋の破壊は不活動の最初の数週間は変化なく続くが、トレーニング停止の8週間以内にストレングストレーニングを積んだ競技選手において酸化的（oxidative）筋線維は増加するかもしれない（持久的競技選手においては減少する）と考えられている（146）。ストレングストレーニングを積んだ競技選手では、14日間の不活動による筋線維タイプの割合への影響はなかったことが報告されている（80）。比較して、筋線維の横断面積はストレングスおよびス

プリントの競技選手において急速に減少する（146）。Hortobagyiら（88）は、12名のトレーニングを積んだウェイトリフティング選手において、速筋線維の横断面積が14日間で6.4％減少したことを観察した。これらの変化は、最初に速筋線維に特異的に起こり、遅筋線維の分布に顕著な変化はみられない。より長い期間の停止により、無酸素的トレーニングを積んだ競技選手において、速筋線維および遅筋線維両方の横断面積や筋量の減少が引き起こされる。プロラグビーリーグの選手において、速筋線維の横断面積は、遅筋線維の横断面積よりも減少し、前者は試合期の終わりから23％増加したが、トレーニングなしで6週間後の増加は9％のみであった（8）。トレーニングなしで7カ月後、パワーリフティング選手においてすべての筋線維タイプにおいて平均して37.1％の筋萎縮が観察された（182）。一流のボディビルダーはトレーニングを行わずに13.5カ月後、除脂肪体重や大腿囲および腕囲（腕回り）、平均筋断面積はそれぞれ9.3％、0.5％、11.5％、8.3％低下した（72）。

まとめ

無酸素性運動は生体組織および身体のさまざまな系に対する特異的な種類のトレーニングストレスを意味し、無酸素性トレーニングの結果としての適応は、行われた運動の特徴に対して特異的に起こる。適応には、個人の年齢や栄養摂取、これまでのフィットネスレベル、トレーニングに対する動機づけが影響するというのも明らかである。多くの構成要素を持つトレーニングプログラムの統合には、不適合やオーバートレーニングを最小限にするために注意深い計画やモニタリングが必要となる。爆発的トレーニングは筋パワーを大きく増加させ、一方で、従来の高重量のレジスタンストレーニングは主に筋サイズと筋力を増加させる。一般的に無酸素性トレーニング（レジスタンス、スプリント、プライオメトリックス、アジリティ、高強度インターバルトレーニング）により、動員や発火頻度、同期の増大につながる、また筋機能が亢進され筋力とパワーの増加が可能となる神経系における特異的な適応が引き起こされる。

無酸素性トレーニングは、骨や筋、これに関連する結合組織にプラスの効果をもたらし、運動に対して筋骨格系全体は協調して適応する。非常に激しいトレーニングを行った競技選手は筋力を生み出す能力が向上し、それに応じて骨やほかの結合組織で負荷耐性が結果として高まる。無酸素性トレーニングは、骨格筋の量や力を生み出す能力の増加や、代謝機能の向上、また組織のリモデリングを促進する内分泌系のわずかな変化につながる可能性がある。

無酸素性トレーニングでは、心臓血管系と呼吸器系における短期的、長期的適応はあまり起こらないが、低強度で量の多いレジスタンスエクササイズでは有酸素性運動と似た応答が起こる。まとめると、神経筋系、骨格筋系、内分泌系、心臓血管系の機能向上が、筋力、パワー、筋肥大、筋持久力、運動能力といった競技パフォーマンスを高めるすべての要素の向上につながる。競技選手にみられる適応は、運動刺激の質と直接的に関連し、またプログラムデザインに組み込まれた漸増性過負荷、特異性、多様性のレベルに相応に関連している。プログラムデザインの科学的根拠は、選手がパフォーマンスを向上させる効率性において最終的に目に見えるものとなる。

重要語句

アクチン（actin）

無酸素性非乳酸機構（anaerobic alactic system）

無酸素性乳酸機構（anaerobic lactic system）

無酸素性トレーニング（anaerobic training）

両側性機能低下（bilateral deficit）

両側性促進（bilateral facilitation）

骨基質（bone matrix）

骨密度（bone mineral density）

コラーゲン（collagen）

皮質骨（cortical bone）

クロスエデュケーション（cross-education）

架橋結合（covalent cross-linking）

ディトレーニング（detraining）

エラスチン（elastin）

筋電図測定（electromyography, EMG）

線維軟骨（fibrous cartlilage）

機能的オーバーリーチング（functional overreaching, FOR）

硝子軟骨（hyaline cartilage）

ハイドロキシアパタイト（hydroxyapatite）

増殖（hyperplasia）

肥大（hypertrophy）

力学的負荷（mechanical loading）

コラーゲン細線維（microfibril）

ミニマルエッセンシャルストレイン（minimal essential strain：MES）

運動単位（motor unit）

筋形成（myogenesis）

ミオシン（myosin）

筋伸張反射（myotatic reflex）

ネブリン（nebulin）

神経筋接合部（neuromuscular junction：NMJ）

非機能的オーバーリーチング（nonfunctional overreaching：NFOR）

骨芽細胞（osteoblasts）

骨形成刺激（osteogenic stimulus）

骨粗鬆症（osteoporosis）

オーバーリーチング（overreaching）

オーバートレーニング（overtraining）

オーバートレーニング症候群（overtraining syndrome：OTS）

副交感神経性オーバートレーニング症候群 （parasympathetic overtraining syndrome）

ピーク骨量（peak bone mass）

羽状角（pennation angle）

骨膜（periosteum）

プロコラーゲン（procollagen）

漸増的過負荷（progressive overload）

圧−心拍数積（rate-pressure product）

反応性充血（reactive hyperemia）

選択的動員（selective recruitment）

サイズの原理（size principle）

負荷の特異性（specificity of loading）

疲労骨折（stress fractures）

構造的エクササイズ（structural exercises）

交感神経性オーバートレーニング症候群 （sympathetic overtraining syndrome）

腱スティフネス（tendon stiffness）

タイチン（チチン）（titin）

海綿骨（trabecular bone）

換気当量（ventilation equivalent）

126 ストレングストレーニング&コンディショニング

例題

1. レジスタンストレーニング後に、動作する筋に対する神経の作用が増大するのは、どのようにしてもたらされるか。
   Ⅰ. 主働筋の動員の増加
   Ⅱ. 筋肥大
   Ⅲ. 発火頻度の改善
   Ⅳ. 同期の向上
   a. 上記のすべて
   b. Ⅰ、Ⅳ
   c. Ⅰ、Ⅱ、Ⅲ
   d. Ⅰ、Ⅲ、Ⅳ

2. ボックスからボックスへプライオメトリックドロップジャンプを行っている人が、限られた時間（＜200ms）内に効果的な力を生み出すために、選択的動員の原則によりバイパスされるのはどの筋線維か？
   a. Ⅰ
   b. Ⅱa
   c. Ⅱx
   d. Ⅱc

3. 競技選手の多くに一般的にみられる非機能的オーバーリーチ（NFOR）のパフォーマンス面または生理学的な特徴ではないのは、以下のうちどれか？
   a. 停滞とパフォーマンスの低下
   b. ホルモンの障害
   c. 睡眠障害
   d. 疲労レベルの増加

4. 一流ストレングスあるいはパワー競技選手において、長期にわたるディトレーニング期間に続いて、以下のどの身体的特徴が無酸素性トレーニング刺激の除去の結果として最も大きな低下を示すか。
   a. 総脂肪量
   b. 速筋線維の横断面積
   c. 遅筋線維の横断面積
   d. タイプⅠ筋線維の総量

5. ある期間の長期的な高強度レジスタンストレーニングに続いて、体内の多数の系において、ストレングスおよびパワー的な身体活動における競技パフォーマンス向上を促す多様な生理学的適応が起こる。
   もし一流競技選手が12週間の激しいストレングストレーニングを行ったとき、この種の無酸素性運動の結果として起こるとは考えられない適応は以下のどれか。
   a. タイプⅡxからタイプⅡaへの筋線維の移行
   b. ある筋群における羽状角の増加
   c. 筋小胞体とT管の密度の減少
   d. ナトリウム－カリウムATPアーゼ活性の上昇

6. 以下の競技選手のうち、各競技に関連した力のベクトルと身体的な要求の結果として骨密度（BMD）レベルが限定的であると推測されるのはどれか？
   a. 7年間のトレーニング歴を持つ16歳の女子体操選手
   b. 8年間にわたってウェイトを挙上してきた23歳のオフェンシブラインマン
   c. スクワットの1RMが160kg（352ポンド）である33歳の自転車競技選手（トラック）
   d. 1年間のドライランド（陸上での）トレーニングを行った19歳の800m自由形水泳選手

CHAPTER 6

Adaptations to Aerobic Endurance Training Programs
有酸素性持久力トレーニングプログラムに対する適応

Ann Swank, PhD, and Carwyn Sharp, PhD

▶ **本章を終えると**

- 有酸素性運動における心臓血管系、呼吸器系の短期的応答について説明できるようになる。
- 心臓血管系、呼吸器系、神経系、筋、骨、結合組織、内分泌系の生理学的特性に対する長期的な有酸素性持久力トレーニングの影響について理解できるようになる。
- 有酸素性持久力トレーニングと、身体のすべての系の生理学的反応の最適化の間の関係を理解できる。
- 短期および長期の有酸素性運動への適応に影響する、高度や性差、血液ドーピング、ディトレーニングを含む外部要因について説明できる。
- オーバートレーニングの原因、徴候、症状、影響を理解できる。

ストレングス＆コンディショニング専門家が効果的なエクササイズトレーニングを提供するためには、短期間（急性）および長期間（慢性）の有酸素性運動に対する全身反応の理解が必要である。本章では、有酸素性運動に対する心臓血管系と呼吸器系の短期的応答、そしてそれらの応答に関わる生理学的要素の有効な測定方法を説明する。また、有酸素性持久力トレーニングによって起こる長期的な適応についても触れる。本章には、オーバートレーニングの有害な影響とともに、高度（高地）やディトレーニング、血液ドーピングなど有酸素性持久力トレーニングに影響を与える外的要因についての議論も含まれている。

有酸素性運動に対する短期的応答

1回の有酸素性運動を行うことで、身体、中でも心臓血管系や呼吸器系、筋系に大きな代謝要求が起こる（第5章の表5.1を参照）。さらに、長期的なエクササイズトレーニングに伴ってこのような運動ストレスに繰り返しさらされると、身体システムすべての機能と応答に多くの変化がもたらされる。有酸素性運動の短期的作用の基礎知識が、その後に解説する有酸素性運動の長期的な適応の理解の基礎になる。

心臓血管系の応答

有酸素性運動中の心臓血管系の主な機能は、酸素やその他の栄養素を働いている筋へ運搬し、代謝産物や老廃物を運び去ることである。この項では心臓血管系の急性応答のメカニズムについて述べる。

心拍出量

心拍出量は、1分間当たりに心臓から送り出される血液の総量（ℓ：リットル）であり、1回の収縮により送り出される血液量（**1回拍出量**）と拍出の頻度（**心拍数**）によって決まる。

$$\dot{Q} = 1 回拍出量 \times 心拍数 \qquad (6.1)$$

$\dot{Q}$ は心拍出量1回拍出量は1拍当たりに送り出される血液量（ml：ミリリットル）であり、心拍数は

1分間当たりの拍数（収縮数）で測定される（46）。

心拍出量は安静状態から有酸素性運動の定常状態への移行する過程で、最初のうちは急速に増加し、その後、緩やかに増加してプラトー（高原状態）に達する。最大運動では、心拍出量は安静時（約5L/分）の約4倍の20～22L/分まで増加する。1回拍出量（次項を参照）は運動開始とともに上昇を始め、酸素消費量がその人の最大酸素摂取量の約40～50％になるまで上昇を続ける（4）。このレベルで1回拍出量はプラトーになり始める。座業中心の（座っていることの多い）大学生男子では、最大1回拍出量が平均100～120ml/拍、同年代の女子では、体格の平均が小さいことから、それより約25％少ない（99）。トレーニングがこのような応答に及ぼす影響は顕著であり、大学生男子において最大1回拍出量が150～160ml/拍、同年代の女子では約100～110ml/拍に増加するのを観察した（99）。

1回拍出量

1回拍出量は、主に2つの生理学的メカニズムによって調節されている。1つは血液充満時（拡張期）の終わりに左心室が送り出すことができる血液の量（**拡張終期容量**）、もう1つは交感神経系のホルモン（カテコールアミン）であるエピネフリン、ノルエピネフリンの作用である。これらのホルモンにより心室はより強く収縮し、収縮期に送り出される血液量が増加する。

有酸素性運動時には、静脈収縮（交感神経系の活性化によって増加が引き起こされる）（6）や筋ポンプ（筋収縮と一方向性の静脈弁が組み合わさることで運動中に心臓へ血液を「押す」）（44）、呼吸ポンプ（呼吸頻度と一回換気量が増加する）（93）が組み合わさることで**静脈還流量**（心臓に戻る血液の量）が増加する。これらすべてが心臓の各心室心房および胸部大静脈の圧力を変化させ、静脈還流の増加を促進する（93）ため、拡張終期容量が大幅に増加する。これによって心臓の体積が増加し、心筋線維が安静時より引き伸ばされ、収縮力が強まることになる（これはゴムバンドを大きく引き伸ばすとより大きく縮むことと類似している）。収縮により血液を駆出する力が増大し、より多くの血液が心臓から押し出される（46）。この原理は**フランク・スターリング機構**と呼ばれており（訳注：スターリングの心

どのようにして最大心拍数を推定できるか？

最大心拍数を簡単に推定する方法は、220から年齢を引くことである。たとえば47歳の人の推定最大心拍数は、

$$220 - 47（年齢）= 173拍／分$$

である。この推定値の標準偏差は±10〜12拍／分であり、この場合、実際の最大心拍数は161〜185拍／分の範囲内と推定される。運動時心拍数の計算は第20章を参照のこと。より最近のメタアナリシスでは、健康な成人で（208 − 0.7×年齢）という式を用いることでより正確に最大心拍数を予測できると判明している（123）。

臓の法則としても知られる）、「収縮力は心筋壁の線維の伸張度に比例する」と説明される。心臓から駆出される血液の増加は、**駆出率**（拡張終期容量のうち、心臓から駆出される血液量）の増加によって特徴づけられる（32,46）。運動開始時、または運動開始を予想するだけでも、交感神経の刺激によって心筋の収縮性が高まり、その結果、1回拍出量が増加する（32,91）。

心拍数

運動の開始直前や開始時には、交感神経系の反射刺激によって心拍数が増加する。有酸素性運動中の心拍数は、強度に比例して増加する（32）。心拍数の上昇の割合や、実際の心拍数の応答、到達する最大心拍数は、個人の体力レベルや年齢などの個別の特徴と、運動の作業負荷も関係する。

酸素摂取量

酸素摂取量とは、体内の組織で消費される酸素量を指す。短期的な（急性の）有酸素性運動中、活動している筋で必要とする酸素量が増加し、その増加は、活動している筋量、代謝効率、運動強度が直接関係する。有酸素性運動において、仕事量が大きく、多くの筋が動員される場合、総酸素摂取量が大きくなる可能性が高い。代謝効率の上昇によって酸素摂取量の増加が可能となり、とくに最大運動時において可能となる。

最大酸素摂取量は、全身の細胞レベルで利用することができる酸素量の最大値を指す。最大酸素摂取量は身体のコンディショニングとの相関が高いことが明らかになっており、心肺系体力の指標として最も広く使われている（32）。酸素の利用には、主に心臓と循環系の酸素運搬能力と身体の組織の酸素利用能力が関係している。安静時の酸素摂取量は体重1kg当たり、1分間当たり3.5ml（3.5ml/kg/分）と

推定されており、この値が1**代謝当量（MET）**として定義されている。健康な人の最大酸素摂取量は通常25〜80ml/kg/分、あるいは7.1〜22.9METで、年齢やコンディショニングレベルなどさまざまな生理学的条件によって決まる（46）。

酸素摂取量（$\dot{V}O_2$）は心拍出量、酸素摂取量、動静脈酸素較差の関係を表す以下の式（**フィックの式**）から得られる。

$$\dot{V}O_2 = \dot{Q} ×（動静脈酸素較差） \qquad (6.2)$$

$\dot{Q}$は心拍出量（ml/分）を示し、**動静脈酸素較差**（動脈血と静脈血に含まれる酸素量の差）は血液100ml当たりの酸素量（ml）で表される。6.1の式を用いることで、以下に示す例のように酸素摂取量を計算することができる。

$$\dot{V}O_2 = 心拍数×1回拍出量×動静脈酸素較差$$

$$\dot{V}O_2 = 72拍／分×血液65ml／拍×$$
$$酸素6ml／血液100ml = 281ml\ O_2／分$$

酸素摂取量を一般的な単位（ml/kg/分）で表すためには、この結果をその人の体重（kg）で割る。80kg（176ポンド）の競技選手の場合

$$\dot{V}O_2 = 281\ ml\ O_2／分÷80kg$$

$$\dot{V}O_2 = 3.5\ ml/kg／分$$

血圧

収縮期血圧は、心室収縮時（**収縮期**）に勢いよく送り出される血液が動脈壁に加える圧力を推定したもので、心拍数と組み合わせて心臓の酸素消費量（仕事量）を示すのに使われる。この心臓の仕事の推定

値は以下の式によって得られ、**圧－心拍数積**、もしくは**二重積（ダブルプロダクト）**と呼ばれる。

$$圧－心拍数積＝心拍数×収縮期血圧 \qquad (6.3)$$

拡張期血圧は、血液が押し出されていないとき（拡張期）に動脈壁に加わる圧力を示す。拡張期血圧は末梢抵抗の指標となり、有酸素性運動中は血管が拡張するため、低下するだろう。体循環では、大動脈や動脈での血圧が最も高く、静脈に入ると血圧は急激に低下する。また、心臓からの拍出には拍動性があるので、動脈圧は収縮期レベルの120mmHgから拡張期レベルの80mmHgの間で変動する（おおよその値）。体循環において血液が末梢へと流れると、血圧は徐々に落ち、右心房の大静脈の末端では約0mmHg（静脈圧）になる（46）。

心周期を通しての平均血圧を**平均動脈圧**という（式6.4）。平均動脈圧は、収縮期血圧と拡張期血圧の平均値ではない。通常、動脈圧は、心周期の中で収縮期血圧よりも拡張期血圧のレベルに近い時間が長いため、平均動脈圧は通常収縮期血圧と拡張期血圧の平均より低い値となる。

$$平均動脈圧＝[（収縮期血圧－拡張期血圧）÷3] \\ ＋拡張期血圧 \qquad (6.4)$$

正常な安静時血圧は、一般に収縮期が110～139mmHg、拡張期が60～89mmHgの範囲とされる。通常、最大の有酸素性運動では、収縮期血圧が220～260mmHgまで上昇するが、拡張期血圧は安静時レベルのままか、わずかに低下する（46,91）。

局所循環の調節

血流に対する抵抗は、血液粘性の増加と血管の長さの延長によっても増加する。しかし、ほとんどの状況において、これらの要因は、相対的に一定のままである。そのため、局所の血流を制御する主なメカニズムは、**血管の収縮および拡張**であると考えられる。

有酸素性運動中、活動している筋の血流は局所的な細動脈の拡張によって大幅に増大すると同時に、ほかの器官系への血流は細動脈の収縮によって減少する。安静時には、心臓から送り出される血液の15～20%が骨格筋へと送られるが、激しい運動中は、心拍出量の最大90%の血液が骨格筋に送られることもある（32,91）。

> ▶ 短期間（急性）の有酸素性運動は、心拍出量、1回拍出量、心拍数、酸素摂取量、収縮期血圧、活動筋への血流量の増大と、拡張期血圧の低下をもたらす。

呼吸器系の応答

有酸素性運動は、無酸素性のレジスタンストレーニングなどの他のタイプの運動と比べ、酸素摂取量と二酸化炭素の生産量に最も大きな影響を与える。有酸素性運動中、肺胞内のガス濃度を適切なレベルに維持するため、組織に送られる酸素、肺に送り返される二酸化炭素、そして**分時換気量**（1分間当たりに呼吸される空気の量）が大幅に増加する（91）。

有酸素性運動中には、呼吸の深さ、頻度、もしくはその両方の増加によって、分時換気量が増加する。健康な若い成人の呼吸数は、安静時の12～15回／分から、強度の高い運動中には35～45回／分まで上昇する。**1回換気量**（1回の呼吸で吸い込まれ、吐き出される空気の量）は、安静時の0.4～1Lから、3L以上に増加する。その結果、分時換気量は安静時の15～25倍の90～150L／分に増加する（32,46,91）。

低～中程度の強度の有酸素性運動中は、酸素摂取量と二酸化炭素生産量の両方の増加に伴って換気量が増加する。この場合の換気量増加は、主に1回換気量の増加による。酸素摂取量に対する分時換気量の比率を**換気当量**と呼び、1Lの酸素摂取に対して20～25L程度の換気が行われている。より高強度の運動（トレーニングされていない人で最大酸素摂取量の45～65%、トレーニングを積んだ競技選手で最大酸素摂取量の70～90%を超える強度）では、呼吸頻度の増加がより大きな役割を果たす。このレベルでは、分時換気量は酸素摂取量の増加と比例して増加するのではなく、乳酸の急激な増加と並行して増加が始まる。このような高強度の運動では、換気当量は35～40Lまで増加する場合もある（32,91）。

吸気によって、空気はガス交換の行われる呼吸器系の機能単位である**肺胞**に入る。しかし、吸い込んだ空気の一部は肺胞まで入らずに呼吸気道（鼻腔や口腔、気管、気管支、細気管支）内に充満している。この空間はガス交換の機能を果たすことはなく、**解**

第6章　有酸素性持久力トレーニングプログラムに対する適応　131

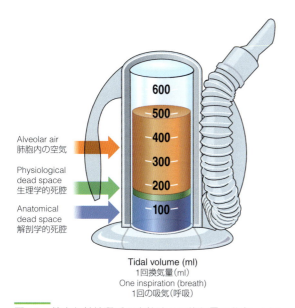

図6.1　健康な競技者の安静時1回換気量の分布。1回換気量は、肺胞内の空気と混合する周囲の空気約350ml、大きな気道内の空気（解剖学的死腔）約150ml、十分に換気されない肺胞に分布する少量の空気（生理学的死腔）の3つからなる。

剖学的死腔と呼ばれる。若年成人では、通常この空間の体積は平均150mlで、加齢とともに増加する。深呼吸では呼吸気道が拡張するため、1回換気量が増加すると解剖学的死腔は増加すると考えられる（図6.1）。それにもかかわらず、深呼吸に伴う解剖学的死腔の増加に比例して、1回換気量はより大きく増加する。したがって、1回換気量を増加させること（より深い呼吸）は、呼吸の頻度のみを増やすよりも効率のよい換気となる（46,91）。

血流や換気が少ない、肺胞表面に問題があるなどの理由で、肺胞の一部でガス交換ができない場合があり、これを**生理学的死腔**と呼ぶ。健康な人の肺では、すべて、あるいはほぼすべての肺胞が機能しているため生理学的死腔は小さく、無視できる。慢性閉塞性肺疾患、肺炎など、ある種の肺疾患では肺胞の機能が著しく低下し、生理学的死腔が解剖学的死腔の10倍の容積にまで達することがある（46,91）。

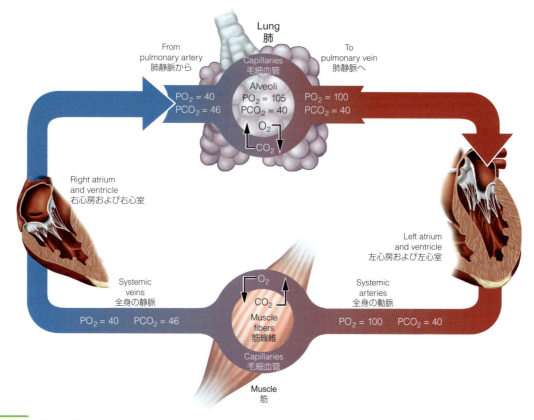

図6.2　安静時の体内におけるガス輸送のための圧力勾配。周囲の空気、気管内の空気、肺胞内の空気の酸素分圧（PO_2）と二酸化炭素分圧（PCO_2）、静脈血と動脈血、筋組織内でのガス分圧も示した。

▶ 有酸素性運動中、毛細血管から組織へ大量の酸素が拡散し、血液から肺胞へと移動する二酸化炭素が増加し、これらの気体の肺胞内濃度を適切に維持するために分時換気量が増加する。

ガス応答

拡散は酸素と二酸化炭素が細胞膜を越えて移動することであり、それぞれのガス濃度と、それらのガスの分子運動による分圧の働きによって起こる。拡散は、濃度の高い側から低い側へのガスの移動によって起こる。組織レベルでは、代謝によって酸素が消費され二酸化炭素が生産されるため、それぞれのガス分圧は動脈血中のそれと大きく異なる（図6.2）。安静時には、間質液（筋細胞のすぐ外側にある液体）では、動脈血で酸素分圧が100mmHgから40mmHgまで急速に低下し、二酸化炭素分圧は動脈血を上回る46mmHgに上昇する。高強度の有酸素性運動中には、酸素分圧は約3mmHgまで低下し、二酸化炭素分圧は90mmHgにまで達する。その結果として、分圧勾配により細胞膜を越えたガスの移動が起こる。加えて、運動によって酸素と二酸化炭素の拡散容量が著しく増大するため、ガス交換がさらに促進され、とくに二酸化炭素でその傾向が強い（32,46,91）。

血液によるガスと代謝副産物の輸送

酸素は、血漿中に溶けた状態、またはヘモグロビンに結合した状態で血液中を輸送される。酸素は液体に溶けにくいため、血漿1Lに溶けて運ばれる酸素はわずか3ml程度でしかない。それにもかかわらず、血漿に溶けて運ばれるこの少量の酸素が、血液その他の体液中の酸素分圧に大きく寄与するため、呼吸の調節メカニズムにおいて、肺胞内の血液や組織の細胞への酸素の拡散に貢献している（46,91）。

血漿に溶けて運ばれる酸素量には限界があり、血液中の酸素の大部分はヘモグロビンによって運ばれる。ヘモグロビンは、100mlの血液中に男性で約15～16g、女性では約14g含まれている。1gのヘモグロビンは1.34mlの酸素を運ぶことができるため、血液100mlで、男性では約20ml、女性ではこれよりやや少ない量の酸素が運ばれることになる（91）。

組織からの二酸化炭素の除去には酸素の輸送との類似点もあるが、二酸化炭素の大部分はより複雑な過程によって除去される。二酸化炭素は細胞内で生産された後、拡散によって容易に細胞膜を通過し、続いて肺へと運搬される。酸素と同じように、血漿に溶けて運ばれる二酸化炭素はごく少量である（代謝過程で生産されるうちの約5%）が、この少量の二酸化炭素が血液の二酸化炭素分圧に寄与するという点も酸素と同様である。二酸化炭素の一部はヘモグロビンによって輸送されるが、その量は限られている（91）。

大部分の二酸化炭素（約70%）は、水と結合して重炭酸塩（HCO_3^-）の形で肺に運ばれる。可逆的であるこの反応の第一段階では、溶液中の二酸化炭素と赤血球中の水が結合して、炭酸を形成する。この過程を顕著に速める炭酸脱水素酵素の作用を除くと、この反応は、通常は非常に遅い。一旦炭酸が形成されると、炭酸は水素イオンと重炭酸イオンに分解される。ヘモグロビンは重要な酸−塩基平衡の緩衝剤であるため、水素イオンはヘモグロビンと結合する。この過程は、血液のpHを維持するうえで手助けとなる。重炭酸イオンが赤血球内から血漿中に拡散するときには、塩化物イオンが入れ替わって赤血球内へと拡散する（46,91）。

乳酸は、運動における重要な代謝副産物の1つである。軽～中程度の運動中には、活動筋に十分な量の酸素が供給されるため、除去される乳酸の割合は生産される乳酸の割合と等しいか上回り、乳酸は蓄積しない。乳酸の除去にはコーリ回路も含まれ、これは筋由来の乳酸が血液によって肝臓に運ばれ、糖新生に用いられるというものである。もし運動強度がより高い場合、乳酸の生産量に有酸素性代謝が追いつかなくなり、血液中の乳酸が増加し始める。血液中における乳酸の蓄積が始まる有酸素性運動レベルを、血中乳酸蓄積開始点（OBLA）と呼ぶ（第3章参照）。

有酸素性運動に対する長期的な適応

有酸素性持久力トレーニングが及ぼす身体への影響を理解することは、身体的および競技パフォーマンスを評価する場合や、トレーニングプログラムの影響を考慮するうえで重要である。この項では、心臓血管系、呼吸器系、神経系、筋、骨および結合組

表6.1 有酸素性持久力トレーニングに対する生理学的適応

要素	有酸素性持久力トレーニングへの適応
パフォーマンス	
筋力	変化なし
筋持久力	低パワー出力時に増加
有酸素性パワー	増加
力発揮の最大レート（立ち上がり速度）	変化なし、もしくは減少
垂直跳び	能力に変化なし
無酸素性パワー	変化なし
スプリントスピード	変化なし
筋線維	
筋線維サイズ	変化なし、またはわずかに増加
毛細血管密度	増加
ミトコンドリア密度	増加
筋原線維	
充填密度	変化なし
量	変化なし
細胞質密度	変化なし
ミオシン重鎖タンパク質	変化なし、または量の減少
酵素活性	
クレアチンホスホキナーゼ	増加
ミオキナーゼ	増加
ホスホフルクトキナーゼ	不定
乳酸デヒドロゲナーゼ	不定
ナトリウム−カリウムATPアーゼ	わずかに増加の可能性
代謝エネルギー貯蔵量	
貯蔵ATP	増加
貯蔵クレアチンリン酸	増加
貯蔵グリコーゲン	増加
貯蔵トリグリセリド	増加
結合組織	
靭帯の強度	増加
腱の強度	増加
コラーゲン含有量	不定
骨密度	変化なし、または増加
身体組成	
体脂肪率	減少
除脂肪体重	変化なし

ATP＝アデノシン三リン酸、ATPアーゼ＝アデノシン三リン酸分解酵素

織、内分泌系へトレーニングが及ぼす影響について解説する（表6.1参照）。

心臓血管系の適応

　有酸素性トレーニングによって、心臓血管系では心拍出量の最大値の向上、1回拍出量の増加、安静時・最大下運動時の心拍数の減少などの変化が起こる。加えて、有酸素的持久力トレーニングの結果として、筋線維の毛細血管密度が上昇し、酸素の運搬と二酸化炭素の除去を支える。

　有酸素性運動のパフォーマンスを最適化するためには、最大酸素摂取量の増加が非常に重要である。

最大酸素摂取量の増加において最も重要なメカニズムは、中枢循環機能（心拍出量）の促進である。洞房結節（SA）における脱分極の頻度は、通常毎分60〜80回である。有酸素性持久力トレーニングの結果、副交感神経の緊張が高まり、脱分極の頻度が有意に低下する。1回拍出量の増加によって安静時心拍数も低下するが、これは1回の収縮でより多くの血液が送り出されるため、心臓の収縮頻度が低下するためである。有酸素性トレーニングによって、安静時に心臓が1回の収縮で血液を送り出す能力が高まり、これが、高度にトレーニングされた持久系競技者にみられる40〜60拍/分という徐脈（心拍数が低い）の一因とも考えられる（46,91）。

長期間の有酸素性持久力トレーニング（6〜12カ月）によって心臓血管機能に起こる適応で最も重要なのは、心拍出量（心拍数×1回拍出量）の最大値の増加で、これは主に1回拍出量の増加による。最大下の同一レベルの運動強度で心拍数が有意に低下することも、有酸素性持久力トレーニングのもう1つの特徴である。さらに、同じ作業負荷に対する心拍数の増加も、運動をしていない人に比べてトレーニングされた競技者のほうが緩やかである（33,91）。長期的にトレーニングを続けると、最大心拍数はわずかに低下する可能性があるため（おそらく副交感神経の感受性の増大による）、最大下および最大運動時の1回拍出量の増加には、左室の大きさ（左室の容積と壁の厚さ）と収縮の強さ（収縮性の増大）が鍵となる。

酸素や栄養素、ホルモンを運搬することに加え、毛細血管の血液循環により熱や代謝副産物を除去する手段も提供される。有酸素性持久力トレーニングに伴う筋密度の増加により、筋線維の毛細血管の増加が観察されており、その増加はトレーニング量と強度によって決まる。この毛細血管密度の増加により、酸素と代謝基質の拡散距離が短縮される（76）。

呼吸器系の適応

換気は一般的に有酸素性運動の制限要因になることはなく、トレーニングによる変化はないか、あっても大きくはない（7,24）。さらに、換気の適応は、トレーニングで用いられた運動の種類に関連した身体活動に対して大きく特異的に起こると考えられる。つまり、下肢の運動中にみられる適応は、下肢を使

うトレーニングの結果として、主に起こる。もし下肢に重点を置いたトレーニングを行った場合、上肢の運動中の呼吸器系の適応は観察されないだろう。トレーニングによる適応には、最大運動時の1回換気量と呼吸数の増加が含まれる。最大下の運動では呼吸数が減少することが多く、1回換気量は増加する。このような換気の適応は、トレーニングで使用された筋の局所的、神経的、化学的適応によるものである（7,24）。

神経的な適応

神経系の適応は、有酸素性持久力トレーニングの初期段階で、重要な役割を果たしている（108）。トレーニングを開始すると、まず運動の効率が高まり、筋の収縮メカニズムの疲労遅延が起こる。さらに、有酸素性パフォーマンスの改善は、協働筋間や筋内（すなわち、コンスタントな活動状態を維持するというより、協働筋が活動と非活動の間で入れ替わり、低レベルの筋力発揮を維持する[122]）の運動単位間の神経活動の協調を促す可能性がある。そうなれば、より少ないエネルギー消費で、より効率的な運動ができるようになる。

筋の適応

有酸素性持久力トレーニングの基本的な適応の1つに、トレーニングをした筋の有酸素性能力の向上がある。この適応によって、絶対強度が同じ運動をはるかに楽に実施できるようになる。より印象的なこととして、トレーニング後、競技選手は以前より向上した最大有酸素性パワーに対して相対強度の高い運動ができるようになる。このようなことから、有酸素性持久力トレーニングの実施前後の最大酸素摂取量測定のみでは、スポーツ競技の場面での能力が正確に示されない可能性がある。たとえば、最大酸素摂取量の75%のペースでマラソンを走ることができた競技者が、トレーニングによって最大有酸素性パワーの80%のペースを維持できるようになる可能性がある。この適応は、筋におけるグリコーゲン消費の抑制（運動中のグリコーゲン使用の減少）と、筋内の脂肪利用の増加の結果として起こり、同じ強度での運動の継続時間が延長される（59）。結果的に、トレーニングを積んだ選手は有酸素性能力に対するOBLAの値が80〜90%まで上昇する。このような

有利な応答は、持久系競技者の筋線維のタイプ、持久的トレーニングによる乳酸発生の減少という局所的適応、ホルモン分泌の変化（とくに高強度運動でのカテコールアミンの分泌）、乳酸除去率の向上などによるものであろう（91）。

有酸素性持久力トレーニングプログラムにおける筋の構成要素は、最大下強度での筋収縮を、ほとんど休息時間を取らずに数多く繰り返すことに関わっている。したがって、相対強度は非常に低く、トレーニングの総量は非常に多い。このトレーニング形式は、タイプⅠ、タイプⅡの筋線維において相対的に同じような有酸素性能力の向上を促す（134）。タイプⅡと比較して、タイプⅠの筋線維は有酸素性能力がより高く、トレーニングによってさらにその能力は向上する（43）。したがって、タイプⅠ筋線維の酸化能力は、トレーニング前後の両方において、タイプⅡ筋線維よりも優れている。しかし、800mインターバルを繰り返すように、強度が十分に高い場合、速筋線維（とくにタイプⅡx）も努力に大きく寄与する。そのような状況ではトレーニングによってタイプⅡ線維の有酸素性能力は向上するが、長期間の有酸素性持久力トレーニングでは、解糖系酵素の濃度が減少し、タイプⅡ線維の筋量減少が起こる可能性がある（82）。

一方、有酸素性活動時のタイプⅠ線維の動員増加によって、タイプⅠ線維の選択的な肥大が起こる（19）。ただし、この肥大は、レジスタンストレーニングへの適応でみられるタイプⅡ線維の断面積の増加ほどではない。また、有酸素性トレーニングによるタイプⅠ線維の肥大は、ボディビルディング形式のレジスタンストレーニングによる変化より小さい。

有酸素性トレーニングの結果、タイプⅡ線維がタイプⅠ線維に変化することを示すエビデンスはほとんどないが、タイプⅡ線維の主要なサブグループ内の移行——タイプⅡx線維からタイプⅡa線維への移行——は起こり得るだろう（2,134）。タイプⅡa線維はタイプⅡx線維より優れた酸化能力を持ち、またタイプⅠ線維により近い機能的な特徴を持つため、この適応は重要である。この移行の結果、有酸素性持久力パフォーマンスの発揮に寄与する可能性のある筋線維数の増加につながる。

細胞レベルでの有酸素性運動に対する筋の適応としては、ミトコンドリアの数とサイズの増加（56）、またミオグロビン含有量の増加が含まれる（21,52）。ミオグロビンは細胞内において酸素を運搬するタンパク質である。ミトコンドリアは、グリコーゲンや遊離脂肪酸を酸化してアデノシン三リン酸（ATP）を有酸素的に生産する細胞小器官である。ミトコンドリアの増加と肥大に加えて、ミオグロビン濃度の上昇によりミトコンドリアに運搬される酸素の量が増加して、筋組織が酸素を抽出および利用する能力が向上する。さらに、グルコースの有酸素的代謝に関与する酵素の増加と活性化（61）に並行して、グリコーゲン（41,43）とトリグリセリド（94）の貯蔵量の増加によって、この適応は一段と進む。

骨と結合組織の適応

さまざまな異なる形式の有酸素運動を選択することで、骨量増加にある程度の効果がみられる。骨の成長を刺激する効果が高い運動種目として、ランニング、高強度なエアロビクスなど、身体的な活動強度がより高い有酸素性運動がある（10,15）。有酸素性運動によって骨形成を刺激するためには、各自の日常の身体活動よりも強度の高い運動を行うことが重要であり、それが最低限の閾値の強度を超え、また最低限の頻度と強度を繰り返し超えることが重要である（10）。活動の強度は、骨に対して継続的に過負荷をかけるために、体系的に高めていく必要がある。最終的に、筋骨格系による制限というよりも酸素運搬能力によって運動強度を高めることが制限され、有酸素性運動を介して骨に過負荷をかけることが難しくなるかもしれない。骨は外部からの負荷の程度と頻度に応答する。したがって、筋骨格系への刺激を増大させるために四肢の動作の割合を高めることも必要となる。高強度インターバルトレーニングテクニックを用いることは、有酸素性運動としての効果をもたらしながら、より大きな骨形成の刺激を与えることもできる方法である（12,34）。

成人の腱や靱帯、軟骨などの成長と強度の増加の程度は運動刺激の強度に比例し、とくに体重がかかる運動でその傾向が強い（98）。骨や筋と同様に、結合組織の変化を生み出すうえで、通常の日常生活で生じる結合組織の歪みや緊張を繰り返し超える運動強度が必要である（第5章参照）。

体重がかかる活動による軟骨への効果の例として、荷重の少ない関節と比較して荷重が最も多く加わる

膝関節の軟骨が厚いということが明らかになっている (98)。組織の生存能（バイアビリティ）を維持するうえで、全可動域にわたる動作において荷重による力が加わることが必須であるようだ (119)。

有酸素性運動が軟骨に負の影響を与える可能性について評価した動物実験では、（負の影響ではなく）逆に、奨励するような結果が示された。激しいランニング（1セッションあたり20km [12.5マイル]）により軟骨の厚みが減少することが研究によって示されているが (66)、その他のイヌを用いた研究では中程度のランニングプログラム（1日当たり1時間、週5回、15週間）によって軟骨の厚みが増加し、骨組織のリモデリングに正の刺激となった (67)。また、1セッションあたり40km（25マイル）のランニングを1年間、あるいはウェイトを加えたランニング（体重の130%のウェイトジャケットを着用）を4km（2.5マイル）、週5日を550週続けても変性関節疾患を引き起こすことはなかった (15)。

内分泌系の適応

レジスタンストレーニングに対する内分泌応答の重要性についてはよく受け入れられているが (75)、有酸素性運動に対する身体の適応においてホルモン産生の変化も同じように重要である (38,39,69,91,94)。テストステロンやインスリン、インスリン様成長因子（IGF-I）、成長ホルモンは筋や骨、結合組織の保全に影響を及ぼすとともに、代謝を正常な範囲に保つ手助けをしている (35,36,71,72,127)。有酸素性運動への応答として、循環ホルモン量の増加や、受容体レベル（受容体の数と代謝回転率の両方）の特異的な変化が起こる。

高強度の有酸素性トレーニングによって、多くのホルモンの最大運動下での分泌速度を高めるが、トレーニングを積んだ競技選手では最大下運動でのホルモン応答はむしろ鈍くなる (87)。これらのホルモン濃度は、相対的な最大下運動強度が同じ場合には、競技選手でも一般人でも同じである (115)。最大運動に対するホルモン応答パターンがより大きくなることにより、高強度で長時間の有酸素性運動に耐え持続する能力が高まると考えられる (138)。運動強度がきわめて高く、継続時間が短い（5〜10秒間）場合には、末梢血液中のホルモン濃度の変化としては、"闘争－逃避反応（戦うか逃げるか、fight-or-flight）"（エピネフリン、ノルエピネフリン濃度の上昇）しか起こらない (74)。

有酸素性トレーニング、とくにランニングでは、ストレスによるコルチゾール分泌が一因となって (115,116)、筋からのタンパク質の分解が起こる場合が多く (124)、身体は、テストステロン、IGF-Iなどのホルモンによる同化作用を高め、これを相殺しようとする (128)。しかしながら、最近のエビデンスでは持久的なトレーニングを積んだ競技選手において、骨格筋における総タンパク質合成が起こっており、これが筋肥大を導くかもしれないということが示唆されているが (68)、ほとんどは収縮タンパク質というよりむしろ、ミトコンドリアによるものである可能性が高い (131,133)。

有酸素性持久力トレーニングへの適応

有酸素性持久力運動に伴うトレーニング適応について、多くの研究が行われている (5,13,17,26,37,53,54,131)。有酸素性代謝はヒトのパフォーマンスにおいて重要な役割を果たしており、回復（リカバリー）のほかに理由がないとしても、すべての競技の基盤となる (125)。代謝では、クレブス回路と電子伝達系がエネルギー生産のための主要経路となる。有酸素性代謝は無酸素性代謝より多くのATPを生産し、ATPを生産する燃料源（fuel source）として脂質、炭水化物、タンパク質が使用される。多くのスポーツ競技には有酸素性代謝と無酸素性代謝の間の相互作用が関わっているため、適切なトレーニングが必要である。たとえばサッカーやラクロス、バスケットボール、ホッケー、アイスホッケーなどでは、継続的な運動（したがって、継続的な有酸素的代謝要求性を持つ）に、スプリント的およびパワー的な活動が混在している。選手がそのような運動を持続し、エクササイズセッション間に適切な回復を行ううえで、適切な有酸素的代謝系のコンディショニングが非常に重要である。

すべての選手にとって、基本的なレベルの心臓血管系の持久性は——パフォーマンスのためでなくても健康のために——必要であり、これは多様なトレーニング様式やトレーニングプログラムを行うことで獲得できる。型にはまった有酸素性トレーニング

方法以外で、有酸素性フィットネス（例：最大酸素摂取量や乳酸閾値）を顕著に向上させることのできるトレーニングは、インターバルトレーニングである（14,37,80）。

有酸素性持久力トレーニングに対する適応を示す、

よく測定される指標の1つが、最大心拍出量の増加に伴う最大酸素摂取量の増加である（13,23,53,131）。運動強度が高くなるにつれ、酸素摂取量は増加し、やがて最大レベルに達する。さらに運動強度を高くしても、その需要に見合うまで酸素消費が増加しな

表6.2　有酸素性持久力トレーニングにおける生理学的変数

	それまでにトレーニングしていない被験者		高度にトレーニングを積んだ、あるいは一流競技選手の被験者
	前	後	
心拍数（拍/分）			
安静時（104, 109）	76.4	57	45
最　大（104, 109）	192.8	190.8	196
1回拍出量（ml）			
安静時（109, 137）	79	76	94
最　大（109, 137）	104	120	187
心拍出量（L/分）			
安静時（109, 137）	5.7	4.4	4.2
最　大（109, 137）	20.0	22.8	33.8
心容積（ml）（104, 109）	860	895	938
血圧（mmHg）（104, 109）			
安静時（104, 109）	131/75	144/78	112/75
最　大（104, 109）	204/81	201/74	188/77
肺換気量（体温37℃、環境気圧、飽和［47mmHg］）（L/min）			
安静時（104, 109）	10.9	12	11.8
最　大（104, 109）	128.7	156.4	163.4
動静脈酸素較差（ml/100ml）			
安静時	5.8	7.5	—
最　大（109, 137）	16.2	17.1	15.9
最大酸素摂取量（ml/kg/分）（104, 109）	36	48	74.1
タイプⅠ線維の割合（1）	48	51	72
筋線維断面積（μm^2）			
タイプⅠ（27）	4947*	6284*	6485
タイプⅡ（27）	5460*	6378*	8342
毛細血管密度			
本/mm^2（1, 51）	289	356	640
本/筋線維（1）	1.39	1.95	2.15
骨格筋酵素			
クエン酸合成酵素（μmol/分/g湿重量）（132）	35.9	45.1	—
乳酸脱水素酵素（μmol/g/分）（27）	843*	788*	746
コハク酸脱水素酵素（μmol/g/分）（27）	6.4*	17.7*	21.6
ホスホフルクトキナーゼ（μmol/g/分）（42, 43）	27.13	58.82	20.1
筋線維最大短縮速度（筋線維長/秒）			
タイプⅠ（48, 126）	0.99	1.27	1.65
タイプⅡ（48, 126）	3.18	3.38	3.72

＊データはトレーニング研究による。被験者はトレーニング未経験もしくは「優秀な長距離ランナー」である。
データはCarwyn Sharpにより編集された。表示されていないデータは、以下による。Saltin, B, Blomqvist, G, et al. Response to exercise after bed rest and after training. Circulation 38 (Suppl. 7): 1-78, 1968.

ければ、継続的に利用できる酸素が存在していたとしても最大酸素摂取量に達したことになる。有酸素性持久力トレーニングにより、有酸素性パワーが5～30%向上する可能性があり、その向上の程度は、部分的にはトレーニング開始時のフィットネスレベルや個人の遺伝的潜在能力による（5）。最大酸素摂取量のほとんどの適応は6～12カ月間以内のトレーニング期間で完了する。その後の有酸素性パフォーマンスのさらなる変化は、ランニングの効率が高まることや乳酸性作業閾値の向上によってなされる（62）。代謝の変化としては、呼吸容量の増大、同一の最大下運動強度での血中乳酸濃度の低下、ミトコンドリア密度と毛細血管密度の増加、酵素活性の向上などがある。経験を積んだランナーでは、長期的な持久力トレーニングを通して$\dot{V}O_2max$が向上しなくても、ランニングエコノミー（経済性）の向上により競技パフォーマンスが向上するかもしれない（13,54）。

トレーニング強度は、有酸素性パワーの向上や維持において最も重要な要因の1つである。持続時間が短く、高強度で繰り返すインターバルスプリント走は、間に挟む休息も同様に短ければ、最大酸素摂取量の向上に効果があるだろう。Callisterら（17）は、スプリント走間の休息時間が長い場合には、最大有酸素性パワーの有意な向上を伴うことなくスプリント走のスピードが改善されたことを示した。したがって、トレーニングセッションがより長く、各エクササイズ間の休息時間が長いと有酸素性能力を向上させる効果は小さくなる。高強度トレーニングのインターバル間により短い回復時間を用いることは、さまざまな骨格筋の代謝過程が改善され、その結果持久的パフォーマンスが改善することがさまざまな研究において示されている（40）。

有酸素性持久力トレーニングは、適切な栄養摂取が行われている場合、一般的に身体組成の変化を伴う。有酸素性持久力トレーニングは通常、体脂肪率を低下させ、除脂肪量に対してはほとんど、あるいは全く変化を生じさせない。より長期にわたるトレーニングでは、体脂肪率がさらに低下することもある（13,26,61）。過剰なトレーニングは、体内で異化作用を優位に導く可能性があり、異化過程と同化過程の間のバランスが取れなくなる原因となる（114）。

▶ 有酸素性持久力トレーニングは、体脂肪の減少、最大酸素摂取量の増大、ランニングエコノミーの向上、呼吸容量の増大、最大下運動時の血中乳酸濃度の低下、ミトコンドリア密度および毛細血管密度の増加、酵素活性の上昇を引き起こす。

表6.2は、短期間（3～6カ月）の有酸素性持久力トレーニングによって起こる生理学的変化をあげ、それらの効果をトレーニングしていない人と一流の持久系競技選手の間で比較したものである。

有酸素性持久力の適応に影響する外的および個人的要因

運動時の心臓血管系の応答とトレーニングへの適応にはさまざまな外的および個人的要因が影響する。この項では高度（高地）、高酸素呼吸、喫煙、血液ドーピング（外的要因）とともに、遺伝的潜在性、年齢、性別（個人的要因）の影響について簡潔に述べる。

高度（高地）

標高1200m（3900フィート）以上の高地に上がると、大気中の酸素分圧の減少を補うための生理学的適応が起こり始める（49）。表6.3に、高地の低酸素への即時および長期的な調整を示す。とくに高所順化（馴化）の初期に起こる2つの変化はとくに重要である。第一に、安静時および運動時の肺換気の大幅な増加（過換気）が起こる。この換気量の増加は、主に呼吸頻度の増加による。しかしながら、高地滞在が長期化すると、1回換気量の増加によっても換気量が増加する。換気量が安定するかどうかは、標高とその高度における滞在の継続期間によって決まる（64）。高地順化の初期に起こる第二の適応として、主に心拍数の増加により、安静時および最大下運動時の心拍出量が増加する（49,91）。最大下心拍数と心拍出量は、海水面レベルでの値と比較して30～50%上昇し、1回拍出量は変化しないか、やや減少する。最大下の運動では、動脈血酸素濃度の減少により、血流量の増加が必要となり、心拍出量の増加が起こる。

同じ標高の場所に10～14日間滞在すると、長期的順化の応答として赤血球の産生が増加するため、

有酸素性運動によるパフォーマンスの向上とは何か？

　有酸素性運動の影響を受ける身体の各系には、筋骨格系、心臓血管系、呼吸器系が含まれる。適応には、以下が含まれる。

呼吸器系：最大下呼吸頻度の減少（31）。

心臓血管系：1回拍出量と最大心拍出量の増加を伴う、一定の最大下の作業負荷に対する心拍数の減少（106）。血液量も増加し、1回拍出量と心拍出量の増加を支える（45）。

筋骨格系：筋内の毛細血管の増加を伴う動静脈酸素較差の増加（110,123）、酸化酵素濃度の増加、ミトコンドリアのサイズおよび密度の増加（58）。

有酸素性パワー（最大酸素摂取量）：ほぼ間違いなく、有酸素性運動トレーニングに伴う生理学的変数における顕著な変化は、最大酸素摂取量（$\dot{V}O_2max$）の増加であり、心臓血管系フィットネスの判断基準の変数としてしばしば用いられる。$\dot{V}O_2max$は一部は遺伝によって決定づけられ、また一部は競技選手の経験するトレーニングプログラムによって決定づけられる。一流競技選手はトレーニングに伴う$\dot{V}O_2max$のわずかな変化（5～10%）を示すことがあるが、トレーニング経験のない個人の$\dot{V}O_2max$は20%増加することがある（55,62）。高い$\dot{V}O_2max$に加え乳酸閾値の増加により、ランニング競技や間欠的スプリントが必要となる競技（サッカーやバスケットボール、その他チームスポーツ）におけるパフォーマンス促進が可能となる。

乳酸閾値：有酸素性トレーニングにより、絶対的乳酸閾値が増加し、高度にトレーニングを積んだ個人は、十分にトレーニングを積んでいない人よりも相対的および絶対的に割合の高い$\dot{V}O_2max$で作業が可能となる。この乳酸耐性の向上は、多様なパフォーマンスの成果へと移行する。その成果には、レースにおける$\dot{V}O_2max$に対してより高い割合でのランニング（タイムの短縮に結びつく）や、ゲーム中におけるより長い距離をカバー、後半でのパフォーマンスにおけるリカバリーの促進、イベントを通して高い運動強度での作業、が含まれる。高い乳酸閾値を持つことの重要性は、以下の例でみることができる。たとえば2人の$\dot{V}O_2max$が同じ、もしかしたら50ml/kg/分かもしれない。しかしながら、1人の乳酸閾値が$\dot{V}O_2max$の80%（すなわち閾値は40ml/kg/分で生じる）であるが、もう1人が$\dot{V}O_2max$の70%（すなわち閾値は35ml/kg/分で生じる）であると、前者は5ml/kg/分相当する分のパワー出力を維持することができる。動作のエコノミー（経済性）といった、ほかのすべても同じで、より速い動作スピード、したがってより優れたパフォーマンスという結果につながる。

効率的な基質利用：糖質は多くのチームスポーツにおける高強度間欠的運動のエネルギー源として好ましい。有酸素性運動トレーニングは、基質としての脂質の利用が増加し、相対的に糖質の温存が多くなるという結果となる。糖質の温存に伴い、持久系のトレーニングを積んだ人では、より高強度の運動を、より長時間にわたって維持することができる。内在性のグリコーゲン貯蔵を増加させるための多様な糖質ローディング操作を通して、有酸素性運動はさらに改善されるかもしれない（16）。

筋線維の適応：筋線維を横断面積という観点から調べてみると、一流の長距離ランナーはタイプⅠ線維がより高い割合（パーセンテージ）となっており、利用可能なタイプⅠ線維は有酸素性代謝に対して機能的に非常に効率的である（ミトコンドリア密度および酸化酵素能の増加［57］、酸素運搬のための毛細血管網の増加）。有酸素性運動トレーニング、とくに長距離で高強度間欠的運動の結果、タイプⅠ線維の酸化能力を高める。骨格筋線維は、そのミオシン重鎖および内的な特徴を変化させることができ、これにより筋線維分類の変化が導かれ、持久的なトレーニングを行った競技選手においてタイプⅡx線維の減少がみられることが、研究によって示されている（8,102）。パフォーマンスの見地からは、これらの代謝的変化と筋線維の変化は、より効率的な有酸素性エネルギー生産の利用という結果をもたらす。

運動効率：運動の経済性の大部分は、バイオメカニクスと技術によって決まる。2人の有酸素性持久力競技選手が同じ最大酸素摂取量であり、乳酸閾値であったとしても、同じパフォーマンス結果を示すわけではない。より効率的な運動をする（すなわち同じパワー出力を維持するのに必要とするエネルギーが少ない）競技選手のほうが、たとえ2人とも同じ$\dot{V}O_2max$および乳酸閾値であったとしても、より長く同じパワー出力を続けることができる。

心拍数と心拍出量はもとのレベルに戻り始める。このように、高所環境に急性的に曝露される（さらされる）と、酸素分圧の低下による負担を、換気量増加（過換気）と最大下運動時の心拍出量増加によって、素早く相対的に効率よく応答することによって相殺する。しかしながら、標高が1200m以上の高地

では、これらの調節にもかかわらず、この急性期の間に動脈血中の酸素飽和度は低下し、その結果として最大酸素摂取量や有酸素性パフォーマンスは低下する。このような順化（馴化）は、海水面レベルに戻ると約1カ月でもとに戻る。表6.3に示したように、長期の高地滞在では、長期的な生理学的調整および

表6.3　高所低酸素に対する調節

系	即時的な調節	長期間での調節
呼吸器系	過換気	換気数の増加が安定する
酸－塩基平衡	過換気によるCO_2減少に伴い、体液がよりアルカリ性になる	腎臓によるHCO_3^-の排出とそれに伴うアルカリの蓄えの減少
心臓血管系	安静時と最大下運動における心拍出量の増加。 最大下心拍数の増加 1回拍出量は変化しない、またはわずかに減少する。 最大心拍数は変化しない、またはわずかに減少する。 最大心拍出量は変化しない、またはわずかに減少する。	最大下心拍数は高い状態を維持する 安静時および最大下運動時、最大運動時の1回拍出量は減少する。 最大心拍数は減少する 最大心拍出量は減少する。
血液学的変化		赤血球生成の増加（赤血球増加症） 粘性の上昇 ヘマトクリットの増加 血漿量の減少
組織の局所的変化		骨格筋の毛細血管密度の増加 ミトコンドリアの数の増加 遊離脂肪酸の利用が増加し、筋グリコーゲンを温存する

代謝における下記の調整が起こる。

- ヘモグロビンの増加（一般的には5～15％。より高い値も報告されている）、赤血球数の増加（30～50％）。
- 肺胞壁における酸素拡散能の向上。
- 換気量増加と腎臓からのHCO_3^-の排泄の増加による体液の酸塩基平衡の維持。
- 毛細血管の増加。

　これらすべての適応によって、準高地、高地での相対的低酸素状態に対する抵抗性が向上し（46,49,91）、海水面レベルとほぼ同様の運動能力の発揮も可能になる。このようなある程度の高地（2200～3000m）への適応には、最低でも3～6週間は必要となる。しかし、高地順化の期間にかかわらず、一般的に高地環境に曝露されていると海水面レベルと比較してパフォーマンスは低下すると推測されている。ストレングス＆コンディショニング専門職は、高地に対して短期的応答と長期的適応の両方があることを競技選手に通知し、適切に調整されたトレーニング処方と、高地の影響に対する積極的な心理的ア

プローチを維持できるようにすることが推奨される。

高酸素呼吸

　運動中の休息時や運動後に酸素を多量に含む気体を吸い込む（**高酸素呼吸**）と、運動のパフォーマンスにある面ではプラスの効果を及ぼす可能性があるとされているが、そのメカニズムには不明な点があり、その効果についても議論が続いており、見解が分かれている（117,118）。高酸素呼吸によって、血液によって輸送される酸素量が増加し、活動している筋への酸素供給が増加するかもしれない。しかしながら、健康な人が海水面レベルで周囲の空気を呼吸したとき、動脈血のヘモグロビンの95～98％は酸素で飽和されている。したがって、休息時や運動後に高濃度の酸素を呼吸することの可能性について、まだ十分に解明されていない（46,103）。

喫煙

　喫煙と運動パフォーマンスとの関連を扱った研究はほとんどなく、これは競技選手や活動的な人の多くがパフォーマンスの低下や疾患の危険に対するおそれから喫煙を避ける傾向にあるためである（85,

101)。喫煙者は、肺機能障害を起こしたり、慢性気管支炎（65）や肺気腫（86）を含む慢性閉塞性肺疾患（88,120）のリスクが高くなる。運動耐性と心肺機能の減衰がティーンエイジャー（13〜19歳）においてみられ（85）、このことは相対的に喫煙期間が短い若い喫煙者においても有害な影響が生じることを示している。喫煙の有害な影響については、以下が含まれる。

- 気道抵抗の増加（ニコチンによる気管支の収縮、煙の刺激による気管支および細気管支での分泌液の増加や腫脹が原因）。
- ニコチンによる気道表面の繊毛の麻痺。繊毛は、余分な体液や外からの微小粒子を呼吸管から除去する働きを持つため、これが麻痺すると気道に微小粒子が蓄積し、呼吸の困難さが増す。

　したがって、軽度の喫煙者であっても運動中に息苦しさやパフォーマンスレベルの低下を感じるだろう（46,91）。

　タバコの煙に含まれる一酸化炭素は、血行動態の運動に対する応答の低下、カテコールアミンの分泌増加に関与している。一酸化炭素は、酸素に比べてヘモグロビンと結合しやすい。一酸化炭素ヘモグロビン（一酸化炭素とヘモグロビンが結合。カルボキシヘモグロビン）が形成されると、酸素と結合するヘモグロビンが減少し、活動している筋に送られる酸素の量が減少することになる。酸素運搬能力の低下により、最大運動能力がおそらく低下し、最大下の運動でも、活動している筋に必要な量の酸素と結合した血液を送るために心臓血管系の応答を高めなければならないだろう。カテコールアミンの分泌が増加することにより、心拍数と血圧が上昇する。

血液ドーピング

　競技パフォーマンス向上の手段として、赤血球量を人為的に増やす血液ドーピングは、倫理に反し、健康上の深刻なリスクがあると批判されてきた（100）。それにもかかわらず、研究面では、有酸素性運動のパフォーマンス向上、ある種の環境に対する耐性向上の可能性があると示唆されてきた（112）。

　血液ドーピングは、本人または他人の赤血球を注入する方法と、赤血球の産生を刺激するEPO（エリスロポエチン）を投与する方法とがある。赤血球の注入は素早く赤血球量を増やすことができるが、数週間しか維持されない（97）。それに対して、薬剤のEPOでは、数週間にわたって変化が起こり、投与を続ける限りその効果は持続される（112）。いずれの場合も、赤血球数の増加により血液の酸素輸送能力が向上し、活動している筋で使用できる酸素量を増加させると理論化されている。赤血球の注入またはEPO投与のどちらも、最大酸素摂取量は最大11％増加することが明らかにされている（112,113）。標準化された最大下の作業負荷に対して、血液ドーピングを行うことで心拍数および乳酸量の低下とともに、pH値の上昇を伴う（112）。

　血液ドーピングは、環境によるさまざまな影響を和らげる可能性を持つことも示唆されている。血液ドーピングにより高地の影響も減少すると考えられるが、さらに標高が高くなるにつれて血液ドーピングの効果は低減する（107）。高温や低温（暑熱や寒冷）などの環境ストレスの作用も、血液ドーピングによって影響を受ける可能性がある。暑熱環境に曝露されていると、血液ドーピングを行った競技者は最大下運動のストレスへの耐性が高くなる可能性がある（63,111-113）。赤血球数の増加に伴い血液量が増加しているため、身体は活動筋への酸素運搬に十分な量の血液を供給しながら、皮膚にも多くの血液を送り、体温調節を向上させることができる。しかし、血液ドーピングがこのような効果を示すのは、暑熱に慣れている場合のみと考えられ、慣れていない人ではほとんど効果がない（112）。寒冷ストレスに対する血液ドーピングの効果については多くは知られていないが、理論的にある程度の効果が示唆されているとはいえ、健康上のリスクを高めると考えられる（112）。

　血液ドーピングに伴う健康上のリスクから、この方法についての論争はより複雑になっている。理論的には、ヘマトクリット値の上昇により、脳梗塞、心筋梗塞、深部静脈血栓症、肺塞栓症などの塞栓性イベント（訳注：塞栓を原因とするさまざまな病気の発生を意味する）のリスクが高まると考えられる。EPOの投与によって、動脈血圧の上昇、インフルエンザ様症状、血漿カリウム量の増加が起こる可能性がある（113）。最後に、多くの場合に相対的に小さいといえ、注入または輸血に伴うリスクが存

在する（113）。

遺伝的潜在能力

　各個人の遺伝的潜在能力の上限によって、トレーニングに対する適応の絶対的な大きさが決まる。変化の程度もまた、現在の個人のトレーニング状態によって決まる。心臓血管系などの生物学的な系の適応には上限があり、競技選手がその上限に近づけば近づくほど、向上の程度は小さくなる。たとえばいくつかの競技のトップレベルの試合において（競泳など）、パフォーマンスのわずかな向上が、金メダルか、26位に終わるかというような差につながるだろう。したがって、1/10秒、1/100秒が大きな差を生む競技種目では、パフォーマンスを0.05％向上させるためにトレーニングに時間を費やすことに価値があるかもしれない。一流競技選手はトレーニングによって得られる可能性のある向上の程度は小さいので、細心の注意を払ったプログラムデザインとモニタリングがさらに重要になる（26,70,77,135）。

年齢と性別

　有酸素性持久力トレーニングに対する生理学的適応は、年齢および性別によって異なる（3,131）。加齢に伴うさまざまな生理学的変化——たとえば、筋量および筋力の減少（サルコペニアとも呼ばれる）（79）や、体脂肪量の増加（3,78）——の結果として最大有酸素性パワーは成人においては年齢とともに減少する。（統計的な）年齢調整をしたうえで男女を比較した場合、女性の有酸素性パワーの平均は男性の値の73〜85％程度である（131）。しかしながら、トレーニングに対する一般的な生理学的応答は、男女間で同様である（84）。有酸素性パワーにおける性差は、女性の体脂肪率が高いこと、女性の血中ヘモグロビン値が低いこと、男性の心容積が大きく血液量が多いことなど、複数の要因によって起こるのであろう（13,18）。

オーバートレーニング：定義、有病率、診断、可能性のあるマーカー

　競争の激しい競技選手にとって、適切にデザインされたトレーニングプログラムを通じてスポーツパフォーマンスを高めることは、成功を収めるうえで極めて重要である。どのような競技の選手にとっても、等しく重要なのは、高強度トレーニングからの適切なリカバリー（回復）である。トレーニング負荷とリカバリーの間のバランス不良があると、**オーバートレーニングとオーバートレーニング症候群（OTS）** の進行の可能性がある（28）。OTSについてはかなり多くの研究が存在するが、この症候群をどのように定義し、評価し、治療するかについては論争が続いている（73,121）。

　最近では、ヨーロッパスポーツ医学会およびアメリカのスポーツ医学会（ECSMおよびACSM）がOTSについて合同でコンセンサスステートメント（統一見解）を発表している（92）。本章のこの項では、このコンセンサスステートメントの知見のいくつか、とくに定義や可能性のあるマーカー、予防について示す。

　OTSを効果的に学ぶうえで、一貫した専門用語が必要である。コンセンサスステートメントの推奨は、Halson（47）およびUrhausen（130）の仕事によるものである。これらの定義では、**オーバートレーニング**は、短期間ではオーバーリーチング（**機能的オーバーリーチング**）あるいは極度のオーバーリーチング（**非機能的オーバーリーチング**、NFOR）、また長期間ではOTSという結果になり得る過程であると考えられている（動詞として表現されている。訳注：「オーバーリーチになったこと」という結果ではなく、オーバーリーチング、すなわち「オーバーリーチになっていく状態にある」ということを強調している）。これらの各症状は、オーバートレーニングの特徴であるスポーツパフォーマンスの低下という結果につながる。機能的オーバーリーチングの場合、短時間のパフォーマンス低下を引き起こすようトレーニングは意図的に強度を高くしており、その後の数日あるいは数週間にわたってリカバリーが続く。その結果が、超回復的なパフォーマンスの向上である。一例に、試合の数週間前に最終の最大トレーニングセッション（機能的オーバートレーニングを引き起こす）に続いて、改善されたパフォーマンスへと導く漸進的なテーパリング期を設けるというのがある。非機能的オーバーリーチングは、スポーツパフォーマンスの停滞あるいは低下という特徴を持ち、以前のレベルのパフォーマンスに戻るの

に数週間から数カ月のリカバリーを必要とする。も
し適切なリカバリーを行うことなく強度の高いトレー
ニングが続いたなら、パフォーマンスが低下する
ような、また以前のパフォーマンスレベルに戻るの
に数カ月のリカバリーが必要となるようなOTSが
進行することがある。これらのオーバートレーニン
グの定義は、機能的オーバーリーチングからOTS
への進行は、不適切な休息を伴う強度の高いトレー
ニングを継続することが共通のトリガーであるとい
う連続体を仮定している。OTSの有病率を測定す
ることは難しいが、最近の研究（105）では、約10
％（7〜21％）の大学生水泳選手およびその他の有
酸素性持久力競技選手はNFORあるいはOTSのど
ちらかを経験していることが示されている。

▶ オーバートレーニングは、すべての競技選手においてパ
フォーマンスの劇的な低下を引き起こすおそれがあり、
最も一般的な原因は、適切なリカバリーを行わずに高強
度なトレーニングをすることである。

心臓血管系の応答

　OTSにおいてトレーニング量がより多くなること
は、心拍数に影響を及ぼす。興味深いことに、安静
時心拍数はOTSに伴って増加することもあれば、
減少することもある（136）。心拍数の変動はOTSの
始まりとともに減少するが、これは副交感神経系の
入力の減少あるいは過剰な交感神経系の活動を示し
ている。運動による最大心拍数は、オーバートレー
ニングによって低下し、最大下の絶対強度での心拍
数も同様に低下する（50）。オーバートレーニングの
際、ある一定期間におけるトレーニング量の増加は、
安静時血圧に影響を与えないのが一般的である。し
かしながら、トレーニング強度を高めることにより、
安静時の収縮期血圧は影響を受けずに、安静時の拡
張期血圧の上昇が起こることがある。

生化学的反応

　著しくトレーニング量が多いと、筋の損傷を示す
クレアチンキナーゼ（CK）の増加を引き起こす結
果につながることがある（30）。一方、乳酸濃度は
トレーニング量が増加したときでも、低下あるいは
変化しないままである。血液中の脂質とリポタンパ
ク質は、量的オーバートレーニングでは変化しない。

長期にわたってオーバートレーニングが続くと、筋
グリコーゲンが減少するが、これは食生活の問題に
よるところが大きいだろう。グリコーゲンレベルの
低下が、乳酸応答の低下に寄与するかもしれない。

内分泌応答

　男性において、総テストステロンレベルは運動刺
激に対する応答として、まず増加し、後に減少する。
しかしながら、これはオーバートレーニングの指標
というより、ストレスの高い刺激への応答とみるべ
きである（92）。いくつかの場合では、遊離テスト
ステロン濃度も減少する。黄体形成ホルモン（LH）
レベルが変化していないことから、これらの変化は
下垂体による調節ではないと考えられる（129）。性
ホルモン結合グロブリンの濃度は変化していないた
め、遊離テストステロン濃度の変化はタンパク質と
の結合の親和性とは無関係と考えられる（129）。こ
れらのことから、トレーニング量の増加に伴って起
こり得る、性ホルモン結合グロブリンに対する総テ
ストステロンの比率の低下は、総テストステロン量
の変化によって生じると考えられる。

　競技選手の同化と異化の状態は、テストステロン
とコルチゾールの比によって決まると考えられ、こ
の比は、トレーニング量の増加に対して一定を保つ
か、減少する。生理学的には、遊離テストステロン
の部分がより強い影響を持つ可能性がある。トレー
ニング量を増加させた場合に、遊離テストステロン
－コルチゾール比（遊離テストステロンのコルチゾ
ールに対する比率）が5〜50％低下することも報告
されている。OTSの指標として、この比が30％以
上低下することが挙げられる。

　下垂体からの成長ホルモン分泌も、オーバートレ
ーニングによって低下する。オーバートレーニング
刺激による成長ホルモンおよびその他の内分泌応答
は、下垂体の機能ではなく、主に視床下部の機能低
下によると考えられる。このような内分泌系の変化
がパフォーマンスの低下の原因であるかどうかは、
議論の余地がある。遊離テストステロンや総テスト
ステロン、コルチゾール、クレアチンキナーゼのレ
ベルは、単純にトレーニング量を反映するようだ。
実際の身体パフォーマンスが総テストステロン濃度
と相関する場合も時折あるが、すべての場合におい
てではない。

有酸素性オーバートレーニングの指標は何か？

　いくつかの基準では、以下のような変数をオーバートレーニング症候群の始まりを示す信頼できるマーカーとしてみている。

- マーカーはトレーニング負荷に鋭敏であるべきである。
- そのマーカーはほかの要因の影響を受けないものであるべきである。
- マーカーの変化は、オーバートレーニング症候群の進行に先立って起こるべきである。
- マーカーは正確に測定するのが容易であるべきである。
- 測定は大きな侵襲があるべきではない。
- マーカーの使用や測定は高価であるべきではない。

　以下の変数は潜在的なマーカーとして特定されているが、列挙されたすべての基準を満たすものではない（92）。

- パフォーマンスの低下
- 体脂肪率の低下
- 最大酸素摂取量の低下
- 血圧の変化
- 筋肉痛の増大
- 筋グリコーゲンの減少
- 安静時心拍数の変化と、心拍数変動の減少
- 最大下運動での心拍数の増加
- 乳酸の減少
- クレアチンキナーゼの増加
- コルチゾール濃度の変化
- 総テストステロン濃度の低下
- コルチゾールに対する総テストステロンの割合の低下
- コルチゾールに対する遊離テストステロンの割合の低下
- 性ホルモン結合性グロブリンに対する総テストステロンの割合の低下
- 交感神経性活動の低下（夜間と安静時のカテコールアミンの減少）
- 交感神経系のストレス応答の増大
- 気分状態の変化
- 精神運動速度テストにおけるパフォーマンスの低下

　カテコールアミンは、オーバートレーニング刺激に対して、非常に敏感に反応すると考えられる。エピネフリンやノルエピネフリン、ドーパミンの基礎レベルの変化は、オーバートレーニング状態のランナーが訴えた症状の程度と有意に関連していると報告されている。オーバートレーニングの期間中、カテコールアミンとコルチゾールの濃度の変化は互いによく似ているが、コルチゾールはカテコールアミンほど敏感にはトレーニング量の増加に反応しない。また、トレーニング量の大幅な増加によって、エピネフリンの基礎レベルの指標となる夜間の分泌レベルが低下する場合がある。運動前または安静時のエピネフリン、ノルエピネフリンは、変わらないか上昇を示す。オーバートレーニングに陥る前に比べてエピネフリンおよびノルエピネフリンが増加するような、ある絶対的負荷の運動においてオーバートレーニングが存在していても、エピネフリンおよびノルエピネフリンの最大レベルは変化しない。ドーパ

ミンの基礎レベルは量的オーバートレーニングにより低下し、また、作業負荷の絶対値が等しいときのドーパミン濃度も同様に低下する。最大下運動では、ドーパミンの応答はさまざまだが、ノルエピネフリンと逆のパターンを示すと考えられる。文献として示すのは困難なことが多いが、有酸素性持久系競技選手の大幅な量的オーバートレーニングは、多くの場合、副交感神経性のOTSの徴候を示す。これにはカテコールアミンの感受性の低下などがあり、重篤なOTSに進行する可能性がある。

オーバートレーニング症候群の予防戦略

　オーバートレーニング症候群は、主な原因である適切なリカバリーのない高強度トレーニングに加え、蓄積された複数のストレス源の総和を表すものである（92）。しかしながら、このほかに影響するものとして、とりわけ睡眠不足、環境的な要因（暑熱、寒冷、高度、汚染）や個人的な悩み、移動なども含

まれる。OTSの確定的な鑑別についてはいくらか論争の余地が残るものの、競技選手やコーチがOTS予防のために取り組むことができるいくつかの戦略がある。

競技選手がしっかりとした栄養ガイドラインに確実に従うようにすることに加え、十分な睡眠とリカバリーの時間を確実に取れることは、有効な戦術に含まれる。コーチたちは競技選手のトレーニングプログラムを追跡すべきであり、プログラムは強度や量の変動をもたらすようなものにすべきである。競技選手のパフォーマンスについて正確な記録を残すことは、OTSの徴候を早期に「捕捉」するうえでも手助けとなり、これによりトレーニングを調整することができる。最も重要なのは、選手が生活に関するどんなことでも話し合えるよう、健康に関する複数の専門家チーム（コーチ、医師、栄養士、心理学者）へのつながりを持つべきことである。

ディトレーニング

ディトレーニングは、トレーニングによって引き起こされた適応が、不十分なトレーニング刺激への応答として、部分的あるいは完全に喪失することであると定義されている(95,96)。ディトレーニングは、トレーニングの可逆性の法則によって支配されており、身体的トレーニングがいくらかの生理学的適応を引き起こし、競技パフォーマンスを向上させるが、トレーニングの中止または顕著に減少させることにより部分的あるいは完全な逆方向の適応が引き起こされ、競技パフォーマンスを低下させる。逆方向の適応という結果をもたらすトレーニング停止と、テーパリングを区別することが必要である。テーパリングは、試合前に行われる計画的なトレーニング量の低減（通常は継続期間と頻度の低減であり、強度の低減ではない）、あるいは計画的なリカバリーのミクロサイクルのことである。この種のトレーニングの低減は、競技パフォーマンスや適応を促進するためにデザインされている。

有酸素性持久力の適応は酵素レベルで起こっているため、最もディトレーニングの影響を受けやすい。ディトレーニングによる変化を決定づける細胞内の正確なメカニズムは不明であり、その根底にある生理学的変化の解明にはさらなる研究が必要である。2つのレビュー論文（95,96）によって、有酸素性パフォーマンスや、最も重要な$\dot{V}O_2max$（心拍出量や動静脈酸素較差）、ディトレーニングの影響に寄与する要因について取り上げられている。このレビューの著者らは短期的（4週間）(95)および長期的（4週間以上）(96)のディトレーニングの影響について議論している。高度にトレーニングを積んだ競技選手においては、最大酸素摂取量は短期的ディトレーニングで4～14%低下し(22,90)、長期的ディトレーニングで6～20%低下した(21,25,90)。$\dot{V}O_2max$の低下は、主に血液量の減少(20)、1回拍出量の減少(20,21)、最大心拍出量の減少(20,21)、最大下心拍数の増加(20,23,25,89)の結果として起こる。$\dot{V}O_2max$の低下は、有酸素性関連持久力パフォーマンスの喪失を裏付けるものである(20,21,23,25,60,89)。

> ▶ 運動を適切に変化させたり、適した強度や維持プログラム、積極的回復（アクティブリカバリー）の期間を設けたりすることにより、ディトレーニングの深刻な影響からの適切な保護が可能となる(29)。

まとめ

有酸素性運動中、心臓血管系や呼吸器系にはさまざまな短期的な（急性の）応答が起こり、有酸素性持久力トレーニングによって長期的に数多くの適応が起こる。これらの情報は、コンディショニングプログラムの目標設定時にとくに重要で、また、臨床的評価、臨床的評価の過程に含まれるべき指標の選択の基礎となる。有酸素性持久力トレーニングに対する心臓血管系、呼吸器系、神経系、筋系、骨および結合組織、内分泌系の反応についての知識は、ストレングス＆コンディショニング専門職が、有酸素性コンディショニングの科学的基礎と、トレーニング中の適応を予測しモニターするのに役に立つ。身体は、加えられた運動刺激のタイプに応じた適応を起こす。最適な適応は、細心の注意を払ってストレングス＆コンディショニングプログラムのデザインや実行、パフォーマンスを行うことにより得られる。

重要語句

肺胞（alveoli）

解剖学的死腔（anatomical dead space）

動静脈酸素較差（arteriovenous oxygen difference）

血液ドーピング（blood doping）

徐脈（bradycardia）

心拍出量（cardiac output）

ディトレーニング（detraining）

拡張期（diastole）

拡張期血圧（diastolic blood pressure）

拡散（diffusion）

二重積（＝圧－心拍数積）（double product）

駆出率（ejection fraction）

拡張終期容量（end-diastolic volume）

エリスロポエチン（EPO, erythropoietin）

フィックの式（Fick equation）

フランク・スターリング機構（Frank-Starling mechanism）

機能的オーバーリーチング（functional overreaching）

心拍数（heart rate）

高酸素呼吸（hyperoxic breathing）

過換気（hyperventilation）

最大心拍数（maximal heart rate）

最大酸素摂取量（maximal oxygen uptake）

平均動脈圧（mean arterial pressure）

代謝当量（MET：metabolic equivalent）

分時換気量（minute ventilation）

ミトコンドリア（mitochondria）

ミオグロビン（myoglobin）

非機能的オーバーリーチング（nonfunctional overreaching）

オーバーリーチング（overreaching）

オーバートレーニング（overtraining）

オーバートレーニング症候群（OTS：overtraining syndrome）

酸素摂取量（oxygen uptake）

生理学的死腔（physiological dead space）

圧－心拍数積（＝二重積）（rate-pressure product）

1回拍出量（stroke volume）

収縮期（systole）

収縮期血圧（systolic blood pressure）

テーパリング（tapering）

1回換気量（tidal volume）

血管収縮（vasoconstriction）

血管拡張（vasodilation）

静脈還流量（venous return）

換気当量（ventilatory equivalent）

例題

1. 17歳の高校生クロスカントリーランナーが、翌シーズンに向けて6カ月間の有酸素性トレーニングを行ってきた。この期間に、筋にどのような適応が起こるか？
   a. 解糖系酵素濃度の上昇
   b. タイプⅡ線維の増殖
   c. タイプⅠ線維からタイプⅡ線維への移行
   d. タイプⅠ線維の肥大

2. 1回の拍動で左心室から送り出される血液量を何と呼ぶか？
   a. 心拍出量
   b. 動静脈酸素較差
   c. 心拍数
   d. 1回拍出量

3. 以下のうち、有酸素性運動時に通常は増加しないものはどれか？
   a. 拡張終期容量
   b. 心筋の収縮性
   c. 心拍出量
   d. 拡張期血圧

4. 平均動脈圧の定義として適切なものはどれか？
   a. 心周期を通しての平均血圧
   b. 収縮期血圧と拡張期血圧の平均値
   c. 運動中の収縮期血圧の平均値
   d. 血圧と心拍数の平均値

5. 有酸素性トレーニングを積んだ一流競技選手における、主なトレーニングへの適応は以下のどれか？
   Ⅰ. 最大酸素摂取量の増加
   Ⅱ. 血中乳酸濃度の低下
   Ⅲ. ランニングエコノミーの増加
   Ⅳ. 毛細血管密度の低下
   a. Ⅰ、Ⅲ
   b. Ⅱ、Ⅳ
   c. Ⅰ、Ⅱ、Ⅲ
   d. Ⅱ、Ⅲ、Ⅳ

CHAPTER 7

Age- and Sex-Related Differences and Their Implications for Resistance Exercise

年齢差・性差と
レジスタンスエクササイズ
への影響

Rhodri S. Lloyd, PhD, and Avery D. Faigenbaum, EdD

▶ **本章を終えると**

- 子どもにおけるレジスタンスエクササイズの安全性や有効性、重要性に関するエビデンスを評価できるようになる
- 筋機能の性差を明らかにし、その差が女性に及ぼす影響について議論できるようになる
- 加齢が筋骨格系の健康に及ぼす影響について述べたり、高齢者のトレーナビリティについて言及できるようになる
- レジスタンスエクササイズに対する適応が、3つの分類によって大きく異なる理由を説明する。

レジスタンスエクササイズは、必要性、目標、能力が異なるさまざまな人にとって、安全かつ効果的なコンディショニング法であることが証明されている。レジスタンスエクササイズの効果について私たちが理解する知識の多くは、さまざまなトレーニングプロトコルに対する成人男性の短期的および長期的な応答についての研究によるものであるが、子どもや女性、高齢者のレジスタンスエクササイズに対して一般から、あるいは医療分野からの注目が高まっている。レジスタンストレーニングプログラムをデザインし、評価する際、ストレングス＆コンディショニング専門職は、身体組成、筋のパフォーマンス、トレーナビリティにおける性差や年齢差とそれが個人に及ぼす影響を理解していなければならない。

本章では、**レジスタンスエクササイズ**を、健康やフィットネス、パフォーマンスを促進するために、広い範囲の抵抗負荷に対して個人が力を発揮する、コンディショニングの特異的な方法と定義する。この用語は、個人が挙上する最高重量をとくにクリーン＆ジャーク、スナッチで競うウェイトリフティング競技とは明確に区別すべきである。**小児期**（childhood）という用語は第二次性徴（陰毛や生殖器の発達など）が出現する前の時期を指し、**青年期**は小児期と壮年期の間にある時期を指す。議論を容易にするため、**青少年（ユース）**あるいは**若い競技選手**という用語を、子どもおよび青年期の両方を指すこととする。**高齢者**という用語は、65歳以上の男女を指すこととする。本章では、筋力を絶対値（すなわちkgやポンドで表される測定された力）または相対値（すなわち体重、除脂肪量、筋断面積に対する筋力の絶対値の割合）で表す。

子ども

青少年のレジスタンストレーニングへの関心が高まる中で、ストレングス＆コンディショニング専門職にとって、発育や成長、発達の基本原理の理解が重要になっている。また、発育・発達についての基本原理を理解することと、それらがどのようにトレーニングによる適応に影響を及ぼすかを理解し、研究データを詳細に比較検討することは、安全で効果的なレジスタンストレーニングプログラムを作成し、評価する際に不可欠である。青少年の競技選手のト

レーニングは強度が高く複雑になってきているため、急性および慢性のケガに関わると考えられる解剖学的および生理学的、心理社会的要因についても考慮する必要がある。

子どもの成長の過程

この項では、**発育**、**発達**、**成熟**などの用語を、一生を通して身体に起こる変化という意味で用いる。**発育**という用語は身体のサイズまたは身体の一部が大きくなることを意味し、**発達**とは胎児から成人までの一般的な成長を意味する。そして**成熟**とは成育し、機能的に完成する過程を意味する。また、**思春期**とは第二次性徴が出現し、子どもが若年成人へと移行する時期である。この思春期には身体組成や身体スキルのパフォーマンスにも変化が起こり、そのような変化は個人間で著しく異なる。

暦年齢と生物学的年齢

成長速度や発達速度は個人間で差異が大きいため、年月で示される年齢、すなわち**暦年齢**によって成熟や発達の段階を規定するのは必ずしも適切ではない。子どもの成長の割合は一定ではなく、また、ある暦年齢における身体の発達の度合いには大きな個人差がある。14歳の子どもの集団で、身長で最高23cm（9インチ）、体重で18kg（40ポンド）の差が観察された。また、11歳の女子は同年齢の男子よりも背が高く、身体的なスキルが優れていることがある。このような差は思春期における成長のタイミングと程度の違いに応じて起こる（131）。思春期が開始するタイミングは女子で8〜13歳、男子で9〜15歳であり、一般的には女子のほうが男子よりも2年早く思春期に入る。

成熟の段階、すなわち思春期の発達は、骨年齢あるいは身体（体格）的成熟、性的成熟により測定する**生物学的年齢**を用いたほうが優れた評価ができると考えられる。たとえば、同じチーム内の暦年齢が同じ2名の女子の間で、生物学的年齢が数年異なる場合がある。この場合、一方の女子は性的に成熟しているが、他方は、数年間にわたって性的な成熟の過程が始まらない可能性がある。女子の場合は月経の開始（初経）が性的成熟の徴候であるが、男子の場合はそれに最も近い性的成熟の徴候として、陰毛やひげ、声変わりなどが現れる。子どもの成熟度の

評価が重要である理由はいくつかある。成熟度の評価は、子どもの発育と発達のパターンの評価に用いることができる。さらに、成熟度は筋力や運動スキルのパフォーマンスなどの体力水準に関係しているため（114）、成熟度の評価に用いられる技術は、暦年齢にしたがってグループ分けするのと対照的に、子どもが体力テストやスポーツ競技に参加できるか否かの判断に役立つ。十分な栄養を摂取している子どもの場合、身体トレーニングが男女青少年の発育や成熟を遅らせる、または早めるという科学的エビデンスは存在しない（72,135）。さらに、骨形成に関する身体的活動の有用性、とくに圧縮力を生み出すような体重のかかる活動は、骨格のリモデリングと成長において必要不可欠である（215）。

生物学的成熟を決定するゴールドスタンダード（代表的な方法）は、骨年齢の評価である。この方法は、訓練された放射線の有資格者が子どもの左手首の骨のX線画像と、基準となる尺度を比較して、骨化の程度を決定するというものである（89,186,205-207）。骨化とは、新しい骨の材料が骨芽細胞と呼ばれる細胞によって沈着する過程のことである。骨年齢は、最も正確で信頼性の高い成熟を評価する方法であるが、コストや、専門的な人材・機材、時間などの制約が懸念され、特異的な放射線撮影の専門性が求められることにより、若い人と関わる多くの現場の人たちにとっては非現実的な方法になる。

生物学的年齢を評価する代替的な方法がTannerによって考案された（206）。明確な第二次性徴の発現、たとえば女子の乳房、男子の性器の発達、男女の陰毛の出現などを視覚的に評価する。このTannerの評価では、成熟は第一段階の未熟な前青年期の状態から第五段階の性的に十分成熟した状態までの5つの段階に分けられる。Tannerの段階分けには一定の方法論的な限界が存在する（131）ものの、侵襲的な性質を持つ手続きには制約があり、本質的な懸念が子どもと両親の両方にある。結果として、このテクニックは、ストレングス＆コンディショニング専門職によって用いられるべきではなく、適した資格を持つ臨床医が必要に応じて行うべきである。ほとんどのトレーニング指導者にとって、最も現実的で実行可能な生物学的年齢を推測する手段は、身体的評価（somatic assessments）である（131）。身体的年齢は、身長全体あるいは身体の部位（例：腕や脚の長さ）の成長の度合いを反映したものである。実務家にとって利用可能なテクニックには、縦断的な成長曲線の分析、最終的な到達身長に対する割合と予測、どの年齢で身長の**最大成長速度（PHV）**が出現するかの予測（PHVの年齢とは、思春期の成長スパート中に最大の成長速度を示す年齢であると定義される）、が含まれる。成長の測定は、相対的に収集しやすく、非侵襲的で、必要とする機器が最小限である。場合によって、3カ月ごとに身体的な成長を測定することが適切かもしれない（131）。

能力や技術的な適性、経験の個人差に対して常に注意を払って接することが、子どものウェイトトレーニング指導においてはとくに重要である。同じ14歳でも、ある女子は成熟が早く、ウェイトリフティングのような競技のトレーニングへの身体的準備ができている一方、ある男子は成熟が遅く、高重量のレジスタンストレーニングを開始する準備ができていないかもしれない。さらに、その子どもの**トレーニング歴**（すなわち体系化され、監視下で実施されるレジスタンストレーニングプログラムを行ってきた年月）が、レジスタンストレーニングに対する適応に影響することがある。すなわち、筋力に関するあらゆる測定値の増加の度合いは、すでに起こっている適応の大きさの影響を受ける。たとえば、2年間のレジスタンストレーニングの経験（すなわち2年のトレーニング歴）を持つ12歳の子どもには、同じ期間内に、レジスタンストレーニングの経験がない（トレーニング歴0年）10歳の子どもと同程度の筋力増大は起こらない可能性がある。指導者にとっては、若いときの技術的な適性を評価し、モニタリングすることも重要である。たとえば同じトレーニング歴の2人の子どもが異なる技術的適性の水準を示し、異なる速度で成長するかもしれない。ストレングス＆コンディショニング専門職はこのような変数のすべてを認識し、個々の子どもの技術的的適性や、トレーニング歴、成熟レベルに基づき、個別のトレーニングプログラムを作成しなければならない。若年者へのレジスタンストレーニングプログラムを作成するとき、ストレングス＆コンディショニング専門職は、個々の子どもの持つ個別の心理社会的なニーズを考慮に入れ、それらのニーズに従ってプログラムをデザインや実施、改訂しなければならない。

たとえば、ストレングス&コンディショニング専門職は、トレーニング歴が短く経験の乏しい、自信のレベルが低い子どもと、経験があり能力も高く単にモチベーションが欠けている青年とで、それぞれ異なる対人スキルを用いる必要がある。

身長の最大成長速度が出現する時期に、若い競技選手においてケガのリスクが高まることがある（143）。身長の最大成長速度は通常、女子で12歳前後、男子で14歳前後に出現する。質量中心の変化や、筋バランス不良、急激に成長する骨をまたぐ筋腱複合体のタイトネスが相対的に高くなることが、思春期の成長スパート中の子どもにおける潜在的なオーバーユース障害のリスク要因である。ストレングス&コンディショニング専門職は、このような急激に成長する時期の間はトレーニングプログラムを変更（すなわち、質の高い動作パターンを再強化する、柔軟性の再構築を目標にする、筋バランスの不良を修正する、トレーニングの量または強度、あるいは両方を低減すること）が必要になるかもしれない。若い競技選手が成長スパート期に痛みや不快感を訴える場合、ストレングス&コンディショニング専門職はこれらの訴えを「成長痛」と捉えるのではなく、オーバーユース傷害を疑うべきであり、子どもの親や保護者と相談し、子どもを臨床医へ受診させるべきである。

筋と骨の成長

発達の時期全体を通じて、子どもの成長につれて筋量は着実に増加する。出生時の筋量は体重のおよそ25%で、成人期までにその割合は体重のおよそ40%に増加する（136）。男子では思春期にホルモン濃度（例：テストステロン、成長ホルモン、インスリン様成長因子）の生成量が顕著に増加し、その結果として筋量が著しく増加し、肩幅が広くなる。一方、女子ではエストロゲンの生成量が増加し、貯蔵脂肪の増加、乳房の発達、腰幅の拡大などが起こる。女子の筋量は青年期においても増加し続けるが、ホルモンの差により男子より緩慢に増加する（136）。この時期の筋量の増加は、男女とも個々の筋線維の肥大によるもので、筋線維の増殖によるものではない（136）。筋量は、レジスタンスエクササイズや食事、あるいはその両方による影響がなければ、女子で16〜20歳、男子で18〜25歳の間にピークを迎える（136）。

骨形成の大部分は、長管骨の中心幹である**骨幹**（一次骨化中心）で起こり、子どもでは**骨端**（成長）軟骨板や関節面、筋腱複合体が骨端に付着する部位という3カ所に存在する**成長軟骨**（二次骨化中心）で起こる。骨端軟骨板が完全に骨化すると、長管骨の成長が止まる（図7.1）。骨は通常、青年期初期に融合し始めるが、女子は通常男子よりも2〜3年早く骨の成熟期を終える。実際の年齢には大きな個人差があるが、ほとんどの骨は20代初期までに融合する。

子どもでとくに注意しなければならないのは、外傷やオーバーユースによって成長軟骨を傷めやすい点である（103）。成長軟骨が傷害を受けると、骨への血流や栄養の供給が止まるおそれがあり、その結果、永続的な成長の阻害（例：骨格の成長不足や過

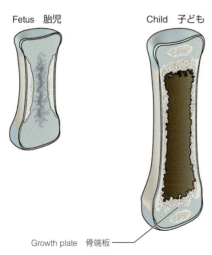

図7.1 発育発達の結果として起こる骨形成。

度な成長、骨のアライメント不良）も起こり得る。成人において靭帯断裂を起こす可能性がある転倒による外傷や過度な反復ストレスは、子どもにおいては骨端軟骨板の損傷を引き起こす場合がある。子どもの骨端軟骨板の傷害が最も多いのは、身長の成長速度が最大になる時期のあたりで、前青年期は成長スパート中の青年期よりも骨端軟骨板の受傷リスクは少ないようだ（145）。幼い子どもの骨端軟骨板は強固で、成長軟骨傷害の原因とされている剪断力に対し耐性が高いことが示唆されている（145）。レジスタンストレーニングにおいて起こり得る骨端軟骨板の傷害については、本章で後述する。

▶ 子どもの成長軟骨は骨端軟骨板、関節面、骨端の付着部に存在している。成長軟骨の損傷はその骨の成長・発達を阻害するおそれがある。しかしながら、そのような損傷のリスクは適切なエクササイズテクニックや、トレーニング負荷の漸増、資格を有するストレングストレーニング＆コンディショニング専門職の指導により軽減される。

発達による筋力の変化

　前青年期および青年期を通して、筋量の増加につれて、筋力も増大する。実際に、筋力の成長曲線は筋量のそれと類似している。男子では、身長の最大成長速度に達した1.2年後、また体重の最大成長速度（こちらのほうが明らかな指標となる）に達した0.8年後に筋力増大のピークとなる（136）。このパターンは、急激に成長する時期に、まず筋量が増加し、その後に高いレベルの力を発揮する能力と緩衝する能力が高まることを示唆している（23）。これは、青年期において達成できる筋力増加が、子どもよりも50%近く大きいという最近のメタアナリシスによる示唆を反映している（14）。女子の場合、通常、男子と同様に身長の最大成長速度に達した後に筋力増大のピークとなるが、筋力と身長、体重との関係は男子よりも個人差が大きい（136）。男子と女子の筋力は前青年期においては基本的に等しいが、思春期におけるホルモンの差により、男子では筋力の発達の加速が生じる一方、青年期の女子では筋力の発達は一般的にプラトー（高原状態）となる（129, 136）。平均すると、トレーニング経験のない場合、女子では20歳までに、男子では20〜30歳までの間に筋力のピークに到達する（136）。

　子どもの筋力発揮に関して重要な要素は、神経系の発達である。神経線維（運動神経）の髄鞘形成が起こらない、あるいは不十分な場合には、素早い反応や熟練したスキルを要する動作がうまく行えず、高レベルの筋力やパワー発揮ができない。年齢とともに神経系が継続的に発達するにつれ、子どものバランスやアジリティ（敏捷性）、筋力、パワーを必要とするスキルのパフォーマンスは向上する。性的成熟までは多くの運動神経で髄鞘形成が不十分であるため、神経系が完全に成熟するまで、子どもが成人と同じようにトレーニングに応答したり、同じスキルレベルに到達すると予測すべきではない（121）。

　生理学的機能は暦年齢よりも生物学的年齢と関係が深いため、成熟が遅く筋量が少ない同性の子どもと比較したとき、成熟が早い子どもは、どの年代においても絶対的筋力の測定でおそらく有利である。青年期の終わりにかけて、早熟な体型の若者は中胚葉型（筋肉質で肩幅が広い）または内胚葉型（丸みを帯び、腰まわりが張り出している）になる傾向があり、晩熟な若者は外胚葉型（細身で背が高い）になりやすい（136）。身体の比率（プロポーション）の違いが、レジスタンスエクササイズの実施に影響を及ぼし得ることは明らかである。たとえば、腕が短く胸腔が大きければ上半身で押す（プレスする）ようなエクササイズにおいてバイオメカニクス的に有利であり、脚や体幹が長ければしゃがむ（スクワットする）ような動作には不利となる。したがって、身体の大きさに著しい差がある男子および女子の集団向けに体力テストを標準化したり、レジスタンストレーニングプログラムを作成したりするストレングス＆コンディショニング専門家は、これらの要素を考慮しなければならない。テスト環境あるいはトレーニング環境のどちらであっても、指導者は子どものサイズのレジスタンスマシーンや、体重、メディスンボール、エラスティックバンド、ダンベル、バーベルを用いることに注意すべきである。個別化したトレーニングプログラムの理由をすべての参加者に説明すべきであり、暦年齢が同じでも生物学的に成熟が進んでいる者に比べて、成熟の遅い小柄で筋力が低い晩熟の者に対して、特別な配慮をすべきである。青年期の間に晩熟な者が早熟な者に追いつくことが多いが、若い競技選手には、スポーツ競技における成功はモチベーションやコーチング、能力

などの多くの要素が関わることを認識させるべきである。

青少年のレジスタンストレーニング

今日では臨床医、コーチ、運動科学者の間では、レジスタンスエクササイズが子どもにとって安全で効果的なコンディショニング手法であるという意見で一致している（12,19,54,57,64,66,74,121,129,130）。少年少女ともにレジスタンストレーニングを行う人数は増加しており、スポーツ医学の主要な団体は、プログラムデザインが適切で、資格を有する専門職の監督下で行われるレジスタンスエクササイズへの子どもの参加を支持している（2,3,7,22,57,129）。学校体育において得られた成果（全国の標準値や、学年ごとの基準値）には、筋および骨の強度を高めるフィットネス活動の重要性について言及している指針や提言が含まれる（199）。

ストレングス＆コンディショニング専門職にとって、子どもは大人のミニチュア（縮小版）ではないことを、責務として、忘れてはならない。子どもがどれだけ大きく、体力があったとしても、子どもたちは身体的に成熟しておらず、トレーニングをまさしく初めて経験する場合が多い。子どもたちは、それぞれの成熟度、身体能力および個人の目標に見合ったレベルでレジスタンストレーニングを開始するべきである。成人のプログラムやトレーニングの考え方は、若い人たちには不適切である。その場合、トレーニングの強度や量が大きすぎたり、トレーニングセッションの間のリカバリー（回復）が、トレーニングへの適応を起こすには不適切である。子どもにレジスタンストレーニングを導入する際は、能力以上のレベルで行って傷害のリスクを負ったり、長期的に健康を害するような結果を招くよりも、常に身体能力を低めに見積もってトレーニングの量と強度を徐々に上げていくほうがよい。

子どもにおけるレジスタンストレーニングへの応答性

若年層のレジスタンストレーニングについての議論の多くは、子どものトレーナビリティ、すなわちレジスタンスエクササイズの刺激に対する応答性に端を発する。初期の研究では、レジスタンストレーニングプログラムに参加した前青年期の子どもにおいて筋力の増加を示すことはできなかった（50,99）。これらの研究で大きな効果がみられなかったのは、研究期間が短いことやトレーニング量あるいは強度の不足など方法論的な欠点によって説明できる。しかし、これらの研究報告の結果が、子どもに対するレジスタンストレーニングは効果がないとする証明として引用されることがしばしばある。前述のように、筋力は通常、小児期から10代を通して増加する。したがって、これらの報告から得られる結論としてより適切なのは、継続期間が短く、量および強度が低いトレーニングプログラムによる筋力の増加は、通常の成長や成熟による筋力の増加と区別できないと考えられる。

近年の研究では、トレーニングの強度や量が適切ならば、少年少女の筋力は成長や成熟のみによる以上に増加することが明らかになっている（62,63,71,127,175,184,220）。5歳児でさえレジスタンストレーニングによる効果が得られ（8,115）、さまざまなタイプのトレーニング法が効果的であることが明らかにされている（129）。文献で報告されている最大筋力の向上は約10〜90％の範囲にわたっているが（14）、前青年期のトレーニング経験がない子どもでは、短期間（8〜20週間）のレジスタンストレーニングプログラムによって約30〜40％の筋力の増加が観察されている（57,129）。しかしながら、初期の適応が起こった後は、若年者のトレーニングプログラムへの適応は筋力の変化の割合は弱まるため、継続的に漸増的なトレーニングの必要性が強調される。筋力の増加に個人差がある理由として、子どもの生物学的年齢や、プログラムデザイン、指導の質、それ以前の身体活動レベルなど複数の要因が考えられる。

レジスタンストレーニングプログラムに参加した子どもが、プログラムデザイン上の要因や長期旅行、多忙なスケジュール、ケガ、複数の競技への参加、モチベーションの低下などによって、トレーニング量が減ったり、運動を中止したりする時期があるだろう。このようなトレーニング刺激の一時的な低減、あるいは中止をディトレーニングと呼ぶ。子どもの場合、ディトレーニング期間における筋力変化の評価は成人と異なり、成長による筋力の増加が同時期に起こるため、複雑になる。それにもかかわらず、子どもがトレーニングによって得た筋力の増加は永続的なものではなく、ディトレーニングにより、ト

レーニングしなかった対照群の値に戻る傾向があることがデータから示唆されている（56,70,108,211）。ディトレーニング期間に体育の授業を受け、チーム競技にも参加していても、前青年期にトレーニングで得た筋力を維持することができなかったという報告がある（70）。その他の研究では、週に1回の筋力トレーニングを行う群と週に2回行う群とを比較し、週に1回のグループの筋力向上は2回行う群に対して平均で67％であった（63）。最近のレビューでは、トレーニング頻度の増加がストレングストレーニングの効果をより大きくすることと関連していると示唆されているが（14）、この知見は、若年および若い競技選手による関わりがそれぞれ異なる（例：試合のようなプレーを行うスケジュール、学業、子ども同士での交流の時間）という観点から考慮すべきである。まとめると、子どもの筋力において、運動によって引き起こされる適応を維持するにはトレーニングの継続が重要であるということを、これらの知見は強調している。ディトレーニングの反応の正確なメカニズムは明らかになっていないが、少なくともその一部に神経筋機能における変化が関係していると考えられる。興味深いことに、最近の研究では、ディトレーニングの影響は均一ではない可能性があり、幼い子どもにおいては神経筋の質が異なり、トレーニングプログラムの中止に続く応答が異なるかもしれないということが示唆されている（56）。

トレーニングによる筋力の増大は青年期や成人では筋肥大によるところが大きいが、前青年期における筋力の増大（少なくとも20週までの増大）は、筋肥大が主な原因ではないようである（172,184）。この示唆と一致しない知見もあるが（81）、さまざまなホルモン（テストステロン、成長ホルモン、インスリン様成長因子）の循環レベルが低いため、前青年期においてはレジスタンストレーニングプログラムを通じて筋量の増加は難しいと考えられる。テストステロン濃度は、前青年期には男女とも20〜60ng/100mlであり、これが青年期の経過とともに男子ではおよそ600ng/100mlまで増加するが、対照的に女子では変化しない（136）。

つまり前青年期においては、運動単位の活動および同期の増加や、運動単位の動員および発火頻度の促進など、神経的要因によって筋力の増大が起こる可能性があると考えられている（87,129,172,184）。筋の内因性の適応、運動スキルのパフォーマンスの向上、そして関連する筋群のコーディネーションも、前青年期のトレーニングによる筋力の増大の一因であるという指摘もある（184）。ただし、前青年期にはレジスタンストレーニングを行っても筋肥大にはつながらないと断言することはできない。研究期間を長くし、トレーニングの量を増やして、より正確

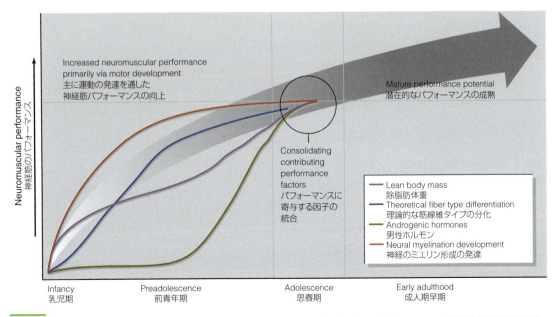

図7.2 筋力の適応およびパフォーマンスの潜在能力に関連した、発達の各要因の統合についての理論的相互作用モデル。
Faigenbaum et al., 2013 (58). より許可を得て転載。

な測定技術（画像のコンピュータ処理など）を用いれば、レジスタンストレーニングプログラムによる筋肥大が起こる可能性があることを明らかにできるかもしれない。それに加えて、筋線維の羽状角が加齢とともに大きくなるので（16）、筋断面積の実質的な変化を伴うことなく、レジスタンストレーニングによって筋の構造上の特性を変化させ得るかどうかは、不明確である。

思春期の間あるいは思春期以降のトレーニングによる筋力の向上にも、ホルモンの影響があると考えられる。青年期の女子においてはテストステロンレベルが低くトレーニングによる筋肥大の程度は限られているが、ほかのホルモンや成長因子（成長ホルモンやインスリン様成長因子など）が筋の発達に少なくとも部分的には関与している可能性がある（119）。

図7.2には、筋力の発達に関わる要素、すなわち除脂肪量、テストステロン濃度、神経系の発達、および速筋線維と遅筋線維の分化の過程を示す。

> ▶ 前青年期の男女はレジスタンストレーニングによって筋力を成熟によるよりも大幅に増加させることができる。この増加は、主に筋肥大ではなく神経的な要因による。

期待される望ましい効果

子どもが定期的にレジスタンストレーニングプログラムに参加すれば、筋力、パワー、筋持久力の増大のほかにも健康や体力に関するさまざまな面に影響を及ぼすと考えられる（129,198）。レジスタンスエクササイズは特定の解剖学的および心理社会的尺度に好ましい変化を与え、スポーツ競技やレクリエーション活動における傷害を減らし（212）、運動スキルや競技パフォーマンスを向上させる可能性がある（13,68,203）。

臨床的な視点から、レジスタンストレーニングプログラムへ定期的に参加することによって、肥満の子どもおよび青少年において、体脂肪を低下させ、インスリン感受性を改善し、心機能を促進させるという結果も報告されている（15,139,162,193,218,219）。若者の身体的活動の指標成績は世界中で低く、このことは身体的に不活発という危機が広がっているエビデンスがあることを示唆するものである（210）。肥満の子どもや、座っていることの多い生活（学校

へはバスで通学し、帰宅後や週末はテレビを見るかテレビゲームをする）を送っている子どもは、週に4あるいは5日、1日に1〜2時間のスポーツのトレーニングを行う準備ができていない。最近の183カ国からの世界規模のデータに基づく知見では、1980年と2013年で、体格指数（BMI）が25kg/m^2以上の子どもの割合は先進国および発展途上国の両方でかなり増加していることが示されている（165）。とくに米国では、2011および2012年のデータで、米国人の2〜19歳の16.9％が肥満（95％信頼区間[CI]、14.9-19.2％）であることが示されており（168）、また小児期の肥満者の割合は横ばいとなっているが、現在肥満である、あるいは過体重の幼い子どもの数は依然として多い（168）。子どもの肥満治療は単純ではないが、レジスタンストレーニングに関しては青少年が楽しんでいる印象も受ける。有酸素性の負担がなく、すべての参加者にパフォーマンスの達成感と充実感を提供できることが利点のようだ。

小児期の肥満率の高さに加え、筋のフィットネスに関して、組織化されたスポーツやレクレーション的な活動に参加する若者における現代の傾向が懸念されている。たとえば、学童期の子どものさまざまなコホートにおいて、筋力測定値（ベントアームハングや握力）や（36,152,189）運動スキル能力（96,189）の分布は近年減少を示している（訳注：たとえば出生年や居住地域など、何らかの条件を満たすひとまとまりの集団をコホートと呼び、コホートを対象として大規模な追跡調査を行う研究をコホート研究という）。したがって、レジスタンストレーニングを含むコンディショニングを競技への準備として行うことは、意欲的な若い選手にとって有益となるだろう。また、フィットネスレベルの低いところから始める者にとっては、その有益性が最も大きいようだ。

レジスタンストレーニングは遺伝形質の最大値に影響を及ぼすことはないものの、適切なガイドラインに従う限り、発達のいずれの段階においてもおそらく好ましい影響を及ぼすだろう（10,72）。実際に、レジスタンストレーニングや体重が加わる身体運動を含むエクササイズプログラムへの定期的な参加が、子どもや青少年の骨密度を向上させることも示されてきている（139,153,166）。これらの知見を支持するものとして、高重量のウェイトを使った多関節エクササイズでのトレーニングを定期的に行っている青

年期のトップレベルのウェイトリフターの骨密度は、（統計的な）年齢補正をしたとき、コントロール群と比較してかなり高い値を示すことが報告されている（40,216）。このような知見は、骨量が低下し、骨折を起こしやすくなる**骨粗鬆症**を発症する危険性が高い若い女性にとってはとくに重要であろう。

また、レジスタンストレーニングを含む定期的なプレシーズンのコンディショニングプログラムを実施した若い競技選手は、ケガに対する抵抗性が高いことも示唆されている（52,103）。アメリカではスポーツ競技中の子ども、青年の傷害が年間に数百万件発生しており（146）、また、子どものオーバーユース障害の50％以上は、コーチング教育、準備的コンディショニング（訳注：専門化に先立つコンディショニング）、専門化を遅らせるといった単純な方法によって防げたのではないかと推測される（144,212）。ストレングス＆コンディショニング専門職は、青少年の選手のスポーツ競技への準備に中心的な役割を果たし、それによって青少年の選手に多いスポーツ傷害の発生および傷害の程度を最小限にすることができる。多くの場合、組織的なスポーツに参加する現代の若い競技選手は、自分の選んだスポーツ競技において必要とされる能力に到達していない。

コーチの中には、早期に特定のスポーツ競技を専門にすることが成功の鍵であると主張する人もいるとしても、単一の競技に参加する、あるいは低い年齢で単一のポジションを専門とする若い人は、筋バランスの不良やオーバーユース障害、オーバートレーニング、潜在的なバーンアウトのリスクが増大させ可能性が高い（2,21,49,212）。それに加えて、専門化が遅いことや、低い年齢の間に多様なスポーツや身体活動へ参加することは、より年齢が高くなったときのスポーツ競技での成功と関係深いと考えられる（2,79,134,151）。青少年のスポーツ傷害を完全になくすことは現実的な目標とはなり得ないが、プレシーズンの体力づくりプログラムにレジスタンストレーニング（プライオメトリックエクササイズを含む）を加えることにより、練習中や試合中に発生する力の大きさや継続時間に対処するためのよりよい準備となるだろう（26,74）。ストレスへの耐性には個人差があり、このトレーニングの形態では、青少年の筋骨格系に長期間にわたってストレスが繰り返し加わるため、トレーニングの強度、量、漸増の割

合については処方する際には考慮する必要がある。適切に漸増させることとプログラムのバリエーションによって、得られる結果は最適化され、飽きるのを防ぎ、オーバートレーニングを招き得るストレスは低減するだろう。それに加えて、適切に計画された回復の方策（適切なクールダウン、エクササイズ後の食事あるいは補食、適度な睡眠）もトレーニングによる適応を最大にするために役立つだろう。たとえば、若年競技選手は、アクティブリカバリーと冷水療法の組み合わせに好意的であるが、それと比較して、試合後のストレッチングや脚部を挙上するなどの処置に消極的であるということが研究によって示されている（117）。

多くのスポーツ競技は明らかに筋力やパワーの構成要素を持っているため、レジスタンストレーニングが競技パフォーマンスを高めるという考え方は人々の関心を集める。両親や子どもたちからはこの主張を支持する意見があるが、この問題についての科学的な報告はまだ多くない。8〜20週間のレジスタンストレーニングプログラムに参加した子どもたちにおいて、幅跳びや垂直跳び、30mダッシュ、アジリティランテストなど、特定の運動パフォーマンスのスキルが改善したことが報告されている（13,55,73,127,167,220）。青少年のレジスタンストレーニングがスポーツのパフォーマンスに与える影響を評価した研究は少ないが（18,24,78）、漸増的なレジスタンストレーニングプログラムは、若年選手のスポーツのパフォーマンス向上にある程度役立つ可能性が高い（85,86,97,180）。

潜在的なリスクと懸念

適切に処方された青少年のレジスタンストレーニングプログラムは、子どもや青年が定期的に参加するほかのスポーツ競技や身体活動に比べて相対的に安全性が高い（95）。逆説的に、スポーツ競技時に子どもの関節に生じる力は、レジスタンストレーニングプログラム中に生じる力よりもはるかに大きく、また予測するのがより難しい可能性があると考えられる（66）。レジスタンストレーニングは子どもには危険であるという考えは、子どもにとっての必要性とも、このタイプのトレーニングに関連して報告されているリスクとも一致しない。子どもたちは、ウェイトルームでもケガをしている。しかしながら、

そのようなケガは子どもにおいてはより偶発的であると考えられ（158）、典型的に、監督や指導のレベル、技術的な能力、トレーニング負荷が不適切である場合に発生する（66）。このことは、対象者が青少年である場合、ストレングス＆コンディショニング専門職が安全のためのガイドラインに留意する必要があることを強調するものである。レジスタンストレーニングプログラムを実施している青少年の骨端軟骨板骨折が報告されているが、これらの報告は症例研究であり、監督者がいない状況下で頭上への高重量のリフティングを行っているものが多い（90,187,189）。確立されたレジスタンストレーニングのガイドラインに従った、青少年を対象としたレジスタンストレーニングの研究では、骨端線損傷（骨端軟骨板骨折）は報告されていない（66）。注目すべきことに、適切なガイドライン（すなわち、十分なウォームアップ時間を取り、個別に負荷を漸増し、密接な監督下で行う）に従っていれば、子どもや青年における1RMテストが安全に遂行できることが明らかになっている（61,65,100,123,192）。もし子どもや青年が、どのようにして適切にレジスタンストレーニングを行うかを教えられ、レジスタンストレーニングのガイドラインを理解したら、骨端線骨折のリスクは最小限にできると考えられる。

子どものためのプログラムデザインにおける考慮

　レジスタンストレーニングは、子どものためのその他のフィットネスの目標への取り組みも含めた、多方面のエクササイズプログラムの一部であるという見方は重要である。レジスタンストレーニングプログラムへの参加について最低年齢の基準はないが、指示を聞いて従う程度まで情緒面で成熟し、このタイプの身体活動に挑戦したいと思っていることが条件となろう（129,157）。健康であることが明らかな子どもにはトレーニング前の医学的検査は必須ではないが、すべての参加者は、レジスタンストレーニングプログラムに安全に参加できない、あるいは制限しなければならない傷害や疾病についてスクリーニングを受けるべきである（2）。青少年のレジスタンストレーニングの目標は、筋力増加のみに限ることなく、子どもに身体について教える、身体活動への興味を高める、ウェイトルームでのエチケットを教える、楽しむことなども含まれるべきである。子どもの時期に身体活動やスポーツ競技を楽しめば、後の人生でも身体を動かすことが大いに期待される（208）。

　青少年のレジスタンストレーニングプログラムの作成にあたって注意すべき重要な2つのポイントは、指導の質と漸増の割合である。ストレングス＆コン

どのようにして青少年のオーバーユース障害のリスクを低減できるか？

- 子どもや青年は、組織的あるいはレクレーション的なスポーツに参加する前に、医学的問題が存在するかどうかをスポーツ医による評価を受けるべきである。
- 両親にスポーツ競技の効用とリスクについて教育を受け、準備のコンディショニングの重要性を理解すべきである。
- 子どもや青少年には、スポーツおよび身体活動の需要に向けて適切に準備された、スポーツのシーズン間において適度なリカバリーの時間を伴う長期的なトレーニングプログラムへの参加が奨励されるべきである。
- トレーニングプログラムは多次元的で、レジスタンストレーニングや、基本的なムーブメントスキル、スピード、プライオメトリック＆アジリティの発達、ダイナミックスタビリゼーションの各要素が取り込まれているべきである。それに加えて、これらのプログラムは年間を通して種類や量、強度が多岐にわたっており、また個々の子どもの特異的なニーズに合致しているべきである。
- 青少年に関わるコーチは、回復を最大化し、成長と成熟の過程が起こるように、激しいワークアウト間や競技間において十分に計画された回復戦略を実施すべきである。
  このアプローチは、若年者においてオーバートレーニングやバーンアウトの機会を減らす助けとなる。
- すべての若年者は健康的な生活習慣のスタイル（例：適切な栄養、水分補給、睡眠の質）に従うべきである。
- 青少年スポーツのコーチはコンディショニング、スポーツのスキル、安全を確保するためのルール、機器、子どもの心理社会的ニーズ、発達の生理学について深く学ぶため、専門職の継続教育プログラムに参加するべきである。
- コーチはすべての子どもや青年の参加を支援し、励ますべきであるが、無理に能力レベル以上のことを行わせてはならない。子どもの福祉および幸福は常に最優先であるべきである。
- ほとんどのスポーツにおいて、子どもには多様なスポーツ競技や身体活動への参加と、できるだけ青年になるまでスポーツの専門化を遅らせることを奨励されるべきである。

ディショニング専門職は、青少年のトレーニングガイドラインを完全に理解し、正しいエクササイズテクニックを進んで示し、子どもが理解できるレベルで話すうえで必要な教育学的なスキルを持つべきである（59,129）。また、子どもたちの間での競争を避けるようにし、負荷量ではなく正しいテクニックに焦点を当てて指導すべきである。個別のワークアウト記録を使って、子どもに漸増の意味について理解を深めさせるのもいいだろう。継続した効果を得るには負荷やセット数を増やす必要があるが、これはセッションごとに毎回強度や量を上げるという意味ではない。プログラムを新鮮でやりがいがあるものに保つことが重要であるのと同時に、子どもは適切なフォームとテクニックを身につける機会を与えられるべきである。子どもと接するときは、スキルの向上や個人的な成功体験、楽しむことなど、内的な要素の充実が重要である。

子どもの場合、反復回数と1RMに対する負荷の割合（％1RM）との関係について、利用可能なデータは限られているが、1RMに対する特定の割合の負荷で反復が可能な回数は、エクササイズによって異なると考えられる（69）。したがって、最小筋力閾値（1RMに対する割合として表される）は筋群によって異なる可能性があり、それぞれのエクサ

サイズに関与する筋量に左右されると考えられる。研究の条件やスポーツの環境において、トレーニング指導者が若者の筋力レベルを決定するのに1RMを用いたテスト法を安全に行うことができるとしても、もしそれが不可能であるなら（おそらく時間的な制限や、クラスのサイズ、コーチの専門的知識の不足による）、代替的な手段が利用できる。ストレングス＆コンディショニング専門職は、複数の最大下の挙上回数（例：5RMあるいは10RM）から1RMを予測する式を用いることができる（129）。しかしながら、子どもにおけるそのようなアプローチは、複数の回数により蓄積された疲労が技術的なフォームに与える影響のためにリスクが強調されることを、ストレングス＆コンディショニング専門職は認識すべきである。最大挙上回数（RM）という枠組みを用いることなく、筋力を測定する代替手段を得るために、トレーニング指導者は異なる跳躍プロトコル（例：垂直跳びと幅跳び）や握力などの、1RMの値と有意に相関するフィールド型の測定方法を用いることができる（30,149）。有資格の専門職の注意深い監視が行き届いた中で、筋力測定のプロトコルにかかわらず、子どもあるいは青年は、テスト全体を通して正しい技術的な能力を示し、維持することができるべきである。

青少年のレジスタンストレーニングのガイドライン

- 一人ひとりの子どもがレジスタンストレーニングの利点とリスクを理解していなければならない。
- 能力が高く、注意深いストレングス＆コンディショニングの専門職がトレーニングセッションをデザインし、監督すべきである。
- エクササイズを行う環境は安全で危険がなく、使用する道具は、子どもごとに合うように適切な大きさに調節すべきである。
- レジスタンストレーニング前に、動的ウォームアップエクササイズを行うべきである。
- 適切な場合には、レジスタンストレーニング後には静的ストレッチを行うべきである。
- それぞれの子どものエクササイズストレスに対する耐性を注意深くモニターする。
- 適切な調整が可能な、軽い負荷から始める。
- 技術と筋力の向上に合わせて段階的に抵抗を高くする（例：5％から10％ずつ）。
- 個人のニーズや目標に合わせて、さまざまな単関節運動と多関節運動を6〜15回、1〜3セット行う。
- 適切な負荷が用いられ、技術的な熟練が重要なアウトカムを維持できるならば、スナッチやクリーン＆ジャークなどの高度な多関節エクササイズをプログラムに組み込むことも可能である。
- 週に2〜3回、連続しない日にトレーニングを行うことが推奨される。しかしながら、トレーニング歴の長い青少年は、週あたりのより頻繁なレジスタンストレーニングセッションに参加してもよいだろう。
- 必要であれば、大人の補助者を近くに配置し、動作ができなかったときに積極的に補助できるようにすべきである。
- 子どもや青年にトレーニングサイクル間に適切な休息とリカバリーを伴う経時的で多様なトレーニング刺激にさらされることを確実なものとするために、レジスタンストレーニングプログラムは年間を通して体系的に期分けされるべきである。

A. Faigenbaum et al., 1996, "Youth resistance training position statement paper and literature review," Strength and Conditioning 16(6): 71. より、許可を得て転載。

スナッチ、クリーン＆ジャークなど、高度な多関節エクササイズを適切な時期（すなわち、基礎的な筋力と技術的な進歩が完了した後）に子どものプログラムに取り入れることは可能であるが、正しいフォームとテクニックの習得に主眼を置くべきである（25,67）。不適切なテクニックは筋骨格系の組織に異常なストレスをかけ、ケガを招くことになる。適切なテクニックを維持できなければ、抵抗を小さくすべきである。新しいエクササイズを学習するときには、正しいテクニックを身につけさせるため、子どもたちにバーベルのバーのみ、あるいは長い木製の棒やPVC（ポリ塩化ビニル）のパイプなどを使わせる。スキルの発達の促進を確実なものとする、この発達段階において、正しいフィードバックを、正しいときに、正しい方法で届けることの重要性は計り知ることができない（非常に重要である）。若者がトレーニングを行う際には、単純なパフォーマンスを評価する方法（例：挙上された負荷あるいは動作速度）とは対照的に、訓練を受けたオブザーバー（観察する人）による、異なるエクササイズの技術的なパフォーマンスの定期的な成績づけと評価が行われるべきである（60）。そのようなアプローチは、ウェイトリフティングを行う若者たちに正しいエクササイズテクニックについて継続的に教育し、起こりやすい技術的な欠陥について気づきを促すために用いることができるとともに、コーチや教師に練習や体育の中での学習を評価するツールを提供する。青少年のレジスタンストレーニングのガイドラインをコラム欄に示す。

女性の競技選手

定期的なレジスタンストレーニングの実施により、女性は、健康を増進し、変性疾患（骨粗鬆症など）のリスクを減らし、受傷率を低減し、全般的な競技パフォーマンスを向上させることができる。過去には、女性がレジスタンストレーニングに対して疑問を持ったり、社会的スティグマ（汚名や偏見）によりこのタイプの運動を避けることすらあったが、現在の研究結果では、女性にもレジスタンスエクササイズのストレスに耐えて適応する能力があり、十分な効果があることが明らかにされている（122,161）。さらに、健康とフィットネスを増進し、受傷率を低

減させるうえで、女性が行うトレーニングプログラムにはレジスタンストレーニングが必要不可欠な要素であることが示唆されている（155,159,204）。

性差

ストレングス＆コンディショニング専門職は、女性のためのレジスタンストレーニングプログラムをデザインし、評価するにあたって、体格、身体組成およびレジスタンスエクササイズに対する生理学的反応の性別に関連した差を理解する必要がある。このような性差や女子選手に特有の注意点の理解が、パフォーマンスを最適化し、スポーツに関連したケガのリスクを減少させるのに役立つ。

身体サイズと身体組成

思春期前では、男子と女子の間で身長や体重、身体サイズに実質的な差はない。思春期が始まり、その進行に伴い、主にホルモンの変化によって性に関連した形態的な差がはっきりしてくる。思春期に、女子ではエストロゲンが生成されることによって脂肪の蓄積が増加し、乳房が発達するが、男子の場合はテストステロンが生成されることによって骨形成とタンパク質合成が促進される。エストロゲンによっても骨の成長は刺激されるが、男子は成長期が長く、より遅い段階で思春期が開始するため、成人では男性のほうが女性よりも背が高くなる。平均すれば、成人女性は成人男性に比べ、体脂肪が多く筋が少なく骨密度が低い傾向にある。さらに女性は男性よりも体重が軽い傾向にある。女性アスリートの中には、トレーニングしていない男性よりも体脂肪率が低いこともあるが、女性で体脂肪率が極端に低いと逆に健康を損なうことがある（171,221）。成人の形態測定において、男性は腰幅より肩幅が広く、女性ではウエスト幅、肩幅より腰幅のほうが広い傾向にあることが示されている。男性において肩幅がより広いことで、より多くの筋組織を支えることができ、また肩で作用する筋群に力学的有効性ももたらすことができる。

筋力とパワーの発揮

トレーニングによって起こる筋力の変化を男女間で比較するときは、絶対値と相対値の区別が重要である。絶対的な筋力は、一般に、女性は男性の2/3

程度である（124）。一般に女性の下半身の絶対筋力は、上半身の絶対筋力における男女差と比較すると、その差は小さい。このような性差は、レクリエーションレベルでトレーニングしている場合も、高度にトレーニングを積んだ選手も同様で、身体組成、形態的特性、除脂肪量の分布（女性はウエストより上の筋量が少ない傾向にある）の性差によって、部分的に説明がつく（17）。

相対値で考えると、筋力の性差は大幅に縮小する。平均的に男性と女性では身体サイズに相当な差があるため、男女の筋力の比較には、体重や除脂肪量、筋断面積に対する筋力の相対値が有用である。体重に対する相対値では、女性の下半身の筋力は男性に近い値を示すが、女性の上半身の筋力はやはりやや低い（105）。除脂肪量に対する相対値で比較すると、男女間で筋力差はほとんどなくなる傾向にある（105）。注目すべきことに、限られたデータではあるが除脂肪量に対する相対値では、伸張性筋力は短縮性筋力よりも性差が少ないことが示唆されている（37,196）。

筋力を筋断面積に対する比で表すと、男女の差は有意ではなくなる。これは、筋の質（単位筋断面積当たりの最大筋力）が性別に特異的でないことを示している（29,148）。筋線維タイプの分布や筋線維の組織化学的な特性には男女差がないにもかかわらず、男性は女性よりも筋断面積が大きい傾向にある。このような情報は重要ではあるが、筋力には大きな幅があり、実際には2人の女性間の差（あるいは2人の男性間の差）のほうが、ある男性と女性の差よりも大きいこともあることを、ストレングス＆コンディショニング専門職は忘れてはいけない。

> 筋量が少ないことから、女子は絶対的な筋力に関しては、一般的に男子より低い。筋断面積に対する相対値では、筋力における性差はあるとはいえない。これは筋の質に性別による特異性がないことを意味する。

パワー発揮における性差は、筋力の性差に似ている。ウェイトリフターの発揮パワーを比較した測定では、スナッチやクリーンにおけるプル動作において女性が体重当たりで発揮するパワーは男性の約63％であった（83）。トレーニングしていないと考えられる女性にも、同じような結果が得られた（118）。垂直跳びと立ち幅跳びのスコアもまた、男性より女性のほうが低い傾向にあった（38,45,137）が、除脂肪量に対する相対値で表すと性差は小さくなる傾向にある。それでも、一般に男性のパフォーマンスは女性を上回るが、発揮パワーの差は除脂肪体重の差だけによるものではないと考えられる。データは明確ではないものの、力の立ち上がり速度（182,183）や、筋の賦活の動員戦略（173）における性差によって、これらの知見の一部を説明することができる（191）。

女子選手のレジスタンストレーニング

性差にかかわらず、トレーニング前の基準レベルからレジスタンスエクササイズに対して男女とも同じように応答する。どの変数が選択されたかによって変化の程度が多少異なるものの、全体の傾向としては女性のレジスタンスエクササイズの効果は筋力の増大のみにとどまらず、健康や体力に関する重要なほかの指標においても好ましい変化が起こることが示唆されている（122）。

女性におけるレジスタンストレーニングへの応答性

女性と男性が同じレジスタンストレーニングプログラムに参加した場合、明らかに男性と同じ割合で、あるいは男性よりも速く筋力の増加が起こる。絶対的な筋力の増加は、女性より男性のほうがしばしば大きいが、相対的な（比率としての）増加は男性とほぼ同じか、女性のほうが大きい（156）。しかしながら、これは女性におけるベースラインの神経－筋の水準が平均して低いことを反映している（156）。神経系の適応が筋力発揮に寄与していることは明らかではあるが、女性における筋肥大の要因の影響を見落としてはならない。高度な技術（例：CTなど）を用いて筋断面積の変化を正確に測定すると、短期間（16週まで）における筋肥大に性差はない（43,93）。

アナボリックステロイドの使用歴がない女子ウェイトリフター、ボディビルダー、陸上競技選手の筋の発達から判断すれば、多量、あるいは高強度のトレーニングプログラムに定期的に参加している女性において、筋肥大が起こることは明らかである（男性よりは少ないかもしれないが）。さらなる研究が必要ではあるが、女性のテストステロン濃度がトレーニングによって変化する可能性も指摘されており、

テストステロンレベルが比較的高い女性は、筋サイズや筋力が増加しやすいとも考えられる(42,94)。さらに、トレーニングで用いられるエクササイズ動作の複雑さも、筋肥大の程度に影響する可能性がある(33)。スクワットやクリーン&ジャーク、スナッチのようなより複雑な、多関節動作では（バイセップスカールのような単関節動作と比べて）、神経系の適応に相対的に長い時間がかかるため、体幹や脚の筋肥大が遅れる(33)。遺伝的性質も、大きな筋量を発達させることに寄与する要因になるだろう(201)。

女性選手の三主徴（トライアッド）

　女性競技選手とともに働くストレングス&コンディショニング専門職は、**女性選手の三主徴**（トライアッド）に関連した、健康を損なう結果が起こる可能性について認識しておくべきである(6)。三主徴とは、エネルギー利用能や月経機能、骨密度の間の相互作用について示すもので、長時間にわたって練習し、トレーニングや適応での高いエネルギー消費に対して摂取カロリーが不十分な女性アスリートにおける健康上のリスクを意味する(6,47)。エネルギー利用能の低い（トレーニングの量あるいは強度のどちらか、あるいは両方が高く、また食事摂取が不適切な）女性選手の場合、骨粗鬆症の可能性が高い(47)。強調されている骨粗鬆症のリスクに加えて、低エネルギーは無症状の月経障害も引き起こすことがある。**無月経**は3カ月以上にわたって月経周期がないことと定義され(6)、下垂体腺からの黄体ホルモンの分泌頻度の減少によって引き起こされる。無月経は、疲労骨折や、内分泌および胃腸の合併症、スポーツパフォーマンスの低下を伴い、女性の健康と幸福に負の影響を及ぼすことがあり、女性において長期にわたって生殖機能の抑制を経験することはよく起こる(47)。

　レジスタンストレーニングは、女性に対して、年齢に関連した骨密度の低下を弱めることを含めた、多数の利点を提供する(116)。レジスタンストレーニングを介して加わる力学的負荷のストレスにより特異的に、骨格のリモデリングの程度が直接的に増加し、したがって骨量が増加する。女性において、レジスタンストレーニングが身体のさまざまな部位の骨密度を高めることがデータで示されている(116)。レジスタンストレーニングの強度がより高

いと、骨形成の促進がより大きな程度となり(133)、青年期直前というのが、骨密度を増加させるための、体重のかかる身体活動に参加するよい機会である(91,104)。

　しかしながら、レジスタンストレーニングプログラムを女性のために処方する場合、ストレングス&コンディショニング専門職は、適応を刺激し回復を促進するために、栄養摂取がトレーニング処方の支えとなることを確実なものにしなければならない。たとえば、中距離の女性ランナーが、適切なレベルのカルシウムやビタミンD、タンパク質を摂取することができない場合、エネルギー収支がマイナスとなり、女性選手の三主徴が早期に始まってしまう可能性が高まるというリスクが生じるだろう。栄養不足のリスクが懸念される競技選手は、完全な資格を持った登録スポーツ栄養士による栄養評価を受けるべきである(47)。不十分なエネルギー摂取は、身体活動によって引き起こされるエネルギー消費に合致させようという生物学的な衝動の不用意な欠如を単に反映している、あるいは女性選手に広くみられる臨床的な摂食障害または食行動障害に起因し得る、ということに注意すべきである(6)。摂食障害のリスクが高い女性は、審美的な観点による主観的評価を用いる競技や身体活動（ダンスや体操）に参加していることが多く、そのような場合は、訓練を受けた医学および食事に関する専門職を紹介すべきである。

女性用のプログラムデザインにおける考慮

　筋の生理学的特性は男女で同じなので、女性用のレジスタンストレーニングプログラムを男性用のものと異なるものにする合理的な理由はない。実際に、特定のスポーツ競技に関与する筋群は男女とも明らかに同じなので、レジスタンストレーニングプログラムは男女に関係なく、競技パフォーマンスの改善や日々の活動に必要な筋のパフォーマンスを向上させるようにデザインするべきである。一般的に男女のプログラムで異なる唯一の点は、同じエクササイズで使用する抵抗の大きさであり、個々の筋力に基づいて決まる。筋骨格系の筋力とパワーにおける遺伝的な潜在能力へと近づくために、いくつかのタイプのレジスタンスエクササイズを定期的に行うことは、若い女子選手にとってとくに重要である。トッ

プレベルの女子体操選手はプルアップを40回行うことができるし、女子ウェイトリフターは、自分の体重の2倍以上の重量でクリーン＆ジャークを実施することができる。

上半身の筋力の発達

女性にレジスタンストレーニングプログラムを処方する際に注意するべきことは、上半身の筋力の向上とスポーツ傷害、とくに膝に関する傷害予防の2点である。まず、女性の上半身の絶対的筋力は男性のそれよりも弱い傾向にあるため（112）、上半身の筋力とパワーを必要とするスポーツ競技の女子選手では上半身の発達を強調することにとくに価値がある。上半身の筋力不足からフリーウェイトの多関節エクササイズ（さまざまなタイプのフルもしくはパーシャルのスナッチやクリーン動作）ができない女子選手には、上半身のエクササイズを1～2種目加える、あるいは1～2セット多く行うと効果があるだろう。大きな筋を使用した多関節エクササイズによって起こる適応は、レクリエーションや競技として行われるスポーツのパフォーマンスに正の転移を生起させるので、トレーニングプログラムにさまざまなクリーンやスナッチ、ウェイトリフティング関連動作を組み込むことが効果的である。さらに、これらのエクササイズは消費カロリーが相対的に高く（84）、健康的な身体組成を維持するうえで助けとなるだろう。

女性における前十字靭帯損傷

ストレングス＆コンディショニング専門職は、女子選手、とくにサッカーやバスケットボールの選手における膝のケガの増加について認識しておくべきである（6,34,73）。多くの報告によると、女子選手は前十字靭帯（ACL）断裂を男子選手の6倍起こしやすい（39,102,111,147,160）。これらの知見に基づくと、研究者の中には、膝関節の傷害を起こす大学生の女子選手は、毎年1万5000人を超えることを示唆する者もいる（103）。このような傷害の増加は、単に、組織的なスポーツに参加する女性の増加を反映したものという可能性も考えられるが、原因についての示唆もある。関節弛緩性、四肢のアライメント、切痕の大きさ、靭帯のサイズ、身体動作、シューズとサーフェス（地面や床）の相互作用、スキルレベル、ホルモンの変化、足首の装具使用、トレーニング不足などが、膝の傷害件数にみられる男女間の差に関係している（9,101,150,194,224）。解剖学的およびホルモンの要因が女性におけるACL損傷リスクを高めていることに寄与しているかもしれないが、最終的に異常なバイオメカニクス（接地した際に動的な膝外反を増加させる）を導く、不十分な神経−筋が最も顕著に寄与する要因であると信じられている（159）。ACL損傷リスクを軽減するために、トレーニング適応を最適化する、準備的コンディショニングへ思春期前に参加すべきであるということがエビデンスによって示されている（159）。筋およ

女子選手のACL損傷のリスクをどのようにして減らすことができるか？

ACL損傷のリスクを低下させるのを手助けするうえで、ストレングス＆コンディショニング専門職は下記に従うべきである。

- スポーツ医による、推奨された参加前のスクリーニングを行う。スクリーニングには、筋骨格系のテストとともに、傷害のリスク要因を特定することが含まれる。
- 女性競技選手に対して、レジスタンストレーニングや、プライオメトリックトレーニング、スピード＆アジリティトレーニング、柔軟性トレーニングを含む年間を通したコンディショニングプログラムに参加することが推奨される。コンディショニングプログラムは各選手の特異的なニーズを満たし、筋骨格系の適応が継続的に現れることを可能にするよう、期分けされた方法によって進行する。
- 女性らが学び、多様な環境における正しい動作メカニズム（例：跳躍、着地、ツイスト、カット）を繰り返し模範試技ができることを確実なものとする。
- すべてのエクササイズセッションに先立って、全般的な動的ウォームアップとその活動に類似した動作や、鍵となる筋群（例：後方の連鎖する筋群）を活性化する特異的ウォームアップを行う。
- トレーニングセッション内で得られたものをフィードバックし、スキルの移行を最適化し、ACL損傷に関連したバイオメカニクスを促進する。
- 子どもが傷害予防プログラム（スキルおよび健康に関連する体力要素を発達させる、漸進的なレジスタンストレーニングを含む）に参加するよう奨励する。早期の介入はそういったプログラムに効果的であると考えられる（159）。
- 競技選手に、練習や試合において、適切な服装やシューズを着用することを推奨する。

び結合組織を強化するとともに膝関節の神経−筋の制御を促進するために、資格を持った専門職によりデザインされ届けられる、十分にバランスのとれたコンディショニングプログラム（レジスタンストレーニング、プライオメトリクス、アジリティ、バランストレーニングを含む）をスポーツ参加の前に行うことは、ケガのリスクを低減させる上で利点がある（1）。女子選手のACL損傷は、減速や側方へのピボット、着地など（20）、ほとんどが非接触（ノンコンタクト）メカニズムによって起こっており、膝関節の支持構造の強化と神経−筋コントロール改善を目的としたコンディショニングプログラムへの定期的な参加は、スポーツ中の受傷リスクの低減につながる可能性がある（52,103）。さらに、トレーニングの適応を最大化するために、女子選手にとっては、調和の取れた食事の中で適量のエネルギー摂取、良質なタンパク質と健康的な脂質摂取に重点を置くことが重要である（47）。女子選手のACL損傷の発生を減らし、そのようなトレーニングプロトコルへのアドヒアランス（遵守）を向上するうえで最善の方法を決定するには、さらなる臨床試験が必要であるものの、コラム欄に列挙した戦略が役立つだろう。

高齢者

65歳以上の男女の数は増加しており、高齢者がマラソンからウェイトリフティングに至るまでさまざまなスポーツ競技に参加する機会は増えているように思われる。高齢の競技者やマスターズ選手の心臓血管系持久力や筋力は非常に優れてはいるが、高度なトレーニングを積んだ選手でさえ30歳以降はパフォーマンスの低下を経験する。たとえば、ウェイトリフティング競技における挙上能力は70歳頃までは年間約1〜1.5％の割合で加齢とともに低下し、その後はより急激な低下が起こる（140）。身体活動を行っていない高齢アスリートは、典型的に、かなりの身体パフォーマンス測定値の減少と、衰弱性のケガのリスク増加がみられる（1）。ストレングス＆コンディショニング専門職は、加齢とともに起こる生理学的変化と高齢者のトレーナビリティについて理解するべきである。それに加えて、高齢者の身体活動に伴う潜在的な健康上のリスクについても考慮する必要がある。

筋骨格系の健康状態における加齢による変化

加齢とともに起こる身体組成の著しい変化は、身体機能障害や傷害を発生させる原因となりうる。多くの論文に示されているように、加齢に伴う骨や筋の減少により、日常生活活動、たとえば椅子から立ち上がったり窓を開けたりするような動作が困難になるだけでなく、転倒や骨折、長期間続く機能障害の危険が増加する（34,105,106）。骨は加齢とともにもろくなるが、これは骨塩量の低下により骨の空洞化が進むためである。骨塩量や骨の微細構造は、骨折、とくに股関節、脊柱、転倒時の手首の骨折のリスク増加を引き起こすほどの程度に悪化する（5）。骨密度が若年成人の平均値の−1標準偏差（SD）から−2.5SDの範囲にある場合は**オステオペニア（骨量減少）**、−2.5SD以下の場合は骨粗鬆症と定義されている（112）。密度や強度が低下した骨の状態は、骨折や骨の健康状態の悪化のリスクを高め、高齢者、とくに女性高齢者において深刻である（5）。ゆっくりと、しかし着実に進む加齢による骨の減少には、身体活動の不足やホルモンによる要因、栄養学的要因、力学的要因、遺伝的要因が関与している（51）。図7.3に、正常で健康的な骨と、骨密度が低い骨粗鬆症の骨の構造的な違いを示している。

また、加齢に伴って**サルコペニア**と呼ばれる筋量と筋力の減少も起こる（5）。30歳以降、筋の密度の低下や、腱の粘弾性（コンプライアンス）の低下、筋内脂肪の増加に加えて、個々の筋断面積の減少がCTにより明らかになっている（5,107）。これらの変化は加齢によって起こる予測可能な結果であり、とくに女性で著しい（107）。加齢に伴う筋萎縮は、身体活動の不足と、筋線維の選択的な脱神経が徐々に起こった結果である（126,181,213）。筋量減少は、筋力の低下につながる。ある報告によれば、55〜64歳の女性の40％、65〜74歳の女性の45％および75〜84歳の女性の65％が4.5kg（10ポンド）の重りを持ち上げることができなかった（110）。サイズと数の減少と、漸進的な筋線維の脱神経もまた、筋がパワーを生み出す（すなわち力を素早く発揮する）能力の低下を導き（11,92,181）、実際にパワーは、加齢に伴う筋力低下よりも速い割合で低下する（142）。日常生活でもある程度のパワー発揮は必要なので、素早く力を生み出す能力の低下は、高齢者が階段昇

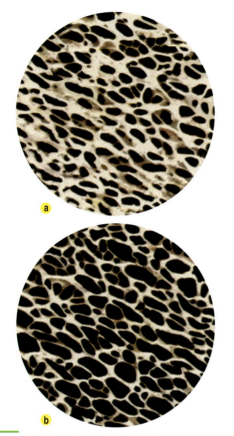

図7.3 (a) 健康な骨と、(b) 骨粗鬆症により高い多孔性を示す骨。両者の間の違いを示す
By BruceBlaus (Own work) [CC BY-SA 4.0 (https://creativecommons.org/licenses/by-sa/4.0)], via Wikimedia Commons

表7.1 加齢とレジスタンストレーニングによる影響のまとめ

身体的または生理学的変数	加齢による影響	レジスタンストレーニングによる影響
筋力	減少	増加
筋パワー	減少	増加
筋持久力	減少	増加
筋量	減少	増加
筋線維サイズ	減少	増加
筋代謝能力	減少	増加
安静時代謝率	減少	増加
体脂肪	増加	減少
骨密度	減少	増加
身体機能	減少	増加

降や歩行などの活動を安全に行ううえでマイナスに影響するだろう。加齢による筋力およびパワー低下の要因としては、筋量の低下、神経系の変化、ホルモンの変化、栄養不足、身体的な不活動などが考えられる（48,98,170）。機能的に依存する（家事ができない、椅子から立ち上がれないなど）ようになる年齢、あるいは障害の閾値に達する年齢に影響を及ぼすため、加齢に伴う変化の機能的な影響は重要である。加齢およびレジスタンストレーニングに対する適応を表7.1にまとめた。

▶ 加齢に伴って筋量の減少が起こり、これには身体的な不活動が大きく寄与する。筋量の減少は、筋力やパワーの低下に直接的につながる。

加齢に関連した神経運動機能の変化

高齢者は転倒リスクが大きく、転倒は健康において、また心理社会的、経済的に深刻な結果を招くこ

とがあり、全般的な生活の質に負の影響を及ぼす。特異的に、転倒は疼痛症候群や関節の脱臼、骨折、日常の機能的活動、自信の低下という結果につながる可能性がある（113）。転倒はまた持続する障害や、入院、死亡へとつながることもある（26）。高齢者において転倒リスクの増加を導く内因性要因には、筋力とパワーの減衰（177）や、反応時間（5）、バランスや姿勢の安定性の障害（188）が含まれる。地面との接触の前（**予備緊張**）と直後（**共同収縮**）の筋活動は、若い人と高齢者の両方において、ブレーキと動的安定性の重要なメディエータ（仲介するもの）である。予備緊張が高まることは、速い伸張反射を用いる四肢のスティフネスの増加に役立ち、四肢が着地する際のよりよい準備ができる。共同収縮は、動的に安定させる運動制御戦略であるが、同じ関節にまたがっている主動筋群と拮抗筋群が同時に活性化するために、全体としての関節運動と主動筋の力の出力は減少する（223）。高齢者は、バランスを取ることが難しくなるのを相殺し、姿勢の動揺を最小限にするための代償的メカニズムとしての筋の共同収縮のレベル上昇に頼ることが、研究により示されている（164）。直感的に、高齢の成人は予備緊張の自然な減少を相殺するよう、特異的にデザインされた多様なトレーニング様式を用いるべきであるということを、この文献は示唆している。そのような方法には、地面に対してより効率的に反応する能力を高めるための、低強度のプライオメトリクスや、バランス＆ダイナミックスタビリゼーションエクササ

イズ、固有受容覚トレーニングが含まれるだろう (88,176)。

　身体活動の介入が、神経運動機能の改善や転倒予防に効果的であることが、研究により示されている (209)。しかしながら、単純に身体活動を増加させても、それだけで転倒を予防するわけではない。高齢者はどちらかというと、レジスタンスおよびバランストレーニング要素を組み合わせた多次元的プログラムに参加し、遵守すべきである (209)。さらに、ほかの年齢層と同様に、高齢者のためのトレーニングプログラムは、挑戦的なトレーニング環境を促進するうえで漸増的に過負荷をかけるべきであり、そのようなトレーニングは頻度に基づいた十分なトレーニング処方量を提供して完成させるべきである (209)。注目すべきことに、独立したトレーニング方法のみによるトレーニングは、転倒リスクを予防しない可能性があり (197)、転倒リスクを低減するうえで求められるトレーニング刺激を提供するためにバランスおよび柔軟性トレーニングをレジスタンストレーニングと組み合わせるべきであると考えられる。しかしながら、筋力、筋パワー、骨密度を増加させることに加えて、高齢者におけるその他の健康上の利点をもたらすレジスタンストレーニングの相対的な重要性と効力について、見落としてはならない。

高齢者のレジスタンストレーニング

　レジスタンスエクササイズに対して筋骨格系が適応する能力は、加齢によって向上したり低下したりしないと考えられる。漸増的なレジスタンストレーニングプログラムに参加した高齢者において、筋力や筋パワー、筋量、骨密度および機能的な能力（例：歩行スピード）の有意な向上が観察された (5,34,106,132)。高齢者にとって、こうした改善は、運動パフォーマンスの向上や、傷害のリスクの低下、自立した生活の促進、生活の質の向上につながる。加齢による筋骨格系の健康状態に関係する変化を考慮すれば、筋力やパワーを促進し、筋量や骨密度、機能的な能力の減衰に対抗することを必要とする高齢者にとって、レジスタンスエクササイズは有用なトレーニング様式である。高齢者において死亡リスクを低減するうえで筋力が重要な要因であるということは、データでも示されている (41,128)。

高齢者におけるレジスタンストレーニングへの応答

　男女高齢者の筋骨格系の健康状態を改善する方法に、多くの注目が集まっている。多くの高齢者はディコンディショニングの状態にあるため、さまざまなレジスタンストレーニングプロトコルにより、筋力や機能に望ましい変化が期待できる。最初の数週間の成果がとくに大きい (82)。それまで活動的でない生活を送ってきた男性高齢者では、12週間のレジスタンストレーニングプログラム後、膝伸筋の筋力が2倍、膝屈筋の筋力が3倍となり (80)、高齢の女性において12週間のレジスタンストレーニング後、同様のことが示された (32)。また別の研究では、わずか8週間のレジスタンストレーニングによって、非常に高齢の男女（87〜96歳）の筋力を高める能力が確かめられた (75)。高齢者の歩行スピードや、階段上りの能力、バランス、すべての自発的な運動における向上もまた、トレーニングによって起こる筋力増加と関連している (34,76,132)。パワー発揮に特化したレジスタンストレーニングでも、高齢者の機能的能力を改善させる可能性があることもエビデンスによって示されており (5,88,98,170)、パワートレーニングも下肢における筋の構造と神経筋の賦活特性の発達に、伝統的なレジスタンストレーニングと同様に効果的である可能性がある (217)。高速度のパワートレーニングは、伝統的な漸進的レジスタンストレーニングと比較して、爆発的な力を生み出す能力により大きな影響を与えることが示唆されている例がいくつか報告されている (88,179)。たとえば、Fieldingら (77) は、高速度のレジスタンストレーニングを行った高齢者は、より遅い速度でトレーニングを16週間にわたって行った高齢者よりも大きなピークパワーおよび同様の最大筋力を獲得した。同様の結果がReidら (185) によって報告されており、その研究では、高速度で高パワーのレジスタンストレーニングトレーニングプログラムを行った高齢者は、低速度で漸増的なレジスタンストレーニングプログラムを行った人に比べて、レッグプレスのピークパワーが有意に高かった。高齢者の筋力およびパワーを改善するうえで最適なトレーニングプロトコルは不明であるが、トレーニング強度と筋力およびパワーの改善の間に、処方量（トレーニング量）−反応関係があると考えられ (48)、また高強

度レジスタンストレーニングは、最大筋力を高める
うえで中程度あるいは低強度トレーニングよりも効
果的であると考えられる（200）。

　レジスタンストレーニングプログラムへの定期的
な参加は、高齢者の同化作用にも大きな効果がある
と考えられる（32,75,80）。CTと筋生検法により、高
強度のレジスタンストレーニングプログラムに参加
した高齢者に筋肥大が起こることが示された（80）。
また、高齢者に関する別の研究でも、筋のタンパク
質代謝に正の影響を持つ窒素の体内保持が向上する
ことが明らかになっている（28,225）。レジスタンス
トレーニングを行う男女において安静時代謝率が増
加するというエビデンスにより、レジスタンストレ
ーニングが高齢者のエネルギーバランスにも大きな
影響を及ぼすことが示されている（27）。男性高齢者
において、食事を変更させたこと（総摂取量あるい
は一部の栄養素の変更）に加えてレジスタンストレ
ーニングを行ったことで、レジスタンストレーニン
グのみよりも大きな筋肥大を促進したことは注目す
べきである（141）。

　レジスタンスエクササイズに対する骨の反応は多
くの要素（例：ホルモンの状態、運動歴、栄養など）
の複雑な相互作用の影響を受けるが、レジスタンス
エクササイズは男女高齢者の骨の健康にプラスの効
果があることが報告されている（44,125,163）。定期
的にレジスタンストレーニングを行えば、骨密度の
維持または増加につながり、加齢による骨の健康状
態の退行を相殺することができる。レジスタンスト
レーニングにより、動的平衡感覚、筋量、全般的な
身体活動のレベルが改善されることで、骨粗鬆症に
よる骨折のリスクも減少するだろう（5）。レジスタ
ンスエクササイズが高齢者の骨の健康状態を改善す
ることは間違いないが、エクササイズプログラムの
利点がどの程度であるかについては、ホルモンや栄
養の因子とエクササイズとの相互作用が影響する。
さらに、トレーニングを続ける限り、運動で得られ
た骨に対する効果を維持することができる。逆に、
不活動の期間の間、骨密度はもとのレベルに戻るこ
とになる（109）。

> 加齢とともに身体組成において望ましくない変化が数多
> く起こるが、男女高齢者は、筋力や機能的な能力を大き
> く向上させる能力が保たれている。有酸素性運動、レジ

スタンスおよびバランスエクササイズはともに高齢者に
有益であるが、筋力や筋パワー、筋量を増加させること
ができるのはレジスタンストレーニングのみである。

高齢者向けのプログラムデザインにおける考慮

　有酸素性運動は心臓血管系の体力増進手段として
以前から勧められているが、現在では、レジスタン
ストレーニングも高齢者向けの多方面にわたるフィ
ットネスプログラムの重要な要素として認識されて
いる（5,34,82,120,222）。加齢に伴う筋骨格系の筋力
やパワー、筋量の低下はほぼ普遍的であるため、高
齢者の筋骨格系の健康を維持・改善するためにデザ
インされたプログラムを実施する必要がある。レジ
スタンストレーニングプログラムに定期的に参加す
ることにより、加齢に関連して失われるものを相殺
できるだけでなく、高齢者が活動的で質の高い生活
様式を保つうえで役に立つ。

　レジスタンストレーニングプログラムをデザイン
する際の基本原理は、対象が高齢者でも若い年代で
も基本的には同じであるが、高齢者を対象とする場
合に、ストレングス＆コンディショニング専門職が
注意するべきことがいくつかある。運動によって引
き起こされるケガや病気のリスクを高める可能性の
あるレジスタンストレーニングプログラムを開始す
る前に、医学的な既往症の問題や、これまでのトレ
ーニング歴、栄養状態に注意を払うべきである。高
齢者は身体活動レベルの増加に適応する能力を持っ
ているとはいえ、安全で効果的なエクササイズガイ
ドラインに従わなければならない。

　エクササイズプログラムへの参加の前に、高齢者
に対して病歴やリスク要因に関するアンケートを実
施するべきである（4）。その情報から、身体活動に
おける潜在的な限界や制限となる可能性について確
認することができる。いくつかの症例、たとえば心
臓リハビリテーション患者やがんサバイバー（生存
者）では、中程度あるいは激しい運動プログラムの
開始前に医師の許可が必要になる（4）。参加者の医
学的な状態（心疾患、高血圧、関節炎、骨粗鬆症、
糖尿病など）に関する質問には、医療専門職が答え
なければならない。それらの情報を得た後、プログ
ラム開始前の評価としてベースライン測定と特定の
運動様式に対する反応の評価を行って書類にまとめ
るべきである。トレッドミルでの運動テストにより

有酸素性運動に対する心臓血管系の反応を評価する場合が多いが、レジスタンスエクササイズに対する反応を評価し、運動処方の参考にするために、筋力テスト（できればトレーニングで使用する機器による）も行うべきである。注目すべきことに、高齢者向けのトレーニングプログラムにおいてバランスや柔軟性の制限によりトレーニングプログラムの早い段階で用いられるかもしれないが、適切であれば、より大きな全般的なトレーニング刺激を提供し、姿勢の安定性という需要に応えるフリーウェイトの多関節レジスタンストレーニングを用いるべきである。筋力を評価する方法は、RM（挙上回数）テストを含め多数あり、適切なテスト実施のガイドラインに従うことで、高齢者にも用いることができる（195）。ストレングス＆コンディショニング専門職は、高齢者における息こらえ（バルサルバ法）の潜在的リスクについて認識すべきである。バルサルバ法は、さまざまなレジスタンストレーニングエクササイズ中に体幹および脊柱を安定させる際に助けとなるものの、収縮期および拡張期血圧の急激な上昇が生じるため、このテクニックは高齢者においては一般的に推奨されない（4,178）。これについては、心臓血管系の病歴（不整脈やアンギナ、胸が締め付けられる感じ）を持つ、あるいは中枢神経系の症状（脳卒中やめまい）を経験した成人に対して必ず適用すべきである。

適切なトレーニングガイドラインに従うなら、レジスタンストレーニングは高齢者にとって安全となり得ることが、エビデンスにより示唆されている（53,138,222）。その一方、不適切にデザインされたプログラムは潜在的に危険となり得る。たとえば、セッ

ト間や異なるエクササイズ間に十分なレスト期間を設けることに失敗したり、プログラムしたエクササイズが技術面であまりに挑戦的だったり、エクササイズ強度を増加させすぎる（典型的には個人に課せられる外的負荷）、などのすべては、レジスタンストレーニングに関連するケガの可能性を高めるものである。若者や女性と同様に、技術的な能力を犠牲にしてレジスタンストレーニング刺激を増加すべきではない。

これまでトレーニングをしていない高齢者は相対的に低い強度と量からレジスタンストレーニングを開始するべきであり、運動処方は個別化したものでなければならない。トレーニング経験を持つ高齢者の中には、高強度で量の多いレジスタンスエクササイズを行える人もいるが、トレーニングプログラムの最初の段階では筋肉痛や傷害を起こす可能性を最小限に抑えつつ、適切なエクササイズテクニックが身につくように指導するべきである。エクササイズプログラムの初めに強度の弱いトレーニングを数週間行うことは、レジスタンストレーニングプログラムへの参加に不安を感じている高齢者にとっても有益だろう。初期の適応が起こった後は、各個人のニーズや医学的な所見に合わせてトレーニングプログラムを徐々に進行させることができる。高齢者のトレーニングでは、荷物を運んだり、階段を上がるなどの日常生活で使用する大筋群の相互作用に重点を置くことがとくに重要である。

参加者が基本的なレジスタンスエクササイズの実施に習熟したところで、より高度で需要のあるエクササイズ、たとえば立位でフリーウェイト（バーベルやダンベル）を使ったエクササイズ、多方向への

高齢者のためのレジスタンストレーニングにおける安全に関する指針は何か？

- 多くの高齢者は、加齢に関連したさまざまな医学的問題を抱えているため、高齢の参加者は事前のスクリーニングを受けるべきである。必要ならば、最も適切な運動のタイプについて、医学的なアドバイスを求める。
- 参加者は各エクササイズセッション前には必ず5〜10分のウォームアップを行うべきである。許容されるウォームアップは、低強度から中等度の有酸素性運動や体操が含まれている。
- 高齢者は、各レジスタンストレーニングセッションの前後、あるいはそのどちらかに静的ストレッチを行うべきである。
- 高齢者は、筋骨格系に負担をかけすぎない抵抗を用いるべきである。
- 参加者は、血圧の異常な上昇を防ぐため、レジスタンストレーニング中にバルサルバ法を行うことは避けるべきである。
- 高齢者においては、エクササイズセッション間に48〜72時間の回復期間をおくべきである。
- どのエクササイズも、痛みがない範囲の関節可動域で行うべきである。
- レジスタンストレーニングを個人で行う場合は、高齢者は資格をもつ指導者にエクササイズの指導を受けるべきである。

メディスンボールエクササイズ、高度なバランストレーニング（片足立ち、ターンなど）をプログラムに組み入れることもできる。高齢者においては、低強度（1RMの40〜50％）で8〜12回を1セット行うことから開始し、個人のニーズ、目標、能力に応じて、徐々にトレーニング量と強度を高める（エクササイズ1回当たり、1RMの60〜80％で3セットなど）(82,120)。加えて、全般的なレジスタンストレーニングプログラムを問題なく実施できるようになれば、高速度のパワーエクササイズを段階的にトレーニング計画に組み込むことも可能である。とくに疾患を持たない高齢者のパワー向上のトレーニングとしては、軽度から中等度の負荷（1RMの40％から60％）で、6〜10回の高速度での動作を1〜3セット行うという方法がよいとされている（120）。

高齢者のためのレジスタンストレーニングプログラムは、オーバートレーニングの発生を抑え、トレーニング期間を通して確実に進歩させるために、年間を通じて量や強度を変化させる。高齢者ではトレーニング後の回復期間が長くかかることがあるため、少なくとも初期の適応期においては、トレーニング頻度は週2回が適切である。ストレングス＆コンディショニング専門職は、各個人の考慮事項に敏感であるべきであり、病歴や目標に基づいてトレーニングプログラムを修正できるようにすべきである。的確な指導と友人からのサポートがあれば、高齢者はレジスタンストレーニングができることに自信を持ち、その自信によってプログラムへのアドヒアランス（遵守や継続）が確実なものとなるだろう。しかし、大部分の高齢者がレジスタンストレーニングを行っていない現状では（31,202）、ストレングス＆コンディショニング専門職は、レジスタンストレーニングがもたらす健康上の利点についてまず意識を高めるとともに、高齢者がレジスタンストレーニングプログラムへの参加に対して持っている不安に向き合うべきである。

さらに、高齢者のレジスタンストレーニングに関連して考慮するべきこととして、適切な栄養摂取がある。個人が摂取する食物（あるいは特定の栄養素）の質や量は、筋量の増減に関係する。とくに適切な量のタンパク質を摂取することが、高齢者の筋肥大には重要である可能性が高い（169）。さらに、主要栄養素（脂質、タンパク質、糖質）や微量栄養素（ビ タミン、ミネラル）の摂取が不適切だと、疲労や免疫機能の低下、ケガからの回復の遅れなどの健康状態に悪影響を及ぼすおそれがある。摂取する食物の改善により、健康状態の改善だけではなく、レジスタンストレーニングに対する適応も高まるだろう。

まとめ

研究結果によれば、レジスタンスエクササイズは、年齢や性別、能力を問わず、安全で効果的なコンディショニング方法であることが示されている。潜在的な有益性は多因子であり、さまざまな身体的パフォーマンス変数（例：筋力やパワー）や、健康のマーカー（例：身体組成や心機能）、心理社会的発達（例：セルフイメージや自信）などへの正の影響が含まれる。さらに、レジスタンストレーニングプログラムへの定期的な参加は、スポーツおよび身体活動に関連したケガのリスクを減らし、高齢者の自立した生活を促す効果もある。レジスタンストレーニングの基本原理は性別や年齢に関係なく同様であるが、それぞれの性別、年齢層に対して特異的な注意事項がある。

年齢差や性差に関する知識は、安全で効果的なレジスタンストレーニングプログラムの作成と評価において重要である。ストレングス＆コンディショニング専門職は、レジスタンスエクササイズに対する個人の反応に大きな差があることに注意するべきであり、すべての参加者の個人的なニーズに敏感でなくてはならない。

これまで数十年以上にわたり、コーチや臨床医、運動科学者によって、性差や年齢差とそのレジスタンスエクササイズに対する影響について理解が深められてきた。それらの業績により、あらゆる年齢の男女に対するレジスタンストレーニングの影響が定量化され、推奨されるストレングス＆コンディショニングプログラムのデザインの基礎が築かれた。本章やその他の章で提供した情報は、ストレングス＆コンディショニング専門職が年齢差や性差について理解し、また、子どもや女性、そして高齢者のためにも同様に安全で効果的なレジスタンストレーニングプログラムの作成に必要な能力の向上に役立つだろう。

重要語句

青年期（adolescence）

成人期（adulthood）

無月経（amenorrhea）

前十字靭帯（ACL：anterior cruciate ligament）

骨端（apophyseal）

生物学的年齢（biological age）

小児期（childhood）

暦年齢（chronological age）

共収縮（cocontraction）

発達（development）

骨幹（diaphysis）

外胚葉型（ectomorphic）

内胚葉型（endomorphic）

女性選手の三主徴（female athlete triad）

成長（growth）

成長軟骨（growth cartilage）

成熟（maturation）

初経（menarche）

中胚葉型（mesomorphic）

高齢者（older）

オステオペニア（骨量減少）（osteopenia）

骨粗鬆症（osteoporosis）

身長の最大成長速度（PHV：peak height velocity）

予備緊張（preactivation）

思春期（puberty）

レジスタンスエクササイズ（resistance exercise）

サルコペニア（筋量減少）（sarcopenia）

高齢者（senior）

トレーニング歴（training age）

ユース（若年者）（youth）

若い競技選手（young athlete）

例題

1. 6カ月間のレジスタンストレーニングプログラ
  ムで、8歳の男子の上半身の筋力が著しく増加
  した。この増加に最も関与すると考えられるの
  は以下のうちどれか？
   a. 筋線維数の増加
   b. 筋断面積の増加
   c. 筋密度の増大
   d. 神経-筋機能の向上

2. 子どもの成長軟骨が存在しない場所は次のうち
  どこか。
   a. 骨幹
   b. 骨端軟骨板（骨端線）
   c. 関節面
   d. 骨端の筋付着部

3. 骨密度が、若年成人の平均値から2.5SDより下
  回る状態を何と呼ぶか。
   a. 筋量減少（サルコペニア）
   b. 骨量減少（オステオペニア）
   c. 骨粗鬆症（オステオポロシス）
   d. 脊柱側弯症（スコリオーシス）

4. 68歳の女子テニス選手に対してレジスタンスト
  レーニング計画を立てる場合、最初に評価する
  べきなのは以下のうちどれか。
   a. 心肺系体力
   b. 下肢筋力
   c. バランスとアジリティ
   d. 病歴

5. バスケットボールやサッカーなどのスポーツ競
  技に参加しているディコンディショニング状態
  にある大学生の女子選手において、ケガが発生
  するリスクが高まっていると考えられるのはど
  の部位か。
   a. 背部
   b. 膝
   c. 手首
   d. 頸部

CHAPTER 8

Psychology of Athletic Preparation and Performance

競技への準備と
パフォーマンスの心理学

Traci A. Statler, PhD, and Andrea M. DuBois, MS

▶ 本章を終えると

- 覚醒や動機づけ、集中、自信などの心理学的構造について理解し、それらが身体パフォーマンスに及ぼす影響について確認することができる。
- 不安、注意、理想的なパフォーマンス状態、セルフエフィカシー（自己効力感）、イメージ（想像）、目標設定といった心理学の分野に関連する用語を理解することができる。
- 全習一分習法や、ランダム、可変練習を含む練習スケジュールを操作する多様な方法について、またどのようにこれらのスケジュールをスキル習得および学習を促進するのに用いるか、理解することができる。
- 異なる種類の指示とフィードバックについて、またそれらの練習およびパフォーマンス状況における適用について、理解することができる。

著者は、本章の執筆にあたって多大な貢献をいただいたBradley D. HatfieldとEvan B. Brodyに感謝の意を表したい。

優れた競技パフォーマンスは、スキルと身体の合理的なトレーニング、最適な休息と回復の周期、適切な食事によってもたらされる。選手の遺伝的潜在能力の表現型（訳注：形質として現れたもの）の発達は、生物学的成熟のどの段階においても比較的高いレベルで安定しているが、発揮される熟練したパフォーマンスは試合ごと、あるいは瞬間ごとに著しく変化する。スポーツ心理学の役割は、適切な心理学的方策やテクニックを用いて選手の身体要素を注意深く操作し、身体的な潜在能力の限界あるいはそれに近いレベルでコンスタントにパフォーマンスを発揮できるようにすることである。このような方策やテクニックを理解することによって、ストレングス＆コンディショニング専門職は、競技種目や、ときにはポジションにすら特異的なトレーニングプログラムを、パフォーマンスを最大に高めることを究極の目標としてデザインすることができる。

ここでは基本的な概念を紹介した後、心理状態が認知を介して身体パフォーマンスに与える影響を述べ、それからすべての選手の究極の目標である**理想的なパフォーマンス状態**について解説する。理想的なパフォーマンス状態は、心理学的および**生理学的効率**がよい（特定の課題の遂行に必要なだけの量の心理的・身体的エネルギーを使う）という特徴を持つ。さらに、スキルの獲得とパフォーマンスにおける主な心理学的影響——モチベーション（動機づけ）、注意、不安——について、これらの現象が精神運動学習や競技パフォーマンスをどのように変化させるかに関するいくつかの理論を引用して述べる。最後に、目標設定やエネルギーマネジメント、リラクセーション、イメージ、自信をつけるといった、パフォーマンス全般を促進するために、ほかのパフォーマンスの場と同様にストレングス＆コンディショニング環境で用いられる方法について述べる。

スポーツ心理学の役割

競技選手とは、制度化された条件（一般には公共の監視あるいは評価）のもとで、精神運動スキルや優れた身体的能力（またはその両者）に関して社会的な比較（すなわち試合）にさらされる人である。競技における試合の本質は、自分と他人を比べることであり、ルールや規制（レギュレーション）とい

う制限を受ける状況に自我（エゴ）と自尊心（自己尊重）をさらすことである。心理学的によく準備された選手は、思考と行動の効率がよいという特徴を持つ。効率がよいとは、典型的には熟練したパフォーマンスが組み合わされて、よどみなく優雅な動作が行われることである。この概念を心理学的活動にまで広げることもできる。すなわち効率的な選手は、課題に関連することに集中し、課題に関連のない過程（たとえば心配する、些細なことを破滅的に考える、批判的な観客やコーチなど他のことを考えるなど）に無駄に注意を払うことはしない。

スポーツ心理学は、運動科学と心理学の原理の構成を描く多面的な学問分野であり、行動の過程と認知が動作に与える影響についての理解を探求する。スポーツ心理学はスポーツ医学の科学的研究分野として位置づけられており、3つの主な目標がある。

1. 心理学的現象の測定。
2. 心理学的変数とパフォーマンスとの関係の研究。
3. 競技パフォーマンス向上のための理論的知見の応用。

スポーツ心理学の原理から得られた情報の利用により、選手は身体的なリソース（資源）をよりよく扱うことができ、したがってより効果的なパフォーマンスを生み出すことができる。実際には、多くの競技選手が、自分たちのレパートリー（訳注：手持ちの方法のひと揃えの意味）の中に、いくぶんしっかりとしたメンタルスキルをすでに持ってトレーニング環境にくるが、これはしばしば「ただ単に起きた」ようであり、それらのスキルをどのように発展させるか理解が浅く、効果的なパフォーマンスのためにどのように用いるのがよいかということすら知らないことがある。本章全体を通じて私たちは、メンタルスキルそれ自体の間だけでなく、ウェイトルームや練習場で発達するメンタルスキルと身体的・技術的・戦術的スキルの間の相互作用を理解するための構造を紹介する。しかしながら、これらのスキルは、理解され、練習され、パフォーマンス状況において適用されることによってのみ、本当に効果的となることに注意すべきである。本書の残り全体を通して述べられている、身体的・技術的・戦術的な構成要素と同様に、メンタルスキルは教えられ、練

習を重ねられ、パフォーマンスへと統合され、効果を評価される必要が大いにある。

理想的なパフォーマンス状態

理想的なパフォーマンス状態は、さまざまな見地から研究されている。WilliamsとKrane（42）は、理想的なパフォーマンス状態について選手がよく述べる特徴として以下のような事柄を挙げている。

- 何も怖くない——失敗へのおそれがない。
- パフォーマンスについて考えたり、分析したりしない（運動過程における自動性に関連する）。
- 活動自体に集中し、注意集中の範囲が狭い。
- 努力をしているという感覚がない——意識しなくてもできるという経験。
- 個人的な（personal）コントロールができている感覚。
- 時間が流れるのを遅く感じるといった、時間と空間についての普段と異なる感覚。

見方を変えれば、この理想的なパフォーマンス状態は、応用スポーツ心理学のプログラムが促進しようとしていることのすべてを示しているといえるかもしれない。ネガティブなセルフトークはなく、強い効力感、課題に関連する信号への集中が存在する。重要なのは、大脳皮質で起こるネガティブな連合過程による干渉がなく、選手が自分自身のスキルレベルやコンディショニングレベルを信じ、「起こるがまま」にしていることである。

NBA（米国のバスケットボールリーグ）の優秀な選手の1人であるKobe Bryantは、このような状態にあるときのことを述べている。

そのゾーンに入ると、いま起きつつあることを知っているという究極の自信がある。そうなるかどうかは問題ではない。いま、まさにそれが起きつつある。物事はただゆっくりになる。すべてがゆっくりと、そして究極の自信がある。そうなったときには、何が起きているかに集中しようとしてはならない。なぜなら、あっという間になくなってしまうからだ。すべてがノイズの中に一緒になってしまい、それがどれか聞き取ることはできず、すべてが1つのノイズになり、それが1つなのか、そうでないのか、注意を払うことはない。本気で現在に留まろうとし、何もそのリズムを崩すことはできない。繰り返すが、そこにいる限り、そこで起きていることが明らかになっている。周りのことや、人混みやチームに何が起きているか、考えることはない。ある種の閉じ込められたような…本気で現在に留まらなくてはならず、そのリズムを崩すことはできない。（YouTube 参照。https://www.youtube.com/watch?v=wl49zc8g3DY）

Bryantのコメントは、本章全体を通して論じる概念の多くに対する大きな裏づけとなっている。彼の精神状態は、理にかなった身体トレーニングプログラムと競技上の成功の積み重ねに基づいていることを知ることが重要である。Bryantは驚くべき身体能力の持ち主で、オフシーズンにはスプリント、コートでのトレーニング、ウェイトトレーニングを精力的にこなしていた。バスケットボールコートでの優れたパフォーマンスとともに、このような準備段階での身体的努力が、彼の集中力と自信にあふれた精神状態に大きく寄与している。

エネルギーマネジメント：覚醒、不安、ストレス

選手が効果的にパフォーマンスできるよう、彼らは心理的・身体的エネルギーレベルについて最善のマネジメントを行う方法を学ぶ必要がある。心配や怒り、フラストレーション、不安を通してエネルギーが枯渇した選手は、注意散漫や自信喪失の可能性が大きくなり、彼らが本当にパフォーマンスを行う必要があるときにエネルギーが少なくなってしまうという経験をする（11）。したがって、パフォーマンス環境においてセルフコントロールを維持し、エネルギーをマネジメントする能力が、どのようなパフォーマンスを行う人においても重要なスキルである。

心理的エネルギーは、私たちの感情によってつくり出され、維持され、枯渇し、リフレッシュされる。**感情**は、出来事に対して反応するときに、生理学的・心理学的構成要素の双方が関わる、一時的に感じる心の状態である（10）。これらの感情は、心理的お

および生理的エネルギーに影響を与え、それによりパフォーマンスに対して有益、有害のいずれの影響にもなりうるが、それは、それらの出来事を本人がどのように解釈するかによって決まる。感情は、私たちを興奮させ、動機づけし、自信をつけさせ、コミットメント（関与）のレベルを強化するときにはパフォーマンスに対して有益である。しかしながら、感情は、過剰であっても少なすぎても（パフォーマンスを行う人が「盛り上がりすぎ」たり、「落ち着きすぎ」たりする）、あるいは、感情の制御を失ったり、パフォーマンス環境において課題を見失って何もできなくなるような場合には、有害である（例：自分自身の怒りやフラストレーションを制御できない選手）。制御の感覚を維持し、感情がパフォーマンスに干渉しないようにしながら、感情を活用してエネルギーを生み出したり、増幅したりするトレーニングを選手が行うことは、理想的なパフォーマンス状態をつくり出すうえで鍵となる（40）。

不適切な考えと格闘し、自信を鼓舞し、動機づけとコミットメントを強化するために心理的なツールを選手が備えることによって、選手が落ち着きも維持することができるように、必要なたくさんのスキルをコーチは提供している。

覚醒

練習環境は、自分自身を試し、効果を評価する複数の機会をつくり出す、今までにない不慣れな経験の場を提供する。このために、競技パフォーマンスは頻繁に覚醒や不安、ストレスの影響を受ける。これらの用語は、しばしば置き換え可能なように用いられる。しかしながら、実際には、同じ構成概念内の異なる要素である。

覚醒とは、単純に個人における生理学的および心理学的な活性化が混在したものであり、ある瞬間における動機づけの強さを指す（40）。たとえば、「サイキングアップした（心理的に高揚した）」選手は、ポジティブな思考と強いコントロール感を特徴とする、非常に強い精神の活性化を経験するだろう。一方で「フラット（心理的高揚のない）」選手は、考えがまとまらず、退屈な感じを特徴とした、最低限の精神の活性化を経験するだろう。個人において覚醒は常にある程度はみられ、深い眠りあるいは昏睡状態から非常に興奮した状態までの幅のある連続し

た状態であるが、それ自体は、愉快な、あるいは不愉快な出来事とは自動的に関連しない。活性化の測定は単純に心拍数や血圧、脳波計（EEG）、筋電図（EMG）、カテコールアミンレベル、あるいは活性化－非活性化チェックリストのような自己申告による測定法によって指標化されることがある（39）。効率的なパフォーマンスに求められる最適な覚醒のレベルは、本章で後に述べる複数の要因によって決まる。

不安

不安は、神経過敏や心配、憂慮、恐怖などの特徴のあるネガティブに認知される感情的状態であり、身体の生理学的な活性化と関連するという点から、覚醒のサブカテゴリ（下位の分類）と考えられる（40）。不安は個人のネガティブな状況認知に基づいて生起することから、認知不安と呼ばれる、認知的な構成要素を伴っており、身体的な反応すなわち身体不安は筋緊張や頻脈（速い心拍数）、胃の不調などの身体的な症状が現れることで（認知不安の存在が）顕在化する。

不安という用語は、安定して長く続く性格の構成概念として使用されることもあれば、より短期間の、変化しうる気分状態の両方を指すものとして用いられることもあり、混乱して用いられている。本来、これらは感情状態の中で異なる構成概念である。状態不安とは、自律神経や随意神経の活性の上昇、内分泌活性の上昇を伴う心配と不確実性についての主観的な経験を指す（36）。状態不安は一般的にマイナスの経験ではあるが、選手のスキルレベルや性格、課題の複雑さなどの要因によって、競技パフォーマンスに対しては、プラスにもマイナスにもなり得るし、また影響を及ぼさないこともある。

状態不安は特性不安とは明らかに異なるが、関連はある。特性不安とは、環境を脅威とみなす見込みに関連する性格の要素、あるいは気質のことである。特性不安は選手が状態不安を経験するきっかけとして働く（37）。特性不安も、選手の最適な覚醒レベルに影響を与える。特性不安が高い人は、失敗や最悪な状況、自我に関連した思考などの課題に関連しない認知によって、自身の注意の容量がいっぱいになる傾向がある。複雑な判断を要する課題では、このような注意を要する信号は、選手の選択的注意を

損なうことになるだろう。特性不安の低い選手は、このような自滅的な認知にとらわれる可能性が低いので、高いレベルのプレッシャーを処理することができる。

> 状態不安は、心配やコントロールできない覚醒を現実に経験することである。特性不安とは性格特性であり、状況を脅威に感じるという潜在的な性質を指す。

　状態不安がない場合、覚醒は選手のコントロール下にあり、必要に応じて高めたり抑えたりすることができる。心理的によく準備された選手は、最高のパフォーマンスに適した覚醒レベルの範囲を知っていて、うまく調節している。これに比べて、不安な状態では、覚醒のコントロールが相対的に難しい。典型的には、状態不安において覚醒は過度に高くなり、骨格筋は緊張し、心拍数が上がり、ネガティブな思考が入り込む。この身体的・**心理的な効率**の欠如は、通常、現在の出来事、あるいは起こると予測される出来事についての不確実さによって始まる。これには、通常少なくとも以下の3つの重要な要因がある。これには、通常少なくとも以下の3つの重要な要因がある。

- 高いレベルの自我の関与。選手は自尊心への脅威を認識している場合がある。
- 自身の能力と求められている成功との間に矛盾を感じている場合。
- 自分の失敗によって引き起こされる結果へのおそれ（チームメイト、コーチ、家族、仲間からの評価を落とすなど）。

　これらの不安や覚醒の構成概念は、複雑で相互に関係するものであるので、図8.1に覚醒や状態不安、特性不安、また不安の認知的および身体的構成要素についてまとめた。

ストレス
　ストレスは、需要（生理学的もしくは心理学的のどちらか、または両方）に合わせることに失敗することが重要な結果となる条件下で、需要と応答能力の間の実質的な不均衡と定義される（31）。**ストレッサー**とは、ストレス（すなわちストレス反応）を

引き起こす環境あるいは認知上の出来事のことである。さらにストレスは、ネガティブな状態（**ディストレス〔悪いストレス〕**）やポジティブな状態（**ユーストレス〔よいストレス〕**）として表される。これらの両方が覚醒を生み出すが、そのストレッサーがネガティブである——ディストレス——という場合にのみ、不安を生み出す。したがって、ディストレスには認知不安と身体不安が含まれ、ユーストレスにはポジティブな心理的エネルギーと生理学的覚醒が含まれる。

覚醒と不安が
パフォーマンスに及ぼす影響

　覚醒や不安、ストレスについての全般的な理解がいったん達成されたら、次のステップはどのようにそれらの感情的な要素がパフォーマンスに影響を及ぼすかを読み解くことである。なぜ覚醒が選手に対して有益になったり、有害になったりするのだろうか？　この項では、多くの理論やモデルについて調べ、覚醒とパフォーマンスの間の関係について説明を試みる。最初に最も単純な構造——Hull（35）のドライブ理論——から始め、スキルレベルや課題の複雑さ、そして人格が介在したときの影響について述べているYerkesとDodson（50）による逆U字理論へと進める。その他、関連する理論として、Hanin（12）の個人の最適機能領域（IZOF）、FazeyとHardy（13）のカタストロフィー説、Kerr（17）のリバーサル理論について概説する。

ドライブ理論
　研究者らが最初に覚醒とパフォーマンスの間の関係について調べ始めたとき、直接的で線形的な増加（一方が高くなるともう一方も高くなる関係）を示すと考えられていた。Hullの**ドライブ理論**（35）は、個人の覚醒あるいは状態不安が高まると、パフォーマンスも高まるということを提唱する。したがって、選手がよりサイキアップ（心理的に高揚）すると、パフォーマンスがよりよくなる。このことは、選手が相対的に低いレベルの覚醒から、いくらか高いレベルへと漸進するときには当てはまる。しかしパフォーマンスを行う人がうまくパフォーマンスするには明らかに「パンプアップ」しすぎている場合があ

図8.1 覚醒や特性不安、状態不安の間の相互関係。
Weinberg and Gould, 2015 (40). より許可を得て転載。

るのと同様に、覚醒がより高いほうが、必ずしもよいわけではない。パフォーマンスを行う人のスキルや経験のレベルや、活動の複雑さ、あるいはそれらの両方によって、より覚醒しているほうが有効かもしれないが、実際には有害にもなり得る。人々が十分に学習した、あるいは単純なスキルを行う場合、より高いレベルの覚醒は、パフォーマンスに有益である。しかしながら、スキルがより複雑になると、あるいは選手がそのスキルに対して経験が乏しいと、覚醒が高まることで破局的なパフォーマンスになるという結果を生み出し得る（40）。

スキルレベル

選手のスキルレベルは最適な覚醒の幅を広げることにつながる。すなわち、選手が上達してスキルレベルが上がれば上がるほど、覚醒レベルより高かろうが低かろうが、優れたパフォーマンスを示すことができる（40）。スキル学習の初期段階では、選手は分析あるいは認知の段階にある（9）。これは、選手が動作について考える必要があることを意味する。たとえば、初心者のバスケットボール選手は、ドリブルをしているときにボールを意識しなければならず、その課題に対していくらかの注意を払う必要がある。ある覚醒レベルで、すでに運動パフォーマンス（すなわちドリブル）の詳細が注意の容量を満たしているところに、気にかかる考えが浮かび、競合が起こる。そこで突然新たな状況が起こっても、初心者の頭の中はすでに一杯になっているので、それがわからないことがある。

上級レベルの選手に比べ、未熟練選手は最適な覚醒のレベルが低い。したがって、コーチは指導するうえで、発達途上の選手や経験の少ない選手（スキルは高いが競技経験に欠ける）に対しては覚醒レベルを低下させる、意思決定についての責任を軽減するなどの手立てが必要で、注意が過負荷にならないように簡単な課題に集中させる。たとえば重要な競技会中の初心者の重量挙げ選手に対しては、単純、明快で直接的な指導をするべきである。ここで選手が成功を経験すれば、得られた自信によって、こうした選手に多いネガティブなセルフトークや不安感が減少するだろう。

課題の複雑さ

最高のパフォーマンスを達成するために必要となる最適な覚醒に影響する第二の要因は、課題の複雑さである（26）。バイオメカニクス的にみると、ほとんどの競技スキルは非常に複雑であるが、ここでいう複雑さとは、意識的な意思決定に関連するものである。たとえば、ランニングは運動制御や機能解剖の面では非常に複雑な課題であるが、幸いなことに、

選手はこの協調された動きに多くの注意を向ける必要はない。実際に、動きについて考えすぎてしまうと、動作開始における神経のシークエンス（時間的な配列）が変わるために動きに変化を来たしたり、非効率的になったりすることがある。単純な、あるいはよく学習されたスキルは、注意集中の見地からみると、モニターする課題に関連した信号がわずかであるため、高い覚醒から受ける影響はより小さい（40）。そこで幸いなことに、生理学的覚醒は、精神的覚醒をともなうことが多く、有益となる可能性がある。しかし、満塁のピンチに直面している野球のキャッチャーや、サッカーのゴールキーパーのような、意識的な意思決定が要求されるスキルの場合、状況は全く逆になる。そのような場合には、覚醒は相対的に低く保つべきである。なぜなら、注意の信号を適切に認識するうえで、集中により幅を持たせ維持する必要があるためである。

逆U字理論

ドライブ理論で述べられた基本的な関係の概要を基礎として、YerkesとDodson（50）は覚醒とパフォーマンスの間の関係について主な理論の1つを提唱した——**逆U字理論**である。この理論は、基本的に覚醒はパフォーマンスを最適なレベルまで促進するが、それを超えて覚醒が高まるとパフォーマンスの低下につながるというものである。図8.2にこの関係を図示する。コーチや選手のほとんどは、「落ち着いて」いる、あるいは覚醒が低いときには、また同様に「盛り上がりすぎ」たり「制御不能」のときには、パフォーマンスが低いことを経験しており、直感的にこの仮説を受け入れている。この逆U字概念を理解すれば、コーチや選手はなぜ覚醒がパフォ

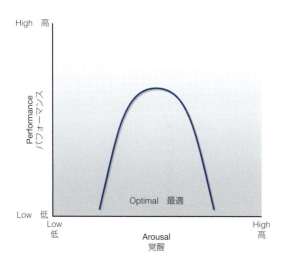
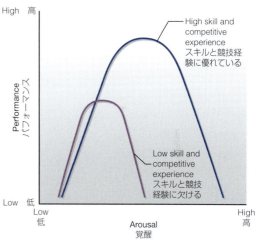
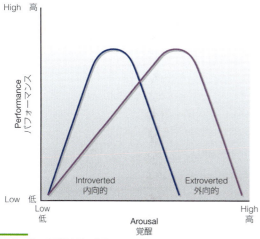
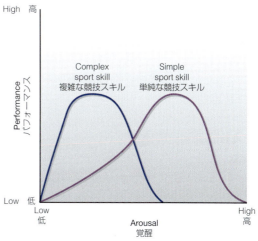

図8.2 逆U字理論とその修正。
Hatfield and Walford, 1987 (14). より許可を得て転載。

ーマンスに影響を与えるのかを理解でき、特定の選手、競技に適切な覚醒レベルに対するコントロールを得られるようになる。しかしながら、スキルや能力、経験、課題の複雑さの個別の影響について、我々の理解を説明したが、この関係における一般的な曲線の形は批判されていることに気をつけるべきである（11）。

個人の最適機能領域理論

Hanin（12）はパフォーマンスのための最適な覚醒に影響を与えるさまざまな要因間の相互作用について述べ、**個人の最適機能領域理論**を展開した。Hanin博士は、パフォーマンスが最高となる覚醒レベルは、人によって、またパフォーマンスの種類によって大きく異なるとしている。この理論は、逆U字仮説とは2つの点で異なっている。すなわち（1）理想的なパフォーマンスは常に覚醒の連続体の中間点で起こっているわけではないようであり、また（2）単一に定義される覚醒の程度で最適なパフォーマンスが起こるというよりむしろ、覚醒レベルが狭い範囲あるいは幅の中で最高のパフォーマンスが起こる。さらに、Haninはポジティブおよびネガティブな感情（例：快適や退屈）がパフォーマンスを低下させることがあるのと同様に、ポジティブおよびネガティブな感情（例：興奮や神経質）がパフォーマンスを促進することがあると提唱している。この提唱は、特定の感情が選手によりポジティブに認知され、別の感情はネガティブに認知されると認識するうえで重要である。そのため、現場では選手はレトロスペクティブに（後から振り返って）、いくつかの質の異なるパフォーマンスに関係する覚醒を思い出すことができる。こうして彼らは重要な試合の前に感情と覚醒レベルをモニターでき、また個人の理想的な領域へと入るチャンスを増やすための調整をすることができる。

カタストロフィー理論

Hardy（13）によれば、認知および身体的な尺度を用いて覚醒を評価することにより、それらがパフォーマンスに及ぼす効果を的確に予測（それゆえにコントロールも）することができる。逆U字理論に関連した前述の仮定では、最適レベルを超えて覚醒が上昇した場合、それに伴ってパフォーマンスが徐々に低下するとされている。しかし、一般的な観察ではこれが常にはあてはまらず、漸進的、二次的（曲線的）な下降ではなく、最悪の状況への急激な（カタストロフィックな）低下が起こり、ある程度の冷静さを取り戻しても、必ずしも元のレベルまでパフォーマンスレベルが戻るとは限らない。この**カタストロフィー理論**のモデルでは、身体的覚醒は競技パフォーマンスと曲線的な逆U字関係にあるが、認知不安はパフォーマンスと常に負の関係にあるとしている。認知的不安が存在する中で生理学的覚醒が高まると、（徐々に減少するというよりも）パフォーマンスの突然の低下が起こる。この理論の現場への示唆は、覚醒の構成要素は、認知的不安や生理学的覚醒、身体的不安、あるいはそれらの組み合わせというように、より明確に描写されるべきものであるというものである。

リバーサル理論

Kerr（17）の**リバーサル理論**の解釈では、「覚醒と不安がパフォーマンスに及ぼす影響は、個人の覚醒についての解釈によって決まる」という仮説を立てている。とくに、ある選手は高いレベルの覚醒を興奮とパフォーマンスの準備の指標として解釈する一方、別の選手は、同じ覚醒レベルでも不快であるという感情、あるいは自信の欠如として解釈する。この考えは、選手のパワーの中に自身の覚醒についての解釈をリバース（反転）させる能力を持っており、高い覚醒を恐怖や心配と認識する代わりにその認知を反転することを選ぶことができ、また覚醒を興奮と期待の反映として解釈することができる。この理論は、単に覚醒の程度だけでなく、個人の覚醒についての解釈に意味があるということを強調しているため、重要である。さらに、覚醒と不安がパフォーマンスにどのように影響を与えるか——パフォーマンスに有益または有害のいずれであっても——は個人の制御の中にあることを示している。

モチベーション（動機づけ）

本章で前述したように、モチベーション（動機づけ）は運動スキルのパフォーマンスにおいて、主要な心理学的要因である。**モチベーション**は、努力の強度と方向として定義することができる（40）。こ

の項ではモチベーションという現象のいくつかの側面について選択して解説する。まず取り上げるのは内発的モチベーションで、これは選手のトレーニング、試合への欲求に大きく影響する。続いて、競争力の個人差の説明に役立つ達成モチベーションについて述べ、最後に、正の強化と負の強化を、スキル学習やパフォーマンスへの適用として説明する。

内発的・外発的モチベーション

内発的モチベーションは、すべての運動選手にとって重要である。Deciは、この概念を有能でありたい、自己決定的でありたいという欲求と定義した（7）。内発的モチベーションを持つと、選手はゲーム（試合）への愛と、参加することから得られる感情という固有の恩恵が選手を行動に導く。これは選手の内面に由来するモチベーションであり、物質的な報酬あるいは罰の存在に関係なく示されるものである。内発的に動機づけされた選手は、活動の経験における喜びや楽しみに注目し、一般的には、そのような行動やそれ自体を愛するゆえに、学んだり改善することを望む。このような望ましい状態は、どうすれば維持されたり、促されたりできるのだろうか？　その答えは、成功（能力）と「自分自身を操る」（自己決定）を強調するDeciの定義にある（7）。適切な目標、とくに過程目標あるいはパフォーマンス目標は、能力の認識を高めることができる。さらに、意志決定の際に選手にある程度の自由を与えることにより、自己決定の認識が高まると考えられる（7）。ストレスが高く競争が激しい環境では明確な指導性が必要であり、スポーツ競技での権威主義的行動は正当な場合もある。しかし、責任を委ねられることが全くなければ、選手が自発性ややる気を損なうことになりかねない（40）。

対照的に、**外発的モチベーション**は、内的な根源（ソース）とは反対の、外的な根源に由来する。その根源となるものは、個別化された報酬の構成要素にみられるように、多数の例が存在し、スポーツ状況における一般的な外的報酬の例を挙げると、賞やトロフィー、コーチやチームメイトからの賞賛、社会的評価、罰への恐れが含まれる。選手らは完全に内発的あるいは外発的に動機づけされていることはめったにないことに注意すべきである。すなわち、活動や能力の認識、その活動の重要性のレベル、そ

の他の多くの変数によって、モチベーションの連続体に沿ったさまざまな態度を表現する（5,7,23,40,42）。

達成のモチベーション

一般的なモチベーションの構成概念の中に、**達成のモチベーション**と呼ばれる、より特異的に標的のある種類のものがあり、課題をマスターするための、また卓越への到達、障害の克服、スポーツ競技（社会的比較）への参加に向けた努力を意味する。すべてにおいて同じ2人の選手では、達成のモチベーションが高い選手のほうが試合に対してより意欲的であるため、よい選手といえるだろう。

McClellandら（23）は、すべての人は自分の中に対立する特質、すなわち**成功を勝ち取ろうとする動機（motive to achieve success：MAS）**と、**失敗を避けようとする動機（motive to avoid failure：MAF）**を持っていることを理論化した。MASは、達成における自尊心を経験する能力に関連しており、自分自身への挑戦や自らの能力の評価への欲求によって特徴づけられる。一方で、MAFは自我と自尊心を守ろうとする欲求に関連している。しかしながら、その名称にかかわらず、実際にはMAFは失敗を避けることそのものではない。どちらかというと、失敗に関連した恥の認識を避けようとするものである。

一般的に、MAS優位の選手は、先の読めない状況や困難な状況、成功の確率が約50%である状況に最も強く関心をひかれることを示した（40）。このことは、自らの能力を評価する機会を生み出す。反対に、MAF優位の選手は、簡単に成功できる状況（恥を避けられる）、あるいは非常に勝つことが難しいと予測される状況（繰り返すが、恥の感情の起こりやすさが限定される）に立たされているときにより心地よい（40）。競技レベルがより高いと、選手のMAFが優位である可能性は低いが、闘争心の程度や範囲を示すことは確実だろう。一方、筋肥大期に除脂肪体重を大幅に増大させるというような、大きな困難が伴う目標に向かうと、MAF優位の選手は、失敗へのおそれ、自尊心に対する脅威から（目標が非現実的であると訴えることもある）、努力を減じることになるかもしれない。MAS優位の選手は、脅威を感じず、難しい課題に対応してより努力するだろう。

スキル学習のモチベーションの側面
（自己コントロールされた練習）

　個人にスキル獲得の情報を提供することに加え、練習や指示、フィードバックもパフォーマンス促進のモチベーション要因として働く。自律性や能力（適性）、社会的関連性などの基礎的な心理学的ニーズに取り組む練習スケジュールは、モチベーションに影響を及ぼすことがある（47）。最近の運動学習に関する文献では、**セルフコントロールされた練習**のモチベーションやパフォーマンス、スキル学習の促進における役割に関心が集まっている。セルフコントロールされた練習では、いつフィードバックを受けるか、あるいはどのスキルを練習するかを含む練習構造に関連した決断に選手も関わる一方、選手らに、自分たちはどのような練習を行っていると考えているかを単純に尋ねることも含まれている（46,47）。これは練習セッションへのより自発的な関わりを促進し、また能力（適性）や自律性の感情を高めることがある（5,6）。このモチベーションの高まりの結果として、パフォーマンスや学習は改善する（5,6）。練習スケジュールに関連した決定のいくつかに選手が関与させることは、選手らが自らのスポーツパフォーマンス目標の達成を自ら手助けさせる簡単で効果的な方法である。指示やフィードバック、練習スケジュールの概念については、本章で後により深く議論する。

コーチングにおける正の強化と負の強化

　モチベーションに関連した正の強化と負の強化、正の罰と負の罰の概念の理解はコーチにとって有益と考えられる（22）。**正の強化**とは、ある特定の行動（バスケットボールにおける正確なフットワークのような標的行動のことで**オペラント**と呼ばれる）の生起頻度を高めるための行為で、それらの行動が起こったら、褒める、ヘルメットに張るシール、賞品や賞などの行動、物、出来事によって行われる。**負の強化**もまた、特定のオペラントの生起頻度を高める方法であるが、嫌われている行動、物、出来事を取り除くことによって達成するというものである。チームが練習に対して熱心な取り組みを示した場合に（すなわち、オペラントは熱意や精力的活動である）、コーチが「今日のセッションの終わりにはウィンドスプリントはしない」と伝えることがその例

である。このような強化を用いたコーチングのスタイルは、選手が行っている正しい行動に注意を向けるものである。

　一方、罰は、あるオペラントの生起頻度を減少させるために用いられる。この場合の減らしたい行動とは、ミスや努力不足などの消極的な行動である。**正の罰**とは、ある行動の後に行為や物、出来事を呈示することで、その行動の発生を減少させることである。例としては、ミスの後に選手を叱責することや、ファンブル（訳注：球技においてボールを取り損ねたり落としたりすること）した後、選手にプッシュアップやスプリントをさせることが挙げられる。**負の罰**とは、価値のあるものを取り去ることで、たとえば、特典の取り消し、プレータイムの削減（ベンチに戻す）などがある。コーチは褒賞と処罰の両方を用いるが、強化（褒賞）、すなわちポジティブなアプローチのほうがよい。なぜなら、選手が何をするべきか、何を正しく行ったかに焦点を当てることができるためである（**特定のポジティブフィードバック**と呼ばれる）。強化（正と負のどちらも）は、心配への集中ではなく、課題に関連した集中を高める。課題への集中は、反応時間や判断の促進につながる。強化によって、選手は成功や自尊心、自己効力感、自信の長期記憶も形成する。成功の経験は、選手の試合に対する考え方を望ましいものとし、また能力を発揮するよい機会だととらえやすくする。もちろんコーチは正しいと認められない努力不足について罰することもあるが、選手が正確にパフォーマンスを行おうとして起こしたミスを罰することは効果的ではないだろう。

注意と集中

　選手の集中力については、注意集中の構成要素を通して理解を深めることができる。**注意集中**とは、覚醒につながる、環境からの信号と内的な信号の両方を処理する過程と定義される。パフォーマンスを行う人の意識上にある注意集中は、継続的に多様な外的刺激や内的思考による影響を受けている。何らかの刺激を処理するために、その他の刺激に対する意識を抑制する能力のことを**選択的注意集中**と呼び、限られた注意集中の範囲内で、課題に関連しない信号（例：サイドラインにいる人々、スタジアム上空

第8章 競技への準備とパフォーマンスの心理学 **181**

を飛んでいる飛行機）を抑制して、課題に関連する信号を処理する。野球のピッチャーにとって課題に関連する信号には、バッターの傾向（訳注：その打者の好きな球種や、そのときのバッターボックス内での構え方などを含むと思われる）や塁上のランナーの位置が含まれるであろう。

▶ 課題に関連しない刺激や思考を抑制し、集中ができている状態のことを選択的注意と言う。

　アメリカンフットボールのコーチは、相手チームがフィールドゴールを試みる直前にタイムアウトをとることで、しばしば選択的注意への戦略的な可能性を破綻させようとする。タイムアウトの間、相手選手の選択的注意が、自己再確認という有益な考えや小さなヒントとなる信号への注目よりも、自己不信や失敗の可能性などの課題に関連しない思考のほうにより向けられる可能性がある。プレースキッカーは、この不安、注意集中の困難に向かうとき、課題に関連し、コントロールできること（例：呼吸、芝のチェック、ハムストリングスのストレッチングなど）に意識的に思考を向ける、**ルーティン**と呼ばれる儀式的、あるいはメンタル面のチェックリストを用いることで対処することができる。

　これは、ワーキングメモリの容量が限られているため、ある一連の思考について考えることでほかの厄介な思考を積極的に排除するという原則に基づいている。ワーキングメモリの容量が限られているという欠点は、このように活用できる。ウェイトの挙上の前に、足の位置や背部の姿勢、視線、スクワット中の膝の角度などの、リフティングという課題に関連する信号に集中するためのフレーズを活用する方法がある。このような方法によって、最善の努力を妨げる原因となる注意散漫を減らすことができる。このような集中の戦略は、準備段階における精神面での一貫性を促し、それが身体面での一貫性（熟練

した選手の証である）につながる。

　課題に関連する信号に集中し、注意散漫をコントロールする能力は学習によって身につくスキルであり、経験を積むにつれて改善することに注意することも重要である。FittsとPosner（9）の古典的理論によると、運動スキルを新しく学習する際に、3つの段階を経て進歩するという。第一段階は認知段階と呼ばれ、努力を要する意識的な動きの調整という特徴を持つ。つまり、選手はその課題の細部について考えなければならない。第二段階は連合段階とされ、選手は課題に集中しなければならないが、動きの細部について第一段階ほどは考えない。最終段階は、選手は自動化の段階に到達する。ここでは、精神はリラックスし、スキルは考えることなく自動的に遂行される。適切な指導やコーチングが行われていれば、精神リラックスにより、その時点での課題に関連のあることのみに焦点を当て、それと同時に、関連のない信号を自動的に排除する。行為の自動化の達成と思考の明瞭化は、多くの選手にとってしばしば目標に伴うものである。

注意様式

　Nideffer（25）は、各個人の注意様式がパフォーマンス中にカテゴリ間の移動を経験する傾向があることを理論化して、スポーツ心理学における重要な概念を構築した。そのようなカテゴリは、2つの次元で特徴づけられる。すなわち、方向（内的－外的）と、幅（広い－狭い）である。1つ目の次元は内省的な展望と外因的な展望、2つ目の次元は統合的な（広い）指向性と高度に選択された指向性を示す。これらの次元はそれぞれ重なりあう連続体をなしており、注意集中の4つの「象限」を形成する。すなわち（1）広い－外的、選手が環境を見てその中の多様な要素から状況を評価する、（2）広い－内的、選手は情報を処理し戦略をつくりあげる、（3）狭い－内的、選手は次に起こす行為について精神的にリハーサルを行う、（4）狭い－外的、選手は行為を生

正および負の強化をどのように適用すべきか？

- コーチは、正しく行うことへの選手の集中を助けるために、強化の方法を用いるべきである。
- 罰は頻繁に与えるべきではない。罰が多いと、選手たちが間違った行動に集中するようになる可能性が高まる。
- 注意集中の幅が狭まる状況下では、正の強化が課題に関連する信号への集中につながる。その一方で罰は、課題に関連しない信号で注意集中の容量があふれることにつながる。

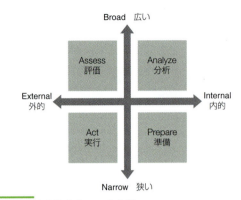

図8.3 注意集中の4つの象限。
Nideffer, 1976 (25). より転載。

高まった覚醒と不安をコントロールするリラクセーションテクニック

　選手たちは、リラクセーションを通じて自分の心理学的過程を管理する手助けとなるいくつかのテクニックを用いることができる。リラクセーションのテクニックは生理学的覚醒を低下させ、課題に関連することへの集中を高めるようにデザインされている。これらのテクニックは、複雑な課題を行わせるときや新しい課題を導入する際に、また重圧のかかる状況で、また意図的に注意集中が必要となる場合に重要である。

横隔膜式呼吸

　身体および精神のリラクセーションレベルをより高めるための単純なテクニックの1つが横隔膜式呼吸である（39）。腹式呼吸とも呼ばれるこの呼吸の形式は、ストレス管理の基本テクニックであり、事実上あらゆるメンタルトレーニングテクニックの準備となるものである。呼吸の過程に注意を集中させることで、精神を明瞭にし、それによって集中を高める。あらゆるメンタルトレーニングにおいて、選手はリラックスした自然な方法で、深いリズミカルな呼吸を行うようにすべきである。生理学的には、この呼吸形式は脳幹にある呼吸・循環中枢につながるフィードバックメカニズムにより、心拍数や筋張力に大きな影響を及ぼす。通常より深い吸気後、コントロールして息を吐いていくことにより、迷走神経の緊張の上昇や副交感神経の活性化などの自律神経系（ANS）のバランスの変化が起こる（28）。自律神経系の副交感神経は、交感神経の介在する攻撃－逃避（訳注：闘争か逃走か、fight-or-flight）反応と逆の作用を亢進させる。こうして、リズミカルな呼吸は骨格筋および器官（例：心臓、肺、肝臓）の両方への神経刺激を低下させ、結果的に深いリラクセーション感覚をもたらす。

　横隔膜式呼吸では、腹部に注意を向ける必要がある。慣れるためには、呼吸が抑制されない立位から始めるとよい。腕をだらりと下げて、とくに首と肩の部分を中心にリラックスするよう意識し、深く何回か深呼吸する。次に、腹筋をリラックスさせ、緩ませる。各呼吸の開始とともに、腹筋をリラックスさせたまま突き出す。腹の上に手を置き、呼吸の初めに腹部がふくらむことを確認し、フィードバック

み出すための1～2の外的信号にとくに注目する、というものである。これらの構成概念やお互いの関係については、図8.3に示す。

　この注意様式を理解すると、コーチングの効果を高めることができるだろう。たとえば、外部からの刺激を受け取りすぎる選手には、相手のフットワークなど、ある1つの重要な信号に集中するように指導するとよい。頭の中で迷ってしまう選手は、コーチに今何を感じているかをランジをしながら大きな声で述べる練習をすることもできる。このような指導がなければ、そのような選手たちは不適切な信号に注意集中を向けすぎて、反応が遅くなるだろう。

パフォーマンス改善のための心理学的テクニック

　個人のメンタルスキルを改善すると、スポーツの試合の場やトレーニングルーム、練習場におけるパフォーマンスを促進することができ、また、生活のすべての分野におけるよりよいパフォーマンスへと移行させることもできる。メンタルスキルをつくりあげることに少しの注意を払うことで、仕事や学術、どのような領域の一般的な社会的な相互作用でさえも、改善することができる。これらの心理学的なスキルは、教えたり学習したりすることができる身体的また技術的、戦術的スキルと非常に類似しており、もし彼らが長期的な行動の変化を生み出そうとするなら、日常的に練習すべきである。次の項では、パフォーマンス全般を改善するためのトレーニングに統合することのできる、これらの心理学的スキルのいくつかを紹介する。

する。呼吸に伴い、腹部が自然に膨張するようにする。横隔膜式呼吸のこの部分が適切に行われているときには、横隔膜（肺の底面にある筋肉）が収縮し、下がる。これによって、より深い呼吸が可能になる。これが最大吸息の第1段階である。吸息全体の過程は3つの領域と段階、すなわち下腹部、胸の中央部、上胸部の順に起こる。横隔膜式呼吸のテクニックは、漸進的筋弛緩法のような、さらに動的な筋のリラクセーションテクニックのいくつかと組み合わせることができる。

漸進的筋弛緩法

　適切なレベルの認知的・身体的活性化をパフォーマンス前に達成するために、選手らは漸進的筋弛緩法（PMR）を用いるかもしれない（15）。**漸進的筋弛緩**は、骨格筋の張力をコントロールすることによって心理・生理学的覚醒を自ら調節するテクニックである。具体的には、筋の緊張と弛緩の段階を交互に繰り返すことで選手は身体的緊張を認識するようになり、それによってそのコントロールを学習する。リラックスした身体はリラックスした精神を促すということが期待されている。

　1つの筋群から次へと、この緊張と弛緩の繰り返しをすべての筋群が適切にリラックスするまで進めていく。次の筋群へと移る前に、各サイクルでは各筋を短い時間（10〜15秒間）、最大限に緊張させ、続いてその筋を意識的に完全にリラックスしようと試みる。練習によって、選手は素早く緊張した筋とリラックスした筋の違いを識別することを習得し、その後、必要となる筋リラクセーションを生み出すための段階へと自発的に進む。

　多くの場合、関節可動域の拡大や、なめらかで流れるような効率のよい動きの獲得など筋張力の低下に対するプラスの副作用がある。選手によっては試合や練習の前、緊迫した状況に置かれたときに行う自己調整のテクニックとして効果がある。しかしながら、選手が初めて漸進的筋弛緩法を用いた場合、行った後に倦怠感や眠気が続くことがあることに注意すべきである。したがって、選手は個人的な影響を見極めるために、試合の（当日というよりも）数日前にこのテクニックを練習すべきである。

自律訓練法

　ケガやその他の理由で強い筋緊張レベルの経験が不快と感じたり、そのような感覚を避ける傾向にある選手においては、各筋群で漸進的筋弛緩法を実施する代わりに、特定の四肢や筋群で温かさや重さの感覚に焦点を合わせるのみにすることができる。**自律訓練法**と呼ばれるこの種のテクニックは、身体における物理的な感覚——一般的には温かさと重さ——を生み出すようにデザインされた一連のエクササイズで構成される（40）。自律訓練法では、収縮と弛緩の繰り返しによる不快なレベルの筋緊張の必要性がないため、高齢の選手やケガからのリハビリテーション中の選手にとって、漸進的筋弛緩法よりよいと感じられる場合があるだろう。

> ▶ リラクセーションのテクニックは身体的覚醒を低下させ、課題に関連することへの集中を高めるためにデザインされている。このようなテクニックは、複雑な課題や今までに経験のない課題、重圧のかかる状況でパフォーマンスを行おうとする際に非常に重要な役割を持つ。

系統的脱感作法

　以前は中性刺激であったものがストレスの強い出来事と連合することによって、恐怖を学習することがある。たとえば、子どものときに水中で恐ろしい体験をし、成人しても泳げない人は、学習された連合のために水辺での活動を避けるかもしれない。この人は水泳のスキルが必要のないエクササイズであっても恐ろしさを感じると考えられ、そのことにより、プールでの基礎的なレジスタンスエクササイズやストレッチングを行うときに緊張するかもしれない。このような例は、運動科学的な理解の重要性を示している。たとえば、アクアティックな（水中運動を行える）環境は柔軟性を高めるうえで大きな手助けとなる。しかしながら、ストレッチングのプログラムから最大の効果を得るためには、完全にリラックスすることを身につけなくてはならない。プールでの活動の目的の1つが柔軟性を高めることであれば、泳げないためにこの環境下でリラックスできない人は、柔軟性の向上は難しいと考えられる。

　選手が初めて恐怖に直面したときや、恐怖を軽減させるときに役立つテクニックの1つに、**系統的脱感作法**（systematic desensitization：SD）がある

（45）。系統的脱感作法とは、選手が恐怖の反応をリラクセーション反応に伴うさまざまな信号に置き換えるようにする心理的および身体的テクニックを組み合わせたものである。系統的脱感作法は、認知－情動ストレスマネジメントトレーニング（SMT）や、ストレス予防接種トレーニング（SIT）と同様に、認知的覚醒を制御するために特異的なリラクセーションスキルによる回避coping反応の活用を選手に教示するものである。この適応的な学習による置換の過程は、系統的脱感作法の背景にある原理で、**拮抗条件づけ**と呼ばれている。

このテクニックの練習には、漸進的筋弛緩法とメンタルイメージの両方にある程度の熟練が必要である。選手は、自分にとって恐怖を感じる出来事や状況を階層化、あるいは段階的に構造化することが求められる。平均台で大ケガをした体操選手を例に挙げると、競技前のウォームアップから受傷に至った実際の動きまでの一連の恐ろしい場面を進行させていく。

リラックスした環境で、選手に最初の場面と軽い不安の経験をイメージさせ、同時に横隔膜式呼吸や漸進的筋弛緩法、その他の身体的リラクセーションテクニックを行い、強いリラクセーション反応によって、相対的に弱い攻撃－逃避症候群に打ち勝つことが理論的に考えられる。選手がリラックスした状態を維持したまま、イメージをはっきり保つことができるまでこのテクニックを練習する。段階を追って順に進み、自分でコントロールできる程度の少量の恐怖を、リラクセーションテクニックで乗り越える経験を重ねていく。このような手順は、認知的逃避を予防し、以前の恐怖を引き起こす刺激に対して新しい反応（リラクセーション）である拮抗条件づけを行う（40）。

イメージ（imagery）

イメージ（訳注：メンタルイメージ）とは、経験を心の中につくり出す、あるいは再度つくり出す認知的スキルと定義できる（40）。選手にとって、理想的には競技パフォーマンスの精神的経験を全ての感覚を用いてつくり出すことである。選手は、頭の中で動作のリハーサルを行い、視覚、聴覚、運動感覚、嗅覚、さらには味覚に関する信号すらもイメージすることで、現実をシミュレーションする。FeltzとLanders（8）はスポーツスキル**向上**におけるメンタルイメージについてのメタ分析のレビューを行い、その効果についてのエビデンスを明らかにしている。メンタルイメージを使用する初期の段階では、比較的単純な視覚的イメージから始めるとよいだろう。これは、メンタルイメージのテクニックの練習に役立つ。どのようなスキルの学習においても単純なものから複雑なものに進むのと同様に、メンタルイメージでも、ゴルフボールを視覚化する、テニスラケットの視覚的な特徴を描いたりするなど、静的なイメージから始める。イメージの鮮明度、つまり詳細な部分を、練習の継続によってより明確にしていく。明確にイメージする素質をもともと持っている者もいるが、これは反復練習によって誰もが改善できる。

イメージの視点は、内的（一人称：自分が見ている景色・感じる感覚を思い浮かべる）に発するものと、外的（三人称：第三者として観察するように）に発するものとがあるだろう。これまでの文献ではどちらがより効果的であるかは明らかになっていないが、選手がより適切あるいは自然に感じるイメージであるほうが望ましいと思われる。当然、イメージの内的な見方（一人称）のほうが、実際の課題はその方向で実施されるため、スキルの遂行への特異性が高くなると考えられる。しかしながら、多くの選手らは映像やパフォーマンスの記録を見ることに慣れるとともに、外的な見方も自然であると感じる

選手は覚醒をコントロールするテクニックをどのように用いるべきか？

- 新しい技術や複雑な技術のパフォーマンスを行う、あるいは重圧のかかる状況でパフォーマンスを行うとき、選手は覚醒レベルを低下させるテクニックを活用すべきである。
- 単純な技術や熟練している技術のパフォーマンスを行う、あるいはプレッシャーが最小限の状況でパフォーマンスを行うとき、選手は覚醒レベルを高揚させるテクニックを活用すべきである。
- このようなテクニックを用いる目的は、精神的および身体的活性をその課題に最適な強度に調整することで、気持ちの負担を感じずにパフォーマンスできるようにすることである。

だろう。

　選手が静止した物の詳細を鮮明に視覚化できるようになったら、頭の中でその物を動かしたり、その周りを「歩き回ったり」してさまざまな角度から見るようにする。バスケットボールの場合では、選手はボールをついて指先に当たる感じをイメージしようと試みる。このような方法で、イメージのコントロール、コントロールした中での動き（例：ボールをつく）を増やし、複数の感覚による見方を加えて（すなわち視覚とともに触覚や運動感覚を用いる）イメージの複雑性を高めていく。

　競技中の状態をイメージし、その中でうまくスキルを行うことがリハーサルできれば、ポジティブな記憶が意識下に埋め込まれ、競技における選手の自信や心構えを向上させることになる。もちろん、メンタルイメージは実際の成功ほど強い自己効力感の決定要因にはなり得ないが、メンタルイメージが有効となる可能性を持つ２つの強力な要素がある。1つは、イメージの中ではパフォーマンスの成功は完全に選手のコントロール下にあるが、現実での結果は不確実だという点である。すなわち、イメージの中で選手は成功を数多く「経験する」ことができる。われわれは、選手がイメージする成功の種類は現実的なものであるべきと考える。つまり、その個人にとって、簡単には達成できないが、実現可能な範囲でなくてはならない。もう１つは、選手が競技を繰り返し「経験」することによって、慣れと心構えの感覚を高めていくことができる点である。

　選手によっては、１つのシーズンのプレーに向けた何カ月もの準備——オフシーズンやプレシーズン、インシーズンにおけるコンディショニングとスキルの向上——は、実際の競技ではわずか数分のプレーにしかつながらないかもしれない。チーム競技の先発メンバーであっても、実際の競技における経験は、物理的な練習時間に対して極端に小さなものである。しかしながら、**メンタルイメージ**を用いることで、現実世界の試合の機会が最小限であるにもかかわらず、このようなより長い時間にわたる不確定な環境に選手は慣れることができる。

自己効力感

　当然のことだが、応用スポーツ心理学の主たる目的は、パフォーマンスを向上させるための心理学的

展望を得ることであり、また、課題の遂行の予測には、覚醒や不安よりも、認識された自信あるいは自己効力感 (1) のほうが適しているということが議論されてきた。**自信**とは、その人が望む行動をうまく遂行することができるという信念である（40）一方で、自信の状況に応じた特異的な形である**自己効力感**は、特定の状況におけるある課題を遂行する能力についての認識である (1)。自己効力感が高い人は、たとえ失敗を経験しても、ある課題を達成する能力を持つことを疑わない。

　Banduraの理論 (1) によると、ある人の自己効力感は、多くの拠りどころ（ソース）に由来する。

- パフォーマンスの達成——過去の成功あるいは失敗の経験の数々
- 代理の体験——他人を観察する（モデリング）
- 言語的説得——自分自身あるいは他人からの励まし
- イメージ的体験——自分自身のパフォーマンスを見るというイメージを活用
- 生理学的状態——促進または抑制させる覚醒の認識
- 感情的状態——感情または気分

　これらの拠りどころは競技およびトレーニング環境の中へうまく転換され、コーチとともに選手自身による影響を受ける。

　もし選手が必要なスキルの組み合わせと、許容可能なレベルのモチベーションを持っているならば、結果としてのパフォーマンスは自己効力感によって決定される部分が大きくなると考えられている (1)。スキルのみでは、効果的なパフォーマンスを確実なものにするには十分ではない——選手たちはうまくパフォーマンスを行いたいと欲するべきであり、彼らの努力の中で成功できると信じる必要がある。さらに、個人の自己効力感のレベルは、彼らの選択にも影響を及ぼす——「ある活動に対して自信を持って向かっていけるか」あるいは「自信が欠如している活動を避けるか」などである。同様に、自分を信じている選手は、必要なレベルの自己効力感を持たない選手よりも、一般的により熱心に取り組み、望む結果を得ようと決心するように、この構成概念は努力全般のレベルや障害に直面したときの持続性に

対して付加的な影響を及ぼす（40）。競技またはトレーニングの課題をうまく遂行する能力に関するその人の認識は、明らかに、実際のパフォーマンスに直接的な影響を持つ。

▶ 自己効力感は、人々の活動の選択や、その活動における努力のレベル、挑戦的な障害に直面したときにどれくらい持続するかに影響を及ぼす。

セルフトーク

自己効力感を高め、集中を正しく方向づける手助けをし、覚醒レベルを調整する補助とし、モチベーションを強化するために頻繁に用いられるテクニックは、セルフトークである。セルフトーク、すなわち個人内コミュニケーションは、我々が自らとの間で内的に行われる対話である（40）。これは声に出して、あるいは頭の中で自分自身に言うことであり、行動やパフォーマンスに対する「サウンドトラック」（訳注：音声部分を指す）を提供する。

セルフトークは、一般的にポジティブあるいはネガティブ、指導的とカテゴリ分けされ、自発的に生み出されるか、あるいは気分や行動に変化を生み出すために意図的に用いられるかのいずれかである（38）。ポジティブなセルフトークには、発話や言明を含むことがあり、励まし（例：「頑張れ（さあこい）！」）や、モチベーションを高める（例：「私はこれをできる！」）、心理的な強化（例：「私は準備できている！」）などであり、一般的に好ましい情動や感情を反映している。ネガティブなセルフトークは一般的に怒りや失望、疑い、ネガティブな判断（例：「最悪だ！（下手くそ！）」「お前にはこれは無理だ」「お前はいったい何を考えている？」）が反映する。指導的なセルフトークは、一般的に特定のスキルや戦略のための特異的な指示あるいはパフォーマンスに必要な信号への集中をもたらすものである（例：「両足を肩幅に開く」「上半身を真っ直ぐに保つ」）。

ポジティブで指導的な注目を促すセルフトークは、実験的環境においてはパフォーマンスを改善することが知られているが、実際のパフォーマンス環境においては、個人差および環境による差のために、これらの知見は修正されるかもしれない（38）。たとえば、指導的セルフトークは、特定のパフォーマンス信号を中継することが、動作の自動性に対して活発

に干渉するために、非常に優秀なパフォーマンスを行う人にとっては、有害となるかもしれない。さらに、パフォーマンスを行う人の中には、ポジティブなセルフトークが自己効力感の低下という結果をもたらすといういくつかのエビデンスが存在する（46）。しかしながら、一般的にはネガティブなセルフトークは、その人を不適切な信号へと注目させ、ネガティブな情動的エネルギーを引き起こすことがあり、また自信を低下させることがあるため、低いパフォーマンスにつながることが多い。したがって、セルフトークを最も効果的に用いるために、選手は現在のセルフトークの利用とそのパフォーマンスへ及ぼす効果について調べることから始めるべきである。すると、その次に、彼らのセルフトークを修正するうえで最も適切な方法の評価を行うことができる。

目標設定

驚くことではないが、本章で議論されている多くの概念は、互いに直接的な影響を及ぼすことができる。自己効力感は、人々が設定するさまざまな種類の目標に大きな影響を与えるものの1つである。より高い自信と効力感を持つ人は、一般的により挑戦的な目標を達成することを思い描き、つくり出し、努力する。目標設定とは、成功の認識を持つ可能性が高まる課題の設定により、徐々に高いレベルのパフォーマンスを追い求める過程として特徴づけることができる（21）。たとえば、ある競泳選手の目標が、50m自由形などの定められた距離全体を通して技術的に正しいストロークを維持して泳ぐことであったとする。初めは、その選手のスキルレベルが低く、この目標が課題として過度なものとなり、強い挫折感やフラストレーションを生じるかもしれない。生理学的テストでは、その選手がその競技で傑出するような身体要素を持っているという（たとえば、その選手の速筋線維〔タイプⅡ線維〕の割合が高い、四肢の筋パワーやスピード筋力が非常に高い、無酸素性代謝能力がおそらく高いなど）結果が出ている。しかしながら、ストロークの力学的効率が低い。選手はそのことを十分に気づいておらず、それゆえに自信が持てない。このような場合、コーチと選手は、まず、スキルとコンディショニングを管理できる要素に分ける（従来の全習－分習－全習法）。このよ

うにして、選手は、それぞれの要素に集中して習熟するにつれて、進歩と達成感を感じるようになり、自信をつけ挑戦的な目標をやり遂げようというモチベーションをより高めることになる。

目標設定を系統立てて行えば、選手の心理学的な発達を促すと同時にパフォーマンスを高めることができる (40)。目標設定がパフォーマンスに影響を与える理由は多数ある。

- 目標によって、努力を向ける優先順位が設定され、注意集中の方向が決まる。
- 目標達成がうまくいくかは不確実であることから、目標によって努力が促される。
- 選手に与えられるフィードバックを通して、目標によって正の強化が高まる。

考慮の上で設定された目標は、挑戦的だが達成可能だという理由から努力が促され、行動変容についての強力な因子になる特性をもつと考えられる。

過程目標

目標設定に関する重要な違いは、それが過程目標なのか、結果目標なのかということである (2)。過程目標とは、選手がその達成をコントロールできる目標である。彼らはスキルをうまく実行するためにパフォーマンスの中で個人が行わなければならない行為に注目する。努力をすれば、比較的高い確率で成功できる（目標を達成できる）。スキルの領域での過程目標の例としてはフォーム、テクニックがあげられる。個別に設定したタイム（競泳や陸上競技トラック種目の場合）も過程目標と考えてよいだろう。ストレングス＆コンディショニングにおける過程目標の例としては、減量の方策（例：有酸素性運動や食事の調整のような日常レベルで行わなくてはならないこと）に選手を集中させることがあげられる。実際の結果（例：体重の減少）より、減量のための方策に集中することで、行動に対するコントロール感覚が向上する。過程目標の成功には、努力を強く伴っている。

結果目標

一方、結果目標は、選手がほとんどコントロールできないもので、勝利を最大の重点とすることが通常の例である。スポーツにおける結果目標は一般的に種目の試合結果に注目するものであり、メダル獲得やポイントの得点、ランキングで上位に入ることなどはすべてこの分類に入る。結果目標の達成は、個人の努力を伴うだけでなく、ほかの人たちの努力や能力も関係してくる——個人的なコントロールの範疇を外れるものである。われわれは、勝利は高いレベルのモチベーションを確実に生み出すことができる正当な目標設定であると信じているが、皮肉なことに、勝利しかないという態度ではなく、過程目標と結果目標の両者に方向づけられている選手のほうが成功を勝ち取る可能性が高まる。勝利のみを強調しすぎると、注意の容量の大部分をそれが占めてしまうため、注意の焦点が狭められることになる。そうなると課題に関連する信号を見逃し、反応時間が遅くなり、無理な動作になったり動作の自動化が妨げられて、神経筋の連関が妨げられてコーディネーションが低下したりしてしまう——これらはすべて求める目標の達成を阻害してしまう。

過程目標と結果目標のどちらもストレングス＆コンディショニングの状況に応用できる。たとえば、パワークリーン中の動作技術を強調することは過程指向を示し、セットの完了のみを意識させることは結果指向となる。一般的な注意としては結果目標を避けるべきであるが、その例外として選手がきわめて大きな自信を持ち、非常に弱い相手と対戦する場合がある。このような場合、モチベーションを最大化するために選手は結果と自己のベスト記録のみに注目しようとするかもしれない。

短期的目標

先ほど議論した過程目標と結果目標の区別に加えて、目標は短期的および長期的に分類することができる。短期的目標は、現在の練習あるいは試合に一般的には直接的に関連しており、相対的に短い時間枠の中で達成することができる目標である。短期的目標は成功の可能性を高める。なぜなら、その目標が努力を要するものであるとしても、選手の現在の能力レベルに比較的近いからである。成功の可能性が高いため、この短期的目標は自信や自己効力感、モチベーションも高める。このように、短期的な過程目標と結果目標の両方により、長く困難なトレーニングにおいて生じる可能性のある飽きや欲求不満

目標設定を用いる際のガイドライン

- 長期的目標と短期的目標は、相互に関連しているものとする。
- 長期的目標は、短期的目標を追求する意味と方向性の実感につながる。
- 短期的目標の達成によって、卓越性と成功についての階層的感覚が得られ、それが自信につながる。
- 選手は過程目標を持つべきで、それによって自らのパフォーマンスの中でコントロールできる要素に集中できるようになる。

に対抗する手段となる。

長期的目標

しかし、本当の意味での成功の短期的な基準は、適切な長期目標によって枠組みが決まる。**長期的目標**は、一連の関連し合った多数の短期的目標がアーチ状になったものである。これらの短期的目標の達成は、関連する長期的目標の達成を導くものであるべきである。毎日の練習が究極のパフォーマンスレベルの達成にどのように役立つかが明らかになれば、選手は毎日の練習目標により強い妥当性を見出せるだろう。たとえば、ある体操選手が大学最終年次の全国選手権の床運動で優勝するという長期目標を持っている場合、その夢の達成にウェイトルームでのコンディショニングエクササイズが必要だと認識すれば、より熱心に、積極的に取り組むだろう。選手が「今日の練習が自分の長期的な夢につながる一歩である」と認識すれば、その日の練習で心理的にも生理的にもより覚醒した状態となるだろう。

最後に、効果的なコーチングの方法として、選手にフィードバックを与えるためには、短期的および長期的のいずれであっても目標の具体性が重要である。フィードバック、つまり成功と失敗を知ることについては、パフォーマンスのあいまいな基準ではなく、具体的で数量化できる目標があるほうが、効果が高い。フィードバックは、サーモスタットやサイバネティクス装置（自動制御装置）のような修正のメカニズムであり、成功も失敗も、選手を長期的な成功へと向かうコースを外れないようにする手助けとなる。たとえば、心拍数が160～170拍/分での25分間の持続的なランニングを行うという目標は、単に「走りに出かける」より努力につながる課題である。あいまいな表現はレクリエーションとして運動する人にはよいかもしれないが、生理学的能力の向上を目標としたクロスカントリー選手にとっては役に立たない。

最適な目標設定には、生物物理学および行動学の領域における運動科学の知識が必要である。競技パフォーマンス向上に有効な目標は、その選手の身体面でのニーズにその目標が関連していなければならない。たとえば、400m走の選手が大会でのタイム短縮ができるように順を追って適切な目標を設定するには、身体的特性、関連する代謝経路、向上させるべきバイオメカニクス的な技術の理解が必要になる。

もちろん、目標によっては完全に心理的で、パフォーマンスとは間接的にしか結びつかないものもあるかもしれない。このような目標の一例として、練習全体をポジティブな気分状態で行うことが挙げられる。このような目標は生物物理学的な知識をあまり必要としないが、パフォーマンスの向上に対してかなり有益であると考えられる。なぜなら、このような目標は、選手がコントロールできるものであり、習慣になっているネガティブなセルフトークの抑制に効果があるためである。しかし、広範な目標設定においては、生理学、代謝、バイオメカニクス、栄養学、心理学などの多数の下位分類の領域からの目標が関わる、運動科学の複数の領域の統合が必要となる。この必要となる事柄によって、スポーツ心理学はほかの行動科学とは区別される。

運動スキルの獲得および学習の促進

スポーツ心理学が競技パフォーマンスに及ぼす影響とその価値についての包括的な理解は、運動スキル獲得と学習のトピックの重なり合う生きた知識がなくては完全なものにならない。この明らかに関連した行動科学を統合することは、選手のパフォーマンスとコーチの能力の両方を改善する。次の項では、運動スキルの学習を促進するテクニックのいくつかが議論され、これには練習スケジュールや、指示、

フィードバックに関することが含まれる。研究によれば、ある特定のテクニックによる好ましい結果が示されているが、選手や課題、環境の独自性を考慮することが重要である。ある選手においては学習を促進したことであっても、別の選手には異なる効果があるかもしれない。したがって、以下の項では、選手のニーズや課題、環境に合わせることができる基本的なガイドを提供する。

学習とパフォーマンスの違い

運動スキル学習を促進させるテクニックについて考慮する前に、学習とパフォーマンスの違いを認識することが重要である。学習とは、運動スキルの能力において、相対的に持続する変化という結果をもたらす過程である（30）。パフォーマンス（遂行）とは、現在の環境におけるスキルの実行である（16）。この章全体を通して議論してきたように、パフォーマンスは覚醒やモチベーション、その他の多くの要因に影響を及ぼすことがあり、したがって個人のスキル能力の指標とはならないかもしれない（3）。ここで議論されるテクニックは、個人のスキル学習を促進するだろうが、その中のいくつかは、実際には練習中のパフォーマンス低下をもたらすかもしれない。この可能性について認識しておくことは必須であり、ある練習セッション中の選手のパフォーマンスは、そのときの何らかのスキル学習を反映したものであると仮定してはならない。

練習スケジュール

練習は、運動スキルの学習には必要不可欠である。さらに重要なことに、挑戦的な練習は運動スキルの獲得を可能にする。すなわち、単に繰り返すのみでは行動を変化させるのに十分ではない（27）。スキル学習を促進する多くの方法の1つは、練習の構造やスケジュールを操作することを通して行われる。

全習法 vs. 分習法

複雑な運動スキルを教えることに関しては、全習法と分習法の間で議論がある。**全習法**は、そのスキル全体に取り組む一方、**分習法**はそのスキルを一連の下位構成要素（サブコンポーネント）に分ける。一般的なルールとして、挑戦的ではあるが下位構成要素間の相互関係が弱い課題の場合は、分習法を用いるほうがよく学習できる（24）。たとえば、スナッチはスキルを伴うパワー動作であり、4つの下位構成要素へと分解することができる。すなわち、ファーストプル、トランジション、セカンドプル、キャッチである。一方で、分習法が下位構成要素を効果的に再グループ化するのを抑制することがあるため、全習法は課題における下位構成要素間の相互関係が強い場合に好まれる傾向がある（24）。ランジの例では、前の脚の動作を、後ろの脚の動作と分けるべきではない。なぜなら、これら2つの要素間の相互関係は強いためである。したがって、ランジは全習法を用いた学習のほうがよいだろう。課題の相互作用にかかわらず、スキルが危険あるいは学習するのに時間や手間がかかる場合には、分習法は好まれる選択である。

もし分習法を用いる場合、課題を下位構成要素へと分割する多数の方法がある。**細分化**（segmentation）により、課題を明確な区切りを持った一連の下位構成要素へと分ける（41）。たとえば、前述したように、スナッチはファーストプル、トランジション、セカンドプル、キャッチに分けることができる。**分割**（fractionalization）により、複数の課題は、同時に起こる複数の下位構成要素へと分けられる（41）。プッシュプレスのパフォーマンスを行う際、選手は腕のプレス動作と脚のプレス動作を独立して練習する。実行のスピードや用いる器具など課題の特性を変えることで**単純化**し、課題の難しさを修正する（41）。スナッチでは、選手はまずPVC（ポリ塩化ビニル）のパイプを用いて下位構成要素を練習する。この例では、細分化と分割の両方が用いられている。

課題の構成要素を教える場合、各部分をスキル全体へと統合する複数の方法がある。純粋な分習法（部分−全体法としても知られている）は、選手がスキルの各構成要素を、独立して複数回練習する。すべての構成要素を練習した後、そのスキル全体を練習する（41）。スナッチにおいては、最初にプルを練習し、次にトランジション、続いてセカンドプル、最後にキャッチとなる。すべてのスキルを複数回練習したら、スナッチを練習する。**漸進的パートトレーニング**では、選手に2つの部分を一緒に練習する前に、それぞれ独立して練習させる（41）。選手は3つ目の下位構成要素を、3つを一緒に練習する前

に練習する。スナッチにおいては、選手は最初にファーストプルを練習し、次にトランジション、それからファーストプルとトランジションを合わせて練習する。その後選手は、ファーストプルやトランジション、セカンドプルを組み合わせたスキルとして練習する前に、セカンドプルを練習する。この漸進は、スキル全体が再統合されるまで続く。**繰り返しパートトレーニング**は、最初の部分のみを独立して選手に練習させる。その後、続きの部分について、課題全体が再統合されるまでそれぞれ加えられる（41）。この例では、選手は最初にファーストプルを練習し、次にファーストプルとトランジションを一緒に、その後にファーストプルとトランジション、セカンドプルを練習し、4つ目も同様である。単純化を用いることで、課題の特徴を徐々に追加することができ、課題を難しくしていくことができる。順序の選択は、課題やトレーニングの目標によって決まる。

ランダム練習

同じスキルを複数回繰り返してから別のスキルの練習へと発展させるというように、伝統的に、スキルは区分け（ブロック化）されて練習されてきた。**ランダム練習**においては、1つの練習セッションの中でランダム（無作為）な順で複数のスキルを練習する。たとえば、区分けされた練習では、選手は複数のスクワットデプスジャンプを、別のスキルへと進める前に練習する。ランダム練習においては、選手はスクワットデプスジャンプや、ラテラルムーブメントを伴うデプスジャンプ、あるいはスプリットスクワットジャンプ、サイドトゥーサイドプッシュオフをランダムな順番で行うかもしれない。選手は、これらのスキルをランダムな順で続ける。ランダム練習においては、最初は個々のスキルのパフォーマンスが低下するものの、この練習デザインによって学習が促進される（33）。スポーツの状況において適用されると、区分け練習およびランダム練習（漸進させる前の各スキルを繰り返し試みることを少なくする）を統合することで、両方の練習スケジュールの利点が最大化される（18）。ジャンプの例では、選手はサイドトゥーサイド・プッシュオフのような、別の動作の前にスクワットデプスジャンプを数回行う。

可変練習

ランダム練習と同様に、**可変練習**には、特定のスキル（例：特定の高さの2つ目のボックスへのデプスジャンプ）を特定の練習の中で複数回繰り返すというように、単一の練習セッション内に同じスキルのバリエーションが含まれる。可変練習では、選手は多様な高さのボックスから下りたり、ジャンプして乗ったりする。ランダム練習と同様に、可変練習は練習中のパフォーマンスが低下することがあるが、練習したことのないボックスから飛び降りた後に2つ目のボックスにジャンプして乗るなどのように新しいスキルのバリエーションのパフォーマンスを促進することが可能である（19）。特異的な練習と可変練習を組み合わせることによって、選手は競技特異的なスキルを高めることができるとともに、不慣れな状況において柔軟にパフォーマンスを行うことも可能となる（19）。スポーツでは不慣れな環境（遠征試合など）でパフォーマンスを行うことが求められるため、また相手に応じて練習したスキルを正確に修正するため、この柔軟さは、選手の成功において重要である。例として、多様な高さのジャンプからの着地によって、選手は試合で反応できるようになり、不慣れな状況においてスキルを実行できるようになる。

観察学習

観察学習（動きの観察）、すなわち遂行しようとする課題やスキルを、観察を通して練習することは、運動スキル学習において重要な意味がある。観察練習は、しばしばあらかじめ録画されたビデオや、ライブの（実際にその場で行われる）デモンストレーションが用いられる。観察したスキルを実行する個人は、初心者であっても、能力があっても、優秀な人であってもよい。身体的な練習が観察練習と組み合わされたとき、学習は促進される（32）。ストレングス＆コンディショニングの環境では、パートナーの働きにより学習を促進することができる。1人の選手が挙上あるいはドリルを完了するとき、もう1人の選手は、休息（レスト）の間に観察することができ、逆もまた同じである。Sakadjianら（29）は、観察練習を身体的練習と組み合わせると、身体的練習のみと比較してパワークリーンのテクニックが改善することを見出した。観察練習は、選手が望むテ

クニックを達成する手助けとなることがある。したがって、選手の安全を維持し、より重い挙上へのより素早い漸進が可能となる。

指示

コーチは、選手が最も得意な学習の様式を、指示によって提供する詳細な部分（細部）の量に変化をつけることによって、学習を促進することができる。指示の様式は、明示的指示、ガイドつき発見、発見、に分けることができる。明示的指示には、ある課題を実行するために選手に「ルール」を与えるような記述的な情報を含む。スクワットを学習する際、選手は運動のタイプ（例：屈曲・伸展）や各関節の動作全体を通して特定の身体の姿勢についての詳細な指示を受け取る。ガイドつき発見は、どのように課題を達成するかを明示的に言わずに、選手に対して動作全般の目標と、課題達成の重要な刺激を提供する。選手は、スクワットデプスジャンプの目標と、脊柱をニュートラルに保つなど、いくつかのケガ予防のために留意すべき鍵となる注意を受ける。この様式は、実行された動作パターンと、関わる動作の目標との間の関係について選手が探ることを可能にしつつ、いくつかの方向性を与える。最後に、発見は、課題の最終目標（訳注：原文では、積み上げたアーチのような目標とある）を選手に提供し、選手は指示をほとんど、あるいはまったく受け取らない。この例では、選手は単に特定の深さまでスクワットするように言われ、選手はこの課題を達成するために探求することが許される。発見的指示の様式により、学習の過程が長引くこともあるが、明示的指示はストレスの高い環境ではパフォーマンスを低下させることがある（34）。注意を向ける必要性が減少することで、発見およびガイドつき発見の指示様式は、選手が課題に関連した信号や課題の実行への集中を高めることができる（49）。

フィードバック

フィードバックは、選手に動作パターンと関連した目標についての情報を提供するため、運動スキル獲得において重要な役割を果たす。この情報を利用すれば、求める動作パターンと目標に到達するための適切な調整ができる。内在的フィードバックは、感覚をもとに選手が選手自身へと提供するフィード

バックである——たとえば、スクワットボックスジャンプをしているときに、ボックスに乗るのを失敗したという感覚情報が当てはまる。感覚情報を統合することで、選手は求められる動作を生み出すための、また課題の目標と関連する動作パターンの微調整や修正を行うことができる。付加的フィードバック（または拡張フィードバック）は、コーチなどの観察者、またはビデオや実験機材などのテクノロジー、あるいはその両方によって選手へ提供されるフィードバックである。スクワットボックスジャンプ後、コーチは選手に対して、股関節の反動動作が遅すぎた、その結果ボックスに乗るのに失敗した、と話すことができる。

この項の残りでは、付加的フィードバックについて注目する。付加的フィードバックは、「結果の知識」と「パフォーマンスの知識」の2つに分けることができる。結果の知識は、選手に対して課題の実行についての情報をもたらす。たとえば、Tドリルでは、コーチは選手にどのように素早くドリルをやり遂げたかを話すことができる。選手は今回の記録は以前のものと比べてどのような状態かについて基準に沿った情報（規範的な情報）も与えられる。ポジティブな規範的フィードバックと、比較のないフィードバックの両方は、ネガティブな規範的フィードバックよりもスキル学習を高めた（20）。パフォーマンスの知識のフィードバックは、選手に動作パターンについての情報を提供する。これは、ビデオ分析という形態や、フォースプレートのような実験機材を用いることでもたらされることがある。Tドリルを例にすると、コーチは選手に対して、方向転換中の身体の姿勢などの、Tテスト中の特殊な動きについての情報を与える。課題の目標が動作の結果——たとえばパワークリーンにおける正しいフォーム——である場合、結果の知識とパフォーマンスの知識の間には重複があり、したがってそれらは同一となることがある。

フィードバックのタイミングと頻度もまた、学習の結果に影響を及ぼす。課題と同時に示されるフィードバックは、学習を阻害するがパフォーマンスを促進する。したがって、このフィードバックは、競争の場面では有用である（43）。しかしながら、課題実行後に提供されるフィードバックは、スキル学習を促進する（43）。このフィードバックは、毎回

の試技後、あるいは一連の試技後のどちらでも提供することができる。練習中の頻度を低下させることでパフォーマンスが低下する一方で、毎回の試技後にフィードバックを行うのと比較して、頻度の少ないフィードバックはスキル獲得を促進するが（44）、スキルが複雑な場合には当てはまらない（48）。したがって、最初のスキル学習は、より頻繁なフィードバックを行い、選手のスキルレベルが向上していくにつれて頻度を低くすることが有用だろう。

▶ フィードバックは、学習およびパフォーマンスの両方を促進するために用いることができる。フィードバックのタイミングと頻度は、パフォーマンスと学習に異なる影響を及ぼす。フィードバックを同時に行うことは、競争の場面では有用だが、最初は頻繁に、時間が経過するとともに頻度を減少される遅延フィードバックは、複雑な動作パターンの学習を促進させる。

まとめ

科学的で動機づけの面でも正しいコーチングプログラムは、選手の成長に大きな役割を果たすが、ほかにもいくつかの補助的な心理学的テクニックによって有効性全般が促進される。現実には、ほとんどの選手はおそらく、数えきれない練習や試合の形で適応および不適応の両方の経験をしており、その結果として、多かれ少なかれ、効果的なメンタルスキルのレパートリーを発達させてきている。本章に含まれる心理的な原則のいくつかと、認知－行動の変化を生み出すためのツールについての実用的な理解は、パフォーマンスの改善とより高い生活の質（QOL）を促進するうえで手助けとなるだろう。

コーチと選手はパフォーマンスの心理学的側面に注意を向けることで、パフォーマンスの結果を向上させ、競技をより楽しむことのそれぞれに役立てることができる。積極的で目標志向のコーチングのアプローチは、スポーツ競技に対する心理学的準備に最も大きく貢献するものの1つである。身体面および栄養面の準備によってパフォーマンス能力の基礎が築かれ、心理学はその身体的要素（筋力、スピード、柔軟性、スキル）を精神面でコントロールし、選手の潜在能力をより安定して発揮させるという役割を持つ。それに加えて、本章の各構成要素で示したように、感情と身体の関係を適切に理解することは、ストレングス＆コンディショニング専門職と選手の間のコミュニケーションを促進し、選手が感情や覚醒、集中、モチベーションを制御および管理するうえで手助けとなる。適切な心理学的テクニックを用いることで、この自己管理の過程を支援することができる。スポーツにおいて成功を体験すること、またそれ自体は重要であるかもしれないが、私たちは改善されたメンタルスキルを利用することによって、彼らが人生において自尊心や自信、ポジティブな自己イメージを達成するという、より大きな成果につながることを信じている。

重要語句

達成のモチベーション（achievement motivation）

不安（anxiety）

覚醒（arousal）

注意集中（attention）

付加的フィードバック（augmented feedback）

自律訓練法（autogenic training）

カタストロフィー理論（catastrophe theory）

認知不安（cognitive anxiety）

拮抗条件づけ（counterconditioning）

横隔膜式呼吸（diaphragmatic breathing）

発見（discovery）

ディストレス（悪いストレス）（distress）

ドライブ理論（drive theory）

感情（emotions）

高揚（enhancement）

ユーストレス（よいストレス）（eustress）

明示的指示（explicit instructions）

外発的モチベーション（extrinsic motivation）

分割（fractionalization）

目標設定（goal setting）

ガイドつきの発見（guided discovery）

理想的なパフォーマンス状態（ideal performance state）

イメージ（imagery）

個人の最適機能領域（individual zones of optimal functioning）

内因性フィードバック（intrinsic feedback）

内発的モチベーション（intrinsic motivation）

逆U字理論（inverted-U theory）

パフォーマンスについての知識（knowledge of performance）

結果についての知識（knowledge of results）

長期的目標（long-term goals）

メンタルイメージ（mental imagery）

モチベーション（motivation）

成功を勝ち取ろうとする動機（MAS：motive to achieve success）

失敗を避けようとする動機（MAF：motive to avoid failure）

負の罰（negative punishment）

負の強化（negative reinforcement）

観察練習（observational practice）

オペラント（operant）

結果目標（outcome goals）

パート練習（部分練習）（part practice）

生理学的効率（physiological efficiency）

正の罰（positive punishment）

正の強化（positive reinforcement）

過程目標（process goals）

漸進的筋弛緩法（PMR：progressive muscle relaxation）

漸進的パートトレーニング（progressive-part training）

心理学的効率（psychological efficiency）

純粋パートトレーニング（pure-part training）

ランダム練習（random practice）

繰り返しパートトレーニング（repetitive part training）

リバーサル理論（reversal theory）

ルーティン（routine）

分割（segmentation）

選択的注意（selective attention）

自信（self-confidence）

自己制御練習（self-controlled practice）

自己効力感（self-efficacy）

セルフトーク（self-talk）

短期的目標（short-term goals）

単純化（simplification）

身体的不安（somatic anxiety）

スポーツ心理学（sport psychology）

状態不安（state anxiety）

ストレス（stress）

ストレッサー（stressor）

系統的脱感作法（SD：systematic desensitization）

特性不安（trait anxiety）

可変練習（variable practice）

全体練習（whole practice）

例題

1. 自己ベスト更新に挑戦している重量挙げ選手は観衆を無視し、パフォーマンスのみに集中することができている。この選手は、何を利用してパフォーマンスを行っているのだろうか？
   a. 選択的注意
   b. 身体不安
   c. ガイドつきの発見（guided discovery）
   d. 自己効力感

2. 選手が能力を最大限に発揮したいと望むのは以下のどれにあてはまるか？
   a. 失敗を避けようとする動機（MAF）
   b. 自律訓練法
   c. 選択的注意
   d. 達成のモチベーション

3. 高校のアメリカンフットボールチームでは、自重の2倍の重さでスクワットを行うと壁に名前を貼り出してもらえる。これは以下のうち、どの例であるか。
   a. 負の強化
   b. 正の強化
   c. 負の罰
   d. 拡張期血圧

4. スキルや能力が限られている場合、選手の最適な覚醒のレベルはどのように変化するか？
   a. 上がる
   b. 下がる
   c. 影響しない
   d. 最適な覚醒のレベルは行っている活動に関係しない

5. プッシュプレスを教える際、以下のうち、純粋なパート練習の統合における分割の例はどれか？
   a. プッシュプレスを器具を使わずに練習し、PVC（ポリ塩化ビニル）のパイプを用いた練習へと発展し、最後にバーのみで行う
   b. ディップを練習し、続いてドライブを伴うディップを行い、最後に完全なプッシュプレスを練習する
   c. プッシュプレス全体を練習する前に、ディップとドライブ、キャッチを独立して練習する
   d. プッシュプレス全体を練習する前に、ディップとドライブを独立して練習し、続いてドライブを伴うディップを練習し、その後、キャッチを独立して練習し、最後に完全なプッシュプレスを練習する

CHAPTER 9

Basic Nutrition Factors in Health

健康における基本的な栄養学的要因

Marie Spano, MS, RD

▶ **本章を終えると**

- 選手を適切な情報源や医師、スポーツ栄養士へといつ問い合わせ・紹介するかを知ることができる。
- 競技選手のタンパク質、炭水化物、脂肪の推奨摂取量を決定する方法を解説することができる。
- 疾病予防や健康全般のための推奨摂取量を列挙することができる。
- 異なる年齢グループやシナリオのための水分および電解質補給のガイドラインを列挙することができ、選手らが個別化された水分補給計画を立てる手助けをすることができる。

優れた栄養というものは、選手に一般的な健康、成長、発達、筋組織の修復および構築に必要不可欠な栄養素とともに、練習や試合に必要となるエネルギー、また心理的な集中の維持をもたらすものである。選手の特異的なニーズに合わせた栄養計画は、ケガや病気のリスクを低下させ、トレーニング適応（トレーニングに由来する改善）を最大化するのを手助けし、選手が目標とするパフォーマンスに到達するのを助ける。本章では、パフォーマンスを促進する栄養摂取についての科学的根拠に注目し、読者がスポーツ栄養科学を現実生活のシナリオに適用するうえで助けとなる示唆を提供する。

インターネットや印刷物、口コミによる間違った、あるいは矛盾する大量の栄養アドバイスは、選手を非常に混乱させる（185）。加えて、（統計的に）性・年齢補正を行った上で比較すると、各アスリートの栄養ニーズは、座業中心の比較対象とは異なっており、これはその競技の生理的需要のためである。一般人のためにつくられた栄養ガイドラインは、必ずしも選手に適用できるわけではない。なぜなら、各選手の栄養ニーズは多くの要因（年齢、身体のサイズと体組成、性別、遺伝、環境的トレーニング条件、ケガ、医学的栄養ニーズ、トレーニングの継続時間や頻度、強度）によって決まり、必要な栄養は、たとえ同じポジションであったとしても選手間で大きく異なる。そして最後に、栄養は複雑であること、また科学は継続的に発展していることから、ストレングス＆コンディショニング専門職にとって、基本的な栄養の知識をもつことに加え、選手に最新の科学に基づく個別化された栄養アドバイスを行うために問い合わせ（照会）することができる栄養の専門家のリストを用意しておくことは重要である。

スポーツ栄養の専門職の役割

スポーツ栄養は複雑で、学際的分野であり、アスレティックトレーナーやストレングス＆コンディショニング専門職、医師、運動科学者、食事提供者の間で、栄養についての知識の程度は異なっている。選手育成を担うスタッフは、栄養教育とスタッフのメンバーの知識、提供された栄養情報、栄養実践に関する州のライセンス関連法令に基づいて概要を把握しなければならない。

すべてのスポーツ栄養の専門職は、基本的な栄養についての質問（たとえば、「健康的な軽食のアイデアは？」）に答えられなければならない。しかしながら、複雑な栄養問題を持つ選手は、適切な情報提供の源である、チームドクターやスポーツ栄養士へ相談すべきである。チームドクターは、選手の医学的ケアの監督に責任を持つが、スポーツ栄養士は、個別化された食事アドバイスを提供することに責任を持つ。**スポーツ栄養士**は、スポーツ栄養に関する専門的な教育を受け、その実践経験を有する登録栄養士（訳注：日本においては管理栄養士）である。スポーツ栄養・食事学会（AND）のスポーツ栄養スペシャリスト（CSSD）の資格は、スポーツ栄養の分野における専門性が、他の栄養士と比較して優れた栄養士であることを認定している（カコミ欄を参照）。スポーツ栄養士の中には、補完的なスキルを持っていたり、トレーニングを受けているものがソーシャルワーカーやアスレティックトレーナー、シェフになっている場合があり、総合的なスポーツ栄養についてのプログラムではフルタイムでの注意が求められる。したがって、これらの2番目のスキルは、1人が2つの明確に別れた職務を行おうとするというよりむしろ、スポーツ栄養の知識を補完するものである。そして最後に、より高いレベルの職務を持つスポーツ栄養士は、一般的に修士号や博士号（PhD）を有するスポーツ栄養士である。スポーツ栄養士は、選手がプレート（皿）とパフォーマンスの間をつなげるのを手助けすることができる。

時折、医師やスポーツ栄養士は、摂食障害や栄養失調、糖尿病などの特異的な疾患を持つ選手を手助けするために一緒に働くことがある。選手の栄養的および医学的情報は総合的なケアを提供するために育成スタッフやコーチングスタッフ、家族の間で共有されることがあり、選手の保護された健康情報を取り扱う際、米国においてはすべてのスタッフがHIPAA（医療保険の相互運用性と説明責任に関する法律）のガイドラインに従うべきである。

スポーツ栄養コーチ（sports nutrition coach）は、登録栄養士ではないが、栄養と運動科学についての基本的なトレーニングを受けた専門職である。たとえば、ストレングス＆コンディショニング専門職は、スポーツ栄養コーチとして行動することができ、基本的な栄養教育と示唆を提供することができる。食

スポーツ栄養スペシャリスト（CSSD）

スポーツ栄養・食事学会（AND）のスポーツ栄養スペシャリスト（CSSD）は、以下を職務とする（これらのコンピテンシー、つまり職務上の能力は、ストレングス＆コンディショニング専門職がスポーツ栄養士に求めるものである）。

- パフォーマンスや健康のために、個人およびグループに対して、日々の栄養についてのカウンセリングを行う。
- 最新の科学的なエビデンスを、実務的なスポーツ栄養における推奨へと翻訳する。
- コーチやトレーナー、保護者に向けた食事および栄養のリソースとしての栄養的なサービスの結果について、追跡および文書化する。
- 競技選手の食事の実践や体組成、エネルギーバランス（摂取と消費）を、競技パフォーマンスおよび健康の文脈において評価・分析する。
- トレーニング（トレーニング期と目標に合致させる）や試合、エクササイズからの回復、体重管理、水分補給、免疫、障害を受けた摂食行動、移動、サプリメントのための適切な栄養についてのカウンセリングを行う。
- 良好な健康およびパフォーマンスを構成する体重、体脂肪、筋量を達成し、維持することについてカウンセリングを行う。
- 競技パフォーマンスと良好な健康のための短期的および長期的目標の達成を促進する個別化された食事および軽食の計画を提供する。
- 各自の水分および電解質のニーズに合致することを手助けする給水の手順を作成する。
- 食物アレルギーや骨ミネラル障害、胃腸障害、鉄欠乏、鉄欠乏性貧血といったパフォーマンスに関する栄養学的課題に対処する。
- 必要に応じて、糖尿病や過敏性腸症候群、高血圧ほか医学的症状を管理あるいは治療するのを手助けするための医学栄養学的治療を提供する。
- 病気やケガからの回復のための適切な栄養についてカウンセリングを行う。
- 学際的なスポーツ医科学チームのメンバーとして、栄養的なケアをコーディネートする。
- 障害された摂食行動といった入院患者および外来患者プログラムについての連絡係（リエゾン）である。
- ハーブサプリメント、またスポーツ用のサプリメントを含む栄養的サプリメントの合法性や安全性、質、効果について評価し、適切なサプリメント摂取について監視する。
- HIPPAガイドラインに従うとともに、各個人の家族や医師、コーチその他の適切な健康関連の専門職と連携する
- 教育的な努力を支援するリソース（資料）を作成する。
- 食品の選択（食料品店のツアー）、食品の保管、食事の準備（料理教室）について、選手およびチームへの教育を行う。
- 栄養ケアプロセス（Nutrition Care Process）を用いて、提供された栄養サービスを文書化し、栄養戦略の効果が求める結果に合致しているかを評価する。
- 栄養についての方針と手順について作成および監督する。

Sports, Cardiovascular and Wellness Nutrition (SCAN), 2008; Hornick, 2008 (62). より許可を得て転載。

事あるいは栄養が、治療あるいは医学的症状の管理に用いられるような、より複雑な状況（栄養失調を含む）においては、医学的栄養療法を必要とし、その役割はスポーツ栄養士が担う。スポーツ栄養コーチは、スポーツ栄養の資格認定を受けることで、追加的な教育を受けることができるだろう。たとえば、米国運動評議会（ACE）では、パーソナルトレーナーや健康運動のコーチ、グループフットネスインストラクター、ヘルスケア専門職向けにデザインされた、フィットネス栄養スペシャリスト認定を行っている。また、国際スポーツ栄養学会（ISSN）のスポーツ栄養スペシャリスト認定資格（Sports Nutrition Specialist Certification）は、四年制大学を卒業していないパーソナルトレーナーやフィットネス専門職向けに受験に際して高校卒業を要件としている。ISSNには、認定スポーツ栄養士（CISSN）の

資格もあり、四年制の大学学部卒（または現在運動科学や栄養、関連分野を選考する学生であること）を必要とし、これは選手や活動的な人とともに働く健康、フィットネス、医学的専門職を想定している。

より高度な学位を持つスポーツ栄養士は、スポーツ栄養産業で働くか、あるいはスポーツ栄養分野で研究を行う専門家であり、特定のトピックの文献について議論することができる。高度な学位を持つスポーツ栄養士は、スポーツ栄養の認定を取得することを選ぶかもしれない。選択肢の1つが、IOC（国際オリンピック委員会）のスポーツ栄養のディプロマである。この2年間のプログラムにはコースワークやセミナー、チュートリアル、実験室での実践的ワークが含まれる。IOCは、このコースに興味を持つ学生は通常、栄養あるいは食事、生物科学（生化学や生理学、スポーツ科学を含む）あるいは医学の

学位を持っていると述べている。

すべてのスポーツ栄養専門職は、州ごとに異なる栄養ライセンスに関する州法を順守しなければならない。この州法は誰が個別化された栄養カウンセリングや医学的栄養療法の提供を許可されるかについて特定している。たとえば、ルイジアナ州では、一般的な栄養教育は、その情報が一般的で、正確か、また個別化（特定の人の食事ニーズに基づく）されていないかどうかといったさまざまな基準が定められている。しかしながら、栄養評価とカウンセリングを行うことができるのはライセンスを持つ栄養士のみである。栄養カウンセリングとは、「適切な食品および栄養素摂取についての特別なニーズを持つ人のための、栄養評価に基づく健康や文化的および社会経済的、機能的、心理学的要素を考慮した個別指導の提供である」と定義される。「また栄養カウンセリングには、以下のアドバイスが含まれることがある。すなわち、食事における栄養素の増減、食事のタイミングや量、内容構成、割合の変化、食品の歯ごたえの修正や、極端な例では提供経路の変更である」(3)。

栄養および運動科学の教育をほとんど受けていない（あるいは最低限の教育のみ）、正式なトレーニングを受けていない多くの人たちは自身をスポーツ栄養士と呼んでいる。スポーツ栄養の情報、あるいは個別の食事アドバイスを提供する人の称号がどのようなものであっても、ストレングス&コンディショニング専門職はその人の受けた教育（カリキュラムを含む）やそれまでの職歴（とくにその人の日々の責務）、スポーツ栄養の知識・経験年数を見極めるべきである。

▶ 経験を積んだスポーツ栄養士は、選手がプレート（皿）とパフォーマンスの間をつなげるのを手助けする。彼らはスポーツ栄養についての高度な知識やスキル、専門性を持っている。

栄養コーチングの最初の段階は、選手の目標を定義し、コーチの目標を特定することである（したがって、これらの2つは異なることもある）。その後、ストレングス&コンディショニング専門職がニーズ分析を行うのと同様に、スポーツ栄養士は選手の食事や、個別の食事の特性（文化的および宗教的考慮事項を含む）、調理スキル、食品へのアクセス、経済的制約、賢明な食事の妨げとなるもの、サプリメント使用、体重および体組成の履歴、既往歴、トレーニングプログラム、ケガについて詳細にみる。それから、スポーツ栄養士は選手と共に、ライフスタイルと好みに合う、以下を含む計画をつくり上げる。(1) 適切なカロリーレベル、(2) 推奨量の主要栄養素と微量栄養素、(3) 適切な水分と電解質、(4) 栄養不足を修正し、潜在的な栄養不足を満たし、トレーニング目標に合致させるのに必要なサプリメント。

標準的な栄養ガイドライン

一般的な栄養情報のために、ストレングス&コンディショニング専門職は、マイプレートという食事ガイドシステムを選手に参照してもらいたいと考えるだろう。これは、米国農務省が2010食事ガイドラインをもとに作成した、消費者がよりよい食品の選択をする手助けをするものである (98)。マイプレートは、食事における盛り付けに基づいた5つの食品群を示すアイコンである（図9.1）。

マイプレート

マイプレート（MyPlate）に関する情報は、www.choosemyplate.gov で得られる。基本的なガイドラインはマイプレートのアイコンで示されており、対応する教材は普遍的であるが、これらには表9.1および表9.2に示すように年齢や性別に基づく、

図9.1 マイプレート（MyPlate）のアイコン。
USDA's Center for Nutrition Policy and Promotion より。

第9章 健康における基本的な栄養学的要因 **199**

表9.1 マイプレートによる食品群の推奨

		身体的に合致していない人のための推定カロリー*	果物*	野菜**	穀物*（最小限）	タンパク質食品*	乳製品	油脂類***
子ども	2-3	1,000	1カップ	1カップ	85g（3オンス当量）(1.5)	57g（2オンス当量）	2カップ	3 tsp
	4-8	1,200-1,400	1 -1.5カップ	1.5カップ	142g（5オンス当量）(2.5)	113g（4オンス当量）	2.5カップ	4 tsp
少女	9-13	1,600	1.5カップ	2カップ	142g（5オンス当量）(3)	142g（5オンス当量）	3カップ	5 tsp
	14-18	1,800	1.5カップ	2.5カップ	170g（6オンス当量）(3)	142g（5オンス当量）	3カップ	5 tsp
少年	9-13	1,800	1.5カップ	2.5カップ	170g（6オンス当量）(3)	142g（5オンス当量）	3カップ	5 tsp
	14-18	2,200	2 カップ	3カップ	227g（8オンス当量）(4)	184g（6.5オンス当量）	3カップ	6 tsp
女性	19-30	2,000	2カップ	2.5カップ	170g（6オンス当量）(3)	156g（5.5オンス当量）	3カップ	6 tsp
	31-50	1,800	1.5カップ	2.5カップ	170g（6オンス当量）(3)	142g（5オンス当量）	3カップ	5 tsp
	51+	1,600	1.5カップ	2カップ	142g（5オンス当量）(3)	142g（5オンス当量）	3カップ	5 tsp
男性	19-30	2,400	2カップ	3カップ	227g（8オンス当量）(4)	184g（6.5オンス当量）	3カップ	7 tsp
	31-50	2,200	2カップ	3カップ	198g（7オンス当量）(3.5)	170g（6オンス当量）	3カップ	6 tsp
	51+	2,000	2カップ	2.5カップ	170g（6オンス当量）(3)	156g（5.5オンス当量）	3カップ	6 tsp

tsp ＝ティースプーン
各食品群からの必要量は、年齢や性別、身体活動レベルによって異なる。一日あたりの推奨量は、チャート内に示される。
*これらの量は、中程度の身体活動が30分未満であることがほとんど毎日である人々に適している。身体的により活動的な人は、必要なカロリーの範囲内で、より多くの摂取が可能な場合がある。個人的な総カロリーやエンプティカロリーの上限について、"My Daily Food Plan"（毎日の私の食事計画）www.choosemyplate.gov/myplate/index.aspx に自分の情報を入力すると知ることができる。
**週あたりの野菜のサブグループの推奨量については、表9.2を参照のこと。
***油脂については、一日推奨量ではなく、一日許容量が定められている。この一日許容量は、中程度の身体活動が30分未満であることがほとんど毎日である人々に適している。身体的により活動的な人は、必要なカロリーの範囲内で、より多くの摂取が可能な場合がある。
果物。一般的に、1カップの果物あるいは100%フルーツジュース、1/2カップのドライフルーツは、1カップの果物グループに相当する。
野菜。野菜あるいは100%野菜ジュースは、野菜グループに含まれる。野菜は、生あるいは調理されることがある。すなわち生（新鮮な）、冷凍、缶詰、乾燥させた野菜である。調理については、野菜の全体あるいはカットされたり、マッシュ（潰して裏ごし）する場合がある。
穀物。小麦、米、オーツ麦、コーンミール、大麦製品、その他シリアルが穀物製品である。パン、パスタ、オートミール、朝食シリアル、トルティーヤ、グリッツは穀物製品の例である。
タンパク質食品。肉、家禽類（鶏肉）、魚、豆、エンドウマメ、卵、大豆製品、ナッツ、種子類はタンパク質食品グループであると考えられる。マメ類やエンドウマメは、野菜グループでもある。一般的に、28g（1オンス）の肉、家禽類（鶏肉）、魚、調理した1/4カップの豆、卵1個、ピーナッツバター小さじ1杯、14g（1/2オンス）のナッツあるいは種子類がタンパク質食品グループの1オンスに相当する。
乳製品。液体の乳製品と、牛乳からつくられる多くの食品はこのグループに入ると考えられる。乳製品の多くは、無脂肪あるいは低脂肪のものを選ぶべきである。牛乳からつくられたもので、含まれるカルシウムが維持されているものはこのグループに含まれる。牛乳からつくられていても、クリームチーズやクリーム、バターのようなカルシウムをほとんど含まないものはこのグループに含まれない。カルシウム強化豆乳は、乳製品グループでもある。
油脂類。油は脂質であり、調理に用いられる植物油のように室温では液体である。油脂類はさまざまな植物や魚からできている。油脂類は食品グループではないが、必須栄養素をもたらすものである。したがって、油脂類は米国農務省の食品パターンに含まれる。

米国農務省と保健社会福祉省より

中程度の身体活動が30分未満であることがほとんど毎日である人々のためのカロリーガイドラインや、フルーツや穀物、タンパク質の割合についての推奨、油脂の許容量が含まれる。身体活動がより多い人は、特異的な食事ニーズに合うようにガイドラインを調整すべきである（136）。また、油脂は食品群ではないが、必須脂肪酸やビタミンEなどの栄養素を含んでいる。したがって、油脂については一日許容量が定められている。

マイプレートは考慮すべき出発点であり、選手が

表9.2 マイプレートによる野菜のグループの推奨

		週あたりの量				
		緑色の濃い野菜	赤やオレンジの野菜	マメ類やエンドウマメ	デンプン質の野菜	その他の野菜
子ども	2-3	1/2カップ	2.5カップ	1/2カップ	2 カップ	1.5カップ
	4-8	1 カップ	3 カップ	1/2カップ	3.5カップ	2.5カップ
少女	9-13	1.5カップ	4 カップ	1 カップ	4 カップ	3.5カップ
	14-18	1.5カップ	5.5カップ	1.5カップ	5 カップ	4 カップ
少年	9-13	1.5カップ	5.5カップ	1.5カップ	5 カップ	4 カップ
	14-18	2 カップ	6 カップ	2 カップ	6 カップ	5 カップ
女性	19-30	1.5カップ	5.5カップ	1.5カップ	5 カップ	4 カップ
	31-50	1.5カップ	5.5カップ	1.5カップ	5 カップ	4 カップ
	51+	1.5カップ	4 カップ	1 カップ	4 カップ	3.5カップ
男性	19-30	2 カップ	6 カップ	2 カップ	6 カップ	5 カップ
	31-50	2 カップ	6 カップ	2 カップ	6 カップ	5 カップ
	51+	1.5カップ	5.5カップ	1.5カップ	5 カップ	4 カップ

野菜のサブグループの推奨量は、週あたりの摂取量として示されている。したがって毎日、各サブグループから野菜を摂取する必要はない。しかしながら、各サブグループから、一日あたりの推奨摂取量に達するための方法として、この表で示された量を摂取するよう努めるべきである。
これらの推奨量は一般人向けのものであり、競技選手はトレーニングのレベルおよび種類により異なる推奨量が必要となる場合がある。

米国農務省と保健社会福祉省より

自らの食事を評価するのに用いることができる。一般的に、もし食事で各食品群からさまざまな食品を使うなら、適切な量のビタミンやミネラルを含む可能性が高くなる。しかしながら、ある1つのグループの食品を全く摂取しなかった場合は、特定の栄養素が欠乏してしまう可能性がある。たとえば、食事から乳製品を除外する選手は、カルシウムやカリウム、ビタミンD（栄養強化された牛乳やヨーグルト）の栄養必要量を満たすのが困難かもしれない。カルシウムを添加した非乳製品の代替食品によってカルシウムの必要量を満たすのを助けることができるかもしれないが、これらは栄養的に乳製品と等価ではないため、ほかの栄養素が不足するかもしれない(46)。動物性食品と魚を除外する人は、ビタミンB$_{12}$の必要量を満たすことができないかもしれない（ビタミンB$_{12}$は、肉、鶏肉などの家禽類、魚、卵、乳製品に含まれるが、朝食シリアルや非乳製品の代替食品、肉の代替食品、ニュートリショナルイースト（乾燥酵母）にはビタミンB$_{12}$が添加されている）。したがって、食品群を除外する人は、健康およびパフォーマンスにおいて求められる栄養必要量を満たすのを確実なものとするために、適切な代替食や代替となる組み合わせをスポーツ栄養士とともに見つけるべきである。

同じグループ内の食品の栄養素の成分は類似しており、お互いに交換可能であると考えられる。しか

しながら、各グループ内でさまざまな食品を摂取すべきである。たとえば、オレンジやリンゴ、西洋ナシを1つずつ食べることで、リンゴを3つ食べるよりも、より広い範囲の必須栄養素がまかなわれることになる。各食品グループから多様な食品を摂ることは、**主要栄養素**（糖質、タンパク質、脂質）および**微量栄養素**（ビタミンとミネラル）の必要量をより満たせるようになる。

マイプレートのウェブサイトのスーパートラッカー（SuperTracker）の項では、エンプティカロリーとフードラベル（食品成分表示）の情報と同様にカロリーの必要量に基づく食事例が含まれている。ここでは、どれくらいの食事を摂るかを計算し、食事や身体活動、体重を記録することもできる。

食事摂取基準

選手は食品を食べるのであって、個別の栄養素を摂取するのではないため、食事摂取基準では特定の食品の選択について示されている。しかしながら、食事の推奨をするうえで、選手の栄養所要量についての理解も重要である。**食事摂取基準（DRI；Dietary Reference Intake）**は、米国食品・栄養委員会や米国医学会、米国科学アカデミーによって作成され、健康的な人のために食事を計画するときに用いられる、完全な栄養摂取の基準である。食事摂取基準は、主要栄養素や微量栄養素、電解質、水が

列挙されている（68,70,72,142,169）。食事摂取基準は、多くの栄養摂取と慢性疾患減少についての文献に基づいており、単に食事の欠乏を予防するものではない（36）。栄養摂取は日によってかなり変動するため、食事摂取基準はある人の通常の食事摂取に適用される。したがって、スポーツ栄養士がある人の栄養摂取を評価する場合、各栄養素の1回あたりの平均摂取量を得るために数日分の栄養をみていく。わずかな食品にしか含まれない栄養素や、食品中に含まれる量が非常にわずかな栄養素を評価する場合には、とくにこれが当てはまる（115）。タンパク質の平均摂取量の十分な推定に必要な食事記録の日数はより少なくてよい。なぜなら、日によってタンパク質摂取量はそれほど変動しないためである（115）。食事摂取基準（DRI）には、以下が含まれる。

栄養所要量（RDA；Recommended Dietary Allowance）——各年代別および性別のほとんどの健康的な人のニーズに合わせる上で適切となる、毎日平均して必要となる栄養必要量。
目安量（AI；Adequate Intake）——RDAが確立していない場合の、必要となる毎日平均して推奨される栄養摂取レベル。
許容上限量（UL；Tolerable Upper Intake Level）

——毎日平均して摂取する際、健康に悪影響を及ぼさない上限量。許容上限量を超える摂取は、悪影響を及ぼす潜在的リスクが高まる（許容上限量は、食品や水分、サプリメントなど、摂取するもののすべてに示される）。
推定平均必要量（EAR；Estimated Average Requirement）——各年代別および性別の健康的な人の半数のニーズに合うのに十分であると考えられる平均摂取量。

いくつかの栄養素についての研究では、大部分の人において適切な量の栄養素が摂取されていないことが示された。すべての下位集団（全年代の男女）において、ビタミンEおよびマグネシウムの不足が高い割合でみられた（71,173）。ビタミンEは多くの食品に含まれているが、油脂やナッツ、種子類はこの栄養素の最高の供給源である。マグネシウムは幅広い種類の食品に含まれているが、含まれる量は少ないことがしばしばある。マグネシウムの最高の供給源のいくつかは、ナッツや種子類（とくにカボチャの種やアーモンド、カシューナッツ）、緑豆、リマ豆を含む豆類である（175）。加えて、2歳以上の人は、食物繊維とカリウムの通常の平均摂取量がDRI（食事摂取基準）未満である（175）。2015食事

さらなる栄養情報のために

ストレングス＆コンディショニング専門職は、下記のウェブサイトから栄養に関するさらなる情報を得ることができる。
ヘルスケア専門職のための双方向的なDRI（DRIに基づき、この食事計画ツールは、一日の栄養推奨量を計算できる）
http://fnic.nal.usda.gov/fnic/interactiveDRI

規制を含む栄養補助食品；報告や警告；主要栄養素、植物性栄養素、ビタミン、ミネラルのサプリメント摂取；ハーブ情報；エルゴジェニックエイド；補完代替医療
米国農務省の国立農学図書館、栄養補助食品
http://fnic.nal.usda.gov/dietary-supplements

体重管理・食品栄養情報センター
http://fnic.nal.usda.gov/consumers/eating-health/weight-management

ピアレビューされた科学的論文
www.pubmed.com

大学およびプロスポーツ栄養士協会
www.sportsrd.org

国際スポーツ栄養学会（ISSN）
www.sportsnutritionsociety.org

Sports, Cardiovascular, and Wellness Nutritionists（SCAN、スポーツ・心臓血管・ウェルネス栄養士）
www.scandpg.org

ガイドライン助言委員会の科学的報告（176）では、食物繊維やカリウム、カルシウム、ビタミンDを考慮すべき栄養素としてリストに挙げている。乳製品や栄養強化飲料（豆乳やオレンジジュースなど）、白身魚であるが缶詰のイワシは優れたカルシウム供給源であり、栄養強化飲料（牛乳やオレンジジュース、豆乳）、栄養強化ヨーグルトはビタミンDの優れた供給源である（176）。また、鉄も特定の人たちにおいて考慮すべきである。多くの女性や妊娠可能な青年期の情勢は、鉄が不足しており、これらのグループでは食事における葉酸の必要量も満たしていない。赤身の肉、鉄強化シリアル、豆類は鉄の優れた供給源である。マメ類やエンドウマメ、ピーナッツ、ヒマワリの種は、食事で摂れる葉酸の最高の供給源である（176）。最後に、今では考慮されない栄養素の1つであるビタミンB_{12}の吸収は、高齢者において約10〜30％にみられる、胃における塩酸が不十分であることに影響を受ける。したがって、50歳以上の人は、合成ビタミンB_{12}添加食品を摂取すること、あるいはサプリメント摂取が勧められる。なぜなら、それらの供給源からビタミンB_{12}を吸収できるためである（176）。ビタミンB_{12}は動物性食品や栄養強化ニュートリショナルイースト、栄養強化シリアルにみられる。牛肉、ラム肉、子牛肉、魚はこの栄養素の最高の供給源である（175）。

主要栄養素

主要栄養素とは、食事で多くの量を摂取する必要のある栄養素である。主要栄養素とされる3つの重要な栄養素は、タンパク質、炭水化物（糖質）、脂質である。

タンパク質

タンパク質は、人体のすべての細胞における主要な構造的・機能的要素である。食事でのタンパク質は、発育・発達や、細胞をつくったり修復したりするのに用いられる。また酵素や輸送担体、ホルモンとしても役立っている。したがって、食事でのタンパク質摂取は健康や生殖、細胞の構造および機能の維持に必須である（69）。

タンパク質は、炭素や水素、酸素、窒素で構成される。「アミノ」とは「窒素を含む」を意味し、アミノ酸分子が数十個から数百個結合してできるタンパク質が、自然界には数千種類も存在する。人体におけるタンパク質は、20の異なるアミノ酸がさまざまに組み合わされて構成されている。4つのアミノ酸は、人体で合成することができ、食事から摂取する必要がないため「非必須」であると考えられる。9つのアミノ酸は「必須」である。なぜなら、人体はそれらをつくることができないためである——食事を通して得なければならない。そして最後に、8つのアミノ酸は条件的必須であると考えられている。これらのアミノ酸は通常は必須ではないが、病気のときやストレスがかかっているときに必須になり、したがって食事を通して得なければならない（169）。アミノ酸について、表9.3に列挙している。

アミノ酸はペプチド結合によってお互いに結合している。2つのアミノ酸が結合したものはジペプチド、数個のアミノ酸が結合したものはポリペプチドと呼ばれる。ポリペプチドの鎖が結合してさまざまな構造や機能を持つ多数のタンパク質を形成する。人体に保持されているタンパク質のほぼ半分は骨格筋として存在するが、約15％は皮膚や血液を含む構造的な組織を形成している。身体のタンパク質の残りは、肝臓や腎臓、骨の内部などの内臓の組織である（48）。

タンパク質の質と推奨摂取量

タンパク質の質は、アミノ酸の含有量とタンパク質の消化のしやすさによって決定され、タンパク質

表9.3　必須アミノ酸、非必須アミノ酸、条件つき必須アミノ酸

必須アミノ酸	非必須アミノ酸	条件つき必須アミノ酸
ヒスチジン	アラニン	アルギニン
イソロイシン	アスパラギン	システイン（シスチン）
ロイシン	アスパラギン酸	グルタミン
リジン	グルタミン酸	グリシン
メチオニン		プロリン
フェニルアラニン		セリン
スレオニン		チロシン
トリプトファン		オルニチン
バリン		

米国医学研究所より。

の窒素が消化の間にどれほど吸収され、成長や維持、修復に必要なアミノ酸がもたらされるかによって計算される。より質の高いタンパク質は消化しやすく、すべての必須アミノ酸を含んでいる。動物性タンパク質——卵、乳製品、肉、魚、家禽類——は、すべての必須アミノ酸を含んでいるが、植物性タンパク質の中で9つの必須アミノ酸を含むのは大豆のみである。一般的に、植物性タンパク質は、動物性タンパク質よりも消化されにくいが、調理や準備工程で改善することができる（69,110）。また**タンパク質消化吸収率補正アミノ酸スコア（PDCAAS）**などのタンパク質の測定手法は、タンパク質の消化のしやすさ（**生体利用能**）を、そのタンパク質が身体のタンパク質合成に必要な必須アミノ酸をまかなう能力を計算に入れているが、それらは食品に含まれるタンパク質以外の分子が、アミノ酸の生体利用能を変化させるかについては計算に入っていない。食品は抗栄養因子——栄養の消化・吸収を低下させる分子——を含んでおり、これらは栄養の生体利用能を減少させる（159）。いくつかの抗栄養因子は、消化による喪失とアミノ酸の構造的変化（アミノ酸の生体利用能を制限する）を導く（110）。たとえば、調理の間に茶色になる食品がある。この茶色への変化は、メイラード反応（Maillard reaction）と呼ばれており、あるアミノ酸の生体利用能を低下させる。また、植物性タンパク質の大部分においては1つまたは2つ以上の必須アミノ酸が不足しているが、ベジタリアンやビーガン（植物あるいは植物製品しか摂取しない——肉や魚、家禽類、卵、牛乳、その他動物に由来する食品は摂らない）は、別々のアミノ酸をもたらすマメ類や野菜、種子類、ナッツ、米、全粒粉を含む多様な植物性食品を摂取することで、タンパク質の必要量を満たしており、これにより連続した毎日の中ですべての必須アミノ酸を摂取することができる（184）。

　推奨摂取量にはタンパク質の必要量と記載されているが、実際にはアミノ酸の必要量を指す。身体を動かすことの少ない健康な成人では、アミノ酸は、細胞や細胞におけるタンパク質の恒常的な代謝回転のために必要となる。細胞の代謝回転——恒常的な細胞の破壊と再生——の間、体内の遊離アミノ酸プールは、迅速かつ最大のアミノ酸の供給源である（106）。この代謝プールは、組織の代謝回転で放出

されるアミノ酸に加えて、食事からのタンパク質の消化により補充される。通常、摂取するタンパク質の量よりもはるかに多くのタンパク質が毎日代謝されており、これはアミノ酸が再利用されていることを示している（119）。しかし、この過程は完全に効率的ではないため、損失を補うために食事からのアミノ酸が必要とされる。

　19歳以上の男女におけるタンパク質のRDAは、窒素バランスの研究に基づいており、体重1kgあたり1日あたり良質なタンパク質0.8gである（69）。子どもやティーンズ（13〜19歳）、妊婦、授乳中の女性は一日のタンパク質必要量が高く、それらのグループにおけるRDAも、そのように反映されている。しかしながら、タンパク質の必要性は、カロリー摂取と反比例する。なぜなら、少量のタンパク質はその人のカロリーバランスが負である状態のとき、つまり消費カロリーのほうが摂取カロリーよりも多いとき、タンパク質はエネルギー源として代謝されるためである（たとえば、多くの状況においては総カロリーの1〜6％のみであるが、グリコーゲン枯渇状態の継続的な運動では10％にまで達する）（69,95,165）。この場合、タンパク質はアミノ酸プールの補充には使われない。カロリー摂取が低下すると、タンパク質の必要量は増加する（101）。したがって、米国医学研究所（IOM）は、タンパク質における**許容主要栄養素分布範囲（AMDR）**を確立し、広範囲のタンパク質摂取について網羅している。AMDRは、1〜3歳においては総カロリーの5〜20％、4〜18歳の子どもにおいては10〜30％、18歳以上の成人においては10〜35％である。通常、男女ともに平均して15％のカロリーをタンパク質から摂取している（172）。栄養のAMDRには、慢性疾患のリスク軽減と関連する範囲を含むが、その他の必須栄養素の推奨摂取量も提供している（176）。タンパク質のDRIは、AMDRに収まるが、DRIは体重のみに基づいており、カロリー摂取の大小については考慮されていない。AMDRに基づくと、カロリー摂取が低いと、総摂取カロリーが2000kcal以下では、100kcal低下するごとにタンパク質の必要性が約1％増加する。総摂取カロリーが高い場合、タンパク質の必要性は総カロリーに対するパーセンテージとして表現され、ある時点までは下がる。実務においては、スポーツ栄養士はまず選手のタンパク

質摂取量を確立し、それから炭水化物や脂質を加え、総カロリーの必要量を決定すべきである（93）。

タンパク質のためのRDAについての考慮事項

タンパク質のためのRDAについては議論があり、科学者の中には、骨の健康のために（54）、あるいは体重管理や筋の構築・修復のために（121,122）、RDAよりも多く摂取すべきであると示唆する人もいる。加えて、高タンパク質で低糖質の食事は血中脂肪に好ましい影響を及ぼし、とくに肥満者には当てはまることが示唆されており、したがって心臓血管系疾患やメタボリックシンドロームのリスク要因をいくらか軽減させる可能性がある（94）。

タンパク質は強い骨のための（建築で用いられる）ブロックにあたるもので、骨の体積の50％、また骨の重量のうち33％を占める（56）。タンパク質が骨へ与える影響は、一部はインスリン様成長因子Ⅰ（IGF-I）によるものであり、これは肝臓でつくられ、骨や筋の形成を促進する（151）。また、研究では健康な人が体重1kgあたり0.7〜2.1g、サプリメントによる（食事ではない）タンパク質を摂取することで尿を介したカルシウム喪失を増加させるが、尿中カルシウム排泄と腸内カルシウム吸収の両方の増加をもたらすことが示唆されている（87）。実際に、食事による低いタンパク質摂取は（体重1kgあたり0.7kg）、腸内カルシウム吸収を抑制する（86）。

タンパク質は、体重管理において多面的な役割も果たしている。まず、用量依存的に満腹を促進する。すなわち、タンパク質の量が多いことは、より大きな満腹感をもたらす（41）。しかしながら、タンパク質の満腹に及ぼす影響は、摂取タイミング、形態（個体 vs. 液体）、同時に摂取したその他の主要栄養素、次の食事までの時間によっても変化する（5）。タンパク質の種類も、満腹感に影響を及ぼすが、どのタンパク質が最も大きな影響があるかについては完全には解明されていない（16,59,101）。タンパク質は、最も大きな熱産生効果も持っている——タンパク質が消化されるとき、糖質や脂質と比較してより多くのカロリー（熱量）が燃やされる。そして最終的に、タンパク質がより多い食事は、カロリーの少ない食事をしている人において筋の減少を抑え温存させるうえで手助けとなる（91,134）。

タンパク質のアミノ酸は、成長（筋の成長を含む）

や、組織の修復、酵素やホルモンの合成、細胞の修復や新しい細胞をつくるのに用いられる。一般的なフィットネスプログラムを行う成人は、体重1kgあたり1日あたり0.8〜1.0gのタンパク質摂取で必要量を満たすことができ、より強度の高い運動を行うアスリートは、より多くのタンパク質が必要となる（21）。十分なカロリーを摂取する有酸素性持久力選手には、体重1kgあたり1日あたり約1.0〜1.6gのタンパク質が必要である（128,165）。ストレングスアスリートは体重1kgあたり1日あたり1.4〜1.7gのタンパク質が必要である（96）。ストレングスおよび有酸素性持久力、あるいは無酸素性スプリントトレーニングを組み合わせて行う選手は、体重1kgあたり1日あたり1.4〜1.7gのタンパク質を摂取するべきである。カロリーを減らした食事を摂取している選手は、体重減少の間、筋組織を保持するために一日あたりより多くのタンパク質が必要となるかもしれない。

一日あたりの適正な量のタンパク質を摂取することに加えて、研究では筋組織が最もアミノ酸を受け入れる運動直後のタイミングで摂取するという考えが支持されている。実際に、運動後、**筋タンパク質合成**と分解の両方が亢進するが、絶食状態で運動した場合、全体的なバランスは負となる（127）。運動後にタンパク質を摂取することは、筋タンパク質合成を増加させ、筋のアミノ酸に対する感受性が運動後48時間にわたって亢進する。しかしながら、この感受性は時間の経過と共に減衰する。したがって、より早くタンパク質を摂取することは、時間が経過してから摂取するよりも、急性のタンパク質合成により大きな影響を及ぼす（28,42,97,145）。有酸素性持久力運動後に摂取すべきタンパク質の量については、まだ完全には解明されていない。しかしながら、一般的なガイドラインとして、糖質に対するタンパク質の比率は4：1または3：1であることが示唆されている（85）。レジスタンストレーニング後は、20〜48gという幅広いタンパク質摂取が、急性のタンパク質合成を最大限に刺激するうえで有用であることが証明されている（82）。その量は、少なくとも一部はタンパク質におけるロイシンの含有量によって決まり（28）、高齢者における筋のアミノ酸への感受性は低下するため年齢にも影響を受ける（84）。

RDA を超える量のタンパク質摂取についての懸念は、健康的な人の大部分においては見つかっていない（105）。組織の合成に必要とされる量よりも多く摂取された過剰なタンパク質は分解され（65）、また窒素は尿に尿素として排泄され、残ったケト酸はエネルギー源として直接使われるか、炭水化物（糖新生）、または体脂肪となる（60）。実際に、選手において高タンパク質を摂取させた研究において、体重1kgあたり2.8g（7日間の食事記録によって評価された）のタンパク質は、腎機能に何らの障害も引き起こさなかった（132）。ストレングス＆コンディショニング専門職は、筋をつくり修復するために推奨されたよりも一貫して多い高タンパク質を摂取することは勧められていないことに気をつけるべきである。なぜなら、炭水化物および脂質（そして高炭水化物食・高脂質食に広くみられる栄養素）摂取が少なくなる可能性があるためである。

一般的に摂取される食品のタンパク質含有量について、表9.4に示した。

▶ 選手は、筋をつくり、修復するためにタンパク質についてのRDAよりも多くのタンパク質を必要とする。競技やトレーニングプログラムによっては、体重１kgあたり1.0～1.7gのタンパク質が推奨される。

炭水化物（糖質）

炭水化物（糖質）は主にエネルギー源としての役割を果たす。しかしながら、炭水化物は必須栄養素ではない。なぜなら、身体は特定のアミノ酸における炭素骨格を分解してグルコースへと転換する（糖新生）ことができるためである。炭水化物は炭素や水素、酸素から構成されている。炭水化物は構成する糖（糖質）の数によって単糖類、二糖類、多糖類の3つに分類される。

単糖類（グルコースやフルクトース、ガラクトース）は、1つの糖を持つ分子である。グルコースは、血液中を循環する糖として、また、細胞の主要なエネルギー基質として存在する。さらに、グルコース分子からグリコーゲン（筋や肝細胞に貯蔵される多糖類）がつくられる。食品において、グルコースは通常ほかの単糖類と結合し、スクロース（ショ糖）といった多様な糖をつくる。単離されたグルコースは、飴やスポーツドリンクにみられ、グルコースの

化学的異性体であるデキストロースの形で含まれている。フルクトース（果糖）はグルコースと同じ化学式を持つが原子の配列が異なるため、より甘く、異なった特性を持つ。蜂蜜の甘味はフルクトースに由来し、フルクトースは、自然界で果物や野菜に存在する。体内で、フルクトースはほかの糖に比べてインスリンの分泌を引き起こさないので、有酸素性持久力パフォーマンスの研究分野において注目されてきた。3番目の単糖類であるガラクトースは、グルコースと結合してラクトース（乳糖）を形成する。

二糖類（スクロース、ラクトース、マルトース）は2つの単糖類が結合したものである。スクロース（ショ糖、または砂糖）は最も一般的な二糖類で、グルコースとフルクトースからなる。スクロースはほとんどの果物に存在し、サトウキビやビート（サトウダイコン）のシロップから結晶化されてブラウンシュガー（黒糖）、ホワイトシュガー（砂糖）、パウダーシュガー（粉砂糖）がつくられる。ラクトース（乳糖。グルコースとガラクトースが結合したもの）は、哺乳動物の母乳にしかみられない。マルトース（麦芽糖。グルコースとグルコースが結合したもの）は、主に消化時に多糖類が分解されて生じる。麦芽糖はアルコールの発酵過程においても発生し、ビールに含まれる主要な炭水化物である。

多糖類は複合炭水化物とも呼ばれ、数千ものグルコースユニットからなる。最も広く知られている多糖類は、デンプン、食物繊維、グリコーゲンである。デンプンは植物におけるグルコースの貯蔵形態である。穀類、豆、野菜はデンプンの優れた供給源である。デンプンは、エネルギー源として使用される前に、まずグルコースに分解されなければならない。食物繊維は植物の細胞壁の構成要素であり、これも炭水化物の1つの形である。セルロース、ヘミセルロース、βグルカン、ペクチンなどの食物繊維、そして炭水化物ではない繊維状物質（リグニン）は、一般にヒトの消化酵素で消化されない。食物繊維は、身体において異なる生理学的効果を持つ。いくつかの種類の食物繊維は、腸が空になるのを遅らせ、これは膨満感に一時的に影響し、ほかの種類の食物繊維は、見かけの量を増し、水分を保持し、便秘を減らし、便の通過時間を減少させる。加えて、水溶性食物繊維のいくつかは、コレステロールの吸収を減らし、このことにより摂取後の血中コレステロールレベル

206 ストレングストレーニング&コンディショニング

表9.4 一般的な食品に含まれるタンパク質量

食品	1 回量（オンス）	1 回量（g）	1 回量あたりの平均タンパク質量（g）
アーモンド	1/4 カップ	39	8
豚ベーコン	3 スライス	27.3	10.5
黒マメ	1/2 カップ	92.5	7.5
カシューナッツ	1/4 カップ	32	5.5
チーズスライス、チェダーチーズ	1 スライス	21	5.5
チーズスライス、スイスチーズ	1 スライス	28	7.5
チーズ、ストリング、部分脱脂	28g（1オンス）（1 スティック）	28	7
鶏胸肉	85g（3 オンス）	85	25
カッテージチーズ 1%	113g（4 オンス）	113	14
デリ（惣菜店）の七面鳥	142g（5 オンス）	142	19
枝豆	1/2 カップ	73.5	8.5
卵	1	56	7
ヒヨコマメ	1/3 カップ	83.5	6
ギリシャヨーグルト、無脂肪	170g（6 オンス）	170	17
ハンバーガーパティ	85g（3 オンス）	85	22
ソラマメ	1/2 カップ	88.5	7.5
ラムチョップ	85g（3 オンス）	85	23.5
リママメ（ライマメ）	1/2 カップ	94	7
低脂肪牛乳1%	237mL（8 液量オンス）	245	8
ピーナッツバター	大さじ 2	32	8
ピーナッツ	1/4 カップ	35.5	9
ピスタチオ	1/4 カップ	30.5	6.5
豚肉テンダーロイン	85g（3 オンス）	85	22.5
サケ	85g（3 オンス）	85	17
ソーセージ	3 本	63	10
エビ（大）	4	22	5
サーロインステーキ	85g（3 オンス）	85	26
豆乳	237mL（8 液量オンス）	245	8
ダイズ	1/4 カップ	23	9
トルティーヤ、粉、20cm（8 インチ）	1	51	4.5
ツナの缶詰	85g（3 オンス）（1/2 缶）	85	21.5
小麦粉のベーグル、12.7cm（5 インチ）	1 個	98	10
小麦粉のパン	1 スライス	29	3
ヨーグルト、低脂肪	170g（6 オンス）	170	7

米国農務省農業研究部より。

を低下させるかもしれない（107）。また、プレバイオティクス的に食物繊維は腸内細菌の成長を選択的に刺激する（32,135）。食物繊維に富む食品には、マメ類、エンドウマメ、ブラン（ふすま）、多くの果物、野菜、全粒穀物製品のいくつかが含まれる。

　グリコーゲンは、ヒトの肝臓や筋において少量みられ（77,166）、総量で体重 1kg あたり約15gであり（1）、動物性組織において一時的な貯蔵エネルギ

ーとして存在する（20）。私たちが食べるステーキや鶏胸肉、魚のフィレなどの動物性の肉に存在するが、それほど多くの量は含まれない。筋や肝臓に入ったグルコースが、エネルギーとして代謝されなければ、グリコーゲンへと合成される。身体における3/4のグリコーゲンは、骨格筋に貯蔵されており、残りの1/4は肝臓に貯蔵されている（20）。グルコースからグリコーゲンが生成される過程を**グリコーゲン合成**と呼ぶ。

選手は普段の食事でさまざまな炭水化物を摂取する。しかしながら、彼らが食事の質を改善したい場合に、健康全般あるいはパフォーマンスに対する有害作用を持つ食品をより少なく摂取するうえで、グリセミック指数やグリセミック負荷など主要栄養素のランキングシステムを考慮するかもしれない。

グリセミック指数とグリセミック負荷

グリセミック指数（GI）は、炭水化物（糖質）がどれだけ素早く消化・吸収されるか、したがって血中グルコース濃度（血糖値）が摂取2時間後に、どれほど上昇するかを、同じ量（g重量）の参照される食品——通常は精製された小麦のパンまたはグルコース（GIは100）——と比較することによってランクづけするものである（76）。

グリセミック指数＝
[テストする食品の炭水化物25または50g分を接種後の血中グルコース応答曲線下面積 ÷
同量の標準食品（g）の曲線下面積]×100

低GI食品はゆっくりと消化・吸収され、その結果、参照食品と比較して血中グルコースレベルの上昇は小さく、膵臓からのインスリンの分泌も少ない（45）。インスリンにより、細胞へのグルコース輸送が促進され、血中グルコースレベルを低下させる手助けとなる。細胞内のグルコースの消長（最終的にどうなるか）は、どこへ運ばれるかによって決まる。たとえば、筋細胞はエネルギーのためにグルコースを用いるが、脂肪細胞はグルコースをトリグリセリド（脂肪）へと変換する。

GIは人々が血糖レベルをよりよくコントロールするために開発されたが——糖尿病患者にはとくに有用である——、低GI食は高GI食と比べて、肥満その他のリスクを低減させるのも助けるかもしれないという仮説を立てている研究者もいる（99,100）。しかしながら、GIの体系は正確性に限界があるという問題がある。第一に、ある1つの種類の食品に対して公表されているGI値は、測定法の違いや用いられた成分、熟し具合、加工や調理、貯蔵方法によって相当の差が生じる可能性がある（27,60）。第二に、炭水化物を食事の一部として摂取することは、あるいは摂取量の差は、GIに影響を及ぼす（45）。低GI食品には、一般的に野菜やマメ類、マメ科植物、全粒穀物が含まれる（表9.5を参照）。

運動前にグリセミック指数の低い食品を摂取することはインスリンの分泌が最小限となることで糖質の節約につながり、したがってパフォーマンスが向上すると推測する研究者もいるが、この仮説を支持する十分なエビデンスは存在しない（21）。研究結

表9.5　さまざまな食品のグリセミック指数（GI）

低GI食品（55以下）	中程度のGI食品（55〜69）	高GI食品（70以上）
リンゴジュース	玄米（蒸し）	コーンフレークのシリアル
ニンジン（蒸し）	クスクス	グルコース
チョコレート	ハチミツ	ジャガイモ（蒸し）
コーントルティーヤ	パイナップル（生）	ジャガイモ（インスタント、マッシュ）
アイスクリーム	ポップコーン	米のクラッカー（クリスプ）
ソラマメ	ジャガイモ（フレンチフライ）	ライスミルク
レンズマメ	オーツ麦（ロール、押し麦）	スイカ（生）
オレンジ（生）	ソフトドリンク（ソーダ）	白いパン
豆乳、牛乳	スクロース（ショ糖）	白米（蒸し）
ヨーグルト（フルーツ）	サツマイモ（蒸し）	全粒小麦粉パン

Atkinson, Foster-Powell, and Brand-Miller, 2008 (8). による。

表9.6 グリセミック指数とグリセミック負荷

食品	1回量、サービング (g)	グリセミック指数 (GI、グルコース＝100)	利用可能な炭水化物 (g/サービング)	グリセミック負荷 (GL、サービングごと)
エンゼルフードケーキ	50	67	29	19
リンゴ（品種により異なる）	120	38 ± 2	15	6
りんごジュース（無加糖）	250mL	40 ± 1	29	12
ベーグル（白、冷凍）	70	72	35	25
バナナ（生）	120	51	25	13
チーズピザ（Pillsbury Canada社）	100	60	27	16
チョコレートミルク（パウダーを牛乳に溶かすもの）	250mL	43	11	5
チョコレートプリン（インスタント、パウダーと牛乳からつくられる）	100	47 ± 4	16	7
コーン（スイート）	150	53 ± 4	32	17
イングリッシュマフィン	30	77 ± 7	14	11
ブドウ	120	46 ± 3	18	8
アイスクリーム	50	61 ± 7	13	8
ソラマメ（缶詰）	150	52	17	9
マッシュポテト（インスタント）	150	85 ± 3	20	17
オートミール（調理済み）	50	69	35	24
レーズン	60	64 ± 11	44	28
玄米（蒸し、アメリカ）	150	50	33	16
米（長粒種、白、20〜30分蒸し）	150	50	36	18
ソフトドリンク（コカ・コーラ）	250mL	63	26	16
イチゴ	120	40 ± 7	3	1
サツマイモ	150	61 ± 7	28	17
バニラワッフル	25	77	18	14
白パン（75%ひき割り小麦）	30	53 ± 3	20	11
低脂肪ヨーグルト（0.9%）、野イチゴ	200	31 ± 14	30	9

Foster-Powell, Holt, and Brand-Miller, 2002（45）.より許可を得て転載

果はさまざまであり、低いGI食を運動前に摂取することは、高GI食と比較して疲労困憊までの時間が改善するとしているが（35,167）、その他の複数の知見は低GI、高GI食品を運動前に摂取することはランニングパフォーマンスに影響を及ぼさないというものであった（160,180）。

したがって、GIを食品選択のガイドに利用している選手は、運動前の低GI、高GI食品を試すことができるが、高GI食品は運動中に速やかに活動のエネルギーを得ることができ（23）、運動直後にグリコーゲン貯蔵をより素早く補充できる（131）。

グリセミック負荷（GL）は、炭水化物の量を食品中に含まれるグラムで計算するもので、これもグリセミック反応に影響を及ぼす要因の1つである。グリセミック負荷は一回分の量（portion size）が考慮されているので、標準的な提供量（serving size）に基づくGIよりも現実的な基準となる。表9.6に、特定の食品におけるGIとグリセミック負荷の間の違いについて示している。グリセミック負荷は、GIとその食事における炭水化物の量をかけ、それら全体を100で割ったものに等しい。

グリセミック負荷＝

$$\frac{\text{個別の食品のGI} \times \text{食品の一回量ごとの糖質のグラム数}}{100}$$

グリセミック負荷がより高い食品は、血糖値の上昇およびその後のインスリン放出がより大きいと推測される（45）。

運動と組み合わせた低GL食は、高齢や糖尿病の成人においてインスリン感受性を高めることが示されており、したがってそのような人々において潜在的な治療となる可能性がある（90）が、観察研究や介入研究において、低GI食および低GL食は、低レベルの炎症マーカーと関連していることが示唆されている。慢性的な低グレードの炎症は、慢性疾患における潜在的リスクファクターであると考えられている（19）。加えて、（すべてではないが）いくつかの研究では、GIまたはGLがより低い食事は、空腹時インスリンが低レベルであることとともに心臓血管系リスクファクターと関連していることがわかった（63,152）。

食物繊維

食物繊維の少ない食事は、便秘、心疾患、結腸ガン、2型糖尿病などを含むいくつかの疾患との関連が指摘されている。食物繊維のDRIは、女性で1日あたり21〜29g（年齢や妊娠、授乳によって決まる）、男性では年齢グループにより1日あたり30〜38gである。食物繊維は、果物、野菜、ナッツ、種子、豆、全粒小麦のパンやオートミール、ポップコーンなどの全粒穀物製品に広く含まれる。

選手向けの炭水化物の必要量

数多くの研究において、糖質（炭水化物）によって有酸素性持久力運動中の疲労困憊までの時間のパフォーマンスとともに、高強度間欠的競技における仕事の出力とパフォーマンスが改善することが示されている（2,11）。グリコーゲンレベルが高いことにより、タンパク質がエネルギー源として用いられることを防ぎ、したがって筋の分解を抑える助けとなることも示されている（しかしながら、タンパク質摂取量の差も筋の分解に影響を及ぼす）（64）。

炭水化物の推奨は、主にトレーニングの種類に基づいている。中等度の強度（70〜80% $\dot{V}O_2max$）で一日あたり90分以上の練習を行う有酸素性持久力選手は、一日あたり体重1kgあたり8〜10gの炭水化物を摂取することを目標とすべきである（75）。このレベルの炭水化物の摂取によって恩恵を受ける

選手には、長距離走者や自転車ロード競技選手、トライアスロン選手、クロスカントリースキー選手などが挙げられる。研究では、サッカー選手のような高強度で間欠的な運動を行う選手にも高炭水化物食の効果があることが示されている（10,163）。バスケットボールやレスリング、バレーボールなどの幅広い種類のスポーツ選手の炭水化物の必要量についての研究は限られている。ストレングスやスプリント、スキルの身体活動を行う選手は、1日あたり体重1kgあたり約5〜6gの炭水化物を必要とする（153）。

グリコーゲン再合成を素早く刺激するために、体重1kgあたり約1.5gの高グリセミック炭水化物を有酸素性持久力トレーニング後30分以内に摂取すべきである（74）。選手はより高炭水化物の食事あるいは軽食を規則的な間隔（約2時間おき）で摂取している場合に限って、トレーニング後すぐにより少ない炭水化物を摂取することができる。毎日練習していない選手は、食事の中で十分な炭水化物を摂取できている場合に、24時間の間にグリコーゲンを補充することができる。最終的に、グリコーゲンのパフォーマンスに及ぼす顕著な影響にもかかわらず、選手は炭水化物食へと適応し、運動中のエネルギー源としての炭水化物への依存が低下する（43）。選手の中には、この戦略を全体的なカロリー摂取量を減少させるために用いる者もいる。

> ▶ 選手は、炭水化物摂取の食事の変化に適応する。規則的に炭水化物を摂取する選手は、有酸素性運動中に炭水化物を主要なエネルギー源に用いるが、継続的に低炭水化物食を摂取することは、エネルギー源としての脂質への依存がより大きくなる。

脂肪

脂肪と脂質は交換可能な用語としてしばしば用いられるが、脂質のほうが広い意味を持つ。脂質には、トリグリセリド（油脂。植物性の油と動物性の脂肪の両方）とともに、ステロールやリン脂質などの脂肪化合物も含まれる。栄養学において脂質の中で最も重要なのは、トリグリセリドや**脂肪酸**、リン脂質、コレステロールである。トリグリセリドは3つの脂肪酸とグリセロールが結合してできる。食品中や体内に存在する脂質のほとんどはトリグリセリドの形をとっているため、本章では脂肪という言葉はトリ

グリセリドを指す。

炭水化物と同様に、脂質は炭素、酸素、水素原子を含むが、脂肪酸鎖は酸素原子に対して炭素と水素の数が多いため、1g当たりのエネルギーも高い。たとえば、炭水化物とタンパク質が1g当たり約4kcalであるのに対して、脂肪は約9kcalである。食事における油脂は、異なる種類の脂肪酸によって構成される。

飽和脂肪酸には二重結合がなく、その炭素分子は水素により飽和されている。飽和脂肪酸は生理学的・構造的なある機能のために用いられるが、身体は、これらの脂肪酸をつくることができる。したがって、飽和脂肪酸のための食事必要量は定められていない(174)。不飽和脂肪酸は、いくつかの炭素分子がお互いに二重結合しており、化学的により反応しやすくなっている。二重結合を1つ含む脂肪酸は**一価不飽和脂肪酸**であり、2つ以上の二重結合を含む脂肪酸は**多価不飽和脂肪酸**である。多価不飽和脂肪酸のうち2つは、必須脂肪酸である。すなわち身体でつくることができないということを意味しており、これにはオメガ-6およびオメガ-3脂肪酸がある。これらの2つの脂肪酸は、健康な細胞膜の形成、脳や神経系の適切な発達と機能維持、ホルモンの生成に不可欠である。オメガ-6脂肪酸は、食事において大量に含まれ、またダイズやトウモロコシ、ベニバナ油、それらの油からつくられる製品にみられる。オメガ-3脂肪酸を含む食品は少なく、魚、とくにサケやニシン、オヒョウ（カレイ様の大きな魚）、サバなどの油の乗った魚には、**EPA（エイコサペンタエン酸）**や**DHA（ドコサヘキサエン酸）**が含まれる。EPAやDHAは、用量依存的にトリグリセリドを減らし、わずかではあるが統計的に有意に血圧を低下させ（とくに高齢者において）、また不整脈に対して効果がある可能性もある（107,113）。

オメガ-3の必要量に合致させるために、亜麻仁やクルミ、大豆油、キャノーラ（アブラナ）油を摂取することもできる。これらは**オメガ-3脂肪酸αリノレン酸（ALA）**を含みEPAやDHAへと変換されるためである。しかしながら、この変換の過程は非効率的である。生体で行われた研究によると、成人においてALAのうち約5%はEPAへと変換され、0.5%未満のALAはDHAへと変換される（130）。したがって、ALAを含む食品は、その人のオメガ-3

摂取に対して考慮されるものの、体内のEPAおよびDHAのレベルに相当する影響を持たない。ALAに富む食品は、心臓血管系のいくつかのリスクファクターを改善するかもしれない。しかしながら、そのような栄養豊富な食品中のALAあるいは他の化合物のどれが関与するのか、あるいはそれらの組み合わせによるのかは明らかでない（38）。生理学的機能に加えて、脂肪は多くの食品に特徴的な味、香り、食感を与える面でも重要である。一般的に食品に含まれる脂肪や油脂のほとんどはこれら3つの脂肪酸を含み、3つのうちのいずれかの比率が高い。大豆油、トウモロコシ油、ヒマワリ油、ベニバナ油は多価不飽和脂肪酸を比較的多く含み、オリーブ油、ピーナッツ油、キャノーラ油は一価不飽和脂肪酸を多く含んでいる。ほとんどの動物性脂肪と熱帯植物の油（例：ココナッツ油、パーム核油）は飽和脂肪酸が多い。

脂肪は体内に貯蔵されたとき、多くの役割を果たす。ヒトのエネルギーの多くは主に脂肪組織として貯蔵されているが、骨格筋内には少量のみであり、とくに有酸素的トレーニングを積んだ選手では少ない（150）。体脂肪は器官を遮蔽および保護し、ホルモンを調節し、脂溶性ビタミンのA、E、D、Kを運搬する。

コレステロールとの関係

コレステロールは、ワックス（蝋）様で脂肪のような物質であり、細胞膜の構造および機能において重要である。それに加えて、コレステロールは、胆汁酸塩やビタミンD、性ホルモン（エストロゲン、アンドロゲン、プロゲステロン）やコルチゾールなどのホルモン生成に用いられる。またコレステロールは身体における多くの不可欠な機能を有しているが、高レベルのコレステロールはアテローム性動脈硬化（血管壁にプラークがたまり肥厚化することで血管が硬くなり、血液の通り道が狭くなる）を引き起こすことがある。したがって、血中コレステロールが高いことは、心臓病や脳卒中のリスクファクターである。

総コレステロールや**低密度リポタンパク質（LDL）**、トリグリセリドが高レベルであることは、いずれも心臓病のリスク増加と関連している。LDLは、粒子の大きさによって、さらに小さな細分画に

分けることができる。より小さく、密度の高い粒子は、**超低密度リポタンパク質（VLDL）** と呼ばれ、より大きな粒子であるLDL粒子と比べてアテロームを生成しやすい（44）。高レベルの飽和脂肪酸またはトランス脂肪酸、体重増加、食欲不振はLDLコレステロールを増加させ得る（162）。しかしながら、炭水化物摂取の増加に伴ってVLDLレベルは増加する（116）。高レベルの**高密度リポタンパク質（HDL）** は、心臓病に対しては保護的であるが、治療目標ではない（臨床家は、HDLに注目しないようにと言われる）。表9.7に、どのようにコレステロールが分類されるか（LDL、総、HDL）を示す。

精製された炭水化物の多量の摂取、体重増加、過剰なアルコール摂取、超低脂肪食は、トリグリセリド（血中の脂肪）を増加させることがある。しかしながら、コレステロールと同様に、座業中心の生活習慣、過体重や肥満、喫煙、遺伝、ある種の病気、服薬などのいくつかの要因がトリグリセリドに影響を及ぼす（125,162）。

2015食事ガイドライン助言委員会の科学的報告では、トランス脂肪酸を含む水素添加油脂をある程度避けること、また飽和脂肪酸を総カロリーの10%未満に制限すること、飽和脂肪酸を不飽和脂肪酸、とくに多価不飽和脂肪酸に置き換えることを勧めてい

表9.7　LDL、総コレステロール、HDLの分類（mg/dL）

LDLコレステロール	
＜100	適正
130-159	高境界値
160-189	高い
＞190	非常に高い
総コレステロール	
＜200	望ましい値
200-239	高境界値
＞240	高い
HDLコレステロール	
＜40	低い
＞60	高い

LDL＝低密度リポタンパク質、HDL＝高密度リポタンパク質。
リポタンパク質のレベルの測定は、9～12時間の絶食後に行うべきである。
LDLコレステロールが、治療における第1目標である。
NIH. Available: www.nhlbi.nih.gov/health-pro/guidelines/current/cholesterol-guidelines/quick-desk-reference-html.より転載。

主要栄養素のガイドライン

タンパク質

- さまざまな種類のタンパク質食品を選ぶ。これには魚介類、脂肪を除いた肉類や家禽類（鶏肉）、卵、豆、エンドウマメ、大豆製品、ナッツ、種子類を含む。
- 肉や家禽類の代わりに、魚介類を選ぶことで、魚介類の量と種類を増やす。
- タンパク質食品は、固形脂肪の多いものより、固形脂肪およびカロリーの少ないものを選ぶ（171）。
- 一般的なフィットネスプログラムを行う若い成人：体重1kgあたり1日あたり0.8～1.0g。
- 有酸素性持久力選手：体重1kgあたり1日あたり約1.0～1.6g。
- 筋力系競技選手：体重1kgあたり1日あたり1.4～1.7g。
- 食事のカロリーを減らしている選手：体重1kgあたり1日あたり約1.8～2.7g。

炭水化物

- 追加した砂糖によるカロリー摂取を減らす。
- 野菜（塩や油を加えて準備しない）や、果物（砂糖を加えて準備しない）の摂取を増やす。
- さまざまな種類の野菜を食べる。これには、豆やエンドウマメ、緑色の濃い野菜、赤やオレンジ色の野菜を含む。
- 穀物のうち、少なくとも半分は全粒穀物とする。
  全粒および精製の両方が含まれる穀物に代えて、全粒穀物を増やす。

脂質とアルコール

- 飽和脂肪酸からのカロリー摂取を10%未満とし、代わりに不飽和脂肪酸、とくに多価不飽和脂肪酸を摂取する。
- トランス脂肪酸を含む水素添加油脂をある程度避ける。
- 固形脂肪からのカロリー摂取を減らす。
- 精製された穀物からの摂取を減らす。
- もしアルコールを摂取する場合、中程度に留めるべきであり（女性で1ドリンク、男性で2ドリンク。訳注：「ドリンク」とは飲酒量の単位であり、米国ではアルコール換算で14g）、また飲酒が合法的な成人のみが飲酒できる（176）。妊婦はアルコールを避けるべきであり、授乳中の女性は飲み物に注意すべきである（176）。運動後のアルコール摂取は避けるべきである。なぜなら、筋のタンパク質合成を減少させるためである（123）。

る。それに加えて、砂糖を追加するのは最大で総カロリーの10%にするべきであると推奨している（176）。

脂質とパフォーマンス

　筋内の脂肪酸と血液中を循環する脂肪酸は、いずれも運動中のエネルギー源となり得る（126）。体内の炭水化物の貯蔵容量に限界があるのに比べて、貯蔵脂肪は多量に存在し、運動における莫大なエネルギー源となる（54）。たとえば、72kg（160ポンド）で体脂肪率が4%のやせたランナーは、約22400kcalを脂肪組織に貯蔵している（53）。休息時と低強度運動中は、生み出されるエネルギーのうちの高い割合が脂肪酸の酸化によってまかなわれる（140）。運動強度が上がった場合、主なエネルギー源は徐々に脂肪から炭水化物へとシフトする。一貫した有酸素性トレーニングにより、筋の脂肪酸を使う能力は増加する（79）。トレーニングに加え、高脂肪・低糖質食を長期間にわたり摂取することにより、身体はエネルギー源のためにより多くの脂肪を用いることに適応する（57,79）。また、身体が適応する食事の種類はパフォーマンスへと影響を及ぼすことがあり（66）、高脂肪・低糖質食の影響は多様であり、個人によって異なる（129,139,143）。

▶ 人体には、長時間にわたる練習セッションや試合の燃料となるのに十分な量の脂肪が存在する。

ビタミン

　ビタミンは有機物質（炭素原子を含む）であり、必要量はごく少量で、種類ごとに特定の代謝機能を持つ（67,177）。ビタミンは補酵素として働くのが典型的であり、身体における数多くの反応を促進する。たとえばビタミンB群は炭水化物の代謝からエネルギーをつくり出すのを助ける。表9.8には、それぞれのビタミンの機能とそれを供給する食品を挙げている。

　水溶性ビタミンには、ビタミンB群やビタミンCが含まれ、水に溶けて血液中を輸送される。肝臓に数年にわたって貯蔵されるビタミンB_{12}を除き、水溶性ビタミンは体内に認識できる量の貯蔵はされず、

必要な分を使ったら残りは尿へと排出される（170）。またビタミンB_{12}の過剰摂取による副作用は知られていないが、身体が使うことのできるよりも多く摂取することは、エネルギーを増加させたり健康を高めることはないだろう（17,72）。ビタミンA、D、E、Kは脂溶性であり、したがって脂肪によって血液中を輸送され、また体内では脂肪組織に貯蔵される（142）。前もって形成されたビタミンA（ベータカロテンやアルファカロテン、ベータクリプトキサンチンなど、体内でビタミンAへと転換されるものではない）が過剰であると毒性を伴い、肝障害、頭蓋内圧（偽性脳腫瘍）、めまい、吐き気、頭痛、皮膚刺激、関節および骨の痛み、昏睡、死亡すらも含む明らかな有害作用と関連している（67,141）。過剰なビタミンA摂取は食事を通して起こることもあるが、典型的には高レベルのビタミンAサプリメント摂取の結果として起こる（70,142）。毒性のあるレベルのビタミンDは、心臓の不整脈や、血中カルシウムレベルの上昇を起こすことがあり、これにより血管および組織のカルシウム沈着（石灰化）を起こし、これも心臓や血管、腎臓に損傷をもたらす（142）。ビタミンEは抗凝固の役割を果たし、したがって血液を薄くする。過剰な量のビタミンEを定期的に摂取することで、血清ビタミンEのレベルが高くなり、出血性卒中、とくに血液の薄い人においてリスクを高める（124）。ビタミンKは血液凝固を助けるため、このビタミンの過剰摂取は、ワーファリン（コーマディン）などの抗凝固薬の作用を阻害することがある（92）。

ミネラル

　ミネラルは骨や歯、爪の構造に寄与し、また広範囲にわたる代謝機能を担っている。たとえば、カルシウムは骨と歯の形成・機能、神経伝達、筋収縮に必要である。鉄は酸素の運搬に必要であり、エネルギー代謝に必要な酵素の構成物質でもある。カルシウム、リン、マグネシウム、鉄、**電解質**のナトリウム、カリウム、塩化物はしばしば主要ミネラルと呼ばれる。競技選手にとってミネラルは骨の健康、酸素運搬能、体液のバランス、電解質バランスにおいて重要性である。ミネラルとその機能、供給源となる食品を表9.9に示す。

第 9 章　健康における基本的な栄養学的要因　213

表9.8　ビタミン

ビタミン	機能	供給源となる食品（171）	1日あたりのDRIおよびUL** (67,70,71,72)
ビタミンA	視機能、皮膚、歯、身体組織、粘膜、皮膚の健康に不可欠。	動物のレバー（子ウシ、ウシ、ガチョウ、ヒツジ、七面鳥）を含む動物性食品、肉、強化ミルク、チーズ、ニシン	男性：300〜900μg RAE（レチノール活性当量）（RDA） 女性：300〜1300μg RAE（RDA） 男性：600〜3000μg RAE（UL） 女性：600〜3000μg RAE（UL）
βカロテン	抗酸化物質**。体内でビタミンAへと転換される。	サツマイモ、ニンジン、カボチャ、ホウレンソウ、コラード（ケールの一種）、ケール、西洋カボチャ、ラムクォーターズ（シロザ）、カブ、キャベツ	RDAあるいはAIなし。ただし、1IUβカロテン＝ビタミンAのRAE0.05μgである。ULはデータ不足のため決定できない。サプリメント摂取はビタミンA不足のリスクがある人にのみアドバイスされる。
ビタミンD	カルシウムの吸収を助け、カルシウムおよびリンのレベルを維持するのを助ける。骨量を高め、骨量減少を抑えるのに必要である。	魚（メカジキ、サケ、マグロ、イワシ、サバ、コイ、ナマズ、ホワイトフィッシュ（コクチマス））、栄養強化牛乳、栄養強化朝食シリアル、卵の黄身	男性：15-20μg（600-800 IU）（RDA） 女性：15-20μg（600-800 IU）（RDA） 男性：63-100μg（2500-4000 IU）（UL） 女性：63-100μg（2500-4000 IU）（UL）
ビタミンE	抗酸化物質*。免疫機能と代謝に必要である。	油脂類（小麦胚芽、野菜）、栄養強化朝食シリアル、ナッツ、種子類、小麦胚芽、ピーナッツバター、コーン油	男性：6-15mg（7.5-22.4 IU）（RDA） 女性：6-19mg（9-28.4 IU）（RDA） 男性：200-1000mg（300-1500 IU）（UL） 女性：200-1000mg（300-1500 IU）（UL）
ビタミンK（フィロキノン）	血液凝固に必要。組織および骨の健康を支える。	緑色の濃い葉物野菜（ケール、芽キャベツ、ホウレンソウ、フダンソウ（ビートの一種）、カブの葉、カラシ菜、ビートの葉、チコリ）、ブロッコリー、アスパラガス、ラムクォーターズ（シロザ）	男性：30-120μg（AI） 女性：30-90μg（AI） データ不足のためULはなし
ビタミンC	細胞の健康な発達、傷の治癒、感染への抵抗を促進する。抗酸化物質として働く**。葉酸を不活性型から活性型に転換するのに必要。鉄をヘモグロビン合成に利用できるようにする。	ピーマン、モモ、グアバ、ブロッコリー、キウィフルーツ、柑橘類や酸っぱい食べ物（イチゴ、オレンジ、ライム、レモン、グレープフルーツ、タンジェリン（ミカンの一種））、パパイヤ、カンタロープメロン、トマト、ジャガイモ、タマネギ	男性：15-90 mg（RDA） 女性：15-120 mg（RDA） 男性：400-2000 mg（UL） 女性：400-2000 mg（UL）
チアミン（B1）	炭水化物代謝における補酵素。心臓を含む神経系および筋系が正常に働くのに必要。	栄養強化朝食シリアル、ヒマワリの種、エンドウマメ、ブタ肉、オレンジ、オレンジジュース、リママメ、ピーカンナッツ、栄養強化米	男性：0.5-1.2 mg（RDA） 女性：0.5-1.4 mg（RDA） データ不足のためULなし
リボフラビン（B2）	赤血球の形成や神経系の機能、炭水化物およびタンパク質、脂質の代謝における補酵素。視覚に必要であり、白内障の予防を助けるかもしれない。	レバー、小麦胚芽、ビール酵母、アーモンド、チーズ、栄養強化朝食シリアル、ホエイプロテイン、牛乳、卵、ラム肉、ブタ肉、子ウシ肉、牛肉、ブロッコリー、ヨーグルト	男性：0.5-1.3 mg（RDA） 女性：0.5-1.6 mg（RDA） データ不足のためULなし

（続く）

表9.8 （続き）

ビタミン	機能	供給源となる食品（171）	1日あたりのDRIおよびUL** (67,70,71,72)
ナイアシン	炭水化物・タンパク質・脂質の代謝と、神経系が正常に機能するための補酵素。多量摂取により、上昇したコレステロールを低下させる場合がある。	大豆タンパク質、大豆粉（きな粉）、植物性タンパク質（代用肉）、ホエイプロテイン、牛肉、ピーナッツ、ピーナッツバター、ヒマワリの種、栄養強化朝食シリアル	男性：6-16 mg（RDA） 女性：6-18 mg（RDA） 男性：10-35 mg（UL） 女性：10-35 mg（UL）
ピリドキシン（B6）	タンパク質の代謝と神経系および免疫系機能の補酵素。ホルモンおよび赤血球の合成に関与している。	レバー、バナナ、栄養強化朝食シリアル、大豆、鶏肉、マグロ、生ニンジン、牛肉、ブロッコリー、ホウレンソウ、ジャガイモ、アルファルファのもやし、白インゲンマメ、ピーナッツバター、ヒヨコマメ、クルミ、ヒマワリの種、アボカド、卵、リママメ、キャベツ、サケ	男性：0.5-1.7 mg（RDA） 女性：0.5-2.0 mg（RDA） 男性：30-100 mg（UL） 女性：30-100 mg（UL）
葉酸	正常な発達と赤血球の形成に必要。先天性神経管欠損症のリスクを減少させる。心疾患および子宮頸部形成異常のリスクを減少させるかもしれない。	ビール酵母、栄養強化朝食シリアル、レバー、black-eyed エンドウマメ、豆類（ウズラマメ、クロマメ、リママメ、シロマメ、ヒヨコマメ、大豆）、ピーナッツ、ピーナッツバター、ホウレンソウ、カブの葉、アスパラガス、カラシナ、海藻、卵、栄養強化パン、オレンジ、オレンジジュース	男性：150-400μg（RDA） 女性：150-600μg（RDA） 男性：300-1000μg（UL） 女性：300-1000μg（UL）
コバラミン（B12）	血液の形成と、神経系を健康に保つうえできわめて重要。	レバー、カキ（牡蠣）、ラム肉、卵、牛肉、甲殻類・貝類、魚、家禽類、ブタ肉、鶏肉、栄養強化朝食シリアル	男性：0.9-2.4μg（RDA） 女性：0.9-2.8μg（RDA） データ不足のためULなし
ビオチン	脂肪酸の代謝とビタミンB群の利用を助ける。	ナッツ（ピーナッツ、ヘーゼルナッツ、アーモンド、カシューナッツ、マカダミアナッツ）、大豆、ピーナッツバター、ササゲマメ、レバー、牛乳、卵黄、酵母、チーズ、カリフラワー、ニンジン、アボカド、サツマイモ	男性：8-30μg（AI） 女性：8-35μg（AI） データ不足のためULなし
パントテン酸	正常な発育・発達を助ける	レバー、ヒマワリの種、栄養強化朝食シリアル、卵黄、ホエイプロテイン、大豆タンパク質、ピーナッツ、ピーナッツバター、ピーカンナッツ、子ウシ肉、栄養強化米、ブロッコリー、リママメ	男性：2-5 mg（AI） 女性：2-7 mg（AI） データ不足のためULなし

*抗酸化物質は、細胞のシグナル経路を修正し、細胞を活性酸素種および活性窒素種（フリーラジカル）によって引き起こされる細胞への酸化ストレスによる傷害に対抗する。フリーラジカルは、人間の健康にとって有益であり、また有害でもある。フリーラジカルの過剰な産生あるいは過剰な曝露が、抗酸化物質の不足と組み合わさることで、酸化ストレスという結果につながることがあり、続いて細胞の脂質やタンパク質、DNAへの損傷を引き起こすことがある（67,177）。
**食事摂取基準（DRI）：推奨栄養摂取量（RDA）、目安量（AI）、推定平均必要量（EAR）、許容上限量（UL）を含む栄養についての推奨のセット。
許容上限量（UL）：ほとんどの一般的な人において、毎日摂取して健康に悪影響を及ぼすリスクがないと考えられる上限。
DRIおよびULは、男女ごとに生涯にわたる範囲として列挙している。

2つのミネラル、鉄とカルシウムはさらに重要性が高い。食事において十分な鉄を摂取しない選手は、鉄欠乏あるいは鉄欠乏性貧血を起こすことがあり、どちらもパフォーマンスに対して悪影響を及ぼすことがある。食事からカルシウムが十分に摂取できないと、骨密度低下や、将来において骨量減少（オステオペニア）や骨粗鬆症のリスクが高まることに影響する。

鉄

鉄は、ヘモグロビン（全身に酸素を運搬するタンパク質）の機能と合成の両方に必要不可欠である（158）。それに加えて、鉄はミオグロビン（酸素を筋へ運搬するタンパク質）の構成要素である（51）。このミネラルは、成長や発達、細胞の機能、ホルモンの合成および機能において重要な役割を果たしている（41,46,85）。

第 9 章　健康における基本的な栄養学的要因　**215**

　鉄欠乏は、世界で最も広くみられる栄養障害である（183）。発展途上国の人々に偏って影響があるが、先進国においても一般的である。米国国民健康栄養調査（NHANES）において、16〜19歳の女性のうち約16%、20〜49歳の女性のうち12%が鉄欠乏であることがわかった。いくつかの研究では、女性の有酸素的持久力選手の鉄欠乏について調査し、対象とした女性の4人に1人において鉄欠乏が陽性であった（102,137）。鉄欠乏は、重症度の順に3つの

段階で起こる。すなわち、鉄欠乏、潜在的鉄欠乏（marginal iron deficiency）、貧血である（89,118）。鉄は働いている筋に酸素を運搬しており、潜在的鉄欠乏においてすら、競技パフォーマンスは阻害される（18,61）。鉄欠乏性貧血は、鉄の貯蔵が低い状態が長期間にわたって続き、全身に酸素を運ぶ健康な赤血球が十分につくられなくなることで起こる（157, 161）。症状は人によって異なり、無徴候性の者もいれば、症状に慣れてしまって正常であると思うもの

表9.9　ミネラル

ミネラル	機能	供給源となる食品（153）	DRIおよびUL** （67,68,70,71）
カルシウム	健康な骨および歯の発達および維持に不可欠。血液凝固、筋収縮、神経伝達を助ける。	カルシウム強化された果汁およびフルーツジュース、チーズ、イワシ、牛乳、カッテージチーズ、ヨーグルト、アイスクリーム、カルシウム強化豆腐、カブの葉、ハクサイ、カラシナ、ケール、ルタバガ（スウェーデンカブ）	男性：700-1300 mg（RDA） 女性：700-1300 mg（RDA） 男性：2000-3000 mg（UL） 女性：2000-3000 mg（UL）
リン	カルシウムとともに、強い骨および歯の発達および維持に働く。ほかの栄養素の利用を促進する。エネルギー代謝やDNA構造、細胞膜に不可欠である。	チーズ、魚、牛肉、ブタ肉、全粒小麦製品、ココアパウダー、カボチャの種、ヒマワリの種、アーモンド	男性：460-1250 mg（RDA） 女性：460-1250 mg（RDA） 男性：3-4 g（UL） 女性：3-4 g（UL）
マグネシウム	100近くの酵素を活性化し、神経および筋の機能を助ける。骨や歯の構成成分である。	ブラン・ふすま（小麦、米）、ココアパウダー、栄養強化朝食シリアル、種子類（カボチャ、ヒマワリ）、大豆、ナッツ（アーモンド、マツの実、ヘーゼルナッツ、カシューナッツ、クルミ、ピーナッツ）、ホウレンソウ	男性：80-420 mg（RDA） 女性：80-400 mg（RDA） 男性：65-350 mg（UL） 女性：65-350 mg（UL）
モリブデン	DNAおよびリボ核酸(RNA)の代謝と、尿酸の産生に必要である。	牛乳、牛製品、エンドウマメ、マメ類、レバー、全粒粉製品	男性：17-45μg（RDA） 女性：17-50μg（RDA） 男性：300-2000μg（UL） 女性：300-2000μg（UL）
マンガン	骨格および結合組織の正常な発達に不可欠である。炭水化物の代謝に関与する。	小麦胚芽、小麦ブラン（ふすま）、米ふすま（糠）、栄養強化朝食シリアル、ライスケーキ（餅など米の加工品全般）、ナッツ（ピーナッツ、ピーカンナッツ、マツの実、クルミ、アーモンド、ヘーゼルナッツ）、大豆、ムール貝、全粒小麦製品（パスタ、パン、クラッカー）	男性：1.2-2.3 mg（AI） 女性：1.2-2.6 mg（AI） 男性：2-11 mg（UL） 女性：2-11 mg（UL）
銅	鉄の代謝、神経系の機能、骨の健康、タンパク質の合成に関与する。皮膚や髪、眼の色素沈着における役割を果たす。	レバー、甲殻類・貝類（とくにカキ）、ロブスター、ナッツ（カシューナッツ、ブラジルナッツ、ヘーゼルナッツ、クルミ、ピーナッツ、アーモンド、ピーカンナッツ、ピスタチオ）、種子類（ヒマワリ、カボチャ）、栄養強化朝食シリアル、グレートノーザンビーン	男性：340-900μg（RDA） 女性：340-1300μg（RDA） 男性：1000-10000μg（UL） 女性：1000-10000μg（UL）
クロム	グルコースの代謝を助ける。糖尿病患者の血糖とインスリンレベルの調節を助けるかもしれない。	マッシュルーム（ホワイト）、生のカキ(牡蠣)、ワイン、リンゴ、ビール酵母、ビール、ブタ肉、鶏肉	男性：11-35μg（AI） 女性：11-45μg（AI） データ不足のためULなし

（続く）

表9.9 （続き）

ミネラル	機能	供給源となる食品（153）	DRIおよびUL**（67,68,70,71）
ヨウ素	甲状腺ホルモンの一部。発育・発達、エネルギー代謝の調節を助ける。	ヨウ素添加塩、海水魚、魚介類	男性：90-150μg（RDA） 女性：90-290μg（RDA） 男性：200-1100μg（UL） 女性：200-1100μg（UL）
鉄	赤血球細胞が形成され、機能するのに必要。ミオグロビンを構成しており、酵素系の構成要素である。	レバー、牛肉、ラム肉、ブタ肉、子ウシ肉、家禽類、二枚貝（ハマグリ）、カキ（牡蠣）、栄養強化朝食シリアル、栄養強化パン製品、ビール酵母、ナッツ（マツの実、カシューナッツ、アーモンド）、マメ類（ソラマメ、サヤインゲン、ヒヨコマメ）	男性：7-11 mg（RDA） 女性：7-27 mg（RDA） 男性：40-45 mg（UL） 女性：40-45 mg（UL）
セレン	鍵となる抗酸化酵素に不可欠な構成成分。正常な発育・発達、甲状腺機能におけるヨウ素の利用に必要。	牛ヒレ肉、スケトウダラ、タラ、マグロ、カキ（牡蠣）、サバ、ヒラメ、レバー、ヒマワリの種、小麦ブラン（ふすま）、小麦胚芽、ブタ肉、栄養強化朝食シリアル、スズキ、カニ、二枚貝（ハマグリ）、タラ、ハドック（モンツキダラ）、全粒粉パン	男性：20-55μg（RDA） 女性：20-70μg（RDA） 男性：90-400μg（UL） 女性：90-400μg（UL）
亜鉛	消化や代謝、生殖、ケガの治癒に関与する100以上の酵素において不可欠な部分である。	カキ（牡蠣）、牛肉、子ウシ肉、ラム肉、ブタ肉、鶏肉、リママメ、ササゲマメ、シロマメ	男性：3-11 mg（RDA） 女性：3-13 mg（RDA） 男性：7-40 mg（UL） 女性：7-40 mg（UL）

もいる。鉄欠乏あるいは鉄欠乏性貧血の症状には、脱力感、疲労、易刺激性、集中力の不足、頭痛、運動能力の低下、毛髪の減少、口の乾燥が含まれる（15）。その他の鉄欠乏に関連する症状には、頻繁に寒気を感じる、舌の炎症（舌炎）、日常的な活動での息切れ、異食症（洗濯用のり、土、粘土、氷などの食物でない物質を食べたいという欲求を持つ）が含まれる（111）。

出産可能な年齢の女性、十代の少女、妊娠中の女性、乳幼児においては、鉄の必要性が最も高く、したがって欠乏のリスクが高い。それに加えて、長距離ランナーやベジタリアンの選手、多量の血液を月経で喪失する女性選手、また過剰な制酸薬を服用し、あるいはセリアック病（訳注：グルテンへの反応が起こる自己免疫疾患）のような何らかの消化器疾患のある人は、鉄欠乏性貧血を起こすリスクが高い（70）。

食品には、ヘム鉄と非ヘム鉄という2種類の鉄が含まれる。ヘモグロビンに由来するヘム鉄は、元々ヘモグロビンやミオグロビンを含む食品——肉や魚、家禽類といった動物性食品——にみられる。ヘム鉄は非ヘム鉄よりも吸収がよく、その吸収はほかに食べた物の影響を受けない。私たちは、摂取したヘム鉄のうち約15〜35％を吸収する（111）。

非ヘム鉄は、野菜や穀物、鉄強化朝食シリアルといった非動物性食品に含まれる鉄の形態である。非ヘム鉄は、2〜20％のみが吸収される（165）。また、ヘム鉄は同時に摂取した食品に含まれる化合物の影響を受けないが、非ヘム鉄の吸収には多くの要因が影響を及ぼす。たとえば、ホウレンソウに含まれる非ヘム鉄は、フィチン酸と呼ばれる物質（植物のリンの貯蔵の形態）と結合している。フィチン酸は、非ヘム鉄の吸収を低下させる。それに加えて、ほかの物質の中には、非ヘム鉄の吸収を低下させることがあり、それにはタンニン（茶やワインにみられる）、カルシウム（乳製品やマルチビタミンにみられる）、ポリフェノール、フィチン酸塩（マメ科植物や全粒粉にみられる）、ダイズ中のタンパク質のいくつかが含まれる。ビタミンCを豊富に含む食品や飲料を同時に摂取することで、あるいはヘム鉄を同時に摂取することで、非ヘム鉄の吸収を高めることができる。たとえば、ホウレンソウに肉を組み合わせることで、ホウレンソウからの鉄吸収が高まる（70,165）。

鉄サプリメントには多くの形態がある。それぞれ量は異なっており、また生体利用能や胃障害などの副作用の可能性もさまざまである（103）。加えて、カルシウムやサプリメントのマグネシウムは、鉄吸収に干渉するかもしれない（179）。多くの米国人は、

食事のみからカルシウムやマグネシウムを十分に摂取していない。ほかのミネラルを適切な量を摂取していないといった多くの要因が鉄の摂取および吸収に影響を及ぼすため、鉄サプリメントを勧めたり、吸収を最大化し胃障害を最小化するうえで鉄サプリメントをどのように摂取するかを伝えるのは、医師または登録栄養士のみが行うべきである（24,47,114,144,179）。

カルシウム

子どもの時期から青年期を通した適切なカルシウム摂取は、強い骨を発達させるうえで必要不可欠である。カルシウムは、青年期の間、骨の長さおよび密度の成長を助け、ピーク骨密度の90％までが青年期後期に起こる（58,154）。成人においては、カルシウムは骨密度を維持するのを助ける。食事中のカルシウム摂取が不足した場合、身体の需要に見合うよう、また血液や筋、細胞内液における濃度を一定にするために骨の貯蔵からカルシウムが引き出される。カルシウムはピーク骨量を得るうえで不可欠であり、カルシウム不足はピーク骨量の獲得を阻害し、後々の人生で骨折のリスクを高める（71）。またカルシウムは歯の強さを保ち、筋収縮を調節するのを助け、神経機能や血管の拡張・収縮、ホルモンや酵素の分泌といった役割を果たしている（71）。

米国国民健康栄養調査（NHANES）では、食事のみから目安量（AI）のカルシウムを摂取できているのは、9〜13歳の女性では15％、14〜18歳および51歳以上の女性の10％未満であることがわかった（9）。したがって、競技選手には、乳製品やほかのカルシウムの豊富な食品を食事で摂るように勧めるべきである。カルシウムの必要量に対して食事のみでは見合わない場合、選手の医師または登録栄養士はカルシウムのサプリメントを勧めることがある。

水分と電解質

身体の構成要素のうち水の占める割合は最も大きく、体重の45〜70％である（68）。人体において水は、潤滑や衝撃吸収、建築材料、溶媒としての役割を果たす。加えて、水は、体温調整（汗を介した水分喪失は、とくに暑熱環境下においては運動中に皮膚を冷やすのに役立つ）や栄養運搬、老廃物の除去、水分バランスの維持、したがって正常な血圧の維持に不可欠である（78）。水分は最適な気温条件においてすら非常に重要であり、水なしでは数日しか生存することができない（99）。

すべての人にとって適切な水分補給を維持することが重要であるが、とくに運動選手は、自らの水分状態に十分に注意を払うべきである。なぜなら、汗による喪失が水分摂取を上回ることで急速に脱水状態が引き起こされ、続いて深部体温の上昇、血漿量の減少、心拍数の増加、主観的運動強度が高まる（31,147）。これが起こると、水分が与えられない場合、発汗は深部体温の上昇に追いつかない。暑熱環境下で繰り返し運動を行うことは、身体が暑熱ストレスに適応すること（例：発汗量の増加、汗における電解質濃度の減少、発汗を開始する体温の低下）を手助けし、したがってシーズン開始時は、脱水や暑熱ストレスを起こしやすい傾向にある（50）。加えて、トレーニングをあまりしていない選手は、トレーニングを積んだ選手よりも熱ストレスを起こしやすい（45）。身体における水分保持に変化をもたらす生理学的な変化とともに加齢に関連した水分摂取の減少が起こり、高齢者においては、脱水や水分補給不足のリスクが高まる（45）。子どもにおいても、脱水のリスクはより高く、成人と比較して体重に対する体表面積が大きいため、また運動中の熱産生が増加し、汗を通じた熱の散逸は減少し、成人と比較

食品におけるカロリー密度 vs 栄養素密度

アメリカにおいて肥満が増加しており、アメリカ人の食事をカロリー密度はあるが栄養的に乏しいと分類する場合がある。2015年食事ガイドライン諮問委員会の科学的報告では、さまざまな栄養密度の食品を含む食事パターンを推奨している。一般的に栄養密度という用語の定義は標準化されていないが、栄養密度の高い食事を選ぶということは、ビタミンやミネラル、食物繊維などの健康的な植物由来の分子が含まれている食品を求めることを意味しており、一方でカロリー密度というのは、食品のカロリー量を示している。栄養密度の高い食品には、牛乳や野菜、タンパク質食品、穀物が含まれ、カロリー密度が高いが栄養密度の低い典型的な食品には、ポテトチップスやデザート、キャンディが含まれる（39）。栄養に関するカロリー密度 vs 栄養素密度については、Drewnowski（39）の業績を参照いただきたい。

して口渇感が低いなどの結果、環境からの熱の入力の増加がもたらされる（12,40）。それに加えて、鎌状赤血球生成傾向があったり、囊胞性線維症その他の疾患がある場合、脱水となるリスクが増加する（12,168）。体重の 2 ～ 3 ％減少という軽い脱水であっても、深部体温の上昇や、疲労の増加によるモチベーションや神経－筋の制御、正確性、パワー、筋力、筋持久力、全体的なパフォーマンスが低下することにより、競技パフォーマンスへの明らかな影響が生じる（13,25,37,55,81,83,112,149,158）。脱水により、深部体温の上昇や、1 回拍出量および心拍出量の減少、血圧の低下、筋への血流低下、心拍数の増加、症候性労作性横紋筋融解症の悪化、熱中症や死亡のリスクの増加が起こり得る（31,52,109,146）。脱水のリスクは、暑く湿度の高い環境や、高所において高まる（26,109,117）。

水分バランス

水の目安量（AI）は、男女それぞれ 1 日あたり 3.7L および 2.7L である。しかしながら、妊婦や授乳中の女性はそれぞれ 1 日あたり 3.0L および 3.8L である。水分の供給源には、コーヒーや茶、ジュース、ソーダなどの飲料が含まれるほか、食べ物に含まれる水分も、水分の必要量を満たすのに寄与する（68）。

練習や試合中に水分バランスを維持することは、多くの選手にとって、とくに大量に発汗する選手、あるいは暑く湿度の高い、また高地環境で練習する場合に課題となり得る。環境的条件に加え、衣服、装備、身体の大きさは発汗率を増加させることがあり、頻繁なあるいは過剰な利尿剤および下剤などの安全ではない減量の実施は、脱水のリスクを高めることがある（31,34）。アメリカンフットボール選手、とくにラインマンは脱水になるリスクが高い。これは防具と、多くの場合で身体が大きいことに由来する（31）。たとえば、NFL（National Football League）の選手における研究では、バックスとレシーバーの平均体重は 93 ± 6kg であり、1 時間あたり平均して 1.4 ± 0.45L の発汗があるが、ラインマンでは、平均体重が 135.6 ± 17kg であり、1 時間あたり平均して 2.25 ± 0.68L の発汗がある。両群における、4.5 時間の二部練習（1 日に 2 回の練習）でのバックスとレシーバーにおいて、6.4 ± 2.0L であり、ラインマンでは 10.1 ± 3.1L であった（51）。ホッケー選手におい

ては衣服を重ね着することと、防具を着用することが、発汗と脱水のリスクを高める要因となる（14）。また意図的な脱水やその他の安全ではない減量により、レスリング選手において脱水のリスクが高くなる（52,181）。加えて、汗を通じた非常に広範囲の水分喪失の存在に注意することが重要である。たとえば、NBA（National Basketball Association）の選手は、40 分の試合の平均プレー時間の 21 ± 8 分において 1.0 ～ 4.6L、平均 2.2 ± 0.8L の発汗が起こる（120）。座業中心の人は、呼吸および発汗の組み合わせにより、1 時間あたり約 0.3L の水分を失う（148）。

脱水の予防

脱水に伴う負の影響があることから、選手は体重の 2 ％を超える水分量の喪失を予防することに務める必要があるとともに、発汗を通じて喪失する電解質の補充にも務める必要がある（146,147）。脱水予防の第一段階は、水分状態を評価することである（表 9.10）。尿比重（USG）は使いやすく、測定機器が安価で持ち運びできるため、水分状態を評価するのに用いられることがある（178）。しかしながら、尿比重は水分状態の急激な変化に対して感度の高い指標ではなく、慢性的な水分状態の測定としては、より優れたものである（120,133）。水分状態を推測する、素早く簡単な方法には、ワークアウト前後の体重の変化を測定することである。選手は、軽い衣服を着用し、身体を拭いて排尿を済ませ、最も軽い状態での体重を、ワークアウトの直前および直後に自分で測定するべきである。汗を含んだ着衣は、体重測定前に脱ぐべきである。練習中の体重の 0.45kg（1 ポンド）の減少は 0.5L（1 パイント、16 オンス、473ml）の水分に相当する。体重が 2 ％以上減少していると、汗として失われた水分が十分に補充されていないことを示す（146）。1 回のワークアウトによる急性の脱水を特定するのに加え、長期にわたって体重の変化を評価することは、慢性的な脱水状態の選手——数日にわたって数 kg の体重減少が起こる——を特定する上で助けとなる（22）。

適切に水分補給していない選手を特定するのに加え、運動前後と、高強度運動の 1 時間後における体重測定、また摂取した水分量、産生された尿量を測定することによって発汗率を算出することもでき、これから運動中の水分の必要性についてよりよい考

えをもたらすことができる。発汗率は、（運動前の体重）−（運動後の体重）＋（運動中の水分摂取量）−（産生された尿量）に等しい（14,22）。脱水後、水分を補給した直後に尿比重あるいは尿量を通して尿の量を評価することは、誤解を招くかもしれない。選手が大量の低張液を摂取したとき、彼らは適切に水分補給されるまで、多量の尿を産生する（156）。

体重の変化をモニターすることに加え、選手は尿の色をチェックするようにアドバイスされることが時々ある。しかしながら、尿の色と水分状態の関係は非常に主観的である（68,109,146）。また、ビートやブラックベリー、ある種の食品の色や服薬により、尿の色はピンクや赤、明るい茶色となることがある（49）。加えて、ビタミンB類やカロテノイド（ベータカロテンなど）、薬のいくつかによって、尿の色が濃い黄色や明るい黄色、オレンジへと変わることがあり、人工着色料（スポーツドリンクに含まれることもある）によって、尿の色は青や緑へと変わることもある（178）。

▶ スポーツ選手において、発汗の形での水分喪失の幅は非常に広い。したがって、各選手は個別化された水分補給の計画を立てるべきである。

電解質

発汗によって失われる代表的な電解質は塩化ナトリウムであり、これより量は少ないが、順にカリウムやマグネシウム、カルシウムも失われる（88）。ナトリウムは、より多くの水分摂取を促すことで、水分の調整に影響を及ぼす（108）。それに加えて、すべての電解質は汗を通して失われ、筋収縮や神経伝導に必須である。したがって、体液中の電解質バランスの乱れは、パフォーマンスの阻害につながるこ

とがある。発汗を通じたナトリウム喪失は選手によって大きく異なり、濃度は0.2g/L（10mEq/L）から12.5g/L（544mEq/L）以上という範囲にわたって報告されている（31,146）。選手は発汗を通じて大量のナトリウムを喪失すると、その喪失を補うために意識的に高ナトリウム食品を選んだり、食事に塩を加えたり、スポーツドリンクに電解質を加えることを判断する必要があるかもしれない。高強度な運動を行ったり、何時間も運動をして、水のみあるいは低ナトリウム飲料を過剰に摂取する選手は、血中ナトリウム濃度が危険なほど低いレベル——130mmol/L——まで低下するかもしれない。この状態は低ナトリウム血症と呼ばれる。これは細胞内膨張を引き起こし、血中ナトリウム濃度が125mmol/Lよりも低下すると、頭痛や吐き気、嘔吐、筋痙攣、手足のむくみ、不穏状態、見当識障害を引き起こす。血中ナトリウム濃度が120mmol/Lよりも低下すると、脳浮腫や痙攣発作、昏睡、脳幹ヘルニア、呼吸停止のリスクが高まり、死亡リスクが上昇する（4,6,146）。低ナトリウム血症を避けるために、水分摂取は発汗で喪失した量を超えるべきでなく（トレーニングセッションの終了時の体重が、開始時よりも増加しているべきでない）、スポーツドリンクや食事を通じてナトリウムを摂取すべきである（120,146）。

汗によるカリウム喪失を補充するため、スポーツドリンクには少量のカリウムが含まれている。しかしながら、それらはカリウム摂取の総量に対して顕著に寄与しない。そして、米国の成人においてカリウムの摂取量を満たしているのは2％未満であるという研究があることから（29）、選手はトマトや柑橘類（シトラスフルーツ）、メロン、ジャガイモ、バナナ、牛乳などのカリウムを多く含む食品を食事で摂取することに注力すべきである。

表9.10　水分状態のバイオマーカー

測定方法	実用性	妥当性（急性 vs. 慢性）	EUHカットオフ
総水分量	低い	急性および慢性	＜2％
血漿浸透圧	中	急性および慢性	＜290 mOsmol
尿比重（USG）	高い	慢性	＜1.020 g/mL
尿浸透圧	高い	慢性	＜700 mOsmol
体重	高い	急性および慢性*	＜1％

EUH＝良好な水分状態（euhydration）
*＝評価が長期間にわたる場合、体組成の変化によって正しく認識できなくなる可能性がある。
Sawka et al., 2007 (146). より許可を得て転載。

> 高強度な運動を行ったり、何時間も運動をして、水のみあるいは低ナトリウム飲料を過剰に摂取する選手は、血中ナトリウム濃度が危険なほど低いレベルまで低下するかもしれない。

水分摂取のガイドライン

　理想的には、選手は運動あるいはトレーニングを水分が補給された状態で始めるべきであり、運動中に体重が2％以上減少すること（発汗による喪失）を避け、次のトレーニングセッションまでに完全に水分補給を行うべきである。完全に水分を再補充するのに必要な水分量は、次のトレーニングまでの時間によって決まる。しかしながら、練習や試合を脱水状態で始めた選手の中には、エクササイズセッション中に十分な水分を摂取して運動前の不足した水分状態を埋め合わせるのが難しい者もいることが、研究によって示されている（120,138）。それに加えて、選手の自発的な飲水では、発汗による顕著な水分喪失を取り戻したり、練習や試合中の脱水を防いだりするには十分ではないだろう。この理由により、発汗の激しい選手や、また暑熱環境条件において強度の高い練習をする選手において、のどの渇き（口渇感）は、水分の必要性についての信頼できる指標とならないため、水分補給には体系的な取り組みが必要となる（22）。水分および電解質のガイドラインはできるだけ個別化されるべきであるが、水分や電解質の喪失は選手によって大きく異なるので、次に示す一般的なガイドラインは、発汗率に基づいて特異的な推奨量が決まるまでのよい出発点となるだろう（7）。加えて、ストレングスコーチは、選手たちが飲む時間が適切となることを、また冷たい（10〜15℃）飲料にアクセスできることを確実なものとなるようにすべきである（80）。

身体活動の前

　もし必要であれば、運動の数時間前に水分の吸収と尿の排出ができるよう、事前に水分摂取する（146）。

身体活動中

　発汗率や電解質濃度に大きなばらつきがあるため、選手は特定の気象条件における練習や試合中の体重の変化を測定すべきであり、この情報に基づいて個別化された水分補給ストラテジー（戦略）を立てるべきである（146）。暑い中で長期時間にわたって活動を行う際には、IOMはスポーツドリンクに1Lあたり20〜30mEqのナトリウム（460〜690mgの塩化物をアニオン、すなわち陽イオンとして含む）を、また1Lあたり2〜5mEq（78〜195mg）のカリウムを含み、そして炭水化物濃度は5〜10％であることを推奨している（73）。加えて、選手が高強度運

ひと目でわかる、水分摂取のガイドライン

トレーニング前
- 選手の尿比重（USG）は1.02未満であるべき。もし必要であれば、運動の数時間前に水分の吸収と尿の排出ができるよう、事前に水分摂取すべきである（146）。

トレーニング中
子どもと青年
- 体重が40kgの子どもは、冷たくした水あるいは味がついて塩が加えられた飲料を練習中20分おきに150ml飲むべきである。
- 体重が60kgの青年は、冷たくした水あるいは味がついて塩が加えられた飲料を練習中20分おきに250ml飲むべきである（30,182）。

成人
- 各選手は個別化された水分補給の計画に従うべきである。暑い中で長期時間にわたって活動を行う際には、1Lあたり20〜30mEqのナトリウム（460〜690mgの塩化物をアニオンとして含む）を、また1Lあたり2〜5mEq（78〜195mg）のカリウムを含み、そして炭水化物濃度は5〜10％であるスポーツドリンクを摂取すべきである。

トレーニング後
- 選手らは、水分を補充するために、適切な飲食物とともにナトリウムを摂取すべきである。もし脱水が顕著である場合、あるいは次の運動までの時間が短い場合（12時間未満）、より積極的な取り組みが必要であり、体重減少1kgあたり約1.5L（50オンス）の水分（十分な電解質を含む）を摂取すべきである。

第9章　健康における基本的な栄養学的要因　**221**

動や長時間にわたる運動中に、高い頻度でスポーツドリンクを摂取した場合、グルコースやフルクトース、マルトデキストリンなどの異なる腸内輸送メカニズムを持つ複数の種類の炭水化物を含む飲料を選びたがるかもしれない。複数の種類の炭水化物を摂取することは、単一の種類の炭水化物を摂取するのと比較して、胃の通過速度がより速く、炭水化物の吸収や酸化がより大きく、パフォーマンスを高める可能性がある（33,80）。すべての飲料は、10〜15℃に冷やして（cool）提供すべきであるが、冷やし過ぎる（cold）べきではない（22）。

米国小児科学会は、子どもたちに定期的な水分摂取を推奨している。これらのガイドラインは、体重が40kgの子どもは、水または味がついて塩が加えられた飲料を練習中20分おきに148ml（5オンス）、また体重が60kgの青年は266ml（9オンス）を、たとえ喉の乾きを感じていなくても摂取することが示唆されている。その他の推奨では、塩化ナトリウムの濃度について15〜20mmol/L（2パイント＝946mlにつき1g）とするものであり、これにより自発的な水分補給が味のない水と比較して90%増加したことが示されている（30,182）。

身体活動後

身体活動後、選手は失われた水分と電解質を補充すべきである。もし時間に余裕があるならば、通常の食事や軽食（いくらかのナトリウムを含むものが提供される）、飲料により、失われた水分と電解質が補充される。汗による大幅なナトリウム喪失がある場合、食べ物に塩を加えることもできる（68,146）。もし脱水が顕著である場合、あるいは次の運動までリカバリーの時間が短い場合（12時間未満）、より積極的な取り組みが必要である。すなわち、選手は体重減少1kgあたり約1.5L（50オンス）の水分（十分な電解質を含む）を摂取すべきである。この量の水分は、大量の水分摂取に由来する尿産生増加の要因となるのを手助けする（146,155）。

まとめ

栄養は、ストレングス＆コンディショニングにおいて重要な役割を果たしている。十分な水分補給、適切なエネルギー摂取、十分なタンパク質・炭水化物・脂肪・ビタミン・ミネラルの摂取によって、トレーニングから最大の恩恵を得ることができる。栄養の原理についての一般的な理解と適用は、ストレングス＆コンディショニング専門職にとって必須であり、それらは選手が栄養についての誤った情報を識別するのを助け、また選手が食事を改善するのに用いることのできる完全なガイドラインを提供するうえで助けとなる。

重要語句

許容主要栄養素分布範囲（AMDR：Acceptable Macronutrient Distribution Range）

目安量（AI：Adequate Intake）

アミノ酸（amino acids）

貧血（anemia）

生物学的利用能（bioavailability）

炭水化物、糖質（carbohydrate）

コレステロール（cholesterol）

脱水（dehydration）

食事摂取基準（DRIs：Dietary Reference Intakes）

二糖類（disaccharides）

ドコサヘキサエン酸（DHA：docosahexaenoic acid）

エイコサペンタエン酸（EPA：eicosapentaenoic acid）

電解質（electrolytes）

推定平均必要量（EAR：Estimated Average Requirement）

脂肪（fat）

脂肪酸（fatty acids）

食物繊維（fiber）

フルクトース（fructose）

ガラクトース（galactose）

糖新生（gluconeogenesis）

グリセミック指数（GI: glycemic index）

グリセミック負荷（glycemic load）

グリコーゲン（glycogen）

グリコーゲン合成（glycogenesis）

グルコース（glucose）
高密度リポタンパク質（HDL；high-density lipoprotein）
水分補給（hydration）
水分補給不足（hypohydration）
低ナトリウム血症（hyponatremia）
ラクトース（lactose）
高密度リポタンパク質（LDL；low-density lipoprotein）
主要栄養素（macronutrient）
マルトース（maltose）
微量栄養素（micronutrient）
ミネラル（minerals）
単糖類（monosaccharides）
一価不飽和（monounsaturated）
筋タンパク質合成（muscle protein synthesis）
マイプレート（MyPlate）
栄養素密度（nutrient density）
オメガ-3脂肪酸αリノレン酸（omega-3 fatty acid alpha-linolenic acid［ALA］）

ポリペプチド（polypeptide）
多糖類（polysaccharides）
多価不飽和（polyunsaturated）
タンパク質（protein）
タンパク質の消化のしやすさ（protein digestibility）
タンパク質消化吸収率補正アミノ酸スコア（PDCAAS；protein digestibility correct amino acid score）
栄養所要量（RDA；Recommended Dietary Allowance）
飽和（saturated）
スポーツ栄養士（sports dietitian）
スクロース、ショ糖（sucrose）
許容上限量（UL；Tolerable Upper Intake Level）
トリグリセリド（triglycerides）
超低密度リポタンパク質（VLDL；very low-density lipoproteins）
ビタミン（vitamins）

例題

1. 適切なグリコーゲン貯蔵を維持することは、
   a. タンパク質がエネルギー源として使われるのを温存する
   b. 最大パワーを改善する
   c. 持久的パフォーマンスを低下させる
   d. 選手が体重を増やす（増量する）のを手助けする

2. 競技選手がタンパク質摂取量を増加させる必要性についての理由を、最もよく説明しているのは次のどれか？
   a. 有酸素性運動におけるタンパク質酸化の減少
   b. 組織の修復のための必要量増加
   c. 体重を落とすためのカロリー制限
   d. 摂取されたタンパク質の質

3. 以下のうち、疲労やパフォーマンス低下に最も寄与すると思われるのはどれか。
   a. タンパク質摂取が低いこと
   b. 鉄不足
   c. カルシウム摂取が低いこと
   d. オメガ-3脂肪酸不足

4. 好ましくない高レベルの血中脂質を低下させるうえで、以下のどれが勧められるか。
   a. 複合炭水化物の摂取を減少させる
   b. 飽和脂肪酸の摂取を、総カロリーの30%に制限する
   c. 食事によるコレステロールを1日あたり最低500mg摂取する
   d. 飽和脂肪酸を一価不飽和脂肪酸あるいは多価不飽和脂肪酸へと置き換える

5. 以下のうち、すべての必須アミノ酸を認識できる量含んでいないタンパク質源はどれか。
   a. 家禽類（鶏肉など）
   b. 卵
   c. レンズ豆
   d. 牛肉

CHAPTER 10

Nutrition Strategies for Maximizing Performance

パフォーマンスを最大化するための栄養戦略

Marie Spano, MS, RD

▶ 本章を終えると

- 異なる競技における試合前・中・後の栄養面についての推奨を列挙することができる。
- 体重の増加や減少（増量や減量）のためのガイドラインを提供できる。
- 摂食障害の徴候と症状を認識することができる
- 摂食障害の疑いのある選手に対し、適切に関わり、専門家に照会するシステムを導入する重要性を理解することができる
- 肥満の有病率と原因を知ることができる
- 肥満者の評価過程を助ける知識を身につけることができる

試合前や試合中に選手が飲食するものは、パフォーマンスに影響を及ぼすことがあるとともに、試合後の食事はリカバリー（回復）の時間やイベントの間隔が24時間未満である場合、次のイベントや試合により大きな影響を及ぼす。したがって、本章では、試合前・中・後の栄養に注目するとともに、体重を増やしたい、あるいは減らしたい選手のためのガイドラインも提供する。加えて、体重に関する話題を語るうえで、**乱れた摂食**と**摂食障害**についての情報を含めないことには完全ではない。摂食障害の徴候と症状を認識し、治療チームの積極的なメンバーであることは、ストレングス＆コンディショニング専門職にとって避けることはできない。

試合前・中・後の栄養

長期間にわたる選手の食事実践は、健康やパフォーマンス全般に影響を及ぼすだろう。加えて、試合前や試合中に食べるものは、パフォーマンスに生理学的・心理学的な影響の両方を及ぼすことがあるとともに、試合後の食事はリカバリーに影響し、したがって次の練習や試合のパフォーマンスに影響するかもしれない。

試合前の栄養

試合前の食事は、適切な水分状態と、血中グルコースおよび貯蔵グリコーゲンレベルを最大するための炭水化物（糖質）の維持をもたらすとともに、飢えの苦しみを避けるのを手助けしてくれる（5,25）。グリコーゲンは、高強度運動（＞70%$\dot{V}O_2max$）中に用いられるエネルギーの主な形態である。いったんこれらの貯蔵が枯渇すると、選手は筋疲労を経験する（56）。肝臓や筋に貯蔵されるグリコーゲンは少量であり、全体で、体重1kgあたり約15gである（1）。たとえば、80kgの男性は約1200kcalのグリコーゲンを貯蔵することができる。肝臓に貯蔵されたグリコーゲンは全身で使われる一方、筋組織に貯蔵されたグリコーゲンは筋によって使われる（56）。

競技パフォーマンスにおいて、水分とグリコーゲンは非常に重要な役割を果たしているにもかかわらず、試合前の食事の重要性や、パフォーマンスへ及ぼす影響について検証した研究は被験者や方法の点で難しいことから、明確ではない。運動前の高炭水化物食によって、疲労困憊までの時間が改善したという研究がいくつかあり（24,93,113）、また青年期男性において無酸素性パフォーマンスが改善した（71）が、別の研究ではタイムトライアルのパフォーマンスにおいて有効性はみられなかった（100）。これらの違いや、パフォーマンスをシミュレートした研究において試合での状況と実験室の設定を区別する要因（試合前の精神状態や気温、湿度、高度など）が考慮されていないという事実があるにもかかわらず、選手らはそれぞれ個別のニーズや自らの置かれた試合環境に合致させるために、文献に基づく一般的な試合前のガイドラインに適応することができる。

試合前の食事はすべて、摂取のタイミングや、食事および飲料の構成、種目あるいは競技、選手個人の特性を考慮に入れるべきである。試合までの時間が短い場合、胃の不調を最小限にするために、飲料や食事の量は少なくすべきである。速やかに胃を通過させて、胃腸の痛みの可能性を最小限にするために、試合前の飲食物は選手が慣れていて（練習で試す）、脂質および食物繊維の少ないものであるべきあり、適度なタンパク質を含むべきである（タンパク質は長時間にわたって飽満感を促進する）（5）。

選手は試合前に摂取する炭水化物を、グリセミック指数が高いもの、あるいは低いもののいずれからも選ぶことができる（124）。これは、研究において、どちらがより有利であるとは示されていないためである（12）。もしグルコースなどの摂取した炭水化物によって、素早くインスリンが増加すると、運動開始時の血糖値の低下が引き起こされ、通常レベルに戻るまで約20分かかることが一般的であるが、この初期の血糖値の低下はパフォーマンスに悪影響を及ぼさない（78）。

有酸素性持久系競技

一晩の絶食状態（前日の夕食以降、食事を摂らない時間が経過した）の後、翌朝に長時間（＞2時間）にわたって継続する身体活動を行う有酸素性持久力選手にとって、試合前の食事は最も重要となるだろう。朝、起床時において、血糖値は低く、肝臓のグリコーゲン貯蔵はかなり減少している。両方の条件とも、エネルギーとして利用できる炭水化物の量を減少させる。競技前に摂る食事の中にいつも炭水化

第10章　パフォーマンスを最大化するための栄養戦略　**225**

胃腸の問題を最小限に抑える

試合中に胃が不調となる可能性を最小化するために、競技選手は以下のことに従うべきである。

- 食品はまず試食してみること。新しい食品は必ず、試合までの間に、数回の練習セッション中に試しておく (5)。
- 食事の時間が試合やイベントに近い場合は、食べ物と飲み物は少量の摂取に押さえる。
- 脂肪の多い食事および食物繊維を多く含む食事を避ける。脂肪および食物繊維は、消化の速度を遅くする。食べ物が消化されているときに運動を行うと、胃痙攣を起こす可能性がある (5)。
- 糖アルコールを避ける。糖アルコールは、その名称にかかわらず、アルコールを含んでいないが、化学的構造が糖およびアルコールに類似している。糖アルコールは、消化管内で完全には吸収されない炭水化物の一種である。結果として、摂取によりガスや腹部膨満、痙攣を引き起こすことがあり、また緩下作用（下痢を引き起こす）をもたらすことがある。糖アルコールは、低炭水化物やシュガーフリーの製品に含まれており、このような製品には、シュガーフリーのガム、歯磨き粉、マウスウォッシュなどがある。ソルビトールおよびマンニトールの2つが、胃腸の問題を最も引き起こす糖アルコールである (131)。20gのマンニトールを摂取することになる製品には、「多量の摂取によりお腹がゆるくなる場合がある」とラベルに表示しなければならない。糖アルコールに対する反応は個人により異なる。糖アルコールには、キシリトール（歯科用製品に最も広くみられる）、エリスリトール、ソルビトール、マンニトール、マルチトール、イソマルト、ラクチトール、水素添加デンプン加水分解物、水素添加ブドウ糖果糖液糖が含まれる (131)。

物が含まれていて、そのような食事を競技開始の約3時間以上前に摂取した場合、有意にグリコーゲン貯蔵を助長し、エクササイズしたときの疲労困憊にいたるまでの時間を改善する (27,137)。

　試合前の食事において、高炭水化物食と運動中に炭水化物−電解質スポーツドリンクを組み合わせて摂取した場合、スポーツドリンクのみと比較して有酸素性持久的能力（70% $\dot{V}O_2max$ で疲労困憊まで）が改善するかどうかを検証したクロスオーバー研究がある (23)。研究者らは、男性らに対して一晩の絶食後、以下の3条件で1週間の間隔を空けて3回のトレッドミル走を行わせた。すなわち (1) 運動の3時間前に炭水化物食を摂取するのに加え、運動中に炭水化物−電解質ドリンクを摂取する、(2) 運動の3時間前に炭水化物食を摂取し、ランニング中に水を摂取する、(3) 低カロリーのプラセボドリンク（スポーツドリンクと同じ味）を運動の3時間前に、ランニング中に水を摂取する、という条件である。被験者は最初のメインとなるトライアルの2日前に体重測定を行い、摂取した食事を記録する。彼らは各トライアルの前の2日間、同じ食事を繰り返した。3トライアル間において、毎日の平均摂取カロリーに差はなかった。高炭水化物食を運動前に摂取することにより、事前のプラセボドリンク摂取とランニング中の水の摂取を比較して持久的ランニング能力が9%改善した。しかしながら、高炭水化物食＋ランニング中のスポーツドリンク摂取は、事前のプラセボおよびランニング中のスポーツドリンク摂取と

比較して持久的ランニング能力が22%改善した。これらの結果は、運動前あるいは試合前の高炭水化物食は有酸素性持久力ランニング能力の改善を手助けできることを示している (23)。

　長時間にわたって低炭水化物食とグリコーゲン貯蔵が枯渇した状態で運動を始めることに適応した持久的競技選手は、タンパク質をエネルギーとして用いるために筋を分解し、また免疫および中枢神経系機能を急性に抑制するかもしれない。したがって、運動前の高炭水化物食は、骨格筋の分解を抑えるのに役立つとともに、免疫および神経系機能に対しても炭水化物を供給する (20,72)。長年にわたって低炭水化物食の摂取に適応することで、運動中のエネルギー源として大量に貯蔵された脂質への依存が増加するが、グリコーゲン貯蔵が少ない状態でトレーニングを行うことは、免疫および中枢神経機能を抑制するかもしれない (20,45)。タンパク質分解について検証した研究では、6名の被験者は**炭水化物ローディング（カーボローディング）**プロトコルまたは炭水化物枯渇の後に61% $\dot{V}O_2max$ で1時間サイクルエルゴメータを漕いだ。炭水化物が枯渇した状態では、タンパク質分解は1時間あたり13.7gと算出され、これは運動中に用いられるカロリーの10.7%であった (72)。

　試合の数時間前に摂取する、運動前の食事は有酸素性持久力パフォーマンスの改善を助け得るということは明らかである。しかしながら、スタート時が極端に朝早い場合、食事は摂っておきたいのと同時

に最大限の睡眠を確保したいことから、葛藤が起こることがある。たとえば、スタートラインに午前7時に立つべきランナーが、食べるために午前3時、4時に起床するというのは現実的ではない。このシナリオ（状況）に当てはまる選手は、スタートの1〜2時間前に、少量の食事を摂る練習をすべきであり、また試合中に適切な量の炭水化物を摂取することを確実なものとすべきである。

以下に、各選手の個別ニーズに合致させることのできる一般的な推奨例である。多様な競技における選手のニーズについて確定するには、また各主要栄養素がパフォーマンスに及ぼす影響について確定するには、さらなる研究が必要である（95）。これが完了するまでは、有酸素的持久力選手のためのガイドラインが、他の競技へも適用される。

- もし必要であれば、運動の数時間前に水分の吸収と尿の排出ができるよう、選手は事前に水分摂取すべきである。尿比重（USG）の値は1.020未満であるべきである（112）。
- 吐き気を催しやすい選手や、試合中に下痢をしたことがある選手、試合前に不安や落ち着かない、興奮する選手、高強度の競技を行う選手（揺れや衝撃により胃の不調の可能性を高めることがある）、暑熱下で試合をする選手は、少なくとも4時間前に食事を摂りたいと考えるかもしれない。試合の4時間前までに食事をする有酸素性持久力競技選手は、体重1kgあたり約1〜4gの炭水化物と、0.15〜0.25gのタンパク質を含めるべきである（124）。
- もし試合前の食事が運動の2時間前である場合、選手は体重1kgあたり約1gの炭水化物を摂取することを目標とすべきである。選手は個別化された水分補給計画に従うべきである。暑い中で長期時間にわたって活動を行う際には、1Lあたり20〜30mEqのナトリウム（460〜690mgの塩化物をアニオンとして含む）を、また1Lあたり2〜5mEq（78〜195mg）のカリウムを含み、そして炭水化物濃度は5〜10%であるスポーツドリンクを摂取すべきである。
- 食事の時間帯が試合開始にかなり近接している場合、運動前の食事はより少量にすべきである。加えて、食事が試合の1時間前である場合、炭水化物源は液体のものであることが好ましい。なぜなら、固形の食べ物よりも素早く胃を通過するためである（5）。ゲルやグミに類する炭水化物源もま

表10.1　有酸素性持久力選手のための試合前における飲食物の推奨*

試合までの時間	推奨される食べ物	推奨される飲み物	68.2kg（150ポンド）の選手のための食事例	飲食物の推奨に基づく食事例	
≧1時間	体重1kg当たり炭水化物0.5g		炭水化物34g	小さなバナナ1本、スポーツドリンク237ml（8液量オンス）	炭水化物37g、水分237ml（8液量オンス）
2時間	体重1kg当たり炭水化物1g	もし水分補給が不十分な場合、体重1kg当たり3-5ml（0.10-0.17液量オンス）の飲料を少しずつ飲む（112）	炭水化物68g、207-355ml（7-12液量オンス）の飲料	2.5カップのボイルしたトマト、肉のみのミニベーグル2個、ジャム大さじ1＋スポーツドリンク237mL（8液量オンス）	炭水化物66g、炭水化物72g、タンパク質8g、飲料237mL（8液量オンス）
4時間以上	体重1kg当たり炭水化物1-4gと、体重1kg当たりタンパク質0.15-0.25g（100）	体重1kg当たり約5-7mLの水またはスポーツドリンクを摂取すべきである（112）	炭水化物68-272.8g、タンパク質10-17g、脂質は最小限	シリアルとフルーツのボウル：スキムミルク237mL（8液量オンス）＋チェリオス（シリアルの商品名）2カップ＋レーズン1/4カップ（圧縮せずに計測）	炭水化物74g、タンパク質11g、水414mL（14液量オンス）
				卵白サンドウィッチ：卵白2を白パン2切れに（食物繊維の多いパンは、ワークアウト前は避ける）	炭水化物72g（1スライスを64gとする）、タンパク質17g、水414mL（14液量オンス）

*これらの推奨は有酸素性持久力選手のためのものであるが、ほかのタイプの競技選手向けにも適用が可能である。

た、非常に素早く消化される。表10.1に、それらの推奨についてまとめているとともに、食品の選択肢の例を挙げている。

選手らは、何を食べたかや、食事あるいは軽食をいつ摂取したか、練習中にどう感じたかの記録を残したいと思うかもしれない。食べたものの種類や量、練習に対する相対的な食事の時間帯を記録することによって、パフォーマンスや胃の不調への問題を特定し、またよりよい試合前の食事の計画を立てることができるかもしれない。

▶ 試合前の食事の第1の目的は、水分を維持するための十分な飲料と血中グルコースおよび貯蔵グリコーゲンを最大化するための炭水化物（糖質）を供給し、空腹を満たすことである。

カーボローディング

筋および肝臓のグリコーゲンの涸渇は、長時間にわたる有酸素性持久力運動において疲労をもたらす（109,123,133）。ゆえに、有酸素性持久力イベント前において筋グリコーゲンを増やすための炭水化物ローディング（カーボローディング）と呼ばれる手法が数十年にわたって用いられてきた。また、カーボローディングには多くのバリエーションがあるが、すべてグリコーゲン貯蔵と、それによるイベント後半における炭水化物利用能を最大化するために、イベントまでの数日間、高炭水化物食を摂取することを含んでいる（25）。カーボローディングは、長距離走者や自転車ロード競技選手、クロスカントリースキー選手その他有酸素性持久力選手など、貯蔵グリコーゲンを枯渇させる危険性のある人にとって有用である可能性があり、おそらくそれ以外の選手にも同様に有用であるかもしれない（105）。

一般的に用いられているカーボローディングの手法は、試合の1週間前の週に、3日間高炭水化物食を摂ると同時にトレーニングのテーパリングを行い、試合前日に完全休息を取るというものである。食事は、総カロリーが十分満たされているとともに、炭水化物を1日に体重1kg当たり8～10g含むものとする。この方法によって、筋グリコーゲンの貯蔵は通常より20～40％増加する（25）。しかしながら、より多くの摂取、すなわち体重1kgあたり10～12g

の炭水化物をマラソン前の36～48時間に摂取することが示唆されている（19）。

複数の研究において、カーボローディングは男性において有効であることが示されている（123,139）。しかしながら、女性における研究結果はさまざまである。1つの研究では、平均のランニング歴がこの研究までの12カ月にわたって週に平均53kmで典型的な炭水化物摂取が総摂取カロリーの65％未満である8名の20～40代で体重の安定した、正常月経の女性ランナーを対象として、有酸素的持久力パフォーマンスと基質利用に対するカーボローディングの効果を検証した（7）。女性らは3つの異なる各実験食の4日後に自己ペースでの24.2km（15マイル）のトレッドミル走を行った。すなわち、（1）炭水化物サプリメント（カロリーの50％を炭水化物から）、（2）カーボローディングとサプリメント（カロリーの75％を炭水化物から）、（3）プラセボ（カロリーの50％を炭水化物から）、である。炭水化物サプリメント群と、カーボローディング＋サプリメント群の両群において、運動前に6％の炭水化物－電解質溶液を摂取（6ml/kg）し、運動中は20分おきに摂取した（3ml/kg）。またこれら（炭水化物サプリメント群とカーボローディング＋サプリメント群）は、ランニング中により多くの割合のエネルギーを炭水化物から摂取したが、両群間のパフォーマンスにおいて有意な差はみられなかった。しかしながら、両方の総カロリーおよび1日あたりの炭水化物のグラム数については報告されていない。したがって、総カロリーあるいは炭水化物の摂取（またはその両方）が、ランナーらに対して適切ではなかったかもしれない。それに加えて、本研究における被験者の数が少ないことから、もしより多くの被験者が含まれる場合にパフォーマンスに差が見出されるかもしれない（7）。

別の研究においては、最大下運動テスト前の4日間にわたって炭水化物およびカロリー摂取のどちらか（または両方）、またグリコーゲン貯蔵量の性差が不適切であったために、炭水化物の摂取をカロリーのうち58％から74％へと増加させたとき、男性においてはグリコーゲン量が有意に増加したが、女性選手では増加しなかったということを研究者らは見出した（123）。同じ研究者らは、フォローアップ研究において、ともに十分なトレーニングを積んだ

男女各 6 名のグリコーゲン貯蔵量について検証した（125）。被験者らは無作為に 4 日間にわたって 3 つのうち 1 つの食事に割り当てられた。すなわち、高炭水化物食（総摂取カロリーの 75％）、高炭水化物食＋追加のカロリー（総摂取カロリーの 75％を炭水化物から、そして総摂取カロリーを 34％増）、習慣的な食事のいずれかである。男性においては、習慣的な食事よりも、高炭水化物食および高炭水化物食＋追加カロリー食は、グリコーゲンレベルが有意に高くなった。しかしながら、女性においては高炭水化物食＋追加のカロリー食のみが、習慣的な食事と比較して有意にグリコーゲン貯蔵量が増加した。高炭水化物食条件においては、男性の炭水化物の総摂取量は、体重 1kg あたり 7.9g まで増加したが、女性では体重 1kg あたり炭水化物が 6.4g のみであった。酵素活性で測定したグリコーゲン利用能には、男女間で差はみられなかった。したがって、過去の研究において、カーボローディングに由来するパフォーマンスの改善がみられなかったという失敗は、おそらく、全般的な炭水化物の摂取が不適切であったためであろう（125）。この説（多くのプロトコルにおいて、女性は十分な総量の炭水化物を摂取していないというもの）は、女性自転車選手での研究により補強されている。トレーニングを積んだ女性自転車選手が、3 ～ 4 日間にわたって中程度の炭水化物食（カロリーの 48％が炭水化物）を摂取し、続いて 3 ～ 4 日にわたってカロリーの 78％が炭水化物である食事を摂取したところ、中程度の炭水化物食を 7 日間摂取した場合と比較してグリコーゲン貯蔵が顕著に増加し、疲労困憊までの時間が改善した（133）。研究者らは、単位体重当たり同量の炭水化物を摂取した場合（体重 1kg あたり 1g の炭水化物を運動直後と運動完了から 1 時間後）、運動から 4 時間後のグリコーゲン貯蔵能は、男女で違いがないことを明らかにした（122）。また、女性においてはホルモンの差により、月経周期のうち黄体期においては卵胞期の早期と比較してグリコーゲン貯蔵能が大きいが、カーボローディングはこの差を埋め合わせることができる（94）。

女性におけるカーボローディングに伴う主な課題は、日々のカロリー摂取全般であるものと考えられる。習慣的にカロリー摂取が 2400kcal 未満である女性は、より多くの炭水化物を摂取することは困難か

もしれない。したがって、女性競技選手はグリコーゲン貯蔵を増加させるために総摂取エネルギーを 2400kcal 以上に増やすとともに高炭水化物食を摂取する必要があるかもしれない（123,133）。

カーボローディングについての研究の大部分は有酸素性持久力選手において行われているが、高強度の競技におけるカーボローディングについて検証しようとした研究もいくつかある。ランダム化クロスオーバーデザインにおいて、平均で 46％のカロリーを炭水化物から摂取していた 7 名のプロサッカー選手が、測定の 2 日前から 39％あるいは 65％を炭水化物から摂取した。各測定は 6856m のフィールドでの身体運動（$\dot{V}O_2$max の 65％、57％、81％で行った）に続いて、疲労困憊までのトレッドミル走を、サッカーの試合に類似させることを意図して行った。高炭水化物食の摂取後、選手らの総走行距離は 17.1km であり、低炭水化物食の場合の距離と比較して 0.9km 長かった（有意差あり）。選手のうち 3 名は 420m 未満の差であったが、このことは高炭水化物食に対する選手の反応は顕著に変動することを示す（11）。サッカーの試合で選手がカバーする平均距離はかなり短いため（1 つの研究によると、平均 10.3km で 9.7 ～ 11.3km の範囲）、また間欠的で強度が変化するため、この研究の結果は、サッカー選手には適用できないかもしれない（68）。

カーボローディングがレジスタンスエクササイズのパフォーマンスに及ぼす影響について調べた研究では、8 名の健康な若い男性が、4 日間にわたる高炭水化物食（体重 1kg あたり 6.5g の炭水化物）または中程度の炭水化物食（体重 1kg あたり 4.4g の炭水化物）のいずれかにランダムに割り当てられた。この期間の後、彼らは 12 回×4 セットの最大努力でのジャンプスクワットを 1RM の 30％の負荷で行い、セット間に 2 分間の休息を挟むレジスタンスエクササイズに参加した（44）。高炭水化物食と中程度の炭水化物食を摂取した被験者間に、パワーのパフォーマンスの有意差はみられなかった。したがって、この研究における 4 セットのレジスタンスエクササイズテストでは、高炭水化物食はパワーパフォーマンスの改善はみられなかった。しかしながら、もしより多くのセットを行った場合、あるいはより多くの炭水化物を摂取する方法、すなわち体重 1kg あたり炭水化物 8 ～ 10g を摂取する場合に、パワーパフ

ォーマンスに影響を及ぼすかどうかについては不明である（44）。

カーボローディングの効果の程度は個人で異なり、有酸素性持久的競技選手の間でも異なるため、一時的な体重増加などの負の副作用について検討し、個々の選手にとって価値があるかを試合前に見極めておく必要がある。

グリコーゲン貯蔵を最大化するための手段として、カーボローディングを用いる選手は、異なる種類の炭水化物が、その貯蔵に対してどのように影響を及ぼすかについても知っているべきである。たとえば、ドライビーンズやエンドウマメ、タマネギ、イヌリンその他オリゴ糖添加食品（栄養バーやシェイクなど）に含まれるオリゴ糖は、腸内のバクテリアによって発酵を受け、過剰な腸内ガスや膨満感が起こることがある。食物繊維は、野菜やフルーツ、全粒穀物、ドライビーンズ、エンドウマメ、ナッツ、種子類に含まれる（130）。表10.2には、68kg（150ポンド）の有酸素的持久力選手向けの研究に基づく炭水化物の推奨による献立の例を示している。

▶ カーボローディングは、グリコーゲン貯蔵を最大化するうえで効率的なストラテジー（戦略）である。しかしながら、選手はローディング期間中、カーボローディングの恩恵を感じるためには体重1kgあたり8〜10gの炭水化物を摂取すべきである。

競技中の栄養

45分以上継続する有酸素的持久力種目を行っている中で、あるいは間欠的な身体活動を行う競技中、選手が一日に複数の種目に参加する場合、栄養は重要な因子である。水分や炭水化物がパフォーマンスに影響を及ぼすことがある一方、アミノ酸の供給によって筋損傷が最小限となるかもしれない。

試合中に適切な水分補給を行うことは、パフォーマンスにおいて、また体温が上がりすぎることや脱水、熱中症を防ぐうえで不可欠である。選手らは、試合前に水分の吸収と尿の排出ができるよう、運動の数時間前に自分で水分補給をすべきである。加えて、彼らは体重の減少が2％を超えることがないよう、水分を十分に摂取すべきである（112）（訳注：運動後の体重減少は、主に、体水分量の減少によることに基づいている）。最適なスポーツドリンクは、

1Lあたり20〜30mEqのナトリウム（460〜690mgの塩化物をアニオンとして含む）を、また1Lあたり2〜5mEq（78〜195mg）のカリウムを含み、そして炭水化物濃度は5〜10％である（53）。より高い濃度の炭水化物を含むスポーツドリンク——8％超のものもある——は、胃の通過時間（どれほど素早く胃が空になるか）を長引かせ、胃の不快感を導くかもしれない（82）。したがって、炭水化物の濃度は6〜8％とするのが理想であるだろう（112）。

子ども向けの水分摂取ガイドラインは、異なっている。米国小児科学会によると、体重が40kg（88ポンド）の子どもは、水または味がついて塩が加えられた飲料を練習中20分おきに148ml（5オンス）、また体重が60kg（132ポンド）の青年は256ml（9オンス）を、たとえ喉の乾きを感じていなくても摂取すべきである。同学会では、塩化ナトリウムの濃度について15〜20mmol/L（2パイント＝946mlにつき1g）とすることを推奨しており、これにより自発的な水分補給が味のない水と比較して90％増加したことが示されている（4,13,138）。これらの推奨にかかわらず、一度に256ml（9オンス）の飲料を摂取することは、青年においては量が多く、胃の不快感を引き起こすかもしれない。したがって、これらのガイドラインは選手に対して個別に調整する必要があるかもしれない。

有酸素性持久系競技

長時間にわたって継続する有酸素性持久力運動中における炭水化物の摂取は、パフォーマンスを改善することがあり、また運動に起因するストレスを軽減したり免疫系機能を抑制したりすることもある（90）。スポーツドリンクにより炭水化物が供給されるものの、長時間にわたって継続する高強度運動時の炭水化物の消耗には追いつかない（過剰な量のドリンクを摂取しない限り）。実際に、強度の高い運動を行う選手は、1時間あたり600〜1200kcalを消費していることがある（66）。いくつかの研究では、有酸素性持久力運動中における炭水化物摂取は1時間あたり28〜144gの範囲であり（より高いのは自転車運動中であった）、これは限られているグリコーゲン貯蔵への依存を減らし、また疲労困憊までの時間を延ばし、エネルギーに用いられる炭水化物の定常的な流れをもたらすことによってパフォーマン

230　ストレングストレーニング&コンディショニング

表10.2　有酸素性持久力競技選手のための炭水化物ローディング法と日々の食事計画*

炭水化物の量	68kg（150ポンド）の選手の食事例	栄養の内訳
イベントの3日前に炭水化物を体重1kg当たり8-10g摂取する（25）	**朝食：** 卵3個 15種類の穀物入りのトースト 4スライス ミックスフルーツ 1カップ 170gのフルーツ入りヨーグルト 1個 **軽食：** ミニプレッツェル 40個 **昼食：** 鶏肉の炒めもの（以下を含む） 　玄米 2カップ 　調理済み鶏胸肉170g（6オンス） 　野菜ミックスの炒めもの 1カップ、ごま油 大さじ2 **午後早い時間の軽食：** ベーグル 1個＋100%フルーツジャム 大さじ2 **テーパリング走の後：** 100%ジュース 237mL（8液量オンス） 全粒シリアル 2カップ スキムミルク 237mL（8液量オンス） **夕食：** パスタ 3カップ パスタソース 1カップ さまざまな色の野菜のグリーンサラダと57g（2オンス）のチーズ サラダドレッシング 大さじ1	脂質 91g 炭水化物 576g タンパク質 141g 体重1kg当たり炭水化物 8.5g
体重1kg当たり炭水化物 10-12gをイベント前の2日間それぞれ摂取する（19）	**朝食：** 卵3個 15種類の穀物入りのトースト 4スライス ミックスフルーツ 1カップ 170gのフルーツ入りヨーグルト 1個 **軽食：** ミニプレッツェル 40個 100%ジュース コップ1杯 **昼食：** 鶏肉の炒めもの（以下を含む） 　玄米 2カップ 　調理済み鶏胸肉113g（4オンス） 　野菜ミックスの炒めもの 1カップ、ごま油 大さじ2 **午後早い時間の軽食：** ベーグル 1個＋100%フルーツジャム 大さじ2 **テーパリング走の後：** 100%ジュース 237mL（8液量オンス） 全粒シリアル 2カップ 1/3カップのレーズンを加える スキムミルク 237mL（8液量オンス） **夕食：** パスタ 3カップ パスタソース 1カップ さまざまな色の野菜のグリーンサラダと57g（2オンス）のチーズ サラダドレッシング 大さじ1	脂質 91g 炭水化物 689g タンパク質 128g 体重1kg当たり炭水化物 10.1g

*これらの推奨は有酸素性持久力選手のためのものであるが、ほかのタイプの競技選手向けにも適用が可能である。

第 10 章　パフォーマンスを最大化するための栄養戦略　**231**

スが向上することがある（26,62,85,128）。

　前述のように、1 時間あたりの摂取がより多いにもかかわらず、外因性の（外部から摂取した）炭水化物の酸化速度は、1 分あたり 1.0 ～ 1.1 であり、これはおそらくグルコースの吸収率によるものであり、また 1 g のグルコースが血流へと運ばれる時間あたりの割合に上限があるためだろう（61）。しかしながら、炭水化物の酸化速度は種類によって異なる。グルコースやスクロース、マルトース、マルトデキストリン、アミロペクチンは素早く酸化される。フルクトースやガラクトース、アミロースの酸化速度は 25 ～ 50％遅い（61）。加えて、各種の炭水化物はそれぞれ異なる輸送システムを持っている。もし選手がある 1 つの種類の炭水化物、たとえばフルクトースを摂取すると、腸のフルクトースを輸送するトランスポーターが飽和に達し、炭水化物の消化が制限される。したがって、スクロースやフルクトース、グルコース、マルチデキストリンなど、複数の種類の炭水化物を一緒に摂取することは、等カロリーの糖を 1 種類のみ摂取するのと比較して、炭水化物の吸収速度と外因性の炭水化物の酸化速度を高める（58）。炭水化物利用の速度を改善することに加え、運動中に複数の炭水化物を摂取することで、120 分間の自転車漕ぎ後の自転車タイムトライアルパフォーマンスが改善することがわかった（研究デザインは、選手が最大努力を行わなければならない、有酸素性持久力レースの最後の数ステージを模したものである）。このとき、被験者は 1 分あたり 1.8g（1 時間あたり 108g の炭水化物）の割合で与えることを原則として、グルコースとフルクトースの組み合わせを摂取した群グルコースのみを与えられた群が比較された（28）。これに加えて、15 分ごとに 36g のグルコースとフルクトースを与えられた選手では、15 分ごとにグルコースのみを 36g 与えられた選手よ

りも、100km のサイクリングタイムがよい成績であった（128）。

　実際に炭水化物を摂取するのに加え、単に炭水化物飲料で口をすすぐ（実際には摂取しない）のみで約 1 時間、2 ～ 3％パフォーマンスが改善したようであり、これは中枢神経系の影響によると考えられている（60）。

　有酸素的持久力の活動中に炭水化物を供給することに加え、炭水化物のジェルにタンパク質を加えることにより、自転車漕ぎにおける疲労困憊までの時間が延び、またタンパク質そのものにより、またタンパク質によってもたらされる追加的カロリーにより、クレアチンキナーゼの上昇が抑えられる（111）。どのように有酸素性持久力のパフォーマンスに影響を及ぼすかについて検証した研究のメタ分析とレビューでは、まちまちな（どちらとも言えない）結果が明らかとなった（111）。疲労困憊までの時間を測定した研究でのみ、タンパク質を加えることで有意差が示された。しかしながら、これらの研究ではトライアル中のカロリー摂取が統制されておらず、したがってタンパク質を加えたことによるものか、あるいはタンパク質によって増加したカロリーによるものかは明確ではない。3 つのタイムトライアル研究では、炭水化物のみと炭水化物＋タンパク質との間に有意差はなかった（120）。

間欠的高強度競技

　サッカーやテニス、バスケットボール、アメリカンフットボールなど、多くのチームスポーツには、持続時間の短い、高強度の身体活動の繰り返しが含まれているのに加え、広範囲のスキルが関わっている。プレー中の疲労は、グリコーゲン貯蔵の減少あるいは渇、脱水など多数の要因に由来する。水分および炭水化物の両方を供給することは、長時間に

フルクトースと胃腸の症状

　フルクトースは果物に自然に含まれており、また多くのスポーツ栄養製品を含む多くの飲食物に添加されており、これがしばしば運動中における胃の不調の原因となる。フルクトースを完全には吸収することができない人もおり、その場合に摂取後、腹部膨満やガス、腹部の不快感が生じたり、腸の機能変化が起きたりすることがあるが（116）、競技選手における胃腸症状がフルクトース摂取のみと関連しているかどうかは研究されていない。したがって、競技選手は練習においてスポーツドリンクその他のトレーニング中に摂取する製品を変えるときには、テストを行い（フルクトースを含まない条件を試し）、胃腸症状の緩和を助けるかどうか試してみる必要がある（119）。過敏性腸症候群を持つ競技選手は、フルクトースの吸収に問題があることにより副作用を経験する場合が多い（116）。

試合中の飲食物についての推奨

発汗率や電解質濃度に大きなばらつきがあるため、選手は特定の気象条件における練習や試合中の体重の変化を測定すべきであり、この情報に基づいて個別化された水分補給ストラテジー（戦略）を立てるべきである（112）。暑い中で長期時間にわたって活動を行う際には、IOMはスポーツドリンクに1Lあたり20～30mEqのナトリウム（460～690mgの塩化物をアニオン、すなわち陽イオンとして含む）を、また1Lあたり2～5mEq（78～195mg）のカリウムを含み、そして炭水化物濃度は5～10％であることを推奨している（53）。

- 体重が40kg（88ポンド）の子どもは、冷たい水または味がついて塩が加えられた飲料を練習中20分おきに148ml（5オンス）摂取すべきである。
- 体重が60kg（132ポンド）の青年は256ml（9オンス）を、練習中20分おきにたとえ喉の乾きを感じていなくても摂取すべきである（4,13）。
- 有酸素性持久力選手は、30～90gのスクロースやフルクトース、グルコース、マルチデキストリンなど、複数の種類の炭水化物を長時間にわたる有酸素性持久力運動中、1時間ごとに摂取すべきである（58）。
- テニス選手はチェンジオーバー（サイドが入れ替わる）のたびに約200～400mLの炭水化物－電解質スポーツドリンクを摂取することを意図すべきである（65）。

わたって継続する間欠的競技のパフォーマンスにおいて不可欠である。たとえば、長いテニスの試合は4時間になることもある——多くの有酸素性持久力種目よりもかなり長い。テニス選手は試合中は継続的に水分摂取ができず、また1時間あたり2.5Lの水分を失うことがあるため、チェンジオーバー（サイドが入れ替わる）のたびに200～400mlの水分補給をするという推奨が発表されている（65）。水分状態を維持することに加え、研究では炭水化物サプリメント摂取によるRPE（主観的運動強度）への影響はない（38）ものの、継続するプレー中のストロークの質（速度、正確性、エラー率の測定を含む）が改善することが示されている（132）。

サッカー選手においては、体重1kgあたり5mlの6.9％グルコース高分子ドリンクを各試合の15分前およびハーフタイムに摂取したところ、タックルやヘディング、ドリブルの成功やシュート能力などいくつかのパフォーマンス測定において差はなかった（142）。さらに別のサッカー研究においては、炭水化物－電解質飲料を摂取した群において、試合中のパフォーマンスのパラメータが改善したことがわかった。この研究においては、22名の男性プロサッカー選手が、7日間にわたって同じ食事（カロリーのうち55％が炭水化物から、25％が脂質から、20％がタンパク質から）を摂取し、試合前の3日間運動を控え、試合当日の試合開始4時間前に標準化された朝食を摂取した。彼らは2つのグループ、(a) 炭水化物－電解質ドリンク（7％の炭水化物、24mmol/Lのナトリウム、12mmol/Lの塩化物、3mmol/Lの

カリウム）、または (b) プラセボ、のどちらかを与えられた。各群は、試合前に体重1kgあたり5ml、また90分の試合中15分ごとに体重1kgあたり2mlを摂取した。炭水化物－電解質群は、プラセボ群よりも早くドリブルテストを完了した。加えて、正確性の評価は、プラセボ群と比較して、炭水化物－電解質群のほうが高かった。しかしながら、コーディネーション（協調性）あるいはパワーのテストにおいては、両群間に差はみられなかった。この特定の研究において、炭水化物－電解質ドリンクを補給することにより、プラセボ群と比較してサッカーに特異的なパフォーマンスが向上した（96）。

別のランダム化二重盲検プロトコルを用いた研究では、プレー中の炭水化物摂取が有用であることがわかった。17名のサッカー選手が運動前に6.4％の炭水化物－電解質ドリンクを体重1kgあたり8ml、その後15分ごとに体重1kgあたり3ml（合計で1時間あたり炭水化物52g）、90分間の間欠的シャトルテスト中に摂取した（3）。炭水化物－電解質を摂取することで、運動前から運動を15～30分継続するまで、プラセボと比較してスキル低下が抑制された。炭水化物摂取のトライアルでは、この時間内におけるスキルパフォーマンスの低下は3％であった一方、プラセボのトライアルではスキルパフォーマンスの低下は15％であった。しかしながら、このトライアルは低炭水化物食に続く炭水化物を涸渇させるエクササイズ、さらに一晩の絶食後に行われており、したがって炭水化物がパフォーマンスに及ぼす影響は、間欠的運動中の炭水化物摂取量によっての

み決まるのではないかもしれず、むしろ食事摂取の有無、あるいはグリコーゲンが涸渇状態にあるかどうかによって決まるのかもしれない（3）。

別の研究では、さまざまな強度の間欠的高強度シャトル（ウォーキング、ジョギング、ランニング、スプリント、ジャンプ）を行い、ハーフタイムは20分間の休息で区切り、続いてシャトルランを疲労するまで15分クォーターの4回行った（サッカーあるいはバスケットボールの試合を模した）。炭水化物－電解質ドリンクを運動前（6％の溶液を体重1kgあたり5ml）とハーフタイム（18％の溶液を体重1kgあたり5ml）に摂取した被験者は、プラセボ群と比較して疲労までの走行距離が37％長く、第4クォーターでの20mスプリントが有意に速かった。加えて、炭水化物摂取群は運動の後半の段階における全身の運動スキルテストでよりよいパフォーマンスを行っており、このことは間欠的競技において炭水化物－電解質飲料を摂取することが有利となることを示している（136）。

筋力およびパワー競技

炭水化物もまた、レジスタンストレーニングにおいて不可欠なエネルギー源であり、したがって筋力およびパワー競技においても不可欠である。一連の異なるウェイトリフティングのプロトコルを用いた研究では、被験者は顕著な量の筋グリコーゲンを使用したことがわかった（74）。これらの研究のほとんどにおいては、被験者が行ったエクササイズはわずか数セットであった。したがって、筋力およびパワー競技、あるいは筋力やパワーに依存するポジションの選手（ハンマー投げ、アメリカンフットボールのオフェンシブラインマン）は、筋グリコーゲンの貯蔵を涸渇させることがある。さらに、炭水化物の貯蔵がすでに低下した状態で運動を始めると、筋の分解が高まるだろう（72）。筋力およびパワーの競技選手は、試合前および試合中に炭水化物を補給することによって、グリコーゲン貯蔵を維持することができ、遅筋線維の筋疲労を抑える可能性もあり、またよりよいパフォーマンスをもたらすことが期待できる（39,54）。

試合後の栄養

試合後の食事は、選手が水分とグリコーゲン貯蔵を再補充し、筋組織を修復するのを助ける。したがって、練習や試合後すぐに摂取するものによって、次の活動に向けた身体の準備への手助けとなる。各選手の試合後の食事のニーズは、プレー中の強度、プレーした時間、体重や年齢、そしておそらく性別によって異なる。しかしながら、男性の被験者での研究はよく行われているのと対照的に、女性での研究は少なく、十分なデータがないために性別による推奨量は示されていない。

試合後、選手は失われた水分と電解質を補充すべきである。もし時間に余裕があるならば、通常の食事や軽食（いくらかのナトリウムを含むものが提供される）、飲料により、失われた水分と電解質が補充される。汗による大幅なナトリウム喪失がある場合、食べ物に塩を加えることもできる（51,112）。ナトリウムは身体において水分を補充するのを助けるうえで不可欠であるため、選手は炭水化物－電解質スポーツドリンクあるいは水を、塩化ナトリウムを含む食べ物と一緒に摂る（あるいは食べ物に塩を加える）ことを選ぶことができる（79,112,118）。水分補給のストラテジーは、できるだけ個別化すべきである。レスリングや総合格闘技などの体重階級制の競技の選手は、最新の注意を払って自ら脱水し、試合前に水分を補給しようとするかもしれないが、計量から試合までの時間が短いことは、脱水状態で試合を始めるということを意味し、パフォーマンスの低下や健康上のリスクを招く。

有酸素性持久力種目

長時間にわたって継続する有酸素性持久力種目を行った後、次の練習セッションあるいは試合（どちらが先であっても）の前に炭水化物の貯蔵を再補充すること、また筋を構築し修復するために十分なタンパク質を摂取することが重要である。グリコーゲン合成は、2つの明確に区分された段階において起こる。最初の段階はインスリンに依存し、30～60分にわたって続き、グリコーゲン合成は素早く起こる。次の段階は数時間続き、グリコーゲン合成はより遅いペースで起こる。炭水化物が多量、すなわち体重1kgあたり1時間あたり1.0～1.85g、運動あるいは試合の直後、また15～60分おきの規則的な間隔で5時間にわたって摂取した場合は、グリコーゲン合成は素早く起こる（57）。選手は長いトレーニングセ

ッション後、グリコーゲン貯蔵をすぐに、あるいは24時間の中で補充することができるかもしれないが、これは試合後においては必ずしも当てはまらない。マラソンのような著しく激しい有酸素性種目は、測定できるほどの筋損傷を引き起こし、選手がより高い炭水化物食を摂取したとしても、おそらく代謝障害あるいは筋細胞への力学的損傷により、グリコーゲン再合成の遅延をもたらす（9,117,134）。

選手らはしばしば試合終了後すぐに炭水化物を摂取するように言われることがあるが、研究ではいつもそのようにする必要はないことが示されている。すなわち、炭水化物を摂取するまで、イベント終了後2時間待つことができるかもしれない（訳注：炭水化物の摂取は2時間経過してからでもよいだろう）、という知見もある。グリコーゲン再合成のレートについて調べた研究では、2時間にわたってグリコーゲンを涸渇させる自転車運動後の24時間で、5回の高グリセミック食が選手らに与えられた。最初の群では、3回目までの食事が運動後4時間の中で与えられた一方、2番目の群では3回目までの食事は運動から2時間経過してから6時間経過時点まで規則的に2時間おきに与えられた。グリコーゲン再合成のレートは、両群で運動の8時間後および24時間後で同等であった（98）。したがって、回復するうえで24時間以上の時間をかけることのできる選手は、適切な量の炭水化物を摂取するのであれば、運動後の食事が遅くなってもよく、24時間の中でグリコーゲンを補充できるようである。しかしながら、一日に2、3回の練習を行う、あるいは回復にかけられる時間が24時間未満しかない選手は、イベント後すぐに高炭水化物を飲食し、素早くグリコーゲン貯蔵を補充したいと考えるかもしれない。

長時間にわたる有酸素性持久力運動によって、筋組織は分解されるため、有酸素性持久力選手の運動後の食事には筋の構築および修復が始まるのを手助けするためにタンパク質を含むべきであり、それによって練習や試合後の筋痛が抑制されるかもしれない（80）。練習後のタンパク質摂取には、別の利点もある。すなわち、炭水化物摂取が不適切であった場合（体重1kgあたり1時間あたり1.2g未満の炭水化物）に、グリコーゲン貯蔵のレートを増加させる（57）。ランダム化比較対照試験で、18名の一流オリエンテーリング選手が1週間に13のエクササ

イズセッションに参加した。オリエンテーリング選手の半数（PRO-CON群）はタンパク質飲料（体重1kgあたり0.3g）をトレーニング前に、タンパク質−炭水化物飲料（体重1kgあたりタンパク質0.3g＋炭水化物1g）をトレーニング後に摂取した。残りの半数（CHO群）は、等カロリーの炭水化物のみの飲料を運動前後に摂取した。食事は、研究を通して、追加のサプリメント以外は一定に保たれた（タンパク質／炭水化物／脂質 が、15%／63%／22%）。基本の食事＋サプリメントにより、PRO-CON群においては体重1kgあたり1日あたり3.0gのタンパク質と、8.3〜9.3gの炭水化物を摂取し、CHO群では体重1kgあたり1日あたり1.8gのタンパク質と8.8〜10.8gの炭水化物を摂取した。研究開始時および終了時に4km走テストが行われ、2時間後に標準化された朝食を摂取した。PRO-CON群では、パフォーマンスが有意に改善した一方で、CHO群のパフォーマンスは改善しなかった。しかしながら、この研究からは、PRO-CON群とCHO群の間で差がもたらされたのは、タンパク質の摂取タイミングによるものか、あるいは一日の総タンパク質摂取量の増加によるものかは明らかではない（40）。

他の研究では、持久的運動後におけるタンパク質が重要であることが示唆されている。たとえば、単盲検の（訳注：配置された群が何を目的にした群かを被験者が知らない）ランダム化トリプルクロスオーバーデザイン（訳注：一般に、実験群1、実験群2、対照群の3群に分け、ある期間が過ぎた後、それぞれの役割を変えて主効果がどのように現れるかを検討する方法。ここでは低タンパク質、低ロイシンサプリメント群、タンパク質およびロイシン追加群、プラセボ群＝対照群に分けている）を用いて、タンパク質−ロイシン混合物の摂取量が、12名の持久的なトレーニングを積んだ男性、が100分間の高強度自転車運動後（標準化された朝食摂取の3時間後に行い、テストの前日はカロリーの必要量に基づき標準化され、炭水化物・タンパク質・脂質の割合は同じになるようにした）、筋線維タンパク質分画合成速度（FSR、筋タンパク質合成）にどのような影響を及ぼすかが評価された。自転車選手らは、240分間（4時間）の回復期の最初の90分の間に、タンパク質／ロイシン／炭水化物／脂質 が 70/15/180/30g、または 23/5/180/30g、あるいは 0/0/274/30g（対

照群）を４回摂取した（訳注：プラセボを含む４種類の飲料を４つの群に割り当てて、30分ごとにそれぞれの飲料を300mLずつ４回、計1200mL摂取）。低タンパク質、低ロイシンサプリメント群（23/5/180/30g）では、FSRが対照群と比較して33%±12%増加した一方、タンパク質およびロイシン追加群（70/15/180/30g）においては対照群と比較してFSRが51%±12%増加した。タンパク質およびロイシンを摂取した２群間には有意な差はみられなかったが、両群ともプラセボ群よりよく、このことは長く激しいワークアウト後において、タンパク質が重要であることを示している（110）。異なるワークアウト、絶食あるいは非絶食状態で運動を行い、タンパク質摂取量を変化（10～90g）させて行った別の研究では、持久的運動後にFSRを最大化するうえで必要となる最低限のタンパク質摂取量は明らかとなっていない（18,49）。加えて、持久的運動の直後の時間においてFSRを最大化することが、その後の時間におけるパフォーマンス向上に移行されるかについては明らかではない。そして最終的に、持久的運動後の理想的な時間においてタンパク質を摂取すべきかどうかは明らかでなく、トレーニングが絶食状態あるいは非絶食状態で行われたかに依存するかどうか、またタンパク質の総摂取量に依存するかどうかは明らかではない。しかしながら、１つの研究では、持久的運動後のタンパク質摂取が少なくとも３時間遅れると、その同化の効果を鈍らせることが明らかとなっている（73）。

高強度間欠的競技

間欠的高強度運動——バスケットボール、ホッケー、サッカーなど——に参加する選手は、１日に１ゲーム以上プレーすることがあり、時にはトーナメント戦の合間はわずか数時間であるため、ゲーム後の急速な回復が次のゲームのパフォーマンスに不可欠である。また、サッカーやアメリカンフットボール、ラグビー、テニスなど、継続時間の長い高強度間欠的競技で競う選手は、筋グリコーゲン貯蔵量が顕著に減少することがあり、筋疲労がもたらされる（10,55）。後に続く運動あるいは試合の前に筋グリコーゲンを完全に補充することは、疲労に至るまでの時間を延ばし、パフォーマンスを改善する可能性がある。サッカーの試合を模した研究デザインで、

Nicholasらは６名の男性に対して同じ運動を連続する２日間で22時間の間隔を空けて行わせた——75分間の連続した長時間にわたる間欠的で高強度のシャトルランを、できる限り多く20mを往復（往復でジョギングとスプリントを交互に行った）。被験者らは、22時間の回復期に２つのうち１つの食事が割り当てられた。すなわち、体重１kgあたり10gの炭水化物を含むリカバリー食、あるいは通常の食事と等カロリーでタンパク質および脂質の多い食事のいずれかである。間欠的ランニング能力は、高カロリーでタンパク質および脂質の多い条件と比較して、高炭水化物食のみの条件がより改善を示した（89）。またBalsomらは男性の被験者が運動セッション前の48時間に高炭水化物食を摂取した場合、低炭水化物食と比較して短時間（10分未満）および長時間（30分超）の両方において有意に多くの仕事を行ったことを見出した（10）。

高強度間欠的競技は、プレーの時間や強度、身体の大きさなど多くの要因による、ある程度の筋損傷を引き起こすことがある。運動後にタンパク質を摂取することによって、筋損傷のマーカーのいくつかが減少する助けとなることが、複数の研究によって示されている（34）。サッカーやアメリカンフットボールのような試合においてプレー直後に選手が摂取すべきタンパク質の量については、現時点では明らかになってない。運動後の炭水化物摂取によって、続いて行われるイベントあるいはトレーニングセッション、とくに時間的にお互いに近接している場合のパフォーマンスは影響を受けるが、最初のイベントあるいはエクササイズセッション後、４時間の回復期間の間にタンパク質を追加することによって次の運動のパフォーマンスは影響を受けないだろう（80）。

筋力およびパワー競技

筋力およびパワー競技の選手は、試合中のエネルギーを血中グルコースおよびグリコーゲンに依存している。１回のトレーニングでグリコーゲンの顕著な低下が引き起こされることがあり（74）、またグリコーゲンが低下してくると、筋力の弱化が際立つだけでなく、力の発揮とアイソメトリック（等尺性）筋力を阻害するので、次の運動の前にグリコーゲンレベルを元に戻すことは不可欠である（39,54）。筋

力およびパワー競技の試合後の回復期の間、最初の
トレーニングセッションあるいは試合から24時間の
中で次の試合または練習を行う場合、選手らは運動
後すぐに高グリセミック炭水化物を摂取することに
集中すべきである。彼らが完全にグリコーゲン貯蔵
を再補充するのに必要な炭水化物の量は、試合の強
度やかかった時間、体重や筋量、運動前の食事（お
よび試合前のグリコーゲン貯蔵状態）、試合中に炭
水化物を摂取したかどうかなど、多くの要因によっ
て決まる。クロスオーバー研究においては、一晩の
絶食後、8名の男性が片脚ニーエクステンションを
1RMの70％で6セット、膝の伸展が完全伸展の50
％に到達するのが不可能になるまで行うと、グリコ
ーゲンレベルは71％まで涸渇した。レジスタンスト
レーニングセッションの直後および1時間後に再び、
体重1kgあたり1.5gの炭水化物を摂取すると、グリ
コーゲン貯蔵量は6時間後に運動前の91％まで補充
された。しかしながら、被験者がトレーニング直後
および1時間後に水のみを摂取した場合、筋グリコ
ーゲン量はかろうじて涸渇時のレベルを上回る75％
であった（99）。

　タンパク質のネットバランスは、筋タンパク質合
成と分解のそれぞれの値次第で決まる。そして炭水
化物は筋タンパク質合成に影響を与えないものの、
レジスタンストレーニングによって引き起こされる
急性のタンパク質分解の抑制を促す。タンパク質分
解は、おそらく抵抗となる刺激、その人の全般的な
栄養摂取、トレーニングあるいは試合前およびその
最中の摂取したものなどによって、その増加の程度
が決まる。トレーニング経験のない若い男性を対象
とした1つの研究では、1回のレジスタンストレー
ニング後、急性のタンパク質分解が51％±17％増
加したことが明らかとなった（14）。別の研究では、
トレーニング経験のない男女各4名を対象として、
コンセントリック（短縮性）あるいはエクセントリ
ック（伸張性）エクササイズ後における混合筋タン
パク質分画合成速度および分画分解速度を測定した。
合成速度はエクササイズの3時間後、安静時と比較
して112％、また24時間後には65％、48時間後に
は34％の有意な増加を示した。筋タンパク質分解も、
エクササイズ後の3時間および24時間でそれぞれ
31％、18％と増加し、48時間後にベースラインに戻
った（104）。相対的に少量である、30～100gの間

の炭水化物によって、筋タンパク質分解を十分に減
少させることができる（16,35）。また筋タンパク質
分解もタンパク質のバランス全般において役割を担
っているが、筋タンパク質合成のほうが、タンパク
質のバランス全般においてはより大きな役割を担っ
ている（35）。

　筋を損傷するようなレジスタンストレーニング後
にタンパク質を含むサプリメントを摂取することは、
急性の筋タンパク質合成を増加させる。レジスタン
ストレーニング後に筋タンパク質合成を刺激するた
めに、さまざまな量のタンパク質が用いられており、
若い人における20～25g（8.5～10gの必須アミノ酸
をもたらす）の質が高く、ロイシン含有量が高く、
吸収の速いタンパク質（血流のアミノ酸の素早い上
昇を導く）において最大の刺激が起こったが、一方
で高齢者の場合は40g以上が必要かもしれない
（103）。米飯は（筋タンパク合成速度は）中程度の
スピードで、ロイシン含有量が低いタンパク質だが
（しかし米飯タンパク質を摂取後、米飯中のロイシ
ンは素早く血流に現れる）、米飯の摂取量がより多
いと、ロイシン含有量でマッチさせて補正すると、
同じ量の質の高いタンパク質と同程度、筋タンパク
質合成を刺激した（63）。したがってタンパク質の
ロイシン含有量や、おそらくロイシン運搬のスピー
ドが、筋タンパク質合成の刺激を最大化するうえで
急性な変化をもたらす決定要因である可能性がある。
2～3gのロイシンあるいは体重1kgあたり0.05gの
ロイシンを含むタンパク質が、若い成人において筋
タンパク質合成を最大化するだろう（91,97,127）。

　急性の筋タンパク質合成の増加に加えて、一貫し
てレジスタンストレーニング後にタンパク質をサプ
リメント摂取することにより、タンパク質サプリメ
ントが与えられない条件の被験者と比較して、長い
期間をかけて小から中程度の筋肥大が引き起こされ
た（22,115）。筋タンパク質合成の急性の測定と、レ
ジスタンストレーニングによって引き起こされる筋
肥大の間の関係について検証した研究は、現時点で
は1つだけである。この研究においては、23名のレ
クリエーションレベルの身体活動を行っているが、
少なくとも1年間にわたってレジスタンスエクササ
イズプログラムを行っていない若い男性を対象とし
て、開始時の筋力、安静時および運動後の筋タンパ
ク質合成の比率について測定を行った。2日間の下

半身（レッグプレス、レッグエクステンション、レッグカール、カーフプレス）および2日間の上半身（チェストプレス、ショルダープレス、シーティッドロウ、ラットプルダウン、バイセプスカール、トライセプスエクステンション）のエクササイズを16週間の直線的漸増プログラム法で、朝、起床後最初に行った。エクササイズを行った各日の後およびトレーニングを行わなかった日の朝食に30gの牛乳タンパク質、25.9gの炭水化物、3.4gの脂質を含む栄養ドリンクを摂取させた。この研究の著者らは、トレーニングによって引き起こされる筋タンパク質合成の急性の上昇（トレーニング後6時間）と栄養ドリンク、筋肥大の間に相関はなかったことを見出した。しかしながら、トレーニングに伴う筋タンパク質合成の変化は、被験者間で画一的ではなく、したがって筋肥大において筋タンパク質の急性の変化は重要であるが、個々の筋力の増加の可能性を予測するうえで唯一の決定因子ではないとも彼らは述べている（81）。本研究で用いられた30gの牛乳タンパク質は、推定で24gのカゼインと6gのホエイ、総量で2.8gのロイシンが含まれていた（129）。

同時トレーニング

エクササイズ干渉（exercise interference）とは、持久的エクササイズをストレングストレーニングと組み合わせて行う（隣り合わせのセッション、

back-to-back sessions）と、ストレングストレーニングを単独で行った場合と比較して、筋力の獲得が鈍化するが、そのかわり持久的パフォーマンスは向上するという概念である（140）。同時トレーニングについての関心は近年高まっているが、同時トレーニングに対する栄養的な推奨は、しばしば、持久的トレーニングあるいはレジスタンストレーニングへの栄養的介入の影響をそれぞれ独立に調べた研究に基づいている。持久的エクササイズ後およびウェイトの挙上前の炭水化物摂取は、骨格筋の分解を抑制する。また、持久的エクササイズ後のタンパク質摂取が筋タンパク質合成に及ぼす影響や、長時間にわたる（2時間超）レジスタンストレーニング中のタンパク質摂取は炭水化物を制限することに比べて運動中の筋タンパク質合成比率を亢進する助けとなるなどの研究結果も考え合わせると、選手らは持久的運動後や、リフティングを行う前あるいはセッション中にタンパク質を摂取することを考慮すべきである（101）。

食事の時間におけるタンパク質

ワークアウト直後にタンパク質を摂取することに加え、とくにレジスタンスとトレーニングはエクササイズ後24～48時間にわたってアミノ酸に対する筋の感受性を高め、同化作用は食後約3～5時間持続するため、成人は毎回の食事におけるタンパク質

表10.3　競技特異的なタンパク質のニーズ

競技	体重1kg当たり1日当たりのタンパク質必要量（g）	91kg（200ポンド）の男女の1日当たりの摂取例（タンパク質、g）	運動後のタンパク質必要量	運動後のタンパク質の例
低～中程度の持久的身体活動（例：ジョギング、トライアスロン）	1.0-1.1	ギリシャヨーグルト1カップ（22g）グリルチキンサンドウィッチ（28g）高タンパク質栄養バー1本（20g）スパゲッティ、ミートボール添え（ミートボール113g（4オンス））（20g）	体重1kg当たり0.2-0.5g	高タンパク質栄養バー1本（20g）高タンパク質ギリシャヨーグルト1カップ＋ピーナッツバター 大さじ2＋ホエイプロテイン25g
一流持久力競技選手あるいは高強度のトレーニングを行っている者	>1.6	ギリシャヨーグルト1カップ（22g）グリルチキンサンドウィッチ（28g）57g（2オンス）チーズと全粒粉クラッカーチーズと全粒粉クラッカー（20g）スパゲッティ、ミートボール添え（170g（6オンス））（30g）牛乳237mL（8液量オンス）（8g）カッテージチーズ1/2カップ（15g）	体重1kg当たり0.2-0.5g	高タンパク質ギリシャヨーグルト1カップ＋ピーナッツバター 大さじ2＋ホエイプロテイン25g

（続く）

表10.3 （続き）

競技	体重1kg当たり1日当たりのタンパク質必要量（g）	91kg（200ポンド）の男女の1日当たりの摂取例（タンパク質、g）	運動後のタンパク質必要量	運動後のタンパク質の例
アメリカンフットボール	1.0-2.0、おそらくプレーにおける上限レベルで	体重1kg当たりタンパク質 2g、大きな卵5個分の卵白または全卵、28g（1オンス）のチーズとともに調理（38g）グリルチキンサンドウィッチ（28g）牛乳（または高タンパク質豆乳）1杯（8g）ピーナッツバター 大さじ2 ＋オートミール 1/2カップ（牛乳でつくる）（約20g）グリルサーモン170g（6オンス）（48g）牛乳355ml（12液量オンス）＋ホエイプロテイン1スクープ（37g）	研究で明らかになっていないため、選手はレジスタンスストレーニングのためのガイドラインに従って20-25gの手軽で（ファスト）高タンパクでロイシン豊富な（ロイシンが2-3g）タンパク質を摂取しようとするかもしれない。	ホエイプロテインシェイク＋果物その他の例（ファストプロテインでない）高タンパク質ギリシャヨーグルト≧1カップグリルチーズサンドウィッチ、七面鳥あるいはチキン入り
体操	食事の制限によりタンパク質のニーズが高くなる（もしカロリー制限をしている場合）。体操選手のためのタンパク質のニーズについての研究は行われていない		研究によって明らかになっていない	
チーム競技	おそらく体重1kg当たり1.0-2.0g、競技および運動強度による	体重1kg当たり2.0g。上記のアメリカンフットボールのための食事例の通り	研究によって明らかになっていない	
ウェイトリフティング	1.5-2.0	体重1kg当たり2.0g。上記のアメリカンフットボールのための食事例の通り	卵のタンパク質20g あるいはホエイプロテイン25gを練習前、または練習後、あるいは練習前後。研究では、20-70gのタンパク質がレジスタンスエクササイズの直後に用いられているが、タンパク質はロイシンを1回当たり約2-3g含むことが推奨されている	ホエイプロテインシェイク
レスリング	不明であるが、食事制限によりタンパク質のニーズは高くなる		レスリングにおけるエクササイズ前あるいは後のタンパク質のニーズに特化した研究は行われていない	

摂取にも注目すべきである。最適な筋リモデリングのために、食事ごとに少なくとも20〜30gのタンパク質を摂取すること、また食事を3〜4時間おきに摂ることを専門家は示唆している（77,101）。

子どもにおける筋タンパク質合成に関するデータは、侵襲的な測定手順が必要となるため、データの量は限られており（15）、健康な子どもにおけるトレーニング後の筋タンパク質合成およびワークアウト後のタンパク質摂取について調べた研究は存在し

ない。しかしながら、子どもについては1つのことが明らかである。すなわち、子どもは成人と同様の食事ごとのタンパク質ガイドラインに従う必要はないというものである。なぜなら、タンパク質合成の原動力はロイシンではなくインスリンと摂取カロリーによって調整されるためである。したがって、子どもたちはより少量のタンパク質を、一日全体を通してタンパク質必要量を満たすように摂取することができる（75）。競技ごとのタンパク質必要量に関

第 10 章　パフォーマンスを最大化するための栄養戦略　**239**

さまざまなパフォーマンス目標のための栄養

有酸素性持久力パフォーマンスおよびリカバリーのための栄養

- 有酸素性持久力競技選手、とくに90分以上の練習を行う場合は、1日当たり体重1kg当たり、炭水化物を8～10g、タンパク質を1.0～1.6g摂取する必要がある。
- 試合の4時間前までに食事をする競技選手は、体重1kgあたり約1～4gの炭水化物と、0.15～0.25gのタンパク質を含めるべきである（124）。もし試合前の食事が運動の2時間前である場合、選手は体重1kgあたり約1gの炭水化物を摂取することを目標とすべきである（112）。
- 選手は、長時間にわたる有酸素性持久力運動中、疲労困憊までの時間を延長し、パフォーマンスを改善するために1時間ごとに28～144gの複数の種類の炭水化物（スクロース、フルクトース、グルコース、マルチデキストリン）を摂取すべきである（26,28,62,85,128）。
- 暑い中で長期時間にわたって活動を行う際には、1Lあたり20～30mEqのナトリウム（460～690mgの塩化物をアニオンとして含む）を、また1Lあたり2～5mEq（78～195mg）のカリウムを含み、そして炭水化物濃度は5～10％であるスポーツドリンクを摂取すべきである（53）。
- 運動の後で、体重1kgあたり約1.5gの炭水化物を、運動終了後30分以内に摂取すべきである。すべてではないが、いくつかの研究ではワークアウト後に炭水化物に加えてタンパク質を加えることで筋の分解や痛みを緩衝し、筋タンパク質合成を増加させる可能性があることが示されている。タンパク質の理想的な摂取量と、エクササイズ後どの時点で摂取すべきかについては、現在の研究によって明らかにはなっておらず、おそらくそのエクササイズが食事後に行われたか、あるいは絶食状態で行われたどうか、またワークアウト後に摂取した総カロリーによって決まる（36,49,80）。しかしながら、一般的なガイドラインと同様に、持久的運動後の3時間以内に少なくとも10gのタンパク質を摂取すべきである（正確な時間は研究において明らかになっていないが、早いほどよいだろう）（73）。
- グリコーゲン貯蔵は、運動後および次のトレーニング前に補充されるべきである。十分な炭水化物を含む定期的な食事を摂取することによって、24時間の中でグリコーゲンを補充することができる。より速いグリコーゲン合成のために、選手は高炭水化物のものを運動直後および通常の間隔で飲食すべきである。このことは、今回のトレーニングから次のトレーニングセッションまでの間隔が24時間以内である選手にとって、とくに重要である（57）。

筋力のための栄養

- 選手は、筋力を維持し、筋の分解を最小限にするために試合前および試合中に炭水化物を補給することを考慮すべきである（39,54）。一般的に、筋力・スピード系の選手は体重1kg当たり1日当たり炭水化物を5～6g摂取すべきである。トレーニング後に炭水化物を30g摂取することで、筋分解が低減する可能性がある。レジスタンストレーニング後における炭水化物摂取の理想的な時間についてはまだ完全には明らかになっていないが、とくにトレーニングが絶食状態で行われた場合には、より素早く炭水化物を摂取することは（摂取を待つよりも）より有益となるだろう（35）。
- グリコーゲンが低い場合には筋力を阻害する場合があるため、最初のトレーニングセッションあるいは試合から24時間の中で次の試合または練習を行う場合、選手らはウェイトリフティング後、あるいは筋力・パワー系の試合後すぐに高グリセミック炭水化物を摂取することに集中すべきである。それ以外には、次のトレーニングあるいは試合前にグリコーゲンレベルを回復させるために、その日を通して十分な炭水化物を摂取することもできる（39,54,99）。
- 一般的に、筋力・スピード系の競技選手は、その競技あるいはトレーニングに有酸素性持久力の要素を含んでいる場合であっても体重1kg当たり1日当たり1.4～1.7gのタンパク質を摂取すべきである。レジスタンストレーニング後、若い人においては少なくとも20～25g（8.5～10gの必須アミノ酸をもたらす）の質が高く高ロイシン（2～3g）、急速なタンパク質（血流のアミノ酸の素早い上昇を導く）を摂取すべきであるが、一方で高齢者においては筋タンパク質合成を最大に刺激するために、40g以上が必要かもしれない（103）。もしエクササイズが絶食状態で行われる（朝食を摂らずに行う、あるいは最後のタンパク質豊富な食事から3時間以上経過後に行う）と、タンパク質をトレーニング終了後30分以内に摂取したほうがよい。しかし、エクササイズが食事後に行われる（エクササイズ前にタンパク質豊富な食事またはサプリメントを摂取して行う）なら、運動後に摂取すべき時間はかなり長くなるだろう（8）。
- 筋タンパク質の分解を低減するために、筋を損傷するようなエクササイズ後は30～100gの高グリセミック炭水化物を摂取すべきである（16,35）。
- 成人の競技選手は、少なくとも20～30gの高ロイシンのタンパク質を含む食事を摂るべきである。

（続く）

（続き）

筋肥大のための栄養
- 筋タンパク質の分解を低減するために、筋を損傷するようなエクササイズ後は30〜100gの高グリセミック炭水化物を摂取すべきである（16,35）。
  レジスタンストレーニング後、若い人においては少なくとも20〜25g（8.5〜10gの必須アミノ酸をもたらす）の質が高く高ロイシン（2〜3g）、急速なタンパク質（血流のアミノ酸の素早い上昇を導く）を摂取すべきであるが、一方で高齢者においては筋タンパク質合成を最大に刺激するために、40g以上が必要かもしれない（103）。
- 成人の競技選手は、少なくとも20〜30gの高ロイシンのタンパク質を含む食事を摂るべきである。

筋持久力のための栄養
- 体重が2%を超えて減少することを防ぐことによって、適切な水分状態を維持する。
- 長時間にわたる練習や試合の間、とくに一晩の絶食後に行う場合においては、疲労を遅らせパフォーマンスを改善するために、炭水化物−電解質飲料を摂取することを考慮すべきである（3,136）。
- 次のトレーニングセッションあるいは試合の前に、グリコーゲン貯蔵を完全に補充する。
- 筋の損傷や痛みを最小限にするために、トレーニングあるいは試合後にタンパク質を摂取する（34）。

するさらなる情報は、表10.3を参照のこと。

体組成を変化させるための
栄養戦略

体組成を変化させたい競技選手は、筋を増やし、体脂肪を減らす、あるいはそれら両方を行う必要があることが一般的である。筋と脂肪の両方を増やすというシナリオもいくつかはあるものの（典型的には摂食障害のある場合）、本セクションでは筋を増やし、体脂肪を減らすことに注目する。

体組成を変化させるうえで最初の段階は必要なカロリー量を推定することである（「カロリー」というのは一般用語であり、専門用語では「キロカロリー」となる。訳注：本書では熱量の単位としてはkcalとしている）。選手が毎日必要とするカロリーの数値は、遺伝や体重、体組成、トレーニングプログラム、年齢を含む多数の因子によって決まる。幼児から10代の少年少女もまた、成長や発達のためにカロリーが必要である。

総消費エネルギーのうち最も大きな割合であるのが基礎代謝率（BMR, Basal Metabolic Rate）であり、1日のエネルギー消費のほぼ60〜75%を占める（59,107）。これは呼吸や血液循環、胃腸および腎臓の処理過程などの正常な身体機能を維持するために必要なカロリーの量である。**基礎代謝率**と**安静時代謝率**（RMR, resting metabolic rate）は、しばしばお互いに交換可能なように用いられるが、これらはわずかに異なる。基礎代謝率は、一晩の絶食（12

〜14時間にわたって食物を摂らない）の後、安静に仰臥位となり、動かないが目覚めたままで測定する（32,52）。安静時代謝率は、測定が容易であることにより（一晩の絶食が必要ではない）しばしば基礎代謝率の代わりに用いられることがあるが、最近摂取した食事あるいはその日の早い時期に行った身体活動の結果として生じるエネルギー消費の増加により、基礎代謝率よりも10〜20%高くなる。いくつかの要因が基礎代謝率および安静時代謝率に影響を及ぼし、とくに、個人間の安静時代謝率の差は、70〜80%が除脂肪量の差として説明できる（52,88,108）。ほかの要因には、年齢や栄養状態、遺伝、内分泌機能（甲状腺機能低下症および亢進症など）が含まれる。

個人のエネルギー必要量を決める2番目に大きな要因は、身体活動でのエネルギー消費である。これはすべての構成要素の中で最も個人差が出るもので、トレーニングプログラムの頻度や強度、継続時間、そしてトレーニング以外の身体運動（洗車や家事など）によって増加する。一般的には、1日の総エネルギー消費量のうち20〜30%を身体活動が占めているが、この数字は競技選手ではかなり高いかもしれない（59,107）。エネルギー消費量が最も高いのは、身体の大きな選手が有酸素的な活動を長時間行った場合であり、身体の小さな選手がスキル系、パワー系の競技を行った場合に最も低い。

食事性の熱産生効果とは、食事を摂った後数時間にわたって安静時代謝率以上にエネルギー消費が高まる現象で、**食事誘発性熱産生**として知られている。この食事性の熱産生効果には、身体での食品の消化、

吸収、代謝、貯蔵に関わるエネルギー消費が含まれる。食事性の熱産生効果は、1日に消費されるカロリーのうち約10〜15％を占める（59,107）。

　必要なカロリー量を算出するために用いられる等式は多くあり、Cunninghamの式や、Harris-Benedictの式などの推定式がある。Harris-Benedictの式では、安静時代謝率を推測する式に性別や体重、身長、年齢を取り入れて推定する。安静時代謝率は、1.2（座業中心）から1.9（激しい身体活動）までの活動係数を乗じてエネルギー必要量を推定している（42）。しかしながら、Harris-Benedictの式では、筋量が安静時代謝率に及ぼす影響について考慮されていない（83）。Cunninghamの式は、Harris-Benedictの式と同じ変数を考慮しているが、除脂肪量について考慮されており、競技選手にとってより適用しやすいものになっている（126）。

安静時代謝率（RMR）=
550 + 22（除脂肪量：LBM）

　Cunninghamの式を用い、除脂肪量に基づき安静時代謝率を推測した後、一日の総エネルギー消費量を推測するために活動因子を用いることができる。基礎的活動因子を用いる代わりに、ストレングス＆コンディショニングコーチは代謝当量（MET値）──身体活動中の推定消費カロリー──を用いることを選ぶかもしれない。1METは、静かに座っているときのエネルギー消費に相当する。したがって、運動強度が高くなるほど、MET値は高くなる（2）。

　このほか体重の安定している時期に、連続する3日間の食事摂取を記録する方法があるが、これは時間と労力を要するため、非常にやる気のある選手を対象にする。個人の1日のエネルギー必要量は、その日に摂取したカロリーの量と同じと推測できる。ただ、この方法では、食物の摂取を記録するとなると、通常の食事の習慣が変わってしまうことや、摂取した食事を必ずしもいつも正確に記録するわけではないという落とし穴がある（47,114）。最後に、非常にシンプルなカロリー必要量の評価方法について表10.4に示した。

体重増加

　選手の体重を増やす能力は、さまざまな因子によって決まり、その中で制御できるものには食事とトレーニングがある。オフシーズンは、選手たちは心に試合のプレッシャーがかからないため、体重増加に焦点を合わせて食事内容を変更させるための時間として使うべきである。

　もし選手が劇的かつ一貫して摂取カロリーを増加させてしまうと、彼らが思った以上に体脂肪の増加が起こるだろう。選手ごとに調整すべきだが、体重増加のための一般的なガイドラインは、1日あたり約500kcalの追加的なカロリーを摂取することである（106）。より多い分量を食べること、食事の頻度を増やすこと、高カロリーの食品を選ぶことすべては、選手が体重を増やすのに役立つ戦略となる。総カロリー摂取を増やすことに加えて、選手は除脂肪体重の増加を確実なものとするために、十分なタンパク質、すなわち体重1kgあたり1.5〜2.0g/日を摂取すべきである。競技選手においてタンパク質摂取を高めることは、タンパク質が満腹感に大きな影響を及ぼすとともに、高タンパク質食は食事性熱産生効果ももたらすことを考慮すると、体重増加が困難になる可能性がある。しかしながら、その食事を続けることができるならば、タンパク質を過剰に摂取することは、有利となる。ランダム化対照試験によ

表10.4　男女の競技選手における活動レベルごとの一日当たりのカロリーのニーズの推定

活動レベル	男性		女性	
	kcal/ポンド	kcal/kg	kcal/ポンド	kcal/kg
軽い	17	38	16	35
中程度	19	41	17	37
強い	23	50	20	44

活動レベルが軽い：平坦なサーフェスを4.0〜4.8km/h（1時間あたり2.5から3マイル）歩く、ガレージ作業、電子的取引、大工仕事、飲食業、家の掃除、子どもの世話、ゴルフ、セーリング、卓球。
活動レベルが中程度：5.6〜6.4km/h（1時間あたり3.5から4.0マイル）歩く、草刈りや耕す作業、自転車、スキー、テニス、ダンス。
活動レベルが高い：負荷を持って上り坂を歩く、手で穴掘りをする、バスケットボール、クライミング、アメリカンフットボール、サッカー。

る過剰摂取研究において、16名の健康な成人を対象として、代謝測定室で8週間にわたって低タンパク質（総カロリーの5％）、通常タンパク質（総カロリーの15％）、高タンパク質（総カロリーの25％）を含む食事を摂取した。通常および高タンパク質を摂取した被験者は、除脂肪量に対する過剰のカロリーの約45％を貯蔵したが、低タンパク質食では除脂肪量に対する過剰のカロリーの95％を体脂肪として貯蔵した（31）。食事を変化させることに加え、体重を増やしたい選手は安全にまた効果的に除脂肪体重を増やすクレアチンモノハイドレートを含むサプリメントを摂取すべきである（69）。

競技選手はエネルギーおよびタンパク質が必要であることは知っていても、最終的にその知識を実践しようとすると困惑してしまうことがある。したがって、より高度な学位を持つスポーツ栄養士による栄養カウンセリング（あるいはコーチング）を定期的に行うことが、体重の増加をより促進させるうえで推奨される戦略である。21名の一流選手を、無作為に栄養学的カウンセリングを受ける群と自由に食べてよい群に分け、両者に激しいトレーニング負荷をかけた研究において、8～12週間の増量期間を終えて、カウンセリング受講群は介入期間中、また12カ月後において総体重および除脂肪体重が増加した。これはすなわち、栄養カウンセリングを受けることが、カウンセリング終了後数カ月にわたって栄養指導の効果が続くことを意味している（33）。

体重（脂肪）減少

さまざまな競技に参加する選手において、スピードや持久力などの側面を改善するために、体脂肪を減らす必要があるかもしれない。加えて、体重を調整することは、選手において試合に向けた心理的な優位性をもたらすかもしれない（102）。さらに、体重を維持したり、体重を増やしたりすることは、ウェイトリフティングやレスリング、ボクシング、漕艇の軽量クルー、体操など、体重別の階級や体重制限がある競技、感覚的印象に基づいて判定される競技において繰り返される側面の1つである。

食事についての多くの本がベストセラーのリストに入っているけれども、誰もが効果的に体重コントロールできる理想的な食事などというものは存在しない。その代わり、低炭水化物食や低脂質食などのさまざまなタイプの食事は、体重を維持するのに必要なカロリーよりも少ない摂取を続ける限り、体重は減少することが研究により示されている。加えて、低脂肪食（したがって高炭水化物食）と比較して、低炭水化物食における体重減少の量に差はみられなかった（17,30）。総カロリー摂取と食事のアドヒアランス（遵守、長期間にわたって続けられること）の2つは、減量の成功を予測する上で最も重要な要素である。しかしながら、減量中の体重減少の大き

低炭水化物食

低炭水化物（糖質）食の知名度および効果については、（健康な人において）炭水化物をカットすることとの関係は弱く、むしろ、水分量の一時的な減少やカロリーのカット、タンパク質摂取の増加と強い関係がある。人々が炭水化物の摂取を大きく減らした場合、グリコーゲン貯蔵が枯渇し（炭水化物はその3～4倍量の水分と一緒に貯蔵される）、水分量による急速な体重減少が起こる。食事に再び炭水化物が導入されると、体重は素早く元に戻る（67）。

しかしながら、長期間にわたって継続摂取した場合、低炭水化物食はタンパク質の摂取が増加するため、人によっては機能する可能性がある。タンパク質は、多く摂取することで満腹感（満足感）が増し、より多くのタンパク質を一回に摂取するほど、その満足感は大きくなる。しかしながら、現時点では、その「適切な量」が明らかになっていないままである。タンパク質は食事性熱産生効果も高める。タンパク質は、消化過程において炭水化物や脂質よりも多くのカロリーを燃焼させ、熱となる。そして、最終的に、タンパク質は体重が減少する際に代謝の側面から除脂肪での筋組織温存を手助けする。このことは、安静時において筋は体脂肪よりも多くのカロリーを燃焼させるので、これが時間の経過とともに体重に影響を及ぼすため、重要である。加えて、筋がより多いということは、その人がよりハードにトレーニングを行うことができ、したがってトレーニング中により多くのカロリーを燃焼させることができることを意味する（84）。

炭水化物をカットすることは、多くの競技選手にとっては有害かもしれないが、とくに試合前および試合期においてインスリン抵抗性（身体がインスリンを効果的に使うことができないために血液中のグルコースを取り込むことができないという症状）を持つ人やタイプ2糖尿病患者にとっては非常に有効なアプローチである。過体重および肥満の人においても、非常に効果的なアプローチかもしれない（43,46,141）。

な割合が、筋の減少による可能性がある（135）。また筋タンパクの合成はエネルギーを消費するので、減量中にカロリー制限すると筋タンパク質合成を低下させる可能性がある。減量中に筋を維持し体脂肪を減らしたいと考える選手は、タンパク質を1日あたり1.8〜2.7g（1日あたり除脂肪体重1kgあたりタンパク質約2.3〜3.1g）に加え、（本来、体重維持に必要なエネルギーから）約500kcalという中程度のエネルギー不足になる食事を維持すべきである（84）。

長期にわたって継続できるように、食事は個別化すべきであり、受け入れられやすくするために（アドヒアランスを高めるために）、生活習慣や病歴（糖尿病、インスリン抵抗性、その他病気や医学的問題）、食事歴、食べ物の好みを考慮に入れ、選手が練習やパフォーマンスを適切に行うために必要なすべての栄養素を提供すべきである。そして最終的に、研究では継続的な行動療法と支援が、長期的に継続する結果を改善することが示されている（76）。

▶ 1つの理想的な食事というのは存在しない。その代わり、安全かどうか、またニーズに見合うタンパク質を含んでいるか、そしてライフスタイルに合い、簡単に遵守・継続できるかどうかに基づいて、食事アプローチを選ぶ必要がある。

過体重と肥満

過体重と**肥満**は、それぞれ**BMI**（**体格指数**、body mass index）が25〜29.9kg/m²、30kg/m²以上と定義されており、高血圧、高脂血症、冠動脈疾患、胆のう疾患、脳卒中、タイプⅡ糖尿病、睡眠時無呼吸、変形性股関節症、呼吸の問題、子宮内膜癌、乳癌、前立腺癌、大腸癌に罹患するリスクを高める（86）。肥満は病気に分類され、米国の成人において34.9%、子どもの17%が発症している（92）。

肥満の原因は複雑であり、遺伝と環境の相互作用を含み、社会的、行動的、文化的、代謝的、生理学的、遺伝的要因が関わっている。しかしながら、食事療

BMIの算出

BMIをキログラム（kg）とメートル（m）で推定する際には、次の計算式を使用する。

体重（kg）÷ 身長（m）²

ポンドとインチで推定する際には、次の計算式を使用する。

[体重（ポンド）／身長（インチ）²] × 703

BMIが25〜29.9kg/m²は過体重、30kg/m²以上は肥満とされる。

表10.5　成人における体重およびBMIによる分類と関連する疾病リスク（86）

分類	肥満度	*BMI（kg/m²）	正常な体重および腹囲と比較した場合の疾病リスク**	
			男性＜102 cm（＜40インチ） 女性＜88 cm（＜35インチ）	男性＞102 cm（＞40インチ） 女性＞88 cm（＞35インチ）
低体重		＜18.5		
正常		18.5-24.9		
過体重		25.0-29.9	増加	高い
肥満	Ⅰ	30.0-34.9	高い	非常に高い
	Ⅱ	35.0-39.9	非常に高い	非常に高い
極度の肥満	Ⅲ	≧40	極度に高い	極度に高い

腹囲の増加は、体重が正常であってもリスク増加のマーカーとなる場合がある。
*BMIは体脂肪について、競技選手や筋の発達した人においては実際より多く、また高齢者や筋量の少ない人においては実際より少なく推定してしまうことがある。
**タイプ2糖尿病、高血圧、心臓血管疾患の疾病リスク。
National Heart, Lung, and Blood Institute, 1998 (86)より許可を得て転載。

法や、身体活動パターンの変容、薬物療法、手術を含めた多くの治療の選択肢が有効である。患者および臨床家は、これらの治療のいくつかを組み合わせて用いることがある。過体重および肥満の人における初期の目標は、6カ月以内に当初の体重から10%減少させることである（86）。

BMIは身長と体重から算出される。BMIは体脂肪と関連する病気のリスク評価にしばしば用いられる。しかしながら、現実には過剰な脂肪というよりは、過剰な体重の測定である（86）。なぜなら、BMIは過剰な脂肪の重さと、筋や骨の重さを区別することができないためである（21）。最終的には、年齢や性別、民族性、筋量が、BMIと体脂肪の間の関係に影響を及ぼす。したがって、BMIは競技選手や筋の発達した人においては体脂肪を実際より多く推定してしまうことがあり、また高齢者や筋量の少ない人においては体脂肪を実際より少なく推定することになる（86）。成人においてBMIと体脂肪の関係に影響を及ぼす要素は、子どもにおいても適用できる。加えて、子どもにおけるBMIには、身長と性的成熟が影響を及ぼす。算出方法は成人と同じであるが、子どもにおけるBMIの解釈には、年齢と性別を考慮に入れる。

BMIは診断ツールとして用いるべきではないが、個人における潜在的な体重の問題を特定するための初期スクリーニングツールとして、また人口ベースの過体重および肥満の追跡に用いられる。加えて、健康上の、あるいは病気、病気のリスクの評価に1つの測定のみを用いるべきではない（21）。過体重あるいは肥満は、高血圧や高LDLコレステロール、低HDLコレステロール、高トリグリセリド、高血糖、身体的不活動、若年性心臓疾患の家族歴、喫煙を含めた他のリスクファクターと組み合わさって、心臓疾患のリスクを高める（86）。

表10.6 単位別の身長および体重によるBMIの抜粋

身長インチ (cm)	体重ポンド（kg）		
	BMI 25	BMI 27	BMI 30
58 (147.32)	119 (53.98)	129 (58.51)	143 (64.86)
59 (149.86)	124 (56.25)	133 (60.33)	148 (67.13)
60 (152.40)	128 (58.06)	138 (62.60)	153 (69.40)
61 (154.94)	132 (59.87)	143 (64.86)	158 (71.67)
62 (157.48)	136 (61.69)	147 (66.68)	164 (74.39)
63 (160.02)	141 (63.96)	152 (68.95)	169 (76.66)
64 (162.56)	145 (65.77)	157 (71.21)	174 (78.93)
65 (165.10)	150 (68.04)	162 (73.48)	180 (81.65)
66 (167.64)	155 (70.31)	167 (75.75)	186 (84.37)
67 (170.18)	159 (72.12)	172 (78.02)	191 (86.64)
68 (172.72)	164 (74.39)	177 (80.29)	197 (89.36)
69 (175.26)	169 (76.66)	182 (82.56)	203 (92.08)
70 (177.80)	174 (78.93)	188 (85.28)	207 (93.89)
71 (180.34)	179 (81.19)	193 (87.54)	215 (97.52)
72 (182.88)	184 (83.46)	199 (90.27)	221 (100.25)
73 (185.42)	189 (85.73)	204 (92.53)	227 (102.97)
74 (187.96)	194 (88.00)	210 (95.26)	233 (105.69)
75 (190.50)	200 (90.72)	216 (97.98)	240 (108.86)
76 (193.04)	205 (92.99)	221 (100.25)	246 (111.58)

BMI＝体格指数（body mass index）
メートル法での換算式：体重／身長^2（kg/m^2）
BMI算出例：体重78.93kg、身長177cmの人のBMIは25である。体重／身長^2＝78.93 kg/(1.77m)^2＝25
National Heart, Lung, and Blood Institute, 1998 (86)より許可を得て転載。

> BMIは診断ツールとして用いるべきではないが、個人における潜在的な体重の問題を特定するための初期スクリーニングツールとして、また人口ベースの過体重および肥満の追跡に用いられる。

腹囲測定も、病気のリスクを評価するために用いられる測定方法の1つである。腹囲が男性で102cm（40インチ）を超える、女性で88cm（35インチ）

表10.7 子どものための年齢別のBMIと対応するパーセンタイル

パーセンタイル順位	体重状態
5パーセンタイル未満	低体重
5から85パーセンタイル未満	健康的な体重
85から95パーセンタイル未満	過体重
95パーセンタイル以上	肥満

疾病管理センター（Centers for Disease Control）より転載。

を超えると、相対的リスクが高い（86）。

　表10.5では過体重と肥満のさまざまな分類を示す。参考として、BMI25、27、30に相当する体重と身長を表10.6に示す。表10.7では、子どもにおけるパーセンタイル順位に対応したBMIカテゴリを列挙した。スクリーニング過程やリスクの評価に関するさらなる情報は、米国立心肺血液研究所（NHLBI）のウェブサイトにある「過体重の成人の同定、評価、治療に関するガイドライン」にある。競技選手は、年齢および性別で補正した選手以外の集団よりも筋が多く、BMIでは過体重および肥満であると過剰な推定をしてしまいがちなので、ストレングス＆コンディショニング専門職は、その他のより正確性の高い、スキンフォールド法（皮下脂肪厚測定）やDEXA法（X線吸収測定法）を用いるべきである（70）。

　すべての肥満の人には体脂肪の過剰という共通の特徴があるが、彼らを一様に扱ってはならない。糖尿病や整形外科的な問題、心臓病、**過食障害**やうつ病などの心理学的障害など、肥満と同時に存在する病気の有無について、また社会的・文化的影響、変化に対するレディネス（準備性）などについてのスクリーニングが必要である。（医師によって）減量すべきとされた肥満の選手は、特別な努力を課されることになる。なぜなら、減量は外部から指図されたもので、内在する目標ではないからである。減量は、選手本人を奮い立たせる労力をかなり必要とするので、メンタルヘルスの専門職あるいは登録栄養士と密な連携を取って目標に到達するのを支援する必要があるかもしれない。

急速な体重減少

　文献における統一的な定義は存在しないが、「急速な減量」とは一般的に、カロリー摂取を低下させ運動を増やすことによって達成できるよりも短期間で素早い体重減少を意味する（29）。選手らは、望む階級で戦うため、あるいはコーチにより設定された目標を達成するため、パフォーマンスを改善するために、体重を素早く減少させるためにさまざまなテクニックを用いることがある。潜在的に危険な減量方法には、絶食、流行の「食事療法」（訳注：科学的根拠があるかは疑わしいもの、十分な証明がなされていないもの）、**意図的に行う脱水操作**（利尿剤やサウナ、水分および塩分の操作、衣服の重ね着）、過剰な唾吐き、自分で行う嘔吐、下剤の乱用、熱を産生する物質の不適切あるいは過剰な使用が含まれる（29）。

　体重を減少させようとする幅があまりに大きすぎたり、あまりに素早く減少させようとする競技選手は、除脂肪体重の減少や疲労感、頭痛あるいは気分変動が起こることがあり、練習やパフォーマンスを行うことに危険が伴ったり、いくつかの深刻な潜在的副作用に苦しむかもしれない。

それには、脱水や熱中症、熱痙攣、疲労、めまい、免疫機能の抑制、ホルモンバランス不良、体温上昇、筋力低下、血漿および血液量の減少、低血圧、電解質異常、腎不全（利尿剤の乱用）、失神、死亡（極端な例）が含まれる（29）。

　ストレングス＆コンディショニング専門職は、急激な減量に伴う徴候や症状について認識できるよう

神経性食欲不振症の症状

- 骨のやせ（骨量低下あるいは骨粗鬆症）
- 皮膚や爪が弱く、もろくなる
- 皮膚が乾き、黄色くなる
- 全身に細い体毛（産毛）が生じる
- 軽い貧血と、筋の衰弱および弱化
- ひどい便秘
- 低血圧と、呼吸数および脈拍の減少
- 心臓の構造および機能への損傷
- 脳損傷
- 多臓器不全
- 深部体温の低下により、常に寒さを感じる
- 嗜眠、脱力感、常に疲れを感じる
- 不妊

National Institute of Mental Healthより転載。

にすべきであり、また選手を適切な専門家に紹介するとともに、残りのコーチングスタッフともコミュニケーションをとることができるべきである。加えて、ストレングス＆コンディショニング専門職は、選手の支援となるよう、またともに働く医師や登録栄養士が身体組成や食事歴、病歴、摂食障害について考慮に入れて体重の目標を設定するうえで助けとなるよう、（記録を残し、責任予防のため）彼らがたどった段階について文書化するのが望ましい。競技選手の中には、健康やパフォーマンスを危険にさらすことなく体重を調整できないようであれば、体重階級を再考する必要のある者もいるかもしれない。

摂食障害と栄養補給障害
（幼児における摂食障害）

摂食障害には、過食障害（むちゃ食い障害）、**神経性食欲不振症**、**神経性過食症**が含まれ、男女いずれにおいても発症し、人生のどの時点でも起こり得る、死亡リスクの上昇を伴う、深刻なメンタルヘルス上の障害である。摂食障害患者は、不安障害やうつなどの気分障害、衝動制御障害、薬物乱用障害などの、その他の精神疾患の有病率が高い（41,50）。

競技選手における乱れた摂食（disordered eating）および摂食障害（eating disorders）の有病率は、対照群と比較して増えていることが、複数の研究によって示されている（37,121,143）。とくに、体重階級制の競技（レスリングなど）や、痩せていることが強調されるクロスカントリー走などの競技、審美的要素の競技である体操などの競技の選手は、乱れた摂食および摂食障害となりやすいかもしれない（37,121,143）。乱れた摂食および摂食障害の徴候

には、食事の制限や絶食、欠食（食事を抜くこと）、ダイエット薬や下剤、利尿剤の服用などがある。しかしながら、乱れた摂食を有する者は、摂食障害の診断的基準のすべてを満たさない（37）。

摂食障害は多元的な疾患であり、チームによる総合的なアプローチが必要となる。ストレングス＆コンディショニング専門職は、摂食障害の徴候や症状をよく認識して、選手が摂食障害の専門家から必要な心理学的・医学的・栄養的支援を受けられるような照会や依頼のネットワークを持っておくべきである。

神経性食欲不振症

神経性食欲不振症は歪んだ身体イメージと、体重増加や太ることへの激しい恐怖によって特徴づけられ、患者は極端なカロリー制限や厳しい減量を行う（6）。神経性食欲不振症患者は、体重あるいは体型を非常に重視し、その病気の深刻さを認識することはない。また、神経性食欲不振症患者は、繰り返し体重を測定する、食べ物を細かくする、注意深く取り分けるというような儀式的な行動をとるのが一般的である（87）。

神経性食欲不振症は、2つのサブタイプに分類される。限定型（小食）は、規則的に過食あるいは嘔吐、下剤使用などを行わず、過食－嘔吐型（むちゃ食い／排出型）は過食や嘔吐を定期的に行う。

発症の平均年齢は19歳であり、生涯有病率は女性0.9％、男性0.3％である。神経性食欲不振症のうち治療を受けるのは33.8％にすぎない（50）。しかしながら、これらの統計は古い診断基準に基づいており、2013年改訂の診断基準では有病率は増加するかもしれない（48）。すべてのメンタルヘルス障害の中で、

神経性過食症の症状

- 慢性的な喉の炎症および痛み
- 頸部および顎の唾液腺の腫脹
- 胃酸にさらされる結果として、歯が弱く傷つきやすくなり、歯のエナメル質が腐食する
- 酸の逆流障害およびその他の胃腸の問題
- 下剤の乱用による腸の障害および刺激
- 水分を下剤で排出することによる激しい脱水
- 電解質バランスの不良（ナトリウム、カルシウム、カリウムその他のミネラルレベルが高すぎる、あるいは低すぎる）により、心臓発作を引き起こす場合がある

National Institute of Mental Healthより転載。

神経性食欲不振症は死亡率が最も高いことに注意することは重要である（41）。神経性食欲不振症に関するより多くの情報については、米国精神医学会による精神障害の診断と統計マニュアル（Diagnostic and Statistical Manual of Mental Disorders、2013年）第5版を読むことを勧める。

過食障害（むちゃ食い障害）

かつては「非特異的な摂食障害」に分類されていた過食障害（むちゃ食い障害）は、**精神障害の診断と統計マニュアル第5版**で、独立したカテゴリに分類された（6）。過食障害は、3週間にわたって少なくとも週に1回、自制のきかない大量の摂取（ほとんどの人が同じ状況で食べるよりも明らかに多くの食べ物を、短い時間に食べる）というエピソードが繰り返されることが特徴である（6）。過食エピソードには、以下の3つ以上を伴う。

- 通常よりも素早く食べる
- 不快なほどの満腹になるまで食べる
- 身体的には空腹を感じていないときに大量の食物を食べる
- どのくらいの量を食べるのかについて恥ずかしさを感じるため、独りで食べる
- 自分自身に嫌悪を感じ、あるいは落ち込み、後で非常に罪悪感を持つ（6）

過食障害は、神経性食欲不振症と異なり、排出（吐いたり下剤を用いる）がないため、患者は過体重あるいは肥満であることがしばしばある。生涯有病率は男女それぞれで2.0％と3.5％であり、平均発症年齢は25歳である。過食障害の生涯有病率は、病的な肥満（BMI＞40）と関連している。生涯を通して、過食障害の人が治療を受けるのは43.6％のみである（50）。しかしながら、これらの統計は過食障害についての古い基準に基づいた、特異的な摂食障害に分類される（2013年）以前のものである。改訂された基準では、有病率は上昇するかもしれない（48）。過食障害は、顕著な身体的・心理学的問題と関連している。加えて、過食障害の人はその行動に困惑、罪悪感、嫌悪感を覚えるかもしれず、また独りで食べることによってその行動を隠そうとする傾向がある（6）。

神経性過食症

神経性過食症の特徴は、通常一度に食べられる量をはるかに超える大量の食物摂取——たとえばピザ丸ごと1枚、アイスクリーム2L、クッキー1パックなど——を繰り返すことである。過食のエピソードに続いて、排出があり、自己誘発性嘔吐、高強度運動、下剤あるいは利尿剤の使用のうち、1つ以上を含む。過食と排出は少なくとも週に1回以上、3カ月以上にわたって起こる（6）。神経性過食症患者は、過食エピソード中に摂食の制御を失っていることを感じ、低体重ではなく正常体重であることを望み、自らの体重や身体に満足しておらず、体重増加を恐れる。神経性過食症の平均発症年齢は20歳であり、生涯有病率は0.6％である。神経性過食症患者のうち、治療を受けているのは43.2％のみである（50）。しかしながら、これらの統計は古い診断基準

摂食障害の情報源

National Eating Disorders Association
www.nationaleatingdisorders.org

International Association of Eating Disorders Professionals
www.iaedp.com

The Renfrew Center Foundation
www.renfrewcenter.com

National Association of Anorexia Nervosa and Associated Disorders, Inc.
www.anad.org

Remuda Ranch
www.remudaranch.com

に基づいており、2013年改訂の**精神障害の診断と統計マニュアル第5版**における診断基準では有病率は増加するかもしれない（48）。過食症についてのさらなる情報については、この情報源を読むことを勧める。

回避性・制限性食物摂取障害

回避性・制限性食物摂取障害（ARFID；avoidant/restrictive food intake disorder）は、摂食障害あるいは哺育障害であり、食べることや食物に対する関心の欠如や、食物の感覚的な特徴に基づく回避、食事の有害な結果への懸念を含む。この障害は、以下の1項目（あるいはそれ以上）を伴う、持続的な栄養あるいはエネルギー必要量を満たしていない状態により明らかとなる（6）。

- 顕著な体重減少（期待していた体重増加に達しない、あるいは子どもにおいては成長の低迷）
- 顕著な栄養不足
- 経腸栄養あるいは経口栄養サプリメントへの依存
- 心理社会的機能への著しい干渉

この障害は、利用可能な食物の欠如や、文化的に許容される実践との関連では、うまく説明されない。

摂食障害は、神経性食欲不振症あるいは神経性過食症の経過で限定的に生じるものではなく、また、どのようにして、またどの体重あるいは体型で起こるのかについてのエビデンスはない。

摂食障害は、同時に生じている医学的症状に起因し得るものではなく、その他の精神障害によってよりよく説明されるものでもない。摂食障害が他の症状や障害と関連して起こったとき、摂食障害の重症度は日常的に伴う症状や障害を超え、さらに臨床的な注意・観察を必要とする（6）。

異食症

異食症患者は、非栄養物質を少なくとも1カ月にわたって摂食している。一般的な非栄養物質には、粘土や洗濯のり、氷、タバコの吸い殻、髪の毛、チョークが含まれる（64）。異食症患者は、数多くの問題の中でも電解質および代謝障害や、腸閉塞、歯のエナメル質の剥離、胃腸障害を起こすことがある。異食症は鉄欠乏を伴う場合があるため、貧血の検査が勧められる（64）。

反芻性障害

反芻（はんすう）は、食べたものを逆流させて吸う、再嚥下する、吐き出すというものである。この障害に分類されるには、他の症状はなく、少なくとも1カ月にわたってこの行動が示される必要がある。

反芻性障害は、他の摂食の問題あるいは障害と同時に起こることがある（6）。

摂食障害：マネジメントとケア

摂食障害の治療や診断はストレングス＆コンディショニング専門職の責任ではない。選手が適格な医師により適切な診断を得られるように、そして適格な治療チームによる治療を受けられるよう支援することに（S＆C専門職の）倫理的責任がある。したがって、ストレングス＆コンディショニング専門職は、摂食障害の症状とともに乱れた摂食の徴候に留意すべきである。異常な摂食パターンや無月経のみが摂食障害を示すのではないということを心に留めておかなければならない。選手の行動から懸念が生じたときには、経験豊富で診断資格を持つ摂食障害の治療の専門家に連絡するべきである。

▶ ストレングス＆コンディショニング専門職は、摂食障害を治療する責任は追わないが、その代わりに摂食障害に伴う症状に気づき、選手を適切な専門職へと委ねる（紹介する）べきである。

まとめ

ストレングス＆コンディショニングにおける栄養の主要な役割は、競技パフォーマンスを支えることである。一般的な栄養学の原理とその適用を理解することは、ストレングス＆コンディショニング専門職にとって、一貫性のある、正確な情報を選手に提供するために、また摂食障害の徴候や症状に気づくことができるためにも必要である。また、試合前・中・後を通した栄養により、選手をよりよいパフォーマンスへと導き、また全般的な健康のため、トレーニングの適応やパフォーマンスを高めるため、毎日の食事が栄養的に完全であることも強調されるべきである。

第10章　パフォーマンスを最大化するための栄養戦略　**249**

重要語句

神経性食欲不振症（anorexia nervosa）

過食障害（binge-eating disorder）

体格指数（BMI；body mass index）

神経性過食症（bulimia nervosa）

炭水化物ローディング、カーボローディング

　（carbohydrate loading）

食事誘発性熱産生（diet-induced thermogenesis）

乱れた摂食（disordered eating）

摂食障害（eating disorders）

等カロリーの（isocaloric）

肥満（obesity）

試合前の食事（precompetition meal）

意図的に行う脱水操作（voluntary dehydration）

例題

1．試合前の食事で取り入れられる主な主要栄養素は以下のうちどれか。
   a．脂質
   b．炭水化物
   c．タンパク質
   d．ビタミン

2．総エネルギー消費において、最も寄与するのは以下のうちどれか。
   a．安静時代謝率
   b．身体活動エネルギー消費
   c．食事性熱産生
   d．安静時血糖値

3．神経性食欲不振症の特徴はどれか？
   a．体重は標準の範囲である
   b．食事における脂肪の摂取が非常に少ない
   c．食物に偏見を持っている
   d．隠れて食べる

4．摂食障害が疑われるとき、ストレングス＆コンディショニング専門職は何をするべきか？
   a．選手の毎日の食事摂取をモニターする
   b．頻繁に体重測定を求める
   c．摂食障害の専門家によるさらなる評価を勧める
   d．栄養に関する情報を与える

5．1時間以内の試合中に水分状態を維持するために、89～237ml（3～8オンス）の水またはスポーツドリンクを、何分ごとに摂取することが勧められるか。
   a．15分
   b．30分
   c．60分
   d．2時間

CHAPTER 11

Performance-Enhancing Substances and Methods
パフォーマンスを増強させる物質と方法

Bill Campbell, PhD

▶ **本章を終えると**

- アナボリックステロイドを含むパフォーマンス増強物質のリスクと利点に関して、信頼できる最新情報を選手に提供することができる。

- スポーツおよび運動パフォーマンス向上のために選手向けに市販されている、処方箋なしで購入できる栄養補助食品の効果と有害作用について理解することができる。

- パフォーマンスの促進を謳っているサプリメントのどれがストレングス・パワーのパフォーマンス、あるいは持久的パフォーマンスに、またはその両方に有益であるかを判断することができる。

- 身体においてホルモンの作用に類似させたパフォーマンス改善のサプリメントと、その他の手段を通したパフォーマンス改善の２つを区別することができる。

――――――
著者は、本章の執筆にあたって多大な貢献をいただいたJay R. Hoffman、Jeffrey R. Stoutに対し、ここに感謝の意を表します。

パフォーマンスを改善させるといわれている物質の使用を選択する選手は、トレーニング適応を高めようとして、また最終的にはスポーツパフォーマンスを改善しようとして、そのような選択をする(198)。パフォーマンスを促進させるといわれている物質は、選手の健康をサポートし、倫理上、また競技のガイドライン上問題ないというのが理想的である。競技上の不公平な優位性と有害事象の可能性に関する倫理的な問題により、ほとんどの競技団体は、国内および国際的な競技会で禁止する物質のリストを作成している。このような物質の使用が見つかった選手は、出場停止やメダルの剥奪などの処分を受けることがある。禁止物質について繰り返し陽性反応が出た選手は、その競技から永久追放となるおそれもある。しかし、使用を許可されている栄養補助食品やエルゴジェニックエイドも数多くあり、パフォーマンス増強を最大限にするために多くの選手が使用している。これらの物質が販売される際のうたい文句には根拠のないものも多い（198）。したがって、選手は、これらの物質の合法性について情報をもち、摂取に伴う危険性を理解し、うたい文句（その製品の効果）が科学的研究による支持を得ているかどうかを知っておかなければならない。ストレングス＆コンディショニング専門職は、この点において、この問題の関連情報を提供することによって、また栄養の専門家へと問い合わせる（照会する）ことによって、選手への大きな手助けができる。**エルゴジェニックエイド**には、競技パフォーマンスを増強するすべての物質、力学的な補助、トレーニング方法があてはまるが、本章ではとくに薬理学的なものを指すこととする。

選手の中には、競技で優位に立とうとして、パフォーマンス増強がうたわれているが禁止されていないサプリメントを用いるものや、あるいはドーピングの検査技術をごまかせると信じて禁止物質を用いるものもいるかもしれない（198）。そのようなことから、通常ならば使用しない選手が、他の選手に遅れをとるまいという圧迫を感じてこれらの物質を使ってしまうという結果になるかもしれない。しかし、しっかりとした情報を得ていれば、周囲の選手が何を言おうと、無益で害を及ぼす可能性がある製品は自信を持って無視できる。また、不正使用をする競争相手が健康や安全に対するリスク、また高い発覚

のリスクを冒していることに気づけば、選手らが禁止物質の使用を控える可能性もある。

選手は、適切に期分けされたストレングス＆コンディショニング手法と、パフォーマンスを促進させるようデザインされた完全な栄養実践を用いることに集中すべきである。これら２つの要因への取り組みがなされた時点で、選手はスポーツサプリメントやエルゴジェニックエイド（パフォーマンスを高める効果が期待できる補助食品など）の使用について考慮することができる。使用を考えている物質が合法であり効果があると確認できるようになるために選手が適切な専門職からの指導を求めることが重要である。

> 最も優先するべきことは、栄養的なサプリメントやエルゴジェニックエイドを使用する前に、十分な栄養を含めた正しいトレーニング原則の実践である。製品を購入あるいは摂取する前に、選手はその選択が合法かつ効果的であることを確実なものにするために、適切な専門職からの指導を求めるべきである。

パフォーマンス増強物質の種類

本章では、パフォーマンス増強物質の中の２つのカテゴリ、すなわち（1）ホルモンとそれに類似した作用をもつ薬物、（2）栄養補助食品、について議論する。テストステロンのようないくつかのホルモンは、ストレングス＆コンディショニング活動に対する不可欠な役割を担っており、エピネフリンのようなその他のホルモンは、トレーニング中のエネルギー動員において重要である。これら、およびその他いくつかの種類のホルモンは、本章の次のパートでより広く網羅している。薬物と栄養補助食品（サプリメント）の区別は感覚的には明確ではない。薬物と栄養補助食品（サプリメント）の区別は感覚的には明確ではない。たとえば、カフェインはコーヒーなど多くの飲料に含まれており、薬物に分類される。薬物と栄養補助食品の区別は、米国食品医薬品局（FDA）が効果と安全性を認可している製品であるかどうかによる。薬物として分類されない、または治療効果があるとうたっていない製品に対しては、販売に関するFDAの規制は比較的ゆるやかである。これは、製造業者は特別な認可を得なくても

栄養補助食品として販売される製品の定義

アメリカで栄養補助食品として販売可能な製品は、以下のように定められる。

1. 以下の食物成分が1つ以上含まれ、食事を補う意図でつくられた製品（タバコを除く）である。
   a. ビタミン
   b. ミネラル
   c. ハーブ（薬草）または生薬
   d. アミノ酸
   e. 総摂取量の増加により食事での摂取を補うために使用される食物成分
   f. a～eで定められた物質の濃縮物、代謝産物、成分、抽出物、成分の組み合わせ

2. 経口摂取を意図した製品であり、また、通常の食品として、あるいは単品で食事や食生活を成り立たせるものとして宣伝することはできない。

市場に新しい栄養補助食品を売り出すことが可能で、FDAが健康上の危険性を疑わない限り安全性と有効性について調査しないことを意味している（87）。FDAは、薬物を「身体の構造または機能を変化させる物質」と定義している。これには、ホルモン分泌を刺激する物質も含まれている。加えて、食品とは異なる方法で摂取する化合物は、薬物と分類される場合がある。

▶ 薬物と栄養補助食品の区別は、安全性と有効性についてのFDAの認可と関連している。

一般に、**栄養補助食品**は、食品とは全く異なる程度まで高度に精製された製品である。中には栄養価を全く持たないものもあり、そのような製品は栄養摂取を補うものとは考えられていない。競技会前にグリコーゲンの貯蔵を強化するために行うカーボローディングは、運動のための栄養摂取であると考え

られ、精製された単一アミノ酸のタブレット（医学的特性を増進しない）も同様であるが、そのようなタブレットは栄養補助食品であると考えられる。

FDAは、完成した栄養補助食品製品と食品成分の両方とも規制している。FDAは栄養補助食品について、従来の食品や薬品を網羅する規制とは異なる規制を適用している（FDAのウェブサイトを参照のこと。www.fda.gov/Food/Dietarysupplements/default.htm）。1994年に、栄養補助食品健康教育法（DSHEA）として知られる重大な影響のある法案が米国議会を通過した。このDSHEA法の下で、栄養補助食品の製造者および販売者は、不純物の混入した、あるいは商標に不正のある製品を販売することが禁止された。これは、それらの会社が、販売前に製品の安全性評価とラベル表示についてDSHEAおよびFDAの規制に適合することを確実なものにするよう責任を負うことを意味する。しかしながら、製造業者は、製造者が、その表示が真実で、誤解を

主要なスポーツ統括団体の禁止物質のリスト

メジャーリーグベースボール（MLB）
http://mlbplayers.mlb.com/pa/info/cba.jsp

米国大学体育協会（NCAA）
www.ncaa.org/health-and-safety/policy/2013-14-ncaa-banned-drugs

ナショナルフットボールリーグ（NFL）
www.nflplayers.com/About-us/Rules--Regulations/Player-Policies/Banned-Substances

ナショナルホッケーリーグ（NHL、WADAの禁止物質リストを使用）
www.nhl.com/ice/page.htm?id=26397

世界アンチ・ドーピング機構（WADA）
https://www.wada-ama.org/en

2013年～2014年のNCAAによる禁止薬物分類

A. 興奮剤
アンフェタミン（アデラール）、カフェイン（ガラナ）、コカイン、エフェドリン、フェンフルラミン（Fen）、メタンフェタミン、メチルフェニデート（リタリン）、フェンテルミン（Phen）、シネフリン（ビターオレンジ）、メチルヘキサンアミン、「バスソルト」（メフェドロン）など
以下の興奮剤は禁止される：フェニレフリン、プソイドエフェドリン

B. タンパク質同化薬
（ときに3,6,17-アンドロステントリオンのような化学式でリスト化される）、アンドロステンジオン、ボルデノン、クレンブテロール、デヒドロエピアンドロステロン（DHEA）、エピ-トレンボロン、エチオコラノロン、メタステロン、メタンジエノン、ナンドロロン、ノルアンドロステンジオン、スタノゾロール、ステンボロン、テストステロン、トレンボロンなど

C. アルコールとβブロッカー（ライフルのみで禁止される）
アルコール、アテノロール、メトプロロール、ナドロール、ピンドロール、プロプラノロール、チモロールなど

D. 利尿薬（ウォーターピル）と、その他の隠蔽剤
ブメタニド、クロロチアジド、フロセミド、ヒドロクロロチアジド、プロベネシド、スピロノラクトン（カンレノン）、トリアムテレン、トリクロルメチアジドなど

E. ストリートドラッグ
ヘロイン、マリファナ、テトラヒドロカンナビノール（THC）、合成カンナビノイド類（たとえば「スパイス」、K2、JWH-018、JWH-073）

F. ペプチドホルモンと類似体
成長ホルモン（hGH）、ヒト絨毛性性腺刺激ホルモン（hCG）、エリスロポエチン（EPO）など

G. 抗エストロゲン薬
アナストロゾール、タモキシフェン、ホルメスタン、3,17-ジオキソ-エチオコル-1,4,6-トリエン（ATD）など

H. β2作用薬
バンブテロール、ホルモテロール、サルブタモール、サルメテロールなど

図11.1 NCAAによる米国大学生選手のための禁止物質リスト。それぞれが関係・所属する期間や団体のリストをチェックしていただきたい。

与えないことを示すことができれば、身体の構造と機能に対する効果についても表示することもできる。これは、医薬品の有効性の主張と比べて格段にゆるい条件である。

　一部の人に対して競技に有利に働く、または重大な健康上の危険性を示す可能性があるという一致した見解が得られた場合、通常そのエルゴジェニック効果のある物質は競技上禁止される。この規制には、物質が何らかの形で有利に働いたという決定的な証拠は必要なく、競技運営管理者や医師の間でその可能性があるとの合意に達すればよい。先に述べたように、各競技団体が禁止物質リストを公表している。ドーピングを規制する国際組織で、おそらく最も広く認知されているのがWADA（世界アンチドーピング機構）であり、WADAはドーピングコントロールについて監督し、IOC（国際オリンピック委員会）に向けて禁止物質のリストを制定している

（69）。各国は提携組織を有している（例：USADA、ASADAなど。訳注：それぞれ米国およびオーストラリアにおける組織。日本ではJADA、日本アンチ・ドーピング機構）。ASADAはオリンピック競技だけでなく、オーストラリア国内のプロスポーツのドーピングコントロールも監督している。禁止物質リストは、WADAによって標準化され、毎年改定される。WADAのリストは国際基準であるが、その他の米国における大学スポーツやプロスポーツなどの団体においては、それと異なる禁止物質リストとともにドーピング時の罰則を定めている。どの組織がドーピングコントロールを統括するかにかかわらず、選手やコーチ、ストレングス＆コンディショニング専門職とすべてのサポートスタッフは、各団体に確実に従う責任がある。図11.1は、2013年～2014年のNCAAによる禁止薬物分類である。このリストは、米国の大学で用いられているもので、毎

年改定される。

　物質によっては、政府の法令によって違法とされているものもある。アナボリックステロイドは、クラスⅢの薬物であり、医療行為以外の所持は、最初の個人による違反で1年以内の懲役と1000ドル以上の罰金を科せられる。密売（非合法に取り扱う、あるいは取引を行う）に対する刑罰は、個人の最初の重罪（訳注：重大な犯罪を意味する法律用語）であった場合、最大で5年の懲役と25万ドル以下の罰金である。もし重罪の再犯であった場合、懲役の年数および罰金はともに2倍となる。これらの刑罰は連邦法違反の場合であり、各州においてもアナボリックステロイドの違法な使用については罰金や刑罰が定められている。

ホルモン

　さまざまな内因性ホルモンが競技パフォーマンス増強のために使用されている。最も広く用いられているのが**テストステロン**とその合成誘導体である（121）。テストステロンは、骨格筋組織に作用する主要な男性ホルモンである。それに加えて、テストステロンを生成する精巣を刺激したり同化作用を持つ、身体で生成される他のさまざまなホルモンが、エルゴジェニックエイドとして選手に使用されている。成長ホルモンはその一例である。エリスロポエチンは腎臓によって分泌され、有酸素性持久力を高める赤血球の産生を刺激するために使われる。また、アドレナリン（エピネフリン）などのカテコールアミンは、代謝系や神経系に作用し、減量を促し、パフォーマンスのために顕著な覚醒を引き起こす目的でしばしば使用される。

アナボリックステロイド

　アナボリックステロイドは、男性ホルモンであるテストステロンを人為的に合成した誘導体である。生理学的には、テストステロン濃度を上昇させるとタンパク合成が高められ、その結果、筋サイズや体重、筋力が増加する（27）。加えて、テストステロンとその合成誘導体は、男性の第二次性徴の特性（体毛の増加、変声、頭髪の男性型脱毛、性的衝動、精子産生、攻撃性など）の発達と成熟を引き起こす。これら男性ホルモンの特性には、男性の主な性的特

表11.1　アスリートによって使用されるアナボリックステロイドの種類

一般名および分類	商品名の例
経口作用ステロイド	
メサンドロステノロン	ディアナボル（Dianabol）
オキサンドロロン	アナバール（Anavar）
スタノゾロール	ウィンストール（Winstrol）
オキシメトロン	アナドロール（Anadrol）50
フルオキシメステロン	ハロステチン（Halotestin）
メチルテストステロン	メタンドレン（Metandren）
メステロロン	プロビロン（Proviron）
注射用ステロイド	
テストステロンエステル*	デポ-テストステロン（Depo-Testosterone）
ナンドロロンエステル*	デカ-デュラボリン（Deca-Durabolin）
スタノゾロール	ウィンストール（Winstrol）
エナント酸メテノロン	プリモボランデポー（Primobolan Depot）
ウンデシレン酸ボルデノン	エクイポイズ（Equipoise）
酢酸トレンボロン	フィナジェクト（Finaject）

*これらは物質名の一般的な分類名である。それぞれの多様な調合剤も入手可能である。

徴の完全な発育も含まれる。したがって、テストステロンの合成誘導体は、タンパク同化男性化ステロイド（アナボリック・アンドロジェニックステロイド）と呼ぶほうがより正確である。しかしながら、それらは男性ホルモン（アンドロゲン）や、アンドロジェニックステロイド、アナボリックステロイドとも呼ばれる。

　テストステロンの分泌は、主に精巣のライディッヒ間質細胞で起こる。その他のいくつかのタンパク同化、男性化の性質を持つステロイドホルモン（例：ジヒドロテストステロン、アンドロステンジオン）も精巣でつくられるが、テストステロンはそれらに比べて生成量が非常に多い。テストステロンと他の男性ホルモンは、副腎（男女）や卵巣（女性）からもごく少量分泌される。今日、市場に出ている多くのエルゴジェニックエイドは、テストステロンの前駆体（例：アンドロステンジオン）であり、これについては後で詳述する。

　テストステロンが単離および合成され、続いてヒトにおける作用について研究されたのは1930年代のことであった（61）。テストステロンによって調節される生理学的変化は、筋力およびパワー系選手、

筋量増加に興味がある選手がこの薬物を選択する理由の1つとなっている（121）。しかし、テストステロンそのものは、エルゴジェニックエイドとしての力は非常に弱い。テストステロンは、経口投与でも、注射でも急速に分解されてしまう（256）。したがって、分解過程を阻害し、有効血中濃度を長時間保つことによって低濃度でタンパク質同化作用と男性化作用を得るために、テストステロンの化学的な修飾が必要であった（256）。多くのテストステロンの誘導体が1940〜60年に開発され（207）、これらの修飾が加えられることで、アナボリックステロイドの経口投与や注射投与による使用が可能になった。近年では、クリームやジェルによる外用薬やスキンパッチ剤での投与が、主に医学的理由により一般に増加している。しかしながら、競技選手において最も一般的な用法は、経口および注射である（121）。経口や注射で用いられるアナボリックステロイドの例を、表11.1に示している。

投与量

アナボリックステロイドは、同時に異なる数種類の薬物を摂取する形（「**スタッキング**」法）で使用されることが多い（187）。このように複数の薬物を同時に摂取するのは、相加作用を通じて各薬物の効力を高める可能性があることを根拠としている。つまり、1つの同化物質の効力が、同時に摂取したそれ以外の物質により増強されることもある。この分野における研究はほとんど行われておらず、スタッキングの効果について十分な証明はなされていない。各個人は、経口と注射の両方により、化合物を摂取する。多くの人は、周期パターン、つまり数週間または数カ月間にわたる摂取後、休止期間を置く形式をとっている（187）。多くの場合、数週間かけてピラミッド（ステップアップ）形式で摂取量を徐々に増やす（121）。サイクルの終わりに向けて副作用の可能性を減らすために「ステップダウン」する。そこで服用を中止するか、あるいは別の薬物の摂取を開始する（例：薬物中止後のテストステロン濃度の望ましくない低下を防ぐために内因性テストステロン生成を増す薬物を服用する）。1つの研究で、典型的なステロイド摂取のプログラムでは、平均3.1種類の物質を5〜10週間のサイクルで用いていることが示された（187）。摂取量は、生理学的な補充

量の5〜29倍の範囲になると報告されている（187）。選手が求める成果を引き出すためには、このようなより高い薬学的摂取量が必要であるようだ。アナボリックステロイドの容量反応曲線についての古い研究で、Forbes（81）は、アナボリックステロイドの総摂取量が除脂肪体重の増加と対数関係にあることを示した。低量ではわずかな作用しかないが、摂取量の増大とともに除脂肪体重の漸進的な増加が起こる。このような研究結果から、低量で効果があるなら増やせばもっと効果があるという考えが選手に生まれた。

低テストステロン症の男性への処方量よりも摂取量が多いことがよくある。メサンドロステノロン（ディアナボル）を例に挙げると、性機能低下症の男性で約15mg/日の補充で正常な第二次性徴を維持できるのに対し、最大300mg/日を使っている選手の報告例がある（88）。経口で活性があるこの薬は、米国ではすでに10年以上にわたって医療用には使われていないが、ブラックマーケットでは依然として入手できる。エナント酸テストステロンは、テストステロンエステルであり、米国では簡単に入手できる注射投与が可能なステロイドで、臨床ではまれな疾患や補充治療に使用されている。補充量はおよそ75〜100mg/週で、1〜2週間ごとに投与される。注射用ステロイドは、通常、殿筋深部の筋内に注射される。注射用ステロイドは、その輸送経路と、肝臓での直接の代謝を防ぐ特別な修飾を必要としないことから、経口ステロイドより強力でもある。注射用化合物の半減期の幅は広く、テストステロンエステルの中でも、プロピオン酸テストステロンは血中に留まるのは約1.5日だが、テストステロンブシクレートは、1回の注射投与で3カ月間にわたって残留する（18）。

誰がアナボリックステロイドを使うのか？

アナボリックステロイドの主要な使用者は、競技パフォーマンス改善が目標である選手（とくにストレングスアスリート）であると考えられている。元上院議員のGeorge J. Mitchellは、著名な2007年の「Mitchellレポート」で、アンドロジェニック-アナボリックステロイドの使用がメジャーリーグ選手に浸透していると報告した（49）。アスリートにおけるアナボリックステロイド使用に関する、これ以前

の報告は、1952年および1956年のオリンピックまでさかのぼり、そこではソビエトのウェイトリフティングチームによる組織的なアンドロゲン使用について報告された（49）。その他の国々での国家が支援するアナボリックステロイド使用についても詳細に記録されている。1990年に旧東ドイツ（ドイツ民主共和国）の共産政府の消滅後、機密書類により国の競技パフォーマンスを改善するためにアンドロゲンを用いた秘密の国家プログラムが1966年に始まったことが明らかとなった（49,86）。米国では、パワーリフティングの選手（59）やNFL選手（125）、そして大学生選手（167）による使用も広がっていると報告されている。アナボリックステロイドの使用は過去数十年にわたり減少してきているとする調査結果もあるが（113,238）、過去数年間、多くの競技で使用が広まっていると非難されたため、アナボリックステロイドは今日のスポーツ界での重大な問題となっている（84）。

　　筋力系の競技選手だけがアナボリックステロイドを使用しているわけではなく、競技と関わりのない人にも、パフォーマンスではなく、外見の改善のためにステロイドが使われている（66）。アメリカの高校3年生男子を対象にした全国調査では、7％がアナボリックステロイドを使っている、または過去に使用経験があることがわかった（14,39）。ステロイド使用を認めた生徒の1/3は学内の競技クラブに所属しておらず、さらに1/4以上はステロイドを使用する主な理由が競技パフォーマンスではなく外見を改善するためだと述べた。Popeら（191,193）は、一部のボディビルダーは、自己イメージがゆがんでおり、実際は身体も大きく筋肉質であるのに、自分は小さく弱々しいと思い込んでいると述べている。これらの人々は、身体を大きくするためにエルゴジェニック効果のある物質を使用してウェイトトレーニングを行っていた。Popeは、この状態を「神経性食欲不振症の逆転」と呼んでいる。これは**筋ディスモルフィア**（筋異形症）（訳注：実際には筋肉のついた身体であるにもかかわらず、貧弱なのではないかという慢性的な不安を抱える精神障害。筋に関する身体醜形障害）としても知られている。このようなボディビルダーは、その目的や、重大な健康上のリスクも辞さない点、極端に多いアナボリックステロイド投与量を用いる戦略を取るという点におい

て、競技性の強いスポーツの選手とは明らかに異なると考えられる。この現象は、ステロイド使用に関連した非常に深刻な疾患がもっぱらボディビルダーにおいて起こり、ステロイドを使用しているその他の競技選手では起こらない理由を示唆しているかもしれない（88）。

効果

　アナボリックステロイド使用によって得られると一般に言われているエルゴジェニック効果は、筋量や筋力、競技パフォーマンス、とくにスポーツで求められる最大筋力レベルの向上である。アナボリックステロイドは、生理学的用量を超過した投与を行った場合に、エルゴジェニック効果が実現する（27,240）。このような変化の程度や範囲には大きな幅があり、個人のトレーニング状態に大きく左右される（27）。

筋量と筋力　アスリートおよび非アスリートがアナボリックステロイドを使う主要な理由の1つが、除脂肪体重および最大筋力の増加である。もしそれらの改善が起こると、競技などをやり遂げようとする「頑張り」におけるその他の変数が変わらなくても、フィールドでのよりよいパフォーマンスが導かれる。レクリエーションでトレーニングをしている人や競技選手によって用いられている投与量のアナボリックステロイドを与えると、筋タンパク質合成の増加がみられる（106）。この筋タンパク質の増加によって、アナボリックステロイドを摂取しているレクリエーション選手と競技選手の除脂肪量の増加が起こると考えられる（111,113,153,240,250）。激しいレジスタンストレーニングをしていない普通の成人男性でさえ、アナボリックステロイドを投与すると、除脂肪組織を含む体重の増加が観察される（27,82,88,252）。アナボリックステロイド使用に伴って生じる除脂肪体重および最大筋力の増加の程度は、ケーススタディ（事例研究）として科学的文献において報告されている（2）。この研究では、国際レベルの成人男性ボディビルダーが、1年間のトレーニング期間（その年の半ばに4週間のみ休薬）において、アンドロジェニックホルモンを自己注射した（投与量は53mg/日）。この期間において、そのボディビルダーは除脂肪体重を7kg増加させることができ、外

側広筋の平均筋線維面積は6カ月間で約11％増加し、筋力は有意に増加した。筋量および最大筋力が改善したにもかかわらず、健康状態は負の影響を受けた。とくに休薬後、精巣萎縮や、黄体ホルモンや卵胞刺激ホルモン、テストステロンレベルの低下が起こった。高密度リポタンパク質（HDL）コレステロールも有意に低下し、これはアテローム発生のリスク増加を示すものである。アナボリックステロイド使用の健康に及ぼす結果についてのさらなる情報は、「有害作用」のセクションを参照のこと。

男性ホルモン使用による体重増加は、体水分の増加の結果だと考えられていた時期もあった（113）。水分は細胞重量の大部分を構成することから、筋量の増加によって体水分量も増加する可能性があると考えられる。しかし、アナボリックステロイドが細胞間および細胞外の体積を増加させることによって、水分の貯留を増加させている可能性も捨てきれない。アナボリックステロイドの使用を中止した後、増加した体重が必ずしも維持されない理由は、水分の貯留によって説明できる可能性があるが、まだ十分に解明されていない。経験を積んだ男性ボディビルダーでの研究では、ナンドロロン・デカノエイト（200mg/週、筋注）を8週間の1サイクル摂取した結果、体重が有意に2.2kg増加（除脂肪体重が2.6kg増加し、脂肪量が0.4kg減少）し、除脂肪体重の水分量は変化がなかった（240）。また、細胞外水分量と細胞内水分量の割合にも変化がなかった。アンドロゲンの使用を中止した6週間後も、体重は初期値より有意に多く（1.6kg増）、水分量の変化はみられなかった。除脂肪体重の増加と脂肪量の減少は、使用を中止した後も数カ月間続くことがある（82）（図11.2）。したがって、選手は薬物検査で陰性となるために競技会の相当前から薬物の摂取をやめても、ステロイド使用の恩恵を得られるかもしれない。このような理由により、トップレベルの選手に対して抜き打ちの薬物検査は、年間を通じて行うことがアンフェアな薬物使用を防ぐために重要である。

競技パフォーマンス　当初、体外から投与したアナボリックステロイドのエルゴジェニック効果について調べた研究者たちは、パフォーマンスに対する有意な効果を全くみることができなかった（75,85,161,223）。その結果、科学者と医学界は、アナボリック

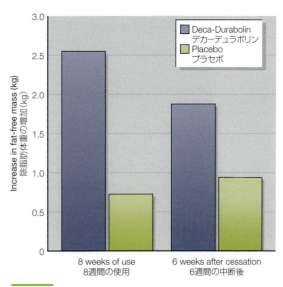

図11.2　アナボリックステロイド投与と、投与中止に伴う除脂肪体重の変化。
データはForbes, Porta, Herr, and Griggs, 1992（82）より。

ステロイドが競技パフォーマンスに対してほとんど影響しないとした。しかし、これは筋力が大きく増加するというジムやトレーニングセンターでの経験に基づく事例報告に反する（訳注：経験則に基づくもので科学的根拠は乏しい）。初期の研究をさらに調べてみると、方法論についていくつかの不備が明らかになった。男性ホルモンを自分で投与している選手では、薬理学的な用量を超えた摂取を行っているのに対し、それらの研究の中には生理学的用量を用いているものがいくつかあった。つまりこれらの被験者は、自身の体内での生成をやめ、外因性アナボリックステロイドでそれを補っていただけなのである。もう1つの不備は、筋力の評価方法だった。いくつかの研究では、筋力のパフォーマンスはトレーニング刺激と異なるエクササイズ様式を用いて評価されていた。この特異性の欠如によって、起こり得るトレーニング効果が隠れた可能性がある。また、レジスタンストレーニングの経験がわずかしかない被験者を対象に行われた研究もあった（85,223）。レジスタンストレーニング経験が長い選手への外因性アンドロゲンの投与により、筋力が有意に増強したという一貫した報告が行われている（3,113,217,250）。通常、ストレングストレーニング経験の長い選手の筋力の向上幅は、初心者と比べてきわめて小さい。しかし、トレーニングを積んだ選手がアナボリックステロイドを使い始めると、摂取していない

同様の選手に比べて、獲得する筋力が2〜3倍になる可能性がある（113,240,250）。

> 一般に、アナボリックステロイドの使用によるエルゴジェニック効果といわれるものは、筋量や筋力、競技パフォーマンスの向上であるが、これらの変化は個人のトレーニング状態に左右される。

心理学的効果

アナボリックステロイドの使用には、攻撃性や覚醒、興奮性の変化も伴う。旧東ドイツはこの効果を求めてアナボリックステロイドを使用していたと言われ、鼻からステロイドを摂取して、中枢神経系に対して高用量が届くようにしていたという。十分な検討がされていないが、これによって攻撃性が著しく増し、パフォーマンスが向上したという事例報告がある（65）。覚醒や自尊心の向上は、アナボリックステロイドの使用者にとっては好ましい副作用であろう。攻撃性の高まりも、とくにコンタクトスポーツに参加している選手にとっては有益であると認識されるかもしれない。

しかし、攻撃性の増加は、競技パフォーマンスに限定されないかもしれない。攻撃性が高くなっているアナボリックステロイド使用者は、自分自身に脅威をもたらすだけでなく、接触する相手にも脅威をもたらす場合がある（183,192）。アナボリックステロイドは、気分変動や精神病エピソードの発現とも関連している。アナボリックステロイド使用者のほぼ60%が、怒りっぽさや攻撃性の増加を経験するという研究報告がある（192）。Popeら（194）は、二重盲検対照クロスオーバー研究で、12週間にわたるテストステロンシピオネート注射投与後、攻撃性と躁状態を示すスコアで有意な上昇があったと報告した。興味深いことに、被験者間で均一な結果は得られなかった。ほとんどの被験者では心理的効果はほとんどなく、顕著な影響がみられたのはほんのわずかだった。アナボリックステロイド使用者における因果関係はいまだに確認されていないが、心理的変化や行動変化を経験した人は、ステロイドの使用を中止すれば回復することがわかっている（91）。

有害作用

アナボリックステロイド使用に関連した有害作用

表11.2 エルゴジェニックエイドの濫用における徴候と症状

影響を受ける系	有害作用
心臓血管系	血中脂質の変化 血圧上昇 心筋機能の低下
内分泌系	女性化乳房 精子数の減少 精巣萎縮 インポテンス（勃起不全）、一過性の不妊
尿生殖器系	男性 　精子数の減少 　精巣サイズの減少 女性 　月経不順 　陰核肥大 　声の低音化 　男性化 男性および女性 　女性化乳房 　性欲の変化
皮膚	にきび 男性型脱毛
肝臓	肝腫瘍と肝障害のリスク増加
筋骨格系	骨端軟骨板の早期閉鎖 腱損傷のリスク増加 筋内膿瘍
心理	躁病 うつ病 攻撃性 敵意 気分変動

を、表11.2に示している。医師の監視下でのアナボリックステロイド使用による副作用と、濫用（高用量で多種類服用するなど）に関連した副作用には違いがあることに注意することが重要である。アナボリックステロイド使用に伴う医学的な有害事象についての多くの情報は、自分で摂取している選手から得られたものである。これに関していくつかの科学的文献では、アナボリックステロイドに関連する医学的問題は、濫用に関係する多くの副作用が使用中止により回復することを考慮すると、幾分誇張されている可能性があることが示唆されている（26,258）。科学的根拠は乏しい逸話ではあるが、過剰摂取と有害事象は、筋力・パワー系選手と比べてボディビルダーで顕著であると考えられる。ボディビルダーは、利尿剤、甲状腺ホルモン、インスリン、抗エストロゲン薬など、数種類の薬物を摂っているとされているが、これら他の薬物の使用は、副作用

軽減につながる一方、その他のリスク因子の影響が大きくなる。

テストステロン前駆体（プロホルモン）

プロホルモンとは、別のホルモン合成における前駆体であり、プロホルモンによりある特定のホルモンの体内における生産能力を高める働きをすると理論上推定されている。プロホルモンのエルゴジェニックエイドとしての使用は、アンドロステンジオンまたはデヒドロエピアンドロステロンを100mg投与された健康な女性でテストステロンが3倍上昇したことを示す研究が広まるきっかけとなった（163）。これらのテストステロン前駆体（アンドロステンジオン、アンドロステンジオール、デヒドロエピアンドロステロン〔DHEA〕）を摂取し続けている運動選手は、テストステロン濃度や筋力、筋サイズ、トレーニングへの意欲などを高め、アナボリックステロイドを摂取している人と同様のパフォーマンス全般の向上を期待している可能性が高い。しかし、これらの前駆体自体が持つアンドロゲン作用は比較的弱く、アンドロステンジオンとDHEAにはそれぞれテストステロンの1/5、1/10の生物学的活性しかない（175）。それにもかかわらず、テストステロン前駆体は、米国議会を通過した2004年のアナボリックステロイド規制法により公式に規制薬物となり、これらの物質には医師の処方が義務づけられた。

テストステロン前駆体の効力を調べた研究の結果は多様である。DHEA、アンドロステンジオン（100mg）、プラセボ（偽薬）のいずれかを3カ月間摂取し、レジスタンストレーニングプログラムを行った中年の男性では、筋力や身体組成において有意な違いはみられなかった（248）。DHEA（150mg）の摂取を2週間継続し、1週間休むサイクルを8週間行った若い男性（19〜29歳）のグループでは、筋力や除脂肪組織の増加はみられなかった（37）。加えて、DHEA摂取による血清テストステロン濃度、エストロン、エストラジオール、脂質濃度の変化は全くみられなかった。2週間摂取、1週間休止で8週間継続とする同様の形式で、高用量（300mg）のアンドロステンジオンを摂取しても、筋力、筋サイズ、テストステロン濃度に有意な効果はみられなかった（144）。しかし、アンドロステンジオン摂取により、エストラジオールおよびエストロンの血清濃度の増加が起こり、高密度リポタンパク質（HDL）濃度の低下とも関連があった。これらの結果から、このサプリメントを摂取している選手では、パフォーマンスに変化は起こらないかもしれないが、アナボリックステロイド使用に伴う副作用のリスクが高まる可能性を示唆している。Broederら（34）は、アンドロステンジオンと高強度レジスタンストレーニングプログラムの組み合わせによる生理学的・内分泌的な影響について調べたアンドロプロジェクト研究（Andro Project study）の結論として、以下のように述べている。

テストステロン前駆体は、製造業者の推奨する投与量ではレジスタンストレーニングへの適応を促進しない。テストステロン前駆体のサプリメント摂取は、エストロゲン関連の分子である硫酸デヒドロエピアンドロステロン濃度の有意な増加、テストストテロン合成のダウンレギュレーション（下方制御）、血中脂質および35〜65歳男性における冠動脈心疾患のリスク特性において好ましくない変化という結果につながる（p. 3093）。

科学的エビデンスに基づけば、プロホルモンに分類されるほとんどがアンドロゲンに関連する同化作用をもたらすにはほど遠いと思われる（36）。しか

禁止プロホルモンサプリメントの例

本リストは2004年のアナボリックステロイドコントロール法で禁止された一部のプロホルモンの例であり、包括的なリストではない。

- アンドロスタンジオール
- アンドロステンジオン
- ボラステロン
- メチルテストステロン
- ノルアンドロステンジオール
- ノルアンドロステンジオン
- 19-ノル-4-アンドロステンジオール
- 19-ノル-5-アンドロステンジオール
- 1-テストステロン

しながら、科学的研究によって注目されたのは、ほとんど限定的にいくつかのプロホルモンサプリメントのみ——DHEA、アンドロステンジオール、19-ノルアンドロステンジオン、19-ノルアンドロステンジオール——である。これ以外にも、臨床的に試験されていない入手可能なプロホルモンサプリメントは多数ある。また、高度にトレーニングを行った選手におけるプロホルモンの使用について研究されていない。これに加えて、プロホルモンは主に経口投与で使用されている。プロホルモンの経口投与は、その他の方法（例：注射）ほど効果的ではないかもしれない。以上のことから、パフォーマンス向上に対するテストステロン前駆体の効果について、とくに、トレーニングを積んだ競技選手におけるその他の摂取経路に関して、継続した研究がさらに必要である。

HCG（ヒト絨毛性性腺刺激ホルモン）

ヒト絨毛性性腺刺激ホルモン（HCG）は、妊娠した女性の胎盤から得られるホルモンで、黄体形成ホルモン（LH）の構造および機能と密接に関連している。実際に、OTCの妊娠テストキットでは妊娠の指標として用いられており、これは妊娠時以外では一般的に体内でみられないためである。一般の人々においては、過体重の女性に対して医学的監督のもと、低カロリー食と組み合わせて減量を目的としてHCGが注射されることが時々ある（99）。この目的で用いられた場合に、減量を引き起こす効果はHCGによるものではないことが研究により示唆されている。減量に関連する主な要因はHCG注射に伴うカロリー制限によるものと考えられる（99）。

効果

HCGは女性においてパフォーマンス向上能をもたらさないが、アナボリックステロイド投与を受けている男性については、科学的根拠に乏しいが、有用であるという症例が引用されている。HCGを男性に注射すると、精巣でのテストステロン生成を増加させることができる。たとえば、大量の筋肉注射を1回行った後、4日以内にはテストステロン濃度がほぼ2倍になる（54）。男性の体内におけるHCG活性は、黄体ホルモン（精巣のライディッヒ細胞を刺激してテストステロンを分泌させる下垂体ホルモ

ン）に類似した能力によるものである（160）。男性がHCGの注射をして内因性のテストステロンレベルを上昇させたい理由は、内因性のテストステロン生産は、ステロイドサイクルの終了時において抑制されるからである（173,176）。このような理由から、HCGを運動選手が使用するとすれば、アナボリックステロイドのサイクルが終了するときに、自身の内因性テストステロン生成を活性化させようとして用いられる可能性が高い。

有害作用

HCGは皮下注射あるいは筋内注射により投与される。このような投与に伴う副作用は、痛みや腫れ、注射部位周囲の圧痛である。HCG注射についての研究は非常に少ない。1つの調査では、肥満女性にHCGを注射した際に、血圧および通常行われる血液検査において有害作用はなかったことが報告されている（218）。

インスリン

インスリンは、強力な同化ホルモンである。インスリンは血糖値および特定のアミノ酸（例：ロイシン）濃度の上昇に反応して、膵臓（すいぞう）から分泌され、グルコースとアミノ酸の細胞への取り込みを促進する役割を持つ。インスリンはタンパク質合成を高めるので、同化ホルモンと考えられる。

効果

インスリン濃度が自然に上昇する場合（例：炭水化物摂取後に膵臓から内因性に分泌される）、健康な人では安全上の懸念はない。加えて、ワークアウト後の炭水化物摂取により、インスリンの抗異化作用を介して筋タンパク質分解が抑制されることが、いくつかの報告によって示されている（32,201）。理論的には、もしタンパク質分解が数週間から数カ月にわたって抑制されるなら、除脂肪体重の増加が実現するだろう。

有害作用

インスリン自体に備わる同化の特性と、成長ホルモンおよびインスリン様成長因子の効力を増強するらしいという噂に導かれて、インスリンを注射する人も何人か（主にボディビルダー）いる。この手法

でのインスリン使用は深刻な結果を招く。それまで健康だった競技選手において起こりうる転帰（アウトカム）には、突然死や昏睡、インスリン依存性糖尿病の発生が含まれる（160）。

ヒト成長ホルモン

ヒト成長ホルモン（HGH）は、下垂体前葉から分泌されるタンパク質で、エルゴジェニック効果を促進する複数の重要な生理機能がある。骨や骨格筋の成長を刺激するため、同化機能を持つが、血糖値の維持、グルコースとアミノ酸の筋細胞への取り込み（80）、脂肪細胞からの脂肪酸の放出を刺激するなどの重要な代謝機能もある。

　成長ホルモン製剤には、主に遺伝子組み換え技術を用いて合成的に誘導された比較的複雑な分子が使われている。しかし、1986年まではヒトの屍体の下垂体が唯一の材料だった。ヒト成長ホルモン受容体は、動物由来の成長ホルモンに対して交差反応ができないため、1986年以前はヒト成長ホルモンが非常に高価だった。屍体の成長ホルモンの使用には重大な健康被害のリスクがあったが、だからといってこのサプリメントの摂取を選手がやめるわけではなく、使用を厳しく制限するに留まった（121）。遺伝子組み換えヒト成長ホルモンの開発によって、それ以前より比較的低リスクで、低コスト（屍体成長ホルモンと比較して）の、効力の高い医薬品が医療で使用できるようになった。現在、臨床医は、成長ホルモン欠乏症で低身長の子どもの身長を伸ばすためや、成人の身体組成を変えるために遺伝子組み換えヒト成長ホルモンを処方できるようになっている。パフォーマンス促進物質としてのヒト成長ホルモンの使用は、プロスポーツ選手の間で広がっていると考えられ、単独で用いられることもあれば、アナボリックステロイドと組み合わせて用いられることもある（17）。遺伝子組み換え技術によりヒト成長ホルモンは入手しやすくなったが、現在でもとくにブラックマーケット（非合法の市場）では非常に高価——1カ月あたり数百～数千ドル——である。米国内で一般的に用いられるヒト成長ホルモンの商標名は、ヒューマトロープ、ニュートロピン、ノルディトロピン、ジェノトロピン、セロスティム、サイゼン、プロトロピンである。

効果

　プロスポーツ選手を対象としたヒト成長ホルモンの効力についての研究は行われていないと考えられる。ヒト成長ホルモンを扱った研究の多くは、成長ホルモン欠乏症の成人や子ども、あるいは健康な高齢者の補充療法としてのヒト成長ホルモンに注目している。これらの研究では、一貫して、身体組成の好ましい変化（体脂肪の減少を伴う除脂肪体重の増加）が示されている（79,120,204,228）。成長ホルモン欠乏症を発症した男性に遺伝子組み換えヒト成長ホルモンを6カ月間毎晩注射したところ、除脂肪体重が平均で5.4kg増加し、ほぼ同量の脂肪の減少がみられた（204）。ほとんどの研究は、筋力とパフォーマンスに対するヒト成長ホルモン治療が及ぼす影響に触れてはいない。わずか1例しかない研究によれば、12カ月間の治療の後に等速性筋力に変化は見られなかったことが示されている（120）。しかし、この研究の被験者は、治療の過程でレジスタンストレーニングを全く行っていない。トレーニング経験のある成人に成長ホルモンを（週3日を6週間）投与した研究では、身体組成がわずかに変化したものの、筋力の評価は実施されなかった（58）。科学的研究において競技選手を対象としたヒト成長ホルモンの使用の有効性を支持するものではなく、そのような研究は（倫理的制約により）実施できないが、ヒト成長ホルモンとヒトのパフォーマンスの関係についての理解はかなり制限される。ヒト成長ホルモンが有効であると考えられていることと、無作為の薬物検査で検出できなかったことから、過去数年にわたって、いくつかのプロスポーツの選手間で使用が広がっている可能性がある。現在、ヒト成長ホルモンは薬物検査で尿から検出することができず、選手はこのような理由で使用している可能性がある。しかしながら、ヒト成長ホルモンのための血液検査が2004年のアテネ夏季オリンピック（ギリシャ）で初めて導入された。

　成長ホルモンはタンパク質分子である。完全な代謝を防ぎつつ、その効力を維持するためには、注射によらなければならない。経口摂取では全く効果は得られない。成長ホルモンの多くの作用に、インスリン様成長因子I（IGF-I）が介在する。IGF-Iもペプチドホルモンで、成長ホルモンの刺激に反応して肝臓で生成され分泌される。IGF-Iは、現在遺伝子

組み換え技術を用いて合成されており、ヒト成長ホルモンと同じ効果を発現する可能性がある。

有害作用

しかし、ヒト成長ホルモンの使用には顕著な健康上のリスクの可能性を伴う。小児期における成長ホルモンの過剰分泌は、身長が異常に高くなる巨人症の原因となる。思春期後、線形的な成長が停止すると、成長ホルモンの過剰分泌によって**末端肥大症**が引き起こされる。これは、骨幅の拡大や関節炎、臓器の肥大、代謝異常などの特徴があらわれる形態上の変形を招く疾患である。エルゴジェニックエイドとしてヒト成長ホルモンを用いる選手には、これらの潜在的なリスクがある。また、このような副作用の所見がみられれば、選手がこの薬物を使用している可能性を示唆しているかもしれない。成長ホルモン欠乏症の成人で行った臨床試験では、2年間にわたる補充治療でも副作用は最小限しか現れなかった（1,120,237）。しかし、ヒト成長ホルモンを摂取する選手は、通常、補充治療で投与する一般的な量をはるかに超えた用量を用いる（17）。したがって、選手が一般に用いる用量でのヒト成長ホルモン使用は有害事象と無関係であると考えるべきではない。ヒト成長ホルモンの乱用による有害な副作用は、発症しやすい人における糖尿病や、心血管系の機能障害、筋および関節、骨の痛み、高血圧、器官の異常増殖、変形性関節症の加速などである（17）。

▶ 成長ホルモンやIGF-Iの欠乏症の人に補充治療として用いられる成長ホルモンは効果があり、有害作用も最小限であるが、競技選手が使用する量では末端肥大症の危険が考えられる。

エリスロポエチン

持久的パフォーマンスにおける制限要因の1つが、収縮する骨格筋への、選手自身の酸素運搬能力である。長年にわたって、身体の酸素運搬能力を高める手段が開発されてきた。それらの手段には、血液の酸素運搬能力を自然に高める新たなトレーニングプログラム（例：高所トレーニング）が含まれる一方、ほかには血液の酸素運搬能力を人工的に高める手段（例：血液ドーピング）がある。血液ドーピングは、赤血球量を増やすことを目的とするもので、輸血による方法、あるいはエリスロポエチンというホルモンの投与などが一般的である。輸血を介した血液ドーピングには、2つの形態がある。すなわち、自己（自家）血輸血と同種（相同）血輸血である。自己血ドーピングは、自分自身の血液を輸血するもので、必要となるまで貯蔵しておく（冷蔵または冷凍）。同種血輸血は、同じ血液型の他人から採取された血液を輸血するものである。自己血輸血を介した血液ドーピングは、1980年代以降、より一般的な方法となった遺伝子組み換えヒトエリスロポエチンにその座を譲ることとなった（47）。

エリスロポエチン（EPO）は、腎臓で生成され、赤血球の新生を刺激する。これもタンパク質ホルモンだが、遺伝子組み換え技術によって合成が可能になったことで、競技選手の間で濫用されているとの報告がある（72）。エリスロポエチンの使用は、Lance Armstrong（訳注：自転車選手として著名なランス・アームストロング）が自転車選手としての競技生活を通じて用いたドーピング手法の1つである。血中EPO濃度は、有酸素性持久力運動に応答して増大する。ある種の貧血、とくにエリスロポエチン生成が不十分な腎臓疾患患者での貧血では、遺伝子組み換えヒトエリスロポエチンによってその患者の生活の質（QOL）を改善することができる。

効果

エリスロポエチンを注射すると、通常ヘマトクリットとヘモグロビンの両方が上昇する。健常な男性にエリスロポエチンを6週間投与すると、ヘマトクリット値が44.5〜50％、ヘモグロビン濃度が10％上昇し、有酸素性能力が6〜8％上昇、そして疲労困憊までの時間が最大17％向上した（25,73）。血液の酸素運搬能力が向上することから、エリスロポエチンは有酸素性持久力競技の選手にとって効果的なエルゴジェニックエイドとなる。

有害作用

医学的監督の下でのエリスロポエチンの使用は、腎臓に関連する貧血の治療に有益であるが、単にアスリートが競技における優位を得るためにこの物質を誤用（乱用）することは、健康上の深刻なリスクを負うことになる。EPO注射の結果として起こるヘマトクリットの増大は、重大な健康リスクとなる。

赤血球数の増加によって、血液粘性（血液の濃さ）が高まる。これによって血液凝固、収縮期血圧の上昇、脳卒中、脳塞栓、肺塞栓のリスク上昇などの問題が起こる（95）。有酸素性持久力競技中には、人為的なヘマトクリットの増加によるパフォーマンスへの有益性と、血液粘性の上昇によるパフォーマンス低下のバランスに安全域がなくなり、そこに脱水症状という問題も加わって、心臓血管系のリスクを増加させるおそれがある。自転車競技選手の死亡の多くは、エリスロポエチン投与と関連があるとされている（95）。エリスロポエチンに伴う主なリスクは、赤血球注入と比較して予想ができないことにある。いったんエリスロポエチンを注射すると、体内での赤血球生成の刺激をコントロールすることができない。このように死に至る可能性もある重大な心臓血管系リスクが伴うので、有酸素性持久力競技の選手はこの薬物を避けるべきである。

βアドレナリン作用薬（βアドレナリン受容体刺激薬、βアドレナリン作動薬）

合成βアドレナリン作用薬、または**β作用薬**は、エピネフリンと化学的に類似した物質である。エピネフリンは副腎髄質で生成されるホルモンで、**脂肪分解**や**産熱**（熱生産のためにエネルギー消費を増大すること）などの生理作用を調整する。β作用薬は当初、喘息など生命を脅かす疾患の治療のために開発された。これら化合物のいくつかには、除脂肪体重の増加、脂肪の蓄積量の減少など、身体組成に対する特異的な影響があることがわかっている（195）。このため、これらの薬物は「**分割薬（partitioning agents）**」と呼ばれることもある（24）。競技選手の中で最も広く使われているのは、クレンブテロールという薬である（195）。

効果

クレンブテロールはβ2作用薬で、世界の多くの地域で広く使われている気管支拡張薬（狭くなった気管支を元に戻すために用いられる）である。競技選手らはクレンブテロールを、除脂肪体重を増加させ、皮下脂肪を減らすためのエルゴジェニックエイドとして使っている（195）。クレンブテロールの効果に関するデータは、健康な競技選手を対象としたものほとんどなく、心不全患者（138）や、筋萎縮

症状のある患者（165）、動物モデル（162,164）に基づくものである。ヒトを対象とした研究は限られているが、筋力増強について、β2作用薬のエルゴジェニックエイドとしての可能性を示した複数の知見がある（164,166）。競技選手は通常、臨床目的で投与される推奨量の2倍のクレンブテロールを周期的（3週ごとに服用と休薬をくり返し、服用期間中は2日服用、2日休薬のサイクル）に用いている（195）。このように周期的に摂取することにより、β2受容体のダウンレギュレーションが避けられるとされている（160）。

有害作用

競技選手はクレンブテロールをカプセル剤で服用しているが、これとは対照的に、通常、気管支収縮の改善には吸入で服用する。多くの副作用（例：一過性頻脈、高熱、振戦、めまい、動悸、不眠）の可能性が示されているにもかかわらず、実際の報告例はごく少数である（160）。また、ヒトでのクレンブテロールのエルゴジェニック効果について検討したデータが少ないことから、効力の判定は困難である。

β遮断剤

β遮断剤（ブロッカー）は、βアドレナリン受容体を遮断してカテコールアミン（例：ノルエピネフリン、エピネフリン）の結合を防ぐ薬物である。β遮断剤は、通常、高血圧を含む幅広い心臓血管疾患の治療のために心臓病専門医によって処方される。エルゴジェニックエイドとしての効果は、おそらくパフォーマンス時の不安や振戦（震え）を減らすことにある（155）。パフォーマンス中に安定的かつ抑制的な動きを求める選手（例：アーチェリーや射撃の選手）にとって、この薬物は役立つと考えられる。また、β遮断剤はβ受容体のアップレギュレーション（上方制御）を引き起こすことによって、有酸素性持久力トレーニングに対する生理学的適応を促進するかもしれない。もしこれが真実なら、摂取を中止することにより高強度運動時の交感神経系の放電に対して過剰反応を起こすという結果につながるだろう。

効果

いくつかの研究では、β遮断剤が遅いペースと速

いペースの両方での射撃の正確性を高めることができるとされている（7,152）。また、服用量が向上の程度に有意に影響すると考えられる。2種類の用量のβ遮断剤（オキシプレノロール80mg vs. 40mg）を服用した射撃選手では、高用量を摂取したグループのほうが、正確性が高かった（7）。しかし競技によってはある程度の不安が重要な場合がある。Tesch（229）は、オキシプレノロールによる遮断によってパフォーマンスが向上したボウリング選手は、β遮断剤を摂取してもパフォーマンスが向上しなかった選手より、競技前、競技中、競技後のいずれにおいても心拍数が有意に高かったと報告した。

有害作用

β遮断剤が、**エルゴリティック**作用（パフォーマンスを低下させる作用）を与える場合もある。β遮断剤によって最大心拍数や酸素消費量、10kmレースのタイムのパフォーマンスが減少し、エクササイズに対する心臓血管系の応答が低下することが報告されている（6）。また、β遮断剤は自覚的運動強度が高く見積もられる傾向にあることとも関連している（229）。これらの薬物に関連するリスクには、気管支痙攣や心不全、長期にわたる低血糖、徐脈、心ブロック、間欠性跛行が含まれる（89）。

栄養補助食品

スポーツサプリメント産業は世界的に拡大を続けており、世界のスポーツ栄養マーケットは2012年に207億ドルであり、2019年には370億ドルに達すると予測されている（235）。スポーツ栄養の会社の中には、自社製品の効果について根拠のない主張を示しているところもある。また、悪質な業者が、効果を高めるために故意に禁止物質の類似体を製品に加えている例もある（50）。その結果、適切なサプリメントと業者の倫理について、選手との間で多くの混乱が生じている。この項では、競技選手に広く用いられている栄養補助食品について述べ、それらの効果について科学的な説明を示す。

必須アミノ酸、分岐鎖アミノ酸

必須アミノ酸（EAA）は体内で生成されず、食事から摂取しなければならないアミノ酸を指し、イソロイシン、ロイシン、バリン、リジン、メチオニン、フェニルアラニン、スレオニン、トリプトファンがこれにあたる。動物性タンパク質やOTC（訳注：over the counterの略で、薬局やドラッグストアなどで処方箋なしで購入できる。一般用医薬品）として販売されているサプリメントには、必須アミノ酸が多く含まれている。ロイシンは、ホウレンソウやブロッコリーなどの植物にもみられるが、動物性の供給源と比較して、ロイシンの量は非常に少ない。

効果

科学者らは、アミノ酸のあるカテゴリだけでなく、個々のアミノ酸とその筋タンパク質合成に刺激を与える際の役割を明らかにしてきた。たとえば、Tiptonら（230,231）は、非必須アミノ酸は筋タンパク質合成を刺激するのに必ずしも必要でなく、むしろ必須アミノ酸の存在のみが必要であるということを報告している。この研究（230）では、6名の健康な成人（男女各3名）がレジスタンスエクササイズ（1RMの80%で8回を8セット）を行い、その後に40mgの必須アミノ酸またはプラセボのいずれかを摂取した。混合アミノ酸と必須アミノ酸は、プラセボ投与群よりも有意に大きな同化反応を引き起こした一方、アミノ酸投与群の間で差はみられなかった。差がなかったことから、非必須アミノ酸は筋タンパク質合成を刺激するのに必ずしも必要ではないと結論づけられた。その後の研究でRasmussenら（197）は、同じプロトコルだが、レジスタンスエクササイズ直後に6gという少量の必須アミノ酸と35gの砂糖を摂るという方法で実験を行い、必須アミノ酸の摂取によりプラセボに比べて同化傾向（新しい筋組織の形成）が有意に強まることを示した。

さらに、Tiptonら（232）は、レジスタンストレーニング前または後に必須アミノ酸6gと砂糖36gを摂取し、筋タンパク質の代謝への影響を調べた。レジスタンストレーニングの30分前に必須アミノ酸と砂糖を摂取すると、トレーニング後に摂取したときに比べて、急性の（エクササイズの3時間後）同化作用が158%増大したと報告した。これらの結果から、Tiptonら（232）とRasmussenら（197）は、数週間にわたってレジスタンストレーニングセッションの前か後（または両方）で必須アミノ酸を摂取した人は、トレーニングのみを行った人に比べて筋

量に大きな変化が生じるという仮説を立てた。非必須アミノ酸は筋タンパク質合成に必ずしも必要ではないが、これは選手におけるトレーニング適応を最大化するのに重要ではないということを意味するのではない。条件つき必須アミノ酸および非必須アミノ酸はともに新しくつくられる筋タンパク質に取り込まれる基質としての役割を果たし、さらに、必須アミノ酸からの転換を温存（節約）することにより、必須アミノ酸のレベルを効果的に増加させる。

以前の動物モデルにより、8つの必須アミノ酸が特定され、筋タンパク質合成の増加に重要な役割を担うのは**分岐鎖アミノ酸**（BCAA）——イソロイシン、ロイシン、バリン——であることが明らかとなった（96）。BCAAの中で、ロイシンはAkt/メカニスティックラパマイシン標的（mTOR）経路を介した（図11.3）筋タンパク質合成を刺激する鍵となるアミノ酸である（42,139,199）。Nortonら（180）は、げっ歯類モデルを用いて筋タンパク質合成の刺激におけるロイシンの閾値が存在することを示した。この先駆的な研究に基づき、多くの栄養研究者の間では、摂取したタンパク質のロイシン含有量は、単に摂取したタンパク質の総量というより、骨格筋の限界の範囲内で筋タンパク質合成を最大化するという点で、律速因子となると考えられている。この食事におけるタンパク質の内容の重要性に関する理論を裏づける研究を行ったPasiakosら（185）は、ロイシンを多く含む必須アミノ酸飲料は、ロイシン量が通常の必須アミノ酸飲料と比較して、筋タンパク質合成が有意に増加したことを報告した。この研究では、トレーニングを積んだ男性が自転車運動中に2つの異なる10gの必須アミノ酸飲料を摂取した——一方は3.5gのロイシン（46mg/kg体重）を含み、もう一方は1.87gのロイシン（約25mg/kg体重）を含む。運動後（3時間の評価期間中に）、筋タンパク質合成はロイシンが豊富なアミノ酸飲料のほうが33％多かった。ロイシン摂取の重要性と、レジスタンストレーニングに続いて起こる骨格筋の同化反応は今日のスポーツ栄養研究において人気のあるトピックである。

有害作用

分岐鎖アミノ酸あるいは必須アミノ酸のサプリメント摂取による有害作用について調べた報告あるいは科学的研究は見当たらない。

> ▶ 分岐鎖アミノ酸のロイシンは、筋タンパク質合成を刺激するうえで鍵となる律速因子である。ロイシンは直接的に骨格筋におけるタンパク質合成の鍵であるAkt/mTOR経路を活性化する。

アルギニン

アルギニンは条件つき必須アミノ酸であり、栄養および代謝において重大な役割を果たす。アルギニンはタンパク質およびクレアチンの合成に必要であり、その代謝の結果、一酸化窒素（NO）が生成される。アルギニンのサプリメント摂取による一酸化窒素レベルや筋血流の上昇が、運動パフォーマンスを改善させることがしばしば主張されている。これらの主張はいずれも、競技選手や活動性の高い個人に向けてのものであり、スポーツパフォーマンスを促進し、あるいはトレーニング適応を最大化するうえでこれらすべてのアウトカム（結果）は有用であ

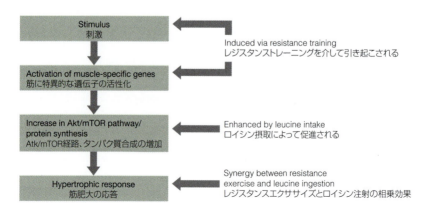

図11.3 筋タンパク質合成におけるロイシンの役割

る。残念なことに、そのような結果から利益が得られる人たちを対象とした、アルギニンのサプリメント摂取に関するそのような主張を支持する科学的エビデンスは非常に少ない。

効果

経口摂取によるアルギニンのサプリメントは、一酸化窒素レベルを上昇させる可能性があるとして、最も頻繁に販売されている。一酸化窒素は、人体において多くの生理学的な役割を有しているが、運動中という状況での**血管拡張**作用が重要である。運動中、一酸化窒素レベルは自然に上昇し、動脈や細動脈が流すことのできる血液量は、働いている骨格筋へ酸素と燃料源を運搬することを目的として増加する（30）。一酸化窒素は血管拡張に不可欠であるが、科学的文献において圧倒的多数の研究は、健康な人における経口でのアルギニンサプリメント摂取が運動のみによる効果よりも一酸化窒素産生を増加させる効果があるという主張を支持していない（5,159,208）。健康的な人とは対照的に、心臓血管系のリスクのある人や、糖尿病患者においては、アルギニンサプリメントの経口摂取の結果として起こる一酸化窒素産生増加は恩恵をもたらす可能性がある（135,136）。

一酸化窒素産生の自然な結果は、筋血流の増加である。したがって、筋血流の増加もまた、アルギニンの有効性に関してよくある主張である。サプリメントを摂取する選手や一般の消費者における共通認識は、筋血流の増加であるにもかかわらず、この分野における科学的な調査のほとんどで、健康な人におけるアルギニンの経口摂取後に筋血流は増加しないことで一致している（76,77,226）。アルギニンサプリメントの経口摂取は、持久的運動パフォーマンスを向上させるという主張もある。しかしながら、健康な人におけるアルギニンの効果について調査した研究においては、疲労困憊までの時間や、局所筋持久力、間欠的無酸素性運動パフォーマンスは、サプリメント摂取の結果として改善しなかったことが報告されている（104,159,239）。一酸化窒素を増加させたり、筋血流を促進したり、いくつかの様式の持久的運動を改善させたりする能力がないことから、健康な競技選手におけるアルギニンの経口摂取は推奨されない。

有害作用

科学研究の大部分では、運動パフォーマンスの改善のために用いられたアルギニンの用量は6gであった。この用量のアルギニンは、持久的パフォーマンス改善においては有効ではないが、この量は許容可能であり有害な副作用がないと考えられている。13gまでの用量の経口摂取は、一般的に許容される量である。より高用量（13〜30g）で最も広くみられる有害作用には、吐き気や腹部の痙攣、下痢を伴う胃腸障害が含まれる（51）。

▶ 一酸化窒素を増加させたり、筋血流を促進したり、持久的運動を改善させたりする能力がないことから、健康な競技選手におけるアルギニンの経口摂取は推奨されない。

βヒドロキシβメチルブチレート

βヒドロキシβメチルブチレート（HMB）は、必須アミノ酸のロイシンとその代謝産物であるαケトイソカプロン酸の誘導体である。HMBはタンパク質合成を刺激すること（74）、またユビキチン-プロテアソーム経路を抑制することによってタンパク質分解を減少させること（211）が、エビデンスによって示されている。タンパク質分解の調節におけるHMBの役割により、異化が促進される状態において除脂肪体重の減少を最小限にするうえで効果的なサプリメントであるかもしれない。HMBは、現時点では競技団体による禁止または制限を受けていない。

効果

HMBの抗異化作用の可能性について注目した最初の研究はNissenら（179）によって行われた。この研究では、トレーニングを積んでいない被験者が3つのレベルのHMB（1日あたりそれぞれ0g、1.5g、3.0g）、2つのレベルのタンパク質（1日あたり117g、175g）を摂取し、週に3日トレーニングを3週間にわたって行った。筋線維タンパク質分解の測定手段として、尿中3-メチル-ヒスチジンレベルが測定された（尿中3-メチル-ヒスチジンが高いと、筋タンパク質がより異化、すなわち分解されていることを意味する）。レジスタンストレーニングプロトコルの第1週の後、尿中3-メチル-ヒスチジンは対照群において94％増加し、1日あたり1.5gおよび

3gのHMB摂取群ではそれぞれ85%、50%増加した。第2週の途中では、尿中3-メチル-ヒスチジンは対照群において27%増加する結果を示したが、1日あたり1.5gおよび3gのHMB摂取群では、ベースレベルからそれぞれ4%、15%低下した。レジスタンストレーニングの第3週の終わりに、尿中3-メチル-ヒスチジンは群間に有意差はなかった（179）。

その他の異化を引き起こす環境における研究においても、HMBサプリメント摂取の有効性が示された。たとえば、高齢者が10日間にわたるベッドレストを行った場合、1日あたり3gのHMBを摂取した被験者は、除脂肪体重の減少（0.17kgのみの減少）が、プラセボ摂取群（2.05kgの減少）と比較して有意に少なかったと報告されている（64）。その他の研究における知見は、これらの観察されたことと一致して、HMBが抗異化作用と筋損傷を抑制する作用を示した（146,241）。

これまでトレーニングをしていない人が4～8週間にわたるトレーニングプログラムを始めるとき、HMBはプラセボと比較して筋力および除脂肪体重を有意に増加させたことが示されている（94,179,184）。レジスタンストレーニングによる筋損傷および筋痛は、長期間にわたってレジスタンストレーニングを行っている人と比較して、トレーニング経験の少ない人ではより大きいと予測される。もしHMBに筋損傷や筋タンパク質分解を抑制する能力があるのであれば、新しいトレーニングプログラムを始める人にとって、HMBが有効であるというのは驚くことではない。

トレーニングを積んだ選手におけるHMBのエルゴジェニック効果は決定的ではない。レジスタンストレーニングを積んだ選手または競技選手での研究では、同様の摂取スケジュールでレクリエーションとしてスポーツをしている人と同様の結果は得られなかった（150,181,196）。しかしながら、トレーニングを積んだ人においてHMBが筋力および除脂肪体重に及ぼす影響について調べた研究の多くは、期間が短く（5週間未満）、そのプログラム内容も、期分けされた高強度トレーニングプログラムではなかった。HMBが有用であるためには、個人にとって筋損傷を引き起こす、あるいは筋タンパク質分解を上昇させるような刺激となる新たな刺激をもたらすことが不可欠であるかもしれない。

トレーニングを積んだ人において、プログラムを変えないように指示された場合、HMBによる有益性は得られなかったことが研究で示唆されている（150）。最近の研究では、高度にレジスタンストレーニングを積んだ男性が、期分けされたレジスタンストレーニングプログラムを行い、HMBサプリメントを摂取することで、同一のトレーニングプログラムに参加したプラセボ群と比較して、総筋力および除脂肪体重が有意に改善したことが報告されている（257）。別の調査では、トレーニングを積んだ人に適切なトレーニング刺激を提供したところ、プラセボ投与群と比較して最大筋力および除脂肪体重が増加したことが報告されている（179,184）。

有害作用

HMBサプリメント摂取の継続期間や用量、タイミングについては科学的文献においてとくに大きなばらつきがある。HMBに関連する、発表されている調査のほぼ全部が、1日あたり3～6gを摂取していた。発表された研究で最も一般的な用量は、1日あたり3g（しばしば数回に分割される）であった。HMBについての研究の大部分では、HMBのカルシウム塩（HMB-Ca）が用いられた。最近、異なる形態のHMB-遊離酸についても調査されている（257）。HMBサプリメント摂取の安全性については広く研究されており、現時点では知られている有害作用は存在しないというコンセンサスがある。

> HMBは、適切なトレーニングにより刺激がもたらされた場合に、最も効果的である。トレーニングをしていない人では、量の多いトレーニングは必要ではないようだ。トレーニングを積んだ人では、HMBサプリメント摂取の有益性を現実のものとするうえで、高強度で量の多いレジスタンストレーニングプログラムが必要になるようだ。

経口筋緩衝剤

高強度の無酸素性運動では、骨格筋内のpHの低下に伴う水素イオン（H^+）の顕著な蓄積が起こり（訳注：pHの低下と水素イオンの増加は同義である）、パフォーマンスにマイナスの影響を与えることが示されている（200）。高強度の運動中に骨格筋内の水素イオン濃度を調節する能力は、**筋の緩衝能力（MBC）**と呼ばれる（22,178）。筋の緩衝能力とエクササイズパフォーマンス（全力疾走を繰り返す能力、

高強度の運動能力、無酸素性作業閾値、トレーニング量）の間には、強い正の相関がある（70,71）。実際に、バスケットボールやサッカー、ホッケー、自転車、ボート、トライアスロン、短距離走などの競技選手で、エクササイズパフォーマンスと筋の緩衝能力の間に正の相関があることが証明されている（29,70,71）。理論上、トレーニングや栄養摂取（βアラニン、重炭酸ナトリウム、クエン酸）によって筋の緩衝能力が向上すると、水素イオンの蓄積によって制限されるであろう競技のパフォーマンスが向上する可能性がある。このようなことからβアラニンや重炭酸ナトリウム、クエン酸ナトリウムと、高強度運動のパフォーマンスへの効果との間の関連について、以下に簡単にまとめる。

βアラニン

βアラニンは、非必須アミノ酸で、鶏肉など私たちが食べる多くの食品に含まれている。βアラニン自体のエルゴジェニック効果は限られているが、筋細胞内において、カルノシン合成の律速基質（訳注：その量によって合成速度が決定される基質という意味）になる（68）。Harrisら（110）は、βアラニン（4〜6 g/日）を4週間摂取した結果、骨格筋のβアラニン濃度が平均64％増加したと報告した。人間では、カルノシンは主に速筋（タイプⅡ）にみられる。高強度の無酸素運動中に発生し、pHを低下させる水素イオンを緩衝する骨格筋の働きの40％までがカルノシンによると考えられている（110,114）。理論上、骨格筋のカルノシン濃度が長期トレーニングを実施する中で上昇したり、またはβアラニンの摂取を通して増加すること（あるいはその両方）で、筋の緩衝能力が向上し、とくに無酸素性運動のパフォーマンス向上が起こると考えられる。興味深いことに、短距離走選手やボディビルダーなどのカルノシン濃度は、マラソン選手やトレーニングを行っていない人、高齢者に比べて有意に高いとされる（110,224）。

Suzukiら（224）は、骨格筋中のカルノシン濃度と高強度エクササイズパフォーマンスの関係について、トレーニングを積んだ自転車競技選手で調べ、カルノシン濃度と自転車エルゴメーターでの30秒間最大スプリントの平均パワーに有意な正の相関があることを報告している。カルノシンと筋の緩衝能力

に関連があるので、この結果は、骨格筋のカルノシン濃度が無酸素性運動のパフォーマンスと正の相関があるという理論を裏づけている。

効果　筋力や有酸素性パワー、短いリカバリーにより散在させた高強度で短期間の運動に対するβアラニンの影響について研究されている。クレアチンとは対照的に、βアラニンは最大筋力を増加させることはないようである（140,122,123）。同様に、有酸素性パワーもβアラニンのサプリメント摂取によって改善しないようである（123,140）。有酸素性パワーは改善しなかったとしても、βアラニンのサプリメント摂取によって無酸素性作業閾値が改善したことを、支持するデータが示している（221,259）。実践的には、無酸素性作業閾値の改善（乳酸閾値および換気閾値で測定）は、持久的身体活動を相対的に高強度で長い時間にわたって行うことができることを意味する。Hillら（114）は、筋カルノシン濃度とエクササイズパフォーマンスに対するβアラニン摂取の影響を、トレーニング未経験者で調べた。25名の男性被験者（19〜31歳）に、二重盲検法でβアラニンまたは糖のプラセボのいずれかを1週目は4.0g、その後の9週間で最大6.4gを摂取させた。第0週（摂取開始前）、第4週、第10週に、自転車エルゴメーター段階的運動負荷テストで決定した最大パワーの負荷で疲労困憊まで自転車運動を行い、そのときの（筋生検によって測定した）筋カルノシン濃度と総運動量（kJ）を測定した結果、平均カルノシン濃度は第4週に58％増加し、第10週にはさらに15％増加した。自転車エルゴメーター試験での総運動量は、第4週で13％、第10週で16％増加した。

βアラニンのサプリメント摂取が高強度パフォーマンスに及ぼす影響についてまとめた総合的なレビューにおいて、Artioliら（9）は、βアラニン摂取は、60秒以上にわたって続く複数の高強度運動や、疲労がまだ残っている中で1回の運動など、筋が酸性に傾く環境において運動パフォーマンスを改善する可能性があると述べている。低レベルのアシドーシス（酸性に傾くこと）で行う高強度運動においては、βアラニンのサプリメント摂取から利益を得られる可能性は低い。

有害作用　公表されている文献において、βアラニ

ンの摂取量は2.4〜6.4g/日の範囲である。βアラニンに関するトライアル（試験）の多くは、この1日のβアラニン総摂取量を2〜4に分割した用量で行われている。このように1回の用量を少なくする方法をとる理由は、唯一報告されている有害作用、すなわち知覚異常（ピリピリ感、刺痛、皮膚のしびれ感）の症状を予防するためである（9）。知覚異常の症状は、用量が多く急性、1回の摂取で引き起こされ、摂取後約1時間で消失する（9,110）。

重炭酸ナトリウム

　重炭酸ナトリウムは制酸剤（アルカリ化剤）であり、酸（低pH）を中和する。重炭酸ナトリウムは、体内で自然に産生される物質で、ベーキングソーダにも含まれる。重炭酸ナトリウムのサプリメントの摂取により、血液pHが上昇することが示されている（219）。筋細胞の内外のpH差によって、収縮している筋の外への水素イオンの移動が活発化し、筋細胞内のpHが調整されている。重炭酸ナトリウムの摂取により筋の緩衝能力が向上し、高強度運動のパフォーマンスが向上することが示されている。

効果　重炭酸ナトリウムがスポーツパフォーマンス促進に及ぼす影響について調べた研究の多くは、60秒から6分間にわたって続く、短い高強度運動に注目している（172）。McNaughtonら（169,171）とCoombes、McNaughton（55）は、短期間の重炭酸ナトリウムのサプリメント摂取により、男女とも、総仕事能力、ピークパワー、ピークトルク、筋力が向上することを示した。最近、Hobsonら（117）は経験を積んだ漕艇選手において、2000mのロウイングエルゴメーターによるタイムトライアル中の重炭酸ナトリウムの摂取の効果を調べた。漕艇選手らは、運動前に体重1kgあたり0.3gの重炭酸ナトリウムあるいはプラセボを摂取した。2000mを漕ぎ終えるのにかかった時間と、500mごとのスプリットタイムが記録された。2000mのタイムトライアルのタイムには有意差はなかったが、重炭酸ナトリウム群は最初と最後の500mのスプリットタイムにおいて有意に改善したという結果であった。いくつかの研究で（28,157）、しかしすべてではないが（10）、体重1kgあたり0.3gの重炭酸ナトリウムを摂取後の高強度運動において同様の改善がみられた。重炭酸ナトリウ

ム摂取のタイミングは、多くの科学的研究において、運動の60〜90分前というのが一般的であった。

有害作用　運動の約60〜90分前に重炭酸ナトリウムを体重1kg当たり0.3g摂取すると、短時間で高強度運動におけるパフォーマンスが向上すると考えられる（117, 172）。この量を超える摂取には、下痢、腹痛、吐き気、嘔吐などの好ましくない副作用が伴う。摂りやすい量（体重1kg当たり0.2g）ではこのような副作用が少ないが、運動パフォーマンスの向上は起こらないことが研究によって明らかとなった（156）。パフォーマンス向上には、最低でも体重1kg当たり0.3gの重炭酸ナトリウムを運動の約60〜90分前に摂取する必要があると考えられる（126,251）。副作用症状（体重1kg当たり0.3g摂取であっても経験する選手がいるだろう）が出るため、重炭酸ナトリウムの摂取は、競技会で使用する前の練習段階で試すことを多くの運動科学者が勧めている。

クエン酸ナトリウム

　クエン酸ナトリウムは実際には塩基ではないが、重炭酸ナトリウムを摂取した際のような胃腸障害を起こすことなく、血液のpHを上昇させることができる（242）。血液中に入ったクエン酸ナトリウムは炭酸水素塩に分解され、これが細胞外pHの上昇を起こすと考えられている（233）。結果として、クエン酸ナトリウムは重炭酸ナトリウムと同じメカニズムで高強度運動中の筋内pHの調整に役立つだろう。

効果　短い継続時間で高強度運動中におけるクエン酸ナトリウムのエルゴジェニックな可能性の効果に関して、一致した見解はなく、いくつかの調査では利点なしと報告されている一方で（15,57,203,242）、別の調査ではエルゴジェニック効果が観察されている（158,170）。たとえば、体重1kgあたり0.44g（体重1ポンドあたり200mg）を運動60〜90分前に摂取すると、最大等尺性膝伸展で脚の筋持久力が有意に向上（約20%上昇）した（112）。ただし、パフォーマンス向上を目的に、ワークアウトや競技でクエン酸ナトリウムの使用を推奨するにはさらに研究が必要である。

有害作用　クエン酸ナトリウムにはおそらく筋の緩

衝能力が存在し、重炭酸ナトリウム摂取に伴って通常は生じる典型的な胃腸の不快感を伴うことなく用いられている（15,158）。クエン酸ナトリウムのサプリメント摂取に伴う有害作用は重炭酸ナトリウムの有害作用よりも小さいと思われるが、体重1kgあたり0.4〜0.6gのクエン酸ナトリウム摂取は胃腸の不調を引き起こす可能性がある（182,205）。胃腸の反応は人によって異なるようであり、したがって選手らは試合のために利用する前に、クエン酸ナトリウムのサプリメント摂取の影響の有無を個別に試すべきである。

L-カルニチン

　L-カルニチンは、アミノ酸のリジンとメチオニンから生成され、脂肪酸を細胞質基質（サイトゾル）からミトコンドリアに運搬し、そこで脂肪酸はエネルギー源として酸化される（142）。このような脂質酸化におけるカルニチンの役割から、栄養補助食品として、主に脂質利用の促進や、筋グリコーゲンの節約により運動のパフォーマンスを向上する効果に関心が集まっている。しかし、脂質酸化を促進するエルゴジェニックエイドとしてのL-カルニチンの役割を調べた研究では、人間でもラットでも明確な効果が示されなかった（8,33）。Bacurauら（13）は、3週間のL-カルニチン摂取後に脂肪酸の酸化の増加を示したが、これは筋カルニチン濃度の上昇に起因するものであり、その他の多くの研究では摂取後の筋カルニチン濃度の上昇は示さなかった（16,247）。このことは、カルニチンが経口摂取では吸収量が限られること（131）、あるいは、代謝産物であるマロニルCoA（補酵素A）のようなフィードバック調整物質によって、カルニチンを介してミトコンドリアへ輸送される脂肪の量が制限されることと関連していると考えられる。

効果

　興味深いことに、いくつかの研究では、L-カルニチンがエクササイズからの回復を促進すると示されている（116,129,245）。L-カルニチンを摂取しているトレーニング未経験者、または趣味としてトレーニングをしている人では、高強度レジスタンスエクササイズ後、痛みと筋損傷の軽減（97）、代謝ストレスマーカーの低下（214）、そして回復促進（245）

が示された。これは、運動によって引き起こされる低酸素を軽減する血管拡張効果が増大して血流調節が促進するというメカニズムが働いたことによると考えられている（130）。さらに、Kraemerらは、L-カルニチン摂取（2g/日を3週間）がアンドロゲン受容体をアップレギュレーション（上方制御）し（147）、IGF-I濃度を保つIGF結合タンパク質を増加させる（148）ことを示した。このようなサプリメント摂取による内分泌系の適応が、高強度運動後にみられる回復の促進に重要な役割を果たしている可能性がある。

有害作用

　1日3gまでのL-カルニチン摂取（3週間）は、健康な人に十分許容されると考えられ、主観的にも、また血液学的、代謝的にも有害作用は全く報告されていない（202）。しかし、多くのサプリメントと同じように、この情報から、これ以上の用量や長期服用が安全であると拡大解釈した推定をするべきではない。

クレアチン

　クレアチンは、体内（主に肝臓）で生成される窒素有機化合物で、身体のすべての細胞へのエネルギー供給を手助けする。腎臓や膵臓でも少量生成される。アミノ酸のアルギニン、グリシン、メチオニンがこれらの臓器のクレアチン生成の前駆体となる。クレアチンは、食物からも摂取され、肉と魚に豊富に含まれる。体内のクレアチンの約98%は、遊離体（40%）、またはリン酸化された形（60%）で骨格筋内に蓄えられている。心臓や脳、精巣にも少量のクレアチンが蓄えられている。クレアチンは、生成される場所から骨格筋までは血液循環を介して運搬される。

運動に対するクレアチンの重要性

　クレアチンは、クレアチンリン酸（CP；ホスホクレアチン[PCr]とも呼ばれる）の形で存在し、エネルギー代謝で重要な役割を担っている。アデノシン二リン酸（ADP）をリン酸化してアデノシン三リン酸（ATP）をつくり出す基質として、とくに短時間の高強度エクササイズ中に機能している。急速にADPを再リン酸化する能力は、クレアチンキナー

ぜという酵素と筋内のクレアチンリン酸がどれだけ利用できるかで決まる。クレアチンリン酸の蓄えが枯渇すると、高強度の運動を行う能力は低下する。短時間の全力疾走（例：100m走）でのエネルギーは、主にクレアチンリン酸の加水分解によって得られる（93）。しかし、高強度運動の継続時間が長くなるとともに、エネルギー源として供給されるクレアチンリン酸は急激に減少する。

高強度運動中の筋CPの枯渇が、これらの種目で疲労を引き起こす主要なメカニズムである。6秒間の最大運動で、筋内のCP濃度は安静時から35〜57％低下する（93）。高強度の運動の継続時間が30秒に延びると、筋内CP濃度は安静時よりおよそ64〜80％まで低下し（31,48）、そして高強度の運動の繰り返しでは、筋内CPはほぼ完全に枯渇する（168）。筋CP濃度が低下するにつれて、最大運動を行う能力も低下する。Hirvonenら（115）は、CP濃度が低下するのに伴って、全力疾走のタイムが遅くなることを示した。筋CP濃度を維持できれば、高強度の運動を持続する能力が改善されることは当然である。このことが選手がクレアチン摂取を行う根拠となっている。

クレアチン摂取

報告によると、男子大学生の37.2％が競技会に向けた準備にクレアチンを用いた経験がある（90）。しかしながら、この割合は、ストレングスおよびパワー系選手において、競技によっては80％を超える（154）。クレアチンは、高校生選手の間でも広く使われ、サプリメントを摂取する90％の選手がクレアチンを選んでいる（225）。このような使用の広がりから、クレアチンのサプリメントは、エルゴジェニックエイドの中で最近最も多く研究される対象になっていると考えられる。クレアチン摂取により、筋のクレアチン含有量がおよそ20％増加すると報告されている（40,78,132）。しかし、筋内のクレアチンには、飽和限界があると考えられ、骨格筋のクレアチン濃度が筋の乾燥重量1kg当たり150〜160mmolに達すると、サプリメント摂取をさらに増やしても筋のクレアチン濃度をそれ以上に増加させることはできないと考えられる（102）。これは、何人かの選手の考えを占めている「多く摂取するほどよい」という考えに対して重要な意味があり、適切で現実的な用量の設定に影響する可能性がある。

クレアチンの典型的な摂取法では、ローディング量として1日20〜25gを5日間（体重当たりの量で摂る場合は体重1kg当たり0.3g）で、その後の維持量として1日2g摂取する（132）。最初のローディング量を設けずにクレアチンを摂取しても、ローディング量を設けた人に近い濃度まで筋クレアチン量は達する。しかし、その濃度に達するまでにかかる時間は長くなる（5日に対して約30日）。維持量（2g/日または体重1kg当たり0.03g/日）を摂取し続ける限り、筋クレアチン濃度が上昇した状態に保たれる（132）。クレアチン摂取を中止すると、およそ4週間で筋クレアチン濃度が初期値に戻る（78,132）。

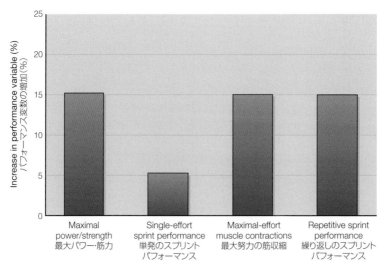

図11.4 覚醒や特性不安、状態不安の間の相互関係。

効果

筋力のパフォーマンスに対するクレアチン摂取の影響を調べた研究のほとんどで、一貫して有意なエルゴジェニック効果が示されている（23,141,186,243,246）（図11.4を参照）。クレアチン摂取をしているトレーニングを積んだ選手では、ベンチプレス、スクワット、パワークリーンでの筋力増加がプラセボに比べて2～3倍になることがある（122,186）。これらの結果から、筋力増強の余地が限られているレジスタンストレーニング経験を積んだ選手でもクレアチン摂取による効果があることに注目が集まる可能性がある。経験を積んだ筋力系競技の選手では、クレアチン摂取がワークアウトの質（疲労の抑制、回復促進）を高める可能性がある。これは筋へのトレーニング刺激の増大に非常に重要である。

1回の爆発的なエクササイズ（スプリント、ジャンプ）に対するクレアチン摂取の効果について検証したほとんどの研究で、有意なパフォーマンスの向上は示されていない（62,145,177,212）。しかし、これらの研究の多くは、ローディング量を5日間しか摂取していない（145,177,212）。ローディング用量を5日間にわたって摂取することで、筋内のクレアチン貯蔵は有意に増加するが、トレーニング適応を引き起こすには、また爆発的パフォーマンス改善を明らかにするには十分な時間ではないと考えられる。摂取期間を延長すると（28～84日間）、ジャンプおよびパワーのパフォーマンスに有意な向上がみられた（108,243）。クレアチンは、パフォーマンスの直接的な向上より、トレーニングのためのサプリメントとしての効果が高いと考えられる。

▶ クレアチン摂取は、トレーニングを積んだ人および積んでいない人において、最大筋力やパワー、除脂肪体重を増加させることが示されている。加えて、クレアチンサプリメント摂取は安全で相対的に安価である。

体重変化

長期のクレアチン摂取には、通常体重の増加が伴う。これには除脂肪体重の増加が主に関連していると考えられる。体重増加は、体水分の増加とも部分的に関連すると考えられている。この増加は、筋内のクレアチン量の増加によって細胞内の浸透圧勾配の増加が促進され、細胞への水分の流入の原因とな

ると考えられる（244）。それに加えて、筋のクレアチン量の増加は、筋収縮タンパク質合成の速度上昇とも関係していると考えられる（246,255）。一般的に、トレーニング中のクレアチンサプリメント摂取は、数週間から数カ月の期間にわたって0.5～2kg（1～4.5ポンド）の体重あるいは除脂肪体重の増加を伴うのが一般的である（151）。

有害作用

体重の増加は、潜在的に望ましくない副作用の1つである場合もあり（206）、とくに筋力／体重比、あるいはパワー／体重比との関連で当てはまる。しかし、クレアチンを摂取している競技選手の多くは体重増加を望んでいる。薬物やサプリメントの副作用について話題にする場合、それは通常は身体を衰弱させる可能性がある作用のことである。クレアチン摂取に関連して、胃腸障害や心血管障害、筋痙攣を含む筋の問題などの経験的な症例報告が多く行われている。しかし、十分に管理された研究では、クレアチン摂取による重大な副作用は示されていない。長期間の摂取（数週間から何カ月にもわたって）でも、競技選手、レクリエーションでトレーニングしている人のどちらにも、クレアチン摂取をしている被験者から副作用が増加したとの報告はなかった（60,103,151）。

サプリメントに関してそれ以外に懸念されることは、長期的な健康への影響である。最長4年間クレアチンを使用していた26名の競技選手で健康状態を調べた後ろ向き研究（訳注：過去の状況を記録した資料に基づいて検討する方法）では、ローディング期に時折胃腸症状があったという報告のみであり（206）、その症状は、ガスがたまる程度のものから軽度の下痢の範囲であった。このほかに仮定されているクレアチン摂取の懸念には、窒素含有量が高く、短期的な摂取でクレアチン排泄量が増加するため、腎臓への負担が含まれる。しかし、クレアチンの短期的な使用（5日間）でも長期的な使用（最長5年間）でも、腎不全の報告はない（189,190）。

▶ クレアチンサプリメント摂取と脱水および痙攣を結びつけたメディアや科学的根拠に基づかない経験的な症例報告があるにもかかわらず、クレアチンがこれら副作用のリスクを促進することを信じる理由は存在しない。

興奮剤

　さまざまな競技において、興奮剤が有用であることに疑問は少なく、その効果には疲労減退や覚醒促進、自信の増大、さらには多幸感すら含まれる。興奮剤のエルゴジェニック効果を得るためには競技時に用いなければならないため、競技直後に薬物検査を実施することによって効果的に濫用が抑制される（128）。しかし、多くの興奮剤（例：カフェイン）は食物中にも含まれており、うっ血除去剤や他の医薬品に含まれる興奮剤もある（例：エフェドリン）。

カフェイン

　カフェインは競技で用いられる多面的なサプリメントであり、持久的競技およびレジスタンストレーニングの両方の選手において人気がある。コーヒーや紅茶、ソフトドリンク、チョコレートなど、さまざまな食物に含まれている。カフェインは中枢神経興奮薬で、アンフェタミンの作用と似ているがその作用は弱い。40年以上にわたってパフォーマンス増強の目的で使われ、有酸素性競技と無酸素性競技の選手に比較的用いられている数少ないエルゴジェニックエイドの1つである。

　この持久力の改善を説明するメカニズムは不明瞭である。メカニズムの1つとして、脂肪組織あるいは筋内貯蔵脂肪からの遊離脂肪酸の移動による脂肪酸化の増大が関わっていることが提唱されている（215）。主なエネルギー源として用いられる脂肪量が増えると、グリコーゲンの減少が抑えられ、疲労が遅くなる。筋の代謝を変化させることのみで、カフェインのエルゴジェニック効果を完全には説明できない。短時間の高強度運動におけるカフェイン摂取による主なエルゴジェニック効果は、パワー産生の増大である。これは興奮−収縮連関の促進の結果と考えられ、それが神経筋伝達と細胞内カルシウムイオンの筋小胞体からの放出に影響する（227）。それに加えて、カフェインの摂取はホスホリラーゼなど解糖系制御酵素の動態を促進すると考えられている（215）。

効果　有酸素性競技の選手にとって、カフェインは有酸素性持久力運動の持続時間を延長すると考えられる（56）。有酸素性持久系パフォーマンスへのカフェインの影響を扱った初期の研究では、最大酸素摂取量の80％の強度での自転車こぎで疲労困憊まで21分間（プラセボ群の75分間からカフェイン摂取群の96分間に）向上したことが示されている（56）。これらの結果は、長時間の有酸素性持久力活動中のカフェインのエルゴジェニック効果を示した数多くの追加研究によって確認された（101,216）。これらの研究では、3〜9mg/kgの用量のカフェイン（体重70kgの人で、コーヒーメーカーでのドリップコーヒー約1.5〜3.5杯に相当）を摂取することで有意なエルゴジェニック効果が示されている。カフェインによる同様のパフォーマンス効果は、継続時間の短い高強度エクササイズでも示されている（38,67）。

　しかし、スプリントあるいはパワー系パフォーマンスに対するカフェイン摂取の影響を調べると、エルゴジェニック効果はそれほど明確ではない。カフェイン摂取でパワー系パフォーマンスが向上しないことを示した研究もある（52,105）が、それらはレクリエーション的なアスリートが対象である。カフェインを摂取（5mg/kg）した一流柔道選手において、プラセボ投与群と比較してピークパワーが有意に改善したことが報告されている（213）。

　同様に、水泳選手では、カフェイン摂取（250mg）により100mスプリントを繰り返したときのタイムが平均3％向上したことが示されている（53）。カフェイン摂取とスプリントおよびパワー系パフォーマンスについての研究は、有酸素性持久系パフォーマンスへのカフェインの影響を測定した研究に比べて限られている。したがって、パワー系パフォーマンスへのカフェインの効果についての研究結果は、決定的なものではない。パフォーマンスに対する効果があるとすれば、トレーニングを積んだ選手に効果的である可能性がある。

　飲食物からのカフェイン（コーヒー摂取）と無水カフェインでのいずれも有意なパフォーマンス効果を示しているが、パフォーマンス増強の程度は、錠剤で摂取したときのほうがより大きいと考えられる（101）。純粋なカフェインサプリメントとしてカフェインが供給されることにより、有酸素性持久系パフォーマンス向上に関して28〜43％のエルゴジェニック効果が報告されている（101）。しかし、コーヒー（カフェイン含有コーヒーまたはカフェインを加えたノンカフェインコーヒー）のように飲食物からの供給では、有酸素性持久力エクササイズへのエル

ゴジェニック効果はみられない（46,101）か、弱い効果しかないようだ（56,236,253）。Grahamら（101）は、カフェインの生物学的利用能は、飲食物で摂っても、無水の形態でも変わらないが、コーヒーに含まれる何らかの化合物がカフェインの作用を弱めることを示唆している。

> ▶ 3～9mg/kgの用量を、運動の約60分前あるいは継続的な運動中に摂取することでカフェインにはエルゴジェニック効果がある。より高用量を摂取した場合（≧9mg/kg）、さらなる効果はない。自覚的運動強度の低下や、仕事能力の改善、心理的覚醒の増加が起こり得る。科学的文献においては、カフェインによって引き起こされる運動中の利尿について、あるいはパフォーマンスに悪影響を及ぼし得る体液バランスの変化については支持されていない。

有害作用 カフェインに関連する副作用には、不安、胃腸障害、落ち着きのなさ、不眠、振戦、不整脈がある。またカフェインには身体性依存の傾向もあり、摂取をやめると頭痛や疲労、不快な気分、集中困難、風邪に類似した身体症状などの離脱症状が起こる可能性がある（222）。摂取量が9mg/kgを上回った場合に副作用の危険が高くなると考えられる（98）。カフェインの過剰摂取は、死亡という結果となる可能性があり、問題である。カフェインの致死量は5g超である可能性があり、1カップあたり120mgのカフェインを含むコーヒーで42杯分であり（143）、あるいはカフェインの200mgの錠剤25錠分である。

ワークアウト前のエナジードリンク

カフェイン含有飲料（例：エナジードリンク）をワークアウト前に摂取することは、過去数年にわたって人気を得ている。米国の若者たちの間で最も人気のある栄養補助食品は、エナジードリンクであることが研究により示されている（90）。エナジードリンク摂取の主要な理由には、ワークアウトの促進や、スポーツパフォーマンスの改善、より早いトレーニング適応の促進が含まれる（188）。販売されているエナジードリンクで最も一般的な成分は、カフェインや炭水化物、ビタミンB群、チロシン、イチョウ葉、その他である。これらの成分のうち、カフェインと炭水化物はエナジードリンクにおける主要なエルゴジェニックな栄養素である（43）。

効果 ワークアウト前のエナジードリンクが、レジスタンスエクササイズや無酸素性運動、有酸素性持久力運動を含むさまざまな運動様式にどのような効果を及ぼすかについて調査されてきた。レジスタンスエクササイズのパフォーマンスについては、Forbesら（83）が身体活動の活発な大学生年代の学生15名に、市販されているエナジードリンクあるいは同等カロリーのカフェインを含まないプラセボを運動の60分前に与えた。エナジードリンクは、体重1kgあたり2mgに標準化された。1回のエクササイズは、70%1RMのベンチプレスを各セット挙げられなくなるまで反復して3セット、セット間のレストは1分間で構成された。エナジードリンク投与群では、プラセボ投与群と比較してベンチプレスのパフォーマンスが有意に向上した。ワークアウト前のエナジードリンク摂取の効果について調査した別の研究でも、上半身および下半身のウェイト総挙上量が増加したことが報告されている（63,100）。ワークアウト前のエナジードリンクの摂取は、レジスタンストレーニングの量におけるパフォーマンス向上に効果的であると考えられるが、異なる種類の無酸素性運動（ウィンゲートテストや、スピードもしくはアジリティパフォーマンスを含む）はエナジードリンク摂取に反応しないように思われる（11,83,118）。持久的運動のパフォーマンスに関しては、ほとんどの調査（4,134,249）において、しかしすべてではないが（44）、体重1kgあたり約2mgのカフェインを含むスポーツドリンクを運動前の1時間の中で摂取することで、経験を積んだ自転車選手およびレクリエーション的な活動を行う個人における自転車およびランニングのパフォーマンスが改善したことが報告された（43）。興味深いことに、エナジードリンク中のカフェインの量（体重1kgあたり2mg）は、運動パフォーマンスの改善のために推奨されている量（体重1kgあたり3～9mg）よりも少ない。このことは、エナジードリンクに含まれるさまざまな成分の相乗効果が、報告されている運動パフォーマンスの改善の原因かもしれないという仮説に寄与するものとなる（43）。

有害作用 エナジードリンク摂取を取り巻く安全性の問題は、カフェインの過剰摂取（209）と、アルコールとエナジードリンクを混合することによる有害

作用（127）と関連していると考えられる。エナジードリンクとアルコールを混合させることは、ある社会的コンテクスト（文脈）においてより広がっているが、仕事能力の向上やより速いトレーニング適応を促進するために、ワークアウト前にエナジードリンクを摂取することは一般的な習慣ではない。ほとんどのエナジードリンクにはカフェインが含まれているため、カフェインの有害作用の可能性はエナジードリンクにも存在する。しかしながら、エナジードリンクに含まれるカフェインの量は中程度であり、一般的には300mg未満である（234）。エナジードリンクに含まれるカフェインの量は少量から中程度ではあるものの、エナジードリンク摂取を通じてカフェインの過剰摂取になる可能性があるということを認識すべきである（124）。カフェインの過剰摂取に関するいくつかの情報があるが、エナジードリンクにはその他の成分や刺激物質が含まれている。現在、エナジードリンクにその他の刺激物質を含むかどうかが副作用の閾値を上下するかは不明である。したがって、決定的な結論が出るまでは、習慣的なエナジードリンク摂取の長期的な影響について決定づけるためには、さらなる研究が必要である。

エフェドリン

β作用薬の1つであるエフェドリンは、気管支喘息や気管支炎、アレルギー、息切れ、風邪およびインフルエンザ症状、その他の病気の一時的な緩和のために世界中で広く用いられている。エフェドリンには、強い産熱作用があるため、ボディビルダーの間でも非常に人気がある（41）。熱を産生するサプリメントや薬物は、基礎代謝率を高め、それによってエネルギー消費が増加し、最終的に脂肪の減少という結果をもたらす。産熱効果を促進するためにカフェインと併用されることが多い。

効果　エフェドリンのエルゴジェニック効果を調べた研究では、エフェドリンはカフェインと組み合わせて摂取した場合のみ効果があることが示されている（21）。有酸素性持久力パフォーマンス増強に関しては、一貫してこの結果が出ている（19,20）。無酸素性運動のパフォーマンスについては、エフェドリンとカフェインの組み合わせを調べた科学的文献でははっきりしない（137,254）。しかし、エクササ

イズ後の副作用（嘔吐と吐き気）が、5mg/kgのカフェインと1mg/kgのエフェドリンの混合物を摂取した被験者の25％で報告された（19）。同じ研究者によるその後の研究では、低用量（4mg/kgのカフェインと0.8mg/kgのエフェドリン）で、副作用はみられず、同様のエルゴジェニック効果が得られた（20）。カフェインとエフェドリンの混合物は、それぞれのサプリメントを単独で摂取するより効果が大きいと考えられる（12）。

有害作用　マオウ（麻黄）は、薬用植物でエフェドリンを含有し、エフェドラとも呼ばれている。2004年以前のアメリカでは、スポーツおよび減量用のほとんどの市販製品にマオウが含まれていた。しかし、2004年4月、FDA（米国食品医薬品局）はこれを摂取した人に過度なリスクがあるとして、マオウを含有するすべての製品を禁止した。このFDAによる禁止は、マオウを含有した栄養補助食品の使用に関連する16,000件の有害事象を示したランド研究所の報告（210）に基づく。さらに、Shekelleら（210）は、マオウ含有の栄養補助食品、またはカフェインを加えたエフェドリンの使用が、吐き気、嘔吐、不安感や気分の著しい変化のような精神症状、自律神経の活動亢進、動悸、そして数件の死亡例と関連すると報告した。多くの有害作用の結果として、エフェドリンの使用は国際オリンピック委員会（IOC）を含むほとんどの競技統括組織で禁止された。

トウヒ（橙皮：柑橘類のダイダイの果皮を乾燥させたもの）

トウヒは、「ビターオレンジ」としても知られるダイダイから得られる成分であり、漢方薬として消化不良の治療に使われている（92,107）。しかし、これはおだやかな興奮剤でもあり、食欲抑制や代謝速度・脂肪分解の増大に寄与すると考えられている（92,107）。

効果　トウヒとカフェイン、その他の生薬を組み合わせると、疲労困憊までの時間が有意に向上したと報告されている（220）。トウヒは、シネフリンという交感神経作動薬を含有する。この物質は、特定のアドレナリン受容体（$\beta 1$あるいは$\beta 2$ではなく$\beta 3$）を刺激し、これによって、他のアドレナリン受容体

第11章　パフォーマンスを増強させる物質と方法　**277**

エルゴジェニックおよび非エルゴジェニックな栄養補助食品と適用方法のまとめ

- **必須アミノ酸と分岐鎖アミノ酸**——筋タンパク質合成を、とくにアミノ酸のロイシンの同化作用を介して刺激することができる。
- **アルギニン**——健康な人においては、一酸化窒素あるいは筋血流の増加を引き起こす効果がない。また、健康な人においては持久的パフォーマンスを改善させることもないようだ。
- **βヒドロキシβメチルブチレート（HMB）**——高強度で量の多いレジスタンストレーニングに参加する、トレーニングを積んだ人において最も効果的である。
- **βアラニン**——高いレベルの乳酸を生み出すような、60秒以上にわたって続く複数の高強度運動においてパフォーマンス促進物質として効果的である。
- **重炭酸ナトリウム**——高強度運動のパフォーマンス改善が示されているが、胃腸の不快感という好ましくない副作用を伴う。
- **クエン酸ナトリウム**——短い継続時間で高強度運動中のクエン酸ナトリウムのエルゴジェニックな可能性の効果に関して、科学的データでは結論は出ていない。
- **L-カルニチン**——高強度レジスタンスエクササイズ後の回復を促進するかもしれない。
- **クレアチン**——トレーニングを積んだ人および積んでいない人において、最大筋力やパワー、除脂肪体重を増加させるうえで有効である。
- **カフェイン**——継続時間の長い持久的運動において有効であるが、スプリントあるいはパワー系パフォーマンスに対する効果は明確ではない。
- **ワークアウト前のエナジードリンク**——レジスタンストレーニングの量におけるパフォーマンス向上に効果的だが、無酸素性運動（高強度の自転車や、スピードおよびアジリティパフォーマンス）の改善においてエルゴジェニックではないようだ。
- **エフェドリン**——カフェインと組み合わせた場合、有酸素性持久系パフォーマンスを改善することができる。無酸素性運動のパフォーマンスの改善には効果的ではない。
- **トウヒ**——カフェインその他の生薬を組み合わせると、疲労困憊までの運動時間（持久的パフォーマンスの測定方法）が有意に向上したと報告されている。

を刺激する化合物に関係する有害な副作用を起こさずに脂肪代謝を刺激することが示唆されている（45）。トウヒの活性成分として知られるシネフリンが、β3受容体と相互作用して脂肪分解を増大し、アドレナリン作動性のアミン類による心臓血管系への作用を最小限に抑えると考えられる（45）。現時点では、トウヒのみをパフォーマンス促進のサプリメントとして用いることを推奨するような公表されたデータが十分に存在しない。

有害作用　シネフリンは、末梢のα-1受容体を刺激し、血管収縮と血圧上昇を招くことを示した研究もある（35）が、その他の研究では、トウヒ単独の摂取では血圧への作用は全くなく（109）、別の生薬との組み合わせで収縮期血圧の有意な上昇を起こす可能性がある（109,119）ことが示されている。シネフリンはNCAAの禁止薬物リストのパフォーマンス増強薬物に記載されていることに注目すべきである。

まとめ

　エルゴジェニックエイドについての情報に、選手は頻繁に触れている。ストレングス&コンディショニング専門職は、選手がどのエルゴジェニックエイドを摂取するかを選ぶ際の意思決定過程において不可欠な役割を担っている。したがって、ストレングス&コンディショニング専門職は、どのエルゴジェニックエイドが安全で、効果的で合法的かについて、最新の科学的知見を常に入手し、更新していくことが必須である。もしストレングス&コンディショニング専門職がこの分野で失敗すると、サポートしている選手は誇大宣伝のマーケティングや、潜在的に間違った広告からの影響を受けやすくなり、また選手の利益を最優先と考えない人による影響を受けるだろう。本章に含まれる情報は、禁止物質や、効果的または効果のない、また安全な物質を含めたパフォーマンス促進物質についての基礎的な情報を提供することによって、ストレングス&コンディショニング専門職にとって役立つものとなるだろう。

重要語句

末端肥大症（acromegaly）
アナボリックステロイド（anabolic steroid）
β作用薬（β-agonists）
分岐鎖アミノ酸（branched-chain amino acid）
栄養補助食品（サプリメント）（dietary supplement）
エルゴジェニックエイド（ergogenic aid）
エルゴリティック（パフォーマンスを低下させる）（ergolytic）
エリスロポエチン（EPO；erythropoietin）
必須アミノ酸（essential amino acids）

ヒト成長ホルモン（HGH；human growth hormone）
脂肪分解（lipolysis）
筋の緩衝能力（MBC；muscle buffering capacity）
筋ディスモルフィア（muscle dysmorphia）
無作為の薬物検査（random drug tests）
スタッキング（stacking）
テストステロン（testosterone）
産熱（thermogenesis）
血管拡張（vasodilation）

例題

1．以下の栄養補助食品のどれが興奮薬であると考えられるか？
　　Ⅰ．クレアチン
　　Ⅱ．カフェイン
　　Ⅲ．HMB
　　Ⅳ．トウヒ
　　a．Ⅰ、Ⅱ
　　b．Ⅱ、Ⅳ
　　c．Ⅲ、Ⅳ
　　d．Ⅰ、Ⅲ

2．競技パフォーマンスの改善において、カフェインの役割ではないものは以下のどれか？
　　a．パワー出力の増大
　　b．グリコーゲンの消費低下
　　c．脂質酸化の促進
　　d．尿生成の減少

3．有酸素性持久力競技選手がエリスロポエチンの使用を避けるべき最大の理由はどれか？
　　a．ヘマトクリットとヘモグロビン濃度が低下するおそれがあるため
　　b．赤血球生成が無秩序に増加する原因となるおそれがあるため
　　c．感染病に対する抵抗が損なわれるおそれがあるため
　　d．血液の酸素運搬能力が低下するおそれがあるため

4．クレアチンのサプリメント摂取によって改善される変数の中で当てはまらないのは以下のどれか？
　　a．除脂肪体重
　　b．最大筋力
　　c．持久力パフォーマンス
　　d．パワー

5．以下のパフォーマンス促進物質の中で、どれが最も除脂肪体重を増加させるか？
　　a．アナボリックステロイド
　　b．アルギニン
　　c．エフェドリン
　　d．βアラニン

CHAPTER 12

Principles of Test Selection and Administration
テストの選択と実施の原則

Michael McGuigan, PhD

▶ **本章を終えると**

- テストを行う理由を明らかにすることができる。
- テストに関する用語を理解し、選手や関係者らとの明確なコミュニケーションが可能となる。
- テストの妥当性と信頼性を評価できる。
- 適切なテストを選択できる。
- テストプロトコルを適切かつ安全に実施できる。

著者は、本章の執筆にあたって多大な貢献をいただいた Everett
Harman に対し、ここに感謝の意を表します。

運動科学に関する幅広い知識を備えることで、ストレングス&コンディショニング専門職は、テストや測定の結果を効果的に活用して、選手の目標達成、能力の最大限の向上を助けるトレーニング内容について決定を下せるようになる。テストと測定は、評価の過程における客観的な柱となる。本章では、テスト実施の理由、テストに関する用語、テストの質的評価、適切なテストの選択、適切なテスト実施に関するさまざまな側面について述べる。

テスト実施の理由

テストの実施は、選手およびコーチにとって、競技選手としての才能を評価する際に、また身体能力において改善が必要な分野を特定する際に役立つ。加えて、テストスコア（得点）は目標設定に活用できる。ベースライン（初期基準）を測定しておくと、達成可能な目標に対する出発点を確立させることができ、定期的なテストの実施によって選手が目標を達成する過程を追跡することができる。目標設定の基礎としてテストを行うことにより、コーチは、個々の選手の目標を設定できるだけでなく、このようなテストを集団で行うと、選手集団やチームの目標達成にもつながる（目標設定に関する詳細は第8章を参照）。

競技選手としての才能の評価

ある個人が、そのチームのレベルでその競技を行う身体能力を有しているかを判断することはコーチにとって重要である。その個人がそのスポーツ競技ですでに優秀な成績を収め、身体サイズも適していれば、この判断は難しくない。しかし、多くの場合は能力を発揮しきれていないし、競技経験が不足している場合もあるだろう。このため、コーチには、技術トレーニングと練習の組み合わせによって選手に求められる基礎的身体能力を有するかについて判断する方法が必要となる。フィールドテストは、こうした評価のためのツールとしての役割を果たす。

改善が必要な身体能力の特定

身体能力の一部には変えることのできない生来のものもあるが、トレーニングによる改善が可能な身体能力もある。適切な測定の手法と分析を用いるこ

とにより、ストレングス&コンディショニング専門職は、処方したエクササイズプログラムに参加することによって目標とすることのできる競技選手の身体的な質を決めることができる（25,28）。

▶ テストは、競技選手としての才能の評価や、改善の必要な身体能力の特定、目標の設定、進歩の評価に活用できる。

テストに関する用語

競技選手やチームスタッフと明確に意思疎通を図るために、ストレングス&コンディショニング専門職は、用語の使用に一貫性を持つべきである。以下の用語と定義は広く受け入れられており、本書でもこれを使用している。

テスト：ある特定の活動における能力を評価する手法。

フィールドテスト：実験室外で行われ、広範なトレーニングや高価な機器などを必要としない能力評価テスト（8）。

測定：テストデータの収集の過程（14）。

評価：判断を目的としてテスト結果を分析する過程。たとえば、コーチは、ある選手の行っているトレーニングプログラムがトレーニングの目標の達成に有効なのか、あるいはプログラムの修正が必要なのかの判断を目的として、身体パフォーマンステストの結果を分析する。

事前テスト：トレーニング開始前に、選手の基礎的な能力レベルを判断するために実施されるテスト。事前テストによって、コーチは、選手の初期トレーニングレベルとプログラム全体の目的に合ったトレーニングプログラムをデザインすることが可能になる。

中間テスト：トレーニング実施期間中に、最大限の効果を得られるように、進歩を評価し、プログラムに修正を加えるために実施されるテスト。

形成的評価：トレーニング期間中に実施された中間テストに基づく定期的な再評価。通常、一定の間隔をおいて実施される（2）。選手の進歩を確認し、個々の必要性に応じたトレーニングプログラムの調整を可能にするとともに、その他のトレーニング方法の評価や基準となるデータの収集もで

きる。形成的評価に基づいてトレーニングプログラムを定期的に修正することで、プログラムが常に新鮮で興味を持たせる状態に保つことができ、身体的、精神的な飽きの防止に役立つ。

事後テスト：トレーニング期間後に、プログラムによりトレーニングの目的を達成したかを判断するために実施されるテスト。

テストの質の評価

測定されるべきものが測定され（妥当性）、測定の再現性がある（信頼性）場合のみ、そのテスト結果は利用可能となる。この2つの特性は、テストの質を評価するうえで重要な要因で、テストを有益なものにするためには不可欠となる。

妥当性

妥当性とは、あるテストもしくはテスト項目が、測定の目的としたものを実際に測定しているか否か、その程度を示すものであり、テストを実施する際に最も重要な特性である（2,22）。身長や体重などの身体特性のテストでは、妥当性は容易に得られる。たとえば、バネ秤の表示と天秤の表示は高い一致を示し、これはバネ秤による測定の妥当性を表す。しかし、基礎的競技能力のテストの妥当性を得ることはこれより難しい。妥当性には、構成概念妥当性、表面的妥当性、内容的妥当性、基準関連妥当性がある。

▶ 妥当性とは、あるテストもしくはテスト項目が、測定の目的としたものを実際に測定しているか否か、その程度を示すものであり、テストを実施する際に最も重要な特性である。

構成概念妥当性

構成概念妥当性とは、あるテストが、その背景にある構成概念（既存の知識や所見の、いくつかの側面の体系化や説明のために発展した理論）を表す程度を指す。構成概念妥当性は妥当性全般を指し、そのテストが、測定しようとするものを実際にどの程度測定できるかを示す（21）。表面的妥当性、内容的妥当性、基準関連妥当性は構成概念妥当性から派生する二次的なものであり、構成概念妥当性のエビデンスを与えるものとなる。

妥当性を得るためには、フィジカルパフォーマンステストはそのスポーツ競技に重要な能力を測定すること、再現性のある結果が得られること（後述の信頼性の項を参照）、ある選手のパフォーマンスを一度に測定すること（ただしプロトコルにもよる）、意味のあること、適切な難易度であること、能力レベルの違いを区別できること、正確な採点ができること、十分な試行数であること、統計的評価の検定に耐えられることが求められる。また、2種類の妥当なテストから選択する場合には、テスト実施の簡易性と経済性を考慮すべきである。

表面的妥当性

表面的妥当性とは、そのテストが、選手やその他の観察者から、測定しようとするものを測定しているように見える程度を指す。テストあるいはテスト項目が表面的妥当性を有していると、選手はより積極的に反応すると考えられる（1）。表面的妥当性の評価は、一般に形式的なものでなく、また定量的ではない。ほかの分野、たとえば心理学では、故意に表面的妥当性の低いテストが構成される場合がある。これは、テストあるいはテスト項目が測定する内容を被験者が認識してしまうと、スコアを操作しようと偽った回答をすることが可能だからである。しかし、基礎的な競技能力のテストでは、表面的妥当性があることが望ましい。身体能力テストに参加する人は、よい結果を得たいと望むと考えられ、そのテストが、競技に関連する能力を測定すると考えられるようなら、モチベーションが高まるためである。

内容的妥当性

内容的妥当性とは、そのテストが、測定しようとするものに関連するすべての項目（すなわち能力要素）を適切な比率で含むかを専門家が評価するものである（1）。競技能力のテストでは、特定のスポーツ競技あるいはポジションに要求されるすべての能力要素が含まれる。能力要素の例として、陸上競技では、跳躍能力、スプリント能力、下半身の筋力があげられる（34）。たとえば、サッカーの選手発掘のためのテストバッテリー（組テスト、テストの組み合わせ）には、少なくとも、スプリントスピード、アジリティ（敏捷性）、持久力、キックパワーに関するテストが含まれるべきである。テストの内容的

妥当性を確保するためには、評価すべき能力要素を列挙し、すべてがテストに含まれているかを確認する必要がある。加えて、全体のスコアにおけるある特定の能力の割合は、全体のパフォーマンスに対するその能力の重要性に比例していなければならない。表面的妥当性と内容的妥当性は時として同じ意味で用いられる用語であるが、内容的妥当性は実際の妥当性と合致するもので、表面的妥当性は専門家以外による見た目の妥当性を示す（1）。

基準関連妥当性

基準関連妥当性とは、テストスコアが、同じ能力を測定した他のテストとどの程度関連するかを示す。基準関連妥当性には、併存的妥当性、予測的妥当性、識別的妥当性の3種類がある。

まず、併存的妥当性とは、同じ能力を測定する他の一般的なテストのテストスコアとどの程度関連しているかを示す。基準関連妥当性は、しばしば統計的に推定される。たとえば、新しい体脂肪測定装置によるスコアとDEXA（二重エネルギーX線吸収測定法）のスコアとのピアソン（Pearson）の相関係数が、新しい体脂肪測定装置による測定の併存的妥当性の指標となる。

評価されたテスト結果と、構成概念の指標として認められているもの（ゴールドスタンダード）との高い正の相関によって表されるのが、収束的妥当性である。収束的妥当性は併存的妥当性の一種で、ストレングス&コンディショニング専門職はこれを示すフィールドテストを用いるべきである。あるテストが基準となるテストと収束的妥当性を示し、時間や装置、費用、専門的知識の面で要求が小さいのであれば、「ゴールドスタンダード」のテストより好ましいだろう。

予測的妥当性は、テストスコアが今後の行動やパフォーマンスとどの程度まで一致するかを示す。これは、テストスコアと競技の成績の指標との比較で測定される。たとえば、バスケットボールの能力評価に用いられる一連のテストにおける総合スコアと、得点やリバウンド、アシスト、ブロックショット、ターンオーバー成功回数、スティールなどの数値として示される実際のバスケットボールのパフォーマンス指標との統計的な相関を算出することも可能である。

識別的妥当性とは、あるテストが2種類の異なる構成概念を識別する能力をどの程度有するかを示し、あるテスト結果とそれとは異なる構成概念のテスト結果との相関が低いことで証明される（2）。テストを組み合わせる場合には、相対的に独立した能力要素（柔軟性、スピード、有酸素性持久力など）を測定するのが最善である。組み合わせた一連の各テストの識別的妥当性が高ければ、互いに高い相関を持つテストを実施するよりも、テスト実施における時間やエネルギー、資源の無駄な消費を避けられる。

信頼性

信頼性とは、あるテストの一貫性あるいは再現性の程度を示す指標である（2,15）。たとえば、身体能力に変化のない選手を、信頼性が完全なテストで2回測定すれば、2回とも同一のスコアが得られる。しかし、信頼性のないテストでは、ある日はスコアが高く、別のある日は低いという結果になる。テストが妥当であるためには信頼性が不可欠であり、結果に大きな変動があればほとんど意味を持たない。しかしながら、信頼性のあるテストが必ずしも妥当であるとは限らず、それは、そのテストが測定の目的となるものを測定していない可能性があるためである。たとえば、60mダッシュと2.4km（1.5マイル）走はいずれも信頼性のあるフィールドテストであるが、有酸素的体力のフィールドテストとしては2.4km走のほうが妥当と考えられる。また、1つのテストが、あるグループ（例：大学テニス選手）について信頼性が高いが、ほかのグループ（例：高校テニス選手）にはさほど信頼性が高くないこともあり得る。これは、身体的あるいは心理的な成熟度や技術レベルの違いによるもので、こうしたことがテストパフォーマンスに影響を及ぼすことがある。

テストの信頼性を判定する方法は複数あるが、最も実用的なものとしては同一の選手集団に対して同一のテストを数回実施する方法である。この2回のスコアの統計的相関は、再テストの信頼性を示す。2回のスコアの間に生じた差は測定誤差を示す。もう1つの計算され得る統計値は測定の典型的な誤差（TE：typical error）であり、これには、機器や用具の誤差と、選手の生物学的な変動が含まれる（15）。スコアの2つのセット間の差異は、以下のような多くの異なる要因によって生じる（2）。

- 被験者内の変動性。
- 測定者間の信頼性あるいは一致の欠如。
- 測定者内の変動性。
- 一貫した結果の出ないテスト自体の欠陥。

▶ 信頼性とは、あるテストの一貫性あるいは再現性の程度を示す指標である。テストが妥当であるためには信頼性が不可欠であり、結果に大きな変動があればほとんど意味を持たない。

被験者内の変動性とは、テストされる個人のパフォーマンスが一定でないことを指す。**測定者間の信頼性**は、**客観性**とも、**測定者間の一致**とも呼ばれ(2)、複数の測定者によるテストの際、あるいはテストを繰り返した際のスコアが一致する程度を示す。これは一貫しているかの基準である。測定者間の信頼性を高めるためには、採点法の明確な定義と訓練と経験を積んだ測定の能力を備えた者が不可欠である。たとえば、37m（40ヤード）ダッシュをストップウォッチで計測するという単純にみえるテストでも、計測者が十分な訓練を受けず、経験がなければ偶然の誤差、系統的な誤差が生じ得る。手動のストップウォッチによるスプリントタイムは、一般に自動計時によるタイムより短くなる。なぜなら、計測者が号砲音に応じてスタートボタンを押すまでに反応時間の遅れがあるが、ゴールでは選手が近づいてくるのを視認できるので、ボタン操作に遅れが生じないためである。被験者間の信頼性は、複数の測定者が、複数の小グループに分かれた被験者をテストする場合にとくに重要となる。寛大な測定者がテストしたグループでは、人為的にスコアが高くなる可能性がある。能力向上を正確に測定するためには、トレーニング期間の最初と最後のテストを同じ測定者が行うべきである。測定者が異なり、事前テストの測定者が事後テストの測定者よりも寛大であったり、厳しかったりすれば、比較のうえで測定が無意味なものになりかねない。ある選手がスクワットについてテストを受ける状況を考えてみよう。事前テストの測定者が事後テストの測定者より寛大である（深くしゃがみ込むことを求めない）ならば、その選手が筋力を有意に改善していたとしても、事後テストのほうが、スコアが低くなるだろう。

測定者間に差の生じる原因としては、測定装置のキャリブレーション（較正）、選手の準備レベル、テストの進行などに関するばらつきが挙げられる。測定者によって、選手のモチベーションの高まりに違いが出る可能性があり、この要因として人間性、社会的地位、身体的特徴、態度、性別などが考えられる。測定者間の変動性が大きくなる例として、一部の選手に対してはコーチがテストを実施し、一方でその他の選手はアシスタントコーチがテストを行うといったことがある。選手は、コーチが実施するテストに対してより優れた結果を残そうとするだろう。

測定者内の変動性とは、同一測定者において一貫性のあるスコアが得られないことである。この違いは、異なる測定者間の一致の度合いとも呼ばれる、測定者間の信頼性に由来する。たとえば、コーチは選手の能力向上を望むため、無意識のうちに事前テストよりも事後テストにおいて寛大になると考えられる。測定者内の変動性の要因としては、そのほかに測定に関する訓練が不十分であったり、不注意が生じたり、集中力に欠けていたり、あるいは測定装置のキャリブレーションや選手の準備、テストの実施、採点について、標準化された手順に従わなかったりすることである。そのような問題を回避するために、ストレングス＆コンディショニング専門職全員が正確かつ一貫したテストの実施を優先するべきである。

最後に、テスト自体が原因で、一貫性のある結果が得られないことも考えられる。これは、パフォーマンステストが技術を必要とし、選手が一貫性を発揮できない場合に起こることがある。一般的に、技術的に高度なテストは結果に大きな変動をもたらすので、一貫性を得るためにはテスト前の練習がより多く必要である。

テストの選択

ストレングス＆コンディショニング専門職は、そのスポーツ競技における自らの知識基盤と実践的経験によって、テストに高いレベルの妥当性や信頼性があるかを評価すべきである。また、テストの選択にあたって、競技種目の特異性（例：エネルギー代謝機構、バイオメカニクス的な動作パターン）、選手の競技経験、トレーニング状態、年齢、環境要因

も考慮しなければならない。

代謝エネルギー機構の特異性

　テストが妥当なものであるためには、能力を評価しようとする競技種目のエネルギー必要量に相当するものでなければならない。したがって、ストレングス＆コンディショニング専門職は、3つの基本的なエネルギー機構（ホスファゲン〔ATP-CP〕、解糖、酸化）とこれらの相互関係について十分に理解しておくべきである。これは、特定のスポーツの競技能力を測定するために妥当なテストを選択あるいは立案するにあたって、トレーニングの特異性の原理を適用するためである（7,10,16,33）。たとえば、バスケットボールにおける走能力を測定する適切なテストの選択では、バスケットボールが主に無酸素的に走る競技（3,23）であることを理解し、さらにバスケットボールの試合で選手が全力疾走する距離や方向も熟知しておかなければならない。実際の試合における身体動作や必要なエネルギー供給系を模したテストが最適といえる。

バイオメカニクス的な動作パターンの特異性

　ほかの要因がすべて同一ならば、そのスポーツ競技の重要な動作に類似したテストほど優れたものとなる。スポーツ競技における身体的要求はそれぞれ異なる。たとえば、垂直跳びテストは、試合中に垂直方向への跳躍を行うバスケットボールやバレーボールには非常に特異的であるが、試合中に垂直方向への跳躍を行われることが極めて少ないホッケーの特異性とは関連性が低い。同様に、選手のポジションによっても異なる。アメリカンフットボールにおいて、ディフェンスラインメンは対峙するオフェンスラインメンを押しのける筋力と、クォーターバックに向けて突進する5〜14m（5〜15ヤード）のスプリント力を必要とするが、ワイドレシーバーは相手選手を押しのけるための筋力はあまり必要とせず、27〜91m（30〜100ヤード）を素早く走ることができなければならない。したがって、ベンチプレス、9m（10ヤード）スプリントのテストはラインメンに適し、27〜91m（30〜100ヤード）スプリントテストはレシーバーに適切である。

> テストが妥当なものであるためには、能力を評価しようとする競技種目のエネルギー必要量に相当し、重要な動作にできる限り近い動きのものでなければならない。

経験とトレーニング状態

　十分にトレーニングを積み、経験豊富な選手に対しては、技術的に高度なテストも適切であると考えられる。なぜなら、技術的に高度なテストは競技特異性が非常に高く、そのような選手においては技術的な未熟さがテストのパフォーマンスを阻害するとは考えにくいからである。しかし、初心者の選手に対してこのように仮定することはできない。たとえば、25m片脚ホップテストは経験豊富な走り幅跳び選手のプライオメトリック能力に対する妥当で信頼性のあるテストではあるが、初心者にとってはそうではない（8）。

　測定者は、テストを実施する選手のトレーニング状態も考慮に入れるべきである。たとえば、野球選手に秋季練習の始まる1週間前に4.8km（3マイル）走テストを実施するのは理想的とはいえない。この時期の野球選手はインターバルトレーニングや比較的短距離でのトレーニングを行っていると考えられるからである（29）。レッグプレスのみでトレーニングしている選手には、パラレルスクワットを用いた下半身の筋力テストは理想的ではないといえる。

年齢と性別

　年齢と性別は、いずれもテストの妥当性や信頼性に影響を及ぼす可能性がある。たとえば、2.4km（1.5マイル）走は大学生年代の男女には妥当で信頼性のある有酸素性パワーのフィールドテストと考えられるが（18）、思春期前の個人に対しては、持久走の経験と関心がおそらく薄いため、適切ではないかもしれない（27）。懸垂の最大回数のテストは、男子レスリング選手の腕屈曲に対する筋持久力テストとして妥当と考えられるが、女性に対しては上半身の引く筋力に違いがあるため妥当なテストではないかもしれない（24）。したがって、このテストで女性の筋持久力レベルを区分することは不可能である。したがって、足で支える修正プローンプルアップを用いることで、より妥当なテストとなるだろう。

環境要因

　基礎的な競技能力テストの選択と実施においては、環境要因を考慮する必要がある。外気温が高い場合、とくに高温多湿の環境下での有酸素性持久力運動のテストでは、持久的パフォーマンスの阻害、健康上のリスク、妥当性の低下が起こり得る。有酸素性持久力のパフォーマンス（26,32）および間欠的スプリントパフォーマンス（13）は、気温が約27℃近くになると、また、とくに湿度が50％を超えると阻害されるおそれがある（17）。テストのパフォーマンスに対する気温や湿度が及ぼす影響は、異なる季節、日、時刻に実施されたテスト結果を比較する際に問題となる。たとえば、2.4km（1.5マイル）走テストにおける選手の最大酸素摂取量は暑熱環境下では阻害され、実際より低く評価される。また、走タイムは寒冷環境下においても阻害され得る。したがって、気温変動の激しい地域では、屋外での有酸素性持久力テストの実施は不適切かもしれない。このような地域では、有酸素性持久力テストは利用可能ならば屋内トラック、もしくはトレッドミルや固定式自転車によって実施する。

　高所環境も、筋力やパワーのテストには影響しないが、有酸素性持久力テストのパフォーマンスを阻害する可能性がある（11）。有酸素性持久力テストの基準（norm）は、標高580mを超える場所で行うときには補正しなければならない。標高約2740m（9000フィート）までは、910m（3000フィート）上昇するごとに最大酸素摂取量が約5％低下する。さらに高所になると、最大酸素摂取量はより急激に低下する。長期間ほぼ海面レベルで生活した後に高度（標高）の高い場所に到着した選手は、有酸素性持久力テストを行う前に最低10日間は高地馴化の期間をおくべきである（31）。すべての測定において、環境的な条件を測定および記録しておき、後に結果を解釈する際にそれらの要因を考慮することは（妥当でより正確な評価につながる）望ましい実践である。

> ▶ 選手の経験、トレーニング状態、年齢、性別がテストのパフォーマンスに影響するため、これらの要因をテストの選択において考慮しなければならない。気温、湿度、高所といった環境要因もまたテストパフォーマンスに影響を与えるため、測定者は可能な限り環境条件を標準化するべきである。

テストの実施

　正確な結果を得るために、テストは安全に、正しく、かつ体系的に行われなければならない。それには、ストレングス＆コンディショニング専門職による選手の健康と安全の確保、測定者を慎重に選抜し訓練すること、テストの十分な組織化と効率的な実施、選手に対する適切な準備と指示が求められる。

健康面と安全面に関する考慮

　選手全員がトレーニングやスポーツ競技への参加が許可される前にメディカルチェックを受けているはずではあるが、ストレングス＆コンディショニング専門職は、選手の健康を脅かすことのないようテスト時の状況に目を配り、テストの実施をやめる根拠となる健康上の問題の徴候や症状がないかを注意深く観察しておかなければならない（4）。ストレングス＆コンディショニング専門職は、選手の健康状態に対して、とくに練習、テスト、試合における最大努力の発揮について、その前後や最中に十分な注意を払わなければならない。最大努力によるランニングや最大挙上重量（1RM）テストなどの激しい運動は、心筋への血流阻害や不整脈などの心疾患を表面化させたり悪化させることがある。標準的な医学的スクリーニングでは必ずしも隠れた心疾患を明らかにすることができず、若年選手において致命的となることがある（27）。暑熱障害もまた、暑熱環境下、とくに湿度が高いときに激しい身体活動を行う際のリスクである。気温が高いときには軽装にすべきであるとともに、暑熱環境で激しい身体活動の前や運動中に、喉の渇きに従って自由に水分補給を行うべきである（水分補給のガイドラインの詳細については第9章、第10章を参照のこと）。筋骨格系の損傷が問題となる場合もある。もし症状を見過ごすと、回復が大幅に遅れてしまう。

　以下の症状を慢性的に持つ選手にはメディカルチェックが必要となる。胸部の圧迫感、胸痛、胸部の不快感、倦怠感、ふらつき、めまい、混乱状態、頭痛、皮膚の発赤や脂汗、不整脈、骨や関節の痛み、視界のぼやけ、吐き気、運動レベルとつりあわない（あるいは安静によっても回復しない）息切れや脈拍数増加、脱力感などがその症状である。これらの症状は、運動を終了して長時間経過してからも起こり得

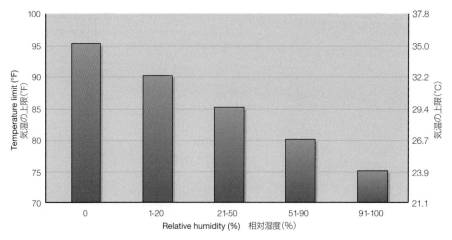

図12.1 激しい運動によるテストを行う際の相対湿度に対する気温の上限
データはMcArdle, Katch, and Katch（20）による。

る。一度でもこのような症状が起こり、重篤（意識障害など）であれば、即座に医師の診察を受ける必要がある。

　有酸素性持久力テストを暑熱環境下で行うときには、選手の健康および安全性、そしてテストの妥当性の両方の確保に注意しなければならない。図12.1は、激しい運動によるテストについて、相対湿度に対する気温の上限を示している。また、補足ガイド「暑熱環境下での有酸素性持久力テスト」においてガイドラインを示した。

測定者の選抜と訓練

　テスト管理者は十分な訓練を受け、すべてのテスト手順やプロトコルを完全に理解しなければならない。測定の監督者は、初めて測定を行う測定者全員が、ストップウォッチでのスプリントタイムの測定やバックスクワットの1RM測定などすべてのテストを正確に実施し、計測できるようにしなければならない。測定者全員が十分に練習を行い、経験豊富で信頼性の高い測定者による結果と高い相関が得られるようにすることが重要である。また、測定者らが一貫性を持ってテストの説明と実施ができるように訓練を受けるべきである。たとえば、ある測定者があるグループの選手に対しては言葉で励まし、一方で別の測定者が他のグループの選手に対して言葉での励ましを与えなければ、テストの信頼性は損なわれる。テストの監督者は、テストに必要なもののチェックリストと、テスト中の質問に備えて、文書化したテストプロトコルを持っていなければならない。

記録用紙

　テストの実施前に記録用紙を作成する。記録用紙はすべてのテスト結果とコメントが記載できるスペースを確保しておくべきである。環境条件などの要因も文書化すべきである。測定のための手順の特異的な詳細についても記録すべきである。たとえば、1RMスクワットではバーベルのためのピンの高さ（訳注：スクワットラックの高さの設定）を記録する。これによりテスト時間を効率的に使い、記録の間違いの発生を減らすことができる。

テストの形式

　選手がテストの目的や手順を理解し、組織化されたテストでは、測定値の信頼性が高まる。妥当なテストから得られた信頼性のある測定値は、体力レベルの評価やトレーニング期間における変化の評価において大きな財産となる。

　選手全員の測定を一度に行うか、グループに分けて行うか、また、同一の測定者が選手全員のテストを行えるのかなどについて、あらかじめ計画しなければならない。ここで主に考慮されることは、測定される選手の数である。同一の測定者が選手全員のテストを行えば測定者間の信頼性の問題がなくなるため、時間やスケジュールが許せばそれが望ましい。これが実現不可能であれば、単純で定義が明確なテスト（例：プッシュアップを正確に数える）は複数の測定者に実施させ、判定の難しいテスト（例：ス

クワットの適切なフォーム）は最も熟練した1人の測定者に任せるように、テスト監督者が計画するとよい。各測定者は一度に1つのテストを管理すべきで、とくに複雑な判定が求められるテストがこれに当たる。選手の準備ができていれば、時間を効率的に使うために1人の測定者が2つのテストに交互に対応しても差し支えはない。その場合も、測定者は一度に1つのテストのみに集中しなければならない。測定のセッションを前もって計画および練習することで、測定のセッションが効率的に進むのを確実なものとするうえで大いに役立つだろう。

テストバッテリーと複数回の テストトライアル

　時間に制約があり、大きな集団を測定するときには、同じセッティングで2カ所のテストを実施すると、時間を効率的に使うことができる。たとえば、274 m（300ヤード）のシャトルランテストを2つのコースを設定して実施することができる（12）。また、テストの信頼性が保たれる範囲内で、疲労を起こさない2種類のテストを連続して行わせることも可能である。たとえば、測定者が1人しか配置されていない2つの下半身パワーテストの測定場所では、選手は垂直跳びの直後に、静的なジャンプを行うことができる。

　複数回の試行が必要なテスト（例：1RM重量を求めるまでの動作の繰り返し）、あるいは複数のテストを組み合わせる場合は、試行間に十分な回復時間をおく（28）。試行が最大努力付近でなければ少なくとも2分間、最大に近いときには試行間に3分間の休息を取るべきで、これは直前の試行もしくはテストの難易度から判断する（19）。**テストバッテリー**（例：レスリング選手が筋力と局所筋持久力を評価するために最大反復の懸垂と腕立て伏せを行う）を実施するときには、疲労の影響で結果が混乱することがないように、最低でも5分間の休息をとるべきである（以下のセクションの「テストの順序」も参照）。

テストの順序

　運動科学に関する知識は、適切なテストの順序とテスト間の休息時間の決定に役立ち、テストの信頼性を高める。テストの順序についての基礎となる原則は、あるテストが続いて行われる次のテストのパフォーマンスに影響を及ぼすべきではないということである。これにより、それぞれのテストにおける最適なパフォーマンスが可能となり、また過去のテスト結果との妥当な比較も可能となる。たとえば、ホスファゲン機構に最大負荷をかけるテストでは、完全な回復に必要な休息時間は3～5分間だが（5,9）、無酸素性の解糖系エネルギー機構に最大負荷をかけるテストでは完全回復までに最低でも1時間は必要となる（7）。したがって、アジリティテストのような高い技術を要するテストは、疲労が生じてその後のテスト結果が混乱するテストより前に行うべきである。論理的なテスト実施手順は、バリエーションはあるものの以下の通りである。

1. 非疲労性テスト（例：身長、体重、柔軟性、皮脂厚、周囲径の測定、垂直跳び）。
2. アジリティテスト（例：Tテスト、プロアジリティテスト）。
3. 最大パワー、最大筋力テスト（例：1RMパワークリーン、1RMベンチプレス）。
4. スプリントテスト（例：40 mスプリントと10 m、20 mのスプリットタイム）。
5. 局所筋持久力テスト（例：プッシュアップアップテスト）。
6. 疲労性の無酸素性能力テスト（例：275 m〔300ヤード〕シャトルラン）。
7. 有酸素性能力テスト（例：2.4 km〔1.5マイル〕走、Yo-Yo間欠的リカバリーテスト）。

　またテストの順序も、テスト間に最小限の回復時間を設けるようにデザインすべきであり、これによってテストのセッションがより効率的となる。疲労性の無酸素性能力テストと有酸素性能力テストは、ほかのテストと別の日に行うよう努力すべきである。しかしながら、もし同じ日に行うのであれば、その日のテストの最後の順番に、十分に長い休息を取ってから行うべきである。

　サーカディアン（概日）リズムの違いによる生理学的な変動を避けるために、一日の中で同じ時間にテストセッションを行うことが重要である（30）。テストを屋内で行うことも推奨される。これによって気候やテスト時のサーフェスをより一定に保つこ

暑熱環境下での有酸素性持久力テスト

暑熱環境下でのテストにおける健康上の危険を最小限にし、正確な結果を得るために、これらのガイドラインに従う（6,20,27）。

1. テスト前の数週間で、選手がテストされる身体活動で体力のベースラインを確立するために十分なトレーニングを行わなければならない。ストレングス＆コンディショニング専門職は、暑熱環境でのエクササイズに対する個人の反応に大きな差があることに注意すべきである。
2. 極端な高温・多湿が重なった環境下ではテストを避ける。表12.1は、暑熱障害のリスクが高まる気温と湿度の組み合わせを示す。しかし、安全性を確保し、優れたテストパフォーマンスを発揮させるために、とくに晴天の日中においては、表中の数値より少なくとも3℃低い気温を上限とすることが推奨される。この推奨値をすでに上回っている、あるいは上回ると予想される場合には、可能ならば屋内施設を使用するか、あるいは気温が許容範囲内の午前中や夕方にテストを実施するべきである。
3. とくに選手が涼しい気候の土地から訪れている場合には、少なくともテストの1週間前から温度と湿度に馴化させなければならない。そのような選手には、短時間の運動から始めて徐々に長時間の運動へと移行させる。
4. 暑熱下での有酸素性持久力テスト前の24時間の中で、選手は必ず十分に水分補給しておかなければならない。水分補給が十分である徴候として、透明感のある尿が多量に排出されることがあげられる（運動前の水分補給のガイドラインの詳細については第9章を参照のこと）。塩の錠剤の使用は一般には避けるべきである。
5. 選手には、暑熱下の運動中に水分補給を推奨されるべきである。1時間以内の運動であれば味のついていない水が最も適している。長時間にわたる練習中にスナック（軽食）休憩を取ることは、水分を補給するのを助け、電解質を補充するうえで重要である。水分補給の量と頻度は、個人の発汗率や運動の継続時間、環境によって決まる。特異的なガイドラインについて、また必要であれば発汗率の算出方法については第9章を参照のこと。
6. 選手は明るい色の身体に密着しないタンクトップや、呼吸しやすいシャツを着用するべきである（例：多孔性で湿度を逃がす人工素材）。男性の選手はシャツを着用しないことが認められる場合もある。
7. 暑熱に対する反応の検出を目的として、心拍数をモニターする方法も可能である。
8. 以下に挙げる熱射病もしくは熱疲労の可能性のある症状に注意する。痙攣、吐き気、めまい、歩行もしくは起立困難、失神、会話の異常、発汗の消失、皮膚の発赤もしくは蒼白、鳥肌。
9. 低ナトリウム血症あるいは水中毒（過剰な水分摂取によって血中ナトリウムが危険なレベルまで下がり、致命的な状態に陥る危険がある）の症状に注意する。症状は、極端に薄い尿に、皮膚のむくみ、意識レベルの変化または意識消失が組み合わされて起こり、体温の上昇を伴わない。低ナトリウム血症の発症者には絶対に水分を与えてはならず、医師による治療を受けなければならない。
10. 選手がテストに関連した健康上の問題に直面したときに、迅速に治療あるいはその場から離れることができるよう（あるいはその両方が同時にできるよう）、十分な医療体制を整えておかなければならない。

とができるだろう。

▶ テストの順序は、あるテストを完了することが続いてのテストのパフォーマンスに悪い影響を及ぼすことのないような方法でデザインすべきである。

テストに対する選手の準備

選手に身体的、精神的な準備をさせるために、テストバッテリーの日程、時間、目的をあらかじめ知らせておくべきである。テストの信頼性を最大にするためには、テストの内容や手順を選手に知らせておくべきである。テストの1〜3日前に監督下での簡単な予行あるいは慣れるための練習セッションを実施し、強度を抑えて動作を行わせておくと、しばしば有益である。もしこれが行われたならば、将来のすべてのテストセッションで繰り返すべきである。

1つの戦略（ストラテジー）として、練習セッションにテストへの習熟を組み込むこともあり得るだろう。

説明では、テストの目的、実施方法、勧められるウォームアップの量、練習の回数、試行回数、テストスコアの採点方法、無効となる基準、最大パフォーマンスを発揮するための推奨について網羅すべきである。選手へ与えられる説明は、信頼性と客観性が高まるよう明確で簡潔であることが求められる（22）。

口頭での説明に加えて、可能であれば、テストの監督者またはアシスタントが適切なテストパフォーマンスを実際に行ってみせるデモンストレーションを行うべきである。デモンストレーションの前後には、選手に質問の機会を与える。テストの監督者は、事前に質問を想定し、回答を用意しておく。重要な

ことは、一部のみを特別に励ますのではなく、選手全員のモチベーションを等しく高めるようにすることである。可能ならば、試行を終了するごとに、選手にスコアをすぐに知らせ、続いての試行でよりよいパフォーマンスができるようにモチベーションを高める（2）。

　信頼性は、テスト前のウォームアップによって高まる（2）。適切に計画されたウォームアップは、一般的なウォームアップから特異的なものへという順序で進む。両方のタイプのウォームアップに、テストで行う動作と同様の動作を含める。一般的ウォームアップをインストラクター主導で体系化して行うと、統一性が確保される。テストプロトコルによっては、特異的ウォームアップとしてそのテストの動作を2〜3回行い、その後に行った試行をテストスコアとして測定する形式も認められる。そのテストプロトコルに応じて、ウォームアップ後のトライアルの最高あるいは平均をスコアとする（2）。

▶ テストの前に一般的ウォームアップや特異的ウォームアップを実施することで、テストの信頼性が高まる。

　心拍数を急激に増加させるようなテストやテストバッテリーの終了後には、監督下でクールダウンの時間を取ることが必要である。たとえば、274m（300ヤード）シャトルランを行った後には、選手を座ら

せたり横にさせてはならず、回復を促すために低強度の運動や軽いストレッチングを用いたアクティブリカバリーを行わせるべきである（7）。

まとめ

　競技能力の評価や、改善が求められる身体能力の特定、トレーニングプログラムの効果を評価する際に参考となる数値の提供、現実的なトレーニング目標の設定において、テストおよび測定を用いることができる。テストの質を最適化するために、測定者は妥当性と信頼性について理解し、考慮しなければならない。テストの選択には、そのスポーツ競技に必要とされる生理学的エネルギー機構、動作特性、選手の経験、トレーニング状態、年齢、性別を考慮する。また、テストの実施前に、気温、湿度、高度（標高）などの環境要因についても検討しなければならない。ストレングス＆コンディショニング専門職は、テスト中に発生することがある健康上のリスクについて常に意識し、医療機関の受診が必要な健康上の問題となりうる徴候や症状に対して注意を怠ってはならない。測定者の選抜は慎重に行い、十分に訓練する必要がある。また、テストセッションは適切な順序で行われるようしっかりと計画し、体系的に実施する。テストに対する選手の準備は、一貫性があり、効果的なものとすることが必須である。

重要語句

併存的妥当性（concurrent validity）
構成概念妥当性（construct validity）
内容的妥当性（content validity）
収束的妥当性（convergent validity）
基準関連妥当性（criterion-referenced validity）
識別的妥当性（discriminant validity）
評価（evaluation）
表面的妥当性（face validity）
フィールドテスト（field test）
形成的評価（formative evaluation）
測定者間の一致（interrater agreement）
測定者間の信頼性（interrater reliability）
測定者内の変動性（intrarater variability）
被験者内の変動性（intrasubject variability）

測定（measurement）
中間テスト（midtest）
客観性（objectivity）
事後テスト（posttest）
予測的妥当性（predictive validity）
事前テスト（pretest）
信頼性（reliability）
テスト（test）
テストバッテリー（test battery）
再テストの信頼性（test–retest reliability）
測定の典型的な誤差（typical error of measurement）
妥当性（validity）

290 ストレングストレーニング&コンディショニング

例題

1. 大学のバスケットボールコーチが、どの選手が最も筋パワーを持っているかを知りたいと考えている。筋パワーを測定するための最も妥当なテストは次のうちのどれか？
   a. 垂直跳び
   b. 1RMベンチプレス
   c. 5RMスクワット
   d. 100mスプリント

2. サッカー選手の最大筋力の測定で、再テストの信頼性に不適切な影響を与えるものは次のうちどれか？
   Ⅰ. 複数の測定者が測定する
   Ⅱ. 異なる時刻に再テストを行う
   Ⅲ. テスト種目に対する選手の経験不足
   Ⅳ. 確立されたテストプロトコルの利用
   a. Ⅰ、Ⅲ
   b. Ⅱ、Ⅳ
   c. Ⅰ、Ⅱ、Ⅲ
   d. Ⅱ、Ⅲ、Ⅳ

3. 暑熱環境下で心臓血管系の体力テストを行うとき、除外すべきなのはどれか？
   a. 屋内施設でのテスト実施
   b. 水分保持のための塩錠剤の使用
   c. 午前中のテスト実施
   d. 運動中の水分摂取

4. ベンチプレス、垂直跳び、10mスプリントのそれぞれが最も妥当なテストとなるのは、次のアメリカンフットボールのポジションのうちどれか？
   a. クォーターバック
   b. ディフェンスバック
   c. ワイドレシーバー
   d. ディフェンスラインメン

5. 最も信頼性のある結果を導くテストの順序は、次のうちどれか？
   a. 1RMパワークリーン、Tテスト、2.4km（1.5マイル）走、1RMベンチプレス
   b. Tテスト、1RMパワークリーン、1RMベンチプレス、2.4km（1.5マイル）走
   c. 2.4km（1.5マイル）走、1RMベンチプレス、Tテスト、1RMパワークリーン
   d. 1RMベンチプレス、1RMパワークリーン、Tテスト、2.4km（1.5マイル）走

CHAPTER 13

Administration, Scoring, and
Interpretation of Selected Tests

選択したテストの実施、
スコアの記録、解釈

Michael McGuigan, PhD

▶ 本章を終えると

- 選択した競技パフォーマンスの要素を測定する最適な方法を識別することができる。
- フィールドテストを適切に実施することができる。
- データの評価・分析と基準値との比較ができる。
- 適切な統計を理解することができる。
- 競技に関連したプロフィールを作成するために選択したテストの結果をまとめることができる。

著者は、本章の執筆にあたって多大な貢献をいただいたEverett
HarmanとJohn Garhammerに対し、ここに感謝の意を表します。

第12章で説明したように、運動科学に関する幅広い知識を備えることで、ストレングス＆コンディショニング専門職（本章では測定者と呼ぶこともある）は、選手が身体的準備を最適化し能力を最大限に引き出すトレーニング内容を決定するために、テストや測定を効果的に選択したり、活用したりすることができる。テストを効果的に活用するために、測定者はテストを正確に実施し、データを正確に分析して、そのうえで選択したテストの結果をまとめ、競技に関連したプロフィールを作成しなければならない。本章では、このようなテストのパフォーマンスに関連する要素の基本的な見方について紹介し、選択したテストの包括的な年齢特異的かつ競技特異的な記述統計および基準データを示す。

競技パフォーマンスの要素の測定

競技力には多くの身体能力が関わり、それら身体能力の中のいくつかはその他の能力に比べてトレーニングに対して馴染みやすい。このような能力は、特異的な競技あるいは種目におけるさまざまな身体的需要に効率よく反応する能力であり、**競技パフォーマンス**の構成要素と呼ばれることがある。この項では各要素のテストの方法と関連する諸問題に焦点を当てる。

最大筋力（低スピードでの筋力）

最大筋力テストは、通常比較的低い動作スピードで行われ、**低スピードの筋力**を反映する。ここで筋力とは筋あるいは筋群が適切なフォームを維持した状態で1回の最大努力で発揮できる力を指し、ベンチプレスやバックスクワットなどのエクササイズでは1回行うことができる最大挙上重量（1RM：one-repetition maximum）や、トランスデューサを使用して（固定された物体に力を加えることにより）等尺性に発揮される力の最大値、あるいは特定のスピードで等速的に発揮される力の最大値の測定により定量化される（5,6,31,48,70,71,73,77,90）。高価な器具を必要とせず、スポーツ競技で必要な動的能力を反映する1RMテストは、ほとんどのストレングス＆コンディショニング専門職が最大筋力テストとして選択している。

一般に、1RMテストは、テストと同じ方法で相対的に軽い負荷を数セット、ウォームアップとして行ってから実施する。通常、1回目の試行は推定される1RMの約50%の重量で行う。直前の試行からの回復感が十分に得られてから（難易度に応じて1〜5分間）、ストレングス＆コンディショニング専門職がウェイトを増加して次の試行を行うが、この増加量は前の試行がどのくらい楽に行えたかを基準に決定する。熟練したストレングス＆コンディショニング専門職であれば、ウォームアップ後の3〜5試行以内で、誤差数%以内で1RMの負荷を求められるはずである。

無酸素性・最大筋パワー（高スピードでの筋力）

高スピードでの筋力あるいは**最大無酸素性筋パワー**（単に**無酸素性パワーともいう**）は、高スピードでの筋収縮時に強い力を発揮する筋の能力を指す。このような筋力やパワーのテストは、ごく短時間のうちに最大の動作スピードで行われ、非常に大きなパワーが発揮される。高スピードでの最大筋パワーテストは（最大）無酸素性パワーテストとも呼ばれ、パワークリーン、スナッチ、プッシュジャークのような爆発的エクササイズの1RMや、垂直跳びの高さ、階段駆け上がりのタイムなどを測定する（45,70,77,90,93）。爆発的なエクササイズのテストに要する時間は約1秒間、低速での最大筋力テストでは通常2〜4秒間であることから、どちらのテストでも活動筋に貯蔵されたアデノシン三リン酸（ATP）が主なエネルギー源となる。無酸素的パワーを測定する際に、正しいテクニックおよびフォームを維持することは、パフォーマンスの妥当性および安全面の両方の理由のために、重要である。

> ▶ ほとんどの最大筋力テストは比較的低い動作スピードで行われ、低スピードでの筋力を反映する。高スピードでの筋力は、爆発的なレジスタンストレーニング種目の1RMや、垂直跳びの高さで評価できる。

発揮されるパワーには、力と速度の両方が関わる。ジャンプの高さは、選手が地面に与えた力と地面を離れるときの速度の関数である（力と速度によってジャンプ高が決定される）。レジスタンストレーニ

ングによって体重が増加したときに、選手のジャンプ高が向上せず、発揮されるパワーに変化がないように見える場合がある。しかし、この場合、同じ高さまでジャンプしていることから、離地速度は同じであり、体重の増加を考えると発揮されるパワーは明らかに向上している。このことは体重を操作する（移動させる）ようなテスト（例：階段駆け上がり）にあてはまる。増加した体重を同じスピードで動かすには、より高いパワーを発揮しなければならない。

無酸素性パワーテストは自転車エルゴメータを使用して行われる場合もある。このタイプのテストは、選手がケガをして走動作が制限されている場合、あるいは選手が漕艇や自転車などの体重支持を必要としない競技に参加している場合に、ストレングス＆コンディショニング専門職にとって有用である。このタイプで最も一般的に使われるテストは、ウィンゲート無酸素性テストである。フィールドテストでは、抵抗調節機構を備えた自転車エルゴメータを使用し、ペダルの回転数（rpm）を測定する。実験室で行う際は、コンピューター制御のエルゴメータを使用すると測定が容易になり、正確性が高まる。基本的なウォームアップ後、30秒間でテストを行うのが典型的なプロトコルである（27）。このテストでは、最大に近いペダル回転数（90〜110rpm）に到達後に、すぐに抵抗をかける。抵抗の大きさは体重比で決定し、熟練した選手は熟練していない選手に比べて比率を高くする。抵抗の大きさとペダル回転数から仕事量を算出し、仕事÷時間でパワー値を算出する。このパワー値の算出は、30秒間のテストインターバルを5秒ごとに区切って行う。ここから、ピークパワーや平均パワー、疲労指標（最大パワーと最低パワーの比）を含むパラメータを算出するのが一般的である。自転車エルゴメータテストについては基準（標準値）が示されている（47,73）。

無酸素性能力

無酸素性能力とは、継続時間が中程度の運動時に、ホスファゲン機構と無酸素的解糖エネルギー機構の組み合わせによって産生される**エネルギー**の最大産生速度のことである。一般に、さまざまな種類の上半身や下半身の動作によるテストで、30〜90秒間の筋活動で発揮される最大パワーを定量化するものであり（27,73,90,115）、数秒間で終了する最大無酸

素性パワーテストとは異なる。

局所筋持久力

局所筋持久力とは、最大下の抵抗に対して、特定の筋あるいは筋群が反復して収縮する能力のことである（11,73）。局所筋持久力のテストは、休息時間や無関係な動作の影響のない条件下で、数秒間から数分間にわたって連続的に行う。例としては、懸垂、パラレルバーでのディップ、プッシュアップ、一定負荷（1RMあるいは体重に対する比で負荷を決める）でのレジスタンストレーニング種目の最大反復回数の測定が挙げられる（26,64,70,73）。

有酸素性能力

有酸素性能力は**有酸素性パワー**とも呼ばれ、エネルギー源（炭水化物、脂質、タンパク質）の酸化によるエネルギーの最大生産速度のことで、通常1分間の体重1kg当たりの酸素摂取量（ml/kg/分）で表される（65）。ストレングス＆コンディショニング専門職は、直接的に酸素摂取量を測定する器具を持っていることは少ないため、一般に、1.6km（1マイル）以上のランニングなどの有酸素性持久力運動のパフォーマンスから有酸素性能力を推定する（45,79,88）。最大有酸素性スピード（MAS）テスト（60）や、Yo-Yo間欠的リカバリーテスト（9,13,58,59）のようなフィールドテストを用いて推定することもできる。

アジリティ

アジリティとは、全身を素早く停止や開始、方向転換する能力のことであると伝統的に考えられてきた（101,108）。アジリティは2つの主な構成要素よりなる。すなわち、方向転換のスピードと、認知的要素である（101）。ごく最近のアジリティについての定義では、知覚的な質を考慮に入れて改訂され、今では「競技特異的な刺激に反応して素早く全身を方向転換させる、あるいはスピードを変化させること」となっている（101,108）。アジリティでテストするのは、一般的に、方向転換のスピードや、予測などの認知的要素についての身体能力テストに限られる。Tテストや505アジリティ、プロアジリティテストなどのテストが方向転換を評価するために用いられる。

スピード

　スピードとは、単位時間当たりの移動距離のことで、特定の距離の移動にかかった時間から定量化されるのが一般的である。静止した状態から9.3m（10ヤード）程度の短い距離のスプリントにかかる時間は加速を反映するものであり、37.1m（40ヤード）のようにより長い距離は最大スピードを測るものとなる（126）。スピードのテストは通常100mよりも長い距離で行われることはないが、これは距離が長くなると実際の最大スピードの能力よりも無酸素性や有酸素性の能力が反映されるためである（73,90,126）。

　電気計時装置が容易に使えるようになり、価格が安くなったことにより、ストレングス＆コンディショニング専門職にも使用しやすくなった。しかしながら、ほとんどのアジリティやスピードのテストでは、ストップウォッチによる手動計時が用いられている。これが測定誤差の主な原因となり、とくに測定者の訓練が不十分だと誤差は顕著になる。理想的な条件下でも、ストップウォッチで測定したタイムは電気計時によるタイムよりも最大0.24秒短い。これは、号砲から測定者がスタートボタンを押すまでのスタート時の遅れと、ゴール時には、近づいてくる選手を予測してボタンを早く押してしまう傾向があるためである（31,44,91）。したがってストレングス＆コンディショニング専門職は、可能であればスピードおよびアジリティのテストにおいて電子計時装置を用いることが推奨される。スプリットタイムも測定すると、より多くの情報が得られ、ストレングス＆コンディショニング専門職は選手のスピードおよび加速能力について洞察を深めることができる。たとえば、9.1m（10ヤード）、18.3m（20ヤード）、36.6m（40ヤード）のタイムを記録することができ、スプリットタイムや最大速度の算出に用いることができる。最後に、スピードおよびアジリティのテストは適切なシューズを着用し、滑らないサーフェスで実施することが（より正確な測定と評価、ケガの予防のために）必要である。

柔軟性

　柔軟性は、各関節の可動域と定義される（11）。一般的な柔軟性測定装置としては、関節角度を測定するゴニオメータ（手動・電気）、下背部と股関節の柔軟性の評価に活用される長座体前屈計がある。柔軟性の測定は、標準化されたウォームアップと静的ストレッチングを事前に行うと信頼性が高まる。柔軟性のテストでは、選手は完全にストレッチされる位置までゆっくりと身体を動かし、その状態を保つ。可動域を広げようとして反動を用いるバリスティックストレッチングは、柔軟性のテストの際に許容されない（45,79）。

　ストレングス＆コンディショニング専門職が柔軟性や可動性全般、また動作能力の全般的な評価を行ううえで多数の身体的能力のスクリーニング手法が利用可能である。しかしながら、どのスクリーニング手法を用いるか、あるいはスクリーニング結果とケガの間の関係が明確に確立しているかについては一致した見解が存在しない（68,84）。優れたストレングス＆コンディショニング専門職は、選手のトレーニング時のパフォーマンスを見ることによって、姿勢およびパフォーマンスのスクリーニングを日常的に行っている。たとえば、オーバーヘッドスクワットはムーブメントスクリーニングのひとつとして用いられる一般的なエクササイズであり、左右の肩および胸椎と、連動する左右の股関節や膝、足関節の可動性を評価することができる（3,16,93）。

バランスと安定性

　バランスとは、静的および動的平衡を保つ能力、あるいは身体の重心を支持基底面の上に保つ能力のことである（73,90）。**安定性**は、その系に対して加えられた外乱で崩れそうな姿勢を、望む姿勢に戻す能力の尺度である（73）。バランスに乏しい選手は、下肢におけるケガのリスクが高い（52,53）。アスリートは非アスリートと比較して、バランスがよいことも示されている（23）。トレーニングにより向上する安定性はバランステストで評価できるが、バランステストには多数の方法がある（73）。一般に用いられているテストには、静的な立位での時間を測る方法（両目を閉じて片脚または両脚で立つ）や、不安定なサーフェスを用いたバランステスト（66）、特化したバランステスト装置（NeuroCom、Biodex Balance System）を用いたテスト（90）が含まれる。これらには、バランスと安定性のさまざまな異なる側面を評価することのできる多数のテストが含まれている（73）。バランスエラースコアリングシステム（BESS）やスターエクスカージョンバランステ

スト（SEBT）は、非常に優れた信頼性を有しており、相当数の文献においてこれらの使用が支持されている（14,41,43,73,83,111）。

身体組成

通常、**身体組成**は、脂肪量と除脂肪体重の相対的な比率を指す。除脂肪成分を骨組織とその他に分類することができる精密で高額な装置もあるが、ストレングス＆コンディショニング専門職に一般的に使用されている身体組成測定法は基本的な2成分（脂肪と除脂肪）を比較する。水中体重法、二重X線吸収法（DEXA）がしばしば「ゴールドスタンダード」とされるが、訓練を積んだ有能な測定者が測定するのであれば、一般に肥満度を評価する手段としては、皮脂厚測定法が最も妥当で信頼性が高く（r = 0.99）、周囲径測定法より望ましい（65）。皮脂厚測定法はキャリパーという測定器具を使用し、指でつまんだ皮膚と皮下脂肪の厚さを測定する。測定される組織量に関係なく皮膚と脂肪を一定の圧力ではさむことができるのが、質の高い皮脂厚測定機器である（28,45,88）。周径測定法は、相対的に素早く簡単な方法であり、重要な慢性疾患のリスク情報も得られるので追加されることもあるだろう。たとえば、腹囲によって腹部の脂肪を評価することができ、腹囲が基準より高いことは、タイプ2糖尿病や高コレステロール症、高血圧、ある種の心臓病のリスク増加と関連している（45）。

形態測定

形態測定とは人体の計測を扱う科学的領域であり、一般的に身長や体重、周径の測定が含まれる（45）。理想的には、身長は身長計を用いて測定すべきである。もし身長計を利用できない場合、身長測定には、選手が寄りかかる平坦な壁、測定用の目盛りが必要となる。シューズを履かず、1/4インチ、もしくは0.5cm単位で測定するのが一般的である（73）。

最も正確な体重（身体質量：body mass）の測定方法は検定済みの天秤によるもので、一般的にバネ秤よりも信頼性が高いとされるが、定期的な較正が必要である（73）。代用可能なものとして、較正されている電子体重計がある。体重測定は、最小限の乾いた衣類（例：ショートパンツとTシャツのみ）を着用して行う。別の日の測定値と比較するために、測定は同様の衣類を着用し、同一時刻に行う。最も信頼性が高い体重測定は、起床直後、排泄後、飲食前に行われたものである。体内の水分が体重のばらつきに影響することもあるため、体重測定の前日は高塩分食（体内に滞留する水分が増加する）を避け、通常時と同じ水分補給状態で就寝することを選手に指示しなければならない。

周囲径測定は、通常メジャーで行うが、柔軟な測定用メジャー（バネのアタッチメントにより印まで引き出すとテープに一定の張力がかかる）を使用すると信頼性が高まる。トレーニング期間後との比較を行うために、トレーニング期間の開始時に周囲径を測定しておく（45,73）。

テストの条件

第12章で詳細に議論されたように、テストの信頼性を高めるためには、選手間の条件と、同じ選手におけるテストと再テスト間の条件をできる限り同じにすることが必須である。テスト間で環境条件が異なるべきではない。地面の上で行うテストは、実施するサーフェスの条件を毎回同じにすべきであり、乾いていたり、濡れていたりするような違いがあってはならない。最大筋力テスト時には、選手ごとに同じタイプのラックを使い、サポートはテストごとに、毎回、同じ高さに設定する。ジャンプテストは、同じタイプの器具を使用する。

また、スポーツ競技やワークアウト後の疲労した状態でテストをするべきでない。テストに臨む前に、標準的な栄養状態で、通常通りの水分補給を済ませておくべきである。測定の標準化には、テストを行う前にサプリメントを摂取しないことも含まれる（例：クレアチンモノハイドレートは、いくつかのテストのパフォーマンスを促進することがある）（119）。テストおよび再テストは、一日の中のほぼ同じ時間帯に実施するのが最適である（92）。テスト前のウォーミングアップは一定のパターンとし、ジョギング、体操などの一般的なダイナミックウォームアップ、テストで行う動作に似た動作を含む特異的ウォームアップ（例：最大下強度でテスト動作を行って練習する）の両方を含む。テストのやり方をよく理解することと、そのやり方に慣れる練習をすることも、重要な側面である。柔軟性が必要とされるテストにはストレッチングを行う。

選択されたテストプロトコルとデータの記録

最大筋力（低スピードでの筋力）
13.1 1RM ベンチプレス ... 297
13.2 1RM ベンチプル ... 297
13.3 1RM バックスクワット ... 298

最大筋パワー（高スピードでの筋力）
13.4 1RM パワークリーン ... 299
13.5 立ち幅跳び ... 299
13.6 垂直跳び ... 300
13.7 静的な垂直跳び ... 302
13.8 反応筋力指数（RSI） ... 303
13.9 マルガリア・カラメンテスト ... 304

無酸素性能力
13.10 274m（300 ヤード）シャトル ... 305

局所筋持久力
13.11 パーシャルカールアップ ... 306
13.12 プッシュアップ ... 307
13.13 YMCA ベンチプレステスト ... 308

有酸素性能力
13.14 2.4km（1.5 マイル）走 ... 309
13.15 12 分間走 ... 309
13.16 Yo-Yo 間欠的リカバリーテスト ... 310
13.17 最大有酸素性スピードテスト ... 311

アジリティ
13.18 T テスト ... 312
13.19 ヘキサゴンテスト ... 313
13.20 プロアジリティテスト ... 314
13.21 505 アジリティテスト ... 314

スピード
13.22 直線スプリントテスト ... 315

バランスと安定性
13.23 バランスエラースコアリングシステム（BESS） ... 316
13.24 スターエクスカージョンバランステスト（SEBT） ... 317

柔軟性
13.25 長座体前屈（シット&リーチ）テスト ... 318
13.26 オーバーヘッドスクワット ... 319

身体組成
13.27 皮脂厚測定 ... 320

形態測定
13.28 周囲径測定 ... 322

最大筋力（低スピードでの筋力）

13.1　1RMベンチプレス

用具・施設
- バーベル用ウェイトセット（最も筋力の高い選手の最大負荷が可能な総重量で、2.5kgずつの増量が可能なプレート各種）、セーフティロック2個。
- 完全なバーラックがついた頑丈なベンチプレスベンチ（高さの調節できるものが望ましい）

人員
- 補助者（1人）、記録者（1人）

手順
1. 第15章で示した適切なフラット・バーベル・ベンチプレスのテクニックを説明する。
2. テスト動作の間、補助者は常にベンチの頭側に立ち、選手がバーを自力で挙上できないときの補助、バーをラックに戻す動作の補助を行う。

3. ウォームアップとして、軽〜中程度の負荷で5〜10回の動作を行う（すべての最大筋力テストに共通）。
4. 通常、ウェイトをさらに重くして、2〜5回のウォームアップセットを2セット以上行ってから、1回目の1RM測定を行う。
5. 一般に、ウォームアップ後、3〜5試行で1RM測定を終えることが望ましい。試行が多くなると、疲労による影響が結果に及ぶおそれがある。
6. 1RM測定のより詳しい手順を図17.1に示す。

注：1RMベンチプレスの基準および記述統計的データを表13.1〜13.4に示す。

13.2　1RMベンチプル

用具・施設
- バーベル用ウェイトセット（最も筋力の高い選手の最大負荷が可能な総重量で、2.5kgずつの増量が可能なプレート各種）、セーフティロック2個。
- 頑丈なベンチ

人員
- 補助者（1人）、記録者（1人）

手順
1. 適切なベンチプルのテクニックを説明する（図13.1）。
2. バーベルをプロネイティッド（クローズド）グリップで、肩幅よりやや広めに握る。
3. ハングポジションを取った後、ウェイトが床を離れている間、心地よいグリップを用いることができるようにベンチの高さをセットする。
4. ハングポジションから挙上を開始し、グリップは測定のたびに一貫性を保つ。

5. 肘を鉛直方向に向けながら、バーを胸部下部ないし腹部上部へと引き上げる。
6. 頭部は下向きあるいは横向きを保つが、測定の間、ベンチに接触させておく。
7. バーがベンチの下側に接触したら、ウェイトを降ろす速度を制御しながら肘を完全に伸ばし、床につかないようハングポジションまで下降させたとき、有効な回数となる。
8. テストを行っている間、両足は床から離れたままで同じ姿勢を保つ。
9. 1RM測定のより詳しい手順を図17.1に示す。

注：1RMベンチプルの基準データを章末の表13.4に示す。

最大筋力（低スピードでの筋力）

13.2 （続き）

図13.1 ベンチプルの（a）スタート姿勢と、（b）トップ姿勢

13.3　1RMバックスクワット

用具・施設
- バーベル用ウェイトセット（最も筋力の高い選手の最大負荷が可能な総重量で、2.5kgずつの増量が可能なプレート各種）、セーフティロック2個。
- 頑丈なスクワットラック（バーを挙上できなかったときにバーの重量を支えられるように調節可能なもの）、または、バーの左右に補助者がついてもよい。
- 平坦で安定した床面

人員
- 補助者2人、記録者1人

手順
1. 第15章に示した適切なバックスクワットのテクニックを選手に説明する。
2. ベンチプレスの1RMテストと同様に一連のウォームアップセットを行う。使用重量は、1RMベンチプレステストよりも重くし、重量の増加幅も大きくする。
3. 1RMテストのプロトコルについては図17.1を参照。

注：1RMバックスクワットの基準および記述統計的データを章末の表13.1～13.4に示す。

最大筋パワー（高スピードでの筋力）

13.4　1RMパワークリーン

注：パワークリーンは非常に高いテクニックが求められるため、筋パワー能力が同じだとしても、2名の選手間で1RMの大幅な差が現れることがあり、その場合、このテスト結果から競技パフォーマンスを推定する意義は低くなる。

用具・施設

- 回転式のスリーブのついたオリンピックスタイルのバーベルセット（最も筋力の高い選手の最大負荷が可能な総重量で、2.5kg幅の調整が可能なプレート各種）、セーフティロック2個。
- 安全のために、施設内のほかの設備、器具から離れたリフティングプラットフォームあるいはデザインされた区域。

人員

- 測定・記録者1人

手順

1. 第15章に示した適切なパワークリーンのテクニックを選手に説明する。
2. 1RMベンチプレステストと同様に、一連のウォームアップを行い、負荷の増加幅を選択する。
3. 1RMテストのプロトコルについては図17.1を参照。

注：1RMパワークリーンの基準および記述統計的データを章末の表13.1〜13.4に示す。

13.5　立ち幅跳び

用具・施設

- 少なくとも長さが6mの平坦なジャンプエリアで、体育館の床、人工芝、草地、トラックなどが利用可能。
- 3m以上のメジャー。
- ダクトテープあるいはマスキングテープ。
- 1cm幅で印のついた市販のジャンピングマットを使用してもよい。

人員

- 判定者1人、記録者1人

手順

1. 0.6〜0.9m（2〜3フィート）の長さのテープを床に貼り、スタートラインとする。
2. 選手は、スタートラインのすぐ後ろにつま先をつけて立つ。
3. カウンタームーブメント（反動動作）を行い、できるだけ前方へジャンプする。
4. 選手は測定するために両足で着地しなければならない。できなければやり直しとなる。
5. 目印（マーカー）を選手の踵のすぐ後ろにつけ、メジャーでスタートラインと目印の距離を測る。
6. 0.5インチもしくは1cm単位で測定し、3試行を行って、そのうちの最高値を記録として採用する。

注：立ち幅跳びの基準および記述統計的データを章末の表13.5〜13.7に示す。

最大筋パワー（高スピードでの筋力）

13.6　垂直跳び

用具・施設

- 天井が高く（最もジャンプ高が高い選手でもぶつからない高さ）、凹凸のない壁。
- 適度な摩擦のある平坦な床。
- チョーク（壁の色と異なる色）
- メジャーあるいは物差し。
- 垂直跳び測定用の市販の用具（例：Vertec）を使用することもできる。

人員

- 測定・記録者1人

手順（チョークと壁を使用する場合）

1. 測定者は、選手の利き手の指先にチョークをつける。
2. 選手は利き手側の肩が壁から15cm程度離れるようにして真っ直ぐに立ち、できるだけ高い位置まで利き手を伸ばして壁にチョークで印をつける。
3. 腕を下ろし、助走をつけずに膝関節と股関節を素早く屈曲させて前かがみになり、両腕を後ろに振って反動をつけて跳び上がる（図13.2a）。利き手を上方に伸ばしつつ跳び上がり、反対側の腕は身体に沿って下ろしておく。
4. 最大跳躍点で利き手を最大限に伸ばし、壁をこするようにして指先でチョークの印をつける。2つのチョークの印の間の垂直距離を記録する。
5. 0.5インチもしくは1cm単位で測定し、3試行を行って、そのうちの最高値を記録として採用する。

手順（市販の垂直跳び測定器具、Vertecを使用する場合）

1. 立位で手を伸ばして触れることができる範囲に可動型測定板（羽板）の高さを調整する。両足の裏を床（または地面）にぴったりとつけて、利き手を上に伸ばしたときに押すことができる最も高い位置の羽板を、ジャンプ前の基準高とする。
2. 羽板を、跳躍能力に見合う高さになるように、支柱に記された測定用の高さに上げる。これには選手のジャンプ高をあらかじめ推定しておく必要があるが、必要が生じれば、2回目の試技で変更すればよい。
3. 助走やステップをつけずに、膝関節と股関節を素早く屈曲させて前かがみになり、両腕を後方へ振って反動をつけて跳び上がる（図13.2a）。利き手を上方に伸ばしつつ跳び上がり、反対側の腕は身体に沿って下ろしておく。
4. 最大跳躍点で利き手を最大限に伸ばし、指先で、測定機器のできるだけ高い羽板を叩く（図13.2b）。記録は、立位で押すことができた最高の測定板と最高跳躍点で叩いた羽板の垂直距離とする。
5. 0.5インチあるいは1cm（この用具の羽板の間隔）単位で測定し、3試行のうちの最高値を記録する。

注：垂直跳びの記述統計データを章末の表13.7に示す。

図13.2 垂直跳びの（a）スタート姿勢と、（b）最高跳躍高

最大筋パワー（高スピードでの筋力）

13.7　静的な垂直跳び

手順（コンタクトマットシステムを用いる場合）

1. テスト手順は、本質的に垂直跳びと同じであるが、跳び上がる前のカウンタームーブメントは取り除かれる。選手はマット（またはフォースプレート）に立ち、テストを始める。（注：カウンタームーブメントを伴う垂直跳びも、コンタクトマットシステムを用いてテストできる）
2. 選手はスクワット姿勢まで身体を下降させ（膝の角度は約110°）、垂直にジャンプする前にこの姿勢を2〜3秒間保つ（図13.3）。
3. （ジャンプして着地すると）測定装置がジャンプ高を推定して表示する。
4. 離地および着地、姿勢および跳躍の方法は、各試行とも同じであるべきである。
5. 3回測定し、最もよいものを記録する。カウンタームーブメントを伴う垂直跳びの高さと、スクワットジャンプの高さの比率は、エキセントリック利用比として算出される（69）。

注：静的垂直跳びの記述統計データを章末の表13.7に示す。

図13.3　静的垂直跳びの（a）スタート姿勢と、（b）最高跳躍高

最大筋パワー（高スピードでの筋力）

13.8　反応筋力指数（RSI）

用具・施設
- さまざまな高さのボックス——たとえば、20cm、30cm、40cm。
- 接地時間を計測することのできる市販の機器を利用することもできる——たとえば、ジャンプあるいはコンタクトマット（コンタクトマットシステム）は、ジャンプ高を滞空時間から算出する（37,62,122）。

人員
- 測定・記録者1人

手順
1. 選手はボックスの上に立ち、コンタクトマットは、少なくともボックスの前0.2mに配置する。
2. 選手は両手を腰のベルトの位置に置き、跳び上がったり跳び降りたりしないように前へ出て、コンタクトマットに着地したら、できるだけ接地時間を短くしてジャンプする（図13.4）。
3. 離地および着地、姿勢および跳躍の方法は、各試行とも同じであるべきである。
4. 測定装置がジャンプ高および接地時間を表示する。
5. 3回測定し、最もよいものを記録する。
6. ジャンプ高を接地時間で割ることによって、反応筋力指数（RSI）を算出する。
7. さまざまな高さのボックスから、この手順を繰り返すことによって、その選手のストレッチ耐性の特性を得ることができる。

図13.4　反応筋力指数（RSI）を測定するための（a）開始姿勢、（b）マットへの着地、（c）ドロップジャンプの最高点

最大筋パワー（高スピードでの筋力）

13.9 マルガリア・カラメンテスト

用具・施設
- 9段以上の階段（階段の高さ：1段が約18cm）と助走ができる直線で6m以上の平らな場所（表13.5）。
- メジャーあるいは物差し。
- 電子計時システム。
- 体重計。

人員
- 測定・記録者1人

手順
1. 階段1段の高さを定規あるいはメジャーで計測し、3段目から9段目までの高さを算出する（1段の高さ×6）。
2. フットスイッチのスタート側を3段目に、ストップ側を9段目に設置する。
3. 体重測定、ウォームアップ、そして3段ずつ階段を駆け上がる練習を行う。
4. 準備が整ったら、階段から6m離れたところからスタンディングスタートで助走を開始し、3段ごと（3、6、9段目）にできるだけ速く階段を駆け上がる。
5. 3段目から9段目までのタイムを電気計測システムにより0.01秒単位で計測する。
6. 体重（単位kg）×9.807の計算式によって重量（W）を算出し（単位はニュートン）、これに3段目から9段目までの高さ（H）を乗じ（単位はm）、その値を計測されたタイム（t）で除して（単位は秒）、パワー（P）を算出する（単位はワット）。

$$P = w \times h / t$$

（訳注：重力加速度は地域によって異なり、日本においては_____である…書籍調査する）

7. 各試行間に2～3分の回復時間を挟み、2回以上テストを繰り返す。

注：マルガリア・カラメンテストの基準データを章末の表13.8に示す。

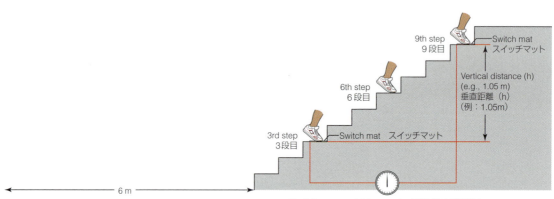

図13.5 マルガリア・カラメン階段スプリントテスト。
E. Fox, R. Bowers, and M. Foss, 1993, The physiological basis for exercise and sport, 5th ed. (Dubuque, IA: Wm. C. Brown), 675. より、McGraw-Hill Companiesの許可を得て転載。

無酸素性能力

13.10 300ヤード（274m）シャトル

用具・施設
- ストップウォッチ（少なくとも0.1秒単位で計測できるもの）
- 平坦な走路で2本の平行な線を22.86m（25ヤード）離して引く（図13.6）。

人員
- 計時者1人、ラインジャッジ2人

手順
1. 能力に大きな差のない選手を2人1組にする。
2. 選手2名をスタートラインに立たせる。
3. 測定者の合図で、22.8m（25ヤード）ラインまでスプリントし、ラインを足でタッチしすぐにスタートラインまで戻る。できるだけ速く、止まらずに6往復走る（6×50ヤード＝300ヤード、274m）。
4. 1回目が終わったら、両選手のタイムを0.1秒単位で記録し、2回目までの休息として5分間を計時する。休息時間には歩いたりストレッチを行ったりしてもよいが、2回目のスタートに注意していなければならない。
5. 休息時間の後、2回目のトライアルを行う。
6. 2回の試技の平均を0.1秒単位で記録する。

注：300ヤード（274m）シャトルランの記述統計データを章末の表13.9に示す。

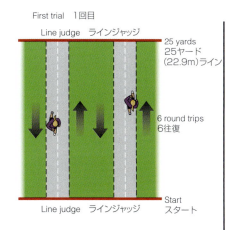 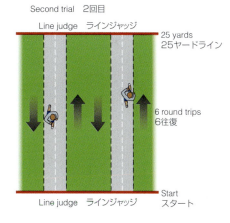

図13.6 300ヤード（274m）シャトルのレイアウト。
Gilliam, 1983 (38). より許可を得て改変。

局所筋持久力

13.11 パーシャルカールアップ

パーシャルカールアップテストは腹筋群の筋持久力を測定するものである。股関節屈曲筋群の収縮を伴わないため、シットアップより望ましいとされる。

用具・施設
- メトロノーム
- 定規
- マスキングテープ
- マット
  人員
- 記録・テクニック判定者1人

手順
1. マット上に仰向けになり、膝を90°曲げる（図13.7a）。両腕は側方で床上に置いて伸ばし、指先の触れている床面に、指に対して直角に10cmの長さのマスキングテープを貼る。選手の年齢に応じた間隔（45歳未満は12cm、45歳以上は8cm）をあけて、平行にもう1カ所テープを貼る。
2. メトロノームを1分間あたり40回にセットし、ゆっくりと、コントロールした動作でカールアップを行う。肩甲骨がマットから離れるところまで上げ（上半身が床に対して30°になるまで上げる。図13.7b参照）、メトロノームに合わせて1分間あたり20回のスピードで行う。1回ごとに必ず上背部をマットにつける。首を曲げて顎が胸に近づくことのないようにする。
3. 動作を止めずに可能な限り続ける。最大75回まで行う。

注：パーシャルカールアップの基準データを章末の表13.10に示す。

図13.7 カールアップ。(a) 開始姿勢と、(b) 終了姿勢

局所筋持久力

13.12 プッシュアップ

用具・施設
- 直径10cmのフォームローラー（女子選手用）

人員
- 記録・テクニック判定者1人

手順
1. 陸軍、ACSM（American College of Sports Medicine）の基準とも、男性は両手は肩幅、両肘、身体を真っ直ぐに伸ばした姿勢からスタートする標準的なプッシュアップを行う（図13.8a）。陸軍の基準では女性も男性と同じ姿勢をとるが、ACSMは、女性は足ではなく膝（90°屈曲で足首を交差する）を床や地面について行う方法を基準としている（図13.9b）。
2. 陸軍の基準では、低い姿勢になったとき上腕が地面と平行になるまで肘を曲げる（図13.8b）。ACSMの基準では、男性は、床に垂直に置いた記録者の拳に胸が触れるまで下ろすこととされ、女性にはどこまで上体を下げるかの基準はない（30）が、記録者の拳ではなく、フォームローラーに触れるまで下ろすよう推奨されている（図13.9b）。どちらの基準でも、その姿勢まで身体を下げることができなければカウントしない。
3. 陸軍の基準では、2分間でできる限りの回数を行い、腕を伸ばした姿勢で休むことが許される。ACSMの基準では、動作ができなくなるまでできる限り続ける。

注：ACSMのプッシュアップの基準データを章末の表13.11に示す。陸軍のプッシュアップのポイントスコアは表13.12に示す。

図13.8　陸軍の基準によるプッシュアップ。(a) 開始姿勢と (b) 終了姿勢。

図13.9　ACSMの基準による女性のためのプッシュアップ。(a) 開始姿勢と (b) 終了姿勢。

局所筋持久力

13.13　YMCAベンチプレステスト

用具・施設
- バーベル用ウェイトセット、36kg（80ポンド）または16kg（35ポンド）の設定ができるプレート、セーフティロック2個
- ベンチプレス用フラットベンチ（バーベルを保持するラックのついたものが望ましい）
- メトロノーム

人員
- 補助・記録者1人

手順
1. 第15章で示した適切なフラット・バーベル・ベンチプレスのテクニックを説明する。
2. テストの間、補助者は常にベンチの頭側に立ち、選手がバーを自力で挙上できないときの補助、バーをラックに戻す際の補助を行う。
3. 男性は36kg（80ポンド）、女性は16kg（35ポンド）をセットする。

4. 1分間あたり60回にメトロノームをセットする（1分間に30回の動作を行う）。
5. 幅でバーを持ち、ラックからバーを上げ、肘を伸ばす。メトロノームに合わせて、バーを胸まで下ろし、肘が伸びるまで上げる動作を反復する。メトロノームに合わせてできなくなるまで続ける。動きをスムーズにコントロールし、メトロノームに合わせて上下する。

注：YMCAベンチプレステストの基準値を章末の表13.13に示す。

有酸素性能力

13.14　1.5マイル（2.4km）走

用具・施設
- ストップウォッチ
- 1周1/4マイル（400m）のランニングトラックあるいは1.5マイル（2.4km）の平坦で適切な走路 3kmのコースも代替に用いることができる。

人員
- 各選手のタイムを測定する測定者1人、記録者1人

手順
1. 選手にウォームアップとストレッチングを実施させる。
2. ゴール時に測定者が選手を認識できるようにしておく。それが無理ならば、シャツに番号をつけておく。
3. スタートラインの後ろに並んでスタートする。

4. 最後まで維持できる一定ペースで、できるだけ速く走るように選手に指示する。（注：選手の中には、このように長時間にわたってペース配分を行う経験が限られている者もおそらくいるだろう。したがって事前に慣れておくことと、ペース配分を行っておくとよい）
5. 合図でスタートし、できるだけ速く走る。
6. 各選手のゴールのタイムを分秒単位（何分何秒）で測定者が測定し、記録する。

注：1.5マイル（2.4km）走の基準データを章末の表13.14～13.17に示す。
1.5マイル（2.4km）走のタイムから推定した最大酸素摂取量、スポーツ別の基準値を章末の表13.18に示す。

13.15　12分間走

用具・施設
- 400mトラック、または100mごとに印がある平坦な周回コース
- ストップウォッチ

人員
- 各選手のタイムを測定する測定者1人、記録者1人

手順
1. 選手はスタートラインに立つ。
2. 測定者の合図で、12分間でできるだけ長い距離を進む。走れなくなったら、途中で歩いても構わない。

3. 12分の合図でその場に止まる。
4. 各選手の移動距離（1周あたり400m——例：5.25周×400m＝2100m）を算出し、記録する。

注：12分間走の基準データを章末の表13.19に示す。

有酸素性能力

13.16 Yo-Yo間欠的リカバリーテスト

Yo-Yo間欠的リカバリーテスト（IRT1およびIRT2）の利用は、チームスポーツにおけるフィールドテストのプロトコルにおいて、今ではありふれたものとなっている（9,13,58）。これらのテストは、短時間のリカバリーに続いて、突発的な短く強度の高い運動が起こるという需要に類似させており、チームスポーツにより特異的であることが示唆されている。両方のテストとも、10秒間のリカバリーを挟んで、スピードを増加させる2×20mシャトルランで構成されており、IRT1は10km/hで、IRT2は13km/hで始まる。ストレングス＆コンディショニング専門職はIRT1を用いることが推奨される。

用具・施設
- コーン
- 30m以上のメジャー
- Yo-Yo間欠的リカバリーテストIRT1の音声ソフトウェア（市販されているさまざまな音源が利用可能である）。
- 音声ファイルを放送する手段（例：ワイヤレススピーカー）。
- 記録用紙。
- 適度な摩擦のある平坦な床。

人員
- 測定・記録者1人、補助者1人

手順
1. 20mのテストコースを測り、図13.10のようにコーンを配置する。テストコースのスタートおよび折り返しラインから2mの距離にマーカーを置く。スタートラインの後ろ、5mの距離も測って印をつけておく。
2. 選手にウォームアップとストレッチングを実施させる。コースを使って、最大下の努力で練習してもよい。
3. 選手はスタートラインに立ち、テストを開始する。
4. 測定者の合図で、選手は折り返しラインまで前方へ走る。2つ目の音の信号で、選手は折り返しラインに到達し、その次の音に合わせるようにスタートラインへと走って戻る。
5. スタートマーカーを通過したら、5mのマーカーまでジョグをしてスタートラインへと戻る。この時点で選手は止まり、次の音を待つ。
6. ビープ音に合わせてスタートラインあるいは折り返しラインに足を置くことが求められる。
7. 音の信号の指示の通り、増加していくスピードを維持してできるだけ長く走り続ける。
8. 選手が2試行にわたって求められるペースを維持できなくなったらテストは終了である。スタートラインあるいは折り返しラインに初めて到達できなかったときに警告が与えられる。
9. テストの終了時点で、最後のレベルとそのときの2×20mのインターバルの数を記録用紙に記入する。
10. 最終のYo-Yo間欠的リカバリースピードおよびインターバルのスコアは、選手が走った距離を算出する際に用いられる。

注：Yo-Yo間欠的リカバリーテストの記述統計データを章末の表13.20に示す。

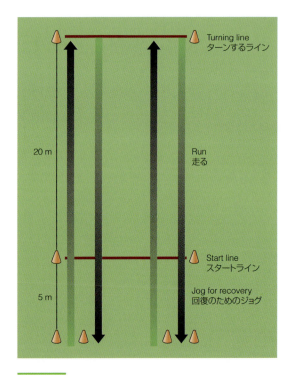

図13.10 Yo-Yo間欠的リカバリーテストの配置。

有酸素性能力

13.17 最大有酸素性スピードテスト

用具・施設

- コーン
- 30m以上のメジャー
- 最大有酸素性スピードテスト（MAS）の音声ソフトウェア。
- 音声ファイルを放送する手段（例：ワイヤレススピーカー）。
- 記録用紙。
- 屋内あるいは屋外のランニングトラック（200m以上）。

人員

- 測定・記録者 1 人

手順

1. ランニングトラックに沿って25m間隔でマーカーコーンを配置する。
2. 選手の体力レベルに合わせて、テストの初期スピードを 8 ～12km/hに設定する。一般的に10km/hでのスタートが推奨されている。
3. その後、選手がスピードを維持できなくなるまで 2 分ごとに 1 km/hずつスピードを増加する。

4. 少なくとも 2 分間維持することのできたスピードが $\dot{V}O_2max$（最大酸素摂取量）あるいはMAS（最大有酸素性スピード）に関連したスピードであると考えられる。
5. 選手が求められる時間内に 2 回連続で次のコーンに到達することができなかった場合に、テストは終了となる。
6. もし選手がその段階の半分を走ることができるなら、最後に到達した段階においてスピードを0.5km/hずつ増加させる。
7. 選手の$\dot{V}O_2max$は、3.5×MAS（スピードをkm/hで示した値）によって算出することができる（60）。
8. もしコーチが音声版を利用できない場合には、このテストを、笛の合図を用いて行うことができる。次のコーンに到達するために設定されるスピードを用いて、笛を吹くタイミングを算出する。たとえば、コーン間の距離が25mであれば、10km/hのための笛のタイミングは、9 秒ごとになるだろう。

注：スポーツ競技ごとの最大酸素摂取量の基準値を章末の表13.18に示す。

アジリティ

13.18 Tテスト

用具・施設
- コーン4個
- 4.6m（5ヤード）以上のメジャー
- ストップウォッチ
- 適度な摩擦のある平坦な床。

人員
- 測定・記録者1人、補助者1人

手順
1. 図13.11に示すようにコーンを4個配置する（ポイントA、B、C、D）。
2. 選手にウォームアップとストレッチングを実施させる。コースを使って、最大下の努力で練習してもよい。
3. ポイントAに選手を立たせてテストを開始する。
4. スタートの合図で、ポイントBに向かって走り、右手でコーンの根元に触れる。
5. 正面を向いたまま、足をクロスさせずにシャッフルで左に4.6m（5ヤード）進み、左手でポイントCのコーンの根元に触れる。
6. シャッフルで右に9.1m（10ヤード）進み、右手でポイントDのコーンの根元に触れる。
7. 左へシャッフルで4.6m（5ヤード）戻り、左手でポイントBのコーンの根元に触れてから、後ろ向きにポイントAまで走る。ポイントAを通過した時点で、測定者はストップウォッチを止める。
8. 安全のため、ポイントAの数フィート（1m程度）後ろに補助者と体操用マットを配置し、後ろ向きに走ってきた選手が転倒した場合に備える。
9. 0.1秒単位で2回測定し、よいほうを記録する。
10. コーンの根元に触れていない、シャッフルではなく足を交差させた、顔が正面に向いていなかったという場合には無効とする。

注：Tテストの記述統計データを章末の表13.21に示す。

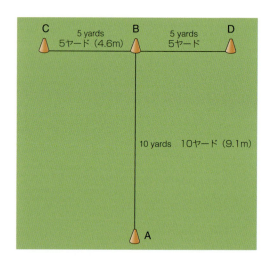

アジリティ

13.19 ヘキサゴンテスト

用具・施設
- 床の色と異なる色の粘着テープ。
- メジャーあるいは物差し。
- ストップウォッチ。
- 適度な摩擦のある平坦な床で行う。

人員
- 計時・記録者1人、ラインジャッジ1人

手順
1. 粘着テープを使って、一辺61cm（24インチ）、角度120°の正六角形をつくる（図13.12）。
2. 選手にウォームアップと、最大下のスピードでの練習を行わせる。
3. 選手を六角形の中心に立たせ、テストを開始する。
4. スタートの合図で、六角形の中心から両足跳びで各辺のラインを越え、中心に戻る。正面の辺から始め、時計回りで3周行い（計18回ジャンプして戻る）、中心に再び立ったところで終了する。身体は同じ方向に向けたままでテストを行う。
5. 六角形のラインを越えられない、バランスを崩して余分にステップを踏んだ、身体の向きを変えたという場合には、テストを中止して、完全に回復してから再度行う。
6. 0.1秒単位で3回測定し、最もよいものを記録する。

注：ヘキサゴンテストの記述統計データを章末の表13.21に示す。

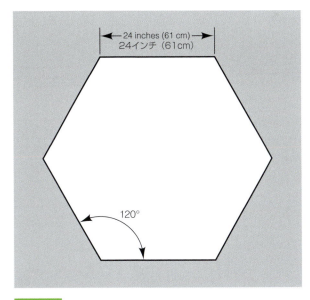

図13.12 ヘキサゴンテストのレイアウト。
Pauole, et al., 2000 (86) より許可を得て改変。

アジリティ

13.20 プロアジリティテスト

このテストは、18.3m（20ヤード）シャトルとも呼ばれる。

用具・施設
- フットボールフィールドなどに、4.6m（5ヤード）ずつ離れた3本の平行な線を引く（図13.13）。
- ストップウォッチ

人員
- 計時・記録者1人、ラインジャッジ1人

手順
1. 中央のラインを3ポイントスタンスでまたぐ。
2. スタートの合図で、左側の4.6m（5ヤード）ラインまでスプリントし、方向転換して右側のラインまで9.1m（10ヤード）スプリントする。再度方向転換をして4.6m（5ヤード）走り、中央のラインまで戻る。すべてのラインに手（または足）が触れなければならない。（注：両方の試行で一貫性を保つことが重要である）
3. 0.01秒単位で2回測定し、よいほうを記録する。

注：プロアジリティテストの基準データを章末の表13.22に示す。

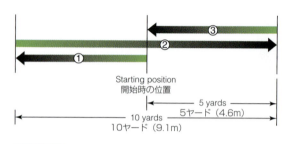

図13.13 プロアジリティテストのレイアウト。

13.21 505アジリティテスト

用具・施設
- コーン6個
- ストップウォッチまたは光電管

人員
- 計時・記録者1人、ラインジャッジ1人

手順
1. 図13.14に示すようにコーンを配置する。光電管を利用できる場合、示すように設置することもできる。
2. 選手にウォームアップとストレッチングを実施させる。コースを使って、最大下の努力で練習してもよい。
3. 選手はスタートラインに立ち、テストを開始する。
4. スタートの合図で、10mラインの光電管のセットまで前方へスプリントし、さらに5m、折り返しラインまでスプリントし（片足がライン上あるいはラインを通過する）、ターンして加速しながらラインを離れることが求められる。
5. 2回目に光電管を通過後、スピードを落としてもよい。
6. 0.1秒単位で2回測定し、よいほうを記録する。
7. 選手は好きなほうの脚で計時し（光電管のスイッチを作動させ）、各試行を終える。各試行（少なくとも2回）を、それぞれ異なる脚で計時してもよい。

注：505アジリティテストの記述統計データを章末の表13.21に示す。

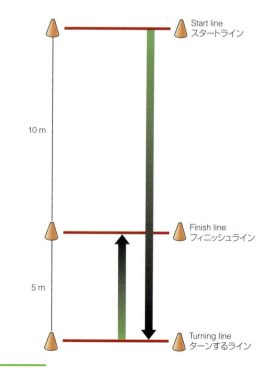

図13.14 505アジリティテストのレイアウト。

スピード

13.22　直線スプリントテスト

用具・施設

- ストップウォッチまたは光電管
- スタートとゴールラインを引いた平坦な測定コース（例：37m（40ヤード）、10m、20m、40m）。ゴールラインの先に減速区間としての18m（20ヤード）以上のスペースが必要。

人員

- 計時・記録者1人

手順

1. 数分間かけてウォームアップと動的ストレッチングを行わせる。
2. 練習として最大下のスピードで2回以上走らせる。
3. 選手は3ポイントもしくは4ポイントスタンスでスタートポジションをとる。
4. スタートの合図で、特定の距離を全速力で走る。
6. スプリットタイムを0.1秒単位で2回測定し、よいほうを記録する。
6. 試行間に2分以上のアクティブリカバリーまたは休息を取ることができる。

注：10m、20m、40m、37m（40ヤード）スプリントの基準データを章末の表13.23に示す。

バランスと安定性

13.23 バランス・エラー・スコアリング・システム（BESS）

用具・施設
- 発泡素材のバランスパッド。
- ストップウォッチ。

人員
- 計時・記録者1人。

手順
1. バランス・エラー・スコアリング・システム（BESS）の6つの姿勢を図13.15に示す。
2. 3つのスタンスは、両足を揃えたダブルレッグスタンス、非利き足で立ち反対の脚は約90°屈曲するシングルレッグスタンス、利き足が非利き足の前にくるタンデムスタンスである（95）。このテストはしっかりしたサーフェスと、柔らかいサーフェスで行う。
3. 各条件で両目を閉じ、手は腰のベルトの位置に置いて20秒間姿勢を維持する。
4. 選手はできる限り安定した状態を保つように指示され、もしバランスを崩した場合、最初の姿勢にできるだけ素早く戻るようにする。
5. エラーには以下が含まれる。目を開ける、立っていない側の足をつける、踏み出したり跳んだりするほか、立つ以外の動作を行う、前足部あるいは踵が上がる、股関節屈曲または外転30°以上となる動作、5秒以上姿勢を維持できない。
6. BESSのエラースコアは合計されて1つのスコアとなる。

注：バランス・エラー・スコアリング・システム（BESS）の基準データを章末の表13.24に示す。

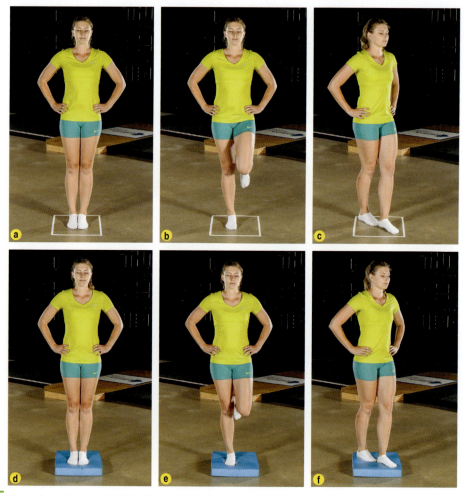

図13.15 バランス・エラー・スコアリング・システム（BESS）：（a～c）しっかりしたサーフェス条件、（d～f）柔らかいサーフェス条件

バランスと安定性

13.24 スター・エクスカージョン・バランス・テスト（SEBT）

用具・施設
- 粘着テープ

人員
- 記録者1人

手順
1. 選手は図13.16に示すような45°ずつ角度をつけた8本の線（120cm）の中心に立つ（83,93）。
2. 選手は片脚立ちを維持し、1つの方向を向いて反対側の脚をできるだけ線に沿って伸ばし（リーチングを行い）、なるべく遠いところをタッチし、両脚をそろえた姿勢へと戻る。1回の試行の中で、最初に向いた方向を保ち、同じ脚で立ち、反対の脚ですべての方向へのリーチングを行う。
3. スターの中心からタッチした位置までの距離を測定する。
4. 開始時の方向と支持脚は無作為に選ばれる。各条件で3試行を行い、平均を算出する。
5. 各リーチングの間には、15秒間の休息ができる。
6. 選手がラインにタッチしなかった、あるいは立っている側の脚が中心から上がる、バランスを崩す、開始時および戻ったときの姿勢を1秒間維持できないといった場合、その試行は無効となる。
7. テストを行う前に、少なくとも4回の練習の機会が与えられるべきである（73）。
8. 前内方および内方、後内方の姿勢（anteromedial, medial, and posteromedial positions）が多くの状況において有効であることが示唆されている（43）。

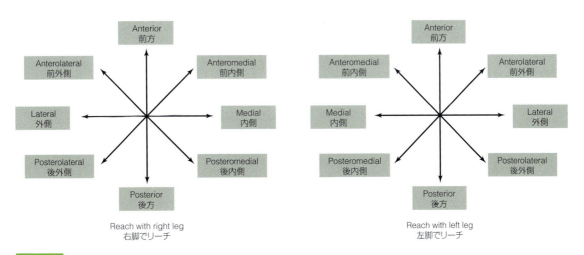

図13.16 スター・エクスカージョン・バランス・テスト（SEBT）の方向
Reiman and Mankse, 2009 (93) より許可を得て転載。

柔軟性

13.25 長座体前屈（シット&リーチ）テスト

注：長座体前屈（シット&リーチ）テストを定期的に行う場合、同一の方法で行う。初回のテストをメジャーあるいは物差しで行った場合、それ以降もその選手のテストは、長座体前屈測定用器を使用せずにメジャーあるいは物差しで行う。

用具・施設
- メジャーあるいは物差し
- 粘着テープ
- 長座体前屈測定用の器具を使用してもよい。

人員
- 測定・記録者1人

手順
1. メジャーもしくは物差しを床にテープで貼り、物差しの38cm（15インチ）の位置をまたいで61cm（24インチ）長のテープを直角に貼りつける。
2. ハムストリングス、腰部をバリスティックではない動作でウォームアップする（例：3～5分間の早歩き。立位で膝を伸ばした姿勢でつま先に触れてから、ゆっくり天井に向かって背伸びする動作を数回。その場ジョギングで大腿部の後ろ側を踵で蹴るようにする。最後に立位または長座でつま先に触れるストレッチを行う）。
3. シューズを脱ぎ、物差しが両脚の間にくるように座る。0の目盛りを身体の側にし、踵が38cm（15インチ）の印のテープに触れる位置で、両足の踵を30cm離し、つま先を上に向ける（図13.17a参照）。
4. 両手を物差しに沿うようにしながら、上体をゆっくりと前に倒し、できるだけ遠くまで伸ばしていく。伸ばした姿勢をいったん保持する。伸ばしながら息を吐き、頭を両腕の間に沈めるようにするとよい。両手をそろえ、片手だけが前に進まないようにする。指先は物差しから離さない（図13.17b参照）。必要であれば、測定者は選手の膝を押さえて真っ直ぐに保持する。記録が38cm（15インチ）未満ならば、足の裏まで手が届いていないことになる。
5. 0.25インチもしくは1cm単位で測定し、3試行を行って、そのうちの最高値を記録として採用する。

注：長座体前屈テストの基準値を章末の表13.14～13.17に示す。

図13.17 長座体前屈（シット&リーチ）テストの（a）開始姿勢と（b）最終姿勢

柔軟性

13.26 オーバーヘッドスクワット

用具・施設
- 木製の棒またはバーベル

人員
- 測定・記録者1人

手順
1. 選手は肩を完全屈曲し、肘をロックして木製の棒（またはバーベル）を頭上で持つ。グリップは肩幅の2倍にし、両足は肩幅ほどに広げ、つま先は前方またはやや外側に向ける（図13.18）。
2. それから選手はしゃがみ込む（スクワットの姿勢になる）。最初に起こる動作は、股関節および膝関節の屈曲である。踵は常に床につけておく。
3. 股関節屈曲時にできるシワ（鼠径溝）が膝の最上部より下になるまで下降を続ける。
4. 選手は、体幹は直立を保ち（脛骨と平行）、木製の棒（またはバーベル）は頭上で楽に持つこの姿勢を保持できるべきである。
5. 選手は少なくとも5回繰り返し、評価者は側面から動作を見る。
6. 評価は質的であり、その目標は動作を成功／失敗（できた／できない）としてスコアをつけて身体的能力を評価することである。
7. 選手がウォームアップを行い、動作パターンに慣れておくことが、このテストの妥当性を高めるうえで重要である。

図13.18 オーバーヘッドスクワットの姿勢。(a) 開始姿勢、(b) スクワット姿勢

身体組成

13.27　皮脂厚測定

用具・施設
- 皮脂厚キャリパー
- 柔らかいメジャー
- マーキング用のペン

人員
- 測定・記録者 1 人

手順（皮脂厚測定）
1. 妥当性と信頼性を最大にするため、汗をかいていない状態の皮膚で、運動前に測定するべきである（10）。テストの対象となる集団に基づいて、測定部位の数と推定式を選択する（章末の表13.25を参照）。
2. 親指と人差し指で皮膚と皮下脂肪をしっかりとつまむ。
3. つまんだ部位から約 1 〜 2 cm離れた場所にキャリパーの先端を当てる。
4. キャリパーのグリップを離して、皮膚（と皮下脂肪）をはさむ。
5. グリップを離してから 1 〜 2 秒後に、キャリパーの目盛りを0.5mm単位で読み取る。
6. それぞれの部位を 1 回ずつ測定してから、全部位を再度測定する。2 回の差が10％以内ならば、2 回の測定の平均値を0.5mm単位で記録する。10％以上の差があれば、差が10％以内になるまで測定を繰り返し、2 回の平均値を0.5mm単位で記録する。

手順（各部位の測定と体脂肪率算出）
1. 対象となる集団によって身体密度（Db）の推定式は異なる。体脂肪率（% BF）は身体密度から決定される。まず、章末の表13.25から適切な身体密度の推定式を選択する。
2. 選択した推定式を参照し、以下の適切な測定部位にマーキングする（45,88）。
    - 胸部——男性では前腋窩線と乳頭を結ぶ線上の1/2 部位で対角線上につまむ（図13.19a）。
    - 大腿部——股関節と膝関節の中間で大腿前面を垂直方向につまむ（図13.19b）

- 腹部——臍の右側2.5cmの部位を垂直方向につまむ（図13.19c）。
- 上腕背部——上腕背部（上腕三頭筋）の中線上で、肩峰と肘頭突起の中間位で垂直方向につまむ。肘を伸展し、リラックスした解剖学的肢位をとる（図13.19d）。
- 腸骨上部——腸骨稜上で、前腋窩線から垂直に下ろした線上を斜めにつまむ（図13.19e）。より外側の腋窩中線上で測定する方法もある。
- 腋窩中線上——胸骨の剣状突起の高さで腋窩中線上の部位を垂直方向につまむ（図13.19f）。
- 肩甲下部——肩甲骨内側縁を延長した線上で、肩甲下 1 〜 2 cmの部位をこの斜めの線の方向につまむ（図13.19g）。
- 下腿部——ふくらはぎの内側を通る線上で、下腿囲が最大となる高さを垂直方向につまむ（図13.19h）。

3. 表13.25から適切な推定式を選び、皮脂厚から身体密度推定値を算出する（45）。
4. この身体密度を章末の表13.26にある適切な推定式に入力し、体脂肪率を算出する（45）。
5. 身体組成に関する普遍的に受け入れられた基準値はないということに注意する。ストレングス＆コンディショニング専門職が選手の身体組成を評価する場合、推定値の標準誤差（SEE：standard error of the estimate）を考慮に入れ、その選手に当てはまるパーセンテージの幅を報告しなければならない。集団ごとに特異的な皮下脂肪厚の推定式における最小SEEは、±３％から±５％であることに注意する。したがって、もし25歳男性の体脂肪率が24％と測定された場合、少なくとも ６％の幅（21〜27％）がある。

注：体脂肪率の記述統計データを章末の表13.14 〜 13.17および表13.27に示す。

図13.19a　胸部の皮脂厚

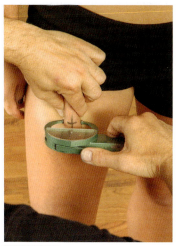
図13.19b　大腿部の皮脂厚

図13.19c　腹部の皮脂厚

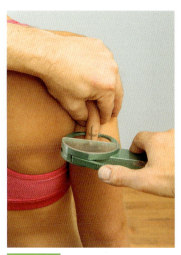
図13.19d　上腕背部の皮脂厚

図13.19e　腸骨上部の皮脂厚

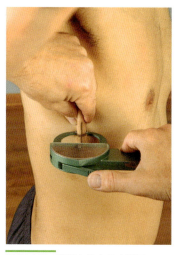
図13.19f　腋窩中線上の皮脂厚

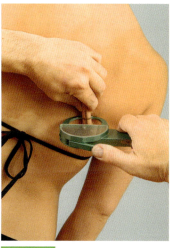
図13.19g　肩甲下部の皮脂厚

図13.19h　下腿部の皮脂厚

321

形態測定

13.28 周径測定

用具・施設
- スプリング内蔵の柔らかいメジャー（例：Gulickテープ）

人員
- 測定・記録者 1 人

手順
1. 特別な指示のない限り、リラックスさせた解剖学的肢位で測定を行う。
2. 以下に挙げた部位を測定する（56）。図 13.20 を参照のこと。
   - 胸囲——男性は乳頭の高さの周径、女性は乳房より上の最大周径。
- 右上腕囲——肘関節完全伸展位で手のひらを上に向け、腕を外転させ、床面と平行にした状態で、最大周径となる部位。
- 右前腕囲——肘関節完全伸展位で手のひらを上に向け、腕を外転させ、床面と平行にした状態で、最大周径となる部位。
- ウエスト（腹囲）——臍の高さ。
  ヒップ（殿囲）——両踵を合わせて立ち、殿部の最も突出した部位。
- 右大腿囲——通常殿部のすぐ下となる最大周径。
- 下腿囲——膝関節と足関節の間の最大周径。

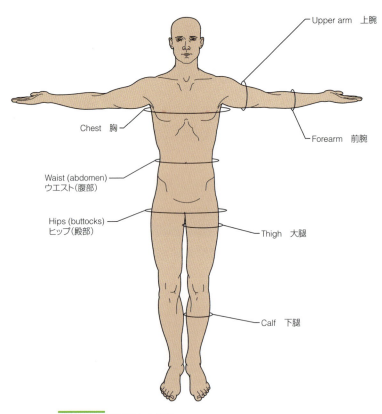

図 13.20 周径測定の部位

テストデータの統計的評価

　適切なテストを選択、実施し、スコアを収集したら、次にデータの分析を行う。(1) トレーニング期間（数週、数カ月、数年）後のある集団のパフォーマンスの変化、(2) ある集団のパフォーマンスと過去に測定した同様の集団との比較、(3) 各選手の記録と集団の記録との関係、(4) 地方、州、全国、国際レベルと個々の記録の比較などがデータの分析として挙げられる。

　繰り返しパフォーマンステストを行うことの意義は、各選手の向上に関する評価とコンディショニングプログラムの全体的な効果に関する評価の両方にあり、スコアの変化によって判断される (73)。スコア差 (difference score) とは、トレーニング期間の初めと終わり、または別の測定時点でのスコアの差である。ほかに用いることのできる尺度に、変化率もある。しかし、単に改善の程度のみでトレーニングプログラムの効果を評価することには、2つの大きな限界がある。第一に、高いトレーニングレベルの選手がトレーニングを開始した場合、トレーニングしたことがなく、トレーニング開始時の動作の習熟度が低い選手ほどには向上しない。まだ十分な訓練を受けていない選手にとって、さまざまな身体的能力に適応するための窓口は広いのが一般的である（訳注：まだ専門的な訓練を受けていない初心者の「のびしろ」は大きい。したがって、わずかな期間のわずかな練習でもパフォーマンスの水準は向上しやすいので、変化率は大きい）(77)。第二には、選手が、トレーニング後のテストにおけるスコアの改善を大きく見せようとして、トレーニング前のテストで故意に最大努力でのパフォーマンスを行わないかもしれないことが挙げられる。トレーニング前後のテストをどちらも最大努力で行うように選手に働きかけることが重要である。

統計学の種類

　統計学とは、数字で表したデータの収集や分類、分析、解釈を行う科学である (18,110)。実践的な統計学の知識は、測定結果の妥当な評価に役立つ。統計学は、記述統計学と推論統計学に大きく分類される。最近、ストレングス＆コンディショニング分野の科学者や実践者において、任意の競技の選手に

おいて変化の大きさに関する情報をもたらす、より有意義な差の程度（マグニチュード）に基づくアプローチを用いることが増えている。

記述統計学

　記述統計学とは、大量のデータをまとめ、記述するものである。これは母集団に関する情報がすべて知られているときに使用される。たとえば、あるチームのメンバー全員が測定を受けると、記述統計学を使ってチームに関する報告をまとめることが可能になる。記述統計学における数値測定には、代表値、散布度（ばらつき）、パーセンタイル順位の3つの分野がある。以下の項で、これらの用語を定義し、数値やスコアの算出法を、例をあげて解説する。

代表値　代表値測定とは、データが集中する数値を明らかにすることである。代表値の尺度として最も一般的なのは以下の3つである (18,110)。

> 平均値——スコアの平均（スコアの総和をスコア数で割ったもの）で、代表値の尺度として最も一般的に使われる。
>
> 中央値（メジアン、メディアン）——ある集団のスコアを大きさの順に並べたときに中央にくる数値。偶数個の集団であれば、中央付近の2つの数値の平均が中央値となる。集団の半分のスコアは中央値より大きく、残りの半分は中央値より小さい。スコア分布によっては、中央値が平均値より優れた中心的傾向の尺度となる。とくに、一部のメンバーの極端なスコアが集団の平均値に大きく影響を与え、平均値が多くのメンバーの能力を適切に表さないときには、中央値が重要となる。
>
> 最頻値（モード）——最も高い頻度で現れるスコア。各スコアが1回のみであれば、最頻値は存在しない。最も高い頻度で並ぶスコアが2つ以上存在する場合には、それらのスコアはすべて最頻値となる。最頻値は、一般に代表値の尺度として最も有用性が小さいとされている。

散布度　散布度は集団内でのスコアの散らばりの程度を示す。散布度の尺度には、一般に範囲と標準偏差が用いられる。範囲とは、最大値と最小値の間隔（区間）のことで、理解しやすいという長所があるが、

2つの極端な値しか使わないため、散布度の正確な尺度にならないおそれがある（110）。たとえば、幅広く散布した集団と、ほとんどが狭い範囲に散布しているが1つだけ外れたスコアがある集団で、範囲が同じになることもある。標準偏差は、平均値に対する集団の散布度の尺度である。標準偏差は以下の式で求められる。

$$SD = \sqrt{\frac{\sum(x-\bar{x})^2}{n-1}} \quad \text{（式13.1）}$$

ここでΣは総和、xはそれぞれのスコア、$\bar{x}$にはスコアの平均値、nはサンプルサイズ（スコアの個数）を表す。標準偏差が比較的小さいということは、スコア集団が平均値の付近に集まっていることを示し、標準偏差が大きければ、平均値に対してスコアが広く散布していることを示す。標準偏差が最も役に立つのは、集団のスコアが「正規分布」し、図13.21のように釣鐘型の曲線（ベルカーブ）を描いているときである（18, 51）。

標準偏差（SD）を単位として個々のスコアが平均値からどれだけ離れているかを表すものが、zスコアである。

$$z = (x-\bar{x})/SD \quad \text{（式13.2）}$$

たとえば、ある選手が36m（40ヤード）スプリントを4.6秒で走り、集団の平均が5.0秒、標準偏差が0.33秒であるとすると、式13.2からこの選手のzスコアは-1.2であると求められる。言い換えると、この選手のスコアは平均値よりも1.2標準偏差単位小さい（速い）ことになる。Zスコアを視覚的に示すうえで、グラフは便利な方法である。これにより、ストレングス&コンディショニング専門職は異なる身体能力の比較が可能となり、またトレーニングプログラムにおいてどの弱点を標的とするかを決断する助けとなる（図13.22）。示した例においては、ストレングス&コンディショニング実践者は持久力と柔軟性の改善に、また身体組成の改善にも注力することを決断するだろう（図13.22）。

パーセンタイル順位 ある個人の**パーセンタイル順位**とは、その個人よりスコアが低かった者のパーセンテージで表わされる。中央値の算出と同様、パー

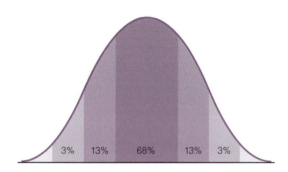

図13.21 正規分布曲線（ベルカーブ）

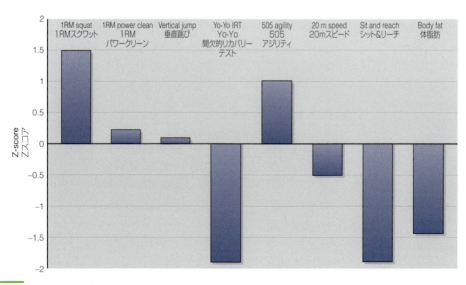

図13.22 Zスコアの棒グラフでは、いくつかの異なるフィットネステストにわたって選手個別の標準化されたテストスコアを示す。ゼロはチーム平均を表す。

センタイル順位の算定にはスコアを順に並べる必要がある（最低値から最高値へ）。たとえば、ある選手が75パーセンタイル順位であるとすると、その集団の75％のスコアがこの選手より低いことになる。大きな集団の基準値は等間隔のパーセンタイル順位として表されることがある。パーセンタイル順位のいくつかの例が、章末の表13.1〜13.3、表13.5、表13.10〜13.17、表13.22に示されている。

推論統計学（推計学）vs マグニチュード統計学

推論統計学を用いることで、サンプルの集団から収集された情報によって母集団に関する一般的な結論を得ることができる。たとえば、第9学年男子のある体育クラスでバッテリーテストを行い、このクラス（サンプル）がその学校の第9学年男子全体（母集団）を代表するものと仮定して、これらの測定結果を集団全体の推論に使うことがその例である。推論統計学の前提条件は、サンプルが真に母集団を代表することである（18）。

マグニチュード統計学（訳注：マグニチュードは規模や大きさを意味し、ここでは複数の測定値の差の程度を意味する）は、フィットネステストの現場での重要性の解釈を行うことができるため、実践者にとってはより有用なアプローチをもたらすことができる（51）。フィットネステストにおける変化のマグニチュードを記述し評価するために、最小有効変化（最小可検変化量：smallest worthwhile change）や効果量（effect size）などの尺度が重要である。

最小有効変化は、あるテストが現場におけるパフォーマンスの重要な変化を検出することのできる能力のことを指す。フィットネステストにおいて変化を追跡する能力は、そのテストの妥当性と信頼性に依存する。最小有効変化は、多くの方法によって決めることができるが、被験者間の標準偏差（SD）に0.2をかけて計算されるのが一般的である（51）。たとえば、女性選手の集団において垂直跳びの標準偏差が10cmであった場合、この集団における最小有効変化は2cm（0.2×10cm）となることを意味する。

効果量（エフェクトサイズ）は、トレーニングプログラムを行った集団のパフォーマンスを計算したり、選手の集団間で比較したりするのに有用な統計量である（29）。トレーニングプログラムの効果は、

事前テストの標準偏差に対する平均スコアの事前と事後の差あるいは変化の割合として計算できる（式13.3）。

効果量（ES）＝
（事前テストの平均 − 事後テストの平均）／
事前テストの標準偏差　　　　　　　　**（式13.3）**

たとえば、ある選手の集団の事前テストにおけるベンチプレス1RMの平均が104.5kg（標準偏差は5.7kg）であり、12週間のトレーニング介入後にベンチプレスの平均値が111.7kgであった。効果量は、（111.7−104.5）／5.7 = 1.26と計算される。

効果のマグニチュードを比較するいくつかの尺度があるが（19,73,94）、小さい（0.2）、中程度（0.6）、大きい（1.2）、非常に大きい（2.0）という基準値（reference value）は、実践者にとって有用な出発点となる（29,51）。先ほどの例では、ストレングス&コンディショニング専門職はエフェクトサイズの1.26を、トレーニングプログラムには大きな効果があったと解釈できることを意味する。

競技プロフィールの作成

ある選手の競技特異的なトレーニング状態を判断するために、ストレングス&コンディショニング専門職は選択した複数のテストの結果を組み合わせて**競技プロフィール**を作成することができる。競技プロフィールとは、あるスポーツ競技や競技でのポジションにおいて重要である競技特異的なスキルに関連したテスト結果をまとめたものである。選手の評価には、ストレングス&コンディショニング専門職は次に示す6つの過程を経る。

1. 選手が行っている、あるいは行おうとするスポーツ競技の特徴に最も関係が深いパラメーター（要因）を測定するテストを選択する。たとえば、レスリング選手のテストバッテリーには、引く筋力、押す筋力、局所筋持久力のテストを含むべきである。

2. このようなパラメータの測定に妥当で信頼性の高いテストを選択し、適切な順序でテストバッテリーを構成し、各テスト間に十分な休息を取ることで信頼性を高める。たとえば、レスリング選手の

テストには、プッシュアップおよびシットアップの一定時間内の最大反復回数のテストを含むべきと考えられるが、この2つのテスト間には最低10分間の休息を取り、疲労からの回復を促し、正確なスコアが得られるように努める。

3. できるだけ多くの選手に対してテストバッテリーを実施する。

4. テストの最小有効変化を決定し、適切な基準データと比較する。コーチは、テスト結果を蓄積し、標準化の手順が用いられた場合に自分たちの基準値を作成することが推奨される。

5. 繰り返しテストを行い（例：トレーニングプログラムの前後）、それらの結果を用いて数値とともに図などによる視覚化で特徴を示す。

6. いくつかの有意義な方法でテストの結果を用いる。その結果によってストレングス&コンディショニング専門職が選手の強みと弱みを特定し、それらを念頭においたトレーニングプログラムをデザインするというのが理想的である。

まとめ

ストレングス&コンディショニングプログラムによって向上させることができる運動能力と身体組成に関する要素として、最大筋力、最大筋パワー、無酸素性能力、局所筋持久力、有酸素性能力、アジリティ、スピード、柔軟性、周囲径、体脂肪率、除脂肪体重が挙げられる。パフォーマンステストは、基礎的な運動能力、各選手の改善の程度、コンディショニングプログラムの全体の効果を評価するために活用できる。競技特異的な身体能力やトレーニング状態の測定に活用できるテストは、多数ある。ストレングス&コンディショニング専門職は競技パフォーマンスを評価するために、既存の基準データを使用することも、独自に基準化したデータを作成することも可能である。代表値、散布度、パーセンタイル順位、最小有効変化、効果量、基準値などの統計上の尺度は、集団やその中の個人の身体能力や改善を評価するうえで有用である。

重要語句

有酸素性能力（aerobic capacity）

有酸素性パワー（aerobic power）

アジリティ（agility）

無酸素性能力（anaerobic capacity）

無酸素性パワー（anaerobic power）

形態測定（anthropometry）

競技パフォーマンス（athletic performance）

競技プロフィール（athletic profile）

バランス（balance）

身体組成（body composition）

代表値（central tendency）

記述統計学（descriptive statistics）

スコア差（difference score）

効果量（エフェクトサイズ）（effect size）

柔軟性（flexibility）

高スピードでの筋力（high-speed muscular strength）

推論統計学（推計学）（inferential statistics）

局所筋持久力（local muscular endurance）

低スピードでの筋力（low-speed muscular strength）

マグニチュード統計学（magnitude statistics）

最大無酸素性筋パワー（maximal anaerobic muscular power）

平均（mean）

中央値（メジアン、メディアン）（median）

最頻値（モード）（mode）

パーセント変化、変化率（percent change）

パーセンタイル順位（percentile rank）

範囲、幅（range）

最小有効変化（smallest worthwhile change）

スピード（speed）

安定性（stability）

標準偏差（standard deviation）

統計（statistics）

散布度（variability）

328 ストレングストレーニング&コンディショニング

例題

1. 無酸素性能力は、以下のどの時間内の最大パワー出力により定量化されるか。
   a. 10秒以内
   b. 30〜90秒
   c. 2〜3分
   d. 5分以上

2. 最大筋パワーの測定に使用されないのは次のどれか？
   a. マルガリア・カラメンテスト
   b. 垂直跳び
   c. 37m（40ヤード）スプリント
   d. 1RMパワークリーン

3. 長座体前屈テストで評価されるのは、どの筋群あるいは身体部位の柔軟性か？
   Ⅰ. ハムストリングス
   Ⅱ. 脊柱起立筋
   Ⅲ. 腰椎
   Ⅳ. 股関節屈筋群
   a. Ⅰ、Ⅲ
   b. Ⅱ、Ⅳ
   c. Ⅰ、Ⅱ、Ⅲ
   d. Ⅱ、Ⅲ、Ⅳ

4. Tテストで失敗とされるのはどれか？（図13.11参照）
   a. コーンDの根元に触れる。
   b. コーンCからコーンDまでシャッフルする。
   c. コーンBからコーンCまでクロス走をする。
   d. コーンAからコーンBまで前向きに走る。

5. バレーボールチームの垂直跳びテストの結果をまとめると、ほとんどのスコアは似通っていたが3人のスコアだけが非常に高かったことにストレングス&コンディショニング専門職が気づいた。このグループの中心的傾向の評価に最も適切な尺度はどれか？
   a. 平均値
   b. 中央値（メジアン、メディアン）
   c. 最頻値（モード）
   d. 分散

表13.1　NCAAディビジョンⅠ大学生女子選手における1RMベンチプレス、スクワット、パワークリーンのパーセンタイル値

パーセンタイル順位	1RMベンチプレス		1RMスクワット		1RMパワークリーン		1RMベンチプレス		1RMスクワット	
	lb	kg	lb	kg	lb	kg	lb	kg	lb	kg
	バスケットボール						水泳			
90	124	56	178	81	130	59	116	53	145	66
80	119	54	160	73	124	56	109	50	135	61
70	115	52	147	67	117	53	106	48	129	59
60	112	51	135	61	112	51	101	46	120	55
50	106	48	129	59	110	50	97	44	116	53
40	102	46	115	52	103	47	94	43	112	51
30	96	44	112	51	96	44	93	42	104	47
20	88	40	101	46	88	40	88	40	101	46
10	82	37	81	37	77	35	78	35	97	44
平均	105	48	130	59	106	48	98	45	118	54
SD	18	8	42	19	20	9	15	7	19	9
n	120		86		85		42		35	
	ソフトボール						バレーボール			
90	117	53	184	84	122	55	113	51	185	84
80	108	49	170	77	115	52	108	49	171	78
70	104	47	148	67	106	48	104	47	165	75
60	99	45	139	63	100	45	100	45	153	70
50	95	43	126	57	94	43	98	45	143	65
40	90	41	120	55	93	42	96	44	136	62
30	85	39	112	51	88	40	90	41	126	57
20	80	36	94	43	80	36	85	39	112	51
10	69	31	76	35	71	32	79	36	98	45
平均	94	43	130	59	97	44	97	44	144	65
SD	18	8	42	19	20	9	14	6	33	15
n	105		97		80		67		62	

lb＝ポンド、SD＝標準偏差、n＝サンプルサイズ
Hoffman, 2006（47）より許可を得て改変。

表13.2　高校および大学生アメリカンフットボール選手における1RMベンチプレス、スクワット、パワークリーンのパーセンタイル値

パーセンタイル順位	1RMベンチプレス		1RMスクワット		1RMパワークリーン		1RMベンチプレス		1RMスクワット		1RMパワークリーン	
	lb	kg	lb	kg	lb	kg	lb	kg	lb	kg	lb	kg
	高校生14〜15歳						高校生16〜18歳					
90	243	110	385	175	213	97	275	125	465	211	250	114
80	210	95	344	156	195	89	250	114	425	193	235	107
70	195	89	325	148	190	86	235	107	405	184	225	102
60	185	84	305	139	183	83	225	102	365	166	223	101
50	170	77	295	134	173	79	215	98	335	152	208	95
40	165	75	275	125	165	75	205	93	315	143	200	91
30	155	70	255	116	161	73	195	89	295	134	183	83
20	145	66	236	107	153	70	175	80	275	125	165	75
10	125	57	205	93	141	64	160	73	250	114	145	66
平均	179	81	294	134	176	80	214	97	348	158	204	93
SD	45	20	73	33	32	15	44	20	88	40	43	20
n	214		170		180		339		249		284	
	NCAAディビジョンI						NCAAディビジョンIII					
90	370	168	500	227	300	136	365	166	470	214		
80	345	157	455	207	280	127	325	148	425	193		
70	325	148	430	195	270	123	307	140	405	184		
60	315	143	405	184	261	119	295	134	385	175		
50	300	136	395	180	252	115	280	127	365	166		
40	285	130	375	170	242	110	273	124	350*	159*		
30	270	123	355	161	232	105	255	116	335	152		
20	255	116	330	150	220	100	245	111	315	143		
10	240	109	300	136	205	93	225	102	283	129		
平均	301	137	395	180	252	115	287	130	375	170		
SD	53	24	77	35	38	17	57	26	75	34		
n	1,189		1,074		1,017		591		588			

*Hoffman（2006）は、NCAAディビジョンIIIの1RMスクワットの40パーセンタイル順位は365ポンド、166kgであると報告している。
lb＝ポンド、SD＝標準偏差、n＝サンプルサイズ
Hoffman, 2006（47）より許可を得て転載。

第13章　選択したテストの実施、スコアの記録、解釈　**331**

表13.3　NCAAディビジョンⅠ大学生の野球とバスケットボール選手における1RMベンチプレス、スクワット、パワークリーンのパーセンタイル値

パーセンタイル順位	1RMベンチプレス		1RMスクワット		1RMパワークリーン		1RMベンチプレス		1RMスクワット		1RMパワークリーン	
	lb	kg	lb	kg	lb	kg	lb	kg	lb	kg	lb	kg
	野球						バスケットボール					
90	273	124	365	166	265	120	269	122	315	143	250	114
80	260	118	324	147	239	109	250	114	305	139	235	107
70	247	112	310	141	225	102	240	109	295	134	230	105
60	239	109	293	133	216	98	230	105	280	127	220	100
50	225	102	270	123	206	94	225	102	265	120	215	98
40	218	99	265	120	200	91	216	98	245	111	205	93
30	203	92	247	112	190	86	210	95	225	102	195	89
20	194	88	237	107	182	83	195	89	195	89	180	82
10	175	80	218	99	162	74	185	84	166	75	162	74
平均	227	103	281	128	210	95	225	102	251	114	209	95
SD	41	19	57	26	36	16	33	15	57	26	34	15
n	170		176		149		142		131		122	

lb＝ポンド、SD＝標準偏差、n＝サンプルサイズ
Hoffman, 2006（47）より許可を得て転載。

332 ストレングストレーニング&コンディショニング

表13.4　さまざまな選手グループにおける1RMベンチプレス、スクワット、ベンチプルの記述的データ*

競技・ポジション	選手数	体重		スクワット		ベンチプレス		パワークリーン		ベンチプル	
		lb	kg	lb	kg	lb	kg	lb	kg	lb	kg
国内ラグビーリーグ (7)	20	216.5 ± 21.8	98.2 ± 9.9	385.8 ± 59.5	175.0 ± 27.3						
州レベルラグビーリーグ (7)	20	201.2 ± 18.5	91.3 ± 8.4	329.8 ± 30.9	149.6 ± 14.3						
国内ラグビーリーグ (8)	21	219.4 ± 19.2	99.5 ± 8.7			315.0 ± 33.5	142.7 ± 15.2				
州レベルラグビーリーグ (8)	21	200.0 ± 19.6	90.7 ± 8.9			258.8 ± 35.9	117.4 ± 16.3				
国内ラグビーリーグ (5)	6	211.2 ± 32.2	95.8 ± 14.6			332.5 ± 2.6	150.8 ± 10.7				
国内セーリング（男子）(87)	11	215.6 ± 27.6	97.8 ± 12.5			310.6 ± 58.6	140.9 ± 26.6			265.9 ± 37.3	120.6 ± 16.9
国内カヌー・漕艇・レスリング・柔道（男子）(96)	75	167.6 ± 19.4	76.0 ± 8.8			199.0 ± 35.9	90.3 ± 16.3			176.8 ± 26.0	80.2 ± 11.8
国内バスケットボール（女子）(105)	12	166.7 ± 32.2	75.6 ± 14.6			173.2 ± 6.6	78.6 ± 3.0				
NCAAディビジョンIA大学アメリカンフットボール（男子）(12)	963					310.4	140.8				
NCAAディビジョンIA大学アメリカンフットボール（男子）(12)	560			420.6	190.8						
国内ソフトボール（女子）(81)	10	158.1 ± 24.5	71.7 ± 11.1	183.6 ± 22.0	83.3 ± 10.0						
国内アイスホッケー (89)	22	155.2 ± 15.7	70.4 ± 7.1			144.0 ± 27.0	65.3 ± 12.2				
国内サッカー（男子）(123)	17	168.7 ± 16.8	76.5 ± 7.6	378.5 ± 46.7	171.7 ± 21.2						
国内サッカー（男子）(124)	14	169.5 ± 13.9	76.9 ± 6.3	362.9 ± 43.9	164.6 ± 21.8	182.3 ± 28.2	82.7 ± 12.8				
国内サッカー（男子）(124)	15	169.6 ± 16.3	76.8 ± 7.4	297.6 ± 35.7	135.0 ± 16.2	170.036.4	77.1 ± 16.5				
NCAAディビジョンIA大学アメリカンフットボール（男子）(82)	207	229.2 ± 48.7	104.0 ± 22.1			312.8 ± 58.6	141.6 ± 26.6				
NCAAディビジョンIA大学アメリカンフットボール（男子）(82)	88	226.0 ± 14.3	102.5 ± 6.5					267.4 ± 33.1	121.3 ± 15.0		

（続く）

表13.4　（続き）

競技・ポジション	選手数	体重		スクワット		ベンチプレス		パワークリーン		ベンチプル	
		lb	kg	lb	kg	lb	kg	lb	kg	lb	kg
NCAAディビジョンIA大学アメリカンフットボール（男子）(82)	86	226.0 ± 14.3	102.5 ± 6.5	397.9 ± 74.1	180.5 ± 33.6						
国内ハンドボール（女子）(40)	16	152.7 ± 18.1	69.3 ± 8.2			113.8 ± 14.8	51.6 ± 6.7				
国内ハンドボール（男子）(39)	15	207.0 ± 37.3	93.9 ± 16.9			235.7 ± 25.6	106.9 ± 11.6				
U-16ラグビーリーグ（男子）(114)	30	165.8 ± 24.5	75.2 ± 11.1	221.3 ± 48.3	100.4 ± 21.9	162.9 ± 29.1	73.9 ± 13.2			156.3 ± 22.3	70.9 ± 10.1
U-17ラグビーリーグ（男子）(114)	48	178.8 ± 20.7	81.1 ± 9.4	269.4 ± 41.2	122.2 ± 18.7	205.7 ± 29.5	93.3 ± 13.4			184.1 ± 22.5	83.5 ± 10.2
U-18ラグビーリーグ（男子）(114)	55	188.1 ± 22.0	85.3 ± 10.0	295.4 ± 34.2	134.0 ± 15.5	228.6 ± 33.7	103.7 ± 15.3			200.8 ± 22.3	91.1 ± 10.1
U-19ラグビーリーグ（男子）(114)	45	195.8 ± 21.8	88.8 ± 9.9	305.1 ± 43.2	138.4 ± 19.6	249.8 ± 36.2	113.3 ± 16.4			215.2 ± 27.3	97.6 ± 12.4
U-20ラグビーリーグ（男子）(114)	26	196.0 ± 18.7	88.9 ± 8.5	318.8 ± 48.7	144.6 ± 22.1	252.0 ± 33.7	114.3 ± 15.3			220.5 ± 24.7	100.0 ± 11.2
NCAAディビジョンⅢラクロス（女子）(49)	11	132.3 ± 11.0	60.0 ± 5.0	158.5 ± 13.4	71.9 ± 6.1	96.8 ± 13.4	43.9 ± 6.1				
国内ラグビーリーグ、フォワード（男子）(72)	63					271.2 ± 26.0	123.0 ± 11.8				
国内ラグビーリーグ、バックス（男子）(72)	55					251.3 ± 37.5	114.0 ± 17.0				
国内ラグビーユニオン（男子）(21)	30	236.1 ± 22.3	107.1 ± 10.1	351.6 ± 58.0	159.5 ± 26.3	308.6 ± 35.9	140.0 ± 16.3				
国内ラグビーユニオン（女子）(10)	15	157.9 ± 21.8	71.6 ± 9.9	152.1 ± 19.4	69.0 ± 8.8						

* 上記の値は平均値±標準偏差。このデータは記述的のみであり、標準化データではないとみなすべきである。

表13.5　一流競技選手（男女）における立ち幅跳びの基準値

パーセンタイル順位	男性		女性	
	インチ	cm	インチ	cm
90	148	375	124	315
80	133	339	115	293
70	122	309	110	279
60	116	294	104	264
50	110	279	98	249
40	104	264	92	234
30	98	249	86	219
20	92	234	80	204
10	86	219	74	189

J. Hoffman, 2006, Norms for fitness, performance, and health (Champaign, IL: Human Kinetics), 58. Adapted from D.A. Chu, 1996, Explosive power and strength (Champaign, IL: Human Kinetics) より許可を得て転載。

表13.6　15〜16歳の男女の立ち幅跳びにおけるランキング

カテゴリ	男性		女性	
	インチ	cm	インチ	cm
非常によい	79	201	65	166
平均より上	73	186	61	156
平均	69	176	57	146
平均より下	65	165	53	135
劣る	<65	<165	<53	<135

J. Hoffman, 2006, Norms for fitness, performance, and health (Champaign, IL: Human Kinetics), 58. Adapted from D.A. Chu, 1996, Explosive power and strength (Champaign, IL: Human Kinetics) より許可を得て転載。

表13.7　さまざまな選手グループにおける垂直跳び、静的ジャンプ、幅跳びの記述的データ*

競技・ポジション	選手数	垂直跳び		静的な垂直跳び		幅跳び	
		インチ	cm	インチ	cm	インチ	cm
大学サッカー（女子）（118）	51	16.1 ± 2.2	40.9 ± 5.5				
高校サッカー（女子）（118）	83	15.6 ± 1.9	39.6 ± 4.7				
大学ラクロス（女子）（118）	79	15.8 ± 2.2	40.1 ± 5.6				
U-18 ゲーリック・フットボール（男子）（22）	265	17.0 ± 2.0	43.3 ± 5.1			78.0 ± 8.1	198.2 ± 20.7
国内サッカー（女子）（17）	21	12.4 ± 1.6	31.6 ± 4.0	11.9 ± 1.5	30.1 ± 3.7		
U-19 サッカー（女子）（17）	20	13.5 ± 1.5	34.3 ± 3.9	12.9 ± 1.1	32.8 ± 2.9		
U-17 サッカー（女子）（17）	21	11.4 ± 0.8	29.0 ± 2.1	11.1 ± 1.0	28.2 ± 2.5		
U-21 サッカー（男子）（17）	18	15.9 ± 1.7	40.3 ± 4.3	14.6 ± 1.5	37.0 ± 3.9		
U-20 サッカー（男子）（17）	17	15.8 ± 1.9	40.2 ± 4.7	15.0 ± 1.9	38.0 ± 4.9		
U-17 サッカー（男子）（17）	21	16.1 ± 2.0	40.9 ± 5.1	14.7 ± 1.9	37.3 ± 4.7		
スペイン1部サッカー（女子）（99）	100	10.3 ± 1.9	26.1 ± 4.8				
国内アイスホッケー（女子）（89）	23	19.8 ± 2.2	50.3 ± 5.7#			84.6 ± 4.3	214.8 ± 10.9
国内サッカー（女子）（42）	85	12.1 ± 1.6	30.7 ± 4.1				
ノルウェー1部サッカー（女子）（42）	47	11.1 ± 1.6	28.1 ± 4.1				
アイスホッケー国内ホッケーリーグドラフト候補者（男子）（15）	853	24.4 ± 3.0	62.0 ± 7.6#			100.0 ± 7.0	254.0 ± 17.8
大学レスリング（男子）（109）	20	20.5 ± 3.1	52.0 ± 8.0#				
国内ウェイトリフティング（男子）（32）	6	23.9 ± 1.5	60.8 ± 3.9				
国内サッカー（男子）（123）	17	22.2 ± 1.6	56.4 ± 4.0				
国内サッカー（男子）（124）	14	22.3 ± 2.6	56.7 ± 6.6				

（続く）

第 13 章　選択したテストの実施、スコアの記録、解釈　**335**

表13.7　（続き）

競技・ポジション	選手数	垂直跳び		静的な垂直跳び		幅跳び	
		インチ	cm	インチ	cm	インチ	cm
国内サッカー（男子）（124）	15	20.9 ± 1.6	53.1 ± 4.0				
国内サッカー（男子）（106）	270	17.8 ± 0.7	45.1 ± 1.7	17.4 ± 0.5	44.1 ± 1.3		
国内ハンドボール（女子）（40）	16	15.1 ± 1.7	38.4 ± 4.4				
国内ハンドボール（男子）（39）	15	19.0 ± 2.8	48.2 ± 7.2				
U-16 ラグビーリーグ（男子）（114）	67	18.0 ± 2.0	45.7 ± 5.2				
U-17 ラグビーリーグ（男子）（114）	50	19.3 ± 2.3	49.1 ± 5.8				
U-18 ラグビーリーグ（男子）（114）	56	19.9 ± 2.2	50.6 ± 5.7				
U-19 ラグビーリーグ（男子）（114）	45	20.7 ± 2.2	52.5 ± 5.5				
U-20 ラグビーリーグ（男子）（114）	25	20.8 ± 2.1	52.8 ± 5.4				
高校バレーボール（女子）（98）	27	18.5 ± 3.3	47.1 ± 8.5#				
NCAA ディビジョンⅠ バレーボール（女子）（98）	26	20.8 ± 2.5	52.8 ± 6.3#				
国内ラグビーリーグ，フォワード（男子）（20）	12	14.7 ± 1.7	37.3 ± 4.4				
国内ラグビーリーグ，バックス（男子）（20）	6	15.9 ± 2.5	40.3 ± 6.4				
国内ラグビーリーグ（男子）（35）	26	20.0 ± 2.9	50.7 ± 9.8#				
国内ラグビーリーグ（男子）（34）	58	24.7 ± 2.2	62.8 ± 5.7#				
国内ラグビーユニオン（男子）（21）	30					101.6 ± 7.9	258.0 ± 20.0
国内ラグビーユニオン（女子）（10）	15	15.0 ± 1.6	38.0 ± 4.0	13.8 ± 1.2	35.0 ± 3.0		
高校陸上競技（女子）（75）	8					83.4 ± 6.3	212.0 ± 16.0
NCAA ディビジョンⅠ サッカー（女子）（67）	15	12.2 ± 2.0	31.0 ± 5.0			57.9 ± 4.3	147.0 ± 11.0
高校ラグビーリーグ（男子）（112）	302	16.3 ± 2.1	41.3 ± 5.3				
ジュニア国内バレーボール（男子）（33）	14	21.5 ± 0.9	54.6 ± 2.2#				
ジュニア国内バレーボール（女子）（33）	15	18.0 ± 0.6	45.7 ± 1.6#				
U-18 オーストラリアン・フットボール（男子）（127）	177	23.9 ± 2.2	60.6 ± 5.5#				
NCAA ディビジョンⅠ ラクロス（女子）（117）	84	15.8 ± 2.2	40.2 ± 5.6				
NCAA ディビジョンⅠ サッカー（男子）（102）	27	24.3 ± 2.8	61.6 ± 7.1#				
国内サッカー（女子）（1）	17	12.0 ± 0.5	30.5 ± 1.2				
国内サッカー（女子）（76）	17	12.8 ± 1.5	32.6 ± 3.7				
国内サッカー（男子）（76）	17	17.2 ± 0.9	43.7 ± 2.2				
国内ジュニアサッカー（女子）（76）	17	11.2 ± 0.8	28.4 ± 2.0				
国内ジュニアサッカー（男子）（76）	17	17.3 ± 1.9	43.9 ± 4.8				
国内サッカー（男子）（2）	214	15.4 ± 2.0	39.2 ± 5.0	14.8 ± 1.9	37.6 ± 4.8		

*上記の値は平均値±標準偏差。このデータは記述的のみであり、標準化データではないとみなすべきである。
#ジャンプは腕のスイングをつけて行われた。

336 ストレングストレーニング&コンディショニング

表13.8 マルガリア・カラメン階段スプリントテストのガイドライン（ワット）

分類	年齢グループ（歳）				
	15-20	20-30	30-40	40-50	Over 50
男性					
非常に優れている	2,197より大	2,059より大	1,648より大	1,226より大	961より大
優れている	1,844-2,197	1,726-2,059	1,383-1,648	1,040-1,226	814-961
平均	1,471-1,824	1,373-1,716	1,098-1,373	834-1,030	647-804
劣っている	1,108-1,461	1,040-1,363	834-1,088	637-824	490-637
非常に劣っている	1108未満	1040未満	834未満	637未満	490未満
女性					
非常に優れている	1,785より大	1,648より大	1,226より大	961より大	736より大
優れている	1,491-1,785	1,383-1,648	1,040-1,226	814-961	608-736
平均	1,187-1,481	1,098-1,373	834-1,030	647-804	481-598
劣っている	902-1,177	834-1,089	637-824	490-637	373-471
非常に劣っている	902未満	834未満	637未満	490未満	373未満

E. Fox, R. Bowers, and M. Foss, 1993, The physiological basis for exercise and sport, 5th ed. (Dubuque, IA: Wm. C. Brown), 676.より、McGraw-Hill Companiesの許可を得て転載。

表13.9 274m（300ヤード）シャトルランの記述的データ*

競技・ポジション	選手数	時間（秒）
高校バレーボール（女子）（98）	27	68.0 ± 6.3
NCAAディビジョンⅠバレーボール（女子）（98）	26	67.7 ± 3.8
国内サッカー（男子）（107）	18	56.7 ± 1.7
レクリエーションレベルの男子および女子（121）	81	72.8 ± 9.1
国内バドミントン（男子）（120）	12	73.3 ± 3.4

* 上記の値は平均値±標準偏差。このデータは記述的のみであり、標準化データではないとみなすべきである。

表13.10　年齢および性別グループごとのパーシャルカールアップのパーセンタイル

パーセンタイル*	年齢および性別									
	20-29		30-39		40-49		50-59		60-69	
	M	F	M	F	M	F	M	F	M	F
90	75	70	75	55	75	55	74	48	53	50
80	56	45	69	43	75	42	60	30	33	30
70	41	37	46	34	67	33	45	23	26	24
60	31	32	36	28	51	28	35	16	19	19
50	27	27	31	21	39	25	27	9	16	13
40	24	21	26	15	31	20	23	2	9	9
30	20	17	19	12	26	14	19	0	6	3
20	13	12	13	0	21	5	13	0	0	0
10	4	5	0	0	13	0	0	0	0	0

*パーセンタイル順位は以下を示す。90＝平均よりかなり高い、70＝平均以上、50－平均、30＝平均以下、10＝平均よりかなり低い。
American College of Sports Medicine, 2014, ACSM's guidelines for exercise testing and prescription, 9th ed. (Baltimore, MD: Lippincott, Williams, and Wilkins), 101より許可を得て転載。

表13.11　プッシュアップの年齢および性別グループによる体力カテゴリ

カテゴリ	年齢および性別									
	20-29		30-39		40-49		50-59		60-69	
	M	F	M	F	M	F	M	F	M	F
非常に優れている	36	30	30	27	25	24	21	21	18	17
とてもよい	35	29	29	26	24	23	20	20	17	16
	29	21	22	20	17	15	13	11	11	12
よい	28	20	21	19	16	14	12	10	10	11
	22	15	17	13	13	11	10	7	8	5
劣る	21	14	16	12	12	10	9	6	7	4
	17	10	12	8	10	5	7	2	5	2
改善が必要	16	9	11	7	9	4	6	1	4	1

出典：Canadian Physical Activity, Fitness & Lifestyle Approach: CSEP-Health & Fitness Program's Appraisal & Counselling Strategy, Third Edition, © 2003. Canadian Society for Exercise Physiologyより許可を得て転載。

表13.12　米国陸軍兵のプッシュアップ基準

年齢の範囲	2分間でのプッシュアップの反復回数									
男性										
17-21	6	13	20	28	35	42	49	57	64	71
22-26	—	5	14	23	31	40	49	58	66	75
27-31	—	1	11	20	30	39	49	58	68	77
32-36	—	—	7	17	26	36	46	56	65	75
37-41	—	—	5	15	24	34	44	54	63	73
42-46	—	—	—	12	21	30	39	48	57	66
47-51	—	—	—	8	17	25	34	42	51	59
52-56	—	—	—	—	11	20	29	38	47	56
57-61	—	—	—	—	9	18	27	36	44	53
62+	—	—	—	—	8	16	25	33	42	50
評価ポイント	10	20	30	40	50	60	70	80	90	100
女性										
17-21	—	—	2	8	13	19	25	31	36	42
22-26	—	—	—	2	11	17	24	32	39	46
27-31	—	—	—	—	10	17	25	34	42	50
32-36	—	—	—	—	9	15	23	30	38	45
37-41	—	—	—	—	7	13	20	27	33	40
42-46	—	—	—	—	6	12	18	25	31	37
47-51	—	—	—	—	—	10	16	22	28	34
52-56	—	—	—	—	—	9	15	20	26	31
57-61	—	—	—	—	—	8	13	18	23	28
62+	—	—	—	—	—	7	12	16	21	25
評価ポイント	10	20	30	40	50	60	70	80	90	100

60ポイントで合格、90ポイントは優秀。
U.S. Department of the Army, 1998（24）のデータより。

第13章　選択したテストの実施、スコアの記録、解釈　**339**

表13.13　YMCAベンチプレステストの基準

パーセンタイル	年齢および性別											
	18-25		26-35		36-45		46-55		56-65		>65	
	M	F	M	F	M	F	M	F	M	F	M	F
90	44	42	41	40	36	33	28	29	24	24	20	18
80	37	34	33	32	29	28	22	22	20	20	14	14
70	33	28	29	28	25	24	20	18	14	14	10	10
60	29	25	26	24	22	21	16	14	12	12	10	8
50	26	21	22	21	20	17	13	10	10	9	8	6
40	22	18	20	17	17	14	11	9	8	6	6	4
30	20	16	17	14	14	12	9	7	5	5	4	3
20	16	12	13	12	10	8	6	5	3	3	2	1
10	10	6	9	6	6	4	2	1	1	1	1	0

スコアは、男性は36kg（80ポンド）、女性は16kg（35ポンド）のバーベルを用いて、1分間に挙上できた反復回数である。YMCA, 2000（125）より改変。

表13.14　最大酸素摂取量、2.4km（1.5マイル）走タイム、長座位体前屈（シット&リーチ）、身体組成：20〜29歳男性のパーセンタイル順位

パーセンタイル順位	最大酸素摂取量（mL/kg/分）	1.5マイル（2.4km）走タイム、分：秒	長座位体前屈*		体脂肪率（%）
			インチ	cm	
99	60.5	8:29			4.2
90	54.0	9:34	22	55.9	7.9
80	51.1	10:09	20	50.8	10.5
70	47.5	10:59	19	48.3	12.6
60	45.6	11:29	18	45.7	14.8
50	43.9	11:58	17	43.2	16.6
40	41.7	12:38	15	38.1	18.6
30	39.9	13:15	14	35.6	20.7
20	38.0	14:00	13	33.0	23.3
10	34.7	15:30	11	27.9	26.6
01	26.5	20:58			33.4

*長座位体前屈は18〜25歳男性。
American College of Sports Medicine, 2014, ACSM's guidelines for exercise testing and prescription, 9th ed. (Baltimore, MD; Lippincott, Williams, and Wilkins)より改変。

表13.15 最大酸素摂取量、2.4km（1.5マイル）走タイム、長座位体前屈（シット＆リーチ）、身体組成：20〜29歳女性のパーセンタイル順位

パーセンタイル順位	最大酸素摂取量（mL/kg/分）	1.5マイル（2.4km）走タイム、分：秒	長座位体前屈*		体脂肪率(%)
			インチ	cm	
99	54.5	9:30			11.4
90	46.8	11:10	24	61.0	15.1
80	43.9	11:58	22	55.9	16.8
70	41.1	12:51	21	53.3	18.4
60	39.5	13:24	20	50.8	19.8
50	37.8	14:04	19	48.3	21.5
40	36.1	14:50	18	45.7	23.4
30	34.1	15:46	17	43.2	25.5
20	32.3	16:46	16	40.6	28.2
10	29.5	18:33	14	35.6	33.5
01	23.7	23:58			38.6

*長座位体前屈は18〜25歳女性。
American College of Sports Medicine, 2014, ACSM's guidelines for exercise testing and prescription, 9th ed. (Baltimore, MD; Lippincott, Williams, and Wilkins)より改変。

表13.16 最大酸素摂取量、2.4km（1.5マイル）走タイム、長座位体前屈（シット＆リーチ）、身体組成：30〜39歳男性のパーセンタイル順位

パーセンタイル順位	最大酸素摂取量（mL/kg/分）	1.5マイル（2.4km）走タイム、分：秒	長座位体前屈*		体脂肪率(%)
			インチ	cm	
99	58.3	8:49			7.3
90	51.7	10:01	21	53.3	12.4
80	48.3	10:46	19	48.3	14.9
70	46.0	11:22	18	45.7	16.8
60	44.1	11:54	17	43.2	18.4
50	42.4	12:24	15	38.1	20.0
40	40.7	12:58	14	35.6	21.6
30	38.7	13:44	13	33.0	23.2
20	36.7	14:34	11	27.9	25.1
10	33.8	15:57	9	22.9	27.8
01	26.5	20:58			34.4

*長座位体前屈は26〜35歳男性。
American College of Sports Medicine, 2014, ACSM's guidelines for exercise testing and prescription, 9th ed. (Baltimore, MD; Lippincott, Williams, and Wilkins)より改変。

第13章 選択したテストの実施、スコアの記録、解釈 **341**

表13.17 最大酸素摂取量、2.4km（1.5マイル）走タイム、長座位体前屈（シット＆リーチ）、身体組成：30〜39歳女性のパーセンタイル順位

パーセンタイル順位	最大酸素摂取量（mL/kg/分）	1.5マイル（2.4km）走タイム、分：秒	長座位体前屈* インチ	cm	体脂肪率（%）
99	52.0	9:58			11.2
90	45.3	11:33	23	58.4	15.5
80	42.4	12:24	22	55.9	17.5
70	39.6	13:24	21	53.3	19.2
60	37.7	14:08	20	50.8	21.0
50	36.7	14:34	19	48.3	22.8
40	34.2	15:43	17	43.2	24.8
30	32.4	16:42	16	40.6	26.9
20	30.9	17:38	15	38.1	29.6
10	28.0	19:43	13	33.0	33.6
01	22.9	24:56			39.0

*長座位体前屈は26〜35歳女性。
American College of Sports Medicine, 2014, ACSM's guidelines for exercise testing and prescription, 9th ed. (Baltimore, MD; Lippincott, Williams, and Wilkins)より改変。

表13.18　さまざまな競技における最大酸素摂取量の記述統計データ

分類	その競技を行っている選手の一般的な 最大酸素摂取量（mL/kg/分）		競技
	男性	女性	
非常に高い	70+	60+	クロスカントリースキー 中距離走 長距離走
かなり高い	63-69	54-59	自転車 漕艇 競歩
高い	57-62	49-53	サッカー 中距離の水泳 カヌー競技 ハンドボール ラケットボール スピードスケート フィギュアスケート ダウンヒルスキー レスリング
平均より上	52-56	44-48	バスケットボール バレエ（舞踏） アメリカンフットボール（オフェンスおよびディフェンスのバック） 体操 ホッケー 乗馬（騎手） 短距離の水泳 テニス スプリント走 跳躍
平均	44-51	35-43	野球、ソフトボール アメリカンフットボール（ラインマン、クォーターバック） 砲丸投 円盤投 オリンピックリフティング ボディビルディング

Nieman, 1995（78）のデータより。

第13章　選択したテストの実施、スコアの記録、解釈　**343**

表13.19　12分間走のパーセンタイル順位

パーセンタイル	年齢（歳）および距離					
	20-29		30-39		40-49	
	km	マイル	km	マイル	km	マイル
男性						
90	2.90	1.81	2.82	1.75	2.72	1.69
80	2.78	1.73	2.67	1.66	2.57	1.60
70	2.62	1.63	2.56	1.59	2.46	1.53
60	2.54	1.58	2.48	1.54	2.40	1.49
50	2.46	1.53	2.40	1.49	2.30	1.43
40	2.37	1.47	2.32	1.44	2.22	1.38
30	2.29	1.42	2.24	1.39	2.14	1.33
20	2.20	1.37	2.14	1.33	2.06	1.28
10	2.06	1.28	2.01	1.25	1.95	1.21
女性						
90	2.59	1.61	2.53	1.57	2.43	1.51
80	2.46	1.53	2.40	1.49	2.27	1.41
70	2.35	1.46	2.27	1.41	2.20	1.37
60	2.27	1.41	2.19	1.36	2.11	1.31
50	2.20	1.37	2.14	1.33	2.04	1.27
40	2.12	1.32	2.04	1.27	1.96	1.22
30	2.03	1.26	1.95	1.21	1.90	1.18
20	1.95	1.21	1.88	1.17	1.82	1.13
10	1.82	1.13	1.75	1.09	1.70	1.05

American College of Sports Medicine, 2014, ACSM's guidelines for exercise testing and prescription, 9th ed. (Baltimore, MD; Lippincott, Williams, and Wilkins) 88より改変。

344 ストレングストレーニング&コンディショニング

表13.20　さまざまな競技におけるYo-Yoの記述統計データ*

競技・ポジション	選手数	Yo-Yo間欠的リカバリー（IR1）	
		距離（m）	距離（ヤード）
国内サッカー（男子）（74）	18	2260 ± 80	2472 ± 87
国内サッカー（男子）（74）	24	2040 ± 60	2231 ± 66
国内ラグビーリーグ（男子）（4）	23	1656 ± 403	1811 ± 441
セミプロのラグビーリーグ（男子）（4）	27	1564 ± 415	1710 ± 454
国内サッカー（女子）（76）	17	1224 ± 255	1339 ± 279
国内サッカー（男子）（76）	17	2414 ± 456	2640 ± 499
国内ジュニアサッカー（女子）（76）	17	826 ± 160	903 ± 175
国内ジュニアサッカー（男子）（76）	17	2092 ± 260	2287 ± 284
U-17 サッカー（男子）（25）	60	1556 ± 478	1702 ± 523
U-16 ラグビーユニオン（男子）（85）	150	1150 ± 403	1258 ± 441
U-14 一流バスケットボール（男子）（116）	15	1100 ± 385	1203 ± 421
U-15 一流バスケットボール（男子）（116）	15	1283 ± 461	1403 ± 504
U-17 一流バスケットボール（男子）（116）	17	1412 ± 245	1544 ± 268
U-18 ゲーリック・フットボール（男子）（22）	265	1465 ± 370	1602 ± 405

*上記の値は平均値±標準偏差。このデータは記述的のみであり、標準化データではないとみなすべきである。

表13.21 さまざまな競技におけるアジリティテストの記述統計データ*

競技・ポジション	選手数	時間(秒)			
		プロアジリティ	Tテスト	505	ヘキサゴン
大学サッカー（女子）（118）	51	4.88 ± 0.20			
高校サッカー（女子）（118）	83	4.91 ± 0.22			
大学ラクロス（女子）（118）	79	4.99 ± 0.24			
国内ソフトボール（女子）（80）	10			2.66 ± 0.14	
国内バスケットボール（女子）（105）	12			2.69 ± 0.28	
大学生（女子）（97）	34		11.92 ± 0.52		
大学生（男子）（97）	52		10.08 ± 0.46		
NCAAディビジョンⅡ大学サッカー（男子）（63）	12	4.80 ± 0.33			
レクリエーションレベルの競技選手（女子）（108）	20	5.23 ± 0.25	11.70 ± 0.67		
レクリエーションレベルの競技選手（男子）（108）	24	4.67 ± 0.21	10.31 ± 0.46		
高校ラグビーリーグ（男子）（113）	70			2.42 ± 0.12	
高校ラグビーリーグ（男子）（36）	28			2.30 ± 0.13	
高校ラグビーリーグ（男子）（112）	302			2.49 ± 0.14	
高校ラグビーリーグ（男子）（112）	870			2.51 ± 0.15	
ジュニアの国内バレーボール（男子）（33）	14		9.90 ± 0.17		
ジュニアの国内バレーボール（女子）（33）	15		10.33 ± 0.13		
NCAAディビジョンⅠ大学ラクロス（女子）（117）	84	4.99 ± 0.23			
NCAAディビジョンⅢ大学ラクロス（女子）（49）	11	4.92 ± 0.22	10.50 ± 0.60		
MLB野球（男子）（50）	62	4.42 ± 0.90			
AAA野球（男子）（50）	52	4.53 ± 0.20			
AA野球（男子）（50）	50	4.42 ± 0.68			
A野球（男子）（50）	84	4.48 ± 0.54			
ルーキー、野球（男子）（50）	90	4.54 ± 0.19			
高校バレーボール（女子）（98）	27		10.96 ± 0.58		
NCAAディビジョンⅠバレーボール（女子）（98）	26		10.65 ± 0.52		
レクリエーションレベルの競技選手（女子）（86）	52		12.52 ± 0.90		13.21 ± 1.68
レクリエーションレベルの競技選手（男子）（86）	58		10.49 ± 0.89		12.33 ± 1.47
大学生競技選手（女子）（86）	56		10.94 ± 0.60		12.87 ± 1.48
大学生競技選手（女子）（86）	47		9.94 ± 0.50		12.29 ± 1.39

*上記の値は平均値±標準偏差。このデータは記述的のみであり、標準化データではないとみなすべきである。

346 ストレングストレーニング＆コンディショニング

表13.22　NCAAディビジョンⅠ大学生選手におけるプロアジリティテスト（秒）のパーセンタイル順位

パーセンタイル順位	女子バレーボール	女子バスケットボール	女子ソフトボール	男子バスケットボール	男子野球	男子アメリカンフットボール
90	4.75	4.65	4.88	4.22	4.25	4.21
80	4.84	4.82	4.96	4.29	4.36	4.31
70	4.91	4.86	5.03	4.35	4.41	4.38
60	4.98	4.94	5.10	4.39	4.46	4.44
50	5.01	5.06	5.17	4.41	4.50	4.52
40	5.08	5.10	5.24	4.44	4.55	4.59
30	5.17	5.14	5.33	4.48	4.61	4.66
20	5.23	5.23	5.40	4.51	4.69	4.76
10	5.32	5.36	5.55	4.61	4.76	4.89
平均	5.03	5.02	5.19	4.41	4.53	4.54
SD	0.20	0.26	0.26	0.18	0.23	0.27
n	81	128	118	97	165	869

データは電子計時装置を用いて収集された。SD＝標準偏差、n＝選手数。
Hoffman, 2006（47）より許可を得て転載。

表13.23　さまざまな競技におけるスピードテストの記述統計データ*＊

競技・ポジション	選手数	時間（秒）		
		10m	20m	40m
大学サッカー（女子）（118）	51		3.38 ± 0.17	5.99 ± 0.29
高校サッカー（女子）（118）	83		3.33 ± 0.15	5.94 ± 0.28
大学ラクロス（女子）（118）	79		3.37 ± 0.14	5.97 ± 0.27
NCAA ディビジョンⅠ大学サッカー（女子）（67）	15	2.31 ± 0.25		
U-16 ラグビーリーグ（男子）（114）	67	1.82 ± 0.07	3.13 ± 0.00	
U-17 ラグビーリーグ（男子）（114）	50	1.81 ± 0.06	3.12 ± 0.10	
U-18 ラグビーリーグ（男子）（114）	56	1.80 ± 0.06	3.09 ± 0.10	
U-19 ラグビーリーグ（男子）（114）	89	1.82 ± 0.07	3.11 ± 0.12	
U-20 ラグビーリーグ（男子）（114）	22	1.79 ± 0.06	3.07 ± 0.12	
国内サッカー（男子）（123）	17	1.82 ± 0.30	3.00 ± 0.30	
国内ラグビーリーグ（男子）（7）	20	1.61 ± 0.06		5.15 ± 0.02
州ラグビーリーグ（男子）(7)	20	1.66 ± 0.06		5.13 ± 0.02
国内ラグビーリーグ、フォワード（男子）(20)	12	1.66 ± 0.20	3.00 ± 0.08	
国内ラグビーリーグ、バックス（男子）(20)	6	1.65 ± 0.15	2.91 ± 0.10	
州ラグビーリーグ（男子）（36）	26	2.06 ± 0.18	3.36 ± 0.23	5.83 ± 0.31
国内ラグビーユニオン（男子）（21）	30	1.69 ± 0.10	2.93 ± 0.20	
国内ラグビーリーグ、フォワード（男子）（72）	63			5.27 ± 0.19
国内ラグビーリーグ、バックス（男子）	55			5.08 ± 0.20
国内バドミントン（男子）（120）	12	1.94 ± 0.18	3.35 ± 0.30	
国内ラグビーリーグ（男子）（34）	58	1.73 ± 0.07		5.25 ± 0.17

（続く）

表13.23 （続き）

競技・ポジション	選手数	時間（秒） 10m	20m	40m
U-18 一流ラグビーリーグ（男子）（36）	28	1.81 ± 0.08	3.11 ± 0.12	5.56 ± 0.22
U-18 準一流ラグビーリーグ（男子）（36）	36	1.94 ± 0.11	3.28 ± 0.18	5.83 ± 0.35
高校ラグビーリーグ（男子）（112）	302	1.88 ± 0.12	3.23 ± 0.16	
高校ラグビーリーグ（男子）（112）	870	1.90 ± 0.12	3.27 ± 0.19	
ジュニアの国内バレーボール（女子）（33）	20	1.90 ± 0.01		
ジュニアの国内バレーボール（男子）（33）	14	1.80 ± 0.02		
U-18 オーストラリアンラグビー（男子）（127）	177		3.13 ± 0.09	
NCAA ディビジョンⅢ 大学サッカー（男子）（63）	12	1.96 ± 0.11		5.79 ± 0.31
NCAA ディビジョンⅠ 大学サッカー（男子）（102）	27	1.70 ± 0.10		4.90 ± 0.20
国内オーストラリアンラグビー（男子）（126）	35	1.89 ± 0.07	3.13 ± 0.10	5.40 ± 0.17
国内オーストラリアンラグビー（男子）（126）	30	1.70 ± 0.06	2.94 ± 0.08	
国内サッカー（女子）（42）	85	1.67 ± 0.07		
国内サッカー（女子）（42）	47	1.70 ± 0.07		
国内サッカー（女子）（1）	17		3.17 ± 0.03	
国内サッカー（男子）(106)	270	2.27 ± 0.40	3.38 ± 0.70	
U-18 ゲーリック・フットボール（男子）（22）	265		3.22 ± 0.15	

		10ヤード	20ヤード	40ヤード
NCAA ディビジョンⅠ 大学ラクロス（女子）（117）		1.99 ± 0.10	3.37 ± 0.14	5.97 ± 0.26
MLB 野球（男子）（50）	62	1.52 ± 0.10		
AAA 野球（男子）（50）	52	1.55 ± 0.09		
AA 野球（男子）（50）	50	1.58 ± 0.07		
A 野球（男子）（50）	84	1.59 ± 0.07		
ルーキー、野球（男子）（50）	90	1.57 ± 0.09		

*上記の値は平均値±標準偏差。このデータは記述的のみであり、標準化データではないとみなすべきである。

表13.24 バランスエラースコアリングシステム（BESS）テストの基準データ

年齢	女子	男子
20-29	11.9 ± 5.1	10.4 ± 4.4
30-39	11.4 ± 5.6	11.5 ± 5.5
40-49	12.7 ± 6.9	12.4 ± 5.7
50-54	15.1 ± 8.2	13.6 ± 6.9
55-59	16.7 ± 8.2	16.4 ± 7.2
60-64	19.3 ± 8.8	17.2 ± 7.1
65-69	19.9 ± 6.6	20.0 ± 7.3

Iverson and Koehle, 2013 (54) のデータに基づく。

表13.25　さまざまな集団における、皮脂厚測定から身体密度（Db）を算出する推定式

SKF（皮脂厚）測定部位[a]	サブグループ	性別	年齢	推定式	参考文献
S7SKF （胸部＋腹部＋上腕三頭筋部＋肩甲下部＋腸骨上部＋腋窩中線上＋大腿部）	黒人またはヒスパニック	女子	18〜55歳	Db (g/cc)[b] = 1.0970 − 0.00046971 (S7SKF) + 0.00000056 (S7SKF)^2 − 0.00012828 (age)	Jackson et al. (57)
S7SKF （胸部＋腹部＋上腕三頭筋部＋肩甲下部＋腸骨上部＋腋窩中線上＋大腿部）	黒人または競技選手	男子	18〜61歳	Db (g/cc)[b] = 1.1120 − 0.00043499 (S7SKF) + 0.00000055 (S7SKF)^2 − 0.00028826 (age)	Jackson and Pollock (55)
S4SKF （上腕三頭筋部＋腸骨上部＋腹部＋大腿部）	競技選手	女子	18〜29歳	Db (g/cc)[b] = 1.096095 − 0.0006952 (S4SKF) − 0.0000011 (S4SKF)^2 − 0.0000714 (age)	Jackson et al. (57)
S3SKF （上腕三頭筋部＋腸骨上部＋大腿部）	白人または摂食障害患者	女子	18〜55歳	Db (g/cc)[b] = 1.0994921 − 0.0009929 (S3SKF) + 0.0000023 (S3SKF)^2 − 0.0001392 (age)	Jackson et al. (57)
S3SKF （胸部＋腸骨上部＋大腿部）	白人	男子	18〜61歳	Db (g/cc)[b] = 1.109380 − 0.0008267 (S3SKF) + 0.0000016 (S3SKF)^2 − 0.0002574 (age)	Jackson and Pollock (55)
S2SKF （上腕三頭筋部＋下腿部）	白人または黒人	少年	6〜17歳	% BF = 0.735 (S2SKF) + 1.0	Slaughter et al. (103)
S2SKF （上腕三頭筋部＋下腿部）	白人または黒人	少女	6〜17歳	% BF = 0.610 (S2SKF) + 5.1	Slaughter et al. (103)
腸骨上部、上腕三頭筋部	競技選手	女子	高校·大学生年代	Db(g/cc)[b] = 1.0764 − (0.00081 × 腸骨上部) − (0.00088 × 上腕三頭筋部)	Sloan and Weir (104)
大腿部、肩甲下部	競技選手	男子	高校·大学生年代	Db(g/cc)[b] =1.1043 − (0.00133 × 大腿部) − (0.00131 × 肩甲下部)	Sloan and Weir (104)
S3SKF（上腕三頭筋部＋腹部＋大腿部）	競技選手	男子または女子	18〜34歳	体脂肪率 = 8.997 + (S3SKF) − 6.343（性別[c]） − 1.998（人種[d]）	Evans et al. (28)

[a] SSKF＝皮脂厚総和（mm）、Db＝身体密度。
[b] 集団別変換式を用いて（表13.26を参照）、Dbから% BF（体脂肪率）を算出する。
[c] 男性選手＝1、女性選手＝0
[d] 黒人選手＝1、白人選手＝0
V. H. Heyward, 1998, Advanced fitness assessment and exercise prescription, 3rd ed. (Champaign, IL: Human Kinetics), 155より、許可を得て改変。

第13章　選択したテストの実施、スコアの記録、解釈　**349**

表13.26　身体密度から体脂肪率推定値を算出する集団別変換式

集団	年齢	性別	体脂肪率[a]
		人種	
アメリカン・インディアン	18-60	女性	$(4.81/Db) - 4.34$
黒人	18-32	男性	$(4.37/Db) - 3.93$
	24-79	女性	$(4.85/Db) - 4.39$
ヒスパニック	20-40	女性	$(4.87/Db) - 4.41$
日本人	18-48	男性	$(4.97/Db) - 4.52$
		女性	$(4.76/Db) - 4.28$
	61-78	男性	$(4.87/Db) - 4.41$
		女性	$(4.95/Db) - 4.50$
白人	7-12	男性	$(5.30/Db) - 4.89$
		女性	$(5.35/Db) - 4.95$
	13-16	男性	$(5.07/Db) - 4.64$
		女性	$(5.10/Db) - 4.66$
	17-19	男性	$(4.99/Db) - 4.55$
		女性	$(5.05/Db) - 4.62$
	20-80	男性	$(4.95/Db) - 4.50$
		女性	$(5.01/Db) - 4.57$
		肥満度	
拒食症患者	15-30	女性	$(5.26/Db) - 4.83$
肥満	17-62	女性	$(5.00/Db) - 4.56$
競技選手[b]	高校および大学生年代	男性および女性	$(4.57/Db) - 4.142$

BF＝体脂肪。Db＝身体密度。
[a] パーセント値で表すときは、この列の値に100をかけること。
[b] この式を表13.25からSloan and Weirの式（104）とともに用いる。
Heyward and Stolarczyk, 1996（46）より改変。

表13.27 さまざまな競技における体脂肪率の記述統計データ

分類	その競技を行う選手の典型的な体脂肪率		競技
	男性	女性	
非常に低い	< 7	< 15	体操 ボディビルディング（競技会時） レスリング（競技会時） クロスカントリー
かなり低い	8-10	16-18	男子バスケットボール ラケットボール 漕艇 サッカー 陸上競技、十種競技（男子） 陸上競技、七種競技（女子）
平均より低い	11-13	19-20	男子野球 カヌー ダウンヒルスキー スピードスケート オリンピックリフティング
平均値	14-17	21-25	女子バスケットボール アメリカンフットボール（クォーターバック、キッカー、ラインバッカー） ホッケー 競馬（騎手） テニス 円盤投 バレーボール 女子ソフトボール パワーリフティング
平均より高い	18-22	26-30	アメリカンフットボール（ラインマン） 砲丸投

Nieman, 1995（78）のデータより。

CHAPTER 14

Warm-Up and Flexibility Training

ウォームアップと
柔軟性トレーニング

Ian Jeffreys, PhD

▶ **本章を終えると**

- 運動前のウォームアップの構成要素と利点を示すことができる。
- 効果的なウォームアップを構成することができる。
- 柔軟性に影響する要因を示すことができる。
- 固有受容性神経筋促通法（PNF）の利点を活かした柔軟性エクササイズを用いることができる。
- 適切な静的および動的ストレッチング方法を選択し、適用することができる。

本章ではウォームアップと柔軟性について詳しく述べる。これら2つの領域はしばしば関連づけられてきたが、主な機能が明確に異なるため、2つを区別することが大切である。ウォームアップはこれから行うトレーニングや競技に向けて準備を整えるため、またパフォーマンスの向上や、ケガのリスク低減を図るためにデザインされる。本章ではウォームアップの目的について概観し、効果的なウォームアップをデザインするための適切な構成および手順を示す。一方、柔軟性のトレーニングでは、関節可動域の拡大を目指し、通常はさまざまな種類のストレッチングが用いられる。本章では柔軟性に影響を及ぼす要因について、また柔軟性の向上を促進するためのさまざまなストレッチングの手順の利用について概観する。

ウォームアップ

ウォームアップの時間は、今では練習や試合においてなくてはならないものとして、広く受け入れられている（10）。本質的に、ウォームアップの目標は、選手に運動や試合における精神的および身体的な準備をさせることである（51）。うまくデザインされたウォームアップは、それを実施すれば、その後に行うパフォーマンスを高める多数の生理学的反応を引き起こす可能性がある。これらは体温に関連した効果と、関連しない効果に分けることができる（10）。体温に関連した効果には、筋温の上昇や深部体温の上昇（68）、神経機能の促進、一時的な結合組織の結合の離開（33）が含まれ、体温に関連しない効果には、筋への血流の増加、酸素消費のベースラインの上昇、活動後増強が含まれる（10）。ウォームアップの効果は、受動的に温める（ウォーム）手法よりも、アクティブ（能動的）なタイプのウォームアップを介して最もよく引き出される（33）。パフォーマンスに対する正の効果には、以下が含まれるだろう。

- 主働筋および拮抗筋における収縮・弛緩がより速くなる（51）。
- 力の立ち上がり速度（RFD）と反応時間の向上（3）。
- 筋力およびパワーの向上（9,33）。
- 筋における粘性抵抗の低減（33）。

- ボーア効果（高温になるとヘモグロビンおよびミオグロビンからの酸素の放出が促進される）による酸素運搬能の向上（68）。
- 活動している筋への血流増加（68）。
- 代謝反応の促進（33）。
- パフォーマンスに向けた心理的準備状態の高まり（10）。

ウォームアップがパフォーマンスに及ぼす影響について調べた質的研究の数は驚くほど少ないが、一般的に、複数の研究では、後に続くパフォーマンスに正の影響を及ぼすことを示している（42）。これらには、持久的パフォーマンス（有酸素性および無酸素性の両方）の改善や、ジャンプのような身体的な課題、また実際の競技パフォーマンスにおける改善も含まれる（42）。潜在的な改善に影響を及ぼす主な要因は、ウォームアップがどのように構造化されているかということと、これから行われる課題に対し、ウォームアップの特異性が合致しているかということであることも明らかである（42）。その競技のその選手における生理学的・バイオメカニクス的・心理学的に特異的な要求に対処するように構成されていれば、さまざまなかたちのウォームアップを用いることができる。

> ▶ パフォーマンスの改善によい影響を及ぼすかどうかはウォームアップの構成の仕方にかかっている。すなわち、ウォームアップは行われる身体活動に特異的である必要がある。

効果的なウォームアップは、ケガのリスクも減少させると伝統的に考えられてきた。ウォームアップが傷害予防に及ぼす影響については明らかではないが、エビデンス（研究成果）によるとプラスの効果が存在する可能性が示唆されている（41,85,86）。たとえば、筋温の上昇により、筋断裂に対する抵抗が増大する可能性がある（81）。

ウォームアップの構成要素

ウォームアップは、有酸素性運動に続いてストレッチング、そして最後にその後に行う身体活動に類似した活動で終える構成にすることが一般的に推奨されてきた（42）。伝統的なウォームアッププログラ

ムの構成は、これらの要求に沿って組み立てられており、2つの鍵となる時間的局面を含むのが一般的である。

最初は**一般的ウォームアップ**の時間であり（21,77）、5分間のゆっくりとした有酸素性運動（ジョギングやスキップ、自転車など）を行う。一般的なウォームアップの目的は、心拍数や血流、深部の筋温、呼吸数、発汗を高め、関節滑液の粘性を低下させることにある（30）。それから引き続いて、その後に行う身体活動で求められる関節可動域を模した一般的なストレッチの時間を設けるのが典型的である。

一般的ウォームアップに続く**専門的ウォームアップ**では、競技動作に類似した動きが用いられる。ここでは、実際の競技スキルを再現した動作も含むべきである（100）。

ウォームアップの全体は、疲労や貯蔵エネルギーの低下を引き起こすことなく、徐々に強度を上げて筋温や深部温を上昇させるために十分な強度にしなければならない（68）。典型的には、10〜20分間は続けるべきである。一般的な練習では、この基準より短い時間でウォームアップを終えることが多い。ウォームアップの側面がメインセッションに欠かすことのできない部分である場合や、そのウォームアップが特定の試合に向けたものである場合は、より長い時間をかけることが広くみられる。ウォームアップは、15分以内に次の活動が行われるように終えるべきである（これ以上の時間が経過すると、ウォームアップの効果は消失する）（33）。

ターゲット化および構成された ウォームアップ

一般的および特異的ウォームアップの構成は広く受け入れられているが、ウォームアップの中で行われる具体的な身体活動はかなり多様である。その活動が多様であるがゆえに、選手がウォームアップを行ったとしても、そこで行った活動が後に続くパフォーマンスを最適化するのに必要な、鍵となる変数に対して、適切な対応が確実であるかどうかの判断は難しい（42）。効果的な計画の立案には、ウォームアップがそれに続くパフォーマンスにどのように寄与するかを慎重に考慮する必要がある。同様に、計画を立てる際に、試合直前に行うウォームアップと、普段の練習に用いるより馴染み深いウォームア

ップとは明確に線引きして区別する必要がある。試合のためのウォームアップは、その後に続く試合のパフォーマンスを最大化することが狙いだが、練習のウォームアップはパフォーマンスの最適化を、即効性をもって行うとだけでなく、その他の生産的な方法でパフォーマンスに貢献することができるので、計画は適切に行うべきである。影響を最適なものとするために、この計画はウォームアップがその選手の全般的な発達にどのように寄与するかも考慮すべきである。すなわち、この計画は短期・中期・長期的な考慮を伴うべきである。

中長期的計画を作成することは、効果的なウォームアップ計画に関する最近のトレンドである。選手は、（中長期的にみれば）ウォーミングアップに長い時間をかけており、この時間を最適なかたちで用いることができれば、コーチにとって潜在的に強力なツールとなり得る（54）。効果的なウォームアップは、別々に分かれた存在ではなく、練習セッションのなくてはならない部分として考えるべきである（54）。効果的な計画により、選手の全般的な発達とともに、続いてのセッションに向けた適切な準備に寄与することができる。

▶ ウォームアップは練習セッションのなくてはならない部分である。ストレングス＆コンディショニング専門職は、選手の全般的な発達に寄与する短期・中期・長期的な考慮を組み込んだ計画を立てるべきである。

ウォームアップには最適なレベルがあり（89）、それはウォームアップの種類（練習か試合か）や、行うべき課題、個人、環境に関連している。潜在的に効果的なウォームアップには幅があるようである。鍵となるのは、コーチがウォームアップの計画に構造を持っていることである。一般的および特異的ウォームアップは、構造が妥当だとしても、目標である短期的および長期的の両方のパフォーマンスをより高いものにすることができるアプローチを付け加える必要がある。多くのコーチに取り入れられ、効果的なウォームアップの鍵となるすべての側面に対応している構造は、**上昇（Raise）、活性化と可動化（Activate and Mobilize）、増強（Potentiate）** で構成される **RAMP** プロトコルである（54）。これは一般的および特異的構造を基にしており、短・中・長

期的のパフォーマンスが最大化されるために適した アプローチをもたらす（54）。その名称が示すように、上昇、活性化と可動化、そして増強が、3つの鍵となる段階である。

RAMPの最初の段階は、鍵となる生理学的なパラメータのレベルだけでなく、選手のスキルを上昇させる活動である。この段階は、一般的ウォームアップに類似しており、低強度の身体活動を介した体温や心拍数、呼吸数、血流を上昇させ、関節滑液の粘性を低下させることを狙いとしている。しかしながら、重要な側面は伝統的な一般的ウォームアップの身体活動と異なり、単に一般的な有酸素運動を行うだけではなく、その後に続く活動の動作パターンをシミュレートすることや、そのスポーツで身につけることが必要な動作パターンまたはスキルパターンを発達させることを意図している。このような方法で、セッションは始めから鍵となる動作とスキル能力をターゲットとし、求められる生理学的な効果をもたらす。また、セッションにおいてパフォーマンスに関連した構成要素に一貫して対処することで、練習や試合に向けた心理学的な準備にも手助けとなる。

2つ目の活性化と可動化（activating and mobilizing）という段階は、典型的なウォームアップのストレッチングの構成要因に類似している。ウォームアップに続くセッションだけでなく、選手の発達全般において、競技パフォーマンスに求められる鍵となる動作パターン、すなわちスクワットパターンやランジパターンを行う。このとき、可動性を意識して動いたり、積極的に可動域全体にわたって動かすことに焦点を合わせたりすることは、運動制御や安定性、そして柔軟性の組み合わせを必要とし、また、選手が直面する動作の要求により密接に関連することである（54）。スタティックストレッチングをウォームアップ内で用いるべきかどうかについては、未だに大きな議論が広がっており、現時点ではエビデンスは両義的である（どちらともいえない）。スタティックストレッチがパフォーマンスに及ぼす効果についての文献レビューでは、その実施について疑問視する（83,84,100）とともに、筋パフォーマンスを阻害し得ることが示唆されている（59）。研究によって、力の産生（8,25-27,35,76）やパワーのパフォーマンス（23,92,99,100）、ランニングスピード（38）、反応・

動作時間（7）、筋持久力（73）など、幅広い範囲のパラメータにおけるパフォーマンスに対して、スタティックストレッチが負の影響を及ぼすことが示されている。その他の研究では、パフォーマンスの低下は示されておらず、またさらに最近のKay and Blazevich（56）によるレビューでは、スタティックストレッチングであっても、筋を延ばし続ける時間が短く、60秒以上にわたって行わない限り、続いてのパフォーマンスを低下させることはないと結論づけている。しかしながら、Simicら（87）による最近のメタアナリシスでは、Kay and Blazevich（56）の業績に疑問を投げかけ、その著者らは自らの主張を支持するための適切な統計手法を用いていないことを示唆している。Simicら（87）は、継続時間がより短い（45秒未満）スタティックストレッチではパフォーマンス低下は少なくなるものの、パフォーマンス低下は依然として存在し、競技パフォーマンスに影響を及ぼす可能性があると報告している。したがって、ウォームアップの中でスタティックストレッチングを用いるかどうかを決定するうえでストレングス＆コンディショニング専門職は損益分析（利益とリスクの分析）を行うことが重要である（65）。この段階のウォームアップのデザインについて考慮するうえで重要な要因は、その活動で求められる可動域であり、より大きな可動域を必要とする競技の選手は、要求される可動域がより小さい競技の選手よりも、この段階に長い時間を費やす必要があるかもしれない（46,97）。

これらの決断に関して、ストレッチングの段階よりも活性化と可動化の段階をウォームアップに用いることは、コーチにとって活動を選択する際の手助けとなる。ストレッチングと傷害予防（47,50,75,86,89）あるいは続いての筋肉痛（55）の間に一貫した関係は示されていないことから、ウォームアップにおける焦点はパフォーマンスへとシフトすべきである。エクササイズは続いてのセッションの準備に役立つようデザインすべきであるだけでなく、選手の全般的な動作能力を促進すべきである。選手に鍵となる動作パターンを促す、すなわち求められる運動制御の向上と共に可動性を高めるエクササイズは、ウォームアップのこの段階における理想的な活動である（54）。同様に、この段階は選手の示すことのある特異的な動作の問題に対処することを通して、

絶好の機会を提供するものである（54）。

　さまざまなダイナミックストレッチングとモビリティエクササイズを用いることで、これらの鍵となる利点すべてが得られる。加えて、ダイナミックストレッチングはウォームアップの上昇段階の体温に関連した利点を維持するのに役立つ（54）。さらに、複数の関節が1つのストレッチに関わり、その競技に類似した複数平面での動作を含むことがしばしばある。このように動的ストレッチングは時間的効率が非常に高く、これはトレーニング時間が制限された場合に非常に重要な点である（49,54）。これらの利点により、ダイナミックストレッチングとモビリティエクササイズがその後のランニングパフォーマンスを改善することが示されている（38,66,98）という事実とともに、大部分の競技においてこの種のエクササイズがウォーミングアップ中の好ましい活動となる（54）。

　3つ目の段階の**増強**は、特異的なウォームアップと類似しているが、活動の強度にも焦点を合わせていることが重要である。この段階では、選手が後に続く試合または練習で求められる強さまで強度を漸増させながら競技特異的な活動を展開する。この段階は後に続くパフォーマンスにおいて、とくに高いレベルのスピードや筋力、パワーが求められる活動においては重要であり、従来のウォームアップでは省略されることが多い。実際に、必要となるスポーツや身体活動のパワーがより高いほど、ウォームアップの増強の段階がより重要となるので（17）、高強度の動的エクササイズを取り入れることにより、その後のパフォーマンスが促進される可能性がある（11,14,36,99）。試合のウォームアップは、選手が生理学的にも心理学的にもパフォーマンスを最大限に引き出せるような、競技特異的な身体活動の漸増を含むべきである（11）。練習のウォームアップでは、続いてのセッションをターゲットとするだけでなく、長期的な要求にも対応すべきである。効果的な計画を立てることによって、ウォームアップのこの段階は、セッションの鍵となり、スピードやアジリティなどの側面に働きかける理想的な機会を提供することができる（54）。この段階の計画を効果的なものに作り上げることにより、練習時間全体を長引かせることなく、しかも、鍵となる体力の構成要素を考慮したトレーニング時間にすることができる（54）。

実際問題として、この増強段階がセッションの鍵となってスピードやアジリティなどの要素をもたらすことができるため、最終的にウォームアップの長さを決めるのはこの段階なのである。このような場合、ウォームアップの全体的な時間は長くはなるが、本質的に途切れることなくメインのセッションへと移行することとなる。

柔軟性

　関節部分で起こる動作の範囲を**関節可動域（range of motion：ROM）**と呼ぶ。**柔軟性**は関節可動域で示され、静的柔軟性と動的柔軟性の2つの要素を持つ。**静的柔軟性**とは、関節（22,30）および、その周囲の筋（40,44）の受動的動作で可能な可動域である。静的柔軟性は随意的筋活動を必要とせず、重力やパートナー、マシーンなど外的な力が伸張のための力となる。**動的柔軟性**は、能動的動作中の関節可動域を指し、随意的筋活動が必要である。一般的に動的関節可動域は静的関節可動域よりも広い。静的ROMと動的ROMの間の関係については、歴史的に問われ続け（52）、大きな未解決のままであり、とくに正常に動くことが（motion）が正常に動作を行うこと（movement）を保証しないという事実については未解決である（19）。それゆえに静的柔軟性の程度と競技パフォーマンスとの間で直接的な移行があるかを決定づけることはできない。

　どの種類の柔軟性が最も重要であるかを決定づけるには、競技そのものの性質を見ることが重要である。柔軟性の重要な役割は、選手の動作への寄与である。したがって、ROMが正常だとしても正常な動作ができることを保証するものではないので、柔軟性だけを単独でみてしまうことは誤解を招きやすい（19）。この文脈において、この可動性という概念は、動作、すなわちバランスコーディネーションや姿勢制御コーディネーション、認知などの追加的な側面を必然的に内包しているので、さらに啓蒙されてもよいだろう（19）。このように、可動性は実施表現される可動域においてアスリートが表現することを求められる制御やコーディネーション、力をもって、動的な質として、柔軟性を形づくる。これが、パフォーマンスにおける柔軟性の役割をみるときの利点である。実際に、可動域が広がったとしても適

切な運動制御がなければ、パフォーマンスを最大化することはできない（82）。

柔軟性とパフォーマンス

柔軟性がパフォーマンスに及ぼす影響は、行われた活動の種類によって決まり、柔軟性に富んでいるほど成功するというわけではない（82）。したがって、単純に柔軟性を最大化するというよりは、特異的な活動に関する柔軟性を適切なものとすることが、トレーニングの主な狙いである（71）。それぞれの競技や運動には特異的に求められる関節可動域があり、それぞれの活動に最適なレベルの柔軟性が存在するようだ。これらは、その競技で行われる動作の特異性と関連している（45,89）。ストレングス＆コンディショニング専門職にとって、可動域において求められるキネティック（運動力学的）およびキネマティック（運動学的）なパターン（これによって用いられる発達のための方法が決定づけられるため）に留意することも重要である。可動域をより大きくすることは、パフォーマンス改善という狙いと関連するだろう。また、これはしばしば求められる可動域の中で必要な力を産生することと、その競技で求められる技術的に重要な姿勢をとる能力に関わっている。いくつかの例で、より大きな可動域はアスリートのパワープログラムの中のミッシングリンク（完成させるために必要な部分がかけている）とみなされることがあるが、アスリートが力を加え続けられる時間を長くしていくことで、より大きな可動域のなかで力を発揮する能力はインパルスの量を増やし、このことは次第にスポーツの中でのパフォーマンスを強化することに貢献できるようになる（67）。したがって、ストレングス＆コンディショニング専門職は選手に求められる適切な可動域を見るべきであるが、またその可動域を通した力のパターンも見るべきであり、促進された可動域と歩調を合わせてそれらを発達させ、選手がパフォーマンスに向けた準備が適切にできることを確実なものとすべきである。

競技や運動ごとに最適な範囲とされる柔軟性は異なるので、選手の柔軟性がこの範囲から外れていると傷害のリスクが高まる可能性がある。柔軟性の不足と、過度の柔軟性はともに傷害のリスクを高める可能性があることに注意すべきである（78,89）。また、柔軟性の不均衡（訳注：左右の可動域の間に違いがあること）も傷害のリスクを高める可能性がある（57,58）。

柔軟性に関する要因

柔軟性は、さまざまな解剖学的要因やトレーニング要因の影響を受ける。関節の構造、年齢、性別などの要因は、トレーニングによって変えることはできない。しかしながら、それ以外は操作することができ、したがって柔軟性向上プログラムをデザインする際は重要な考慮事項である。長期的なストレッチのプログラムは、柔軟性の促進から筋力の促進という範囲にわたる累積的な正の影響を及ぼすことがある（82）。ストレングス＆コンディショニング専門職は、各選手固有の柔軟性に関する要因とスポーツ競技に求められる条件の組み合わせを考慮し、柔軟性を向上させるエクササイズやプログラムを推奨すべきである。

関節の構造

関節の構造は可動域を決定する要因となる（66）。股関節や肩関節などの**球関節**は、すべての解剖学的平面上で動き、身体各部の関節の中で最も可動域が大きい（2）。手関節は**楕円関節**（楕円状の関節窩に収まる楕円状の顆状突起で構成された関節）で矢状面と前額面に動きが限定され、股関節や肩関節と比較して可動域は小さい（2）。対照的に、膝関節は**蝶番関節**で動きが矢状面に限定されており、可動域は球関節や楕円関節よりも小さい。このように関節可動域は関節のタイプや関節面の形状、関節周囲の軟部組織に影響を受ける。

年齢と性別

柔軟性は、若年者のほうが高齢者より高く（95）、女性のほうが男性より高いといわれている（44）。若年男女の柔軟性の差については、解剖学的相違と活動のタイプおよび程度の差異が理由の一部と考えられる。また年齢が高くなると、**線維症**と呼ばれる、退化した筋線維が線維性の結合組織に置き換わる現象が起こる（2）。これは、不活動と、動作時に本来の関節可動全体を使わなくなることが原因ではないかと考えられる。高齢者が筋力を高めることができるのと同じように、柔軟性も適切な運動によって高めることができる。

筋と結合組織

　さまざまな身体の組織が柔軟性に影響を及ぼし得る。たとえば、筋組織や筋腱ユニット（musculotendinous unit）、腱、靭帯、筋膜鞘、関節包、皮膚などの要因が関節可動域を制限する場合がある（30）。これらの柔軟性向上への相対的な寄与は、急性および慢性の両方において不明確であり、**弾性**および**可塑性**の大きさを反映する。結合組織には、弾性（受動的に引き伸ばされた後、静止長へ戻る能力）や可塑性（受動的に引き伸ばされた後、以前より長くなる傾向）という性質があり、これも関節可動域を決定する要因となる（39,96）。ストレッチングは、結合組織の持つ可塑性という性質を活用することによって結合組織に好影響を及ぼす可能性があるが、それぞれの組織のタイプと個々の反応の違いの間の相対的な重要性については、不明のままである（12）。

ストレッチへの耐性

　選手の柔軟性を決定づけるうえで重要な要因はストレッチ耐性、すなわちストレッチングの不快感に耐える能力である（82）。より大きな可動域を持つ人は、より大きなストレッチ耐性を持つ傾向があり、したがってより大きなストレッチ負荷に耐えることができる（12）。通常のストレッチングプログラムにおける重要な特徴は、選手のストレッチ耐性を高めることであり、したがって潜在的にさらなる柔軟性の向上が可能となる。

神経制御

　選手の可動域の制御は、究極的には中枢神経系および末梢神経系のレベルで行われ、構造的な要素により抑制される（62）。この系には求心性と遠心性のメカニズムがあり、最終的には選手が獲得することのできる可動域を反射的および随意的活動によって制御する。効果的な柔軟性プログラムの重要な側面は、この系に正の影響を及ぼし、より大きな可動域を引き出すことのできる能力である。

レジスタンストレーニング

　総合的で適切なレジスタンストレーニングプログラムは柔軟性の向上をもたらすと考えられ（60,88）、また改善された関節可動域を通して力の発揮能力も手助けする。効果的なレジスタンストレーニングプ

ロトコルは、ストレッチングプログラムの重要な補助として見るべきである（82）。しかしながら、これには条件がつく。すなわち、限られた関節可動域で行う高重量のレジスタンストレーニングは、関節可動域を減少させることがある（30）。関節可動域の減少を防ぐためには、主働筋および拮抗筋の両方を発達させる運動（16）を、関与する関節の可動域全体を使って行う必要がある。

筋サイズ

　顕著な筋サイズの増加は、関節の動きを妨げ、関節可動域に悪影響を及ぼす場合がある。たとえば、上腕二頭筋や三角筋が発達している選手は、上腕三頭筋のストレッチング（30）、パワークリーンでの（キャッチ局面における）受け動作、フロントスクワット中のバーの保持に困難を感じる可能性がある。トレーニングプログラムを変えて筋サイズを減らすこともできるが、これは砲丸投げ選手やアメリカンフットボールのオフェンスラインメンのように大きなパワーを必要とする選手にとってはおそらく賢明ではないだろう。ストレングス＆コンディショニング専門職は、選手の行う競技種目に必要な条件を頭に入れておかなければならない。競技種目によっては、関節の可動性というニーズよりも筋の大きさというニーズが重要となる場合がある。しかし、可動域が重要であるならば、筋サイズによる潜在的な負の効果は考慮されるべきであり、トレーニングプログラムは適切に計画されるべきである。

活動レベル

　活動的な人は、身体を動かしていない人よりも一般に柔軟性が高い傾向がある（44）。これは、とくに柔軟性を高めるエクササイズを含む身体活動を行っている人に顕著だが、レジスタンストレーニングなどのその他の身体活動を行っている人にもあてはまる。適切にデザインされたレジスタンストレーニングの結果として、男女ともに柔軟性が向上したという報告もある（94）。活動レベルの向上のみでは柔軟性は高まらず、関節の柔軟性の維持・向上にはストレッチングあるいは可動域全体を用いる動作を必要とするエクササイズが不可欠であるということを理解するのも重要である。

ストレッチングの頻度、継続時間、強度

あらゆる形態のトレーニングと同様に、プログラムデザインにおいて頻度や継続時間、強度は重要な問題である（28）。静的ストレッチング（13）でも、PNFストレッチング（34）でも、膝や股関節、体幹、肩、足首の関節の柔軟性が増加することが示されている（89）。しかしながら、柔軟性が増加する正確なメカニズムは明らかになっていない。1回のストレッチングの関節可動域への効果は一時的で、その効果はストレッチング直後に最大となり、その後、効果は次第に減少し、有意に柔軟性が向上しているのは、3分（29）から24時間（31）とされている。

効果をより長く継続させるには、注意深い柔軟性プログラムが必要である（89）。ストレッチングを週2回、最低5週間続けると柔軟性が有意に向上することが示されている（40）。しかしながら、文献によって提供されるストレッチングの個々の要素についてのガイドラインは限られており、とくにPNF法に関するものは少ない（30）。

静的ストレッチの適切な継続時間としては、一般的に15〜30秒間が推奨され（78）、これより短い時間よりも効果が高いとされている（79,93）。エビデンスでは30秒間（4,5,6）が支持され、これ以上継続時間が長いとマイナスの効果が現れることが示唆されている。これ以外に考慮しなければならないのは1日を通しての合計ストレッチ時間であり、これが1回のストレッチ継続時間と同じように重要性を持つ可能性がある（17,79）。静的ストレッチを行う場合には、軽く張りが感じられ、痛みがない姿勢を保持する。関節可動域を広げるために、関節組織が損傷されることがあってはならない。どのようなストレッチングであっても、始める前に、筋温を高めておくために、必ず一般的な身体活動を行うべきである。また、柔軟性エクササイズ中には神経や血管の構造が引き伸ばされるため、感覚の喪失や放散痛がないかどうか、選手は絶えずモニターしておくべきである。

ストレッチはいつ行うべきか？

ストレッチングは以下のタイミングで行うのが最も有効である。

- **練習および試合後**。練習後のストレッチングは、筋温が上昇しているので（39）、関節可動域を広げる効果がある（43）。練習後5〜10分以内に行うべきである。体温の上昇により筋や腱のコラーゲンの弾性が高まり、より大きな伸張が可能となる。練習後のストレッチングには筋肉痛を軽減する効果もあるという報告もある（77）が、これについての証拠は曖昧である（1,61）。

- **ストレッチングのみのセッションとして**。高いレベルの柔軟性が要求される場合には、別途、ストレッチングセッションが必要となることもある。その場合、効果的なストレッチングに必要な筋温の上昇を保障するために、徹底的な一般的ウォームアップをまず行うべきである。この種のセッションは、とくに試合の翌日のリカバリー（回復）セッションとして有効である。

固有受容器とストレッチング

ストレッチング時に考慮すべき重要な固有受容器は、**筋紡錘とゴルジ腱器官（GTO）**の2つである。筋紡錘は、錘外線維と平行に走行する錘内線維の中に位置する感覚受容器で、筋の長さの変化を感知する（40）。急速なストレッチング動作では、筋紡錘からの刺激は感覚ニューロンによって脊椎の運動ニューロンへと伝達され、この運動ニューロンが、伸張された筋の錘外線維の筋活動を引き起こす。すなわち、これが**伸張反射**である。反射による筋活動によって動きが制限されてしまうため、ストレッチング動作を行っている間は、筋紡錘を刺激してそれに続く伸張反射が起こるようなことが起こらないようにすべきである。筋紡錘が刺激されなければ、筋は弛緩し、より大きく伸張される。静的ストレッチング（次項の「ストレッチングのタイプ」参照）の非常にゆっくりとした動作では、伸張反射は生じない。しかし、急速なストレッチング動作（バリスティックストレッチング、動的ストレッチング）は筋紡錘を刺激し、伸張反射を引き起こす可能性がある。

ゴルジ腱器官は筋腱接合部付近に存在する**機械的受容器**で、筋の張力変化に反応する。刺激が加わると、ゴルジ腱器官は筋を反射的に弛緩させる。張力が増加している筋で起こる弛緩は、**自己抑制**と呼ばれる（18,22,72）。自己抑制は、筋の受動的伸張の直前に、同じ筋を随意収縮させることによって起こる。随意収縮中に発生した張力がゴルジ腱器官を刺激し、

その後の受動的伸張時に反射的な筋弛緩を引き起こす。張力が増加している筋の逆側の筋で起こる弛緩は、**相反抑制**と呼ばれる（18,72）。相反抑制は、受動的に伸張されている筋の反対側の筋を同時に収縮させたときに起こる。この場合、収縮している筋の張力がゴルジ腱器官を刺激し、同時に伸張された筋に反射的に弛緩を引き起こす。

ストレッチングのタイプ

ストレッチングでは、関節可動域内で抵抗を感じるポイントまで身体部位を動かす必要がある。抵抗を感じるポイントでは力が加わっている。ストレッチング動作は能動的にも受動的にも行われる。**アクティブ（能動的）ストレッチング**とは、ストレッチングをしている人が筋を伸張させるよう自ら力を加えることである。たとえば長座体前屈では、上体を前傾させるために腹筋と股関節屈曲群を収縮させて、ハムストリングス、下背部を伸ばす。**パッシブ（受動的）ストレッチング**とは、パートナーまたはストレッチングマシーンなど外力により行うストレッチングである。

静的ストレッチング

静的ストレッチはゆっくりと行い、最終姿勢を15～30秒間保持する（4,6）。静的ストレッチングでは、引き伸ばされている筋の弛緩と伸張が同時に起こる（37）。この静的ストレッチングはゆっくりと行われることから、引き伸ばされた筋に伸張反射は生じない（20）。したがって、バリスティックストレッチングよりもケガの可能性は低い（2,39,90）。加えて、静的ストレッチングは習得しやすく、効果的に関節可動域を広げられることが示されている（13）。静的ストレッチングでも過度に行うと筋や結合組織に損傷を招くことはあるが、正しい方法で行う限り現実的な不利益はなく、さまざまなスポーツ競技の選手の柔軟性向上に適している。

静的ストレッチングの一例が長座位体前屈で、地面に座り、両脚閉脚・膝伸展位で前方に伸ばし、上体を腰から前傾させて足首に向かってゆっくりと手を伸ばす。前傾をさらに深くして徐々に伸張の度合いを増し、ハムストリングスまたは下背部に軽い張りを感じるまで前傾する。この姿勢を15～30秒間

保持した後、ゆっくりと元の姿勢（上体を垂直に立てた姿勢）に戻す。この方法は、動作をゆっくりと行い、最終姿勢を動くことなしに保持することから静的と呼ばれる。

バリスティックストレッチ

バリスティックストレッチングは、随意の筋活動を伴うもので、弾みのある反動動作を用い、最終姿勢を保持しないのが一般的である（70）。バリスティックストレッチングはしばしば運動前のウォームアップとして使われるが、適切に制御されていない、あるいは不適切な方法で行われると筋や結合組織に損傷を引き起こす可能性があり、とくに受傷歴がある場合にはその危険性が増す（20）。バリスティックストレッチングでは通常伸張反射が促され、関わる筋の弛緩にはつながらず、可動域を制限することがあり、このセッションの間、ストレングス＆コンディショニング専門職は監視すべきである。

例として、長座位体前屈を静的ではなくバリスティックな方法で行う場合を考えてみよう。地面に座り、両脚閉脚・膝伸展位で前方に伸ばし、上体を脚に対して垂直に立てる。この姿勢から素早く足首に向かって手を伸ばし、最終姿勢で反動をつけ、続いてすぐに元の姿勢（上体をほぼ垂直に立てた姿勢）に戻す。この動作を繰り返し、1回ごとに最終姿勢をより深く前傾させる。バリスティックストレッチングは、可動域の促進においては静的ストレッチングと同様に効果的であり（63）、柔軟性向上プログラムにおいては役割を果たし得ることが示されている（24）。しかしながら、選手がこの種のエクササイズを急性的にも慢性的にも適切に準備するのを確実なものとするためには注意を払うべきであり、ケガをしたことが報告された場合には特別な配慮をしなくてはならない。

動的ストレッチ

動的ストレッチとは、競技で起こる動作や競技特異的な動作を用いて身体の準備を整える機能的なストレッチング方法である（64）。**可動性ドリル**（3）とも呼ばれる動的ストレッチングでは、個々の筋ではなくその競技や活動に必要とされる動作を重視する。競技や活動に必要な動作を模したエクササイズ（例：短距離走者の膝を上げる動きを模したウォー

キング・ニーリフト）を行う（48）。とくに、動的ストレッチングは、競技で遭遇する関節可動域で能動的に行う動作といえる。

　動的ストレッチングとバリスティックストレッチングは同じように見えるかもしれないが、動的ストレッチングには、バリスティックストレッチングによるマイナスの影響の可能性を避け、身体への影響を異なるものとする重要な違いが多くある。まず、動的ストレッチングは反動を使わず、バリスティックストレッチングよりもコントロールされた方法で行われる。その結果、動きがコントロールされるため動的ストレッチングでの関節可動域はバリスティックストレッチングよりも狭い範囲となるが、これは可動域全体にわたって能動的に動かし、最終姿勢となり、その姿勢を保持するうえで求められるコントロールを示している。

　可動域全体を通して能動的に関節での動きを起こす能力は、一般に、静的に伸張姿勢を保持する能力に比べて、はるかに競技特異性が高い。また、動的ストレッチングの利点として、動的柔軟性の向上や、そのスポーツ活動に必要な動作パターンおよび関節可動域の再現が挙げられる。このようなことから、ウォームアップの議論で概要を示したように動的ストレッチングはウォームアップ中のストレッチング方法としてより好まれるようになってきた。

　静的ストレッチングとは異なり、動的ストレッチング中に筋は弛緩せず関節可動域内でずっと活性化している。この点でも、その競技の動作との関係において特異性が高いといえる。動的ストレッチングは、ウォームアップの身体活動として理想的ではあるが静的関節可動域の拡大という点では静的またはPNFストレッチングより効果が低いと考えられる（5）。より大きな静的関節可動域が必要とされる状況では、静的またはPNFストレッチングが望ましい場合もある。

　動的ストレッチングのプログラムデザインは、まず、その競技の主要な動作パターンと求められる関節可動域の慎重な分析から始める。そして、一連の動的ストレッチングの中から競技の主要動作に似たエクササイズを選択する。こうして、特異性の高いストレッチングプログラムが構成される。

　動的ストレッチングはいくつかの動作を組み合わせる機会を提供する（32,49）。これにより、ストレ

ングス＆コンディショニング専門職にとってはさまざまな組み合わせが可能になり、ウォームアップに多様な変化をつけることができる。同じランジ動作を行うにしても、その場で連続して繰り返す方法（例：ランジ10回）も、一定の距離を移動しながら行う方法（例：ランジ15m）も可能である。どの方法を選択したかにかかわらず、各ドリルはゆっくりとスタートし、回数やセットごとにゆっくりと関節可動域を広げ、スピードを上げていく。たとえば15mの距離にわたってニーリフトエクササイズを行う場合、歩行から始め、回数を重ねて徐々にスキップへと移行する。繰り返す中でスピードをより速くし、関節可動域を拡大させていく。動的ストレッチングを用いたウォームアップは、10〜15分間で効果がある（64）。

　短距離走者によるニーリフトドリルのような競技スキルを反映した動的ストレッチングでは、そのドリルで最も重要な身体操作技法が促進されるように、その動作のポイントとなるスキル要因を強調することが重要である。たとえば、ウォームアップでニーリフトドリルを行う場合、効果的な身体操作技法として、上げた足の足関節を背屈させるという重要な関節の位置・姿勢を強調すべきである。動的ストレッチングは、常に適切な競技のテクニックと調和させて用いるべきで、そもそも向上させようとしている固有のテクニックを妨げるものであってはならない。

固有受容性神経筋促通法（PNF）ストレッチング

　固有受容性神経筋促通法（PNF）ストレッチングは、元来神経筋系のリハビリテーションプログラムの一部として、筋緊張した、あるいは筋活動の高まった筋を弛緩させるために考案された方法である（90）。このストレッチングはその後、柔軟性を高める方法としてスポーツ界で広まっている。PNFは、通常パートナーと組んで行われ、受動的筋活動と能動的筋活動（短縮性筋活動および等尺性筋活動）の両方を含む。PNFストレッチングは筋の抑制を促進することから、その他のストレッチング方法よりも効果が高い可能性がある（21,34,53,74,80,88,91）が、このようなエビデンスが一貫して示されているわけではない（28）。また、PNFストレッチングのほと

んどがパートナーを必要とし、専門知識が必要で、PNFの技法にも精通している必要があることから、必ずしも実用的とはいえない。この項では、PNFストレッチングの概要について紹介する。

PNFストレッチングでは、3種類の筋活動様式を使って筋の受動的伸張を促す。拮抗筋（伸張される筋）の等尺性筋活動および短縮性筋活動の後、この筋に起こる自己抑制を利用して拮抗筋は受動的に伸張される。等尺性筋活動を**ホールド**（保持）、短縮性筋活動を**コントラクト**（収縮）と呼ぶ。拮抗筋が受動的に伸張されているときに、**アゴニストコントラクション（主働筋収縮）**と呼ばれる短縮性筋活動を用いることで、相反抑制が引き起こされる。各テクニックには、受動的な静的ストレッチング（リラックスと呼ばれる）も含まれる。

PNFストレッチングのテクニックには、次の3つの基本的なタイプがある。

- ホールド－リラックス（15,18,21,80,88）
- コントラクト－リラックス（15,21）
- ホールド－リラックス（アゴニストコントラクションを伴う）（18,72）

PNFストレッチングの各テクニックは3段階で行われる。3つのテクニックとも、第一段階は受動的ストレッチングを10秒間行う。第二、第三段階で使われる筋活動は3つのテクニックで異なり、そこからテクニックの名称がつけられている。以下にハムストリングスの柔軟性を高めるストレッチングをこの3つのテクニックで行う例を示す（図14.1〜14.11）。

ホールド－リラックス

ホールド－リラックスは、ハムストリングスにやや張りを感じるところでパートナーが受動的に10秒間予備伸張させた状態から開始する（図14.3）。ここから、パートナーは股関節の屈曲方向へ力を加えながら、選手に負荷に抵抗して動かないように指示を出す。選手は、姿勢を保ち、動きに抵抗するために等尺性筋活動を起こす（訳注：このとき選手は、股関節を伸展させるように力を入れる。ホールド－リラックス法では、パートナーが選手の発揮筋力と釣り合って見かけの動きが止まるように力の調節を

図14.1　ハムストリングスのPNFストレッチの開始姿勢

図14.2　ハムストリングスのPNFストレッチ：パートナーと選手の脚と手の位置

図14.3　ホールド－リラックスによるPNFストレッチング：ハムストリングスへの受動的な予備伸張

行う）。これを6秒間維持する（図14.4）。続いて選手はハムストリングスをリラックスさせ、受動的ストレッチングへと移行する。これを30秒間維持する

図14.4 ホールドーリラックスによるPNFストレッチング：ハムストリングスへの等尺性筋活動

図14.5 ホールドーリラックスによるPNFストレッチング：ハムストリングスへの受動的ストレッチによる関節可動域の増加

図14.6 コントラクトーリラックスによるPNFストレッチング：ハムストリングスへの受動的な予備伸張

図14.7 コントラクトーリラックスによるPNFストレッチング：股関節伸筋群の短縮性筋活動

図14.8 コントラクトーリラックスによるPNFストレッチング：受動的ストレッチによる関節可動域の増加

図14.9 アゴニストコントラクションを伴うホールドーリラックスによるPNFストレッチング：ハムストリングスへの受動的な予備伸張

図14.10 アゴニストコントラクションを伴うホールドーリラックスによるPNFストレッチング：ハムストリングスの等尺性筋活動

図14.11 アゴニストコントラクションを伴うホールドーリラックスによるPNFストレッチング：大腿四頭筋の短縮性筋活動とハムストリングスへの受動的ストレッチによる関節可動域の増加

（図14.5）。最後に、ハムストリングスの自己抑制によって、より大きく引き伸ばされる。

コントラクトーリラックス

コントラクトーリラックスもホールドーリラックスと同様に、ハムストリングスにやや張りを感じるところでパートナーが受動的に10秒間予備伸張させた状態から開始する（図14.6）。この姿勢からパートナーが加える抵抗に対して選手は股関節を伸展させ、関節可動域全体で短縮性筋活動を行う（図14.7）（訳注：このときパートナーは、少しずつ選手の股関節が伸展方向に開いていくように力をわずかずつ抜きながら脚をガイドする）。続いて選手はハムストリングスをリラックスさせ、股関節屈曲方向への受動的ストレッチングに移行し、30秒間維持する（図14.8）。ハムストリングスの自己抑制によって、股関節の関節可動域が広がる。このテクニックの代替として、股関節の伸展動作に対してパートナーが動きを許さない方法もある（69）。ただしこの方法はホールドーリラックスと本質的に同じであることから、ここで述べたコントラクトーリラックス法のほうが好ましい。

ホールドーリラックス
（アゴニストコントラクションを伴う）

アゴニストコントラクション（主働筋の収縮）を

図14.12 パートナーPNFストレッチング：下腿部

図14.13 パートナーPNFストレッチング：胸部

図14.14 パートナーPNFストレッチング：鼠径部

図14.15 パートナーPNFストレッチング：大腿四頭筋と股関節屈筋群

図14.16 パートナーPNFストレッチング：肩部

伴うホールド−リラックスの第1段階の開始姿勢と第2段階の「ホールド」の局面はホールド−リラックスと同じである（図14.9、14.10）。第3段階では、パートナーによる受動的ストレッチに、主働筋（訳注：この場合は股関節屈曲の主働筋〔腸腰筋〕に加え、協働筋〔大腿直筋〕が働く）の短縮性筋活動を加え、伸張への力を増大させる（図14.11）。すなわち、等尺性筋活動での「ホールド」に続いて、選手が股関節を屈曲させることにより、関節可動域が広がる。このテクニックでは、股関節屈筋群のもたらす相反抑制（69,72）とハムストリングスの自己抑制（72）により、最終段階でより大きなストレッチが得られる。

> アゴニストコントラクションを伴うホールド−リラックスは、相反抑制と自己抑制の両方を介した促通により、PNFストレッチングのテクニックの中で最も効果が高い。

パートナーと行うPNFストレッチ

パートナーと行うPNFストレッチを以下に示す。それぞれ、写真とともに説明する。

- 下腿部と足関節（図14.12）。
- 胸部（図14.13）。
- 鼠径部（図14.14）。
- ハムストリングスと股関節伸筋群（前掲）。
- 大腿四頭筋と股関節屈筋群（図14.15）。
- 肩（図14.16）。

まとめ

ウォームアップはその後に行うパフォーマンスの向上に好影響を与える。ウォームアップは、競技種目や活動の特異性に応じて適切な内容で構造化した活動を用いて、それに続く活動のために適切な準備が確実なものとなるようにすべきである。ウォームアップの計画が効果的であるためには、選手にその後の活動の準備をさせるが、（ウォームアップを行うことで）過度の疲労を引き起こさないことが最重要事項である。加えて、そのウォームアップは、次のセッションの目標とその選手の中長期的な発達の両方に寄与するように計画されるべきである。

パフォーマンスに最適な柔軟性は競技種目によって異なり、選手に行うことが求められる動作および行動の種類と密接に関連している。可動性という概念は、求められる可動域を通じた能動的な動作に注目しているという点で、柔軟性よりもおそらく適切（より実際的）だろう。柔軟性を高める必要がある競技者には、静的ストレッチングやPNFストレッチングが関節可動域の拡大に勧められ、またそれらのテクニックはさらに上を目指すトレーニングプログラムの重要な構成要素である。ストレングス＆コンディショニング専門職は、選手にストレッチングの方法を勧めるうえで、関節の構造や年齢、性別、参加する競技に必要とされる条件など、選手固有の条件の組み合わせについて考慮するべきである。

静的ストレッチングテクニック

頚部
   14.1 左右への回旋   367
   14.2 屈曲と伸展   367

肩と胸部
   14.3 背後での腕伸ばし   368
   14.4 座位での後傾   368

上腕後部
   14.5 首の後方でのストレッチング   369
      （チキンウィング）

上背部
   14.6 胸の前での腕交差   370
   14.7 頭上への腕伸ばし（ピラー）   370

下背部
   14.8 脊柱の回旋（プレッツェル）   371
   14.9 膝半屈曲姿勢での上体倒し   371
      （セミレッグストラドル）

股関節
  14.10 フォワードランジ（フェンシング）   372
  14.11 仰臥位での膝関節屈曲   372

体幹
  14.12 両腕を伸ばしての側屈   373
  14.13 腕を曲げての側屈   373

大腿前面と股関節屈筋群
  14.14 側臥位での大腿四頭筋のストレッチング   374

大腿後面
  14.15 長座位体前屈   375
  14.16 セミストラドル（4 の字）   375

鼠径部
  14.17 開脚での上体倒し   376
      （ストラドル、スプレッドイーグル）
  14.18 バタフライ   376

下腿後面
  14.19 ウォールストレッチング   377
  14.20 ステップストレッチング   377

静的ストレッチングのガイドライン

- リラックスできる楽な姿勢をとる。
- 関節可動域の中でやや張りを感じるところまで動かす。パートナーとのPNFストレッチングを行う場合、明瞭にコミュニケーションをとる。
- ストレッチングの姿勢を15～30秒間維持する。
- 片側ずつ行われるストレッチングは両側とも行う。

静的ストレッチングの注意事項

- 痛みや放散痛の症状、感覚の喪失が現れるようであれば、ストレッチングの強度を下げる。
- 可動性の高い関節にストレッチを加えるときにはとくに注意を払う。
- 脊柱が関与する場合には、複合動作（例：伸展と側屈）は避ける。
- 安定した姿勢をとるよう筋を働かせ、ほかの関節に負荷をかけて不必要な動きが入ることのないようにする。

頸部

14.1　左右への回旋

1. 立位または座位で、頭と首を真っ直ぐに起こす。
2. 最大下の短縮性筋活動により頭を右に向ける。
3. 最大下の短縮性筋活動により頭を左に向ける。

ストレッチされる筋
胸鎖乳突筋

首の右への回旋

首の左への回旋

14.2　屈曲と伸展

1. 立位または座位で、頭と首を真っ直ぐ起こした姿勢から、顎を胸に引き寄せるように首を前に曲げる。
2. 顎が胸につくようならば、さらに低い位置につくように顎を下げる。
3. 続いて首を後方に伸展させ、後頭部を背部にできるだけ近づける。

ストレッチされる筋
胸鎖乳突筋、後頭下筋、板状筋

首の屈曲

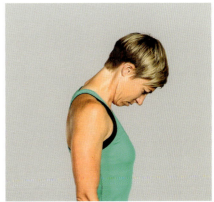
首の伸展

肩と胸部

14.3　背後での腕伸ばし

1. 立位で、両腕を身体の後ろへ回す。
2. 両方の手のひらを合わせ、指を組む（訳注：このとき肩甲骨内転位）。
3. 肘を完全に伸ばす。
4. 肘を伸ばしたまま、ゆっくりと腕を上げる（訳注：このとき、肩を高く上げない）。
5. 頭は真っ直ぐに起こし、首はリラックスした状態を保つ。

ストレッチされる筋

三角筋前部、大胸筋

肩の関節のストレッチング——立位

14.4　座位での後傾

1. 長座位で両腕を後ろに伸ばし、手のひらを腰の後ろ約30cmの位置の床につける。
2. 指先は後ろに向ける（訳注：外旋位＋回外位）。
3. 両手を後方に滑らせ、上体を後ろに倒す（訳注：背すじはまっすぐにしたままにする）。

ストレッチされる筋

三角筋、大胸筋

肩の関節のストレッチング——座位

上腕後部

14.5　首の後方でのストレッチング（チキンウィング）

1. 立位または座位で、右肩を外転〜挙上させ肘を屈曲させる。
2. 左肩甲骨に向けて右手を下げる。
3. 左手で右肘をつかむ。
4. 左手で右肘を頭の後ろに引き、右肩の外転を大きくする。

ストレッチされる筋

上腕三頭筋、広背筋

上腕三頭筋のストレッチング

上背部

14.6　胸の前での腕交差

1. 立位または座位で、左肘をやや屈曲させ（15〜30°）、腕を身体の前を横切るように伸ばす（肩関節の水平内転）。
2. 右手を左上腕の後面に当て、肘のすぐ上の位置をつかむ。
3. 右手で左腕が胸の前を横切るように（右方向へ）引っ張る（訳注：写真では説明文と左右が逆になっている。したがって、鏡に映った像と考えて説明文を読むと理解できるだろう）。

ストレッチされる筋

三角筋後部、菱形筋、僧帽筋中部

上背部のストレッチング

14.7　頭上への腕伸ばし（ピラー）

1. 立位で、両腕を身体の前に伸ばし、両手の指を組み合わせて手のひらを外に向ける（訳注：両手を組んだままで回内・内旋させる）。
2. 腕をゆっくりと頭上に挙げ、肘を伸ばして手のひらを上に向ける。
3. 手、腕をさらに高く伸ばす。
4. 頭上に挙げたまま、ゆっくりとやや後ろに反らす。

ストレッチされる筋

広背筋

上背部および前腕のストレッチング

下背部

14.8　脊柱の回旋（プレッツェル）

1. 座位で両脚を伸ばして上体をほぼ垂直に立て、右足を左膝の左側に置く（訳注：このとき右膝を曲げる）。
2. 左肘の後側を曲げた右膝の右側につける。
3. 右手を腰の後方30～40cm離れた床の上に置く。
4. 左肘で右膝を左に押すと同時に、肩と頭をできるだけ右に回し、後ろを見るようにする（訳注：背すじは伸ばしたままにする）。

ストレッチされる筋

内腹斜筋、外腹斜筋、梨状筋、脊柱起立筋

下背部および体側のストレッチング

14.9　膝半屈曲姿勢での上体倒し（セミレッグストラドル）

1. 座位で両膝を30～50°曲げ、両脚を完全にリラックスさせる。
2. 膝は外側に向ける。膝の外側は床についてもつかなくてもよい。
3. 腕を前に伸ばして、上体を腰から前に倒す。

注：膝を曲げ脚をリラックスさせると、ハムストリングスの関与が少なくなり下背部をよりストレッチさせることができる。

ストレッチされる筋

脊柱起立筋

座位からの下背部のストレッチング

股関節

14.10 フォワードランジ（フェンシング）

1. 立位で、右脚を前方に大きく踏み出し、右膝が足部の真上にくるまで曲げる（ランジと同じ姿勢）。
2. 右足は足裏全体をしっかりと床につける。
3. 後脚は真っ直ぐ伸ばしておく。
4. 後足は、つま先を前足と同じ方向に向ける。踵は床につけなくてもよい。
5. 上体を真っ直ぐに起こし、手は腰か前脚の上に置く。
6. ゆっくりと腰を前下方へ落とす。

ストレッチされる筋
腸腰筋、大腿直筋

股関節屈筋群のストレッチング

14.11 仰臥位での膝関節屈曲

1. 仰臥位で、両脚を伸ばす。
2. 右脚の膝と股関節を屈曲させ、膝を胸に近づける。
3. 両手を大腿部の裏に当てて、膝を胸に引き寄せる。

ストレッチされる筋
股関節伸筋群（大殿筋、ハムストリングス）（訳注：原文ではハムストリングスもストレッチされるとしているが、膝を曲げているのでハムストリングスがストレッチされることはほとんど期待できない）

殿筋群およびハムストリングスのストレッチング

体幹

14.12 両腕を伸ばしての側屈

1. 足を肩幅に開いて立つ。
2. 両手の指を組み、手のひらを外に向ける。
3. 腕を上に伸ばす。
4. 腕を伸ばしたまま、腰から左側に上体を傾ける（訳

注：側屈を深めていく際に前かがみにならないように注意する）。膝を曲げない。

ストレッチされる筋

外腹斜筋、広背筋、前鋸筋

体側や上腕三頭筋、上背部のストレッチング

14.13 腕を曲げての側屈

1. 足を肩幅に開いて立つ。
2. 右肘を曲げて頭上に挙げる。
3. 右手は左肩方向に下ろす。
4. 左手で右肘をつかむ。
5. 肘を頭の後ろに引く。
6. 腕を曲げたまま、上体を腰から左側に傾ける。
7. 膝を曲げない。

ストレッチされる筋

外腹斜筋、広背筋、前鋸筋、上腕三頭筋

体側や上背部のストレッチング

373

大腿前面と股関節屈筋群

14.14 側臥位での大腿四頭筋のストレッチング

1. 左側を下にした側臥位で、両脚を伸ばす。
2. 左前腕を床につけ、上腕は床と垂直にする。
3. 左前腕を上体に対し45°の角度に置く（訳注：写真では前腕が45°になっていない）。
4. 右膝を曲げ、右踵を殿部に近づける。
5. 右手で右足首前面をつかみ、殿部に引き寄せる。

注：ストレッチは膝関節の屈曲と股関節の伸展により起こる（訳注：したがって、膝を屈曲させても、股関節が屈曲されたままであれば、目的の筋をストレッチすることはできない。しかし、このガイドラインの動作ができないとすると、何らかの理由で大腿四頭筋、腸腰筋のいずれか、または両方が硬くなっている可能性がある）。

ストレッチされる筋

大腿四頭筋、腸腰筋（訳注：写真は左右が逆になっている）

大腿四頭筋のストレッチング

大腿後面

14.15 長座位体前屈

1. 座位で上体はほぼ垂直に起こし、両脚を伸ばす。
2. 股関節を屈曲させて上体を前傾し、両手でつま先をつかむ。つかんだつま先を上体方向にやや引き寄せるようにして、同時に胸を脚に近づける。柔軟性が低い場合は足首をつかむようにする。

ストレッチされる筋
ハムストリングス、脊柱起立筋、腓腹筋

ハムストリングスや下背部のストレッチング

14.16 セミストラドル（4の字）

1. 座位で上体はほぼ垂直に起こし、両脚を伸ばす。
2. 右膝を曲げ、右足裏を左膝の内側に当て（訳注：右膝屈曲＋右脚外転外旋位）、左脚の外側は床につける。
3. 股関節を屈曲させて上体を前傾し、左手で左のつま先をつかむ。つかんだつま先を上体方向にやや引き寄せるようにして、同時に胸を左脚に近づける。

ストレッチされる筋
腓腹筋、ハムストリングス、脊柱起立筋

ハムストリングスや下背部のストレッチング

鼠径部

14.17　開脚での上体倒し（ストラドル、スプレッドイーグル）

1. 座位で上体はほぼ垂直に起こし、両脚を伸ばす。股関節を外転させ、両脚をできるだけ大きく開く（訳注：このとき、できるだけ骨盤前傾を保つ）。
2. 両手で左足のつま先をつかんでやや引き寄せ、同時に胸を左脚に近づける。
3. 右手で右のつま先を、左手で左のつま先をつかんで、正面でも同じように体幹を前傾させて床に近づける。

ストレッチされる筋
腓腹筋、ハムストリングス、脊柱起立筋、股関節内転筋群、縫工筋

ハムストリングスや股関節内転筋群のストレッチング

ハムストリングスや股関節内転筋群、下背部のストレッチング

14.18　バタフライ

1. 座位で上体はほぼ垂直に起こし、両膝を曲げ、両方の足裏を合わせる（訳注：できるだけ骨盤前傾を保つ）。
2. 足を身体のほうに引く。
3. 手は足の上、肘は脚の上に当てる。
4. 肘で脚を押し下げ、股関節を外転させながら、上体を軽く前傾する。

ストレッチされる筋
股関節内転筋群、縫工筋

股関節内転筋群のストレッチング

下腿

14.19 ウォールストレッチング

1. 壁に向かって両足を肩幅に開き、壁からつま先までが約60cm離れた位置に立つ。
2. 両手を壁につき、(身体全体を)前傾させる。
3. ストレッチするほうの脚を約60cm後ろに踏み出し、反対側(前)の膝を屈曲する。
4. 後脚の膝を伸展し、踵を床につけてストレッチする。

ストレッチされる筋

腓腹筋、ヒラメ筋、アキレス腱

ふくらはぎのストレッチング

14.20 ステップストレッチング

1. 片足の母趾球を8〜10cm高のステップまたは板の端に置き、もう片方の足は完全にステップ上に置く。
2. 膝を伸展したまま、端に乗せているほうの足の踵をできるだけ下げる。
3. 反対側も同様に行う。

注:アキレス腱を伸ばすためには同じ動作を、膝を10°屈曲させて行う。

ストレッチされる筋

腓腹筋、ヒラメ筋、アキレス腱

段差に立って行うふくらはぎのストレッチング

377

動的ストレッチングテクニック

13.21 腕振り（アームスイング）	379
13.22 インチワーム（尺取虫）	379
13.23 ランジウォーク	380
13.24 オーバーヘッドサイドリーチを伴うランジ	380
13.25 ウォーキング・ニーリフト	381
13.26 フォワードランジ（肘の動きをつけて）	382

13.27 ヒール・トゥー・トウ（踵からつま先）・ウォーク	383
13.28 ウォーキングオーバー＆アンダー	384
13.29 インバーティッド・ハムストリングスストレッチ	385
13.30 ストレートレッグ・マーチ	386
13.31 スパイダーマンクロール	386

動的ストレッチングのガイドライン

- その場で、または一定の距離を移動して行う場合もそれぞれの動作を 5〜10回繰り返す。
- 可能であれば、回数を重ねるごとに徐々に関節可動域を広げていく。
- 適切であれば、セットを重ねるごとに動作のスピードを上げていくが、動作の制御を常に維持する。
- 可動域全体を通して、動かしているとき、能動的に筋活動を制御する。
- 適切であれば、競技パフォーマンスで求められる動作を模倣することに挑戦する。

動的ストレッチングの注意事項

- 徐々に関節可動域を広げていく。
- 動作全体を通して慎重に行い反動をつけない（動作を常にコントロールすべきである）。
- テクニックを無視して関節可動域を広げようとしないこと。

動的ストレッチングテクニック

14.21 腕振り（アームスイング）

1. 真っ直ぐに立ち、両腕が床と平行になるように前方へ挙上する。
2. 指示された距離を歩きながら、両腕を左右に振る。まず、左腕が胸の前に、左手の指は左肩の真横に向き、右腕は身体の後方までくるように、両腕を同時に右に振る。
3. すぐに両腕で逆方向へ同じ動作を行う。
4. 体幹、顔を正面に向けたまま、肩関節のみで動作が起こるようにする。
8. 両腕を同時に、左右交互に振る。

ストレッチされる筋
広背筋、大円筋、三角筋前部、三角筋後部、大胸筋

14.22 インチワーム（尺取虫）

1. 真っ直ぐに立ち、足を肩幅に開く。
2. 膝を軽く屈曲し、ウエストから上体を前に倒して、両方の手のひらを肩幅で床につける。
3. 体重が両手に乗らないようにやや後方に体重を残し、身体で逆Vの字をつくるようにイメージし、殿部を上方に高く上げる。
4. 両手を歩くように少しずつ交互に前に出し、プッシュアップの姿勢になるまで移動させる。
5. 腕立て伏せの姿勢から、膝は軽く屈曲したまま、足を少しずつ前に歩ませ、手に近づける。
6. 指示された距離にわたって、この動作を繰り返す。

ストレッチされる筋
脊柱起立筋、腓腹筋、大殿筋、ハムストリングス、ヒラメ筋、前脛骨筋

動的ストレッチングテクニック

14.23 ランジウォーク

1. 直立姿勢で、両足を平行にして肩幅に開く。
2. 左脚（踏み出し脚）を大きく前に踏み出し、つま先を真っ直ぐ前に向けて、足の裏全体をしっかりとつける。
3. 左股関節と左膝をゆっくりと屈曲させ、左膝は左足の真上に保つ。
4. 右膝を軽く曲げ、床上3〜5cmの位置まで下げる。右足つま先は真っ直ぐ前方へ向ける。
5. 右足の母趾球と左足全体に均等に体重がかかるようにする。
6. 右脚の上に「腰を落とす」ように意識し、体幹は床と垂直に保つ。
7. 左股関節と左膝の伸展により、強く床を押す。
8. 右を引き上げ、左足の横につける。左足より前に踏み出さない。
9. 真っ直ぐに立ち、一瞬間をおいてから、右足を踏み出し同じように動作を行う。一歩ずつ前方へ進む。

ストレッチされる筋

大殿筋、ハムストリングス、腸腰筋、大腿四頭筋

14.24 オーバーヘッドサイドリーチを伴うランジ

1. 直立姿勢で、両足を平行にして肩幅に開く。
2. 左脚（踏み出し脚）を大きく前に踏み出し、つま先を真っ直ぐ前に向けて、足の裏全体をしっかりとつける。
3. 左股関節と左膝をゆっくりと屈曲させ、左膝は左足の真上に保つ。
4. 右膝を軽く曲げ、床上3〜5cmの位置まで下げる。右足つま先は真っ直ぐ前方へ向ける。
5. 右腕を頭上高く引き挙げ、体幹を左脚方向に側屈させる。
6. 体幹を直立させた姿勢に戻り、左股関節と左膝の伸展により、強く床を押す。
7. 右足を引き上げ、左足の横につける。左足より前に踏み出さない。
8. 真っ直ぐに立ち、一瞬間をおいてから、右足を踏み出し同じように動作を行う。一歩ずつ前方へ進む。

ストレッチされる筋

大殿筋、ハムストリングス、腸腰筋、広背筋、内腹斜筋、外腹斜筋、大腿直筋

動的ストレッチングテクニック

14.25 ウォーキング・ニーリフト

1. 直立姿勢で、両足を平行にして肩幅に開く。
2. 左脚を前方に踏み出し、右脚の膝と股関節を屈曲させ、右膝を胸に引き寄せる。
3. 右膝または右脛上部をつかみ、両腕で右膝を高く引き上げ胸部に右大腿を押し当てる（訳注：このとき、骨盤前傾を保ち、支持脚の膝が曲がらないよう注意する）。
4. 右股関節と右膝を屈曲させたまま右足関節を背屈させる。
5. 体幹の直立を保ったまま一瞬間を置き、右脚のステップへと進む。
6. 体重を右脚に移し、左脚で同じ動作を繰り返す。
7. 一歩ずつ前進し、徐々に関節可動域とスピードを上げていく。

ストレッチされる筋

大殿筋、ハムストリングス

動的ストレッチングテクニック

14.26　フォワードランジ（肘の動きをつけて）

1. 直立姿勢で、両足を平行にして肩幅に開く。
2. 左脚（踏み出し脚）を大きく前に踏み出し、つま先を真っ直ぐ前に向けて、足の裏全体をしっかりとつける。
3. 左股関節と左膝をゆっくりと屈曲させ、左膝は左足の真上に保つ。
4. 右膝を軽く曲げ、床上3〜5cmの位置まで下げる。右足つま先は真っ直ぐ前方へ向ける。
5. 上体を前に傾け、左肘で左足の甲にタッチする。バランスを保つために右手を床につけてもよい。
6. 体幹を直立させた姿勢に戻り、左股関節と左膝の伸展により、強く床を押す。
7. 右足を引き上げ、左足の横につける。左足より前に踏み出さない。
8. 真っ直ぐに立ち、一瞬間をおいてから、右足を踏み出し同じように動作を行う。一歩ずつ前方へ進む。

ストレッチされる筋
大腿二頭筋、脊柱起立筋、腓腹筋、大殿筋、ハムストリングス、腸腰筋、広背筋、外腹斜筋、内腹斜筋、大腿四頭筋、大腿直筋、ヒラメ筋

動的ストレッチングテクニック

14.27　ヒール・トゥー・トウ（踵からつま先）・ウォーク

1. 直立姿勢で、両足を平行にして肩幅に開く。
2. 右脚を前方に小さく踏み出す。まず右足の踵を着地させ、足関節を背屈させたままにする。
3. すぐに足裏で転がるように右母趾球に荷重を移し、できるだけ高く踵を引き挙げて爪先立ちになる。
4. 次の一歩を踏み出すために左脚を前方へ小さく踏み出す。
5. 左側で同じ動作を繰り返し、一歩ずつ前進する。

ストレッチされる筋

腓腹筋、ヒラメ筋、前脛骨筋

動的ストレッチングテクニック

14.28　ウォーキングオーバー&アンダー

1. 直立姿勢で、両足を平行にして肩幅に開く。
2. 左股関節と左膝を屈曲し、次に左大腿が床と平行になるまで外転させる。
3. 最初のハードルを横にまたぎ、左側方へ左脚を踏み出す。
4. 左足をしっかりと床に着地させ、荷重を左脚に移し、最初のハードルをまたぎ、右脚を挙げる。
5. 右脚でハードルをまたいだ後、右足を床にしっかりと着地させ直立し、一瞬、間をおいてから、フルスクワット動作を行うように両股関節・両膝を屈曲、足関節を背屈させる。
6. ラテラルランジのように左脚を左側方に伸ばす。
7. 体重を低く保ち、2つ目のハードルをくぐるように荷重を側方に移動させる。
8. 直立し、一瞬、間をおいてから、反対方向に同様の動きを繰り返す。2つ目のハードルを右方向にくぐり、最初のハードルを右方向にまたぐ。

注：もしハードルを使えない場合は、ハードルを側方へまたぎ、ハードルの下をくぐる動作を模倣することによって行うことができる。

ストレッチされる筋

股関節内転筋群、股関節外転筋群、腓腹筋、大殿筋、ハムストリングス、腸腰筋、大腿直筋、ヒラメ筋

動的ストレッチングテクニック

14.29　インバーティッド・ハムストリングスストレッチ

1. 真っ直ぐに立ち、左脚を前に小さく踏み出す。
2. 腰から前傾させる。
3. 左腕を前方に伸ばし、同時に右脚を後ろへ伸ばす。
4. 左右の股関節は水平を保つよう努力する。
5. 身体全体をまっすぐに保ちつつ倒していき、ハムストリングスに伸張を感じるまで伸ばすが、最終的に身体が床と平行になるような姿勢が狙いである。
6. 右手は床に向けて伸ばす。
7. 立っている側の脚（支持脚）のハムストリングスや殿筋群を能動的に用いて開始姿勢に戻る。
8. 反対側の脚を踏み出し、同様に反対の脚で行う。

ストレッチされる筋

大殿筋、ハムストリングス、股関節内転筋群、股関節外転筋群、脊柱起立筋

動的ストレッチングテクニック

14.30　ストレートレッグ・マーチ

1. 両腕を胸の前に伸ばし、直立姿勢をとる。
2. 左脚でつま先立ちとなり、同時に右脚は伸ばしたまま前上方に挙上し、できるだけ可動域全体にわたって能動的に動かすことを狙いとする。
3. 一番高いところに到達したら、挙上した脚を能動的に開始姿勢に戻す。
4. エクササイズ全体を通して、直立姿勢を維持する。
5. 反対側の脚で同様に繰り返し、前方へ進む。

ストレッチされる筋

大殿筋、ハムストリングス、腸腰筋、大腿直筋

14.31　スパイダーマンクロール

1. プッシュアップ姿勢をとるが、肘を曲げて通常より低い姿勢にする。
2. 左脚を挙上し、外転させ、膝が左肘の外側にくるようにする。
3. 手を斜め前方へ、身体を横切るように動かす。
4. 差し出した右手の外側に右脚を運び、定められた距離まで繰り返す。
5. 左右交互に繰り返し、求められる距離まで進む。

ストレッチされる筋

大腿二頭筋、脊柱起立筋、腓腹筋、大殿筋、ハムストリングス、腸腰筋、広背筋、内腹斜筋、外腹斜筋、大腿四頭筋、大腿直筋、ヒラメ筋

重要語句

アクティブストレッチ（active stretch）

主働筋収縮（アゴニストコントラクション）（agonist contraction）

自己抑制（autogenic inhibition）

球関節（ball-and-socket joint）

バリスティックストレッチ（ballistic stretch）

コントラクト－リラックス（contract-relax）

動的柔軟性（dynamic flexibility）

動的ストレッチ（dynamic stretch）

弾性（elasticity）

楕円関節（ellipsoidal joint）

線維症（fibrosis）

柔軟性（flexibility）

一般的ウォームアップ（general warm-up）

ゴルジ腱器官（Golgi tendon organ：GTO）

蝶番関節（hinge joint）

ホールド－リラックス（hold-relax）

ホールド－リラックス（アゴニストコントラクションを伴う）（hold-relax with agonist contraction）

機械受容器（mechanoreceptor）

可動性ドリル（mobility drills）

筋紡錘（muscle spindles）

受動的ストレッチ（passive stretch）

可塑性（plasticity）

増強効果（potentiation）

固有受容性神経筋促通法（proprioceptive neuromuscular facilitation：PNF）

上昇・活性化および可動化・増強（RAMP：Raise, Activate and Mobilize, and Potentiate）

関節可動域（range of motion：ROM）

相反抑制（reciprocal inhibition）

特異的ウォームアップ（specific warm-up）

静的柔軟性（static flexibility）

静的ストレッチ（static stretch）

伸張反射（stretch reflex）

例題

1. ウォームアップにおける体温に関連しない効果は、以下のどれか。
　　a. 神経機能の促進
　　b. 一時的な結合組織の結合の離開
　　c. 酸素消費のベースラインの上昇
　　d. 筋温の上昇

2. PNFストレッチング時に刺激されたゴルジ腱器官（GTO）が起こす反応はどれか？
　　a. 拮抗筋の収縮によるストレッチ（伸張）された筋の弛緩
　　b. ストレッチされた筋が収縮することによる拮抗筋の弛緩
　　c. 拮抗筋の収縮による拮抗筋自体の弛緩
　　d. ストレッチされた筋の収縮によるその筋自体の弛緩

3. 筋紡錘の刺激を低下させるストレッチング方法はどれか？
　　a. 動的ストレッチング
　　b. バリスティックストレッチング
　　c. 静的ストレッチング
　　d. 受動的ストレッチング

4. 筋紡錘の刺激により誘発される反応はどれか？
　　a. GTOの弛緩
　　b. ストレッチされた筋の弛緩
　　c. ストレッチされた筋の収縮。
　　d. 拮抗筋の収縮

5. アゴニストコントラクションを伴うホールド－リラックスによるPNFストレッチングをハムストリングスで行うと、以下のどの要因で柔軟性は増大するか？
　　Ⅰ. 自己抑制
　　Ⅱ. ストレッチ抑制
　　Ⅲ. 相反抑制
　　Ⅳ. 伸筋交替抑制
　　a. Ⅰ、Ⅲ
　　b. Ⅱ、Ⅳ
　　c. Ⅰ、Ⅱ、Ⅲ
　　d. Ⅱ、Ⅲ、Ⅳ

CHAPTER 15

Exercise Technique for Free
Weight and Machine Training

フリーウェイトおよび
マシーントレーニングのための
エクササイズテクニック

Scott Caulfield, BS, and Douglas Berninger, MEd

▶ 本章を終えると

- レジスタンストレーニング種目を正しく実施するための一般的テクニックを理解することができる。
- 呼吸法のガイドラインを提供することができる。
- ウェイトベルトの装着が適切かについて判断できるようになる。
- フリーウェイトエクササイズの補助の仕方を示す。
- 適切なレジスタンストレーニングの方法と補助のテクニックを教えることができる。

著者は、本章の執筆にあたって多大な貢献をいただいたRoger W. Earle、Thomas R. Baechleに対し、ここに感謝の意を表します。

本章では、安全で効果的なウェイトの挙上や指導、補助のテクニックについてのガイドラインと手順を示す。安全で効果的なレジスタンストレーニングの基本はエクササイズを正しく実行することである。エクササイズが正しく行われ、また適切に補助されることによって、ケガをなくし、時間的効率も高めることができる。

本章の前半は、エクササイズを正しく行い、補助する際の基本的テクニックや、挙上の際のウェイトベルトの使用法について述べる。後半には、レジスタンストレーニング種目の実施法、補助テクニックについてのチェックリストと写真を掲載している。読者がこれらのエクササイズによく慣れていることを前提とし、そのエクササイズの実施法として最も広く認知されているテクニックを、ガイドラインとして示している。各エクササイズを正しく実施および補助するためのすべてのバリエーションを解説したものではない。

エクササイズテクニックの基礎知識

レジスタンストレーニング種目のテクニックには共通する要素がいくつかある。フリーウェイトやマシーンエクササイズにおけるバーやダンベル、ハンドルの握り方（グリップ）は数種類あり、また、身体や腕、脚の位置、動作範囲やスピード、呼吸法などが適切であることが絶対的に必要とされる点は、あらゆるエクササイズに共通である。さらに、ウェイトベルトの使用やバーを床から上げる手順を明確にしておくべきエクササイズもあるだろう。

グリップ

レジスタンストレーニング種目では通常、次の2つのグリップが用いられる。a) **プロネイティッドグリップ**（手掌が下で甲が上になる。いわゆる順手。**オーバーハンドグリップ**ともいう）と、b) **スピネイティッドグリップ**（手掌が上で甲が下になる。いわゆる逆手。**アンダーハンドグリップ**）である（図15.1）（バリエーションとして握手のように手の甲が横を向く**ニュートラルグリップ**がある）。この2つほど一般的ではないが、一方の手をプロネイティッドグリップ、他方をスピネイティッドグリップとす

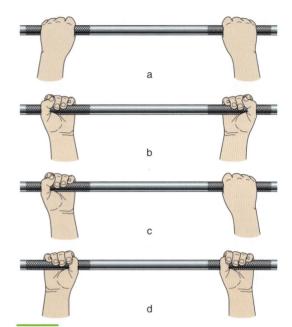

図15.1 バーのグリップ。(a) プロネイティッド、(b) スピネイティッド、(c) オルタネイティッド、(d) フック（後方からみた図）。

る**オルタネイティッドグリップ**や、プロネイティッドグリップと同様の手の向きで人差し指と中指の下へ親指を握り込む**フックグリップ**がある。

フックグリップは、通常、より強力なグリップを必要とするエクササイズ（パワーエクササイズ。例：スナッチ）で使われる。注意するべき点は、以上のグリップはすべて親指をバーベルに巻きつけるものであり、これを**クローズドグリップ**と呼ぶ。これに対して親指をバーベルに巻きつけないグリップを、オープングリップ、あるいは**フォールスグリップ**と呼ぶ。

正しいグリップを確立するには、両手の間隔（**グリップ幅**）やバーの中心からの距離（バランスを維持するため）も重要である。グリップ幅には、通常幅と、それより広いワイドグリップ、狭いナロウグリップの3種類（図15.2）がある。ほとんどのエクササイズでは両手の間の幅は肩幅とほぼ同じ間隔にする。どのようなエクササイズでも、バーのバラン

図15.2 グリップ幅

スが取れるる左右均等な手の位置にする。ウェイトリフティングエクササイズやそのバリエーションでは、2種類のグリップが用いられる。すなわち、(a) **クリーングリップ**、(b) **スナッチグリップ**である。これら両方のグリップとも、プロネイティッドでクローズドな手の位置である。クリーングリップは、肩幅よりやや広く、両膝の外側となる。スナッチグリップは、広いグリップであり、2種類の方法を用いて幅を決定することができる。手首から反対側の肩までの距離、そして肘から肘までの距離（スケアクロウ法とも呼ばれる。訳注：スケアクロウとは、案山子のことである）。クリーングリップとスナッチグリップのどちらも、より力強いグリップを得るためにフックグリップ（前述）を用いることがしばしばある。

安定した体幹および四肢の位置（姿勢）

バーベルやダンベルを床から持ち上げるにしても、マシーンで押す（あるいは引く）動作をするにしても、最適なパフォーマンスには安定した身体各部位の位置取りを確保することが重要である。安定した姿勢が保持されれば、動作中、身体の正しいアライメントが維持され、筋や関節に適切なストレスを加えることができる。

立位で行うエクササイズでは、一般に両足の間の幅は腰幅よりやや広くし、足の母趾球と踵をしっかり床につけて立つ。マシーンでの安定した姿勢の確保には、マシーンのシートやアームの調節、シートベルトの適切な利用が必要な場合もある。

座位または**仰臥位**（仰向けに寝る）のエクササイズをベンチで行う場合には、以下の5カ所をベンチや床につけた**5ポイントコンタクト姿勢**をとる。

1. 後頭部　ベンチ、または背面のパッドにしっかりとつける。
2. 上背部、肩　ベンチ、または背面のパッドに、左右均等にしっかりとつける。
3. 殿部　ベンチ、またはシートに左右均等につける。
4. 右足　足裏全体を床にぴったりとつける。
5. 左足　足裏全体を床にぴったりとつける。

エクササイズの開始時にこの5ポイントコンタクトを確立し、動作中その姿勢を保持することが、最

大限の姿勢の安定性を確保し、脊柱の保護につながる（2,9,10）。

> ▶ 立位で行うエクササイズでは、一般に両足の間の幅は腰幅よりやや広くし、足の母趾球と踵を床につける。座位または仰臥位のエクササイズをベンチで行う場合、通常、5ポイントコンタクトの姿勢をとることが求められる。

カムやプーリー、てこ機構を用いた回転軸を持つマシーンで安全に、また効果的に行うためには、身体や腕、脚の位置を適切に決めなければならない。エクササイズに関与する関節と、マシーンの軸が合うように、シート、足首および腕用のローラーパッド、大腿、胸、背中用のパッドを動かす必要があるかもしれない。たとえば、レッグエクステンションでは、マシーンの軸と膝関節が揃うように、足首のローラーパッドと背中のパッドをそれぞれ上下、前後に調整する。

可動域とスピード

可動域（ROM）全体にわたる動作が行われると、エクササイズ効果は最大となり、柔軟性は維持または向上する。理想的には、最大限の向上を図るためには、エクササイズの動作範囲が関わっている関節の全可動域と同じ、すなわち、関節の全可動域を使う動作を行うべきだが、それが不可能な場合（ランジの「引き脚」の膝関節）や推奨されない場合（スクワット時の椎間関節）もある。

コントロールしてゆっくりと行うと、可動域全体で動作が行われる可能性が高くなる。しかしながら、パワーエクササイズやクイックリフト（パワークリーン、プッシュジャーク、スナッチ）を行うときは、動作をコントロールしエクササイズ全体を通して適切なフォームで、最大スピードへとバーを加速させるように力を発揮する努力をしなければならない。

呼吸に関する注意点

エクササイズの反復中に最も大きな力が要求される部分（通常、伸張性局面から短縮性局面への移行直後に現れる）を**スティッキングポイント**という。ストレングス＆コンディショニング専門職は、一般にスティッキングポイントでは息を吐き、動作の中で、よりストレスの少ない局面で息を吸うように選

手に指導するべきである（3,6,7）。たとえば、バイセップスカールのスティッキングポイントは上昇局面（短縮性の肘屈曲）の中間付近で生じるので、この部分では息を吐き、バーを開始姿勢へと下ろすときに息を吸う。この呼吸の方法はほとんどのレジスタンストレーニング種目にあてはまる。

しかし、息を止めるように勧められる状況もある。レジスタンストレーニングの経験を積み、よく鍛練された選手が**ストラクチュラルエクササイズ**（脊椎にストレスのかかるエクササイズ。構造的エクササイズ）を高負荷で行うときには、脊柱のアライメントを正しく保ち、支えるために、**バルサルバ法**が役立つ場合もある。第2章で述べたように、バルサルバ法は、声門を閉じた状態で呼気を行い、同時に腹部、胸肋部の筋を収縮させることで、体幹下部は液体の入った硬い部分に、そして上部は空気の入った部分（すなわち「液体の入ったボール」）をつくる。バルサルバ法の優れた点は、体幹全体の剛性を増して脊柱を支持し、それによって挙上中に椎間板へかかる圧縮力を低減させるところである（1,4,5,8）。また、各エクササイズのチェックリストに述べられている正常な腰椎前彎（**ニュートラルな脊椎**とも呼ばれる）と上体を起こした姿勢を維持するのを助ける。しかし、結果的に起こる腹腔内圧の上昇が、めまいや見当識障害、過度に高い高血圧、意識喪失など有害な副作用の可能性を持っていることは知っておかなくてはならない。このことが、息を止める局面をごく短時間（1～2秒間）にする、またはそうするべきだとする理由である。非常にトレーニングを積んだ者であっても、血圧はすぐに安静時の3倍に上がってしまうことがあるので、息を止める局面を長く引き延ばすべきではない（7）。

ストレングス&コンディショニング専門職は、スクワットやデッドリフト、ヒップスレッド、レッグプレス、ショルダープレス、パワークリーンの1RMテストにおいて、バルサルバ法を選手にコーチする際の長所と短所を理解する必要がある。安全性とテクニック上の理由から、動作中に脊柱が内側から支えられていることは明らかに重要だとしても、息を止める時間は延長しないように勧められる。

▶ ほとんどのエクササイズでは短縮性局面のスティッキングポイントの間は息を吐き、伸張性局面で息を吸う。経

験を積み、トレーニングされた選手がストラクチュラルエクササイズを行うときには、正しい脊椎のアライメントを保持し、保護するためにバルサルバ法の使用も考えられる（6）。

ウェイトベルト

ウェイトベルトを使用することは、挙上中に腹腔内圧を維持するのを助けると考えられる（5,7）。しかし、ウェイトベルトの使用が適切かどうかは、エクササイズのタイプと挙上する重量によって決まる。下背部にストレスのかかるエクササイズで、最大または最大に近い負荷を扱うセットでは使用が勧められる。このような場合には、正しい挙上フォームと補助の実施に加えて、ウェイトベルトの使用により、下背部の傷害のリスクが低減するだろう。ウェイトベルトの短所は、頻繁に利用しすぎると腹部の筋をトレーニングする機会を減らしてしまうことである。また、下背部にストレスを与えないエクササイズ（バイセップスカール、ラットプルダウンなど）や、下背部にストレスをかけるエクササイズ（バックスクワット、デッドリフトなど）であっても軽い負荷を用いるときには、ウェイトベルトは必要ない。

▶ 一般的に、下背部にストレスのかかるエクササイズで、最大または最大に近い負荷を挙上するセット時には、ウェイトベルトを装着すべきである。下背部にストレスを与えないエクササイズや、下背部にストレスをかけるエクササイズであっても軽い負荷を用いるときには、ウェイトベルトは必要ない。

フリーウェイトエクササイズの補助

補助者（**スポッター**）は、エクササイズの実施を助け、ケガから守る。選手のモチベーションを高めたり、**フォーストレペティション**（**パートナーの補助による動作**）を助ける役目も果たすが、補助される選手の安全を確保することが、補助者の負っている主要な責任である。補助者がこの責任をきちんと果たさなければ、選手が重大なケガを負う結果につながるおそれがあり、また、補助者自身や近くの人もケガをするおそれもあることを心得ておかなければならない。補助を受けての動作は、トレーニング効果を得るためにも有効だが、補助をつけたから安

全性が保障されたということにはならない。

いつ、どのようにフリーウェイトエクササイズを補助するかについて、以下に述べる。この情報を基本として、ストレングス＆コンディショニング専門職は、それぞれのトレーニング環境に応じて適用を考える。

エクササイズの種類と器具

頭より上の位置で行う（例：バーベル・ショルダープレス）、バーを背中に置く（例：バックスクワット）、肩の前部や鎖骨に乗せる（例：フロントスクワット）、あるいは顔の上にバーがくる（例：ベンチプレス、ライイング・トライセップスエクステンション）などの**フリーウェイトエクササイズ**を正しく行うためには、バーやダンベルを身体の横や前で持ったり、持ち上げたりするエクササイズ（例：ラテラル・ショルダーレイズ、バーベル・バイセップスカール）に比べて正しく行うことがより困難であることから、1人またはそれ以上で補助するべきである。バーが頭上、背中や鎖骨上、または顔の上にくるエクササイズは（ダンベルを使うものはとくに）、補助者にとってより高度なスキルを要し、選手にとっても潜在的に最も危険なエクササイズである。一般にダンベルエクササイズの補助は、監視しながら補助すべき用具が多いため、バーベルエクササイズよりも高いスキルが求められる。また、パワーエクササイズは補助するべきではない。

▶ **パワーエクササイズ**を除いて、バーを頭上へ挙げる、背部に置く、肩の前部に乗せる、あるいは顔の上を通るフリーウェイトエクササイズは一般に1人以上の補助者を要する。

ウェイトを頭上へ上げるエクササイズ、バーを背中や肩の前に乗せるエクササイズの補助

ウェイトを頭上へ上げるエクササイズや背中、肩の前にバーを乗せるエクササイズは、選手や補助者、周囲にいる人の安全を確保するために、理想的には、適切な高さにクロスバーを備えたパワーラックで行うべきである。使用しないプレート、バー、ロック（止め具）、プレートラックはすべて、つまずいたりぶつかったりしないように、またバーの動きに影響を受けないように、ウェイトを挙上する場所から取り

除いておかなくてはならない。挙上する選手以外は、ウェイトを挙上する場所から離れているよう指導する。このようなエクササイズで挙上される負荷はかなりの重量になるので、十分な補助の役割を果たすためには、補助者は挙上者と同程度以上の筋力と身長であるべきである。重い重量を持って**ラック外で行うエクササイズ**（例：フォワードステップランジ、ステップアップ）は、重大なケガにつながるおそれがある。したがってこれらのエクササイズを行えるのは、十分に鍛練され、技術を持った選手のみであり、また経験を積んだ専門職が補助しなければならない。

顔の上を通るエクササイズの補助

顔の上を通るバーベルエクササイズの補助で重要なのは、補助者がオルタネイティッドグリップで、通常、選手のグリップ幅より狭く握ることである。ライイング・トライセップスエクステンションや、バーベルプルオーバーなどのエクササイズでは、バーが弧を描いて移動するため、床からバーを上げたり、床に戻したりする際にはオルタネイティッドグリップで、バーを補助する際にはスピネイティッドグリップで行う場合もある。これは、バーが補助者の手から選手の顔や首に転がり落ちないようにするためである。補助者は、中程度の負荷から高負荷の挙上時に、バーをつかんだり、挙上を（通常、挙上者より高い位置から）補助したりする必要に迫られる場合があるので、安定した場所に立ち、脊柱をニュートラルに保つことがきわめて重要である。

ダンベルエクササイズの補助で重要な点は、できるだけダンベルに近い部位を補助すること、エクササイズによってはダンベル自体を持って補助することである。ストレングス＆コンディショニング専門職の中にはダンベル動作の補助として選手の上腕や肘を持つことを提唱する者もいるが（図15.3a）、この方法は傷害を引き起こす可能性がある。このような補助では、選手の肘が崩れた（すなわち屈曲した）ときに、ダンベルが選手の顔や胸にぶつかることを止められないおそれがある。前腕の手首に近い部分を補助することが（図15.3b）、より安全な補助テクニックである。ダンベル・プルオーバーや、オーバーヘッド・ダンベルトライセップスエクステンションなどのエクササイズでは、ダンベル自体に手を当

図15.3 (a) ダンベルでの間違った補助の位置、(b) 正しい補助の位置。

てて補助する必要がある。

パワーエクササイズは補助しない

　エクササイズのタイプによっては、前述したように補助が必要となるが、パワーエクササイズには補助は勧められない。ストレングス＆コンディショニング専門職は、これらのエクササイズでは補助するのではなく、動作をコントロールできなくなったときにどうやってバーから逃げるかを選手に指導する必要がある。このタイプのエクササイズを補助することは補助者、選手双方にとって非常に危険である。身体の前面でバーを扱えなくなった場合には、バーを押しやるか、あるいは単に下へ落とすように指導する。身体の後ろや頭上でコントロールを失ったときは、バーから手を離し、前方へ跳ぶように指導する。このようなことから、これらのエクササイズを行う前に、周囲やプラットフォームに人がいないことと、不要な用具が置かれていないことを確認しておく必要がある。

補助者の数

　必要とされる補助者の数は、挙上される負荷、選手と補助者の経験や能力、補助者の筋力に応じて決まる。負荷が重いほど、重篤なケガが発生する可能性が高くなる。補助者による選手（および補助者自身）を有効に保護する能力を超えた負荷を用いる場合、補助者をもう1人加えなければならない。ただし、負荷を十分に扱えるのであれば、補助者は1人のほうが好ましい。これは、補助者が2人以上になった場合、補助者同士および選手との間でタイミングを合わせなくてはならないからである。補助者の数が増すほど、補助のタイミングや技術的なミスが生じる可能性が高くなる。

補助者と選手のコミュニケーション

　意思の疎通を図る責任は、補助者と選手の双方にある。セットの開始前に、選手は、最初にバーをどう扱うか、何回行おうとしているか、動作を開始する位置にバーを動かしてよいかを、補助者に告げなければならない。このようなことを補助者が知らないと、バーの扱いが不適切になったり、補助が早すぎたり遅すぎたりして、エクササイズの失敗やケガにつながるおそれがある。

リフトオフの適用

　リフトオフとは、ラックなどに置かれているバーを、エクササイズを開始する位置まで動かすことである。通常、補助者は肘を伸展した選手の手にバーベルやダンベルを持たせ、適切な開始位置へバーベルやダンベルを動かす補助をする。選手によっては、補助者によるリフトオフを好む場合と、そうでない場合がある。リフトオフが必要な場合や頼まれた場合、選手と補助者は事前に口頭による合図を決めておく（例：「よしといったら」「3つ数えたら」など

の掛け声）。一般には、選手がまず準備できたことを合図し、補助者が「1、2、3」と数え、「3」の掛け声でバーを開始位置まで移動させる。通常、リフトオフが用いられるのはベンチプレス（ラックから外す）、ショルダープレス（ラックまたは肩から外す）、しゃがむ姿勢になるエクササイズでラックが低すぎて調節できないときなどである。補助者が2人の場合、ベンチプレスで選手がリフトオフを望めば、1人の補助者がリフトオフを助け、その後すぐに補助のためにバーの片端に移動する（もう1人はすでにもう一方の端で補助の準備をしている）。リフトオフを行う補助者は、必ずリフトオフが完了する時点で選手がバーのコントロールをしているかを確かめなければならない。エクササイズ完了後に選手がラックにバーを戻す際には、2人の補助者がともに補助をする。

補助の度合いとタイミング

　選手を「いつ」「どのくらい」助けるのがよいかを知ることは、補助の重要な一面であり、これがわかるには補助者が適切な補助のテクニックの経験を積むことが必要となる。一般にほとんどの場合は、スティッキングポイントを通過して動作を無事完了できる程度の補助をすれば十分であるが（いわゆるパートナーの補助による動作）、補助者が全負荷を引き受けなければならない場合もある。その動作を失敗しそうだと感じたら、選手はただちに補助者に助けを求めるか、何らかのサイン（うなったり、声を出すなど）を出したりしなければならない。補助者は必要とされている補助を素早く行う。仮に、選手が動作を全く続行できなくなったら、選手はただちに補助者へ「持ってくれ」などの事前に打ち合わせた言葉を発するようにする。どのようなときでも、あるいは理由が何であれ助けを求められれば、補助者は、可能ならば素早く、かつスムーズにバーを持つべきである。挙上者が扱う負荷量が急激に変化しないようにする。選手は、バーがラックまたは床に安全に戻されるまで、バーベルを保持するように努めるべきである。これが補助者と選手両方をケガから守ることになる。

　エクササイズテクニックのチェックリストに示されている補助のガイドラインは、一般的なトレーニ

補助のガイドライン

　補助を必要とするエクササイズ（顔から首より上や、背面で行うもの）は、難易度がより高いレベルであり、したがって追加的な安全に対する配慮を必要とする。ケガをする可能性のあるエクササイズは、補助を用いるべきである。

- 補助は、バーベルやダンベルが頭上や背中、肩の前、顔の上にくるなどの、スキルの必要な多関節エクササイズにおいて必要である。
- 頭上でのエクササイズや、背中あるいは肩の前にバーをラックする（載せる）エクササイズでは、1人以上の補助者が必要となるかもしれない。複数の補助者は、どこまで、そしてどのように補助するかを教えられていなければならない。
- 顔の上のエクササイズにおける補助では、補助者は挙上された器具や挙上者の手首を握る必要がある。エクササイズを安全に終えるのが難しい場合、補助者は器具を適切に握ってバーをラックに戻す、あるいはダンベルを開始姿勢に戻すのを手助けすることもある。
- パワーエクササイズは、挙上者および補助者に対する安全面の要因により補助を行わない。また、挙上者はこれらのエクササイズを学ぶ際、適切に「失敗したときの方法（how to miss）」を教わるべきである。
- あるエクササイズの補助者の人数は、多くの要因によって決まり、より重い負荷ではケガの可能性が大きく増加することがあるので、とくに用いられる負荷の程度はその要因に当てはまる。
- 安全性を高める必要があるため、補助者と挙上者はエクササイズの開始前に適切にコミュニケーションを取るべきである。双方ともコミュニケーションに参加すべきであり、どんなエクササイズを行うか、何回繰り返すかを明確にすべきである。したがって、リフトオフが安全面で重要なエクササイズにおいては、エクササイズについてのコミュニケーションが必要となる。
- リフトオフは、挙上者がエクササイズ開始前に器具を適切な位置（姿勢）で持つ上で補助者にリフトオフが求められ、またエクササイズによっては複数の補助者が必要となることもある。

　本章で述べた補助のガイドラインは、ストレングス＆コンディショニング専門職のトレーニングの基礎的な部分であるべきである。ウェイトルームにおける挙上者の安全は、適切なトレーニングプログラムを監督および構成するうえで、またトレーニングにおいて成功するための挙上者にとって最高で最も安全な雰囲気をもたらすうえで最も重要な部分である。

ングに適したものである。1RMに挑戦するときのように、きわめて重い重量が使われる場合には、より多くの補助者が必要になるなどの理由で、補助の方法も変わる可能性がある。

まとめ

ストレングス＆コンディショニング専門職が、基本的な呼吸法やウェイトベルトの使い方を含めて適切なレジスタンストレーニングのテクニックを選手に指導することは、きわめて重要である。加えて、いつ、どのようにエクササイズの補助を受けるべきかについても選手に指導する必要がある。トレーニングの質の監視と実施中のフィードバックともに、こうした適切な指導への留意が、安全なトレーニング環境や、効果的で適切なトレーニング刺激につながる。

レジスタンストレーニング種目

このアイコン⏺のついたエクササイズは、下記にて、ウェブリソースを得ることができる（別途HumanKinetics社との手続きが必要）。
www.HumanKinetics.com/EssentialsOfStrengthTrainingAndConditioning

腹部
15.1　ベントニーシットアップ　397
15.2　アブドミナルクランチ　398
15.3　アブドミナルクランチ（マシーン）　399

背部
⏺ 15.4　ベントオーバーロウ　400
15.5　ワンアーム・ダンベルロウ　401
⏺ 15.6　ラットプルダウン（マシーン）　402
⏺ 15.7　シーティドロウ（マシーン）　403
⏺ 15.8　ローブーリー・シーティドロウ（マシーン）　404

上腕二頭筋
⏺ 15.9　バーベル・バイセップスカール　405
15.10　ハンマーカール　406

下腿部
15.11　スタンディング・カーフ（ヒール）レイズ　407
　　　　（マシーン）
15.12　シーティッド・カーフ（ヒール）レイズ　408
　　　　（マシーン）

胸部
⏺ 15.13　フラット・バーベルベンチプレス　409
　　　　（およびダンベルでのバリエーション）
15.14　インクライン・ダンベルベンチプレス　411
　　　　（およびバーベルでのバリエーション）
⏺ 15.15　フラット・ダンベルフライ　412
　　　　（およびインクラインでのバリエーション）
⏺ 15.16　バーティカル・チェストプレス（マシーン）413
15.17　ペックデック（マシーン）　414

前腕
15.18　リストカール　415
15.19　リストエクステンション　416

股関節部と大腿部
⏺ 15.20　ヒップスレッド（マシーン）　417
⏺ 15.21　バックスクワット　418
⏺ 15.22　フロントスクワット　420
⏺ 15.23　フォワードステップランジ　422
15.24　ステップアップ　424
15.25　グッドモーニング　426
15.26　デッドリフト　427
15.27　スティフレッグデッドリフト　428
15.28　ルーマニアンデッドリフト（RDL）　429
⏺ 15.29　レッグ（ニー）エクステンション　430
　　　　（マシーン）
⏺ 15.30　シーティッドレッグ（ニー）カール　431
　　　　（マシーン）

肩
⏺ 15.31　ショルダープレス（マシーン）　432
⏺ 15.32　シーティッド・バーベルショルダープレス　433
　　　　（およびダンベルでのバリエーション）
⏺ 15.33　アップライトロウ　434
15.34　ラテラル・ショルダーレイズ　435

上腕三頭筋
⏺ 15.35　ライイング・バーベルトライセップス　436
　　　　エクステンション
⏺ 15.36　トライセップスプッシュダウン（マシーン）437

パワーエクササイズ
⏺ 15.37　プッシュプレス　438
15.38　プッシュジャーク　440
⏺ 15.39　パワークリーン（およびハング・パワークリーン　442
　　　　のバリエーション）
⏺ 15.40　パワースナッチ（およびハング・パワースナッチ　444
　　　　のバリエーション）

腹部

15.1 ベントニーシットアップ

開始姿勢
- マットの上で仰臥位をとる。
- 膝を曲げ、踵を殿部に引き寄せる。
- 腕を折り曲げ、胸または腹部の上で交差させる。
- １回ごとに、この姿勢から動作を開始する。

上方への動作段階
- 首を曲げ、顎を胸に引き寄せる。
- 足裏、殿部、ニュートラルにした下背部をマットにつけたまま、上体を大腿方向に丸めるように、上背部がマットから離れるまで引き上げる。

下方への動作段階
- 上体を元に戻し、開始姿勢に戻る。
- 足裏、殿部、下背部および腕は同じ姿勢を保つ。

主に使われる筋
腹直筋

開始姿勢

上げる動作、下ろす動作

腹部

15.2　アブドミナルクランチ

開始姿勢
- マットの上で仰臥位をとる。
- ベンチの上に踵を乗せ、股関節と膝関節が約90°になるように曲げる。
- 腕を折り曲げ、胸または腹部の上で交差させる。
- 1回ごとに、この姿勢から動作を開始する。

上方への動作段階
- 首を曲げ、顎を胸に引き寄せる。
- 殿部、ニュートラルにした下背部をマットにつけたまま、上体を大腿方向に丸めるように、上背部がマットから離れるまで引き上げる。

下方への動作段階
- 上体を元に戻し、開始姿勢に戻る。
- 足裏、殿部、下背部および腕は同じ姿勢を保つ。

主に使われる筋

腹直筋

開始姿勢

上げる動作、下ろす動作

腹部

15.3　アブドミナルクランチ（マシーン）

開始姿勢
- マシーンに座り、背中をパッドにしっかりとつける。
- 足を床につけ、両脚はローラーパッドの後ろに置く。
- 左右の脚を平行にする。
- 後方へ手を伸ばし、ハンドルをニュートラル（クローズド）グリップで握り、上腕をアームパッドに押しつける。
- 1回ごとに、この姿勢から動作を開始する。

前方への動作段階
- 殿部をシートにつけ、脚を固定したまま、上体を大腿方向に丸める。

後方への動作段階
- 上体を元に戻し、開始姿勢に戻る。
- 足裏、殿部、下背部および腕は同じ姿勢を保つ。

主に使われる筋
腹直筋

開始姿勢

前後動作

背部

▶ 15.4　ベントオーバーロウ

開始姿勢
- バーをプロネイティッド（クローズド）グリップで握る。
- グリップは肩幅より広くする。
- デッドリフトの項で解説した手順のように、バーベルを床から引き上げる。オルタネイティッドグリップではなく、プロネイティッドグリップを用いること。

開始姿勢
- 両脚は肩幅に開いたスタンスをとり、膝は軽く曲げる。
- 体幹が床と平行よりやや上になるまで、股関節で前傾する。
- ニュートラルな脊椎の姿勢をつくる。
- 視線はつま先の前方に向ける。
- バーをぶら下げるようにし、肘を完全に伸ばす。
- 1回ごとに、この姿勢から動作を開始する。

上方への動作段階
- 体幹に向かってバーを引く。
- 体幹をしっかりと保持し、背中をニュートラルにし、膝はやや曲げたままにしておく。
- 挙上を補おうとして体幹を動かしてはならない。
- バーを胸の下部または腹の上部につける。

下方への動作段階
- バーを下ろし、開始姿勢に戻る。
- ニュートラルな脊椎を維持し、体幹を動かさず、膝は同じ姿勢を保つ。
- セットが終了したら、股関節と膝を曲げ、バーベルを床に下ろし立ち上がる。

主に使われる筋
広背筋、大円筋、僧帽筋中部、菱形筋、三角筋後部

開始姿勢

上方および下方への動作

400

背部

15.5　ワンアーム・ダンベルロウ

開始姿勢

- 両脚は肩幅に開いたスタンスをとり、膝は軽く曲げる。
- 体幹が床と平行よりやや上になるまで、股関節で前傾する。
- ニュートラルな脊椎の姿勢をつくる。
- ダンベルをニュートラル（クローズド）グリップで握る。
- 支持のために反対側の手をベンチに置く。
- ダンベルをぶら下げるようにし、肘を完全に伸ばす。
- 1回ごとに、この姿勢から動作を開始する。

上方への動作段階

- ダンベルを体幹のほうへ引き、肘は身体に近づけたままにする。
- 体幹をしっかりと保持し、背中をニュートラルにし、膝はやや曲げたままにしておく。
- ダンベルを体幹の側面につける。

下方への動作段階

- ダンベルを下ろし、開始姿勢に戻る。
- ニュートラルな脊椎を維持し、体幹を動かさず、膝は屈曲した姿勢を保つ。

主に使われる筋

広背筋、大円筋、僧帽筋中部、菱形筋、三角筋後部

開始姿勢

上方および下方への動作

背部

▶ 15.6 ラットプルダウン（マシーン）

開始姿勢
- バーベルをプロネイティッド（クローズド）グリップで握る。
- グリップは肩幅より広くする。
- マシーンのほうを向いてシートに座る。
- 大腿部をパッドの下に置き、足裏を床につける。必要ならばシートやパッドを調節する。
- 体幹をやや後傾させる。
- 肘を完全に伸ばす。
- 1回ごとに、この姿勢から動作を開始する。

下方への動作段階
- バーを胸上部に向かって引き下ろす。
- 体幹をやや後傾させた姿勢を保つ。体幹を後ろに動かさない。
- バーを鎖骨、胸の上部につける。

上方への動作段階
- 肘をゆっくりと伸ばし、開始姿勢に戻る。
- 体幹は同じ姿勢を保つ。
- セットが完了したら立ち上がり、バーを元の位置へ戻す。

主に使われる筋
広背筋、大円筋、僧帽筋中部、菱形筋、三角筋後部

開始姿勢

上方および下方への動作

背部

▶ 15.7　シーティッドロウ（マシーン）

開始姿勢
- 背すじを伸ばして座り、足をプラットフォームにつけ、胸をパッドに当てる。
- ハンドルをプロネイティッドグリップかニュートラルグリップで握る（どちらの場合もクローズドグリップで）。必要ならば腕が床とほぼ平行になるようにシートの高さを調整する。
- 肘を完全に伸展させる。
- 1回ごとに、この姿勢から動作を開始する。

後方への動作段階
- ハンドルを胸または腹上部に向かって引く。
- 体幹の直立を保ち、肘を体幹から離さないようにする。
- ハンドルをできるだけ後方に引く。
- 体幹を後ろに動かさない。

前方への動作段階
- ハンドルが前に動くようにして、開始位置まで戻す。
- 体幹は同じ姿勢を保つ。

主に使われる筋
広背筋、大円筋、僧帽筋中部、菱形筋、三角筋後部

開始姿勢

後方および前方への動作

背部

15.8　ロープーリー・シーティッドロウ（マシーン）

開始姿勢

- 長いシートパッドの上（もしシートパッドが利用できないなら床）に座り、足をマシーンのフレームかフットサポートに置く。
- ハンドルをプロネイティッドグリップかニュートラルグリップで握る（どちらの場合もクローズドグリップで）。
- 背すじを伸ばして座り、体幹を床に対して垂直に立て、膝をわずかに曲げ、両脚を平行にする。
- 腕が床とほぼ平行になるように肘を完全に伸ばす。
- 1回ごとに、この姿勢から動作を開始する。

後方への動作段階

- 腹部に向かってハンドルを引く。
- 体幹を立て、膝をやや曲げた姿勢を保つ。上体を後方に揺らしたり、後傾しない。
- ハンドルが腹部に触れるまで引く。

前方への動作段階

- 肘をゆっくりと伸ばし、開始姿勢に戻る。
- 体幹を立て、膝をやや曲げた姿勢を保つ。
- セットが完了したら、膝関節と股関節を曲げてウェイトを元の位置に戻す。

主に使われる筋

広背筋、大円筋、僧帽筋中部、菱形筋、三角筋後部

開始姿勢

後方および前方への動作

上腕二頭筋

15.9 バーベル・バイセップスカール

開始姿勢
- バーをスピネイティッド（クローズド）グリップで握る。
- グリップは肩幅で、両腕が体幹の側面に触れるように下ろす。
- 左右の足は肩幅に開き、膝をやや曲げて直立する。
- 肘を完全に伸ばして、バーを大腿前部で保持する。
- 1回ごとに、この姿勢から動作を開始する。

上方への動作段階
- 三角筋前部にバーが近づくまで肘を屈曲する。
- 体幹は真っ直ぐに保ち、上腕は固定する。
- 上体の反動を使ったり、バーを振り上げたりしない。

下方への動作段階
- 肘が完全に伸びるまでバーを下げる。
- 体幹と膝は同じ姿勢を保つ。
- 動作ごとに大腿の上でバーベルを弾ませない。

主に使われる筋
上腕筋、上腕二頭筋、腕橈骨筋

開始姿勢

上方および下方への動作

上腕二頭筋

15.10 ハンマーカール

開始姿勢
- 2つのダンベルをニュートラル（クローズド）グリップで握る。
- 足は肩幅に開き、膝をやや曲げて直立する。
- 肘を完全に伸ばして、ダンベルを大腿の横に下ろす。
- 1回ごとに、この姿勢から動作を開始する。

上方への動作段階
- ニュートラルグリップのまま一方の肘を曲げて、ダンベルを三角筋前部に近づける。もう片方の腕は大腿の外側に下ろしたままにする。
- 体幹を立てた姿勢を保ち、上腕は動かさない。
- 上体の反動を使ったり、ダンベルを振り上げたりしない。

下方への動作段階
- 肘が完全に伸びるまでダンベルを下げる。
- ニュートラルグリップを保つ。
- 体幹と膝は同じ姿勢を保つ。
- 反対側の腕を上げ、下ろす（交互に反復する）。

主に使われる筋
上腕筋、上腕二頭筋、腕撓骨筋

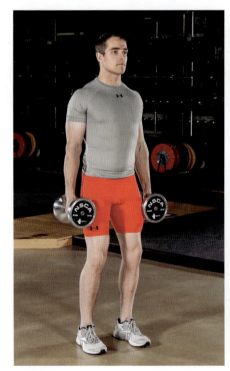
開始姿勢

上方および下方への動作

下腿部

15.11 スタンディング・カーフ（ヒール）レイズ（マシーン）

開始姿勢
- ショルダーパッドの下に身体が左右均等に当たるような姿勢にする。
- ハンドルを握り、足を腰幅のスタンスで平行に開き、母趾球をステップの端に乗せる。
- 真っ直ぐに立ち、膝は完全に伸ばすが、力を入れてロックしてはならない。
- 無理なく伸ばされる位置まで踵を下げる。
- 1回ごとに、この姿勢から動作を開始する。

上方への動作段階
- 体幹を直立させ、両脚を平行にし、つま先でできるだけ高く身体を持ち上げる（足関節の底屈）。
- ステップを踏みつける。このとき足首を内および外に返さない。
- 膝を伸ばしておくが、ロックしない。

下方への動作段階
- 踵をゆっくりと下げ、開始姿勢に戻る。
- 全身の姿勢を保持する。

主に使われる筋
腓腹筋、ヒラメ筋

開始姿勢

上方および下方への動作

下腿部

15.12 シーティッド・カーフ（ヒール）レイズ（マシーン）

開始姿勢
- シートに座り、背すじを伸ばし、足を腰幅のスタンスで平行に開き、母趾球をステップの端に乗せる。
- 大腿前部と膝にしっかりとパッドがつくように、パッドを下げる。
- 足首を底屈させて、サポートから外す。
- 無理なく伸ばされる位置まで踵を下げる。
- 1回ごとに、この姿勢から動作を開始する。

上方への動作段階
- 体幹を直立させ、両脚を平行にし、つま先でできるだけ高く身体を持ち上げる（足関節の底屈）。
- ステップを踏みつける。このとき足首を内および外に返さない。

下方への動作段階
- 踵をゆっくりと下げ、開始姿勢に戻る。
- 全身の姿勢を保持する。
- セットが完了したら、サポートを開始位置に戻し、足を移動させる。

主に使われる筋
ヒラメ筋、腓腹筋

開始姿勢

上方および下方への動作

胸部

15.13 フラット・バーベルベンチプレス（およびダンベルでのバリエーション）

このエクササイズは2つのダンベルを用いて、プロネイティッド（クローズド）グリップで実施することもできる。その場合、補助者はバーの代わりに挙上者の前腕を持って補助する。

開始姿勢：挙上者
- 5ポイントコンタクトの姿勢でベンチに仰臥位になる。
- ラックにあるバーの真下に両眼がくるように身体の位置を決める。
- バーベルをプロネイティッド（クローズド）グリップで、肩幅よりやや広めに握る。
- 補助者に合図を送って、バーをラックから外す。
- 肘を完全に伸ばして、バーを胸の上に上げる。
- 1回ごとに、この姿勢から動作を開始する。

開始姿勢：補助者
- 直立し、ベンチの上端に近づく（ただし、挙上者の動作を妨げない程度に）。
- 両足の間は肩幅に開いたスタンスをとり、膝を軽く曲げる。
- 挙上者のグリップの内側を、オルタネティッド（クローズド）グリップで握る。
- 挙上者の合図で、ラックからバーを外すのを助ける。
- バーを挙上者の胸の上の位置へ導く。
- バーをゆっくり離す。

下方への動作段階：挙上者
- バーを、ほぼ乳首の高さで、胸に触れるところまで下ろす。
- 手首を固定し、前腕は床と垂直に、両腕を平行に保つ。
- 5ポイントコンタクトを保つ。

下方への動作段階：補助者
- 下降段階では、オルタネイティッドグリップでバーベルの近くに手を構えるが、触れないようにする。
- バーベルの動きに合わせて、背中をニュートラルにしたまま、膝、股関節、体幹をやや曲げる。

上方への動作段階：挙上者
- 肘が完全に伸びる位置までバーを乳頭の位置からわずかに前上方に向かって押し上げる（訳注：原文では上方かつわずかに後方に向かって押し上げる、と書いてあるが、誤解される可能性があるので、解剖学用語で言う前方でかつ、わずかに上方と訳した。つまり、バーは仰臥位の乳頭の位置からほぼ垂直でわずかに頭の方に寄った肩関節の真上辺りの位置に向けて押し上げられる）。
- 手首を固定し、前腕は床と垂直に、両腕を平行に保つ。
- 5ポイントコンタクトを保つ。
- 背中を弓なりに反らしたり、胸をバーベルに近づけようとして持ち上げない。
- セットが終了したら、補助者にバーをラックに戻すための合図を送る。
- バーを戻し終えるまでバーから手を離さない。

上方への動作段階：補助者
- 上昇段階では、オルタネイティッドグリップでバーベルの近くに手を構えるが、触れないようにする。
- バーの動きに合わせて膝関節と股関節、体幹をやや伸展させ、背中をニュートラルに保つ。
- 挙上者からの合図で、挙上者のグリップの内側をオルタネイティッドグリップでつかむ。
- バーをラックへと導く。
- バーを戻し終えるまでバーから手を離さない。

主に使われる筋
大胸筋、三角筋前部、上腕三頭筋

① リフトオフ

（続く）

409

15.13 （続き）

開始姿勢

下方への動作

上方への動作

ラックにバーを戻す

胸部

15.14 インクライン・ダンベルベンチプレス（およびバーベルでのバリエーション）

このエクササイズは、バーベルを用い、肩幅よりやや広いプロネイティッド（クローズド）グリップでも行える。その場合、補助者はバーベルではなく挙上者の手首を持って補助する。

開始姿勢：挙上者

- 2つのダンベルをプロネイティッド（クローズド）グリップで握る。
- インクラインベンチで仰臥位になり、5ポイントコンタクトの姿勢をとる。
- 補助者にダンベルを開始位置へ動かす合図を送る。
- 両方のダンベルを同時に押し上げて、腕を伸ばし、頭（顔）の上で両腕を平行にする。
- 1回ごとに、この姿勢から動作を開始する。

開始姿勢：補助者

- 直立し、ベンチの上端に近づく（ただし、挙上者の動作を妨げない程度に）。
- 両足の間は肩幅に開いたスタンスをとり、膝を軽く曲げる。
- 挙上者の前腕の手首に近い部分を握る。
- 挙上者の合図で、頭（顔）上の位置へのダンベルの移動を助ける。
- 挙上者の前腕からゆっくりと手を離す。

下方への動作段階：挙上者

- ダンベルを下ろす位置は、腋窩のやや外側で、胸の上部1/3の範囲（鎖骨から乳首の高さの間）とする。
- 手首は真っすぐに固定して、肘の真上に位置するようにし、両方のダンベルのハンドルが一直線になるようにする。
- 5ポイントコンタクトを保つ。
- 背中を反らしたり、胸をダンベルに近づけようと持ち上げない。

下方への動作段階：補助者

- ダンベルを下ろす間、挙上者の前腕付近に手を構えておくが、触れない。
- ダンベルの動きに合わせて、背中をニュートラルにしたまま、膝、股関節、体幹をやや曲げる。

上方への動作段階：挙上者

- ダンベルを上方およびやや前方へ同じ割合で、肘が完全に伸びる位置まで伸ばす。
- 手首は真っすぐに固定して、肘の真上に位置するようにし、両方のダンベルのハンドルが一直線になるようにする。
- 5ポイントコンタクトを保つ。

上方への動作段階：補助者

- ダンベルを差し上げる間、挙上者の前腕の手首付近に手を構えておくが、触れない。
- ダンベルの動きに合わせて膝関節と股関節、体幹をやや伸展させ、背中をニュートラルに保つ。

主に使われる筋

大胸筋、三角筋前部、上腕三頭筋

開始姿勢

上方および下方への動作

411

胸部

▶ 15.15　フラット・ダンベルフライ（およびインクラインでのバリエーション）

このエクササイズはインクラインベンチで行うこともできる。その場合、ダンベルは胸ではなく頭（顔）上に上げる。

開始姿勢：挙上者
- 2つのダンベルをニュートラル（クローズド）グリップで握る。
- ベンチで仰臥位になり、5ポイントコンタクトの姿勢をとる。
- 補助者にダンベルを開始位置へ動かす合図を送る。
- 両方のダンベルを同時に押し上げ、両腕を伸ばして、胸の上で両腕を平行にする。
- 軽く肘を曲げ、肘を外側に向ける。
- 1回ごとに、この姿勢から動作を開始する。

開始姿勢：補助者
- 片方の膝を床につけ、もう片方の脚を前に出して足の裏を床につける（もしくは両膝を曲げて膝立ちの姿勢になる）
- 挙上者の前腕の手首に近い部分を握る。
- 挙上者の合図で、胸の上の開始位置へのダンベルの移動を助ける。
- 挙上者の前腕からゆっくりと手を離す。

下ろす動作段階：挙上者
- ダンベルが肩あるいは胸の同一線上に達するまで、大きな弧を描きながら下ろす。
- ダンベルのハンドルを互いに平行に保って、肘を下ろしていく。
- 手首を固定し、肘はやや曲げた状態を保つ。
- 手、手首、前腕、肘、上腕、肩を同じ垂直面上に保つ。
- 5ポイントコンタクトの姿勢を保つ。

下ろす動作段階：補助者
- ダンベルを下ろす間、挙上者の前腕付近に手を構えておくが、触れない。

上げる動作段階：挙上者
- 両方のダンベルを近づけるように大きな弧を描いて、開始位置まで上げる。
- 手首を固定し、肘はやや曲げた状態を保つ。
- 手、手首、前腕、肘、上腕、肩を同じ垂直面上に保つ。
- 5ポイントコンタクトの姿勢を保つ。

上方への動作段階：補助者
- ダンベルを上げる間、挙上者の前腕付近に手を構えておくが、触れない。

主に使われる筋
大胸筋、三角筋前部

開始姿勢

上方および下方への動作

胸部

▶ 15.16 バーティカル・チェストプレス（マシーン）

開始姿勢
- 座位で、シートに背中をつけ、5ポイントコンタクトの姿勢をとる。
- ハンドルをプロネイティッド（クローズド）グリップで握る。
- ハンドルを乳首の高さに合わせる。必要ならば、ハンドルの位置が適切になるようシート高を調整する。
- 1回ごとに、この姿勢から動作を開始する。

前方への動作段階
- ハンドルを押し出し、肘を完全に伸ばす。
- 腰を反らせたり、肘を無理にロックしない。
- 5ポイントコンタクトの姿勢を保つ。

後方への動作段階
- ハンドルをゆっくりと後方へ開始姿勢まで動かす。
- 5ポイントコンタクトの姿勢を保つ。

主に使われる筋
大胸筋、三角筋前部、上腕三頭筋

開始姿勢

前方および後方への動作

胸部

15.17　ペックデック（マシーン）

開始姿勢
- 座位で、シートに背中をつけ、5ポイントコンタクトの姿勢をとる。（注意：後頭部をベンチに接触させる際に、背中のパッドの長さが十分に足りない場合がある）
- ハンドルをニュートラル（クローズド）グリップで握る。
- 胸の中部で左右のハンドルが並び、両腕が床に対して平行になるようにする。必要ならば、ハンドルの位置が適切になるようシート高を調整する。
- 1回ごとに、この姿勢から動作を開始する。

前方への動作段階
- 肘は軽く曲げたまま、指が身体の前部に触れるまで左右交互にハンドルを引く。
- 背中を反らせたり、肘をロックしない。
- 5ポイントコンタクトの姿勢を保つ。

後方への動作段階
- ハンドルをゆっくりと外側へ開始姿勢まで動かす。
- 5ポイントコンタクトの姿勢を保つ。

主に使われる筋
大胸筋、三角筋前部、上腕三頭筋

開始姿勢

前方および後方への動作

前腕

15.18 リストカール

開始姿勢
- ベンチの端に座る。
- バーをスピネイティッド（クローズド）グリップで握る（両手は腰幅から肩幅の間の間隔に開く）。
- 両脚を平行にし、つま先を（脚と同じ方向に）真っ直ぐ前方に向ける。
- 体幹を前傾させ、大腿上に肘と前腕を置く。
- 手首が膝蓋骨よりやや前方に位置する姿勢をとる。
- 手首を伸展（背屈）させ、手を開き、バーを指先で保持する。

上方への動作段階
- 指そして手首の順に屈曲させ、バーベルを上げる。
- 肘と前腕を動かさずに、できるだけ手首を屈曲させる。
- バーを挙げる際に、反動を使って肩を後ろに動かしたり、バーを振り上げたりしない。

下方への動作段階
- 手首と指をゆっくりと伸ばして、開始姿勢に戻る。
- 体幹と腕は同じ位置を保つ。

主に使われる筋
尺側手根屈筋、橈側手根屈筋、長掌筋

開始姿勢

上方および下方への動作

415

前腕

▶ 15.19 リストエクステンション

開始姿勢
- ベンチの端に座る。
- バーをプロネイティッド（クローズド）グリップで、両手を腰幅から肩幅の間の間隔に開く。
- 両脚を平行にし、つま先を（脚と同じ方向に）真っ直ぐ前方に向ける。
- 体幹を前傾させ、大腿上に肘と前腕を置く。
- 手首が膝蓋骨よりやや前方に位置する姿勢をとる。
- バーのクローズドグリップを保ち、床に向かって手首を屈曲する。

上方への動作段階
- 手首を伸展させ、バーを上げる。
- 肘と前腕を動かさずに、できるだけ手首を伸展させる。
- バーを挙げる際に、反動を使って身体を後ろに動かしたり、バーを振り上げたりしない。

下方への動作段階
- 手首をゆっくりと曲げて開始姿勢に戻る。
- 体幹と腕は同じ位置を保つ。
- クローズドグリップを維持する。

主に使われる筋

尺側手根伸筋、短橈側手根伸筋（長橈側手根伸筋も）

開始姿勢

上方および下方への動作

股関節部と大腿部

▶ 15.20　ヒップスレッド（マシーン）

開始姿勢

- マシーンに座り、下背部、股関節部、殿部をパッドにつける。
- 足をプラットフォームに置いて腰幅に開き、つま先をやや外側へ向ける。
- 左右の脚を平行にする。
- ハンドルまたはシートの端をつかみ、股関節と膝関節を完全に伸ばした位置まで動かす。ただし、膝に力を入れてロックしない。
- 両股関節をシートに、また背中はパッドにしっかりと押しつける。
- プラットフォームの安全装置を解除し、グリップまたはシートの端をつかみ直す。
- 1回ごとに、この姿勢から動作を開始する。
（訳注：この動作中、一貫して骨盤の生理的前傾を保つ）

下方への動作段階

- 股関節と膝関節をゆっくり曲げ、プラットフォームを下げていく。
- 急激にプラットフォームを下げない。
- 両股関節および殿部をシートに、また背中はパッドにしっかりと押しつける。
- 膝とつま先の方向が一致するように曲げていく。
- 大腿部がプラットフォームと平行になるまで股関節と膝関節を曲げる。
- 殿部がパッドから浮いたり、股関節がパッドから離れたり、踵がプラットフォームから浮かないようにする。

上方への動作段階

- 股関節と膝関節を伸ばしてプラットフォームを押し上げる。
- 完全に脚が伸びる位置まで押す。ただし、膝に力を入れてロックしない。
- 股関節と背中は同じ姿勢を保ち、殿部を上げない。
- 膝とつま先の方向が一致するようにして、膝を伸ばしていく。
- セットが完了したら、サポートを開始姿勢に戻し、脚を外してマシーンから離れる。

主に使われる筋

大殿筋、半膜様筋、半腱様筋、大腿二頭筋、外側広筋、中間広筋、内側広筋、大腿直筋

足の位置（姿勢）

開始姿勢　　　　　　　　　　　下方および上方への動作

股関節部と大腿部

▶ 15.21 バックスクワット

開始姿勢：挙上者

- バーをプロネイティッド（クローズド）グリップで握る（グリップ幅はバーの位置によって異なる）。
- バーの下に入り、両足を平行にする。
- バーを肩か上背部のいずれかにバランスよく置く。
  1. **低いバーポジション**──僧帽筋中央部の高さで、三角筋後部を横切るようにバーベルを置く（グリップ幅は肩幅より広く）。
  2. **高いバーポジション**──首のつけ根の高さで、三角筋後部を横切るようにバーベルを置く（グリップ幅は肩幅よりやや広め）。
- 上背部と肩の筋を使って肘を上げ、バーを乗せる「棚」をつくる。
- 胸を張り、大きく開く（訳注：チェストアップ＋肩甲骨内転）。
- 顔の向きをやや上に向ける。
- 準備ができたら、補助者にバーをラックから持ち上げる合図を送る。
- 股関節および膝関節を伸ばし、バーをラックから持ち上げる。
- 1〜2歩、後ろに下がる。
- 両足を肩幅か、それより広く開き、つま先の位置を揃え、やや外側に向ける。
- 1回ごとに、この姿勢から動作を開始する。

開始姿勢：補助者2人

- 補助者はバーベルの両端に1人ずつ立つ。肩幅程度に両足を開き、軽く膝を曲げる。
- バーの端を両手で包むように握り、左右の親指を交差させ、手のひらがバーベルを向くようにする。

高いバーポジション

低いバーポジション

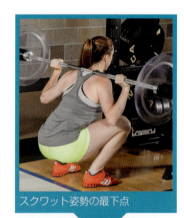

スクワット姿勢の最下点

❶ 高いバーポジションでの開始姿勢

❷ 下方への動作姿勢

- 挙上者の合図で、ラックからバーを動かすときの挙上とバランスを補助する。
- バーをゆっくり離す。
- 両手はバーの両端の5〜8cm下に構えておく。
- 挙上者が後ろに下がるのと同時に補助者2人も一緒に横に動く。
- 挙上者が所定の位置についたら、両足は肩幅に広げ、膝はやや曲げ、体幹を真っ直ぐに立てる。

下方への動作段階：挙上者
- 背中をニュートラルにし、肘を高く、胸を大きく開いた姿勢（チェストアップ）を保持する。
- 体幹と床の角度を一定に保ちながら、股関節と膝関節をゆっくりと曲げていく。
- 踵が床から浮かないようにし、膝と足（つま先）の方向をそろえる。
- 大腿部上面が床と平行になるまで、股関節と膝関節を曲げていく。その際、体幹が丸まり始めたり、踵が床から浮き始めたりしたら、その時点で止める。

下方への動作段階：補助者2人
- 左右の親指を交差させ、両手をバーに近づけておくが、触れないようにする。
- バーの動きに合わせて、脊柱の姿勢をニュートラルにしたまま、膝、股関節、体幹をやや曲げる。

上方への動作段階：挙上者
- 脊柱をニュートラルにし、肘を高く、胸を大きく開いた姿勢（チェストアップ）を保持する。
- 股関節と膝関節を同じ割合で伸ばしていく（体幹と床との角度を一定に保つ）。
- 踵が床から浮かないようにし、膝と足（つま先）の方向をそろえる。
- 体幹を曲げたり、背中を丸めたりしない。
- 開始姿勢まで股関節と膝関節を伸ばす。
- セットが完了したら、ラックに向かって前進する。
- バーがラックに収まるように、腰を落とす。

上方への動作段階：補助者2人
- 左右の親指を交差させ、両手をバーに近づけておくが、触れないようにする。
- バーの動きに合わせて膝関節と股関節、体幹をやや伸展させ、背中をニュートラルに保つ。
- セットが完了したら、挙上者がラックに戻るのに合わせて横へ移動する。
- 補助者は2人同時にバーベルをつかみ、バランスを保って、挙上者がラックに戻すのを手伝う。
- バーをゆっくり離す。

主に使われる筋
大殿筋、半膜様筋、半腱様筋、大腿二頭筋、外側広筋、中間広筋、内側広筋、大腿直筋

❸ 上方への動作姿勢

❹ ラックにバーを戻す

股関節部と大腿部

▶ 15.22　フロントスクワット

開始姿勢：挙上者

- バーの下に入り、両足を平行にする。
- 次の2つのうちのいずれかの姿勢で、バーに手を当てる。
  1. パラレルアームポジション
     - バーベルをプロネイティッド（クローズド）グリップで握る。
     - グリップ幅は肩幅よりやや広めにする。
     - バーベルを三角筋前部と鎖骨上に乗せる。
     - 上腕が床と平行になるように肘を完全に屈曲させる。
  2. クロスアームポジション
     - 肘を曲げ、胸の前で腕を交差させる。
     - バーベルを三角筋前部に乗せる。
     - オープングリップでバーの上に手を置き、指でバーベルを押さえる。
     - 腕が床と平行になるように肘を上げる。
- 胸を張り、大きく開く。
- 顔の向きをやや上に向ける。
- 準備ができたら、補助者にバーをラックから持ち上げる合図を送る。
- 股関節および膝関節を伸ばし、バーをラックから持ち上げる。
- 1〜2歩、後ろに下がる。
- 両足を肩幅か、それより広く開き、つま先の位置を揃え、やや外側に向ける。
- 1回ごとに、この姿勢から動作を開始する。

パラレルアームポジション
クロスアームポジション

スクワット姿勢の最下点

① パラレルアームポジションでの開始姿勢

② 下方への動作姿勢

開始姿勢：補助者2人
- 補助者はバーベルの両端に1人ずつ立つ。肩幅程度に両足を開き、軽く膝を曲げる。
- バーの端を両手で包むように握り、左右の親指を交差させ、手のひらがバーベルを向くようにする。
- 挙上者の合図で、ラックからバーを動かすときの挙上とバランスを補助する。
- バーをゆっくり離す。
- 両手はバーの両端の5～8cm下に構えておく。
- 挙上者が後ろに下がるのと同時に補助者2人も一緒に横に動く。
- 挙上者が所定の位置についたら、両足は肩幅に広げ、膝はやや曲げ、体幹を真っ直ぐに立てる。

下方への動作段階：挙上者
- 背中をニュートラルにし、肘を高く、胸を大きく開いた姿勢（チェストアップ）を保持する。
- 体幹と床の角度を一定に保ちながら、股関節と膝関節をゆっくりと曲げていく。
- 踵が床から浮かないようにし、膝と足（つま先）を同じ方向にそろえる。
- 体幹を曲げたり、背中を丸めたりしない。
- 大腿部上面が床と平行になるまで、股関節と膝関節を曲げていく。その際、体幹が丸まり始めたり、踵が床から浮き始めたりしたら、その時点で止める。

下方への動作段階：補助者2人
- 左右の親指を交差させ、両手をバーに近づけておくが、触れないようにする。
- バーベルの動きに合わせて、背中をニュートラルにしたまま、膝、股関節、体幹をやや曲げる。

上方への動作段階：挙上者
- 背中をニュートラルにし、肘を高く、胸を大きく開いた姿勢（チェストアップ）を保持する。
- 股関節と膝関節を同じ割合で伸ばしていく（体幹と床との角度を一定に保つ）。
- 踵が床から浮かないようにし、膝と足（つま先）を同じ方向にそろえる。
- 体幹を曲げたり、背中を丸めたりしない。
- 開始姿勢まで股関節と膝関節を伸ばす。
- セットが完了したら、ラックに向かって前進する。
- バーがラックに収まるように、腰を落とす。

上方への動作段階：補助者2人
- 左右の親指を交差させ、両手をバーに近づけておくが、触れないようにする。
- バーの動きに合わせて膝関節と股関節、体幹をやや伸展させ、背中をニュートラルに保つ。
- セットが完了したら、挙上者がラックに戻るのに合わせて横へ移動する。
- 補助者は2人同時にバーベルをつかみ、バランスを保って、挙上者がラックに戻すのを手伝う。
- バーをゆっくり離す。

主に使われる筋
大殿筋、半膜様筋、半腱様筋、大腿二頭筋、外側広筋、中間広筋、内側広筋、大腿直筋

③ 上方への動作姿勢

④ ラックにバーを戻す

股関節部と大腿部

▶ 15.23　フォワードステップランジ

　このエクササイズは2つのダンベルを用いて、ニュートラル（クローズド）グリップで実施することもできる。その場合、挙上者は、腕を伸ばしてダンベルを身体の両側に下ろした姿勢をとる。ダンベルを用いる場合、補助者はバーをラックに乗せる部分以外はバーベルの場合と同様に補助する。（注意：このエクササイズは一般のパワーラック内では実施できない。階層型のスクワットラックや外側にフックのついたパワーラックの利用が推奨される。正しいエクササイズテクニックを示すために、写真にはラックを写していない）

開始姿勢：挙上者
- バーの下に入り、両足を平行にする。
- バーをプロネイティッド（クローズド）グリップで握る。
- 首のつけ根の高さで、バーを三角筋後部の上で上背部と肩に乗せる（グリップ幅は肩幅よりやや広め）。
- 上背部と肩の筋を使って肘を上げ、バーを乗せる「棚」をつくる。
- 胸を張り、大きく開く（チェストアップ＋肩甲骨内転）。
- 顔の向きをやや上に向ける。
- 準備ができたら、補助者にバーをラックから持ち上げる合図を送る。
- 股関節および膝関節を伸ばし、バーをラックから持ち上げる。
- 2～3歩、後ろに下がる。
- 1回ごとに、この姿勢から動作を開始する。

開始姿勢：補助者
- 補助者は挙上者のごく近くに立つ（ただし、挙上者の動作を妨げない程度に）。
- 両足は肩幅に開いたスタンスをとり、膝を軽く曲げる。
- 挙上者の合図で、ラックからバーベルを動かすときの挙上とバランスを補助する。
- 挙上者が開始位置へ後退するのに合わせて、補助者も一緒に後ろに動く。
- 挙上者が所定の位置についたら、両足は腰幅に広げ、膝はやや曲げ、体幹を真っ直ぐに立てる。
- 手の位置は、挙上者の股関節、ウエスト、体幹の近くにする。

前方への動作段階：挙上者
- 片脚（踏み出し脚）を大きく真っ直ぐ前方に踏み出す。
- 踏み出し脚を前に出し、足裏を床につける間、上体を真っ直ぐに保つ。
- 後ろ足は開始位置を保持し、やや膝を曲げる。
- 踏み出し脚の足裏全体を床につけ、つま先を真っ直ぐ前かやや内側に向ける。
- 踏み出し脚の股関節と膝関節をゆっくり曲げる。

開始姿勢

前方への動作姿勢の開始

- 踏み出し脚の膝は足の向きと同じ方向に保つ。
- 後ろ脚の膝を曲げ、床の3～5cm上まで下げる。
- 後ろ足の母趾球と踏み出し足との間の全体に、均等に体重をかける（訳注：踏み出し足と後ろ足で作られる支持基底面の真ん中に重心が来るようにバランスをとる）。
- 体幹は床と垂直に保ち、後ろ脚の上に「腰を下ろす」ようにする。

前方への動作段階：補助者
- 挙上者が前方へ踏み出すとともに、同じ脚を前方へ踏み出す。
- 踏み出し脚の膝と足を、挙上者の踏み出した足と一直線に揃える。
- 挙上者の足の30～46cm後方に足をつく。
- 挙上者が踏み出し脚の膝を曲げるのに合わせ、踏み出した側の膝を曲げる。
- 体幹は直立を保つ。
- 手は挙上者の股関節、ウエスト、体幹の近くに置く。
- 挙上者がバランスを保つために必要なときだけ補助する。

後方への動作段階：挙上者
- 踏み出し脚の股関節、膝関節の伸展により、力強く床を押す。
- 体幹は真っ直ぐに立てた姿勢を保持する。上体を後方に揺らさない（訳注：脚部の動作が主要動作となり、代償動作として上体の「あおり」動作が起こってはならない）。
- 踏み出した足を後ろ足の隣に戻す。途中で止まらずに一気に戻す。
- 開始位置で直立し、いったん動作を止めてから、次の動作（レップ）のために脚を入れ替える。
- セットが完了したら、ラックに向かって移動する。

後方への動作段階：補助者
- 挙上者と同時に踏み出し脚で後ろに押し、戻る。
- 踏み出した足を後ろ足の隣に戻す。途中で止まらずに一気に戻す。
- 手は挙上者の股関節、ウエスト、体幹の近くに置く。
- 開始位置で直立して、挙上者の逆側の動作を待ち、次の動作（レップ）のために脚を入れ替える。
- 挙上者がバランスを保つために必要なときだけ補助する。
- セットが完了したら、挙上者がバーをラックに戻すのを助ける。

主に使われる筋
大殿筋、半膜様筋、半腱様筋、大腿二頭筋、外側広筋、中間広筋、内側広筋、大腿直筋、腸腰筋

前方への動作姿勢の完了

後方への動作姿勢の中間

股関節部と大腿部

15.24 ステップアップ

注意：ボックスの高さは30〜46cmで、足を乗せたときに膝関節が90°になる高さとする。正しいエクササイズテクニックを示すために、写真にはラックを写していない。

開始姿勢：挙上者

- バーをプロネイティッド（クローズド）グリップで握る。
- バーの下に入り、両足を平行にする。
- 首のつけ根の高さで、バーを三角筋後部の上で上背部と肩に乗せる（グリップ幅は肩幅よりやや広め）。
- 上背部と肩の筋を使って肘を上げ、バーを乗せる「棚」をつくる。
- 胸を張り、大きく開く（チェストアップ）。
- 顔の向きをやや上に向ける。
- 準備ができたら、補助者にバーをラックから持ち上げる合図を送る。
- 股関節および膝関節を伸ばし、バーをラックから持ち上げる。
- ボックスのすぐ前のスポットへ移動する。
- 1回ごとに、この姿勢から動作を開始する。

開始姿勢：補助者

- 補助者は挙上者のごく近くに立つ（ただし、挙上者の動作を妨げない程度に）。
- 両足の間は肩幅に開いたスタンスをとり、膝を軽く曲げる。
- 挙上者の合図で、ラックからバーベルを動かすときの挙上とバランスを補助する。
- 挙上者が開始位置へ動くのに合わせて、補助者も一緒に動く。
- 挙上者が所定の位置についたら、両足は腰幅に広げ、膝はやや曲げ、体幹を真っ直ぐに立てる。
- 手の位置は、挙上者の腰の辺りまたは体幹の近くにする。

上方への動作段階：挙上者

- 片方の脚（踏み出し脚）を踏み出して（ボックス上に載せ）、足裏全体をボックス上面につける。
- 体幹は直立を保ち、前傾しない。
- 後ろの足は開始位置を保持するが、重心は踏み出し脚へ移す。
- 踏み出し脚の股関節と膝関節を力強く伸ばし、身体を押し上げ、ボックス上に上がる。

① 開始姿勢

② 踏み出し足をボックスに載せる際の最初の接触

- 後ろ脚（足）で身体を押し出したり、飛び乗ったりしない。
- 最高点で直立し、下降動作の前にいったん動きを止める。

上方への動作段階：補助者
- 挙上者がボックスにステップアップするとともに、補助者は踏み出し脚を小さく1歩前に出す。
- 挙上者が最高点に達するとともに、後ろの脚を踏み出し脚の隣へと運ぶ。
- 手は挙上者の股関節、ウエスト、体幹のできるだけ近くに置く。
- 挙上者がバランスを保つために必要なときだけ補助する。

下方への動作段階：挙上者
- 踏み出した脚に重心を移す。
- 後ろに残していた脚をボックスから下ろす。
- 体幹を直立させた姿勢を保つ。
- 後ろ足は床につけ、開始姿勢のようにボックスから同じ距離に保つ。
- 後ろの足が完全に床についたら、重心をこの脚に移す。

- 踏み出した脚をボックスから下ろす。
- 踏み出した足を後ろ足の隣に戻す。
- 開始位置で直立し、いったん動作を止めてから、次の動作（レップ）のために脚を入れ替える。
- セットが完了したら、ラックに向かって移動する。

下方への動作段階：補助者
- 挙上者がボックスからステップダウンするとともに、補助者は後ろの脚を小さく1歩後ろに出す。
- 挙上者がボックスから後ろ脚を降ろすとともに、補助者は同じ後ろ脚を後ろに1歩出す。
- 手は挙上者の股関節、ウエスト、体幹の近くに置く。
- 開始姿勢で直立し、挙上者を待つ。
- 挙上者がバランスを保つために必要なときだけ補助する。
- セットが完了したら、挙上者がバーをラックに戻すのを助ける。

主に使われる筋
大殿筋、半膜様筋、半腱様筋、大腿二頭筋、外側広筋、中間広筋、内側広筋、大腿直筋

上方への動作姿勢の中間

上方への動作姿勢の完了

股関節部と大腿部

15.25 グッドモーニング

注意：正しいエクササイズテクニックを示すために、写真にはラックを写していない。

開始姿勢
- バーをプロネイティッド（クローズド）グリップで握る。
- バーの下に入り、両足を平行にする。
- 首のつけ根の高さで、バーを三角筋後部の上で上背部と肩に乗せる（グリップ幅は肩幅よりやや広め）。
- 上背部と肩の筋を使って肘を上げ、バーを乗せる「棚」をつくる。
- 胸を張り、大きく開く（チェストアップ）。
- 顔の向きをやや上に向ける。
- 両足を肩幅か、それより広く開き、つま先の位置を揃え、やや外側に向ける。
- 膝関節および股関節を伸ばし、バーをラックから持ち上げる。
- 2〜3歩、後ろに下がる。
- 1回ごとに、この姿勢から動作を開始する。

下方への動作段階
- 股関節をゆっくり曲げることから動作を始める。下ろしていく際に、殿部を真っ直ぐ後ろに引いていく。
- 下降の間、脊柱をニュートラルに、肘を高く保ち、上背部が丸まらないようにする。
- 下降の間、膝は軽く曲げ、足の裏は床につけた姿勢を保つ（訳注：下降させていくときに、重心が大きくぶれないように両足で形成された支持基底面でしっかりと支える）。
- 体幹が床とほぼ平行になるまで下方への動作を続ける。

上方への動作段階
- 股関節を伸展させ、バーを上げる。
- 上げている間、背中をニュートラルにして膝は軽く曲げておく。
- 開始姿勢まで股関節を伸ばす。
- セットが完了したら、ラックに向かって移動する。

主に使われる筋
大殿筋、半膜様筋、半腱様筋、大腿二頭筋、脊柱起立筋

開始姿勢

下方および上方への動作

股関節部と大腿部

15.26 デッドリフト

開始姿勢

- 足裏全体を床につけ、両足は腰幅から肩幅に開き、つま先はやや外側に向ける。
- 肩よりも股関節を低く保ってしゃがみ（最初の写真よりもさらに）、バーベルをプロネイティッド（クローズド）グリップで握る。もしプロネイティッドグリップで持つには負荷が重すぎる場合は、オルタネイティッド（クローズド）グリップに切り替える。
- 左右の手の幅は肩幅よりやや広めとし、膝の外側で肘を完全に伸ばしてバーを持つ。
- 足の裏全体を床につけ、バーが足の母趾球の上、すねの3cm程度前の位置にくるようにする。
- 以下の姿勢をとる。
  - 背中はニュートラルあるいはやや反らせる
  - 肩甲骨は下制および内転させる
  - 胸を張り、大きく開く（チェストアップ）
  - 頭は脊柱に沿ってまっすぐにするか、やや過伸展する。
  - 踵を床につける。
  - 肩はバーの真上か、やや前方になるようにする。
  - 視線は前方か、水平よりやや上に向ける。
- 1回ごとに、この姿勢から動作を開始する。

上方への動作段階

- 股関節と膝関節の伸展により、バーを床から上げる。
- 体幹と床との角度を一定に保つ。肩より先に股関節を上げない。
- ニュートラルな脊柱の姿勢を維持する。
- 肘を完全に伸ばし、肩をバーの真上またはやや前方に保持する。
- バーを、すねにできるだけ近いところを通して挙上する。
- バーがちょうど、膝を通過する際、両肩はバーの上にあるようにして、それ以降、バーが身体の近くを沿うようにしながら股関節を伸展する。
- さらに股関節と膝を、体幹が完全に直立するまで伸展する。

下方への動作段階

- 膝と股関節を曲げ、床にバーをゆっくりと下ろしていく。
- ニュートラルな脊柱の姿勢を維持する。体幹を前方に屈曲しない。

主に使われる筋

大殿筋、半膜様筋、半腱様筋、大腿二頭筋、外側広筋、中間広筋、内側広筋、大腿直筋

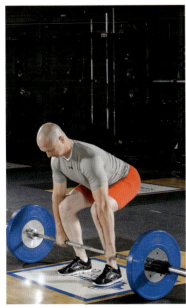
開始姿勢

中間姿勢

最終姿勢

427

股関節部と大腿部

15.27　スティフレッグデッドリフト

開始姿勢
- デッドリフトの動作を行ってバーを床から上げたら、膝をやや屈曲～中程度屈曲し、動作の間、この姿勢を維持する。
- 1回ごとに、この姿勢から動作を開始する。

下方への動作段階
- このエクササイズは、ニュートラルな脊柱の姿勢をとることによって始め、それから股関節を屈曲して、完全にコントロールしながら（訳注：バーとウェイトの重量にまかせてしまうのではなく、伸張性筋活動を十分活用しておろしていく。この局面がこのエクササイズの最も重要な局面）、床に向けてバーをゆっくりと下ろしていく。
- バーベルを下ろす間、膝は開始姿勢と同様にやや屈曲～中程度屈曲した状態を保ち、背中を伸ばすか、やや反らせて、肘を完全に伸ばす。
- ウェイトプレートが床につくまでバーを下げる。その前にニュートラルな姿勢が保持できなかったり、膝が伸びきったり、踵が床から浮いたりしたらその時点で止める。

上方への動作段階
- 股関節を伸展し、立位の開始姿勢に戻る。
- 膝を軽く曲げたまま、体幹はニュートラルな脊柱の姿勢を保つ。
- 体幹を後方へ動かしたり、肘を屈曲させない（訳注：このような代償動作が起こるのは、技術的な問題、筋力に対して重量が重すぎるなどの原因が考えられる）。

主に使われる筋
大殿筋、半膜様筋、半腱様筋、大腿二頭筋、脊柱起立筋

開始姿勢

下方および上方への動作

股関節部と大腿部

15.28 ルーマニアンデッドリフト（RDL）

開始姿勢

- クリーングリップあるいはスナッチグリップを用いてバーをプロネイティッド（クローズド）の形で握る。
- デッドリフトの動作を行ってバーを床から上げたら、膝をやや屈曲〜中程度屈曲し、動作の間、この姿勢を維持する。
- 1回ごとに、この姿勢から動作を開始する。

下方への動作段階

- このエクササイズは、バーを大腿部に接触させたまま、（バーを脚に沿わせて下ろしていくときに）（身体全体のバランスをとるために）体幹は前方へ傾け、股関節を屈曲して腰を後方へ引くことによって始める。
- 股関節を屈曲させる際、両膝はやや屈曲を維持する。
- 体幹をしっかりと保持し、脊柱をニュートラルにし、肩はバーベルが膝蓋腱の位置に並び、体幹が床と平行になるまでの間、（肩甲骨の）内転を維持する。（注意：もしスナッチグリップをこのエクササイズで用いる場合、選手の形態によって体幹は平行よりやや下になる）
- 動作全体を通して、正常な前弯姿勢を維持する。

上方への動作段階

- 股関節を伸展し、体幹を上げて直立した開始姿勢に戻る。
- 膝を軽く曲げたまま、体幹はニュートラルな脊柱の姿勢を保つ。
- 動作全体を通してバーベルが大腿部に、常に、接触していることを確認しながら行う。
- 背中を過伸展したり肘を屈曲させない。

主に使われる筋

大殿筋、半膜様筋、半腱様筋、大腿二頭筋、脊柱起立筋

クリーングリップ

スナッチグリップ

開始姿勢

下方および上方への動作

股関節部と大腿部

▶ 15.29 レッグ（ニー）エクステンション（マシーン）

開始姿勢
- マシーンに座り、背中をパッドにしっかりとつける。
- 足部をローラーパッドの下につける。
- 左右の脚を平行にする。
- 膝とマシーンの軸を揃える。必要ならば背面のパッドやローラーパッドを適切な位置に調整する。
- ハンドルまたはシートの端をつかむ。
- 1回ごとに、この姿勢から動作を開始する。

上方への動作段階
- 膝が完全に伸びるまでローラーパッドを上げる。
- 体幹を直立させ、背中をパッドにしっかりとつけておく。
- 左右の大腿部、下腿部、足部を平行に保つ。
- ハンドルまたはシートの端をしっかり握っておく。
- 膝を強くロックしない。

下方への動作段階
- ゆっくりと膝を曲げて開始姿勢に戻る。
- 体幹を直立させ、背中をパッドにしっかりとつけておく。
- 左右の大腿部、下腿部、足部を平行に保つ。
- 殿部をシートから離さない。
- ハンドルまたはシートの端をしっかり握っておく。

主に使われる筋
外側広筋、中間広筋、内側広筋、大腿直筋

開始姿勢

上方および下方への動作

股関節部と大腿部

▶ 15.30　シーティッドレッグ（ニー）カール（マシーン）

開始姿勢
- マシーンに座り、背中をパッドにしっかりとつける。
- 足首をローラーパッドの上部につける。
- 左右の脚を平行にする。
- 膝とマシーンの軸を揃える。必要ならば背面のパッドを適切な位置に調整する。
- ハンドルまたはシートの端をつかむ。
- 1回ごとに、この姿勢から動作を開始する。

下方への動作段階
- 膝を完全に屈曲させて、ローラーパッドをシートの下までカールする。
- 体幹を動かさずに、股関節と体幹をしっかりとパッドにつけた状態を保つ。
- 股関節や下背部がパッドから離れないようにする。
- ハンドルまたはシートの端をしっかり握っておく。

上方への動作段階
- ゆっくりと膝を伸ばして開始姿勢に戻る。
- 体幹を動かさずに、股関節と下背部をしっかりとパッドにつけた状態を保つ。
- ハンドルまたはシートの端をしっかり握っておく。
- 膝を強くロックしない。

主に使われる筋
大殿筋、半膜様筋、半腱様筋、大腿二頭筋、脊柱起立筋

開始姿勢

下方および上方への動作

肩

▶ 15.31　ショルダープレス（マシーン）

開始姿勢
- シートに座り、5 ポイントコンタクトの姿勢をとれるように身体を後ろに傾ける。
- ハンドルをプロネイティッド（クローズド）グリップで握る。
- ハンドルを肩の頂点に揃える。必要ならば、ハンドルの位置が適切になるようシート高を調整する。

上方への動作段階
- ハンドルを押し上げ、肘を完全に伸ばす。
- 5 ポイントコンタクトの姿勢を保つ。
- 腰を反らせたり、肘を無理にロックしない。

下方への動作段階
- ゆっくりと肘を屈曲させ、ハンドルを開始位置に下ろす。
- 5 ポイントコンタクトの姿勢を保つ。

主に使われる筋
三角筋前部および中部、上腕三頭筋

開始姿勢

上方および下方への動作

肩

15.32 シーティッド・バーベルショルダープレス（およびダンベルでのバリエーション）

このエクササイズは2つのダンベルを用いて、ニュートラル（クローズド）グリップで実施することもできる。その場合、補助者はバーの代わりに挙上者の前腕を持って補助する。

開始姿勢：挙上者

- バーティカルショルダープレス・ベンチに座り、5ポイントコンタクトの姿勢をとれるように身体を後ろに倒し、ベンチの背もたれ部分に背部を当てる。
- バーベルをプロネイティッド（クローズド）グリップで握る。
- グリップは肩幅よりやや広めとする。
- 補助者に合図を送って、バーをラックから外す。
- 肘が完全に伸展するまで、バーベルを頭上に押し上げる。
- 1回ごとに、この姿勢から動作を開始する。

開始姿勢：補助者

- ベンチの後ろに直立し、両足の間は肩幅に広げ、膝をやや曲げる。
- 挙上者のグリップの内側を、オルタネイティッド（クローズド）グリップで握る。
- 挙上者の合図で、ラックからバーベルを外すのを助ける。
- バーベルを挙上者の頭上へと導く。
- バーをゆっくり離す。

下方への動作段階：挙上者

- ゆっくりと肘を曲げ、バーを下ろす。
- 手首がぐらつかないように締めて、左右の前腕を平行に保つ。
- 首をやや伸展させて、バーを顔の前を通して、鎖骨および三角筋前部に触れるまで下ろす。
- 5ポイントコンタクトの姿勢を保つ。

下方への動作段階：補助者

- 下降段階では、オルタネイティッドグリップでバーベルの近くに手を構えるが、触れないようにする。
- バーに追従しているとき、背中をニュートラルにして膝は軽く曲げておく。

上方への動作段階：挙上者

- 肘が完全に伸びる位置までバーを押し上げる。
- 首をやや伸展させて、顔の前にバーを通す。
- 手首がぐらつかないように締めて、左右の前腕を平行に保つ。
- 5ポイントコンタクトの姿勢を保つ。
- 背中を反らせたり、シートから離したりしないようにする。
- セットが終了したら、補助者にバーをラックに戻すための合図を送る。
- バーを戻し終えるまでバーから手を離さない。

開始姿勢

下方および上方への動作

（続く）

肩

15.32 （続き）

上方への動作段階：補助者
- 上昇段階では、オルタネイティッドグリップでバーベルの近くに手を構えるが、触れないようにする。
- バーの動きに合わせて膝関節と股関節、体幹をやや伸展させ、背中をニュートラルに保つ。
- 挙上者からのセット完了の合図で、挙上者のグリップの内側をオルタネイティッドグリップでつかむ。
- バーをラックへと導く。
- バーを戻し終えるまでバーから手を離さない。

主に使われる筋

三角筋前部および中部、上腕三頭筋

15.33 アップライトロウ

開始姿勢
- バーベルをプロネイティッド（クローズド）グリップで、肩幅または肩幅よりやや広めに握る。
- 両足を肩幅に開き、膝をやや曲げて直立する。
- 腕を伸ばし、大腿前面でバーベルを持つ。肘は完全に伸展し、外側に向ける。

上方への動作段階
- 腹部および胸に沿って、顎に向かってバーベルを引き上げる。
- 肘を外側に向けたまま、身体に沿ってバーを持ち上げる。
- 体幹と膝は同じ姿勢を保つ。
- つま先立ちになったり、バーベルを振り上げたりしない。
- バーを最も高く引き上げた姿勢は、肘が肩と手首同じ高さか、やや高い位置になるようにする。

下方への動作段階
- バーをゆっくりと下ろし、開始姿勢に戻る。
- 体幹と膝は同じ姿勢を保つ。

主に使われる筋

三角筋、僧帽筋上部

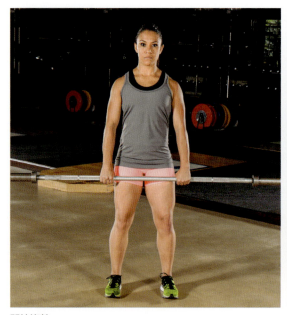

開始姿勢

上方および下方への動作

肩

15.34 ラテラル・ショルダーレイズ

開始姿勢
- 2つのダンベルをニュートラル（クローズド）グリップで握る。
- 両足を肩幅か腰幅に開き、膝をやや曲げ、体幹を真っ直ぐに起こして立ち、肩を後方へ引き（チェストアップ＋肩甲骨内転）、視線は前方に向ける。
- ダンベルを大腿の前で、両方の手のひらを向かい合わせて持つ。
- 肘をやや曲げ、動作中、この曲げた姿勢を保持する。（注意：肘は写真よりももう少し曲げるべきである）

上方への動作段階
- ダンベルを外側に上げる。肘と上腕は同時に上げ、前腕・手・ダンベルより先に上がるようにする。
- 膝をやや曲げ、足裏全体をぴったりと床につけて踏み、上体を真っ直ぐにした姿勢を保つ。
- 身体の反動を使ったり、ダンベルを振り上げたりしない。
- 腕が床とほぼ平行か、肩とほぼ同じ高さになるまでダンベルを上げる。

下方への動作段階
- ダンベルをゆっくりと下ろして、開始姿勢に戻る。
- 体幹と膝は同じ姿勢を保つ。

主に使われる筋
三角筋

開始姿勢

上方および下方への動作

上腕三頭筋

15.35 ライイング・バーベルトライセップスエクステンション

開始姿勢：挙上者
- ベンチで仰臥位になり、5ポイントコンタクトの姿勢をとる。
- バーベルを補助者から受け取り、約30cm幅のプロネイティッド（クローズド）グリップで握る。
- 左右の腕を平行にして肘を完全に伸ばし、胸の上でバーベルを持つ。
- 肘は膝に向ける（外側ではない）。
- 1回ごとに、この姿勢から動作を開始する。

開始姿勢：補助者
- 直立し、ベンチの上端に近づく（ただし、挙上者の動作を妨げない程度に）。
- 両足は肩幅に開いてスタッガード（前後にずらした）スタンスをとり（足元は、いわゆる「斜（はす）に構える」）、膝を軽く曲げる。
- バーをオルタネイティッド（クローズド）グリップで握る。
- バーを挙上者に手渡す。
- バーを挙上者の胸の上の位置へ導く。
- バーをゆっくり離す。

下方への動作段階：挙上者
- 上腕を動かさずに、肘を屈曲し、顔に向かってバーを下ろす。
- 手首はぐらつかないように締め、左右の上腕は常に互いに平行で床と垂直に保つ。
- バーを頭あるいは顔にほとんど触れそうな位置まで下ろす。
- 5ポイントコンタクトの姿勢を保つ。

下方への動作段階：補助者
- 下降段階では、スピネイティッドグリップでバーベルの近くに手を構えるが、触れないようにする。
- バーの動きに合わせて、背中をニュートラルにしたまま、膝、股関節、体幹をやや曲げる。

上方への動作段階：挙上者
- 肘を伸ばして、開始姿勢までバーを押し上げる。
- 手首はぐらつかないように締め、肘は膝に向ける。
- 左右の上腕は常に互いに平行で床と垂直に保つ。
- 5ポイントコンタクトの姿勢を保つ。
- セットが完了したら、補助者にバーを受け取ってもらうよう合図をする。
- 補助者がバーを移動するまで、バーから手を離さない。

上方への動作段階：補助者
- 上昇段階では、スピネイティッドグリップでバーベルの近くに手を構えるが、触れないようにする。
- バーの動きに合わせて膝関節と股関節、体幹をやや伸展させ、背中をニュートラルに保つ。
- 挙上者からのセット完了の合図で、オルタネイティッドグリップでバーを握り、挙上者からバーを受け取って床に置く。

主に使われる筋
上腕三頭筋

開始姿勢

下方および上方への動作

上腕三頭筋

15.36 トライセップスプッシュダウン（マシーン）

開始姿勢
- バーをプロネイティッド（クローズド）グリップで握り、両手の間隔は15～30cmとする。
- 左右の足は肩幅に開き、膝をやや曲げて直立する。マシーンに十分に近づき、開始姿勢でケーブルが真下を向くようにする。
- バーを引き下ろし、上腕を体幹の側面に沿わせる。
- 肘の屈曲は、前腕が床と平行、あるいはそれよりやや高い位置にあわせる。
- 1回ごとに、この姿勢から動作を開始する。

下方への動作段階
- 肘が完全に伸びる位置までバーを押し下げる。
- 体幹は真っ直ぐに保ち、上腕は動かさない。
- 肘を強くロックしない。

上方への動作段階
- 肘をゆっくりと曲げて、開始姿勢に戻る。
- 体幹や腕、膝は同じ姿勢を保つ。
- セットが完了したら、バーを使用前の位置へゆっくりと戻す。

主に使われる筋
上腕三頭筋

開始姿勢

下方および上方への動作

パワーエクササイズ

▶ 15.37　プッシュプレス

このエクササイズは、バーベルを肩から頭上へ素早く、かつ、力強く押し挙げる動作によって構成される。挙げる動作には2つの局面があるが、バーは、中断のない一連の動きで上昇させる。プッシュプレスとプッシュジャークは、どちらも、股関節と膝関節の素早い伸展でバーを加速して肩から挙げ、直ちにバーを頭上に押し挙げる動作が続く。この最終的なバーの位置に達するまでのテクニックが、2つのエクササイズ間で異なる。プッシュプレスでは、股関節と膝関節の伸展による加速は、頭上までバーを挙上する距離のうち1/2〜1/3程度でしかない。それ以降は、膝関節と股関節を完全に伸展させたまま、バーを「押し出して」頭上に上げる。

どちらのエクササイズも、パワーラックの外側のサポートから、肩の高さで受け取り（クリーンの状態に）セットしたところから始めたり、あるいは（パワークリーンなどで）床から肩の高さまで挙上したところから始めたりすることができる。どちらのエクササイズも、クリーングリップあるいはスナッチグリップを用いて首の後ろ（ビハインド・ザ・ネック）で行うことができる。以下のチェックリストでは、パワーラックを使ったエクササイズについて述べる（写真にはラックを写していない）。

開始姿勢

- バーをプロネイティッド（クローズド）グリップで握る。
- グリップ幅は肩幅よりやや広めにする（クリーングリップ）。
- バーの下へ進み、スタンスは腰幅にとり、左右の足を平行にする。
- バーベルを三角筋前部と鎖骨に乗せる。
- 膝関節および股関節を伸ばし、バーをラックから持ち上げる。
- サポートのところから後方へ下がり、リフティングプラットフォームの中間部に立つ。
- 両足を腰幅ないし肩幅に開き、つま先の位置を揃え、やや外側に向ける。
- 1回ごとに、この姿勢から動作を開始する。

準備段階：ディップ動作

- 股関節と膝関節を屈曲するスピードをコントロールしながら、真っ直ぐバーを下げる。
- クォータースクワット姿勢（パワークリーンのキャッチ姿勢）、または挙上者の身長の10％の深さを限度に身体を沈める。
- 足裏全体を床につけたまま、体幹を真っ直ぐに立て、肘はバーの下またはやや前方に保つ（訳注：このとき、チェストアップを保つ）。

上方への動作段階：ドライブ動作

- ディップ動作の最下点まで身体を沈めたらただちに、股関節と膝関節、足関節を力強く素早く伸展して上向きの動作に切り替え、その後肘を伸ばして、バーを頭上にさし挙げる。

キャッチ（プッシュプレス）

- 股関節と膝関節を完全に伸展し、バーを頭上に挙げた後、肘が完全に伸びるまでバーを押し挙げる。
- この姿勢で体幹を真っ直ぐに立て、頭は自然な姿勢をとり、足裏全体で床を踏み、バーが耳のやや後ろにくるようにする。

下方への動作段階

- 腕の力を徐々に抜き、バーベルをコントロールしながらゆっくりと肩の位置まで下ろす。
- 同時に股関節と膝関節を屈曲し、バーベルを肩まで下ろした際の衝撃を緩和する。
- セットが完了したら、ラックに向かって移動する。

主に使われる筋

大殿筋、半膜様筋、半腱様筋、大腿二頭筋、外側広筋、中間広筋、内側広筋、大腿直筋、ヒラメ筋、腓腹筋、三角筋、僧帽筋

① 開始姿勢

② ディップ

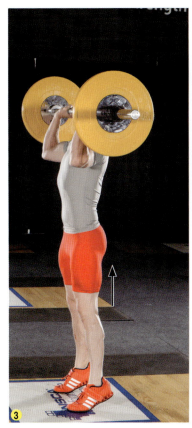
③ ドライブ

④ キャッチ（プッシュプレスのための）

439

パワーエクササイズ

15.38　プッシュジャーク

プッシュジャークは、股関節と膝関節の伸展による勢いがより強いため、バーは実際に上方へと「ドライブ」される状態になり、それを頭上で肘を伸ばし、股関節と膝関節をやや曲げた姿勢で受け止める。

開始姿勢
- バーベルをプロネイティッド（クローズド）グリップで握る。
- グリップ幅は肩幅よりやや広めにする（クリーングリップ）。
- バーの下へ進み、両足の間は股関節から肩幅に広げ、左右の足を平行にする。
- バーに近づき、三角筋前部と鎖骨で支える。
- 膝関節および股関節を伸ばし、バーをラックから持ち上げる。
- サポートのところから後方へ下がり、リフティングプラットフォームの中間部に立つ。
- 両足を腰幅か、それよりやや広く開き、つま先を真っ直ぐ前方またはやや外側に向ける。
- 1回ごとに、この姿勢から動作を開始する。

準備段階：ディップ動作
- 股関節と膝関節を屈曲するスピードをコントロールしながら、真っ直ぐバーを下げる。
- クォータースクワット姿勢を限度としてディップを続ける。
- 足裏全体を床につけたまま、体幹を真っ直ぐに立て、肘はバーの下またはやや前方に保つ。

上方への動作段階：ドライブ動作
- ディップ動作の最下点まで身体を沈めたらただちに、股関節と膝関節、足関節を力強く素早く伸展して上向きの動作に切り替え、その後肘を伸ばして、バーを頭上にさし挙げる。

キャッチ（プッシュジャーク）
- 股関節と膝関節を完全に伸展し、バーは頭上へとドライブされた後、素早く股関節と膝関節を屈曲した姿勢となると同時に、肘を完全に伸展しバーを頭上で受け止め、その瞬間にバーを最も高いところへ到達させる。
- 体幹を真っ直ぐに立て、頭は自然な姿勢をとり、足の裏全体を床につけ、バーが頭のやや後ろにくる姿勢でバーをキャッチし、身体は一直線をつくる。

リカバリー段階
- バランスをとってから、股関節と膝関節を伸展させて、足裏全体で床を踏み、真っ直ぐに立つ。
- バーを頭上で安定させながら、肘はロックさせたままにする。

下方への動作段階
- 腕の力を徐々に抜き、バーベルをコントロールしながらゆっくりと肩の位置まで下ろす。
- 同時に股関節と膝関節を屈曲し、バーベルを肩まで下ろした際の衝撃を緩和する。
- セットが完了したら、ラックに向かって移動する。

主に使われる筋

大殿筋、半膜様筋、半腱様筋、大腿二頭筋、外側広筋、中間広筋、内側広筋、大腿直筋、ヒラメ筋、腓腹筋、三角筋、僧帽筋

① 開始姿勢

② ディップ

③ ドライブ

④ キャッチ（プッシュジャークのための）

⑤ リカバリー姿勢

パワーエクササイズ

15.39 パワークリーン（およびハング・パワークリーンのバリエーション）

このエクササイズは、床から肩の高さまで、素早く、かつ、力強くバーベルを引き挙げることによって構成され、一連の動作で行われる。挙げる動作には4つの局面があるが、バーは、中断のない一連の動きで上昇する。ハング・パワークリーンはパワークリーンのエクササイズと類似しているが、膝の上の大腿中央部あるいは膝のやや下あるいは膝頭の上にバーを置いた姿勢から動作を開始する点で異なっている。このパワークリーンの変形では、バーは床から開始するのではなく、またレップ間は床に戻さない。

開始姿勢

- 足裏全体で床を踏み、両足は腰幅から肩幅に開き、つま先はやや外側に向ける。
- スクワットの要領で肩よりも股関節を低く保ってしゃがみ、バーをプロネイティッド（クローズド）グリップで同じ高さで握る。もし、より強力なグリップが必要であれば、フックグリップを用いる。
- 左右の手の幅は肩幅よりやや広めとし、膝の外側で肘を完全に伸ばし、肘を外側に向けてバーを持つ。
- 足裏全体で床を踏み、バーが足の母趾球の上、すねの3cm程度前の位置にくるようにする。
- 以下の姿勢をとる。
  - 背中を伸ばすか、やや反らせる
  - 肩甲骨は下制および内転させる
  - 胸を張り、大きく開く（チェストアップ）
  - 頭は脊柱に沿わせてまっすぐにするか、やや過伸展する。
  - 肩はバーの真上か、やや前方になるようにする。
  - 視線は前方か、水平よりやや上に向ける。
- 1回ごとに、この姿勢から動作を開始する。

上方への動作段階：ファーストプル

- 股関節と膝関節を力強く伸展させ、バーを床から挙げる。
- 体幹と床との角度を一定に保つ。（バーを引き挙げる）肩（が動くタイミング）より（膝が先に伸びて）腰の位置が高くならないようにする。
- ニュートラルな脊柱の姿勢を維持する。
- 肘を完全に伸ばし、肩をバーの真上またはやや前方に保持する。
- バーを、すねにできるだけ近いところを沿わせて挙上する。

上方への動作段階：移行（トランジション）

- バーが膝の上を通過したら、股関節を前方へ出して膝関節をもう一度わずかに屈曲させて、大腿をバーに近づけ、膝をバーの下に入れる。
- 背中をニュートラルにするか、あるいはやや反らし、肘を完全に伸ばして外側に向ける。

① 開始姿勢・ファーストプルの開始

② ファーストプルの終了・トランジションの開始

③ トランジションの終了・セカンドプルの開始

注意：この移行段階はルーマニアンデッドリフトに類似している。実際に、ウェイトリフティング選手は、ルーマニアンデッドリフトをこの動作パターンの強化に用いる。

上方への動作段階：セカンドプル

- 股関節、膝関節、足関節を素早く伸展させる。（注意：バーベルへの力の移行を最大化するために、できるだけ長く踵を床につけておくことが重要である）
- バーはできるだけ身体の近くを沿わせて挙げる。
- 背中をニュートラルにし、肘を完全に伸ばして外側に向ける。
- 肩をバーの上に位置させ、肘を真っ直ぐに伸ばした状態をできるだけ長く保持する。
- 下半身の関節が完全に伸展したら、素早く肩をシュラッグ（そびやかす）させるが、このときまだ肘は伸展し、外側を向けておく。
- 肩の最大挙上時に肘を曲げ、バーの下に身体を引き込む動作を開始する。
- この局面は爆発的な特性を持つため、体幹は直立またはやや過伸展し、頭はやや後ろへ傾き、両足が床から離れることもある。

上方への動作段階：キャッチ

- 下半身が完全に伸ばされた後、バーの下へ身体を引き込み、腕を回してバーの下に入れる。
- 同時に、股関節と膝関節を屈曲させてクォータースクワット姿勢をとる。
- 腕がバーの下にきたら、上腕が床と平行になるように肘を持ち上げる。
- 鎖骨と三角筋前部の前にバーを乗せる。
- バーをキャッチする姿勢は以下のようにする。
  - 体幹はほぼ直立させる
  - 肩は股関節よりやや前方となる。
  - 頭はニュートラルな姿勢にする。
  - 足裏全体で床を踏む。
- コントロールが得られバランスをとってから、股関節と膝関節を完全に伸展させて直立姿勢にする。

下方への動作段階

- 肘を下げて、三角筋前部と鎖骨の上からバーを下ろし、大腿の前までゆっくり下ろす。
- 同時に股関節と膝関節を屈曲し、バーが大腿部に触れたときの衝撃を緩和する。
- 肘を伸ばしたままでしゃがむようにして、バーを床（またはゴム製の衝撃吸収板が使われているプラットフォーム）に下ろす。

主に使われる筋

大殿筋、半膜様筋、半腱様筋、大腿二頭筋、外側広筋、中間広筋、内側広筋、大腿直筋、ヒラメ筋、腓腹筋、三角筋、僧帽筋

④ セカンドプルの終了

⑤ キャッチ

⑥ 最終姿勢

パワーエクササイズ

▶ 15.40 パワースナッチ（およびハング・パワースナッチのバリエーション）

このエクササイズは、床から頭上へと、肘を完全に伸ばして素早く力強くバーを引き挙げることによって構成され、一連の動作で行われる。挙げる動作には複数の局面があるが、バーは中断のない一連の動きで上昇させる。ハング・パワースナッチは、バーが床の上に置かれた状態から動作を開始し、反復中は床にバーを置かないことを除いてはパワースナッチの動きと同じである。

開始姿勢

- 両足の間は肩幅から腰幅に開き、つま先はやや外側に向ける。
- スクワットの要領で、肩よりも股関節を低く保ってしゃがみ、バーをプロネイティッド（クローズド）グリップで同じ高さで握る。もし、より強力なグリップが必要であれば、フックグリップを用いる。
- グリップはほかのエクササイズより広くとる。グリップ幅は、以下のどちらかを計測して決定する。（1）腕を横に伸ばしたときの一方の握りこぶしの先から反対の肩までの距離、（2）腕を横に伸ばしたときの一方の肘から他方の肘までの距離。
- 肘を完全に伸ばし、側方へ向ける。
- 足裏全体で床を踏み、バーが足の母趾球の上、すねの3cm程度前の位置にくるようにする。
- 以下の姿勢にする。
  - 背中はニュートラルあるいはやや反らせる
  - 肩甲骨は下制および内転させる
  - 胸を張り、大きく開く（チェストアップ）
  - 頭は脊柱沿わせてまっすぐにするか、やや過伸展する。
  - 足裏全体で床を踏む。
  - 肩はバーの真上か、やや前方になるようにする。
  - 視線は前方か、水平よりやや上に向ける。
- 1回ごとに、この姿勢から動作を開始する。

上方への動作段階：ファーストプル

- 股関節と膝関節を力強く伸展させ、バーを床から挙げる。
- 体幹と床との角度を一定に保つ。（バーを引き挙げる）肩（が動くタイミング）より（膝が先に伸びて）腰の位置が高くならないようにする。
- ニュートラルな脊柱の姿勢を維持する。
- 肘を完全に伸ばし、肩をバーの真上またはやや前方に保持する。
- バーを、すねにできるだけ近いところを沿わせて挙上する。

グリップ幅の測定：手首から反対側の肩までの距離

グリップ幅の測定：肘から肘までの距離

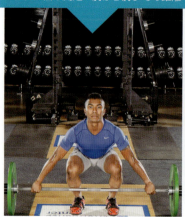

開始姿勢・ファーストプルの開始

ファーストプルの終了・トランジションの開始

トランジションの終了・セカンドプルの開始

上方への動作段階：移行（トランジション）

- バーが膝の上を通過したら、股関節を前方へ出して膝関節をもう一度わずかに屈曲させて、大腿をバーに近づけ、膝をバーの下に入れる。
- 背中をニュートラルにするか、あるいはやや反らし、肘を完全に伸ばして外側に向ける。

注意：この移行段階はルーマニアンデッドリフトに類似している。実際に、ウェイトリフティング選手は、ルーマニアンデッドリフトをこの動作パターンの強化に用いる。

上方への動作段階：セカンドプル

- 股関節、膝関節、足関節を素早く伸展させる。（注意：バーベルへの力の移行を最大化するために、できるだけ長く踵を床につけておくことが重要である）
- バーはできるだけ身体の近くを沿わせて挙げる。
- 背中をニュートラルにし、肘を完全に伸ばして外側に向ける。
- 肩をバーの上に位置させ、肘を真っ直ぐに伸ばした状態をできるだけ長く保持する。
- 下半身の関節が完全に伸展したら、素早く肩をシュラッグさせる（そびやかす）が、このときまだ肘は伸展し、外側を向いている。
- 肩の最大挙上時に肘を曲げ、バーの下に身体を引き込む動作を開始する。
- この局面は爆発的な特性を持つため、体幹は直立またはやや過伸展し、頭はやや後ろへ傾き、足が床から離れることもある。

上方への動作段階：キャッチ

- 下半身が完全に伸ばされた後、バーの下へ身体を引き込み、両手を回してバーの下に入れる。
- 同時に、股関節と膝関節を屈曲させてクォータースクワット姿勢をとる。
- バーベルの下に身体を入れたら、バーを耳のやや後ろでキャッチする。その際の姿勢は以下のようにする。
  - 肘は完全に伸ばす。
  - 体幹を直立させ、安定させる。
  - 頭はニュートラルな姿勢にする。
  - 足裏全体で床を踏む。
  - 体重は足部の中間部にかかるようにする。
- コントロールが得られバランスをとったから、股関節と膝関節を完全に伸展させて直立姿勢にする。
- 頭上でバーを安定させる。

下方への動作段階

- 徐々に肩の力を抜き、コントロールしながらバーを頭上から大腿に下ろす。
- 同時に股関節と膝関節を屈曲し、バーが大腿部に触れたときの衝撃を緩和する。
- 肘を伸ばしたままでしゃがむようにして、バーを床（またはゴム製の衝撃吸収板が使われているプラットフォーム）に下ろす。

主に使われる筋

大殿筋、半膜様筋、半腱様筋、大腿二頭筋、外側広筋、中間広筋、内側広筋、大腿直筋、ヒラメ筋、腓腹筋、三角筋、僧帽筋

セカンドプルの終了

キャッチ

最終姿勢

重要語句

オルタネイティッドグリップ（alternated grip）
クリーングリップ（clean grip）
クローズドグリップ（closed grip）
フォールスグリップ（false grip）
5ポイントコンタクト姿勢（five-point body contact position）
フォーストレペティション（forced repetitions）
フリーウェイトエクササイズ（free weight exercises）
グリップ幅（grip width）
フックグリップ（hook grip）
リフトオフ（liftoff）
ニュートラルグリップ（neutral grip）
ニュートラルな脊椎（neutral spine）
ラック外で行うエクササイズ（out-of-the-rack exercises）
オーバーハンドグリップ（overhand grip）

顔の上を通るバーベルエクササイズ（over-the-face barbell exercises）
パートナーの補助による挙上の反復（partner-assisted reps）
パワーエクササイズ（power exercises）
プロネイティッドグリップ（pronated grip）
可動域（range of motion: ROM）
スナッチグリップ（snatch grip）
補助者（spotter）
スティッキングポイント（sticking point）
構造的エクササイズ（ストラクチュラルエクササイズ、structural exercises）
スピネイティッドグリップ（supinated grip）
仰臥位（supine）
アンダーハンドグリップ（underhand grip）
バルサルバ法（Valsalva maneuver）

例題

1. 以下のうち、補助者を必要とするエクササイズはどれか。
   a. ラットプルダウン
   b. リストカール
   c. パワークリーン
   d. ステップアップ

2. 補助者の手を挙上者の前腕の手首近くに置くべきエクササイズは次のどれか？
   a. ベンチプレス
   b. インクライン・ダンベルベンチプレス
   c. アップライトロウ
   d. ライイング・バーベルトライセプスエクステンション

3. デッドリフトで使うべきグリップは次のどれか？
   I. オーバーハンドグリップ
   II. クローズドグリップ
   III. オープングリップ
   IV. オルタネイティッド グリップ

   a. I、III
   b. II、IV
   c. I、II、IV
   d. II、III、IV

4. ステップアップの正しい足の運びのパターンは次のどれか？
   a. 左足−昇、右足−昇、左足−降、右足−降
   b. 右足−昇、左足−昇、左足−降、右足−降
   c. 左足−昇、左足−降、右足−昇、右足−降
   d. 右足−昇、左足−昇、右足−降、左足−降

5. パワークリーンの「セカンドプル」段階で主となる動作はどれか。
   a. 股関節屈曲
   b. 股関節伸展
   c. 膝関節屈曲
   d. 足関節の背屈

CHAPTER 16

Exercise Technique for Alternative Modes and
Nontraditional Implement Training

代替的様式および
非伝統的用具のための
エクササイズテクニック

G. Gregory Haff, PhD, Douglas Berninger, MEd, and Scott Caulfield, BS

▶ 本章を終えると

- 代替的様式および非伝統的用具を用いたレジスタンスエクササイズを行う上での基本的なガイドラインを理解することができる。
- 自体重トレーニングの利点と限界について述べることができる。
- コアトレーニングに関連した利点と限界について特定することができる。
- 代替的様式のエクササイズに関連する適切なテクニックと重要な技術的な脆弱性（ぜいじゃくせい：脆さ、欠点）ついて特定することができる。
- レジスタンスバンドやチェーンを、伝統的なグラウンドベースで行うフリーウェイトエクササイズ（訳注：すなわち、構造的エクササイズ）にどのように適用するかについて、適切に決定することができる。
- 代替的様式および非伝統的な用具を用いたエクササイズの適切な使用について決定することができる。

代替的様式および非伝統的な用具を用いたエクサ
サイズは、ストレングス＆コンディショニング専門
職の間で広がってきている。この種のトレーニング
方法をトレーニングプログラムにおいて実施すると
きはいつも、これらの方法が安全に用いられること
が確実なものとなるよう、基本的そして特異的なガ
イドラインを考慮すべきである。

一般的ガイドライン

代替的様式および非伝統的な用具を用いたエクサ
サイズを行うにあたって、一般的なガイドラインは
伝統的なレジスタンストレーニング方法とそれほど
異なるわけではない。身体の姿勢が安定していると、
安全を達成し維持することができ、エクササイズを
行う際に身体のアライメントが適切であることは、
骨格筋に対して適切なストレスを与えるうえで必要
である。支持なしでグラウンドベースのエクササイ
ズを行う場合は、左右の足の幅は肩幅よりやや広げ
るのが一般的である。不安定なデバイス（用具）を
使うと、安定性を保つために身体各部の位置関係を
修正する必要があるかもしれない。代替的様式や非
伝統的な用具を用いたエクササイズで用いられるグ
リップは、第15章で示した伝統的なエクササイズで
用いられるグリップであることが一般的である。グ
リップは、それぞれのエクササイズに特異的な需要
に基づいて選択される。加えて、多くの非伝統的な
用具においては、グリップはエクササイズのパフォ
ーマンスにおいて制限要因となる場合がある。

より伝統的なエクササイズと同様に、代替的方法
においてしばしば推奨される呼吸パターンも、動作
のステッキングポイント（コンセントリックの部分）
を通じて息を吐き出し、よりストレスの少ない部分
（エキセントリックの部分）の間に息を吸い込むとい

うものである。たとえば、スタビリティボール上で
ダンベルチェストプレスを行う選手は、胸に向けて
ダンベルを下げてくる間に息を吐き出し、胸からダ
ンベルを押して離していく間に息を吸い込む。スト
ラクチュラルエクササイズ（構造的エクササイズ：
体軸性骨格に負荷をかけるエクササイズ）では、息
を止めることもよしとされる場合がある。しかし、
最大随意収縮の80％を超える重量を挙上する場合や、
より軽い負荷の挙上に失敗した場合、バルサルバ法
（声門を閉じて強制的に息を吐こうとすること。訳
注：いきみ）はやむを得ない場合がある（32）。バ
ルサルバ法は、腹腔内圧を高めて、脊柱の安定を得
ることができるので、非伝統的エクササイズを行う
場合にも利点となる可能性がある。たとえば、ログ
クリーンにおいて、エクササイズのプルおよびキャ
ッチ局面で、選手はバルサルバ法を行うかもしれな
い。その後、選手は直立姿勢をとった後、息を吐き
出すだろう。第15章では、バルサルバ法について
より多くの情報を示している。

自体重トレーニング法

自体重トレーニング法は、レジスタンストレーニ
ングを行ううえで最も基本的な方法の1つである。
とくに、この種のエクササイズでは、抵抗（レジス
タンス）をもたらすためにその個人の体重が用いら
れる（37）。プッシュアップやプルアップ、チンア
ップ、シットアップ、スクワットスラストなどの身
体活動は、自体重トレーニングの文脈で言及される
のが一般的である。しかしながら、カリセニクス（訳
注：自体重を用いて行うエクササイズの一種）や体
操、ヨガなどの身体活動も、すべて自体重トレーニ
ングの方法論として分類される（37）。Behmら（10）
が述べたように、体操は伝統的に体育の体系の一部

代替的様式および非伝統的用具を用いたエクササイズのための一般的ガイドライン

- 安定した身体姿勢を選ぶことによって、身体のアライメントが適切であることを確認する。
- もしエクササイズを支持なしで立ち、グラウンドベースで行う場合には、両足を肩幅よりやや広げ、足裏全体で均等に床に踏む。
- エクササイズの種類に基づいて適切なグリップを用いる（詳細については第15章を参照）。
- エクササイズのコンセントリック（短縮性）の部分では息を吐き出し、エキセントリック（伸張性）の部分では息を吸い込む。
- 重い負荷（最大随意収縮の80％以上）あるいは軽い負荷でも失敗する場合、脊柱の安定性を維持するうえでバルサルバ法が有用なテクニックと思われる。

であり、この種のトレーニングはコアの筋系の発達を強く促進する。これらの筋が強化されると、ケガの可能性が減少すると考えられる。自体重トレーニングは、相対的な筋力レベルを発達させることができる、低コストのトレーニング方法を提供すると考えられる。

自体重レジスタンストレーニングに関連した問題の1つは、抵抗負荷はその人の体重が上限となるという事実である。このことから、自体重トレーニングは絶対筋力レベルに有意に影響しない傾向があると考えられる（37）。自体重エクササイズの強度を高くするためには、回数を増やす、動作パターンを変えるなど、いくつかの方法がある。回数を増やすことで作業負荷を変えることはできるものの、目標とする獲得したい能力が筋力から筋力－持久力へと移行することになり、筋力の向上という成果から遠ざかることになるだろう。自体重エクササイズに単純な修正を加えることで、これらの限界のいくつかを取り除くことができる。たとえば、プッシュアップの際に両脚を挙上することによって（訳注：デクラインの体勢になることによって）、動作パターンを変えると、生じる抵抗が大きくなるだろう。自体重エクササイズにサスペンションデバイス（訳注：吊り下げるような用具のこと）を導入すると強度を上げることができ（71,72）、また筋活動パターンの分析で負荷の増加も確認されている（51）。Snarr and Esco（72）は、安定した床の上で行う伝統的なプッシュアップと比較して、サスペンションデバイスを用いて行うプッシュアップは**筋活動**が有意に大きいことを示している。

コアスタビリティと
バランストレーニングの方法

健康全般の改善や、ケガからのリハビリテーション、競技パフォーマンスの向上を意図して**コア**をトレーニングすることに対する関心が高まっている（10）。コアの安定性やバランス向上を目的とした介入を、伝統的な**床で行われるフリーウェイトエクササイズ**から、不安定な用具で行われるトレーニングまで、広い範囲で行われることが臨床研究において支持されている。

自体重トレーニングの利点

以下は、自体重トレーニングの利点である（37）。
- 個々人の形態学的特徴に特異的である（訳注：個別性の原側にかなっている）。
- クローズドキネティックチェーンを基本とするエクササイズをしばしば含んでいる。
- いくつかの筋群を一度に強化する。
- 相対的筋力を高める。
- 身体の制御を改善する。
- 低コストのトレーニングの代替手段である。

解剖学的な注目

「コア」という用語は、一般向けメディアやいくつかのトレーニングに関するジャーナル（10）において、体幹あるいはより特定して腰仙部の領域を指す言葉として広く使われている（81）。しかしながら、科学的文献において用いられるコアの定義の説明は、好意的にみても正確さや一貫性に乏しい（10,82）。最も典型的な**解剖学的コア**は、体軸性骨格と、その体軸性骨格に起始を持つすべての軟部組織であると定義されている（9,10）。体軸性骨格には、骨盤と肩甲帯を含み、軟部組織には関節軟骨や線維軟骨、靭帯、腱、筋、筋膜を含むことに注意することが重要である（10）。最終的には、軟部組織が働いて力を生み出し（短縮性筋活動）、また動きに抵抗する（伸張性および等尺性筋活動）。

典型的な例として、コアに関連する筋群は、キック動作や投動作などの統合されたキネティックチェーンの活動を行う際のトルクおよび角運動量の伝達を可能にしている（81）。実際に、Willardson（81）は、選手のコアスタビリティを高めることは、上下肢の力の産生にとってよりよい基礎をもたらす結果となることを示唆している。

アイソレーションエクササイズ

アイソレーションエクササイズは、上下肢が寄与することなく、特定のコアの筋系のダイナミック（動的）あるいはアイソメトリック（等尺性）筋活動において構成される（10）。たとえば、コアをアイソレートするために行われる一般的なエクササイズは、プローンプランク（68）およびサイドプランク（78）である。この種のアイソレートされたエクササイズは、筋の活性化をより高めることができるというエビデンスがあり、脊柱の安定性の向上や傷害発生を

低減するという結果につながることが示唆されている（56）。このような活動によりトレーニングをしていない人やケガから回復している途中の人にとっては、パフォーマンス改善につながることがエビデンスにより示唆されるが、これらの活動がスポーツパフォーマンスの改善に転写するという考えへの支持は限られている（65,81）。実際に、最近のシステマティックレビューでは、Reedら（65）はアイソレートされたコアトレーニングは、スポーツパフォーマンスの改善にはそれほど有効ではないと報告している。加えて、Behmら（10）とWillardson（81）によると、グラウンドベースで行うフリーウェイトエクササイズ（例：スクワット、デッドリフト、プッシュプレス、スナッチ、体幹の回旋に関わるエクササイズ）は、アイソレートされたコアトレーニングと比較して、実際のスポーツパフォーマンスにより大きな便益をもたらすという強いエビデンスがあるという。グラウンドベースで行うフリーウェイトの身体活動は、コアが働くようにデザインされた伝統的なアイソレーションエクササイズと同様の、あるいは多くの場合、それよりも大きなコア筋系の活性化をもたらす（35,60）。アイソレーションエクササイズは、ケガをした選手が、リハビリテーションの過程で、また伝統的なグラウンドベースで行うフリーウェイトエクササイズで適切な負荷をかけることができない場合に用いるうえで最も有用であるかもしれない（81）。

▶ グラウンドベースで行うフリーウェイトの身体活動は、コアが働くようにデザインされた伝統的なアイソレーションエクササイズと同様の、あるいは多くの場合、それよりも大きなコア筋系の活性化をもたらす。

マシーン vs. フリーウェイトエクササイズ

フリーウェイトトレーニングの方法とマシーントレーニングの方法を比較した場合、それぞれ利点と欠点がある（10,34,75）。マシーンを用いたトレーニングに関しては、マシーンによってもたらされる安定性により、特定の筋群をターゲットとすることがうまくできるようになる結果につながるだろう。しかし、スポーツパフォーマンスの文脈においては、そのようにアイソレートされたやり方で筋が機能することはめったにない（10）。脊椎安定筋に関しては、

マシーンによるトレーニングと比較してフリーウェイトトレーニング中におけるこれらの筋の活性化のほうがより高いことが一般的に認められている（33）。この考えを部分的に支持するものとして、Anderson and Behm（2）は、背部の脊椎安定筋の活動は、スミスマシーンでのスクワット時にフリーウェイトスクワットと比較して30%低かったと述べている。加えて、マシーンでの筋力向上は無視できるほどのものであるという主張や、競技動作の筋活動パターンに有害作用をもたらす可能性がある、という主張に対する科学的な支持が存在する（2,15,57）。しかしながら、もしグラウンドベースのフリーウェイトトレーニングを不安定なサーフェスあるいは用具を用いて行うことで不安定性が増したとき、力の発揮や、力の立ち上がり速度（RFD）、パワー出力が大幅に低下することは注目すべきである（23,49）。したがって、これらのデータに基づくと、フリーウェイトのグラウンドベースで行うエクササイズは、とくに筋力およびパワーの発達という視点で見てみると、特異性と不安定性を理想的な組み合わせで提供すると考えられる。結局のところ、競技特異的な適応を発達させるための効率的な不安定性は、伝統的なグラウンドベースで行うフリーウェイトトレーニングを行うことで刺激されると考えられるので、この種のエクササイズに不安定性を追加する必要はないと考えられる（10）。

▶ フリーウェイトの床で行うエクササイズは、とくに筋力およびパワーの発達という視点で見た場合に、特異性と不安定性の理想的な組み合わせを提供すると考えられる。

不安定デバイス

不安定なところで行うエクササイズは、不安定なサーフェスあるいは用具の上で行うことが一般的であり、そのようなサーフェスや用具はストレングス&コンディショニング施設で広くみられる。トレーニングにおいて不安定デバイスが広がりをみせているのは、理学療法士がリハビリの過程で用いていることに由来すると思われる。これらの用具は、より大きなコア筋群の安定機能を必要とする姿勢の不均衡・不安定性をより大きくするために用いられる（10,81）。これらの用具の使用中に外乱（動揺）が加えられると、姿勢を調整して直立を保つためのコア筋

系の活性化を必要とするバランス課題が生じる (19)。

ストレングス&コンディショニング専門職にとって、数多くの不安定デバイスが利用可能であり、最も一般的なのがスイスボール（フィジオボール、ペジジムナスティックボール）である (10)。その他の不安定性をもたらす用具の選択肢には、半球状で平坦な部分がゴム製のフィジオボールや、空気で膨らませるディスク、ウォブルボード（wobble board、訳注：円盤状の板の下に小さな半球状の突起が出ており、床と平行にするにはバランスをとる必要がある）、フォーム（発泡素材）チューブ、さまざまなフォームプラットフォームがある。砂などの自然のサーフェスも、選手の動作パターンにおいてコア筋系の活性化を高める結果につながる、不安定性を導入するシナリオをつくることができる。多くのストレングス&コンディショニング専門職は、不安定性エクササイズを行うことは、ターゲットとなる主働筋群をトレーニングするが、同時にコアの筋を活性化すると考えている (10)。コアの筋の活性化が高まるというエビデンスはいくつかあるが、この増加は主働筋によって生み出される力の減少に伴って起こると考えられる (9,23)。不安定性エクササイズのトレーニングを行っている間、全般的な主働筋の力発揮能力 (8) や、パワー出力 (23) は、不安定な条件下でエクササイズが行われると、安定した条件で可能な値の70%未満となる可能性がある。加えて、このエクササイズの間、RFD (Rate of Force Development：力の立ち上がり速度) が顕著に低下することがある (60)。力発揮やパワー出力、RFDが低減した中でトレーニングを行うのは、選手が（コンディションを）調整するうえで最も有利であるとは考えにくい。なぜなら、これらの要素はスポーツパフォーマンスにおいて中心となる多くの側面に及ぼす影響が大きいためである。

全体的に、選手が不安定デバイス上でレジスタンスエクササイズを行うことで、顕著なパフォーマンス改善がみられたということを示唆する研究は数少ない (21,73)。パフォーマンスの便益が文献で述べられていないのは、トレーニングを積んだ選手においては、パフォーマンス向上を実現させるうえで力の発揮や動作の速度、RFDに関してより大きな適応的な刺激が非常に必要となるという、リターン

の減少という原理（the principle of diminishing returns）に基づいて予測されているのかもしれない (10,47)。したがって、不安定デバイス上での静的バランスの身体活動を行うことは、オリンピックリフティングのような安定したサーフェス上で行われるグラウンドベースでの動的あるいは爆発的なフリーウェイトエクササイズを実施する前の、バランスやコアスタビリティを改善するための導入的なトレーニングの段階であると考えられるかもしれない (10)。

> グラウンドベースで行うフリーウェイトエクササイズ（例：スクワット、デッドリフト、オリンピックリフト）は、キネティックチェーンの連結すべてを発達させる刺激である、ある程度の不安定性が関わっており、用具を用いるエクササイズよりもコアの安定性の発達と競技パフォーマンスの促進のためのよりよいトレーニング刺激をもたらす (10)。

不安定デバイスはリハビリテーションの状況で用いられると、腰痛が軽減し、軟部組織の効率が高まることで膝および足関節を安定させることが示されている (9,10)。膝関節に関連する筋のいくつかは腰仙部の領域に起始を持つため、身体のコアは前十字靭帯（ACL）損傷の予防に大きく貢献していると考えられる (58)。実際に、いくつかの研究では不安定デバイスはACL損傷の可能性を低減させるかもしれないというエビデンスが示されており (58)、これはとくにACL損傷からのリハビリテーション後に当てはまる (59)。たとえば、Fitzgeraldら (28) は、リハビリテーションを行う選手がティルトボードやローラーボード、その他のバランスデバイスによって刺激される外乱（動揺）を用いた課題に取り組むことで、競争的な競技への復帰率が5倍ほどになったと報告している。加えて、Caraffaら (18) は、伝統的なトレーニング手法にバランストレーニングを加えることは、アマチュアサッカー選手においてACL損傷を減少させる結果となったことを示唆している。しかしながら、システマティックレビューにおいて、Grimmら (31) は、この主張に異議を唱え、この種の介入はACL損傷のリスクを低下させないことを示唆している。対照的に、床で行うフリーウェイトの身体活動は、コアの筋力およびバランス能力を高め、よりバランスのとれた、パフォーマンス

改善を導くようである。最終的には、不安定なベースを用いたエクササイズでコアをトレーニングすることは、ケガをした選手を競争的な練習へと復帰させるには効率的な方法であると考えられる。

可変抵抗トレーニング法

レジスタンストレーニングの実践においては、身体に過負荷をかけるために3つの方法がある。すなわち、一定の**外的抵抗**、**調整抵抗**、**可変抵抗**である（30,54）。トレーニング中に抵抗をかけるのに最も一般的な方法は、一定の外的抵抗であり、伝統的なレジスタンストレーニングにおいて最も用いられている（例：フリーウェイト）。このシナリオでは、外的負荷は可動域全体を通して一定であり、実生活における身体活動でもよく見受けられる、より現実的な骨格筋のコーディネーションや動作パターンを考慮することができる（36,54,63）。一方で、調節できる抵抗（**セミアイソキネティック抵抗の適用**とも呼ばれる）は、可動域全体にわたって動作のスピードあるいは等尺性（アイソキネティック）抵抗をかけることができる（54,75）。Stoneら（75）は、この種の用具は外的な妥当性に乏しいことを示唆している（訳注：このような用具を用いたときに得られる刺激が現実のスポーツ運動にはあまりみられない、という意味と考えられる）。加えて、これらの用具は一定負荷のフリーウェイト動作のような、より伝統的な方法、とくに多関節動作パターンで行われた場合と比べて適切なトレーニング刺激をもたらさないと考えられる。

伝統的なレジスタンストレーニングエクササイズにおいて、筋によって発揮される力は、外的負荷は一定であるが動作に関与する関節における力学的有効性によって変化する（3,13,30）。変化する力学的有効性、また一定の負荷に伴う慣性の特性に対処するため、関節角度の変化に応じて抵抗を変化させることができる革新的なトレーニング機器を開発するための協調的な努力が重ねられてきた（30）。これらの可変抵抗法は、抵抗を変化させて関節可動域全体を通して力の作用を最大化させることを意図するというものである（29）。たとえば、バックスクワットにおいて、動作の最上点では最大の力発揮が起こり、最下点の部分では最小の力発揮となる。した

がって可変抵抗法はスクワット動作の最下点で抵抗を減らし、最下点の姿勢から上昇するにつれて抵抗が増加する。その他の考慮事項には、動作のコンセントリックな努力の間、減速に大部分の時間が費やされるということがある（30）。全体的に、可変抵抗法は関節のてこの変化に合わせることができること（85）、また特定の関節角度における力学的な不利を克服し（24,69,70,79）、代償的な加速をもたらす（69,70）ことが示唆されている。

可変抵抗モデルを用いることにより、最近のストレングス＆コンディショニング施設に最も広くみられる方法論は、チェーン（鎖）あるいはゴムバンドの適用である（30,54）。チェーンあるいはバンドを伝統的なフリーウェイトレジスタンストレーニング方法を組み合わせることによって、それらの（伝統的）一定の負荷の活動中の負荷特性が変化することが示されている（30,41）。とくに、チェーンあるいはバンドは、活動中の関節可動域全体を通して抵抗を変化させることができる。

> ▶ 可変抵抗モデルを用いることにより、最近のストレングス＆コンディショニング施設に最も広くみられる方法論は、チェーン（鎖）あるいはゴムバンドの適用である（30,54）。

チェーンを付加したエクササイズ

可変抵抗の方法の中で人気が高まっているうちの1つが、ベンチプレスやバックスクワットのような伝統的なレジスタンストレーニングの身体活動に**チェーン**を付け加えるというものである（4,13,39,54）。この力を適用する方法は、パワーリフターの間で最も人気があるが（69,70）、さまざまな競技で働くストレングス＆コンディショニング専門職の間でも人気が高まっている（22）。人気が高まると同時に、これらの方法がトレーニングに新たな利点をもたらすと信じられているにもかかわらず、その信念は科学的文献において実証されていない（13,14,39,54）。ただ、いくつかの研究ではチェーンをベンチプレスなどの伝統的なレジスタンストレーニング方法に付加することは有用となり得ることが示されている（6）。それらの研究を注意深く調べることで、フリーウェイトエクササイズにチェーンを付加するという方法が有効性に影響を及ぼしうることが明らかになる。

第 16 章 代替的様式および非伝統的用具のためのエクササイズテクニック **453**

チェーンを用いる場合の負荷の決定

チェーンを用いる場合の負荷を決定するために、トップおよびボトムポジションにおけるチェーンのレジスタンス（重量）を測定し、これらを合計して平均値を求める。

たとえば、選手が 5RM の負荷でベンチプレスを行う場合、最初に 5RM の負荷を、チェーンを用いずに決定する。その後、もし 5RM が 120kg（264 ポンド）だった場合、その負荷からチェーンの平均レジスタンス値を減じる。

もしボトムポジションで 0kg、トップポジションで 11.1kg（24.4 ポンド）であるなら、平均は 5.5kg（12.2 ポンド）である。

したがって、適切な負荷となるように、バーベルの重量を 114 〜 115kg（251.8 〜 253.0 ポンド）に設定する。

とくに、これらの研究ではスクワットでは一番低い姿勢になるまで、あるいはベンチプレスではバーが胸の高さに下がるまで、吊り下げられたチェーンが床につかない方法が用いられた（6）。いくつかの研究において、この方法論は支持されているようであるが、伝統的なレジスタンストレーニング方法にチェーンを付加するさまざまな方法について探求するには、さらに多くの研究が必要である。

チェーンを用いる際の抵抗の決定

チェーンによってもたらされる抵抗は、チェーンの構造や密度、長さ、直径によって決まり、チェーンをレジスタンストレーニングの状況で用いる前に定量化する必要がある。加えて、連結するチェーンの数はチェーンによってもたらされる抵抗の大きさに影響を及ぼす（13,55）。チェーンによる負荷を定量化するために、Berning ら（13）は抵抗の負荷に連結したチェーンの直径と長さによってもたらされる負荷に関する実用的なチャートを開発した。このチャートは後に McMaster ら（54）により、チェーンの質量や長さ、直径の関係を示すものへと修正された（表 16.1）。

チェーンと組み合わせたバーベルの抵抗を決定する方法のひとつは、動作の一番上（トップ）と一番

下（ボトム）の部分での絶対的な負荷を測定するものである（4）。これら 2 つの負荷の平均を求め、その値を用いてバーベルの負荷を修正し、選手が処方された範囲内でトレーニングできるようにする。

一般的なルールとして、Baker（4）はチェーンの使用は中程度から一流レベルの安定したエクササイズテクニックを有する選手のみに限定することを推奨している。なぜなら、チェーンを付加することによってもたらされる負荷という課題は、選手の技術に影響を及ぼすことがあるためである。

フリーウェイトエクササイズへのチェーンの適用

一般的に、チェーンを伝統的なレジスタンストレーニング方法に適用することによって、適用された抵抗を線形に増加させることができる（54）。チェーンを適用する方法には、完全に伸展させた姿勢から動作を通して床に接触させる（13）、あるいはより軽いチェーンで吊り（図 16.1）、動作パターンの最も低い部分（図 16.2、例：スクワットの一番下あるいはベンチプレスで胸の高さ）でのみ床に接触できるようにする（4,6）、というものがある。Baker（4）は、2 番目の方法は 3 つの明確に区分された方法で動作速度に影響を及ぼす可能性があると示唆してい

表16.1 チェーンの質量と長さ、直径

チェーンの直径	チェーンの長さ				
	10cm（4 インチ）	50cm（20 インチ）	100cm（40 インチ）	150cm（59 インチ）	200cm（79 インチ）
6.4mm（1/4 インチ）	0.3kg（0.6 ポンド）	1.3kg（2.8 ポンド）	2.5kg（5.5 ポンド）	3.8kg（8.3 ポンド）	5.0kg（11.0 ポンド）
9.5mm（3/8 インチ）	0.4kg（0.8 ポンド）	1.9kg（4.1 ポンド）	3.7kg（8.1 ポンド）	5.6kg（12.2 ポンド）	7.4kg（16.3 ポンド）
12.7mm（1/2 インチ）	0.7kg（1.6 ポンド）	3.7kg（8.1 ポンド）	7.4kg（16.3 ポンド）	11.1kg（24.4 ポンド）	14.8kg（32.6 ポンド）
19.1mm（3/4 インチ）	1.4kg（3.1 ポンド）	7.0kg（15.4 ポンド）	14.0kg（30.8 ポンド）	21.0kg（46.2 ポンド）	28.0kg（61.6 ポンド）
22.2mm（7/8 インチ）	2.2kg（4.8 ポンド）	10.8kg（23.8 ポンド）	21.6kg（47.5 ポンド）	32.4kg（71.3 ポンド）	43.2kg（95.0 ポンド）
25.4mm（1 インチ）	2.8kg（6.2 ポンド）	14.0kg（30.8 ポンド）	28.0kg（61.6 ポンド）	42.0kg（92.4 ポンド）	56.0kg（123.0 ポンド）

McMaster, Cronin, and McGuigan, 2009 (54). より、許可を得て転載

図16.1　チェーンのレジスタンスを加えたベンチプレス。チェーンを軽いチェーンで支えて垂らし、バーベルが胸の高さになるまでは床につかないように支える。挙上者がバーベルを胸まで下げると、チェーンが床に接触していくにつれて抵抗は徐々に減少していく。反対に、挙上者がコンセントリック（収縮性）に胸より高く挙上すると、抵抗は徐々に増加していく。

図16.2　ベンチプレス中にバーベルが胸の高さまで下がると、チェーンは床に接触し、その結果チェーンの重量はバーベルに作用しなくなる。

る。最初に、バーベル−チェーン複合体（訳注：バーベルとチェーンを一体のものとした表現）は、チェーンの連結部が床から離れる動作の一番上においてのみ（すなわち伸展の部分）役割を果たす。動作の最下部では、連結部が床に完全に接触し、負荷の低減がもたらされ、選手はより速くバーベルを加速させることができる。第二に、より大きな神経的活性化の反応として、レペティション（繰り返し）の中での活動後増強効果が起こる可能性がある。とくに、チェーンが床に積み重なり、バーベルの質量（訳注：バーベルとチェーンによる負荷）が減少するにつれてより大きな神経−筋の活動が起こり、このことで動作速度の促進が可能となる。最終的に、動作の下の部分で抵抗が減少することは、より素早いストレッチ−ショートニングサイクルを引き起こす可能性がある。Baker（4）は、動作の下の部分でチェーンの連結部分が床に積み重なるとき、エキセントリック筋活動からコンセントリック筋活動へと移行する際の反応が選手に生じ、エキセントリックな（伸張性の）負荷が減少し、より素早い償却局面（amortization phase）が起こることを示唆している。

レジスタンスバンドエクササイズ

伝統的なバーベルの抵抗を補強するためにレジスタンスバンドをかけて用いる方法が、ストレングス＆コンディショニング専門職の間で広まってきている（4,27,46,77）。レジスタンスバンドを伝統的なレジスタンストレーニングエクササイズと組み合わせて用いることを支持する研究がいくつかある（1,74,79）。たとえば、Wallaceら（79）は、バックスクワットを行う際、全体の負荷の35％をバンドに置き換えることによって、急性にピークパワーを約13％増加させることを示唆している。加えて、Baker and Newton（5）は、バンドの使用によって各レペティション内において活動後増強効果が生じると示唆している。この主張に対する支持は、Stevensonら（74）の業績に由来するもので、トレーニング負荷の20％に当たる負荷をバンドで代替することにより、一定負荷の条件と比較してコンセントリックなRFDが急激な増加をもたらす結果となった。これらのデータは、バンドを伝統的なレジスタンストレーニング方法に付加することによっていくらかの利点、とくにパワーあるいはRFDに対する利点があることを示唆しているが、これらの知見と主張が異なる研究もある（24,41）。たとえば、Ebben and Jensen（24）は、スクワットの際にレジスタンスバンドを総負荷の10％となるように用いた場合、積分筋電図および平均床反力において差がみられなかったと報告している。

最近、レジスタンスバンドの使用についての研究、とくに縦断的研究がわずかながら行われており、数

人の研究者が報告している急性の効果が、長期的に筋力およびパワー向上へと移行するかどうかが検証されている。選手育成においてバンド使用における最適な方法論を決定づけるためには、さらなる研究が必要となる。

レジスタンスバンドを用いる際の負荷の決定

レジスタンスバンドを用いる際、その組成は製造時に用いられる熱可塑性樹脂（サーモプラスティック）または弾性重合体（エラストマー）によって決まるということを理解することが重要である（54）。レジスタンスバンドの組成は、粘弾性（スティフネス）や、密度、降伏強さ（訳注：材料に対して力を加えていく場合に元に戻らなくなるときの強さ）、引張強さ（訳注：材料が破断・破壊されるときの強さ）の全般に影響を及ぼすため、重要である（54,55,77）。最終的に、レジスタンスバンドによって生じる張力（抵抗）は、バンドのスティネスや、バンドが引き伸ばされた大きさ（変形の程度）によって決まる（55）。とくに、フックの法則により、バンドによって生じる張力は、そのスティフネス（k）と変形（d）の積に等しい：

$$張力 ＝ スティフネス（k）× 変形（d）$$

バンドが引き伸ばされる（すなわち変形の程度が大きくなる）につれ、バンドに生じる張力は線形に増加する（訳注：一定の割合で増加する）。しかしながら、いくつかの研究では、レジスタンスバンドが曲線的および直線的（線形）の変形領域を示すことが示唆されている（1,55,62）。

ベンチプレスやバックスワットのような伝統的な

フリーウェイトトレーニングエクササイズにバンドをかけて用いる場合、同じバンドでも3.2〜5.2%の差が生じ、その結果平均張力に8〜19%の差が生じる可能性があることをストレングス＆コンディショニング専門職は注意すべきである（55）。基本的な長さ−張力関係は表16.2で確認することができ、張力はバンドの長さから推定式を用いて推定することができる。

チェーンを用いることで、どのくらいの抵抗がかかるかと同様に、バンドを用いることは、フリーウェイトによって、またバンドによって動作の範囲全体を通してどれほどの負荷がもたらされるかをコーチが見極める必要がある（4）。とくに、コーチは動作の下部および上部におけるバンドによる負荷を測定し、それらの平均を算出しなければならない。Baker（4）の推奨に基づくと、150kg（330ポンド）の5RM負荷でトレーニングを行いたい選手は、2つのバンド位置（すなわち上下）の平均を差し引いて、バーに装着する負荷を差し引けばよい。つまり、もしバンドが動作の最下部で抵抗負荷がゼロだとして、動作の最上部（ベンチプレスのロックアウト）でバンドが引き伸ばされた長さでは26.6kg（58.5ポンド）である場合、選手は総重量から13.3kg（29.2ポンド）を差し引いて、バンドなしで136〜137kg（299.2〜301.4ポンド）とするとよい。

フリーウェイトエクササイズへのレジスタンスバンドの適用

フリーウェイトレジスタンスエクササイズにバンドを適用するうえで、複数の方法を用いることができる。バンドはバーベルと、スクワットラックや重いダンベルのある決まった場所にかけることができ

表16.2　レジスタンスバンドの長さ−張力関係の例

幅 (mm)	色	長さ−張力関係					張力の推定式
		110cm (43.3インチ)	120cm (47.2インチ)	130cm (51.2インチ)	140cm (55.1インチ)	150cm (59.1インチ)	
14	黄	2.6kg	5.7kg	8.1kg	9.8kg	11.5kg	$Y = -0.003x^2 + 0.98x - 69.82$
22	赤	4.6kg	9.6kg	13.3kg	16.6kg	19.2kg	$Y = -0.004x^2 + 1.38x - 99.49$
32	青	8.5kg	14.8kg	19.5kg	23.9kg	27.3kg	$Y = -0.004x^2 + 1.60x - 114.86$
48	緑	6.8kg	16.5kg	24.0kg	30.0kg	49.3kg	$Y = -0.007x^2 + 2.43x - 179.56$
67	黒	15.4kg	29.1kg	40.0kg	49.3kg	57.2kg	$Y = -0.010x^2 + 3.73x - 269.21$

McMaster, Cronin, and McGuigan, 2010（55）．より、許可を得て転載

図16.3　バンドを用いたスクワットのボトムポジション

図16.4　バンドを用いたスクワットのトップポジション

る（4）。バンドを用いた場合、動作の最上部においてバンドの張力および合計の抵抗負荷は最大となる。反対に、動作の下部において加わる負荷は低減され、バンドはそれ以上伸張されることはなく、バーベルに対して抵抗を加えることはない。たとえば、スクワットの最下部（すなわち、ボトムポジション、図16.3）において、バンドはゆるみ、バーベルに対して積極的に張力を加えることはなく、したがってエクササイズに対する追加の負荷はかからない。選手が最下部からロックアウト姿勢へと上昇するにつれて、バンドはより大きな伸張負荷をかけていき、バーとバンドの負荷はやがて最大となる（図16.4）。選手が最下部から上昇していくにつれて伸張負荷はだんだん大きくなっていくことに注意することが重要である。反対に、選手が下降するにつれて、伸張負荷はだんだん低減する。

非伝統的な用具による
トレーニング方法

　伝統的に、ほとんどの現代的なストレングス＆コンディショニング施設において用いられているトレーニング介入には、バーベルやダンベル、多様なトレーニングマシーンに大きく頼っていた。最近では、ストレングス＆コンディショニング専門職は、選手に対してより多様な準備を身につけさせるために非伝統的な用具を組み合わせ始めている。非伝統的な用具には、**ストロングマントレーニング**で用いられることが典型的な、タイヤやログ（丸太）、ケトルベル、石、重りつきスレッド（そり）、その他の用具が含まれる（39）。非伝統的な用具によるトレーニングは人気が高まっているが、現在、この種のトレーニング方法の効果について直接的に探求した研究は、ほとんどみあたらない。

▶ 非伝統的な用具によるトレーニングは人気が高まっているが、現在、この種のトレーニング方法の効果について直接的に探求した研究は、ほとんどみあたらない。

ストロングマントレーニング

　ストロングマン競技の用具によるトレーニングは、スポーツパフォーマンス向上のために提案されたツールとして最近人気の高まりをみせている（11,53,66,80,84,86）。最も一般的なストロングマンエクササイズは、タイヤフリップ、ログリフト（またはケグリフト。訳注：ケグは樽を意味する）、ファーマーズウォークである。この種のエクササイズについての研究は限られているが、いくつかのエビデンスにより、高強度の刺激を導入するために用いることで、血中乳酸の応答が高まることが示唆されている（12,

第 16 章　代替的様式および非伝統的用具のためのエクササイズテクニック　**457**

44,86）。加えて、この種のエクササイズは、伝統的なレジスタンストレーニングの活動と比較して、異なる方法で、選手が効率的に取り組む課題となる大きな不安定性を生み出すことが示唆されている（53）。

タイヤフリップ

タイヤフリップは、トラックや重機のタイヤが用いられ、個々人の筋力のニーズに合わせて追加の負荷を中心部に装着することもある（39,80）。適切なタイヤのサイズの選択は、選手に特異的なプログラムをデザインする際にストレングス＆コンディショニング専門職が考慮すべき多数の要因によって決まる。タイヤの長さ、幅、重量を含めた大きさ（寸法）を考えて決めるべきである（16）。一般的なルールとして、タイヤは選手が直立したときの身長よりも高くなるべきではない。タイヤが高くなるほど、力学的有効性が低いことと、挙上全体を通じて長い距離が必要となり、選手がタイヤをフリップする（ひっくり返す）のが難しくなる。加えて、タイヤの幅も選手がフリップを行う能力に影響を及ぼすことがある。たとえば、幅の狭いタイヤは、四肢長と深さ

タイヤフリップ

テクニック

覚えておくべきポイント：
- タイヤフリップを行えるサーフェスを選ぶ。
- タイヤの側面で膝をつき、顎と三角筋前部をタイヤにつける。
- 腕を伸展し、スピネイティッドグリップ（逆手）を用いてタイヤを持つが、タイヤを握り締めない。
- 足関節を背屈し、膝を地面から離し、母趾球で支えるようにする。
- 胸を張って起こし、下背部の筋を収縮させる。

動作テクニック：
- タイヤを前上方へと押しながら、膝関節および股関節を伸展し、足関節を底屈する。
- 2～3歩ステップを踏むことで、爆発的にタイヤを前方へと動かす。
- 片方の股関節を屈曲し、屈曲した脚の大腿四頭筋（太ももの前面）をタイヤにぶつける。
- タイヤとぶつかった直後に、両手の向きをプロネイティッドグリップ（順手）へと変える。
- タイヤをフリップする（ひっくり返す）ために、両腕を伸展させながら両足を前方へ動かして歩み出る。

一般的な技術上の欠点と、その修正法
- **欠点**：動作開始時に足の位置をタイヤに近づけすぎる。
  これが生じると、動作を開始するためにしばしば背中が丸まり、膝が胸に近づきすぎてしまう。
  修正：選手に足をタイヤから離させ、下背部の筋を収縮させて胸を挙上（チェストアップ）するよう指導する。
- **欠点**：最初の押す動作のときに、股関節の挙上が両肩の挙上よりも早い。
  この欠点は、伝統的なデッドリフトを行う際の不適切なテクニックでみられるものと非常に類似している。
  修正：選手に、股関節を低いままにし、タイヤを挙上するというより前方へ動かすよう指導する。
  加えて、この動作の間、股関節が両肩のやや下の位置を保つよう促す。
- **欠点**：押す動作の代わりに挙上する動作が生じる。
  より重いタイヤを用いるとき、この動作は挙上スピードを低下させる。タイヤが股関節より高くなるにつれ、モーメントが低下し、選手はタイヤを動かすために、強制的に「筋力」を使わざるを得なくなる。
  この姿勢は選手がタイヤに押しつぶされる可能性があり、極度に危険な状態である。すぐに修正すべきである。
  修正：選手はタイヤを前方へと動かし、タイヤが挙上するとともに前方へと動かすよう促す。
  キュー（指示、合図）の1つは、タイヤが股関節の高さになったら大腿四頭筋（太ももの前面）をぶつけ、前方への動作パターンを継続することである。

タイヤフリップの補助
一般的に、タイヤフリップの補助には2人の補助者が挙上者の両側に必要となる。
補助者は以下のことに従うべきである：
- 必要なときにタイヤを押して補助する
- 挙上者がタイヤに対するグリップ（保持）を失ったら補助することができるよう、十分に注意を向ける。
- 挙上者の周囲に注意しておく。とくにフリップの軌道とタイヤが地面につく場所には人や物がないことを確認しながら監視する。

J.B. Bullock and D.M.M. Aipa, 2010, "Coaching considerations for the tire flip," Strength & Conditioning Journal 32: 75-78. より許可を得て転載。

が求められるため、一般的に身長の高い選手にはフリップするのが難しいと考えられている。反対に、幅の広いタイヤは、身長の低い選手にとって、腕の長さが短いためにより難しくなる（16）。もう1つの考慮事項は、タイヤのトレッド（訳注：タイヤ表面につけられた溝や模様のこと）である。トレッドが摩耗しているとグリップが難しくなり、トレッドがくっきりと残っていると裂け目や破片、露出した金属によって選手のケガのリスクとなる（16,80）。選手個人の筋力レベルに基づいて正しいタイヤを選択したら、ケガのリスクを最小限にするために適切なテクニックが用いられるべきである。

タイヤをフリップするうえで、3つの基本的な方法が用いられる。すなわち、スモウ（相撲）、バックリフトスタイル、タイヤを肩に当てる（shoulders-against-the-tire）テクニックである（16,80）。スモウスタイルのフリップテクニックは、伝統的なスモウデッドリフトスタンスに、より狭いグリップにした両腕の位置を組み合わせた方法を用いる。この種類のテクニックは、パワーリフターがデッドリフトの際に用いるのが一般的である。このテクニックにより、タイヤが股関節あるいは胸の高さまでいったん持ち上げられると、腕で前方へ押す動作を行ってタイヤをフリップできるように手を回旋させる（16,80）。バックリフトスタイルは、より狭い伝統的なデッドリフトのスタンスで行われ、最後は前方へ押す動作が行われる。このテクニックは、最初に両足を腰幅に開き、膝および股関節を曲げることで、選手はタイヤの基部をつかむことができ、デッドリフトと同じような方法で引くことができる（80）。タイヤが上がるにつれて、両手はタイヤを前方へ押してフリップするために再ポジショニング（両手の位置の調整）が行われる（16）。

現在のところ、タイヤフリップの各テクニックの全般的な安全性について直接調べた研究はない。しかしながら、研究論文の著者の何人かは、スモウスタイルが最も安全であることを示唆しており、その一方でさらに最近ではタイヤを肩に当てるスタイルは実践的な文献において好ましいテクニックとなってきている（16）。タイヤの側面で負荷を支えているとき、選手はひざまずいてタイヤを扱う。足関節は背屈し、両足は腰の幅に広げる。この姿勢で選手は顎と肩をタイヤにつける。このタイヤに対する肩

の配置は、伝統的なバーベルフロントスクワットにおいてみられる配置と類似している（第15章参照）。タイヤはスピネイティッドグリップで握り、グリップ幅はタイヤのサイズに大きく依存する（すなわち、より幅の広いタイヤ＝より幅の狭いナロウグリップ）。この姿勢で、選手は足関節の背屈を継続し、母趾球で立ち地面から膝を上げることができるようにする。この時点で、選手の重心はタイヤに向かって移動し選手の体重の大部分はタイヤへとかかる。選手は胸を起こし、下背部の筋を収縮させる（16）（本章の最後のほうのエクササイズテクニックにおけるスタート姿勢を参照）。

次に選手は、タイヤを前上方へ押すために足関節の底屈に続いて膝と股関節を伸展させることによって、フリップ動作を開始する。この動作の際、両肩および股関節は同じ割合で挙上すべきであり、2〜3歩の小さなステップで前方へ移動してからトリプルエクステンション（訳注：足関節や膝関節、股関節の3つが伸展すること）で終わる。タイヤが股関節の高さまで上がったら、選手は力強く片方の股関節を屈曲し、大腿四頭筋はタイヤとぶつかる。脚にタイヤがぶつかることで、力強い上方への運動量を達成することができる（16）。これが起こるとともに、選手は両手をプロネイティッドポジション（回外位）へと切り替える。両手の向きを変えた後、選手はタイヤに向かって進み、タイヤを力強く押すために両腕は力強く両腕を伸展する。これらのすべての姿勢・位置の写真は、本章の最後のほうのエクササイズテクニックのセクションで見ることができる。

ログリフト

ストロングマントレーニングの一部であり、古典的エクササイズの1つであるログリフトは、本質的にはクリーンのバージョン（型）の1つである。その他のログを用いた伝統的な挙上動作には、クリーンやプレス、ジャーク、ロウ、スクワット、デッドリフト、ランジも含まれる（39,64,83）。**ログ**は、ウェイトを装着できるように、またプロネイティッドグリップに対応できるよう、ミッドレンジグリップがデザインされているのが一般的である（64）。ウェイトは伝統的なプレート装着によって付加されるのが一般的であり、このことにより、多様なログを用意しておく必要性はなくなる（39）。いかに効率

的にログを用いたエクササイズを課すかについての情報は限られているが、トレーニング負荷は伝統的なエクササイズに基づくかもしれない。たとえば、Winwoodら（83）は伝統的なクリーン＆ジャークの1RMの70％トレーニングにログリフトトレーニングで行った。この関連性は論理的ではあるが、ログの用具の挙上に伴う力学的な難しさがあるため、伝統的なトレーニングと同じ負荷を挙上することができないようである（39）。

その他の種類のログには、抵抗に水を用いることができるものがある（39,64）。Ratamess（64）は、この種のログは、液体が内部を動き、脊椎安定筋群の活性化を促進することを示唆している。これは論理的なようにみえるが、この主張について探求した科学的な論文はない。

ログを用いたトレーニングは人気が高まっているようだが、このトレーニング方法の有効性について、あるいは多様な競技の準備にこの種のトレーニングをどのように適用するのがベストであるかについては、ほとんど研究されていない。したがって、ログを用いたトレーニングの有効性についての本当の理解をもたらす科学的な調査が必要なのは明らかである。

ファーマーズウォーク

一般的に用いられるその他のストロングマンエクササイズは、ファーマーズウォークである。これは選手が両手にそれぞれ負荷を持ち、前方へ歩くというものである（53,80）。Winwoodら（83）は、ファーマーズウォークのようなエクササイズは、不安定で扱いにくい抵抗であり、片側と両側の動きの両方があるため有用なトレーニングツールであると示唆している。加えて、ファーマーズウォークは全身筋持久力や、背部の持久力、握力を高めることも示唆されている（80）。McGillら（53）は、ファーマーズウォークは伝統的なトレーニングとは異なる方法で身体の連結および安定化機構へ負担をかけるため、伝統的なトレーニングプログラムを促進するかもしれないと示唆している。ファーマーズウォークには、静的負荷（例：重いダンベル）または可変的負荷（例：水で満たしたもの）のどちらも用いることができる（80）。どの種類の負荷を用いるかにかかわらず、ファーマーズウォークは独特なコアの活性化パターン

を引き起こすが、このエクササイズがストレングス＆コンディショニングのツールとして用いることを支持する科学的文献はほとんど見当たらない。加えて、入手できる研究の中でファーマーズウォークの安全性について調べた研究はないため、安全上の注意について推奨するのは難しい。すなわち、高いレベルの筋力を持つ、上達した選手のみがこのエクササイズを行うことを意図すべきである。このトレーニング用具はストレングス＆コンディショニング環境では一般的であるが、その効果を決定づけるにはさらなる研究が必要である。

ケトルベルトレーニング

最近、ストレングストレーニング＆コンディショニング専門職は、ケトルベルエクササイズを用いることに興味を持つようになってきた（7,17,48）。新しい現象であるように見えるかもしれないが、ケトルベルが東側諸国において人気のトレーニング方法となったときには、すでにその使用は数百年前にさかのぼるものであった（38）。ケトルベルという言葉は、ロシア語のgirya（ギリャ）、すなわち鋳鉄の砲丸にハンドルをつけたものという言葉に由来する（20）。西洋の文献では、ボールにハンドルをつけた用具はケトルベル（kettlebell）と呼ばれているが、このような経緯を踏まえるとケトルボール（kettle-ball）と呼んだほうがよいかもしれない（20）。

ケトルベルを用いることへの関心の高まりとともに、これらの用具を選手や一般の人々に用いることの有用性についての科学的な探求も増えてきた。ケトルベル使用を支持する科学的エビデンスの大部分は、一般的な身体あるいはフィットネス向上のツールとしての潜在的有用性に注目している（26,40,76）。これらの研究で最も共通して用いられたエクササイズは、ケトルベルスイングであり、片手または両手のどちらでも行うことができる（40,52,76）。ケトルベルスイングは、心臓血管系によい影響を及ぼすと考えられるが、同じレベルのトレッドミル走や、より伝統的な有酸素性運動ほどではないことに注意することが重要である（40）。

最近、限られたまだ数は少ないものの、ケトルベルトレーニングの筋力向上のツールとしての効果について探求する研究が行われている。臨床的に、またあるいはレクリエーションでトレーニングにケト

> ### 競技ケトルベルの寸法
>
> 競技ケトルベルの寸法は、以下の通りである（20）。
> - 高さ：228mm（8.5インチ）
> - 直径：210mm（8.25インチ）
> - ハンドルの直径：35mm（1.4インチ）

ルベルトレーニングを取り入れた場合、トレーニングをしなかった群と比較して筋力が向上したことが報告されている（43,61）。加えて、ケトルベルエクササイズ（例：スイング、ゴブレットスクワット、アクセレレイティッドスイング）を組み合わせた6週間のトレーニング介入の結果、レクリエーションでトレーニングをしていた男性において、筋力および垂直跳びが向上する傾向が示唆された（61）。しかしながら、伝統的なウェイトリフティングに基づくトレーニング手法にみられる典型的な筋力向上と比較して、これら（ケトルベル）の筋力向上は有意に小さかった。とくに、Ottoら（61）は、6週間のウェイトリフティングトレーニングの結果、垂直跳びが4％向上した一方、ケトルベルスイングによる向上はわずかに0.8％であったと報告している。加えて、バックスクワットの筋力は6週間の伝統的なウェイトリフティングトレーニングでは13.6％向上したが、ケトルベルトレーニングでは4.5％に留まるという結果であった（61）。

最新の多くの科学的知見によると、ケトルベルはおそらく、一般的な準備運動に最もよく用いられていて、ウェイトリフティングのような伝統的トレーニング手法は最大筋力およびジャンプ能力の向上により効果的であると思われる。しかしながら、選手の発達においてケトルベルが果たす役割についてよりよい理解を促進するためには、さらなる研究が必要である。

ケトルベルの種類

ケトルベルを用いる場合、ケトルベルの種類について考慮する必要がある。ケトルベルには2つの種類があり、鋳鉄（図16.5）およびスポーツケトルベル（図16.6）である（20）。鋳鉄のケトルベル、あるいはフィットネスケトルベルは、鋳造（訳注：高熱で溶かした金属を型に流し込んでつくること）された鉄でできており、重さによってサイズが異なる。スポーツケトルベル、あるいは競技ケトルベルは、スチール（鋼鉄）でできており、統一的なデザインおよび寸法となっている。とくに、重さが違っていてもサイズは皆同じにつくられており、重さの違いは色によって区別できる（20）。鋳鉄およびスポーツケトルベルの間でサイズや寸法の違いがあるが、その他の違いは鋳鉄のケトルベルのほうが高価でないこと、またおそらくストレングス＆コンディショニング施設に普及していることである。

ケトルベル選択における考慮事項

ケトルベルの選択において最初の重要な考慮事項は、もたらされる負荷の種類である。ケトルベルの基本的な2つの種類には、（1つのケトルベルの）重量が変わらないものと重量を調整可能なものがある（20）。鋳鉄あるいは競技ケトルベルのような負荷が固定されたケトルベルでは、負荷は一定で変わることはない。したがって、さまざまな範囲の負荷を得るには、さまざまな重さのケトルベルのセットを揃える必要がある。調整可能なケトルベルには、プレート負荷によるものと注入負荷（shot loaded）によるものがある。実際には、プレート負荷式のケトルベルは、単にハンドルにウェイトプレートをつけたものであり、ケトルベルと分類されるものの、ケトルベルと呼べるものではない（20）。対照的に、注入負荷のケトルベルはより伝統的なケトルベルの

図16.5　鋳鉄のケトルベル

図16.6　競技ケトルベル

内部が中空になっているものである。歴史的に、これらのケトルベルには砂や水、鉛、水銀すらも詰められていた（20）。もしこの種のケトルベルの全部ではなく部分的に詰められている場合、中身がボール内で動き、より大きなトレーニングのストレス源となる。この種のケトルベルは20世紀、Arthur SaxonやEugen Sandowなどの、とくにサーカスのストロングマンとともに人気となったが、現代のストレングス＆コンディショニングにおいては広がっていない。

　2つ目の考慮事項は、ハンドルであり、これは選手とケトルベルの間をつなぐ重要なインターフェイスである。鋳鉄のケトルベルでは、ハンドルの直径は重量が増加するにつれて太さがやや大きくなる。たとえば、20kg（45ポンド）より重いケトルベルでは、ハンドルは33〜35mm（1.3〜1.4インチ）であり、小さなケトルベルのハンドルの直径はより小さい。加えて、ケトルベルを用いてさまざまなエクササイズができるようにするため、よいケトルベルではハンドルとボールの上部の間のスペースが標準化されている。ハンドル下部とボール上部の間のスペースは、55mm（2.2インチ）、ハンドルの長さは186mm（7.3インチ）というのが一般的である（20）。ハンドルの表面については、ケトルベルの中には滑らかな塗装をしてあるものがあり、またそれ以外に無塗装のスチールを研磨した基本的に地金ものがある（訳注：原著ではbare medal、metalのスペルミスと想定し「地金」と訳出）。研磨したスチールのハンドルは、チョークがよく馴染むので握りやすくなり、塗装されたものより滑りにくく、選手が汗をかいても（あまり滑ることなく）握ることができる（20）。

片側でのトレーニング

　トレーニング方法を用いる場合に、片側だけに保持するあるいは両側に保持するトレーニング介入を用いることができる。これらのトレーニング方法は、上肢を目的部位とする、あるいは下肢を目的部位とすることができ、どのような成果を目標とするかによって決まる。一般的な下肢の片側エクササイズには、ランジやステップアップ、ブルガリアンスプリットスクワットとも呼ばれるシングルレッグ・スク

ワットが含まれる。この種のエクササイズは、片脚にアイソレート（訳注：その部位だけに刺激を入れる）するものであり、さまざまな競技における選手の調整に用いられるのが一般的である。この種のエクササイズは、**両側の非対称性**を軽減することを目的として（45）、あるいはリハビリテーションツールとして（25）、強調の程度を調節しながらトレーニングプログラムに統合される（50）。それらはしばしば**両側性の欠点**、つまり片側と両側の動きの間にある非対称性を低減させるために用いられる（42）。両側性の動きは、主働筋群の随意的な活性化が起こり、**両側の促通**を示すことが明らかになっている（8,67）。トレーニングを積んだ筋力のある人は、両側での促通を示す傾向があるが、トレーニングをしていない、あるいはケガをしている、より筋力の低い選手は両側性の欠点を示す（10）。したがって、両側性の促通反応に基づくと、トレーニングを積んだ人は片側性の手法を筋力向上のために用いるべきではない。対照的に、片側性のトレーニング方法は、トレーニングをしていない、あるいはより弱い、ケガをした人において有用であると考えられる（10）。

> ▶ トレーニングを積んだ筋力のある人は、両側での促通を示すが、トレーニングをしていない、あるいはケガをしている、より筋力の低い人は両側性の欠点を示す（10）。

まとめ

　ストレングス＆コンディショニング介入のデザインにおいて、過負荷を適用するために多様な方法を用いることができる。代替的な方法や、非伝統的な用具を用いるエクササイズの人気が高まってきている。これらの用具を選択する場合、ストレングス＆コンディショニング専門職は、この種のトレーニング介入の便益と弱点について考慮すべきである。加えて、選手のレベル（訳注：心身の鍛錬度）は、これらの方法のどれを用いるかに対して影響を及ぼすのは当然である。たとえば、初心者あるいはトレーニングをしていない人は、自体重あるいはコアスタビリティエクササイズから大きな恩恵を得られるかもしれない。反対に、トレーニングを積んだ人、あるいは一流選手は伝統的なグラウンドベースで行うフリーウェイトエクササイズにより大きな進歩を経

験するかもしれない。上級者の選手においては、伝統的なトレーニング方法に多様な抵抗を適用することは、より大きなトレーニング刺激となるかもしれない。代替的方法あるいは非伝統的な要素に基づくトレーニング方法を選択する場合、ストレングス＆コンディショニング専門職は適切なエクササイズテクニックを教えると共に、常に選手をモニターして安全なトレーニング環境が維持されることを確実なものとすべきである。

代替的様式と非伝統的なエクササイズ

自体重エクササイズ
16.1	フロントプランク	463
16.2	サイドプランク	464

コアスタビリティとバランストレーニングのエクササイズ
16.3	スタビリティボール・ロールアウト	465
16.4	スタビリティボール・パイク	466
16.5	スタビリティボール・ジャックナイフ	467

ストロングマンエクササイズ
16.6	タイヤフリップ	468
16.7	ログクリーン＆プレス	470

その他の代替的エクササイズ
16.8	バンドを用いたバックスクワット	472
16.9	トゥーアーム・ケトルベルスイング	473
16.10	シングルレッグ・スクワット	474
16.11	シングルレッグ・ルーマニアンデッドリフト（RDL）	475
16.12	ワンアーム・ダンベルスナッチ	476

自体重エクササイズ

16.1　フロントプランク

開始姿勢

- 床にうつ伏せになって膝をつき、四つばいとなる。両足は股関節の幅に広げるか、やや狭くし、両手の幅は肩幅にして手のひらを床につけ、肘を後方に向ける（訳注：前腕回内位、上腕外旋位）。
- 肘を床につき、両肩の真下にくるようにする。
- 脚を片方ずつ後方へ動かし、股関節と膝を伸展させながら両脚を伸ばし、腹部と股関節前部、両脚が床につけ、腹ばいの姿勢をとる。

最終姿勢

- 股関節を挙上し（腹側部を床から離し）、足関節や膝関節、股関節、肩関節、頭が一直線になるようにする。
- 上半身をしっかりとアイソメトリック（等尺性）に保持し、肘を肩の真下に、頭をニュートラルな姿勢にする。

主に使われる筋

腹直筋、内腹斜筋、外腹斜筋、脊柱起立筋

開始姿勢

最終姿勢

自体重エクササイズ

16.2　サイドプランク

開始姿勢
- 左側を下にして横向きに床に横たわる。
- 左肘が左肩の下にくるようにし、左前腕を身体に対して垂直にする。
- 右足を左足の上に重ね、左脚の上に右足が均等に乗るようにするか、右足が左足の前にくるように並べる。また、右腕は体幹の右側に均等に重ねる。
- 頭はニュートラルポジションにし、視線を前方に向ける。

最終姿勢
- 股関節を床から挙上し、左の足関節や膝関節、股関節、肩関節が一直線になるようにする。
- 上半身をしっかりとアイソメトリック（等尺性）に保持し、左肘を左肩の真下に、頭をニュートラルな姿勢にする。
- 左右を入れ替え、右側でこの手順を繰り返す。

主に使われる筋

内腹斜筋、外腹斜筋

開始姿勢

最終姿勢

コアスタビリティとバランストレーニングのエクササイズ

16.3　スタビリティボール・ロールアウト

開始姿勢

- スタビリティボールに向かい、直立姿勢で膝をつき、両腕を伸展し、両手はボールに触れる。
- 両手をボールに乗せたまま、膝関節と足関節はそれぞれ90°に屈曲させ、膝関節、股関節、肩で垂直の面をつくるようにする。

最終姿勢

- 膝とつま先を床につけたまま肘を完全に伸展し、両腕は互いに平行にして膝、股関節、肩は一直線になるようにする。膝関節を伸展し、肩を屈曲させながらボールを前方へと押し転がし、腕はボールの最上部を越えてボールが顔に近づく。
- 上半身をしっかりとアイソメトリック（等尺性）に保持し、股関節が床に向けて下がらないようにする。

主に使われる筋

腹直筋、腸腰筋

開始姿勢

最終姿勢

465

コアスタビリティとバランストレーニングのエクササイズ

16.4　スタビリティボール・パイク

開始姿勢
- スタビリティボールの前で膝をつく。
- ボールの反対側に身体を向ける。
- 一旦、四つばいで両手は肩の真下に、両膝を股関節の真下に置いたら、両方の足をスタビリティボールに載せる（このとき、股関節、膝関節は伸ばし、身体全体を一直線に伸ばす）。
- 上半身をしっかりとアイソメトリック（等尺性）に保持し、肘を完全伸展し、頭をニュートラルな姿勢にする。
- 1回ごとに、この姿勢から動作を開始する。

上方への動作段階
- 両膝および両肘は完全伸展を保ち、体幹をしっかりと保持し、股関節を屈曲させてボールを胸のほうへ転がすことによってエクササイズを始める。
- つま先がボールの頂点に到達し、股関節が肩の真上に位置するまで腰の位置の挙上を継続する。
- 頭をニュートラルな姿勢にする。

下方への動作段階
- 股関節を伸展させるのをコントロールしながら開始姿勢に戻る。
- 両膝は完全伸展を保ち、体幹をしっかりと保持する。

主に使われる筋
腹直筋、腸腰筋

開始姿勢

上方および下方への動作

コアスタビリティとバランストレーニングのエクササイズ

16.5 スタビリティボール・ジャックナイフ

開始姿勢
- スタビリティボールの前で膝をつく。
- ボールの反対側に身体を向ける。
- 一旦、四つばいとなり両手は肩の真下、両膝を股関節の真下に置き、両足をスタビリティボールの上に載せる。
- 上半身をしっかりとアイソメトリック（等尺性）に保持し、肘を完全伸展し、頭をニュートラルな姿勢にする。
- 1回ごとに、この姿勢から動作を開始する。

前方への動作段階
- 両膝および両肘は完全伸展を保ち、体幹をしっかりと保持し、腰部をやや挙上させ、股関節および膝関節を屈曲させてボールを胸のほうへ転がすことによってエクササイズを始める。
- 股関節および膝関節が完全屈曲するまで、ボールを転がし続ける。
- 肩が手の真上に、頭をニュートラルな姿勢に保つ。

後方への動作段階
- 股関節および膝関節をコントロールしながら伸展させ、開始姿勢に戻る。
- 両肘は完全伸展を保ち、体幹をしっかりと保持する。

主に使われる筋
腹直筋、腸腰筋

開始姿勢

上方および下方への動作

467

ストロングマンエクササイズ

16.6　タイヤフリップ

開始姿勢
- 両足を腰幅から肩幅に開いてタイヤのほうを向く。
- しゃがみ込み、タイヤにもたれかかるようにして顎と三角筋前部をタイヤにつけ、両足は脊柱がニュートラルな姿勢を維持できるように後方へ下げた位置にする。
- 両腕は両膝の外側にあるようにして、肘を完全伸展し、スピネイティッドグリップ（逆手）を用いてタイヤを持つ。
- 1回ごとに、この姿勢から動作を開始する。

上方への動作段階
- タイヤを前方へと押しながら、膝と股関節を伸展させ、足関節を底屈させることによって動作を開始する。
- 2～3歩ステップを踏むことで、爆発的にタイヤを前方へと動かす。
- この動作を、身体に対してタイヤが45°の角度になるまで続ける。
- 片方の股関節および膝関節を完全屈曲し、膝をタイヤに向けて動かす。
- （太ももの前面を）タイヤにぶつけた直後に、両手の向きを一挙に、プロネイティッドグリップ（順手）に変える。
- 足を前方に動かしている間、両腕は身体の前方でタイヤを押すために力強く伸展する。

主に使われる筋

大殿筋、半膜様筋、半腱様筋、大腿二頭筋、外側広筋、中間広筋、内側広筋、大腿直筋、ヒラメ筋、腓腹筋、三角筋、僧帽筋

① 開始姿勢

②トリプルエクステンション

③膝で打つ姿勢

④押す姿勢

⑤前方へ歩く

ストロングマンエクササイズ

16.7　ログクリーン&プレス

　このエクササイズはストロングマントレーニングに由来し、素早く力強くログを地面から両肩の前へと持ち上げ、その後、頭上にプレスする。ログクリーンは3つの段階から構成されるが、動作は2つで、両肩の位置での静止が入る。クリーンおよびプレスを同じ回数、あるいはクリーンを1回に対してプレスを複数回行うことができる。

開始姿勢
- 足裏全体で床を踏み、両足は腰幅から肩幅に開き、つま先はやや外側に向ける。
- 肩よりも股関節を低く保ってしゃがみ、ログをニュートラル（クローズド）グリップで握る。
- 左右の手の幅は両膝の幅よりやや広めとし、膝の外側でログハンドルを持ち、肘は完全に伸ばす。
- 足裏全体で床を踏み、ログが足の母趾球の上、すねの前の位置にくるようにする。
- 身体は以下の姿勢をとる。
  - 背中は、脊柱がニュートラルな姿勢になるようにする。
  - 肩甲骨は下制および内転させる（チェストアップ）。
  - 頭は脊柱に沿ってまっすぐにする。
  - 肩はログの真上か、やや前方になるようにする。
- 1回ごとに、この姿勢から動作を開始する。

上方への動作段階：ファーストプル
- 股関節と膝関節の伸展により、ログを地面から上げる。
- 体幹と床との角度を一定に保つ。肩より先に膝を伸展させて腰が上がってしまわないように注意する。
- 肘を伸ばし、肩をログの真上またはやや前方に保持する。

上方への動作段階：移行（トランジション）
- ログが膝を通過するにつれて、膝を屈曲し、肘を屈曲させて身体のほうへログを引く。
- 両脚をクォータースクワットの姿勢にしてわずかに動作を止めて、大腿部にログをつける、または置く。

上方への動作段階：セカンドプル
- 膝と股関節を伸展させ、足関節を底屈させることによって力強く上方へジャンプする。
- ログは身体の近くを通し、肘は身体へとタック（抱え込む、引き込むこと）する。
- 下半身の関節が完全に伸展したら、ログを回転させながら身体の上のほうへ挙げるために素早く肘を前方へ動かす。

- この動作は爆発的であるため、体幹は直立またはやや過伸展し、頭はやや後ろへ傾き、両足が床から離れることもある。

上方への動作段階：キャッチ
- 下半身が完全に伸ばされた後、ログの下へ身体を引き込み、腕を回してログの下に入れる。
- 同時に、股関節と膝関節を屈曲させてクォーターあるいはハーフスクワット姿勢をとる。
- 鎖骨と三角筋前部の前にログを載せる。

準備段階：ディップ動作
- ゆっくり〜中程度のスピードで股関節と膝関節を屈曲させ、真っ直ぐログを下げる。
- クォータースクワット姿勢を限度として身体を下げ、ディップを続ける。
- 足裏全体を床につけたまま、体幹を真っ直ぐに立て、上腕はログの真下にくるようにする。

上方への動作段階：ドライブ動作
- ディップ動作の最下点まで身体を沈めたら直ちに、股関節と膝関節、足関節を力強く素早く伸展して上向きの動作に切り替え、その後肘を伸ばして、ログを頭上に差し挙げる。

下方への動作段階
- 腕の力を徐々に抜き、ログをコントロールしながらゆっくりと肩の位置まで下ろす。
- 同時に股関節と膝関節を屈曲し、ログを肩まで下ろした際の衝撃を緩和し、その後ログを床へと戻す。

主に使われる筋

大殿筋、半膜様筋、半腱様筋、大腿二頭筋、外側広筋、中間広筋、内側広筋、大腿直筋、三角筋、僧帽筋

① 開始姿勢

❷ ファーストプルの終了、トランジションの開始

❸ トランジションの終了、セカンドプルの開始

❹ セカンドプルの終了、キャッチの開始

❺ キャッチ、ディップの開始

❻ ディップの終了、ドライブの開始

❼ ドライブの終了（最終的なオーバーヘッド姿勢）

その他の代替的エクササイズ

16.8 バンドを用いたバックスクワット

バンドの設置
- 長いゴムバンドの端をパワーラックの両側のペグにくくりつける。もしラックにペグがない場合、エクササイズの間に動かないような重いダンベルのハンドルに巻きつける。
- バンドの反対側の端を、バーの両端のウェイトプレートの外側にかける。
- バンドは十分にゆるく、スクワットの最下部において張力がかからないようにすべきである。張力はエクササイズを行ったときにかかるべきであるが、動作の範囲の最下部においては、バーに負荷が加わらないよう緩んでいるべきである（注意：2番目の写真は、見た目とは異なり、バーに対して張力がかかっていない）。

開始姿勢
- バーをプロネイティッド（クローズド）グリップで握る。
- バーの下に入り、両足を平行にする。
- バーを肩か上背部のいずれかにバランスよく置く。バーの高低の位置については、第15章に示したバックスクワットのガイドラインに従う。
- 股関節および膝関節を伸ばし、バーをピンあるいはレッジ（出っ張り部分）から持ち上げ、後方へ1〜2歩下がる。
- 両足を肩幅か、それより広く開き、つま先の位置を揃え、やや外側に向ける。
- 肩の位置を後方にし、頭はやや後ろに傾けることによって体幹を直立させ、胸を突き出し上に向け（チェストアップ）、背中をニュートラルあるいはやや後ろへそらす。
- 1回ごとに、この姿勢から動作を開始する。

下方への動作段階
- 体幹と床の角度を一定に保ちながら、股関節と膝関節をゆっくりと曲げることでエクササイズを開始する。
- 膝を屈曲する際に、膝とつま先の方向が一致するようにし、足の裏全体で床を踏む姿勢を維持する。
- 大腿部が床と平行になるまで、股関節と膝関節を曲げていく。その際、体幹が丸まり始めたり前方へ屈曲したり、踵が床から浮き始めたりしたら、その時点で止める。

上方への動作段階
- 体幹と床の角度を一定に保ちながら、股関節と膝関節を伸展することでバーを挙上する。
- 体幹を直立させ、肩を後方へ引き、胸を突き出し上に向ける（チェストアップを維持する）。
- 踵が床から浮かないようにし、膝は足（つま先）の方向にそろえる。
- さらに股関節と膝を、身体が完全に直立するまで伸展する。

主に使われる筋
大殿筋、半膜様筋、半腱様筋、大腿二頭筋、外側広筋、中間広筋、内側広筋、大腿直筋

開始姿勢

下方および上方への動作

その他の代替的エクササイズ

16.9 トゥーアーム・ケトルベルスイング

開始姿勢

- 足裏全体で床を踏み、両足は腰幅から肩幅に開き、つま先はやや外側に向け、ケトルベルをまたいで立つ。
- 肩よりも股関節を低く保ってしゃがみ、ケトルベルをプロネイティッド（クローズド）グリップ（順手）で握る。
- 両脚の内側で、左右の人差し指が触れる、あるいは近づくように両手をケトルベルに置き、肘を完全に伸展したままにする。
- 身体を以下の姿勢にする。
  - 背中は、脊柱がニュートラルな姿勢になるようにする。
  - 肩は下制および内転させる（チェストアップ）。
  - 足裏全体で床を踏む。
  - 視線は前方か、水平よりやや上に向ける。
- 股関節および膝関節はほぼクォータースクワットの姿勢へと屈曲し、脊柱はニュートラルあるいは正常な前弯姿勢を維持してケトルベルを左右の大腿部の間に腕の長さで下に垂らす。
- 1回ごとに、この姿勢から動作を開始する。

後方への動作段階

- 股関節屈曲位から、両脚の間でケトルベルを後方にスイングするために、股関節をさらに屈曲させてエクササイズを開始する。
- 背中をニュートラルにし、肘を伸展させて膝を中程度屈曲させたままにする。
- 体幹が床と平行に近くなり、ケトルベルが身体の垂直線に到達するまでケトルベルの後方へのスイングを継続する。

前方および上方への動作段階

- 後方へのスイングが最終地点まで到達したら、股関節および膝関節を伸展してケトルベルの動きを、弧を描くように前上方へと切り替える。
- 眼の高さに到達するまで挙上の勢いをつけ、肘は伸展させ、背中はニュートラルな姿勢を保つ。

下方および後方への動作段階

- ケトルベルのスイングを下方に向ける。ウェイトを吸収するように股関節および膝関節を屈曲する。両肘を完全に伸展し、背中をニュートラルにする。
- ケトルベルが身体の下を通過するまで下後方への動作を継続し、その後、次のレップ（反復回数）のために上方への動作を開始する。

主に使われる筋

大殿筋、半膜様筋、半腱様筋、大腿二頭筋、外側広筋、中間広筋、内側広筋、大腿直筋

開始姿勢

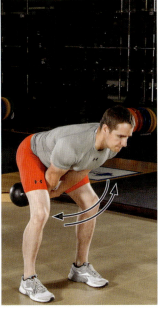

最初の後方への動作と、前方・上方への動作の開始

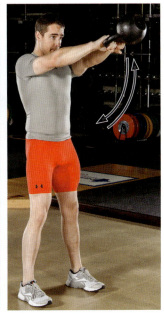

前方・上方への動作の終了と、下方・後方への動作の開始

その他の代替的エクササイズ

16.10　シングルレッグ・スクワット

注意：シングルレッグ・スクワットは、補助者をつけずに行われるのが一般的である。もし補助者が必要な場合、バーの両側に 2 人の補助者がつく。下の写真では、シングルレッグ・スクワットのさまざまな段階における挙上者の姿勢をより明確に示すために補助者は撮影されていない。

開始姿勢：挙上者
- バーベルをニュートラル（クローズド）グリップで握る（ダンベルを用いたバリエーションの場合は、クローズドでニュートラルなグリップで左右それぞれダンベルを握る）。
- ほぼ膝の高さのベンチあるいはボックスの前に立ち、両足をほぼ肩幅から腰幅に開く。
- ベンチあるいはボックスの反対側を向き、中程度の歩幅で前方へ 1 歩進み、片方の足の甲を（後方に伸ばして）ベンチあるいはボックスの上に載せる。
- 両膝はやや屈曲し、身体をほぼ真っ直ぐに起こして立ち、肩を引き、胸を突き出し上に向ける（チェストアップ）。
- 1 回ごとに、この姿勢から動作を開始する。

開始姿勢：補助者 2 人
- 補助者はバーの両端に 1 人ずつ立つ。腰幅程度に両足を開き、軽く膝を曲げる。
- 両手はバーの両端の 5 〜 8 cm 下に構えておく。

注意：もしダンベルを用いる場合、補助者は必要ない。

下方への動作段階：挙上者
- 体幹と床の角度を一定に保ちながら、股関節と膝関節を同時にゆっくりと曲げていき、垂直に身体を下げる。
- 踵は床につけたままにし、後ろの足の甲はベンチあるいはボックスにつけたままにする。
- 大腿部上面が床とほぼ平行になるまで、股関節と膝関節を曲げていく。

下方への動作段階：補助者 2 人
- バーが下降するとき、カップ状に合わせた手をバーの下に近づけておくが、触れないようにする。
- バーの動きに合わせて、脊柱の姿勢をニュートラルにしたまま、膝、股関節、体幹をやや曲げる。

上方への動作段階：挙上者
- 前脚側の股関節と膝関節を積極的に伸展させ、バーを制御しながら挙上する。体幹と床の角度を一定に保つために、反対側の股関節と膝関節も伸展する。
- ニュートラルな脊柱の姿勢を維持し、体幹を直立に保つ。
- 前脚の膝が、いつも足と同じ方向に向いているようにする。
- 体幹を前方へ曲げたり、背中を丸めたりしない。
- 開始姿勢まで前脚の股関節と膝関節を伸ばす。
- 必要な回数を繰り返し、前脚を入れ替える。

上方への動作段階：補助者 2 人
- バーが上昇するとき、カップ状に合わせた手をバーの下に近づけておくが、触れないようにする。
- バーの動きに合わせて膝関節と股関節、体幹をやや伸展させ、背中をニュートラルに保つ。

主に使われる筋
大殿筋、半膜様筋、半腱様筋、大腿二頭筋、外側広筋、中間広筋、内側広筋、大腿直筋

開始姿勢

下方および上方への動作

その他の代替的エクササイズ

16.11 シングルレッグ・ルーマニアンデッドリフト（RDL）

注意：このエクササイズは支持脚と同側あるいは反対側の手にウェイトを持って行うことができる。ここでは、反対側の手でウェイトを持って行うシングルレッグRDLについて説明と写真を示している。

開始姿勢
- 右手で、ダンベルまたはケトルベルをニュートラル（クローズド）グリップで握る。
- 股関節と肩が左脚（支持脚）の上にくるように立つ。
- 右肘を完全に伸展し、右足をやや後方へずらし、ダンベルあるいはケトルベルを右大腿部の前に保持する。
- 1回ごとに、この姿勢から動作を開始する。

下方への動作段階
- 左膝が中程度の屈曲位に保てるようにし、動作中、その姿勢をしっかりと維持する。
- このエクササイズは、支持脚の股関節を屈曲させ体幹を前に倒すことによって始める。
- 体幹は前方へ屈曲する際に、右側の肩や股関節、膝、足関節は一直線を保つ。
- 背中をニュートラルに保ち、右肘を完全に伸ばしたままにしておく。
- 体幹および右脚が床とほぼ平行になるまで、ダンベルあるいはケトルベルを下げる。

上方への動作段階
- 左の支持脚の股関節を伸展し、開始姿勢に戻る。
- 体幹を過伸展させたり、ダンベルあるいはケトルベルを持つ側の肘を屈曲させない。
- 必要な回数を繰り返し、支持脚を入れ替える。

主に使われる筋
大殿筋、半膜様筋、半腱様筋、大腿二頭筋

開始姿勢

下方および上方への動作

その他の代替的エクササイズ

16.12　ワンアーム・ダンベルスナッチ

開始姿勢

- ダンベルをまたいで、両足は腰幅から肩幅に開き、つま先はやや外側に向ける。
- 肩よりも股関節を低く保ってしゃがみ、肘を完全伸展して、ダンベルをプロネイティッド（クローズド）グリップで握る。
- 身体を以下の姿勢にする。
  - 背中はニュートラルあるいはやや反らせる
  - 肩甲骨は下制および内転させる
  - 胸を張り、大きく開く（チェストアップ）
  - 頭は脊柱に沿ってまっすぐにするか、やや過伸展する。
  - 体重は足部の中間部と母趾球の間にかかるようにする。
  - 足裏全体で床を踏む。
  - 肩はダンベルを持つ手の上またはダンベルのやや前にあるようにする。
  - 視線は前方か、水平よりやや上に向ける。
- 1回ごとに、この姿勢から動作を開始する。

上方への動作段階

- 膝関節や股関節、足関節を伸展させ、力強くダンベルを加速することによってエクササイズを開始する。
- ダンベルは上方へ加速させながら大腿部に沿ってスライドさせて挙上する、もしくは大腿部に非常に近い場所を通るべきである。
- 膝関節や股関節、足関節を伸展させる間、ダンベルを持つ側の腕は完全伸展を保つ。
- 膝関節や股関節、足関節が完全伸展に到達したら、ダンベルを持つ側の肩を素早くシュラッグする（肩をそびやかす）。

- 肩が最も上に挙上したら、ダンベルを持つ側の肘を屈曲させ、体幹に近づけたままにする。
- ダンベルを持っていない側の腕は、股関節部あるいは身体の側面に保つ。
- できる限りダンベルを引く動作を継続する。

キャッチ段階

- 股関節と膝関節を屈曲させてほぼクォータースクワットの姿勢をとり、ダンベルを持つ側の手と腕をダンベルに対して回転させ、身体をダンベルの下に引く。
- ダンベルを持つ側の手がダンベルの下に入れば、ダンベルを押すために肘関節を素早く伸展させ、身体がダンベルの下に位置するようにする。
- 身体がクォータースクワットの姿勢になると同時に、ダンベルを完全伸展でキャッチする。
- ダンベルを持っていない側の腕は、股関節部あるいは身体の側面に保つ。
- コントロールが得られバランスをとってから、完全な直立姿勢となる。

下方への動作段階

- ダンベルをゆっくりと肩へ、それから大腿部へと下ろし、スクワットの動作をしながら最終的に床に下ろす。

主に使われる筋

大腿直筋、外側広筋、中間広筋、内側広筋、大殿筋、半膜様筋、半腱様筋、大腿二頭筋、三角筋、僧帽筋

① 開始姿勢

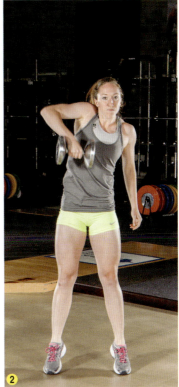
② 上方への動作

③ キャッチ

④ 立位姿勢

477

重要語句

調整抵抗（accommodating resistance）

代替的様式（alternative modes）

解剖学的なコア（anatomical core）

前十字靭帯（ACL：anterior cruciate ligament）

体軸性骨格（axial skeleton）

左右の非対称性（bilateral asymmetries）

両側性機能低下（bilateral deficit）

両側性促進（bilateral facilitation）

自体重トレーニング（bodyweight training）

チェーン（chains）

コア（core）

ファーマーズウォーク（farmer's walk）

床で行うフリーウェイトエクササイズ（ground-based free weight exercises）

アイソレーションエクササイズ（isolation exercises）

ケトルベル（kettlebells）

ログ（logs）

マシーンを用いたトレーニング（machine-based training）

筋の活性化（muscle activation）

非伝統的な用具（nontraditional implement）

レジスタンスバンド（resistance band）

スティッキングポイント（sticking point）

ストロングマントレーニング（strongman training）

バルサルバ法（Valsalva maneuver）

可変抵抗（variable resistance）

例題

1．タイヤフリップを行うとき、初期の押す動作において、選手の股関節の挙上が両肩の挙上よりも早い場合、効果的な修正は以下のどれか。
   a． 股関節がより高い位置でスタートする。
   b． この姿勢において、股関節が両肩のやや下の位置を保つようにする。
   c． タイヤを前方に押す代わりに上方へと挙上する。
   d． 最初に腕で押す。

2．筋力の高い競技選手が片側のトレーニングのみをプログラムに入れる場合、ストレングス＆コンディショニング専門職は以下のどれが起こるかもしれないと予測すべきか。
   a． 両側の促通が起こるだろう。
   b． 両側性の欠点が大きくなるだろう。
   c． 両側性の非対称の低減が起こるだろう。
   d． 片側のみの筋力が増加するだろう。

3．コアトレーニングに関して、不安定性エクササイズを適用するのに最も適しているのはどれか。
   a． トレーニングをしていない、相対的に弱い選手
   b． ケガからのリハビリテーションを行っている、トレーニングを積んだ選手

   c． 筋力およびパワーを最適化しようとしている、トレーニングを積んだ選手
   d． エクササイズを初めて行う、トレーニングを積んでいない選手

4．可変抵抗トレーニング方法を用いる際の理論的根拠は以下のどれか。
   a． 一定負荷の運動に伴う力学的有効性の変化に適応するため
   b． 関節可動域全体を通して力の作用を最小化するため
   c． 挙上動作中の減速に費やす時間を増加させるため
   d． 関節角度が変化する際、適用される抵抗を一定に保つため

5．不安定性デバイスを用いてトレーニングを行うことで、主動筋の全般的な力発揮能力やパワー出力が、安定した条件で行うよりも、［＿＿＿＿＿］減少することがある。
   a． 20％
   b． 50％
   c． 70％
   d． 90％

CHAPTER 17

Program Design for Resistance Training
レジスタンストレーニングのための プログラムデザイン

Jeremy M. Sheppard, PhD, and N. Travis Triplett, PhD

 本章を終えると

- あるスポーツ種目で求められる事柄と種目特性を評価することができ、レジスタンストレーニングプログラムをデザインするために選手の能力評価ができる。
- 種類や競技特異性、テクニックの経験、どのような器具が準備できるか、トレーニングできる時間がどのくらいあるか、に基づいてエクササイズを選択することができる。
- トレーニング状態や競技シーズン、負荷、エクササイズの種類、同時に行っているその他の運動をふまえて、トレーニング頻度を決定することができる。
- トレーニングセッション内のエクササイズの配列を、そのタイプに基づいて決めることができる。
- 挙上回数と最大反復負荷から1RM、推定1RMを見積もることができる。
- トレーニング目標に基づいて負荷や反復回数を設定することができる。
- エクササイズの負荷を増加させる時期をいつにするか、それをいつまでに行うかを知ることができる。
- 選手のトレーニング状態、トレーニング目標に応じてトレーニング量を設定することができる。
- トレーニング目標に基づいて、休息時間の長さを決定することができる。

著者らは、本章の執筆にあたって多大な貢献をいただいたRoger W. Earle、Thomas R. Baechle、Dan Wathenに感謝の意を表します。

効果的なトレーニングプログラムは、身体の適応と、パフォーマンスレベルの改善をもたらすように体系的な工夫がなされ、多くの変数が調和している。さまざまなトレーニングによって生体が受ける刺激に対する生理学的な応答について、基本的な事柄を理解しておくことは、トレーニングに従事するものがトレーニングのさまざまな側面を首尾よく整合性をもたせるために必要不可欠である。総合的なトレーニングプログラムの構成要素の1つであるレジスタンストレーニングに焦点を当てるときは、無酸素性運動の処方における主要な原則を念頭におき、一度にアプローチするのは1つのプログラムの要素のうち1つの課題に絞ることが有用である。

無酸素性運動の処方における原則

競技を行う人々のためのレジスタンストレーニングプログラムには、特異性や過負荷、漸進性の原則に留意して作成することが必要である。すべてのトレーニングプログラムに組み込むべき概念のうち最も基本的なものの1つが「**特異性**」である。この用語は1945年、DeLormeが最初に提示したもので、ある選手を、特定の手法を用いることで、その手法による特殊な適応または特殊なトレーニング成果が得られるよう訓練する方法をいう（3）。レジスタンストレーニングの場合、特異性とは関与する筋や、動作パターン、筋活動の性質（例：動作スピード、力の出し方）などのさまざまな側面を指すが、必ずしもこれらの側面すべてを常に組み合わせるわけではない。重要なことに、特異性とはいえ、トレーニングの側面すべてを当該のスポーツのスキルに似たものにしなければならないということではない。た

レジスタンストレーニングの プログラムデザインの変数

1. ニーズ分析
2. エクササイズの選択
3. トレーニング頻度
4. エクササイズの順序
5. トレーニング負荷と反復回数
6. トレーニング量
7. 休息時間

とえば、スクワット動作と垂直跳びは同じ動作、同じ筋を使って抵抗を上回る力を生産するという点で直接的に関連しているといえるが、動作のスピードと力の出し方はスクワットと垂直跳びとでは異なっている。特異性と同義に用いられることがあるのが**SAID**（specific adaptation to imposed demands）の原則であり、**課せられた要求に対し、筋が特異的に適応すること**をいう。ここで基礎をなしているのは、身体に与えられた運動刺激のタイプが、それによって生じる適応のタイプを決定づけるということである。たとえば、速い動作（例：野球の投球やテニスのサーブ）でのパワー向上を目的にトレーニングする場合は、その競技に求められるのと同じ運動単位を、可能な限り速い速度で活性化もしくは動員して、動作を遂行するようにすべきである（8,86）。特異性は競技シーズンとも関係する。プレシーズン、インシーズン、ポストシーズンというように進行するにつれて、すべてのトレーニングを一般的なものから競技特異的なものへと計画的、段階的に進行させるべきである（1）。競技そのものへ参加することが競技パフォーマンスを向上させるうえで最高の機会であるのは確かだが、競技以外のトレーニングであっても、特異性の原則を正しく適用することによって、パフォーマンスの向上に寄与する可能性が非常に高いことは間違いない。

過負荷とは、選手が慣れている強度よりも高い強度のワークアウトまたはトレーニングを課すことである。過負荷の刺激をかけなければ、それ以外の面でよく計画されたプログラムであっても、選手を向上させる可能性は非常に限られたものとなる。レジスタンストレーニングのプログラムデザインにおいて過負荷の原則を適用している好例は、各エクササイズで挙上重量を上げていくことである。ほかにも、より細かい変化として、週当たり（場合によっては1日当たり）のトレーニングセッション数を増やしたり、エクササイズまたはセット数を増やしたり、単純なエクササイズから複合エクササイズに重点を移したり、セット間休息やエクササイズ間休息の時間を短縮させるなどの方法に加え、これらのいくつかを組み合わせることが挙げられる。いずれにしても、身体に普段用いている負荷より高いレベルのストレスを課すことを意図している。過負荷の原則を正しく適用することにより、オーバートレーニング

を回避し、期待するトレーニングへの適応を引き出すことができる。

もし、あるトレーニングプログラムを実行してパフォーマンスがレベルアップし続けているとすれば、そのプログラムのトレーニング強度は漸進的に高くなるように組まれているに違いない。**漸進性**が正しく適用されるなら、長期的なトレーニング効果を促進する。通常は用いられる負荷のみに関心が向きがちであるが、週当たりのトレーニングセッションを増やしたり、各セッションでのドリルやエクササイズをさらに付け加えたり、ドリルやエクササイズの種類や技術的な要求を変更したり、トレーニング刺激の増やすことなどによっても、トレーニング強度は漸進的に高められる。たとえば、**競技選手**はフロントスクワットからハングパワークリーンへ、そして最終的にはパワークリーンへと進めていくことで技術的に漸進していくことになるだろう。核心となっている要点は、漸進が、その選手が行っているトレーニングがどのようなものかを基にしていること、そして体系的かつ段階的に物事が進められることである。

レジスタンストレーニングのプログラムをデザインすることは、7つの**プログラムデザイン**変数をきちんと理解してそれらの変数を操るという複雑なプロセスである（本章のステップ1〜7）。本章では、枠内に示した各要素についてストレングス&コンディショニング専門職がトレーニングの原則とプログラムデザインのガイドラインをどのようにしてプログラムの全体に反映させ、統合していくかを理解してもらうために、3つの事例を挙げて解説する。

事例とするのは、女子バスケットボールのセンターのプレシーズン（シナリオA）、アメリカンフットボールのオフェンスラインメンのオフシーズン（シナリオB）、クロスカントリーランナーのインシ

ーズン（シナリオC）の3つである。3例とも、選手は各々のスポーツ競技のためのコンディションが整い、筋骨格系の機能不全がなく、スポーツ医科学スタッフからトレーニングや試合への参加も認められているものとする。シナリオA（バスケットボールのセンター）およびB（アメリカンフットボールのラインメン）の選手は、高校のときからレジスタンストレーニングを実施しており、高重量の挙上に慣れ、マシーンおよびフリーウェイトでのエクササイズに熟練している。対照的に、シナリオCの高校生クロスカントリー選手は、わずか4週間前のプレシーズンからレジスタンストレーニングを開始したばかりなので、トレーニングは限定され、エクササイズテクニックについても未熟な部分がある。

ステップ1：ニーズ分析

ストレングス&コンディショニング専門職の最初の課題は**ニーズ分析**である。ニーズ分析は、そのスポーツ競技の身体的要求や特性の評価と選手の評価という2つの過程からなる。

スポーツ競技の評価

ニーズ分析の最初の課題は、そのスポーツ競技に特有の性質を明確に示すことであり、それには一般的な生理学的およびバイオメカニクス的な特性（プロフィール）や、よく起こるケガの部位、ポジションに特異的な性質が含まれる。この情報を得ることによって、ストレングス&コンディショニング専門職は、その競技に特異的な身体的要求や特性に応じたプログラムデザインが可能になる。これには複数のアプローチがあるが（30）、少なくともその競技における以下の点を考慮すべきである（20,43）。

選手のシナリオ

シナリオA		シナリオB		シナリオC	
性別：	女性	性別：	男性	性別：	男性
年齢：	20歳	年齢：	28歳	年齢：	17歳
スポーツ競技：	大学バスケットボール	スポーツ競技：	プロアメリカンフットボール	スポーツ競技：	高校クロスカントリー走
ポジション：	センター	ポジション：	オフェンスラインメン	ポジション：	（該当なし）
シーズン：	プレシーズン開始時	シーズン：	オフシーズン開始時	シーズン：	インシーズン開始時

- 身体および四肢の動作パターンと、その動作に筋がどのように関与するか（**動作分析**）。
- 筋力、パワー、筋肥大、筋持久力の優先度（**生理学的分析**）。
- 傷害の起こりやすい関節および筋の部位やその要因（**傷害分析**）。

　心臓血管系持久力やスピード、アジリティ、柔軟性などの競技特性も評価すべきではあるが、本章ではレジスタンストレーニングのプログラムデザインに関連した生理学的評価である筋力、パワー、筋持久力に絞って解説する。

　砲丸投げの動作分析を例に挙げると、多くの関節が屈曲および内転したセミクラウチング姿勢（少しかがんだ姿勢）で始まり、それらの関節が伸展および外転した直立姿勢で終わる全身運動と言い表すことができる。重要な筋群は、肘伸筋群（上腕三頭筋）、肩外転筋群（三角筋）、股関節伸筋群（殿筋、ハムストリングス）、膝伸筋群（大腿四頭筋）、足関節底屈筋群（ヒラメ筋、腓腹筋）である（ここで挙げた順に重要というわけではない）。生理学的には、完成度の高い砲丸投げのパフォーマンスを遂行するには高水準の筋力とパワーが求められる。その際に、筋の横断面積が増加するほど筋の力を生み出す能力が高まるため、筋肥大を促進すれば有利となる（40）。しかし、筋持久力の必要性は最小限である。練習および試合で繰り返し使用するという特徴があるため、肩や肘関節周辺の筋や腱がオーバーユースによる傷害を起こす傾向にある（98）。

選手の評価

　次の課題は、トレーニング（および傷害）状態の評価、各種テスト（最大筋力テストなど）の実施とその結果の評価から第一に取り組むべきトレーニングの目標を設定することによって、その選手に何が必要か、それらの目標は何か、**特性**を明らかにすることである。評価をより個別化して行うことにより、それぞれの選手により適したレジスタンストレーニングのプログラムデザインが作成可能になる。

トレーニング状態

　選手の現在のコンディション、すなわち新規または更新されたプログラムを始めるための身体の準備レベル（**トレーニング状態**）は、トレーニングプログラムをデザインするうえで重要な考慮すべき事項である。これには、トレーニングに影響を及ぼす可能性のある現在および過去の傷害についてのスポーツ医学の専門職による評価も含まれる。同様に、選手の**トレーニング経験**や**運動歴**（新規または更新されたプログラムを開始する**前**に実施していたトレーニング）が重要で、ストレングス＆コンディショニング専門職が選手のトレーニングの潜在的な可能性をよりよく理解するための助けになるであろう。選手のトレーニング経験の査定は次のような項目を用いる。

- トレーニングプログラムのタイプ（スプリント、プライオメトリック、レジスタンストレーニングなど）。
- これまでに定期的に行ってきたトレーニングプロ

表17.1　トレーニング状態の分類例

レジスタンストレーニング状態	レジスタンストレーニングの背景				
	現在のプログラム	トレーニング歴	頻度（週あたり）	トレーニングストレス*	テクニック経験とスキル
初心者（未トレーニング）	トレーニングしていない、あるいはトレーニングを始めたばかりである	＜2カ月	≦1〜2	なし、あるいは低い	なし、あるいは最小限
中級者（レジスタンストレーニングを中程度行っている）	現在トレーニングしている	2〜6カ月	≦2〜3	中程度	基礎的
上級者（レジスタンストレーニングを十分に行っている）	現在トレーニングしている	≧1年	≧3〜4	高い	高い

*この例における「トレーニングストレス」とは、レジスタンストレーニングプログラムに示された身体的な要求あるいは刺激の程度を表している。

第 17 章　レジスタンストレーニングのためのプログラムデザイン　**483**

グラムの期間の長さ。

- これまでのトレーニングプログラムの強度。
- **エクササイズテクニックの経験**の度合い（適切にレジスタンストレーニング種目を実施するための知識とスキル）。

　表17.1には、上述の情報から選手をトレーニング状態に応じて初心者、中級者、上級者に分類する方

法を例示した。この3つの区分は連続体の中での目安であり、はっきりとした区切りがあるわけではないことをストレングス＆コンディショニング専門職は認識しておくべきである。

体力テストと評価

　体力テストでは、筋力や柔軟性、パワー、スピード、筋持久力、身体組成、心臓血管系持久力などの評価

ニーズ分析の適用
（シナリオの各選手の詳細については本章の最初のシナリオの表を参照）

シナリオA 女子大学バスケットボール選手 プレシーズン	シナリオB 男子プロアメリカンフットボール・ ラインメン オフシーズン	シナリオC 男子高校クロスカントリー選手 インシーズン
スポーツ競技の評価 **動作分析** **スポーツ競技**：走動作とジャンプ、ボールハンドリング、シュート、ブロック、リバウンド **関与する筋**：すべての大筋群。とくに股関節、大腿、肩 **生理学的分析（主に要求されるもの）** 筋力／パワー	**スポーツ競技の評価** **動作分析** **スポーツ競技**：相手選手をつかむ、押す、はね返す、押しのける **関与する筋**：すべての大筋群。とくに股関節、大腿、胸、腕、下背部。 **生理学的分析（主に要求されるもの）** 筋肥大	**スポーツ競技の評価** **動作分析** **スポーツ競技**：走動作、脚と腕の反復動作 **関与する筋**：下半身のすべての筋群、姿勢保持に関わる筋、肩、腕 **生理学的分析（主に要求されるもの）** 筋持久力
選手のプロフィール **トレーニング経験** ・高校から定期的にレジスタンストレーニングを行っている。 ・フリーウェイトおよびマシーンエクササイズの優れた技能を持っている。 ・週4回のオフシーズンのレジスタンストレーニングを完了したところである。内容は以下の通り。 **上半身（週2回）：** 6つのエクササイズ（中心的エクササイズ2つ、補助的エクササイズ4つ）、10〜12RM×3セット **下半身（週2回）：** 6つのエクササイズ（中心的エクササイズ2つ、補助的エクササイズ4つ）、10〜12RM×3セット	**選手のプロフィール** **トレーニング経験** ・高校、大学、そしてプロになってからもレジスタンストレーニングを定期的に行っている。 ・フリーウェイトおよびマシーンエクササイズの優れた技能を持っている。 ・シーズン後のレジスタンストレーニングプログラム（2回／週）を完了したところである。内容は以下の通り。 **すべてのエクササイズを各セッションで実施：** 8つのエクササイズ（中心的エクササイズ3つ、補助的エクササイズ5つ：下半身2つ、上半身6つ）、12〜15RM×2〜3セット	**選手のプロフィール** **トレーニング経験** ・レジスタンストレーニングをプレシーズンに開始したばかりである。 ・フリーウェイトおよびマシーンエクササイズのスキルは限られている。 ・プレシーズンのレジスタンストレーニングプログラム（2回／週）を完了したところである。内容は以下の通り。 **すべてのエクササイズを各セッションで実施：** 7つのエクササイズ（中心的エクササイズ3つ、補助的エクササイズ4つ：下半身2つ、上半身6つ）、15RM×1〜2セット
レジスタンストレーニング状態の分類 上級者	**レジスタンストレーニング状態の分類** 上級者	**レジスタンストレーニング状態の分類** 初心者
プレシーズンのレジスタンストレーニングの主要な目標 筋力／パワー[a]	**オフシーズンのレジスタンストレーニングの主要な目標** 筋肥大	**インシーズンのレジスタンストレーニングの主要な目標** 筋持久力
コメント [a]プレシーズンは、適切なエクササイズの選択と量－負荷の設定を組み合わせてこれら両方の目標に取り組む。	**コメント** [b]アメリカンフットボールは身体的要求が非常に大きいため、この選手のポストシーズンのトレーニング量は一般的なプログラムの積極的休養（アクティブレスト）の時期に行うトレーニング量より多い。	**コメント** [c]この選手はレジスタンストレーニングプログラムを開始したばかりなので、プレシーズンのトレーニング頻度は、通常トレーニングを積んだ者が行う3〜4回／週より少ない2回／週に制限した。

この表の情報は、スポーツ競技の身体的要求と選手のプロフィールを評価する方法の一例である。

を行う。本章では、最大筋力の評価を中心にニーズ分析を行うが、総合的な評価を行うには最大筋力以外の項目も考慮する必要がある。

レジスタンストレーニングプログラムの作成に有効な、妥当性、信頼性の高いデータを得るためのテストは、選手が行うスポーツ種目が何か、選手のスキルレベルを評価できるか、どのような機器や用具が使用できるかに基づいて選ばれるべきである。また、前述した動作分析の結果も、テストを選択するための方向性を与えてくれる。典型的なテストは、主要な上半身のエクササイズ（ベンチプレス、ショルダープレスなど）と、ジャンプ動作に似ている程度の違うジャンプ動作に似たさまざまなエクササイズ（パワークリーン、スクワット、レッグプレスなど）を組み合わせたものである。

テストが終了したら、結果を標準化されたデータまたは記述統計データと比較し、選手の強みと弱みを特定する。このような評価とスポーツ競技のニーズ分析に基づいて、その選手に不足しているところを改善し、強みを維持し、生理学的特質の向上を図り、そのスポーツ競技の身体的要求に選手の資質が合致していくようなトレーニングプログラムを作成する。

レジスタンストレーニングの主要な目標

選手のテスト結果や競技の動作分析、生理学的分析、その選手が競技シーズンにおいて重視する事柄から、主要な目標、つまりレジスタンストレーニングプログラムに求める成果を決定する。通常、筋力やパワー、筋肥大、筋持久力などがこのときの目標となる。しかし、向上させたいと希望する事項あるいはニーズが異なる2つの領域（例：筋力と筋持久力）にわたるとしても、1つのシーズンの間は1つのトレーニング成果に集中するべきである。表17.2に、競技シーズンを4つに期分けし、ストレングス＆コンディショニング専門職がそれぞれの時期（シーズン）に重視するレジスタンストレーニングの優先順位づけを示した。

ステップ2：エクササイズ種目の選択

エクササイズ種目の選択とは、レジスタンストレーニングプログラムで実施するエクササイズ種目を選ぶことである。情報に基づいてエクササイズ種目を選択するために、さまざまな種類のレジスタンストレーニング種目の特性、実施するスポーツ競技の動作および動員される筋、当該エクササイズについて選手の遂行するテクニックがどの程度か、利用できる機器は何か、トレーニングに使える　時間はどれくらいかを考慮しなければならない。

エクササイズの種類

プログラムのデザインにあたって選択できるレジスタンストレーニング種目は誇張なしに数百種類あるとはいえ、そのほとんどは当該スポーツ種目で重要な、主に関与する筋群もしくは身体部位に基づいて分類されたものである。

中心的エクササイズと補助的エクササイズ

エクササイズは、関与する筋群の大きさやその種目に特有の動作に対する寄与の程度に基づいて、中心的エクササイズと補助的エクササイズに分類される。**中心的エクササイズ**とは、1つ以上の大筋群（胸、

表17.2　シーズン別に示した一般的なトレーニングの優先度の例

シーズン	優先度		レジスタンストレーニングの目標*
	技術練習	レジスタンストレーニング	
オフシーズン	低	高	筋肥大と筋持久力（初期）、筋力とパワー（後期）
プレシーズン	中	中	競技および動作に特異的（例：競技によって決まる、筋力やパワー、筋持久力）
インシーズン	高	低	プレシーズンのトレーニング目標の維持
ポストシーズン（積極的休養）	可変的	可変的	非特異的（競技のスキルやレジスタンストレーニング以外の活動も含む）

*実際のトレーニング目標や優先度は、競技や身体活動の特異性に基づくため、ここに列挙した目標と異なることもある。

肩、背部、殿部、大腿部）を動員し、2つ以上の主要な関節が関わる（**多関節運動**）エクササイズで、スポーツ競技に直接的に応用できるため、エクササイズの選択における優先度が高い。**補助的エクササイズ**は、通常小さな筋群（上腕、腹筋群、ふくらはぎ、首、前腕、下背部、下腿前部）を動員し、1つの主要な関節のみが関与するエクササイズ（**単関節運動**）で、競技パフォーマンスの向上に対する重要性はあまり高くないと考えられる。レジスタンストレーニングエクササイズを中心的エクササイズあるいは補助的エクササイズに分類する際に、通常、肩を取り巻く全ての関節（肩甲上腕関節、肩甲胸郭関節）は**優先順位の高い関節**の1つと考える。脊柱も同様に、（アブドミナルクランチやバックエクステンションのエクササイズでは）単独で優先順位の高い関節と考える。

補助的エクササイズは、1つの筋あるいは筋群に特化して強化することが多い手法なので、傷害予防やリハビリテーションの場面で多く活用される。種目に特有のスキルが身体に要求する特有の負荷に起因すると考えられる傷害の好発部位の筋（オーバーハンドスローにおける肩外旋筋群など）、あるいは傷害後（大腿四頭筋打撲など）のリコンディショニングが必要な筋は、補助的エクササイズにより特化してトレーニングすることができる。

ストラクチュラルエクササイズとパワーエクササイズ

脊柱に直接的負荷（バックスクワットなど）、間接的負荷（パワークリーンなど）が加わる中心的エクササイズは**ストラクチュラル（構造的）エクササイズ**とも呼ばれる。とくに、ストラクチュラルエクササイズでは、挙上動作を遂行する間の姿勢を安定させる（例：バックスクワットでしっかりした体幹と自然な脊柱を維持する）ことで体幹の安定性を保つ。非常に素早く、または爆発的に行われるストラクチュラルエクササイズは**パワーエクササイズ**と考えられる。一般的に、パワーエクササイズは、選手の種目特異的なトレーニングの優先事項として適切である場合に実施させる（45）。

スポーツ競技の動作分析

ニーズ分析の段階（ステップ1）において、スト

レングス＆コンディショニング専門職は対象とするスポーツ種目に特有の要求や特性を特定している。ある競技種目のコンディショニングに焦点を当てたレジスタンストレーニングプログラムで選択するエクリサイズは、体幹と四肢の動作パターン、関節可動域、筋の関わり方がその競技種目の活動と関連している必要がある。また、偏ったトレーニングに由来する傷害のリスクを減少させるために、筋バランスにも配慮してエクササイズを選択する。

競技に特異的なエクササイズ

トレーニングでの動作が実際の競技動作に似ているほど、トレーニング効果がその競技に有利に反映する可能性が大きくなる（8,19,20,42,72,86）。これが特異性の概念であり、SAID（課せられた負荷に対する特異的な適応：specific adaptation to imposed demands）の原則とも呼ばれる。表17.3は様々な競技に見られる多様な動作パターンと関連性のあるレジスタンストレーニングのエクササイズの例である。ストレングス＆コンディショニング専門職が競技特異的なエクササイズを確認する上で、この表は参考となるだろう。たとえば、バスケットボールの跳躍動作に関わる主要な筋群は、股関節と膝関節の伸筋群である。これらの筋群はレッグプレスやバックスクワットでトレーニングできるが、どちらのエクササイズがより望ましいだろうか。確かにどちらのエクササイズでも股関節および膝関節の伸筋群が強化されるが、ジャンプ動作は、バランスをとり体重がかかった直立姿勢から行われるので、レッグプレスに比べてバックスクワットのほうがジャンプ動作との関連性が高く、より好ましい（97）。しかし、パワークリーンやスナッチは、素早い動作という特性からバックスクワットに比べてさらにジャンプ動作との関連性が高く、それゆえ力発揮速度の発達とハイパワーに利用できる。

筋バランス

各競技の身体的要求に応じてエクササイズを選択する場合は、関節を介して互いに反対側の動きをつくる拮抗筋群の筋力バランスを維持しなければならない（例：上腕二頭筋と上腕三頭筋）。動作を起こす筋（筋群）である**主働筋**（例：レッグエクステンションで膝伸展時の大腿四頭筋）と、反対側にあっ

表17.3　動作に関連したレジスタンストレーニングのエクササイズ例

動作パターン	関連したエクササイズ
ボールのドリブル、パス	クローズグリップ・ベンチプレス、ダンベル・ベンチプレス、トライセップスプッシュダウン、リバースカール、ハンマーカール
ボールのキック	ユニラテラル・ヒップアダクション&アブダクション、シングルレッグスクワット、フォワードステップランジ、レッグエクステンション、レッグレイズ
競泳自由形（スタートおよびターンを含む）	プルアップ、ラテラルショルダーレイズ、フォワードステップランジ、アップライトロウ、バーベルプルオーバー、シングルレッグスクワット
垂直跳び	スナッチ、パワークリーン、プッシュジャーク、バックスクワット、フロントスクワット、スタンディング・カーフレイズ
ラケットでのストローク	フラットダンベルフライ、ランジ、ベントオーバー・ラテラルレイズ、リストカール、リストエクステンション
ロウイング	パワークリーン、クリーンプル、スナッチプル、ベントオーバーロウ、アングルド・レッグプレス、ホリゾンタル・レッグプレス、デッドリフト、スティフレッグドデッドリフト、グッドモーニング
走動作、スプリント	スナッチ、クリーン、フロントスクワット、フォワードステップランジ、ステップアップ、レッグエクステンション、レッグカール、トウレイズ
投動作・投球	ランジ、シングルレッグスクワット、バーベルプルオーバー、オーバーヘッド・トライセップスエクステンション、肩の内旋および外旋

て受動的な（短縮性活動を起こさない）状態となる**拮抗筋**（例：レッグエクステンションで膝伸展時のハムストリングス）との間での筋力の不均衡による傷害のリスクを高めるようなレジスタンストレーニングプログラムをデザインすることは避けなければならない。不均衡が生じたり、不均衡であることが明らかになった場合には、適切な筋バランスを回復させるためのエクササイズを選択する必要がある。たとえば、等速性筋力テストでハムストリングスが大腿四頭筋に対して極度に弱いことが判明した場合、この不均衡を補正するためにハムストリングスのエクササイズをプログラムに追加することがよいと考えられる（20,72,86）。ただし注意すべきことは、筋バランスとは必ずしも筋力の絶対値が等しいという意味ではなく、ある筋や筋群と対応する筋や筋群との筋力、パワー、筋持久力が適切な比率に保たれているという意味だということである。

回復を促すためのエクササイズ

　筋や神経系に強いストレスがかからず、動作の修正や回復を促すエクササイズは、**リカバリーエクササイズ**に分類される。これらのエクササイズは、回復と修正を狙いとして、一般的にメインのレジスタンストレーニングセッションの最後のまとめの部分で行われたり、あるいはミクロサイクル内でほかとは区別したセッションとして行われる。これは身体がエクササイズ前の状態に戻るのを促進するために、軽い負荷のレジスタンストレーニング、あるいは低強度有酸素性運動などを取り入れるものである（8）。これらのエクササイズは、代謝老廃物・副産物の除去を促進したり、修復の過程が最適化されるように活動した筋への血流量を維持することを手助けしたりする。

エクササイズテクニックの経験

　前述したニーズ分析で重要な部分は、選手のトレーニング状態とエクササイズの経験を評価することである。適切なテクニックでのエクササイズの実施に疑問がある場合は、ストレングス&コンディショニング専門職は、そのエクササイズを実際に試行してみるべきである。選手の用いているテクニックが不適切ならば、ストレングス&コンディショニング専門職は（正確なテクニックが身につくまでの）完全な指導を行わなければならない。トレーニングの未熟練者に対してマシーンやフリーウェイトの補助的エクササイズがしばしば導入されるのは（20）、それらのエクササイズがフリーウェイトの中心的エクササイズよりも実施時にバランスやコーディネーションをあまり必要としないために容易に行えると考えられるためである（20,86）。とはいえ、行うことが比較的容易であったとしても、選手が正しく実施できるだろうと予測すべきではない。

エクササイズ選択におけるガイドラインの適用

（シナリオの各選手の詳細については本章の最初のシナリオの表を参照。エクササイズの並びは実施する順序ではない）

シナリオA 女子大学バスケットボール選手 プレシーズン	シナリオB 男子プロアメリカンフットボール選手（ラインメン） オフシーズン	シナリオC 男子高校クロスカントリー選手 インシーズン
中心的 ハングクリーン（全身、パワー）[a] スナッチ＆クリーン（全身、パワー）[a] プッシュプレス（全身、パワー）[a] フロントスクワット（股関節と大腿） インクライン・ベンチプレス（胸） プルアップ（背中、肩、腕）	**中心的**[b] クリーン（全身、パワー） タイヤフリッピング（全身、パワー） バックスクワット（股関節と大腿） デッドリフト（股関節と大腿） ベンチプレス（胸） ショルダープレス（肩）	**中心的** ランジ（股関節と大腿）[c] バーティカル・チェストプレス（胸）[d] リアレッグエレベーティッド・デッドリフト（股関節と大腿）
補助的 アブドミナルクランチ（腹部） シーティッドロウ（上背部） スティフレッグデッドリフト（股関節後部、大腿） スタンディングカーフレイズ（下腿後部）	**補助的** タオルグリップ・プルアップ（前腕のグリップ） アブドミナルクランチ（腹部） ステップアップ（股関節と大腿） レッグカール（大腿後部） ベントオーバーロウ（上背部） ショルダーシュラッグ（上背部と頸部） バーベルバイセップスカール（上腕後部） ライイング・トライセップスエクステンション（上腕後部） シーティッドカーフレイズ（下腿後部）	**補助的** アブドミナルクランチ（腹部） レッグカール（大腿後部） ラテラルショルダーレイズ（肩） ワンアーム・ダンベルロウ（上背部）[e] トウレイズ（足関節背屈）（下腿前部） マシーン・バックエクステンション（下背部） ケーブル・ヒップフレクション（股関節屈筋群）
コメント [a] これらのエクササイズはパワーを最大に引き出すことと、そのパワーをバスケットボールのジャンプ動作で使えるようにすることが目的。	**コメント** この選手は、オフシーズンにおいてスキル練習の優先順位が最も高いわけではないので、レジスタンストレーニングにより多くの時間を費やすことができる。 [b] 中心的エクササイズにより高いトレーニング頻度を設定することができる（ステップ3参照）	**コメント** [c] 必ずしも中心的エクササイズであるとは考えられないが、ランジでは走動作で直接的に用いられる筋や関節が動員される。 [d] このエクササイズでは上腕三頭筋も関与しており、上腕三頭筋を個別に行う補助的エクササイズを加える必要がなくなる。これによってインシーズンのプログラムにおいてレジスタンストレーニングに要する時間を減らすことにつながる。 [e] このエクササイズでは上腕二頭筋も関与しており、上腕二頭筋を個別に行う補助的エクササイズを加える必要がなくなる。これによってインシーズンのプログラムにおいてレジスタンストレーニングに要する時間を減らすことにつながる。

レジスタンストレーニング機器利用の可否

エクササイズの選択には、トレーニング機器が利用できるかどうかを考慮しなければならない。機器がないために、競技特異的ではないエクササイズの選択を余儀なくされることも起こり得る。たとえば、プレートを装着するスリーブ部が回転するオリンピックタイプのバーがなければ、パワークリーンのような動作はできないであろう。また、プレートが十分になければ、バックスクワットをフロントスクワ

ットに代えるなど、高重量を必要としないエクササイズに変更することになる。

セッションあたりに使うことができる時間

ストレングス＆コンディショニング専門職は、エクササイズの実施に要する時間に対するエクササイズの価値を考えるべきである。トレーニング時間が限られている場合には、時間的に効率のよいエクササイズを優先して行うことも考えられる。トレーニ

ング時間が限られている場合には、時間的に効率の
よいエクササイズを優先して行うことも考えられる。
陸上競技の100mスプリンターの股関節と大腿部の
トレーニングで、フリーウェイトのレッグランジの
代わりにマシーンのレッグプレスを選択することが
その例である。マシーンのピンをウェイトスタック
の所定の位置にさし込んで10回のレッグプレスを行
うのに要する時間は、ランジを行うために、まずバ
ーの両端にプレートをつけ、固定器具（カラー）を
装着し、パワーラックから後ろに下がり、安定した
スタート姿勢をとり、それぞれの脚で10回ずつの反
復を行い、再びバーをラックに戻すまでに要する時
間に比べ、はるかに短い。マシーンで行うレッグプ
レスの種目特異性は低いが、エクササイズを変更す
ることで節約できた時間を用いて別のエクササイズ
を行ったり、より多くのセットを行う余地ができる。
一方、種目特異性がより高いランジは、トレーニン
グシーズンの目的やトレーニングにかける時間があ
るならば、そこでランジのために長い時間を用いる
価値はあると考えられる。

ステップ3：トレーニング頻度

トレーニング頻度とは、ある期間内に実施するト
レーニングセッションの回数のことである。レジス
タンストレーニングのプログラムでは、一般に1週
間を区切りとする。トレーニング頻度を決めるとき、
ストレングス＆コンディショニング専門職は選手の
トレーニング状態、競技シーズン、予定された運動
強度、運動の種類、同時に行う練習やトレーニング、
身体活動を考慮すべきである。

トレーニング状態

ニーズ分析（ステップ1）で明らかにされた選手
のトレーニングに対する準備レベルは、トレーニン
グセッション間の休息日数の設定を左右するため、
トレーニング頻度を決めるうえで非常に重要である。
セッションを実施する日々の間に休息日を1日入れ
ることで回復が十分に進むことから、従来から週3
回のワークアウトが多くの選手に推奨されている
(20)。選手のトレーニングへの適応、身体的コンディ
ションが高まってきたなら、トレーニング日を、
トレーニング内容も追加しつつ、週4回、さらには

**表17.4　トレーニング状態に基づいたレジスタンスト
レーニングの頻度**

トレーニング状態	頻度のガイドライン（セッション数／週）
初心者	2〜3
中級者	3〜4
上級者	4〜7

データは文献24, 26, 27, 28, 37, 47より。

週5、6、7回と増やすように考えていく（表17.4
参照）。一般的なガイドラインとして、休息、回復
日は同じ筋群にストレスを与えるセッションの間に
少なくとも1日（ただし3日を超えない）を設ける
よう、トレーニングセッションのスケジュールを計
画する（38）。たとえば、初心者の選手に全身のレ
ジスタンストレーニングプログラムを週2回実施さ
せたいと考えているのであれば、2回のセッション
を等間隔（月曜日と木曜日、火曜日と金曜日など）
で配置する。月曜日と水曜日しかトレーニングでき
ない場合には、水曜日以降、次の月曜日までトレー
ニング刺激がなく、トレーニング状態の低下につな
がるおそれがある（16,24,38）が、選手が十分にト
レーニングを積んでいて、しかも（トレーニングで
きないのが）短期間ならば週1回のトレーニングで
も筋力の維持が可能である（16,24）。

レジスタンストレーニングを積んだ（中級または
上級の）選手であれば、日ごとにトレーニングする
筋群を変える**スプリットルーティン法**の活用により、
トレーニング日を増やすことができる。トレーニン
グをほぼ毎日実施することは、回復のガイドライン
に反すると感じるかもしれないが、身体の一部位（上
半身または下半身など）、特定の筋群（胸、肩、上
腕三頭筋など）のエクササイズをまとめて異なる日
に実施することで、トレーニングを積んだ選手には
同じ部位のトレーニングセッション間で適切な回復
の期間が確保できる（表17.5参照）。たとえば、上
半身、下半身に分けて週4回トレーニングを行う形
式では、下半身は月曜日と木曜日、上半身は火曜日
と金曜日（またはその逆）となる。この方法では、
1週間に2回、連続した日にトレーニングするが、
上半身、下半身のそれぞれのセッション間について
みてみれば、2〜3日の休息を取ることができる
(39)。部位によって3日に分けて行う場合は、休息
日が週ごとに異なる形式となる。

表17.5　一般的なスプリットルーティンの例

トレーニング日	部位あるいは筋群	週のトレーニング例							トレーニング頻度
		日	月	火	水	木	金	土	
1	下半身	**休息**	下半身	上半身	**休息**	下半身	上半身	**休息**	週4回
2	上半身								
1	胸、肩、上腕三頭筋	**休息**	胸、肩、上腕三頭筋	下半身	背部、僧帽筋、上腕二頭筋	**休息**	胸、肩、上腕三頭筋	下半身	週5回*
2	下半身								
3	背部、僧帽筋、上腕二頭筋								
1	胸、背部	胸、背部	下半身	肩、腕	**休息**	胸、背部	下半身	肩、腕	週6回*
2	下半身								
3	肩、腕								

*その週でトレーニングを開始した曜日により、トレーニング頻度は週5回もしくは週6回となる。

表17.6　競技シーズンに基づくレジスタンストレーニングの頻度（トレーニングを積んだ選手向け）

競技シーズン	頻度の目安（セッション数／週）
オフシーズン	4〜6
プレシーズン	3〜4
インシーズン	1〜3
ポストシーズン（積極的休養）	0〜3

データは文献20, 87, 90より。

競技シーズン

　レジスタンストレーニングの頻度に影響を及ぼすもう1つの要因は、競技シーズンである。たとえば、インシーズンに入り競技の技術練習がより重視されるようになると、ウェイトルームで費やす時間を減らす必要性が生じ、その結果レジスタンストレーニングの頻度は減ることになる（表17.2、17.6参照）。問題は、必要とするすべてのトレーニング形式をそれぞれの日に割り当てるだけの時間はないことである。つまり、たとえレジスタンストレーニングセッションを週4回以上行えるところまでトレーニングを積んだ選手であっても、その競技におけるその他の要素の練習にあてる時間も必要なので、レジスタンストレーニングのために多くの時間を割くわけにはいかない。

トレーニング負荷とエクササイズの種類

　最大または最大に近い強度でトレーニングを行うと、次のトレーニングセッションまでの間により長い回復時間を要する（20,74,86）。トレーニング強度が低い日と高い日を交互に配置することで、より高い頻度でトレーニングをこなす能力を高めることができるようになる（20,86）。また、高強度のセッションを行ったとき、上半身の筋群は下半身の筋群に比べてより早く回復できるというエビデンスもある（37）。同様に、多関節エクササイズからの回復に比べ、単関節エクササイズでの回復が早い（85）。これらの研究の知見から、たとえば、パワーリフターが非常に高い強度のデッドリフトやスクワットは週1回しか行わない理由が説明できる。

その他のトレーニング

　エクササイズの頻度は身体的ストレスの総量の影響を受けるため、ストレングス&コンディショニング専門職は、エクササイズを行ったことによって受けるさまざまな形の影響を考慮しなければならない。選手のプログラムが有酸素性あるいは無酸素性トレーニング（スプリント、アジリティ、スピード持久力、プライオメトリックなど）、競技種目の技術練習、またはこれらの要素のいくつかを組み合わせて構成したものである場合には、レジスタンストレーニングの頻度を減らす必要があるだろう（13）。加えて、職業の上で従事した業務による身体的消耗が影響する場合もある。肉体労働や、他者に指導または補助する際に身体的活動を伴う職業、あるいは一日中立ち仕事に従事している選手が、競技以外では身体活動量が少ない選手と同じトレーニング頻度をこなそうとしても、それには耐えられないだろう。

ステップ4：
エクササイズの順序

　エクササイズの順序とは、1回のトレーニングセッションで行われるレジスタンスエクササイズの順序を指す。エクササイズの順序の決定法は多数あるが、いずれの場合も、あるエクササイズがその後に続くエクササイズで発揮する力やテクニックの質に与える影響に基づいて決定する。通常、すべてのセットを適切なエクササイズテクニックで行うことができるようにするために、（十分な休息、回復時間をとって）選手の最大限の能力発揮を引き出すようにエクササイズ順を配列する。エクササイズの順序を決める最も一般的な4つの方法を以下に述べる。

パワーエクササイズ、その他の中心的エクササイズを経て補助的エクササイズを行う

　スナッチ、ハングクリーン、パワークリーン、プッシュジャークなどのパワーエクササイズをトレーニングセッションの最初に行い、次にパワーエクササイズ以外の中心的エクササイズ、その後に補助的エクササイズという順序で行う（20,83,88）。文献で

は、行うべき順序はまた、多関節運動から単関節運動へ、あるいは大筋群のエクササイズから小筋群のエクササイズへというようにも示されている（18,20, 72,86,90）。パワーエクササイズは、いずれのエクササイズを行うときも高いスキルレベルと集中力を要し、また疲労の影響を最も強く受ける（20）。疲労はテクニックの悪化につながりがちで、傷害のリスクも高まる。また、パワーエクササイズの爆発的な動きおよび多くの筋群の参加は、非常に大きなエネルギー消費にもつながる（86）。このことも、代謝の面でフレッシュな状態にあるトレーニングセッションを始めるときにこれらのエクササイズを行う理由の1つである。ステップ2（エクササイズの選択）でパワーエクササイズが選択されていない場合、エクササイズの順序は中心的エクササイズから補助的エクササイズとなる。

上半身と下半身のエクササイズを交互に行う

　エクササイズの間により完全に回復を図る方法の1つが、上半身のエクササイズと下半身のエクササイズを交互に行うことである。このようにエクササイズの順序を配列する方法は、複数の上半身または

トレーニング頻度におけるガイドラインの適用
（シナリオの各選手の詳細については本章の最初のシナリオの表を参照）

シナリオA 女子大学バスケットボール選手 プレシーズン	シナリオB 男子プロアメリカンフットボール選手 （ラインメン） オフシーズン	シナリオC 男子高校クロスカントリー選手 インシーズン
上級者に許容される頻度 週4〜7回	**上級者に許容される頻度** 週4〜7回	**初心者に許容される頻度** 週2〜3回
競技シーズンに基づく頻度のガイドライン 週3〜4回	**競技シーズンに基づく頻度のガイドライン** 週4〜6回	**競技シーズンに基づく頻度のガイドライン** 週1〜3回
設定したレジスタンストレーニング頻度 週3回[a] ・月、水、金 ・すべてのエクササイズを各セッションで行う	**設定したレジスタンストレーニング頻度** 週4回（スプリットルーティン[b]） ・月、木（下半身のエクササイズ） ・火、金（上半身のエクササイズ）	**設定したレジスタンストレーニング頻度** 週2回[c] ・水、土 ・すべてのエクササイズを各セッションで行う
コメント [a]トレーニング頻度は、多くの時間と体力をバスケットボールに特異的なスキル練習に費やすために前のシーズン（オフシーズン）より減らす。	**コメント** [b]スプリットルーティン法はエクササイズを複数のトレーニング日で分割して行うため、セッションごとのトレーニング時間を大幅に延ばさずに、より多くのエクササイズを実施できる。	**コメント** [c]出場するクロスカントリーの大会にパフォーマンスに影響を及ぼさないようにトレーニング日を設定する必要がある。

下半身のエクササイズを連続して行うことが刺激として強すぎると感じている未熟練者にとって、とくに有益である（20,72）。また、トレーニング時間が限られている場合にも、エクササイズ間の休息時間を最小限に抑えていながら、身体の部位間の休息は最大にすることができる。トレーニングセッション全体の時間も短縮できる。というのも、上半身のエクササイズの後、ただちに下半身のエクササイズに入るので、上半身を休める時間をわざわざ取らずにすむからである。これらのエクササイズを最小限（20～30秒間）の休息時間で実施すると、**サーキットトレーニング**と呼ばれる方法になる。本来の有酸素性エクササイズに比べれば効果は劣るものの、この方法は心臓血管系持久力の向上にもつながるものである（23）。

「押す」エクササイズと「引く」エクササイズを交互に行う

エクササイズ間の回復を促進する方法としては、「押す」エクササイズ（ベンチプレス、ショルダープ

エクササイズの順序におけるガイドラインの適用
（シナリオの各選手の詳細については本章の最初のシナリオの表を参照）

シナリオA 女子大学バスケットボール選手 プレシーズン	シナリオB 男子プロアメリカンフットボール選手（ラインメン） オフシーズン	シナリオC 男子高校クロスカントリー選手 インシーズン
エクササイズの順序の設定についての戦略 • パワー、その他の中心的エクササイズ、補助的エクササイズの順 • 押すエクササイズと引くエクササイズ（交互に）	**エクササイズの順序の設定についての戦略** • 中心的エクササイズ、補助的エクササイズの順 • 押すエクササイズと引くエクササイズ（交互に）	**エクササイズの順序の設定についての戦略** • 中心的エクササイズ、補助的エクササイズの順 • 上半身と下半身エクササイズ（交互に）
月、水、金 ハングクリーン[a] プッシュジャーク[b] フロントスクワット[a] インクライン・ベンチプレス[b] シーティッドロウ ダンベル・オルタネイティングカール トライセップスプッシュダウン アブドミナルクランチ	**下半身（月、木）** デッドリフト[c] バックスクワット[c] ステップアップ[c] レッグカール シーティッド・カーフレイズ **上半身（木、金）** ベンチプレス ベントオーバーロウ ショルダープレス バーベル・バイセップスカール[d] ショルダーシュラッグ ライイング・トライセップスエクステンション アブドミナルクランチ	**水、土** ランジ バーティカル・チェストプレス レッグカール ワンアーム・ダンベルロウ トウレイズ ラテラル・ショルダーレイズ マシーン・バック・エクステンション[e] アブドミナルクランチ 各エクササイズを1セットずつ行ったら、最初から繰り返す[f]
コメント [a,b] これらのエクササイズは、「パワー、その他の中心的エクササイズ、補助的エクササイズの順序の設定についての戦略に従いつつ、類似した動作パターンを連続して行う中である程度の休息がとれるように配置している。	**コメント** [c] これらのエクササイズは「押すエクササイズと引くエクササイズ（交互に）」という順序で記載していないので、順序を変えてもよい（例：バックスクワット、デッドリフト、ステップアップの順に）。 [d] バーベル・バイセップスカールは「引く」エクササイズにもかかわらず、別の「引く」エクササイズ（ショルダーシュラッグ）の前に配置されているが、このエクササイズはショルダーシュラッグを実施する能力に影響を及ぼさない。	**コメント** [e] これは下背部の筋を短縮性にトレーニングするエクササイズであるため、体幹を直立させる、あるいは脊柱をニュートラルな姿勢にすることが要求されるエクササイズ（例：ランジ、ラテラル・ショルダーレイズ）の後に行うべきである。下背部の筋疲労により、ストラクチュラルエクササイズや立位でのエクササイズにおいて不正確でケガの可能性のあるエクササイズテクニックとなる場合がある。 [f] 8つのエクササイズを1セット続けて実施したら、すぐに次のセットを始める（すなわち「サーキット」で行う）。

レス、トライセップスエクステンションなど）と「引く」エクササイズ（ラットプルダウン、ベントオーバーロウ、バイセップスカールなど）を交互に行う形式もある（6）。この「押す－引く」の順序では、2つの連続するエクササイズ（ある場合はセット）で同じ筋群が利用されることがない。そのため関与する筋群の疲労が軽減される。対照的に、複数の「引く」エクササイズ（例：プルアップ、シーティッドロウ、ハンマーカール）を連続して実施すると、エクササイズ間に休息時間を取っても、（3種目すべてに関与している）上腕二頭筋が疲労によって反応しにくくなるため、実施可能な反復回数は減少する。複数の「押す」エクササイズ（例：インクライン・ベンチプレス、ショルダープレス、トライセップスプッシュダウン）を連続して行った場合も、同様の結果を生じるだろう（3種目すべてに上腕三頭筋が関与）（83）。下肢についても「押す－引く」（ヒップスレッド、バックスクワットを「押す」種目、スティフレッグ・デッドリフト、レッグカールを「引く」種目とするなど）という順序に配列することは可能だが、「押す」「引く」の区分が明確ではないエクササイズ（レッグエクステンションなど）もある。「押す」エクササイズと「引く」エクササイズを交互に行う方法は、サーキットトレーニングプログラムでも用いられるほか、レジスタンストレーニングプログラムを開始したばかりの選手や、プログラムに復帰してきた選手に適している（3,20）。

スーパーセットとコンパウンドセット

エクササイズの順序を決定する方法としては、ほかにも2つのエクササイズを連続して実施することで1セットとし、それらのエクササイズ間には休息を設けないか、わずかな休息のみを設ける方法がある。これには2つの方法があり、1つはスーパーセット、もう1つはコンパウンドセットと呼ぶ。**スーパーセット**は拮抗する筋、筋群（すなわち主働筋と拮抗筋）のそれぞれに刺激を与える2つのエクササイズを連続して実施するものである（2）。たとえば、バーベル・バイセップスカールを10回行った後、バーを置き、トライセップスプッシュダウンのマシーンに移動して10回行うという方法である。**コンパウンドセット**では同じ筋群を使う2種類のエクササイズを連続して行うものである（2）。バーベル・バイ

セップスカールのセットを終えたら、すぐにダンベルに持ち替えてハンマーカールのセットを行う方法がその例である。この場合、両方のエクササイズで同じ筋群が動員されるため、同じ筋に対するストレスが合成（コンパウンド）されることになる。どちらの方法も、2つのエクササイズを組み合わせて実施するため、時間の効率が高く、意図的により「きつい」状況をつくり出すので、トレーニングを十分に積んでいない選手には不適切になるだろう。スーパーセットとコンパウンドセットの意味が入れ替わって用いられることがあり、注意が必要である（20）。

ステップ5：
トレーニング負荷と反復回数

負荷（load）とは、簡単にいえばエクササイズで扱う重量のことで、レジスタンストレーニングプログラムにおいて最も重要な要素であると特徴づけられることがしばしばある（20,63,73,86）。

力学的仕事の量と質の決定に関わる用語

力学的仕事は、力と変位（距離）の積として定義される。選手の（外的な）力学的な仕事は、身体内に（内的な）代謝エネルギーの生成をつくり出すような要求を通してつくり出される。したがって、トレーニングプログラムのバリエーションを計画するために、またオーバートレーニングに関連するSelyeの汎適応症候群の疲憊段階を避けるために、力学的仕事の総量や代謝の要求レベルを定量化することが重要である（8）。

レジスタンストレーニングの「仕事」の量的な測定が必要である。従来、ウェイトリフティング競技において「仕事」とは「負荷」と同義であり、種目ごとに挙上重量に挙上回数を乗じて、トレーニングセッション内に行った全種目の仕事総量を算出する。

しかしながら、用語としては単なる「**負荷**」ではなく、**量－負荷**（48,77）のほうが、よりよいと考えられる。この仕事総量は力学的仕事（59,60,62）とそれに関連した代謝的エネルギー要求、生理学的ストレスとの関連が強く、**反復回数－量**（動作回数の合計。詳細は「ステップ6：トレーニング量」を参照）とは区別される。

量－負荷は次のように算出する。100「重量単位」

のバーベルを垂直方向に2「距離単位」、15回反復した場合の短縮性の力学的仕事総量は100×2×15で3000「仕事単位」になる。移動距離の大きさを含まない量−負荷（1500単位）は、要求されたウェイトを定められた回数だけ正しく挙上したなら、そのとき実施されたことは力学的仕事の総量と代謝的要求の大きさに直接関連する。挙上者や重量物の移動を伴うようなレジスタンストレーニングの量−負荷を計算する際には、**系全体の質量の量−負荷**と考えるべきである（例：負荷をかけたジャンプスクワット）(10,59,61)。たとえば、80kgの競技選手が40kgの負荷をかけてジャンプスクワットを3回、4セット行う場合では、120kg×12、すなわち1440kgとなる。量−負荷のアプローチはまた、量−負荷を中心的エクササイズと補助的エクササイズとで区別したり、あるいは筋肥大や最大筋力、パワートレーニングの間で明確に線引きしたりすることによって総レジスタンストレーニング負荷の特性を定量化するうえで非常に有用である。この方法によりストレングス&コンディショニング実践者は、セッションごとの量−負荷のみならず、そのセッションによりもたらされる主要な刺激を計画したり決定づけたりすることができる。

　量−負荷は、回数およびセットの構成の違い（1回×15セット、3回×5セット、15回×1セットなど）に影響を受けない点に注意すべきである。回数とセットの構成は、レジスタンスエクササイズの真の運動**強度**に変化をもたらすものであり、行われた仕事の**質**を示す。力学的あるいは代謝的パワーや強度を算出するかわりに時間の概念を取り入れた時間に比例する値、すなわち反復回数−量はより実践的といえる。反復回数が多くなるほど、トレーニングセッションの時間は長くなる（休息時間の長さも考慮されなければならないが、直接的な要因ではない）。量−負荷を反復回数−量で割ると、ワークアウトセッションごとの、反復回数1回分の平均挙上重量が求められる(86)。これは力学的および代謝的パワーの発揮に対する近似値となり、真のトレーニング強度あるいは仕事の質を示す。

負荷と反復回数との関係

　ある動作が繰り返される数（**反復回数**）は挙上する負荷と反比例の関係にあり、負荷が高くなるほど

反復可能な回数は少なくなる。そのために、1つのトレーニング目標に焦点を合わせれば、自動的に用いる負荷と反復回数の構成が定まる（例：筋力向上のトレーニングは高負荷・低回数となる）。

　トレーニング負荷を設定する前に、ストレングス&コンディショニング専門職は負荷と反復回数の関係をよく理解しておく必要がある。負荷は一般に、正しいテクニックで**1回だけ挙上できる最大重量**である**1RM**に対する割合（％）、あるいは特定の回数**を反復できる最大重量**である**RM**で表す(19)。たとえば、ある選手がバックスクワットを60kgで10回反復できたとすると、10RMは60kgとなる。これは最大努力で遂行することが前提となるので、もう1回反復できるにもかかわらず9回目でエクササイズを中止したときには、10RMに達したとはみなされない。同様に、もしその選手が55kgのバーベルで10回反復したが、まだ反復可能な状態ならば、真の10RMを測定したことにはならない。その選手には60kgで10回反復できる可能性が残されているからである。

　表17.7は1RMに対する比率（％）を計算した最大下の負荷と、その負荷で反復可能な回数との関係を示したものである。前述の定義により、1RMの100％では選手は1回しかその動作ができない。1RMに対する比率（すなわち挙上する重量）が小さくなるにつれて、より多くの回数で挙上を反復することができる。文献によっては、％1RM−反復回数の関係がやや異なる表もあるが(9,49,54,65)、表17.7に示されているものとの違いはわずか0.5〜2ポイント程度である。1RMに対する比率と反復回数の表はトレーニング負荷設定のガイドラインとして役立つが、これまでの研究では、どのようなエクササイズのトレーニング負荷の設定にでも幅広くこの表が適用できるとは言えない。それは以下の理由による。

- 表17.7は負荷と反復回数の間に直線的な関係があることを仮定している。しかし、いくつかの研究では両者は曲線的な関係にあることが報告されている(51,54,56)。
- レジスタンストレーニングを行っている選手は、この表の1RMに対するパーセンテージ（％1RM）の回数よりも多く反復できる場合があり、

それは下半身の中心的エクササイズにおいて顕著である（35,36）。

- ここに示されているのは、ある％1RMにおいて1セットしか行わない場合の反復回数を示している。したがって、複数セットを行う場合、すべてのセットについて求められている反復回数をこなすには負荷を減らす必要があるだろう（20）。
- 1RMに関する研究では広く認められてはいるが、実際には、％1RMで想定されている反復回数を常に遂行できるとは限らない（20,90）。たとえばHoegerら（35,36）は、被験者が表17.7で示された回数の2～3倍の反復を行うことができたと報告している。
- マシーンを用いたエクササイズでは、類似するフリーウェイトによるエクササイズに比べ、同じ％1RMにおける反復回数が多くなる傾向にある（35,36）。
- 小筋群のエクササイズでは、表17.7に示した反復回数まで行うことはおそらくできないだろう。また大筋群を動員するエクササイズでは、反復回数はより多くなる傾向がみられる（90）。
- ％1RM－最大反復回数の関係が最も正確なのは、負荷が1RMの75％以上、かつ、反復回数が10回以下の場合である（9,84,94）。経験的に、％1RMが小さくなるにつれて、実行可能な反復回数の値

のばらつきが大きくなることが示されている。

そのため、表17.7の％1RMから計算される負荷は、レジスタンストレーニング種目のRM負荷を推定するガイドラインの一例に過ぎないと考えるべきである。これまで説明したような弱点があるため、負荷の設定は、最大下負荷から推定した1RMに比べて、最大挙上重量のテストで決定された1RMに対する比率によるほうが、より正確であると考えられる（34,35）。

1RMと複数RMテストの選択肢

ストレングス＆コンディショニング専門職は、トレーニング負荷を設定する上で必要な、以下のような選手の情報を収集する。

- 1RMの実測値（直接測定による）
- 複数RMテスト（例：10RM）から推定した1RM
- 各エクササイズの反復回数に基づく複数RM（「目標」の反復回数。例：1セット5回）

各選手の1RM測定値あるいは推定値が得られたなら、1RMに対する比率（パーセンテージ）を算出する。その代わり、複数RMテストは目標反復回数に基づいて行われることから、計算や推定が省略される。多くの場合、ストレングス＆コンディショニング専門職は、選択されたエクササイズや選手のトレーニング経験に応じてテストの方法を選択している。十分に身体的コンディションが整えられている選手に対しては、中心的エクササイズについては1RMテスト、補助的エクササイズについては複数RMテストを用いるのが一般的である。

1RMの測定

1RMに対する比率でトレーニング負荷を設定するためには、ストレングス＆コンディショニング専門職はまず選手の1RMを特定しなければならない。この方法は、原則としてレジスタンストレーニングを積んだ中級あるいは上級に分類され、なおかつ、そのテストに用いられるエクササイズのテクニックを習得している選手を対象とする。経験が浅く十分にトレーニングされていない場合、ケガをしている場合、医学的な経過観察の状態にある場合は、

表17.7　1RMの割合と反復できる回数（％1RM－反復回数の関係）

％1RM	反復回数
100	1
95	2
93	3
90	4
87	5
85	6
83	7
80	8
77	9
75	10
70	11
67	12
65	15

データは文献9, 49, 54, 65より

1RMを測定するのは適当ではない。1RMの測定には適切なトレーニング状態、適切な挙上の経験を必要とする。というのも、最大筋力の評価では関与する筋群、結合組織、関節に顕著なストレスが加わるからである。したがって、最大1RMテストの代わりに3RMテストを用いることも提案されている(90)。選手のトレーニング状態やエクササイズテクニックの経験に配慮を怠ると、1RMテストの安全性および正確性を脅かすことになる。

1RMテストを行うエクササイズとしては、中心的エクササイズを選択するのが妥当である。それは大筋群が関与する多関節運動は高重量を扱うのに適しているからである。このガイドラインに沿っていても、妥当かつ信頼できるデータが得られない(正確性に欠け、かつ、一貫した最大筋力の評価が困難な)エクササイズは1RMテストの種目として選択するべきではない。たとえば、ベントオーバーロウは上肢の大筋群と複数の関節が関与するため、1RMテストの負荷に耐えうると考えられるが、テストの実施中に正しい姿勢を維持し続けることはきわめて困難であろう。腰背部の姿勢を安定させる筋群は力

が弱く、数セット行ううちに疲労が極度に進むと考えられ、その結果、エクササイズテクニックが崩れ、テスト自体の妥当性が低下し、データの信頼性も失われるおそれがある。

1RMを正確に測るにはさまざまな手法が用いられるが、図17.1にその方法の1つを解説している。ただ、このような方法に従って組織立ったテストを行ったとしても、テストを数セット行っていく際、セットを追うごとにどのくらい負荷を上げるか、その絶対量は、トレーニング状態やエクササイズの種類に左右される。たとえば、バックスクワットで225kg(495ポンド)を挙上できる選手が1RMテストを行う際に、負荷はセットごとに9～14kg(20～30ポンド)増やしていく。一方、バックスクワットで45kg(100ポンド)しか挙上できない選手にとって9～14kg(20～30ポンド)ずつ増やすのは負担が大きすぎ、正確な1RM値を求めるための十分な精度を得ることができない。テストのセットごとの負荷設定の適切なものにするとともに、正確さを期するために、図17.1には負荷の調整に関して絶対重量とともに相対値(%)を示している。

1RMテストプロトコル

1. 選手に楽に5～10回反復できる重量でウォームアップするよう指示する。
2. 1分間の休息。
3. 下記のような負荷を加えて、選手が誤りなく3～5回反復できるような「ウォームアップ負荷」を推定する。
   - 上半身のエクササイズには4～9kg(10～20ポンド)または5～10%。
   - 下半身のエクササイズには14～18kg(30～40ポンド)または10～20%。
4. 2分間の休息。
5. 下記のように負荷を加えて、選手が誤りなく2～3回反復できるような「最大に近い負荷」を推定する。
   - 上半身のエクササイズには4～9kg(10～20ポンド)または5～10%。
   - 下半身のエクササイズには14～18kg(30～40ポンド)または10～20%。
6. 2～4分間の休息。
7. 下記のように負荷を高くする。
   - 上半身のエクササイズには4～9kg(10～20ポンド)または5～10%。
   - 下半身のエクササイズには14～18kg(30～40ポンド)または10～20%。
8. 選手に1RMを試みることを指示する。
9. 成功したら2～4分間休息し、ステップ7へ戻る。失敗したら、2～4分間休息し、下記のように負荷を低くする。
   - 上半身のエクササイズには2～4kg(5～10ポンド)または2.5～5%。
   - 下半身のエクササイズには4～9kg(10～20ポンド)または5～10%。
   そしてステップ8へ戻る。

この負荷の増減を、選手が正しいテクニックで1回完了できるまで続ける。理想的には、1RMの測定は3～5セット内で行われることが望ましい。

図17.1 1RMテストプロトコル。
Earle, 2006(18).より許可を得て転載。

1RMの推定

1RMテストが許されない場合、10RM負荷でのテストが第二の選択肢となる（そこから1RMを推定、予測する）。このアプローチは、テストのエクササイズを適切なテクニックで行える選手であるならば、それらの選手のほぼすべてに適用できる。また、中心的エクササイズと補助的エクササイズはともに10RMテストが可能ではあるが、ウォームアップを過剰に行ったり、テストのセット数が多すぎたりすると、選手が疲労するだけでなく、正確性が損なわれてしまう。さらに、パワーエクササイズは、5回以上の動作を何セットも繰り返すと、テクニックが急速に崩れるため、複数RMテストには向かない（8,86）。選手が十分にトレーニングを積み、テクニックに熟達した後は、高負荷で低反復（かつより正確な）の複数RM測定が可能である。

10RMテストの手順は1RMテストと同様だが、各セットでの挙上は1回ではなく10回反復する。ウォームアップセットの終了後、10RMテストのセットごとに増やす負荷の大きさは図17.1の数値より小さくなる（約1/2）。10回以上挙げられない負荷になるまでテストを続ける。経験が豊富なストレングス＆コンディショニング専門職ならば、3〜5セット以内で10RMが測定できるように負荷を調節できる。

表17.8を用いて1RMを推定する。まず最大反復回数（RM）が10（％1RMが75）の列で10RMとなった負荷を探す。その行を横にたどって最大反復回数（RM）が1（％1RMが100）の列の数値が推定1RMとなる。10RMが300ポンドであれば、推定1RMは400ポンドということになる。表17.7に補足して述べたように、％1RM−反復回数の関係は文献によって異なる。この表は、選手の神経筋の特性、すなわち、高重量（1〜5RM）を用いたテストが安全かつ効果的に実施する資質が向上していく段階での指針として用いることを想定している（20,86）。

推定式の活用　複数のRM負荷から1RMを推定するには公式を活用する方法もある（9,54）。推定式に関する研究をレビューした研究者の報告によれば、複数RMテストで用いる負荷がより重くなるほど（実際の1RM重量に近づくほど）、1RMを推定する精度は高くなる。同様に、10RMあるいは10RMに至らない高負荷に基づく推定式で求めた推測値は、より正確となる（9,55,84,86,94）。さらに、より低反復で行う複数RMテスト（およびその後の1RM推定）から得られる結果は、一般に、選手がテストの数カ月前から低いRM負荷（高負荷）によるトレーニングを継続して行っていたときに、より正確になる（8）。

目標反復回数に基づく複数RMテスト

トレーニング負荷の設定の3番目の方法では、まずテストを実施するエクササイズについて、選手が実際のトレーニングプログラムで行う反復回数（目標反復回数）を決定しなければならない。たとえばトレーニングプログラムにおいてベンチプレスは6回行うことにすると決めた場合には、複数RMテストは、結果として6回の反復回数（6RM）になるような負荷でエクササイズを組む。複数RMテストは、中心的エクササイズでも補助的エクササイズでも選択できるが、前述したように、測定の反復回数が多いと大きな疲労を生じさせ、正確性が失われる可能性がある。このことは、多くの代謝を必要とする多関節、大筋群のエクササイズでは大問題となる（86）。さらに、補助的エクササイズの複数RMテスト（およびその後の負荷設定）は、関与する関節や結合組織への局所的なストレスを軽減するため、8RM以上の軽い負荷で行うべきである（2,18）。言い換えると、中心的エクササイズを2RMの負荷で筋力強化を図るトレーニングプログラムであっても、補助的エクササイズでの最大負荷は8RMにすべきだということである。

目標に基づく負荷と反復回数の設定

ニーズ分析において、ストレングス＆コンディショニング専門職は、選手のテスト結果、競技の動作分析と生理学的分析、競技シーズンごとの優先事項に基づいて、レジスタンストレーニングプログラムの主要な目標を決定する。決定した目標に応じて、RM連続体、1RMに対する比率（直接あるいは推定のどちらでも）、複数RMテストのいずれかを用いて負荷と反復回数を決定する。前述したように、テストの仕方によって各エクササイズの負荷と反復回数を設定する方法が定まる（測定または推定された1RMの比率として、または複数RMテストから

第17章 レジスタンストレーニングのためのプログラムデザイン **497**

表17.8　1RMおよびトレーニング負荷の推定

最大反復回数（RM）	1	2	3	4	5	6	7	8	9	10	12	15
％1RM	100	95	93	90	87	85	83	80	77	75	67	65
負荷 （ポンドまたはkg）	10	10	9	9	9	9	8	8	8	8	7	7
	20	19	19	18	17	17	17	16	15	15	13	13
	30	29	28	27	26	26	25	24	23	23	20	20
	40	38	37	36	35	34	33	32	31	30	27	26
	50	48	47	45	44	43	42	40	39	38	34	33
	60	57	56	54	52	51	50	48	46	45	40	39
	70	67	65	63	61	60	58	56	54	53	47	46
	80	76	74	72	70	68	66	64	62	60	54	52
	90	86	84	81	78	77	75	72	69	68	60	59
	100	95	93	90	87	85	83	80	77	75	67	65
	110	105	102	99	96	94	91	88	85	83	74	72
	120	114	112	108	104	102	100	96	92	90	80	78
	130	124	121	117	113	111	108	104	100	98	87	85
	140	133	130	126	122	119	116	112	108	105	94	91
	150	143	140	135	131	128	125	120	116	113	101	98
	160	152	149	144	139	136	133	128	123	120	107	104
	170	162	158	153	148	145	141	136	131	128	114	111
	180	171	167	162	157	153	149	144	139	135	121	117
	190	181	177	171	165	162	158	152	146	143	127	124
	200	190	186	180	174	170	166	160	154	150	134	130
	210	200	195	189	183	179	174	168	162	158	141	137
	220	209	205	198	191	187	183	176	169	165	147	143
	230	219	214	207	200	196	191	184	177	173	154	150
	240	228	223	216	209	204	199	192	185	180	161	156
	250	238	233	225	218	213	208	200	193	188	168	163
	260	247	242	234	226	221	206	208	200	195	174	169
	270	257	251	243	235	230	224	216	208	203	181	176
	280	266	260	252	244	238	232	224	216	210	188	182
	290	276	270	261	252	247	241	232	223	218	194	189
	300	285	279	270	261	255	249	240	231	225	201	195
	310	295	288	279	270	264	257	248	239	233	208	202
	320	304	298	288	278	272	266	256	246	240	214	208
	330	314	307	297	287	281	274	264	254	248	221	215
	340	323	316	306	296	289	282	272	262	255	228	221
	350	333	326	315	305	298	291	280	270	263	235	228
	360	342	335	324	313	306	299	288	277	270	241	234
	370	352	344	333	322	315	307	296	285	278	248	241

（続く）

表17.8 （続き）

最大反復回数（RM）	1	2	3	4	5	6	7	8	9	10	12	15
%1RM	**100**	**95**	**93**	**90**	**87**	**85**	**83**	**80**	**77**	**75**	**67**	**65**
	380	361	353	342	331	323	315	304	293	285	255	247
	390	371	363	351	339	332	324	312	300	293	261	254
	400	380	372	360	348	340	332	320	308	300	268	260
	410	390	381	369	357	349	340	328	316	308	274	267
	420	399	391	378	365	357	349	336	323	315	281	273
	430	409	400	387	374	366	357	344	331	323	288	280
	440	418	409	396	383	374	365	352	339	330	295	286
	450	428	419	405	392	383	374	360	347	338	302	293
	460	437	428	414	400	391	382	368	354	345	308	299
	470	447	437	423	409	400	390	376	362	353	315	306
	480	456	446	432	418	408	398	384	370	360	322	312
	490	466	456	441	426	417	407	392	377	368	328	319
	500	475	465	450	435	425	415	400	385	375	335	325
	510	485	474	459	444	434	423	408	393	383	342	332
	520	494	484	468	452	442	432	416	400	390	348	338
	530	504	493	477	461	451	440	424	408	398	355	345
	540	513	502	486	470	459	448	432	416	405	362	351
	550	523	512	495	479	468	457	440	424	413	369	358
	560	532	521	504	487	476	465	448	431	420	375	364
	570	542	530	513	496	485	473	456	439	428	382	371
	580	551	539	522	505	493	481	464	447	435	389	377
	590	561	549	531	513	502	490	472	454	443	395	384
	600	570	558	540	522	510	498	480	462	450	402	390

負荷が決定される）。これまで説明してきたトレーニング負荷と反復回数を測定し配分する方法を、図17.2にまとめた。

最大反復回数（RM）の連続体

図17.3は、RMの範囲とトレーニング目標との関係を示している。すなわち、筋力、パワーの向上を目標としている場合は比較的重い負荷、筋肥大には中程度の負荷、筋持久力向上には軽い負荷を用いる（表では太字で大きな文字で表わされている）。言い換えると、最大反復回数が小さい負荷は（高強度なので）筋力や最大パワーのトレーニングに効果を発揮し、最大反復回数の多い負荷は（低強度なので）筋持久力を改善しようとするときに効果的と考えら

れる（1,20,63,90）。この連続体の概念は、ある最大反復回数（RM）における負荷がもたらす主効果を説明しているが、いかなるRMでも主効果以外の複数のトレーニング効果ももたらすことを巧みに示している。

1RMに対する比率

複数のトレーニング効果が生理学的に混在するとはいえ、特異性の原則は特定のトレーニング負荷が主効果として何をもたらし、どのような成果が強調されるかということを示している。1RMに対する比率（%1RM）と、その負荷で実施可能であると予測される反復回数との関係（表17.7）は、トレーニングセッションにおいて各エクササイズの負荷を

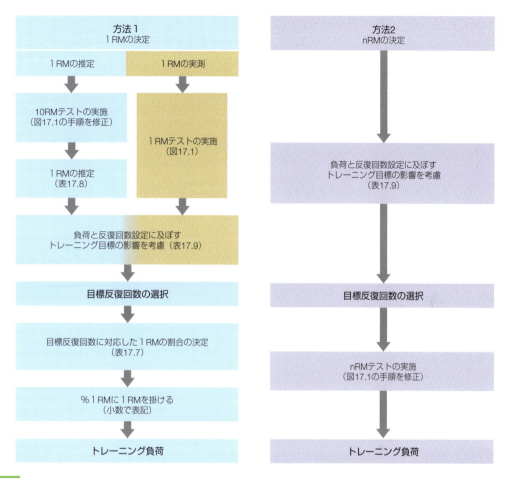

図17.2 トレーニング負荷と反復回数の測定と設定のまとめ。
Earle, 2006（18）より許可を得て転載。

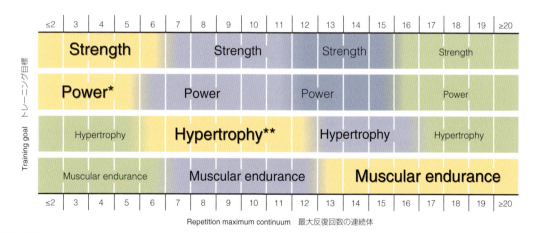

図17.3 この連続体は、さまざまなトレーニング目標と関連するRM（最大反復回数）の範囲を示す。
Strength：筋力、Power：パワー、Hypertrophy：筋肥大、Muscular endurance：筋持久力
*この図で示されているパワーの反復回数の範囲は、％1RM−反復回数とは一致していない。より詳しい説明が、「パワートレーニングのための％1RMの設定」にあるので参照されたい。
**筋肥大生成に最も有効な反復回数の範囲というものが存在するが、トレーニングの状態に左右されるものの、筋線維のタイプによってはこの範囲から外れた反復回数であっても有意に筋肥大が起こるとするエビデンスもみられる。ただし、このような結果を得た者が多く存在するとしても、これを結論とするのは時期尚早である。
参考文献20と87より。

表17.9　トレーニング目標に基づく負荷と反復回数の設定

トレーニング目標	負荷（％1RM）	目標反復回数
筋力*	≧85	≦6
パワー：**　　　　単発的パワー　　発揮型種目	80〜90	1〜2
多発的パワー　　発揮型種目	75〜85	3〜5
筋肥大	67〜85	6〜12
筋持久力	≦67	≧12

*これらの筋力のためのトレーニングに設定されたRM負荷は、中心的エクササイズのみに適用される。すなわち、補助的エクササイズは8RM以下に負荷を制限すべきである（2）。
**ウェイトリフティングで行うさまざまな動作（クリーン、スナッチなど）に基づく。この表におけるパワーのための負荷および反復回数は、％1RM−反復回数関係と一致していない。非爆発的な動作で、1RMの約80％の負荷による2〜5回の反復回数が適用される。より詳しい説明が、「パワートレーニングのための％1RMの設定」にある。
データは文献7, 20, 32, 33, 45, 86, 91, 92より。

設定するとき役に立つ。すなわち、トレーニング目標が満たされたというのは、1RMに対するある割合の負荷で挙上すべき回数を達成したときである（表17.9）。

トレーニング負荷の計算　テストで明らかになったベンチプレスの1RMが100kg（220ポンド）の選手が筋力向上を目標とした場合を例に挙げる。筋力の向上には1RMの85％以上の負荷を（ウォームアップ後に）扱う必要があり、負荷が85％以上になっていれば、通常、1セット当たり6回までなら反復できるとされている（表17.9参照）。より具体的には、1セットあたりの反復回数を4回と設定した場合、該当する負荷はおよそ1RMの90％（表17.7）、90kg（約200ポンド）となる。ただし、ストレングス＆コンディショニング専門職は、このようにして設定した反復回数に相応する負荷を挙上する状況をよく観察し、その選手が楽々行っているか、それとも設定回数をこなすのは困難かを見極めて、設定した負荷に調整を加えるかどうかを判断すべきである。

パワートレーニングのための％1RMの設定　力−速度曲線は、短縮性の発揮筋力が大きくなるほど、筋短縮速度およびそれに伴う動作の速度が遅くなる（その逆も同様）ことを示している。最大パワーは、これとは対照的に、最大負荷ではなく、低から中程度の負荷を中程度の速度で挙上する際に発揮される（11,12,57,61,67,68）。1RMの挙上では動作速度が遅くなり、発揮筋力は最大となるものの、パワーは小さくなる（20,21,100）。最大の力を遅い速度で単発的に発生させることが求められるスポーツ競技は極めてまれである（パワーリフティングなどを除く）。ほとんどの競技動作は、1RMテスト時に比べてより速い動作（66）、より高いパワー（41）を発揮させるものである。しかし、これは選手のパワー発揮能力に最大筋力のトレーニングは効果を与えないという意味ではない。スピードあるいはパワーに関連する競技動作は、速度がゼロまたはゼロに近い状態から開始されることがよくあるため、低速度の筋力の向上は直接、パワーの発揮につながると考えられる（20）。これらの理由で、パワートレーニングの負荷と反復回数の設定と筋力トレーニングのガイドラインはオーバーラップしてくる（表17.9）。

ウェイトを挙上しない多関節のパワーエクササイズ（ジャンプスクワット、ベンチプレススロー、オーバヘッドプレススロー）や、単関節の筋活動データによれば、ピークパワーは一般的に、非常に軽い負荷——体重のみ（0％）から1RMの30％まで——の挙上において達成されることが示されている（11,12,21,57,61,68）。しかし、そのような軽い重量では、そういったエクササイズを典型的なレジスタンストレーニング機器で適切に実施することは困難である。これは、選手がエクササイズの可動域の最終局面で減速することなしに、筋に対して十分な過負荷をかけることができないためである。これらのエクササイズのいくつか（ベンチプレススローや、オーバーヘッドプレススロー）をたとえばスミスマシーンを用いて実施すれば、安全性を確保することが可能になる。ジャンプスクワットは例外の1つであり、パワーラック内で行うのが最もよい（11,12,57,59,61,68）。RM連続体の逆の端では、全国および国際レベルの複数のウェイトリフティングやパワーリフティング選手権のデータから、パワー出力は挙上する重量を1RMの100％（すなわち1RM）から1RMの90％に下げたときに、増大することが示されている（21,22,81）。実際に、バックスクワットとデッドリフトにおいて、1RMの90％で発揮されるパワーの出力は、1RM（100％）の2倍になる場合がある。これは、負荷が軽くなれば、エクササイズを完了するのに要する時間が大幅に短くなるためである（22）。動作自体が「速い」パワーエクササイズ（ウェイトリフティングがベースの動作）でさえ、負荷を1RM

から1RMの90%に下げると、発揮されるパワーの出力は5～10%も増大する(22)。これらの点を考慮すると、スナッチやクリーンを伴うウェイトリフティング動作などの高負荷を扱うレジスタンストレーニング種目において最も効果的かつ現実的な負荷は、1RMの75%から90%となる(11,21,45,57,61)。

特異性がプログラムに明確に反映されるように、「単発的パワー発揮型種目」(砲丸投げ、走り高跳び、ウェイトリフティングなど)と「多発的パワー発揮型種目」(バスケットボール、バレーボールなど)に分けて、それぞれに負荷と反復回数を設定した例を示してみよう。たとえば、単発型の選手には、高重量トレーニングの日向けの課題として1RMの80～90%の負荷を1～2回挙上するセットを設定する。競技中に最大パワー発揮を何度も繰り返し求められるスポーツ競技(バレーボールでブロッカーは頻繁に最大の垂直跳び動作を行うなど)では、1RMの75～85%の負荷を用いて1セット当たり3～5回の動作が最も適切かもしれない(8,11)。

表17.7に示された%1RM－反復回数の関係に基づいて考えると、表17.9のパワートレーニングの負荷設定に疑問を持つかもしれない。この%1RM負荷は、目標反復回数と比較して低すぎるように思われる。たとえば、3～5回の反復回数に対応する負荷は表17.7によると1RMの93～87%であるが、表17.9では1RMの75～85%となっている。パワーエクササイズでは、瞬時に起こる筋疲労によって、予定されていた複数RMセットをこなす前に動作テクニックに質の低下が起こるため、反復回数を決定するのにどのような方法を用いるにしても、最大まで負荷をかけることはできない(20)。そのために、より軽い負荷を用いれば最大スピードで動作を行うことができるので、最大パワーを発揮する能力の発達が促される。たとえば、パワーエクササイズは通常セット当たり反復回数は5回までに、用いる負荷は最大で10RM(1RMの約75%)に制限する(45)。このピークパワーの発揮を増大させるための負荷調整はRM連続体(図17.3)にも適用されている。パワートレーニングの反復回数は5回以下の範囲にすべきであると強調されることがあるが、これらの負荷が真のRM(反復できる**最大重量**)ではないことをストレングス&コンディショニングの専門職は知っておかなければならない。

トレーニング負荷の変化

筋力やパワーを高めるトレーニングは、選手の身体に対して高い生理学的ストレスを課す。レジスタンストレーニングに熟練している中・上級レベルの選手は、高負荷の挙上に慣れており、ほぼ毎セットを最大反復回数まで、失敗しそうなぎりぎりのレベルまで引き上げて実施する経験とモチベーションを持っているが、必ずしもこれが目標とはならない。このようにトレーニング状態が高い場合であっても、このトレーニングによる身体的な要求のレベルに対してオーバートレーニングに陥ることなく長期間にわたって(ストレスに)耐えることはできない。たとえば、選手が筋力向上を目標としてレジスタンストレーニングを週3日(月、水、金)行ったとする。その際、セッション間の1～2日の休息期間で、3日とも高負荷で量の少ないトレーニング(とくにパワーエクササイズ、中心的エクササイズ)を行うことは難しいであろう。

高負荷によるオーバートレーニングを回避する方法の1つは、パワーエクササイズとその他の中心的エクササイズの負荷(%1RM)を調整し、高負荷で行うのは1日だけ(例:月曜日のみ)にすることである。この「高負荷日」には目標の最大反復回数を、正しい方法でこなしきれる最大の重量に設定する。それ以外のトレーニング日には、十分なトレーニング頻度と量を維持しつつ、高負荷日からの回復を図るために負荷を(意図的に)低めに設定する。この週3日のプログラム例では、水曜日を「低負荷日」、金曜日を「中負荷日」とする。軽負荷日は、高負荷日(月曜日)のパワーエクササイズやそれ以外の中心的エクササイズで用いる負荷の80%に設定し、回数は高負荷日と同じだけ反復することを目標として指導する。その際に、たとえ選手が設定された目標回数よりも多く反復できるとしても、設定回数以上の反復はさせないこと。同様に中負荷日には、月曜日に行うパワーエクササイズやその他の中心的エクササイズで用いる重量の90%に設定し、反復回数だけは同じだけ行わせる(2,8,86)。このアプローチは、どのようなトレーニング頻度のパターンにも活用できる。たとえば、トレーニング日が週2回のプログラムでは一方の日を高負荷日、他方の日を低負荷日に指定する。また上半身と下半身に分割したスプリットルーティン法を採用する場合には、2日の高負

502　ストレングストレーニング&コンディショニング

荷日（1日は上半身、もう1日は下半身）に続いて2日の低負荷日を設ける構成が考えられる。トレーニング負荷を変化させることは、選手のそれ以外のトレーニング（練習）にも有効に働く。高負荷日は競技のコンディショニングを軽くし、低負荷日には高強度で行うことができる（8）。こうした場合、ストレングス&コンディショニング専門職は、高負荷のトレーニングが毎日続かないようにスケジュール

を監視する必要がある（86）。

トレーニング負荷の漸増

　選手があるトレーニング刺激に適応してきたら、ストレングス&コンディショニング専門職は選手の身体的機能の向上が継続するようなエクササイズ負荷の上方修正を加えていく（漸増させる）戦略を持つ必要がある。各選手のトレーニングを観察・記録

表17.10　負荷を増加させる例

選手についての記述*	身体部位	推定される負荷の増加量**
「小さい、弱い、トレーニングされていない」	上半身	1〜2kg（2.5〜5ポンド）
	下半身	2〜4kg（5〜10ポンド）
「大きい、強い、トレーニングされている」	上半身	2〜4kg以上（5〜10ポンド以上）
	下半身	4〜7kg以上（10〜15ポンド以上）

*ストレングス&コンディショニング専門職は、特定の選手の個性を2つ主観的な分類のどちらか判断する必要がある。
**これらの負荷の増加は、5〜10回を約3セット行う場合に適している。セット当たりの目標反復回数は負荷を増加させてもそのまま同じであることに注意する。

トレーニング負荷と反復回数のガイドラインの適用
（シナリオの各選手の詳細については本章の最初のシナリオの表を参照）

シナリオA 女子大学バスケットボール選手 プレシーズン	シナリオB 男子プロアメリカンフットボール選手（ラインメン） オフシーズン	シナリオC 男子高校クロスカントリー選手 インシーズン
プレシーズンのレジスタンストレーニングの主要な目標 筋力・パワー	オフシーズンのレジスタンストレーニングの主要な目標 筋肥大	インシーズンのレジスタンストレーニングの主要な目標 筋持久力
トレーニング負荷および反復回数の測定と設定 **トレーニング目標の影響** パワーエクササイズ：1RMの75〜85%、3〜5回[a] ほかの中心的エクササイズ：1RMの>85%、<6回 補助的エクササイズ：負荷を8RMより重くしないよう制限される	トレーニング負荷および反復回数の測定と設定 **トレーニング目標の影響** 1RMの67〜85%、6〜12回	トレーニング負荷および反復回数の測定と設定 **トレーニング目標の影響** 1RMの<67%、>12回
目標反復回数 パワーエクササイズ：5回 中心的エクササイズ：6回 補助的エクササイズ：10回	**目標反復回数** 中心的エクササイズ：10回 補助的エクササイズ：10回	**目標反復回数** 中心的エクササイズ：12回 補助的エクササイズ：15回
テスト方法 3RMテスト（パワーエクササイズ）[b] 　ハングクリーン 　プッシュジャーク 1RMテスト（中心的エクササイズ）[c] 　フロントスクワット 　インクライン・ベンチプレス 10RMテスト（補助的エクササイズ）[d] 　シーティッドロウ 　ダンベル・オルタネイティングカール 　トライセップスプッシュダウン	**テスト方法** 1RMテスト（中心的エクササイズ） 　デッドリフト 　バックスクワット[i] 　ベンチプレス[i] 　ショルダープレス[i] 10RMテスト（新しい補助的エクササイズ）[j] 　ステップアップ 　シーティッド・カーフレイズ 　ベントオーバーロウ 　ショルダーシュラッグ	**テスト方法** 12RMテスト（中心的エクササイズ）[k] 　ランジ 　バーティカル・チェストプレス 15RMテスト（新しい補助的エクササイズ）[k] 　ワンアーム・ダンベルロウ 　ラテラル・ショルダーレイズ

シナリオA 女子大学バスケットボール選手 プレシーズン	シナリオB 男子プロアメリカンフットボール 選手（ラインメン） オフシーズン	シナリオC 男子高校クロスカントリー選手 インシーズン
テスト結果 3RMハングクリーン 　　　53kg（115ポンド） 　推定1RM^e　56kg（124ポンド） 3RMプッシュジャーク 　　　50kg（110ポンド） 　推定1RM^e　54kg（118ポンド） 1RMフロントスクワット 　　　84kg（185ポンド） 1RMインクライン・ベンチプレス 　　　45kg（100ポンド） 10RMシーティッドロウ 　　　41kg（90ポンド） 10RMダンベル・オルタネイティング カール　　9kg（20ポンド） 10RMトライセップスプッシュダウン 　　　18kg（40ポンド）	**テスト結果** 1RMデッドリフト 　　　295kg（650ポンド） 1RMバックスクワット 　　　307kg（675ポンド） 1RMベンチプレス 　　　193kg（425ポンド） 1RMショルダープレス 　　　116kg（225ポンド） 10RMステップアップ 　　　93kg（205ポンド） 10RMシーティッド・カーフレイズ 　　　70kg（155ポンド） 10RMベントオーバーロウ 　　　98kg（215ポンド） 10RMショルダーシュラッグ 　　　184kg（405ポンド）	**テスト結果** 12RMランジ 　　　20kg（45ポンド） 12RMバーティカル・チェストプレス 　　　32kg（70ポンド） 15RMワンアーム・ダンベルロウ 　　　11kg（25ポンド） 15RMラテラル・ショルダーレイズ 　　　5kg（10ポンド）
トレーニング負荷 **パワーエクササイズ：** • 推定1RMの75% 　ハングクリーン 　　　43kg（95ポンド） 　プッシュジャーク 　　　41kg（90ポンド） 　（負荷はすべて5ポンド単位に切り 　上げ・切り捨てされている） **ほかの中心的エクササイズ：** • テストされた1RMの85% 　フロントスクワット 　　　70kg（155ポンド） 　インクライン・ベンチプレス 　　　39kg（85ポンド） 　（負荷はすべて5ポンド単位に切り 　上げ・切り捨てされている） **補助的エクササイズ：** • 10RMテストの負荷と同じ	**トレーニング負荷** **中心的エクササイズ：** • テストされた1RMの75% 　デッドリフト 223kg（490ポンド） 　バックスクワット 　　　230kg（505ポンド） 　ベンチプレス 145kg（320ポンド） 　ショルダープレス 　　　86kg（190ポンド） 　（負荷はすべて5ポンド単位に切り 　上げ・切り捨てされている） **補助的エクササイズ：** • 10RMテストの負荷と同じ　もし 　くは • ポストシーズンで用いられる負荷 　と同じ 　レッグカール 86kg（190ポンド） 　バーベル・バイセップスカール 　　　52kg（115ポンド） 　ライイング・トライセップスエクス 　テンション 57kg（125ポンド）	**トレーニング負荷** **すべてのエクササイズ：** • 12RM（または15RM）テストの 　負荷と同じ　もしくは • ポストシーズンで用いられる負荷 　と同じ 　レッグカール 30kg（65ポンド） 　トゥレイズ（背屈） 　　　9kg（20ポンド） 　マシーン・バックエクステンション 　　　23kg（50ポンド）
週ごとの負荷の設定方法（パワー／ **中心的エクササイズ）^{f}** 月曜（高負荷日） • 最大負荷を設定（「トレーニング 　負荷」で計算した） 水曜（低負荷日） • 月曜の「高負荷日」の負荷の80%^{g} 金曜（中負荷日） • 月曜の「高負荷日」の負荷の90%^{h}		

（続く）

し、処方したプログラムへの選手の反応を図表化することによって、ストレングス＆コンディショニング専門職は負荷をいつ、どのように増やすべきかについて知ることができる。

負荷を増加させるタイミング

トレーニング負荷の増加の方法として、古くから使われているものに**ツーフォーツー（2 for 2）**ルールがある（2）。これは、あるエクササイズのトレーニングセッションで、連続して行う2回のワークア

（続き）

シナリオA 女子大学バスケットボール選手 プレシーズン	シナリオB 男子プロアメリカンフットボール 選手（ラインメン） オフシーズン	シナリオC 男子高校クロスカントリー選手 インシーズン
コメント [a] パワーエクササイズについて示した負荷と反復回数の設定はバスケットボール、すなわち多発的パワー発揮型種目であることに基づいており、％1RM－反復回数とは一致していない。 [b] パワーのテストとして複数RM（3RM）測定が用いられる。その結果から1RMが推定され、負荷設定は推定1RMに対する割合で計算される。 [c] 選手は、すでにこれらのエクササイズをオフシーズンに行っていたが、プレシーズンの負荷設定をより正確にするため、最新の1RMを測定する。 [d] これらのエクササイズのいくつかをオフシーズンのプログラムで行っていたとしても、オフシーズンは12だった目標反復回数をプレシーズンでは10にするので、複数RM測定が必要である。 [e] 表17.8を用いて1RMを推定する。 [f] 補助的エクササイズの負荷は同一週内では変化させない。変化させるのはパワーおよび中心的エクササイズの負荷である。 [g] 月曜日のトレーニングの80％の負荷を計算し、同じ回数を反復する。それ以上の回数ができたとしても設定された目標回数以上は実施させない（パワー：5、その他の中心的エクササイズ：6）。 [h] 月曜日のトレーニングの90％の負荷を計算し、同じ回数を反復する。それ以上の回数ができたとしても設定された目標回数以上は実施させない（パワー：5、その他の中心的エクササイズ：6）。	**コメント** [i] 選手はこれらのエクササイズをポストシーズンに行っていたが、オフシーズンの負荷設定をより正確にするため、最新の1RMが測定される。 [j] このエクササイズはオフシーズンプログラムとして新たに取り入れたので、10RM測定を必要とする。ほかの補助的エクササイズはポストシーズンから持ち越され、負荷と反復回数の設定もそのまま同じであるため、測定の必要はない。	**コメント** [k] このエクササイズはインシーズンプログラムとして新たに選択されたため、12RMまたは15RM測定を必要とする。ほかの補助的エクササイズはポストシーズンから持ち越され、負荷と反復回数の設定がそのまま同じであるため、測定の必要はない。

ウトの最終セットに設定回数よりも2回以上多く反復することができたならば、次のトレーニングセッションでは使用重量を増加するというものである。具体例を挙げると、ベンチプレスで、ストレングス＆コンディショニング専門職が10回×3セットと処方し、選手は全セットで10回の反復を行っている。数回（この回数は多くの要因による）のセッションを行った後、連続した2回のセッションの3セット目（最終セット）に12回行えるようになったとする。

そうすると、次のセッションからはトレーニング負荷を増加させて行うようにする。

負荷の増加量

負荷の増加量の決定は難しいことではあるが、表17.10に選手のコンディション（力の強さ）や身体部位（上半身あるいは下半身）に応じた一般的な推奨値を示した。ただし、このようなガイドラインがあるものの、トレーニング状態、量－負荷、エクサ

サイズ（種類、動員される筋）の違いによって適切となる負荷の増加の程度は異なってくる。こうした条件に対応するために、表17.10で示した絶対値の代わりに2.5～10%という相対値による負荷の増加も用いることができる。

ステップ6：トレーニング量

トレーニング**量**とは、1回のトレーニングセッションで挙上された重量の総量を指し（20,58,69）、1**セット**とは選手が休息のために中断するまで連続して行われる反復回数を指す（20）。反復回数－量は1回のセッションで行われる反復回数の合計であり（4,20,75,86）、量－負荷は総セット数とセットごとの反復回数との積に1回の動作で挙上した重量をかけたものである。例を挙げると、50ポンド（23kg）で10回、2セットのトレーニングの量－負荷は、50ポンド×10×2、すなわち1000ポンド（454kg）になる（セットによって重量を替えた場合には、セットごとの量を計算し、それらの総計がトレーニングセッション全体の量となる）。

この例（量－負荷は1000ポンド＝454kg）に、各動作でのウェイトの垂直方向への移動量をかけると、短縮性の力学的仕事が算出される。移動距離は、個々の選手に対してほぼ一定であるため利用されることはないが、量－負荷の値は短縮性の力学的仕事に直接的に比例する。前述したように、量－負荷を反復回数－量で割ると1回の挙上動作当たりの平均重量になり、これが強度あるいは仕事の質を示すものである。ランニングでは、（反復）量の指標として用いられるのは距離である。ある強度（VO_2maxに対する比率で示したランニングペースなど）の値がすでに分かっている、あるいは測定されていれば、代謝面でのエネルギーコストの総量（行われた力学的仕事に比例する）を算出できる。この値はレジスタンスエクササイズにおける量－負荷に相当する。この考え方は、プライオメトリックエクササイズでのフットコンタクトあるいはハンドコンタクト数（量）、水泳、ボートのロウイング動作でのストローク数（量）、多様なスポーツ活動での投球数、跳躍数などのように応用される。

マルチセット vs シングルセット

いくつかの研究では、ウォームアップの後、8～12回の反復で1セット行って随意的な筋活動ができなくなるのであれば（その強度は）、筋力向上、筋肥大に最大の効果を得るうえで十分であることが示唆されている。さらに、1回のセッションに各エクササイズを1セットしか行わなくても最大筋力が増加したとする報告もある（24,52,53）。

シングルセットのトレーニングは、非鍛錬者（20）やトレーニング開始後の最初の数カ月（24）に対しては当てはまるかもしれないが、多くの研究では、とくにレジスタンストレーニングによる鍛錬度が中・上級レベルの選手が筋力をさらに向上させようとするなら、より多くのトレーニング量が必要であると指摘している（44,64,89,99）。さらに、1セット行っただけで限界に達するような刺激でもいずれは筋骨格系が適応するので、筋力向上を継続的に果たすには、複数セット（マルチセット）の刺激が求められることになる（20）。10回×3セットを**反復で**きなくなるほど追い込まずにやり遂げる方式は、8～12回1セットで限界に追い込む方式に比べ、筋力をより高める効果がある（46,48）。（限界まで追い込んでいないとはいえ）3セットをやり遂げることで高いトレーニング量を得られることが寄与因子となっている（4,20,86）。こうしたことから、レジスタンストレーニングプログラムの開始時から複数セットを行うほうが、シングルセットトレーニングを用いた場合に比べてより早く筋力向上の成果を見る

表17.11　トレーニング目標に基づくトレーニング量の設定

トレーニング目標	目標反復回数	セット*
筋力	≦6	2～6
**パワー：		
単発的パワー発揮型種目	1～2	3～5
多発的パワー発揮型種目	3～5	3～5
筋肥大	6～12	3～6
筋持久力	≧12	2～3

*これらの設定はウォームアップを含めておらず、通常は中心的エクササイズのみに適用される（2,45）。
**ウェイトリフティングで行うさまざまな動作（クリーン、スナッチなど）に基づく。この表におけるパワーのための負荷および反復回数は、％1RM－反復回数関係とは一致していない。非爆発的な動作で、1RMの約80%の負荷による2～5回の反復回数が適用される。より詳しい説明が、「パワートレーニングのための％1RMの設定」にある。
データは文献20, 32, 86, 91, 92より。

可能性が高い（48,63）。しかしながら、選手が各トレーニングセッションのすべてのエクササイズについて、負荷重量とそれに対応する反復回数を計画通りに複数セットを正確な動作でやりとげると期待することは困難である。セットが重なるごとに、疲労が反復回数に影響を及ぼすためである。

トレーニング状態

選手が安全に成し遂げられるトレーニング量は、トレーニング状態がどのようなものかに影響を受ける。初心者は1〜2セットにとどめ、トレーニングの進行に伴ってセット数を追加していくことが適切

である。競技選手が一貫性のある、しっかりとデザインされたプログラムに適応していけば、ガイドラインに沿ったトレーニング目標に準拠し、セット数を徐々に追加していくことができる。

レジスタンストレーニングの主目標

トレーニング量は、対象となる選手が立てたレジスタンストレーニングの目標に直接的に基づいている。表17.11は、筋力やパワー、筋肥大、筋持久力のトレーニングプログラムにおける一般的な反復回数とセット数についてのガイドラインをまとめたものである。

トレーニング量のガイドラインの適用
（シナリオの各選手の詳細については本章の最初のシナリオの表を参照）

シナリオA 女子大学バスケットボール選手 プレシーズン	シナリオB 男子プロアメリカンフットボール 選手（ラインメン） オフシーズン	シナリオC 男子高校クロスカントリー選手 インシーズン
パワーエクササイズ 　　　　　　　5回×4セット ほかの中心的エクササイズ 　　　　　　　6回×3セット 補助的エクササイズ 　　　　　　　10回×2セット （セット数にはウォームアップは含まれていない）	中心的エクササイズ 　　　　　　　10回×4セット 補助的エクササイズ 　　　　　　　10回×3セット （セット数にはウォームアップは含まれていない）	中心的エクササイズ 　　　　　　　12回×3セット 補助的エクササイズ 　　　　　　　15回×2セット （セット数にはウォームアップは含まれていない）
月曜日、水曜日、金曜日 ハングクリーン　　　5×4[a] プッシュジャーク　　5×4 フロントスクワット　6×3 インクライン・ベンチプレス 　　　　　　　　　6×3 シーティッドロウ　10×2 ダンベル・オルタネイティングカール 　　　　　　　　　10×2 トライセップスプッシュダウン 　　　　　　　　　10×2 アブドミナルクランチ 　　　　　　　　　20×3	**下半身（月曜日と木曜日）** デッドリフト　　　10×4 バックスクワット　10×4 ステップアップ　　10×3 レッグカール　　　10×3 シーティッド・カーフレイズ 　　　　　　　　　10×3 **上半身（火曜日と金曜日）** ベンチプレス　　　10×4 ベントオーバーロウ　10×3 ショルダープレス　10×4 バーベル・バイセップスカール 　　　　　　　　　10×3 ショルダーシュラッグ 　　　　　　　　　10×3 ライイング・トライセップスエクステンション　10×3 アブドミナルクランチ 　　　　　　　　　20×3	**水曜日と土曜日** ランジ　　　　　　12×3 バーティカル・チェストプレス 　　　　　　　　　12×3 レッグカール　　　15×2 ワンアーム・ダンベルロウ 　　　　　　　　　15×2 トゥレイズ（背屈）　15×2 マシーン・バックエクステンション 　　　　　　　　　15×2 アブドミナルクランチ 　　　　　　　　　20×3 各エクササイズを1セットずつ実施し、最初から繰り返す[b]
コメント [a]「反復回数×セット」を示す。シナリオB、Cも同様。		**コメント** [b] 8つのエクササイズを1セット続けて実施したら、すぐに次のセットを始める（すなわち「サーキット」で行う）。サーキットを2セット完了したら、ランジ、バーティカル・チェストプレス、アブドミナルクランチの順で最後のセットを行う。

筋力とパワー

DeLome（14）、DeLorme and Watkins（15）による古典的な研究では、筋力向上には10回の反復で複数セット行うことを推奨している。ただし、この処方はもともと傷害のリハビリテーションのために作成されたものである。その後、Berger（6,7）は、少なくともベンチプレスとバックスクワットについては、6回×3セットのプログラムが最大筋力を向上させるとした。Bergerの研究は決定的であると思われたが、その後の彼の研究（5）では2RM負荷で6セット、6RM負荷で3セット、10RM負荷で3セット行った結果、トレーニング量に違いがあるにもかかわらず、三者の間に統計的な有意差がみられなかったことが報告されている。それ以降、多くの研究が行われてはいるものの、最大限に筋力の向上を促す確かなセット数と反復回数の組み合わせを示すには至っていない（17,24,25,70,80,85）。これらの研究で結論が得られない理由と考えられる重要な因子は、ほとんどが非鍛錬者を被験者としていることがある。このような被験者では、**どのようなタイプのプログラムでも筋力の向上が起こることが知られているからである。**

筋力向上のためのトレーニングを行う場合、トレーニング量の設定は、最大筋力を得るうえで最適な反復回数の検証から開始する。すでに論じたように（図17.3、表17.9）、その反復回数は中心的エクササイズにおいては6回以下（それに対応するRM負荷を用いた）のセットが適していると考えられる（20,32,33,45,86,87,91,92）。Fleck and Kraemer（20）、Tan（90）による包括的な文献レビューでは、前者では2〜5セット、後者では3〜6セットが最大の筋力増加をもたらすとの結論を示している。エクササイズの種類により何セット必要かに着目したガイドラインを見てみると、補助的エクササイズの場合、1〜3セットが適切、もしくは必要であると示されている（2,45）。

パワートレーニングのためのトレーニング量は、エクササイズの質を最大限に引き上げるために、一般に筋力トレーニングよりも低く設定する。ここでトレーニング量を低いのは、推奨されるセット数より少なくするのではなく、筋力向上のトレーニングに比べて反復回数を少なく、負荷を軽くすることによるもの（図17.3、表17.9）である（11,12,45,57,61,68）。

トレーニングを積んだ選手のパワーエクササイズの一般的なガイドラインは、3〜5セット（ウォームアップ後）とされている（33,86,87）。

筋肥大

より多いトレーニング量が筋サイズの増大に強く関係しているということは、一般によく知られていることである（31,63）。このようなことが受け入れられているのは、1セットあたりの反復回数は中〜高（6〜12回、図17.3と表17.9参照）とし、各エクササイズにおいて推奨されるセット数は3〜6とする、という2つの理由によるものである（20,32,33,71,91）。さらに、研究は（全身または筋群ごとに）1〜2のエクササイズに焦点を当てて実験するのが一般的だが、経験的な観察や一流ボディビルダーからの聞き取り、さらには、より身体を限界近くまで追い込む処方のガイドライン（20,45）をみてみると、1つの筋群について3種目以上のエクササイズを課すことが筋サイズの増大に最も効果的な方法であることが示唆されている（32）。これらの設定がトレーニング量に与える効果は、きわめて現実的なものである。

筋持久力

筋持久力を重視したレジスタンストレーニングプログラムでは、反復回数を多く（1セット12回以上に）する（20,45,87,91,92）。このように反復回数が比較的多いにもかかわらず、全体の負荷−量は必ずしも過度に多くならない。それは挙上する負荷が軽く、セット数も一般的には2〜3セットと少ないことによる。（45）。

ステップ7：休息時間

セットとセットの間や、エクササイズ間の回復のための時間を、**休息時間**もしくは**セット間休息**と呼ぶ。セット間やエクササイズ間の休息時間の長さは、トレーニングの目標や、挙上された相対的な負荷、選手のトレーニング状態（選手の身体的コンディションがよくない場合は、最初に休息時間を通常より長めに設定しておく必要がある）に強く依存する。

セット間の休息時間の長さは、負荷と強く関係する。すなわち、より重い負荷を挙上する際には、処

休息時間のガイドラインの適用
（シナリオの各選手の詳細については本章の最初のシナリオの表を参照）

シナリオA 女子大学バスケットボール選手 プレシーズン	シナリオB 男子プロアメリカンフットボール 選手（ラインメン） オフシーズン	シナリオC 男子高校クロスカントリー選手 インシーズン
パワーエクササイズと中心的エクササイズ　　3分 補助的エクササイズ　60秒〜1.5分	中心的エクササイズ　1.5分 補助的エクササイズ　60秒	中心的エクササイズ　60秒[e] 補助的エクササイズ　20秒[e]
月曜日、水曜日、金曜日 ハングクリーン　　　　3分 プッシュジャーク　　　3分 フロントスクワット　　3分 インクライン・ベンチプレス 　　　　　　　　　　3分 シーティッドロウ　　1.5分[a] ダンベル・オルタネイティングカール 　　　　　　　　　60秒[a] トライセップスプッシュダウン 　　　　　　　　　60秒[a] アブドミナルクランチ 　　　　　　　　　20秒[b]	**下半身（月曜日と木曜日）** デッドリフト　　　　1.5分 バックスクワット　　1.5分 ステップアップ　　　1.5分[c] レッグカール　　　　60秒 シーティッド・カーフレイズ 　　　　　　　　　60秒 **上半身（火曜日と金曜日）** ベンチプレス　　　　1.5分 ベントオーバーロウ　60秒 ショルダープレス　　1.5分 バーベル・バイセップスカール 　　　　　　　　　60秒 ショルダーシュラッグ 　　　　　　　　　60秒 ライイング・トライセップスエクステンション　　　60秒 アブドミナルクランチ 　　　　　　　　　20秒[d]	**水曜日と土曜日** ランジ　　　　　　　30秒 バーティカル・チェストプレス 　　　　　　　　　30秒 レッグカール　　　　20秒 ワンアーム・ダンベルロウ 　　　　　　　　　20秒 トゥレイズ（背屈）　20秒 ラテラル・ショルダーレイズ 　　　　　　　　　20秒 マシーン・バックエクステンション 　　　　　　　　　20秒 アブドミナルクランチ 　　　　　　　　　20秒 各エクササイズを1セットずつ実施し、最初から繰り返す[f]
コメント [a] 筋力強化のためのトレーニングプログラムではあるが、この選手がこのエクササイズを10回行うことで、トレーニング量の設定が筋肥大トレーニングのためのものとなる。したがって、休息時間は、30秒から1.5分とすべきである。単関節エクササイズの休息時間は、関与する筋がより少ないためにやや短くする。 [b] 同じく、この選手は筋力のためのトレーニングを行っているが、このエクササイズを20回行うと、トレーニング量の設定が筋持久力のためのものとなる。したがって、休息時間は≦30秒とすべきである。	**コメント** [c] このエクササイズは補助的エクササイズに分類され、ほかのエクササイズのように休息時間は60秒とすることもできる。しかし、ステップアップは片脚でのエクササイズであり、各セットより実施に長い時間がかかる。したがって、より長い休息時間を与える。 [d] この選手は筋肥大のためのトレーニングを行っているが、彼はこのエクササイズを20回行っているので、これは筋持久力のためのトレーニング量の設定となる。したがって、休息時間は≦30秒とすべきである。	**コメント** [e] これらの休息時間はどちらも筋持久力トレーニングのためのガイドラインの範囲内とする。補助的エクササイズは目標反復回数が多く、負荷が低いので、休息時間をやや短くした。 [f] 8つのエクササイズを1セット続けて実施したら、すぐに次のセットを始める（すなわち「サーキット」で行う）。サーキットを2セット完了したら、ランジ、バーティカル・チェストプレス、アブドミナルクランチの順で最後のセットを行う。

方された一連のセットを最後まで安全に挙上するにはセット間により長い休息時間が必要となる。たとえば、筋力向上のための4RM負荷でのトレーニングでは、（より負荷の軽い）15RMでの筋持久力向上を目的としたトレーニングよりもはるかに長い休息時間が必要となる（20,74,86）。トレーニング目標と休息時間にも強い関係があるのは確かなのだが（例：筋力向上のトレーニングプログラムには長い休息時間）、レジスタンストレーニングプログラムのすべてのエクササイズにおいて、休息時間をいつも同じにしなければならないということはない。ストレングス＆コンディショニング専門職は、相対的負荷と関与する筋量に基づいて休息時間を設定することが重要である。この例の1つとして挙げられるのが、筋力向上のためのトレーニングプログラムの一部として行われる補助的エクササイズである。ベンチプレスのような中心的エクササイズは4RM負荷を4分間の休息時間で行うのに対して、ラテラルショルダープレスのような補助的エクササイズはおそらく12RM程度の負荷で実施されるので、1分間

表17.12 トレーニング目標に基づく休息時間の設定

トレーニング目標*	休息時間の長さ
筋力	2～5分
パワー： 　単発的パワー発揮型種目 　多発的パワー発揮型種目	2～5分
筋肥大	30秒～1.5分
筋持久力	≦30秒

*補助的エクササイズに設定された1RMのパーセンテージがトレーニング目標の範囲を外れてしまう場合があるので（例：≧8RMの負荷が筋力のストレングストレーニングプログラムの一部として推奨されることがある［2］）、ストレングス&コンディショニング専門職は休息時間を設定する際に、トレーニング目標に基づくガイドラインの適用を考えるより、各エクササイズで用いられる負荷に着目して検討すべきである。データは文献20, 47, 50, 86, 96より。

の休息時間しか要しない（1分間の休息時間は、通常筋肥大のプログラムに適用されるものであるが）。筋力やパワー、筋肥大、筋持久力のプログラムにおいて推奨される休息時間を表17.12に示す。

筋力とパワー

トレーニングによって、より短い休息時間でエクササイズを行う能力が高まるだろう(20,86)。しかし、高負荷を用いて最大あるいは最大に近い回数の動作を行う場合、中でも下肢あるいは全身を使うストラクチュラル（構造的）エクササイズでは、通常長い休息時間が必要となる（95）。たとえば、Robinson

すべてのプログラムデザイン変数の適用（ステップ1～7）
（シナリオの各選手の詳細については本章の最初のシナリオの表を参照）

シナリオA 女子大学バスケットボール選手 プレシーズン	シナリオB 男子プロアメリカンフットボール選手（ラインメン） オフシーズン	シナリオC 男子高校クロスカントリー選手 インシーズン
月曜日（高負荷日） ハングクリーン[a] 　　5×4＠43kg（95ポンド） プッシュジャーク[a] 　　5×4＠41kg（90ポンド） フロントスクワット[a] 　　6×3＠70kg（155ポンド） インクライン・ベンチプレス[a] 　　6×3＠39kg（85ポンド） シーティッドロウ[b] 　　10×2＠41kg（90ポンド） ダンベル・オルタネイティングカール[d] 　　10×2＠9kg（20ポンド） トライセップスプッシュダウン[d] 　　10×2＠18kg（40ポンド） アブドミナルクランチ[c] 　　20×3 **水曜日（軽負荷日）** パワー／中心的エクササイズの負荷：月曜の80% ハングクリーン[a] 　　5×4＠34kg（75ポンド） プッシュジャーク[a] 　　5×4＠32kg（70ポンド） フロントスクワット[a] 　　6×3＠57kg（125ポンド） インクライン・ベンチプレス[a] 　　6×3＠32kg（70ポンド） シーティッドロウ 　　10×2＠41kg（90ポンド） ダンベル・オルタネイティングカール[d] 　　10×2＠9kg（20ポンド） トライセップスプッシュダウン[d] 　　10×2＠18kg（40ポンド） アブドミナルクランチ 　　20×3	**下半身（月曜日と木曜日）[g]** デッドリフト[b] 　　10×4＠223kg（490ポンド） バックスクワット[b] 　　10×4＠230kg（505ポンド） ステップアップ[b] 　　10×3＠93kg（205ポンド） レッグカール[d] 　　10×3＠86kg（190ポンド） シーティッド・カーフレイズ[d] 　　10×3＠70kg（155ポンド） **上半身（火曜日と金曜日）[g]** ベンチプレス[b] 　　10×4＠145kg（320ポンド） ベントオーバーロウ[b] 　　10×3＠98kg（215ポンド） ショルダープレス[b] 　　10×4＠86kg（190ポンド） バーベル・バイセップスカール[b] 　　10×3＠52kg（115ポンド） ショルダーシュラッグ[d] 　　10×3＠184kg（405ポンド） ライイング・トライセップスエクステンション[d] 　　10×3＠57kg（125ポンド） アブドミナルクランチ[c] 　　20×3	**水曜日と土曜日** ランジ[e] 　　12×3＠20kg（45ポンド） バーティカル・チェストプレス[e] 　　12×3＠32kg（70ポンド） レッグカール[c] 　　15×2＠30kg（65ポンド） ワンアーム・ダンベルロウ[c] 　　15×2＠11kg（25ポンド） トウレイズ[e] 　　15×2＠9kg（20ポンド） ラテラル・ショルダーレイズ[c] 　　15×2＠5kg（10ポンド） マシーン・バックエクステンション[c] 　　15×2＠23kg（50ポンド） アブドミナルクランチ[c] 　　20×3 各エクササイズを1セットずつ実施し、最初から繰り返す[f]

（続く）

（続き）

シナリオA 女子大学バスケットボール選手 プレシーズン	シナリオB 男子プロアメリカンフットボール 選手（ラインメン） オフシーズン	シナリオC 男子高校クロスカントリー選手 インシーズン
金曜日（中負荷日） パワー／中心的エクササイズの負荷：月曜日の90% ハングクリーン[a] 　　5×4@39kg（85ポンド） プッシュジャーク[a] 　　5×4@36kg（80ポンド） フロントスクワット[a] 　　6×3@64kg（140ポンド） インクライン・ベンチプレス[a] 　　6×3@34kg（75ポンド） シーティッドロウ[b] 　　10×2@41kg（90ポンド） ダンベル・オルタネイティングカール[d] 　　10×2@9kg（20ポンド） トライセップスプッシュダウン[d] 　　10×2@18kg（40ポンド） アブドミナルクランチ 　　20×3		
コメント 休息時間の長さ： 　[a] 3分 　[b] 1.5分 　[c] 20秒 　[d] 60秒 　[e] 30秒 [f] 8つのエクササイズを1セット続けて実施したら、すぐに次のセットを始める（すなわち「サーキット」で行う）。サーキットを2セット完了したら、ランジ、バーティカル・チェストプレス、アブドミナルクランチの順で最後のセットを行う。 [g] 木曜日と金曜日は、負荷を5〜10%低減する。		

ら（77）は、バックスクワットにおいてセット間の休息時間を3分間にすると、30秒間の場合より筋力の向上の幅が大きいことを観察している。休息時間の一般的なガイドラインには、少なくとも2分間（45,82,93）とするもの、2〜5分間（47,50）とするもの、そして3〜5分間（20,86,96）とするものがある。これらの回復時間は、最大筋力向上のためのレジスタンストレーニングプログラムにも、筋パワーを重視したプログラムにも、同様に適用が可能と考えられる（45）。

筋肥大

　筋サイズの増大に関心がある選手はセット間の休息時間を短時間〜中程度とすることが多い（20,45,47,74,86）。文献レビューでは、筋肥大トレーニングプログラムを短い休息時間で行うことに対し、好意的な評価を与えている。というのも、複数の研究者らが完全に回復する前に次のセットを始めることを推奨していることが根拠となっている（32,91）。しかし、大筋群が関わるエクササイズでは、休息時間を設定する際に代謝への要求が高い点を考慮する（回復時間を延ばす）必要がある（86）。休息時間の設定として、1.5分間以下とするもの（45）、30秒〜1分間（47,50,92）とするもの、30秒〜1.5分間（32,91）とするもののいずれかを利用するのが一般的である。

筋持久力

持久力トレーニングプログラムでは、休息時間は非常に短く、30秒間以内であることが多い。この回復時間の制限は意図的なもので、多くの反復を行うときに軽い負荷であれば、最小限の休息時間で済むからである。この種のプログラムは、筋持久力に関する特異性のガイドラインに合わせてデザインされる（2）。短い休息時間はサーキットトレーニングプログラム（23,29）の特徴でもある。サーキットトレーニングでは、休息時間は30秒間以内で次々にエクササイズを行う（76,78,79）。

まとめ

熟慮されたプログラムは、**プログラムデザイン**と呼ばれる過程の各段階で適切に原理・原則を適用することで構成されている。この過程は、競技の特異的な要求や、選手のトレーニング状態を判断するためのニーズ分析から始まる。この知見や情報を用いて適切なエクササイズが選択され、トレーニング頻度が設定される。次にエクササイズの順序を考え、続いて、得ようとするトレーニングの成果に基づいて負荷とトレーニング量を選択する。休息時間の設定は、競技特異的なレジスタンストレーニングのプログラムデザインにおける最後のステップである。プログラムデザインのすべての変数（ステップ1～7）を3つのシナリオに沿って例示した。

重要語句

1 RM（1-repetition maximum）
ツーフォーツー・ルール（2-for-2 rule）
主働筋（agonist）
拮抗筋（antagonist）
補助的エクササイズ（assistance exercise）
サーキットトレーニング（circuit training）
コンパウンドセット（compound set）
中心的エクササイズ（core exercise）
運動歴（exercise history）
エクササイズの順序（exercise order）
エクササイズ種目の選択（exercise selection）
エクササイズテクニックの経験（exercise technique experience）
目標反復回数（goal repetitions）
傷害分析（injury analysis）
強度（intensity）
セット間の休息（interset rest）
負荷（load）
力学的な仕事（mechanical work）
動作分析（movement analysis）
多関節エクササイズ（multijoint exercise）
筋バランス（muscle balance）
ニーズ分析（needs analysis）
過負荷（overload）

生理学的分析（physiological analysis）
パワーエクササイズ（power exercise）
特性（プロフィール）（profile）
プログラムデザイン（program design）
漸進（progression）
リカバリーエクササイズ（recovery exercise）
反復回数（repetition）
最大反復回数（RM：repetition maximum）
反復回数－量（repetition-volume）
休息時間（rest period）
SAID（課せられた負荷に対する特異的な適応：specific adaptation to imposed demands）
セット（set）
単関節運動（single-joint exercise）
特異性（specificity）
スプリットルーティン法（split routine）
ストラクチュラルエクササイズ（structural exercise）
スーパーセット（superset）
トレーニング経験（training background）
トレーニング頻度（training frequency）
トレーニング状態（training status）
量（volume）
量－負荷（volume-load）

例題

1. バスケットボールのコーチが、先発メンバーのセンターに今以上のジャンプ力を求めている。プライオメトリックプログラムを開始することに加えて、この目標のための最も特異的なエクササイズとなるのはどれか？
   I. パワークリーン
   II. レッグ（ニー）カール
   III. フロントスクワット
   IV. シーティッドカーフ（ヒール）レイズ
   a. I、III
   b. II、IV
   c. I、II、III
   d. II、III、IV

2. サッカーチームがオフシーズンからプレシーズンのトレーニングに移行する時期となった。このチームのレジスタンストレーニングの頻度をどのように変えていけばよいか？
   a. 筋持久力の向上のために頻度を増やす
   b. 頻度を変えずに、プライオメトリックスを加える。
   c. 競技の技術練習を増やせるよう、頻度を減らす。
   d. 3日トレーニングして1日の休みを取るスプリットルーティン法を計画する。

3. アメリカンフットボールのラインマンが、ディフェンスラインメンへの攻撃において難があり、彼は爆発的な能力が失われていると考えている。以下のうち、彼のパフォーマンスを向上させるための最善のエクササイズの順序はどれか？
   a. バックスクワット、ヒップスレッド、レッグカール、パワークリーン
   b. パワークリーン、バックスクワット、ヒップスレッド、レッグカール
   c. レッグカール、バックスクワット、パワークリーン、ヒップスレッド
   d. ヒップスレッド、パワークリーン、レッグカール、バックスクワット

4. 以下のトレーニング量の中で、筋力向上に最も効果的なのはどれか？
   a. 5回×5セット
   b. 5回×1セット
   c. 15回×5セット
   d. 15回×1セット

5. 女子トライアスロン選手が上半身の筋持久力の改善を求めている。各エクササイズを15回×3セット実施する場合、目的の達成に最も効果的な休息時間の長さは次のどれか？
   a. 3分間
   b. 1.5分間
   c. 45秒間
   d. 30秒間

CHAPTER 18

Program Design and Technique for Plyometric Training
プライオメトリック
トレーニングのための
プログラムデザインとテクニック

David H. Potach, PT, and Donald A. Chu, PhD, PT

▶ **本章を終えると**

- プライオメトリックスの生理学を説明することができる。
- ストレッチ－ショートニングサイクル（伸張－短縮サイクル）の各局面を識別することができる。
- プライオメトリックトレーニングプログラムの構成要素を識別することができる。
- 安全で効果的なプライオメトリックトレーニングのプログラムをデザインすることができる。
- プライオメトリックエクササイズで使用するための適切な用具を勧めることができる。
- 下半身および上半身のプライオメトリックエクササイズを正しく実施する方法について教えることができる。

プライオメトリックエクササイズとは、筋ができるだけ短い時間内に最大の筋力に達することができるようにするための身体活動を指す。「プライオメトリック」という言葉は、ギリシャ語で「長さが伸びること」を意味し（「plio」＝さらに、「metric」＝長さ）(56)、実践的には、ストレッチ－ショートニングサイクル（伸張－短縮サイクル、SSC）を含む予備伸張あるいは反動動作を用いた、素早くパワフルな動作であると定義される(53)。プライオメトリックエクササイズの目的は、筋および腱に備わる弾性要素と伸張反射の両方を利用しながら、その後に続く動作のパワーを増大させることである。トレーニングプログラムの一部として、プライオメトリクスを効果的に使用するうえで、1）プライオメトリックエクササイズの力学と生理学、2）プライオメトリックプログラムのデザインにおける原則、3）プライオメトリックエクササイズを安全かつ効果的に実施する方法、について理解しておくことが重要である。

プライオメトリックの力学と生理学

機能的に動作ができるかということやスポーツ競技に成功できるかは、活動するすべての筋群が適切に機能することと、これらの筋が力を発揮する際のスピードによって決まる。この力とスピードの関係の定義に用いられる用語が、**パワー**である。適切に用いられれば、プライオメトリックトレーニングは、筋力とパワーの産生を改善することが示されている(30,50)。このパワー産生は、2つのモデルすなわち、力学的モデルと神経生理学的モデルで最も適切に説明される(53)。

プライオメトリックエクササイズの力学的モデル

力学的モデルでは、筋腱複合体における弾性エネルギーが、急激な伸張によって増大し、貯蔵される(3,14,31)。その直後に短縮性筋活動が行われると、貯蔵された弾性エネルギーが放出され、発揮される力の総計が増加する(3,14,31)。骨格筋のふるまいを理解するには、Hill (31) の提唱したモデルが非常に有用である（図18.1）。力学的モデルの多くの

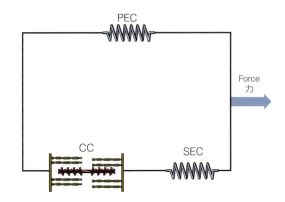

図18.1 骨格筋の機能の力学的モデル。直列弾性要素（SEC）が伸張されると、生み出される力を増加させる弾性エネルギーが貯蔵される。短縮性筋活動中、主に収縮要素（CC）（すなわちアクチンやミオシン、クロスブリッジ）によって筋力が発揮される。並列弾性要素（PEC）（すなわち筋外膜や筋周膜、筋内膜、筋鞘）は、刺激を受けていない筋の伸張によって受動的に力を発揮する。
Albert, 1995 (1).に基づく。

要素のなかでも、**直列弾性要素（SEC）** はプライオメトリックエクササイズの重要な働きをするものである。直列弾性要素は、筋の要素もいくらか含まれるが、大部分を占めるのは腱である。伸張性筋活動で筋腱複合体が引き伸ばされると、直列弾性要素はバネのように引き伸ばされる。直列弾性要素が引き伸ばされるにつれて、弾性エネルギーは蓄積される。この伸張性筋活動の直後に短縮性筋活動が起こると、蓄積されたエネルギーが放出され、筋と腱が本来の（引き伸ばされていない）形状へと戻ろうとする力が自然に発生し、直列弾性要素が全体的な力発揮に貢献することができる。短縮性筋活動が伸張性筋活動の直後に行われなかったり、あるいは**伸張性局面**の時間が長すぎたり、そのときに動かす関節に求められる可動範囲が大きすぎるなどの場合には、貯蔵されたエネルギーが散逸し、熱として失われる。

プライオメトリックエクササイズの神経生理学的モデル

神経生理学的モデルは、伸張反射による短縮性筋活動の**増強効果**（伸張により引き起こされる筋の収縮要素の力－速度関係における変化[21]）を含む（図18.2）(8-11)。**伸張反射**は、筋を伸張させる外的刺激に対する身体の不随意的反応である(27,42)。プライオメトリックエクササイズにおける反射の要素は、主に筋紡錘の活動によって生じる。**筋紡錘**は、伸張

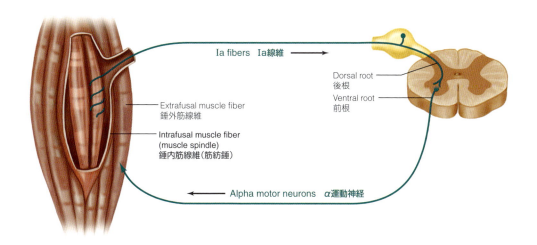

図18.2 伸張反射の図解。筋紡錘が刺激されると、Ia神経線維を介して脊髄に信号が送られて伸張反射が刺激される。Ia神経線維は脊髄でα運動神経とシナプス結合しており、主働筋の筋外線維へインパルスが伝わることで反射的な筋活動が生じる。
Wilk et al., 1993 (53). に基づく。

の速さと強さを感知する固有（自己）受容器であり、素早い伸張を検知すると反射的に筋活動を増加させる（27,42）。プライオメトリックエクササイズの動作では、筋紡錘が素早い伸張によって刺激を受け、反射的な筋活動が生じる。この反射的反応によって主働筋の活動が高まり、その結果、筋が発揮する力が増加する（8-11,35）。力学的モデルと同様に、筋の伸張の直後に短縮性筋活動が起こらなければ（たとえば、伸張から短縮性筋活動までの時間が長すぎたり、動作の範囲が大きすぎたりすると）、伸張反射との相乗効果は無効となる。

　プライオメトリックエクササイズ中に起こる力発揮の増大には、力学的モデルで説明される要因と神経生理学的モデルで説明される要因の両方が関与するようだが（3,8-11,14,31,35）、それぞれのモデルはどの程度寄与するのかは明らかにされていない。プライオメトリックエクササイズにおけるこれらのモデルの理解を深めるために、また、それぞれのモデルの果たす役割を明確にするためにはさらなる研究が必要である。

ストレッチ−ショートニングサイクル

　ストレッチ−ショートニングサイクル（SSC）は、最短時間で筋の動員を最大限に引き上げることを促すために、筋腱複合体の直列弾性要素がエネルギーを蓄える能力と伸張反射の刺激を利用する。SSCは、表18.1に示した通り、3つの局面に分けられる。この表は、各局面でのSSCの力学的・神経生理学的事象を説明しているが、ここに挙げた事象のすべてが各局面で生じるわけではないことを認識しておく必要がある。すなわち、いくつかの事象はその局面に要する時間よりも長くなることもあれば、短い時間で終わることもある。第Ⅰ局面は伸張性局面であり、主働筋（群）に予備的負荷（プレローディング）がかかる。この局面で、筋腱複合体の直列弾性要素に弾性エネルギーが蓄積され、そのことにより筋紡錘が刺激を受ける。受けた刺激で筋紡錘が伸張されると、タイプIa求心性神経を介して脊髄前根に信号

表18.1　ストレッチ−ショートニングサイクル

局面	活動	生理学的事象
Ⅰ−伸張性局面	主働筋の伸張	直列弾性要素に弾性エネルギーが蓄積される。筋紡錘が刺激される。
Ⅱ−償却局面	局面ⅠおよびⅢの間の休止	Ia求心性神経からα運動神経へシナプスを介して信号が伝えられる。α運動神経は主働筋に信号を伝達する。
Ⅲ−短縮性局面	主働筋の短縮	直列弾性要素から弾性エネルギーが放出される。α運動神経が主働筋を刺激する。

図18.3 走り幅跳びとストレッチ−ショートニングサイクル。(a) 伸張性局面は接地から始まり、動作が終了するまで続く。(b) 償却局面は伸張性局面から短縮性局面への移行である。(c) 短縮性局面が償却局面に続いて起こり、足が地面を離れるまでの踏み込みの時間全体が含まれる。

が送られる（図18.2参照）。走り幅跳びの例を挙げて伸張性局面を視覚化して説明する。足が接地してから身体の沈み込みの最下点までが伸張性局面となる（図18.3a）。

第Ⅱ局面は**償却**（または移行）**局面**と呼ばれ、伸張性局面と**短縮性局面**の間の時間である。これは、伸張性局面終了から短縮性筋活動の開始までの時間である。伸張性筋活動から短縮性筋活動までには時間的遅延が存在する。これはシナプス結合を介してタイプⅠa求心性神経が脊髄前根のα運動ニューロンに伝達するまでの時間である（図18.2参照）。その後、α運動ニューロンは、主働筋群に信号を伝達する。SSCにおけるこの局面は、発揮パワーの産生をより大きくする上で、おそらく最も重要であり、できるだけ短く収めなければならない。この償却局面が長引けば、伸張性局面で蓄積されたエネルギーは熱として失われ、伸張反射が短縮性局面での筋活動を増幅させることができない（12）。前述した走り幅跳び選手の例で考えると、選手が接地して運動が止まったときに償却局面が開始する。そして、動きが再び始まるとすぐに、償却局面は終了する（図18.3b）。

短縮性局面、すなわち第Ⅲ局面では、伸張性局面と償却局面に対する身体の反応が起こる。この局面において、伸張性局面中に筋腱複合体の直列弾性要素に貯蔵されたエネルギーは、引き続き起こる局面で力を増大させるのに使われるか、そうでなければ熱となって失われる。この蓄えられた弾性エネルギーにより、発揮される力が、短縮性筋活動のみで発揮される力を大きく上回ることになる（13,50）。これに加えて、α運動ニューロンが主働筋群を刺激して反射的な短縮性筋活動（すなわち伸張反射）が生じる。こうしたサブシステムの効率性が、プライオメトリックエクササイズの適切なパフォーマンス形成にとって重要な点である。走り幅跳び選手の例で説明すると、上方向への運動が開始するとただちに、償却局面が終了し、SSCの短縮性局面が始まる（図18.3c）。この例では、主働筋の1つが腓腹筋である。足が接地すると、腓腹筋は急激に伸張を強いられる（伸張性局面）。次に、動作の遅延が起こり（償却局面）、その後、短縮性筋活動が起こって足関節を底屈させ、それによって選手は地面を押し蹴ることができる（短縮性局面）。

プライオメトリックエクササイズにおいて、筋腱

組織の伸張の速さはきわめて重要である（35）。非常に速く伸張が起こると筋の動員が増し、SSCの短縮性局面における筋活動も増大する。伸張の速さの重要性は3種類の異なる垂直跳びテスト、すなわち静的なスクワットジャンプ、反動をつけた（カウンタームーブメント）ジャンプ、そして数歩の助走からのジャンプを比較することで説明できる。伸張の（時間あたりの）速さが大きければ大きいほど、これらのテストにおける選手の絶対的なパフォーマンスも高いものになる。すなわち、静的なスクワットジャンプの高さが最も低く、助走からのジャンプが最も高く跳べる。静的なスクワットジャンプでは、スクワット姿勢（股関節と膝関節が90°の姿勢）をとってからジャンプすることが求められる。このジャンプは弾性エネルギーを用いておらず、伸張反射による相乗効果を引き出すには時間が長すぎる。というのも、本質的に伸張性局面を形成していないからである。反動をつけたジャンプは、急速な伸張性要素（パーシャルスクワット）の直後に急速な短縮性筋活動（ジャンプ）を用いて行う。急速な伸張性局面により、伸張された筋腱ユニットに弾性エネルギーを蓄積（そして利用）し、伸張反射を刺激して、その結果、筋活動を増幅させる（6,29）。助走からのジャンプは、反動をつけたジャンプよりもさらに敏速で、より力強い伸張性局面を利用している。伸張性局面の伸張速度が速くなれば、さらに高く跳べる（4,5,7,25）。

> ▶ ストレッチーショートニングサイクルは、力学的メカニズムと神経生理学的メカニズムの双方を兼ね備えたもので、プライオメトリックエクササイズの基礎となる。素早い伸張性筋活動は伸張反射を刺激し、弾性エネルギーを蓄積する。このエネルギーが、引き続いて行われる短縮性筋活動で生み出される力をより大きくする。

プログラムデザイン

プライオメトリックエクササイズの運動処方は、レジスタンストレーニングや有酸素性運動の処方と同じである。すなわち、適切なプライオメトリックトレーニングのプログラムデザインには、様式、強度、頻度、継続時間、回復、漸増、ウォームアップというすべての事項が含まれなければならない。し

かしながら、プライオメトリックエクササイズという枠組みでのプログラムデザインを行う適切なプログラムの要素を明確に示した研究はほとんどない。したがって、プライオメトリックエクササイズの処方には、活用可能な研究や、実践的経験、またレジスタンストレーニングや有酸素性トレーニングのプログラムデザインに用いられている方法に基づくべきである。以下のガイドラインは、主にChuの著作（16,18）とNSCAのポジションステートメント（公式声明）（44）に基づくものである。

ニーズ分析

プライオメトリックトレーニングプログラムを適切にデザインするうえで、ストレングス＆コンディショニング専門職は競技や競技のポジション、トレーニング状態を評価することによって競技選手のニーズを分析すべきである。競技やポジションごとに、独自の要求がある。いくつかの要求はその競技に特有の動作により、また別の要求はその競技に特徴的なケガの特性やリスクが独自性を作り出している。さらに、選手一人ひとりのトレーニング状況は異なっている。ある選手はトレーニングを行うのが初めてで、プライオメトリックエクササイズに至っては、経験が皆無かもしれないし、また別の選手はケガをしているかもしれない。このような人々はプライオメトリックトレーニングに対して異なるアプローチが必要である。各競技の個別の要求や、その競技におけるポジション、各選手のニーズを理解することによって、ストレングス＆コンディショニング専門職は、安全で効果的なプライオメトリックトレーニングのプログラムをより適切にデザインすることができる。

様式

プライオメトリックトレーニングの様式は、エクササイズを実施する身体部位によって分類される。たとえば、シングルレッグホップは下半身のエクササイズであり、ツーハンド・メディシンボール・スローは上半身のエクササイズである。以下、プライオメトリックエクササイズの各様式について述べる。

下半身のプライオメトリックス

下半身のプライオメトリックスは、陸上競技の投

てきとスプリント、サッカー、バレーボール、バスケットボール、アメリカンフットボール、野球、そして長距離走やトライアスロンといった持久的競技さえも含む、あらゆるスポーツ競技や選手にとって有効である。これらのスポーツ競技の多くが、選手に短時間のうちに最大の筋力を発揮することを求める。アメリカンフットボール、野球、スプリントでは、主として水平方向あるいは側方への動作が試合中に要求される。一方でバレーボールでは、水平および垂直方向の動作が主となる。また、サッカーやバスケットボールでは、試合でよい結果を出すために機敏でパワフルな動作と、すべての平面（訳注：三次元＝水平面、前額面、矢状面）における方向転換が求められる。バスケットボールのセンターはリバウンドをとるためにジャンプを繰り返すことが求められるので、プライオメトリックトレーニングのプログラムから多大な恩恵を得る競技選手の一例である。センターはルーズボールのリバウンドをより多く取るために、相手チームのセンターを超えるジャンプで競り勝たなければならない。下半身のプライオメトリックトレーニングは、より短い時間でプレーヤーにより大きな力を発揮する能力を作り上げ、その結果、より高くジャンプできるようになる。さらに、プライオメトリックトレーニングプログラムに参加すれば、筋がより少ないエネルギーでより多くの力を生み出せるようになり、持久性を競う選手のランニングおよび自転車をこぐパフォーマンスが向上する。

多様な下半身のプライオメトリックドリルがあり、それぞれ強度レベルや動作の方向が異なる。下半身のプライオメトリックドリルには、**その場ジャンプ**、**スタンディングジャンプ**、**連続ホップ＆ジャンプ**、**バウンド**、**ボックスドリル**、**デプスジャンプ**などが挙げられる。各ドリルの解説を、表18.2に示す。

上半身のプライオメトリックス

素早くパワフルな上半身のエクササイズは、野球、ソフトボール、テニス、ゴルフ、陸上競技の投てき（砲丸投げ、円盤投げ、やり投げ）など、多くのスポーツ競技や身体活動の必須の条件である。たとえば、野球の一流ピッチャーは時速129〜161km（80〜100マイル）のボールを常に投げることができる。この速度を出すのに必要な力を生産するには、ピッチャーの肩関節は6000°／秒以上で動かなければならない（19,22,23,45）。肩関節のプライオメトリックトレーニングは、投球速度の向上だけでなく、肩や肘関節の傷害予防につながる可能性もある。しかしながら、傷害予防におけるプライオメトリックスの役割を実証するには、さらなる研究が必要である。

上半身のプライオメトリックドリルは、下半身のプライオメトリックドリルほど頻繁に利用されてはおらず、また、広範囲に研究されてもいない。とはいえ、上半身のパワーを必要とする選手にとっては不可欠であることに変わりはない（45）。上半身のプライオメトリックスには、メディスンボールスローおよびキャッチ、さまざまなタイプの**プッシュアップ**（腕立て伏せ）が挙げられる。

体幹のプライオメトリックス

一般的に、体幹の筋を直接のターゲットとした真のプライオメトリックドリルを実施することは困難である。なぜなら、必要となるプライオメトリックな要素のすべてが必ずしも満たされないと考えられるためである。プライオメトリックエクササイズは、貯蔵された弾性エネルギー（力学的モデル）を利用し、伸張反射の刺激により筋活動を増幅する（神経生理学的モデル）。体幹の「プライオメトリック」だといわれているドリルでは、SSCの伸張性局面の後に弾性エネルギーが若干は貯蔵されるようである。しかしながら、多くの体幹のエクササイズにおいては、筋活動を増幅するに十分な伸張反射が引き起こされていないことが研究により支持されている。伸張反射の潜伏時間（反射のきっかけとなる刺激から主働筋の筋活動が生じるまでの時間）は、神経の伝達速度に大きく依存する。それゆえ、脊髄からの距離が遠いほど（神経線維が長くなると）潜伏時間は長くなる（34,36,38,47）。通常、伸張反射の潜伏時間は大腿四頭筋で20〜30ms、腓腹筋で30〜45msの範囲である（34,47）。腹部の筋における伸張反射の研究は行われていないが、腹部の筋群は脊髄に近いため、おそらく潜伏時間は短いことが推察される。

体幹のエクササイズも、動作に工夫を凝らすことで「プライオメトリック」的に行うことができる。とくに、伸張反射を刺激し利用するためには、エクササイズの動作をもっと短縮し、素早く実施しなければならない。運動の動作域が相対的に大きく、動

第18章　プライオメトリックトレーニングのためのプログラムデザインとテクニック　**519**

表18.2　下半身のプライオメトリックドリル

ドリルの種類	説明
その場ジャンプ	これらのドリルには、同じ時点でのジャンプおよび着地が含まれる。その場ジャンプは、ジャンプの垂直要素が強調され、ジャンプ間に休息を入れず連続して行われる。ジャンプ間の時間はSSCの償却局面となる。その場ジャンプの例には、スクワットジャンプやタックジャンプが含まれる。
スタンディングジャンプ	これらのジャンプでは、水平および垂直の要素が強調される。スタンディングジャンプは、レップ（反復回数）間に回復をはさんで最大努力で行われる。スタンディングジャンプの例には、垂直跳びや障害物飛び越え（ジャンプ・オーバー・バリア）が含まれる。
連続ホップ＆ジャンプ	連続ホップ＆ジャンプは反復動作であり、その場ジャンプとスタンディングジャンプの組み合わせであると考えることができる。その一例に、ジグザグホップがある。
バウンド	バウンドのドリルには、ほかのドリルと比べて水平へのスピードを強調した動作が含まれる。バウンドの量は距離によって測定されるのが典型的であるが、反復回数によって測定されることもある。バウンドのドリルは通常30m以上の距離で行われ、本章で示したシングルレッグバウンド、ダブルレッグバウンドに加え、交互バウンドが含まれる。
ボックスドリル	これらのドリルは、ボックスを用いることによって連続ホップ＆ジャンプの強度が高まる。ボックスは跳び乗ったり、そこから跳び降りたりするために用いられる。ボックスの高さは身体の大きさや、着地するサーフェス、プログラムの目標によって決まる。ボックスドリルには、片脚、両脚、脚を交互に用いるドリルが含まれる。
デプスジャンプ	デプスジャンプは、エクササイズ強度を高めるために重力と選手の体重を利用している。選手はボックスの上から降りて着地し、すぐに垂直あるいは水平、別のボックスへとジャンプする。ボックスの高さは身体の大きさや、着地するサーフェス、プログラムの目標によって決まる。デプスジャンプは片脚あるいは両脚で行われる。

作遂行に必要な時間が長い場合は、腹筋群の反射的な増幅効果が引き出されない。運動の動作域を狭め、短い時間の中で行うように修正することで、主働筋の増幅効果を引き出し、プライオメトリックエクササイズに近づけることができる。

強度

　プライオメトリックの強度とは、関与する筋や結合組織、関節にかかるストレスの程度を意味し、実施するドリルのタイプが大きく関係する。プライオメトリックドリルの強度は低いものから高いものまで広範囲にわたっている。すなわち、スキップの強度は相対的に低い一方、デプスジャンプでは筋と関節に大きなストレスがかかる。ドリルのタイプに加えて、プライオメトリックの強度に影響する要因は

ほかにもいくつかある（表18.3）。一般的に、強度を上げるにつれて量は減らすべきである（49）。プライオメトリックドリルの強度はエクササイズによって大きく異なるため、各トレーニング周期の中でドリルの選択には注意深い考慮が必要である。

頻度

　頻度とは、週あたりのプライオメトリックトレーニングのセッション数のことである。スポーツ競技の種類や選手のプライオメトリックトレーニングの経験、年間計画のどの時期かによって異なるが、通常は週に1～3回である。ほかのプログラムの要素と同様に、プライオメトリックトレーニングの最適な頻度に関する研究は数が限られている。文献がほとんどないため、プライオメトリックトレーニング

表18.3　下半身のプライオメトリックドリルの強度に影響する要因

要因	影響
接地点	片脚で行う下半身のプライオメトリックドリル中の地面反力は、両脚で行う場合と比較して下肢の筋群や結合組織、関節により大きなストレスがかかる。
スピード	スピードが速くなるほど、ドリルの強度は高くなる。
ドリルの高さ	身体の重心が高くなるほど、着地時の力は大きくなる。
体重	選手の体重が重いほど、筋群や結合組織、関節へのストレスが大きくなる。外的なウェイト（ウェイトベスト、アンクルウェイト、リストウェイト）をつけることで、ドリルの強度を高くすることができる。

の頻度の決定について、ストレングス＆コンディショニング専門職は実践の経験に依拠することになる。多くの研究者は、関心を向けるべきは、頻度よりもプライオメトリックトレーニングのセッション間の回復時間であると指摘している（16）。48〜72時間がプライオメトリックのセッション間の典型的な回復時間のガイドラインとされている（16）。この回復時間を用いる場合、プライオメトリックのセッションは1週間に2〜3回行うことになる。しかしプライオメトリックトレーニングの頻度の決定因子としてより一般的に用いられるのは、計画の中のどの時期か、競技特性、選手のプライオメトリクストレーニング経験である。

すでに述べたように、プライオメトリックの頻度は、そのスポーツ競技で必要とされる条件、日々のワークアウトの強度と量（例：競技練習、レジスタンストレーニング、ランニング、プライオメトリクス）、選手のプライオメトリックトレーニングの経験、トレーニングサイクルの中の時期によって異なる。たとえば、シーズン中の場合、アメリカンフットボール選手は週に1回が適切であるのに対して、陸上競技選手は通常、週に2〜3回実施している（2）。オフシーズンになると、プライオメトリックトレーニングの頻度はアメリカンフットボール選手では週に2〜3回に、陸上競技選手では週3〜4回に増える（2）。プライオメトリックトレーニングの頻度について、適切なガイドラインを示すには研究が十分に行われていない。それゆえ、セッション間に適切な回復時間を設けることと、実践的な経験が最善の判断材料であるといえる。

回復

プライオメトリックドリルでは、無酸素性パワーを向上させるために最大努力が行われるので、完全かつ適切な回復（反復回数間、セット間、ワークアウト間におけるそれぞれの時間）が必要となる（44）。デプスジャンプにおける回復は、反復回数間で5〜10秒間、セット間で2〜3分間設けるとよいだろう。セット間の時間は、適切な運動−休息比（1：5〜1：10）で決定されるが、実施されるドリルの量とタイプによって異なる。プライオメトリクスのドリルは、心肺系のコンディショニングエクササイズとしてではなく、パワートレーニングとし

て考えるべきである。レジスタンストレーニングと同様に、ワークアウト間の休息はオーバートレーニングを予防するために十分なものにしなければならない（競技や時期に応じて2〜4日間の回復期間）。さらに、同じ身体部位のドリルを2日連続で実施するべきではない（44）。新しい研究の中で回復時間とトレーニング頻度にわずかに触れたものがあるが（47）、反復回数間やエクササイズ間、ワークアウト間の回復時間の設定に関するプライオメトリックでの研究が近い将来、数多く行われることが求められる。回復のためのより具体的な時間を示すには、この分野におけるさらなる研究が必要である。

量

プライオメトリックスの量は、通常1回のセッションにおける反復回数とセット数により表される。下半身のプライオメトリックの量は、通常、ワークアウトごとの足の接地回数（片足、あるいは両足同時に地面に接地した回数）により示される（2,16）が、バウンディングのように距離で表現される場合もある。たとえば、プライオメトリックトレーニングのプログラムを始める選手はダブルレッグ・バウンドのトレーニングを1回につき30mから開始し、100mに伸ばしていくというように表される。下半身のプライオメトリックとして推奨される量は、選手の経験レベルによって異なるが、表18.4に目安を示した。上半身のプライオメトリックスの量は通常、ワークアウトごとの投てき、あるいはキャッチの回数で表される。

プログラムの継続期間

プライオメトリックトレーニングプログラムの適切な期間の決定に関する研究は、まだ十分に検証されていない。現時点では、ほとんどのプログラムは6〜10週間の範囲で行われている（2, 30）。しかし、垂直跳びの高さは、プライオメトリックトレーニン

表18.4　適切なプライオメトリックトレーニングの量

プライオメトリックスの経験	開始時の量*
初心者（未経験）	80〜100
中級者（少し経験あり）	100〜120
上級者（かなりの経験あり）	120〜140

*量はセッションごとの接地回数で示されている。

第18章　プライオメトリックトレーニングのためのプログラムデザインとテクニック　**521**

プライオメトリックトレーニングプログラム実施のステップ

1. 競技歴およびトレーニング歴を含む選手を評価する。
2. 競技およびポジション、選手に特異的な目標を確立する。
3. 適切なプライオメトリックトレーニングプログラムのデザイン変数、すなわち強度や頻度、回復、量、プログラムの長さを設定する。
4. 選手に対して、適切なジャンプや着地、投てきのテクニックを指導する。
5. プライオメトリックトレーニングプログラムを適切に進行する。

グを始めてから4週間ほどの短期間で向上する（47）。一般に、プライオメトリックトレーニングは、レジスタンストレーニングや有酸素性トレーニングと同様に処方されるべきである。素早くパワフルな動作が必要とされるスポーツ競技においては、トレーニングサイクル全体（マクロサイクル）を通じてプライオメトリックエクササイズを実施することは有用である。ドリルの強度と量は、スポーツ競技の種類やシーズン（オフシーズン、プレシーズン、インシーズン）により変化をつけるべきである。

漸進

プライオメトリックスは、レジスタンストレーニングの1つの形態である。それゆえ、漸進的過負荷（progressive overload）の原理に従って実施されなければならない。漸進的過負荷とは、トレーニングの頻度、量、強度をさまざまに組み合わせながら体系的に増大させていくことをいう。通常、強度を高めたなら量を減らす。スポーツ競技やトレーニングの時期、ストレングス＆コンディショニングプログラムのデザイン（レジスタンストレーニング、ランニング、プライオメトリックス、年間の時期）によってトレーニングスケジュールと漸進的過負荷の方法が決まる。たとえば、オフシーズンにおけるアメリカンフットボールのプライオメトリックプログラムは週に2回行う。低強度のプライオメトリックスを少量ないし中程度の量で実施する段階から、中程度の強度で少量ないし中程度の量で実施する段階に進み、さらに高い強度で少量ないし中程度の量で実施するように漸進させていく。

ウォームアップ

ほかのあらゆるトレーニングと同様に、プライオメトリックスのエクササイズセッションも一般的ウォームアップやストレッチング、特異的ウォームア

ップ（ウォームアップについては第14章を参照）から開始しなければならない。プライオメトリックトレーニングの特異的ウォームアップは、低強度ダイナミック運動で構成する。表18.5に特異的ウォームアップドリルのいくつかのタイプをまとめ、その説明を示した。

▶ 効果的なプライオメトリックプログラムは、ほかのあらゆるトレーニングプログラムと同じ変数、すなわち様式、強度、頻度、回復、量、プログラムの継続期間、漸進、ウォームアップで構成される。

年齢にまつわる考慮すべき事柄

プライオメトリックエクササイズを取り入れて自分の行うスポーツトレーニングプログラムの向上を図ろうとする人は、若年者にも高齢者にも多くなっている。これらのエクササイズを適切に用いれば、最小限の傷害のリスクで、その他の年代と同様にプラスの効果を得ることができる。

青年期

プライオメトリックスは、一般に、トップレベルの成人競技選手のみに適したコンディショニングとして考えられてきたが、思春期前や青年期の子どもにとっても同様に、プライオメトリックエクササイズやプライオメトリックに類似したエクササイズから恩恵が得られるようだ。報告例の多い筋パワーや骨強度の適応に加えて、適切にデザインされたプライオメトリックトレーニングプログラムを定期的に実施することにより、若年の選手では、神経筋の制御やパフォーマンスが高まり、練習や競技で身体的に求められる事柄に対してよりよい準備をすることもできる（17）。身体面でプライオメトリックトレーニングへの参加が可能となる一般的な年齢は、ま

表18.5　プライオメトリック・ウォームアップドリル

ドリル	説明
マーチング	ランニング動作の模倣。 姿勢および動作テクニックを強調する。 ランニングのための適切な下半身の動作を促進する。
ジョギング	衝撃と高強度プライオメトリックドリルへの準備。 ・つま先ジョギング——踵を地面につけない（素早い動作を強調する）。 ・ストレートレッグ・ジョギング——プライオメトリックドリルの衝撃への準備として、膝を曲げずに、あるいは少しだけ曲げて行う。 ・「バットキック」——踵で尻にタッチするように膝を曲げる。
スキップ	上肢および下肢の相互の動作を強調する。 プライオメトリクスの動作を模倣した素早い離地と着地を強調する。
フットワーク	方向転換に焦点を合わせたドリル。 プライオメトリックドリル中の方向転換への準備。 例：シャトル、シャッフル、パターン、ストライドドリル。
ランジ	フォワードステップ・ランジのエクササイズに基づく。 複数の方向へ行うこともできる（例：前方、側方、後方）

だ明らかにされてはいない。身体の発達に関するある分析では、いくつかの洞察が示されている。思春期前の子どもは骨の骨端板（骨端線）がまだ消えていないため（33,40）、デプスジャンプやその他の高強度の下半身のプライオメトリックドリルは禁忌である（2,32,39）。骨端板が開いている（存在している）間に高強度の身体活動を行ったりケガをすると、骨端板が早期に消失してしまい、その結果、四肢の長さに左右差が生じる可能性がある（32）。さらに、あらゆるエクササイズと同様に、子どもたちは指示をきちんと受け止め、その指示に従うことのできる情緒的な成熟が必要であり、また、このトレーニング方法を行う上での効果と注意点について理解できなければならない。経験的には、7～8歳の子どもが漸進的に展開するプライオメトリックプログラムで訓練を受け、ティーンエイジャーや成人と同じくらい活動的な生活を送り続けている例がある（17）。

子どものためのプライオメトリックエクササイズプログラムは神経筋の制御を発達させるために用いるべきだが、その無酸素性のスキルは子ども時代の

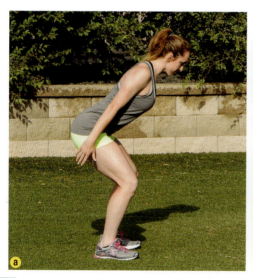 

図18.4　プライオメトリックトレーニングにおける適切な着地姿勢。(a) 側方から見ると、肩は膝と一直線に並び、これにより重心が身体の支持基底面の上に位置するのを助ける。(b) 正面から見たとき、選手の膝はつま先の上にあることに注意する。過剰な膝の内側への動き（外反）により、下肢のケガのリスクが増加する。

みならず、より高い競技レベルへと発展したとしても、スポーツにより安全な状態で参加し続けられるだろう。たとえば、いくつかの研究では、選手の下肢傷害のリスク減少に寄与する方法として適切な着地テクニックを用いることが有用であることを引用している（図18.4）。膝が過剰に内側に動く（外反）ことにより、膝のケガのリスクが劇的に増加する（このトピックの詳細については、第22章で議論される）。

子ども向けのプライオメトリックエクササイズプログラムは、比較的単純なドリルからより複雑なドリルへと徐々に進めていくことがきわめて重要である。より高度なエクササイズを行うために不可欠のテクニックを身につけさせるには、動作の質（適切な身体のアライメントや動作のスピード）に目を向けることが重要である。

成人と同様に、ワークアウト間の回復を十分にとり、オーバートレーニングを防がなければならない。プライオメトリックスのワークアウト間にどの程度の回復が必要であるかは明らかでないが、年間のどの時期（オフシーズン、プレシーズン、インシーズン）にあたるのかということに加え、トレーニングプログラムの強度、選手のスキル、能力、耐性に基づいて変化をつけるべきである。その際、プライオメトリックワークアウト間に少なくとも2～3日の回復期間をおくことは、トレーニングプログラムに対する適応を効果的にし、傷害のリスクを最小限にするために、必須であると考えるべきである（17）。

▶ 適切な監視とプログラムのもとでなら、思春期前や青年期の子どものプライオメトリックエクササイズ実施が許される。下肢傷害のリスクを減少させるために、外反姿勢にはとくに注意しなければならない。デプスジャンプと高強度の下半身プライオメトリックスは、この年代に対しては禁忌である。

マスターズ

マスターズ競技選手は、人生の後半にも身体能力を維持できることを知っており、トレーニングに関するさらなる知識を求めている。マスターズ競技選手のプライオメトリックトレーニングのプログラムデザインを行うとき、ストレングス＆コンディショニング専門職は、プログラムの目標を決定する際には特殊な配慮が必要である。検討するべきいくつか

の主要な点として、これまでの整形外科的状況（変形性関節症あるいは関節の手術など）、関節の変性が挙げられる。こうしたことによって、プライオメトリックエクササイズの導入はより慎重に行い、実施時にもより注意を払う必要がある。たとえば、手術歴がなく、ランニングパフォーマンスを向上させたいと望む健康なマスターズ選手には、デプスジャンプやシングルレッグエクササイズを注意深く実施するべきであり、交互レッグバウンディングやダブルレッグホッピングのほうがよりよい選択となるだろう。同様に、部分的半月板切除など膝の手術歴があったり、関節の変性が著しいといったマスターズランナーには、デプスジャンプや、片足でのプライオメトリックエクササイズは禁忌とし、その他の種類のプライオメトリックスを注意深く実施する。

マスターズ競技選手には、選手の身体の状態を考慮したうえで、成人競技選手と同様のガイドラインに基づいてプライオメトリックプログラムのデザインを行うが、以下の修正を必要とする。プライオメトリックプログラムは、低～中程度の強度で最大5種目とし、量は少なくする。すなわち、標準的なプライオメトリックトレーニングを用いたプログラムより足の接地回数を減らすべきである。プライオメトリックスのワークアウト間の回復期間は、3～4日設ける。これらのガイドラインを適用したうえで、あらゆる競技選手と同様に、マスターズ競技選手がトレーニング後と回復後に感じることに注目することが重要である。筋肉痛は生じるかもしれないが、慢性的な痛み、過度の痛みや不快感がある場合には、プログラムを修正するべきである。

プライオメトリックスとその他のエクササイズ

プライオメトリックエクササイズは、競技選手の全体的なトレーニングプログラムの一部である。多くのスポーツ競技と身体活動においては、複数のエネルギー供給システムが利用されるため、選手が試合に向けて準備を適切に行うためには、その他のエクササイズ形態も必要である。適切にデザインされたトレーニングプログラムには、それぞれのエネルギー供給システムとスポーツ競技の特異的なニーズが含まれているべきである。

プライオメトリックエクササイズと
レジスタンストレーニング

最大限の効率と身体の向上を図るには、1つのトレーニングサイクルの中にプライオメトリックとレジスタンストレーニングを組み合わせて構成すべきである。以下の各項と表18.6は、組み合わせたプログラムを作成するためのガイドラインである。

- 下半身のレジスタンストレーニングと上半身のプライオメトリックス、上半身のレジスタンストレーニングと下半身のプライオメトリックスを組み合わせる。
- 高重量レジスタンストレーニングとプライオメトリックスを同一日に実施することは、通常勧められない(15,20)。しかしながら、高強度レジスタンストレーニングの後にプライオメトリックスを実施する**コンプレックス（複合）トレーニング**と呼ばれるトレーニング法で効果が得られる選手もいる。この種のトレーニングを実施する場合は、プライオメトリックスとそれ以外の高強度トレーニングとの間に十分な回復を図ることが必要となる。
- 伝統的なレジスタンストレーニング種目は、プライオメトリック動作を組み合わせることで筋パワーの向上をさらに促すことが可能である(53,54)。たとえば、抵抗として1RMの30％程度の負荷を加えたスクワットジャンプは、パフォーマンスをさらに向上させる(54,55)。これはコンプレックス（複合）トレーニングを発展させた様式であり、この方法が適用できるのはすでに高強度のプライオメトリックトレーニングを用いたプログラムに取り組んだ経験のある選手に限られる。

プライオメトリックと有酸素性運動

バスケットボールやサッカーなど多くのスポーツ競技は、無酸素性（すなわちパワー）と有酸素性の両方の要素を持っている。それゆえ、この種の競技選手が最善の準備をするためには、多種多様なタイプのトレーニングを組み合わせるべきである。有酸素性運動はパワーの発揮にマイナスに作用する可能性があるため(15)、プライオメトリックエクササイズは有酸素性持久力トレーニングの前に実施するのが得策である。試合に向けて最も効果的なトレーニングを選手に与えるためには、プログラム変数は変えず、プライオメトリックと有酸素性運動のトレーニングが互いに補完するようにするのが望ましい。

安全面の配慮

プライオメトリックエクササイズは、本質的には危険なものではない。しかし、すべての運動様式と同様にケガのリスクが存在する。傷害は、単に偶発的な事故によっても発生する。しかし、トレーニング手順が適切でなかった場合に起こりやすく、ストレングス＆コンディショニングの基礎が不足していたり、不十分なウォームアップ、導入ドリルの不適切な進行、当該のトレーニング期に量や強度が不適切であること、シューズや着地面が貧弱である場合、あるいは単純にスキルの欠如、といったことにより生じる。こうした点やその他のリスク要因について以下の項で確認する。これらのリスク要因に関する知識を持つことで、プライオメトリックエクササイズを行う際の安全性を高めることができる。

トレーニング前に行う選手の評価

ケガのリスクを減らし、プライオメトリックエクササイズのパフォーマンスを高めるために、選手は適切なプライオメトリックスのテクニックについて深く理解し、筋力やスピード、バランスの基礎を十分に獲得している必要がある。さらに、プライオメトリックトレーニングプログラムに参加するためには、身体的にも精神的にも十分に成熟している必要がある。以下の評価項目は、選手がこれらの条件を満たしているかを見極める上で役立つだろう。

テクニック

プライオメトリックプログラムに新しいドリルを導入する際、ストレングス＆コンディショニング専

表18.6 レジスタンストレーニングとプライオメトリックスの統合のためのスケジュール例

曜日	レジスタンス トレーニング	プライオメトリックス
月	高強度・上半身	低強度・下半身
火	低強度・下半身	高強度・上半身
水	低強度・上半身	高強度・下半身
金	高強度・下半身	低強度・上半身

門職は、ドリルの効果を最大限に高め、ケガのリスクを最小限にするために、選手に対して事前に正しいテクニックを示範しなければならない。下半身のプライオメトリックスでは、とくにデプスジャンプにおいて、正しい着地のテクニックを身に着けることが最も重要である。重心が支持基底面から外れると、望ましいパフォーマンスが得られず、ケガの発生につながりかねない。着地するときは肩と膝がつま先の真上に位置するようにし、その際、足関節、膝関節、股関節の屈曲を利用する。加えて、選手が行う下半身のプライオメトリックスを前額面でみた場合、膝がつま先の真上に位置していることが基本である（図18.4）。膝の内側への動き（動的外反とも呼ばれる）は、膝蓋大腿関節痛や前十字靭帯（ACL）損傷および断裂を含めたあらゆる種類の膝傷害に関与する重要なリスク因子である。

筋力

プライオメトリックスを行う前に、その選手の筋力レベルを考慮する必要がある。下半身のプライオメトリックスを実施するには、スクワットの1RMが体重の1.5倍以上でなければならない（15,20,32,44,52）。しかしながら、私たちはより重視すべき考慮事項はテクニックであろうと考える。多くのプライオメトリックな身体活動は、若い競技選手に安全な方法で教えることができる。プライオメトリックスというものは、走および着地、ジャンプ、カッティングといった動作が必要となるすべてのスポーツの選手が行うべきものであるというのがわれわれの勧告である。プライオメトリックエクササイズを用いることを通じて適切なアライメントおよび動作のメカニクスを教えることが障害の原因となる事実は見当たらない。むしろ、この種のトレーニングは練習や試合における選手のケガのリスクを減少させると示唆する研究が繰り返し提出されている（43）。

バランス

下半身のプライオメトリックスの必要条件として理解されていないのが、バランスである。バランスとは、ある時間にわたって動かないでいる姿勢を維持することである。多くの下半身のプライオメトリックドリルでは、通常とは異なるパターンの動き（例：ダブルレッグ・ジグザグホップやバックワードスキップ）や片脚での動き（例：シングルレッグ・タックジャンプ、シングルレッグ・ホップ）を選手に求める。こうしたドリルを行うには、その上で選手が安全かつ正確にエクササイズを実施することが可能な、確固として安定した支持基底面を作らざるを得なくなる。表18.7は、3種類のバランステストを難易度の順に示している。それぞれの姿勢を30秒間維持する（51）。たとえば、初めてプライオメトリックトレーニングを実施する選手の場合、30秒間倒れずに片脚立ちができなければならない。経験を積んだ選手がさらに進んだプライオメトリックトレーニングプログラムを開始するためには、片脚でのハーフスクワット姿勢を30秒間倒れずに維持できなければならない。バランステストを実施する床または地面（サーフェス）は、プライオメトリックドリルを行う場所と同一にする必要がある。

身体的特徴

体重が100kg（220ポンド）以上ある選手は、プライオメトリックエクササイズの実施により、ケガのリスクが高まる可能性がある（44,52）。体重が重いほど、エクササイズを行う際の関節への圧縮力が増大し、その結果、これらの関節に傷害が生じやすくなる。それゆえ、体重が100kg以上ある選手は、量が多く高強度のプライオメトリックエクササイズや、46cm（18インチ）以上の高さからのデプスジャンプの実施は避けるべきである。プライオメトリックトレーニングプログラムを始める前に、これ以外の形のエクササイズと同様に、選手の関節の構造や既往歴について調べる必要がある。脊椎や上肢、下肢に過去の傷害や異常があると、プライオメトリックエクササイズ時のケガのリスクを高める。とくに、肉ばなれや、病理学的な関節の不安定性、脊椎の機能障害（椎間板の機能障害や圧搾）の既往のあ

表18.7　バランステスト

テスト	バリエーション
スタンディング	両脚
	片脚
クォータースクワット	両脚
	片脚
ハーフスクワット	両脚
	片脚

る選手は、プライオメトリックトレーニングプログラムを始める際に注意が必要である（24,25,32,48）。

用具と施設

　参加者の体力や健康状態に加えて、プライオメトリックドリルを行う場所と用具も安全性に大きな影響を与える。

着地面

　傷害を予防するために、下半身のプライオメトリックスに用いる着地面（サーフェス）には、適度な衝撃吸収性が求められる。芝生のフィールドや、体育館の懸架式木製フロア、ゴム製マットが着地面として適している（32）。コンクリートやタイル、固い木の床のような面（サーフェス）は衝撃吸収性に欠けるため、推奨されない（32）。厚すぎる（15cm以上の）エクササイズマットは、償却局面を延長する可能性があり、伸張反射を効果的に引き出すことができない。また、初心者向けのプライオメトリックスとリハビリテーションにおけるバランストレーニングには、ミニトランポリンが広く用いられている（28）。こうした器具は、プライオメトリックスの導入、とくに、筋骨格系の傷害からの回復過程にある選手にとっては、必要な場合もあるが、ミニトランポリンは、厚いエクササイズマットと同様、弾力性のある着地面に接触する償却局面が長くなりすぎるため、傷害のない選手のプライオメトリックトレーニングとしては有効といえない。

トレーニングエリア

　必要なスペースの広さは、ドリルによって異なる。ほとんどのバウンディングおよびランニングのドリルには、最低30m、ドリルによっては100mの直線路が必要である。また、ほとんどのスタンディングジャンプ、ボックスジャンプ、デプスジャンプは狭いスペースで実施できるが、天井までの高さは3〜4m必要であろう。

用具

　ボックスジャンプおよびデプスジャンプに用いられるボックスは、上面が滑らない頑丈なものを使用する。ボックスの高さは15〜107cm（6〜42インチ）の範囲で、上面は最低46×61cm（18×24インチ）

の大きさが必要である（16）。ボックスは、頑丈な木製（例：厚さ1.9cm［3/4インチ］の合板）、あるいは重く厚みのある金属製のものを用いるべきである。さらに傷害のリスクを少しでも減らすために、着地する面が滑らないように、滑り止めの溝を刻む、砂を混ぜた塗料で塗装する、あるいはゴム加工した床材を用いるなどの方法がある（16）。

適切なシューズ

　足首とアーチのサポートがしっかりとしており、側方への安定性があって、広く、滑らないソールのシューズを選ぶ必要がある（44）。ソールの幅が狭く甲部が柔軟すぎるシューズ（例：ランニング用シューズ）は、とくに側方への動きで足関節の問題を引き起こす可能性がある。サポートが不十分なシューズはアーチや下腿の傷害を生じさせるおそれがあり、十分なクッション性に欠けるシューズはより近位の関節（膝関節や股関節）の傷害につながる場合がある。

監視

　これまで述べてきた安全性への配慮に加えて、選手が正しいテクニックを確実に用いるように常に注意して監視しなければならない。プライオメトリックエクササイズは正しく行われている限り、決してそれ自体危険ではない。しかし、その他のトレーニング形態と同様に、テクニックが貧弱であると不必要な傷害を引き起こす可能性がある。

デプスジャンプ

　デプスジャンプを効果的かつ安全に実施できる高さには限度がある。1.2m（48インチ）という高さは筋に対して有効な過負荷となるが、多くの選手にとって、この抵抗は正しいテクニックを維持して行うには強すぎると考えられる（40）。そのような高さからのジャンプは、傷害の可能性を高めるだけでなく、打ち勝つべき力の大きさが強すぎて償却局面が長くなり、エクササイズの目的が達成できなくなる。デプスジャンプの高さとしては41〜107cm（16〜42インチ）の間が推奨され、76〜81cm（30〜32インチ）が一般的基準である（4,18,26,37,38,41）。体重が100kg以上ある選手では、デプスジャンプの高さは46cm（18インチ）以下にすべきである。

まとめ

プライオメトリックトレーニングの主たる目標は、主働筋に過負荷をかけ急速に力を発揮する能力を高めることである。形式の整ったトレーニングプログラムの中でプライオメトリックエクササイズを実施すると、筋パワーの増加が起こることは複数の研究で示されているが（30,47,54,55）、この向上が力学的適応あるいは神経生理学的適応のいずれによるものかはまだ明らかではない。プライオメトリックスはそれ自体で完結するものと考えるべきではなく、筋力やスピード、有酸素性、柔軟性などのトレーニングと、適切な栄養を含む全体的なプログラムの中の一部分と考えるべきである。選手が適切なストレングス＆コンディショニングプログラムを開始したあとなら、プライオメトリックトレーニングはさらに筋パワーを向上させることができるだろう。

プライオメトリックドリル

下半身のプライオメトリックドリル

その場ジャンプ
18.1	トゥーフット・アンクルホップ	528
18.2	シングルレッグ・アンクルホップ	528
18.3	スクワットジャンプ	529
18.4	ジャンプ&リーチ	529
18.5	ダブルレッグ・タックジャンプ	530
18.6	スプリット・スクワットジャンプ	530
18.7	サイクルド・スプリットスクワットジャンプ	531
18.8	シングルレッグ・タックジャンプ	532
18.9	パイクジャンプ	532

スタンディングジャンプ
18.10	ダブルレッグ・バーティカルジャンプ	533
18.11	シングルレッグ・バーティカルジャンプ	533
18.12	障害物飛び越え（ジャンプ・オーバー・バリア）	534
18.13	立ち幅跳び	534

連続ホップ&ジャンプ
18.14	ダブルレッグ・ホップ	535
18.15	ダブルレッグ・ジグザグホップ	535
18.16	シングルレッグ・ホップ	536
18.17	フロント・バリアホップ	536
18.18	ラテラル・バリアホップ	537
18.19	4 ハードルドリル	538

バウンド
18.20	スキップ	540
18.21	パワースキップ	541
18.22	バックワードスキップ	542
18.23	サイドスキップ	543
18.24	シングルアーム交互バウンド	544
18.25	ダブルアーム交互バウンド	545

ボックスドリル
18.26	シングルレッグ・プッシュオフ	546
18.27	交互プッシュオフ	546
18.28	ラテラル・プッシュオフ	547
18.29	サイドトゥーサイド・プッシュオフ	548
18.30	ダブルレッグ・ジャンプトゥボックス	548
18.31	シングルレッグ・ジャンプトゥボックス	549
18.32	スクワット・ボックスジャンプ	549
18.33	ラテラル・ボックスジャンプ	550
18.34	ドロップフリーズ	550

デプスジャンプ
18.35	デプスジャンプ	551
18.36	デプスジャンプ・トゥ・セカンドボックス	552
18.37	スクワット・デプスジャンプ	553
18.38	側方への動作を伴うデプスジャンプ	554
18.39	立ち幅跳びを伴うデプスジャンプ	555
18.40	デプスジャンプからの 180°ターン	556
18.41	シングルレッグ・デプスジャンプ	557

上半身のプライオメトリックドリル

スロー（投てき）
18.42	チェストパス	558
18.43	トゥーハンド・オーバーヘッドスロー	558
18.44	トゥーハンド・サイドトゥーサイドスロー	559
18.45	シングルアーム・スロー	560
18.46	パワードロップ	561

プライオメトリック・プッシュアップ
18.47	デプス・プッシュアップ	562

体幹のプライオメトリックス
18.48	45°シットアップ	563

下半身のプライオメトリックドリル
その場ジャンプ

18.1　トゥーフット・アンクルホップ

強度レベル：低。

ジャンプの方向：垂直。
開始姿勢：足を肩幅に開いて楽な姿勢で立つ。

腕の動作：なし、または両腕。
準備動作：小さな反動動作から開始する。
上方への動作：主に足関節を用いて跳び上がる。
下方への動作：開始姿勢で着地し、ただちに跳び上がる動作を繰り返す。
注：水平方向（前や後）や側方へ移動しないようにする。

18.2　シングルレッグ・アンクルホップ

強度レベル：中。

ジャンプの方向：垂直。
開始姿勢：片脚立ちの楽な姿勢で立つ。ジャンプしないほうの脚はエクササイズ中は膝を曲げたままに保ち、動かさない。

腕の動作：なし、または両腕。
準備動作：小さな反動動作から開始する。
上方への動作：バランスを取っている側の足を用いて、主に足関節を用いて跳び上がる。
下方への動作：開始姿勢で着地し、ただちに同じ脚でホップを繰り返す。
短い休息をはさんで反対の脚でも行う。
注：水平方向（前や後）や側方へ移動しないようにする。

下半身のプライオメトリックドリル
その場ジャンプ

18.3　スクワットジャンプ

強度レベル：低。

ジャンプの方向：垂直。
開始姿勢：足を肩幅に開いてスクワット姿勢をとる（大腿部が床と平行よりわずかに上）。両手を頭の後ろで組む。

腕の動作：なし。

準備動作：なし。
上方への動作：爆発的にできるだけ高くジャンプする。
下方への動作：スクワット姿勢で着地し、ただちにジャンプを繰り返す。

18.4　ジャンプ&リーチ

強度レベル：低。

ジャンプの方向：垂直。
開始姿勢：足を肩幅に開いて楽な姿勢で立つ。

腕の動作：ジャンプの頂点で両腕を上方に伸ばす。
準備動作：反動動作から開始する。
上方への動作：爆発的にジャンプし、目標にタッチする。
下方への動作：開始姿勢で着地し、ただちにジャンプを繰り返す。
注：ジャンプ間の遅延を最小限にし、垂直方向に高く跳ぶことを強調する。
注：水平方向（前や後）や側方へ移動しないようにする。

下半身のプライオメトリックドリル
その場ジャンプ

18.5　ダブルレッグ・タックジャンプ

強度レベル：中。

ジャンプの方向：垂直。
開始姿勢：足を肩幅に開いて楽な姿勢で立つ。

腕の動作：両腕。
準備動作：反動動作から開始する。
上方への動作：爆発的に跳び上がる。膝を胸に引きつけて素早く両手で膝を抱え込み、着地前に離す。
下方への動作：開始姿勢で着地し、ただちにジャンプを繰り返す。

18.6　スプリット・スクワットジャンプ

強度レベル：中。

ジャンプの方向：垂直。
開始姿勢：片脚を前方に出し（股関節と膝関節を約90°曲げる）、もう一方の脚を身体の中心より後方に置いたランジ姿勢をとる。

腕の動作：両腕、またはなし。

準備動作：反動動作から開始する。
上方への動作：必要に応じて両腕の振りを補助的に用いて、爆発的に跳び上がる。高く跳ぶこととパワーを強調する。
下方への動作：着地の際、ランジ姿勢をとり（同じ脚が前）、ただちにジャンプを繰り返す。
注：1セット終了後は休息を取り、前後の脚を入れ替える。

下半身のプライオメトリックドリル
その場ジャンプ

18.7　サイクルド・スプリットスクワットジャンプ

強度レベル：高。

ジャンプの方向：垂直。

開始姿勢：片脚を前方に出し（股関節と膝関節を約90°曲げる）、もう一方の脚を身体の中心より後方に置いたランジ姿勢をとる。

腕の動作：両腕、またはなし。

準備動作：反動動作から開始する。

上方への動作：必要に応じて両腕の振りを補助的に用いて、爆発的に跳び上がる。空中にいる間に前後の脚を入れ替える。高く跳ぶこととパワーを強調する。

下方への動作：着地の際、ランジ姿勢をとり（逆の脚が前）、ただちにジャンプを繰り返す。

注：ランジが深くなりすぎないように注意する（3番目の写真のように）。深くなりすぎると、直後のジャンプにおいてSSCがうまく働かないことがある。

下半身のプライオメトリックドリル
その場ジャンプ

18.8　シングルレッグ・タックジャンプ

強度レベル：高。

ジャンプの方向：垂直。
開始姿勢：片脚立ちの楽な姿勢で立つ。ジャンプしないほうの脚はエクササイズ中は膝を曲げたままに保ち、動かさない。

腕の動作：両腕。
準備動作：反動動作から開始する。
上方への動作：爆発的に跳び上がる。ジャンプした脚の膝を引きつけ、両手で抱え込み、着地前に離す。
下方への動作：開始姿勢で着地し、同じ脚でただちにジャンプを繰り返す。
短い休息をはさんで反対の脚でも行う。

18.9　パイクジャンプ

強度レベル：高。

ジャンプの方向：垂直。
開始姿勢：足を肩幅に開いて楽な姿勢で立つ。

腕の動作：両腕。
準備動作：反動動作から開始する。
上方への動作：爆発的に跳び上がる。両脚を揃えて伸ばしたまま前に上げ、つま先に両手でタッチするように努力する。
下方への動作：開始姿勢で着地し、ただちにジャンプを繰り返す。

下半身のプライオメトリックドリル
スタンディングジャンプ

18.10 ダブルレッグ・バーティカルジャンプ

強度レベル：低。

ジャンプの方向：垂直。
開始姿勢：足を肩幅に開いて楽な姿勢で立つ。

腕の動作：両腕。
準備動作：反動動作から開始する。
上方への動作：両腕を補助的に用いて、目標にタッチするように振り上げながら爆発的に跳び上がる。
下方への動作：開始姿勢で着地し、ジャンプを繰り返す。ジャンプ間に回復のための時間を取る。

18.11 シングルレッグ・バーティカルジャンプ

強度レベル：高。

ジャンプの方向：垂直。
開始姿勢：片脚立ちの楽な姿勢で立つ。ジャンプしないほうの脚はエクササイズ中は膝を曲げたままに保ち、動かさない。

腕の動作：両腕。
準備動作：反動動作から開始する。
上方への動作：両腕を補助的に用いて、目標にタッチするように振り上げながら爆発的に跳び上がる。
下方への動作：開始姿勢で着地し、同じ脚でジャンプを繰り返す。ジャンプ間に回復のための時間を取る。
短い休息をはさんで反対の脚でも行う。

下半身のプライオメトリックドリル
スタンディングジャンプ

18.12 障害物飛び越え（ジャンプ・オーバー・バリア）

強度レベル：中。

ジャンプの方向：水平および垂直。

用具：コーンやハードルなどの障害物。
開始姿勢：足を肩幅に開いて楽な姿勢で立つ。

腕の動作：両腕。
準備動作：反動動作から開始する。

上方への動作：主に股関節と膝関節の屈曲により、両脚で障害物を跳び越える。両膝および両足の間が開かないように注意する。
下方への動作：開始姿勢で着地し、ジャンプを繰り返す。ジャンプ間に回復のための時間を取る。
注：障害物の高さは、徐々に高くする（例：コーンからハードルへ）。

18.13 立ち幅跳び

強度レベル：低。

ジャンプの方向：水平。
開始姿勢：足を肩幅に開いて楽な姿勢で立つ。

腕の動作：両腕。
準備動作：反動動作から開始する。
上方への動作：最大の水平距離に到達するという目標のために、両腕を補助的に使って爆発的に前方に跳ぶ。
下方への動作：両脚で着地し、ジャンプを繰り返す。ジャンプ間に回復のための時間を取る。

下半身のプライオメトリックドリル
連続ホップ&ジャンプ

18.14 ダブルレッグ・ホップ

強度レベル：中。

ジャンプの方向：水平および垂直。
開始姿勢：足を肩幅に開いて楽な姿勢で立つ。

腕の動作：両腕。
準備動作：反動動作から開始する。
上方への動作：前方にできるだけ大きくジャンプする。
下方への動作：開始姿勢で着地し、ただちに跳び上がる動作を繰り返す。

18.15 ダブルレッグ・ジグザグホップ

強度レベル：高。

ジャンプの方向：斜め。
用具：10個程度のハードルを45～60cm離してジグザグに配置する。
開始姿勢：足を肩幅に開いて楽な姿勢で立つ。最初のハードルの外側に立つ。肘は90°に曲げ、体側に保持する。

腕の動作：両腕。
準備動作：反動動作から開始する。

上方への動作：最初のハードルの外側から2番目のハードルの外側へとジャンプする。両肩を結ぶ線が、すべてのハードルの中央を通る想像上の直線に対して垂直になる姿勢を保って動作を行う。
下方への動作：2番目のハードルの外側に着地したら、ただちに3番目のハードルの外側に向かって斜めにジャンプする。
次々に斜めに跳び越していく。
注：強度を下げるには、ハードルを一直線に並べ、1個ずつ跳び越える方法をとる。強度を高くするために、片脚で行うこともできる。

下半身のプライオメトリックドリル
連続ホップ&ジャンプ

18.16　シングルレッグ・ホップ

強度レベル：高。

ジャンプの方向：水平および垂直。
開始姿勢：片脚立ちの楽な姿勢で立つ。ジャンプしないほうの脚はエクササイズ中は膝を曲げたままに保ち、動かさない。

腕の動作：両腕。
準備動作：反動動作から開始する。
上方への動作：両腕を補助的に使って爆発的に前方に跳ぶ。
下方への動作：開始姿勢で着地し、ただちに同じ脚でホップを繰り返す。
短い休息をはさんで反対の脚でも行う。

18.17　フロント・バリアホップ

強度レベル：中。

ジャンプの方向：水平および垂直。

用具：コーンやハードルなどの障害物（2個）。
開始姿勢：最初の障害物のほうを向き、両足を肩幅に開いた楽な姿勢で立つ。

腕の動作：両腕。
準備動作：反動動作から開始する。

上方への動作：主に股関節と膝関節の屈曲により、両脚で最初の障害物を跳び越える。両膝および両足の間が開かないように注意する。
下方への動作：開始姿勢で着地し、ただちに次の障害物を跳び越えるように繰り返す。
注：障害物の高さを段階的に高くしていくこと（例：コーンからハードル）や片脚で実施することによって、強度レベルを中程度から高強度へと高めることができる。

下半身のプライオメトリックドリル
連続ホップ&ジャンプ

18.18 ラテラル・バリアホップ

強度レベル：中。

ジャンプの方向：側方および垂直。

用具：コーンやハードルなどの障害物。
開始姿勢：障害物の横に、両足を肩幅に開いた楽な姿勢で立つ。

腕の動作：両腕。
準備動作：反動動作から開始する。

上方への動作：主に股関節と膝関節の屈曲により、両脚で障害物を跳び越える。両膝、両足の間が開かないように注意する。
下方への動作：障害物の反対側に着地し、ただちに障害物を跳び越えて最初の位置に戻る。
注：障害物の高さを段階的に高くしたり（例：コーンからハードル）、片脚だけで実施することによって、強度レベルを中程度から高強度へと高めることができる。

下半身のプライオメトリックドリル
連続ホップ&ジャンプ

18.19　4ハードルドリル

強度レベル：高。

ジャンプの方向：側方および垂直。
用具：4つのハードル、2組。ペアのハードルはそれぞれ30cm離す。ペアはそれぞれ46cm離す。
開始姿勢：右足の片足立ちで、楽な姿勢で立つ。選手の左に、4つのハードルが一直線にならぶ。ジャンプしないほうの脚はエクササイズ中は膝を曲げたままに保ち、動かさない。

腕の動作：両腕。
準備動作：反動動作から開始する。

動作：
1. 両腕の振りを補助的に用いて、最初のハードルを右足で左へ爆発的に跳び越える。
2. 右足で着地し、ただちに同じ脚で次のハードルを飛び越える動作を繰り返す。
3. 右足で着地し、ただちに同じ脚で**さらに次の**ハードルを飛び越える動作を繰り返す。
4. 左足で着地し、ただちに両腕の振りを補助的に用いて、同じ脚で最初のハードルを飛び越える。
5. 左足で着地し、ただちに同じ脚で次のハードルを飛び越える動作を繰り返す。
6. 右足で着地し、ただちに同じ脚で**さらに次の**ハードルを飛び越える動作を繰り返す。
7. 右足で着地する。

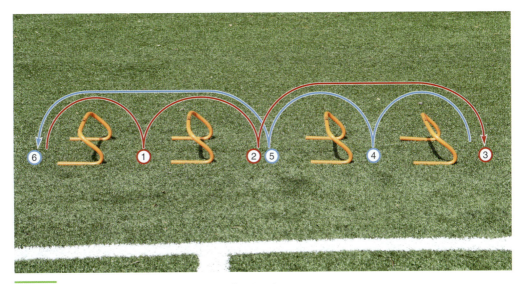

図18.5 4ハードルドリルのためのセッティングと動作パターン

下半身のプライオメトリックドリル
バウンド

18.20 スキップ

強度レベル：低。

ジャンプの方向：水平および垂直。
開始姿勢：股関節と膝関節を約90°屈曲し、片脚を上げる。

腕の動作：交互（一方の脚が上がっているとき、反対側の腕を上げる）。

準備動作：片脚の反動動作から開始する。
上方への動作：片脚で上・前方にジャンプする。反対側の脚は、着地するまで開始時の屈曲した姿勢を保持しておく。
下方への動作：ジャンプした側と同じ脚で着地し、開始姿勢となる。ただちに反対の脚でスキップを繰り返す。

下半身のプライオメトリックドリル
バウンド

18.21　パワースキップ

強度レベル：低。

ジャンプの方向：垂直および水平。
開始姿勢：股関節と膝関節を約90°屈曲し、片脚を上げる。

腕の動作：両腕。
準備動作：片脚の反動動作から開始する。

上方への動作：片脚で上・前方にジャンプする。ジャンプ中に、ジャンプしない側の脚の屈曲した股関節と膝関節をさらに大きく屈曲し、引き上げる。上方向への動作を補助するために両腕を使う。
下方への動作：ジャンプした側と同じ脚で着地し、開始姿勢となる。ただちに反対の脚でスキップを繰り返す。
注：スキップの効率を強調する。

下半身のプライオメトリックドリル
バウンド

18.22 バックワードスキップ

強度レベル：低。

ジャンプの方向：後方、水平および垂直。
開始姿勢：股関節と膝関節を約90°屈曲し、片脚を上げる。

腕の動作：両腕。
準備動作：片脚の反動動作から開始する。

上方への動作：ジャンプしない側の脚の股関節と膝関節を約90°屈曲し、片脚で後方にジャンプする。動作を補助するために両腕を使う。
下方への動作：ジャンプした側と同じ脚で着地し、開始姿勢となる。ただちに反対の脚でスキップを繰り返す。

下半身のプライオメトリックドリル
バウンド

18.23 サイドスキップ

強度レベル：中。

ジャンプの方向：垂直および側方。
開始姿勢：股関節と膝関節を約90°屈曲し、片脚を上げる。

腕の動作：交互（一方の脚が上がっているとき、反対側の腕を上げる）。

準備動作：片脚の反動動作から開始する。
上方への動作：片脚で上方および側方にジャンプする。反対側の脚は、着地するまで開始時の屈曲した姿勢を保持しておく。
下方への動作：ジャンプした側と同じ脚で着地し、開始姿勢となる。ただちに反対の脚でスキップを繰り返す。

下半身のプライオメトリックドリル
バウンド

18.24 シングルアーム交互バウンド

強度レベル：中。

ジャンプの方向：水平および垂直。
開始姿勢：足を肩幅に開いて楽な姿勢で立つ。

腕の動作：片腕。
準備動作：楽なペースでのジョギングで、左足が前になった位置からドリルを開始する。
上方への動作：左足が接地したらすぐに踏み切って跳び上がる。左足で踏み切るとともに、右脚の膝を約90°屈曲し、大腿部が地面とほぼ平行になるまで前方に引き上げる。
この滞空局面中に、左腕を前方に伸ばす。
下方への動作：右脚で着地し、ただちに反対側の脚で同じ動作を繰り返す。
注：バウンドはランニング動作を強調したものであり、各ストライドをできるだけ大きくすることを目標にする。

下半身のプライオメトリックドリル
バウンド

18.25　ダブルアーム交互バウンド

強度レベル：中。

ジャンプの方向：水平および垂直。
開始姿勢：足を肩幅に開いて楽な姿勢で立つ。

腕の動作：両腕。
準備動作：楽なペースでのジョギングで、左足が前になった位置からドリルを開始する。
上方への動作：左足が接地したらすぐに踏み切って跳び上がる。左足で踏み切るとともに、右脚の膝を約90°屈曲し、大腿部が地面とほぼ平行になるまで前方に引き上げる。
この滞空局面中に、両腕を前方に伸ばす。
下方への動作：右脚で着地し、ただちに反対側の脚で同じ動作を繰り返す。
注：バウンドはランニング動作を強調したものであり、各ストライドをできるだけ大きくすることを目標にする。

下半身のプライオメトリックドリル
ボックスドリル

18.26 シングルレッグ・プッシュオフ

強度レベル：低。

ジャンプの方向：垂直。

用具：高さ15～46cmのプライオメトリックス用ボックス。

開始姿勢：プライオメトリックス用ボックスのほうを向き、一方の足を地面、他方の足をボックスの上に置いて立つ。ボックス上の足の踵が、ボックスの縁近くにくるようにする。

腕の動作：両腕。

準備動作：なし。

上方への動作：ボックス上の足で踏み切って上方にジャンプする。

下方への動作：同じ側の足でボックス上に着地する。この足は、もう一方の足が地面に触れる直前にボックス上につかなければならない。ただちにこの動作を繰り返す。

注：ボックスを高くすることで、強度を高めることができる。最初は、15cmから始める。

18.27 交互プッシュオフ

強度レベル：低。

ジャンプの方向：垂直。

用具：高さ15～46cmのプライオメトリックス用ボックス。

開始姿勢：プライオメトリックス用ボックスのほうを向き、一方の足を地面、他方の足をボックスの上に置いて立つ。ボックス上の足の踵が、ボックスの縁近くにくるようにする。

腕の動作：両腕。

準備動作：なし。

上方への動作：ボックス上の足で踏み切って上方にジャンプする。

下方への動作：反対側の足でボックス上に着地する。

下半身のプライオメトリックドリル
ボックスドリル

18.27 （続き）

この足はもう一方の足が地面に触れる直前にボックス上につかなければならない。ただちにこの動作を繰り返し、1回ごとに足を入れ替える。

注：ボックスを高くすることで、強度を高めることができる。最初は、15cmから始める。

18.28　ラテラル・プッシュオフ

強度レベル：低。

ジャンプの方向：垂直。

用具：高さ15〜46cmのプライオメトリックス用ボックス。
開始姿勢：プライオメトリックス用ボックスの横に立ち、一方の足を地面、他方の足をボックスの上に置く。ボックス上の足の内側がボックスの縁近くにくるようにする。

腕の動作：両腕。
準備動作：なし。
上方への動作：ボックス上の足で踏み切って上方にジャンプする。
下方への動作：同じ側の足でボックス上に着地する。この足は、もう一方の足が地面に触れる直前にボックス上につかなければならない。ただちにこの動作を繰り返す。
注：ボックスを高くすることで、強度を高めることができる。最初は、15cmから始める。

下半身のプライオメトリックドリル
ボックスドリル

18.29 サイドトゥーサイド・プッシュオフ

強度レベル：中。

ジャンプの方向：垂直。

用具：高さ15～46cmのプライオメトリックス用ボックス。

開始姿勢：プライオメトリックス用ボックスの横に立ち、一方の足を地面、他方の足をボックスの上に置く。ボックス上の足の内側がボックスの縁近くにくるようにする。

腕の動作：両腕。

準備動作：なし。

上方への動作：ボックス上の足で踏み切って、ボックスを跳び越す。

下方への動作：ボックスの反対側に着地する。ボックス上には反対側の足をつける。この足はもう一方の足が地面に触れる直前にボックス上につかなければならない。ただちにこの動作を反対側から繰り返す。

注：ボックスを高くすることで、強度を高めることができる。最初は、15cmから始める。

18.30 ダブルレッグ・ジャンプトゥボックス

強度レベル：低。

ジャンプの方向：垂直、やや水平。

用具：高さ15～107cmのプライオメトリックス用ボックス。

開始姿勢：プライオメトリックス用ボックスのほうを向き、足を肩幅に開いて楽な姿勢で立つ。

腕の動作：両腕。
準備動作：反動動作から開始する。
上方への動作：両脚でボックスの上に跳び乗る。
下方への動作：ハーフスクワットの姿勢で両足で着地する。ボックスから降りて、これを繰り返す。
注：ボックスを高くすることで、強度を高めることができる。最初は、15cmから始める。

下半身のプライオメトリックドリル
ボックスドリル

18.31　シングルレッグ・ジャンプトゥボックス

強度レベル：高。

ジャンプの方向：垂直、やや水平。

用具：高さ15～107cmのプライオメトリックス用ボックス。

開始姿勢：プライオメトリックス用ボックスのほうを向き、楽な姿勢で片足で立つ。ジャンプしないほうの脚はエクササイズ中は膝を曲げたままに保ち、動かさない。

腕の動作：両腕。
準備動作：反動動作から開始する。
上方への動作：片脚でボックスの上に跳び乗る。
下方への動作：ハーフスクワットの姿勢で片足で着地する。ボックスから降りて、これを繰り返す。
注：ボックスを高くすることで、強度を高めることができる。最初は、15cmから始める。

18.32　スクワット・ボックスジャンプ

強度レベル：中。

ジャンプの方向：垂直、やや水平。

用具：高さ15～107cmのプライオメトリックス用ボックス。

開始姿勢：プライオメトリックス用ボックスに正対し、頭の後ろで両手を組んで、足を肩幅に開いて楽な姿勢で立つ。

腕の動作：なし。
準備動作：反動動作から開始する。
上方への動作：両脚でボックスの上に跳び乗る。
下方への動作：ハーフスクワットの姿勢で両足で着地する。ボックスから降りて、これを繰り返す。
注：ボックスを高くすることで、強度を高めることができる。最初は、15cmから始める。

下半身のプライオメトリックドリル
ボックスドリル

18.33　ラテラル・ボックスジャンプ

強度レベル：中。

ジャンプの方向：垂直、やや水平。

用具：高さ15～107cmのプライオメトリックス用ボックス。
開始姿勢：プライオメトリックス用ボックスの横に足を肩幅に開いて楽な姿勢で立つ。

腕の動作：両腕。
準備動作：反動動作から開始する。
上方への動作：両脚でボックスの上に跳び乗る。
下方への動作：ハーフスクワットの姿勢で両足で着地する。ボックスから降りて、これを反対側から繰り返す。
注：ボックスを高くすることで、強度を高めることができる。最初は、15cmから始める。

18.34　ドロップフリーズ

強度レベル：中。

ジャンプの方向：垂直。

用具：高さ30～107cmのプライオメトリックス用ボックス。
開始姿勢：プライオメトリックス用ボックスの上に足を肩幅に開いて楽な姿勢で立つ。つま先がボックスの縁の近くにくるようにする。

腕の動作：なし。
準備動作：ボックスからの踏み出し。
下方への動作：両足で床に着地し、素早く着地衝撃を吸収する。
ボックス上に戻って、これを繰り返す。
注：ボックスを高くすることで、強度を高めることができる。最初は、30cmから始める。

下半身のプライオメトリックドリル
デプスジャンプ

18.35　デプスジャンプ

強度レベル：高。

ジャンプの方向：垂直。

用具：高さ30～107cmのプライオメトリックス用ボックス。

開始姿勢：プライオメトリックス用ボックスの上に足を肩幅に開いて楽な姿勢で立つ。つま先がボックスの縁の近くにくるようにする。

腕の動作：両腕。
準備動作：ボックスからの踏み出し。
下方への動作：床に両足で着地する。
上方への動作：着地したら、ただちにできるだけ高く跳び上がる。

注1：真っ直ぐにボックスから踏み出す。ボックスから踏み出す際、上に跳び上がったり、重心を下げてはならない。こうした動きが起こると、エクササイズを行う高さが変わってしまう。

注2：地面に接触している時間は最小限にする。ボックスを高くすることで、強度を高めることができる。最初は、30cmから始める。

注3：着地後、水平方向の動きを最小限に抑えて高く跳び上がるようにする。3枚目のの写真では前方への動きが大きすぎる。

下半身のプライオメトリックドリル
デプスジャンプ

18.36 デプスジャンプ・トゥ・セカンドボックス

強度レベル：高。

ジャンプの方向：垂直および水平。

用具：高さ30～107cmのプライオメトリックス用ボックス（2個）。

開始姿勢：プライオメトリックス用ボックスの上に足を肩幅に開いて楽な姿勢で立ち、2番目のボックスのほうを向く。つま先がボックスの縁近くにくるようにする。

腕の動作：両腕。

準備動作：ボックスからの踏み出し。

下方への動作：床に両足で着地する。

上昇動作：着地したらただちにもう1つのボックスに跳び乗る。

注1：真っ直ぐにボックスから踏み出す。ボックスから踏み出す際、上に跳び上がったり、重心を下げてはならない。こうした動きが起こると、エクササイズを行う高さが変わってしまう。

注2：地面に接触している時間は最小限にする。ボックスを高くすることで、強度を高めることができる。最初は、30cmから始める。

注3：ボックス間の距離は経験と能力によって変える。ボックス間の距離が遠いほど強度は高くなる。最初は、ボックス間の距離は61cm（24インチ）の間隔から始める。

下半身のプライオメトリックドリル
デプスジャンプ

18.37 スクワット・デプスジャンプ

強度レベル：高。

ジャンプの方向：垂直。

用具：高さ30〜107cmのプライオメトリックス用ボックス。

開始姿勢：プライオメトリックス用ボックスの上に足を肩幅に開いて楽な姿勢で立つ。つま先がボックスの縁の近くにくるようにする。

腕の動作：両腕、またはなし。
準備動作：ボックスからの踏み出し。
下方への動作：両足でスクワット姿勢（股関節と膝関節を約90°屈曲）で着地する（2枚目の写真のモデルは、股関節と膝関節の角度が大きすぎる）。
上方への動作：着地と同時にただちにできるだけ高く跳び上がり、同じスクワット姿勢で着地する。

注1：真っ直ぐにボックスから踏み出す。ボックスから踏み出す際、上に跳び上がったり、重心を下げてはならない。こうした動きが起こると、エクササイズを行う高さが変わってしまう。

注2：地面に接触している時間は最小限にする。ボックスを高くすることで、強度を高めることができる。最初は、30cmから始める。

注3：着地後、水平方向の動きを最小限に抑えて高く跳び上がるようにする。

下半身のプライオメトリックドリル
デプスジャンプ

18.38 側方への動作を伴うデプスジャンプ

強度レベル：高。

ジャンプの方向：垂直および側方。

用具：高さ30～107cmのプライオメトリックス用ボックスとパートナー。

開始姿勢：プライオメトリックス用ボックスの上に足を肩幅に開いて楽な姿勢で立つ。つま先がボックスの縁の近くにくるようにする。

腕の動作：両腕。
準備動作：ボックスからの踏み出し。
下方への動作：床に両足で着地する。着地の直前にパートナーが右または左を指す。
上方への動作：着地と同時にただちにパートナーによって示された方向にダッシュする。
注1：真っ直ぐにボックスから踏み出す。ボックスから踏み出す際、上に跳び上がったり、重心を下げてはならない。こうした動きが起こると、エクササイズを行う高さが変わってしまう。
注2：地面に接触している時間は最小限にする。ボックスを高くすることで、強度を高めることができる。最初は、30cmから始める。

下半身のプライオメトリックドリル
デプスジャンプ

18.39　立ち幅跳びを伴うデプスジャンプ

強度レベル：高。

ジャンプの方向：垂直および水平。

用具：高さ30〜107cmのプライオメトリックス用ボックス。
開始姿勢：プライオメトリックス用ボックスの上に足を肩幅に開いて楽な姿勢で立つ。つま先がボックスの縁の近くにくるようにする。

腕の動作：両腕。
準備動作：ボックスからの踏み出し。
下方への動作：床に両足で着地する。
上方への動作：着地後、ただちに両足で前方にできるだけ遠くまで跳ぶ。
注1：真っ直ぐにボックスから踏み出す。ボックスから踏み出す際、上に跳び上がったり、重心を下げてはならない。こうした動きが起こると、エクササイズを行う高さが変わってしまう。
注2：地面に接触している時間は最小限にする。ボックスを高くすることで、強度を高めることができる。最初は、30cmから始める。

下半身のプライオメトリックドリル
デプスジャンプ

18.40　デプスジャンプからの180°ターン

強度レベル：高。

ジャンプの方向：垂直および水平。

用具：高さ30～107cmのプライオメトリックス用ボックス。
開始姿勢：プライオメトリックス用ボックスの上に足を肩幅に開いて楽な姿勢で立つ。つま先がボックスの縁の近くにくるようにする。

腕の動作：両腕。
準備動作：ボックスからの踏み出し。
下方への動作：床に両足で着地する。
上方への動作：着地と同時に、両足でただちにできるだけ高く跳び上がる。空中にいる間に180°回転し、反対向きに着地する。
注1：真っ直ぐにボックスから踏み出す。ボックスから踏み出す際、上に跳び上がったり、重心を下げてはならない。こうした動きが起こると、エクササイズを行う高さが変わってしまう。
注2：地面に接触している時間は最小限にする。ボックスを高くすることで、強度を高めることができる。最初は、30cmから始める。

下半身のプライオメトリックドリル
デプスジャンプ

18.41 シングルレッグ・デプスジャンプ

強度レベル：高。

ジャンプの方向：垂直。

用具：高さ30〜107cmのプライオメトリックス用ボックス。
開始姿勢：プライオメトリックス用ボックスの上に足を肩幅に開いて楽な姿勢で立つ。つま先がボックスの縁の近くにくるようにする。

腕の動作：両腕。
準備動作：ボックスからの踏み出し。
下方への動作：地面の上に片足で着地する。
上方への動作：着地と同時に、着地した足でただちにできるだけ高く跳び上がる。
注1：真っ直ぐにボックスから踏み出す。ボックスから踏み出す際、上に跳び上がったり、重心を下げてはならない。こうした動きが起こると、エクササイズを行う高さが変わってしまう。
注2：地面に接触している時間は最小限にする。ボックスを高くすることで、強度を高めることができる。最初は、30cmから始める。
注3：このドリルはデプスジャンプの中でも非常に高度である。したがって、ほかのタイプのデプスジャンプでの十分な経験と実施能力が確認されている場合のみ実施する。

上半身のプライオメトリックドリル
スロー（投てき）

18.42　チェストパス

強度レベル：低。

投てき方向：前方。

用具：0.9～3.6kg（2～8ポンド）のメディシンボールまたはプライオメトリックス用ボールと、リバウンド用ネットまたはパートナー。

開始姿勢：リバウンド用ネットまたはパートナーに3m離れて正対し、足を肩幅に開いて楽な姿勢で立つ。肘を曲げ、胸の高さでボールを保持する。

準備動作：反動動作から開始する（プライオメトリックスの投てきにおける反動動作には、実際に投げる前に腕をわずかに後ろに引く腕のコッキングが使われる）。

腕の動作：両腕の肘を伸ばし、ボールをリバウンド用ネットまたはパートナーに向かって投げる。リバウンド用ネットまたはパートナーから戻ってきたボールをキャッチし、開始姿勢に戻ってただちに投げ返す動作を繰り返す。

注：使用するボールを重くすることで、強度を高めることができる。最初は、0.9kg（2ポンド）のボールから始める。

18.43　トゥーハンド・オーバーヘッドスロー

強度レベル：低。

投てき方向：前方および下方

用具：0.9～3.6kg（2～8ポンド）のメディシンボールまたはプライオメトリックス用ボールと、リバウンド用ネットまたはパートナー。

開始姿勢：リバウンド用ネットまたはパートナーに3m離れて正対し、足を肩幅に開いて楽な姿勢で立つ。ボールを頭上に上げる。

準備動作：反動動作から開始する（プライオメトリックスの投てきにおける反動動作には、実際に投げる前に腕をわずかに後ろに引く腕のコッキングが使われる）。

腕の動作：両腕の肘を伸ばしたまま、ボールをリバウンド用ネットまたはパートナーに向かって投げる。リバウンド用ネットまたはパートナーから戻ってきたボールを頭上でキャッチして、ただちに投げ返す動作を繰り返す。パートナーは下方への動作とリバウンドをキャッチするために一度ボールを地面にバウンドさせることもできる（写真を参照）。

注：使用するボールを重くすることで、強度を高めることができる。最初は、0.9kg（2ポンド）のボールから始める。

上半身のプライオメトリックドリル
スロー（投てき）

18.44 トゥーハンド・サイドトゥーサイドスロー

強度レベル：低。

投てき方向：前方および斜め。

用具：0.9〜3.6kg（2〜8ポンド）のメディシンボールまたはプライオメトリックス用ボールと、リバウンド用ネットまたはパートナー。

開始姿勢：リバウンド用ネットまたはパートナーに3m離れて正対し、足を肩幅に開いて楽な姿勢で立つ。両手でボールを持ち、肘を曲げて片側の肩の上に持ち上げる。

準備動作：反動動作から開始する（プライオメトリックスの投てきにおける反動動作には、実際に投げる前に腕をわずかに後ろに引く腕のコッキングが使われる）。

腕の動作：両腕の肘を伸ばし、ボールをリバウンド用ネットまたはパートナーに向かって投げる。リバウンド用ネットまたはパートナーから戻ってきたボールを反対の肩の上でキャッチしてただちに投げ返す動作を繰り返す。

注：使用するボールを重くすることで、強度を高めることができる。最初は、0.9kg（2ポンド）のボールから始める。

上半身のプライオメトリックドリル
スロー（投てき）

18.45　シングルアーム・スロー

強度レベル：中。

投てき方向：前方。

用具：0.5～2.3kg（1～5ポンド）のメディシンボールまたはプライオメトリックス用ボールと、リバウンド用ネットまたはパートナー。
開始姿勢：リバウンド用ネットまたはパートナーに3m離れて正対し、足を肩幅に開いて楽な姿勢で立つ。片手でボールを持ち、肩を90°外転、肘を90°屈曲し、前腕が床に対して垂直になる姿勢をとる。
準備動作：反動動作から開始する（プライオメトリックスの投てきにおける反動動作には、実際に投げる前に腕をわずかに後ろに引く腕のコッキングが使われる）。
腕の動作：片腕でボールをリバウンド用ネットまたはパートナーに向かって投げる。リバウンド用ネットまたはパートナーから戻ってきたボールを、最初の姿勢で肩をやや外旋させながらキャッチする。そして、ただちに投げ返す動作を繰り返す。

注：使用するボールを重くすることで、強度を高めることができる。最初は、0.5kg（1ポンド）のボールから始める。

注2：このドリルは、自然な投動作で行ってもよい。

上半身のプライオメトリックドリル
スロー（投てき）

18.46　パワードロップ

強度レベル：高。

投てき方向：上方。

用具：0.9～3.6kg（2～8ポンド）のメディシンボールまたはプライオメトリックス用ボール、パートナー、高さ30～107cmのプライオメトリックス用ボックス。

開始姿勢：頭をボックスの近くに置いて仰向けになり、両肘を伸ばして、肩を約90°屈曲させて上方に伸ばす。パートナーはボックスの上に立って、選手の腕の上にメディスンボールを構える。

準備動作：なし。

腕の動作：パートナーが落下させたボールを両腕でキャッチし、ただちにパートナーにボールを投げ返す。
注：使用するボールを重くする、あるいはボックスを高くすることで強度を高めることができる。最初は、0.9kg（2ポンド）のボールで30cmの高さから始める。

上半身のプライオメトリックドリル
プライオメトリック・プッシュアップ

18.47　デプス・プッシュアップ

強度レベル：中。

ジャンプの方向：垂直。

用具：2.3～3.6kg（5～8ポンド）のメディスンボールまたはプライオメトリックス用ボール。

開始姿勢：両手をメディスンボールの上に乗せ、肘を伸ばした腕立て伏せの姿勢をとる。

準備動作：なし。

下方への動作：メディスンボールから素早く両手を外し、身体を下へ落とす。両手を肩幅よりやや広げ、肘をやや曲げて着地する。胸がメディスンボールに接触する直前まで肘を曲げる。

上方への動作：ただちに肘を完全伸展することによって、爆発的にプッシュアップする。素早く手のひらをメディスンボールの上に置いて、このエクササイズを繰り返す。

注1：上昇動作中に上半身が最も高くなったときに、手がメディシンボールよりも高くなるようにする。

注2：使用するメディスンボールを大きくすることで、強度を高めることができる。最初は、2.3kg（5ポンド）のボールから始める。

体幹のプライオメトリックス

18.48　45°シットアップ

強度レベル：中。

用具：0.9〜3.6kg（2〜8ポンド）のメディシンボールまたはプライオメトリックス用ボール、パートナー。

開始姿勢：腰を下ろし、体幹を約45°の角度に傾ける。パートナーはメディシンボールを持って、選手の前に立つ。

準備動作：パートナーは選手が前に伸ばした両手に向かってボールを投げる。

下方への動作：パートナーがボールを投げたら、両手でボールをキャッチし、できるだけ体幹の伸展動作が生じないようにしてただちにパートナーにボールを投げ返す。

注：使用するボールを重くすることで、強度を高めることができる。最初は、0.9kg（2ポンド）のボールから始める。

注2：パートナーにボールを投げ返すための力を、主に腹筋を用いて発揮する。

重要語句

償却局面（amortization phase）
バランス（balance）
バウンド（bound）
ボックスドリル（box drill）
コンプレックス〔複合〕トレーニング（complex training）
短縮性局面（concentric phase）
デプスジャンプ（depth jump）
伸張性局面（eccentric phase）
その場ジャンプ（jumps in place）
連続ホップ&ジャンプ（multiple hops and jumps）

筋紡錘（muscle spindle）
増強効果（potentiation）
パワー（power）
プッシュアップ（push-up）
直列弾性要素（series elastic component：SEC）
スタンディングジャンプ（standing jump）
伸張反射（stretch reflex）
ストレッチ−ショートニングサイクル（stretch-shortening cycle：SSC）
スロー（投てき）（throw）

例題

1．ストレッチ−ショートニング（伸張−短縮）サイクル（SSC）の局面でないのはどれか？
   a. 償却局面
   b. 短縮性局面
   c. 伸張性局面
   d. 等尺性局面

2．素早い動作を検出し、伸張反射を引き起こす構造はどれか？
   a. ゴルジ腱器官
   b. 筋紡錘
   c. 錘外筋線維
   d. パチニ小体

3．下半身のプライオメトリックトレーニングプログラムを開始する前に評価するべき項目はどれか？
   Ⅰ. バランス
   Ⅱ. 筋力
   Ⅲ. トレーニング歴
   Ⅳ. 除脂肪体重
   a. Ⅰ、Ⅲ
   b. Ⅱ、Ⅳ
   c. Ⅰ、Ⅱ、Ⅲ
   d. Ⅰ、Ⅱ、Ⅲ、Ⅳ

4．次のプライオメトリックドリルのタイプのうち、一般的に最も強度が高いと考えられるのはどれか？
   a. その場ジャンプ
   b. バウンド
   c. デプスジャンプ
   d. ボックスジャンプ

5．プライオメトリックトレーニングのワークアウトにおける運動−休息比として最も適切なものはどれか？
   a. 1：5
   b. 1：4
   c. 1：3
   d. 1：2

CHAPTER 19

Program Design and Technique for Speed and Agility Training

スピードおよび
アジリティトレーニングのための
プログラムデザインとテクニック

Brad H. DeWeese, EdD, and Sophia Nimphius, PhD

▶ 本章を終えると

- スプリントや方向転換、アジリティのパフォーマンスを支えるバイオメカニクス的な構造について述べることができる。
- 移動様式やテクニックの指導に適切な動作原理を適用することができる。
- 特異的な動作の課題を行うのに必要な能力やスキルを分析することができる。
- スプリントや方向転換、アジリティ能力を効果的にモニターすることができる。
- スピードや方向転換、アジリティを向上させるうえでしっかりした手段および方法を適用することができる。
- 競技パフォーマンス向上を最大限に引き出すためのトレーニングプログラムをデザインし、実施することができる。

著者らは、本章の執筆にあたって多大な貢献をいただいた Steven S. Plisk に感謝の意を表します。また、Matt L. Sams; Chris Bellon, MA, CSCS; Satoshi Mizuguchi, PhD; N. Travis Triplett, PhD, CSCS*D, FNSCA; Jared M. Porter, PhD, Adam Benz, MS, CSCS; Tania Spiteri, MS にも感謝申し上げます。

本章では、スピードや方向転換、アジリティ能力を向上させることについて取り上げる。スピードという用語は、選手が身体的パフォーマンスの1つまたはすべての側面を示す場合に用いられることがしばしばあるが、選手育成においてはバイオメカニクス的な要求が異なる結果として、下支えするさまざまな身体的能力およびスキルが必要となることを理解することが重要である。身体パフォーマンスに関するこれら3つの重要な側面は、以下のように定義することができる。

- スピード——動作速度を高めるために必要なスキルと能力
- 方向転換——動作の方向や速度、様式を急激に変化させるために必要なスキルと能力
- アジリティ——刺激に反応して動作の方向や速度、様式を変化させるために必要な技術と能力

　試合の中でより速く走る能力は、ほとんどの競技種目で求められる競技特性である。さらに、身体活動中に素早く方向転換する能力によって、相手選手のスピードの効力をそぎ、プレーのフィールドにおける身体的・戦術的な優位性をもたらすことができる。これらのシナリオはすべて選手の「スピード」が関わっているようにみえるが、この認識された「スピード」は、上に列挙した3つの質の1つあるいは3つの組み合わせとなるだろう。スポーツにおいて、ヒトの高速の移動は直線的あるいは多方向に分類される。直線で速いスピードを生み出すことは一般的にスプリントと呼ばれ、多くの陸上競技種目や屋外のランニング種目（訳注：たとえばマラソン競技）のゲームベースの状況では成功のための基礎となる要求である。直線的なスピードはチーム競技においても重要であるが、プレー自体は主に多方向である。結果として、これらの選手の成功は、速く効果的な方向転換を通して常に変化するゲーム展開（試合の筋書き）へ反応することに部分的に依存する一方で、スピードは加速し最大速度に到達する能力を必要とする。

　ほとんどのスポーツの性質上、選手は予め方向転換を行うのを予定したシナリオを持っているが、それらの活動（例：ルート、プレー、予測パターン）の実施を制限するのは選手たちの身体的能力だけである。減速して再加速するときに方向を変え、ときには異なる移動様式も用いる身体的能力は方向転換能力だが、アジリティ（敏捷性）は方向転換能力に知覚認知能力を組み合わせることを必要とする。このことが、スピードや方向転換、アジリティの間の類似点と相違点を際立たせている。たとえば、加速は方向転換およびアジリティ能力の一部であるが、減速能力といった追加的な側面や、動作様式の違いにより、スピードのためのトレーニングと方向転換およびアジリティのためのトレーニングとの間に違いが生じる。方向転換のための身体能力は、アジリティの構成要因の1つとなるかもしれないが、知覚認知の要素がアジリティの身体的な需要に影響を及ぼす。したがって、本章を読み進める際に、これらの特質には重なり合う部分があるものの、それぞれの身体的パフォーマンスを改善するには異なる身体的・技術的・知覚認知的な向上が求められるということを理解する必要がある。

　競技選手がスプリントあるいは方向転換を行うとき、選手のパフォーマンス（遂行能力）は身体的能力と技術的な習熟の関数として捉えることができる。有酸素的な競技においては、バイオメカニクス的・代謝的な効率がパフォーマンスを下支えしているが、その一方で、効率的に力を適用することにより、スピードや方向転換、アジリティは限定されることになる。単純にいうと、これらの爆発的な動作は選手の筋力と、活動の制約の範囲内でその筋力を用いることの組み合わせの産物である。筋力はしばしば選手の力を生み出す能力と関連しているが、高いレベルの最大筋力がスポーツやスプリント、方向転換、アジリティにおいて求められる特性である一方で、アジリティ種目においては最大筋力を生み出し発現することを妨げる期間があるということを理解するのが重要である。

　スプリントの中で、力を適用することによって、競技選手は加速し、高速度を得ることができ、その速度を維持しようとする。方向転換能力は、加速に関連する力の適用と、スプリントにおける速度の獲得に加えて、減速させるための力の有効利用と、異なる方向への再加速が必要となる。さらに、アジリティのパフォーマンスは方向転換だけでなく、（ディフェンダーやボールなどの）刺激に反応して方向転換するという働きもあると考えられる（4）。この

ような理由により、ストレングス＆コンディショニング専門職は、トラックとフィールドの両方でスピードや方向転換、アジリティの促進に貢献する身体的特性の発達に関わるトレーニングを選択することになると認識すべきである。

▶ スピードは、加速し最大速度へ到達する能力を必要とし、アジリティパフォーマンスは知覚認知能力と減速後に再加速する能力の組み合わせを必要とする。

スピードとアジリティのメカニクス

動作のテクニックを実施するために、力を適用しなければならない——力は質量と加速度の積である。多くの競技における身体活動中、力を生み出すための時間は限られており、力を生み出すために利用できる時間に対して相対的な力を表すうえで2つの変数がある。

- **RFD（力の立ち上がり速度）**——最小限の時間で最大の力を生み出すことであり、爆発的な筋力の指標として一般的に使用される。(3)。

- **力積**——生み出された力と、生み出すのに要した時間の積であり、力−時間曲線下面積として表される。力積−運動量関係により、力積は物体のモーメントの変化の程度を決定づける。

スプリント、方向転換、アジリティの物理学

力とは、2つの物理学的な物体の相互作用を表す。力はベクトル量、つまり大きさと方向を持つ量である。伝統的に、力は物体がお互いに押す、または引くことにより、2つの物体が同じ空間を占めることが避けられるというように表現されてきた。この質量の動きが、物体の速度を変化させ、**加速**を引き起こす。

ストレングス＆コンディショニング専門職の間では、**速度**と**スピード**という言葉は交換可能なように用いられることがしばしばある。スプリントとアジリティのパフォーマンスについて適切に議論するうえで、これらの用語は区別する必要がある。スピードはスカラー量であり、その物体がどのくらい速く動くかのみを表す。スピードはどのくらいの距離を進むかの割合（レート）である。力と同じように、速度はベクトル量である。速度は、その物体がどのくらい速く動くかと、その動く方向の両方を表す。

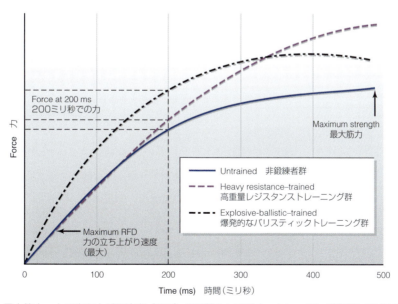

図19.1 時間、最大筋力、力の立ち上がり速度（RFD）の関数としての力。トレーニングを積んでいない人（青色の実線）、高重量レジスタンストレーニング群（紫色の破線）、爆発的バリスティックトレーニング群（黒色の一点鎖線）の0.2秒間の力を示している。力積は生み出された力と、生み出すのに要した時間の積であり（力−時間曲線下面積として表される）、RFDを改善することによって増加する。機能的な動作が行われたとき、力は非常に短い時間（0.1〜0.2秒）に加えられ、絶対的な最大の力発揮には0.6〜0.8秒かかる。

Häkkinen and Komi, 1985 (46). より許可を得て転載。

簡潔に表現すると、速度は方向を伴うスピードである。

　加速とは、その物体の速度がある時間の中で変化する割合のことである。いったん力が物理的な物体に働くと、その質量は方向を変え、占めていた空間を離れる。物体の加速は、速度を変化させる外力が働き続ける限り継続する。実践的な状況においては、高速度から低速度へと変化することを表す際に、**減速を負の加速**へと置き換えられる。

RFD（力の立ち上がり速度）

　スポーツの事例においては、力を素早く生み出す能力は最大の力を生み出すよりも望ましい特質であるということはほぼ間違いないだろう（89）。高いレベルで最大の力を生み出す能力は、ジャンプ高やその他競技の中で用いられる尺度を用いてパフォーマンスが改善することが示されているが、ほとんどの試合展開では、時間的な枠組み（タイムフレーム）の中で最大の力を発揮できるようなことは起こらない（19）（訳注：実際の試合場面では、最大の力を出すような時間的な余裕はほとんどないだろう）。具体的には、最大の収縮力を生み出すのには少なくとも300msという時間がかかるが、多くのスポーツ活動において用いられる時間は0～200msにとどまる（図19.1を参照）（1）。このような理由で、スポーツの状況においては、動作のタイミングに制限があり、爆発的能力の測定にはRFDがより有用である（5）。RFDは力の変化を時間の変化で除したものとして表される（89）。

　ある質量を加速させる能力は、外力が適用された結果として起こる速度の変化に依存する。したがって、実務的な見地から、より高い加速能力に到達したい選手はより高速（時間に対する速さ）で力を適用させるべきである。

力積

　物体の位置を変化させるとき、速度の変化を生み出すために力が加えられる必要がある。力を生み出すことを通じてスピードを高めようとする選手が、一瞬で力を加えるということは起こらない。実際に、力が加えられるのは、スプリントにおける立脚局面（図19.2）あるいは方向転換におけるプラント局面（足の接地局面）である。立脚局面あるいはプラント局面の時間の長さを**接地時間**と呼ぶ。地面に対して力が加えられた時間と、加えられた力の大きさを乗じたもの（積）を力積と呼び、グラフにすると力－時間曲線下面積として表される。力積の変化は、選手の運動量の変化を意味するので、そのことが選手の加速あるいは減速の能力となる。

　図19.2は、加速局面（図19.7：後述）と最大速度局面（図19.8）を比較したときの垂直および水平の力の大きさの違いを示しており、これはそれぞれの局面における股関節の最大伸展時に力を生み出すために用いられる2つの姿勢の違いを反映している。さらに、これらの2つの概略図は、力積の概念について示しており（力－時間曲線下面積を示す）、制動局面においては負の水平力が、また推進局面においては正の水平力が示されている。これら2つの局面の力積は、垂直の点線で示されている。最大速度

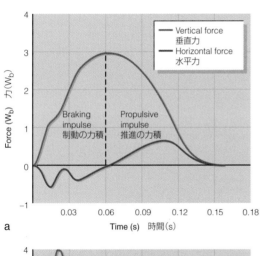

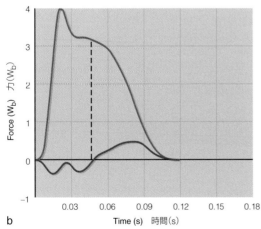

図19.2　（a）加速局面における、また（b）最大速度局面におけるスプリント時の地面反力と力積。Wb＝体重。

局面中、非対称的に力が生み出されており、RFDが非常に高いことで、加速局面と比較して接地時間がより短いということがわかる。

運動量は、物体の質量と動きの速度との関係として定義される。スプリントの間、選手の身体の質量は一定である。したがって、同じ時間内でより大きな力積に到達するには、より大きな力を生み出せばよい。この力積の増加は、選手が方向転換の前に加速するか、あるいは再加速、はたまた減速しようとするかによって、運動量の増加または減少が決まる。言い換えると、力積の変化は運動量の変化であり、物体の動きに変化を引き起こす。

人の移動において、個々のステップ（一歩ずつ）という時間の中で生み出される力の大きさは、それがうまくいくかどうかにとって重要である。これらの力の変化により、選手の運動量の増加または減少が可能となる。この理由により、トレーニングはRFDに加えて力積（力－時間曲線下面積）に注目すべきである。

ここでは、パワーについては力と速度から導き出されるものであるため、議論しなかった。パワーは、本質的には、最大の爆発的パフォーマンスを示す力学的構成概念ではないと考えられる（32）。実際のところ、パワーの値は専門職に対してパフォーマンスへの示唆を完全に有用な方法で与えるものではない。なぜなら、パワーの値は力によって得られたのか、あるいは速度によって得られたのかが不明確だからである。力やRFD、力積が直接的な尺度であることを理解していれば、さらなる洞察を得ようとする際に、より複雑な手続きで導き出された値などが、とくに必要となることはない。

スピードのための現場への活用

自らの身体をトラックあるいはフィールドの中で占めていた位置から移動（変位）させるためには、競技選手は重力の作用を克服して力を効率的に生み出し、速度に正の変化をつくり出さなければならない。短距離のスプリントにおいて、到達しうる最高速度まで加速するには努力を必要とし、それは生理学的要因によって大きく決定される。これらの力あるいは努力は、最大随意収縮に必要な時間より短いことがしばしばである時間的制約の中で素早く生み出される。この理由のため、スプリントで成功する

ためには、RFDがより重要な要因となるかもしれない。さらに、スプリントの成功は短時間で力を生み出せるかどうかに大きく依存するため、力積は下支えする重要な要因となる。

方向転換とアジリティのための現場への活用

ある時間内に制動力を生み出す力は制動力積と呼ばれ、加速においてのみ要求されるのではないため、方向転換あるいはアジリティを行う際にも考慮されるべきである。効果的・効率的に運動量を変えるために必要となる力積の大きさは、方向転換に必要な物理的要求を直接的に反映したものとなる。たとえば、必要となる方向転換の角度が大きいほど、あるいは方向転換する際の進入速度がより速くなるほど、運動量を変えるのに必要となる力積は大きくなる。したがって、物理学的にそのような活動を行うことは、物理的に見ればより厳しくなる。さらに、アジリティの知覚認知の側面によって時間的制約が課せられ、刺激に反応してうまく方向を転換するために必要となる力（および力積）を生み出すことを可能とする時間が制限されることによって、身体への物理学的需要は影響を受ける。

スピードのための神経生理学的な基礎

スプリントやアジリティ、方向転換はすべてスポーツの状況で生起する力動的な力の生産が表現されたものである。ストレングス＆コンディショニング専門職は、これら競争に有利な特質を高めるのを手助けするよう依頼されることがしばしばあるため、これら力の尺度が動作中にどのように生み出されるかについての概要を知っておく必要がある。

神経系

神経筋の機能は、中枢神経系（CNS）と筋の活動との相互作用が最終的に、筋収縮のレート（時間あたりの速度）と筋力に影響を及ぼすため、スプリントのパフォーマンスの良し悪しに関わるきわめて重要なものである。ストレングストレーニングやプライオメトリックトレーニング、スプリントトレーニングの組み合わせにより、神経筋系に適応が起こり、

これがスプリントパフォーマンスに寄与する可能性が高いことが研究により示されている。ストレングストレーニングは、**神経駆動**を促進し、神経筋から目標となる筋へと送られるインパルスの速度と強度を高める。神経駆動が高まることは、活動電位が起こるレートの増加を示し、生み出される筋の力とレートの増加と関連する。同様に、プライオメトリックトレーニングにより、高閾値運動神経の興奮性の増加が示されている。興奮性の増加は、最終的に神経駆動を促進する。結果、神経駆動の増加はRFDおよび力積の増加に寄与するかもしれない。

ストレッチ－ショートニングサイクル

多くの機能的動作は、予備的な弾力的な反動動作で始まる。この反動動作には、**ストレッチ－ショートニング〔伸張－短縮〕サイクル（SSC）**と呼ばれる、伸張性－短縮性活動が連続する現象が関わる。ストレッチ－ショートニングサイクルでは、筋－腱複合体が素早く強制的に伸ばされる伸張負荷がかかり、それに反応して弾性的に筋が素早く短縮する。実践的に表現すると、SSCは伸張性筋活動から短縮性筋活動に素早く切り替わる動作のなかで起こっている。したがって、SSCの動作は、とくにランニングやジャンプなど、爆発的な速度変化を伴うスポーツに広くみられる。それらのパフォーマンスは、一流選手においては最大筋力とは性質の異なる独立した資質である（35,45,46,71,72,80,87,99）

ストレッチ－ショートニングサイクルは、（1）筋腱複合体固有の振る舞い、（2）運動神経系への力と長さの反射フィードバックの2つを活用している（3,4,9,14,25）。ストレッチ－ショートニングサイクルは、短期的には弾性エネルギーの回復により力学的有効性や力積を急激に増大させ、長期的には、筋のスティフネスを高めて神経筋活動を強める働きを持つ（35,45,46,71,72）。ストレッチ－ショートニングサイクルの働きの向上を目的としたトレーニングには、以下の2点が求められる（36,71,72,80,87）。

- キネティックチェーンを通じて力を伝達し、弾性－反射メカニズムを利用する技術を伴う多関節動作を実施する。
- 疲労を管理し、動作の質とテクニックに重点を置くために、短時間に抑えるか、休息時間を頻繁にはさむ。

これらの目的は漸進的なプライオメトリックトレーニングと高重量レジスタンストレーニングの組み合わせによって達成できる。この戦略の興味深い例が、**コンプレックス（複合）トレーニング**であり、これは同一セッション内でストレッチ－ショートニングサイクル課題と高負荷レジスタンストレーニングを交互に実施して運動効果を高めるというものである。この方法の基礎となっているのは、**活動後増強**と呼ばれている急性の後発作用現象である（37,66,69）。このトレーニング手法は、上級競技者のパフォーマンス強化手段として普及しつつあるが、初心者や若年層の選手には不適切である可能性もある。

ばね質量モデル

ストレングストレーニングおよびスピードトレーニングにさらされることで、スプリントで用いられる筋組織の事前活性化が高まることと結びつくかもしれない（43,46）。予備的緊張（プリテンション）の開始が、関連する筋紡錘の感度の亢進と関連している可能性がある。筋紡錘からのフィードバックに必要な時間の改善が、筋のスティフネスおよび腱のコンプライアンス（粘弾性および伸展性）をより高いものにする結果となる（44,48,68）。この生理学的な条件がSSCの元となっていて、**ばね質量モデル（SMM：spring-mass model）**の下支えとなる。SMM（図19.3）は、身体の質量が、生み出されたエネルギーの余効（aftereffect）を受け、筋構造内部の全体的なバネ様の伸び縮みを通して運ばれ、変位するという人間の移動の一種としてのスプリントを描写した数学的モデルである（10,21,27,29）。ランニング周期を一巡する間、片方のバネが圧縮し、選手の身体を前方へと推進する。同時に、もう片方のバネは接地に向けた準備として前方に振り出される。

直立でのスプリント中、バネの圧縮は足の一部が接地したとき（フットストライク）に始まり、水平方向の制動力が生じる。この急激で短い減速が、それに続くステップに備えて脚を前方に振り出すことを手助けする。質量中心が前足部の上へと移動したときを、ミッドスタンス（立脚中期）という。SMMによる解説をすれば、バネが最下点に至るまで圧縮

されるのと、ミッドスタンスにおける質量中心の低下が同時に起こる。最終的に、このモデルは圧縮されて縮んだバネが伸展したときの戻りのエネルギーで生起する蹴り出しの局面を説明する。この結果として生じるエネルギーと力の戻りは、スプリント選手を前方に突き動かす。

SMMは、直立した高スピードの走動作に注目するための概念的なフレームワークを提供するが、最近の研究では一流スプリント選手の立脚局面を記述する際に、このモデルでは限界があることを示唆している。図19.2に示すように、一流スプリント選手の最大速度局面における垂直力の多くは、接地の前半で生み出されるため、古典的なSMMで説明されることから逸脱する傾向にある。対照的に、多くのチームスポーツやフィールドを主とするスポーツのようなスプリント選手としては一流とはいえないほとんどの選手は、図19.3で示すようにSMMで記述される垂直力がより左右対称に近い立脚局面を示す(17)。このように、SMMは、SSCや筋スティフネス、スプリントの間の関係を記述する手段として用いられるべきである。実際に、ある走速度においてストライド頻度が増加するにつれて、脚のバネの特質の中で最も重要なものは、筋スティフネスの増加である(29)。

▶ スプリントは高スピードで動くことが求められるため、ストレングス＆コンディショニング専門職はSSCに関連した股関節および膝関節領域の筋に過負荷がかかり、神経駆動が亢進することが明らかにされているエクササイズの処方を重要視すべきである。

方向転換とアジリティの向上における神経生理学的考慮事項

これまでに述べたスピードパフォーマンスの神経生理学的な側面に加え、方向転換およびアジリティに関して考慮する要因がほかにもある。図19.4に示すプラント局面（足の接地局面）における接地時間の長さを比較すると、アジリティ（0.23〜0.25秒）(7)、あるいは方向転換（0.44〜0.722秒）(8,39,54)は、スプリントの加速局面（0.17〜0.2秒）(4)および最大速度局面（0.09〜0.11秒）(92,93)のいずれの接地時間よりも長い。これに基づけば、ほとんどの方向転換はより長いSSCの活動を必要とする。

アジリティを遂行する上で、効果的な制動は重要な部分をなすため(83,84)、以下の2つの理由から、高速度で力の大きな伸張性筋活動にかかわる神経筋の発達を考慮する必要がある。第1に、短縮性筋活動において求められる適応すなわち運動単位の動員経路は、伸張性筋活動において求められるものとは異なるためである(28)。第2に、伸張性筋活動に対する適応は、その伸張性負荷の速度に特異的であるためである(62)。加えて、効果的なアジリティのパフォーマンスのために選手をトレーニングするには、方向転換のための神経生理学的要求以上に知覚認知的要求についての知識が必要となる。アスリートに求められる知覚的認知は、視覚的探査におけ

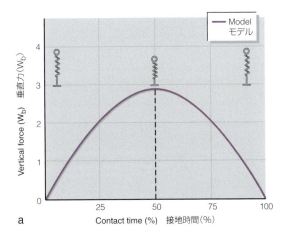

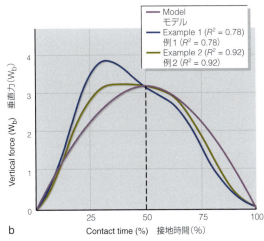

図19.3 スタンス局面中において、単純なばね質量モデルと比較した地面反力。スタンス局面の初期の接地において、脚（図中ではばねとして示されている）が圧縮されていないこと、その後ミッドスタンス局面中、すなわち地面反力が増加するときに圧縮される（図中ではばねの長さの変化として示されている）ということがモデルで示されている。
Clark and Weyand, 2014 (17).より、許可を得て転載。

図19.4 方向転換動作におけるプラント局面は、スプリント中ではスタンス局面に該当する。方向転換動作におけるこの時点は、減速のステップと加速のステップの間の移行を示す。減速のモーメントにおいて身体の姿勢と、力強い体幹の姿勢を維持する能力と、新しい方向へ身体の向きを変える能力が、パフォーマンスにおいて非常に重要である。

るスキャンニングや予測、意思決定、反応時間などの能力に関連するだけでなく、戦術的状況（攻撃対防御）によって求められる脳の情報処理過程に変化をもたらす（82,85）。

　SSCおよび伸張性筋活動トレーニングを含む神経生理学的要因に関する方向転換やアジリティにおいて求められるさまざまな要求について、またSMMにおける時間の長さあるいは方向転換の方法の要求に関する示唆についての理解が進むにしたがって、アジリティを向上させるために必要となるトレーニングがより明確になってきている。さらに、アジリティを遂行する際の神経生理学的な要求は、身体的要求に端を発して戦術的状況に特異的な知覚認知的要求にまで応用される。

ランニングスピード

　スプリントは、遊脚局面（滞空局面）と立脚局面（支持局面）を組み合わせた一連の動作、すなわち、ストライドとして知られており、身体を最大加速、ないしは最大速度（もしくはその両要素）で走路を移動しようとして組み立てられるもので、通常、距離が短く、か、時間は短い。スプリントは、15秒未満の素早く、ペースが一定でない最大努力のランニングと表現されている（67）。しかしながら、古典的なスプリントスピードの定義では、ストライド長とストライド頻度の間の関係が述べられてきた（53）。

　この理解に基づけば、ストライド長を伸ばす、または、ストライド頻度を高めることによってスプリントスピードを高めることができる（図19.5）。このようにパフォーマンス変数を高めるような変化は論理的ではあるが、ストライド長およびストライド頻度の最大化を裏付ける構成要素は、急激な力の産生と関連している。

- 一流スプリント選手と初心者の違いは、単一の要素で解明することができる。最近のスプリントに関する研究（13,52,93,94）では、立脚局面において、地面に加えられる垂直力の大きさが、スピード向上において最も重要な要素である可能性が高いことが示唆されている。加えて、これらのより大きな力を地面に与えるのは、できる限り短い時間で行わなければならない（RFD）。
- 質量の占める位置を動かす変位を実行するには、力を加えることが必要となる。スプリントにおいては、ストライド長は質量の変位を表す。一流の男性スプリント選手は、ストライド長が2.70mに達するが、初心者のスプリント選手におけるストライド長は最大速度において2.56mである（図19.6a）（52）。
- 地面との接触は、力を生み出し続けつつ、そのことと連続して行う速度の変化を継続するうえで必要であるため、ストライド率を高くすることは、理論的には力を生み出すのに用いる時間を最大化するだろう。一流の男性スプリント選手は、約4.63歩/秒というストライド率を示すが、初心者では4.43歩/秒未満である（図19.6b）（52）。言い換えると、一流スプリント選手は自身の質量を変位させようと努力する際、必要となる接地時間がより少ない。したがって、これらのより速いスプリント選手は、より頻度の高いストライド率によって、より長い時間にわたって空中にいるのである。興味深いことに、一流スプリント選手はスイング脚の位置を戻す際の時間は、より遅い選手と同様である（52,94）。

　次の接地により、次の立脚段階以降の分節を形成するまでに必要な時間は、一流スプリント選手と初

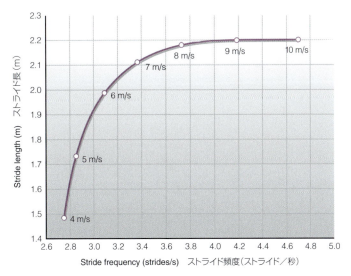

図19.5 ランニング速度の関数としてのストライド長とストライド頻度の関係。
Dillman, 1975 (26). より改変。

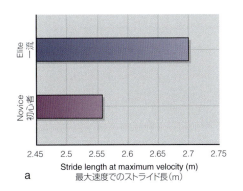

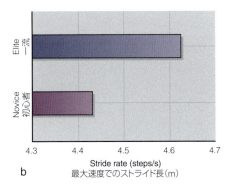

図19.6 レベルの異なるスプリント選手における（a）ストライド頻度、（b）ストライド頻度
データはMann (52). より

心者で同様であるが、一流スプリント選手は垂直力を適切な方向へ向けて、自分をより遠くへ推進させることができる。Mann（52）は、リカバリー脚の最大屈曲時に膝の高さが最適化されることにより、垂直力がトラックに対してよりよく方向付けられる

ことが大切であると示唆している。膝をより高い位置に引き上げることにより、力を産生し、その後に続く地面で行われる償却（訳注：運動量の保存）のための時間がもたらす。この技術的に有利な点は、なぜ一流選手が立脚局面の前半において力のほとんどを生み出す傾向にあるのかについて、さらなるエビデンスとなるかもしれない。

　加えて、より速いスプリント選手は、短い立脚局面において大きな力を継続的に加えることを通して、より高速度に到達することができ、このことにより、高いレートで長いストライドという結果につながる。一流選手の間では、男性スプリント選手で12.55m/s近くに達する結果となるが、初心者では12.25m/sにとどまる。議論の余地はあるものの、力を生み出すことは制限因子となるが、技術的効率性や、トレーニングのデザインが適切かどうかも、スプリントのスピードの限界を決定づける。

> スプリントのスピードは、ストライド長とストライド率によって決定される。より成功を収めるスプリント選手は、地面に対して適切な方向へ力を加えている結果、ストライド長がより長く、またより頻度の高いストライド率を示す。これらの知見は、RFDや適切なバイオメカニクスがスプリントのパフォーマンスに影響を及ぼす主な制限要因のうちの2つであることを示唆している。

スプリントテクニックのガイドライン

　直線でのスプリントは、スタート、加速（図19.7）、

図19.7 初期加速（スタート）および加速中のスプリントテクニック。

図19.8 最大速度におけるスプリントテクニック。フライト局面の後期から初期のサポート局面；サポート局面の中期；後期およびつま先の離地。

トップスピード（図19.8）などの一連のサブタスク（下位課題）によって構成されている。スプリントにおけるこれらの局面、は技術的には区別されるが、一連の立脚局面および遊脚局面（飛行局面）を通して最大スピードで意図的に下肢を動かすことが求められる。立脚局面は、さらに2つの期、すなわち伸張性制動期と短縮性推進期に分けることができる。対照的に、遊脚局面はスイング脚の**リカバリー**（訳注：回復＝後方への蹴り出しを収束させながら前方への振出を開始する）、**接地準備**という分節で構成される。

図19.9は、図19.7および19.8に示したスプリントテクニックのチェックリストである。ここで推奨している事柄は直線でのスプリントに基づいており、指導する際の指示と動作の評価の両方において有用である。図19.10は、最高速度のスプリントで起こる基本の動作を記述したものである。

技術的な誤りとコーチング

スプリントで起こりやすい多くの誤りと、原因である可能性の高いこと、修正のためのコーチングについて表19.1で取り上げている。かなり頻繁にあることだが、これらの誤りは、コーチングにおける不適切な指示、可動性が不十分であること、選手の正常な脚の運びを阻害する外部からの干渉によって、誤った方法で力を使ってしまった結果である。たとえば、選手はコーチングドリルの結果（例えば、スピードを得ようとしてトラックに広い間隔をあけて設置されたマークに合わせてストライドを伸ばそうとする）、あるいは急激にストライド長を長くすればレースで相手選手に「追いつく」ことが可能になると信じて、オーバーストライドになる可能性がある。どのような理由であったとしても、コーチの狙いは選手の脚の運びのサイクルを最適化するような、地面への適切な力の伝達を通して選手のスピードを促進することである。

トレーニングの目標

スプリントの大きな目標は、地面へ適切に力を加えることを通して、最適なストライド長およびストライド頻度を達成することである。大きな力の伝達は、短い立脚局面の中で起こらなくてはならず、これを接地時間と呼ぶ。加速局面の間、推進力は股関節のスピードがこれ以上上がらないポイントまで押し上げるのを補助している。スプリントのこの部分

第 19 章　スピードおよびアジリティトレーニングのためのプログラムデザインとテクニック　**575**

スプリントテクニックのチェックリスト：スタート、加速、最大速度

スタート（図19.7）
　スタートから爆発的な力を届けるうえで必要な力を生み出すために重要となるセグメント角度を用いたセットポジション（ブロック、3または4ポイントスタート）を通して、バランスのとれた体重の配分を行うことを意図すべきである。

- 前脚の下腿部の角度は、一流スプリント選手では約90°である。
- 後脚の下腿部の角度は、一流スプリント選手では約133°である。

両脚で積極的な伸展を行う。

- ブロックあるいは地面に対して最大に力を作用させる（押す）ことを通して、高い水平速度を生み出すことを目標とすべきである。
- スタートのクリアランス（0.28秒）の間、両脚は合わせて約905Nの力を生み出す。
- 静的なスタート姿勢に打ち勝つために、スプリント選手は体重を支えるために垂直力を生み出すことに加え、身体の重心を上方へ移動させてランニング姿勢にする必要がある。
- 垂直力は身体の重心を適切に上げるうえで必要であるため、ブロッククリアランスと続いての2歩において最も大きい。

スタートのクリアランスは、いったん脚が伸展近くとなるフロントブロック姿勢になったときに生じる。

- 男性の一流スプリント選手におけるブロッククリアランス中の前脚の下腿の射出角度（膝で計測）は、約160°である。
- 第1歩のスタートラインから接地までの最適な長さは0.5mである。
- 一流スプリント選手におけるスタート速度は5m/sに達することがある。

加速（図19.7）
最初の数ステップ

- スタートのクリアランスおよび最初の数ステップの加速の間、スイング脚のリカバリーは、つま先が地面ぎりぎりの高さにすべきである。
- 一流の男性スプリント選手は、5.26歩/秒というストライド率を示すが、初心者では3.45歩/秒である。
- 一流の男性スプリント選手は、ブロックからの最初の2ステップで1.13〜1.15mというストライド長を示すが、初心者では平均して1.21〜1.50mである。
- より頻繁な接地回数を介して水平速度を増加させるため、一流スプリント選手におけるストライド長を短くし、滞空時間を短くする必要がある。
- スタートクリアランスの2歩目における平均接地時間は、一流スプリント選手では約0.123秒であるのに対して、初心者では0.223秒である。

　約20mまでに、ほぼ直立になる時点まで身体の重心は上がる。頭部はリラックスし、ニュートラルな姿勢となり、体幹と同じように上がる。

最大速度（図19.8）
　スプリント選手は、肩が股関節の真上に、さらにスタンス局面中は足関節の上にあるような積み重なった関節を示す。頭は力を抜いて視線を真っ直ぐ前方に向け、ニュートラルな姿勢を維持する。肩は下げたままにし、スタンスおよびスイング局面を通して両腕が両脚と同じサイクルで動くようにするために力を抜く。

- 一流の男性スプリント選手の水平速度は約12.55m/sに達するのに対して、初心者のスプリント選手における水平速度は11.25m/sである。
- 最大速度において、トップのスプリント選手は、それ以外の選手と比較して、より高いストライド頻度を示す。とくに、男性の一流選手は、4.63ステップ/sであるのに対して、初心者では4.43ステップ/sである。
- 一流の男性スプリント選手は、ストライド長が2.70mに達するが、初心者のスプリント選手におけるストライド長は最大速度において2.56mである。
- 一流の男性スプリント選手は、接地時間を0.087秒まで最小化する一方、初心者のスプリント選手では最大速度においても0.101秒のままである。

図19.9　スプリントのスタート、加速、最大速度におけるチェックリスト。
データはMann, 2011 (52). より

576　ストレングストレーニング&コンディショニング

最大速度のスプリントで起こる基本的な動作

フライト局面の初期
- エキセントリック（伸張性）股関節屈曲：大腿部の後方への回旋を減速する
- エキセントリック（伸張性）膝関節伸展：脚・足部の後方への回旋を減速する

フライト局面中期
- コンセントリック（短縮性）股関節屈曲：大腿部を前方へ加速する
- エキセントリック（伸張性）膝関節伸展→エキセントリック（伸張性）膝関節屈曲

フライト局面後期
- コンセントリック（短縮性）股関節伸展：足部の着地の準備のために大腿部を後方へ回旋させる
- コンセントリック（短縮性）膝関節屈曲：脚を後方へ加速し、膝の伸展を制限し、脚を着地前に止める（コンセントリックな膝屈曲により、着地時における制動を最小限にするのを助ける）

サポート局面初期
- コンセントリック（短縮性）股関節屈曲を継続：着地の制動の影響を最小限にする
- 短いコンセントリック（短縮性）膝屈曲に続いて、エクセントリック（伸張性）股関節伸展：膝を過伸展しようとする傾向に股関節および足関節が抵抗する。着地の衝撃を吸収する
- エキセントリック（伸張性）足関節底屈：衝撃を吸収し、脛骨が足関節に対して前方へ回旋するのを制御する。

サポート局面後期
- エキセントリック（伸張性）股関節屈曲：大腿部の後方への回旋を減速する。前方への離地の準備のために体幹を回旋させる
- コンセントリック（短縮性）の膝関節伸展：重心を前方へと推進させる
- コンセントリック（短縮性）底屈：推進を助ける

図19.10　最大速度のスプリントで起こる基本の動作のリスト。
Putnam and Kozey 1989 (65); Wood 1987 (95).より

表19.1　スプリントで起こりやすいテクニックの誤りや原因、修正

誤り	原因	修正
スタートおよび加速期		
スタートのクラウチング姿勢において股関節が高すぎる	動作の誤解	選手に対して1.5〜2足長の間隔を空け、後ろ側の脚を下げてスプリントのサーフェスに対してより平行になるようにすることによって、スタート姿勢を下げるように指導する。
ドライブ局面初期において、側方へステップを踏み出している。	不適切な力の配分	選手に対して、スプリントを始めるために地面に対して押す、あるいは地面を通してドライブ（駆動）するよう指導する。
選手の腕の動きが異常に不足し、小さい。	自然の腕のスイングに対する誤解	(a) 肘を下および後ろへ動かし、(b) ロープを引くような動作で両手を下および後ろへ引くよう、指導する。加えて、手がウエストよりも後ろへ行くよう、また身体の中間線（鼻と臍を結ぶ線）まで戻るように指示を出す。
背側の筋群の不必要な緊張、首の過伸展。	動作の誤解	頭が脊柱に並ぶように、体幹と頭はスプリントの加速および移行局面において同じように上がるように指導する。
最初の1歩あるいは数歩において、スタンス脚の膝より上に「ジャンプ」する。	プッシュオフ（押す）角度が大きすぎる。上方への推進力が急激すぎる	スタンス脚を跨ぎ越すというよりも、スタンス脚の脛を水平に切るように地面に対してスイング脚を動かすことによって動作を開始するよう指導する。加えて、スイング脚の足部を加速局面を適切に始めるために地面に近づけておくよう指示を出すこともある。
直立姿勢が不完全。	押す力が不十分。不適切な頭の移動	自然な体幹の傾きを維持しながら、地面を押すのを継続するよう、指導する。頭を上げることで体幹が急激に上がり、その結果、加速パターンが最小化されることがあるので、頭が脊柱に並ぶような指示も行う。

（続く）

表19.1 （続き）

誤り	原因	修正
最大速度		
脛が明らかに垂直な場合に加速局面を表面的に維持しようと意図する。	動作パターンの不適切な理解	膝および股関節が垂直になるにつれ、体幹および頭も垂直にするよう指導する関節が積み重なった（肩から股関節、足関節が一直線に並んだ）ままの状態で、股関節が上がる感覚が得られるようにする。この姿勢により、走行するサーフェスに対して適切に力を伝達することが可能となる。
スイング脚の膝の高さについて、適切な前側のメカニクスを示していない。	不適切な力発揮	スイング脚の膝の高さ（前側のメカニクスと伝統的に呼ばれている）が、地面反力を示すことを思い出させる。膝を上げるようにという不適切な指導では、さらに力の伝達が不適切になるという結果となり、最終的にスプリント種目において自然に用いられる筋が変化してしまう。
ストライドが大きすぎる。	力の適用に関する誤解	スプリント種目における成功は、短い時間内に大きな垂直力を生み出す能力によってもたらされる。ストライドが大きい選手は、接地時間を長くすることを介してスピードを高めることを意図しているが、最終的にストレッチ-ショートニングサイクルの効果を弱めてしまう。選手には、「自分のレーンを走るように」、また自然な走行サイクルを維持するよう指導する。
ハムストリングスの慢性的な傷害あるいは痛み	可動性が不十分で、骨盤の姿勢が不適切である	スプリント種目のスイング局面中、エキセントリック（伸張性）な力が加わる結果として、ハムストリングスの傷害が発生する可能性が高くなる。スプリント中、骨盤が後傾を示す場合に訴えが多い。練習および試合前に、骨盤をニュートラルな姿勢に安定させるために、可動域および軟部組織の治療が必要となる。
選手は脚の動作を「サイクル」（循環）させることを意図する結果、スイング局面を完了するまでの時間が増加する。これは、スタンス局面において両膝の間が開くことによって明らかとなる。	不適切な力の適用	トラックに対して、足を下および後ろへ動かすよう指導し、足で地面をかかない（not paw）。スプリント中、足が水平運動をするように見えるため、コーチが誤って足でトラックをかくように指導することがある。トラックへと足を下ろす動作において、トラックに対して水平にかくようにすると、垂直方向の力を用いてストレッチ-ショートニングサイクルに負荷をかけることができなくなる。
水平面において誤った腕の動作を示す。	動作パターンの不適切な理解	伝統的に、コーチは誤った腕の動作は疲労の症状であると主張してきたが、多くの文献では、スピードの制限は力学的な力の作用によるものであり、代謝的な影響によるものではないことが示唆されている。この新たなモデルでは、コーチは体幹を直立させ、腕を下および後ろへ動かすことを強調すべきである。加えて、コーチは肩甲上腕関節の自然な可動域の利点を活用するために、腕のスイングは身体の中間線付近で戻すことを選手に勧めるべきである。

は、最大速度として知られており、選手の質量中心をトラックに対して水平へと推進するために、（スティフネスの調節を介した）SSCが用いられる。

以下に示すのは、実際にスピード向上を図る際に考慮すべきパフォーマンス強化や傷害予防に関する重要なトレーニングの目的である。

- **ストライド頻度を高める手段として、接地時間の短縮を重視する。**前述の通り、これには高いレベルの爆発的筋力が必要である。この特質は、一貫したスピードトレーニングとともに適切にデザインされたストレングストレーニングプログラムにさらされることによって、体系的に発達させることができる。

- **スプリントにおける一歩一歩の力積の大きさを増加させる手段として、SSCをさらに発達させることが大切である。**具体的に言えば、高い水準のトップスピードを実現した選手は、その高い力を、SSCを活用したより短い立脚局面で生み出す。完全なウェイトリフティング動作とその派生動作は、オープンスプリント中に生み出される力より大きな力でSSCに過負荷を与える重要なエクササイズである。

アジリティのパフォーマンスと方向転換能力

フィールドおよびコートで行う競技では、事前に練習している多くの方向転換動作だけでなく、ボールあるいは試合、相手選手への反応としての方向転換が相当数生じる。野球やソフトボール、アメリカンフットボール、バスケットボールなどのスポーツでは、選手らはこれから走る経路を、動作の開始前に決断する。そのようなパターンは、素早い、あるいは突然の方向転換を含んでいることがしばしばある——たとえば、（野球やソフトボールで）ベースから離れてリードをとった後、爆発的に走塁したり、（牽制球に反応して）捕球の前に飛び出したベースへと爆発的に戻るなど。しかしながら、多くの競技には、相手選手の動きや戦術的状況に反応した素早い方向転換も含まれている。そのような反応は、攻守いずれの場合でも起こることがあり、それらのパフォーマンスの身体的動作や知覚認知の側面は、選手に対して異なる要求を突きつける。したがって、アジリティパフォーマンスに関連する要因について、身体的な観点（方向転換能力）と、知覚認知の側面（アジリティ）と組み合わせた観点から十分に理解すべきである。

> ▶ 競技選手は、さまざまなスピードや動作の様式の中で、無数の身体的要因および技術的スキルの発達によって、方向転換能力を向上させる。アジリティの向上は、そのスポーツの要求に関連した知覚認知能力の改善も必要とする。

方向転換および知覚認知能力に影響する要因

動作のプラント局面（図19.4）の中で、接地時間と地面反力が方向転換のパフォーマンスに影響を及ぼす身体的要因に価値ある洞察をもたらすということが明確になってきているが、知覚認知的要因もアジリティに関して考慮すべきであることも明らかになっている。方向転換およびアジリティの動作を浅いカッティング角度（75°未満）で短い接地時間（250ms未満）の中で（83）行うことは、身体的要求に関してスピードトレーニングと同様の恩恵を得られるが、そこに知覚認知トレーニングを付加する

ことが必要となる。一方で、方向転換がよりアグレッシブ（積極的）なカッティング角度（75°以上）である場合、より大きな制動が必要となるために接地時間が250msを超過することがしばしばある（8,38,54）。したがって、再加速時に必要な短縮性の爆発と合わせて伸張性筋力および最大筋力をより強調することが大切である。図19.11に、さまざまな要求（方向転換の角度あるいはアジリティの知覚認知的要求）が地面反力および接地時間にどのように影響を及ぼす可能性があるかについての例を示す。とくに興味深いのは、方向転換の方法の違い（同じ角度のカッティングで）が地面反力や接地時間に及ぼす影響である。方向転換の方法の影響は、図19.11でみることができる。すなわち、505テストは片脚の方向転換（外側の脚のターン）あるいは測定環境で「ジャンプターン」を行うものだが、一般に、試合場面で使われることはなかった。それにもかかわらず、これは選ばれた技術が（アジリティの）要求を左右する事柄であることを示している。したがって、特異的な適応を引き出そうとする場合、具体的な指導を行う必要がある。

アジリティパフォーマンスの評価に用いられるテストは、選手の認知的なアジリティ能力に影響を及ぼす。「アジリティ」を評価するために過剰なテストが用いられているが、反応という観点が欠落した測定は、方向転換の測定であると考えられることから、今では反応の刺激を含む測定をアジリティのテストとしてほとんどの競技に用いられている。さらに、そのテストの要件によって、方向転換能力あるいは知覚認知的な要求だけでなく、その他の要因の評価する可能性がある。したがって、テストが「アジリティ」あるいは「方向転換能力」を評価するように用いられているかどうか、批判的に考えるべきである。たとえば、サッカー選手にしばしば用いられるイリノイアジリティテスト（Illinois agility test）（91）は、プレシーズントレーニング後に用いられた場合、イリノイアジリティテストの間に起こったパフォーマンス向上は代謝的容量の改善によるものであり、必ずしも方向転換能力の改善によるものではないと考えられる。これは、イリノイアジリティテストは時間が長いことによるものであり、テストにかかる時間が短いものに比べて高い代謝的要求を課しているからである。

第19章 スピードおよびアジリティトレーニングのためのプログラムデザインとテクニック 579

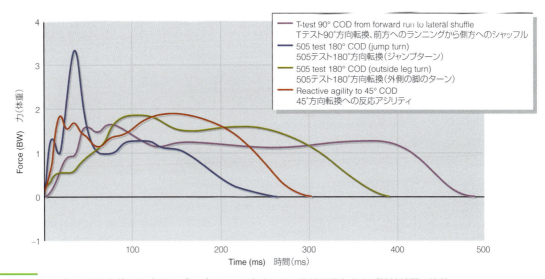

図19.11 さまざまな方向転換の角度およびアジリティの方法における地面反力および接地時間の比較

しかしながら、同一被験者が行っても同じ程度の時間で終了する伝統的な505テストや修正505テスト（最初の10mを行わない505）、Lランテストであっても、すべての種類の方向転換能力あるいは同じく基礎的な身体的要求を評価しているわけではない（31）。このことは、いくつかのテストが素早い方向転換を必要とする一方で、それ以外のテストは複数の方向転換を必要とすることを理解すれば、より明らかになる。複数の方向転換を伴うテストは、素早い減速が求められる鋭い方向転換と比較して、できるだけ速い速度を維持しながら、より低い姿勢で物体（コーン）の周囲を回ることがしばしば必要となる。したがって、イリノイアジリティテスト、あるいはLランなどのテストは、アグレッシブに方向転換をするよりも速度を維持するために身体を屈めることが求められることから、操縦性（機動性）のテストであると考えられる（58）。これに関して、表19.2に方向転換およびアジリティテストや、「アジリティ」の領域内における異なる身体的要求に対応するドリルの例を示す。方向転換およびアジリティ能力を決定する際には、その競技において最も重要な側面を考慮すべきであり、また本当のアジリティテストの中で求められるさまざまな種類の方向転換能力と知覚認知能力を測定およびモニターすることを考慮すべきである。

方向転換能力

上述したように、測定された方向転換能力は、選択された方向転換テストで課される要求が何かによって明らかにされる側面がさまざまであるということを理解する必要がある。したがって、高速での制動能力を測定するいくつかの異なるテストを選ぶこ

表19.2 さまざまなドリルおよびテストにおけるアジリティテストあるいはトレーニングの側面

	方向転換スピード	操縦性（機動性）	知覚認知能力	代謝的要求* （テストの平均的な長さ）
リアクティブアジリティテスト	✓		✓	＜3秒
505	✓			＜3秒
プロアジリティ	✓			＜5秒
Tテスト	✓	✓		＜12秒*
イリノイアジリティ		✓		＜12秒*
Lラン		✓		＜6秒

*テストの長さは代謝的要求に大きな影響を及ぼし、テストのパフォーマンスが変化するかどうかは、方向転換あるいはアジリティ能力の改善と直接的に関連するというよりも、コンディショニング改善の能力を示す。
データは文献31, 60, 63, 75, 79, 90, 91, 97より。

とは、有益である。それらのテストとは、複数の方向転換を伴うものや、またこれから議論するシナリオ（状況）や相手選手、刺激への反応を含むものである。方向転換能力に関するその他の考慮事項は、選手が停止しようとする際の移行局面から減速にいたるときの身体の向きと、その後の方向変換したあとに再加速するときの位置取りである。したがって、体幹の姿勢は方向転換のパフォーマンスに影響を及ぼすだろう。つまり、それは減速する能力、意図した移動方向へ完全にあるいは部分的に身体の向きを変える能力、そして方向転換能力を真に決定付ける爆発的な再加速の能力との組み合わせである。

　素早く運動量を変えるための要求を考慮すると、一流バスケットボール選手をTテストによって評価する際、筋量の増加と、同時に起こる脂肪の減少は方向転換パフォーマンスの予測因子とみなすことができる（16）。それ以外の形態計測結果と、方向転換能力との関係についてはここでは議論しない。というのも、身長や手足の長さは、ストレングス＆コンディショニング専門職によって修正できないからである。その代わり、身体の質量中心の高さが側方への方向転換パフォーマンスに関連していることが分かっていることから（78）、この点の改善を目標に、積極的にトレーニングに取り組める。

　さまざまな動作パターン（さまざまなカッティング角度）における方向転換能力は次に示す様々な点の修正によって改善することが示されている。すなわち、股関節伸展速度が速くなる（股関節伸展を素早く行うように力を使う）、質量中心の高さを低くする、制動および推進の力積を増加させる、また方向転換に入るときの膝屈曲角度を深める、方向転換に入るときの体幹の角変位を最小化する（減速局面）、その際の側方への体幹の傾斜を高める（180°の変化まで）（15,70,78,83,84,86）。減速、身体の姿勢保持、そして再加速することはすばやい方向転換・アジリティパフォーマンスをキネティックおよびキネマティックな要求に照らしてみた場合の重要事項であることから、よりよい方向転換パフォーマンスの向上を図る上で動的場面での筋力、等尺性筋力、とくに伸張性筋力の能力にかかわる筋力向上が必要である（41,86）。スプリント向上とは対照的に、制動局面で求められる負荷の程度に対し神経筋を効果的に適用することが推奨される。その際に、制動能力に対する神経筋の要求は、高速の伸張性筋活動（28）、たとえばドロップジャンプでの着地、負荷をかけたジャンプからの着地、パワークリーンやスナッチのキャッチ局面などによって、特異的に鍛えなければならない。これらすべては、股関節や膝関節、足関節に異なる伸張性筋活動を要求する（56）。

知覚認知能力

　（対象の選手に）素早い方向転換能力が認められるとき、プレーのフィールドにおいて身体的および心理的に能力を発揮するために一緒に発達させなければならない知覚認知能力の構成要素に注目することができる。知覚認知能力には、いくつかの構成要素がある。すなわち、視覚的探査、予測、パターン認識、状況についての知識、意思決定の時間および正確性、反応時間である（75,77,83,97,98）。これらの側面の発達の多くは、競技特異的であり、統合的な議論は本書の範囲を超える。しかしながら、これらのスキルの改善させるための一般的なドリルは、アジリティを向上させる方法のセクションで議論される。

技術的なガイドラインとコーチング

　スプリントと比較して、方向転換およびアジリティは方向転換中に起こる多数の動作により、大きな範囲の自由度を持っている。さらに、アジリティのパフォーマンスは相手や戦術的制約、試合展開により制限を受け、あるいは決定され、単一の技術を用いることを通してトレーニングすることはできない。それにもかかわらず、以下にいくつかの技術的ガイドラインとコーチングの示唆を示す。

視覚的なフォーカス（焦点）

- 相手選手（攻撃、守備のどちらも）に反応して方向転換を行う場合、選手は両肩や体幹、股関節に注目すべきである。
- 次に何が起こるかを予測した後、ディセプションをかける意図がなければ、身体のトランジションを導くのを助けるために、選手は素早く新しく移動すべき領域へと注意を向け直すべきである（訳注：いわゆるフェイント。ディセプションは技術的に相手をかわすこと。「フェイント」は本来、悪意をもって騙すことを意味する）

第 19 章　スピードおよびアジリティトレーニングのためのプログラムデザインとテクニック　**581**

制動および再加速中の身体姿勢

- 減速へ入るときに体幹を制御する（体幹が大きく動かないように制限する）（70）。
- 立脚局面の間に、より効果的な再加速ができるよう、体幹および股関節を意図した方向へと向け直す（15）。
- 加速のメカニクスと同様に、足関節、膝関節、股関節、そして体幹、肩までを力強いアライメントで整列させて、適切に地面を通して力を適用するうえで、身体の傾きが非常に重要である。
- 質量中心を低くしながら方向変換に進入して、抜け出す。すなわち、サイドシャッフルで方向変換するとき、この低い質量中心を維持することが非常に重要である（78）。

脚の動作

- 選手が効果的な膝関節の可動域を通じて伸張性の制動負荷を効果的に解消したりその負荷に耐えたりすることを、また脚を伸ばし手固める制動方法を避けることができているかを確かめる（81,83）。
- とくにクローズドドリルで学んでいる間は、パフォーマンスを向上させるために「地面を押し切る（pushing the ground away）」というのを強調する。外的な注意の焦点——指導を通して、身体の部位ではなく地面に集中する——によって、方向転換パフォーマンスが改善することが示されている（64）。

腕の動作

- 脚の駆動を促進するために、力強い腕の動作が用いられるべきである。
- 腕の動きが逆効果になっていないこと（すなわち、スピードあるいは効率を減少させる原因とならないこと）を確かめる。

　これはとくに難しい方向転換の移行（例：バックペダルからスプリントに移るとき）で起こりやすい。

トレーニングの目標

　アジリティパフォーマンスの3つの目標は、さまざまな状況あるいは戦術的シナリオにおける知覚認知能力の向上、効果的でかつ素早い運動量の制動、新しい移動方向への素早い再加速である。これらの目標に合致するよう、以下を強調すべきである。

- 視覚的な焦点を相手選手の肩、体幹、股関節に向け、相手選手の守備的あるいは攻撃的な動きを予測する知覚的機能を高める（75）。
- 制動力を最大化するために、力を地面に対して効果的に加えることができる姿勢になるよう身体の向きを整え、急停止できるところからスピードを高めるのと併せて移動の方向を制御しなければならない（前方あるいは後方へのランニング、側方へのシャッフル）（15,70,78,83,84,86）。
- 制動後によい姿勢を維持し、新しい方向へ身体を向け直し、再加速するために加速のメカニクスを用いる能力（58）。

スピードの強化法

　実践的な見地から、適切なスピードを出せるということは、必要なスキルセットを有機的に発達・成熟させるためにうまく整理されたプログラミングだったということである。この有機的なスプリントトレーニングへのアプローチは、各トレーニング段階におけるいくつかの特質、たとえば加速や最大速度などの強調あるいは脱強調（de-emphasis）に基づく発達の図式の結果である。さらに、トレーニング計画はこれらの各特質について、位相が変わるごとに調整する必要がある。うまく構築されたトレーニング計画は、選手の動作能力を最大限に引き出す特異的な構成要素を強調している。

スプリント

　競技パフォーマンスの最適化のために、さまざまなトレーニング刺激が重要であるが、最大速度スプリントほどランニング速度を改善するものはないと主張することができるだろう。競技選手のスプリント能力は、短時間で高い力を生み出せるかということに依存している（52,93）。最大筋力および動作速度を重視した長期的トレーニング計画の結果として起こる神経学的適応によって、RFDと力積の両方が改善される（1,89）。筋力向上とコンディションの調整期間では、SSCを活用するために、さまざまな負荷でRFDと力積を向上させようとして、ウェイトリフティング動作とジャンプトレーニングが処方

される。同様に、SSCを用いている直立でのスプリントはプライオメトリック動作であると定義される。長期にわたってSSCを引き出す動作に携わることで、スプリント能力にとって潜在的に、生理学的に有利となる筋スティフネスが向上する（29）。

加えて、スプリントは筋に対してほぼ最大の賦活を必要とし、これは中枢神経系の賦活も高いことに依存する。この活動は、しばしばレートコーディング（rate coding）と呼ばれる（47,68）。信号の頻度が閾値に達すると、骨格筋は刺激と刺激の間で完全に弛緩しなくなることがある（47）。不完全な弛緩の結果、その後に続く収縮ではより力強く、RFDがより大きくなる（57）。したがって、長期にわたってスプリントを行うことで、中枢神経系を介した筋骨格系の改善を導く可能性がある。このことが、これまでの練習からの神経生理学的適応がその後のトレーニングを強化するので循環的な用量－反応関係（訳注：ここではトレーニング量と反応の関係）をもたらすことになると考えられる。スプリント改善のために要求される力を促進し、潜在的な神経筋の適応を目標とする工夫として、レジスティッド（抵抗をかけた）またアシスティッド（補助のある）トレーニングテクニックがしばしば行われる。提唱されている利点や、潜在的な不利益、コーチングにおける配慮については表19.3に概略がまとめられている。

筋力

本章を通じて述べたように、スプリントのスピードは選手が短い時間内に生み出す大きな力によって下支えされている。これらの力は、(a) 重力が存在する中で体重を支え、(b) 速度を増加させて身体を変位させるに十分な大きさでなければならない（52）。したがって多くのストレングス＆コンディショニング専門職は、スプリントを基礎に置く選手にとってウェイトトレーニングの重要であると認識している。ストレングストレーニングの議論の中心は、新たに向上させた筋力の特質をウェイトルームからトラックへとどのように移行するのが最善であるか、ということである（96）。向上した筋力をスプリントへ転移させるには、トレーニングの特異性に重点を置くことが必要となるだろう。ここでトレーニング効果を転移させるには、パフォーマンスの適応の程度が関わっており、また、エクササイズと競技環境の間の動作パターンやピークフォース、RFD、加速、速度パターンの類似性も結果の成否に関わると考えられる（87）。

最大筋力のトレーニングは有用であるかもしれないが、トレーニングする際に、最大筋力と力－速度関係を融合させるときの指針を重視すべきである（34）。力や速度がスプリントにおけるそれらと類似するエクササイズや動作を選択すれば、レートコーディングや発火頻度とともに、横断面積や筋線維束長といったタイプⅡ筋線維の変化を促進する可能性がある（30,33）。たとえば、クリーンやスナッチ、ミッドサイプルなどのウェイトリフティング動作やその派生動作は、筋スティフネス、RFDの促進、股関節や膝関節周囲の筋の共活性化（coactivation）などの生理学的適応を通じてスプリントのパフォーマンスを促進する可能性のあることがエビデンスによって示されている（6,18,24）。

可動性

キネティック（運動力学的）な変数ではないが、軟部組織に対するマニピュレーションはスピード向上の現場で用いられることが増えている。コーチやトレーナーは、動的な状態における適切なモビリティを実現しようとしてストレッチングやカイロプラクティック的なケア、マッサージ、筋膜リリースなどの手法を頼りにする。モビリティとは、求められる可動域内で四肢を動かせる自由度を示すものであり、一方で柔軟性とは、関節の可動域全体を示すものである。姿勢の特徴がパフォーマンスの制限要因のひとつであるという理解のもと、コーチは練習や試合が始まる前に適切な姿勢に統合されるよう準備させることを確保すべきである。

これまでに述べたスピードの構造に基づき、現在受け入れられているスプリントの成功モデルは、短時間で地面反力を生み出し、その反力に打ち勝つ能力を基にしている。さらに、これらの地面反力は、推進方向が前に向くことで適切なストライド長を生み出す助けとなるものの、フライト局面中の選手の姿勢は、可動性が不十分な場合に制限を受ける。とくに、選手は短時間で高い割合で力を得るのに（高RFDに）必要な身体的な特徴を持っていることがあるが、関節の自由さが損なわれると本来の力を出すことができないという結果となる。誤った接地に

表19.3　スピード向上のための補助トレーニングおよびレジスタンストレーニング

トレーニングの種類	エクササイズ方法の例	可能性のある利益	可能性のある不利益	実践的な示唆
補助トレーニング（例：オーバースピードトレーニング）	最大上スピードで走ることを意図したロープ牽引走やバンジーコード引き、ダウンヒル走といった手段が含まれる。	理論的にこれらのトレーニングツールは、ストライド頻度を高めることによって補助のないスプリントで到達できるよりも高い速度に選手をさらすことを意図して用いられる。このことにより、ストライド頻度は最大のスプリント速度を高めるための神経筋の適応を起こす可能性があるという仮説が立てられている。	アシスティッドスプリントは、選手のスタンス局面を速くするかもしれないが、適切な力を加えるために必要な時間がなくなり、最大のランニングと比較して、筋活動や推進力の産生が低下する結果となる（55）。したがって、「チョップ」ステップと呼ばれる動きが観察されることがある。牽引によるエクササイズは、自然に出すことのできない速度に耐えることを意図するものであり、バイオメカニクス的な効率またはトレーニング状態のどちらか、または両方の結果として、最大ランニングと比較して制動力が増加するかもしれない（55）。ダウンヒル走は、「地面を見つける（find the ground）」ことによるスタンス脚の修正を通して、不必要なエキセントリックな力に選手をさらすことになるかもしれない。このことは、質量中心のすぐ前に足を置くことに最適化された平坦なサーフェスでの直立したスプリントの接地におけるSSCにも影響を及ぼすことがある（55）。スプリントの成功は短い接地時間内で大きな力を生み出す能力によってもたらされるので、最近では、非常に少数の研究において、オーバースピードトレーニングの実施が支持されている。	トップスピードのスプリントは、選手のトレーニング状態を考慮し、また適切なバイオメカニクスを支援するより自然でより安全なトレーニングツールを通じて発展させるべきである。コーチらは補助的なトレーニング手法を実施する前に、注意深く評価を行うべきである。
レジスタンストレーニング	そり牽引、風の抵抗、坂道スプリント、そり押しなどが選手の加速能力の改善を意図したトレーニング手段に含まれる。	体幹や股関節、脛の角度を小さくするのを促進する姿勢にすることによって、加速局面におけるバイオメカニクスを強調する。レジスティッドスプリントは、加速局面に過負荷をかけることにより、また接地時間においてより高い推進力を生み出すという結果となり、選手の短距離をカバーする能力を最適化する場合がある。加速度、すなわち速度の変化が改善することにより、RFDの改善を介したトップスピードの向上が導かれることがある。	過大な負荷に対してスプリントするという努力によって、課題特異的でない、接地時間がより長くなることに加え、ストライド長がより短くなるという結果が導かれることがある（49）。坂道の傾斜が大きすぎると、スプリントの適切なバイオメカニクスが妨げられ、不適切なテクニックをリハーサルすることになり、トレーニング効果の転移を限定的なものにしてしまう。そり押しでは、股関節で生じる脚の動きに同調し打ち消す腕の動きがなくなるために、自然なスプリントの走り方が変化してしまうことがある。	コーチや選手は、加速局面を改善することを意図して、抵抗を加えないスプリントに関して、正常なバイオメカニクスを維持する抵抗トレーニング手段を取り入れるかもしれない。負荷は、競技の文脈に基づいて選ぶべきであり、また選手の身体的状態を考慮すべきである。たとえば、陸上競技のスプリント選手は、ランニング速度が10〜12%以上減少することのない負荷を用いるだろう（2,39,51,42）。対照的に、ブロックやタックル、スクリメージによる外的負荷に打ち勝つ必要のあるフィールド競技の選手は、動作初期の5〜10mを改善するために、体重の20〜30%の負荷を用いる（20,42）。

SSC＝ストレッチ−ショートニングサイクル。
データは文献 2, 20, 40, 42, 49, 51, 55より。

よる不適切な力の適用は、スプリントスピードを下げ、ケガの可能性を高めるという結果につながる。

アジリティの強化法

本章を通じて議論したように、アジリティのパフォーマンスにおいて継続的な向上に求められる身体的および知覚認知的な側面の両方を発達させるには、多面的なアプローチが必要となる。したがって、筋力向上を促す様々な戦略や、クローズドスキル環境における動作特異的な動きを伴う技術的な適性（方向転換能力）、アジリティドリルやスキル練習に固有の側面を通した知覚認知能力の改善などによって

身体的能力を支える計画を検討すべきである（58）。

筋力

スピードの向上のための視点と同様に、アジリティのための筋力向上は相対的筋力と力－速度の連続体に沿ったさまざまなスピード－筋力の特質を強調すべきである。しかしながら、方向転換およびアジリティ動作中の大きな制動力による伸張性筋力のさらなる向上を図ることを考えるべきである。このことは、トレーニングエクササイズにおいて、フィールドにおけるさまざまな負荷－速度特性の身体活動とともに、スクワットジャンプやカウンタームーブメントジャンプ、さまざまな高さからのドロップジ

表19.4　初心者および上級者におけるアジリティ発達のための焦点の比較

必要となる筋力	初心者（ウェイトルーム関連）	初心者（フィールドおよびコートのドリル）	上級者（ウェイトルーム関連）	上級者（フィールドおよびコートのドリル）
動的筋力 以下のトレーニングすべての基礎筋力をもたらすとともに、自体重および負荷のあるトレーニング中に適切なモビリティ（可動性）を確実なものとするために必要である。	自体重エクササイズ	リーニング（傾斜させる）ドリルなどの「身体のアウェアネス（気づき）」のワーク	スクワット（バリエーションを含む）プル（バリエーションを含む）	さまざまな方向転換ドリル
コンセントリック（短縮性）爆発的筋力（アイソメトリックな筋力の作業も含むことがある） 制動局面後の効率的な再加速、あるいは方向転換やアジリティの移行局面を通して力強い姿勢を維持するために必要である。	ボックスジャンプ	加速ドリル	ボックスジャンプ オリンピックリフティング スクワットジャンプ（負荷あり）	上級者の加速ドリル（例：そり押し）
エキセントリック（伸張）筋力 方向転換やアジリティの制動局面中に求められる、負荷を効果的に吸収する能力を高めるうえで必要である。	ドロップランディング	減速ドリル（前方を強調）	ドロップランディングとレシーブ（受け取る）筋力は、オリンピックリフティングのキャッチ局面中に必要となる。 強調されたエキセントリックトレーニング	減速ドリル（高速度およびさまざまな角度）
反応筋力 エキセントリックな高い負荷からコンセントリックな爆発力へと転換する能力を高めために必要である。	―	初心者のプライオメトリックス	負荷のあるジャンプ ドロップジャンプ コンプレックス（複合）トレーニング	上級者のプライオメトリックス
多方向の筋力 多くの動作において求められる、身体の姿勢を力強く維持するために必要である。	ランジ	低速度の方向転換（例：Zドリル）側方、後方、前方への方向転換ドリル	片側性の挙上（ユニラテラルリフト）より自由に行う挙上（例：地雷エクササイズ）	高速度方向転換ドリル 挑戦的なカッティング角度の方向転換ドリル
知覚認知能力 知覚認知や効果的な予測、意思決定に必要となる。	―	単純なリアクションドリル：時間的あるいは空間的な不確実性の増加の導入	―	スモールサイディッドゲーム 時間・空間的な側面を厳しく制限して行うアジリティドリル

COD＝方向転換。
Nimphius, 2014 (58). より、許可を得て転載。

ャンプなどの方向転換やアジリティドリルそのものを組み合わせたウェイトルームにおける負荷‐速度の連続体（32）を含めることができることを意味する。アジリティの多面的な性質は、筋力向上に対する多方面的なアプローチを保証する。表19.4には、アジリティパフォーマンスを下支えするのに必要な筋力を、ウェイトルームおよびフィールドでどのように充足させることができるかについての例を示す。選手が新たに獲得した筋力を技術的な適性へと移行することができるようになる前に、身体的な要求を向上させるということを理解すると、コーチおよび選手の両方にとって、何らかの技術的スキルの基礎的な身体的要求よりも、パフォーマンスの向上は遅れるということを認識するのに役立つ（88）。

方向転換能力

　各ドリルの強度および難易度に基づくプライメトリックな身体活動の漸進と同様に、クローズドスキルの方向転換ドリルは、本章で議論した身体的負荷の需要に基づき、初心者から中級、上級レベルへと漸進させることができる。表19.5に、方向転換能力（素早い方向転換と、それに伴う操縦性）のためのドリルの漸進の例とともに、アジリティドリルのための漸進的計画を示す。アジリティドリル中の身体的負荷は、初心者の方向転換ドリルよりも高くなるだろう。したがって表19.5には、一連のドリルや安全かつ効果的に選手を進歩させるためのガイドラインを実践者に提供することで、身体的および技術的な寄与の改善が得られるだろう。

知覚認知能力

　数年にわたる（競技内における）スキルトレーニングの中で、選手らは視覚的探査、パターン認識、状況についての知識を継続的に促進する一方で、アジリティを改善するために用いられるドリル（スキル練習以外）の中では主に予測や意思決定時間、正確性に焦点を合わせる。同様に、継続的にパフォーマンスを改善するための身体的課題の要求を定期的に高めると、知覚認知能力を高めることができるだろう。したがって、アジリティの身体活動は一般的なクローズドスキルの方向転換ドリルに知覚認知の構成要素を加えることによって始めるべきである。たとえば、減速あるいはZドリルは笛やコーチの指

示、矢印、光などの一般的な刺激を含めることによってアジリティに発展させることができる（76,97）。前述のアジリティドリルがうまくいった後、漸進には回避ドリルやスモールサイディッドゲーム（ミニゲーム）などの競技特異的な刺激を伴う活動が必要であり、それらはパフォーマンスへのよりよい移行があると言われている（76,97）。一般的および特異的な刺激の両方により、選手に対する時間的および空間的ストレスが漸進的に増加し、アジリティドリルにおける難易度がより高くなる。

プログラムデザイン

　プログラムデザインは、ミクロサイクル（短期）、メゾサイクル（中期）、マクロサイクル（長期）という複数の段階で行われる。この過程はピリオダイゼーションと呼ばれる。**ピリオダイゼーション**は、作業負荷（ワークロード）のサイクルおよび段階によって定義される、順序立てられたトレーニング局面を経ることを通して選手の準備を戦略的に操作することである。これらの計画された作業負荷は、トレーニングに起因する疲労と適応の間の関係を調和させるような計画されたプログラム戦術の統合を促すために変化がつけられる（22）。さらに、ピリオダイゼーションの過程は、選手をモニターする中で集められる情報によって導かれる。とくに、選手がトレーニング期を通じて漸進するにつれて、さまざまなモニタリング戦略から得られた一定の情報により、その選手がそのトレーニング刺激に対して短期的にどのように反応しているか、また長期的にどのようにより発達させるべきかを示す上で助けとなる──つまり、元々のトレーニングプログラムをトレーニングへの反応を反映してどのように修正すべきかの助けとなる。

　計画作成のそれぞれの段階で、ストレングス＆コンディショニング専門職はある変数を操作する必要がある。これらは作業負荷を定量化するとともに、トレーニングの狙いを特徴づけるうえで有用である一方で、コーチらは各変数を個別に考慮すべきであり、また各変数が全体のシステムにどのように影響するかに関して考慮すべきであるというのを留意しておかなければならない。さらに、これらの変数の操作には、モニタリングによって明らかとなる個別

586 ストレングストレーニング&コンディショニング

表19.5　方向転換とアジリティドリルの漸進

アジリティ要素	初心者	中級者	上級者
方向転換	減速ドリル（前方）を、方向転換までより高い速度または停止まで短い距離で行う。 前方、後方、側方シャッフルのための基本的な動作パターン 低速度での方向転換ドリル（方向転換まで4.6m〔5ヤード〕未満の加速）——たとえばZドリル	減速ドリル（側方）を、前方と同様に漸進させる 75°未満のカッティング角度へと大きくする ドリル中の方向転換までの速度を高くしてもよい（方向転換まで9.1m〔10ヤード〕未満の加速）	前方および側方の両方における再加速のための減速 カッティング角度を75°以上を含めて拡大する
「操縦性（機動性）」	やや屈んで行うほぼ直線ランニングが必要となる基本的ドリルまたはイリノイアジリティなどのテスト	Lランなどの「屈む（bend）」の難しさが増すドリル Tテストのような動作様式間の移行を必要とするドリル（シャッフル、スプリント、バックペダル）	
アジリティ	アジリティドリルを行う前に、身体的およびテクニックの能力を有しているべきである。	初心者から中級者の方向転換ドリルは、単純な刺激（矢印で方向を示す）を用いる。 これらのドリルは、信号によって示される、選手が反応すべき選択肢（例：右または左、前方または後方）は限定されている。	大きな時間・空間的不確実性へと拡大する（したがって知覚認知ストレスもより大きくなる） スモールサイディッドゲーム 回避ゲームおよびドリル

Nimphius, 2014 (58). より、許可を得て転載。

の選手のトレーニング応答を利用すべきである。

- エクササイズ（あるいは運動）のインターバル——反復を行う際の継続時間または距離
- エクササイズの順序——反復のセットを行う際の順序
- 頻度——ある期間（例：日、週）内に行われるトレーニングセッション数
- 強度——反復する際の努力の程度（最大に対するパーセンテージ）
- 回復（休養）の時間——反復回数およびセット間の間隔
- 反復回数——課せられたトレーニング負荷または動作テクニックの実施回数。
- シリーズ——一連のセットとセット間の休息時間の繰り返し。
- セット——一連の反復回数（動作の連続）とその後の休息時間。
- トレーニング量——一定のトレーニングセッションまたは時間内に行われるトレーニングの総量（例：5回×3セット）。
- 運動と休息の比率——運動−休息比で表される各セット内の運動に対する休息時間の相対的な密度
- 量−負荷——処方された強度で行われる量の密度（例：100kgを5回×3セットを行った場合、量−

負荷は1500kgとなる）

　第21章ではレジスタンストレーニングのプログラムにおけるピリオダイゼーションについて説明しており、同じコンセプトをスプリントや方向転換、アジリティトレーニングに適用することができる。

スピード向上の戦略

　スピード向上のために計画を立てる過程は、ストレングス&コンディショニング専門職がウェイトルームで用いるものと非常に類似している。具体的には、計画の戦術は特定の資質への強調と脱強調を通じて、スプリントの身体的・心理学的な構成要素に対応した手法によって期分けすべきである。選手のスプリント能力は、将来のトレーニングの狙いの効果を強化する可能性のあるフィットネスの特質を完全に最大化し、浸透させるためにデザインされたトレーニング期間を取り込むことを通じて改善させることが可能である。

　スピードを促進するために、実践者はヒトの移動と力の産生の関係について考慮すべきである。本章を通じて、著者らはスプリントの成功と、ある生理学的現象との間の関連について指摘してきた。一流のスプリント選手は、短時間で大きな力を生み出す。

この高いレベルの力により、スプリント選手はより長いストライド長をより速い頻度で生み出すことができる。トラック上でこの動きを表出することができるのは、亢進した神経筋系の要因、つまり最大筋力、RFD、力積を反映している。これらの変数は、課題に特異的な運動単位の筋肥大や、発火頻度、レートコーディング、筋腱スティフネスなどの特質を促進することを狙いとした、熟慮されたトレーニングプロトコルの産物である。

適用の表において示したスピード向上のための例では、一連のトレーニング期が、最大速度に向けた作業を実施する前に加速能力を高めることを通して、どのように継ぎ目なくスプリントの潜在力を伸ばしているかについて表している。短期から長期のスプリントトレーニングの手法として参照することができるこのモデルは、より大きな加速率とスプリント速度との間の関係を結ぶことを意図した、概念的な漸進である（本章で前述した）（23）。とくに、短い距離から長い距離へというモデルを実施する選手は、スプリントの加速局面に伴うバイオメカニクス的特性を維持する短いスプリントを通して、推進力の出力改善を強調することからトレーニング年を始める。その後に、選手は直立したランニングのメカニクスを通したトップスピードを促進するためのより長いスプリントへとつなげるだろう。この提唱されたモデルの背景となる概念は、加速の向上と最適化への投資を通じて理想的なレートおよびモーメントで力の産生が起こった場合、選手はトップスピードにおいてより大きな改善があるかもしれないということである（52）。

スプリントアジリティをモニタリングする

選手のスピード能力を評価するうえで長年にわたって用いられてきた典型的な方法は、最大努力直線スプリントである。その中で、最大努力スプリントテストは36.6m（40ヤード）など選手の競技に関連すると考えられる距離において行われてきた。走り終えるまでの時間は、スプリントパフォーマンスの変化を評価するうえで効果的なツールであるが、これらのテストは選手のレースあるいはフィールドへ

スピード向上の戦略の適用：短距離（100m）スプリント選手の段階的発達

ブロックおよび強調すること	トレーニングツールと注意点	各ブロックの1週間ごとの負荷についての処方（セット間の休息期間）
ブロック1： 主な狙い：加速の向上	1. スプリントの初期段階において推進力を最大化する機会をもたらす、より適切な加速のメカニクスを選手に経験させるため、インクラインスプリントを用いる。 2. 踵のリカバリーを低くすることを強調する。地面を「下へ踏み抜く（down and through）」ように足を動かす。腕の動きを激しく完全なものにする。頭が「脊柱と並ぶ」ような姿勢にする。	**月曜日および水曜日：** インクラインスプリント 1×3×15 m（1.5分） 1×4×20 m（2分） **金曜日：** インクラインスプリント 1×2×15 m（1.5分） 1×3×20 m（2分） 1×2×25 m（2.5分）
ブロック2： 1番目の狙い：長い加速の向上 2番目の狙い：直立したスプリントへの移行の改善 3番目の狙い：スピード持久力への暴露	1. 徐々に平坦な地面でのスプリントを導入することによって、低いスタート姿勢あるいは牽引メカニズムから着実に傾斜を取り除く。 2. 加速から最大速度へと、加速を保持しつつ移行する正しいバイオメカニクスを促進する。*	**月曜日：** インクラインスプリント 1×3×30 m（3分） 1×3×40 m（4分） **水曜日：** プッシュアップスタート 1×4×15 m（2分） スレッド牽引 2×3×20 m（2分・4分） **金曜日：** クラウチングスタート 1×4×15 m（2分） 加速の保持 1×3×40 m（4分）

（続く）

（続き）

ブロックおよび 強調すること	トレーニングツールと注意点	各ブロックの1週間ごとの負荷についての処方 （セット間の休息期間）
ブロック3： 1番目の狙い：最大スピードトレーニングへの導入 2番目の狙い：加速能力の維持 3番目の狙い：スピード持久力への暴露の継続、専門的持久力の導入	1. ほぼすべてのセッションの最初に短いスプリントを含めることを通して、加速能力を維持する。 2. 直立スプリントのメカニクスを用いるエクササイズを通して、最大スピードトレーニングへの暴露を始める。 3. 神経駆動を減弱させる可能性のある蓄積疲労の影響がある週の後半に、スピード持久力あるいは特異的持久力セッションを処方する。	**月曜日：** ブロックスタート 1×2×20 m（2.5分） 1×2×30 m（3.5分） クラウチングスタートからの加速 1×3×40 m（5分） **水曜日：** 高いスタンスのスタート 1×3×20 m（2.5分） フライイン（fly-ins） 1×4×15 m ビルド・20 m フライ（4分） **金曜日：** ブロックスタート 1×4×25 m（3分） クラウチングスタートからの加速 1×2×45 m（5分） 高いスタンスからのスピード持久力 1×2×60 m（5.5分）
ブロック4： 1番目の狙い：最大スピード能力の向上 2番目の狙い：加速能力の維持 3番目の狙い：スピード持久力および専門的持久力への暴露の継続	1. より長いフラインのゾーンあるいはレースをモデルとした練習を通した、最大スピードトレーニングへの暴露を維持する 2. ほぼすべてのセッションの最初に短いスプリントを含めることを通して、加速能力を維持する。 3. 選手の主な種目に関連するスピード持久力あるいは特異的持久力セッションを処方する。	**月曜日：** プッシュアップスタート 1×3×15 m（2分） ブロックスタート 1×2×20 m（2.5分） 1×2×30 m（3.5分） 加速の保持 1×2×40 m（5分） **水曜日：** 高いスタンスのスタート 1×3×20 m（2分） フライ・フロート・フライ（Fly-float-fly） 1×4×20/20/20（7分） **金曜日：** ブロックスタート 1×3×25 m（3分） クラウチングスタートからの加速 1×1×40 m（5分） 高いスタンスからのスピード持久力 1×1×70 m（6.5分） 1×2×90 m（8.5分）

*加速の保持とは、選手の脛が垂直な姿勢へと上がる地点近く、またはやや前の場所にコーンを置き、そこが直立スプリントを指示するようなスプリントドリルである。選手は、コーンまで高めたスピードを、スプリントの残りを通じて維持するように指導される。たとえば、選手は40mにわたって加速を保持するが、加速ゾーンの終了を示すコーチのマークは、トラックの20mマークに置かれる。そして選手は20mから40m地点までスピードを維持する。このドリルは、移行のメカニクスを改善するとともに、スピード持久力を導入することに注目し始めるために用いられる方法である。

の準備に向けた伸展についての微細な変化に完全には対応していない。加えて、手動計時による測定誤差や、さまざまなスタート戦術の違いにより、テスト結果の解釈は混乱させられる。結果として、ストレングス＆コンディショニング専門職は、評価の組み合わせの一部として、追加的なモニタリングツールの導入を考慮するかもしれない。

そのような評価方法の1つに、ハイスピードカメラあるいは赤外線を遮ることを用いた光学的計時システムの補助により、フットストライクのデータを集積するものがある（12）。この技術により、選手のスプリント能力に関するさらなる洞察がコーチたちにもたらされてきた。表19.6に、スピードの向上をモニターするうえで有用となる可能性のある、重要な変数について示している。

表19.6 スピード向上のモニター

測定	説明	解釈
接地時間	1回の立脚局面における総時間。	一般的に、接地時間の減少は、スプリントの完了時間の改善と関連しており、短い時間内で高いRFDを生み出す能力が改善したことを示唆する。 しかしながら、選手は加速のメカニクスのために、スプリントの初期段階においてやや長い接地時間を示す場合がある。
ステップ長	連続した2歩のつま先と踵の間の距離。 例：右足の踵と、左足のつま先の間の距離（cm）。	ステップ長の改善は、スプリントメカニクスあるいは姿勢の改善を通して生じ、最終的に力の出力を促進する。
ストライド長	同じ足の2つの連続したステップにおける踵と踵の間の距離（m）。 例：右足の踵から、その右足が次に接地したときの踵までの距離（m）。	ストライド長の改善は、スプリントメカニクスあるいは姿勢の改善を通して生じ、最終的に力の出力を促進する。
滞空時間	選手が地面に接触していない時間の長さ。これは1つのステップの終わりと、次のステップの始まりの間に生じる。	滞空時間の増加は、2通りに解釈できる。すなわち、(1)選手が短い時間内でより大きな垂直力を生み出しており、その結果としてトラックに対する選手の質量に適切な水平変位をもたらしている。(2)選手が長い時間内でより大きな力を生み出しており、その結果として質量中心の不要な垂直方向の振幅をもたらしている。
ストライド角度	足がトラックを離れるときの角度。 さらに、ストライド角度についてのデータによって、スプリントの局面（加速、移行、最大スピード）が説明され、また接地時間と関連するかもしれない。	ストライド角度は、コーチに対して適切なスプリントのメカニクスを通して達成される、正しい瞬間に選手が力を生み出しているかを見極める能力をもたらす。
スピード	ステップ間と、最初のステップの接地時間および滞空時間の合計の関係により、次の接地が導かれる。	スピードは、ある特定の距離において、選手が身体の質量をどれほど早く移動させることができるかを示す。
加速度	2つのステップ（例：右足の踵から左足の踵）の差分と、各ステップの接地時間および滞空時間の合計によって決定づけられる、スピードの変化。	加速度によって、その選手があらかじめ決まった距離においてどのようにうまくスピードを変化させているか（ある方向における速度を高めているか）の洞察を得ることができる。ほとんどの選手にとって、加速することのできる長さが長くなるほど、より速いスピードが得られ、姿勢の統合と完全なメカニクスがもたらされる。

アジリティ向上のための戦略

アジリティの向上は、期分けされたプログラミング方法を用いることによって、最もよく達成される。ランダムなプログラムあるいはスモールサイディッドゲーム（訳注：例えばサッカーを3対3や5対5で、小さなピッチを使ってミニゲームを行うこと）など「競技特異的方法」のみを用いてアジリティが向上するかについては明らかになっていない（11）。アジリティはプレーのフィールドあるいはスキル練習において不変の要素であるが、アジリティ向上を（事前に計画された）方向転換ドリルから始め、身体的要求を高める、すなわち方向転換ドリルに続いて知覚認知的ストレス、いわゆる「アジリティ」ドリルを付加することによって難易度を漸進させることが推奨される（50,97）。この推奨と並んで、アジリティの向上は選手の方向転換能力およびアジリティの

評価に基づくニーズ分析から始めるべきである。アジリティテストでは、表19.2で前述したように、特異的に知覚認知的能力を測定すべきである。さらに、その競技の追加的な動作の要求によって、操縦性により大きく依存するテストを用いることを選択する場合もあるかもしれない。以下は、情報に基づくアジリティプログラムを作成する際にこの種の測定の情報を用いる例である。

アジリティおよび方向転換の能力をモニターする

スプリントパフォーマンスをモニターする際に考慮された概念と並んで、選択したテストを完了した時間によって方向転換およびアジリティの両方のパフォーマンス改良をシンプルに評価しても、調べたい実際の方向転換能力である身体的な特質や知覚認知的な特質を単独で取り出して見ているわけではな

アジリティ向上のプログラム例

以下は、適切なテストを決定し、結果を分析し、それらをアジリティ向上のプログラムに用いるためのステップの例である。アジリティのパフォーマンスは、複数の要因によって裏打ちされるため、選手の強みと弱みの直接的な評価を通じて、絶好の機会となる期間をターゲットとすべきである。

ステップ1：競技のニーズ分析を行い、その特質を適切に評価するために、テストを合致させる（表を参照）。
ステップ2：標準化されたスコアを、パフォーマンス基準あるいはチーム平均と比較することによって強みと弱みを決定する（図19.12を参照）。
ステップ3：選手の1番目および2番目のニーズの分野を発達させる計画を立てる。
ステップ4：ニーズの特定に基づき、発達のための時間配分を行う。

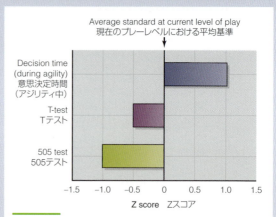

図19.12 知覚認知や操縦性（機動性）、方向転換能力に関して、標準化されたスコアによって示される選手の強みと弱み　負の値は、パフォーマンスが平均より低いことを示し、正の値はパフォーマンスが平均より高いことを示す。

アジリティ向上のためのニーズ分析

競技	バスケットボール
時間的枠組み	12週間（8週間のオフシーズンと4週間のプレシーズントレーニング）
競技特異的なアジリティーのニーズ分析	高速度の方向転換 ・バックドアカット、レーン（lane）を通したカット、ファストブレイク、ポゼッションチェンジ 操縦性・機動性（複数の様式の方向転換動作） ・ディフェンスのシャッフル、バックペダル、ディフェンダーをかわすためのスクリーン周辺で行う屈んだ方向転換 アジリティ（知覚認知） ・意思決定の時間（攻撃・守備の両方で有利となる） ・プレーあるいは相手選手に反応して動く能力
推奨されるテスト	505、Tテスト、アジリティテスト（意思決定の時間の測定）

ステップ5：トレーニングブロックを通して配分の比率を移行するための予備的な計画を提供する（表を参照）。表19.7に示すように、方向転換およびアジリティの発達をモニターすることによって（例：方向転換の不足）、漸進が適切かどうかを決める。

アジリティ発達のために計画された、トレーニングブロックの配分

	方向転換 1番目の狙い	操縦性（機動性） 2番目の狙い	アジリティ（知覚認知） 3番目の狙い
ブロックを通して割り当てられた時間の比率（推定）	ブロック1　約65% ブロック2　約60% ブロック3　約50%	ブロック1　約35% ブロック2　約30% ブロック3　約25%	ブロック1　— ブロック2　約20% ブロック3　約25%
追加コメント	ドロップランディングに伴う筋力あるいは特異的な負荷吸収能力をチェックする。	側方シャッフルおよび方向転換中の身体の姿勢を評価する。	知覚認知能力に頼っているかもしれない。これによって以前に特定することから隠蔽され、身体的な方向転換能力が改善された可能性がある。

測定することによって得られる情報とともに、その他の身体的フィットネス能力も考慮することで、適切に期分けされた計画を実施することができる。アジリティのための適用に関する表に、トレーニングの3つのブロック例（各4週間）を示している。トレーニングセッションの時間は、休息を含めて10〜15分、選手の追加的な要求に基づいて週に1〜3回を行うことができる（シーズン前にスキルトレーニングを増やすなど）。この例は、多様なドリルへと置き換えることができるが、分類（表19.2）や選手のニーズに対応する能力に基づいて選択すべきである。

い（59,61,81,85）。したがって、方向転換あるいはアジリティパフォーマンスをモニタリングする際には、ストレングス＆コンディショニング専門職は表19.7の手法を考慮するかもしれない。パフォーマンスのこれらの側面は、三次元動作解析装置などの高価な機器を用いることで測定されてきたが、ハイエンド（最高級）なバイオメカニクスの装置がなくても、容易に利用できるハイスピードカメラ（毎秒100フレーム以上の撮影が可能）を、通常の計時方法（手動あるいは電子計時）と組み合わせて、簡単に測定に用いることができる。

アジリティ向上の戦略の適用

ブロックおよび強調すること	トレーニングツールと注意点	各ブロックの1週間ごとの負荷についての処方（セット間の休息期間）
ブロック1： 1番目の狙い：方向転換（減速能力——直線） 2番目の狙い：操縦性・機動性（身体の姿勢）	1. 制動の課題は、エキセントリックが注目される。したがって、エキセントリックな課題（プライオメトリックス）を導入するときと同様に低ボリュームから始める。 2. 身体を低く保つことに注目する。姿勢のためにスピードが犠牲となる。	週に2〜3セッション **方向転換ドリル：** 減速**（前方）2×4（30秒；2分） （最終制動脚を利き脚、非利き脚で入れ替える） **操縦性（機動性）ドリル：** 側方シャッフル@高さ1×4×10 m（30秒） （質量中心を低く保つことができず、「立っている」ことを選手にフィードバックするために競技のスタンスの間、ロープその他のものを頭の高さにセットする）
ブロック2： 1番目の狙い：方向転換（減速能力——側方） 2番目の狙い：操縦性・機動性（複数の様式間での方向転換——シャッフルからスプリント、さらにシャッフル）	1. 前方また側方の両方を向いているとき、選手が身体の姿勢を効率的に制動に用いることができることを確実なものとする。停止に向けて（スピードを）吸収することに集中する。類似の刺激に反応して1回の努力をするということへ拡大する。 2. 地面への効率的な力の適用（「地面を押し切る（pushing the ground away）」）を促進する。視覚的なフィードバックのために脛の角度を見る。	週に2〜3セッション **方向転換ドリル：** 減速**（前方）1×4（30秒；2分） 第1週と同じ 減速（前方）1×4（30秒；2分） **操縦性（機動性）ドリル：** Zドリル（前方）2×4（30秒；2分） （常にスタートの方向を変更する。左から右へ、右から左へ） **アジリティ** 減速1×4（笛の音で減速）（30秒）
ブロック3： 1番目の狙い：方向転換（効果的な減速から再加速） 2番目の狙い：操縦性・機動性（効果的な移行と身体の姿勢を組み合わせる） 3番目の狙い：アジリティ（刺激に反応する際であっても、方向転換のパフォーマンスおよび身体姿勢を保つことに集中する）	1. 方向転換において、「制動して進入（braking in）」および「爆発的に抜け出す（exploding out）」ことに集中する。 2. 方向転換を終えてステップを「ドロップ＆ドライブ（下ろして駆動する）」させるのを促進し、フットワークや低い姿勢を保つことに集中する。 3. これは身体的トレーニングを、より特異的な刺激（いまだ一般的であるが）へと「移行する」のをチェックするために用いられる。「決定して進む」ことに集中し、選手が効率的に方向を変える、すなわち「できるだけ効率的に決めて動く」ことをチェックする。	週に1〜2セッション（スキルの量による） **方向転換ドリル：** 修正505ドリル2×4（30秒；2分） （プラント脚を交代する） **操縦性（機動性）ドリル：** Tテスト1×4（30秒；2分） **アジリティ** リアクティブアジリティ（Y字アジリティドリル）1×4（30秒） （指示する方向に反応して同じ方向へ） スキルトレーニングも、本質的に競技特異的な刺激に含まれる

**減速ドリルにおけるスピードは、数週間を通して漸進的に高めるべきである——たとえば、進入速度は半分のスピードから3/4のスピードにする。
注意：ここでは加速能力について分けて強調していないが、スピードセッションでともに対処することが期待される。

表19.7　アジリティ向上のモニター

測定	説明	解釈
方向転換の不足	直線スプリントと方向転換テストの時間に差がみられない。	方向転換の不足を評価することによって、方向転換の需要による追加的な時間の必要性について洞察を得ることができる。10mスプリントのタイムから、505方向転換（一般的な方向転換テストで、10mで行われる）のタイムを引くことがその例である。
接地時間	方向転換を行う間、足が地面に接触している総時間（プラント局面の長さ）	接地時間とその他の変数を評価することで、方向転換テスト（通常は直線スプリントの比率がより大きく求められる）を完了するうえで求められる総時間に依存する、実際の方向転換を効率的に改善しているかどうかを決定づけることができる。
抜け出し速度	方向転換におけるプラントから1歩目のステップ中の選手の水平速度。プラント足のトウオフ（つま先の離地）から次の着地までの、再加速における最初のステップであると考えられる。	総時間とは異なり、ハイスピードビデオカメラを用いて選手の速度を評価することで（股関節または質量中心）、方向転換の能力を直接的に測定することができる。抜け出し速度の改善とともに、接地時間が同じまたはより短くなることは、方向転換能力の向上と関連するRFDが大きくなったことを示唆する。
進入速度	プラント局面の前の速度。方向転換のプラント局面に入るまでの数ステップあるいは最後のステップを測定する。	進入速度の評価には、抜け出し速度で示唆されたのと同様の方法が指導者によって用いられる。これにより、コーチは抜け出し速度を追跡するときに考慮すべき方向転換の要求について理解することができる。
意思決定の時間	2つの事象の間の時間は、意思決定時間であると考えられ、正負いずれの値も取ることがある。意思決定時間は、選手がゲームのシナリオにおいてどのように反応するかを総合的に評価するために、2つの異なる方向へと分解することができる。すなわち、(1) ディフェンス側（刺激と同じ方向へ動く）、(2) オフェンス側（刺激と反対方向へ動く）、である。	入口および出口における速度測定と同様にハイスピードカメラを方向転換を行う側に設置し、刺激と選手の最初の決定的な方向転換の足部のプラントを撮影する。もし意思決定時間が負であれば、それは刺激によって動作を終わらせる前に方向転換を行っていることを意味する。意思決定時間が負というのは、ほかの人（ビデオまたは人間による刺激）の動作への反応中にのみ観察され、これはアジリティのプロトコルにおいて刺激の特異性の重要性を強調するものである。意思決定時間の測定をディフェンス側およびオフェンス側の両方で行うことによって、特定のゲームシナリオにおいてその選手が知覚認知能力を高める必要があるかどうかを見極めることができる。

まとめ

　スピードや方向転換、アジリティは、ほとんどの競技の文脈において、よく確立された競技能力の尺度である。この理由のため、ストレングス＆コンディショニング専門職はそれらの能力がトレーニング計画のデザインおよび実施を通じてどのように確立され、改善されるかについて知っていなければならない。これらの競技の動作や試合のプレーにおける構成要素は、課題に特異的な力の適用によって下支えされている。この課題特異的な力の産生は、重力の存在下において選手の体重を安定させ、選手をある地点から別の地点へと変位させ、高速で移動させ続けるうえで十分なものであるべきである。

　ランニングスピードは、ストライド長および率の間の関係との関わりがある。スプリントは、短い時間内における大きなRFDによって定義される、最大に近い、または最大のランニングである。成績のよいスプリント選手は、より長いストライド長さがより速いレートで生じる結果として、より遅い選手よりも長時間、空中にいることになる。アジリティには、刺激への反応として爆発的に動作速度あるいは様式を変化させるうえで必要なスキルと能力が含まれる。スプリントおよびアジリティの両方とも、より遅い動作と比較してSSCとより効率の高い神経筋を用いる。しかしながら、アジリティは視覚的探査や意思決定、予測、反応時間などの、トレーニングの特質を分ける知覚認知的な要求を含んでいる。

　これらのパフォーマンスの性質を改善させることを目指すストレングス＆コンディショニングコーチは、周期的および連続的なトレーニング期の並びを通じて、スピードやアジリティ、方向転換の練習あるいはこれらの組み合わせと、ストレングストレーニングを調和させるべきである。このトレーニング効果は、課題特異的で適切な動作メカニクスを促進するエクササイズを取り込むことによって最良の結果を導くことができるかもしれない。処方されるトレーニングは、年度初めや長い期の最初の時点での

ニーズ分析評価の結果を反映させるべきである。さらに、その後のトレーニング計画は、選手がプログラムの狙いにどのように反応するかについてストレングス&コンディショニング専門職が調べるのを手助けする、実施中の（今まさに行われている）モニタリングのプログラムによって最適化されるべきである。

スピード&アジリティドリル

スピードドリル

19.1	A スキップ	594
19.2	ファストフィート	595
19.3	スプリントレジスタンス: 加速のための傾斜	596

アジリティドリル

19.4	減速ドリル	597
19.5	Z ドリル	599
19.6	アジリティドリル（Y字アジリティ）	601

スピードドリル

19.1　Aスキップ

Aスキップは、直立したスプリントメカニクスおよび垂直への力発揮を刺激するために処方されることが一般的なスプリントドリルである。

開始姿勢
- 体幹は股関節、膝関節、足関節の真っ直ぐ上にあるようにして（積み重なった関節）、直立した姿勢でこのエクササイズを開始する。

動作局面
- 大腿部の上面が地面と平行になるように、片膝を屈曲し挙上することで動作を開始する。挙上した側（スイング脚）の足は、立っている側のほぼ膝の高さにあるべきであり、踵を殿部の下に引き上げる。これにより、両脚が「4の字」の形となる。スイング脚は、以下の記述に従う。
- 動かしている足部をやや背屈させることを通して、スイング脚を地面へと動かすのを強調することによって、最初のスキップを始める。適切な背屈を確立するために「足の親指を挙上する」。
- 新たなスタンス脚においてほぼトリプルエクステンション（3つの関節の伸展）が起こるまで、前足部を通してスイング脚を活動的に下へと動かすのを完了する。
- 新たなスタンス脚の前足部から中足部は、積み重なった関節を維持し、股関節の下で接地すべきである。
- 接地の開始時に、反対側の脚はスイング脚へと交代するために素早く上げるべきである。
- 能動的な押し下げから生み出された力は、トラックに対して水平への変位を身体に引き起こすスキップ動作と同時に起こるべきである。

テクニックのヒント
- エクササイズを通して肩の力を抜き、直立姿勢を維持する。
- サイクル間の脚の動きが止まることが最小限あるいは起こらないようにして、両腕は脚と同じ速さで動かすべきである。

脚の「4の字」

スピードドリル

19.2　ファストフィート

このドリルは、ストライド頻度を向上させるためにデザインされる。

開始姿勢

- 体幹は股関節、膝関節、足関節の真っ直ぐ上にあるようにして（積み重なった関節）、直立した姿勢でこのエクササイズを開始する。

動作局面

- 片脚を、膝を曲げた姿勢まで挙上し、スイング脚を再現するように脛のほぼ中間部まで足を上げることによって動作を開始する。スイング脚は、以下の記述に従う。
- いったんこの姿勢に到達したら、選手は積み重ねた関節を維持しながら、できるだけ素早くスタンス脚とスイング脚を入れ替える。
- 足が脛の中間部まで上がらないようにしながら、前足部を通してスイング脚を素早く活動的に下へと動かすのを完了する。スイング脚の上昇が短いのは、より素早いステップ頻度を確実なものとすることが狙いである。
- 新たなスタンス脚の前足部から中足部は、積み重なった関節を維持し、股関節の下で接地すべきである。
- サイクル間の脚の動きが止まることが最小限あるいは起こらないようにして、両腕は脚と同じ速さで動かすべきである。

テクニックのヒント

- このドリルは、伝統的にスプリント選手のストライド頻度を向上させるために処方されるが、ストライド頻度は大きな垂直の力が短い接地時間内で生じたときの副産物であることを覚えておくべきである。言い換えると、選手はスプリント種目において足を速く動かすことによって人為的にストライド頻度を向上させることはできないのである。

スイング脚を素早く下へと動かす

595

スピードドリル

19.3　スプリントレジスタンス：加速のためのインクライン（傾斜）

　インクラインスプリントは、スプリントの加速局面における改善を促進するために処方されるレジスティッド（抵抗をかけた）エクササイズの一種である。

開始姿勢
- 選手を正しいスタート姿勢（一般的にクラウンチングスタートと呼ばれる姿勢）にすることによってエクササイズを開始する。最初に、スプリント選手に対して、両足を開いて利き脚を前に、そこから1〜2足長後ろに後ろ脚（スイング脚）を置いて立った姿勢となるように指導する。
- ドライブ（駆動）およびスイング脚の間の距離は、(a) より低い重心に打ち勝つために必要となる十分な力を生み出す能力と、(b) 快適さの間の妥協に依って主に決まる。加えて、骨盤と前後の脚が並ぶように両足を広げ、不必要な股関節のひねりが生じないようにする。
- いったんスプリットスタンスを確立したら、選手に後ろ脚の膝を「真っ直ぐ下ろす」ように指導し、脛が地面に近くなるように（より平行になるように）指導する。これにより、加速を始めるのに必要となる正しいドライブ姿勢が取りやすくなる。
- 体幹を直立させしっかりと保持し、前脚と反対側の腕を前頭部近くまたはそのやや上へと上げるべきである。手は前頭部から約15〜20cm離れた位置にする。後ろの腕（後ろ脚の反対側）は、肘の角度が100〜120°の範囲で、手が殿部の側方にくるような位置にすべきである。この姿勢により、腕の動きが慣性力に打ち勝つうえで十分な推進力を生み出すことができる。
- 準備が完了したら、身体全体を傾け、前脚に体重の60％が乗るように選手に指導する。この体重移動の間、選手が「ウエストで折れる」ことのないようにする。選手はバランスを取れていると感じ、安定感が継続するようにすべきである。

動作局面
- 体重を移行した後、選手は前脚（ドライブ脚）で地面を積極的に押し下げることによってスプリントを開始することができる。後ろ脚も力を生み出すのを助けるが、開始姿勢によって地面を早く離れることになるだろう。腕の動きは、脚の動きに同調すべきである。

テクニックのヒント
- 選手に、後ろ脚（スイング脚）の踵の低いリカバリーを通して加速のメカニクスを最大化するようにキュー（合図）を出す。このことは、前述の正しいクラウチングスタート姿勢の準備において段階的に行うべきである。
- 選手には腕をスイングしながら地面を積極的に押すことを継続するよう指導し、手は下方および後方へ引くことを強調するためにキューを出してもよい。腕の動きは、脚の動きとしばしば平行となることを思い起こす。
- 体幹を直立させたままにし、頭部はニュートラルな姿勢をしっかりと維持する。体幹および頭は一直線に並び、股関節が徐々に上がるにつれて同じように上がる。

クラウチングスタート

アジリティドリル

19.4 減速ドリル

減速ドリルは、制動能力を改善し、ウェイトルームでのエキセントリック（伸張性）ストレングスエクササイズからフィールドにおけるより動作特異的なパターンへと移行させることを意図している。このエクササイズは、最初は単に前方へのランニングから減速し、後に前方へのランニングから側方への減速へと広げていくことができる。前方での減速ドリルでは、選手は素早く加速した後、決まった歩数で身体を制御しランジ姿勢で停止する。側方での減速ドリルでは、選手は素早く加速した後、セットポジションの前に走ってきた方向に対して垂直に制動し、能動的に力を吸収する。

動作局面

- 身体的および技術的能力に応じて、半分のスピードで前方へ走り、減速して3歩以内で止まる。
- もし選手が3歩目までに効果的に負荷を吸収できる

前方への減速ドリル

597

19.4 （続き）

のであれば、ランニングを3/4のスピード（9m以上の加速）にして、5歩以内に減速する。
- このドリルの最上級版では、トップスピードから7歩以内に減速することが求められる。
- 最も需要のある制動のステップ、あるいは最大の減速が起こる停止前のステップは、制動あるいは方向転換の最後の1歩のみでは起こらないのが典型的である。

テクニックのヒント

- このドリルのバリエーションが、側方および後方への動作中に用いられることがある。このドリルの中級版では、4.6～13.7m（5～15ヤード）の加速が求められ（505あるいは修正505テストと類似）、走ってきた方向に対して垂直に制動し、完全に止まる。これにより、減速から再加速へと漸進することができる。

側方への減速ドリル

アジリティドリル

19.5　Zドリル

Zドリルは、サイドシャッフリングのパターンや方向転換からの加速、方向転換への減速における熟練を高めるための初級レベルの方向転換ドリルとしての意図がある。コーンの配置とランニング方向については図を参照のこと。

開始姿勢
- 最初のコーンで質量中心を低くし、肩幅より広いスタンスで競技の準備姿勢（athletic ready position）を取ることによってエクササイズを開始する。

動作局面
- 質量中心を一定の高さに維持し（質量中心の高さを開始姿勢と同じにしておき）、次のコーンへとサイドシャッフルする。「地面を押す（pushing the ground away）」ことを強調する。コーチは意図した移動方向へ向いていることを確実なものとするために、脛の角度を見ることがある。
- コーン付近で立ち、素早く図に示した」ーンの位置へのスプリントへと移行する。
- このコーンに近づいていく際、選手は効果的に減速し、次のシャッフルへと以降すべきである。

テクニックのヒント
- このドリルは、方向転換の最初の段階で重要な、バックペダル（後ろ向き走）やその他の基本的動作パターンの追加が求められる逆Z字型へと修正することができる。動作全体を通じて、方向転換や移行の間に体幹を効果的に制御するとともに、加減速の間に効果的・効率的に力を生み出す能力を評価すべきである。

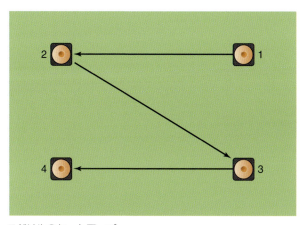

Zドリルのセットアップ

19.5 （続き）

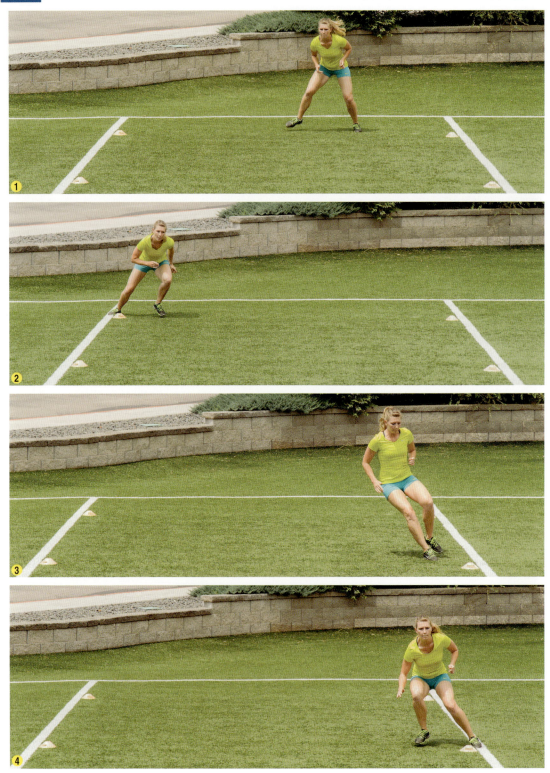

アジリティドリル

19.6　アジリティドリル（Y字アジリティ）

このドリルは、一般的な刺激に続いて方向転換を伴う知覚認知の必要性と組み合わせた特異的な刺激を用いることによって働く能力について、その出発点となることを意図したものである。

開始姿勢

- 刺激（合図）あるいは方向を示す人から9m（10ヤード）離れたコーンからスタートする。

動作局面

- 刺激が提示される場所に向かって走り、その場で視覚的あるいは聴覚的に示される刺激で示される方向へと向きを変える（これらの2つの選択肢は一般的な刺激と考えられる）。
- 方向を示す人は、選手が4.6m（5ヤード）の距離まで到達したら、右か左を示す（この距離を参照するために印をつけておく）。
- 選手は左右の刺激に対してできるだけ早く方向を変

え、2.7m（3ヤード）の距離に45°の角度をつけて置かれた2つのコーンのどちらかに向かって加速する。

テクニックのヒント

- より特異的な刺激に適応するための、このドリルのバリエーション（上級レベルのドリル）は、以下の通りである。
- 刺激と反対側へ選手が動く（オフェンス側）。
- 刺激によって1〜2ステップをオフェンスあるいはディフェンスとして反応する（毎回始める前に伝えておく）。2つのステップを追加することで、最初に左、そして右へステップし、最終的にどの方向へ向かう刺激なのか混乱が生じるため、一時的にドリルの難易度が上がる。
- 2人のチームメイトの間で、その競技に関連する刺激を用いて左右を示す刺激を提示する。

602　ストレングストレーニング&コンディショニング

重要語句

加速（acceleration）
アジリティ（agility）
方向転換（change of direction）
コンプレックス（複合）トレーニング（complex training）
力（force）
接地準備（ground preparation）
力積（impulse）
運動量（momentum）
ピリオダイゼーション（期分け）（periodization）
活動後増強（postactivation potentiation）

力の立ち上がり速度（rate of force development：RFD）
回復（recovery）
スピード（speed）
ばね質量モデル（spring-mass model：SMM）
スプリント（sprinting）
筋力（strength）
ストレッチ−ショートニングサイクル（stretch-shortening cycle：SSC）
速度（velocity）

例題

1. 力積という言葉は、何を指すか？
   a. パワーと速度の間の関係
   b. 加速と速度の間の関係
   c. 力と速度の間の関係
   d. 力と時間の間の関係

2. 一流のスプリント選手は、初心者の選手と比較して_____力を_____接地時間内で生み出す。
   a. より大きな、より長い
   b. より小さな、より短い
   c. より大きな、より短い
   d. より小さな、より長い

3. 直立でのスプリントにおいて、選手のストライド長は_____に大きく依存する。
   a. スタンス局面において生み出される垂直力の大きさ
   b. 選手の柔軟性
   c. 選手のストライド率
   d. スタンス局面のトウオフ（つま先の離地）において生み出される水平力の大きさ

4. 笛や矢印、相手選手などの刺激に反応して、素早く動くことが求められるドリルやテストは、以下のどれを測定するうえで最適か。
   a. 方向転換
   b. 操縦性
   c. アジリティ
   d. 加速

5. 方向転換の能力の改善が狙いである場合、追加で強調することが要求されるトレーニングの側面について選択せよ。
   a. 筋力
   b. 伸張性筋力
   c. 反応筋力
   d. RFD（力の立ち上がり速度）

CHAPTER 20

Program Design and Technique
for Aerobic Endurance Training

有酸素性持久力トレーニングのためのプログラムデザインとテクニック

Benjamin H. Reuter, PhD, and J. Jay Dawes, PhD

 本章を終えると

- 有酸素性持久力パフォーマンスに関係する要因について論じることができる。
- 有酸素性持久力トレーニングの様式を選択することができる。
- トレーニング状況や競技シーズン、回復に必要な条件などに基づいて有酸素性持久力トレーニングの頻度を設定することができる。
- 有酸素性持久力トレーニングの時間を設定するとともにトレーニング強度との関係を理解することができる。
- 有酸素性持久力運動の強度を設定し、その強度をモニターするさまざまな方法を理解することができる。
- さまざまなタイプの有酸素性持久力トレーニングプログラムについて述べることができる。
- 競技シーズンに基づいたさまざまなプログラムデザイン変数を適用することができる。
- 有酸素性持久力トレーニングプログラムをデザインする際、クロストレーニングやディトレーニング、テーパリング、補強的なレジスタンストレーニング、高地トレーニングの問題に対処することができる。

著者は、本章の執筆にあたって多大な貢献をいただいたPatrick S. Hagermanに対し、ここに感謝の意を表します。

有酸素性トレーニングプログラムをデザインすることは、無酸素性エクササイズの処方に多くの点で類似している。本章では有酸素性持久力トレーニングに用いられる基本原理や、安全で効果的なプログラムをデザインするうえでの段階的アプローチについて解説する。

正しい原理がトレーニングに適用されなければ、有酸素性持久力のパフォーマンス向上は望めない。トレーニングによって起こる適応の基本的なメカニズムはまだ完全に解明されていないが、適応を起こすためには身体のさまざまなシステム（系）に運動刺激（例：特異性、過負荷）が加えられる必要がある。トレーニングセッションに関連しない場合、あるいは運動によるストレスを十分に受けない場合には、生理学的なシステムはトレーニングプログラムに対する適応を起こさない（47,48）。

トレーニングの特異性とは、トレーニングプログラムに応じて生理学的なシステムの明確な適応が起こることを指す。生理学的なシステムにおけるトレーニング効果が生じるのは、トレーニング中に用いられ負荷が加えられたシステムに限定される（48,73）。したがって、生理学的なシステムに関与し、ストレスが加わるようにトレーニングプログラムがデザインされなければ、そのシステムにはごく限られた適応しか起こらないこともあれば、あるいは全く適応が起こらないこともあり得る。有酸素性持久力パフォーマンスを向上させるには、呼吸器系や心臓血管系、筋骨格系の機能を向上させるトレーニングプログラムをデザインしなければならない。

また、トレーニングによる適応を起こすためには、その時点で慣れているレベルよりも高いレベルで生理学的システムを機能させなければならない（72）。過負荷が継続してかけられると、身体の生理学的システムはその運動ストレスに適応する。この生理学的システムの適応が起こるのは、組織に過負荷が加えられなくなるまでである（訳注：組織に過負荷が加えられる限り適応が続く）。このことは、より大きな過負荷を用いることが必要になることを意味する。身体のさまざまなシステムに過負荷を加えるために最も頻繁に操作される変数は、運動の頻度や時間、強度である。

競走競技、自転車、水泳などの有酸素性持久力競技は、選手が決められた距離をどれだけ短い時間で進むことができるかを競う。こうした競技で優れたパフォーマンスを発揮するには、選手が試合時に最高の身体的コンディションである必要がある。選手はこのパフォーマンスレベルに到達するまで、トレーニングによって得られる生理学的適応を最大にするために、十分な知識を持ってハードなトレーニングを重ねる必要がある。実際に、有酸素性持久力競技選手が試合で最高レベルのパフォーマンスを発揮するためには、身体的コンディションが非常に重要であることが示されている（15,24,54,77,82）。多くの有酸素性持久力競技の選手において、その競技の有名選手や、競技で成功を収めた選手の練習内容を自らのトレーニングに取り込んだり応用したりするという傾向がある。この戦略が効果的な場合もあるかもしれないが、ほとんどの有酸素性持久力競技選手には、正しいトレーニング原理に関する実用的で優れた知識や、選手自身の身体的な限界やニーズに基づいて各々のトレーニングを処方したほうがよいだろう。

有酸素性持久力競技選手向けとして数多くのタイプのトレーニングプログラムデザインが存在する。これらのトレーニングプログラムは運動の様式、頻度、継続時間、強度が異なる。成功した有酸素性持久力競技選手に共通するのは、その選手の強みを伸ばし、弱みを改善するようにデザインされたトレーニングプログラムを実施していることである。本章の目的は、有酸素性持久力のトレーニングとコンディショニングの科学的原理に関して優れた実践的知識をストレングス＆コンディショニング専門職に提供することである。本章ではとくに、パフォーマンスに関係する要因や、有酸素性持久力トレーニングのプログラムデザイン変数、多様なタイプのプログラムについて示す。さらに、競技シーズンごとのトレーニングや、有酸素性持久力トレーニングに関係する問題についても論じる。有酸素性持久系競技と考えられるあらゆる競技のトレーニングに関する情報を述べると膨大な量になるため、ここでは競走競技や自転車競技、競泳に関する例を挙げながら、有酸素性持久力トレーニングに関する基本的な話題のみを示す。

有酸素性持久力パフォーマンス に関係する要因

有酸素性持久力トレーニングのプログラムをデザインする際には、有酸素性持久力のパフォーマンスに影響を及ぼすとともに重要な役割を果たすさまざまな要因について理解することが重要である。それにより、逆効果となる適応や疲労、オーバーワーク、オーバートレーニングを引き起こすおそれのある不要なトレーニングを最小限に抑え、適切なトレーニングプログラムを作成することができる。

最大有酸素性能力

有酸素性持久力系種目において、競技時間が長くなるほど、総エネルギー需要に占める有酸素性代謝の割合も大きくなる。そのため有酸素性持久力系競技で勝つためには、高い**最大有酸素性能力**（$\dot{V}O_2max$）が必要である（59）。有酸素性持久力種目では、$\dot{V}O_2max$とパフォーマンスの間に高い相関がみられる（1,19, 32,59,60）。したがって、有酸素性持久力トレーニングのプログラムは、$\dot{V}O_2max$を向上させるようにデザインする。パフォーマンスの向上には高い$\dot{V}O_2max$が重要であるが、ほかにも同等以上に重要な要因がある。たとえば、高い乳酸性作業閾値、優れた運動の経済性、エネルギー源として脂肪を用いる際の効率が高い、タイプⅠ筋線維の割合が高いことなどが挙げられる。

十分にトレーニングを積んだ持久力系競技選手にとって、とくに優れた有酸素的能力をすでに有している場合は、$\dot{V}O_2max$の改善がパフォーマンスに貢献する程度はわずかかもしれない。結果として、有酸素的能力をわずかに改善させようとするより、試合中や練習中により高い速度を維持する能力はパフォーマンスに大きな影響を及ぼす。これらの理由により、多くの競技選手が高強度インターバルトレーニング（HIIT）を用いる。この問題については理解が十分に進んでいないが、HIITは、ピークパワー出力や換気閾値、水素イオン緩衝能、エネルギー源としての脂肪利用の改善を通して、トレーニングを積んだ選手のパフォーマンスに貢献する可能性がある（55）。

乳酸性作業閾値

有酸素性持久力系種目において、同様の$\dot{V}O_2max$である選手たちの中で最も優れているのは、筋や血中に多量の乳酸を蓄積することなく、$\dot{V}O_2max$に対して最も高いパーセンテージで（訳注：運動強度が最も高い状態で）有酸素性エネルギーの生産を継続できる選手である（54）。この現象を示す用語は多くあるが、文献において最も広く用いられている用語は**乳酸性作業閾値**（LT：Lactate Threshold）である。乳酸性作業閾値とは、ある特定の血中乳酸濃度が観察される、もしくは血中乳酸濃度が安静時の値を超えて増加し始める動作スピードもしくは%$\dot{V}O_2max$である（82）。いくつかの研究では、有酸素性持久力の指標として乳酸性作業閾値が$\dot{V}O_2max$よりも優れていることが示されている（21,22）。**最大乳酸定常状態**という用語も、有酸素性持久力トレーニングに関する文献において頻繁に使われる。最大乳酸定常状態とは、体内での乳酸産生と乳酸除去が等しく保たれる最大の運動強度であると定義される（4）。最大乳酸定常状態は、$\dot{V}O_2max$や乳酸性作業閾値より有酸素性持久力パフォーマンスを示す指標として優れていると考える人は多い（4,34）。これらの情報から、有酸素性持久力選手は乳酸性作業閾値あるいは最大乳酸定常状態を向上させるべきであるということが明らかである。そのためには、トレーニング効果を最大にするうえで筋および血中の乳酸レベルを上げた状態でトレーニングを行う必要がある。

運動の経済性

ある運動速度におけるエネルギーコストの指標を**運動の経済性**と呼ぶ。運動の経済性が高い選手は、一定の運動速度（例：ランニングスピード）を維持するうえでエネルギーの消費がより少ない。複数の研究で、運動の経済性は競走種目で優れたパフォー

有酸素性トレーニングプログラムにおけるデザイン変数

ステップ1：運動様式
ステップ2：トレーニング頻度
ステップ3：トレーニング強度
ステップ4：運動の継続時間
ステップ5：運動の漸進

マンスを発揮するための重要な要因であり（14,31）、優秀な選手は一般の選手と比べてストライド長がやや短く、ストライド頻度が高いことが示唆されている（12）。自転車競技では、運動の経済性は体格や走行速度、空気力学的姿勢によって影響を受ける（22,61,78）。体重および走行速度の増加や、非効率的な姿勢は空気抵抗を高め、結果的として運動の経済性は低下する。一流の競泳選手はそうでない選手に比べて運動の経済性が高いことがすでに示されており（81）、ある泳速度において消費される酸素が少ない。水泳中の運動の経済性に対する最大の効果は、泳ぎのテクニックがより効率的になったときに観察される。ストロークが改善されると、ある泳速度に対するエネルギー需要は減少する（80）。このように、運動の経済性を改善するトレーニングは有酸素性持久力競技の選手にとって非常に重要である。

▶ 運動の経済性の向上は最大有酸素性能力（$\dot{V}O_2max$）と乳酸性作業閾値（LT）に影響を及ぼす。

有酸素性持久力トレーニングの
プログラムデザイン

　有酸素性持久力トレーニングのプログラムの効果を挙げるためには、それぞれの選手に特異的な運動処方が必要である。これには、主となる4つのプログラムデザイン変数を操作することが求められる。それをカコミ欄にステップ1〜5で示した。残念なことに、コーチや選手は、その競技で最近成功しているコーチや選手の練習やトレーニングプログラムを用いることがしばしばある。このような練習ではそれぞれの選手の強みや弱みが十分に考慮されておらず、効果的でない方向に導いたり、有害なトレーニングプログラムになったりする可能性すらある。正しいトレーニングプログラムをつくる最適な方法は、有酸素性持久力のパフォーマンスに関係する要因を評価し、その情報に基づいて個々の選手に合ったプログラムを作成することである。たとえば、運動の経済性の低い選手には、その向上に重点を置いたトレーニングを行わせる。あるいはテクニックに焦点を当て、休息時間を長くとる形式でインターバルトレーニングを実施することなどが考えられる。逆に、乳酸性作業閾値を高くする必要のある選手は、

より強度の高いトレーニングを行うことを考えるかもしれない。

　女子選手向けのトレーニングプログラムは、男性向けと異なるものにする必要はない。トレーニングプログラムへの反応は男女で同じであることが示されている（10,60,67）。性差と運動への影響については第7章で解説している。

ステップ1：運動様式

　運動様式とは、自転車、ランニング、水泳など選手が実施する特異的な活動を指す。有酸素性持久力のパフォーマンスを向上させるトレーニングでは、競技の動作パターンにできるだけ近い運動を選択する。これにより、体内の特異的な生理学的システムに効果的にプラスの適応を起こすことができる。たとえば、有酸素性持久力トレーニングによって、特異的な筋線維の動員や、これらの筋線維内のエネルギー供給系の適応が刺激される。トレーニングにおいて適切な運動様式を選択することで、競技中に使われる生理学的システムを改善するうえで確実に刺激されるようにする。トレーニング様式が競技特異的であるほど、パフォーマンスの向上が大きくなる。複数の有酸素性持久力競技を行っている選手や、有酸素性持久力を全般的に高めるプログラムを求める人には、クロストレーニングや複数の有酸素性持久力運動が有効な場合もある（35）。

ステップ2：トレーニング頻度

　トレーニング頻度とは、1日または1週間に行うトレーニングセッションの数を意味する。トレーニングセッションの頻度は、運動の強度および継続時間や、選手のトレーニング状況、競技のシーズンの間の相互作用によって決まる。運動強度が高く、長時間続く場合は、セッションからの回復を十分に促すためにトレーニング頻度を低くする必要があるかもしれない。選手のトレーニング状況もトレーニング頻度に影響を及ぼす。たとえば、トレーニングを積んでいない選手は、トレーニングを積んだ選手に比べて、トレーニングの初期において回復に多くの日数を要する。競技シーズンもトレーニング頻度に影響する。たとえば、オフシーズンのトレーニングプログラムでは週に5日だが、プレシーズンでは毎日になる場合もあるだろう（トライアスロン選手で

は1日に複数回行われる場合すらある）。また、得られた生理学的機能やパフォーマンスのレベルを維持するためのトレーニング頻度は、そのレベルに到達しようとするときに比べて低くてよいだろう（77）。トレーニング頻度が高すぎると傷害や疾患、オーバートレーニングのリスクを高める恐れがあるため、適切なトレーニング頻度は有酸素性持久力競技選手にとって重要である。多くの研究で、トレーニング頻度が週5回を上回るとスポーツ傷害の発生率は高くなるとされている（49,69）が、これらの研究では健康な若者および競技選手だけではなく、幅広い年齢の身体的に活動的な人々が被験者となっている。一方でトレーニングが少なすぎると、体内のさまざまな機能にプラスの適応は起こらない。研究では、$\dot{V}O_2max$の向上には週2回を上回るトレーニング頻度が必要であることが示されている（38,83）。ある持久力系選手にとってはパフォーマンス向上のために1日に複数のトレーニングセッションが必要かもしれないと多くのコーチは、認識している。Hansenら（43）によって行われた研究では、7名のトレーニング未経験の男性において、疲労困憊までの時間や安静時筋グリコーゲン濃度、クエン酸合成活性は10週間にわたって1日おきに1日2回のトレーニングを行った群のほうが、毎日1回のトレーニングを行った群よりも増加したことが示されている。グリコーゲン涸渇状態でトレーニングしたことにより、トレーニング適応に関連する遺伝子の転写および転写率が高まったことを介してグリコーゲン再合成が向上したと推測されている。しかしながら、グリコーゲン濃度が低いことにより選手がトレーニングできる時間が短くなってしまい、またオーバートレーニングのリスクも増加するため、この研究者らは、コーチや実践者が練習の計画を立てる際にこれらの結果を必ずしも用いる必要はないと警告している。このことは、選手にかかるトレーニング負荷の効果をモニターすることがなぜ重要であるかについての理由の1つである。

一連のトレーニングセッションから最大の効果を得るためには、個々のトレーニングセッションから**回復**することが不可欠である。運動のパフォーマンスは、きついトレーニングセッション後の休息で向上することが示されている（2）。十分な休息や水分補給、エネルギー源の再貯蔵が、回復中の選手にとって重要である。高強度もしくは長時間にわたるトレーニング後の数日間は、リラックスし、激しい身体活動を避けることがとくに重要である。運動後に十分な水分を摂取することは、トレーニングで失われた水分を補給するうえで重要である。トレーニング時間がとくに長かったり、強度が高かったりした場合は、枯渇している可能性が高い筋や肝臓の貯蔵グリコーゲンを補充するために、運動後の炭水化物の摂取が重要である。このトピックに関するさらに詳細な情報については、第10章「パフォーマンスを最大化するための栄養戦略」で得られるだろう。

ステップ3：トレーニング強度

トレーニングに対する体内の適応を引き起こす主な要因は、トレーニングの強度と継続時間の相互作用である。一般に、運動**強度**が高くなると運動の継続時間は短くなる。身体の適応は、トレーニング強度すなわちトレーニングセッションに傾ける努力の程度に特異的である。高強度の有酸素性運動は心臓血管系および呼吸器系の機能を向上させ、それによって活動している筋への酸素運搬能を向上させる（72）。運動強度を上げることは、筋線維の動員に影響を及ぼすことによって、骨格筋の適応にも影響を与える可能性がある（28）。運動強度が上がるにつれて、パワーの必要性が高まることに合わせてタイプⅡ線維の動員がより大きくなる。このトレーニング刺激によってこれらの線維の有酸素性能力が高まり、それによって有酸素性パフォーマンス全体が向上する可能性が高いと考えられる。

各トレーニングセッション、そして最終的なトレーニングプログラム全体の成果を挙げるためには、運動強度の調節が重要である。運動強度が低すぎると、身体のシステムに**過負荷**が与えられず、望ましい生理学的適応が引き出せない。一方、運動強度が高すぎると、疲労をもたらし、所期の目的を達しないうちにトレーニングセッションを終わる結果となってしまう（70）。どちらの場合も、トレーニングセッションの質は低く、非効率的である。

トレーニング強度を調節する最も正確な方法として、運動中の酸素摂取量の$\dot{V}O_2max$に対するパーセンテージの算出、血中乳酸濃度の定期的測定による乳酸性作業閾値との関係の算出があげられる。$\dot{V}O_2max$測定を実施できない場合は、運動処方にお

表20.1 $\dot{V}O_2max$、予備心拍数（HRR）、最大心拍数（MHR）の関係

% $\dot{V}O_2max$	% HRR	% MHR
50	50	66
55	55	70
60	60	74
65	65	77
70	70	81
75	75	85
80	80	88
85	85	92
90	90	96
95	95	98
100	100	100

HRR＝予備心拍数、MHR＝最大心拍数

いて心拍数や自覚的運動強度（RPE）、代謝当量（METs）、運動速度を用いて運動強度をモニターすることができる。自転車を使ったパワー測定装置が、プロ選手や、トップレベルのアマチュア選手に広く使われている。

心拍数

心拍数は、有酸素性運動の強度について処方する際に最もよく用いられる方法だろう。これは心拍数と酸素摂取量の間に高い相関関係があるためで、とくに**機能的能力**（$\dot{V}O_2max$）の50〜90％の強度で相関が高い。これは**予備心拍数（HRR）**と呼ばれ、最大心拍数と安静時心拍数の差である（5）（訳注：正確には、220から歴年齢数を引いた数で表される推定最大心拍数と安静時心拍数の差そのものを心拍数予備という。この方法を用いて強度の調節を最も正確に行う手段は、目標とする％$\dot{V}O_2max$に対応する心拍数、あるいは乳酸性作業閾値に対応する心拍数を決定することである。カルボーネン法による目標心拍数設定では心拍数予備の50〜90％の値に安静時心拍数を加えて算出する）。最大限の精度を求めるためには、これらの運動強度を確認するための実験室での測定が必要である。実験室でのテストが困難であれば、**年齢から推定する最大心拍数（APMHR）**の式を、運動強度を決定する際の基礎として用いることができる。**カルボーネン法と％最大心拍数法**を用いた、有酸素性持久力運動の心拍数

の範囲を決定する式と計算例をカコミ欄「目標心拍数の計算」に示す。$\dot{V}O_2max$、予備心拍数（HRR）、最大心拍数（MHR）の関係については表20.1に示す。

カルボーネン法と％最大心拍数法の式で、実際の運動強度が示されるが、最大心拍数を年齢から推定した場合は（実験室での最大心拍数テストと比較して）自転車走行中やランニング中の運動強度の正確性は低いだろう（65）。年齢が心拍数変動に及ぼす影響は75％であるとされており、運動様式や体力レベルなどのその他の要因の影響も、強度をモニターするために心拍数を用いる場合は考慮しなければならない（65）。さらに、最大心拍数推定式を用いた運動強度の推定には、乳酸性作業閾値と関連する強度についての情報が全く含まれていない。選手の乳酸性作業閾値についてある程度の情報がない場合、効果的な有酸素性持久力トレーニングプログラムを実施することはできない。

自覚的運動強度の尺度

自覚的運動強度（RPE）の尺度も、有酸素性持久力トレーニング時の強度を調節するために用いられる（26,39）。体力レベルに変化がある場合に、RPEを用いて正確に強度調節が行えると考えられる（6）。しかし、RPEと強度の関係は、人の気をそらす要因や環境温度などのさまざまな外的環境因子によって影響を受ける可能性があることが研究者によって立証されている（13,71）。HaddadやPadula、Chamariら（41）によると、年齢や性別、トレーニング状態、フィットネスレベルなどのさまざまな特性がRPEに影響を及ぼす。さらに、RPEに影響を及ぼす可能性のある環境的要因には、音楽を聞くこと、テレビやビデオを見ること、環境温度、高度（標高）、栄養的なこと、外的フィードバックがある。しかしながら、これらの著者は、このような要因に影響を受ける可能性があるにもかかわらず、RPEはいまだに有効なモニタリングツールであることを示唆している（表20.2を参照）。

代謝当量（METs）

代謝当量（METs）もまた運動強度の指標として利用することができる。1METは3.5ml/kg/分の酸素消費量に相当し、これは安静時に必要な酸素量と考えられる（1）。代謝当量は運動の様式によって決

目標心拍数の計算

カルボーネン法

公式：

- 年齢から推定する最大心拍数（APMHR）
  ＝ 220 － 年齢
- 予備心拍数（HRR）
  ＝ APMHR（年齢から推定する最大心拍数）－ 安静時心拍数（RHR）
- 目標心拍数（THR）
  ＝（予備心拍数［HRR］× 運動強度）＋ 安静時心拍数（RHR）

強度の上限、下限で計算を行い、目標心拍数の範囲（THRR）を決定する。

例：

30歳の選手、安静時心拍数が60拍／分で機能的能力の60〜70％の運動強度で行うとき

- 年齢から推定する最大心拍数 ＝ 220 － 30 ＝ 190拍／分
- RHR ＝ 60拍／分
- HRR ＝ 190 － 60 ＝ 130拍／分
- 目標心拍数の最低値
  ＝（130×0.60）＋ 60 ＝ 78 ＋ 60
  ＝ 138拍／分
- 目標心拍数の最高値
  ＝（130×0.70）＋ 60 ＝ 91 ＋ 60
  ＝ 151拍／分

運動時の心拍数をモニターするときは、目標心拍数の範囲を6で割ってその値を10秒間の目標心拍数とする。

138 ÷ 6 ＝ 23　　　151 ÷ 6 ＝ 25

この選手の目標心拍数の範囲は10秒間で23〜25拍である。

％最大心拍数法

公式：

- 年齢から推定する最大心拍数（APMHR）
  － 220 － 年齢
- 目標心拍数
  ＝ APMHR（年齢から推定する最大心拍数）× 運動強度

強度の上限、下限で計算を行い、目標心拍数の範囲（THRR）を決定する。

例：

20歳の選手、最大心拍数の70〜85％の運動強度で運動を行うとき

- 年齢から推定する最大心拍数 ＝ 220 － 20 ＝ 200拍／分
- 目標心拍数の最低値
  ＝ 200 × 0.70 ＝ 140拍／分
- 目標心拍数範囲の最高値
  ＝ 200 × 0.85 ＝ 170拍／分

運動時の心拍数をモニターするときは、目標心拍数の範囲を6で割ってその値を10秒間の目標心拍数とする。

140 ÷ 6 ＝ 23　　　170 ÷ 6 ＝ 28

この選手の目標心拍数の範囲は10秒間で23〜28拍である。

表20.2　自覚的運動強度（RPE）尺度

尺度	説明
1	まったく努力なし（横たわっている）
2	非常に弱い
3	非常に楽
4	楽（一日中できる）
5	中程度
6	ややきつい（きつく感じ始める）
7	きつい
8	とてもきつい（維持するのに努力が必要）
9	とても、とてもきつい
10	最大努力（これ以上続けられない）

NSCA, 2012, Aerobic endurance training program design, by P. Hagerman. In **NSCA's essentials of personal training, 2nd ed.**, edited by J.W. Coburn and M.H. Malek (Champaign, IL: Human Kinetics), figure 16.1, 395. より許可を得て転載。

定され、表20.3にその例をまとめた。10METsは安静時の10倍の酸素摂取量を必要とする活動である。METsを有酸素性持久トレーニングの処方の一部に用いる場合、ストレングス＆コンディショニング専門職は、運動のMETsのレベルを算出するために選手の最大酸素摂取量（あるいは推定値）を知る必要がある（40）。

パワーの測定

自転車競技者は、運動強度をモニターするためにクランクおよびハブに取り付けたパワーメーターを用いる場合がある（25）。コスト面から、こうした装置が使われるのはプロ選手とトップレベルのアマチュア選手に限られるだろう。これまでの研究では、少なくとも2種類の測定装置によって妥当性および

表20.3　身体活動の代謝当量（METs）

METs	身体活動
1.0	横たわる、または静かに座った状態で何もしない。眠らないでベッドに横たわっている。
2.0	平坦なところを時速3.2km（2マイル）未満で歩く。
2.5	平坦なところを時速3.2km（2マイル）で歩く。
3.0	軽い努力、または中程度の努力でレジスタンストレーニング（フリーウェイト、ノーチラス、ユニバーサルタイプ）を行う。
3.5	ステーショナリーバイクを30～50Wの負荷を用いて、非常に軽い努力で行う。
3.0	時速4km（2.5マイル）で歩く。
3.5	平坦なところを時速4.5～5.2km（2.8～3.2マイル）で歩く。
3.5	健康体操やホームエクササイズを軽い努力、または中程度の努力で行う。
4.3	平坦なところを時速5.6km（3.5マイル）で歩く。
4.8	1段あたり10cm（4インチ）、1分間あたり30段のステアステップ（階段上り運動）。
5.0	エアロビックダンスをローインパクトで行う。
5.0	平坦なところを時速6.4km（4マイル）で歩く。
5.0	エリプティカルトレーナーを中程度の努力で行う。
5.5	ステップエアロビクス（10cm［4インチ］のステップ高）
5.5	水中エアロビクス、水中体操を行う。
5.8	継続的に往復して泳ぐ。自由形でゆっくり、中程度から軽い努力で行う。
6.0	屋外でサイクリング。時速16.1～19.2km（10～11.9マイル）。
6.0	激しい努力でレジスタンストレーニング（フリーウェイト、ノーチラス、ユニバーサルタイプ）、パワーリフティング、ボディビルディングを行う。
6.3	1段あたり31cm（12インチ）、1分間あたり20段のステアステップ（階段上り運動）。
6.3	平坦なところを時速7.2km（4.5マイル）で歩く。
6.8	ステーショナリーバイクを90～100Wの負荷を用いて、軽い努力で行う。
6.9	1段あたり20cm（8インチ）、1分間あたり30段のステアステップ（階段上り運動）。
7.0	固定式ロウイングマシーンを、100W、中程度の努力で行う。
7.3	エアロビックダンスをハイインパクトで行う。
7.5	ステップエアロビクス（15～20cm［6～8インチ］のステップ高）
8.0	健康体操（例：プッシュアップ、シットアップ、プルアップ、ジャンピングジャック）を、激しい努力で行う。
8.0	サーキットトレーニングを、いくつかの有酸素ステーションを含め、最小限の休息で行う。
8.0	屋外でサイクリング。時速19.3～22.4km（12～13.9マイル）。
8.3	時速8.0km（5マイル）で歩く。
8.5	固定式ロウイングマシーンを、150W、中程度の努力で行う。
8.8	ステーショナリーバイクを101～160Wの負荷を用いて、中程度の努力で行う。
9.0	時速8.4km（5.2マイル）で走る（11.5分／1マイル）
9.0	ステップエアロビクス（31cm［10～12インチ］のステップ高）
9.8	時速9.7km（6マイル）で走る（10分／1マイル）
9.5	ステップエアロビクス（25.4～31cm［10～12インチ］のステップ高）
9.8	継続的に往復して泳ぐ。自由形で速く、激しい努力で行う。
10.0	屋外でサイクリング。時速22.5～25.6km（14～15.9マイル）。
10.5	時速10.8km（6.7マイル）で走る（9分／1マイル）
11.0	時速11.3km（7マイル）で走る（8.5分／1マイル）

（続く）

第20章　有酸素性持久力トレーニングのためのプログラムデザインとテクニック　**611**

表20.3　（続き）

METs	身体活動
11.0	ステーショナリーバイクを161〜200Wの負荷を用いて、激しい努力で行う。
11.0	一般的な縄跳び。
11.8	時速12.1km（7.5マイル）で走る（8分／1マイル）
11.8	時速12.9km（8マイル）で走る（7.5分／1マイル）
12.0	屋外でサイクリング。時速25.7〜30.6km（16〜19マイル）。
12.0	固定式ロウイングマシーンを、200W、中程度の努力で行う。
12.3	時速13.7km（8.6マイル）で走る（7分／1マイル）
12.8	時速14.5km（9マイル）で走る（6分40秒／1マイル）
14.0	ステーショナリーバイクを201〜270Wの負荷を用いて、非常に激しい努力で行う。
14.5	時速16.1km（10マイル）で走る（6分／1マイル）
15.8	屋外でサイクリング。時速32.2km超（＞20マイル）。

Ainsworth et al., 2011, "Compendium of physical activities: A second update of codes and MET values," Medicine and Science in Sports and Exercise 43: 1575-1581. に基づく。

信頼性の高いパワーの測定手段が提供されている（36,57）。運動強度をモニターする際にパワーを用いることは、自転車競技者にとって有利な点がある。それは、代謝率と力学的パワーの発生に密接な関係があるためである（25）。パワーを強度の測定に用いることは、環境条件にかかわらず同一の強度が得られるという利点もある（25）。心拍数やトレーニング速度は環境の影響を受ける場合がある。

ステップ4：運動の継続時間

　運動の**継続時間**とは、そのトレーニングセッションの時間的な長さを表す。トレーニングセッションの継続時間は運動強度によって異なる。トレーニング継続時間が長くなるほど運動強度は低いものになる。たとえば、最大乳酸定常状態以上の強度（例：85% $\dot{V}O_2max$）での運動における継続時間は、筋に蓄積した乳酸が疲労の一因となるため比較的短く、20〜30分となるだろう（訳注：乳酸の蓄積が筋疲労の原因であるかどうかについては議論がある部分である）。逆に、運動強度が低い運動（例：$\dot{V}O_2max$の70%）は、疲労を感じるまでに数時間続けることができる可能性がある。

▶ トレーニングセッションの継続時間は運動強度によって異なる。トレーニング継続時間が長くなるほど運動強度は低いものになる。

ステップ5：運動の漸進

　有酸素性持久力向上のトレーニングを開始したら、そのアスリートの有酸素性運動能力の維持あるいは向上のためにそのプログラムを継続していく必要がある。研究によれば、有酸素性運動能力は、トレーニング強度を保ったままであれば、週2回まで頻度を落としても、最大5週間にわたって維持できることが示唆されている（46）。

　選手の目標に応じて有酸素性持久力運動のプログラムを漸進させるためには、まずトレーニングの頻度や強度、継続時間を増加させる。一般に、1週間に少なくとも1日の休養または積極的休養を取ることが勧められる。大半の選手は、有酸素性運動能力の現状維持ではなく、向上を目標としている。そのためには、トレーニングプログラムを常に漸進させる必要がある。通常、トレーニング頻度や強度、継続時間は、週あたり10%以上高くすべきではないとされている（42）。体力レベルが高くなると、トレーニングの頻度や継続時間を増やすことができないところまで到達する可能性がある。こうなると、トレーニングを漸進させる方法は、運動強度の操作のみとなる（42）。

　カコミ欄「有酸素性運動の漸増例」に示したように、競技選手とストレングス＆コンディショニング専門職はトレーニングの頻度や強度、継続時間を組み合わせて操作することができる。トレーニング頻度は、学校や仕事などの制約により、増やすには限

有酸素性持久力トレーニングの漸進例

例A
- 第1週　70〜85% THRで40分間を週4回
- 第2週　70〜85% THRで45分間を週5回
- 第3週　70〜85% THRで40分間を週3回、60〜75% THRで50分間を週1回
- 第4週　70〜85% THRで45分間を週4回、60〜75% THRで50分間を週1回
- 第5週　70〜85% THRで45分間を週5回、60〜75% THRで55分間を週1回

例B
- 第1週　60〜70% THRで30分間を週3回
- 第2週　60〜70% THRで35分間を週4回
- 第3週　65〜75% THRで30分間を週3回
- 第4週　65〜70% THRで35分間を週4回
- 第5週　70〜75% THRで30分間を週3回

界がある。また、1日に2回以上トレーニングセッションを行うことが不可能な場合もある。トレーニング強度は、元々の運動処方の強度で使用した方法を用いて判断する。最良の方法は、強度をモニターできる器具（心拍数モニター、RPEチャート、METによって負荷設定ができるマシーン）によって決定することである。トレーニング強度の漸進は、オーバートレーニングを防ぐために、注意深く管理すべきである。トレーニングセッションの継続時間の長さも、トレーニング頻度と同じ要因の制約を受ける。さらに、主に屋外で運動する選手は、日照時間にも左右され、秋の後半から冬、早春にかけてトレーニングの時間は制限される。

有酸素性持久力トレーニングプログラムのタイプ

有酸素性持久力トレーニングプログラムにはいくつかのタイプがあり、頻度や強度、継続時間、漸進の要素がそれぞれ異なる。各タイプに5つのプログラムデザイン変数が含まれ、これらによって特異的な結果がもたらされることになる。表20.4に、有酸素性持久力トレーニングのタイプとその一般的な処方のガイドラインをまとめた。各タイプの有酸素性持久力トレーニングプログラムの例を、セクションの後のトレーニング例のチャート内に太い文字で示したトレーニング様式ごとに解説する。

LSDトレーニング（Long Slow Distance Training、長時間ゆっくりと長距離を走るトレーニング）

伝統的に、持久的種目のコーチや選手はLSD（long, slow distance）という用語を、約70% $\dot{V}O_2max$（もしくは最大心拍数の約80%）に相当する強度のトレーニングを表すものとして使ってきた。フィットネスの専門家や競技選手は、スローという言葉は典型的なレースペースよりも遅いことを指すということを覚えておくべきである。LSDという用語は、おそ

表20.4　有酸素性持久力トレーニングの種類

トレーニングの種類	週あたりの頻度*	継続時間（作業部分）	強度
LSD	1〜2	レース距離、またはそれ以上（約30〜120分）	$\dot{V}O_2max$の約70%
ペース・テンポ	1〜2	約20〜30分	乳酸閾値（LT）で。レースペースまたはそれよりやや上
インターバル	1〜2	3〜5分（作業-休息比を1：1で）	VO_2max付近
HIIT	1	30〜90秒（作業-休息比を1：5で）	$\dot{V}O_2max$よりも高い
ファルトレク	1	約20〜60分	LSDとペース・テンポの間で変化させる

*週のこれ以外の曜日は、ほかの種類のトレーニングや休息日にする。
データは文献15, 24, 54, 77, 82より。

らくその意図をより反映する用語へと変更したほうがよいだろう。我々は今回、LSDという用語を広く使われている意味のままで用いる。LSDトレーニングセッションでは、トレーニング距離はレースの距離よりも長くする、あるいは継続時間を30分〜2時間以上とする（24）。この強度と継続時間は、呼吸の困難を感じずに会話できるレベルで、「会話のできる」運動とされる。LSDトレーニングによる生理学的効果として、心臓血管系の機能、体温調節機能の向上、ミトコンドリアのエネルギー生産能や骨格筋の酸化能の向上、エネルギー源としての脂肪の利用の亢進があげられる（7,11,16,18,28,33,40,47,48,52,73,82）。これらの変化によって身体の乳酸除去能力が高まり、乳酸性作業閾値が高くなる可能性がある。このタイプのトレーニングを長期にわたって継続して実施すると、その運動に関与する筋の代謝様式にも変化が起こり（40,50）、タイプⅡx筋線維からタイプⅠ筋線維への変化につながる（68,76）。

脂肪の利用の増加によって、筋グリコーゲンを温存できる可能性もある（20,23,44,48,52,58,82）。LSDトレーニングの強度は実際のレース（競技場面）での強度より低いため、このタイプのトレーニングを過度に実施するとマイナスになるおそれもある。さらに、LSDトレーニングでは、レース時に求められる筋線維の神経学的動員パターンは刺激されない（82）ため、レース時に使われない筋線維に適応をもたらす場合がある。

ペース・テンポトレーニング

ペース・テンポトレーニングは、レース時の強度もしくはそれよりやや高めの強度で行う。この強度は乳酸性作業閾値と一致するため、**閾値トレーニング**（24）、もしくは**有酸素・無酸素性インターバルトレーニング**（15）とも呼ばれる。ペース・テンポトレーニングの実施法には、一定および間欠的という2つの方法がある（24）。一定のペース・テンポトレーニングは、乳酸性作業閾値の強度で約20〜30分間、持続的に行う。ペース・テンポトレーニングの目的は、特異的な強度でストレスを加え、有酸素性代謝および無酸素性代謝の両方によるエネルギー生産を向上させることである。間欠的なペース・テンポトレーニングは、**テンポインターバル**や、**クルーズインターバル**、**閾値トレーニング**とも呼ばれ

る（24）。間欠的なペース・テンポトレーニングの強度は、一定の閾値トレーニングと同じであるが、短いトレーニングインターバルを繰り返し、その間に短時間の休息時間をはさむ形式で行われる。ペース・テンポトレーニングでは、処方されたペースよりも高い強度の運動を実施しないことが重要である。楽に感じられる場合は、強度を上げるのではなく、距離を延ばすほうがよい。このタイプのトレーニングの主な目的はレースのペース感覚を高め、このペースで運動を持続するための身体のシステムの能力を向上させることである。ペース・テンポトレーニングは、レースで必要とされるのと同じ筋線維の動員パターンで実施される。このタイプのトレーニングによって、ランニング効率の改善と乳酸性作業閾値の向上といった効果が得られる。

インターバルトレーニング

インターバルトレーニングは$\dot{V}O_2max$に近い強度で行う。運動時間は3〜5分間とするが、30秒間程度まで短くすることができる（1）。休息時間は運動時間と同じ長さとし、作業−休息比は1：1とする。インターバルトレーニングでは、1回のトレーニングセッションで高強度運動を持続的に行うより長い時間にわたって$\dot{V}O_2max$に近い強度でトレーニングできる。このタイプのトレーニングは、有酸素性能力のしっかりした基礎ができてから行うべきである（54）。また、インターバルトレーニングは大きなストレスがかかり、過度に行うべきではない。インターバルトレーニングによって、$\dot{V}O_2max$の増加や、無酸素性代謝の促進といった効果が得られる。

高強度インターバルトレーニング

高強度インターバルトレーニング（HIIT）は、トレーニングの形態の1つで、短い回復期間を挟んで繰り返し高強度運動を行うものである（9）。Buchheit and Laursen（9）によると、最適な刺激はHIITセッション内で$\dot{V}O_2max$の90％以上で数分間過ごす必要がある。それぞれ異なるトレーニング反応を引き出すために、HIITインターバルは短い（45秒未満）ものと、長い（2〜4分）ものの両方が用いられる。1回のエクササイズの継続時間が長くなるにつれて、無酸素性解糖に由来するエネルギー配分が増加し、これによって血中乳酸レベルが上昇するだろう。つ

け加えて、HIITトレーニングはランニングのスピードおよび経済性を高めるのにも有益かもしれない。このことは、相手選手を抜き去るときや、記録や自己ベストを狙うときに「最終キック」あるいは「プッシュ」が必要となる有酸素性持久力レースの後半に向けて、とくに重要かもしれない。

HIITを行う際、繰り返しの間にどの程度の休息を入れるかが非常に重要である。もし休息が短すぎると、選手は休息後に続いて行うエクササイズで質の高い努力ができなくなり、またケガのリスクが大きくなるだろう。もし休息期間が長すぎると、無酸素性解糖エネルギー機構に負荷をかけることによって得られる多くの効果は減退するだろう。インターバルの長いHIITトレーニングの適切な作業－休息比の例は、90% $\dot{V}O_2max$ 以上で、2分から3分の運動を、2分以内の休息を入れて行うというものである（8,9,55）。

ファルトレクトレーニング

ファルトレク（元はスウェーデン語で、ファルトはスピード、レクはプレー、遊ぶの意味）トレーニングは、前述したトレーニングのタイプを組み合わせたもので、一般にランニングで行われるが、自転車や水泳でも用いることができる。ファルトレクランでは、軽いランニング（約70% $\dot{V}O_2max$）と短時間のヒルランニング、短い距離の瞬発的なランニング（約85～90% $\dot{V}O_2max$）とを組み合わせる。この基本的な形式は、LSDトレーニング、ペース・テンポトレーニング、インターバルトレーニングと組み合わせることにより、自転車や水泳にも活用できる。ファルトレクトレーニングは身体の全システムに刺激を与えるとともに、日々のトレーニングにおいて飽きや単調さを改善する助けとなる可能性がある。このタイプのトレーニングは$\dot{V}O_2max$や乳酸性作業閾値の向上、ランニング効率やエネルギー利

マラソン初心者のためのLSDトレーニングプログラム例

日	月	火	水	木	金	土
休息日	45分ファルトレク走	**60分LSD走**	45分インターバル走	レースペースで60分、斜面および平坦な走路	45分レペティションランニング	**120分LSD走**

コメント
- 頻度：オーバートレーニングやオーバーユースを防ぐために、LSDランニングは連続して行わず、セッション間に疲労が回復できる程度の十分な間隔をあける。
- 継続時間：マラソン競技は42.195kmで行われるため、2回のLSDランニングのうち最低1回はマラソンの距離（または走行時間）に近い距離を設定するべきである（トレーニングを積んだ選手の場合）。
- 強度：長時間のLSDのセッションを完走するために、強度（ペース、すなわち1kmを何分で走るか）は低めに抑える。呼吸器系に強いストレスをかける必要はない。

50km自転車競技初心者のためのペース・テンポトレーニングプログラム例

日	月	火	水	木	金	土
休息日	60分LSDライド（自転車走行）	**30分ペース・テンポライド**	45分ファルトレクライド	45分楽なライド	**30分ペース・テンポライド**	90分LSDライド

コメント
- 頻度：ペース・テンポライドは身体への負荷が大きいため、セッションは疲労の回復ができる程度の十分な間隔をあけて実施する。
- 継続時間：ペース・テンポトレーニングは競技の距離（時間）よりも短く設定し、競技時より高い強度でトレーニングする。
- 強度：高い強度またはペース（1kmを何分で進むか）で実施する。競技時のペースを想定して、呼吸器系に強い負荷をかける必要がある。

10kmランナー中級者のためのインターバルトレーニングプログラム例

日	月	火	水	木	金	土
休息日	**レース時のペースでインターバル、0.5km×10回、運動－休息比は1：1**	10km楽なランニング	45分LSD走	HIIT 3分間@90% $\dot{V}O_2max$/2分間パッシブリカバリー×6回	45分LSD走	平地でのファルトレク走、45分

コメント
- 頻度：インターバル走は身体への負荷が大きいため、セッション間は疲労の回復ができるように十分な間隔をあける。
- 継続時間：トレーニングの進行に伴い、各トレーニングセッションの合計走行距離、または時間（インターバルの仕事の部分の合計）を競技に近づける。
- 強度：インターバルトレーニングのランニングの部分は$\dot{V}O_2max$に近い強度（ペース）で終えるようにする。

140.6 トライアスロン選手中級者のための HIIT スイムプログラム例
（スイムのトレーニング；レース時の距離は 3.9km［2.4マイル］）

日	月	火	水	木	金	土
休息日	60分 LSDスイム	HIIT 2分間 @95% $\dot{V}O_2$max/2分 間パッシブリカ バリー×8回	45分 LSDスイム	休息日 （スイムを行わ ない）	1.6km （1マイル）の レースペース スイム	60分 LSDスイム

コメント
- 頻度：HIITは身体への負荷が大きいため、週1回にする。
- 継続時間：作業を2〜3分超、作業間の消極的回復を2分以下にする。
- 反復回数：6〜10回×2分、5〜8回を3分以上
- 強度：HIITのトレーニング部分の終了時は$\dot{V}O_2$maxの90%以上の強度（ペース）とする。

大学生女子 5km クロスカントリーランナーのファルトレクトレーニングプログラム例

日	月	火	水	木	金	土
休息あるいは 楽なランニン グ	60分 LSD走	坂道および平 坦な道での、 きつい・楽な 45分のファル トレク走	25分の ペース・テンポ 走	45分 LSD走	25分 LSD走	大会

コメント
- 頻度：ファルトレク走は身体への負荷が大きいため、週1回にする。
- 継続時間：各セッションのトレーニング部分の合計スイム距離、または時間（インターバルトレーニングの作業部分の合計）を、トレーニングの進行に伴って、競技に近づける。
- 強度：ファルトレクトレーニングの作業部分の終了時に$\dot{V}O_2$maxに近い強度（ペース）とする。

用の改善につながる。

> ▶ トレーニングのタイプによって、引き起こされる生理学的反応は異なる。理想的には、週、月、年単位のトレーニング計画にすべてのタイプのトレーニングを取り入れることで効果の高いプログラムがつくられる。

トレーニングシーズンに応じた プログラムデザインの実施

　競技のシーズンに応じて、プログラムデザインの変数と有酸素性持久力トレーニングのタイプを設定し、年間のトレーニングプログラムを作成する。一般に、トレーニング年はオフシーズン（基礎トレーニングとも呼ばれる）、プレシーズン、インシーズン（競技の試合）、ポストシーズン（積極的休養）に分けられる。表20.5に、各トレーニングシーズンの目的とプログラムデザイン上の典型的な課題をまとめた。

オフシーズン（基礎トレーニング）

　オフシーズンのトレーニングの優先課題は、心肺系フィットネスの基礎づくりである。初めは、長時間および低強度のワークアウトから始め、その後オフシーズンの間、強度および継続時間を増加させる。ただし、トレーニング継続時間の増加の程度は、強度の増加より低く抑え、週当たり5〜10%以上延長するべきではない(87)。トレーニング継続時間の増加幅を大きくしすぎると、有酸素性持久力パフォーマンスの低下が起こり得る(18)。選手がトレーニング刺激に適応し、さらなる改善のために過負荷が求められるときには、周期的に運動強度を増加させる。

プレシーズン

　プレシーズン中は、トレーニング強度を高め、トレーニング継続時間を維持または短縮するとともに、すべてのタイプのトレーニングをプログラムに組み込む。個々の選手の強みや弱みによって、それぞれのタイプのトレーニングの量や頻度を決定する。

インシーズン（競技期）

　インシーズンには、試合やレース日をトレーニングスケジュールに組み込んで、トレーニングプログラムをデザインする必要がある。競技日の前には低強度および短時間のトレーニング日を設け、選手が完全に休息し回復できるようにする。インシーズン

616 ストレングストレーニング&コンディショニング

表20.5 競技シーズンの目的とプログラムデザインの割り当て

競技シーズン	目的	週あたりの頻度	継続時間	強度
オフシーズン（基礎トレーニング）	完全なコンディショニングの基礎をつくる	5〜6	長い	低から中程度
プレシーズン	有酸素性持久力パフォーマンスに重要な要因を改善する	6〜7	中程度から長い	中程度から高い
インシーズン（試合）	有酸素性持久力に重要な要因を維持する	5〜6（トレーニングとレース）	短い（トレーニング）	低い（トレーニング）
			レースの距離	高い（レース）
ポストシーズン（積極的休養）	試合シーズンからの回復	3〜5	短い	低い

データは文献15, 24, 54, 77, 82より。

に用いられるタイプのトレーニングは、選手の弱点の改善、筋力の維持という前の期から引き続いた目標をもとに選択する。

ポストシーズン（積極的休養期）

　ポストシーズンは、その前の試合期からの回復に重点を置く。この積極的休養期ではトレーニングの継続時間と強度は一般に低く設定するが、心肺系フィットネスや筋力、除脂肪体重を十分なレベルに維持できる全身運動を行う。有酸素性持久力系競技選手のトレーニングでは、試合期に発生した傷害のリハビリテーション、力の弱いまたは状態の不十分な部分の筋力向上に焦点を当てる。

▶ 年間の有酸素性持久力トレーニングプログラムは、競技シーズンごとに特異的な目標および目的を掲げ、パフォーマンスを徐々に漸進的に改善するようにデザインする。

有酸素性持久力トレーニングに関する論点

　有酸素性持久力トレーニングプログラムの作成には、プログラムデザインの変数に加えて考慮すべき問題がある。クロストレーニング、ディトレーニング、テーパリング、補強的レジスタンストレーニングがその例で、ストレングス&コンディショニング専門職は、個々の選手が行う有酸素性持久力トレーニングプログラムのタイプの選択、競技シーズンに基づく有酸素性持久力トレーニングプログラムの作成を行う際に、これらの問題を熟慮しなければならない。

クロストレーニング

　クロストレーニングは、傷害でトレーニング量を減らしている時期や、トレーニングからの回復期に一般的なコンディショニングを維持するために用いられるトレーニング様式である（33）。身体的ストレスがトレーニングの際に用いられる筋群とは異なる筋群にかかるため、オーバーユースによる傷害の可能性は、クロストレーニングによって減少するだろう（87）。複数の種目を行う選手も、水泳や自転車、ランニングのパフォーマンスを最大にするためにクロストレーニングを用いる。クロストレーニングによって、呼吸器系や心臓血管系、筋骨格系の適応などの効果が得られる（53,57,87）。クロストレーニングによって、異なる様式のトレーニングを行った単一種目の選手（競走種目の選手が自転車や水泳をするなど）が、一定のコンディショニングレベルを維持できると考えるのは妥当であろう。$\dot{V}O_2max$の維持において効果を得るために、クロストレーニングは本来の運動様式と同じ強度、継続時間で行わなくてはならない（37,56,85）。しかしながら、クロストレーニングでは、単一種目のパフォーマンス向上に、運動様式に特異的なトレーニングのみを行った場合と同様の効果が得られるわけではない（33）。

ディトレーニング

　ディトレーニングは、トレーニングプログラムの中断や傷害や疾患のために、トレーニング継続時間を短縮したり、強度を引き下げたり、トレーニングを全くやめたりした場合に起こる。適切なトレーニング刺激がないと、トレーニングによって得た生理学的適応は失われる。トレーニングによって得られた生理学的適応の大部分は、トレーニング刺激がな

くなるとトレーニング前のレベルまで急速に低下することが示されている（27,29,52）。ディトレーニングの影響をいくらかでも避けるためには、別のトレーニング様式を用いるのが有益であろうが、このようなクロストレーニングの効果は、完全なトレーニング中断時に生じる生理学的適応の消失をいくらか緩和するのみと考えられる。有酸素性持久力競技の選手は、可能ならば、主要な運動様式で頻度や強度を下げて運動を継続することにより、ディトレーニングの影響を最小限に抑えられる（82）。

テーパリング

テーパリングは、主となる大会に向けた有酸素性持久系競技選手の準備として、トレーニングプログラムの重要な構成要素である。テーパリングは、体系的にトレーニングの継続時間と強度を減少・低下させ、並行してテクニックの練習と栄養摂取の改善を行う。その目的は、試合時に最高のパフォーマンスを得ることである。テーパリングの期間の長さは多くの要因によって決まるが、7〜28日間が典型的なテーパリング期間となるだろう（63）。テーパリングに関する研究は競泳選手に対して行われたものが大部分であるが（17,46,79）、テーパリングはこのような有酸素性持久力選手のみに限って行われるわけではない。ランナーや自転車選手において行われた研究では、持久的種目の選手も、十分に計画されたテーパリングの手法から恩恵を得ることができることが示されている（63,64,75）。試合前のテーパリングは、回復と水分補給を手助けし、筋および肝グリコーゲン貯蔵の増加を促進させる（63）。

激しいトレーニングにより損なわれた生理学的能力を回復するために、選手が行う可能性のあるテーパリングモデルはいくつかある。最も一般的なテーパリングモデルは、線形（リニア）、ステップ、漸進的（プログレッシブ）テーパリングの3種類である（79）。線形テーパリングの特徴は、テーパリング期間を通じて日々のトレーニング量を徐々に減少させることである。対照的に、ステップテーパリングではトレーニング量を急激かつ、かなり（通常は50%以上）低減させ、テーパリング期間を通して変動させることなく維持するという特徴がある。漸進的テーパリングは、線形およびステップテーパリングモデルの組み合わせを用いる。このモデルは、素

早く10〜15%の急激なトレーニング量の低減と、それぞれの段階でより少しずつ量を減らすことと関連している。トレーニング量は、系統的に低減させるが、強度と頻度は維持される。

レジスタンストレーニング

レジスタンストレーニングは重要であるが、有酸素性持久力選手のパフォーマンス向上の要因としては見過ごされがちである。トレーニングを積んだ有酸素性持久力選手のパフォーマンスに対するレジスタンストレーニングの影響を扱った研究は限られているが、有酸素性持久力トレーニング時のレジスタンストレーニングの実施が有益であると示唆するデータもある。とくに、Hicksonら（45）は、高度にトレーニングされた有酸素性競技選手では、レジスタントレーニングの結果として$\dot{V}O_2max$は向上しないが、自転車およびランニング時の短時間の運動パフォーマンスが改善したことを示した。有酸素性持久系競技選手がレジスタンストレーニングを実施することで、傷害からの早い回復、オーバーユースによる傷害の予防、筋のバランスの崩れの軽減などの効果が得られる可能性がある。筋力は、上り坂や集団からの抜け出し、ラストスパートなどの有酸素性持久力競技のさまざまな局面において重要である（87）。さらに最近では、Mikkolaら（62）はレクリエーション的なランナーにおいてランニングパフォーマンスに及ぼす多様なレジスタンストレーニングプログラムがランニングパフォーマンスに及ぼす影響について調べた。筋持久力トレーニングや爆発的レジスタンス、高重量レジスタンストレーニングプログラムのすべてにおいて、トレッドミルでのランニングパフォーマンスが改善した。

第17章には有酸素性持久系競技選手に応用できるレジスタンストレーニングのプログラムデザイン上のガイドラインを示した。その中の「シナリオC：男子高校クロスカントリー選手のプログラム例」を参照していただきたい。

高所

標高（高度）は、海面からの高さであると定義される。高度は、海面（500m未満）、低高度（500〜2000m）、中高度（2000〜3000m）、高高度（3000〜5500m）、極高高度（55000m超）に分類される

（30）。一般に信じられていることと異なり、高度が異なっても酸素濃度は同じである（66）。しかしながら、高度が上がるにつれて大気圧は減少し、これによって肺におけるガス交換の駆動力として作用する酸素分圧（PO2）の減少が起こる（30,66）。このことが酸素分圧の減少を代償するための生理学的応答のカスケード反応を導く。これに続いて、急性の高所環境への曝露により生じる有酸素性持久力パフォーマンスの減少は、少なくとも700mの高所で起こり始める（86）。

高所順化は、2300mまでの中高度において12〜14日間でみられるだろう。しかしながら、この過程は数カ月かかる場合もあることが明らかとなっている（86）。Wyatt（86）によると、高所におけるパフォーマンス最適化のための推奨については、試合直前に到着すること（24〜48時間）から、12週間にわたる高所環境への暴露まで、非常に大きな幅がある。

多くのエリートおよび準エリートの選手が、エルゴジェニック効果を生み出そうとして高地でトレーニングを行う。この種のトレーニングから恩恵を得るためには、中高度（約2100〜2500m）で1日あたり少なくとも12時間の低酸素トレーニングを3週間行うべきであると報告されている（51,86）。「高地に滞在し、低地でトレーニングする（Live high, train low：LHTL）」は、高地トレーニングから恩恵を得ようとする選手によって広く用いられる方法である。LHTLは、2000〜3000mの中高度に滞在し、海面レベルでトレーニングすることが求められる

（84）。この方法により、選手は高地順化からの利益と海面レベルでのトレーニングを同時に経験することができる（84）。したがって、LHTLは、高地滞在において代謝的および血液学的適応の利点を経験することによって、また低地において神経筋の発達を得ることによって潜在的にエルゴジェニック効果をもたらすかもしれない（30,84）。

まとめ

有酸素性持久力パフォーマンスの向上のためのトレーニングには、科学的な基礎に基づき、しっかりと作成されたプログラムが必要である。トレーニングプログラムは、定期的なパフォーマンスの評価を活用するとともに、選手の弱みを改善し強みを向上させるように組み立てる。パフォーマンスに関わるすべての生理学的システムに過負荷がかかり、プラスの適応が起こるようにするために、本章で解説した多様なタイプのトレーニングの組み合わせが用いられる。

パフォーマンスの向上を確実なものとするために、トレーニングプログラムは前もって計画的に構成すべきだが、オーバーユースによる傷害やオーバートレーニングを避けるために、十分な柔軟性も備えるべきである。飽きやオーバートレーニングを避けるために、ほかのトレーニング形態を取り入れることもできるが、トレーニングに対する最大の適応やパフォーマンスの向上という結果につながるのは、競技特異的なトレーニングである。

有酸素性持久力トレーニングのエクササイズ

　以下のセクションでは、有酸素性持久力トレーニングを行う際の基本的なテクニックにおける留意事項のいくつかについて述べる。一般的な呼吸循環系のトレーニングマシーンやマシーンを用いない身体活動の両方の一般的ガイドラインを提供する。これらのエクササイズの指導方法は、主にBeck（3）より引用している。

20.1 トレッドミル	620	**20.5** エリプティカルトレーナー	624
20.2 ステーショナリーバイク	621	**20.6** ウォーキング	625
20.3 ロウイングマシーン	622	**20.7** ランニング	625
20.4 ステアステッパー	623		

有酸素性持久力トレーニングのエクササイズ

20.1 トレッドミル

開始姿勢

- 衣服の上下肢の動きと干渉しないところにセキュリティクリップを装着することから始める。
- ベルト（可動部分）をまたぐようにして左右のプラットフォーム（固定部分）に足を置く。
- トレッドミルの操作盤の指示を読み、スピードや傾斜（機種による）の調整の方法について理解する。
- マシーンの電源を入れ、求めるウォーミングアップのスピードになるよう、ベルトのスピードを調整する。

動作局面

- 手すりを持ち、片脚を自由にスイングし、足をかく（pawing）動作をしてトレッドミルに中足部で着地する。
- 心地よいスピードになったら、トレッドミル上でウォーキングあるいはランニングを始める。

- マシーンの前のほうでトレッドミルのデッキ中央で歩く（走る）ようにする。
- 求めるトレーニングレベルのスピードおよび傾斜まで到達したら、手すりから手を離す。
- 操作盤や前方の手すりから離れるようにし、ウォーキング（ランニング）中に後ろに傾くことがないようにする。

最終姿勢

- トレッドミルのスピードを落とし、3～5分のクールダウンを行い、血液の滞留を防ぐとともに静脈還流を改善する。
- 左右のプラットフォームに足をそれぞれ乗せ、マシーンの電源を切る（3）。

有酸素性持久力トレーニングのエクササイズ

20.2 ステーショナリーバイク

開始姿勢

- シートの高さを、ペダルが最下部になったときに伸ばした脚がやや曲がる（25～30°）ように調節することで開始する。
- 母趾球でペダルに乗った状態で、下げた脚の足がフラットになり床と平行になるようにすべきである。
- 脚を伸ばしたときにペダルの中心の上に膝がくるように、また股関節が前後に傾くことがないようにシートを調節する。
- ニュートラルな脊柱の姿勢を維持し、股関節をやや前方へ傾ける。
- 肘がやや曲がり、腕が下方へ伸展するようにハンドルバーを調整する。理想的には上腕と体幹が約90°になるとよい。

動作局面

- エクササイズを通して母趾球をペダルに接触させたまま、ペダリング動作を開始する。
- ニュートラルな姿勢を維持し、肩を丸めない。
- 「ブルホーン」ハンドルバーであれば、さまざまな手の位置を用いることができる。それには、以下が含まれる。
  - プロネイティッドで、手のひらが下を向くグリップ。より直立姿勢が取りやすい。
  - ハンドルバーの端で、ニュートラルな両方の手のひらが向かい合うグリップ。前傾姿勢が取りやすい。
  - 前腕をハンドルバーに預けたレーシング姿勢。最大の前傾姿勢が取れる。

最終姿勢

- 完全に停止するまでペダルを減速し、バイクを降りる。

適切なシート高の調節：(a) 踵をペダルに置き、膝をロックして脚を真っ直ぐにする。(b) 母趾球でペダルに乗り、膝をやや曲げる。(c) ペダルが12時の位置（一番上）になったとき、膝が股関節と同じくらいの高さになり、（大腿部が）床とほぼ平行になる。

621

有酸素性持久力トレーニングのエクササイズ

20.3 ロウイングマシーン

開始姿勢（スタート）
- 背中を丸めずに直立を保ち、股関節からやや前方に傾ける。
- 頭を直立させたままにし、真っ直ぐ前方を見る。
- 腕を前方に伸ばし、脛がほぼ垂直になるまで股関節および膝関節を屈曲し、ハンドルを握る。

動作段階（ドライブ）
- 腕を用いてハンドルを胸郭のすぐ下の腹部へと引きながら、股関節および膝関節を伸展する。
- 空気の量を増減して、空気抵抗を調整する

最終姿勢（フィニッシュ）
- 体幹は後方へやや傾き、両脚は完全伸展すべきである。
- 両肘を曲げ、ハンドルが胸郭のすぐ下の腹部にあるようにする。

リカバリーは、最終姿勢から開始姿勢へと戻る動作である。

開始姿勢（キャッチ姿勢）

ドライブ姿勢

最終姿勢

リカバリー

有酸素性持久力トレーニングのエクササイズ

20.4 ステアステッパー

開始姿勢
- 前方へ踏み出してペダルに乗りながら手すりを握る。
- 足の裏全体がそれぞれペダルに接触するようにする。

動作局面
- 手すりを支えに用いて、ステップを開始する。
- 直立姿勢を維持しながら、ステップを深く踏み込む（10〜20cm、4〜8インチ）。
- 床に接触するまで、あるいはマシーンの下限の高さまで踏み込まないようにする。
- 前方を見ながら軽く手すりを握り、両肩を上げてリラックスさせつつ直立姿勢を保ち、つま先が前を向き、体幹が股関節および膝関節、足部の上に並ぶようにする。

最終姿勢
- 手すりを握りながら、ペダルから後ろへと足を離し、降りる。

ステアステッパーの適切な姿勢

有酸素性持久力トレーニングのエクササイズ

20.5　エリプティカルトレーナー

開始姿勢

- エリプティカル中央の操作盤のほうを向き、足をペダルに置く。
- 直立し、前方を見ながら手すりを握り、体幹を股関節の真上で直立させ、頭を高く保ち、両肩はリラックスする（ただし背は丸めない）。

動作局面

- 両腕および両脚を前方へ動かし、往復運動させてペダリングを開始する。
- そのマシーンが、踵の部分が上がるようなデザインになっていない場合、エクササイズを通して足部がペダルに接触しているようにする。
- 両膝は、屈曲姿勢のときにつま先より前に出るべきではない。
- バランスを維持するために手すりを握っておく。もし手すりを握ることが不要であれば、ウォーキングやランニングのように往復運動を行うこともよい。
- エリプティカルの傾斜に関して、よりランニング動作に類似させるために傾斜を大きくしたり、ウォーキング動作に類似させるために傾斜を小さくすることがある。
- このエクササイズを前方への動作で行うことは、大腿四頭筋をより強調する可能性がある。後方への動作で行うことで、ハムストリングスや殿筋群へのストレスを高める可能性がある。

最終姿勢

- 完全に停止するまでマシーンを減速し、ペダルを降りる。

エリプティカルトレーナーの適切な姿勢

有酸素性持久力トレーニングのエクササイズ

20.6 ウォーキング

身体の姿勢
- 頭を直立させたままにし、視線は真っ直ぐ前方に向ける。
- 肩は力を抜き、背を丸めないようにする。
- 上半身が股関節の真上にあるような姿勢にし、耳や肩、股関節が並ぶようにする。

フットストライク（足の接地）
- 最初に踵が接地するべきであり、続いて優しく踵から母趾球へと「ローリング（転がり）」動作が起こり、足に対して体重を移動させる。
- 体重は踵の外側から前方へ、そしてプッシュオフにおいて母趾球のやや内側前方へと継続して移行する。

ストライド
- 骨盤を回転させることなく（競歩の動作ではない）、股関節が自由に動いてストライド長が長くなるようにする。
- 膝を挙上し、股関節および殿筋群が動作に関与するようにする。

腕の動作
- 両腕は、下半身とともに前方および後方へと往復運動でスイングすべきである（すなわち、左腕が前方へ動くとき、右脚が伸展する。逆も同様）。
- 肩の力を抜き、腕を自由に振ることができるようにすべきである。
- ウォーキングのスピードが速くなると、動作は以下のようにすべきである。
  - 両腕は、肘で90°屈曲し、肩を中心とした動きになる。
  - 両腕および両手は前後にスイングするが、前方への推進を生むために身体の真ん中の線は越えない。
  - 両手はリラックスし、前方へは胸の乳首の高さまで、後方へは股関節の骨の高さまでスイングする。

注意：競歩の選手は、各ストライドにおいて骨盤の回旋を生み出すために股関節の回旋をより大きくしなければならない。これにより、足を接地したままストライド長をより長くすることができる。

20.7 ランニング

身体の姿勢
- 頭を直立させたままにし、視線は真っ直ぐ前方に向ける。
- 肩は力を抜くが、丸めないようにする。
- 上半身が股関節の真上にあるような姿勢にし、耳や肩、股関節が並ぶようにする。

フットストライク（足の接地）
- 最初に踵が接地するべきであり、続いて優しく踵から母趾球へと「ローリング（転がり）」動作が起こり、足に対して体重を移動させる。
- 体重は踵の外側から前方へ、継続して移行する。

ストライド
- 骨盤を回転させることなく（競歩の動作ではない）、股関節が自由に動いてストライド長が長くなるようにする。
- 膝を挙上し、股関節および殿筋群が動作に関与するようにする。

- ランニングのステップで、「制動」および長すぎる滞空時間を避けて股関節のほぼ下で足を接地する。

腕の動作
- 両腕は、下半身とともに前方および後方へと往復運動でスイングすべきである（すなわち、左腕が前方へ動くとき、右脚が伸展する。逆も同様）。
- 肩の力を抜き、腕を自由に振ることができるようにすべきである。
- ウォーキングで生じることとは対照的に、腕の動作の大半は前腕に由来し、肩を動かしすぎることはエネルギーの無駄になる。
- 前腕はウエストと胸の間で動かすようにする。
- 両腕および両手は前後にスイングするが、前方への推進を生むために身体の真ん中の線は越えない。

重要語句

年齢から推定する最大心拍数（APMHR：age-predicted maximal heart rate）

高度、標高（altitude）

基礎トレーニング（base training）

クロストレーニング（cross-training）

ディトレーニング（detraining）

継続時間（duration）

運動の経済性（exercise economy）

ファルトレクトレーニング（Fartlek training）

頻度（frequency）

機能的能力（functional capacity）

予備心拍数（heart rate reserve：HRR）

高強度インターバルトレーニング（high-intensity interval training）

インシーズン（in-season）

強度（intensity）

インターバルトレーニング（interval training）

カルボーネン法（Karvonen method）

乳酸性作業閾値（lactate threshold）

LSDトレーニング（long, slow distance training）

最大酸素摂取量（VO₂max）（maximal aerobic capacity）

最大乳酸定常状態（maximal lactate steady state）

代謝当量（MET：metabolic equivalent）

様式（mode）

オフシーズン（off-season）

過負荷（overload）

ペース・テンポトレーニング（pace/tempo training）

％最大心拍数法（percentage of maximal heart rate method）

ポストシーズン（postseason）

プレシーズン（preseason）

主観的運動強度（ratings of perceived exertion：RPE）494

回復（recovery）

レジスタンストレーニング（resistance training）

テーパリング（tapering）

例題

1．有酸素性持久力トレーニングプログラムにより起こる適応はどれか？
   - I．活動組織の酸素運搬能の増加
   - II．有酸素的なエネルギー生産速度の増加
   - III．エネルギー源としての脂質利用の増加
   - IV．酸−塩基平衡の乱れの増加
     - a．I、III
     - b．II、IV
     - c．I、II、III
     - d．II、III、IV

2．乳酸性作業閾値と同等の強度で行われるトレーニングのタイプはどれか？
   - a．ペース・テンポトレーニング
   - b．インターバルトレーニング
   - c．高強度インターバルトレーニング（HIIT）
   - d．ファルトレクトレーニング

3．運動強度の設定および調節に用いられる最も一般的な方法はどれか？
   - a．酸素摂取量
   - b．心拍数
   - c．主観的（自覚的）運動強度
   - d．レースのペース

4．トレーニングの中止による生理学的適応の消失を何というか。
   - a．特異的トレーニング
   - b．クロストレーニング
   - c．ディトレーニング
   - d．テーパリング

5．有酸素性持久力トレーニングを最も長い時間行う必要があるのはどのシーズンか？
   - a．ポストシーズン
   - b．プレシーズン
   - c．インシーズン
   - d．オフシーズン

CHAPTER 21

Periodization
ピリオダイゼーション

G. Gregory Haff, PhD

▶ **本章を終えると**

- トレーニングのピリオダイゼーションを下支え
  する中心的な概念を理解することができる。
- ストレングス＆コンディショニングプログラ
  ムにおけるピリオダイゼーションの意義、役割、
  適用の方法を理解することができる。
- 伝統的なピリオダイゼーションモデルの4つの
  期を示すことができる。
- 伝統的なピリオダイゼーションモデルの準備期
  における3つの段階を示すことができる。
- 伝統的なピリオダイゼーションモデルの4つの
  期の区分と4つの競技シーズンを関連づけるこ
  とができる。
- プログラムデザインの変数を適用して期分けさ
  れたトレーニングプログラムを作成することが
  できる。

著者は、本章の執筆にあたって多大な貢献をいただいたDan
Wathen、Thomas R. Baechle、Roger W. Earleに対し、ここに
感謝の意を表します。

パフォーマンスの促進に必要な生理学的適応を刺激するうえでストレングス＆コンディショニングプログラムが持つ能力は、適応の応答を促進するためにトレーニングストレッサーを調節することと、パフォーマンスのプラトー（Plateau:高原現象、訳注：トレーニング効果の伸びなどが停滞すること）あるいはオーバートレーニングの可能性を減らすことに大きく関係している。トレーニング負荷の管理を誤ると、ケガのリスクとオーバートレーニングの可能性が高まる（46）。最終的に、競技選手がよりトレーニングを積むほど、あるいはトレーニング歴が長くなるほど、パフォーマンス獲得（訳注：より高度な、質の高いパフォーマンスを実現すること、また、その実現のためのさまざまな資質の向上のことを意味すると思われる）を刺激するのがより難しくなる。したがって長期的なトレーニングとパフォーマンス獲得を促進するために、より上級の選手のトレーニングプログラムには変化をつけることがしばしば要求される（3,59）。この要求に合致させるために、体系的かつ事前に計画された方法で構築され、トレーニング量や強度、頻度、密度、焦点、様式、エクササイズ選択に変化がつけられるよう、選手のニーズや競技の要求にしたがってトレーニングプログラムは論理的にデザインされる必要がある。トレーニング介入の効率的なプログラム作成を行う際に中心となるのが、**ピリオダイゼーション**の概念である（28）。ピリオダイゼーションは、1960年代にピリオダイゼーションに根拠を与える基礎理論を提唱したLeonid Matveyev（43）の貢献によるものであるとしばしば言及される。Matveyevはしばしばピリオダイゼーションの父であるとみなされるが、同時期にその概念について探求した者の中に、László Nádori（48）、Tudor Bompa（2）、Yuri Verkoshansky（64）がいる。後に、米国のスポーツ科学者であるMichael H. Stone、Harold O'Bryant、John Garhammerが初期のピリオダイゼーション理論家らの概念を、とくにストレングス＆パワー選手に適用した（57,58）。結局のところ、ピリオダイゼーションはパフォーマンスの成果を裏づける、特異的な生理学的適応を引き起こすための相互に依存する期間への体系的に順序立てられた、統合的なトレーニング介入を可能とする、理論的および実践的構造である。

本章では、ストレングス＆コンディショニングプログラムにおけるピリオダイゼーションの概念について議論する。ピリオダイゼーションの理論と、それらがどのようにトレーニングプログラムのデザインに適用されるかを理解するために、身体がどのようにトレーニング（すなわちストレッサー）に反応するかの理解を深めることが必須である（24,28）。このトピックについて最初に議論する。次に、どのようにトレーニング年（訳注：年単位のトレーニング計画）がより小さなブロック（それぞれがトレーニング目標と優先順位を持つ）へと分割されるかを示すために、ピリオダイゼーショントレーニングプログラムの基本的な階層構造について議論される。このトレーニングのスケジュール全体が、全般的なコンディショニングや競技特異的な身体活動、レジスタンストレーニングといった、その選手のトレーニングプログラムのすべての側面を包含することに注意することが重要である。最後に、本章の後半では1年間にわたって期分けされたストレングス＆コンディショニングプログラムの詳細な例を示す。このプログラムを正確に理解するために、あらかじめ第17章を読むことを勧める。

ピリオダイゼーションに関連する中心的な概念

成果を挙げるトレーニングプログラムとは、構造化された方法で行われる特異的な介入に対する適応および**回復**の応答を管理できるものである（28）。最終的に成功するトレーニングプログラムは、どのようなものであっても特異的な生理学的適応を引き起こし、それらの適応をパフォーマンス向上へと転移させる能力を中心に据えている。適応という応答を管理し、蓄積疲労に対処し、遭遇する多様なトレーニング要因から生まれる後作用（aftereffects）を活用する能力こそ、この過程の中心である。期分けされたトレーニング計画の強みは、これらすべての要因を管理し、適切な時点でパフォーマンスがピークになるようにするためにトレーニング介入を順序立て構造化する能力にある（4-6,51,59,63）。最終的に、ピークパフォーマンスを最適化できるのは短期間のみ（7〜14日間）であり、それが維持される平均的な時間はトレーニング計画の平均的な強度に反比例

する（17,33,59）。期分けされたトレーニングモデルがこれらの要因をどのように管理できるかを説明する3つの基礎的なメカニズムの理論が確立されている。すなわち、**汎適応症候群（GAS）、刺激－疲労－回復－適応理論、フィットネス－疲労パラダイム**である（22,28,59,65）。

▶ ピリオダイゼーションとは、パフォーマンスを適切な時点でピークにするために行われるトレーニング介入を順序立て、統合する論理的で体系的な過程のことである。

汎適応症候群

　1956年、強いストレス刺激が及ぼす生物学的な影響について先駆的な研究を行ったHans Selyeは、3段階のストレスへの応答（警告、抵抗、疲憊）によって定義される、汎適応症候群についての基本的な概念を示した（54,55）。元来は身体的トレーニングの文脈において概念化されたものではなかったが、時間が経つにつれて汎適応症候群はピリオダイゼーション理論が発展する際にその基礎をなす概念の1つとなった（21,59）。身体が新たなストレスや今まで以上に強いストレス（これまで以上に重い負荷を上げる、大きな量－負荷が加わるなど。第17章を参照）を経験すると、最初の反応、すなわち警告段階において疲労の蓄積、痛み、張り、エネルギー貯蔵の減少が生じ、パフォーマンス能力の低下という結果となる（59）。選手が受けたストレスの程度によって、この反応は数時間から数日、数週間にわたって続く。この最初の反応に続いて抵抗段階、すなわち身体が刺激に適応し、通常の機能を取り戻していく段階へと移行する。もしそのトレーニングストレスが適切に構築されており、過剰でなければ、これらの適応反応は選手のパフォーマンス能力をさらに高め、特異的な生化学的・構造的・力学的な調整が起こるという結果となり、これは**超回復**と呼ばれている（58）。

　しかし、ストレスが長期にわたって継続すると疲憊段階へと移行することがある。もしこれが起こると、選手は課せられたストレスに適応することができなくなり、いくつかの警告段階と同じ症状を示す。最終的に、選手が疲憊段階に達したとき、オーバーリーチあるいはオーバートレーニング反応とほぼ同様の経験をする（20）。トレーニングの観点から、過剰な負荷や単調なトレーニング、変化をつけすぎたトレーニングはすべて、疲憊段階を生じる結果となることがある。これに加えて、トレーニングに関連していないストレス（例：職業上の問題、睡眠不足、人間関係、不適切な食事）への反応も、全体的なストレスレベルに影響を及ぼすことがある。最終的に、ストレングス＆コンディショニング専門職はトレーニングストレッサーを適切に計画および管理することによって（ピリオダイゼーションによって）汎適

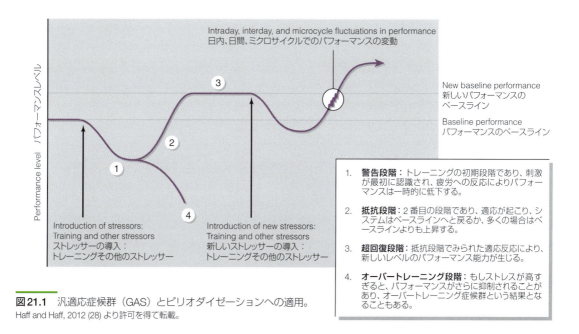

図21.1　汎適応症候群（GAS）とピリオダイゼーションへの適用。
Haff and Haff, 2012 (28) より許可を得て転載。

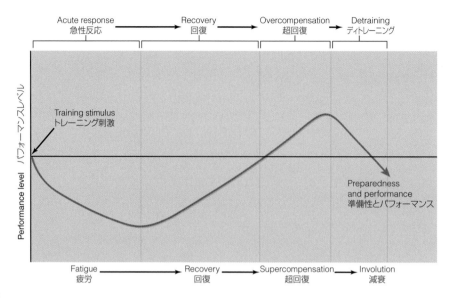

図 21.2 刺激－疲労－回復－適応理論（相互に置き換えることができる用語を含む）。
Haff and Haff, 2012 (28) より許可を得て転載。

応症候群におけるこの疲憊段階に到達するのを避けるよう努めるべきである。実際の特徴（傾き、大きさ、タイミング）は個人によって大きく異なるものの、図21.1は、トレーニング応答における汎適応症候群の基本的な適用について示している。

刺激－疲労－回復－適応理論

刺激－疲労－回復－適応理論は、汎適応症候群を拡張したものであり、トレーニング刺激は全般的な反応を引き起こし（図21.2）、その反応はトレーニングストレッサーの大きさに影響を受けることを示唆している（59）。とくに、全体的な作業負荷の度合いが大きくなるにつれて、疲労はより蓄積し、完全に回復してから適応が起こるまでにより大きな遅れが生じる。選手がトレーニング刺激から回復し、その刺激に適応していくにつれて疲労は消失し、準備性とパフォーマンスは高まる。もし新しいトレーニング刺激が導入されないと、退縮あるいはディトレーニング（能力全般が現在のベースラインへと減少すること）の状態がみられる。対照的に、もし新しいトレーニング刺激が導入されると、この過程が繰り返される。この基本的パターンは、期分けされ

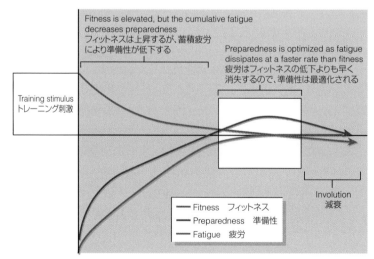

図 21.3 フィットネス－疲労パラダイム。
Haff and Haff, 2012 (28) より許可を得て転載。

たトレーニングで計画されたトレーニングエクササイズやセッション、日、サイクルに競技選手が曝露されれば（さらされれば）いつでも現れる。回復はトレーニング過程において重要な部分であり、新しいトレーニングやセッションを始める前に必ずしも完全な回復の状態に達する必要はないということに気をつけるべきである（49）。フィットネスを向上あるいは維持しつつ疲労や回復の反応を調整するために、セッションを軽くするか、または重くするかということや、トレーニング日をどのように設定するかなどを通して、作業負荷やトレーニング強度を操作することがある（9,19）。概念的に、この理論は順序立てたピリオダイゼーションモデルの基礎としての役割を果たしており、選手の全般的な疲労レベルや回復の割合、トレーニング刺激への適応を調節するために、このモデルはさまざまなトレーニング要因を操作できる。

フィットネス－疲労パラダイム

一般的に、選手の準備性のレベルに影響を及ぼすのは、トレーニング介入への反応において2つの主なトレーニングの後作用（フィットネスと疲労）の合計である（3,14,66）。Zatsiorsky（65）は、これらの関係についてフィットネス－疲労という古典的な説明を示した（図21.3）。最終的に、すべてのトレーニングやセッション、サイクルは疲労とフィットネスの両方の後作用を生み出し、これらの合計が準備性の状態をつくり出す（14,65）。トレーニング負荷が最も高い場合、フィットネスは向上するが、その高い負荷のために付随して疲労の増加も起こる。フィットネスと疲労が合計され、疲労のレベルは、準備性を下げる結果となる。一方で、トレーニングの作業負荷が低い場合、わずかな疲労と最小限のフィットネス向上が生じ、準備性のレベルは低いという結果となる。したがって、トレーニング負荷を体系的な手法で変化させることができるトレーニング負荷の順序立ては重要となる。覚えておくべき重要なことは、疲労はフィットネスより速い割合で消失するということであり、したがってフィットネスを保持しつつ疲労を軽減するうえで適切なトレーニング戦略が用いられた場合に、準備性を高められるということである（25,28）。フィットネス－疲労パラダイムは、疲労やフィットネス、準備性の曲線として古典的に示されるが、各トレーニング要因はフィットネス、疲労、準備性の後作用反応を個々に刺激するようである（14,59）。これらの後作用は、トレーニングの残存効果と考えられ、順序立てられたピリオダイゼーションを用いる際に根拠となる基礎的な概念としての役割を果たす（25,28）。最終的に、1つのトレーニング期のトレーニングの残存効果は、次に続く複数のトレーニング期における準備性のレベルに影響を及ぼす可能性があるが、（どの程度の影響があるかは）期分けされたトレーニング計画の全般的な構造によって決まる（28）。

ピリオダイゼーションの ヒエラルキー（階層構造）

究極的にはピリオダイゼーションはシンプルにトレーニング介入の計画を整理するための手段であり、プログラムは特定の期間に区分される（表21.1）（22,24）。複数年のトレーニング計画は、ほとんどの時間を網羅するが、トレーニング構造の期分けの中では最も大まかな（詳細さに欠ける）計画である。たとえば、その計画には大学アメリカンフットボール選手の新人（1年生）から4年生までの基礎的な漸進が含まれ、また各トレーニング年の中で狙いとする重要な到達目標が含まれているかもしれない。この複数年のトレーニング構造はその後、選手の複数年トレーニング計画に関連する多様な段階やベンチマークに基づく、より詳細な年ごとのトレーニング計画へと分割される。アメリカンフットボールのような、1つの試合期しか持たない競技においては、年間トレーニング計画がマクロサイクルとなるだろう。しかしながら、大学の陸上競技は屋内および屋外の2つのシーズンがあり、年間トレーニング計画は2つのマクロサイクルに分割される。典型的には、競技によってマクロサイクルは異なり、数カ月から1年間にわたる。各マクロサイクルの中には、いくつかのメゾサイクルがあり、それぞれ数週間から数カ月続き、最も典型的なのは2～6週間である。マクロサイクル内のメゾサイクルの数は、トレーニングの目標と年間トレーニング計画内のマクロサイクルの長さによって決まる。各メゾサイクルは、数日から数週間続くミクロサイクルへと分割され、最も典型的なのが4週間である（22,28）。各ミクロサイ

632 ストレングストレーニング&コンディショニング

表21.1 ピリオダイゼーションのサイクル

期	期間	説明
複数年計画	2〜4年	4年のトレーニング計画は、4カ年計画と呼ばれる。
年間トレーニング計画	1年	トレーニング計画全体は、1つもしくは複数のマクロサイクルで構成される。マクロサイクルは、準備期、試合期、移行期を含むいくつかの期に分けられる。
マクロサイクル	数カ月から1年	これを年間計画と呼ぶ著者もいる。準備期、試合期、移行期のトレーニング期に分けられる。
メゾサイクル	2〜6週間	中くらいのサイズのトレーニングサイクルで、トレーニングのブロックと呼ばれることもある。最も一般的な長さは4週間である。これを構成する各ミクロサイクルは互いに関連している。
ミクロサイクル	数日から2週間	小さなサイズのトレーニングサイクルであり、数日から2週間の長さである。最も一般的な長さは1週間（7日間）である。複数のワークアウトから構成される。
トレーニング日	1日	トレーニング日には、複数のトレーニングセッションを含むことがあり、特定のミクロサイクルの中でデザインされる。
トレーニングセッション	数時間	トレーニングを行う数時間によって構成されるのが一般的である。もしそのワークアウトに30分よりも長い休息が含まれるのであれば、複数のセッションで構成されていると考えられる。

G.G. Haff and E.E. Haff, 2012, Training integration and periodization. In NSCA guide to program design, edited by J. Hoffman (Champaign, IL: Human Kinetics), 220. より、許可を得て転載。

クル内にあるトレーニング日は、さらに複数のトレーニングセッションへと分割される。

> トレーニングのピリオダイゼーションは、全般的なトレーニング目標を複数年の、あるいは1年のトレーニング計画で示すことから始め、プログラムがマクロ、メゾ、ミクロサイクルへと展開するにつれてより特異的となる。たとえば、年間トレーニング計画はトレーニング年へと向けた一般的な経路を示すが、それ以外のサイクルは、主要な競争上の目標達成に向けて用いられる手段や方法、様式を示す。

ピリオダイゼーションにおける期

メゾサイクルおよびマクロサイクル内のプログラムデザイン変数の全般的な多様性と構造は、マクロサイクルあるいは年間トレーニング計画の含まれる期間に基づいて構成される（22,25）。これらのトレーニング計画の期にわたって、トレーニングの量および強度、コンディショニングプログラムには細心の注意が払われるのが一般的である。しかし、全体的な期分けされたトレーニング計画を構成する際には、競技特異的なテクニックを習得し、仕上げるために費やす時間も考慮すべきである（57）。最終的に、期分けされたトレーニング計画は、オーバートレーニングの可能性を減少させつつパフォーマンス能力

を最適化するのを助けるために、系統的にトレーニングの焦点を数週間から数カ月にわたって高ボリューム（多量）で低強度の一般的で非特異的な身体活動から、低ボリューム（少量）でより強度の高い身体活動へと焦点を移行すべきである。

特異的なトレーニング目標に向けて、さまざまな期を通して期分けされたトレーニングプログラムの基礎的な順序立てと、どのようにトレーニングを漸進させるかについては、学問的な概念を学ぶときに順序立てて発展させていくのと非常によく似ている。たとえば、学問において私たちは単純な概念とスキルから始め、より複雑な概念へと発展させる。最終的には、私たちが単純なスキルを積み重ねているのは、より複雑なことに対して完全な基礎を用意しておくためである。究極的に、期分けされたトレーニング計画内の各期は、単純なスキルをより複雑な競技特異的な目標へと発展させる経路としての役割を果たす。

古典的なピリオダイゼーションについての文献において、トレーニングは主に準備期、試合期、移行期に分けられている（24,43）。Stone、O'Bryant、Garhammer（57）はこの古典的モデルを修正し、準備期と試合期の間に「第一移行期」を加えた。この構造に基づき、現代のピリオダイゼーションモデルは、明確に区分されるが互いに関連する4つの期で構成する。すなわち、準備期、第1移行期、試合期、

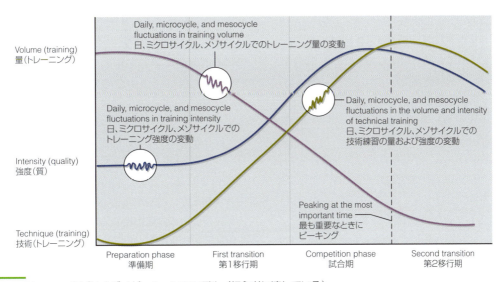

図21.4 Matveyevのピリオダイゼーションのモデル（初心者に適している）。
G.G. Haff and E.E. Haff, 2012, Training integration and periodization. In NSCA's guide to program design, edited by J. Hoffman (Champaign, IL: Human Kinetics), 223. より，許可を得て転載；figure 11.7, p. 2239. Reprinted from Weight training: A scientific approach, 2nd edition, by Michael H. Stone and Harold St. O'Bryant, copyright © 1987 by Burgess. より転載。

第2移行期である。図21.4に，Stone、O'Bryant、Garhammer（57）が述べた基本的なピリオダイゼーションモデルを示す。このモデルは，トレーニング状態の低い初心者にしばしば適用される。この適用においては，一般的にトレーニングの強度は比較的低いところから始め，徐々に上げていくとともに，トレーニングの量は多い状態から，ゆっくりと減らしていく。これは選手のコンディションに合わせて進める。すべての初心者の選手がこれらのトレーニング変数の大きな変化に耐えられるとは限らないこと，またより小さな変動が求められるかもしれないことに留意することが重要である（58,61,62）。これらの変動は，グラフ上では直線であるかのように示されるが，負荷の変動はミクロおよびメゾサイクルのレベルで起こっているため，量および強度の漸進は実際には非線形であることに注意すべきである（22,24,25,51）。ピリオダイゼーションの古典的モデルに対するこの基本的な誤解により，この種のモデルが誤って**線形ピリオダイゼーションモデル**と呼ばれる結果につながった（25,51）。

上級レベルの選手は，能力の限界近くでトレーニングする傾向があり，さらなる適応の余地が少ない。したがって，これらの選手は，適切なトレーニング刺激を経験し続けることができるように，トレーニングのより大きな変化とともに，より高ボリュームで（量が多く）高強度であることが必要となる（51）。

たとえば，Zatsiorsky and Kraemer（66）は初心者の選手においては刺激となるような負荷であっても，上級の選手にとっては最大に見積もっても維持するための負荷にすぎない（訳注：向上するうえで十分な刺激とはならない）可能性があることを示している。この問題に対処するために，準備期の早い段階において，図21.4で示した基本モデルにおけるトレーニング量と比較して全体的により高いトレーニング量で，高ボリューム（多量）から高強度への移行が起こる。

準備期

期分けされたトレーニング計画の概要を示す際，出発点は**準備期**であることが通常である。この期は試合がなく，技術的・戦術的・競技特異的な活動が限られている期間を指す。この期は，しばしばオフシーズンと呼ばれるシーズンに相当する。この期の中心的な目標は，さらに高強度のトレーニングに耐える能力を高めるためのコンディションの基礎的なレベルの向上である。図21.4に示したモデルに基づき，コンディショニングのための活動は相対的に低強度，高ボリューム（多量）から始める。LSDランニングやLSDスイム，低強度のプライオメトリックス，軽度から中程度の負荷で高回数のレジスタンストレーニングなどが用いられる。伝統的に，準備期は一般的準備期と特異的準備期の2つに分割される。

一般的準備期は、この期の最初の部分であり、一般的な身体の基礎を発達させることをしばしば目標とする（3）。この準備期の初期の部分には、高ボリューム（多量）で低強度のトレーニングや、多様なトレーニング手法が含まれ、これらは一般的運動能力およびスキルを高めるために構成されている（36,44）。**特異的準備期**は、一般的準備期が完了した後に始まり、トレーニングの焦点の移行と関わる。この期では、トレーニングの基礎が確立されたところから、競技特異的なトレーニングの身体活動をより強調することを通して、選手のトレーニングの基礎を広げ、試合期へ向けた準備をする（15）。準備期の中に、トレーニングの強度および量のより細かな違いを表現するために、複数のレジスタンストレーニング段階が設けられることがある。それらは順に、筋肥大／筋力－持久力（hypertrophy/strength endurance）段階、基礎筋力段階である。

筋肥大／筋力－持久力段階

筋肥大段階は、**筋力－持久力段階**とも呼ばれ、一般的には準備期の初めに置かれる（すなわち一般的準備段階である）（18,27,28）。この段階は、トレーニング強度は低～中程度であり、全体的な量は多い。この段階の主な目標は、(a) 除脂肪体重の増加、(b) 持久力（筋と代謝系）の基礎づくりのいずれか、(c) もしくはそれら両方、である。この発達は、その後の段階や期におけるより高強度のトレーニングのための基礎としての役割を果たす（29,30）。筋力・パワー系の選手にとって、主要な目標は筋力持久力を向上させながら筋肥大効果を刺激することだろう。持久力系の選手にとって、主要な目標は顕著に筋肥大させることなく筋力持久力を高めることだろう。競技の如何を問わず、あるいはトレーニングの対象の如何を問わず、一般的準備段階は、スポーツコンディショニング活動がその選手の競技に特異的ではないということが、広く受け入れられている。しかし、特異的準備段階へ入って数週間が経過すると、トレーニングの活動はより競技特異的になっていく。たとえば、陸上短距離選手の一般的準備段階は、競技時より遅いスピードでより長い距離のランニング（伝統的な長距離のランニングではない。たとえば、100mのスプリント選手が基礎を確立するために400m走るかもしれない）、両脚でのバウンドやホッ

プのような低強度でのプライオメトリックス、またバイオメカニクス的・構造的にランニングと一致している必要のないレジスタンストレーニング種目（バックスクワットやレッグカールなど）から始める。一般的に、選手は低～中強度、高ボリューム（多量）でレジスタンストレーニングを行う（表21.2）。

しかしながら、この段階全体を通して、日々のトレーニング強度および作業負荷の変動によって回復が促進されることに注意することが重要である（27）。加えて、段階全体を通じて、また多くは段階の最後の、次の段階が始まる前に回復のための週あるいはミクロサイクルが置かれる。

> ▶ 筋肥大／筋力－持久力段階では、非常に低い強度から中程度の強度（1 RMの50～75％）で、量の多い（8～20レップを3～6セット）トレーニングを行う。

基礎筋力段階

準備期の後半の特異的準備段階における、**基礎筋力段階**の主な目的は競技の主となる動作に不可欠な筋群の筋力を向上させることである（11-13）。たとえば、スプリント選手のランニングプログラムでは、中距離のインターバル走や、より複雑で専門化されたプライオメトリックドリルを取り入れる。レジスタンストレーニングプログラムにおいても、競技に対してより特異的になり（たとえば、スクワットやパワークリーン、ワンレッグスクワット）、筋肥大／筋力－持久力段階より高負荷、低回数の設定になる（表21.2）。筋肥大／筋力－持久力段階と同じように、トレーニング負荷を日々変動させることは、回復を促進する（27,28）。

> ▶ 基礎筋力段階では、高強度（1 RMの80～95％）、中程度から多量（2～6回を2～6セット）のレジスタンストレーニングを行う。

第1移行期

Stoneら（56-58）が述べたように、**第1移行期**は準備期と試合期をつなげている。Stone、O'Bryant、Garhammerら（57）がストレングストレーニングのピリオダイゼーションに関する影響力の大きな論文で述べたように、古典的には、この期のトレーニングは筋力およびパワーの発達に注目されてきた。

表21.2　レジスタンストレーニングのためのピリオダイゼーションモデル

期	準備期		第一移行期	試合期			第二移行期
下位分類 (サブピリオド)	一般的準備	特異的準備	試合前	メインの試合			試合後
シーズン	オフシーズン	プレシーズン		インシーズン			ポストシーズン
段階	筋肥大／筋力－ 持久力	基礎筋力	筋力・パワー	ピーキング	または	維持	積極的休養
強度	低いから中程度	高い	低いから非常に 高い	非常に高いから 非常に低い		中程度から高い	レクリエーション 的身体活動（レジ スタンストレーニ ングは含まないこ ともある）
	1RMの 50～75%	1RMの 80～95%	1RMの 87～95%*	1RMの 50%～93%以上		1RMの 85～93%	
			1RMの 30～85%**				
量	多量	中程度から多量	少量	非常に少量		少量から中程度	
	3～6セット***	2～6セット***	2～5セット***	1～3セット***		約2～5セット***	
	8～20回	2～6回	2～5回	1～3回		3～6回	

*これらの1RMに対するパーセンテージは、非パワー系の中心的エクササイズに適用される。
**これらの1RMに対するパーセンテージは、パワー系のエクササイズに適用される。実際のパーセンテージは、エクササイズの発達段階に応じたものが用いられる。さらなる情報についてはKawamori and Haff (39).を参照のこと。
***これらの推奨には、ウォームアップのセットを含んでおらず、中心的エクササイズの目標セットのみを示している (2)。また、しばしば期分けされたトレーニング計画の一部となる低強度の回復日も含んでいない (27)。
27, 56, 57, 58, 59より改変。

この期の中心的な狙いは、筋力の向上と、それをパワー発揮へ変換することへとトレーニングの焦点を移行することである (56,57)。この過程を最大化し、回復を促進するために、ミクロサイクルレベルでトレーニング強度および作業負荷に変化がつけられる (27,28)。加えて、この期の最後の1週間は、試合期が始まる前に回復を達成するために、量および強度の両方を低減することによって特徴づけられる。

筋力・パワー段階

　第1移行期における主な段階が**筋力・パワー段階**である。この段階では、陸上短距離選手のインターバルトレーニングやスピードトレーニングは、試合のペース近くまで強度を高める。すなわち、スピードトレーニングドリル（スレッドの牽引、レジスティッドスプリント、上り坂でのスプリントなど）とスプリントを模したプライオメトリックドリル、高負荷で量の少ないパワー強化の爆発的エクササイズを含むレジスタンストレーニングプログラムを実施する。第17章で説明されたように、パワーエクササイズの負荷設定は、%1RM－反復回数にはならないが、この段階では相対的な強度を高くする（表21.2）。とくに、この段階において選択されるエクササイズが、用いられる負荷を決定づける (39)。た

とえば、パワーの向上は、1RMの80%の負荷でハング・パワークリーンを行うことで促進することができ (38)、一方で最大パワー発揮が狙いである場合には、ベンチプレス・スローを50～70%1RM負荷で行う (39)。筋力およびパワーの両方の発達に対応するために、両方の要素を最適化するうえで重い負荷および軽い負荷の両方のトレーニングを用いる、混合トレーニングアプローチが正当化される (31)。

▶ 筋力・パワー段階では、低～高強度（エクササイズによって1RMの30～95%）で、低量（2～5回を2～5セット）とする。

試合期

　試合期における中心的なトレーニングの目標は、トレーニング強度を増加しつつ、量を低減することを介して筋力およびパワーを向上させることによって試合に向けた準備を行うことである。試合への準備性を維持するうえでトレーニングの適切な量と強度が必要となり、またパフォーマンスを最適化するためにトレーニングの量と強度を低減する必要があるため、この過程は繊細なバランスを取る行為となる。この難問を理解するために、前述したフィットネス－疲労パラダイムを考慮するとよい。もしトレ

ーニングの作業負荷（量または強度）を低減させすぎると、疲労は減少するかもしれないが、同時に全般的なフィットネスの低下も起こり、その結果、試合への準備性も低下してしまう。この期の中で、競技特異的なスキルや戦術に費やされる時間も劇的に増加し、レジスタンストレーニングのような身体的コンディショニング活動に費やす時間は、割合的に減少する。たとえばスプリント選手では、スピード、反応時間、スプリントに特異的なプライオメトリックドリルやテクニックのトレーニングに、より重点が置かれるようになる。いくつかの競技では試合期は1〜2週間続き、ここでピーキングプログラムが行われる（7,23）。**ピーキング**プログラムは、約1〜2週間のために選手をピークのコンディションへと押し上げることを意図している。この期間を延長しようと努力することは、最終的にはフィットネスの減少またはオーバートレーニングの可能性としてパフォーマンス能力の低下を招く結果となる（3,23）。採用した負荷低減の戦略に依存して、ピーキングプログラムは高強度トレーニングから、試合前のテーパリングを通して疲労を低減するためにデザインされた低強度トレーニングへと徐々に移行する結果となる（23）。表21.2に示すように、選手がテーパリングプログラムのどこに位置しているかによって、レジスタンストレーニングは1RMの50％から93％以上という範囲のいずれかとなる。

　チームスポーツにおいては、この期はシーズン全体にわたっており、その期間は数カ月になることもあり、**維持**プログラムを用いることが必要となるかもしれない（3）。この状況では試合期が長く続くため、頻繁な試合スケジュールに伴う疲労を管理しつつ、筋力とパワーを維持するためにトレーニングの強度および量はミクロサイクルを基本に操作すべきである。一般的に、維持プログラムは中〜高強度（例：85〜93％1RM）で低〜中ボリューム（少量から中程度の量）のトレーニングによって特徴づけられる。ミクロサイクルレベルでは、トレーニング負荷はトレーニングや移動、試合スケジュールによって調整される。チームスポーツの選手の試合期においては、選手のパフォーマンス能力と回復を注意深くモニターすることが非常に重要である。

▶ 試合期には、ピーキングと維持が含まれる。ピーキングには、非常に高い強度（1RMの50％から93％以上）で非常に低ボリューム（少量、1〜3レップを1〜3セット）のトレーニングを1〜2週にわたって実施する。維持には、中程度〜高強度（1RMの85〜93％）で中程度の量（約3〜6回を2〜5セット程度）のトレーニングを実施する。

第2移行期（積極的休養）

　試合シーズンと次の年間トレーニング計画との間、あるいはマクロサイクルの準備期との間をつなぐために、**第2移行期**がしばしば用いられる（57）。この期は積極的休養**（アクティブレスト）**、あるいは**回復**期と呼ばれることが時々あり、通常は1〜4週間続く（3）。もし積極的休養が長い期間にわたる場合、パフォーマンス能力を回復するためにより長い準備期が必要となるのに注意しなければならない（26）。したがって、選手がケガからの回復のために追加の時間を必要としない限り、第2移行期は4週間以上にはしないことが一般的に推奨される。この期の中で、ケガから回復できるよう、また身体的・精神的に休めるように、ピークパフォーマンスの直後または維持期の終わりにおいて積極的（アグレッシブ）なトレーニングは避けるべきである（11-13）。スプリント選手を例にするなら、バレーボールやラケットスポーツ、水泳などをレクリエーション的に楽しんだり、競技に特異的でないレジスタンストレーニングを軽い負荷で少量行う。このほかの積極的休養として、長い段階（3週間）の合間やトレーニング期間の中に1週間の小休止を入れる構成にするという方法がある。この無負荷の週の目的は、次の段階や期に向けて身体の準備をすることである。トレーニング強度および量の低減を介してトレーニング負荷を低減することによって、オーバートレーニングの可能性を減少させると多くのストレングス＆コンディショニング専門職は確信している。

▶ 第2移行期（積極的休養）により、新しい年間トレーニング計画またはマクロサイクルが始まる前に選手がケガからのリハビリテーションと、身体的・精神的なリフレッシュができる時間がもたらされる。長い期間にわたってトレーニングを低減すると、選手は競技を行えるだけの体調を取り戻すうえでより長い準備期が必要となるため、この期は4週間以内とすべきである。

ピリオダイゼーションの期と競技シーズンの対応

実践的には、ピリオダイゼーションは競技および選手のシーズンごとの要求にしたがって疲労を管理し、パフォーマンスを最適化しながらトレーニング反応を方向づけするために、トレーニングを論理的かつ体系的に変化させ、統合させることと関わっている。試合シーズンに基づき、選手から要求される特定の属性を順序立てて発達させるために、全体的な年間計画あるいはマクロサイクルが構築される。単調さや停滞（staleness）、オーバートレーニングの可能性を避けるために、トレーニングプログラムは重要なトレーニング変数（例：量、強度、頻度、トレーニングの焦点、エクササイズ選択）に変化をつけることによって構成すべきである（28）。古典的には、高校、大学、プロの競技は、ほとんどがオフシーズン、プレシーズン、インシーズン、ポストシーズンという年間スケジュールを有している。これらのシーズンは、期分けされたトレーニングモデルの期（period）と簡単に対応させることができる（図21.5参照）。

オフシーズン

オフシーズンは準備のための期間と考えるべきである。すなわち、オフシーズンはポストシーズンの終わりからプレシーズンが始まるまで続き、最初の大きな試合までの約6週間である（大きく変わることがあるが）。この準備期間は一般的および特異的準備期へと分けられ、これらはメゾサイクルへと分割される。これらは次なる試合シーズンのために連結される。たとえば、選手は筋肥大／筋力－持久力および基礎筋力に焦点を合わせたいくつかのメゾサイクルのローテーションを完了するかもしれない（図21.5参照）。最終的に、これらの循環的なローテーションは、競技あるいは選手のニーズに基づいて選択される。たとえば、もしアメリカンフットボール選手が筋量を必要とするなら、筋肥大を目標とするメゾサイクルが処方されることになるだろう。

プレシーズン

オフシーズンが完了した後、最初の大きな試合までの間がプレシーズンとなる。第1移行期におけるレジスタンストレーニングの筋力・パワー段階への注力は、このときに着手されることがしばしばである。この期間は、その後の試合期に向けて、選手を準備させるために用いられる。プレシーズンは、その競技に必要となる基礎的な身体能力を高める時期ではないということに注意することが非常に重要である（それは主にオフシーズンにおいて行うべきことである）。プレシーズンは、オフシーズンを活かすために、また選手のパフォーマンス能力を試合期において高めるためにデザインされる。

インシーズン

試合期、つまりインシーズンは、選手権大会を含

図21.5 ピリオダイゼーションの各期と、シーズンおよび筋力トレーニングの焦点との関係。HP＝筋肥大／筋力－持久力、BS＝基礎筋力、AR＝積極的休養、SP＝筋力・パワー。

む年間の全試合が含まれる期間である。ほとんどのスポーツのインシーズンは長期にわたっており、最も重要な試合に向けて複数のメゾサイクルが必要となる。したがって、試合期が長期（12〜16週以上）にわたる場合には、プログラムを組む際に独特の課題を生じる。その解決策の1つが、試合期を3または4週間の複数のメゾサイクルに分け、最も重要な試合前に疲労を低減しパフォーマンスの超回復が起こるように最後のメゾサイクルでは負荷を減らすという方法である（28）。これは重要な試合以外においてコンディションが悪いということを意味するのではなく、トレーニングの強度および量を、メゾサイクル全体を通して変化させて準備性を調整することができるということである。とくに、トレーニング強度および量は、試合前に疲労を軽減し、準備性をピークにしつつ身体的能力を維持するために増減させられる。中程度の強度で、少量から中程度のトレーニング量の維持プログラムをデザインするという方法もある。

ポストシーズン

最終の試合の後、翌年のオフシーズン（準備期）の前に、ポストシーズンあるいは第2移行期をおき、選手に相対的または積極的な休養を与える。ポストシーズンが長くなるほど、ディトレーニングの可能性が高まり、次のオフシーズンにおいてより長い一般的準備期のニーズが高くなるということを忘れずにいることが重要である（3）。

ピリオダイゼーションの波状モデルと線形モデル

よくも悪くも、現代のピリオダイゼーションについての文献は、ピリオダイゼーションについて言及するときに線形あるいは非線形という言葉を採用している。しかしながら、ピリオダイゼーションの中心的な教義は、トレーニングから線形性を取り除くことにあったことに注意すべきである（25,32,37,43,49,51）。伝統的なレジスタンストレーニングのモデルは、メゾサイクルの期間中を通して、時間の経過とともに強度を徐々に漸増させることから、しばしば誤って線形と表現されてきた（8,37,51）。Stone、O'Bryant、Garhammerによって記述された伝統的

モデル（57,58）や文献（37）を詳細にみると、伝統的なモデルにはミクロサイクルのレベルからメゾサイクル全体を通してトレーニング強度および量－負荷に非線形的な変化が含まれていることが示されている。それにもかかわらず、代替的なモデルが**非線形ピリオダイゼーション**と呼ばれ、ストレングス＆コンディショニング産業に導入されてきている（42,53）。このモデルはおそらく、設定される中心的なレジスタンストレーニングエクササイズにおいて、日々の（ミクロサイクル内における）負荷および量（例：反復回数と量－負荷）に大きな変動があるため、波状（undulating）あるいは**日単位波状ピリオダイゼーション**モデル（daily undulating periodization model: DUP model）と記述したほうがよいだろう。たとえば、このモデルを用いて、週の最初のトレーニング日（例：火曜日）に6RMの負荷で4セット（筋力に集中）、次のトレーニング日（木曜日）には10RMで3セット（筋肥大に集中）、最後のトレーニング日（土曜日）には3RMで5セット行う（パワーに集中）というように行うかもしれない。この場合、負荷や量（例：反復回数と量－負荷）、トレーニングの焦点のすべてがミクロサイクル内で修正される。これらの修正は、選手が同じセット数および回数を、トレーニング日を通して行い、その後負荷を変えて行う**伝統的なピリオダイゼーション**モデル（誤って**線形ピリオダイゼーション**モデルと呼ばれる）で生じるものとは対照的である。たとえば（伝統的な方法では）、85％1RMで6回×4セットをトレーニングの最初の日に行い、2日目には75％1RMで、3日目には65％1RMという、基本的に「重い」から「軽い」（heavy-to-light）トレーニング構造を用いてトレーニングを行う。伝統的モデルは反復回数を変化させないため、強度のみを変化させているように見えるが、このモデルにおける量－負荷の変化は、作業負荷およびトレーニング量が波状となるという結果となり、伝統的モデルは実際には非線形であるということが支持され、また線形であると分類すべきではないということを覚えておくべきである（37）。

筋力の向上には、従来のモデルより波状モデルのほうが効果的であることを示唆する研究もある（16,41,45,47,53）が、2つのモデルに差がない（1,10,52）、あるいは従来のモデルのほうが効果的であることを

示唆するエビデンスもある（34,35,50）。波状モデルを支持する者は、従来のモデルでのトレーニング強度の一方向性の増大の継続による神経疲労の蓄積が、波状モデルでは生じないことが強みの1つであることを示唆している（40）。逆に、伝統的モデルを支持する者は、波状モデルにおいて、この種のプログラムが刺激することのできる高いレベルの代謝的疲労が生じるため、高い量−負荷によって末梢の疲労やケガのリスクの増加につながることを示唆している（50）。加えて、フィットネス−疲労パラダイム（図21.3）および刺激−疲労−回復−適応理論（図21.2）の説明から、より量−負荷が高いトレーニングセッションに伴って蓄積する疲労のために、波状モデルは選手の準備性を低下させる可能性があることを示している。何人かの研究者は、汎適応症候群に基づいて考えると、この反応は実際により高いレベルの選手において、オーバートレーニングの可能性を高め（25,60）、その結果、競技ベースのトレーニングとともにこのモデルを用いることによってケガのリスクが高まるかもしれないということを示唆している。

年間トレーニング計画の例

本章の最後に、年間トレーニング計画（すなわち、1つの試合シーズンを持つ競技のためのマクロサイクル）をデザインする際の方法の1つを示し、4つの競技シーズン全体を4つの表の形でまとめた。このプログラムは第17章の「レジスタンストレーニングのためのプログラムデザイン」のシナリオAで示された女子大学生バスケットボール選手（ポジションはセンター）のプレシーズンにおけるレジスタンストレーニングに基づいている。この選手の状況と最初のテストの結果は第17章に示した。

本章で示される年間計画の例は、第17章のプレシーズンプログラムが終了した時点から開始しており、インシーズン、ポストシーズン、そして翌年のオフシーズンへと続く。この年間トレーニング計画の例では、シナリオAのレジスタンストレーニングの領域を中心としている。他のトレーニング様式（プライオメトリックス、無酸素性コンディショニング、有酸素性持久力）にも簡単に触れるが、この例はバスケットボールのストレングス＆コンディショニングのプログラムのあらゆる側面やバリエーションを示すことを意図したものではない。また、この例では2〜4週間のメゾサイクルで構成される4つの競技シーズンに分けているが、各シーズンを1つのマクロサイクルとして分けるピリオダイゼーションモデルもある。

プレシーズン

オフシーズンのトレーニング期の終了に続いて、1〜2週間の無負荷の週の後、プレシーズンのトレーニングを開始する。この例では、プレシーズンは約3カ月半（8月中旬から最初の試合が始まる11月中旬まで）の期間となる。プレシーズンの目標は、競技特異的なトレーニング強度の増大と、バスケットボールのドリルやスキル練習に用いる時間の増加である。レジスタンストレーニングは、週に3日とし、筋力とパワーの向上に焦点を当てる。その他のトレーニング様式（例：プライオメトリックスや無酸素性コンディショニング）、とくにバスケットボールのトレーニングに直接的に貢献するものは、高い優先度となる。第17章ではミクロサイクルの進行を示していないが、プレシーズンのレジスタンストレーニングについては詳細に説明している。そのため、プレシーズンのプログラムの例については第17章の表、「すべてのプログラムデザイン変数の適用」を参照していただきたい。本章で示したピリオダイゼーションのコンセプトに使用した方法と同じものが、残りのプレシーズンにおいても用いることができるだろう。

インシーズン

プレシーズン終了後、無負荷の週を1週間とっているため、試合期のトレーニングを開始する準備が整う。インシーズンは通常11月から4月までの約20週間にわたって続く（4週間のトーナメント期間を含む。これはさらに延びる場合もある）。インシーズンの目標は、筋力やパワー、柔軟性、無酸素性コンディショニングを維持し、可能であれば向上させることである。試合や、スキルおよび戦術練習、移動によって時間的制約を受けるため、コート外でのトレーニング量は減少する。各週に複数の試合があるため、レジスタンストレーニングは週1〜3回、各30分間に制限される場合もあり、相対的な強度

で量−負荷を変動させる波状形式で構成する。パワー系のコアエクササイズ、バスケットボールに特異的な非パワー系の中心的エクササイズを中心として、バランス維持の観点から補助エクササイズを付け加える。本章の章末近くにあるインシーズンプログラムの例を参照していただきたい。試合数に応じて、プライオメトリックスのセッションはレジスタンストレーニングと交互に週に1回か2回実施すべきである。

レジスタンストレーニングを実施しない日に、週に1回か2回、バスケットボールの練習中に15〜20分間のさまざまなショートスプリントのインターバルトレーニングを実施することは可能である。スピードやアジリティなどのランニングコンディショニングは練習時間に組み込み、柔軟性トレーニングは練習や試合のウォームアップやクールダウンの一部として行うことができる。試合のスケジュールに応じて、レジスタンストレーニング、プライオメトリックス、スプリントのインターバルトレーニングの各セッション間には2〜3日空けるようにすべきである。この期間は、これ以前のトレーニング期と同様に、時間の大部分はスキルと戦略の向上へ、残りをコンディショニングへと割り当てる。

選手が前のメゾサイクルから良好なコンディションで、チームがカンファレンストーナメントで勝ち続けている場合は、そのコンディションを維持するだけでなく、再びピークに高める必要がある。チームがカンファレンストーナメントの後に開催されるトーナメントへの出場権を得たのであれば、いったんメゾサイクル2に戻り、再度メゾサイクル3へと進む。トーナメントのゲームスケジュールによって週に1回しかレジスタンストレーニングのセッションが実施できない場合は、その1回で（時間が許せば）その週に行うすべてのパワーおよびコアエクササイズを実施し、補助エクササイズは省略する。週間トーナメントスケジュールに特化した2つの例を本章の最後に示した。

ポストシーズン（積極的休養期）

試合期に続いて、正式な、あるいは組織的なワークアウトを行わない積極的休養の（第2）移行期がある。この例では、その移行期が1カ月続く（4月4日から5月1日まで）。この期間の目標は、長期

にわたったインシーズンからの身体面および精神面の回復である。水泳、ジョギング、サーキットウェイトトレーニング、バレーボール、ラケットボール、遊びとして行うバスケットボールといったレクリエーション的なゲームやフィットネス活動を行うが、**すべての活動は、低強度かつ少量（低ボリューム）**とする。

オフシーズン

積極的休養期を過ごした選手は、休養が取れているはずであり、またオフシーズン（準備期）のトレーニングを開始する準備ができているはずである。この例では、準備期は5月初旬から8月初旬までの14週間にわたって続く。この期間の目標は、その後の段階や期におけるさらに高強度のトレーニングに耐える能力を高めるためのコンディションの基礎的なレベルの確立である。最初の週にテストを実施し、最初のメゾサイクルで実施するエクササイズのトレーニング負荷を決定する。その後のメゾサイクルで加わるエクササイズのトレーニング負荷は、類似したエクササイズで使用している負荷から推定するか、RMの測定により決定する。たとえば、ストレングス&コンディショニング専門職は、ハングクリーンのトレーニング負荷をパワークリーンにおいて測定された最大値から合理的に推定することができ、また実際のRMを測定することもできる。バスケットボールに関係するこれ以外のモニタリングテストとして、肩および股関節の柔軟性テスト、12分間走、300ヤード（274m）シャトルラン、ラインドリル、Tテスト、垂直跳び、皮下脂肪厚測定がある（これらのテストのプロトコルについては第13章を参照）。

オフシーズンには、レジスタンストレーニングの優先度が高まる。スプリットルーティンで週に4回、あるいはそれ以上行う選手もいるだろう。このバスケットボール選手の例では、オフシーズンのトレーニングは、週3回、全身のトレーニングから開始し、すぐに上半身と下半身に分割したスプリットプログラムで週4回の形式に進み、トレーニング強度は疲労を管理できるようにミクロサイクル全体にわたって変化させる。このように、負荷の漸増に伴いトレーニング量が減少する形でプログラムを進行する。これ以外のトレーニングには、身体組成や心臓血管系のフィットネスの維持あるいは改善のために有酸

素性持久力のエクササイズが含まれる。これらのコンディショニングワークアウトは、レジスタンストレーニングを行わない日に計画し、柔軟性のトレーニングは、各トレーニングセッションのウォームアップやクールダウンの一部として重点的に行う。

年間トレーニング計画の例のレビュー

どのようなピリオダイゼーションモデルであっても効果的に機能するためには、競技コーチとストレングス＆コンディショニング専門職が共同でプログラムを計画し、目標や戦略を共有する必要がある。このことは、共に働く中で、よりよくトレーニングストレスを管理し、疲労と回復を調整するために選手が関わるすべてのトレーニング要因を統合することを可能とするうえで、非常に重要な問題である。関係するすべての専門家の協力がなければ、最適なパフォーマンスを完全に達成することは不可能である。

ここでは、例となる選手のためのトレーニングを構成するために用いられたピリオダイゼーションモデルを1つのみ例示した。選手やスポーツ競技によって、ここで示した構成とは多かれ少なかれ異なる

ものが必要となるだろう。多数のピリオダイゼーションモデルによって選手および競技の多様なニーズに合わせて適応させることができるということを覚えておくのは重要である。

まとめ

ピリオダイゼーションは、最も重要な試合に向けてピークのコンディション（準備性）を促進するために、論理的かつ体系的に組み立てられた選手のトレーニングを通した過程である。年間のトレーニング計画（トレーニング年）は、準備期、試合期、移行期を含むマクロサイクルに分けられる。各期は、それぞれに発達させる目標を持つメゾサイクルへと分割される。すなわち、筋肥大／筋力－持久力、基礎筋力、筋力・パワーである。複数のメゾサイクル間、また回復を促進する負荷のない期とメゾサイクル間をつなぐために、移行期が用いられる。マクロサイクル、メゾサイクル、個々のマクロサイクルの構造全体は、それぞれの競技の競技シーズンと要求によって決定づけられる。

インシーズン（試合期）
大学生女子バスケットボール選手、センター
5カ月（20週）：11月21日〜4月3日（トーナメント戦を含む）
（無負荷の週である11月15日〜21日の後から開始）

メゾサイクル1
4週間：11月22日〜12月19日、無負荷の週：12月20日〜26日

セッション	エクササイズ	セット	反復回数	トレーニング負荷				
				第1週	第2週	第3週	第4週	第5週
1	ハイプル	1	4	75% 1RM	80% 1RM	85% 1RM	90% 1RM	60% 1RM
	バックスクワット	1	6	80% 6RM	85% 6RM	90% 6RM	95% 6RM	65% 6RM
	インクライン・ベンチプレス	1	6	80% 6RM	85% 6RM	90% 6RM	95% 6RM	65% 6RM
	ラテラル・ショルダーレイズ	1	10	75% 10RM	80% 10RM	85% 10RM	90% 10RM	70% 10RM
	アブドミナルクランチ	60秒で最大回数						
2	プッシュプレス	1	6	70% 6RM	75% 6RM	80% 6RM	85% 6RM	60% 6RM
	ヒップスレッド	1	6	70% 6RM	75% 6RM	80% 6RM	85% 6RM	60% 6RM
	クローズドグリップ・ベンチプレス	1	6	70% 6RM	75% 6RM	80% 6RM	85% 6RM	60% 6RM
	シーティッド・ロー・プーリーロウ	1	6	70% 6RM	75% 6RM	80% 6RM	85% 6RM	60% 6RM
	スーパイン（仰臥位）レッグレイズ	60秒で最大回数						

メゾサイクル2
4週間：12月27日〜1月23日、無負荷の週：1月24日〜30日

セッション	エクササイズ	セット	反復回数	トレーニング負荷				
				第1週	第2週	第3週	第4週	第5週
1	ハングクリーン	1	3	70% 1RM	75% 1RM	80% 1RM	85% 1RM	65% 1RM
	フロントスクワット	1	5	75% 5RM	80% 5RM	85% 5RM	90% 5RM	60% 5RM
	スタンディング・ショルダープレス	1	5	75% 5RM	80% 5RM	85% 5RM	90% 5RM	60% 5RM
	ライイング・トライセップスエクステンション	1	10	75% 10RM	80% 10RM	85% 10RM	90% 10RM	70% 10RM
	アブドミナルクランチ	60秒で最大回数						
2	プッシュジャーク	1	3	65% 1RM	70% 1RM	75% 1RM	80% 1RM	60% 1RM
	ステップアップ	1	5	70% 5RM	75% 5RM	80% 5RM	85% 5RM	60% 5RM
	クローズドグリップ・ベンチプレス	1	10	65% 10RM	70% 10RM	75% 10RM	80% 10RM	60% 10RM
	ラットプルダウン	1	10	65% 10RM	70% 10RM	75% 10RM	80% 10RM	60% 10RM
	スーパイン（仰臥位）レッグレイズ	60秒で最大回数						

メゾサイクル3
4週間：1月31日〜2月27日、無負荷の週：2月28日〜3月6日

セッション	エクササイズ	セット	反復回数	トレーニング負荷				
				第1週	第2週	第3週	第4週	第5週
1	パワークリーン	1	2	75% 1RM	80% 1RM	85% 1RM	90% 1RM	70% 1RM
	バックスクワット	1	4	75% 4RM	80% 4RM	85% 4RM	90% 4RM	65% 4RM
	ベンチプレス	1	4	75% 4RM	80% 4RM	85% 4RM	90% 4RM	65% 4RM
	バーベル・バイセップスカール	1	8	75% 8RM	80% 8RM	85% 8RM	90% 8RM	65% 8RM
	アブドミナルクランチ	60秒で最大回数						
2	ハングスナッチ	1	3	65% 1RM	70% 1RM	75% 1RM	80% 1RM	60% 1RM
	フォワードステップ・ランジ	1	4	65% 4RM	70% 4RM	75% 4RM	80% 4RM	60% 4RM
	クローズドグリップ・ディクライン・ベンチプレス	1	8	65% 8RM	70% 8RM	75% 8RM	80% 8RM	60% 8RM
	アップライトロウ	1	8	65% 8RM	70% 8RM	75% 8RM	80% 8RM	60% 8RM
	スーパイン（仰臥位）レッグレイズ	60秒で最大回数						

トーナメント・メゾサイクル
4週間：3月7日〜4月3日

メゾサイクル2に戻る。トーナメント戦が4週以上に及ぶ場合は、再びメゾサイクル3に進む。

コメント
- 各メゾサイクルは1つのトレーニングブロックであると考えることができ、これには、5つのミクロサイクルによって構成されている。5つ目のミクロサイクルは無負荷のミクロサイクルである。
- このインシーズンプログラムには、量−負荷やトレーニング強度（kg）、目標トレーニングエクササイズに変化のある非線形アプローチが組み込まれている。
- トレーニングがうまくいかない場合にパワー出力の減少やオーバートレーニングのリスク上昇が示されているため、最大反復回数の負荷は用いない。したがって、インシーズンの練習および試合に伴う蓄積疲労に対処するために、RM負荷のパーセンテージが用いられる。
- ここに示しているのは目標セット数である。これらとは別に、目標とする負荷のための適切な特異的ウォームアップのために、3〜5のウォームアップのセットを行うべきである。
- ％1RMと反復可能な回数との関係については、表17.7を参照のこと。また1RMの推定については、表17.8を参照のこと。
- 反復回数の目標に基づく休息時間の設定については、表17.12を参照のこと。

トーナメント週A（2試合）

日	月	火	水	木	金	土
練習（または休養）	練習	練習	練習	試合	練習	試合
	レジスタンストレーニング		プライオメトリックセッション		インターバルスプリント	

トーナメント週B（3試合）

日	月	火	水	木	金	土
試合	練習（または休養）	練習	練習	試合	練習	試合
		レジスタンストレーニング			インターバルスプリント	

オフシーズン（準備期）
大学生女子バスケットボール選手、センター
3.5カ月（14週）：5月2日〜8月7日

最初の事前テスト
（メゾサイクル1に向けて）ミクロサイクル1：5月2〜8日

5RMパワーエクササイズ	補助的エクササイズのための10RM	その他の測定
1. パワークリーン	1. レッグカール 2. ラットプルダウン 3. バイセップスカール 4. ライイング・トライセップスエクステンション 5. アップライトロウ	1. 長座位体前屈 2. 肩の挙上 3. 2.4km（1.5マイル）走 4. 274m（300ヤード）シャトル 5. ラインドリル 6. Tテスト 7. 垂直跳び 8. 身体組成（スキンフォールド法）

非パワー系の中心的エクササイズのための10RM
1. バックスクワット
2. ベンチプレス

メゾサイクル1
2週間：5月9〜22日、筋肥大／筋力－持久力段階1

曜日	エクササイズ	第1週			第2週		
		セット	反復回数	強度	セット	反復回数	強度
月曜・ 金曜	パワークリーン	2	10/2*	65% 5RM	3	10/2*	70% 5RM
	バックスクワット	2	10	65% 10RM	3	10	70% 10RM
	レッグカール	2	10	65% 10RM	3	10	70% 10RM
	ベンチプレス	2	10	65% 10RM	3	10	70% 10RM
	ライイング・トライセップス エクステンション	2	10	65% 10RM	3	10	70% 10RM
	アップライトロウ	2	10	65% 10RM	3	10	70% 10RM
	アブドミナルクランチ	2	20		3	20	
	注意：金曜日のワークアウトは、月曜日よりも負荷を10%少なくして行うべきである。						
水曜	クリーンプル（床）**	2	10	60% 5RM	3	10	65% 10RM
	ルーマニアンデッドリフト**	2	10	60% 5RM	3	10	65% 10RM
	ラットプルダウン	2	10	60% 10RM	3	10	65% 10RM
	バイセップスカール	2	10	60% 10RM	3	10	65% 10RM
	アブドミナルクランチ	2	20		3	20	

*2つのクラスター（まとまり）の反復回数間に、20秒の休息をはさむクラスターセットとして行う。
**トレーニング負荷は5RMパワークリーンテストに基づく。

メゾサイクル2

2週間：5月23日〜6月5日、基礎筋力段階1

曜日	エクササイズ	第1週			第2週		
		セット	反復回数	強度	セット	反復回数	強度
月曜・金曜	パワークリーン	3	5	80% 5RM	3	5	85% 5RM
	バックスクワット	3	5	80% 5RM	3	5	85% 5RM
	レッグカール	3	5	80% 5RM	3	5	85% 5RM
	ベンチプレス	3	5	80% 5RM	3	5	85% 5RM
	ライイング・トライセップスエクステンション	2	10	70% 10RM	3	10	75% 10RM
	アップライトロウ	2	10	70% 10RM	2	10	75% 10RM
	アブドミナルクランチ	2	25		3	25	
	注意：金曜日のワークアウトは、月曜日よりも負荷を10%少なくして行うべきである。						
水曜	クリーンプル（床）**	3	5	85% 5RM	3	5	90% 5RM
	ルーマニアンデッドリフト**	3	5	75% 5RM	3	5	80% 5RM
	ラットプルダウン	2	10	70% 10RM	3	5	75% 10RM
	バーベル・バイセップスカール	2	10	70% 10RM	3	5	75% 10RM
	アブドミナルクランチ	2	25		2	10	

**トレーニング負荷は5RMパワークリーンテストに基づく。

無負荷の週

1週間：6月6日〜12日

曜日	エクササイズ	セット	反復回数	強度
月曜・金曜	パワークリーン	3	5	70% 5RM
	バックスクワット	3	5	70% 5RM
	ベンチプレス	3	5	70% 5RM
	アブドミナルクランチ	3	20	
水曜	クリーンプル（床）**	3	5	70% 5RM
	ルーマニアンデッドリフト	3	5	70% 5RM
	ラットプルダウン	2	10	60% 10RM
	アブドミナルクランチ	3	20	

**トレーニング負荷は5RMパワークリーンテストに基づく。

メゾサイクル3

2週間：6月13日〜26日、筋肥大／筋力ー持久力段階1

曜日	エクササイズ	第1週			第2週		
		セット	反復回数	強度	セット	反復回数	強度
月曜・木曜	ハングスナッチ	3	10	55% 10RM	3	10	60% 10RM
	バックスクワット	3	10	70% 10RM	3	10	75% 10RM
	インクライン・ベンチプレス	3	10	70% 10RM	3	10	75% 10RM
	ランジ	3	10	70% 10RM	3	10	75% 10RM
	レッグカール	3	10	70% 10RM	3	10	75% 10RM
	シーティッド・カーフレイズ	3	10	70% 10RM	3	10	75% 10RM
	注意：木曜日のワークアウトは、月曜日よりも負荷を15%少なくして行うべきである。						
火曜・金曜	プッシュジャーク	3	10	60% 10RM	3	10	65% 10RM
	クリーンプル（床）**	3	10	65% 10RM	3	10	70% 10RM
	ベントオーバーロウ	3	10	65% 10RM	3	10	70% 10RM
	ショルダープレス	3	10	65% 10RM	3	10	70% 10RM
	バーベル・バイセップスカール	3	10	65% 10RM	3	10	70% 10RM
	トライセップスプッシュダウン	3	10	65% 10RM	3	10	70% 10RM
	腹筋	3	20		3	20	
	注意：金曜日のワークアウトは、火曜日よりも負荷を10%少なくして行うべきである。						

** トレーニング負荷はパワークリーンテストに基づく。

メゾサイクル4

2週間：6月27日〜7月10日、基礎筋力段階2

曜日	エクササイズ	第1週			第2週		
		セット	反復回数	強度	セット	反復回数	強度
月曜・木曜	ハングスナッチ	4	5	80% 5RM	4	5	85% 5RM
	バックスクワット	3	5	80% 5RM	3	5	85% 5RM
	インクライン・ベンチプレス	3	5	80% 5RM	3	5	85% 5RM
	ランジ	3	6	80% 6RM	3	6	85% 6RM
	レッグカール	3	6	80% 6RM	3	6	85% 6RM
	シーティッド・カーフレイズ	3	6	80% 6RM	3	6	85% 6RM
	注意：木曜日のワークアウトは、月曜日よりも負荷を15%少なくして行うべきである。						

曜日	エクササイズ	第1週			第2週		
		セット	反復回数	強度	セット	反復回数	強度
火曜・金曜	プッシュジャーク	4	5	75% 5RM	4	5	80% 5RM
	クリーンプル (床)**	3	5	75% 5RM	3	5	80% 5RM
	ベントオーバーロウ	3	6	75% 6RM	3	6	80% 6RM
	ショルダープレス	3	6	75% 6RM	3	6	80% 6RM
	バーベル・バイセップスカール	3	6	75% 6RM	3	6	80% 6RM
	トライセップスプッシュダウン	3	6	75% 6RM	3	6	80% 6RM
	腹筋	3	20		3	20	
	注意：金曜日のワークアウトは、火曜日よりも負荷を10%少なくして行うべきである。						

** トレーニング負荷はパワークリーンテストに基づく。

無負荷の週
1週間：7月11日～17日

曜日	エクササイズ	セット	反復回数	強度
月曜・木曜	ハングスナッチ	4	5	70% 5RM
	バックスクワット	3	5	70% 5RM
	腹筋	3	20	
	注意：木曜日のワークアウトは、月曜日よりも負荷を15%少なくして行うべきである。			
火曜・金曜	プッシュジャーク	4	5	70% 5RM
	クリーンプル (床)**	3	5	70% 5RM
	インクライン・ベンチプレス	3	5	70% 5RM
	ショルダープレス	3	5	70% 5RM
	注意：金曜日のワークアウトは、火曜日よりも負荷を10%少なくして行うべきである。			

** トレーニング負荷は5RMパワークリーンテストに基づく。

メゾサイクル5

2週間：7月18日〜31日：筋力・パワー段階1

曜日	エクササイズ	第1週			第2週		
		セット	反復回数	強度	セット	反復回数	強度
月曜・木曜	パワークリーン	4	3	90% 3RM	4	3	95% 3RM
	フロントスクワット	5	3	85% 3RM	5	3	90% 3RM
	プッシュジャーク	4	3	85% 3RM	4	3	90% 3RM
	ベンチプレス	5	3	85% 3RM	5	3	90% 3RM
	ハンマーカール	2	6	80% 6RM	2	6	85% 6RM
	ライイング・トライセップスエクステンション	2	6	80% 6RM	2	6	85% 6RM
	スタンディング・カーフレイズ	2	6	80% 6RM	2	6	85% 6RM
	注意：木曜日のワークアウトは、月曜日よりも負荷を15%少なくして行うべきである。						
火曜・金曜	ハングスナッチ	4	3	80% 3RM	4	3	85% 3RM
	クリーンプル（床）	5	3	80% 3RM	5	3	85% 3RM
	ベントオーバーロウ	3	6	75% 6RM	3	6	80% 6RM
	ラットプルダウン	3	6	75% 6RM	3	6	80% 6RM
	ルーマニアンデッドリフト	3	5	75% 6RM	3	5	80% 6RM
	腹筋	3	20		3	20	
	注意：金曜日のワークアウトは、火曜日よりも負荷を10%少なくして行うべきである。						

** トレーニング負荷はパワークリーンテストに基づく。

無負荷の週

1週間：8月1日〜7日

曜日	エクササイズ	セット	反復回数	強度
月曜・木曜	ハングスナッチ	4	3	70% 3RM
	バックスクワット	5	3	70% 3RM
	腹筋	3	20	
	注意：木曜日のワークアウトは、月曜日よりも負荷を15%少なくして行うべきである。			
火曜・金曜	プッシュジャーク	4	3	70% 3RM
	クリーンプル（床）**	5	3	70% 3RM
	インクライン・ベンチプレス	5	3	70% 3RM
	注意：金曜日のワークアウトは、火曜日よりも負荷を10%少なくして行うべきである。			

** トレーニング負荷は5RMパワークリーンテストに基づく。

事後テスト
（インシーズンの前に行う）ミクロサイクル：8月8日〜14日

1RMパワーエクササイズ	非パワー系の中心的エクササイズのための1RM	その他の測定
1. パワークリーン 2. ハングスナッチ 3. プッシュジャーク 4. プッシュプレス	1. バックスクワット 2. フロントスクワット 3. ベンチプレス	1. 長座位体前屈 2. 肩の挙上 3. 2.4km（1.5マイル）走 4. 274m（300ヤード）シャトル 5. ラインドリル 6. Tテスト 7. 垂直跳び 8. 身体組成（スキンフォールド法）

インシーズンのプログラムによって、測定するほかのエクササイズが決まる

コメント
- このインシーズンプログラムには、量－負荷やトレーニング強度（kg）、目標トレーニングエクササイズに変化のある非線形アプローチが組み込まれている。
- トレーニングがうまくいかない場合にパワー出力の減少やオーバートレーニングのリスク上昇が示されているため、最大反復回数の負荷は用いない。したがって、インシーズンの練習および試合に伴う蓄積疲労に対処するために、RM負荷のパーセンテージが用いられる。
- ここに示しているのは目標セット数である。これらとは別に、目標とする負荷のための適切な特異的ウォームアップのために、3〜5のウォームアップのセットを行うべきである。
- ％1RMと反復可能な回数との関係については、表17.7を参照のこと。また1RMの推定については、表17.8を参照のこと。
- 反復回数の目標に基づく休息時間の設定については、表17.12を参照のこと。

重要語句

積極的休養（active rest）

年間トレーニング計画（annual training plan）

基礎筋力段階（basic strength phase）

試合シーズン（competitive period）※確認。期 or シーズン or 段階

日単位波状ピリオダイゼーション（daily undulating periodization）

第1移行期（first transition period）

フィットネス－疲労パラダイム（fitness-fatigue paradigm）

汎適応症候群（GAS：General Adaptation Syndrome）

一般的準備期（general preparatory phase）

筋肥大／筋力－持久力段階（hypertrophy/strength endurance phase）

線形ピリオダイゼーション（linear periodization）

マクロサイクル（macrocycle）

維持（maintenance）

メゾサイクル（mesocycle）

ミクロサイクル（microcycle）

非線形ピリオダイゼーション（nonlinear periodization）

ピーキング（peaking）

ピリオダイゼーション（期分け）（periodization）

準備期（preparatory period）

回復（recovery）

回復（restoration）

第2移行期（second transition period）

特異的準備段階（specific preparatory phase）

刺激－疲労－回復－適応理論（stimulus-fatigue-recovery-adaptation theory）

筋力・パワー段階（strength/power phase）

超回復（supercompensation）

伝統的なピリオダイゼーション（traditional periodization）

650 ストレングストレーニング&コンディショニング

例題

1. 汎適応症候群において、高負荷のトレーニングに対する身体の生理学的適応が生じるのはどの段階か？
   a. 警告段階
   b. 抵抗段階
   c. 疲憊（ひはい）段階
   d. 回復段階

2. ピリオダイゼーションの期にシーズンを関連させた場合に、トレーニングの準備期に対応するシーズンはどれか？
   a. インシーズン
   b. プレシーズン
   c. オフシーズン
   d. ポストシーズン

3. 最も多い量で競技特異的な身体活動が実施されるのはどの時期か？
   a. 準備期
   b. 第1移行期
   c. 試合期
   d. 第2移行期

4. 中くらいのサイズのトレーニングサイクルで、2〜6週間のものを何と呼ぶか。
   Ⅰ. トレーニングのブロック
   Ⅱ. マクロサイクル
   Ⅲ. ミクロサイクル
   Ⅳ. メゾサイクル
   a. Ⅱ、Ⅲ
   b. Ⅰ、Ⅳ
   c. Ⅰ、Ⅱ、Ⅳ
   d. Ⅲ、Ⅳ

5. 準備期の中で、多様なワークアウトが用いられるのは通常どの段階か？
   Ⅰ. 筋肥大期
   Ⅱ. 心臓血管系段階
   Ⅲ. 基礎筋力段階
   Ⅳ. 超回復段階
   a. Ⅰ、Ⅲ
   b. Ⅱ、Ⅳ
   c. Ⅰ、Ⅱ、Ⅲ
   d. Ⅱ、Ⅲ、Ⅳ

CHAPTER 22

Rehabilitation and Reconditioning
リハビリテーションと
リコンディショニング

David H. Potach, PT, and Terry L. Grindstaff, PhD, PT, ATC

▶ 本章を終えると

- スポーツ医学チームのメンバーと、受傷した選手のリハビリテーションおよびリコンディショニングにおけるその責務について確認することができる。
- 選手の傷害のタイプを認識することができる。
- 組織の治癒過程とその時間的経過を理解することができる。
- 組織の治癒の各段階における目標を理解することができる。
- 傷害のリハビリテーションとリコンディショニングにおけるストレングス＆コンディショニング専門職の役割について説明することができる。

ストレングス＆コンディショニング専門職の雇用機会の増加が続き、受傷した選手のリハビリテーションやリコンディショニングへの積極的な参加が求められるようになった。ストレングス＆コンディショニング専門職は選手の身体機能に対して独自の知識と洞察を有しており、競技復帰に向けたリハビリテーションの最終段階において重要な役割を担うことができる。これはリハビリテーションにおいてストレングス＆コンディショニング専門職に明確な責任があることを意味する。ストレングス＆コンディショニング専門職がどのようにして受傷した選手のリハビリテーションにおいて最大の効果をもたらすことができるかについて十分な理解を深めるためには、まずスポーツ医学チームの各メンバーの役割を理解しなければならない。さらに、傷害からの復帰を早めるために、さまざまな傷害のタイプやその生理学的な治癒過程を理解することが重要である。

本章は、特定の傷害に対するリハビリテーションプロトコルを読者に提供することを意図していない。むしろ筋骨格系の傷害による生理学的変化について説明することを狙いとしており、これをもとにストレングス＆コンディショニング専門職は傷害からの復帰のために最適な目標を設定することができるだろう。本章における情報は、受傷した選手の身体機能を最大限に高めるために活用するべきである。リハビリテーションとリコンディショニングへの取り組みは、囲み記事に列挙した5つの基本原則に従う。

スポーツ医学チーム

スポーツ医学チームは、競技選手のニーズや当面、選手が抱えている問題点を中心としたヘルスケアサービスを提供する (8)。コーチや選手に対して受傷のリスクや注意点、治療に関する知識を提供する責任が、スポーツ医学チームの各メンバー全員にある。さらに傷害発生を予防し、受傷した選手のリハビリテーションを進めなければならない。受傷した選手の競技復帰をサポートする専門職は複数存在し、コミュニケーションが必要である。

スポーツ医学チームのメンバー

チームドクターは団体（組織）や学校、チームに対して医療を提供する。医師（MD）またはドクター・オブ・オステオパシー（DO）がチームドクターを務めることがほとんどである。チームドクターは、家庭医学や内科、小児科、整形外科などさまざまな分野 (43,60) での訓練を積んでいるかもしれない（レジデンシーあるいはフェローシップ。訳注：いずれも米国の医師養成過程における研修期間あるいは研修医の名称であり、レジデンシーを経て専門医の認定を取得後、フェローシップというのが一般的）が、筋骨格系のケガやスポーツに関連した症状のケアに熟達しているべきである (20)。チームドクターの役割には、参加前の検査、現場での応急処置、傷害や疾病の評価と診断、さらに必要に応じてその他の専門職へ紹介し、委ねることなどが含まれる (43)。チームドクターは日常のリハビリテーションに対する責務は持たないが、最も頻繁に選手の競技復帰の最終的な判断を下す (20,43)。もう1つの重要な役割として、炎症、痛み、風邪、インフルエンザなどに対し必要に応じて薬を処方することがある。

選手の日々の健康管理に責任を持つのは、アスレティックトレーナーまたはアスレティックセラピストである。アメリカ合衆国では、アスレティックトレーナーはNATA（National Athletic Trainers' Association）の資格認定委員会により、公認アスレティックトレーナー（ATC）として認定されている。アスレティックトレーナーはチームドクターの監督下で業務を行い、主に高校、大学、プロチームなどで雇用されているが、外来理学療法クリニックで働くケースもある。アスレティックトレーナーの業務は、身体活動による外傷への対応やリハビリテーション、競技特異的なエクササイズの処方や装具（例：テープやブレースなど）の適用を通した傷害予防が主となる。具体的には、アスレティックトレーナーは外傷の評価、リハビリテーションの進行を早めるための運動療法の実施、物理療法による治療、スポーツ医学チームの管理・運営の役割を担う (8)。アスレティックトレーナーは選手と接する時間が長いため、スポーツ医学チームのメンバーやコーチ、選手の間のコミュニケーションにおいて重要な役割を果たしている (8)。

整形外科学やスポーツ医学の分野において専門特化した理学療法士は、受傷した選手の痛みの軽減や機能回復を図るうえで重要な役割を担っている。理学療法士は外来理学療法クリニックに拠点を置くこ

リハビリテーションとリコンディショニングの原則

- 治癒の過程にある組織に過大な負荷をかけない。
- リハビリテーションの過程において、ある段階から次の段階へと進むには、それぞれの段階での基準を満たしていなければならない。
- リハビリテーションプログラムは最新の臨床研究および基礎研究に基づいていなければならない。
- プログラムは選手個人、その選手にとっての必要性、目標に合わせたものでなければならない。
- リハビリテーションは、スポーツ医学チームのメンバー全員が、選手をできる限り迅速かつ安全に競技に復帰させるという共通の目標を持ち、チーム全体で協力して働く過程である。

とが典型的だが、多くの大学およびプロチームにおいて、今ではスポーツ医学チームの一員として理学療法士を直接雇用している。理学療法士は個々の傷害に対する治療戦略を立てる手助けをしたり、また長期にわたるリハビリテーションを管理することもある。アメリカ合衆国においてはスポーツ傷害マネジメントの専門知識を持つ理学療法士は、米国理学療法士協会の資格認定部門（ABPTS：American Board of Physical Therapy Specialities）により**公認スポーツ専門職**（SCS：Sports Certified Specialist）の資格を得ている場合がある。最近ではこの公認スポーツ専門職が、急性傷害を受傷した選手の評価、治療およびリハビリテーションに参加することが多くなってきており、しばしばアスレティックトレーナーとスポーツ理学療法士の2つの能力を兼ね備えた専門職として働いている。

ストレングス＆コンディショニング専門職は、筋力やパワー、パフォーマンスを高めることに焦点を合わせるというのが典型的である。ストレングス＆コンディショニング専門職もまた、医学的サポートチームにおいて重要な役割を担っており、リハビリテーションとリコンディショニングの過程において欠くことのできない存在である。理想的にはこの分野を担当する者は、リハビリテーションに関する知識と経験を有していることを保証する意味で、NSCAの資格認定委員会による**認定ストレングス＆コンディショニングスペシャリスト**（CSCS：Certified Strength & Conditioning Specialist）の資格を持つべきである。アスレティックトレーナーやスポーツ理学療法士との話し合いにおいて、ストレングス＆コンディショニング専門職は適切なテクニックやさまざまなタイプのエクササイズ（例：レジスタンストレーニング、プライオメトリックス、有酸素性運動）に関する知識を活用し、選手の競技復帰までのリコ

ンディショニングプログラムを作成する。さらに、ストレングス＆コンディショニング専門職はさまざまなスポーツ競技や身体活動においてバイオメカニクスが果たす役割を幅広く理解しており、さまざまな傷害に対する後期リハビリテーションやリコンディショニングのためのエクササイズを提案できる。

付け加えて、スポーツ医学チームには受傷後の選手のリハビリテーションやリコンディショニングをサポートする専門的なメンバーが含まれることが多い。**運動生理学者**は、運動科学の研究分野において経験を持ち、専門知識を活用して、運動に対する代謝応答や、その治癒過程への影響を考慮したコンディショニングプログラム作成をサポートできる。傷害からの回復には適切な栄養摂取が重要であるため、スポーツ栄養学を学んだ**栄養士**あるいは登録栄養士は、組織の回復を早めるために適切な食事のガイドラインを提示することができる。正規の課程で食品栄養学を学び、米国栄養士会の栄養士登録委員会（Academy of Nutrition and Dietetics Commission on Dietetic Registration）に登録している栄養士（RD：Registered Dietitian）であることが望ましい。最後に、傷害からの回復には精神的な負担を伴う場合があるため、スポーツ競技に関する経験を持ち、資格を認定された**カウンセラー**や**心理学者**、**精神科医**は、精神的なストレスへの対処法を選手に提供できるだろう。

コミュニケーション

スポーツ医学チームのメンバー間でのコミュニケーションは必須である（8,65）。受傷した選手は、コーチやアスレティックトレーナー、ストレングス＆コンディショニング専門職と最も頻繁にコンタクトを取る。場合によっては、競技選手は受傷時にアスレティックトレーナーに相談する前に競技コーチや

654 ストレングストレーニング＆コンディショニング

ストレングス＆コンディショニングコーチに打ち明けることがある。したがって、チームのメンバー間で常にコミュニケーションを取ることが必須である。このことは、1週間の中でそれほど頻繁な交流のない場合もある、スポーツ医学チームのメンバーとのコミュニケーションを否定するものではない。週ごとの定期的なミーティングによって、スポーツ医学チームのメンバー全員が、受傷した選手のトレーニングの要求や制限の必要性について議論できる場を持つことができる。議論に関連する質問には、以下が含まれる。「選手の現在の状況はどうですか（不参加、一部参加、完全参加）？」「現在行っているエクササイズや身体活動は何ですか？」「制限あるいは修正は必要ですか？」「選手の進行状況はどうですか？」「何か対処しなければならない問題はありますか？」などである。

受傷した選手のトレーニングプログラムを最も効果的に進めていくために、ストレングス＆コンディ

ショニング専門職は、傷害の診断や傷害に対する運動の適応（indication）と禁忌を理解しなければならない。ここでの適応とは、リハビリテーションを行う選手が必要とする治療の形式である（訳注：生理的適応、順応とは区別される。訳語として同じ「適応」が用いられているので区別が必要である。Indication自体には、医学的な意味と一般的な意味で「指示」という訳語をあてることもある）。たとえば、肩のインピンジメント障害を有するソフトボールの外野手は、そのリハビリテーション中、下肢の機能を維持しなければならない。したがって、アスレティックトレーナーは肩のリハビリテーションと並行して下肢の筋力トレーニング、スピードやアジリティ、パワーのエクササイズを行うように選手に対して指示するだろう。したがって、下半身のエクササイズは適応となる。禁忌とは、その傷害にとって望ましくない、あるいは禁止されている運動や練習のことである。たとえば、肩関節前方脱臼の後

リハビリテーション照会表

Date: January 2, 2016　2016年1月2日
日付:

Name: Allison Pierson　アリソン・ピアソン
名前:

Sport and position: Volleyball setter
競技とポジション:　バレーボール、セッター

Injury date: November 22, 2015　2015年11月22日
受傷日:

Surgery date: December 3, 2015　2015年12月3日
手術日:

Diagnosis: Left ACL reconstruction　左前十字靱帯再建
診断:

Indications　適応

Stationary bicycle　Progress gradually up to 60 minutes. No running at this time.
ステーショナリーバイク　60分まで徐々に時間を延ばしていく。現時点でランニングは不可

Single-leg hip sled　Less than 90° left knee flexion, begin without resistance, progress only after
シングルレッグ・ヒップスレッド　左膝関節屈曲角度90°未満、無負荷から開始し、アスレティックトレーニングスタッフと
consultation with athletic training staff.　相談のうえで負荷を増していく。

Upper extremity resistance exercises　上肢のレジスタンスエクササイズ

Contraindications　禁忌

Leg extension exercise　レッグエクステンション

Full squats　フルスクワット

Plyometrics　プライオメトリックス

Running　ランニング

Jonah Grey, ATC　January 2, 2016
ジョナ・グレイ、ATC　2016年1月2日

図22.1　リハビリテーションの際の参照用のフォーム（記入用紙）の例。これによりスポーツ医学チームのメンバーが適応と禁忌について意思疎通する。

ストレングス&コンディショニングの概要

Date: 日付:	October 22, 2015	2015年10月22日
Name: 名前:	Molly Jackson	モリー・ジャクソン
Sport: 競技:	Soccer	サッカー
Position: ポジション:	Midfield	ミッドフィルダー
Diagnosis: 診断:	Grade II right MCL sprain	Ⅱ度の右内側側副靭帯損傷
Injury date: 受傷日:	October 8, 2015	2015年10月8日

運動の概要

Number of sessions: セッション数:	7	7
Date begun: 開始日:	October 15, 2015	2015年10月15日

Current Activities　現在行っている運動

Activity　運動	Sets　セット	Reps　反復回数	Resistance　負荷
1/2 squats　ハーフスクワット	3	10	115
Leg extension　レッグエクステンション	3	10	60
Leg flexion　レッグフレクション	3	10	50
Heel raise　ヒールレイズ	3	15	95

	Time　時間	Speed　速度
Stationary bicycle　ステーショナリーバイク	20分	80rpm
Stair stepper　ステアステッパー	20分	70歩／分
Jogging　ジョギング	10分	5.0マイル／時間

Assessment　評価

No difficulty with 1/2 squats; may increase squat depth to 3/4.

ハーフスクワットには問題がなく、3／4の深さまで下ろしてもよい。

Suggestions　提案

Increase squat depth, increase jogging speed and time.

スクワットはより深くしゃがむ。ジョギングのスピードを上げ、時間を延ばす。

Jill Michaels, CSCS　　October 22, 2015

ジル・マイケルズ、CSCS　　2015年10月22日

図22.2　ストレングス&コンディショニングの概要についての書式例。これには選手の現在の身体活動と、その活動に対する反応について記録する。

期リハビリテーションでは、アメリカンフットボール選手は競技に復帰する前に上半身の筋力強化を行っておく必要があるだろう。そこで、アスレティックトレーナーは選手に対し、上半身の強化を開始するように指示する。しかし、受傷した肩関節は前方不安定性があるため、ベンチプレスのエクササイズによって脆弱な姿勢（関節位置）となる可能性があり、「禁忌」となる場合がある。この過程におけるストレングス&コンディショニング専門職の役割を明確にするために、スポーツ医学チームが参照できるエクササイズの適応と禁忌のフォーム（記入用紙）が有効であろう（図22.1）。これによって安全で効果的なコンディショニングの実施が可能になる。付け加えて、ストレングス&コンディショニング専門職は同様の書式（図22.2）を用いて、特定のプログラムの構成や、その構成要素に対する選手の主観的および客観的反応についてコミュニケーションを取ることができる。

> スポーツ医学チームには多数の専門職が所属し、最善のリハビリテーションやリコンディショニング環境を提供するために協力して働いている。したがって、スポーツ医学チームのメンバー間では、受傷した選手に対し安全で調和のとれた環境を確保するため、十分なコミュニケーションが必要である。

傷害のタイプ

大きな損傷とは、組織に対する急激な過負荷により発生し、結果として組織の完全性を破綻させるものである。骨への外傷は、骨挫傷や骨折を引き起こすことがある。骨折は骨に対して直接的な衝撃が加わることによって発生し、いくつかに分類される（例：閉鎖骨折、開放骨折、剥離骨折、不完全骨折）。関節の外傷は、**脱臼**（関節面から完全に外れること）や**亜脱臼**（関節面から部分的に外れること）で、関節の弛緩性や不安定性が引き起こされる場合もある。靱帯の外傷を**捻挫**といい、I度（靱帯は部分的に断裂するが、関節は安定している）、II度（部分的な断裂で、関節がやや不安定になる）、III度（完全に断裂し、関節が不安定になる）の3つに分類される。

筋・腱の外傷は、筋挫傷（直達外力での外傷）と肉ばなれ（介達外力による外傷）に分類される。筋挫傷とは、受傷した筋およびその周囲で血液や水分が過度に滞留している部分のことであり、受傷した筋の機能を著しく制限することがある。**肉ばなれ**とは筋線維が断裂することで、その程度によって分類される。I度の肉ばなれは、個々の筋線維の部分的な断裂であり、力は入るものの筋活動に痛みを伴う。II度の肉ばなれは、部分的な断裂であり、筋力は低下し、筋活動に痛みを伴う。III度の肉ばなれは、筋線維の完全な断裂で力が入らず、筋活動では痛みを感じない。腱も筋と同様に、加わる張力が限界を超えると断裂することがある。多くの場合、腱のコラーゲン線維は付着している筋線維よりもはるかに強度があるため、断裂は腱そのものよりも筋腹あるいは筋腱接合部、骨への付着部などで起こりやすい。

微細な損傷、もしくはオーバーユースによる傷害は、継続的なトレーニングあるいは回復時間が短すぎるトレーニングを行った場合に、組織に対し異常なストレスが繰り返し加わることによって引き起こされる。オーバーユースによる傷害は、トレーニングに誤りがある場合（例：誤ったプログラムデザイ

ン）、トレーニングサーフェスが不適切な場合（例：床や地面が硬すぎたり、平坦でない）、動作のバイオメカニクス的な誤りやテクニックの誤り、不適切な神経筋コントロール、柔軟性の低下、骨格のアライメント不良や先天性要因により起こるとされる(54,66)。オーバーユースの傷害がよく発生する部位は、骨と腱である。骨に最もよく発生するオーバーユース傷害は疲労骨折である。体型や身体構造、栄養、代謝的要因が大きな影響を及ぼすが、疲労骨折はトレーニング量の急激な増加や、硬いサーフェス上で過剰な量のトレーニングを行った結果としてしばしば生じる(3,66)。**腱炎**とは腱の炎症のことであり(52)、炎症の原因が放置されると慢性腱炎や腱障害へと進行することもある。腱障害は腱の変性症状であり、最小限の炎症と血管新生によって特徴づけられる(52)。

組織の治癒

受傷からの競技復帰の過程には、受傷した組織の修復とその組織が機能を回復するまでの準備が含まれる。リハビリテーションとリコンディショニングにおけるストレングス＆コンディショニング専門職の役割をよりよく理解するために、受傷後の筋骨格系組織が治癒する際の一般的な段階を概観しておく必要がある(22,24)。各段階で起きる事象のタイミングは組織のタイプによって異なり、年齢や生活習慣、傷害の程度、ダメージを受けた構造などのさまざまな全身的および局所的要因に影響を受ける。しかしながら、基本的な治癒のパターンはすべての組織に共通する（表22.1）。

> 受傷後、競技に復帰するための過程には、受傷した組織の治癒、その組織の機能回復の準備、リハビリテーションとリコンディショニングを最大に活かす適切なテクニックを用いることが含まれる。

炎症反応段階

炎症は損傷に対する身体の最初の反応で、正常な治癒に必要不可欠な過程である。**炎症反応**段階では局所的および全身的な炎症が起こり、これによって最終的な治癒と損傷した組織の置換が可能となる。炎症段階では、組織の治癒と初期の機能低下の双方

表22.1　組織の治癒

炎症反応段階	疼痛、腫脹、発赤
↓	コラーゲン合成の減少
	炎症細胞数の増加
線維芽細胞 修復段階	コラーゲン線維の産生
↓	コラーゲン線維組織化の減少
	炎症細胞数の減少
成熟－リモデリング段階	コラーゲン線維が規則正しく配列
	組織の強度が高まる

に影響する反応が起こる。受傷した部位は、血管分布、血流、毛細血管透過性の変化により発赤し、腫脹が起こる。組織が受傷した後、局所的な低酸素状態によってある程度の組織壊死が引き起こされ、ヒスタミンやブラジキニンなどの化学伝達物質が放出される。これらの物質はその局所的な血流および毛細血管透過性をさらに高めるため、周辺の組織に体液が流出し、浮腫が起こる。**浮腫**は収縮性組織を抑制し、機能を著しく制限することがある。組織の残骸や病原体は、血流の増加や**貪食作用**と呼ばれる過程によって損傷部位から取り除かれる。貪食作用は、治癒を遅延させる細胞の残骸をみつけて取り除くマクロファージの放出を促す。

この段階で存在する炎症物質が痛みの神経線維を刺激し、これにより受傷した選手は痛みを感じ、痛みによって機能はさらに低下するだろう。炎症段階は、通常受傷後2～3日間持続するが、血液の供給が不十分な場合や損傷が大きい場合はそれ以上にわたって続くこともある。組織の治癒のために炎症段階は必須であるが、適度な時間内で終わらなければ、これ以降の段階へと進まなくなり、リハビリテーションの進行が遅れることになる。典型的には、この段階の継続期間は1週間未満である。

線維芽細胞修復段階

炎症段階が終わると、組織の**修復**が始まる（22,24）。この**線維芽細胞修復**段階は、受傷後に機能しなくなった組織の異化作用（組織の分解）と置換によって特徴づけられる。組織の完全性を取り戻そうとして、新しい毛細血管と結合組織（瘢痕組織）が受傷部位に形成される。タイプⅢコラーゲンが損傷した構造に沿ってランダムに沈着し、組織再生の骨

組みとしての役割を果たす。この新たに形成された組織は、元々の組織よりも弱い。したがって、この新しい組織は適切な強度にはまだ達していない。コラーゲン線維は主なストレスがかかる方向に対して縦に配列している場合に最も強度が高くなるが、新しい線維の多くはストレスがかかる方向に対して横に配列しており、力を効率的に伝達する能力が制限されている。この組織の治癒段階は、受傷2日後から始まり2カ月ほど続くこともある。

成熟－リモデリング段階

修復段階に形成された弱い組織は、**成熟－リモデリング**段階で強化される。この段階ではコラーゲン線維の産生はタイプⅠコラーゲンへと移行し、新しく形成された組織の構造や強度、機能が改善される。加わる負荷が増すことで、新しく瘢痕組織を形成したコラーゲン線維は肥大し、ストレスがかかる方向に沿って配列し始める（18）。コラーゲン線維がより厚みを増し、またより整然と配列されていくと、コラーゲン線維はより強くなり、機能回復が可能となる。こうしてコラーゲン線維の強度と治癒組織は改善されるが、新しい組織はもとの組織ほどの強度を持つことはないだろう。成熟－リモデリング段階における組織の**リモデリング**は受傷後数カ月から数年にわたって続くことがある（22,24,32）。

> 受傷後、損傷を受けた組織はすべて同様に炎症、修復、リモデリングという一般的な治癒の段階をたどる。各段階で起きる事象のタイミングは組織のタイプによって異なり、年齢や生活習慣、傷害の程度、ダメージを受けた構造などのさまざまな全身的および局所的要因に影響を受ける。各段階には特徴があり、それぞれを分類することができる。

リハビリテーションとリコンディショニングの目標

ストレングス＆コンディショニング専門職は、傷害に対する選手の主観的な反応と組織の治癒における生理学的メカニズムの双方を考慮しなければならない。最適なパフォーマンスへの復帰にはどちらも重要である。受傷後、競技に復帰するための過程には、受傷した組織の治癒、その組織の機能回復の準備、リハビリテーションとリコンディショニングを

最大に活かす適切なテクニックを用いることが含まれる。目標は運動の早期再開であるが、選手によって傷害に対する反応は異なり、リハビリテーションの進行も個別のものであることを忘れてはならない。

傷害のリハビリテーションにおける治療の目標を述べる前に、重要な点を2つ示しておかなければならない。1つは、治癒の途中の組織に過度のストレスをかけてはならないということである（44）。治癒中の組織に対して、コラーゲン構造の形成を進めるために、治療の意味で制御された負荷をかけることは必要である（4,18）が、負荷が大きすぎると、新しい構造を損傷し、選手の競技復帰が著しく遅延することもある。つまり、治癒過程にある組織にかける負荷レベルは、過大でも過小でもない負荷を選択すべきということである。負荷の選択には、治癒の段階や選手のタイプを考慮することが必要であるというのは明らかである。たとえば、成熟ーリモデリング段階では組織にかかる負荷が小さすぎるようなエクササイズであっても、同じエクササイズを炎症反応段階で行うと負荷が大きすぎる（組織のストレスが増加する）かもしれない。あるいは、プロバスケットボール選手（センター）にとっては低すぎる負荷が、アマチュアのクロスカントリー走の選手には大きすぎる負荷となるとも考えられる。運動の動作平面も考慮すべき要素である。たとえば、膝の内側側副靱帯には膝伸展最終域における前額面で最も大きな負荷（外反ストレス）が加わる。したがって、選手が内側側副靱帯を損傷した場合、前額面での動作（外反ストレス）は治癒の初期段階では避けるべきである。しかしながら、より後の段階に入ったら、これらの前額面での動作をいくらか含むべきだろう。

もう1つは、治癒のある段階から次の段階へと進むには、一定の目標に達していなければならないということである（67,68）。これらの目標は、関節可動域、筋力、活動レベルによって定まるだろう。このようなガイドラインをチームドクターやアスレティックトレーナー、理学療法士、あるいはこれらの専門職らが協力して確立する責任がある。

> ▶ 治癒中の組織に対して、コラーゲン構造の形成を進めるために、治療の意味で制御された負荷をかけることは必要であるが、負荷が大きすぎてはならない。治癒のある段階から次の段階へと進むには、一定の目標に達していなければならない。

炎症反応段階

炎症は、損傷に対する最初の反応であり、引き続き起こる治癒に必須の反応であるが、適切に管理されなければリハビリテーションの進行を遅らせることになる。

治療の目標

炎症段階の治療の目標は、新しい組織の破壊を防ぐことである。新しい組織の再生や形成に安全な環境を用意することは、ケガを長引かせる可能性のある炎症の長期化や、新生血管およびコラーゲン生成の破壊を防ぐために重要である。相対的な休養と、アイシング（冷却）や圧迫、挙上、電気刺激を含む**物理的手段**（例：物理療法）がしばしば主要な治療の選択肢となるが、有効性についてはさまざまである（40,62）。

また、機能の早期回復には患部外の健康状態も影響するということを忘れてはならない。したがって、筋力や筋パワー、筋持久力、心肺系の機能が維持されなければならない。ストレングス＆コンディショニング専門職は、この分野に関して重要な知識および専門的技能を提供することができる。これらの課題を遂行するために、ストレングス＆コンディショニング専門職はアスレティックトレーナーと話し合い、その特定の傷害に対して適応および禁忌とする運動のタイプを決定しなければならない。この段階での主目標は、損傷した構造をできる限り保護することである。この必要条件が満たされていれば、一般的な無酸素性および有酸素性トレーニング、患部以外のレジスタンストレーニングを実施できるだろう。もし、受傷した腕や脚の運動が禁忌でなければ、受傷部位に負担をかけずに行う、受傷部位よりも近位および遠位を使うアイソレーションエクササイズも許される場合がある。例としては、膝損傷後の股関節外転や回旋のエクササイズ（14,26,41）、あるいは肩甲上腕関節損傷後の肩甲骨安定のエクササイズなどが挙げられる（35,64,69）。

エクササイズの戦略

早期の競技復帰が目標となることがしばしばあるが、損傷した組織がさらに損傷するのを防ぐために、消極的な安静がまず必要である。したがって、受傷した部位を直接的に含む、あるいはストレスをかけ

る運動はこの段階では勧められない。受傷部位に直接的に関与しない、あるいはストレスをかけないエクササイズ（例：下肢を受傷した場合の上肢のエクササイズ、また片方の脚を受傷した場合の反対側での片脚エクササイズ）は、行うことができる。

線維芽細胞修復段階

炎症段階の後、身体は新しい組織によって受傷した組織の修復を開始する。しかしながら、新しい組織の復元性（resiliency）は低い。修復のために適度のストレスが加わったとしても、受傷部位の修復には8週間程度の期間が必要となり、ストレスが過剰または少なすぎる場合にはその期間は長くなる。

治療の目標

線維芽細胞修復段階の治療目標は、受傷した部位における過度の筋萎縮や関節機能の低下を抑制することである。さらに、新しく形成されるコラーゲン線維の損傷を防ぎながら、コラーゲンの合成を促進し、関節の動きの制限を防ぐために、低負荷のストレスを徐々にかけていくバランスの維持が重要である。新しく、比較的弱いコラーゲン線維を保護するため、損傷した組織に対して強い抵抗がかかるエクササイズを行うべきではない。しかし、運動量があまりに少なすぎても悪影響があり、新しく形成された線維は規則正しく配列せずに癒着し、そのため最大可動域での運動が行えなくなるかもしれない。初期段階から安全に運動を実施することで、コラーゲン線維の規則正しい配列が促進され、線維の可動性は向上する。炎症段階と同様に物理療法を用いてもよいが、修復段階の目的はコラーゲン線維の合成の促進と痛みの管理である。超音波や電気刺激、氷冷は、新しい組織の形成を助け、その過程を早めるために継続する（5,27,51）。この段階でも、受傷部位以外の筋機能や心肺機能の維持は重要である。ストレングス＆コンディショニング専門職は、スポーツ医学チームのメンバーに適切な運動の選択に関する情報を提供するうえで十分な専門技能を備えている。修復段階において可能な運動形式としては、受傷していない四肢や受傷部位の遠位および近位部の筋力強化、有酸素性および無酸素性エクササイズ、受傷部位の筋力や神経筋コントロールの改善が挙げられる。

エクササイズの戦略

修復段階では、以下に示すエクササイズをチームドクターやアスレティックトレーナー、理学療法士との相談を経たうえで実施する。等尺性（アイソメトリック）エクササイズは、痛みが起こらない、あるいは理学療法士やアスレティックトレーナーから「適応」とされた場合には行ってもよい。最大下での等尺性エクササイズによって、新しく形成されたコラーゲン線維が壊されない程度の低強度でも、神経筋機能を維持し、筋力を高めることが可能である。しかし、残念なことに、等尺性筋力にはその効果に関節角度特異性が存在する。すなわち、トレーニングした角度での筋力しか改善されない（28）。したがって、等尺性エクササイズを実施する際には、さまざまな角度で行うべきであろう（28）。等速性（アイソキネティック）エクササイズでは、動作中に一定速度（例：60°/s、120°/s）の負荷が加わる機器を使用する。一定の速度のみで実施する競技は存在しないため、等速性エクササイズの現実世界への応用という点では限界がある。さらに、ほとんどの等速性機器は単関節運動しか行えない。したがって、特定の筋や関節に集中した運動ができるが、必ずしも最も機能的な筋力強化法とはいえない。

等張性エクササイズ（短縮性および伸張性）では一定の外力による抵抗に対して動作を行うが、その抵抗を動かすために発揮する力は関節角度や主働筋の長さによって変化する。等張性エクササイズでは、重力（すなわち、機器を使わず重力の作用のみを負荷として行う運動）、ダンベル、バーベル、ウェイトスタックマシーンなどさまざまな負荷の様式がある。短縮性および伸張性の筋活動は、筋力を増加させ、治癒している組織に適切にストレスをかけるために用いることができる。伸張性エクササイズは、短縮性エクササイズと比較してより大きな力を生み出すことができ、エネルギー消費は少ない（38）。組織の治癒過程が進行するとともに、より大きなストレスをかけるために負荷は増やされるだろう。動作を行うスピードは本人がコントロールできる。動作スピードはプログラムデザイン変数であり、急性期は動作をゆっくりと行い、治癒段階の後期ではより速く、より競技特異的な動作を行うことができるというものである。

神経筋コントロールとは、求心性の感覚情報に反

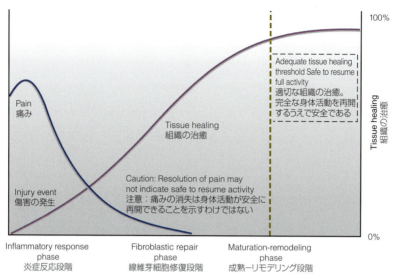

図22.3 典型的な軟部組織の受傷時の反応。痛みは組織の健康状態の目安として用いられることがしばしばある。組織の治癒（紫の線）が完了する前に痛みのレベル（青の線）が低下することがしばしばあり、このために選手は組織の治癒が十分に進んでおり、競技復帰できる（元のように身体活動ができる）と信じてしまうが、これは適切ではない（垂直の黄色い線）。

応して関節の安定性を維持する筋の能力である（53）。この求心性の感覚情報は**固有受容感覚**と呼ばれ、皮膚や筋、腱、靭帯、関節包に存在する感覚受容器が、刺激に反応を示すものである。固有受容感覚は意識下および無意識下での姿勢やバランス、安定、位置覚の調節に貢献している（53）。たとえば、平坦でないサーフェスを走る際、クロスカントリー走の選手は転倒してケガをしないように、下肢からの感覚入力（固有受容感覚）により地面に合わせて調節が行われる。こうした調節能力が神経筋コントロールである。神経筋コントロールは通常、受傷によって筋力や柔軟性と同様に低下する（13）。受傷後に神経筋コントロール改善のために実施される特異的なエクササイズがいくつかあり、サーフェスの安定性、視覚情報、動作スピードの変化により難易度を調整できる。ミニトランポリン、バランスボード、バランスボールを用いて、サーフェスを不安定にして上肢や下肢のトレーニングを実施するといった方法や、平坦でないサーフェスでスクワットや腕立て伏せなどの動作を行って、神経筋コントロールの改善を図ることができる。また眼を閉じて、つまり視覚入力を取り除いてエクササイズを実施すると、バランス能力に対する負荷を大きくできる。最後に、運動時のスピードを増加させることも、この系にさらなる負荷を加えることになる。コントロールされた環境の中でこうした変数を特異的に調節することで、治癒の次の段階において、より難度の高いエクササイズの実施が可能になる。

成熟-リモデリング段階

修復段階では、損傷した組織のコラーゲン線維の置換が行われる。これらのコラーゲン線維が並んだ後、新しい組織のリモデリングや強化が始まり、選手の本来の活動への復帰が徐々に可能になる。

治療の目標

成熟-リモデリング段階における主目標は、プレーあるいは身体活動の復帰へ向けて移行しつつ、組織の機能を最適化することである。修復段階で実施したエクササイズを継続し、負荷を増していき、受傷した組織に加えることが可能な漸増的ストレスとなる競技特異的なエクササイズを実施することによって機能を回復していく。選手は「多くのことをもっと早く」行おうと焦っているかもしれないが、受傷した組織により大きな損傷を加えることになりかねない。この時点で運動しても痛みはほとんど感じないかもしれないが、受傷した組織は完治しているわけではなく、完治までにはさらに注意が必要だということを忘れてはならない（図22.3）。少しずつ組織にかかる負荷を増やしていけば、コラーゲン線維の配列は改善し、さらに線維の肥大が起こる（4, 18）。プレー復帰あるいは身体活動についての決断

は、正常な組織の治癒に関する時間的枠組みとともに、事前に決めた目的を伴う基準に基づいた漸進によって行うべきである。これらの目的には、一般的に関節可動域や筋力、機能的テスト、確立された機能に関する患者報告アウトカムといった測定が含まれる（1,35,69）。スポーツ医学チームのメンバーにとって、コミュニケーションを取り、明確に定義された役割を持ち、安全にプレーに復帰することを確実なものとする復帰のための測定基準を用いることは重要である。

エクササイズの戦略

ほかのストレングス＆コンディショニングの側面と同じように、最終的には、リハビリテーションやリコンディショニングのエクササイズは機能的で身体活動の需要に類似したものとすべきである。すなわち、特異性を反映したものである。機能に関して特異的なトレーニングの例としては、関節角度に特異的な筋力強化、動作速度に特異的な筋活動、クローズドキネティックチェーン・エクササイズ、神経筋コントロールを向上させるエクササイズなどがある。筋力強化は一般的なエクササイズから、競技と共通の動作を行う、競技特異的なエクササイズへと移行する。たとえば、足関節を捻挫したバスケットボールのガードの選手は、一般的な単関節のエクササイズから、より競技およびポジションに特異的なエクササイズへと漸進させるだろう（図22.4）。プログラムデザインにおけるもう1つの重要なトレーニングプログラム変数は、動作スピードの特異性である。リハビリテーション中に行う強化エクササイズもまた、競技のスピードの要求に類似したものにすべきである。すなわち、より高いスピードが求め

図22.4 バスケットボール選手が足関節捻挫から回復するために用いることのできるエクササイズの漸進例。一般的なものから、バスケットボールに特異的なものへと漸進させる。

られる身体活動（例：スプリント）に対しては、より高い速度でのエクササイズが含まれるべきである。図22.4の例は、相対的に遅く、制御されたバランスおよび筋力のエクササイズから、より速いプライオメトリックおよびスプリントエクササイズへと漸進させている。同様に、ハムストリングスに肉ばなれを有する陸上短距離選手の例を挙げると、初期のリコンディショニングでは受傷した筋の柔軟性や筋力の回復に焦点が当てられるであろうが、陸上競技の特性上、リハビリテーションやリコンディショニングの後半では、速いスピードで行うエクササイズが必要になる。陸上短距離選手がハムストリングスの筋ばなれからの回復のために行うエクササイズ種目の選択としては、ハムストリングスの柔軟性の改善から始まり、伸張性筋力から短縮性筋力へ、さらに動的ストレッチング、最終的にバリスティックな筋力強化へと漸進させていくだろう。速度に特異的なエクササイズの例としては、徒手抵抗による強化から、プライオメトリックおよびスピードトレーニングがある。プライオメトリックトレーニング、スピードトレーニングについては、それぞれ第18章、第19章を参照してほしい。

キネティックチェーンとは、2つまたはそれ以上の隣接する関節が共同して、または関わって働き、動作を起こすことを指す（56）。**クローズドキネティックチェーン・エクササイズ**とは、末端の関節の自由な動きを妨げたり、動きを制限する大きさの抵抗がかかる運動であり（56）、すなわち関節の遠位のセグメントが固定されている。スポーツに関連する動作のほとんどが足を床に「固定した」状態で行われるため、下肢のクローズドキネティックチェーン・エクササイズは、オープンキネティックチェーン・エクササイズよりも機能的な運動様式であるといえる（23,63）。たとえばクローズドキネティックチェーンのスクワット動作では足は床に「固定された」状態であり、基本的に動かない。これが動作が起こる支持基底面となる（図22.5a）。クローズドキネティックチェーン・エクササイズの利点として、関節の安定性と機能的な動作パターンを高めることが挙

図22.5 クローズドキネティックチェーン・エクササイズ。(a) スクワット（下方への動作）と、(b) プッシュアップ

図22.6 オープンキネティックチェーン・エクササイズ。レッグエクステンション

図22.7 スプリントは、クローズドキネティックチェーンとオープンキネティックチェーンの動作が同時に起こるエクササイズの例である。

リハビリテーションとリコンディショニングの目標と戦略

リハビリテーションやリコンディショニングのプログラムは選手個々に合わせて作成されなければならないが、各段階における一般的な目標やアプローチ方法を以下に挙げる。

炎症反応段階
- 比較的安静にして受動的な物理療法を用いることで、新しい組織の破壊と長期にわたる炎症を防ぐ。
- 心肺系と受傷部位の周囲の神経筋骨格系の機能を維持する。
- 受傷した部位の自動的運動を行わない。

線維芽細胞修復段階
- 受傷部位の過度の筋萎縮や関節の機能低下を防ぐ。
- 心肺系と神経筋骨格系の機能を維持する。
- エクササイズの選択肢
  - 最大下での等尺性、等速性、等張性のエクササイズ
  - バランス、固有受容感覚のトレーニング

成熟－リモデリング段階
- 組織の機能を最適化する。
- 適応があれば神経筋骨格系、心肺系に漸進的な負荷をかける。
- エクササイズの選択肢
  - 関節角度に特異的な筋力強化
  - 速度に特異的な筋活動
  - クローズドおよびオープンキネティックチェーン・エクササイズ
  - 固有受容感覚のトレーニング

げられる。競技動作では、関節は通常それぞれが単独で機能するのではなくて、隣り合う関節、周囲の筋が共同して働く。クローズドキネティックチェーン・エクササイズの多くは下肢のエクササイズであるが、上肢のエクササイズも存在する（図22.5b）（35,69）。

オープンキネティックチェーン・エクササイズとは、隣り合った複数の関節が関わり、末端の関節を自由に動かすことができる関節運動である。したがって、オープンキネティックチェーン・エクササイズのほうが、個別の関節、筋により集中したトレーニングを行うことができる（23）。たとえば、レッグエクステンションでは、足部と下腿を自由に動かすことができる（図22.6）。レッグエクステンションでは大腿四頭筋の活動により集中することが可能であるが、それに対してスクワットでは、大腿四頭筋および膝関節と同時に、股関節と足関節での筋活動も起こっている（図22.5a）。クローズドキネティックチェーン・エクササイズのほうがより機能的であると考えられているが、ほとんどの運動にはオープンキネティックチェーン動作とクローズドキネティックチェーン動作の両方が関与している。たとえば、スプリントでは片方の下肢が着地しているとき

（クローズドキネティックチェーン）、もう片方の下肢は離地している（オープンキネティックチェーン）。すなわち、2つのタイプの運動が同時に起こっているのである（図22.7）。したがっていくつかの状況においては、オープンキネティックチェーン・エクササイズも同様に適切な選択肢となり得る。

修復段階に実施される神経筋コントロール改善を目的とした運動は、成熟－リモデリング段階においても有効なエクササイズとして継続し、さらに展開していくべきである。「リハビリテーションとリコンディショニングの目標と戦略」について、カコミ記事にまとめた。

プログラムデザイン

ストレングス＆コンディショニング専門職がリハビリテーションやリコンディショニングの過程で最も貢献できる分野は、受傷した選手のためにデザインしたレジスタンストレーニングや有酸素性トレーニングのプログラムを提供することである。健康な選手に対する運動処方の経験から、ストレングス＆コンディショニング専門職は選手の競技復帰において適切なトレーニングプログラムを処方することが

できる。受傷後の運動処方にはプロトコルが存在するが、プログラムデザインにおいて競技に特異的な要素を考慮していないものが多い。リハビリテーションやリコンディショニングにも、健康な選手に対するレジスタンストレーニングや有酸素性トレーニングのプログラムのデザインに用いられる原則を適用すべきである。

レジスタンストレーニング

レジスタンストレーニングのプログラムデザインに役立つ考え方はこれまでにいくつか示されているが（9,12,29,57,73）、その多くはリハビリテーションの状況でも用いることができる（9,29,36,42,73）。De Lorme（9）とOxford（73）のプログラムでは、ピラミッドタイプのデザインで10回を3セット行う。De Lormeのプログラムは、軽い抵抗から重い抵抗へと漸増していく方法である。この方法では、最初のセットではその選手の10RMの50％に当たる重量で10回、2セット目では10RMの75％、最終セットでは10RMの100％の負荷でエクササイズを実施する（9,10）。Oxford（73）の方式はDe Lormeとは逆に重い抵抗から軽い抵抗へと減らしていく。最初のセットではその選手の10RMの100％で、2セット目では10RMの75％、最終セットでは10RMの50％でエクササイズを実施する（73）。

Knight（30）の日単位調整漸増抵抗運動（DAPRE）の方式は、Oxford、De Lormeの方式より強度や量の操作が必要で（9,10,73）、4セットを、10回から1回（可能であれば）の範囲で実施する。最初のセットでは推定1RMの50％の重量で10回、2セット目では推定1RMの75％の重量で6回行う。3セット目では推定1RMの100％の重量で可能な限り繰り返す。3セット目の反復回数により、4セット目で用いる重量を決定する（表22.2）。De Lorme、Oxford、

Knightの方式は筋力強化の効果が証明されたプロトコルであり（10,30,36,42,73）、リハビリテーションにおけるレジスタンストレーニングプログラムをデザインする際にもおそらく適しているだろう。しかし、選手にはそれぞれの競技の需要に合致したリハビリテーションやリコンディショニングのプログラムが必要となる。前述のプロトコル（10,30,73）は確立された筋力トレーニングプログラムであるが、それぞれ異なる競技の選手に適した形へと個別化するには厳密すぎるかもしれない。

受傷した選手の健康な組織と損傷した組織に対するプログラムデザインの原則は同じで、第17章に示した。SAID（課せられた負荷に対する特異的な適応：specific adaptaion to imposed demand）の原則によれば、身体は課せられる要求に対して特異的に適応する。それゆえ、トレーニングにより到達する目標（特異的な適応）はレジスタンストレーニングのデザイン（課せられた負荷）によって決定づけられる。たとえば、膝蓋大腿関節を受傷したマラソンランナーのリハビリテーションにおけるリモデリング段階では、大腿四頭筋群の筋持久力を強調したトレーニングを行うべきである。それには、リハビリテーションエクササイズとして数多くの回数を行うことで、長距離走の需要に対する筋の準備ができる。一方、同じ傷害を持つウェイトリフティング選手のリハビリテーションでは、この競技で必要とされる筋パワーを養成するため、リモデリング段階の後半部分で行うエクササイズの強度は高く、回数はマラソン選手より少なくなる。この2種類の競技の選手に対するリハビリテーション戦略の比較について、適用例の表を参照いただきたい。

有酸素性および無酸素性トレーニング

リハビリテーションで用いられる最適な有酸素性

表22.2　日単位調整漸増抵抗運動（DAPRE）のプロトコルによる重量の調節

3セット目の反復回数	4セット目の重量の調節	次のセッションにおける重量の調節
0～2	2.3～4.5kg（5～10ポンド）減らす	2.3～4.5kg（5～10ポンド）減らす
3～4	0～2.3kg（0～5ポンド）減らす	同じ重量
5～6	同じ重量	2.3～4.5kg（5～10ポンド）増やす
7～10	2.3～4.5kg（5～10ポンド）増やす	2.3～6.8kg（5～15ポンド）増やす
11	4.5～6.8kg（10～15ポンド）増やす	4.5～9kg（10～20ポンド）増やす

**膝蓋大腿関節傷害からのリハビリテーションとリコンディショニングにおける
レジスタンストレーニングプログラムのデザイン原則の適用**

治癒段階	デザイン変数	競技選手	
		マラソンランナー	オリンピックリフティング選手
炎症反応段階	目標と エクササイズ	• 大腿四頭筋の活動を必要としないエクササイズ。炎症の抑制にはこの部位の相対的安静が必要。 • 隣接した部位の筋力や筋持久力の維持（すなわち、股関節伸展筋群、膝関節屈曲筋群、足関節底屈筋群） • 心肺フィットネスの維持	• 大腿四頭筋の活動を必要としないエクササイズ。炎症の抑制にはこの部位の相対的安静が必要。 • 隣接した部位の筋力や筋持久力の維持（すなわち、股関節伸筋群、膝関節屈筋群、足関節底屈筋群）。 • 上肢の筋力と筋パワーの維持。
線維芽細胞 修復段階	目標と エクササイズ	• 膝完全伸展位での等尺性トレーニングによる大腿四頭筋の筋力強化（複数の関節角度へと漸進） • 痛みのない範囲で大腿四頭筋の等張性トレーニングへと漸進（スポーツ医学チームとの相談後） • 隣接した部位のエクササイズを継続。 • 有酸素性エクササイズを継続：固定自転車やステアステッパーを開始してもよい（スポーツ医学チームの許可後）	• 膝完全伸展位での等尺性トレーニングによる大腿四頭筋の筋力強化（複数の関節角度へと漸進） • 痛みのない範囲で大腿四頭筋の等張性トレーニングへと漸進（スポーツ医学チームとの相談後）。 • 隣接した部位のエクササイズを継続。 • 上肢筋力と筋パワーのエクササイズの継続。
	セット× 反復回数	2～3 × 15～20	3～4 × 8～10
	強度	最大下（1RMの50%以下）	最大下（1RMの50%以下）
成熟－ リモデリング 段階	目標と エクササイズ	• 競技に特異的な身体活動、動作、スピードの導入。 • ランニングを再開。耐えられる範囲で距離やスピードを増加する。 • ランジとスクワットを加える（可能な範囲で膝の関節可動域を広げる）。	• 競技に特異的な身体活動、動作、スピードの導入。 • 競技に近いスピードまで動作のスピードを高める。 • ルーマニアンデッドリフトとスクワットを加える（可能な範囲で膝の関節可動域を広げる）。
	セット× 反復回数	2～3 × 15～20	4～5 × 3～8
	強度	最大強度（50%～75% 1RM）へと漸進	最大強度（＞75% 1RM）へと漸進

トレーニングプログラムは研究によって決定づけられていないが、できる限り競技特異的でその代謝的需要に類似すべきであるということが一般的に受け入れられている。ストレングス＆コンディショニング専門職は、健康な選手に対してコンディショニングエクササイズをデザインし、それを実施してきた経験があるので、受傷した選手のリコンディショニングプログラムの中で有酸素性トレーニングを処方し、監督する者としてスポーツ医学チームのメンバーの中でも理想的である。また、レジスタンストレーニングプログラムと同じく、ストレングス＆コンディショニング専門職は、受傷した選手の競技で求められるものを考慮しなければならない。これらの需要と傷害における禁忌を考慮し、ストレングス＆コンディショニング専門職は第17章および第20章に示した運動処方のガイドラインを用いて、スムーズな競技復帰につながる適切なトレーニングプログラムを作成する。

ここで再び、膝蓋大腿関節を受傷したマラソン選手、レスリング選手およびウェイトリフティング選手のリハビリテーションについて考えてみよう。代謝エネルギーに関してリハビリテーションとリコンディショニングに求められるものは、これらの競技の間で全く異なる。マラソン選手の目標においては有酸素性フィットネスの重要性が高く、早急に取り組まなければならない。レスリング選手の代謝要求

図22.8 下肢の傷害リスクを低減させるために用いられる2つのエクササイズ。(a) プライオメトリックエクササイズ中における適切なジャンプおよび着地、(b)(c) 片方の筋力を強調したシングルレッグスクワット

は有酸素性および無酸素性機構の混合であり、そのため、インターバルトレーニングがより適している(16)。対照的に、ウェイトリフティング選手のプログラムでは無酸素性フィットネスの維持に重点が置かれるだろう。適切なトレーニング機器の選択は受傷した身体部位によって変わる。トレーニングの特異性は重要であるが、別の部位のエクササイズを通して運動能力を向上させることも可能である(すなわち、酸素消費を改善するために上肢のエクササイズを行う)(61)。有酸素性ならびに無酸素性トレーニングには多数の選択肢があり、上肢エルゴメータ、水中ランニング、下肢サイクリング、エリプティカ ルマシーンが含まれる。心肺機能を維持するための戦略は、炎症反応段階であっても実施することができる。すでに強調しているように、最適な治癒が可能となるよう、最初に治癒過程にある組織へのストレスを最小限になるように意図すべきであるが、ケガをしていない部位には適切なストレスをかけることができるということを覚えておくことは重要である。右膝に急性外傷を負ったサッカー選手を例とする。右下肢の強化は最初は制限されるかもしれないが、上肢のエクササイズと同様に、左下肢のエクササイズは引き続き実施される(例:ウェイトを持ってのシングルレッグスクワット)。ストレングス&

コンディショニング専門職は、右下肢の保護のために左下肢エクササイズを修正する必要があるかもしれない。受傷していない側の脚を標的としたエクササイズによって、受傷側の脚の筋力を向上させることができる（33,34）。したがって、受傷した競技選手は、ケガと関連しない部位のストレングス＆コンディショニングエクササイズを継続して行うことが重要である。

▶ 受傷した選手のストレングス＆コンディショニングプログラムをデザインする際、ストレングス＆コンディショニング専門職はその選手のリハビリテーションとリコンディショニングの到達目標を検討し、どのようなタイプのプログラムによって最も早く競技復帰させることができるかを決定しなければならない。

受傷および再受傷リスクの低減

　ストレングストレーニング＆コンディショニング戦略を実行することに加え、ケガからのリハビリテーションを行う際にストレングス＆コンディショニング専門職は、最初の受傷のリスクおよび再受傷のリスクを低減するために研究の知見を用いることができる（49,58）。下肢（15,17,21,48）および上肢（35,71）のための構造化されたプログラムが開発されてきている（訳注：構造化というのは、ここでは一連のものとしてエクササイズの選択が行われ、プログラム内容が定まっていることを指す）。これらのプログラムは競技特異的であり、また共通するケガのリスク要因に対処していることがしばしばである。

　活動的な人において、過去に受傷したことがあるというのが、将来の受傷における最も大きなリスク要因の1つである（19,47,54,59）。上肢の傷害のリスク要因には、肩甲上腕関節の可動域の減少や、肩甲骨の運動異常、肩の筋力低下が含まれる（6,7,70）。可動域エクササイズとスローワーズテン（Throwers Ten）は、上肢の傷害リスク低減のために最も頻繁に用いられる構造化エクササイズである（71）。下肢傷害のリスク要因には、ジャンプ着地におけるバランス低下や、神経筋制御の低下、下肢筋力低下が含まれる（2,31,72）。構造化された下肢の傷害リスク低減のためのエクササイズは、競技特異的であるべきであり、またジャンプ着地やカッティングといった身体活動中の神経筋制御に焦点を合わせるべきである。この下肢の傷害リスクを低減させるために用いられる2つのエクササイズは、プライオメトリックエクササイズ中における適切なジャンプおよび着地（図22.8a）と、片方の筋力を強調したシングルレッグスクワット（図22.8b）であろう。

▶ 活動的な人において、過去に受傷したことがあるというのが、将来の受傷における最も大きなリスク要因の1つである。傷害リスク低減のためにデザインされた下肢のプログラムは、競技の需要に特異的であるべきであり、またジャンプ着地やカッティングといった身体活動中の神経筋制御に焦点を合わせるべきである。

　上肢の傷害リスク低減プログラムもあるが（71）、研究の多くは下肢の傷害、とくに前十字靭帯（ACL）損傷に焦点を合わせている。傷害リスクを低減させるためにデザインされた構造化プログラムの2つの例として、スポーツメトリクス（Sportsmetrics）（21）とPEP（Prevent Injury and Enhance Performance）（39）がある。それぞれ焦点は異なるが、これらのプログラムは傷害のリスク要因に対処し、下肢の傷害、とくにACL損傷および足関節捻挫の発生率が低下していることが示されているエクササイズや動作を導入している（15,17,21,48）。付け加えて、伸張性エクササイズを用いることは、ハムストリングスの傷害を劇的に減少させることが示されている（46,50）。

　競技復帰後、各個人は筋力やバイオメカニクス的および機能的パフォーマンスの不足を継続して示すかもしれない（45,50）。不足は反対肢（37）あるいは確立された基準値（11,25）としばしば比較される。筋力および機能的パフォーマンスの左右差は、10%以内であれば許容範囲であるとみなされる（37）。傷害に対する監督下でのリハビリテーションから、制限のない身体活動への移行は重要な時期であり、管理される筋力およびパフォーマンスがどれほど不足しているかについて、スポーツ医学チームがコミュニケーションを取る必要がある。

まとめ

　選手の傷害に対する効果的なリハビリテーションやリコンディショニングには、スポーツ医学チーム

内の有効なコミュニケーションが必要である。受傷した選手の機能を回復させるという点において、各メンバーが明確な役割を持つ。各専門職の仕事は異なるが、それぞれのメンバーがそのチームにおいて相補的な関係にある。さらに、それぞれの選手に合わせて目標を設定し、組織の治癒過程に合わせて治療上のエクササイズプログラムをデザイン、管理、展開していかなければならない。プログラムは、選手の機能を効率的に正常なレベルへと戻し、競技復帰させるために、個人に合わせたものでなければな

らない。初期における組織の保護やその強化を目的とした前半のリハビリテーションには、後半に比べて確立したプログラムが存在する。リハビリテーションの後半は、選手の競技およびポジションに特異的な機能的身体活動に向けて漸進させる。受傷した選手に対してリコンディショニングプログラムをデザインする際には、そのスポーツにおいて必要な能力を入念に検討し、治癒の過程と治療的エクササイズの双方を完全に理解しておく必要がある。

重要語句

アスレティックトレーナー（athletic trainer）

クローズドキネティックチェーン（closed kinetic chain）

禁忌（contraindication）

挫傷（contusion）

カウンセラー（counselor）

日単位調整漸増抵抗運動（DAPRE: daily adjustable progressive resistive exercise）

脱臼（dislocation）

浮腫（edema）

運動生理学者（exercise physiologist）

線維芽細胞修復（fibroblastic repair）

適応（indication）

炎症（inflammation）

炎症反応（inflammatory response）

大きな損傷（macrotrauma）

成熟－リモデリング（maturation-remodeling）

微細な損傷（microtrauma）

神経筋コントロール（neuromuscular control）

栄養士（nutritionist）

オープンキネティックチェーン（open kinetic chain）

物理的手段（physical agent）

理学療法士（physical therapist）

理学療法士（physiotherapist）

固有受容感覚（proprioception）

精神科医（psychiatrist）

心理学者（psychologist）

リモデリング（remodeling）

修復（repair）

捻挫（sprain）

肉離れ（strain）

ストレングス＆コンディショニング専門職 （strength and conditioning professional）

亜脱臼（subluxation）

チームドクター（team physician）

腱炎（tendinitis）

例題

1. 大学のサッカーの試合において、医学的監督を提供することができないのは、以下のどれか。
   a. アスレティックトレーナー
   b. チームドクター
   c. 認定ストレングス＆コンディショニングスペシャリスト
   d. 認定スポーツ理学療法士

2. 以下のうち、オーバーユースの結果ではないものはどれか？
   a. 疲労骨折
   b. Ⅲ度の捻挫
   c. 腱炎
   d. 微細な損傷による傷害

3. 受傷後の治癒段階に含まれないものはどれか？
   a. 炎症反応
   b. リコンディショニング肥大
   c. 成熟－リモデリング
   d. 線維芽細胞修復

4. 内側側副靭帯損傷の炎症段階において適切でない運動はどれか？
   a. 下肢のプライオメトリックス
   b. 最大下での等尺性トレーニングによる大腿四頭筋の強化
   c. 股関節のストレッチング
   d. 上肢エルゴメータ

5. ローテーターカフは肩関節の安定筋として働く。バスケットボール選手のローテーターカフ（棘上筋）腱炎のリハビリテーションで、成熟－リモデリング段階でローテーターカフの筋持久力向上に最も適したレップ数の範囲はどれか？
   a. 3～5
   b. 5～8
   c. 8～12
   d. 12～20

CHAPTER 23

Facility Design, Layout, and Organization
施設のデザイン、レイアウト、組織化

Andrea Hudy, MA

▶ **本章を終えると**

- 新しい施設をデザインする際の4つの段階（デザイン前、デザイン、建設、運営前）を含む各側面について識別することができる。
- 既存の施設の修正の側面とともに、新しい施設のデザインと既存の施設の修正あるいはリノベーションとの間の違いについて、識別することができる。
- 競技プログラムのニーズに合致した施設をデザインするために、そのニーズをどのように評価するかを説明することができる。
- 監督をする際の場所や、施設へのアクセス、天井高、床、環境的要因、電源設備、鏡を含めた特異的な施設の特徴をどのようにデザインするかを説明することができる。
- どのようにして設備を整理し、グループ化して配置するか、また施設全体のよりよい利用者の流れをどのようにつくりだすかについて説明することができる。
- ストレングス＆コンディショニング施設におけるサーフェスや設備のためのメンテナンスと清掃のニーズについて説明することができる。

著者は、本章の執筆にあたって多大な貢献をいただいたMichael Greenwood、Lori Greenwoodに対し、ここに感謝の意を表します。

ストレングス&コンディショニング施設の建設およびデザインについてまとめ上げるには、経験を積んだ専門家の委員会が熟慮の結果として作成した計画が必要となる。本章では、新しい施設を計画する際のさまざまな段階について、また施設デザインおよび組織化、備品のメンテナンスについての情報を提供する。本章では、施設の建設あるいは再構築の各段階についても概要を示す。デザインは、レイアウトが最も効率的になるよう、競技プログラムのニーズあるいは選手およびスタッフに対して説明責任を負う。

新しい施設の設計における一般的側面

施設を新規に建設するには、長い時間がかかり、多くの計画が必要となる。最初に行うことの1つは、専門家によって構成される委員会を組織することである。委員会は、建設業者や建築家、デザイナー、弁護士、施設使用に関わる人々によって構成されるべきである。インストラクターやコーチ、ストレングス&コンディショニング専門職など、施設で働くことになる専門家のうち最低でも1人は、その観点を盛り込むために委員会に加わるべきであり、これによってスペースの活用および安全性を最大化するうえで助けとなるだろう。この委員会は、施設デザインとともに新施設をオープンするにあたって経済的側面を考慮するうえで手助けとなる。ストレングス&コンディショニング施設のデザインにおける主な課題の1つは、想定している利用者に合わせて調整することである。図23.1に、新施設をデザインする際の4つの段階とともに、各段階の主な目的について概要を示した。

デザイン前段階

デザイン前段階は、新しい施設を建設するうえで第一歩となる。この段階は、ニーズ分析や実現可能性に関する調査、基本計画の作成によって構成されるべきである。デザイン前段階の最後に、評判のよい建築家を雇い（入札のような方式で）、基本設計図の作成を始めるべきである。

ニーズ分析は設計者と専門家が協働して競技プログラムのニーズを検討するステップである（5）。質問の例は「どのくらいのスペースが必要ですか？」「割り当てられたスペースにどのニーズが合致しますか？」である。ニーズ分析は、ストレングス&コンディショニング専門職の哲学や競技プログラムの哲学と一致するべきである。たとえば、コーチがいつもプライオメトリックスをプログラムし、コンディショニングを処方しているのであれば、それらの活動のためにエリアを隣同士にすべきである。

デザイン前段階の2番目に、**実現可能性に関する調査**と呼ばれる部分がある。実現可能性調査では強み、弱み、機会、脅威の分析（SWOT分析として知られている）を行うべきである（5）。この実現可能性調査の目標は、経済的な投資に対して、実行可能で持続可能な対価が得られることを確実なものとすることである。実現可能性調査では、立地や、あらゆるアイデアの強みと弱み、競技およびストレングス&コンディショニング両方のプログラムの発展の可能性についても検討すべきである。潜在的な可能性と競合の脅威もまた、考慮すべきである。これには、より多くの選手が最も効率的にトレーニングするための最高の機会を特定するためのマーケット評価とともに、競合する施設がターゲットとするマーケットや成長の可能性についての分析も含まれる。この実現可能性調査というステップの狙いは、競合

Predesign phase デザイン前段階		Design phase デザイン段階		Construction phase 建設段階		Preoperation phase 運営前段階	
Needs analysis ニーズ分析	Feasibility study 実現可能性調査	Finalize committee 委員会の終了	Follow master plan 基本計画に従う	Arrange equipment 備品の配置	Hire staff スタッフの雇用	Create cleaning schedule 清掃スケジュールの作成
Master plan 基本計画	Hire architect 建築家の雇用	Create blueprint 設計図の作成	Check construction progress 建設の進捗チェック		Assign duties 業務の割り当て	Create plan for operation 運営のための計画作成

図23.1 新施設をデザインする際の段階と目的

するビジネスに打ち勝つ機会があるかを吟味するのを手助けすることである。

基本計画は、新しい施設のすべての段階のための全般的な計画である。基本計画には、建築計画、施設デザイン、予算の情報、実際に完成した後の運営計画が含まれる（5）。運営計画は、短期的および長期的な目標によって構成されるべきであり、その施設がこれによって目下の期間とその後の両方での成功を促す。運営計画には、スタッフの養成や雇用のための計画も当然に伴う必要がある。

デザイン前段階の最後のステップは、建築家を雇うことである。建築家を選ぶことは、運営者およびコーチらの目標に合致させるうえで非常に重要である。リストの中から、これまでの業績に基づき、評判のよい建築家を選ぶことが重要である。もし可能であれば、ストレングス＆コンディショニング業界での経験を持つ建築家を選ぶことができれば最高である。建築家は、入札を経て雇用され、これは通常は最低価格を提示した建築家であるということを意味する。入札された計画には、費やされる資金が施設利用者にとって最も有益となるよう、リソース（資源）を効率的に用いることが求められる。

デザイン段階

デザイン段階（design phase、設計段階）は、新しい施設を建設するうえで2番目の段階となる。デザイン段階において、委員会の考えと施設の構造およびデザイン要素を合致させる。関連するすべての規則や規制を順守しつつ、施設の全体的な動線（the flow of the facility）を計画することが非常に重要である。地方自治体の規制は、デザインの側面に非常に特化している場合がしばしばある。都市計画に関する部署から、その地域のガイドラインや規則についての情報を得ることができるだろう。

デザイン段階の最初のステップは、デザイン委員会の最終承認である。繰り返しになるが、委員会には施設のプロデュースおよびデザインの経験を持つストレングス＆コンディショニング専門職を含めるべきである。この段階は、デザイナーが建築家と密に連携を取って施設の基本計画を作成する段階でもある。

基本計画とデザインには、備品・設備の仕様を考慮する必要がある。これは、施設の全体的な動線を

左右する要素であり、運営が始まったら利用者が移動する際にどのように動くと効率的かについて影響を及ぼす。利用者が移動する際の流れは、施設デザインにおいてより重要な側面の1つである。目的の場所への移動の流れをしやすくすることは、複数の競技選手のグループが同時に利用する際に、施設の機能および安全性確保に最大の効果がある。また、施設内移動の流れがよいことでコーチや監督者がフロア全体を見渡すことができる。目的の場所への移動の流れをよくするために、また室内の良好な視界を得るために、高さの低いマシーンやダンベルラックを中央部に置くことがある。

建設段階

建設段階は、建設の開始から完了までの期間である。通常はこの段階が最も長い過程となる。建設の間、委員会はプロジェクトによって確立された目標とデザインに沿って進行しているかを確かめるために継続的に基本計画を参照する。プロジェクトを期日通りに進行させることも優先順位が高くなる。もし期日に間に合わないときには、建設業者や建築家がその費用を負担するが、オーナーは見込んでいた収益を失う。この状況は一般的に、資金を取り戻すことができるよう、あるいはオーナーが払い戻しを受け、入札価格を下げることを主張して訴訟となる。

運営前段階

運営前段階は、施設をオープンする前の最後のステップである。これらのステップには、内装の装飾の仕上げ（美的な側面によって利用者の体験は促進されることに注意する）や、適任のスタッフの雇用が含まれる。スタッフは、最低限必要な認定資格（Certifications）を取得していて、なおかつ最低限必要な教育を受けているべきである。NCAA（全米大学体育協会）は、ストレングス＆コンディショニング専門職はCSCSであることを必要とする法律の制定を主張している。よく働き、知識豊富で忠誠心を持ち、信頼できる従業員は、成功するストレングス＆コンディショニングプログラムを運用するうえで決定的である。運営前段階においてスタッフ育成の計画を立てておくことも重要である。これには、ほぼ年に1回のワークショップから毎週のスタッフミーティングまで多岐にわたる。

運営前段階の間に、施設のオープンが楽になるような計画をつくることが重要である。たとえば、週に1回を基本として行う清掃やメンテナンスなどの業務はスタッフが担うべきである。これによって、清掃やメンテナンスのスケジュール作成が楽になり、施設オープン後すぐにこれに沿って進めていくことができる。

運営前段階において、賠償責任保険やスケジュール、予算などに関連した仕事を整理するために、運営および事務作業の計画を立てるべきである。スケジュールのソフトウェアパッケージの選択や、事務仕事を任せるなどの細かいことは、施設のオープン前に対処すべきである。

既存のストレングス＆コンディショニング施設

既存のストレングス＆コンディショニング施設を手直し（改築、修正）することは、最初からつくり上げる過程を差し引いて、新しい施設をデザインすることと似ている。場合によっては、既存の施設を改築するのに長い時間がかかることがある。既存施設のために委員会をつくることもあるが、そのメンバーには必ずしも建設業者や建築家を必要としないこともある。既存施設は、雇用の過程が異なる場合もある。ストレングス＆コンディショニング専門職は、オーナーあるいは管理者が変わっても同じ施設で働き続けることが時々ある。しかしながら、基準や教育、プロ意識、スタッフ育成には焦点を合わせるべきである（訳注：以前のオーナーや管理者の運営方針を無批判に引き継ぐのではなく、再確認や方針の変更も含めて、スタッフ全員の意思統一を図ることが求められる）。図23.2には、既存施設の修正の主なステップについてまとめている。

▶ 施設を利用するすべての選手、チームのニーズに既存の機器が合っているかどうかを評価するべきである。

競技プログラムのニーズ評価

ストレングス＆コンディショニング施設を建設するにあたって重要な考慮事項の1つは、選手および競技プログラムのニーズと要求である。選手の数、コーチの哲学、選手の年齢、トレーニング経験、選手のスケジュール、利用できる設備が施設デザインに影響する（6）。そのようなニーズを評価する場合は、デザインを担当する人は以下の質問に答えられるようにすべきである。

• どのくらいの数の選手が施設を使うか？　施設の大きさは、同時に使用する選手数や、1日あたり、1週間あたり、1シーズンあたりに使う総人数に大きな影響を及ぼすため、重要な考慮事項である。もし2つ以上のグループが同時にトレーニングを行うならば、選手数も、施設のスケジュールや流れ（flow of the facility）に影響を及ぼす。消防関係の法規や、労働衛生および安全面のルールほかに基づき、都市計画の部署において、同時に使うことのできる人数が割り出されるだろう。

• 選手やコーチ、運営者のトレーニングの目標は何か？　コーチや選手のトレーニング目標は、施設における設備・備品に影響を及ぼすだろう。たとえば、もしコーチが選手にプライオメトリックスやアジリティに焦点を合わせることを望むのであれば、施設には、その目的に合わせてデザインされたエリア（ターフやフィールド）が必要となるだろう（訳注：ターフは人工芝、天然芝の両方を指す。フィールドは草地や土の地面など）。ストレングス＆コンディショニング専門職は、設備・備品を発注する際に、自分の哲学を用いるべきである。たとえば、レジスタンストレーニングをプログラムする際、1つの目的にしか使えないベンチやインクラインベンチプレスのベンチを設置するのと比較して、ウェイトリフティングラックとプラットフォームは、スペースを有効に使うことができる。

• 選手の人口動態（訳注：年齢層や性別）はどのようなものか？　利用者の人口動態は、施設における設備・備品のニーズを決定づける際に重要である。主な利用者の年齢は高いのか、低いのか、男性か女性か、高校生、大学生、プロなのか？　主に年齢の高い人が利用するのであればフリーウェイトの機材はそれほど必要なく、マシーンが必要かもしれない。大学またはチームの環境であれば、複数のグループ間で干渉することなく同時にトレーニングできるように、機器をセクションにグループ分けしておくと、

First steps 第1ステップ	Form committee 委員会の組織	Feasibility study 実現可能性調査	Needs analysis ニーズ分析
Second steps 第2ステップ	Create operational plan 運営計画の作成	Remodel and/or upgrade 改装または改修	Finalize design and decorations デザインおよび装飾の完了
Third steps 第3ステップ	Arrange equipment 備品の配置	Create employee duties and schedule 従業員の業務内容および スケジュールの確定	Hire/keep staff スタッフを雇用または雇用の継続

図23.2 既存施設の修正のステップ

使用効率が高くなるかもしれない。

• **選手のトレーニング経験はどれくらいか？** この質問に答えることは、ストレングス＆コンディショニング専門職がトレーニング計画を考案する際に手助けとなり、また設備・備品のニーズを決定づけることにもなる。トレーニングは、選手の経験によって大きく差が生まれる。これまでにウェイトを挙上した経験のない選手は、経験を積んだ選手（ウェイトリフティングをより多く行うだろう）よりも、自体重エクササイズを多く行うだろう。ニーズが時間の経過とともに変わるかどうか、またシーズンによって設備・備品の要求が変わるかどうかについて評価することが重要である。たとえば、高校あるいは大学では、新年度になると経験の少ない選手が施設に入ってくることになるだろう。

• **選手のスケジュールはどうなっているか？** 選手あるいは選手グループのスケジュールは、施設を運営していくうえでより難しい側面の1つである。スタッフの数、レイアウト、施設のデザインは選手たちのスケジュールにより、すべて影響を受ける。もし1つ以上のグループが同時に施設に来訪すると、重なり合うことを避けるため、区画を分割するというのは納得するところだろう。利用者が一度に殺到して施設があふれることがないように、一日を通して重複のないような到着予定のスケジュールを組むべきである。これは、推奨されるスタッフ−選手比を維持するうえで助けとなり、また施設が十分に活用されるのを確実なものとするだろう（詳細については第24章を参照のこと）。

• **どの設備・備品に修理あるいは修正が必要か？** 穴や裂け目、部品の欠落などの問題のある設備・備品が施設内にあってはならない。もしケーブルがほつれたり損傷していたら、交換するまで使用を中止する。既存の設備は、もし故障していれば、修理または交換するべきである。既存の設備・備品は定期的に清掃し、迅速に修理するか、新しい設備の資金を得るために売却すべきである。いくつかのケースでは、修理するのがよい場合もあれば、アップグレードするための付属品が必要となる。たとえば、ケーブルの柱は、完全に機能させるうえでアタッチメントが必要になるかもしれない。

これらの質問のすべてに答えたら、施設デザインの過程はかなり楽になるだろう。理想的には、施設のデザイン担当者はすべての問題への解決策を持っているべきであり、それにより最適なトレーニング環境となるだろう。しかしながら、実際には、予算あるいはスペースの制限が立ちはだかることがしばしばである。何が施設に最も影響するかに注目し、そこからデザインすることが重要である。たとえば、十分なスペースがないことのほうが、何かに特化した設備・備品がないことよりもトレーニング環境やスケジュール作成に及ぼす影響は大きい。推奨される最低限のスペースは、利用者1人あたり$9.3m^2$（100平方フィート）である。

ストレングス＆
コンディショニング施設の設計

既存の機器を配置する前に、その新旧にかかわらずストレングス＆コンディショニング施設の設計を検討しなくてはならない。ストレングス＆コンディショニング専門職は、施設の場所とアクセス、構造的・機能的な面への配慮、環境要因や安全性、管理などに対してとくに注意を払うべきである。

立地

ストレングス＆コンディショニング施設の立地は、

理想的には事務室や教室から離れた1階であるべきである。これにより、建物のほかの場所に対して、ウェイトの落下や音楽のほか、ストレングス＆コンディショニング施設にありがちな騒音や振動を予防することができる。もし施設が1階にない場合、床は重い設備・備品を支えるうえで、また落下させても十分な強度がなければならない。少なくとも488kg/m²（1平方フィートあたり100ポンド）の耐荷重能が必要である。

監視室の配置

監督者のステーション（詰め所）やオフィス（事務室）は、視界が良好な中央部に位置するようにし、すべてを見渡せるように鏡を設置する。よりよく見えるよう、ウェイトルームのフロア上部にオフィスを設置するのも選択肢の1つである。

アクセス

施設は、障害を持つ人たちにもアクセスできるべきであり、13mm（0.5インチ）よりも高い段差は傾斜をつけて坂道にするか車いすのリフトをつける。傾斜は、30.5cm（12インチ）進むごとに2.5cm（1インチ）上がるようにし、階段には転倒予防のために踏み板の端に溝などの滑り止め加工を施す。障害を持つ人のための選択肢に、機械式リフトやエレベータがある。ウェイトルームは、大きな設備やマシーンを出し入れできるよう、大きな開口部を持つ2枚式の扉（訳注：おそらく、引き違い扉ではなく、観音開き、もしくは、スペースがあれば両引き戸を指している）を備えるべきである。しかしながら、玄関が狭ければ扉は関係なくなるため（8）、設備・備品を移動させるときに外壁を一時的に取り外したり、ガレージのドアを開けられるようにすべきである。

天井の高さ

天井は、ジャンプや爆発的な身体活動ができるよう、十分な高さにすべきである。これには、選手の身長に加え、ボックスジャンプや垂直跳び、オリンピックリフティングのエクササイズが含まれる。推奨される高さは、3.66〜4.27m（12〜14フィート）であり、これにより十分な余裕が生まれ、これらの身体活動を快適に行うことができる（8）。

床材

ストレングス＆コンディショニング施設の床材には、いくつかの選択肢がある。最も一般的なのが、数種類のゴム製の床材や、抗菌カーペットである。ストレングス＆コンディショニング専門職がプライオメトリックやアジリティ、コンディショニングエクササイズをさせようと計画する場合、それ以外の選択肢としてインドアターフが有用である。ターフは床で行う動作やスレッド（そり）を押す際にもよいサーフェスである。カーペットより割高だが、ゴム製の床材はカーペットよりも清掃がしやすい。ゴム製の床材は、ロール状のものやタイル式、流し込み式のものがある。

理想的には、ウェイトリフティングプラットフォームは、内側が木製で、外側がゴム製であるものがよい。木製の床であればシューズが引っかかったり滑ったりせず、ウェイトリフティング動作のための安全なサーフェスとなる。

環境要因

施設の照明には、人工および自然光を用いるべきである。天井高と自然光の程度によって照明は50〜100ルーメンの間になるようにする。自然光は太陽から窓を通して入ってくる。窓によって施設は開放的でモダンになり、鏡によって自然光が入らない場所へも反射させて届かせることができる（2）。

ストレングス＆コンディショニング施設は、トレーニングを行ううえで快適な温度を維持する必要がある。冷暖房空調システムは、施設の区画ごとに冷暖房を行う能力を持つべきである。ほとんどの文献によると、20〜25℃（68〜78℉）が適温であり、さらに多くは22〜25℃（72〜78℉）が最適であると示唆されている（2,4）。もし施設があまりに暑すぎたり寒すぎたりすると、選手は不快であり、トレーニングの質に影響するだろう。

相対湿度も、ストレングス＆コンディショニング施設ではモニターすべきである。身体活動を行う場所であればどこでも、相対湿度が60%を超えないようにする。これにより、細菌や微生物の増殖を防ぎ、感染や病気が広がるのを予防する助けとなる（2）。

空気の循環も、施設のデザインおよび冷暖房空調システムに関しては主に考慮すべき事項となる。冷暖房空調システムや、換気システム、天井または移

動式のファンにより必要な循環が行われる。空気が
停滞して臭気が発生するのを防ぐために、1時間あ
たり8～12回の空気の交換を行うべきである（4）。
もしファンを用いる場合、一般的なガイドラインで
は111.5m²（1200平方フィート）あたり2～4台が
適切である。ファンによって空気の停滞や蒸し暑さ
をなくし、よりよいトレーニング環境にする助けと
なる。

　多くの施設は音響システムを備えており、ハード
ワークをこなしやすいトレーニング環境をつくり出
す一助となっている。必須ではないものの、音楽は
選手のモチベーションを引き出し、リズムに乗せる
うえで助けとなる。音響システムの導入における2
つの考慮事項は、スピーカーの音量と位置である。
音量は選手が指示や合図を聞き取ることができるよ
うに90デシベル未満とする（2）。スピーカーは損
傷を防ぎ、音が室内の中央部まで偏りなく広がるよ
うに、部屋の隅の高い場所に設置する。

　バックグラウンドノイズや外的なノイズも、考慮
すべき問題である。そのようなノイズ源は、空調か
ら隣の建物の人々まで、さまざまな範囲にわたって
いる。ヨガやダンスのクラスのある施設においては、
過剰なノイズを発散しないように、床や壁に吸音素
材を用いるべきである。人がジャンプやランニング
をしたり、物を落としたりすることで生じるノイズ
を減らすために、ショックを吸収するゴム製の床を
用いる場合もある（4）。

電気設備

　ストレングス＆コンディショニング施設は、それ
以外の建物よりも多くのコンセント（差し込み口）
が必要となることが一般的である。ステアクライマ
ーやエリプティカルマシーン、トレッドミルのよう
な電気を使う設備のために、相対的に電圧の高いコ
ンセントもいくつか必要になるだろう。システム全
体を落雷や電力サージ（急激な変動）からも守るた
めに、電気設備に適切にアースを取ることも必要と
なる（訳注：アースは、いざというときに電気を逃
がす役割を果たす）。漏電防止回路も、電気的なシ
ョートが起きた場合に選手の安全を確保するために
必要である（1）。

鏡

　鏡は、ストレングス＆コンディショニング施設に
おいてさまざまな目的に用いられる。ラックやプラ
ットフォームが適切な位置にあれば、鏡は視覚的フ
ィードバックを即時に提供できるため、コーチング
のツールとして用いられる。鏡は室内の美観を高め
るために用いられ、窓や照明からの光を反射して実
際よりも広く感じさせる効果もある。

　鏡はほかの設備・備品から15cm（6インチ）離し、
床上51cm（20インチ）以上の高さに設置する。高
さについてのガイドラインの目的は、鏡の下部にウ
ェイトが転がったり、弾んだり、滑ることで割らな
いようにするためである。標準的なウェイトプレー
トの直径が46cm（18インチ）なので、鏡のそばで
プレートを落としたり、壁に立てかけたりしたとし
ても5cm（2インチ）の余裕があることになる（8）。

その他の考慮事項

　冷水機をストレングス＆コンディショニング施設
に追加するのは有益である。トレーニングエリアか
ら離し、利用者の移動の流れを妨げない場所に設置
すべきである。冷水機はしばしば施設の入口近くか、
バスルーム（訳注：Bathroomは一般に、「トイレ」
と訳すことが多い。しかし、Bathroomには便器と
シャワー設備が併設されていることが多いことから、
ここではそのような部屋の傍と解釈される）やロッ
カーのそばに設置される。

　ロッカールームも、施設に追加するうえでよい選
択肢となる。最低でも建物のどこかにシャワー室が
あれば、ワークアウト後に浴びてさっぱりすること
ができて便利である。感染や病気の広がりを予防す
るうえで、衛生を保つことは重要である。シャワー
やロッカーはすべての人が使わないとしても、移動
が多く忙しい選手の士気を高め、できればワークア
ウトへと気持ちを向かわせるきっかけになってほし
いものである。

　すべての施設は、車いす利用者がアクセス可能な
電話を少なくとも1つは設置しなければならない。
これは法律（the Americans with Disabilities Act、
障害を持つアメリカ人法）を順守することであり、
緊急時に手助けできるのが車いすの人だけだった場
合、安全性をもたらすものである。理想的には、監
督者が緊急時にできるだけ早く緊急サービスを呼べ

678　ストレングストレーニング＆コンディショニング

るように、電話は施設の正面あるいは事務室の外に設置する（2）。

手すりあるいは緩衝材は、鏡や壁（石膏ボード）のような、保護が必要な場所には有用かもしれない。手すりによって、人や物体の落下、サーフェスに対する衝突などの損傷を防ぐことができる。ダンスあるいはヨガスタジオなどの部屋にも、手すりは用いられる。必要に応じて手すりにつかまることで、バランスをとることができる。

ストレングス＆コンディショニング施設には、余った備品や清掃用品、道具、故障した備品を保管するスペースが必要である。施設規模が大きく、設備・備品の多い施設ほど、より大きな倉庫が必要である。倉庫の中のスペースは、使用されてない物品や設備がその大部分を占有する可能性が高い。

ストレングス＆コンディショニング施設における機器の配置

ストレングス＆コンディショニング機器を利用可能なスペース内に配置する際には、それぞれ特有の必要条件を考慮する必要がある。フロア計画を作成することは、どのように設備・備品を配置するかを可視化する手助けとなる。とくに安全および効率についての推奨が、各種の設備・備品や運動様式ごとにあるためである。

設備・備品の配置

設備・備品はストレッチングおよびウォームアップエリア、アジリティやプライオメトリックス、フリーウェイト、有酸素性エリア、レジスタンスマシーンというように、区画ごとにグループ化することが望ましい。理想的には、フリーウェイトおよびラックは、壁に沿って並べ、フリーウェイトとマシーンの間に通路を設けるべきである（1）。これにより、ウェイトルーム内の利用者の流れが改善し、人が密集するのを回避し、スペースを最大限に活用できる。

マシーンはウェイトルームの中ほどに一列に並べ、部屋の両側に通路ができるようにする。あらかじめ、機器の設置を利用者が順に渡り歩けるような巡回型にすることで、利用者の流れがよくなる。高さのあるマシーンは、床または柱、壁にボルト固定し、倒

れないようにする。

トレッドミルやエリプティカルマシーン、ステアマシーン、バイクなど、1つのグループにまとめられる心肺系マシーンは、1つの区画に整理して並べるべきである。多くのマシーンは電源が必要であり、床や柱にコンセントがなければ壁に沿って並べる必要がある。設備・備品は通路から離れたところに設置し、それらにつまずいたり電気コードに足を引っかけたりする事故を最小限にする。

バーベルとダンベルは、挙上者あるいは補助者に危険のないよう、別のバーベルあるいはダンベルとの間隔を最低91cm（36インチ）とるべきである。もし補助者が必要なようであれば（例：ラック時）、ラックに1人以上の補助者が近づけるよう、より広い間隔を設けるべきである。ウェイトツリー（ウェイトラック）はプレートを使用する機器のできるだけ近くに置くが、機器とツリーの間は91cm（36インチ）離す。

ラックは壁に沿って配置するのがよりよいが、そうでない場合は、2列のラックを背中合わせに並べる。どのような場合であっても、ラック全体が通路から少なくとも91cm（36インチ）の間隔を取る。

ガイドラインの通りに視認性（見通し）を確保すること。高さの低い設備・備品は、コーチやトレーナーが施設を見渡すことができるように、部屋の中央部に配置するのがよい。高さのある設備・備品は、壁にボルト固定し、その際に窓や鏡のない場所が望ましい。

利用者が移動する際の流れ

利用者が移動する際の流れは、設備・備品の配置に大きな影響を受ける。ほとんどの施設は、1つの大きな部屋であり、通路は機器を並べることによってつくられる。前述のように、ほとんどのラックまたはマシーンは、施設の縦方向に1列に並べるのがよい。これは一般的に、少なくとも91cm（36インチ）幅のメイン通路を2〜3本設けることになる。

▶ 施設における設備・備品の配置を決定するうえで、最優先されるのは安全性と機能性である。

ストレッチングとウォームアップのエリア

ストレッチおよびウォームアップエリアは、柔ら

かい素材の用具やマット、バンドを備えたオープンなエリアである。このエリアには、フォームローラーやバンド、ポリ塩化ビニル（塩ビ）製パイプ、テニスボール、ゴルフボール、ソフトボールなど、場合によっては跳び縄までも備えておく。もし可能であれば、選手がダイナミックウォームアップができるよう（7）、また複数の人が同時にエリアを使えるように、少なくとも4.6m²（49平方フィート）の広さがあるべきである。固い床に横たわらなくてすむようにマットが用いられることもあるが、これは必須ではない。

サーキットトレーニングエリア

サーキットトレーニングエリアでは、マシーンを次から次へと別のものに切り替えやすいように揃えておく、あるいはグループ化しておくのが一般的である。マシーンをグループ化する方法はいくつかある。その例としては、上半身と下半身、押す動作と引く動作、身体部位ごとのグループ化がある。多くの施設においては、受傷した選手はサーキットマシーンを用いて患部外の健康な部位をエクササイズしている。マシーンの間は、受傷した選手が自由に動けるようにするため、アクセスしやすくしておくことに注意する。

サーキットトレーニングマシーン間は、歩くスペースが十分に取れるよう、また安全のために緩衝地帯（セーフティークッション）と呼ばれる追加のスペースを取れるよう、お互いに少なくとも61cm（24インチ）の幅を空けるべきである。サーキットトレーニングエリアにおけるデザインされた通路は、自由に動けるように1.2～2.1m（4～7フィート）の幅があるべきである（7）。

フリーウェイト

フリーウェイトの設備・備品には、ダンベルやバーベル、ベンチ、ケトルベル、ファーマーズウォークハンドル、ヘキサゴナルバー、スクワットラックその他の使用の際に必要となるものが含まれる。前述のように、ラックやダンベルは壁に沿って91cm（36インチ）の幅を空けて配置し、壁とウェイトの間を歩くことができるようにする。このスペースには、スタッフが清掃しやすくなるだけでなく、ウェイトが接触して壁や鏡を壊すのを防ぐ意味もある。

ケトルベルは、ダンベルラックの下に並べるか、ケトルベル用の区画を設ける。ケトルベルを用いる多くの身体活動は、ダイナミックで広いスペースを必要とするので、その区画は大きくすべきである。

ウェイトリフティングエリア

ウェイトリフティングエリアは、一般的にラックのついたプラットフォームまたはプラットフォーム単独のもので構成される。ウェイトリフティングをプラットフォームなしで行うのであれば、オープンエリアも用いられる。コンクリートの基礎の上に、ゴム製の床材で仕上げることが一般的である。整頓された状態を保つために、設備・備品を使わないときは、ウェイトツリーやラック、バーホルダーに収めておく。

転倒や、近くの人がケガをしないよう、ラックやプラットフォーム間は十分に間隔を取るようにする。ラックおよびプラットフォームは、お互いに0.9～1.2m（3～4フィート）離す。

ウェイトリフティングラックは、使うときに動かないよう、床にボルト固定する。もしラックが持ち運びできるものであれば、使わないときには倉庫の指定された場所に移動する。

有酸素性トレーニングエリア

有酸素性トレーニングエリアは、心肺系のトレーニング設備・備品が1つのグループにまとまっているところである。この設備・備品は、ステーショナリーバイク、ステアクライマー、エリプティカルマシーン、トレッドミル、ロウイングマシーンなどで構成される。有酸素性トレーニング機器のためのフロアスペースや、機器間のスペースについては図23.1に示す（7）。これらの必要条件は、各機器の間に必要なスペースの大きさについてまとめたものであり、動くため、また転倒事故を防ぐために必要である。

施設における組織化は、設備・備品を安全で機能的なスペースに配置することから始める。本章におけるガイドラインには、適切に設備・備品を並べるのに必要なツールが記載されている。白紙のフロアプランに設備・備品を並べるスケッチをすることは、配置するうえで手助けとなるだろう。章末の図23.3および23.4に、高校および大学におけるウェイトル

ームのレイアウト例を示している。備品をグループ化したり整理整頓して配置するとともに、通路の間隔および配置に気をつける。また、監督者の事務所および窓の配置にも気をつけること。表23.2に、さまざまな機器のスペースを決めるための計算式を示している。

床面および設備のメンテナンスと清掃

　ストレングス＆コンディショニング施設のサーフェスへの清掃を継続的に行い、確実に設備・備品が安全かつ機能的であるようにする。適切なメンテナンスによって、長期的に見れば資金を節約することになる。これは、清掃用品はパッドや床材などの交換費用よりも安いためである。微生物は殺菌作用のあるクリーナーで拭き取らないと増殖し始める。頻繁に使われ、細菌が増殖する可能性が高いもの（例：パッドやプラスチック製品）は、毎日または1日おきに清掃すべきである。ストレングス施設においては、HIV（エイズウイルス）や肝炎の感染を防ぐことのできる殺菌作用のあるクリーナーを使うことが重要である。非吸収性の床材は、定期的にモップがけをし、埃や汚れがたまるのを防ぐ。木製のウェイトリフティングプラットフォームは、ささくれや亀裂がないかを確認し、適切なクリーナーで清掃し、滑る原因となる埃や汚れを取り除く。ラックやマシーンの周囲を清掃するとき、床に固定するボルトやネジを締め直すか、定期的に確認すべきである。ケーブルやプーリーのあるマシーンは、定期的にチェックし、緩みやほつれがあれば修理すべきである。もし床がタイル状またはロール状のゴム素材の仕上げであれば、床材の隙間は最小限とし、接着剤が亀裂からはみ出さないようにする。カーペットは真空式掃除機で吸い込んで掃除し、定期的に清掃してカビや菌の増殖を防ぐ。

　壁や天井は少なくとも週に1～2回は清掃すべきである。壁や天井には、汚れがたまらないようにし、四隅に埃がないようにする。クモの巣が天井の隅の部分にできることがあり、取り除かなくてはならない。もし施設に窓や鏡がある場合、ひび割れがないかを定期的に確認し、ひび割れに気づいたらすぐに

表23.1　有酸素性トレーニング機器間に必要となるスペース

機器	必要なスペース
バイク	2.2m² （24平方フィート）
ステアステッパー	2.2m² （24平方フィート）
スキーヤー	0.6m² （6平方フィート）
ロウワー（漕艇）	3.7m² （40平方フィート）
トレッドミル	4.2m² （45平方フィート）

Kroll, 1991 (7) より許可を得て転載。

交換する。窓や鏡を清掃することは、施設の美観にも貢献する。窓用のクリーナーとマイクロファイバーのタオルを使って、縞模様が残らないようにする。壁に据え付けられた物品の平坦な縁（ふち）や、天井から吊り下げられたものにも、汚れや埃がたまることがある。窓の下枠や棚、天井から吊り下げられているものは、日常的に埃がたまるものである。天井からぶら下がっている設備・備品は定期的にチェックし、安全であるか、落下しないかをしっかりと確認する（3）。章末の図23.5は、床や壁、天井の清掃スケジュールを作成する際に参考となるリストを示している。

▶ 定期的なメンテナンスと清掃のスケジュールを立てることは、安全なトレーニング環境の保証、資産の保護、ストレングス＆コンディショニング施設の外観の保全につながる。

　メンテナンスの対象は、サーフェスや素材だけでなく、設備・備品も含まれる。設備・備品は、故障あるいは損傷している部品がないか、とくにその機能性自体に影響する部品に問題がないかを定期的にチェックする。もし施設・設備が頻繁に使われ、十分に清掃されないと、残渣物（残ったもの）がたまって機能性や健康を害することがある。機能しない施設・備品には「故障中」の掲示をする（2）。修理完了まで長くかかりそうな場合にはフロアから撤去し、倉庫に移動する。サーフェスと同様に、設備は適切にメンテナンスおよび清掃されないと、最終的なコストが高くなる。

　NSCAによる運動施設および設備・備品のメンテナンスのための安全性のチェックリスト（図23.6）には、施設の設備・備品のメンテナンスのニーズに

表23.2　必要なスペースの算出

エリア	例	式
腹臥位および仰臥位でのエクササイズ	ベンチプレス ライイング・トライセップスエクステンション	**式**：実際のベンチの長さ（1.8～2.4m［6～8フィート］）＋緩衝スペースの0.9m（3フィート）に、利用者のスペース2.1m（7フィート）＋緩衝スペースの0.9m（3フィート）をかける。
		例1：6フィートの長さのベンチをベンチプレスに使用する場合、（6フィート＋3フィート）×（7フィート＋3フィート）＝90平方フィート
		例2：（メートル法での概算）：2mの長さのベンチをベンチプレスに使用する場合、（2m［ベンチ］＋1m［緩衝スペース］）×（1m［利用者のスペース］＋1m［緩衝スペース］）＝9m^2
立位でのエクササイズ	バイセップスカールアップライトロウ	**式**：実際のバーの長さ（1.2～2.1m［4～7フィート］）＋2倍の緩衝スペースの1.8m（6フィート）に、利用者が立位でのエクササイズに使用すると考えられるスペース1.2m（4フィート）の「幅」をかける。
		例1：4フィートのカールバーをバイセップスカールに使用する場合、（4フィート＋6フィート）×（4フィート）＝40平方フィート
		例2：（メートル法での概算）：1mのカールバーをバイセップスカールに使用する場合、（1m［バー］＋2m［緩衝スペース］）×（1m［利用者のスペース］）＝3m^2
ラックからの立位エクササイズ	バックスクワットショルダープレス	**式**：実際のバーの長さ（1.5～2.1m［5～7フィート］）＋2倍の緩衝スペースの1.8m（6フィート）に、利用者が立位でのエクササイズに使用すると考えられる（ラックからの）スペース2.4～3m（8～10フィート）の「幅」をかける。
		例1：7フィートのオリンピックバーをバックスクワットに用いる場合、（7フィート＋6フィート）×（10フィート）＝130平方フィート
		例2：（メートル法での概算）：2mのオリンピックバーをバックスクワットに用いる場合、（2m［バー］＋2m［緩衝スペース］）×（3m［利用者のスペース］）＝12m^2
オリンピックリフティングエリア	パワークリーン	**式**：プラットフォームの長さ（一般に2.4m［8フィート］）＋周囲の通路の緩衝スペース（1.2m［4フィート］）に、プラットフォームの幅（一般に2.4m［8フィート］）＋周囲の通路の緩衝スペース（1.2m［4フィート］）をかける。
		例1：（8フィート＋4フィート）×（8フィート＋4フィート）＝144平方フィート
		例2：（メートル法での概算）：（2.5m［プラットフォーム］＋1m［緩衝スペース］）×（2.5m［プラットフォーム］＋1m［緩衝スペース］）＝12.25m^2

決定を下すうえで役に立つ。清掃のスケジュールを決め、設備・備品がどのような頻度（毎日、毎週、隔週、毎月）で清掃されているかを特定しておくべきである。チェックリストには、施設のレイアウトの、とくに安全性に関連する問題についても網羅している。

　清掃およびメンテナンス用品は、倉庫または物置に収納する。可能であれば、鍵のかかるところへ収納し、必要なときのみ使う。道具箱の中に入れ、ウェイトルームから目の届かない場所にしまう。道具や清掃用具は、定期的に在庫の確認と補充を行う。メンテナンス用具と清掃用品のリストは、表23.3に示す。

まとめ

　ストレングス＆コンディショニング施設をデザインすることは、高い費用のかかる設計および計画が関わる長い過程である。この過程は、施設の建設およびデザインの助けとなる委員会を組織するところから始まる。次のステップは、競技プログラムのニーズの評価が関わる。これは競技選手の数やトレーニング経験、コーチのニーズ、スケジュール、施設のニーズによって決定される段階である。これらの決定後、施設のデザインと設備・備品の配置を始めるべきである。配置とスペースの取り方には注意し、ガイドラインに従う。

　デザインの過程が完了したら、施設および設備・

表23.3　メンテナンスと清掃のための用具と消耗品

メンテナンス用具	清掃用品
やすり	消毒剤（殺菌剤）
ハンマー	用途別クリーナー（木、壁、室内装飾品など）
ペンチ	ガラス用クリーナー
ドライバー	潤滑剤
レンチセット	紙タオル
ナイフ	スプレーボトル
ステープラー（ホッチキス）	布タオル、雑巾
ダクトテープ	スポンジ
予備のナット、ボルト、ワッシャー	ほうき、ちり取り
業務用接着剤	電気掃除機
ドリルとドリルビットのセット	モップとバケツ
万力	シミの除去剤

備品が適切にメンテナンスされ、安全なトレーニングと投資の保護が確実となるように管理する必要がある。定期的なメンテナンスと設備・備品、サーフェスの清掃は、施設の長寿命化にとって重要である。より頻繁に使われる設備・備品に、より集中的に清掃およびメンテナンスが行われるようにする。これにより、施設利用者の間に病気の感染が広がることを防ぐとともに、適切な衛生環境が促進され、環境的な美観が保たれる。

重要語句

建設段階（construction phase）
デザイン段階（design phase）
実現可能性に関する調査（feasibility study）
基本計画（master plan）
ニーズ分析（needs analysis）

デザイン前段階（predesign phase）
運営前段階（preoperation phase）
緩衝地帯、セーフティークッション（safety cushion）

例題

1. 新しくストレングス＆コンディショニング施設をデザインする場合の4つの段階の順番は、以下のうちどれか？
   a. 建設、デザイン前、デザイン、運営前
   b. 運営前、デザイン、建設、デザイン前
   c. デザイン前、建設、デザイン
   d. デザイン前、デザイン、建設、運営前

2. 基本計画は、以下のどの段階で作成すべきか？
   a. デザイン前段階
   b. デザイン段階
   c. 建設段階
   d. 運営前段階

3. 壁に貼る鏡の一番下の部分と床との最小距離として推奨されているものはどれか？
   a. 41cm（16インチ）
   b. 46cm（18インチ）
   c. 51cm（20インチ）
   d. 56cm（22インチ）

4. 大学のストレングス＆コンディショニング施設において必要なスペースを確定する場合、鍵となる考慮事項とならないのはどれか？
   a. 選手にとってアクセスのしやすさ
   b. 設備・備品の数とタイプ
   c. 施設を利用する選手の数
   d. 施設の利用を希望するチームの数

5. 補助者のための推奨されるスペースとして、ラックの端からの間隔は下のうちどれか？
   a. 30cm（1フィート）
   b. 61cm（2フィート）
   c. 91cm（3フィート）
   d. 123cm（4フィート）

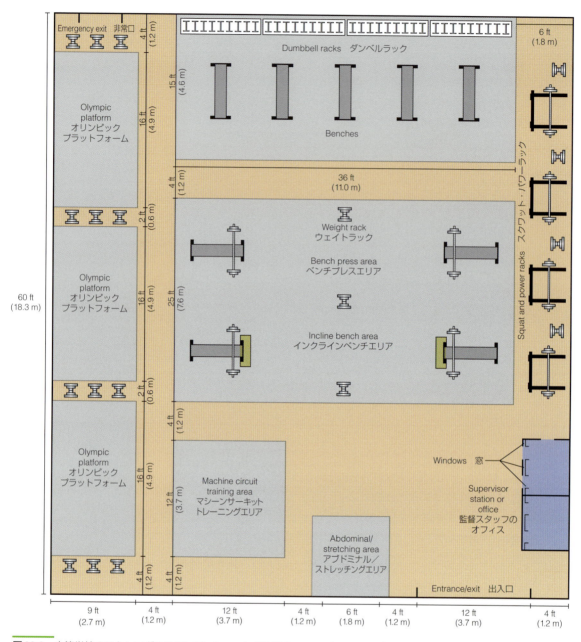

図23.3 中等学校のストレングス＆コンディショニング施設のフロアプランの例（3フィート＝1m）。

第23章 施設のデザイン、レイアウト、組織化 685

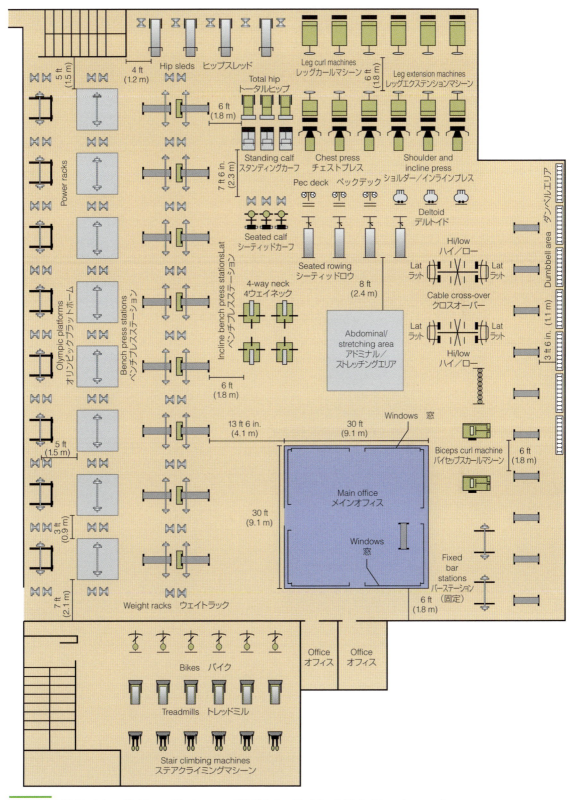

図23.4 大学のストレングス＆コンディショニング施設のフロアプランの例（3フィート＝1m）。

686 ストレングストレーニング&コンディショニング

床や壁、天井の清掃に関するチェックリスト

床

- ☐ 大きなひび割れがないか、泥や汚れがたまっていないかチェックする。
- ☐ プラットフォームに、ささくれやひび割れがないかチェックする。
- ☐ 床のボルトやネジをチェックする。
- ☐ 接着剤が床からはみ出していないかを確認する。
- ☐ 床の強度に問題がないか、しっかりと固定されているかを確認する。
- ☐ カーペットにカビや菌、亀裂がないかを確認する。

壁

- ☐ 壁に汚れがたまっていないかどうかをチェックする
- ☐ 鏡にひびが入っていたら交換する
- ☐ 鏡の汚れは少なくとも週に1回は清掃する。
- ☐ 窓の汚れは少なくとも週に1回は清掃する。
- ☐ 窓の下枠や棚のほこりを、週に1回取り除く。
- ☐ 鏡は、床から少なくとも20インチ（51cm）は離して設置すべきである。

天井

- ☐ 照明が適切に機能するようにする。
- ☐ 埃やクモの巣がないかチェックする。
- ☐ 天井がしっかりと固定されていない場合、何も付着していないようにする。
- ☐ 天井のタイルは、必要があればすぐに外せるようにする。
- ☐ 天井まで、少なくとも3.7m（12フィート）の高さを確保する。

図23.5
床や壁、天井の清掃に関するチェックリスト
NSCA, 2016, Essentials of strength training and conditioning, 4th ed., edited by G. Haff and T. Triplett (Champaign, IL: Human Kinetics). より

第23章 施設のデザイン、レイアウト、組織化 **687**

エクササイズ施設および設備・備品のメンテナンスのためのNSCA安全性のチェックリスト

エクササイズ施設
床
- ☐ 点検および清掃を毎日行う。
- ☐ 木製の床に割れ目や穴、突き出たクギ、ネジの緩みがないようにする。
- ☐ 床のタイルは、滑りにくく、湿気やチョークの粉を吸収しないものにする。
- ☐ ゴム製の床材は、切れ目、裂け目、大きな隙間がないようにする。
- ☐ 連結マットは安全に使うことができ、連結部分（タブ）が出ないようにする。
- ☐ 非吸収性のカーペットに裂け目がないこと。擦り切れた部分は小型のマットで覆う。
- ☐ 床は掃除機やモップで定期的に清掃する。
- ☐ 床材は適切に接着もしくは固定されていること。

壁
- ☐ 週に2〜3回（または必要に応じてそれ以上の頻度で）、壁を清掃する。
- ☐ 使用頻度の高いエリアの壁に装置や器具、壁掛けが突き出さないようにする。
- ☐ 鏡や棚は、壁にしっかりと固定する。
- ☐ 鏡や窓は定期的に清掃する（とくに使用頻度の高い、水飲み場や出入口など）。
- ☐ 鏡はすべてのエリアで床から少なくとも51cm（20インチ）離して設置する。
- ☐ 鏡にひびが入ったり、歪んだりしていないこと（問題があればすぐに交換する）。

天井
- ☐ 天井に取り付けた備品や機器は、定期的に埃を取る。
- ☐ 天井のタイルは清潔に保つ。
- ☐ 天井タイルが傷んだり、紛失した場合には必要に応じて交換する。
- ☐ パイプや管が露出している天井を、必要に応じて清掃する。

エクササイズ設備・備品
ストレッチングおよび自体重エクササイズのエリア
- ☐ マットエリアには、ウェイトベンチや機器類を置かない。
- ☐ マットやベンチのクッション部分は、ひび割れや裂け目がないようにする。
- ☐ ストレッチングマット間に大きな隙間がないようにする。
- ☐ エリアは、毎日清掃および消毒を行う。
- ☐ 使用後は機器・用具を適切に収納する。
- ☐ 伸縮性のコードは、安全な結び方で留め、摩耗をチェックする。
- ☐ 直接肌に触れる部分は、消毒を毎日行う。
- ☐ プライオメトリックボックスの上面と底面には、滑らない素材を使っていること。
- ☐ 天井の高さは、オーバーヘッド動作ができるよう、十分な高さを確保し（3.7m［12フィート］）、天井から吊り下がっているものがないようにする（梁や配管、照明、表示物など）。

（続く）

図23.6 NSCAによる運動施設および設備・備品のメンテナンスのための安全性のチェックリスト

NSCA, 2016, Essentials of strength training and conditioning, 4th ed., edited by G. Haff and T. Triplett (Champaign, IL: Human Kinetics) より。
National Strength and Conditioning Association, 2004, NSCA's essentials of personal training, edited by R.W. Earle and T.R. Baechle (Champaign, IL: Human Kinetics) 604-606 より許可を得て掲載。

図23.6 （続き）

レジスタンストレーニングマシーンのエリア

- ☐ 設置場所にアクセスしやすいこと（各マシーンの間隔は少なくとも61cm［2フィート］、91cm［3フィート］あることが望ましい）。
- ☐ 緩んだボルトやネジ、ケーブル、チェーンがないようにする。
- ☐ 適切なピンを使用する。
- ☐ ストラップ（固定用ベルト）がしっかり機能すること。
- ☐ 機器の各部品や表面は、適切に注油および清掃を行うこと。
- ☐ 保護用パッドに、割れ目や裂け目がないようにする。
- ☐ 直接肌に触れる部分は、消毒を毎日行う。
- ☐ 締め付けが必要、あるいは外しておくべきネジや部品に緩みがないようにする。
- ☐ ベルトやチェーン、ケーブル類はマシーンの部品に正しく取り付ける。
- ☐ 摩耗した部品（擦り切れたケーブル、緩んだチェーン、摩耗したボルト、割れたジョイントなど）。

レジスタンストレーニング・フリーウェイトのエリア

- ☐ 各ベンチあるいはエリアにアクセスしやすいこと（それぞれの間隔は少なくとも61cm［2フィート］、91cm［3フィート］あることが望ましい）。
- ☐ オリンピックバーの間隔は適切に空けておくこと（それぞれの端から91cm［3フィート］）。
- ☐ すべての機器は、使用後に通路の邪魔にならないように戻す。
- ☐ 安全器具（ベルト、カラー、セーフティーバー）を正しく使用し、使用後は元に戻す。
- ☐ 保護用パッドに、割れ目や裂け目がないようにする。
- ☐ 直接肌に触れる部分は、消毒を毎日行う。
- ☐ 安全のためのボルトや機器の部品（カラー、カールバー）は、しっかりと締め付けておくこと。
- ☐ スクワットラックのエリアには、滑らないマットを敷くこと。
- ☐ オリンピックバーは、適切に回転し、また適切に注油し、しっかりと締め付けておくこと。
- ☐ ベンチやウェイトラック、スタンダード（移動可能なラック）などは、床や壁に固定すること。
- ☐ 正しく機能しない、あるいは故障した機器は、ほかのエリアに移動するか、使用禁止にすること。
- ☐ 天井の高さは、オーバーヘッド動作ができるよう、十分な高さを確保し（3.7m［12フィート］）、天井から吊り下がっているものがないようにする（梁や配管、照明、表示物など）。

ウェイトリフティングのエリア

- ☐ オリンピックバーの間隔は適切に空けておくこと（それぞれの端から91cm［3フィート］）。
- ☐ すべての機器は、使用後にリフティングエリアの邪魔にならないように戻す。
- ☐ オリンピックバーは、適切に回転し、また適切に注油し、しっかりと締め付けておくこと。
- ☐ 曲がったオリンピックバーは交換する。ローレット加工部分（表面のざらざらした滑り止め部分）に付着物がないようにする。
- ☐ カラーが機能すること。
- ☐ 十分なチョークを用意しておく。
- ☐ リストストラップやベルト、ニーラップが用意され、それらがきちんと機能し、適切に保管されていること。
- ☐ ベンチや椅子、ボックスはリフティングエリアから常に離れた場所に置くこと。
- ☐ マットに隙間や切れ目、裂け目、砕片がないようにする。
- ☐ エリアからゴミやチョークを取り除くため、適切に掃き掃除やモップがけを行う。

（続く）

図23.6 （続き）

> 天井の高さは、オーバーヘッド動作ができるよう、十分な高さを確保し（3.7m［12フィート］）、天井から吊り下がっているものがないようにする（梁や配管、照明、表示物など）。

有酸素性運動のエリア

> □ 設置場所にアクセスしやすいこと（各マシーンの間隔は少なくとも61cm［2フィート］、91cm［3フィート］あることが望ましい）。
> □ ボルトやネジはしっかりと締め付けておくこと。
> □ 調節可能な部品は、簡単に調節できるようにしておく。
> □ 機器の各部品や表面は、適切に注油および清掃を行うこと。
> □ 足や身体を固定するストラップはしっかり留まること、また裂けていないこと。
> □ 張力や時間、回転数などを測定する装置が、適切に機能していること。
> □ 直接肌に触れる部分は、消毒を毎日行う。

メンテナンスと清掃の頻度
毎日

> □ 床材の傷みや破損の点検。
> □ 床全体の清掃（箒、掃除機、モップ、消毒）。
> □ 室内装飾品の清掃および消毒。
> □ 冷水機の清掃および消毒。
> □ 床に固定された機器の取り付けの状態を点検。
> □ 肌に直接触れる部分の清掃および消毒。
> □ 鏡の清掃。
> □ 窓の清掃。
> □ 鏡の破損を点検。
> □ 破損および摩耗した機器がないか点検する。ベルトやネジ、ケーブル、チェーンが緩んだり、飛び出していないか確認する。足および身体のストラップが固定され、正しく留めることができるか確認する。その他の付属品やピン、器具が正しく動作すること。
> □ 機器の可動部を清掃および注油する。
> □ 保護用パッドに割れ目や裂け目がないか点検する。
> □ 滑り止めのための部品やマットが正しい位置に置かれているか、破損や摩耗がないかを点検する。
> □ ゴミを片づける。
> □ 照明のカバーや換気扇、通気口、時計、スピーカーを清掃する。
> □ 使用後は機器・用具を適切に収納する。

週2〜3回

> □ 有酸素性マシーンおよび負荷選択式レジスタンストレーニングマシーンのガイドロッドの清掃および注油を行う。

週1回

> □ 天井に取り付けた備品や機器を清掃する（埃を取る）。
> □ 天井のタイルを清掃する。

（続く）

図23.6 （続き）

必要に応じて

- ☐ 電球の交換。
- ☐ 壁の清掃。
- ☐ 破損あるいは紛失した天井のタイルの交換。
- ☐ パイプや管が露出している天井の清掃。
- ☐ 故障した機器の撤去（または「使用不可」の掲示）。
- ☐ チョーク箱の補充。
- ☐ バーのローレット加工部分を清掃する。
- ☐ 床やプレート、バーを、サビ取り剤を使って清掃する。

CHAPTER 24

Facility Policies, Procedures, and Legal Issues
施設のポリシー、手順、法的問題

Traci Statler, PhD, and Victor Brown, MS

▶ **本章を終えると**

- ストレングス＆コンディショニングプログラムの目標と目的を明確にすることができる。
- ストレングス＆コンディショニングプログラムの目標と目的を達成するため、日々の運営の実践について理解することができる。
- 安全で効率的なストレングス＆コンディショニングプログラムを導く実践の基準を確立することができる。
- 潜在的な賠償責任にさらされる共通の領域を特定し、適切なリスクマネジメント戦略を実施することができる。
- ストレングス＆コンディショニングのプログラムおよび施設に関する方針および手順マニュアルを作成することができる。
- 適切にストレングス＆コンディショニング施設のスケジュールを組むとともに、シーズンの計画とスタッフー選手比についてのガイドラインを策定できる。

著者らは、本章の執筆にあたって多大な貢献をいただいた Boyd Epley、John Taylor、Michael Greenwood、Lori Greenwood に対し、ここに感謝の意を表します。

692　ストレングストレーニング＆コンディショニング

ストレングス＆コンディショニングの専門性は、日々進歩を続けている。一般的に、実践者の知識とスキルの向上は、運動科学や運営、マネジメント、教育、コーチングのコンピテンシー（職務における能力のこと）と関わるものである（20）。学生やスポーツ選手の安全性と福祉を最優先事項として、方針および手順、マニュアルを作成することは、安全で効果的なプログラムおよびサービスを実施するうえで基本設計図となる。

ポリシーとは、施設の規則や規定のことで、プログラムの目標・目的を反映する。手順とは、方針を実現する方法を説明するものである。プログラムの目標および目的は、ポリシーや手順を作成する際の基盤となるため、これらを吟味する必要がある。加えて、個別のポリシーおよび手順は、プログラムおよび従業員を訴訟から守る要素が含まれているべきである。本章の目標は、リスクにさらされる領域と、安全性を高める手段を特定するとともに、ストレングス＆コンディショニング専門職が提供するサービスおよびプログラムの質の向上をガイドすることである。

ミッションステートメントおよびプログラムの目標

ミッションステートメントとは、組織の目的について述べたものである（2）。ミッションステートメントの作成には、結果を念頭に置いた前向きの考え方が必要である。優れたミッションステートメントによって、ストレングス＆コンディショニングプログラムの焦点や方向性、目的意識が得られ、これに基づき効果的な運営が行われる。下記の項目は、効果的なミッションステートメントを作成するうえで、ドラッカー財団（22）が提唱した基準である。

• 短く、はっきりと焦点が合っているべきである。
• 明確で理解しやすい。
• なぜこの組織が存在するかを定義している。
• 手段を詳述していない。
• 対象とする幅が広い。
• 倫理規定を順守する方向性を示す。
• その組織の実践の範囲に対応し、合致している。
• コミットメント（責任や献身）を鼓舞する。

ミッションステートメントは、3つの重要な要素に対処する。すなわち、対象となる顧客（鍵となるマーケット）、何のサービスを提供するか（貢献）、そのサービスを独自のものとするのは何か（差異）である（2）。

以下は、ストレングス＆コンディショニングプログラムのミッションステートメントの例である。

選手のケガの予防および競技パフォーマンス向上を支援するため、清潔、安全かつ専門的な環境を整え、定められた時間内で継続的、合理的、体系的にトレーニングできる手段を提供する。

プログラム目標とは、幅広く一般的な方法で記述された、ストレングス＆コンディショニングプログラムによって作り出される望ましい最終結果である。効果的なストレングス＆コンディショニングプログラムは、意図する結果を達成することによって競技およびその選手のポジションに特異的なパフォーマンスを促進し、ケガへの耐性を高めるために科学的原理に基づくべきである（7）。

注意の基準を作成することは、共同的な責務である。したがって、ミッションステートメントとプログラムの目的に関するリストの作成においては、ストレングス＆コンディショニング部門が関わるだけでなく、運営部門やスポーツ医学部門の関わりも必要である。関わる人が多いほど、関わったグループや個人に所属意識が生まれ、ストレングス＆コンディショニングプログラムのミッション、目標、目的の達成に専心するようになる。

▶ミッションステートメントとは、組織の目的についての記述であり、ストレングス＆コンディショニングプログラムに焦点および方向性をもたらすものである。

プログラムの目的

プログラムの目的は、目標に到達するための具体的な手段である。目標に到達するための方法を示すことなくプログラム目標だけを示しても、結果として選手を成功へ導くことはできない。プログラムの目的は目標に到達するためのプログラムの全領域を網羅すべきである。以下に、プログラムの目標到達

第24章 施設のポリシー、手順、法的問題 **693**

につながり、ストレングス&コンディショニング専門職が業務上の必要条件を扱う準備を整えるためのプログラムの目的の例を示す。

- 傷害発生を抑え、競技パフォーマンスの向上につながる筋力トレーニング、柔軟性、有酸素性トレーニング、プライオメトリックトレーニングその他のトレーニングプログラムを組み立て、実行する。より詳細には、身体組成、筋肥大、筋力、筋持久力、心臓血管系持久力、スピード、アジリティ、コーディネーション、バランス、パワーなどにおいて望ましい結果を得るためのトレーニングプログラムを組み立てる。
- 年齢、性別、トレーニング状態、身体的制限因子、傷害歴を考慮し、個々の選手の間のバイオメカニクス的および生理学的な差異に応じたトレーニングプログラムを作成する。
- トレーニングに対する急性・慢性の生理学的応答および適応と、これらの競技特異的なトレーニングプログラムの作成時に持つ意義を認識する。
- 良質な栄養と睡眠の重要性、またそれらが健康とパフォーマンスにおいて果たす役割について選手に教育する。
- パフォーマンスを増強させる物質の効果と乱用による悪影響、それらの物質に対する学校の方針、法律について選手に教育する。

パフォーマンスチームのコンセプト（個別の専門性を有する人たちを人的資源として活用すること）は、前述の目的に合致するように働きかけるストレングス&コンディショニングプログラムの作成に適用することができる。たとえば、選手がリハビリテーションやリコンディショニングを必要とする場合、スポーツ医学スタッフが相談を受けるべきである。ストレングス&コンディショニングの総括責任者は、安全で効果的なサービスを提供するために、適切にスタッフを活用することを決定するために明文化された方針および手順を確立する必要がある。加えて、年に1回、スタッフやコーチ、利用者がお互いに知り合い、確立された目標や目的、方針、手順について習熟してもらうためのオリエンテーションミーティングを年度初めやシーズンの開始時に実施する。定期的に目標と目的について再評価および見直しを行う。

ストレングス&コンディショニングパフォーマンスチーム

この分野の発展、認知度の向上とともに、ストレングス&コンディショニング専門職の責任は変化し続ける（14）。ストレングス&コンディショニングスタッフは、正式な教育を受け、特定の科学的基礎（例：解剖学、運動生理学、バイオメカニクス）の研修を行う際に、その道の専門的な実践者を雇用することによって提携することができる。組織されたチームにより、互いに補完的なスキルを持つ実践者

表24.1　ストレングス&コンディショニングパフォーマンスチームの例

科学的基礎教育および専門性	実践的および応用的活動、責任	職務の割り当て
運動およびスポーツ解剖学、バイオメカニクス	エクササイズテクニック、測定と評価、リハビリテーションとリコンディショニング	運動およびスポーツ科学研究機関（大学など）、チームコーチ、スポーツ医学チーム
運動およびスポーツ生理学	プログラムデザイン、測定と評価	運動およびスポーツ科学研究機関、チームコーチ
運動およびスポーツ栄養学	栄養士	運動およびスポーツ科学研究機関
運動およびスポーツ教育学	プログラムデザイン、エクササイズテクニック、組織と運営	運動およびスポーツ科学研究機関、競技に関する管理・運営
運動およびスポーツ心理学、運動学習	エクササイズテクニック、リハビリテーションとリコンディショニング	運動およびスポーツ科学研究機関、スポーツ医学チーム
トレーニングの方法論	プログラムデザイン、組織と運営	運動およびスポーツ科学研究機関、競技に関する管理・運営
運動学、理学療法学、スポーツ医学	リハビリテーションとリコンディショニング	スポーツ医学チーム

NSCA, 2009 (20) より許可を得て転載。

らによる複数の専門領域間の協調が可能となり、また スタッフメンバーが自分の専門領域外の知識を得る教育的機会がもたらされる。表24.1に、ストレングス＆コンディショニングパフォーマンスチームの実践例を示す。ストレングス＆コンディショニングの総括責任者は、プログラムデザインやエクササイズテクニック、組織化と運営、測定と評価のために適切な業務と責任をストレングス＆コンディショニングスタッフに受け持たせることに責任を負っている。

　所属する機関によって具体的な職責は異なるが、ストレングス＆コンディショニングパフォーマンスチームを育成するうえではStrength and Conditioning Professionals Standards and Guidelines（ストレングス＆コンディショニング専門職の基準とガイドライン）(20) に沿うのが賢明であろう。同ガイドライン2.3は以下の通りである。

　　ストレングス＆コンディショニングスタッフの生産性と、各メンバーの学習およびスキル向上は、相互に依存する専門性を持つ、認定資格を取得した実践者らによって構成されるパフォーマンスチームが提携することと、リーダーシップの役割を共有することによって促進される。一度チームができあがったら、CSCS試験内容説明における「実践・応用」の領域の個々の活動および責任が特定され、そして連動する適切な職務の割り当ては各メンバーの「科学的基礎」の専門性に基づいて行われるべきである。

ディレクターオブストレングス＆コンディショニング（ヘッドストレングス＆コンディショニングコーチ：総括責任者）

　ディレクターオブストレングス＆コンディショニング（総括責任者：以下「ディレクター」）は、通常ヘッドストレングス＆コンディショニングコーチとも呼ばれ、現場での指導と運営にあたる。ディレクターは、ストレングス＆コンディショニングプログラム、施設、設備、スタッフのほか、予算編成や機器の購入、定義書作成、運営部門やメディアとの折衝などの運営上の職務を含む全体に責任を持つ。図24.1は、この職務内容の例を挙げている。図24.2には、ディレクターの一般的な職務内容を示した。

　ディレクターは、プログラム参加者およびスタッフに対し、成文化した施設の運営方針と手順を作成、公開し、実施させる責任を持つ。ディレクターは、スタッフが適切な訓練を受け、業務を適切に行えるようにする責任がある。ディレクターは、スタッフおよび学生選手のオリエンテーションミーティングを催して、定期的にスタッフの専門性のパフォーマンスを評価するとともに、プロの目標に到達しているかを決定および評価することで、この責任を果たす。図24.3は、学生スタッフの評価のための書式例である。この書式は、学生インターンを評価する際に用いることができ、また、より特異的かつ効率的に改変されてストレングス＆コンディショニングパフォーマンスチームへと適用される。

ストレングス＆コンディショニングディレクターの職務リスト

　競技チームの選手を対象としたパフォーマンストレーニングプログラムの作成と監視、科学的原則に基づく安全で効果的なプログラムデザインの実施、適切なレジスタンスエクササイズテクニックや、スピードおよびアジリティ向上の適切な指導、テストと評価を含む責任者であり、この職務については、アスレティック部門のディレクターが任命する。ヘッドS&C専門職はポリシーや手順、施設運営組織について監督し、ストレングス＆コンディショニングパフォーマンスチームが組織内で協力するためのリスクマネジメントを行う。ストレングス＆コンディショニング専門職は、医学スタッフと協力して学生競技選手の成長や健康、幸福に関心を払うべきである。学士号は必須であり、（運動科学に重点を置いた）修士号を有するのが望ましい。ストレングス＆コンディショニング専門職は、独立した認定組織からの資格を有しているべきであり（例：NSCAのCSCS）、必要となる継続教育を受けるべきである。ファーストエイドや心肺蘇生法（CPR）、自動体外式除細動器（AED）の資格も必要である。スポーツ競技ごとに個人またはチームのトレーニングプログラムを作成およびマネジメントするという、非常に責任のある2年間の職務経験が要求される。優れたマネジメント、監督能力、マネジメントスキルが求められる。背景や経験を考慮し、給与が設定される。

図24.1　このような募集記事を用いて、優秀な求職者を募る。
Casa et al. 2012 (6) に基づく。

ストレングス＆コンディショニングスタッフ（個人の資質）

　独立した認証を受けた組織の発行する、CSCSなどの認定資格を所得していることによって、注意の基準が確立される。2015年8月1日、NCAAディビジョンIでは、「ストレングス＆コンディショニングコーチは、国家的に認証されたストレングス＆コンディショニング認定プログラムに適った認定資格を取得し、その資格の有効性を維持していなければならない」（p. 1）という規定を採択した（6）。継続教育は専門資格の維持に必須であり、それによって、とくに管理と指導の領域における賠償責任を軽減させることができる（1）。この領域の訴訟では「プロフェッショナル指導者の資質」が問われることがしばしばあり、資質の中には継続教育も含まれる（19）。したがって、アシスタントストレングス＆コンディショニング専門職も、標準的な応急処置、心肺蘇生法（CPR）、自動体外式除細動器（AED）を含む資格を取得し、更新を継続するべきである（6）（各スタッフメンバーに求められる要件のポイントについて、図24.4を参照のこと）。

　加えて、各スタッフはストレングス＆コンディショニングプログラムの目標と目的を理解する必要があり、（スポーツ医学チームのほかのメンバーと同じように）互いの責任とスケジュールを尊重しながら協力して働くことが求められ、専門職としての行動規範を守る必要がある。Strength and Conditioning Professional Standards and Guidelines の付録Aに、ストレングス＆コンディショニング専門職について定義している。

　認定ストレングス＆コンディショニングスペシャリスト（CSCS）は、スポーツのパフォーマンス向上を最大の目標として、基本的知識を適用して選手の評価、モチベーションの向上、教育、トレーニングを実施する専門職である。彼らは、競技特異的なテストの実施、安全かつ効果的なストレングス＆コンディショニングプログラムのデザインと実践、栄養摂取と傷害予防についてのガイダンスを行う。認定ストレングス＆コンディショニングスペシャリストは、自身の専門分野が医学、栄養学、アスレティックトレーニング、スポーツ

ストレングス＆コンディショニングディレクターの責任

- スタッフ、プログラム、施設運営のすべての面について指示する。
- すべてのトレーニングプログラムをデザインする（あるいは最終確認をする）。
- 所属機関や連盟、競技団体が制定する規則および規約を順守してパフォーマンス強化のための活動を管理する。
- 年間の予算を作成・提出し、効率的な財務管理によって予算上の承諾を確保する。
- 収入を生み出し、施設のメンテナンスや改善に利用可能な財源を予算化する。
- 機器の選択と設置、そして清掃と修理を含むメンテナンスについて管理する。
- 施設の規則、適切なトレーニングと栄養の価値、禁止物質の危険性などの問題について、学生競技選手に教育するためのオリエンテーションを実施する。
- スタッフの職務・監督スケジュールを作成し、職務を割り当て、遂行を評価する。
- 各チームや個々の学生選手ごとに施設利用時間のスケジュールを調整する。
- 有望な学生選手を学内でスカウトするのを支援する。
- さまざまな部署、機関、連盟、統括団体、専門職委員会、タスクフォースなどの一員となる。
- アスレティック部門に所属するコーチとともに働き、情報交換を図る。
- チームの遠征に帯同し（可能な場合）、試合前のウォームアップなどを含む、遠征先でのトレーニングのプログラムを提供する。
- 専門性の向上のために、パフォーマンストレーニングに関する蔵書を持つ。
- NSCAが提供するCSCSのような専門の認定資格を取得および継続教育を受ける。活動内容や責務、どのような知識が必要かによって、他団体から出ている関連資格も適切でありうる（5）。
- スーパーバイザーに依頼されたその他の職務や臨時のプロジェクトを行う。
- 必要に応じて、アシスタントストレングス＆コンディショニング専門職や施設監督者の職務を行う。

図24.2　ストレングス＆コンディショニングディレクターの職務内容の例。
Earle 1993 (7); Epley 1998 (8) より転載。

696 ストレングストレーニング&コンディショニング

学生スタッフの評価

評価対象スタッフの名前 _____

期間 _____ から _____ まで

　評価手順とは、個人の業績を評価する方法である。学生スタッフ内で顕著に貢献した点や不足点を明らかにし、個々の職務遂行を改善し、スタッフ全体の適切な活動方針を判断し、かつ個々の能力改善を刺激する機会となる。

コミュニケーション

選手が規則を守っている限りは尊敬を持って接している。	1	2	3	4	5　N/A
レジスタンスエクササイズテクニックを適切に指導できる。	1	2	3	4	5　N/A
選手にモチベーションを与えたり、チームとの一体感を醸成することができる。	1	2	3	4	5　N/A
ウェイトルームでの規則を施行している。	1	2	3	4	5　N/A
男女両方の選手に対して同等の礼節を持って接している。	1	2	3	4	5　N/A
選手に対して暴言を発したり、身体的虐待を行わない。	1	2	3	4	5　N/A

責任とリーダーシップ

指示に従うことができる。	1	2	3	4	5　N/A
新しい考えにも適応できる。	1	2	3	4	5　N/A
学習しようという心構えが常にある。	1	2	3	4	5　N/A
許可なしには権限を移譲しない。	1	2	3	4	5　N/A
誠実に振る舞うことができる。	1	2	3	4	5　N/A
選手のスキルや年齢のレベルに合わせてトレーニング内容を調節できる。	1	2	3	4	5　N/A
適切な判断を下すことができる。	1	2	3	4	5　N/A
継続的に参加し、迅速に行動できる。	1	2	3	4	5　N/A
要求された期日までに事務書類を提出できる。	1	2	3	4	5　N/A
大小にかかわらず、プロジェクトを遂行する能力を有している。	1	2	3	4	5　N/A
質の高い仕事を遂行できる。	1	2	3	4	5　N/A
服装や身だしなみが適切である。	1	2	3	4	5　N/A

態度

全スタッフや選手、ほかのデパートメント（部門）と良好な関係を保ちながら職務遂行できる。	1	2	3	4	5　N/A
取り扱いに注意を要する情報への対応に関して信頼できる。	1	2	3	4	5　N/A
陰でほかのコーチやアスレティックトレーナー、選手について話さない。	1	2	3	4	5　N/A
デパートメントの役割やミッションステートメントの中で述べられている目的達成を求めて努力する。	1	2	3	4	5　N/A

評価点

　1＝著しく期待以下
　2＝許容できる最低限のレベル
　3＝期待通り
　4＝期待以上
　5＝非常に優れている
　N/A＝いずれにも当てはまらない

図24.3　この学生スタッフの評価書式例は、スタッフの能力を評価するために用いられる。

NSCA, 2016, Essentials of strength training and conditioning, 4th ed., edited by G. Haff and T. Triplett (Champaign, IL: Human Kinetics)より。R.W. Earle, 1993, Staff and facility policies and procedures manual (Omaha, NE: Creighton University) より許可を得て転載。

スタッフに求められる要件

1. 専門職の認定資格を維持する。
2. ファーストエイド、CPR、AEDの認定資格を維持する。
3. 緊急時の手順を確認する。
   a. 初歩的なファーストエイドの手順を毎年確認する。
   b. トレーニング施設のケガと、その予防について確認する。
   c. 避難計画を立てておく。
4. プログラムのポリシーと手順に関する知識と理解。
   a. 部屋の容積に対する安全な監督の比率を確認する。
   b. 参加前のスクリーニングと許可の手順を確認する。
   c. 個人的な、また専門職としての責任や過失、保険の適用範囲に関して確認する。
5. 運営組織や競技団体の規則や規制に関する知識と理解。
   a. 一般的な規則に関する知識を確認する。
   b. ストレングス＆コンディショニングプログラムに特有のルールを確認する。
6. 清掃とメンテナンスに関する問題とニーズに関する知識と理解。
7. プログラムの哲学と指導方法に関する知識と理解。
   a. テクニックとドリルの指導
   b. 身体組成に関するガイドラインと栄養に関する相談。
   c. モチベーションに関する問題。
      • 選手を身体的な限界以上に追い込む。
      • 選手がオーバートレーニングになる。
      • 選手がプログラムの推奨に従わない。

図24.4 各スタッフメンバーに求められる要件のポイント
Taylor, 2006 (23) より改変。

コーチングとは明確に区分されていることを認識し、必要に応じて、これら他の分野の専門職に選手の相談、照会を行う（13ページ）。

法律的・倫理的問題

スポーツ競技活動に参加している人は、ストレングス＆コンディショニング専門職を含めて誰もが法的責任に関心を持たなければならない。傷害発生のリスクは完全に排除できないが、ストレングス＆コンディショニング専門職はそのリスクを効果的に管理することができる。**リスクマネジメント（危機管理）** は、スポーツ競技活動への参加による傷害のリスクを軽減および管理し、それによって責任問題発生のリスクを軽減する対策を実施することである。リスクマネジメントの第1段階として、重要な用語を理解することと、傷害の原因となり訴訟に結びつく可能性のある責任問題が生じる領域を認識することが挙げられる。各施設にはそれぞれ独自性がある

が、すべてのストレングス＆コンディショニング施設に共通して潜在的な責任を認識し得る領域が存在する。以下の項では、このようなリスクのある領域について、また緊急時対応計画や、信頼性の高い記録管理、責任保険の必要性について述べる。

一般的な法律用語

ストレングス＆コンディショニング施設の運営上起こり得る法的な流れを理解するために、ストレングス＆コンディショニング専門職は最初に以下の一般的な法律用語を理解しておかなければならない。

インフォームドコンセント——参加を希望する人に対して、手順や活動を説明し、内在するリスクと利益について説明し、その個人が参加を希望するかどうかを決定することを判断できるようにする過程をいう。

責任——法的な責任、義務、債務。ストレングス＆コンディショニング専門職は、職業上、関わる選手に対して、傷害が発生した場合のみでなく、

傷害発生を防止するために活動する義務がある（5）。

注意の基準——合理的で賢明な人物が同様の状況下で行うであろうこと。ストレングス＆コンディショニング専門職は、教育、トレーニングレベル、認定資格（例：CSCS、NSCA-CPT、EMT、CPR、First Aid）の範囲内で活動することが期待される。

過失——合理的で賢明な人物が同様の状況下で行うであろうことをしなかったこと。ストレングス＆コンディショニング専門職の過失とみなされる要素として、義務、義務不履行、近因、損害の4つがある（20）。そのストレングス＆コンディショニング専門職に行動を起こす義務があり、適切な注意の基準に従って行動することを怠ったため（義務不履行）、予測可能な事象の自然な結果により（近因）、他者に対して（身体的もしくは経済的な）損害を与えたことが明らかになった場合に過失とされる。たとえば、あるストレングス＆コンディショニング専門職がレジスタンストレーニングマシーンのケーブルがかなり磨耗していることを見ていたが、「故障中」の掲示をしなかったとする。ある選手がそのマシーンを使用し、傷害を負った場合、そのストレングス＆コンディショニング専門職には過失があったと判断される可能性がある。その専門職の義務は、ケーブルを修理する（修理を手配する）か、「故障」の掲示をすることであったが、行動に移さず、害を及ぼす危険性のある壊れかけたケーブルによって、選手が傷害を負っている。

リスクの引き受け——活動への参加にはリスクが内在することを認識し、その前提の下で活動への参加を任意に決定すること（11）。ストレングス＆コンディショニングを含むスポーツの活動はすべて、ある程度のリスクを含む。選手は、リスクについて十分に情報を伝えられ、その趣旨の文書に署名しなければならない。

事前スクリーニングおよび医師の許可

選手はストレングス＆コンディショニング施設の利用にあたって、関連する統括組織（例：NCAA、スポーツ医学スタッフの組織、高校のスポーツ協会）の要求に従ってメディカルチェックを受け、許可を得なければならない。この要求は、Strength and Conditioning Professional Standards and Guidelines（20）のセクション1に基づく。基準1.1「選手は参加前に必ず医療従事者のメディカルチェックを受け、許可を受けなければならない」。ストレングス＆コンディショニング専門職は、健康診断結果のコピーを求める必要はないが、参加を許可する医師からの証明書を受け取る必要がある。傷害や疾病から復帰しようとしている選手、特別の対応が必要な選手（例：糖尿病、喘息、てんかん、高血圧症）に対しても、ストレングス＆コンディショニングプログラムの開始前、またはプログラムへの復帰前に医師の許可を得ているかを確認するべきである。

各選手がスポーツ医学スタッフによるスクリーニングを受け、参加を許可されたことを記録として確認する書類は、選手の参加前にストレングス＆コンディショニングプログラムのメインオフィスに保管しておく手順とする。ただし、選手に対してストレングス＆コンディショニングプログラムへの正式な参加を許可するのは、スポーツ医学スタッフ（例：チームまたはプログラムに関与する、資格を持ったアスレティックトレーナー、医師、理学療法士）の責任においてである。このことは、学校という場において、編入学で学校およびプログラムに新しく入る選手、傷害や疾病から復帰しようとしている選手の両方にあてはまる。個人の医学的（健康）状態の分析・評価は、ストレングス＆コンディショニング専門職の**実践範囲**（厳密な法的範囲および専門的職務）ではないため、この規定は重要となる。つまり、参加に関する医学的診断（とそれについての証明）を与えることができ、参加に関係するあらゆる疑問にも答えられるのは、スポーツ医学スタッフだけである。

適格基準

ストレングス＆コンディショニングスタッフが、対象となるトレーニング参加者に注意と努力を集中できるように、適格基準を確立しておく。以下に、ストレングス＆コンディショニング施設の使用を認められる典型的な個人・集団を挙げる。

- アスレティックデパートメント（大学の体育局）が後援するスポーツクラブに参加しているフルタ

イムもしくはパートタイムの学生選手。
- 学校に在学届を提出し、ヘッドコーチによってチームへの参加が承認された次期新入生、または編入してきた選手。
- 体育の授業の学生。
- アスレティックデパートメントに所属するコーチおよび運営スタッフ。
- スポーツ医学部門のスタッフ。
- 適格基準を満たし、アスレティックデパートメントが後援するクラブにかつて参加していた卒業生選手。
- アスレティックデパートメント、またはストレングス＆コンディショニングのディレクターによって承認された個人およびグループ。

これ以外の個人あるいはグループが、ストレングス＆コンディショニング施設の利用を希望する場合がある。その場合、その個人あるいはグループはアスレティックデパートメントあるいはストレングス＆コンディショニングのディレクターによる事前の認可を得なければならず、適切な管理のために、施設をいつ利用するかを、施設利用に先立って決めなければならない。一貫性と客観性を保つために、ケースバイケースで決定するのではなく、参照する方針を定めておくほうがよい。施設利用料にも関係する場合もあり、このような方針はとくに重要である。外部団体によるストレングス＆コンディショニング施設の使用の可否を決定するうえで共通する基準の例を以下に示す。

- アスレティックデパートメントのディレクターによってあらかじめ使用が認可されていなければならない。
- ストレングス＆コンディショニングディレクターによってあらかじめ使用が認可されていなければならない。
- ストレングス＆コンディショニングスタッフが、プログラムもしくはセッションを監督しなければならない。
- プログラムもしくはセッションは、選手が使用しない時間帯に設定しなければならない。
- 使用する個人または団体は、損害賠償保険証を提出しなければならない。

- 参加者は全員が免責同意書に署名しなければならない。賠償責任免責同意書の書式例を図24.5に示す。このような書面を使用する前に、現行の地方および国における法律に適合しているか確認すること。
- 参加者は全員ストレングス＆コンディショニング施設の規則・規制に従わなければならない。
- アスレティックデパートメントのディレクター、ストレングス＆コンディショニングディレクターは、正当な理由があれば個人または団体の施設利用を制限する権限がある。

記録の管理

記録書類は、ストレングス＆コンディショニング施設の効率的な運営において必須である。清掃やメンテナンス、安全手順に関する書類、メーカーの保証書やガイドライン、リスクの引き受けに関する書類、医学的免責同意書や健康診断の結果を示す書類、スタッフの資格証明書、専門的なガイドラインや推奨事項（例：ウェイトベルトの使用、レジスタンストレーニングのテクニック）、傷害発生報告書などのファイルを、安全に保管しておくべきである(20)。傷害発生報告書は、傷害に対する訴訟に備えてできるだけ長期間保管するべきである。個人が民事訴訟を起こすことができる期限（**出訴期限**）は、州によって、また国によって異なる。したがって、ファイルは無期限に保管するか、あるいは法律関係当局に確認するとよい(12)。

責任保険

競技への参加による傷害発生の可能性があるため、ストレングス＆コンディショニングスタッフは専門職賠償責任保険への加入が不可欠である（とくに、施設の方針でその部分がカバーされない場合）。賠償責任保険とは、契約上の保証であり、加入者が保険料を払い込むのと引き換えに、保険業者は定義された賠償責任のリスクに由来する損害に対して、定義された金額を上限として保険業者のコストによって弁護および補償を行うというものである。ストレングス＆コンディショニング専門職は人事部長、法律コンサルタント、専門職団体（例：NSCA）に相談し、詳しい情報を得るべきである。

> 保険とは、契約上の保証であり、加入者が保険料を払い込むのと引き換えに、保険業者は定義された賠償責任のリスクに由来する損害に対して、定義された金額を上限として保険業者のコストによって弁護および補償を行うというものである。

製造物責任

製造物責任とは、製品使用の結果として傷害または損害を被った場合の製造元または販売元の法的な責任を指す (1)。ストレングス&コンディショニング専門職は製品を製造・販売しているわけではないにしても、製造物責任訴訟で共同被告人の対象となり得る。したがって、ストレングス&コンディショニング専門職は、製造物責任の概念と自分自身が訴訟のリスクをこうむる可能性のある行動を理解することが重要である。製造物責任は製品のメーカーまたは販売元にのみ当てはまるが、メーカーまたは販売元の責任を無効にし、ストレングス&コンディショニング専門職に責任がかかるとされる行為も存在する。メーカーまたは販売元の責任の有無を考慮するうえで重要事項となる2点が、製品が販売時の状態から改造されていたかどうか、またメーカーの意図通りに使用されたかどうか、である (5)。ストレングス&コンディショニング機器によって引き起こされる選手の傷害を回避するために、次の段階を踏む。

- メーカーの意図している目的のみに機器を使用する。利用者の年齢や体格の指定を含む、機器に付属するメーカーの使用説明書を参照する。
- 機器が現在の専門基準とガイドラインを満たしていることを確認する。専門団体や専門家によって

外部の個人またはグループによる施設利用のための権利放棄承諾書の例

（学校名）

権利放棄承諾書

私は、＿＿＿＿＿（学校名）＿＿＿＿＿ストレングス&コンディショニング施設を使用することについて、ここに同意し、理解のうえで署名します。

さらに、私はストレングス&コンディショニング施設とその設備・機器の使用によってケガという結果となる、あるいは自ら受傷するという可能性があるというリスクについて説明を受けたことを同意します。

私は、ストレングス&コンディショニング施設およびその設備・機器の使用において、そのようなリスクについて同意し、引き受けます。

私は、ストレングス&コンディショニング施設およびその設備・機器の使用の結果として傷害を受けた場合、＿＿＿＿＿（学校名）＿＿＿＿＿、コーチ、アスレティックトレーナー、スーパーバイザー、あるいはその他従業員に一切責任を問わないことに合意します。

私はこの「免責」合意文の内容について熟読し、完全に理解し、私の自らの任意の行為として行います。

私は、＿＿＿＿＿（学校名）＿＿＿＿＿のストレングス&コンディショニングスタッフの希望に従い、私のエクササイズを修正することを求められれば、そのことに合意します。また、私は、＿＿＿＿＿（学校名）＿＿＿＿＿のストレングス&コンディショニングスタッフによってストレングス&コンディショニング施設から退去するよう命じられれば、退去することに合意します。

署名：＿＿＿＿＿＿＿＿＿＿＿＿＿＿＿＿＿＿＿＿＿＿＿＿＿＿＿＿＿＿＿＿＿＿

日付：＿＿＿＿＿＿＿＿＿＿＿＿＿＿＿＿＿＿＿＿＿＿＿＿＿＿＿＿＿＿＿＿＿＿

氏名（ブロック体で記入）：＿＿＿＿＿＿＿＿＿＿＿＿＿＿＿＿＿＿＿＿＿＿＿

図24.5 すべての参加者は免責同意書に署名する必要がある。この例は、地方自治体および国の条例や法律に沿って修正すべきである。施設利用中の受傷の責任を軽減することは、リスクマネジメントにおいて重要である。
Earle 1993 (7); Epley 1998 (8) より転載。

安全性が低い、あるいは効果的でないとされている機器は購入・使用しない。機器のリコールに注意し、リコール対象となった機器はただちにメーカーに返却する。

- 評判がよいメーカーからのみ購入する。ストレングス＆コンディショニング専門職は、そのメーカーあるいは販売元のこれまでの安全性に関する記録を調べ、クレームが起こっていないかを調査しなければならない。これらの情報は、ベター・ビジネス・ビューロー（米国商事改善協会）、ストレングス＆コンディショニング専門職たち、専門職団体などから得られる。

- 改造方法が明確に指定されておらず、改造指示が製品情報に含まれていなければ、機器を改造してはならない。機器によっては、フィッティングなど特定のニーズに合わせて改造するように設計されているが、その場合は改造指示に正確に従わなければならない。

- 新規購入機器には付属の警告表示をすべて掲示する。警告ラベルがマシーンのすぐ目につく位置に貼られていない状況で使用者が負傷した（その傷害が警告ラベルに明記されている内容に関するものであった）場合、ストレングス＆コンディショニング専門職に責任ありと判決が下される可能性がある。

- 故障や磨耗など、選手を傷害のリスクにさらすかもしれない問題が機器にないかを定期的に細かくチェックする。潜在的な問題を認識するためには、ストレングス＆コンディショニング専門職が機器の目的や機能（性能）、制限因子について、さらには、傷害を引き起こす機器の使用法について理解しなければならない。新規購入した機器は、使用前に必ず点検する。新しい機器が壊れた状態で到着した場合は、ただちにメーカーか販売元に連絡し、交換させる。現存する機器が破損した場合は、修理または交換するために撤去する。機器が大きすぎて移動できない、保管場所が確保できないなどの場合には、使用不可の掲示を機器に貼る。

- 監督下にない選手には機器を使用させない。ストレングス＆コンディショニング専門職が選手を常に管理・監督することで、意図された目的に沿った適切なテクニックでの機器の使用が確実なものとなる (20)。

規律

ストレングス＆コンディショニングディレクターは、選手が施設規則を理解し、厳守する意思を確認するために、施設を利用する前にすべての規則に同意するサインを選手に求めてもよい。このプロセスによって、影響を予想できずに行った誤った行動による問題発生を減らすことができる。規則を実施する際には、違反の内容に応じて課される懲戒を定め、掲示および文書化する必要がある。エクササイズやコンディショニングの身体活動を罰として用いることは推奨されない。大学のコンディショニングセッションにおける突然死予防のための団体間提携タスクフォース（Inter-Association Task Force for Preventing Sudden Death in Collegiate Conditioning Sessions）によると、「どのような状況であっても、競技選手に傷害や突然死という身体的なリスクを高める身体的な義務を追加して課すべきではない」(p.478) としている。下記は繰り返される違反に適用された段階的な罰則の例である (7)（この種の方針は、アスレティックデパートメントのディレクターや競技コーチら全員の全面的な支援と関与により確立される。一般に、1回目、2回目の違反ではストレングス＆コンディショニングスタッフが懲戒処置を課す必要はなく、そのような状況では、競技コーチが対処を望むことが大半である）。

- **1回目の違反**：スタッフによる口頭での警告、違反した規則あるいはガイドラインの本質や重要性についての説明、さらに2回目の違反を起こした場合の懲戒処置の通告。

- **2回目の違反**：1日の施設利用禁止、スタッフによる違反の文書化、競技コーチへの連絡、3回目の違反が起こった場合の懲戒処置の通告。

- **3回目の違反**：1週間の施設利用禁止、スタッフによる違反の文書化、競技コーチへの連絡、4回目の違反が起こった場合の懲戒処置の通告。

- **4回目の違反**：その年の施設利用禁止、スタッフによる違反の文書化、競技コーチとアスレティック部門のディレクターへの連絡、5回目の違反が起こった場合の懲戒処置に関する通告。

- **5回目の違反**：施設からの永久追放、スタッフによる違反の文書化、競技コーチおよびアスレティック部門のディレクターへの連絡。

サプリメント、エルゴジェニックエイド、禁止物質

ストレングス＆コンディショニング専門職は、栄養とサプリメントのアドバイスを求められることが一般的である。ストレングス＆コンディショニング専門職はNSCA倫理規定を守ることが期待される。Strength and Conditioning Professional Standards and Guidelinesの基準9.1には、以下のように記述されている。

ストレングス＆コンディショニング専門職は、競技パフォーマンスやコンディショニング、体格などの改善を含む目的で、非合法あるいは禁止された有害な薬や規制された物質、サプリメントを処方あるいは推奨、提供してはならない。合法で科学的に有益であり、あるいは少なくとも害をなさない物質のみ、ストレングス＆コンディショニング専門職によって、参加者へと推奨もしくは提供されることがあるかもしれない。その場合も、18歳以上のみが対象である。

ルールおよび規制については、競技の統括団体（例：NCAA、米国オリンピック委員会、MLB、NBA、NFL、NHL）によって異なる。ストレングス＆コンディショニング専門職は、最新のルールおよび規制について知るとともに、栄養的サプリメントの効果を支持または否定する科学的エビデンスを探すべきである。ストレングス＆コンディショニング専門職は、栄養的サプリメントについてスポーツ栄養士に相談すべきである。

スタッフの方針と活動

ここでは、ストレングス＆コンディショニング施設において一般的に確立されたさまざまな運営方針や、一般的に行われている活動について論じる。この情報は参照用としてのみ提供されるものである。各ストレングス＆コンディショニング施設の特徴に応じて、それぞれ独自の運営方針や活動が適用されるだろう。

オリエンテーションミーティング

一般に、新年度もしくはシーズンの開始時に、ストレングス＆コンディショニング施設の最初の使用の前に、選手と競技コーチを対象としたオリエンテーションミーティングを実施する。このミーティングでは、ディレクターが、施設およびスタッフの電話番号を伝え、スタッフの仕事（目標や目的、プログラムのミッション）、チームトレーニングのスケジュールを含む業務時間、施設規則、懲罰の対象となる行為、緊急時の手順などについて説明する。優先利用の要件および被任命資格の必要条件について説明を行うべきである。ストレングストレーニングのオリエンテーションでは、（補助を行うのが適切な場合における）補助のテクニック、正しいエクササイズテクニック、不適切あるいは不注意なエクササイズあるいは補助に伴う一般的なリスクを含めた適切な設備・備品の使用についても含めるべきである。

報告および文書化

前述したように、適切な文書化と記録を残すことは、ストレングス＆コンディショニングプログラムおよび施設の管理およびモニターにおいて不可欠である。緊急事態あるいは傷害が発生した場合に備えて、リスクマネジメントのための指揮命令系統を確立しておくことは重要である。これには、コーチ、S&Cディレクター、スポーツ医学関係者、アスレティックディレクターが含まれるだろう。参加者のプライバシーと機密の保護に大きな努力を払うべきである。医療保険の相互運用性と説明責任に関する法律（HIPAA）などの米国連邦法を順守し、参加者のヘルスケア情報は書面による許可なく開示してはいけない。この情報には、スポーツ医学スタッフによる傷害報告書も含まれる。傷害発生時には、事案−傷害報告のフォームに記入し、ファイルを保管すべきである（19）。

このほか、ストレングス＆コンディショニングプログラムを運用するうえで重要となる書類には、以下が含まれる（20）。

- 資格証明書
- 専門職の基準とガイドライン
- 運用と安全のための方針および手順（書面化された緊急時の計画）
- メーカーから提供される備品の取扱説明書（保証

書、運用ガイドライン、導入、設定）
- 設備・備品、施設のメンテナンス（点検、メンテナンス、清掃、修理）
- 事前の医師による許可
- 参加への復帰の許可
- インフォームドコンセント（十分な説明を受けたうえでの同意書）、ウェイバー（免責同意書）、個人連絡先
- トレーニングの記録、評価、指導ノート

　参加者は、オリエンテーションミーティングにおいて、これらの法的な書類に記入およびサインすべきである。

倫理規定とプロ意識

　倫理規定には、専門職が責任をもつべき基準および原則が含まれている。ほとんどの専門職組織は、倫理規定や行動規範を持っており、メンバーはこれらに従い、業務上の実践においてこれらを適用することに合意しなければならない（17）。これらの規定は、プロフェッショナリズム（プロ意識）と高い倫理的行動基準を確立しつつ、各個人の権利と尊厳を守ることを意図している。ストレングス＆コンディショニング専門職は、NSCA 倫理規定とともに、適用されるのであれば所属機関の倫理規定や学生選手の行動規範について熟知すべきである。一般的に、競技選手の福祉が最も重視される。いじめやしごき、ソーシャルメディアのガイドラインもまた取り上げることができる。加えて、服装やドレスコード、電話、パーソナルでのワークアウト、会社の設備・備品の個人使用に特化した方針や、コーチと選手間、コーチとインターン間、コーチと競技コーチ間の関係や、ウェイトルームにおける選手の行動についての基準をどの程度まで示すか検討する（4,18）。これらの明文化された原則は、ストレングス＆コンディショニングプログラムの効率を高めつつ、基準の品位を高く保つことを意図している。

指導と監督

　認定資格を持つストレングス＆コンディショニング専門職には、安全で有効なストレングス＆コンディショニングテクニックを選手に適切に指導する責務がある。指導では、安全な方法で選手にスキルを

教え、必要ならば修正を加える。レジスタンストレーニングでは、挙上するウェイトの量より安全で正しいテクニックを重視することが、傷害の発生、そしてその結果生じる責任問題の発生の抑制につながる。指導の方法や手順、漸進は、専門的なガイドラインと基準に合致しているものを用いる（5）。

　さらに、最高のパフォーマンスや安全性、指導を達成するためには、直接、監督することに限る。スタッフメンバーは、明確にコミュニケーションを行う能力と、選手と監督する区域（施設全体でない場合）の両方を見る能力を持っておかなくてはならない。安全装置を適切に使用するとともに、スポッター（補助者）が不可欠である（19）。フリーウェイトが継続して体幹の上にある、あるいは顔面および頭の上をウェイトが動くエクササイズを行う場合、スタッフは安全かつ適切に、また効果的にスポッティングする（補助を行う）ために、選手と効果的なコミュニケーションを取るべきである。監督の原則には、以下が含まれる（5）。

- 常にそこにいること。
- 行動的かつ現場主義的であること（自ら実践的であるべし）。
- 慎重かつ用心深く、準備万端であること。
- 能力（資格）があること。
- 気を配ること。
- 参加者に安全と緊急時の手順について知らせること。
- 参加者の健康状態について知ること。
- ルールと規則を守らせること。
- 環境をモニターし、詳細に調べる。

Strength and Conditioning Professional Standards and Guidelines のガイドライン 3.1 には、以下のように記述されている。

　ストレングス＆コンディショニングの活動を計画し、利用のピーク時において必要な数の有資格者を用意する必要がある。また、参加者あたりの最低床面積（100平方フィート。訳注：9.3m^2）、専門職－参加者比（中学校で 1：10、高校で 1：15、大学で 1：20）、参加者数に対するバーベル数やトレーニングステーション数などのガイドラ

インを満たさなければならない（p.10）。

　選手が負傷した際の裁判では、推定で80％において監督に関する言及がなされている（5）。不適切な指導や監督が主因であることがしばしばある。選手は全員が常に監督下にあるべきで、それには活動すべてを監視する、認定資格を持ったストレングス＆コンディショニング専門職が実際の現場にいることが求められる（12,13,15）。適切に監督を実施するためには、施設と選手がはっきりと見える位置に監督ステーションを設置する必要がある（17）。また、推奨されるスタッフ－選手比を遵守しなければならないが、これはトレーニングの種類によって異なる。たとえば、選手のグループがマシーンサーキットトレーニングを行っている場合、フリーウェイトのリフティングを行う選手ほどの監督は必要とされない。また、トレーニング歴の短い選手は、ウェイトルームでの経験の長い選手に比べてより多く監督指導する（面倒を見る）必要がある。

　監督がパフォーマンスに及ぼす影響については、監督の比率がより低い中でトレーニングを行った被験者よりも、（監督の比率が高い被験者のほうが）筋力増加が大きかった（10）。従業員および実践者は、安全性およびパフォーマンス獲得において人員配置が重要であること、また実際には適切な比率はさまざまな理由により常に可能ではないこと、できる限り早く適切な比率の目標へ到達できるよう継続的に取り組むことが現実的であることを理解すべきである。

　ストレングス＆コンディショニング専門職は、チーム練習や試合、チームの移動への帯同を要請されることが一般的である。施設のコーチ－選手比を低下させない限りにおいて、こうしたことへの参加は奨励されるべきである。

▶ 傷害発生のリスクは完全に排除できないが、ストレングス＆コンディショニング専門職はそのリスクを効果的に管理することができる。

プログラムデザイン

　効果的なストレングス＆コンディショニングプログラムは、意図する結果を伴って競技に特異的なパフォーマンスを促進し、ケガへの耐性を高めるため

に科学的原理に基づくべきである（6）。プログラムの強度は、NSCAの基準およびガイドラインの範囲内とすべきである。ストレングス＆コンディショニングトレーニング計画を作成する際には、情報源として第14章から第21章、そしてNSCAのさまざまなポジションペーパー（Position Statementの論文）を参照いただきたい。S&Cディレクターは、リコンディショニングを含めたすべてのパフォーマンストレーニングプログラムを監督およびモニターしなければならない。チームがプログラムを開始する前に、スタッフがデザインした全プログラム（例：実施するエクササイズのリスト）のコピーをディレクターのオフィスに保管しておかなければならない（18）。

ワークアウトシート（ワークアウトカード）

　ワークアウトシートの作成過程は、ストレングス＆コンディショニングプログラムによって異なる。ストレングス＆コンディショニング活動は、事前に決めておくべきであり、したがって選手はトレーニングするときには承認されたワークアウトシートを持っていなければならない。適切な強度および量－負荷についてモニターされることを担保するため、追加的なワークアウトは、監督しているストレングス＆コンディショニングコーチの承認が必要である。ストレングス＆コンディショニングスタッフは、各選手のワークアウトシートに記載されている全エクササイズに精通していなければならない。また、ディレクターやスポーツ医学スタッフから指示が出されない限り、ワークアウトシートに記載されていないエクササイズを行うように選手に勧めてはならず、また指示が出された場合にはセッション後すぐに文書化するようにする。ディレクターは、プリオメトリックス、アジリティ、スピード向上ドリルを含めたチームのワークシートに記載されている各エクササイズについて、エクササイズの動作テクニックを選手にどのように教えるかをスタッフに通知し、デモンストレーション、指導を行う必要がある。さらなる監督のために、実践者は基礎エクササイズの最後のセットをスタッフメンバーに見てもらい、正しく行えているかを確認するよう求めることを考慮するかもしれない。トレーニングプログラムを実施する際には、一貫した言い回し（用語の統一性）を確立することが推奨される。

施設運営

　ストレングス&コンディショニング施設の運営規則は、安全かつ清潔で専門的なトレーニング環境を提供するという目標に向けて、施設内での行為や行動、秩序、プログラムの進行に関するガイドラインを利用者に提供するために重要である。一般的な施設規則とガイドラインのリストは図24.6を参照してほしい。これらのリストは、施設利用者が簡単に見ることができるトレーニングエリアに掲示するべきである。

　各ストレングス&コンディショニング施設はそれぞれ独自の特徴を持っており、それぞれ独自の運営方針や活動が適用されるということを理解しておく。利用できる設備および備品や、施設の大きさ、チームの規模により、指導に伴う理論的な困難さや業務時間が示される。ワークアウトのフォーマットは、スケジュール決定における最大の選手数に影響を受けることを考慮すべきである。とくに小さな大学や高校では、適切な監督の比率を満たしつつ利用可能な設備・備品と時間に基づき、実践者が最大数の選手とともに働くことができるようにすることがストレングス&コンディショニングプログラムを構成する際の目標である。どのような場合であっても、チームのトレーニング時間における優先順位は、そのチームが現在どのシーズンであるかによって決まる。典型的には、インシーズンのチームはトレーニングのスケジュールが練習や試合のスケジュールを中心として決まっていくため、オフシーズンのチームよりも優先となる。オフシーズンのチームは、もし施設が一度に複数のチームを収容できない場合、譲歩して朝早い時間帯にトレーニングしなければならないかもしれない。

　解決策の1つが、月−水−金の形式でオフシーズンのチームに割り当て、インシーズンのチームは火−水に割り当てるというものである。もし金曜日の試合が、大会組織により変更されたら、第2のシナリオは、オフシーズンのチームの一部を月−火−木に割り当て、別の一部を火−木−金に割り当てるというものである。これにより、インシーズンのチームは月−水に施設を使うことができる。オフシーズンのチームを午後の練習時間にすることも考慮する。インシーズンのチームが施設の過密を軽減するためにスケジュールを前後にずらしてもよい（3）。

　施設の業務開始および終了時の手順や方針は、ストレングス&コンディショニング施設の日々の業務や点検、清掃に基礎を置く。加えて、休日や所属機関の学業のカレンダー、音響の使用、オフィスアワー（業務時間）、倉庫、スタッフのロッカールームの活動についての詳細な業務手順を示すことを考慮すべきである。繰り返しとなるが、これらの明文化された原則は、プログラムの有効性を促進しながら施設の効率を高めることを意図している（19）。

緊急時の計画と対応

　注意の基準を提供することは、責任を共有するということであるが、共有するのは医学関係者や競技コーチ、ストレングス&コンディショニング専門職、運営担当、機関のみに限定されない。緊急事態が発生したとき、生命の安全は常に最優先である。競技における負傷を含めた緊急事態は、活動中はいつでもどこでも起こり得るということを覚えておく。環境的な状況や、生命に関わる、または関わらない状況それぞれのための文書化した対応計画を持っておくと、緊急時において適切な手順を示し、それに従って実際に行うためのガイドラインとなってくれるだろう。この**緊急時対応計画**とは、傷害発生時の対処の適切な手続きを詳述した文書である。ストレングス&コンディショニング施設内の人員は全員が緊急時対応計画を理解し、緊急時の正しい対処法を知っていなければならない。

緊急時対応計画の構成要素

　以下には、緊急時対応計画に含まれる、もしくは記述される典型的な項目を示した。

- EMS（緊急医療サービス）発動の手順（訳注：救急車の要請の緊急通報など）。
- 第一、第二、第三に連絡をとるべき人の名前と電話番号。
- ストレングス&コンディショニング施設の具体的な所在地（緊急医療サービスに伝えるため）。
- 電話の位置。
- 最も近い出口の位置。
- 傷害に対処することのできる資格を持った人員（つ

施設の規則とガイドライン

- 選手は、参加する前に参加前スクリーニングを受け、許可を受けなければならない（5）。
- 参加する前に、すべての選手はレジスタンストレーニングに関連する共通のリスクや、さまざまなエクササイズの適切な実施方法、適切なテクニックでエクササイズを行わない場合に起こりうる結果などに関するオリエンテーションに参加しなければならない。
- 選手はワークアウトシートを持ち、それに従い、ワークアウト内容を記録すべきである。
- もしワークアウトの一部を行うことができない傷害がある場合、その選手はどのエクササイズを避けるべきか、また代わりにどのようなエクササイズを行うとよいかについてスポーツ医学部門が処方した修正プログラムを受け取らなければならない。
- 選手は、バーベルの両端に固定器具（ロック）をつけることが求められる。
- スクワットラックまたはパワーラックの外でスクワットを行ってはならない。
- パワーエクササイズのためのプラットフォームでは、バンパープレート（落としても傷つけないようなゴムで覆われたプレート）を使う必要がある。
- ウェイトベルトが機器のクッション部分にあたってしまう場合は、ウェイトベルトを着用してはならない。
- 選手はラック上にあるバーからのみウェイトを移動させるべきである。床でプレートを装着したり、機器や壁にもたれかけさせたりしてはならない。選手は、正しい順序でダンベルをラックに戻すべきである。選手は、ウェイトやダンベルを落としたり投げてはならない。
- 選手は、設備・備品や施設をいつも大切に扱うべきである。たとえばつばを吐く、機器を壊すなどの行為は許されない。即座に退出させられることになるだろう。
- ウェイトルームでは集中力が要求される。したがって、馬鹿騒ぎをしたり、叫ぶ、攻撃的な言葉を発する、かんしゃくを起こすといった行為は許されない。
- 特別に許可が与えられている場合以外で、選手がスタッフオフィスに立ち入ったり、電話を使用することは禁止されている。
- 選手はトレーニング実施に適した服装をすべきである。とくにシャツや運動靴は常に着用すべきである。
- バーを背部や肩の前部に乗せるようなエクササイズや、バーやダンベルが顔面や頭上を通るようなエクササイズを行う場合、選手は補助者をつけるべきである。パワーエクササイズにおいては、補助を行うべきではない。
- 選手は、施設や設備・機器によってケガを負ったり、不備や未整備があれば直ちに管理者に伝えるべきである。
- タバコ、食べ物、チューインガム、ガラス瓶、缶、アルコール、薬、禁止物質をストレングス＆コンディショニング施設に持ち込むことは禁じられる。ただしペットボトルに入った水はかまわない。
- 施設監督スタッフは、利用者の携帯品について、またそれらの紛失や盗難について一切の責任を負わない。
- ゆるいネックレスやブレスレット（腕輪）、吊り下げ型のイアリング、時計のような装身具は着用しない。
- 選手は壁に足をつけない。
- 選手は、チョークやパウダーを床につけることは最小限に留める。
- 来客や見学者は、免責同意書に署名するためにオフィスを訪れる必要がある。
- かつて所属した選手は、プログラムについてあらかじめ承認を受け、また免責同意書に署名しなければならない。
- 選手のトレーニングを妨げない限り、アスレティック部門の構成員は、個人的なワークアウトのために施設を利用することができる。
- アスレティック部門の構成員以外の者は、免責同意書に署名した後に、アスレティックディレクターの許可を得てから施設利用が認められる。許可される利用者には、選手、学生、来客、スタッフ、許可を得た教職員、元選手、家族、ビジターチームなどが含まれるだろう。
- ウェイトルームから撤去される機器は、施設監督スタッフによって確認されたものに限られ、施設監督スタッフのデスクで必ず記録される。
- 勤務中の施設管理スタッフには、ウェイトルームにおける行為や機器の使用に関して全権が委任されており、指示に従うことを拒否する選手は退去させてもよい。

図24.6 規則やポリシーに関するリストは、トレーニングエリア内の見やすいところに掲示されるべきである。
Earle 1993 (7); Epley, Flight manual, 1998 (8); Epley, Make the play, 1998 (9) より改変。

まりスポーツ医学スタッフ）の指定。
- 救急車の進入路。
- 救急用資機材と救急箱（ファーストエイドキット）の位置。
- 火事、竜巻、生命に関わるケガ、犯罪、テロなどが起こった場合の行動計画。

はっきり目に見える位置に救急医療計画を掲示することに加えて、ストレングス＆コンディショニング専門職は全員が最新の応急処置（First Aid）や心肺蘇生法（CPR）の資格を更新し、少なくとも四半期ごとに緊急時対応計画の訓練を行うことが重要である。

緊急時の人員

働く人たちがお互いに協力し、準備しておく医学的な担当範囲の適切なニーズについて考慮し、計画を確立する。緊急時対応計画には、タイミングよく状況を評価するための医師への即時の連絡あるいは連絡の計画を含んでいるべきである。ファーストレスポンダー（初期対応者）として、ストレングス＆コンディショニング専門職その他の実践やスキル指導、ストレングス＆コンディショニングに関わる人は、標準的なファーストエイド（応急処置）やCPR、

AEDを含めた専門資格を取得し、維持すべきである（6,20）。

緊急時のコミュニケーション

直接的なコミュニケーションの経路を確立し、バックアップの計画を作成すること。即時的なコミュニケーションが、緊急時のケアを素早く手配するのに重要である。電話（固定電話や携帯電話）へのアクセスは、もし医学関係者がその場にいないときは実行可能な選択肢の1つである。ストレングス＆コンディショニングプログラムの参加者と監督する者は、施設内外の最寄りの機能する電話がどこにあるか知っておくべきである（6,20）。

救急用資機材

救急用資機材は、緊急事態においてすぐに使えるべきである。標準的ファーストエイド（応急処置）、CPR、AEDの専門資格を維持することは、前もって適切に使用するための訓練を受けていることを意味する。ファーストレスポンダーは、定期的にリハーサルを行うべきである。加えて、参加者の緊急時の情報は、医学関係者によってすぐにアクセスできるべきである（20）。

表24.2　緊急時の手順の例

> **火災**
> **ステップ1**：火災報知機を発動させる
> **ステップ2**：建物から避難する

生命に関わる状況	環境的な状況	生命に危険のない状況
ステップ1：救急通報（日本では119番）を行う。	**ステップ1**：適切な警報を発動させ、事前に決めてある安全な場所への全員の避難を誘導する。	**ステップ1**：ファーストエイドを実施する。
ステップ2：要救護者を動かさない。	**ステップ2**：医学的な助けを必要とするならば救急通報（日本では119番）を行う。	**ステップ2**：医学的な助けを必要とするならば救急通報（日本では119番）を行う。
ステップ3：もし要救護者に意識があるのであれば、ファーストエイドを行う許可を得る。	**ステップ3**：すべての関係者と連絡を取り、救急救命担当者に知らせる。	**ステップ3**：すべての関係者に知らせるための緊急時連絡計画を発動する。
ステップ4：必要があればCPRやAEDを行う。	**ステップ4**：すべての関係者に知らせるための緊急時連絡計画を発動する。	**ステップ4**：傷害報告に関する報告書に記入する。
ステップ5：救急隊が到着するまで要救護者の近くを離れない。	**ステップ5**：傷害報告に関する報告書に記入する。	
ステップ6：すべての関係者に知らせるための緊急時連絡計画を発動する。		
ステップ7：傷害報告に関する報告書に記入する。		

NSCA, 2011 (18) より許可を得て転載。

緊急チーム内の役割

それぞれの施設ごとに専門職が緊急時計画を作成することが推奨される。表24.2に、緊急時の手順の計画例を示す。緊急時対策は、非常事態を収拾するための方策のリスト化、緊急チームの一員として連絡するべき重要人物の名前と肩書き、電話番号のリストの準備などが含まれる。各個人の役割は異なるかもしれないが、役割について理解しておくことによって、緊急チームが効果的に機能することが可能となる。

緊急チームには4つの主な役割がある。緊急時においては時間が最も重要な要因であるため、1つ目は、選手への即時の処置である。2つ目は救急用資機材を手配し運んでくることであり、施設利用者は資機材の種類と所在について参加前に知っておくべきである。3つ目は緊急医療システム（EMS、救急車など）を発動することである。繰り返すが、緊急搬送手段が常にその場にあるとは限らないため、直接連絡がつく方法を確立しておくこと。最後の4つ目は、救急車を呼ぶ人は、オリエンテーションミーティングで施設の所在地について、熟知しているべきである。これによって、救急隊が直接現場へ到着することが容易となる。施設への素早い到着と医療機関への搬送のために、明確な経路と直接的な動線を確立しておくこと。

まとめ

ストレングス＆コンディショニングプログラムの方向性と意図はその目標によって決まる。またプログラムの目的が、目標に向けた段階を定めること、そしてプログラムの進行の手助けとなる。目標と目的に基づいて方針と手順が作成され、参加者とスタッフの行動が導かれ、安全なトレーニング環境が提供されることにつながる。ストレングス＆コンディショニング施設についての適切な文書がきちんと集められておらず、適切なメンテナンスが行われていないと、傷害に対する法的な責任が発生する。事前の適切な警告がないまま傷害が発生した場合、過失を主張される場合がある。ストレングス＆コンディショニング専門職は、ストレングス＆コンディショニング施設における日々の業務の中でさまざまな責任を負っており、これには製造物賠償責任の可能性を減らすためにすべての設備・備品が適切に機能するかを確認し、修理する（修理を手配する）ことも含まれる。選手とストレングス＆コンディショニングスタッフに方向性を示し、訴訟の可能性を最小限にするために、本章で紹介した項目に対して提示したガイドラインをもとに、それぞれの施設が独自の運営方針と手順マニュアルを作成するべきである。

重要語句

リスクの引き受け（assumption of risk）
義務不履行（breach of duty）
損害（damages）
義務（duty）
緊急時対応計画（emergency action plan）
インフォームドコンセント（informed consent）
責任（liability）
訴訟（litigation）
ミッションステートメント（mission statement）
過失（negligence）
方針（policies）

手順（procedures）
製造物責任（product liability）
プログラムの目標（program goals）
プログラムの目的（program objectives）
近因（proximate cause）
リスクマネジメント（危機管理）（risk management）
実践範囲（scope of practice）
注意の基準（standard of care）
出訴期限（時効）（statute of limitations）

例題

1. ウェイトルームがピークとなる時間帯において、推奨されるコーチ－参加者比は以下のどれか。
   a. 1：10
   b. 1：15
   c. 1：20
   d. 1：25

2. 選手がストレングス＆コンディショニングプログラムへ正式に参加することを許可するのは、以下のうちどの職種か。
   a. アスレティックディレクター
   b. 選手の両親あるいは保護者
   c. チームの公認アスレティックトレーナー
   d. ストレングス＆コンディショニング専門職

3. 適切な文書化は、ストレングス＆コンディショニング施設において必須である。ストレングス＆コンディショニング施設において、ファイル（保管）すべき書類ではないのは、以下のうちどれか？
   a. メーカーからのユーザーズマニュアル
   b. 参加者のトレーニング記録
   c. 文書化された緊急時の計画
   d. 医学的な既往歴

4. ストレングス＆コンディショニング専門職の知識およびスキルに含まれるコンピテンシー（職務上の能力）ではないものはどれか。
   a. 運動およびスポーツ科学
   b. 運営と管理
   c. 財務および査定
   d. 教育およびコーチング

5. 緊急時計画の構成要素ではないものは、以下のうちどれか？
   a. 救急医学
   b. 緊急時のコミュニケーション
   c. 救急用資機材
   d. 緊急時の人員

例題の回答集

第1章
1. b, 2. a, 3. b, 4. b, 5. b

第2章
1. c, 2. d, 3. c, 4. a, 5. c

第3章
1. b, 2. a, 3. a, 4. c, 5. d

第4章
1. d, 2. a, 3. b, 4. b, 5. a

第5章
1. d, 2. a, 3. c, 4. b, 5. c, 6. d

第6章
1. d, 2. d, 3. d, 4. a, 5. c

第7章
1. d, 2. a, 3. c, 4. d, 5. b

第8章
1. a, 2. d, 3. b, 4. b, 5. c

第9章
1. a, 2. b, c 3. b, 4. d, 5. c

第10章
1. b, 2. a, 3. c, 4. c, 5. a

第11章
1. b, 2. d, 3. b, 4. c, 5. a

第12章
1. a, 2. c, 3. b, 4. d, 5. b

第13章
1. b, 2. c, 3. a, 4. c, 5. b

第14章
1. c, 2. d, 3. c, 4. c, 5. a

第15章
1. d, 2. b, 3. c, 4. b, 5. b

第16章
1. b, 2. c, 3. b, 4. a, 5. c

第17章
1. a, 2. c, 3. b, 4. a, 5. d

第18章
1. d, 2. b, 3. c, 4. c, 5. a

第19章
1. d, 2. c, 3. a, 4. c, 5. b

第20章
1. c, 2. a, 3. b, 4. c, 5. d

第21章
1. b, 2. c, 3. c, 4. b, 5. a

第22章
1. c, 2. b, 3. b, 4. a, 5. d

第23章
1. d, 2. a, 3. c, 4. d, 5. c

第24章
1. c, 2. c, 3. d, 4. c, 5. a

文献

CHAPTER 1 Structure and Function of Body Systems

1. Billeter, R, and Hoppeler, H. Muscular basis of strength. In *The Encyclopaedia of Sports Medicine: Strength and Power in Sport*. 2nd ed. Komi, PV, ed. Oxford: Blackwell Science, 50-72, 2003.

2. Castro, MJ, Apple, DF, Staron, RS, Campos, GER, and Dudley, GA. Influence of complete spinal cord injury on skeletal muscle within six months of injury. *J Appl Physiol* 86:350-358, 1999.

3. Castro, MJ, Kent-Braun, JA, Ng, AV, Miller, RG, and Dudley, GA. Fiber-type specific Ca²⁺ actomyosin ATPase activity in multiple sclerosis. *Muscle Nerve* 21:547-549, 1998.

4. Dudley, GA, Czerkawski, J, Meinrod, A, Gillis, G, Baldwin, A, and Scarpone, M. Efficacy of naproxen sodium for exercise-induced dysfunction, muscle injury and soreness. *Clin J Sport Med* 7:3-10, 1997.

5. Dudley, GA, Harris, RT, Duvoisin, MR, Hather, BM, and Buchanan, P. Effect of voluntary versus artificial activation on the relation of muscle torque to speed. *J Appl Physiol* 69:2215-2221, 1990.

6. Harris, RT, and Dudley, GA. Factors limiting force during slow, shortening muscle actions in vivo. *Acta Physiol Scand* 152:63-71, 1994.

7. Hather, BM, Tesch, PA, Buchanan, P, and Dudley, GA. Influence of eccentric actions on skeletal muscle adaptations to resistance. *Acta Physiol Scand* 143:177-185, 1991.

8. Hunter, GR, Bamman, MM, Larson-Meyer, DE, Joanisse, DR, McCarthy, JP, Blaudeau, TE, and Newcomer, BR. Inverse relationship between exercise economy and oxidative capacity in muscle. *Eur J Appl Physiol* 94:558-568, 2005.

9. Kent-Braun, JA, Ng, AV, Castro, MJ, Weiner, MW, Dudley, GA, and Miller, RG. Strength, skeletal muscle size and enzyme activity in multiple sclerosis. *J Appl Physiol* 83:1998-2004, 1997.

10. Klug, GA, and Tibbits, GF. The effect of activity on calcium mediated events in striated muscle. In *Exercise and Sport Science Reviews*. Pandolf, KB, ed. New York: Macmillan, 1-60, 1988.

11. Mudd, LM, Fornetti, W, and Pivarnik, JM. Bone mineral density in collegiate female athletes: Comparisons among sports. *J Athl Train* 42:403-408, 2007.

12. Ploutz, LL, Biro, RL, Tesch, PA, and Dudley, GA. Effect of resistance training on muscle mass involvement in exercise. *J Appl Physiol* 76:1675-1681, 1994.

13. Tortora, GJ, and Derrickson, B. *Principles of Anatomy and Physiology*. Hoboken, NJ: Wiley, 259, 292-304, 692-699, 704-711, 730-737, 849-852, 857-860, 865-866, 2014.

CHAPTER 2 Biomechanics of Resistance Exercise

1. Almond, LM, Hamid, NA, and Wasserberg, J. Thoracic intradural disc herniation. *Br J Neurosurg* 21:32-34, 2007.

2. Anderson, CK, and Chaffin, DB. A biomechanical evaluation of five lifting techniques. *Appl Ergon* 17:2-8, 1986.

3. Bartelink, DL. The role of abdominal pressure in relieving the pressure on the lumbar intervertebral discs. *J Bone Joint Surg Br* 39-B:718-725, 1957.

4. Chou, LW, Kesar, TM, and Binder-Macleod, SA. Using customized rate-coding and recruitment strategies to maintain forces during repetitive activation of human muscles. *Phys Ther* 88:363-375, 2008.

5. Cleather, DJ. Adjusting powerlifting performances for differences in

body mass. *J Strength Cond Res* 20:412-421, 2006.

6. Cormie, P, McCaulley, GO, Triplett, NT, and McBride, JM. Optimal loading for maximal power output during lower-body resistance exercises. *Med Sci Sports Exerc* 39:340-349, 2007.

7. Dolan, P, and Adams, MA. Recent advances in lumbar spinal mechanics and their significance for modelling. *Clin Biomech* 16 Suppl 1:S8-S16, 2001.

8. Ellenbecker, TS, Reinold, M, and Nelson, CO. Clinical concepts for treatment of the elbow in the adolescent overhead athlete. *Clin Sports Med* 29:705-724, 2010.

9. Folland, J, and Morris, B. Variable-cam resistance training machines: Do they match the angle-torque relationship in humans? *J Sports Sci* 26:163-169, 2008.

10. Frey-Law, LA, Laake, A, Avin, KG, Heitsman, J, Marler, T, and Abdel-Malek, K. Knee and elbow 3D strength surfaces: Peak torque-angle-velocity relationships. *J Appl Biomech* 28:726-737, 2012.

11. Funato, K, Kanehisa, H, and Fukunaga, T. Differences in muscle cross-sectional area and strength between elite senior and college Olympic weight lifters. *J Sports Med Phys Fitness* 40:312-318, 2000.

12. Gowitzke, BA, and Milner, M. *Scientific Bases of Human Movement*. Baltimore: Williams & Wilkins, 1988.

13. Gray, M, Di Brezzo, R, and Fort, IL. The effects of power and strength training on bone mineral density in premenopausal women. *J Sports Med Phys Fitness* 53:428-436, 2013.

14. Greenland, KO, Merryweather, AS, and Bloswick, DS. Prediction of peak back compressive forces as a function of lifting speed and compressive forces at lift origin and destination—a pilot study. *Saf Health Work* 2:236-242, 2011.

15. Hackett, DA, and Chow, CM. The Valsalva maneuver: Its effect on intra-abdominal pressure and safety issues during resistance exercise. *J Strength Cond Res* 27:2338-2345, 2013.

16. Harman, EA, Johnson, M, and Frykman, PN. A movement-oriented approach to exercise prescription. *NSCA J* 14:47-54, 1992.

17. Harman, EA, Rosenstein, RM, Frykman, PN, and Nigro, GA. Effects of a belt on intra-abdominal pressure during weight lifting. *Med Sci Sports Exerc* 21:186-190, 1989.

18. Hartmann, H, Wirth, K, and Klusemann, M. Analysis of the load on the knee joint and vertebral column with changes in squatting depth and weight load. *Sports Med* 43:993-1008, 2013.

19. Hill, TL, and White, GM. On the sliding-filament model of muscular contraction, IV. Calculation of force-velocity curves. *Proc Natl Acad Sci U S A* 61:889-896, 1968.

20. Ichinose, Y, Kanehisa, H, Ito, M, Kawakami, Y, and Fukunaga, T. Relationship between muscle fiber pennation and force generation capability in Olympic athletes. *Int J Sports Med* 19:541-546, 1998.

21. Ikegawa, S, Funato, K, Tsunoda, N, Kanehisa, H, Fukunaga, T, and Kawakami, Y. Muscle force per cross-sectional area is inversely related with pennation angle in strength trained athletes. *J Strength Cond Res* 22:128-131, 2008.

22. Jenkins, NH, and Mintowt-Czyz, WJ. Bilateral fracture-separations of the distal radial epiphyses during weight-lifting. *Br J Sports Med* 20:72-73, 1986.

23. Jorgensen, K. Force-velocity relationship in human elbow flexors and extensors. In *Biomechanics A-V*. PV Komi, ed. Baltimore: University Park Press, 1976.

24. Kahrizi, S, Parnianpour, M, Firoozabadi, SM, Kasemnejad, A, and

711

Karimi, E. Evaluation of spinal internal loads and lumbar curvature under holding static load at different trunk and knee positions. *Pak J Biol Sci* 10:1036-1043, 2007.

25. Kanehisa, H, and Fukunaga, T. Velocity associated characteristics of force production in college weight lifters. *Br J Sports Med* 33:113-116, 1999.

26. Lake, JP, Carden, PJ, and Shorter, KA. Wearing knee wraps affects mechanical output and performance characteristics of back squat exercise. *J Strength Cond Res* 26:2844-2849, 2012.

27. Lander, JE, Bates, BT, Sawhill, JA, and Hamill, J. A comparison between free-weight and isokinetic bench pressing. *Med Sci Sports Exerc* 17:344-353, 1985.

28. Lander, JE, Simonton, RL, and Giacobbe, JK. The effectiveness of weight-belts during the squat exercise. *Med Sci Sports Exerc* 22:117-126, 1990.

29. Maffulli, N, and Bruns, W. Injuries in young athletes. *Eur J Pediatr* 159:59-63, 2000.

30. Mandell, PJ, Weitz, E, Bernstein, JI, Lipton, MH, Morris, J, Bradshaw, D, Bodkin, KP, and Mattmiller, B. Isokinetic trunk strength and lifting strength measures. Differences and similarities between low-back-injured and noninjured workers. *Spine* 18:2491-2501, 1993.

31. Maughan, RJ, Watson, JS, and Weir, J. Muscle strength and cross-sectional area in man: A comparison of strength-trained and untrained subjects. *Br J Sports Med* 18:149-157, 1984.

32. Milone, MT, Bernstein, J, Freedman, KB, and Tjoumakaris, F. There is no need to avoid resistance training (weight lifting) until physeal closure. *Phys Sportsmed* 41:101-105, 2013.

33. Moritani, T, and deVries, HA. Neural factors versus hypertrophy in the time course of muscle strength gain. *Am J Phys Med* 58:115-130, 1979.

34. Perrine, JJ, and Edgerton, VR. Muscle force-velocity and power-velocity relationships under isokinetic loading. *Med Sci Sports* 10:159-166, 1978.

35. Pierson, EH, Bantum, BM, and Schaefer, MP. Exertional rhabdomyolysis of the elbow flexor muscles from weight lifting. *Phys Med Rehabil* 6:556-559, 2014.

36. Raske, A, and Norlin, R. Injury incidence and prevalence among elite weight and power lifters. *Am J Sports Med* 30:248-256, 2002.

37. Reynolds, KL, Harman, EA, Worsham, RE, Sykes, MB, Frykman, PN, and Backus, VL. Injuries in women associated with a periodized strength training and running program. *J Strength Cond Res* 15:136-143, 2001.

38. Rokito, AS, and Lofin, I. Simultaneous bilateral distal biceps tendon rupture during a preacher curl exercise: A case report. *Bull NYU Hosp Jt Dis* 66:68-71, 2008.

39. Rutherford, OM, and Jones, DA. Measurement of fibre pennation using ultrasound in the human quadriceps in vivo. *Eur J Appl Physiol Occup Physiol* 65:433-437, 1992.

40. Scott, SH, and Winter, DA. A comparison of three muscle pennation assumptions and their effect on isometric and isotonic force. *J Biomech* 24:163-167, 1991.

41. Siewe, J, Rudat, J, Rollinghoff, M, Schlegel, UJ, Eysel, P, and Michael, JW. Injuries and overuse syndromes in powerlifting. *Int J Sports Med* 32:703-711, 2011.

42. Stone, MH, Sanborn, K, O'Bryant, HS, Hartman, M, Stone, ME, Proulx, C, Ward, B, and Hruby, J. Maximum strength-power-performance relationships in collegiate throwers. *J Strength Cond Res* 17:739-745, 2003.

43. Toji, H, and Kaneko, M. Effect of multiple-load training on the force-velocity relationship. *J Strength Cond Res* 18:792-795, 2004.

44. Zemper, ED. Four-year study of weight room injuries in a national sample of college football teams. *NSCA J* 12:32-34, 1990.

CHAPTER 3   Bioenergetics of Exercise and Training

1. Adeva-Andany, M, Lopez-Ojen, M, Funcasta-Calderon, R, Ameneiros-Rodriguez, E, Donapetry-Garcia, C, Vila-Altesor, M, and Rodriguez-Seijas, J. Comprehensive review on lactate metabolism in human health. *Mitochondrion* 17:76-100, 2014.

2. Ahlborg, G, and Felig, P. Influence of glucose ingestion on fuel-hormone response during prolonged exercise. *J Appl Physiol* 41:683-688, 1976.

3. Ahlborg, G, and Felig, P. Lactate and glucose exchange across the forearm, legs, and splanchnic bed during and after prolonged leg exercise. *J Clin Invest* 69:45-54, 1982.

4. Allen, DG, Lamb, GD, and Westerblad, H. Skeletal muscle fatigue: Cellular mechanisms. *Physiol Rev* 88:287-332, 2008.

5. Allen, DG, and Westerblad, H. Role of phosphate and calcium stores in muscle fatigue. *J Physiol* 536:657-665, 2001.

6. Altenburg, TM, Degens, H, van Mechelen, W, Sargeant, AJ, and de Haan, A. Recruitment of single muscle fibers during submaximal cycling exercise. *J Appl Physiol* 103:1752-1756, 2007.

7. Åstrand, P, Rodahl, K, Dahl, HA, and Stromme, SB. *Textbook of Work Physiology: Physiological Bases of Exercise*. Champaign, IL: Human Kinetics, 12-17, 2003.

8. Baker, JS, Thomas, N, Cooper, SM, Davies, B, and Robergs, RA. Exercise duration and blood lactate concentrations following high intensity cycle ergometry. *Res Sports Med* 20:129-141, 2012.

9. Barany, M, and Arus, C. Lactic acid production in intact muscle, as followed by ^{13}C and ^{1}H nuclear magnetic resonance. In *Human Muscle Power*. Jones, NL, McCartney, N, and McComas, AJ, eds. Champaign, IL: Human Kinetics, 153-164, 1986.

10. Barnard, RJ, Edgerton, VR, Furukawa, T, and Peter, JB. Histochemical, biochemical, and contractile properties of red, white, and intermediate fibers. *Am J Physiol* 220:410-414, 1971.

11. Barnett, C, Carey, M, Proietto, J, Cerin, E, Febbraio, MA, and Jenkins, D. Muscle metabolism during sprint exercise in man: Influence of sprint training. *J Sci Med Sport* 7:314-322, 2004.

12. Bastien, C, and Sanchez, J. Phosphagens and glycogen content in skeletal muscle after treadmill training in young and old rats. *Eur J Appl Physiol Occup Physiol* 52:291-295, 1984.

13. Berg, WE. Individual differences in respiratory gas exchange during recovery from moderate exercise. *Am J Physiol* 149:597-610, 1947.

14. Bogdanis, GC, Nevill, ME, Boobis, LH, and Lakomy, HK. Contribution of phosphocreatine and aerobic metabolism to energy supply during repeated sprint exercise. *J Appl Physiol* 80:876-884, 1996.

15. Bogdanis, GC, Nevill, ME, Boobis, LH, Lakomy, HK, and Nevill, AM. Recovery of power output and muscle metabolites following 30 s of maximal sprint cycling in man. *J Physiol* 482 (Pt 2):467-480, 1995.

16. Boobis, I, Williams, C, and Wooten, SN. Influence of sprint training on muscle metabolism during brief maximal exercise. *J Physiol* 342:36-37, 1983.

17. Borsheim, E, and Bahr, R. Effect of exercise intensity, duration and mode on post-exercise oxygen consumption. *Sports Med* 33:1037-1060, 2003.

18. Bridges, CR, Jr., Clark, BJ, 3rd, Hammond, RL, and Stephenson, LW. Skeletal muscle bioenergetics during frequency-dependent fatigue. *Am J Physiol* 260:C643-C651, 1991.

19. Brooks, GA. The lactate shuttle during exercise and recovery. *Med Sci Sports Exerc* 18:360-368, 1986.

20. Brooks, GA. Amino acid and protein metabolism during exercise and recovery. *Med Sci Sports Exerc* 19:S150-S156, 1987.

21. Brooks, GA, Brauner, KE, and Cassens, RG. Glycogen synthesis and metabolism of lactic acid after exercise. *Am J Physiol* 224:1162-1166, 1973.

22. Brooks, GA, Fahey, TD, and Baldwin, KM. *Exercise Physiology: Human Bioenergetics and Its Applications*. New York: McGraw-Hill, 102-108, 2005.

23. Buchheit, M, and Laursen, PB. High-intensity interval training, solutions to the programming puzzle: Part I: Cardiopulmonary emphasis. *Sports Med* 43:313-338, 2013.

24. Buchheit, M, and Laursen, PB. High-intensity interval training, solutions to the programming puzzle. Part II: Anaerobic energy, neuromuscular load and practical applications. *Sports Med* 43:927-

954, 2013.

25. Burgomaster, KA, Heigenhauser, GJ, and Gibala, MJ. Effect of short-term sprint interval training on human skeletal muscle carbohydrate metabolism during exercise and time-trial performance. *J Appl Physiol* 100:2041-2047, 2006.

26. Burgomaster, KA, Hughes, SC, Heigenhauser, GJ, Bradwell, SN, and Gibala, MJ. Six sessions of sprint interval training increases muscle oxidative potential and cycle endurance capacity in humans. *Eur J Appl Physiol Occup Physiol* 98:1985-1990, 2005.

27. Busa, WB, and Nuccitelli, R. Metabolic regulation via intracellular pH. *Am J Physiol* 246:R409-R438, 1984.

28. Carling, D. AMP-activated protein kinase: Balancing the scales. *Biochimie* 87:87-91, 2005.

29. Cerretelli, P, Ambrosoli, G, and Fumagalli, M. Anaerobic recovery in man. *Eur J Appl Physiol Occup Physiol* 34:141-148, 1975.

30. Cerretelli, P, Rennie, D, and Pendergast, D. Kinetics of metabolic transients during exercise. *Int J Sports Med* 55:178-180, 1980.

31. Christensen, EH, Hedman, R, and Saltin, B. Intermittent and continuous running (A further contribution to the physiology of intermittent work). *Acta Physiol Scand* 50.269-286, 1960.

32. Coggan, AR, and Coyle, EF. Reversal of fatigue during prolonged exercise by carbohydrate infusion or ingestion. *J Appl Physiol* 63:2388-2395, 1987.

33. Constable, SH, Favier, RJ, McLane, JA, Fell, RD, Chen, M, and Holloszy, JO. Energy metabolism in contracting rat skeletal muscle: Adaptation to exercise training. *Am J Physiol* 253:C316-C322, 1987.

34. Constantin-Teodosiu, D, Greenhaff, PL, McIntyre, DB, Round, JM, and Jones, DA. Anaerobic energy production in human skeletal muscle in intense contraction: A comparison of 31P magnetic resonance spectroscopy and biochemical techniques. *Exp Physiol* 82:593-601, 1997.

35. Coyle, EF, Hagberg, JM, Hurley, BF, Martin, WH, Ehsani, AA, and Holloszy, JO. Carbohydrate feeding during prolonged strenuous exercise can delay fatigue. *J Appl Physiol Respir Environ Exerc Physiol* 55:230-235, 1983.

36. Craig, BW, Lucas, J, Pohlman, R, and Stelling, H. The effects of running, weightlifting and a combination of both on growth hormone release. *J Appl Sport Sci Res* 5:198-203, 1991.

37. Cramer, JT. Creatine supplementation in endurance sports. In *Essentials of Creatine in Sports and Health.* Stout, JR, Antonio, J, and Kalman, D, eds. Totowa, NJ: Humana, 45-100, 2008.

38. Creer, AR, Ricard, MD, Conlee, RK, Hoyt, GL, and Parcell, AC. Neural, metabolic, and performance adaptations to four weeks of high intensity sprint-interval training in trained cyclists. *Int J Sports Med* 25:92-98, 2004.

39. Davis, JA, Frank, MH, Whipp, BJ, and Wasserman, K. Anaerobic threshold alterations caused by endurance training in middle-aged men. *J Appl Physiol Respir Environ Exerc Physiol* 46:1039-1046, 1979.

40. di Prampero, PE, Peeters, L, and Margaria, R. Alactic O_2 debt and lactic acid production after exhausting exercise in man. *J Appl Physiol* 34:628-632, 1973.

41. Dohm, GL, Williams, RT, Kasperek, GJ, and Vanrij, AM. Increased excretion of urea and N-tau-methylhistidine by rats and humans after a bout of exercise. *J Appl Physiol* 52:27-33, 1982.

42. Donaldson, SK, Hermansen, L, and Bolles, L. Differential, direct effects of H^+ on Ca^{2+}-activated force of skinned fibers from the soleus, cardiac and adductor magnus muscles of rabbits. *Eur J Appl Physiol* 376:55-65, 1978.

43. Donovan, CM, and Brooks, GA. Endurance training affects lactate clearance, not lactate production. *Am J Physiol* 244:E83-E92, 1983.

44. Dudley, GA, and Djamil, R. Incompatibility of endurance- and strength-training modes of exercise. *J Appl Physiol* 59:1446-1451, 1985.

45. Dudley, GA, and Murray, TF. Energy for sport. *NSCA J* 3:14-15, 1982.

46. Dudley, GA, and Terjung, RL. Influence of aerobic metabolism on

IMP accumulation in fast-twitch muscle. *Am J Physiol* 248:C37-C42, 1985.

47. Dufaux, B, Assmann, G, and Hollmann, W. Plasma lipoproteins and physical activity: A review. *Int J Sports Med* 3:123-136, 1982.

48. Edington, DW, and Edgerton, VR. *The Biology of Physical Activity.* Boston: Houghton Mifflin, 35-46, 1976.

49. Eriksson, BO, Gollnick, PD, and Saltin, B. Muscle metabolism and enzyme activities after training in boys 11-13 years old. *Acta Physiol Scand* 87:485-497, 1973.

50. Essen, B. Glycogen depletion of different fibre types in human skeletal muscle during intermittent and continuous exercise. *Acta Physiol Scand* 103:446-455, 1978.

51. Fabiato, A, and Fabiato, F. Effects of pH on the myofilaments and the sarcoplasmic reticulum of skinned cells from cardiac and skeletal muscles. *J Physiol* 276:233-255, 1978.

52. Farrell, PA, Wilmore, JH, Coyle, EF, Billing, JE, and Costill, DL. Plasma lactate accumulation and distance running performance. *Med Sci Sports* 11:338-344, 1979.

53. Fitts, RH. The cross-bridge cycle and skeletal muscle fatigue. *J Appl Physiol* 104:551-558, 2008.

54. Fleck, SJ, and Kraemer, WJ. *Designing Resistance Training Programs.* Champaign, IL: Human Kinetics, 65-73, 2003.

55. Freund, H, and Gendry, P. Lactate kinetics after short strenuous exercise in man. *Eur J Appl Physiol Occup Physiol* 39:123-135, 1978.

56. Friedman, JE, Neufer, PD, and Dohm, GL. Regulation of glycogen resynthesis following exercise: Dietary considerations. *Sports Med* 11:232-243, 1991.

57. Fuchs, F, Reddy, Y, and Briggs, FN. The interaction of cations with the calcium-binding site of troponin. *Biochim Biophys Acta* 221:407-409, 1970.

58. Gaesser, GA, and Brooks, GA. Metabolic bases of excess post-exercise oxygen consumption: A review. *Med Sci Sports Exerc* 16:29-43, 1984.

59. Ganong, WF. *Review of Medical Physiology.* New York: McGraw-Hill Medical, 8-10, 2005.

60. Garrett, R, and Grisham, C. *Biochemistry.* Belmont, CA: Brooks/Cole, 536, 2012.

61. Garrett, R, and Grisham, CM. *Biochemistry.* Fort Worth, TX: Saunders College, 618-619, 1999.

62. Gastin, PB. Energy system interaction and relative contribution during maximal exercise. *Sports Med* 31:725-741, 2001.

63. Gibala, MJ, Little, JP, van Essen, M, Wilkin, GP, Burgomaster, KA, Safdar, A, Raha, S, and Tarnopolsky, MA. Short-term sprint interval versus traditional endurance training: Similar initial adaptations in human skeletal muscle and exercise performance. *J Physiol* 575:901-911, 2006.

64. Gollnick, PD, Armstrong, RB, Saltin, B, Saubert, CW, Sembrowich, WL, and Shepherd, RE. Effect of training on enzyme activity and fiber composition of human skeletal muscle. *J Appl Physiol* 34:107-111, 1973.

65. Gollnick, PD, Armstrong, RB, Saubert, CW, Piehl, K, and Saltin, B. Enzyme activity and fiber composition in skeletal muscle of untrained and trained men. *J Appl Physiol* 33:312-319, 1972.

66. Gollnick, PD, and Bayly, WM. Biochemical training adaptations and maximal power. In *Human Muscle Power.* Jones, NL, McCartney, N, and McComas, AJ, eds. Champaign, IL: Human Kinetics, 255-267, 1986.

67. Gollnick, PD, Bayly, WM, and Hodgson, DR. Exercise intensity, training, diet, and lactate concentration in muscle and blood. *Med Sci Sports Exerc* 18:334-340, 1986.

68. Gollnick, PD, and Saltin, B. Significance of skeletal muscle oxidative enzyme enhancement with endurance training. *Clin Physiol* 2:1-12, 1982.

69. Graham, TE, Rush, JWE, and MacLean, DA. Skeletal muscle oxidative enzyme enhancement with endurance training. In *Exercise Metabolism.* Hargreaves, M, and Spriet, LL, eds. Champaign, IL: Human Kinetics, 41-72, 2006.

70. Grassi, B. Delayed metabolic activation of oxidative phosphorylation in skeletal muscle at exercise onset. *Med Sci Sports Exerc* 37:1567-1573, 2005.

71. Green, HJ, Duhamel, TA, Holloway, GP, Moule, J, Ouyang, J, Ranney, D, and Tupling, AR. Muscle metabolic responses during 16 hours of intermittent heavy exercise. *Can J Physiol Pharm* 85:634-645, 2007.

72. Greenwood, JD, Moses, GE, Bernardino, FM, Gaesser, GA, and Weltman, A. Intensity of exercise recovery, blood lactate disappearance, and subsequent swimming performance. *J Sports Sci* 26:29-34, 2008.

73. Häkkinen, K, Alen, M, Kraemer, WJ, Gorostiaga, E, Izquierdo, M, Rusko, H, Mikkola, J, Häkkinen, A, Valkeinen, H, Kaarakainen, E, Romu, S, Erola, V, Ahtiainen, J, and Paavolainen, L. Neuromuscular adaptations during concurrent strength and endurance training versus strength training. *Eur J Appl Physiol* 89:42-52, 2003.

74. Häkkinen, K, and Myllyla, E. Acute effects of muscle fatigue and recovery on force production and relaxation in endurance, power and strength athletes. *J Sports Med Phys Fitness* 30:5-12, 1990.

75. Harris, RC, Edwards, RH, Hultman, E, Nordesjo, LO, Nylind, B, and Sahlin, K. The time course of phosphorylcreatine resynthesis during recovery of the quadriceps muscle in man. *Eur J Appl Physiol* 367:137-142, 1976.

76. Hedman, R. The available glycogen in man and the connection between rate of oxygen intake and carbohydrate usage. *Acta Physiol Scand* 40:305-321, 1957.

77. Henry, FM. Aerobic oxygen consumption and alactic debt in muscular work. *J Appl Physiol* 3:427-438, 1951.

78. Hermansen, L. Effect of metabolic changes on force generation in skeletal muscle during maximal exercise. *Ciba Found Symp* 82:75-88, 1981.

79. Hermansen, L, and Stensvold, I. Production and removal of lactate during exercise in man. *Acta Physiol Scand* 86:191-201, 1972.

80. Hickson, RC. Interference of strength development by simultaneously training for strength and endurance. *Eur J Appl Physiol Occup Physiol* 45:255-263, 1980.

81. Hickson, RC, Dvorak, BA, Gorostiaga, EM, Kurowski, TT, and Foster, C. Potential for strength and endurance training to amplify endurance performance. *J Appl Physiol* 65:2285-2290, 1988.

82. Hickson, RC, Rosenkoetter, MA, and Brown, MM. Strength training effects on aerobic power and short-term endurance. *Med Sci Sports Exerc* 12:336-339, 1980.

83. Hill, AV, and Lupton, H. Muscular exercise, lactic acid, and the supply and utilization of oxygen. *Q J Med* 16:135-171, 1923.

84. Hirvonen, J, Rehunen, S, Rusko, H, and Harkonen, M. Breakdown of high-energy phosphate-compounds and lactate accumulation during short supramaximal exercise. *Eur J Appl Physiol Occup Physiol* 56:253-259, 1987.

85. Housh, TJ, Housh, DJ, and DeVries, HA. *Applied Exercise & Sport Physiology with Labs.* Scottsdale, AZ: Holcomb Hathaway, 39-43, 2012.

86. Hulsmann, WC. On the regulation of the supply of substrates for muscular activity. *Bibl Nutr Dieta* 11-15, 1979.

87. Hultman, E, and Sjoholm, H. Biochemical causes of fatigue. In *Human Muscle Power.* Jones, NL, McCartney, N, and McComas, AJ, eds. Champaign, IL: Human Kinetics, 215-235, 1986.

88. Hurley, BF, Seals, DR, Hagberg, JM, Goldberg, AC, Ostrove, SM, Holloszy, JO, Wiest, WG, and Goldberg, AP. High-density-lipoprotein cholesterol in bodybuilders v. powerlifters: Negative effects of androgen use. *JAMA* 252:507-513, 1984.

89. Jacobs, I. Blood lactate. Implications for training and sports performance. *Sports Med* 3:10-25, 1986.

90. Jacobs, I, Kaiser, P, and Tesch, P. Muscle strength and fatigue after selective glycogen depletion in human skeletal muscle fibers. *Eur J Appl Physiol Occup Physiol* 46:47-53, 1981.

91. Jacobs, I, Tesch, PA, Bar-Or, O, Karlsson, J, and Dotan, R. Lactate in human skeletal muscle after 10 and 30 s of supramaximal exercise. *J Appl Physiol Respir Environ Exerc Physiol* 55:365-367, 1983.

92. Jones, NL, and Ehrsam, RE. The anaerobic threshold. *Exerc Sport Sci Rev* 10:49-83, 1982.

93. Juel, C. Intracellular pH recovery and lactate efflux in mouse soleus muscles stimulated in vitro: The involvement of sodium/proton exchange and a lactate carrier. *Acta Physiol Scand* 132:363-371, 1988.

94. Kappenstein, J, Ferrauti, A, Runkel, B, Fernandez-Fernandez, J, Muller, K, and Zange, J. Changes in phosphocreatine concentration of skeletal muscle during high-intensity intermittent exercise in children and adults. *Eur J Appl Physiol* 113:2769-2779, 2013.

95. Karatzaferi, C, de Haan, A, Ferguson, RA, van Mechelen, W, and Sargeant, AJ. Phosphocreatine and ATP content in human single muscle fibres before and after maximum dynamic exercise. *Eur J Appl Physiol* 442:467-474, 2001.

96. Karlsson, J. Lactate and phosphagen concentrations in working muscle of man with special reference to oxygen deficit at the onset of work. *Acta Physiol Scand* 358 (Suppl): 1-72, 1971.

97. Karlsson, J, Nordesjo, LO, Jorfeldt, L, and Saltin, B. Muscle lactate, ATP, and CP levels during exercise after physical training in man. *J Appl Physiol* 33:199-203, 1972.

98. Kindermann, W, Simon, G, and Keul, J. The significance of the aerobic-anaerobic transition for the determination of work load intensities during endurance training. *Eur J Appl Physiol Occup Physiol* 42:25-34, 1979.

99. Knuttgen, HG, and Komi, PV. Basic definitions for exercise. In *The Encyclopaedia of Sports Medicine: Strength and Power in Sport.* Komi, PV, ed. Oxford, Boston: Blackwell Scientific, 3-8, 1991.

100. Lanza, IR, Wigmore, DM, Befroy, DE, and Kent-Braun, JA. In vivo ATP production during free-flow and ischaemic muscle contractions in humans. *J Physiol* 577:353-367, 2006.

101. Lehmann, M, and Keul, J. Free plasma catecholamines, heart rates, lactate levels, and oxygen uptake in competition weight lifters, cyclists, and untrained control subjects. *Int J Sports Med* 7:18-21, 1986.

102. Lemon, PW, and Mullin, JP. Effect of initial muscle glycogen levels on protein catabolism during exercise. *J Appl Physiol Respir Environ Exerc Physiol* 48:624-629, 1980.

103. MacDougall, JD. Morphological changes in human skeletal muscle following strength training and immobilization. In *Human Muscle Power.* Jones, NL, McCartney, N, and McComas, AJ, eds. Champaign, IL: Human Kinetics, 269-288, 1986.

104. MacDougall, JD, Ward, GR, Sale, DG, and Sutton, JR. Biochemical adaptation of human skeletal muscle to heavy resistance training and immobilization. *J Appl Physiol Respir Environ Exerc Physiol* 43:700-703, 1977.

105. Mainwood, GW, and Renaud, JM. The effect of acid-base balance on fatigue of skeletal-muscle. *Can J Physiol Pharm* 63:403-416, 1985.

106. Mazzeo, RS, Brooks, GA, Schoeller, DA, and Budinger, TF. Disposal of blood [1-C-13] lactate in humans during rest and exercise. *J Appl Physiol* 60:232-241, 1986.

107. McArdle, WD, Katch, FI, and Katch, VL. *Exercise Physiology: Energy, Nutrition, and Human Performance.* Philadelphia: Lippincott Williams & Wilkins, 143-144, 2007.

108. McCartney, N, Spriet, LL, Heigenhauser, GJ, Kowalchuk, JM, Sutton, JR, and Jones, NL. Muscle power and metabolism in maximal intermittent exercise. *J Appl Physiol* 60:1164-1169, 1986.

109. Medbo, JI, and Burgers, S. Effect of training on the anaerobic capacity. *Med Sci Sports Exerc* 22:501-507, 1990.

110. Medbo, JI, and Tabata, I. Relative importance of aerobic and anaerobic energy release during short-lasting exhausting bicycle exercise. *J Appl Physiol* 67:1881-1886, 1989.

111. Meyer, RA, and Terjung, RL. Differences in ammonia and adenylate metabolism in contracting fast and slow muscle. *Am J Physiol* 237:C111-C118, 1979.

112. Nader, GA. Concurrent strength and endurance training: From molecules to man. *Med Sci Sports Exerc* 38:1965-1970, 2006.

113. Nakamaru, Y, and Schwartz, A. The influence of hydrogen ion concentration on calcium binding and release by skeletal muscle sarcoplasmic reticulum. *J Gen Physiol* 59:22-32, 1972.

114. Nelson, CR, Debold, EP, and Fitts, RH. Phosphate and acidosis act synergistically to depress peak power in rat muscle fibers. *Am J Physiol* 307:C939-C950, 2014.

115. Nelson, CR, and Fitts, RH. Effects of low cell pH and elevated inorganic phosphate on the pCa-force relationship in single muscle fibers at near-physiological temperatures. *Am J Physiol* 306:C670-C678, 2014.

116. Neric, FB, Beam, WC, Brown, LE, and Wiersma, LD. Comparison of swim recovery and muscle stimulation on lactate removal after sprint swimming. *J Strength Cond Res* 23:2560-2567, 2009.

117. Nicolo, A, Bazzucchi, I, Lenti, M, Haxhi, J, Scotto di Palumbo, A, and Sacchetti, M. Neuromuscular and metabolic responses to high-intensity intermittent cycling protocols with different work-to-rest ratios. *Int J Sports Physiol Perform* 9:151-160, 2014.

118. Nielsen, JJ, Mohr, M, Klarskov, C, Kristensen, M, Krustrup, P, Juel, C, and Bangsbo, J. Effects of high-intensity intermittent training on potassium kinetics and performance in human skeletal muscle. *J Physiol* 554:857-870, 2004.

119. O'Reilly, KP, Warhol, MJ, Fielding, RA, Frontera, WR, Meredith, CN, and Evans, WJ. Eccentric exercise-induced muscle damage impairs muscle glycogen repletion. *J Appl Physiol* 63:252-256, 1987.

120. Opie, LH, and Newsholme, EA. The activities of fructose 1,6-diphosphatase, phosphofructokinase and phosphoenolpyruvate carboxykinase in white muscle and red muscle. *Biochem J* 103:391-399, 1967.

121. Pike, RL, and Brown, ML. *Nutrition: An Integrated Approach.* New York: Wiley, 463-465, 1984.

122. Poortmans, JR. Protein turnover and amino acid oxidation during and after exercise. *Med Sport Sci* 17:130-147, 1984.

123. Robergs, RA, Ghiasvand, F, and Parker, D. Biochemistry of exercise-induced metabolic acidosis. *Am J Physiol* 287:R502-R516, 2004.

124. Robergs, RA, Pearson, DR, Costill, DL, Fink, WJ, Pascoe, DD, Benedict, MA, Lambert, CP, and Zachweija, JJ. Muscle glycogenolysis during differing intensities of weight-resistance exercise. *J Appl Physiol* 70:1700-1706, 1991.

125. Roberts, AD, Billeter, R, and Howald, H. Anaerobic muscle enzyme changes after interval training. *Int J Sports Med* 3:18-21, 1982.

126. Ronnestad, BR, Hansen, EA, and Raastad, T. High volume of endurance training impairs adaptations to 12 weeks of strength training in well-trained endurance athletes. *Eur J Appl Physiol* 112:1457-1466, 2012.

127. Rozenek, R, Rosenau, L, Rosenau, P, and Stone, MH. The effect of intensity on heart rate and blood lactate response to resistance exercise. *J Strength Cond Res* 7:51-54, 1993.

128. Sahlin, K, and Ren, JM. Relationship of contraction capacity to metabolic changes during recovery from a fatiguing contraction. *J Appl Physiol* 67:648-654, 1989.

129. Sahlin, K, Tonkonogi, M, and Soderlund, K. Energy supply and muscle fatigue in humans. *Acta Physiol Scand* 162:261-266, 1998.

130. Saltin, B, and Gollnick, PD. Skeletal muscle adaptability: Significance for metabolism and performance. In *Handbook of Physiology.* Peachey, LD, Adrian, RH, and Geiger, SR, eds. Baltimore: Williams & Wilkins, 540-555, 1983.

131. Saltin, B, and Karlsson, J. Muscle glycogen utilization during work of different intensities. In *Muscle Metabolism During Exercise.* Pernow, B, and Saltin, B, eds. New York: Plenum Press, 289-300, 1971.

132. Sant'Ana Pereira, JA, Sargeant, AJ, Rademaker, AC, de Haan, A, and van Mechelen, W. Myosin heavy chain isoform expression and high energy phosphate content in human muscle fibres at rest and post-exercise. *J Physiol* 496:583-588, 1996.

133. Scala, D, McMillan, J, Blessing, D, Rozenek, R, and Stone, MH. Metabolic cost of a preparatory phase of training in weightlifting: A practical observation. *J Appl Sport Sci Res* 1:48-52, 1987.

134. Sedano, S, Marin, PJ, Cuadrado, G, and Redondo, JC. Concurrent training in elite male runners: The influence of strength versus muscular endurance training on performance outcomes. *J Strength Cond Res* 27:2433-2443, 2013.

135. Sherman, WM, and Wimer, GS. Insufficient dietary carbohydrate during training: Does it impair athletic performance? *Int J Sport Nutr* 1:28-44, 1991.

136. Sjodin, B, and Jacobs, I. Onset of blood lactate accumulation and marathon running performance. *Int J Sports Med* 2:23-26, 1981.

137. Skurvydas, A, Jascaninas, J, and Zachovajevas, P. Changes in height of jump, maximal voluntary contraction force and low-frequency fatigue after 100 intermittent or continuous jumps with maximal intensity. *Acta Physiol Scand* 169:55-62, 2000.

138. Smith, SA, Montain, SJ, Matott, RP, Zientara, GP, Jolesz, FA, and Fielding, RA. Creatine supplementation and age influence muscle metabolism during exercise. *J Appl Physiol* 85:1349-1356, 1998.

139. Stainsby, WN, and Barclay, JK. Exercise metabolism: O_2 deficit, steady level O_2 uptake and O2 uptake for recovery. *Med Sci Sports* 2:177-181, 1970.

140. Sugden, PH, and Newsholme, EA. The effects of ammonium, inorganic phosphate and potassium ions on the activity of phosphofructokinases from muscle and nervous tissues of vertebrates and invertebrates. *Biochem J* 150:113-122, 1975.

141. Sutton, JR. Hormonal and metabolic responses to exercise in subjects of high and low work capacities. *Med Sci Sports* 10:1-6, 1978

142. Tanaka, K, Matsuura, Y, Kumagai, S, Matsuzaka, A, Hirakoba, K, and Asano, K. Relationships of anaerobic threshold and onset of blood lactate accumulation with endurance performance. *Eur J Appl Physiol Occup Physiol* 52:51-56, 1983.

143. Taylor, DJ, Styles, P, Matthews, PM, Arnold, DA, Gadian, DG, Bore, P, and Radda, GK. Energetics of human muscle: Exercise-induced ATP depletion. *Magn Reson Med* 3:44-54, 1986.

144. Tesch, P. Muscle fatigue in man. With special reference to lactate accumulation during short term intense exercise. *Acta Physiol Scand* 480 (Suppl):1-40, 1980.

145. Tesch, PA, Komi, PV, and Häkkinen, K. Enzymatic adaptations consequent to long-term strength training. *Int J Sports Med* 8 (Suppl 1):66-69, 1987.

146. Tesch, PA, Ploutz-Snyder, LL, Ystrom, L, Castro, MJ, and Dudley, GA. Skeletal muscle glycogen loss evoked by resistance exercise. *J Strength Cond Res* 12:67-73, 1998.

147. Thorstensson, A. Muscle strength, fibre types and enzyme activities in man. *Acta Physiol Scand* 443 (Suppl):1-45, 1976.

148. Thorstensson, A, Sjodin, B, Tesch, P, and Karlsson, J. Actomyosin ATPase, myokinase, CPK and LDH in human fast and slow twitch muscle fibres. *Acta Physiol Scand* 99:225-229, 1977.

149. Vandewalle, H, Peres, G, and Monod, H. Standard anaerobic exercise tests. *Sports Med* 4:268-289, 1987.

150. Vanhelder, WP, Radomski, MW, Goode, RC, and Casey, K. Hormonal and metabolic response to three types of exercise of equal duration and external work output. *Eur J Appl Physiol Occup Physiol* 54:337-342, 1985.

151. Vihko, V, Salminen, A, and Rantamaki, J. Oxidative and lysosomal capacity in skeletal-muscle of mice after endurance training of different intensities. *Acta Physiol Scand* 104:74-81, 1978.

152. Wakefield, BR, and Glaister, M. Influence of work-interval intensity and duration on time spent at a high percentage of VO2max during intermittent supramaximal exercise. *J Strength Cond Res* 23:2548-2554, 2009.

153. Walsh, B, Tonkonogi, M, Soderlund, K, Hultman, E, Saks, V, and Sahlin, K. The role of phosphorylcreatine and creatine in the regulation of mitochondrial respiration in human skeletal muscle. *J Physiol* 537:971-978, 2001.

154. Weir, JP, Beck, TW, Cramer, JT, and Housh, TJ. Is fatigue all in your head? A critical review of the central governor model. *Br J Sports Med* 40:573-586, 2006.

155. Weir, JP, and Cramer, JT. Principles of musculoskeletal exercise programming. In *ACSM Resource Manual for Exercise Testing and Prescription.* Kaminsky, LA, ed. Philadelphia: Lippincott Williams & Wilkins, 350-364, 2005.

156. Wells, JG, Balke, B, and Van Fossan, DD. Lactic acid accumulation during work: A suggested standardization of work classification. *J*

Appl Physiol 10:51-55, 1957.

157. Whipp, BJ, Seard, C, and Wasserman, K. Oxygen deficit-oxygen debt relationships and efficiency of anaerobic work. *J Appl Physiol* 28:452-456, 1970.

158. Williams, JH, and Klug, GA. Calcium exchange hypothesis of skeletal-muscle fatigue—a brief review. *Muscle Nerve* 18:421-434, 1995.

159. Withers, RT, Sherman, WM, Clark, DG, Esselbach, PC, Nolan, SR, Mackay, MH, and Brinkman, M. Muscle metabolism during 30, 60 and 90 s of maximal cycling on an air-braked ergometer. *Eur J Appl Physiol Occup Physiol* 63:354-362, 1991.

160. York, JW, Oscai, LB, and Penney, DG. Alterations in skeletal-muscle lactate-dehydrogenase isoenzymes following exercise training. *Biochem Biophys Res Commun* 61:1387-1393, 1974.

161. Yoshida, T. Effect of dietary modifications on lactate threshold and onset of blood lactate accumulation during incremental exercise. *Eur J Appl Physiol* 53:200-205, 1984.

162. Zehnder, M, Muelli, M, Buchli, R, Kuehne, G, and Boutellier, U. Further glycogen decrease during early recovery after eccentric exercise despite a high carbohydrate intake. *Eur J Nutr* 43:148-159, 2004.

CHAPTER 4   Endocrine Responses to Resistance Exercise

1. Adem, A, Jossan, SS, d'Argy, R, Gillberg, PG, Nordberg, A, Winblad, B, and Sara, V. Insulin-like growth factor 1 (IGF-1) receptors in the human brain: Quantitative autoradiographic localization. *Brain Res* 503:299-303, 1989.

2. Allen, RE, Merkel, RA, and Young, RB. Cellular aspects of muscle growth: Myogenic cell proliferation. *J Anim Sci* 49:115-127, 1979.

3. Allen, RE, and Boxhorn, LK. Regulation of skeletal muscle satellite cell proliferation and differentiation by transforming growth factor-beta, insulin-like growth factor I, and fibroblast growth factor. *J Cell Physiol* 138:311-315, 1989.

4. Aristizabal, J, Freidenreich, D, Volk, B, Kupchak, B, Saenz, C, Maresh, C, Kraemer, W, and Volek, J. Effect of resistance training on resting metabolic rate and its estimation by a dual-energy X-ray absorptiometry metabolic map. *Eur J Clin Nutr,* 2014.

5. Atha, J. Strengthening muscle. *Exerc Sport Sci Rev* 9:1-73, 1981.

6. Bartalena, L. Recent achievements in studies on thyroid hormone-binding proteins. *Endocr Rev* 11:47-64, 1990.

7. Baxter, RC, and Martin, JL. Structure of the Mr 140,000 growth hormone-dependent insulin-like growth factor binding protein complex: Determination by reconstitution and affinity-labeling. *Proc Natl Acad Sci U S A* 86:6898-6902, 1989.

8. Baxter, RC, Martin, JL, and Beniac, VA. High molecular weight insulin-like growth factor binding protein complex. Purification and properties of the acid-labile subunit from human serum. *J Biol Chem* 264:11843-11848, 1989.

9. Beauloye, V, Muaku, SM, Lause, P, Portetelle, D, Renaville, R, Robert, AR, Ketelslegers, JM, and Maiter, D. Monoclonal antibodies to growth hormone (GH) prolong liver GH binding and GH-induced IGF-I/IGFBP-3 synthesis. *Am J Physiol* 277:E308-E315, 1999.

10. Ben-Ezra, V, McMurray, R, and Smith, A. Effects of exercise or diet on plasma somatomedin-C. *Med Sci Sports Exerc* 17:209, 1985.

11. Biro, J, and Endroczi, E. Nuclear RNA content and synthesis in anterior pituitary in intact, castrated and androgen sterilized rats. *Endocrinol Exp* 11:163-168, 1977.

12. Bleisch, W, Luine, VN, and Nottebohm, F. Modification of synapses in androgen-sensitive muscle. I. Hormonal regulation of acetylcholine receptor number in the songbird syrinx. *J Neurosci* 4:786-792, 1984.

13. Blum, WF, Jenne, EW, Reppin, F, Kietzmann, K, Ranke, MB, and Bierich, JR. Insulin-like growth factor I (IGF-I)-binding protein complex is a better mitogen than free IGF-I. *Endocrinology* 125:766-772, 1989.

14. Borer, KT, Nicoski, DR, and Owens, V. Alteration of pulsatile growth hormone secretion by growth-inducing exercise: Involvement of endogenous opiates and somatostatin. *Endocrinology* 118:844-850, 1986.

15. Boule, NG, Weisnagel, SJ, Lakka, TA, Tremblay, A, Bergman, RN, Rankinen, T, Leon, AS, Skinner, JS, Wilmore, JH, Rao, DC, Bouchard, C, and HERITAGE Family Study. Effects of exercise training on glucose homeostasis: The HERITAGE Family Study. *Diabetes Care* 28:108-114, 2005.

16. Buckler, JM. The effect of age, sex and exercise on the secretion of growth hormone. *Clin Sci* 37:765-774, 1969.

17. Buckler, JM. The relationship between exercise, body temperature and plasma growth hormone levels in a human subject. *J Physiol* 214 Suppl:25P-26P, 1971.

18. Bush, JA, Mastro, AM, and Kraemer, WJ. Proenkephalin peptide F immunoreactivity in different circulatory biocompartments after exercise. *Peptides* 27:1498-1506, 2006.

19. Chang, FE, Dodds, WG, Sullivan, M, Kim, MH, and Malarkey, WB. The acute effects of exercise on prolactin and growth hormone secretion: Comparison between sedentary women and women runners with normal and abnormal menstrual cycles. *J Clin Endocrinol Metab* 62:551-556, 1986.

20. Clarkson, PM, and Tremblay, I. Exercise-induced muscle damage, repair, and adaptation in humans. *J Appl Physiol* 65:1-6, 1988.

21. Clasen, BF, Krusenstjerna-Hafstrom, T, Vendelbo, MH, Thorsen, K, Escande, C, Moller, N, Pedersen, SB, Jorgensen, JO, and Jessen, N. Gene expression in skeletal muscle after an acute intravenous GH bolus in human subjects: Identification of a mechanism regulating ANGPTL4. *J Lipid Res* 54:1988-1997, 2013.

22. Clemmons, DR, Busby, HW, and Underwood, LE. Mediation of the growth promoting actions of growth hormone by somatomedin-C/insulin-like growth factor I and its binding protein. In *The Physiology of Human Growth.* Tanner, JM, and Preece, MA, eds. Cambridge: Cambridge University Press, 111-128, 1989.

23. Clemmons, DR, Thissen, JP, Maes, M, Ketelslegers, JM, and Underwood, LE. Insulin-like growth factor-I (IGF-I) infusion into hypophysectomized or protein-deprived rats induces specific IGF-binding proteins in serum. *Endocrinology* 125:2967-2972, 1989.

24. Coviello, AD, Lakshman, K, Mazer, NA, and Bhasin, S. Differences in the apparent metabolic clearance rate of testosterone in young and older men with gonadotropin suppression receiving graded doses of testosterone. *J Clin Endocrinol Metab* 91:4669-4675, 2006.

25. Craig, SK, Byrnes, WC, and Fleck, SJ. Plasma volume during weight lifting. *Int J Sports Med* 29:89-95, 2008.

26. Cumming, DC, Wall, SR, Galbraith, MA, and Belcastro, AN. Reproductive hormone responses to resistance exercise. *Med Sci Sports Exerc* 19:234-238, 1987.

27. Czech, MP. Signal transmission by the insulin-like growth factors. *Cell* 59:235-238, 1989.

28. Daughaday, WH, and Rotwein, P. Insulin-like growth factors I and II. Peptide, messenger ribonucleic acid and gene structures, serum, and tissue concentrations. *Endocr Rev* 10:68-91, 1989.

29. De Souza, MJ, Maguire, MS, Maresh, CM, Kraemer, WJ, Rubin, KR, and Loucks, AB. Adrenal activation and the prolactin response to exercise in eumenorrheic and amenorrheic runners. *J Appl Physiol* 70:2378-2387, 1991.

30. D'Ercole, AJ, Stiles, AD, and Underwood, LE. Tissue concentrations of somatomedin C: Further evidence for multiple sites of synthesis and paracrine or autocrine mechanisms of action. *Proc Natl Acad Sci U S A* 81:935-939, 1984.

31. Deschenes, MR, Maresh, CM, Armstrong, LE, Covault, J, Kraemer, WJ, and Crivello, JF. Endurance and resistance exercise induce muscle fiber type specific responses in androgen binding capacity. *J Steroid Biochem* 50:175-179, 1994.

32. Deschenes, MR, Kraemer, WJ, Bush, JA, Doughty, TA, Kim, D, Mullen, KM, and Ramsey, K. Biorhythmic influences on functional capacity of human muscle and physiological responses. *Med Sci Sports Exerc* 30:1399-1407, 1998.

33. Djarova, T, Ilkov, A, Varbanova, A, Nikiforova, A, and Mateev, G.

Human growth hormone, cortisol, and acid-base balance changes after hyperventilation and breath-holding. *Int J Sports Med* 7:311-315, 1986.

34. Ekins, R. Measurement of free hormones in blood. *Endocr Rev* 11:5-46, 1990.

35. Elliot, DL, Goldberg, L, Watts, WJ, and Orwoll, E. Resistance exercise and plasma beta-endorphin/beta-lipotrophin immunoreactivity. *Life Sci* 34:515-518, 1984.

36. Estrada, M, Espinosa, A, Muller, M, and Jaimovich, E. Testosterone stimulates intracellular calcium release and mitogen-activated protein kinases via a G protein-coupled receptor in skeletal muscle cells. *Endocrinology* 144:3586-3597, 2003.

37. Fagin, JA, Fernandez-Mejia, C, and Melmed, S. Pituitary insulin-like growth factor-I gene expression: Regulation by triiodothyronine and growth hormone. *Endocrinology* 125:2385-2391, 1989.

38. Fahey, TD, Rolph, R, Moungmee, P, Nagel, J, and Mortara, S. Serum testosterone, body composition, and strength of young adults. *Med Sci Sports* 8:31-34, 1976.

39. Faria, AC, Veldhuis, JD, Thorner, MO, and Vance, ML. Half-time of endogenous growth hormone (GH) disappearance in normal man after stimulation of GH secretion by GH-releasing hormone and suppression with somatostatin. *J Clin Endocrinol Metab* 68:535-541, 1989.

40. Finkelstein, JW, Roffwarg, HP, Boyar, RM, Kream, J, and Hellman, L. Age-related change in the twenty-four-hour spontaneous secretion of growth hormone. *J Clin Endocrinol Metab* 35:665-670, 1972.

41. Fischer, E. Über die optischen isomeren des traubenzuckers, der gluconsäure und der zuckersäure. In *Untersuchungen Über Kohlenhydrate und Fermente (1884–1908)*. Anonymous. Berlin: Springer, 362-376, 1909.

42. Fleck, SJ. *Successful Long-Term Weight Training*. Indianapolis: Masters Press, 1999.

43. Fleck, SJ, and Kraemer, WJ. *Periodization Breakthrough*. Ronkonkoma, NY: Advanced Research Press, 1996.

44. Fleck, SJ, and Kraemer, WJ. *Designing Resistance Training Programs*. 3rd ed. Champaign, IL: Human Kinetics, 2003.

45. Florini, JR. Hormonal control of muscle growth. *Muscle Nerve* 10:577-598, 1987.

46. Florini, JR. Hormonal control of muscle cell growth. *J Anim Sci* 61:21-38, 1985.

47. Florini, JR, Prinz, PN, Vitiello, MV, and Hintz, RL. Somatomedin-C levels in healthy young and old men: Relationship to peak and 24-hour integrated levels of growth hormone. *J Gerontol* 40:2-7, 1985.

48. Fluckey, JD, Kraemer, WJ, and Farrell, PA. Arginine-stimulated insulin secretion from isolated rat pancreatic islets is increased following acute resistance exercise. *J Appl Physiol* 79:1100-1105, 1995.

49. Forbes, B, Szabo, L, Baxter, RC, Ballard, FJ, and Wallace, JC. Classification of the insulin-like growth factor binding proteins into three distinct categories according to their binding specificities. *Biochem Biophys Res Com* 157:196-202, 1988.

50. Fortunati, N, Catalano, MG, Boccuzzi, G, and Frairia, R. Sex Hormone-Binding Globulin (SHBG), estradiol and breast cancer. *Mol Cell Endocrinol* 316:86-92, 2010.

51. Fragala, MS, Kraemer, WJ, Denegar, CR, Maresh, CM, Mastro, AM, and Volek, JS. Neuroendocrine-immune interactions and responses to exercise. *Sports Med* 41:621-639, 2011.

52. Fragala, MS, Kraemer, WJ, Mastro, AM, Denegar, CR, Volek, JS, Kupchak, BR, Hakkinen, K, Anderson, JM, and Maresh, CM. Glucocorticoid receptor expression on human B cells in response to acute heavy resistance exercise. *Neuroimmunomodulation* 18:156-164, 2011.

53. French, DN, Kraemer, WJ, Volek, JS, Spiering, BA, Judelson, DA, Hoffman, JR, and Maresh, CM. Anticipatory responses of catecholamines on muscle force production. *J Appl Physiol* 102:94-102, 2007.

54. Fry, A, Schilling, B, Weiss, L, and Chiu, L. Beta2-adrenergic receptor downregulation and performance decrements during high-intensity resistance exercise overtraining. *J Appl Physiol* 101:1664-1672, 2006.

55. Fry, AC, Kraemer, WJ, Lynch, JM, Triplett, NT, and Koziris, LP.

Does short-term near-maximal intensity machine resistance training induce overtraining? *J Strength Cond Res* 8:188-191, 1994.

56. Fry, AC, Kraemer, WJ, Stone, MH, Warren, BJ, Kearney, JT, Maresh, CM, Weseman, CA, and Fleck, SJ. Endocrine and performance responses to high volume training and amino acid supplementation in elite junior weightlifters. *Int J Sport Nutr* 3:306-322, 1993.

57. Fry, AC, Kraemer, WJ, Stone, MH, Warren, BJ, Fleck, SJ, Kearney, JT, and Gordon, SE. Endocrine responses to overreaching before and after 1 year of weightlifting. *Can J Appl Physiol* 19:400-410, 1994.

58. Fry, AC, Kraemer, WJ, van Borselen, F, Lynch, JM, Marsit, JL, Roy, EP, Triplett, NT, and Knuttgen, HG. Performance decrements with high-intensity resistance exercise overtraining. *Med Sci Sports Exerc* 26:1165-1173, 1994.

59. Fry, AC, Kraemer, WJ, and Ramsey, LT. Pituitary-adrenal-gonadal responses to high-intensity resistance exercise overtraining. *J Appl Physiol* 85:2352-2359, 1998.

60. Galbo, H. *Hormonal and Metabolic Adaptation to Exercise*. Stuttgart: Georg Thieme Verlag, 1983.

61. Gharib, SD, Wierman, ME, Shupnik, MA, and Chin, WW. Molecular biology of the pituitary gonadotropins. *Endocr Rev* 11:177-199, 1990.

62. Goldberg, AL, and Goodman, HM. Relationship between growth hormone and muscular work in determining muscle size. *J Physiol* 200:655-666, 1969.

63. Goldspink, G. Changes in muscle mass and phenotype and the expression of autocrine and systemic growth factors by muscle in response to stretch and overload. *J Anat* 194(Pt 3):323-334, 1999.

64. Gordon, SE, Kraemer, WJ, Vos, NH, Lynch, JM, and Knuttgen, HG. Effect of acid-base balance on the growth hormone response to acute high-intensity cycle exercise. *J Appl Physiol* 76:821-829, 1994.

65. Gordon, SE, Kraemer, WJ, Looney, DP, Flanagan, SD, Comstock, BA, and Hymer, WC. The influence of age and exercise modality on growth hormone bioactivity in women. *Growth Horm IGF Res* 24:95-103, 2014.

66. Gregory, SM, Headley, SA, Germain, M, Flyvbjerg, A, Frystyk, J, Coughlin, MA, Milch, CM, Sullivan, S, and Nindl, BC. Lack of circulating bioactive and immunoreactive IGF-I changes despite improved fitness in chronic kidney disease patients following 48 weeks of physical training. *Growth Horm IGF Res* 21:51-56, 2011.

67. Gregory, SM, Spiering, BA, Alemany, JA, Tuckow, AP, Rarick, KR, Staab, JS, Hatfield, DL, Kraemer, WJ, Maresh, CM, and Nindl, BC. Exercise-induced insulin-like growth factor I system concentrations after training in women. *Med Sci Sports Exerc* 45:420-428, 2013.

68. Guezennec, Y, Leger, L, Lhoste, F, Aymonod, M, and Pesquies, PC. Hormone and metabolite response to weight-lifting training sessions. *Int J Sports Med* 7:100-105, 1986.

69. Guma, A, Zierath, JR, Wallberg-Henriksson, H, and Klip, A. Insulin induces translocation of GLUT-4 glucose transporters in human skeletal muscle. *Am J Physiol* 268:E613-E622, 1995.

70. Hakkinen, K, Pakarinen, A, Alen, M, and Komi, PV. Serum hormones during prolonged training of neuromuscular performance. *Eur J Appl Physiol Occup Physiol* 53:287-293, 1985.

71. Hakkinen, K, Komi, PV, Alen, M, and Kauhanen, H. EMG, muscle fibre and force production characteristics during a 1 year training period in elite weight-lifters. *Eur J Appl Physiol Occup Physiol* 56:419-427, 1987.

72. Hakkinen, K, Pakarinen, A, Alen, M, Kauhanen, H, and Komi, PV. Relationships between training volume, physical performance capacity, and serum hormone concentrations during prolonged training in elite weight lifters. *Int J Sports Med* 8 Suppl 1:61-65, 1987.

73. Hakkinen, K, Pakarinen, A, Alen, M, Kauhanen, H, and Komi, PV. Neuromuscular and hormonal adaptations in athletes to strength training in two years. *J Appl Physiol* 65:2406-2412, 1988.

74. Hakkinen, K, Pakarinen, A, Alen, M, Kauhanen, H, and Komi, PV. Daily hormonal and neuromuscular responses to intensive strength training in 1 week. *Int J Sports Med* 9:422-428, 1988.

75. Hakkinen, K. Neuromuscular and hormonal adaptations during strength and power training. A review. *J Sports Med Phys Fitness* 29:9-26, 1989.

718 ストレングストレーニング&コンディショニング

76. Hakkinen, K, Pakarinen, A, Kyrolainen, H, Cheng, S, Kim, DH, and Komi, PV. Neuromuscular adaptations and serum hormones in females during prolonged power training. *Int J Sports Med* 11:91-98, 1990.

77. Han, VK, D'Ercole, AJ, and Lund, PK. Cellular localization of somatomedin (insulin-like growth factor) messenger RNA in the human fetus. *Science* 236:193-197, 1987.

78. Hansen, S, Kvorning, T, Kjaer, M, and Sjogaard, G. The effect of short-term strength training on human skeletal muscle: The importance of physiologically elevated hormone levels. *Scand J Med Sci Sports* 11:347-354, 2001.

79. Hansson, HA, Brandsten, C, Lossing, C, and Petruson, K. Transient expression of insulin-like growth factor I immunoreactivity by vascular cells during angiogenesis. *Exp Mol Pathol* 50:125-138, 1989.

80. Henning, PC, Scofield, DE, Rarick, KR, Pierce, JR, Staab, JS, Lieberman, HR, and Nindl, BC. Effects of acute caloric restriction compared to caloric balance on the temporal response of the IGF-I system. *Metabolism* 62:179-187, 2013.

81. Hetrick, GA, and Wilmore, JH. Androgen levels and muscle hypertrophy during an eight-week training program for men/women. *Med Sci Sports Exerc* 11:102, 1979.

82. Hill, DJ, Camacho-Hubner, C, Rashid, P, Strain, AJ, and Clemmons, DR. Insulin-like growth factor (IGF)-binding protein release by human fetal fibroblasts: Dependency on cell density and IGF peptides. *J Endocrinol* 122:87-98, 1989.

83. Horikawa, R, Asakawa, K, Hizuka, N, Takano, K, and Shizume, K. Growth hormone and insulin-like growth factor I stimulate Leydig cell steroidogenesis. *Eur J Pharmacol* 166:87-94, 1989.

84. Housley, PR, Sanchez, ER, and Grippo, JF. Phosphorylation and reduction of glucocorticoid components. In *Receptor Phosphorylation*. Moudgil, VM, ed. Boca Raton, FL: CRC Press, 289-314, 1989.

85. Ikeda, T, Fujiyama, K, Takeuchi, T, Honda, M, Mokuda, O, Tominaga, M, and Mashiba, H. Effect of thyroid hormone on somatomedin-C release from perfused rat liver. *Experientia* 45:170-171, 1989.

86. Ishii, DN. Relationship of insulin-like growth factor II gene expression in muscle to synaptogenesis. *Proc Natl Acad Sci U S A* 86:2898-2902, 1989.

87. Jahreis, G, Hesse, V, Schmidt, HE, and Scheibe, J. Effect of endurance exercise on somatomedin-C/insulin-like growth factor I concentration in male and female runners. *Exp Clin Endocrinol* 94:89-96, 1989.

88. Jamurtas, AZ, Koutedakis, Y, Paschalis, V, Tofas, T, Yfanti, C, Tsiokanos, A, Koukoulis, G, Kouretas, D, and Loupos, D. The effects of a single bout of exercise on resting energy expenditure and respiratory exchange ratio. *Eur J Appl Physiol* 92:393-398, 2004.

89. Jensen, MD, Nielsen, S, Gupta, N, Basu, R, and Rizza, RA. Insulin clearance is different in men and women. *Metabolism* 61:525-530, 2012.

90. Kelly, A, Lyons, G, Gambki, B, and Rubinstein, N. Influences of testosterone on contractile proteins of the guinea pig temporalis muscle. *Adv Exp Med Biol* 182:155-168, 1985.

91. Kjaer, M, and Galbo, H. Effect of physical training on the capacity to secrete epinephrine. *J Appl Physiol* 64:11-16, 1988.

92. Kraemer, WJ, and Fleck, SJ. Resistance training: Exercise prescription. *Phys Sportsmed* 16:69-81, 1988.

93. Kraemer, WJ, Fleck, SJ, and Deschenes, M. A review: Factors in exercise prescription of resistance training. *NSCA J* 110:36-41, 1988.

94. Kraemer, WJ, and Baechle, TR. Development of a strength training program. In *Sports Medicine*. 2nd ed. Ryan, AJ, and Allman, FL, eds. San Diego: Academic Press, 113-127, 1989.

95. Kraemer, WJ, Patton, JF, Knuttgen, HG, Hannan, CJ, Kittler, T, Gordon, S, Dziados, JE, Fry, AC, Frykman, PN, and Harman, EA. The effects of high intensity cycle exercise on sympatho-adrenal medullary response patterns. *J Appl Physiol* 70:8-14, 1991.

96. Kraemer, WJ. Endocrine responses and adaptations to strength training. In *The Encyclopaedia of Sports Medicine: Strength and Power in Sport*. Komi, PV, ed. Oxford: Blackwell Scientific, 291-304, 1992.

97. Kraemer, WJ. Hormonal mechanisms related to the expression of

muscular strength and power. In *The Encyclopaedia of Sports Medicine: Strength and Power in Sport*. Komi, PV, ed. Oxford: Blackwell Scientific, 64-76, 1992.

98. Kraemer, WJ. The physiological basis for strength training in mid-life. In *Sports and Exercise in Midlife*. Gordon, SL, ed. Park Ridge, IL: American Academy of Orthopaedic Surgeons, 413-433, 1994.

99. Kraemer, WJ, Fleck, SJ, and Evans, WJ. Strength and power training: Physiological mechanisms of adaptation. In *Exercise and Sport Sciences Reviews, vol. 24*. Holloszy, JO, ed. Baltimore: Williams & Wilkins, 363-397, 1996.

100. Kraemer, WJ, Fry, AC, Frykman, PN, Conroy, B, and Hoffman, J. Resistance training and youth. *Pediatr Exerc Sci* 1:336-350, 1989.

101. Kraemer, WJ, and Koziris, LP. Olympic weightlifting and power lifting. In *Physiology and Nutrition for Competitive Sport*. Lamb, DR, and Knuttgen, HG, eds. Traverse City, MI: Cooper, 1-15, 1994.

102. Kraemer, WJ. A series of studies—the physiological basis for strength training in American football: Fact over philosophy. *J Strength Cond Res* 11:131-142, 1997.

103. Kraemer, WJ, and Nindl, BC. Factors involved with overtraining for strength and power. In *Overtraining in Sport*. Kreider, RB, Fry, AC, and O'Toole, ML, eds. Champaign, IL: Human Kinetics, 107-127, 1997.

104. Kraemer, WJ, Noble, B, Culver, B, and Lewis, RV. Changes in plasma proenkephalin peptide F and catecholamine levels during graded exercise in men. *Proc Natl Acad Sci U S A* 82:6349-6351, 1985.

105. Kraemer, WJ, Noble, BJ, Clark, MJ, and Culver, BW. Physiologic responses to heavy-resistance exercise with very short rest periods. *Int J Sports Med* 8:247-252, 1987.

106. Kraemer, WJ. Endocrine responses to resistance exercise. *Med Sci Sports Exerc* 20:S152-S157, 1988.

107. Kraemer, WJ, Armstrong, LE, Hubbard, RW, Marchitelli, LJ, Leva, N, Rock, PB, and Dziados, JE. Responses of plasma human atrial natriuretic factor to high intensity submaximal exercise in the heat. *Eur J Appl Physiol Occup Physiol* 57:399-403, 1988.

108. Kraemer, WJ, Deschenes, MR, and Fleck, SJ. Physiological adaptations to resistance exercise. Implications for athletic conditioning. *Sports Med* 6:246-256, 1988.

109. Kraemer, WJ, Rock, PB, Fulco, CS, Gordon, SE, Bonner, JP, Cruthirds, CD, Marchitelli, LJ, Trad, L, and Cymerman, A. Influence of altitude and caffeine during rest and exercise on plasma levels of proenkephalin peptide F. *Peptides* 9:1115-1119, 1988.

110. Kraemer, WJ, Fleck, SJ, Callister, R, Shealy, M, Dudley, GA, Maresh, CM, Marchitelli, L, Cruthirds, C, Murray, T, and Falkel, JE. Training responses of plasma beta-endorphin, adrenocorticotropin, and cortisol. *Med Sci Sports Exerc* 21:146-153, 1989.

111. Kraemer, WJ, Patton, JF, Knuttgen, HG, Marchitelli, LJ, Cruthirds, C, Damokosh, A, Harman, E, Frykman, P, and Dziados, JE. Hypothalamic-pituitary-adrenal responses to short-duration high-intensity cycle exercise. *J Appl Physiol* 66:161-166, 1989.

112. Kraemer, WJ, Dziados, JE, Gordon, SE, Marchitelli, LJ, Fry, AC, and Reynolds, KL. The effects of graded exercise on plasma proenkephalin peptide F and catecholamine responses at sea level. *Eur J Appl Physiol Occup Physiol* 61:214-217, 1990.

113. Kraemer, WJ, Marchitelli, L, Gordon, SE, Harman, E, Dziados, JE, Mello, R, Frykman, P, McCurry, D, and Fleck, SJ. Hormonal and growth factor responses to heavy resistance exercise protocols. *J Appl Physiol* 69:1442-1450, 1990.

114. Kraemer, WJ, Gordon, SE, Fleck, SJ, Marchitelli, LJ, Mello, R, Dziados, JE, Friedl, K, Harman, E, Maresh, C, and Fry, AC. Endogenous anabolic hormonal and growth factor responses to heavy resistance exercise in males and females. *Int J Sports Med* 12:228-235, 1991.

115. Kraemer, WJ, Fry, AC, Warren, BJ, Stone, MH, Fleck, SJ, Kearney, JT, Conroy, BP, Maresh, CM, Weseman, CA, and Triplett, NT. Acute hormonal responses in elite junior weightlifters. *Int J Sports Med* 13:103-109, 1992.

116. Kraemer, WJ, Dziados, JE, Marchitelli, LJ, Gordon, SE, Harman, EA, Mello, R, Fleck, SJ, Frykman, PN, and Triplett, NT. Effects of different heavy-resistance exercise protocols on plasma beta-endorphin

concentrations. *J Appl Physiol* 74:450-459, 1993.

117. Kraemer, WJ, Fleck, SJ, Dziados, JE, Harman, EA, Marchitelli, LJ, Gordon, SE, Mello, R, Frykman, PN, Koziris, LP, and Triplett, NT. Changes in hormonal concentrations after different heavy-resistance exercise protocols in women. *J Appl Physiol* 75:594-604, 1993.

118. Kraemer, WJ, Aguilera, BA, Terada, M, Newton, RU, Lynch, JM, Rosendaal, G, McBride, JM, Gordon, SE, and Hakkinen, K. Responses of IGF-I to endogenous increases in growth hormone after heavy-resistance exercise. *J Appl Physiol* 79:1310-1315, 1995.

119. Kraemer, WJ, Patton, JF, Gordon, SE, Harman, EA, Deschenes, MR, Reynolds, K, Newton, RU, Triplett, NT, and Dziados, JE. Compatibility of high-intensity strength and endurance training on hormonal and skeletal muscle adaptations. *J Appl Physiol* 78:976-989, 1995.

120. Kraemer, WJ, Hakkinen, K, Newton, RU, McCormick, M, Nindl, BC, Volek, JS, Gotshalk, LA, Fleck, SJ, Campbell, WW, Gordon, SE, Farrell, PA, and Evans, WJ. Acute hormonal responses to heavy resistance exercise in younger and older men. *Eur J Appl Physiol Occup Physiol* 77:206-211, 1998.

121. Kraemer, WJ, Volek, JS, Bush, JA, Putukian, M, and Sebastianelli, WJ. Hormonal responses to consecutive days of heavy-resistance exercise with or without nutritional supplementation. *J Appl Physiol* 85:1544-1555, 1998.

122. Kraemer, WJ, Loebel, CC, Volek, JS, Ratamess, NA, Newton, RU, Wickham, RB, Gotshalk, LA, Duncan, ND, Mazzetti, SA, Gomez, AL, Rubin, MR, Nindl, BC, and Hakkinen, K. The effect of heavy resistance exercise on the circadian rhythm of salivary testosterone in men. *Eur J Appl Physiol* 84:13-18, 2001.

123. Kraemer, WJ, Rubin, MR, Hakkinen, K, Nindl, BC, Marx, JO, Volek, JS, French, DN, Gomez, AL, Sharman, MJ, Scheett, T, Ratamess, NA, Miles, MP, Mastro, A, VanHeest, J, Maresh, CM, Welsch, JR, and Hymer, WC. Influence of muscle strength and total work on exercise-induced plasma growth hormone isoforms in women. *J Sci Med Sport* 6:295-306, 2003.

124. Kraemer, WJ, and Ratamess, NA. Hormonal responses and adaptations to resistance exercise and training. *Sports Med* 35:339-361, 2005.

125. Kraemer, WJ, Nindl, BC, Marx, JO, Gotshalk, LA, Bush, JA, Welsch, JR, Volek, JS, Spiering, BA, Maresh, CM, Mastro, AM, and Hymer, WC. Chronic resistance training in women potentiates growth hormone in vivo bioactivity: Characterization of molecular variants. *Am J Physiol Endocrinol Metab* 291:E1177-E1187, 2006.

126. Kraemer, WJ, Spiering, BA, Volek, JS, Ratamess, NA, Sharman, MJ, Rubin, MR, French, DN, Silvestre, R, Hatfield, DL, Van Heest, JL, Vingren, JL, Judelson, DA, Deschenes, MR, and Maresh, CM. Androgenic responses to resistance exercise: Effects of feeding and L-carnitine. *Med Sci Sports Exerc* 38:1288-1296, 2006.

127. Kraemer, WJ, Nindl, BC, Volek, JS, Marx, JO, Gotshalk, LA, Bush, JA, Welsch, JR, Vingren, JL, Spiering, BA, Fragala, MS, Hatfield, DL, Ho, JY, Maresh, CM, Mastro, AM, and Hymer, WC. Influence of oral contraceptive use on growth hormone in vivo bioactivity following resistance exercise: Responses of molecular mass variants. *Growth Horm IGF Res* 18:238-244, 2008.

128. Kraemer, WJ, Dunn-Lewis, C, Comstock, BA, Thomas, GA, Clark, JE, and Nindl, BC. Growth hormone, exercise, and athletic performance: A continued evolution of complexity. *Curr Sports Med Rep* 9:242-252, 2010.

129. Kuoppasalmi, K, and Adlercreutz, H. Interaction between catabolic and anabolic steroid hormones in muscular exercise. In *Exercise Endocrinology.* Berlin: Walter de Gruyter, 65-98, 1985.

130. Kvorning, T, Andersen, M, Brixen, K, and Madsen, K. Suppression of endogenous testosterone production attenuates the response to strength training: A randomized, placebo-controlled, and blinded intervention study. *Am J Physiol Endocrinol Metab* 291:E1325-E1332, 2006.

131. Kvorning, T, Andersen, M, Brixen, K, Schjerling, P, Suetta, C, and Madsen, K. Suppression of testosterone does not blunt mRNA expression of myoD, myogenin, IGF, myostatin or androgen receptor post strength training in humans. *J Physiol* 578:579-593, 2007.

132. Lukaszewska, J, Biczowa, B, Bobilewixz, D, Wilk, M, and Bouchowixz-Fidelus, B. Effect of physical exercise on plasma cortisol and growth hormone levels in young weight lifters. *Endokrynol Pol* 2:149-158, 1976.

133. MacDougall, J. Morphological changes in human skeletal muscle following strength training and immobilization. In *Human Muscle Power.* Jones, NL, McCartney, N, and McComas, AJ, eds. Champaign, IL: Human Kinetics, 269-288, 1986.

134. Mahler, DA, Cunningham, LN, Skrinar, GS, Kraemer, WJ, and Colice, GL. Beta-endorphin activity and hypercapnic ventilatory responsiveness after marathon running. *J Appl Physiol* 66:2431-2436, 1989.

135. Maksay, G, and Toke, O. Asymmetric perturbations of signalling oligomers. *Prog Biophys Mol Biol* 114:153-169, 2014.

136. Martin, JB. Growth hormone releasing factor. In *Brain Peptides.* Krieger, DT, Brownstein, JJ, and Martin, JB, eds. New York: Wiley, 976-980, 1983.

137. Matheny, RW, Jr., and Nindl, BC. Loss of IGF-IEa or IGF-IEb impairs myogenic differentiation. *Endocrinology* 152:1923-1934, 2011.

138. Mauras, N, Rini, A, Welch, S, Sager, B, and Murphy, SP. Synergistic effects of testosterone and growth hormone on protein metabolism and body composition in prepubertal boys. *Metabolism* 52:964-969, 2003.

139. McCall, GE, Byrnes, WC, Fleck, SJ, Dickinson, A, and Kraemer, WJ. Acute and chronic hormonal responses to resistance training designed to promote muscle hypertrophy. *Can J Appl Physiol* 24:96-107, 1999.

140. McCusker, RH, Camacho-Hubner, C, and Clemmons, DR. Identification of the types of insulin-like growth factor-binding proteins that are secreted by muscle cells in vitro. *J Biol Chem* 264:7795-7800, 1989.

141. McKoy, G, Ashley, W, Mander, J, Yang, SY, Williams, N, Russell, B, and Goldspink, G. Expression of insulin growth factor-1 splice variants and structural genes in rabbit skeletal muscle induced by stretch and stimulation. *J Physiol* 516(Pt 2):583-592, 1999.

142. McMurray, RG, Eubank, TK, and Hackney, AC. Nocturnal hormonal responses to resistance exercise. *Eur J Appl Physiol Occup Physiol* 72:121-126, 1995.

143. Migiano, MJ, Vingren, JL, Volek, JS, Maresh, CM, Fragala, MS, Ho, JY, Thomas, GA, Hatfield, DL, Hakkinen, K, Ahtiainen, J, Earp, JE, and Kraemer, WJ. Endocrine response patterns to acute unilateral and bilateral resistance exercise in men. *J Strength Cond Res* 24:128-134, 2010.

144. Nindl, BC, Kraemer, WJ, Gotshalk, LA, Marx, JO, Volek, JS, Bush, FA, Hakkinen, K, Newton, RU, and Fleck, SJ. Testosterone responses after resistance exercise in women: Influence of regional fat distribution. *Int J Sport Nutr Exerc Metab* 11:451-465, 2001.

145. Nindl, BC. Insulin-like growth factor-I as a candidate metabolic biomarker: Military relevance and future directions for measurement. *J Diabetes Sci Technol* 3:371-376, 2009.

146. Nindl, BC. Insulin-like growth factor-I, physical activity, and control of cellular anabolism. *Med Sci Sports Exerc* 42:35-38, 2010.

147. Nindl, BC, Alemany, JA, Tuckow, AP, Rarick, KR, Staab, JS, Kraemer, WJ, Maresh, CM, Spiering, BA, Hatfield, DL, Flyvbjerg, A, and Frystyk, J. Circulating bioactive and immunoreactive IGF-I remain stable in women, despite physical fitness improvements after 8 weeks of resistance, aerobic, and combined exercise training. *J Appl Physiol* 109:112-120, 2010.

148. Nindl, BC, and Pierce, JR. Insulin-like growth factor I as a biomarker of health, fitness, and training status. *Med Sci Sports Exerc* 42:39-49, 2010.

149. Nindl, BC, McClung, JP, Miller, JK, Karl, JP, Pierce, JR, Scofield, DE, Young, AJ, and Lieberman, HR. Bioavailable IGF-I is associated with fat-free mass gains after physical training in women. *Med Sci Sports Exerc* 43:793-799, 2011.

150. Nindl, BC, Santtila, M, Vaara, J, Hakkinen, K, and Kyrolainen, H. Circulating IGF-I is associated with fitness and health outcomes in a population of 846 young healthy men. *Growth Horm IGF Res* 21:124-128, 2011.

151. Nindl, BC, Urso, ML, Pierce, JR, Scofield, DE, Barnes, BR, Krae-

mer, WJ, Anderson, JM, Maresh, CM, Beasley, KN, and Zambraski, EJ. IGF-I measurement across blood, interstitial fluid, and muscle biocompartments following explosive, high-power exercise. *Am J Physiol Regul Integr Comp Physiol* 303:R1080-R1089, 2012.

152. Okayama, T. Factors which regulate growth hormone secretion. *Med J* 17:13-19, 1972.

153. Pakarinen, A, Alen, M, Hakkinen, K, and Komi, P. Serum thyroid hormones, thyrotropin and thyroxine binding globulin during prolonged strength training. *Eur J Appl Physiol Occup Physiol* 57:394-398, 1988.

154. Perry, JK, Liu, DX, Wu, ZS, Zhu, T, and Lobie, PE. Growth hormone and cancer: An update on progress. *Curr Opin Endocrinol Diabetes Obes* 20:307-313, 2013.

155. Rance, NE, and Max, SR. Modulation of the cytosolic androgen receptor in striated muscle by sex steroids. *Endocrinology* 115:862-866, 1984.

156. Ratamess, NA, Kraemer, WJ, Volek, JS, Maresh, CM, Vanheest, JL, Sharman, MJ, Rubin, MR, French, DN, Vescovi, JD, Silvestre, R, Hatfield, DL, Fleck, SJ, and Deschenes, MR. Androgen receptor content following heavy resistance exercise in men. *J Steroid Biochem Mol Biol* 93:35-42, 2005.

157. Rogol, AD. Growth hormone: Physiology, therapeutic use, and potential for abuse. *Exerc Sport Sci Rev* 17:353-377, 1989.

158. Ronnestad, BR, Nygaard, H, and Raastad, T. Physiological elevation of endogenous hormones results in superior strength training adaptation. *Eur J Appl Physiol* 111:2249-2259, 2011.

159. Rosner, W. The functions of corticosteroid-binding globulin and sex hormone-binding globulin: Recent advances. *Endocr Rev* 11:80-91, 1990.

160. sRubin, MR, Kraemer, WJ, Maresh, CM, Volek, JS, Ratamess, NA, Vanheest, JL, Silvestre, R, French, DN, Sharman, MJ, Judelson, DA, Gomez, AL, Vescovi, JD, and Hymer, WC. High-affinity growth hormone binding protein and acute heavy resistance exercise. *Med Sci Sports Exerc* 37:395-403, 2005.

161. Sale, DG. Neural adaptation to resistance training. *Med Sci Sports Exerc* 20:S135-S145, 1988.

162. Schakman, O, Kalista, S, Barbe, C, Loumaye, A, and Thissen, JP. Glucocorticoid-induced skeletal muscle atrophy. *Int J Biochem Cell Biol* 45:2163-2172, 2013.

163. Sedliak, M, Finni, T, Cheng, S, Kraemer, WJ, and Hakkinen, K. Effect of time-of-day-specific strength training on serum hormone concentrations and isometric strength in men. *Chronobiol Int* 24:1159-1177, 2007.

164. Selye, H. A syndrome produced by diverse nocuous agents. *Nature* 138:32, 1936.

165. Selye, H. Stress and disease. *Geriatrics* 10:253-261, 1955.

166. Shaner, AA, Vingren, JL, Hatfield, DL, Budnar, RG, Jr., Duplanty, AA, and Hill, DW. The acute hormonal response to free weight and machine weight resistance exercise. *J Strength Cond Res* 28:1032-1040, 2014.

167. Skierska, E, Ustupska, J, Biczowa, B, and Lukaszcwska, J. Effect of physical exercise on plasma cortisol, testosterone and growth hormone levels in weight lifters. *Endokrynol Pol* 2:159-165, 1976.

168. Skottner, A, Kanie, M, Jennische, E, Sjogren, J, and Fryklund, L. Tissue repair and IGF-1. *Acta Paediatr Scand* 347:110-112, 1988.

169. Smilios, I, Pilianidis, T, Karamouzis, M, and Tokmakidis, SP. Hormonal responses after various resistance exercise protocols. *Med Sci Sports Exerc* 35:644-654, 2003.

170. Sonntag, WE, Forman, LJ, Miki, N, and Meiters, J. Growth hormone secretion and neuroendocrine regulation. In *Handbook of Endocrinology*. Gass, GH, and Kaplan, HM, eds. Boca Raton, FL: CRC Press, 35-39, 1982.

171. Spiering, BA, Kraemer, WJ, Vingren, JL, Ratamess, NA, Anderson, JM, Armstrong, LE, Nindl, BC, Volek, JS, Hakkinen, K, and Maresh, CM. Elevated endogenous testosterone concentrations potentiate muscle androgen receptor responses to resistance exercise. *J Steroid Biochem Mol Biol* 114:195-199, 2009.

172. Staron, RS, Karapondo, DL, Kraemer, WJ, Fry, AC, Gordon, SE, Falkel, JE, Hagerman, FC, and Hikida, RS. Skeletal muscle adaptations during early phase of heavy-resistance training in men and women. *J Appl Physiol* 76:1247-1255, 1994.

173. Stone, MH, Byrd, R, and Johnson, C. Observations on serum androgen response to short term resistive training in middle age sedentary males. *NSCA J* 5:40-65, 1984.

174. Stone, MH, and O'Bryant, HS. *Weight Training: A Scientific Approach.* Minneapolis: Burgess International Group, 1987.

175. Suikkari, AM, Koivisto, VA, Koistinen, R, Seppala, M, and Yki-Jarvinen, H. Dose-response characteristics for suppression of low molecular weight plasma insulin-like growth factor-binding protein by insulin. *J Clin Endocrinol Metab* 68:135-140, 1989.

176. Suikkari, AM, Sane, T, Seppala, M, Yki-Jarvinen, H, Karonen, SL, and Koivisto, VA. Prolonged exercise increases serum insulin-like growth factor-binding protein concentrations. *J Clin Endocrinol Metab* 68:141-144, 1989.

177. Sutton, JR. Effect of acute hypoxia on the hormonal response to exercise. *J Appl Physiol* 42:587-592, 1977.

178. Szivak, TK, Hooper, DR, Dunn-Lewis, C, Comstock, BA, Kupchak, BR, Apicella, JM, Saenz, C, Maresh, CM, Denegar, CR, and Kraemer, WJ. Adrenal cortical responses to high-intensity, short rest, resistance exercise in men and women. *J Strength Cond Res* 27:748-760, 2013.

179. Tapperman, J. *Metabolic and Endocrine Physiology.* Chicago: Year Book Medical, 1980.

180. Terjung, R. Endocrine response to exercise. *Exerc Sport Sci Rev* 7:153-180, 1979.

181. Thomas, GA, Kraemer, WJ, Kennett, MJ, Comstock, BA, Maresh, CM, Denegar, CR, Volek, JS, and Hymer, WC. Immunoreactive and bioactive growth hormone responses to resistance exercise in men who are lean or obese. *J Appl Physiol* 111:465-472, 2011.

182. Triplett-McBride, NT, Mastro, AM, McBride, JM, Bush, JA, Putukian, M, Sebastianelli, WJ, and Kraemer, WJ. Plasma proenkephalin peptide F and human B cell responses to exercise stress in fit and unfit women. *Peptides* 19:731-738, 1998.

183. Turner, JD, Rotwein, P, Novakofski, J, and Bechtel, PJ. Induction of messenger RNA for IGF-I and -II during growth hormone-stimulated muscle hypertrophy. *Am J Physiol* 255:E513-E517, 1988.

184. Vanhelder, WP, Goode, RC, and Radomski, MW. Effect of anaerobic and aerobic exercise of equal duration and work expenditure on plasma growth hormone levels. *Eur J Appl Physiol Occup Physiol* 52:255-257, 1984.

185. Vanhelder, WP, Radomski, MW, and Goode, RC. Growth hormone responses during intermittent weight lifting exercise in men. *Eur J Appl Physiol Occup Physiol* 53:31-34, 1984.

186. Vicencio, JM, Ibarra, C, Estrada, M, Chiong, M, Soto, D, Parra, V, Diaz-Araya, G, Jaimovich, E, and Lavandero, S. Testosterone induces an intracellular calcium increase by a nongenomic mechanism in cultured rat cardiac myocytes. *Endocrinology* 147:1386-1395, 2006.

187. Vingren, JL, Koziris, LP, Gordon, SE, Kraemer, WJ, Turner, RT, and Westerlind, KC. Chronic alcohol intake, resistance training, and muscle androgen receptor content. *Med Sci Sports Exerc* 37:1842-1848, 2005.

188. Vingren, JL, Kraemer, WJ, Hatfield, DL, Volek, JS, Ratamess, NA, Anderson, JM, Hakkinen, K, Ahtiainen, J, Fragala, MS, Thomas, GA, Ho, JY, and Maresh, CM. Effect of resistance exercise on muscle steroid receptor protein content in strength-trained men and women. *Steroids* 74:1033-1039, 2009.

189. Vingren, JL, Kraemer, WJ, Ratamess, NA, Anderson, JM, Volek, JS, and Maresh, CM. Testosterone physiology in resistance exercise and training: The up-stream regulatory elements. *Sports Med* 40:1037-1053, 2010.

190. Weiss, LW, Cureton, KJ, and Thompson, FN. Comparison of serum testosterone and androstenedione responses to weight lifting in men and women. *Eur J Appl Physiol Occup Physiol* 50:413-419, 1983.

191. Westerlind, KC. Exercise and serum androgens in women. *Phys Sportsmed* 15:87-90, 1987.

192. Willoughby, DS, and Taylor, L. Effects of sequential bouts of resistance exercise on androgen receptor expression. *Med Sci Sports Exerc* 36:1499-1506, 2004.

193. Wolf, M, Ingbar, SH, and Moses, AC. Thyroid hormone and growth hormone interact to regulate insulin-like growth factor-I messenger ribonucleic acid and circulating levels in the rat. *Endocrinology* 125:2905-2914, 1989.

194. Yeoh, SI, and Baxter, RC. Metabolic regulation of the growth hormone independent insulin-like growth factor binding protein in human plasma. *Acta Endocrinol (Copenh)* 119:465-473, 1988.

195. Young, IR, Mesiano, S, Hintz, R, Caddy, DJ, Ralph, MM, Browne, CA, and Thorburn, GD. Growth hormone and testosterone can independently stimulate the growth of hypophysectomized prepubertal lambs without any alteration in circulating concentrations of insulin-like growth factors. *J Endocrinol* 121:563-570, 1989.

196. Zorzano, A, James, DE, Ruderman, NB, and Pilch, PF. Insulin-like growth factor I binding and receptor kinase in red and white muscle. *FEBS Lett* 234:257-262, 1988.

CHAPTER 5 Adaptations to Anaerobic Training Programs

1. Aagaard, P. Training-induced changes in neural function. *Exerc Sport Sci Rev* 31:61-67, 2003.

2. Aagaard, P, Andersen, JL, Dyhre-Poulsen, P, Leffers, A, Wagner, A, Magnusson, P, Halkjær-Kristensen, J, and Simonsen, EB. A mechanism for increased contractile strength of human pennate muscle in response to strength training: Changes in muscle architecture. *J Physiol* 534:613-623, 2001.

3. Aagaard, P, Simonsen, EB, Andersen, JL, Magnusson, P, and Dyhre-Poulsen, P. Neural adaptation to resistance training: Changes in evoked V-wave and H-reflex responses. *J Appl Physiol* 92:2309-2318, 2002.

4. Aagaard, P, Simonsen, EB, Andersen, JL, Magnusson, P, and Dyhre-Poulsen, P. Increased rate of force development and neural drive of human skeletal muscle following resistance training. *J Appl Physiol* 93:1318-1326, 2002.

5. Aagaard, P, Simonsen, EB, Andersen, JL, Magnusson, P, Halkjaer-Kristensen, J, and Dyhre-Poulsen, P. Neural inhibition during maximal eccentric and concentric quadriceps contraction: Effects of resistance training. *J Appl Physiol* 89:2249-2257, 2000.

6. Abe, T, Kumagai, K, and Brechue, WF. Fascicle length of leg muscles is greater in sprinters than distance runners. *Med Sci Sports Exerc* 32:1125-1129, 2000.

7. Adams, GR, Harris, RT, Woodard, D, and Dudley, D. Mapping of electrical muscle stimulation using MRI. *J Appl Physiol* 74:532-537, 1993.

8. Allen, GD. Physiological and metabolic changes with six weeks of detraining. *Aust J Sci Med Sport* 21:4-9, 1989.

9. Always, SE, MacDougall, JD, and Sale, DG. Contractile adaptations in the human triceps surae after isometric exercise. *J Appl Physiol* 66:2725-2732, 1989.

10. Andersen, JL, and Aagaard, P. Myosin heavy chain IIX overshoot in human skeletal muscle. *Muscle Nerve* 23:1095-1104, 2000.

11. Baker, D, Nance, S, and Moore, M. The load that maximizes the average mechanical power output during explosive bench press throws in highly trained athletes. *J Strength Cond Res* 15:20-24, 2001.

12. Baker, D, Nance, S, and Moore, M. The load that maximizes the average mechanical power output during jump squats in power trained athletes. *J Strength Cond Res* 15:92-97, 2001.

13. Baty, JJ, Hwang, H, Ding, Z, Bernard, JR, Wang, B, Kwon, B, and Ivy, JL. The effect of a carbohydrate and protein supplement on resistance exercise performance, hormonal response, and muscle damage. *J Strength Cond Res* 21:321-329, 2007.

14. Beck, KC, and Johnson, BD. Pulmonary adaptations to dynamic exercise. In *ACSM's Resource Manual for Guidelines for Exercise Testing and Prescription.* Roitman, JL, ed. Baltimore: Williams & Wilkins, 305-313, 1998.

15. Behm, DG, Anderson, K, and Curnew, RS. Muscle force and activation under stable and unstable conditions. *J Strength Cond Res* 16:416-422, 2002.

16. Bell, GJ, Syrotuik, D, Martin, TP, Burnham, R, and Quinney, HA. Effect of concurrent strength and endurance training on skeletal muscle properties and hormone concentrations in humans. *Eur J Appl Physiol* 81:418-427, 2000.

17. Bell, GJ, and Wenger, HA. The effect of one-legged sprint training on intramuscular pH and nonbicarbonate buffering capacity. *Eur J Appl Physiol* 58:158-164, 1988.

18. Bickel, CS, Slade, J, Mahoney, E, Haddad, F, Dudley, GA, and Adams, GR. Time course of molecular responses of human skeletal muscle to acute bouts of resistance exercise. *J Appl Physiol* 98:482-488, 2005.

19. Biolo, G, Maggi, SP, Williams, BD, Tipton, KD, and Wolfe, RR. Increased rates of muscle protein turnover and amino acid transport after resistance exercise in humans. *J Physiol* 268:E514-E520, 1995.

20. Blazevich, AJ, Gill, ND, Bronks, R, and Newton, RU. Training-specific muscle architecture adaptations after 5-wk training in athletes. *Med Sci Sports Exerc* 35:2013-2022, 2003.

21. Budgett, R. Overtraining syndrome. *Br J Sports Med* 24:231-236, 1990.

22. Bush, JA, Kraemer, WJ, Mastro, AM, Triplett-McBride, T, Volek, JS, Putukian, M, Sebastianelli, WJ, and Knuttgen, HG. Exercise and recovery responses of adrenal medullary neurohormones to heavy resistance exercise. *Med Sci Sports Exerc* 31:554-559, 1999.

23. Callister, R, Callister, RJ, Fleck, SJ, and Dudley, GA. Physiological and performance responses to overtraining in elite judo athletes. *Med Sci Sports Exerc* 22:816-824, 1990.

24. Callister, R, Shealy, MJ, Fleck, SJ, and Dudley, GA. Performance adaptations to sprint, endurance and both modes of training. *J Appl Sport Sci Res* 2:46-51, 1988.

25. Campos, GE, Luecke, TJ, Wendeln, HK, Toma, K, Hagerman, FC, Murray, TF, Ragg, KE, Ratamess, NA, Kraemer, WJ, and Staron, RS. Muscular adaptations in response to three different resistance-training regimens: Specificity of repetition maximum training zones. *Eur J Appl Physiol* 88:50-60, 2002.

26. Carolan, B, and Cafarelli, E. Adaptations in coactivation after isometric resistance training. *J Appl Physiol* 73:911-917, 1992.

27. Chilibeck, PD, Calder, A, Sale, DG, and Webber, CE. Twenty weeks of weight training increases lean tissue mass but not bone mineral mass or density in healthy, active young women. *Can J Physiol Pharm* 74:1180-1185, 1996.

28. Colletti, LA, Edwards, J, Gordon, L, Shary, J, and Bell, NH. The effects of muscle-building exercise on bone mineral density of the radius, spine, and hip in young men. *Calcif Tissue Int* 45:12-14, 1989.

29. Conroy, BP, Kraemer, WJ, Maresh, CM, and Dalsky, GP. Adaptive responses of bone to physical activity. *Med Exerc Nutr Health* 1:64-74, 1992.

30. Conroy, BP, Kraemer, WJ, Maresh, CM, Fleck, SJ, Stone, MH, Fry, AC, Miller, PD, and Dalsky, GP. Bone mineral density in elite junior Olympic weightlifters. *Med Sci Sports Exerc* 25:1103-1109, 1993.

31. Cormie, P, McCaulley, GO, Triplett, NT, and McBride, JM. Optimal loading for maximal power output during lower-body resistance exercise. *Med Sci Sports Exerc* 39:340-349, 2007.

32. Cornelissen, VA, Fagard, RH, Coeckelberghs, E, and Vanhees, L. Impact of resistance training on blood pressure and other cardiovascular risk factors: A meta-analysis of randomized, controlled trials. *Hypertension* 58:950-958, 2011.

33. Costill, DL, Barnett, A, Sharp, R, Fink, WJ, and Katz, A. Leg muscle pH following sprint running. *Med Sci Sports Exerc* 15:325-329, 1983.

34. Craig, BW, Brown, R, and Everhart, J. Effects of progressive resistance training on growth hormone and testosterone levels in young and elderly subjects. *Mech Ageing Dev* 49:159-169, 1989.

35. Cussler, EC, Lohman, TG, Going, SB, Houtkooper, LB, Metcalfe, LL, Flint-Wagner, HG, Harris, RB, and Teixeira, PJ. Weight lifted in strength training predicts bone change in postmenopausal women. *Med Sci Sports Exerc* 35:10-17, 2003.

36. De Luca, CJ, and Contessa, P. Hierarchical control of motor units in voluntary contractions. *J Neurophysiol* 107:178-195, 2012.

37. Deligiannis, A, Zahopoulou, E, and Mandroukas, K. Echocardiographic study of cardiac dimensions and function in weight lifters and body builders. *Int J Sports Cardiol* 5:24-32, 1988.

38. Deschenes, MR, Covault, J, Kraemer, WJ, and Maresh, CM. The neuromuscular junction: Muscle fibre type differences, plasticity and adaptability to increased and decreased activity. *Sports Med* 17:358-372, 1994.

39. Deschenes, MR, Judelson, DA, Kraemer, WJ, Meskaitis, VJ, Volek, JS, Nindl, BC, Harman, FS, and Deaver, DR. Effects of resistance training on neuromuscular junction morphology. *Muscle Nerve* 23:1576-1581, 2000.

40. Deschenes, MR, Maresh, CM, Crivello, JF, Armstrong, LE, Kraemer, WJ, and Covault, J. The effects of exercise training of different intensities on neuromuscular junction morphology. *J Neurocytol* 22:603-615, 1993.

41. Dettmers, C, Ridding, MC, Stephan, KM, Lemon, RN, Rothwell, JC, and Frackowiak, RS. Comparison of regional cerebral blood flow with transcranial magnetic stimulation at different forces. *J Appl Physiol* 81:596-603, 1996.

42. Dook, JE, Henderson, JC, and Price, RI. Exercise and bone mineral density in mature female athletes. *Med Sci Sports Exerc* 29:291-296, 1997.

43. Duclos, M. A critical assessment of hormonal methods used in monitoring training status in athletes. *Int SportMed J* 9:56-66, 2008.

44. Dudley, GA, and Djamil, R. Incompatibility of endurance- and strength-training modes of exercise. *J Appl Physiol* 59:1446-1451, 1985.

45. Dupont, G, Millet, GP, Guinhouya, C, and Berthoin, S. Relationship between oxygen uptake kinetics and performance in repeated running sprints. *Eur J Appl Physiol* 95:27-34, 2005.

46. Eckstein, F, Hudelmaier, M, and Putz, R. The effects of exercise on human articular cartilage. *J Anat* 208:491-512, 2006.

47. Edge, J, Bishop, D, Hill-Haas, S, Dawson, B, and Goodman, C. Comparison of muscle buffer capacity and repeated-sprint ability of untrained, endurance-trained and team-sport athletes. *Eur J Appl Physiol* 96:225-234, 2006.

48. Enoka, RM. Neural adaptations with chronic physical activity. *J Biomech* 30:447-455, 1997.

49. Falkel, JE, Fleck, SJ, and Murray, TF. Comparison of central hemodynamics between power lifters and bodybuilders during exercise. *J Appl Sport Sci Res* 6:24-35, 1992.

50. Felici, F, Rosponi, A, Sbriccoli, P, Filligoi, C, Fattorini, L, and Marchetti, M. Linear and non-linear analysis of surface electromyograms in weightlifters. *Eur J Appl Physiol* 84:337-342, 2001.

51. Fisher, AG, Adams, TG, Yanowitz, FG, Ridges, JD, Orsmond, G, and Nelson, AG. Noninvasive evaluation of world class athletes engaged in different modes of training. *Am J Cardiol* 63:337-341, 1989.

52. Fleck, SJ. Cardiovascular adaptations to resistance training. *Med Sci Sports Exerc* 20:S146-S151, 1988.

53. Fleck, SJ. Cardiovascular responses to strength training. In *The Encyclopaedia of Sports Medicine: Strength and Power in Sport.* Komi, PV, ed. Oxford: Blackwell Scientific, 387-406, 2003.

54. Fleck, SJ, and Dean, LS. Resistance-training experience and the pressor response during resistance exercise. *J Appl Physiol* 63:116-120, 1987.

55. Fleck, SJ, Henke, C, and Wilson, W. Cardiac MRI of elite junior Olympic weight lifters. *Int J Sports Med* 10:329-333, 1989.

56. French, DN, Kraemer, WJ, Volek, JS, Spiering, BA, Judelson, DA, Hoffman, JR, and Maresh, CM. Anticipatory responses of catecholamines on muscle force production. *J Appl Physiol* 102:94-102, 2007.

57. Frost, HM. Why do marathon runners have less bone than weight lifters? A vital-biomechanical view and explanation. *Bone* 20:183-189, 1997.

58. Fry, AC, and Kraemer, WJ. Resistance exercise overtraining and overreaching. *Sports Med* 23:106-129, 1997.

59. Fry, AC, Kraemer, WJ, Lynch, JM, Triplett, NT, and Koziris, LP. Does short-term near maximal intensity machine resistance training induce overtraining? *J Strength Cond Res* 8:188-191, 1994.

60. Fry, AC, Kraemer, WJ, and Ramsey, LT. Pituitary-adrenal-gonadal responses to high-intensity resistance exercise overtraining. *J Appl Physiol* 85:2352-2359, 1998.

61. Fry, AC, Kraemer, WJ, Stone, MH, Warren, BJ, Fleck, SJ, Kearney, JT, and Gordon, SE. Endocrine responses to over-reaching before and after 1 year of weightlifting training. *Can J Appl Physiol* 19:400-410, 1994.

62. Fry, AC, Kraemer, WJ, van Borselen, F, Lynch, JM, Marsit, JL, Roy, EP, Triplett, NT, and Knuttgen, HG. Performance decrements with high-intensity resistance exercise overtraining. *Med Sci Sports Exerc* 26:1165-1173, 1994.

63. Gabriel, DA, Kamen, G, and Frost, G. Neural adaptations to resistive exercise: Mechanisms and recommendations for training practices. *Sports Med* 36:133-149, 2006.

64. Gettman, LR, Culter, LA, and Strathman, T. Physiological changes after 20 weeks of isotonic vs isokinetic circuit training. *J Sports Med Phys Fitness* 20:265-274, 1980.

65. Glowacki, SP, Martin, SE, Maurer, A, Back, W, Green, JS, and Crouse, SF. Effects of resistance, endurance, and concurrent exercise on training outcomes in men. *Med Sci Sports Exerc* 36:2119-2127, 2004.

66. Goldspink, G. Changes in muscle mass and phenotype and the expression of autocrine and systemic growth factors by muscle in response to stretch and overload. *J Anat* 194:323-334, 1999.

67. Goldspink, G, and Yang, SY. Effects of activity on growth factor expression. *Int J Sport Nutr Exerc Metab* 11:S21-S27, 2001.

68. Gonyea, WJ. The role of exercise in inducing skeletal muscle fiber number. *J Appl Physiol* 48:421-426, 1980.

69. Gorassini, M, Yang, JF, Siu, M, and Bennett, DJ. Intrinsic activation of human motor units: Reduction of motor unit recruitment thresholds by repeated contractions. *J Neurophysiol* 87:1859-1866, 2002.

70. Granhed, H, Jonson, R, and Hansson, T. The loads on the lumbar spine during extreme weight lifting. *Spine* 12:146-149, 1987.

71. Green, H, Dahly, A, Shoemaker, K, Goreham, C, Bombardier, E, and Ball-Burnett, M. Serial effects of high-resistance and prolonged endurance training on Na+-K+ pump concentration and enzymatic activities in human vastus lateralis. *Acta Physiol Scand* 165:177-184, 1999.

72. Hakkinen, K, and Alen, M. Physiological performance, serum hormones, enzymes and lipids of an elite power athlete during training with and without androgens and during prolonged training. A case study. *J Sports Med Phys Fitness* 26:92-100, 1986.

73. Häkkinen, K, Alén, M, Kallinen, M, Izquierdo, M, Jokelainen, K, Lassila, H, Maikia, E, Kraemer, WJ, and Newton, RU. Muscle CSA, force production and activation of leg extensor during isometric and dynamic actions in middle-aged and elderly men and women. *J Aging Phys Act* 6:232-247, 1998.

74. Häkkinen, K, Alén, M, Kraemer, WJ, Gorostiaga, E, Izquierdo, M, Rusko, H, Mikkola, J, Häkkinen, A, Valkeinen, H, Kaarakainen, E, Romu, S, Erola, V, Ahtiainen, J, and Paavolainen, L. Neuromuscular adaptations during concurrent strength and endurance training versus strength training. *Eur J Appl Physiol* 89:42-52, 2003.

75. Häkkinen, K, Izquierdo, M, Aguado, X, Newton, RU, and Kraemer, WJ. Isometric and dynamic explosive force production of leg extensor muscles in men at different ages. *J Hum Mov Stud* 31:105-121, 1996.

76. Häkkinen, K, Kallinen, M, Izquierdo, M, Jokelainen, K, Lassila, H, Maikia, E, Kraemer, WJ, Newton, RU, and Alén, M. Changes in agonist-antagonist EMG, muscle CSA and force during strength training in middle-aged and older people. *J Appl Physiol* 84:1341-1349, 1998.

77. Häkkinen, K, Newton, RU, Gordon, SE, McCormick, M, Volek, JS, Nindl, BC, Gotshalk, LA, Campbell, WW, Evans, WJ, Häkkinen, A, Humphries, B, and Kraemer, WJ. Changes in muscle morphology, electromyographic activity, and force production characteristics during progressive strength training in young and older men. *J Gerontol Biol Sci* 53:415-423, 1998.

78. Häkkinen, K, and Pakarinen, A. Acute hormonal responses to two different fatiguing heavy-resistance protocols in male athletes. *J Appl Physiol* 74:882-887, 1993.

79. Häkkinen, K, Pakarinen, A, Alén, M, Kauhanen, H, and Komi, PV. Relationships between training volume, physical performance capacity, and serum hormone concentrations during prolonged training in elite weight lifters. *Int J Sports Med* 8:61-65, 1987.

80. Häkkinen, K, Pakarinen, A, Alén, M, Kauhanen, H, and Komi, PV. Neuromuscular and hormonal adaptations in athletes to strength training in two years. *J Appl Physiol* 65:2406-2412, 1988.

81. Halson, SL, and Jeukendrup, AE. Does overtraining exist? An analysis of overreaching and overtraining research. *Sports Med* 34:967-981, 2004.

82. Hansen, S, Kvorning, T, Kjaer, M, and Szogaard, G. The effect of short-term strength training on human skeletal muscle: The importance of physiologically elevated hormone levels. *Scand J Med Sci Sports* 11:347-354, 2001.

83. Hather, BM, Tesch, PA, Buchanan, P, and Dudley, GA. Influence of eccentric actions on skeletal muscle adaptations to resistance. *Acta Physiol Scand* 143:177-185, 1991.

84. Henderson, NK, White, CP, and Eisman, JA. The role of exercise and fall risk reduction in prevention of osteoporosis. *Endocrin Metab Clin* 27:369-387, 1998.

85. Hibbs, AE, Thompson, KG, French, DN, Hodgson, D, and Spears, IR. Peak and average rectified EMG measures: Which method of data reduction should be used for assessing core training exercises? *J Electromyogr Kinesiol* 21:102-111, 2011.

86. Hickson, RC. Interference of strength development by simultaneously training for strength and endurance. *Eur J Appl Physiol* 45:255-263, 1980.

87. Ho, K, Roy, R, Taylor, J, Heusner, W, Van Huss, W, and Carrow, R. Muscle fiber splitting with weightlifting exercise. *Med Sci Sports Exerc* 9:65, 1977.

88. Hortobagyi, T, Houmard, JA, Stevenson, JR, Fraser, DD, Johns, RA, and Israel, RG. The effects of detraining on power athletes. *Med Sci Sports Exerc* 25:929-935, 1993.

89. Howatson, GI, Zult, T, Farthing, JP, Ziidewind, I, and Hortobagyi, T. Mirror training to augment cross-education during resistance training: A hypothesis. *Front Hum Neurosci* 24:394, 2013.

90. Hurley, BF. Effects of resistance training on lipoprotein-lipid profiles: A comparison to aerobic exercise training. *Med Sci Sports Exerc* 21:689-693, 1989.

91. Kanehisa, H, and Fukunaga, T. Profiles of musculoskeletal development in limbs of college Olympic weightlifters and wrestlers. *Eur J Appl Physiol* 79:414-420, 1999.

92. Kannus, P, Jozsa, L, Natri, A, and Jarvinen, M. Effects of training, immobilization and remobilization on tendons. *Scand J Med Sci Sports* 7:67-71, 1997.

93. Karlsson, TS, Johnell, O, and Obrandt, KJ. Is bone mineral advantage maintained long-term in previous weightlifters? *Calcif Tissue Int* 57:325-328, 1995.

94. Kearns, CF, Abe, T, and Brechue, WF. Muscle enlargement in sumo wrestlers includes increased muscle fascicle length. *Eur J Appl Physiol* 83:289-296, 2000.

95. Kelley, GA, and Kelley, KS. Progressive resistance exercise and resting blood pressure: A meta-analysis of randomized controlled trials. *Hypertension* 35:838-843, 2000.

96. Kellis, E, Arabatzi, F, and Papadopoulos, C. Muscle co-activation around the knee in drop jumping using the co-contraction index. *J Electromyogr Kinesiol* 13:229-238, 2003.

97. Khaled, MB. Effect of traditional aerobic exercises versus sprint interval training on pulmonary function tests in young sedentary males: A randomised controlled trial. *J Clin Diagn Res* 7:1890-1893, 2013.

98. Kim, JS, Cross, JM, and Bamman, MM. Impact of resistance loading on myostatin expression and cell cycle regulation in young and older men and women. *Am J Physiol Endocrinol Metab* 288:E1110-1119, 2005.

99. Kjaer, MJ. Role of extracellular matrix in adaptation of tendon and skeletal muscle to mechanical loading. *Physiol Rev* 84, 649-698, 2004.

100. Konig, D, Huonker, M, Schmid, A, Halle, M, Berg, A, and Keul, J. Cardiovascular, metabolic, and hormonal parameters in professional tennis players. *Med Sci Sports Exerc* 33:654-658, 2001.

101. Kosek, DJ, Kim, JS, Petrella, JK, Cross, JM, and Bamman, MM. Efficacy of 3 days/wk resistance training on myofiber hypertrophy and myogenic mechanisms in young vs. older adults. *J Appl Physiol* 101:531-544, 2006.

102. Kraemer, WJ. Endocrine responses to resistance exercise. *Med Sci Sports Exerc* 20:152-157, 1998.

103. Kraemer, WJ, Adams, K, Cafarelli, E, Dudley, GA, Dooly, C, Feigenbaum, MS, Fleck, SJ, Franklin, B, Fry, AC, Hoffman, JR, Newton, RU, Potteiger, J, Stone, MH, Ratamess, NA, Triplett-McBride, T, and American College of Sports Medicine. American College of Sports Medicine position stand. Progression models in resistance training for healthy adults. *Med Sci Sports Exerc* 34:364-380, 2002.

104. Kraemer, WJ, Fleck, SJ, Dziados, JE, Harman, EA, Marchitelli, LJ, Gordon, SE, Mello, R, Frykman, PN, Koziris, LP, and Triplett, NT. Changes in hormonal concentrations after different heavy-resistance exercise protocols in women. *J Appl Physiol* 75:594-604, 1993.

105. Kraemer, WJ, Fleck, SJ, Maresh, CM, Ratamess, NA, Gordon, SE, Goetz, KL, Harman, EA, Frykman, PN, Volek, JS, Mazzetti, SA, Fry, AC, Marchitelli, LJ, and Patton, JF. Acute hormonal responses to a single bout of heavy resistance exercise in trained power lifters and untrained men. *Can J Appl Physiol* 24:524-537, 1999.

106. Kraemer, WJ, Gordon, SE, Fleck, SJ, Marchitelli, LJ, Mello, R, Dziados, JE, Friedl, K, Harman, E, Maresh, CM, and Fry, AC. Endogenous anabolic hormonal and growth factor responses to heavy resistance exercise in males and females. *Int J Sports Med* 12:228-235, 1991.

107. Kraemer, WJ, and Koziris, LP. Olympic weightlifting and power lifting. In *Physiology and Nutrition for Competitive Sport.* Lamb, DR, Knuttgen, HG, and Murray, R, eds. Carmel, IN: Cooper, 1-54, 1994.

108. Kraemer, WJ, Koziris, LP, Ratamess, NA, Häkkinen, K, Triplett-McBride, NT, Fry, AC, Gordon, SE, Volek, JS, French, DN, Rubin, MR, Gómez, AL, Sharman, MJ, Lynch, JM, Izquierdo, M, Newton, RU, and Fleck, SJ. Detraining produces minimal changes in physical performance and hormonal variables in recreationally strength-trained men. *J Strength Cond Res* 16:373-382, 2002.

109. Kraemer, WJ, Marchitelli, L, McCurry, D, Mello, R, Dziados, JE, Harman, E, Frykman, P, Gordon, SE, and Fleck, SJ. Hormonal and growth factor responses to heavy resistance exercise. *J Appl Physiol* 69:1442-1450, 1990.

110. Kraemer, WJ, and Nindl, BC. Factors involved with overtraining for strength and power. In *Overtraining in Sport.* Kreider, RB, Fry, AC, and O'Toole, ML, eds. Champaign, IL: Human Kinetics, 69-86, 1998.

111. Kraemer, WJ, Noble, BJ, Culver, BW, and Clark, MJ. Physiologic responses to heavy-resistance exercise with very short rest periods. *Int J Sports Med* 8:247-252, 1987.

112. Kraemer, WJ, Patton, J, Gordon, SE, Harman, EA, Deschenes, MR, Reynolds, K, Newton, RU, Triplett, NT, and Dziados, JE. Compatibility of high intensity strength and endurance training on hormonal and skeletal muscle adaptations. *J Appl Physiol* 78:976-989, 1995.

113. Kraemer, WJ, and Ratamess, NA. Physiology of resistance training: Current issues. *Orthop Phys Ther Clin N Am* 4:467-513, 2000.

114. Kraemer, WJ, and Ratamess, NA. Fundamentals of resistance training: Progression and exercise prescription. *Med Sci Sports Exerc* 36:674-678, 2004.

115. Kraemer, WJ, and Ratamess, NA. Hormonal responses and adaptations to resistance exercise and training. *Sports Med* 35:339-361, 2005.

116. Kraemer, WJ, Ratamess, NA, and French, DN. Resistance training for health and performance. *Curr Sport Med Rep* 1:165-171, 2002.

117. Kraemer, WJ, Rubin, MR, Häkkinen, K, Nindl, BC, Marx, JO, Volek, JS, French, DN, Gómez, AL, Sharman, MJ, Scheett, TP, Ratamess, NA, Miles, MP, Mastro, AM, Van Heest, JL, Maresh, CM, Welsch, JR, and Hymer, WC. Influence of muscle strength and total work on

exercise-induced plasma growth hormone isoforms in women. *J Sci Med Sport* 6:295-306, 2003.

118. Kraemer, WJ, Spiering, BA, Volek, JS, Ratamess, NA, Sharman, MJ, Rubin, MR, French, DN, Silvestre, R, Hatfield, DL, Van Heest, JL, Vingren, JL, Judelson, DA, Deschenes, MR, and Maresh, CM. Androgenic responses to resistance exercise: Effects of feeding and L-carnitine. *Med Sci Sports Exerc* 38:1288-1296, 2006.

119. Kraemer, WJ, Staron, RS, Karapondo, D, Fry, AC, Gordon, SE, Volek, JS, Nindl, BC, Gotshalk, L, Newton, RU, and Häkkinen, K. The effects of short-term resistance training on endocrine function in men and women. *Eur J Appl Physiol* 78:69-76, 1998.

120. Kraemer, WJ, Volek, JS, Clark, KL, Gordon, SE, Incledon, T, Puhl, SM, Triplett-McBride, NT, McBride, JM, Putukian, M, and Sebastianelli, WJ. Physiological adaptations to a weight-loss dietary regimen and exercise programs in women. *J Appl Physiol* 83:270-279, 1997.

121. Kubo, K, Kanehisa, H, and Fukunaga, T. Effects of resistance and stretching training programmes on the viscoelastic properties of human tendon structures in vivo. *J Physiol* 538:219-226, 2002.

122. Kubo, K, Komuro, T, Ishiguro, N, Tsunoda, N, and Sato, Y. Effects of low-load resistance training with vascular occlusion on the mechanical properties of muscle and tendon. *J Appl Biomech* 22:112-119, 2006.

123. Kubo, K, Yata, H, Kanehisa, H, and Fukunaga, T. Effects of isometric squat training on the tendon stiffness and jump performance. *Eur J Appl Physiol* 96:305-314, 2006.

124. Kuipers, H, and Keizer, HA. Overtraining in elite athletes: Review and directions for the future. *Sports Med* 6:79-92, 1988.

125. Langberg, H, Rosendal, L, and Kjaer, M. Training-induced changes in peritendinous type I collagen turnover determined by microdialysis in humans. *J Physiol* 534:297-302, 2001.

126. Leveritt, M, and Abernethy, PJ. Acute effects of high-intensity endurance exercise on subsequent resistance activity. *J Strength Cond Res* 13:47-51, 1999.

127. Leveritt, M, Abernethy, PJ, Barry, B, and Logan, PA. Concurrent strength and endurance training: The influence of dependent variable selection. *J Strength Cond Res* 17:503-508, 2003.

128. Luthi, JM, Howald, H, Claassen, H, Rosler, K, Vock, P, and Hoppeler, H. Structural changes in skeletal muscle tissue with heavy-resistance exercise. *Int J Sports Med* 7:123-127, 1986.

129. MacDougall, JD, Elder, GCB, Sale, DG, and Sutton, JR. Effects of strength training and immobilization on human muscle fibers. *Eur J Appl Physiol* 43:25-34, 1980.

130. MacDougall, JD, Gibala, MJ, Tarnopolsky, MA, MacDonald, JR, Interisano, SA, and Yarasheski, KE. The time course for elevated muscle protein synthesis following heavy resistance exercise. *Can J Appl Physiol* 20:480-486, 1995.

131. MacDougall, JD, Sale, DG, Always, SE, and Sutton, JR. Muscle fiber number in biceps brachii in bodybuilders and control subjects. *J Appl Physiol* 57:1399-1403, 1984.

132. MacDougall, JD, Sale, DG, Elder, GC, and Sutton, JR. Muscle ultrastructural characteristics of elite powerlifters and bodybuilders. *Eur J Appl Physiol* 48:117-126, 1982.

133. MacDougall, JD, Sale, DG, Moroz, JR, Elder, GCB, Sutton, JR, and Howald, H. Mitochondrial volume density in human skeletal muscle following heavy resistance training. *Med Sci Sports Exerc* 11:164-166, 1979.

134. MacDougall, JD, Tuxen, D, Sale, DG, Moroz, JR, and Sutton, JR. Arterial blood pressure response to heavy resistance exercise. *J Appl Physiol* 58:785-790, 1985.

135. MacDougall, JD, Ward, GR, Sale, DG, and Sutton, JR. Biochemical adaptation of human skeletal muscle to heavy resistance training and immobilization. *J Appl Physiol* 43:700-703, 1977.

136. McCall, GE, Byrnes, WC, Fleck, SJ, Dickinson, A, and Kraemer, WJ. Acute and chronic hormonal responses to resistance training designed to promote muscle hypertrophy. *Can J Appl Physiol* 24:96-107, 1999.

137. McCarthy, JP, Agre, JC, Graf, BK, Pozniak, MA, and Vailas, AC. Compatibility of adaptive responses with combining strength and endurance training. *Med Sci Sports Exerc* 27:429-436, 1995.

138. McCarthy, JP, Pozniak, MA, and Agre, JC. Neuromuscular adaptations to concurrent strength and endurance training. *Med Sci Sports Exerc* 34:511-519, 2002.

139. McCartney, N, McKelvie, RS, Martin, J, Sale, DG, and MacDougall, JD. Weight-training induced attenuation of the circulatory response of older males to weight lifting. *J Appl Physiol* 74:1056-1060, 1993.

140. Meeusen, R, Duclos, M, Foster, C, Fry, A, Gleeson, M, Nieman, D, Raglin, J, Rietjens, G, Steinacker, J, and Urhausen, A. Prevention, diagnosis, and treatment of the over training syndrome: Joint consensus statement of the European College of Sports Science and the American College of Sports Medicine. *Med Sci Sports Exerc* 45:186-205, 2013.

141. Meeusen, R, Piacentini, MF, Busschaert, B, Buyse, L, De Schutter, G, and Stray-Gundersen, J. Hormonal responses in athletes: The use of a two bout exercise protocol to detect subtle differens in (over) training status. *Eur J Appl Physiol* 91:140-146, 2004.

142. Miller, BF, Olesen, JL, Hansen, M, Døssing, S, Crameri, RM, Welling, RJ, Langberg, H, Flyvbjerg, A, Kjaer, M, Babraj, JA, Smith, K, and Rennie, MJ. Coordinated collagen and muscle protein synthesis in human patella tendon and quadriceps muscle after exercise. *J Physiol* 15:1021-1033, 2005.

143. Minchna, H, and Hantmann, G. Adaptation of tendon collagen to exercise. *Int Orthop* 13:161-165, 1989.

144. Moore, CA, and Fry, AC. Nonfunctional overreaching during off-season training for skill position players in collegiate American football. *J Strength Cond Res* 21:793-800, 2007.

145. Moritani, T, and deVries, HA. Neural factors versus hypertrophy in the time course of muscle strength gain. *Am J Phys Med* 58:115-130, 1979.

146. Mujika, I, and Padilla, S. Muscular characteristics of detraining in humans. *Med Sci Sports Exerc* 33:1297-1303, 2001.

147. Munn, J, Herbert, RC, and Gandevia, SC. Contralateral effects of unilateral resistance training: A meta-analysis. *J Appl Physiol* 96:1861-1866, 2004.

148. Nardone, A, Romano, C, and Schieppati, M. Selective recruitment of high-threshold human motor units during voluntary isotonic lengthening of active muscles. *J Physiol* 409:451-471, 1989.

149. Newton, RU, Kraemer, WJ, Häkkinen, K, Humphries, BJ, and Murphy, AJ. Kinematics, kinetics, and muscle activation during explosive upper body movements: Implications for power development. *J Appl Biomech* 12:31-43, 1996.

150. Ortenblad, N, Lunde, PK, Levin, K, Andersen, JL, and Pedersen, PK. Enhanced sarcoplasmic reticulum Ca(2+) release following intermittent sprint training. *Am J Physiol* 279:R152-R160, 2000.

151. Pensini, M, Martin, A, and Maffiuletti, MA. Central versus peripheral adaptations following eccentric resistance training. *Int J Sports Med* 23:567-574, 2002.

152. Perry, J, Schmidt Easterday, C, and Antonelli, DJ. Surface versus intramuscular electrodes for electromyography of superficial and deep muscles. *Phys Ther* 61:7-15, 1981.

153. Pette, D, and Staron, RS. Mammalian skeletal muscle fiber type transitions. *Int Rev Cytol* 170:143-223, 1997.

154. Pette, D, and Staron, RS. Cellular and molecular diversities of mammalian skeletal muscle fibers. *Rev Physiol Biochem Pharmacol* 116:1-76, 1990.

155. Pette, D, and Staron, RS. Myosin isoforms, muscle fiber types, and transitions. *Microsc Res Tech* 50:500-509, 2002.

156. Phillips, S, Tipton, K, Aarsland, A, Wolf, S, and Wolfe, R. Mixed muscle protein synthesis and breakdown after resistance exercise in humans. *Am J Physiol Endocrinol Metab* 273:E99-E107, 1997.

157. Ploutz, LL, Tesch, PA, Biro, RL, and Dudley, GA. Effect of resistance training on muscle use during exercise. *J Appl Physiol* 76:1675-1681, 1994.

158. Pocock, NA, Eisman, J, Gwinn, T, Sambrook, P, Kelley, P, Freund, J, and Yeates, M. Muscle strength, physical fitness, and weight but not age to predict femoral neck bone mass. *J Bone Min Res* 4:441-448, 1989.

159. Raastad, T, Glomsheller, T, Bjoro, T, and Hallen, J. Changes in human skeletal muscle contractility and hormone status during 2 weeks of heavy strength training. *Eur J Appl Physiol* 84:54-63, 2001.

160. Ratamess, NA, Falvo, MJ, Mangine, GT, Hoffman, JR, Faigenbaum, AD, and Kang, J. The effect of rest interval length on metabolic responses to the bench press exercise. *Eur J Appl Physiol* 100:1-17, 2007.

161. Ratamess, NA, and Izquierdo, M. Neuromuscular adaptations to training. In *The Olympic Textbook of Medicine in Sport.* Hoboken, NJ: Wiley, 67-78, 2008.

162. Ratamess, NA, Kraemer, WJ, Volek, JS, Maresh, CM, Van Heest, JL, Sharman, MS, Rubin, MR, French, DN, Vescovi, JD, Silvestre, R, Hatfield, DL, Fleck, SJ, and Deschenes, MR. Effects of heavy resistance exercise volume on post-exercise androgen receptor content in resistance-trained men. *J Steroid Biochem* 93:35-42, 2005.

163. Ratamess, NA, Kraemer, WJ, Volek, JS, Rubin, MR, Gómez, AL, French, DN, Sharman, MJ, McGuigan, MM, Scheett, TP, Häkkinen, K, and Dioguardi, F. The effects of amino acid supplementation on muscular performance during resistance training overreaching: Evidence of an effective overreaching protocol. *J Strength Cond Res* 17:250-258, 2003.

164. Sabo, D, Bernd, L, Pfeil, J, and Reiter, A. Bone quality in the lumbar spine in high-performance athletes. *Eur Spine J* 5:258-263, 1996.

165. Sadusky, TJ, Kemp, TJ, Simon, M, Carey, N, and Coulton, GR. Identification of Serhl, a new member of the serine hydrolase family induced by passive stretch of skeletal muscle in vivo. *Genomics* 73:38-49, 2001.

166. Sale, DG. Influence of exercise and training on motor unit activation. *Exerc Sport Sci Rev* 15:95-151, 1987.

167. Sale, DG. Neural adaptations to strength training. In *The Encyclopaedia of Sports Medicine: Strength and Power in Sport.* Komi, PV, ed. Oxford: Blackwell Scientific, 281-314, 2003.

168. Sale, DG, Jacobs, I, MacDougall, JD, and Garner, S. Comparison of two regimens of concurrent strength and endurance training. *Med Sci Sports Exerc* 22:348-356, 1990.

169. Sale, DG, Moroz, DE, McKelvie, RS, MacDougall, JD, and McCartney, N. Effect of training on the blood pressure response to weight lifting. *Can J Appl Physiol* 19:60-74, 1994.

170. Sale, DG, Upton, ARM, McComas, AJ, and MacDougall, JD. Neuromuscular functions in weight-trainers. *Exp Neurol* 82:521-531, 1983.

171. Santana, JC, Vera-Garcia, FJ, and McGill, SM. A kinetic and electromyographic comparison of the standing cable press and bench press. *J Strength Cond Res* 21:1271-1277, 2007.

172. Sedano, S, Marín, PJ, Cuadrado, G, and Redondo, JC. Concurrent training in elite male runners: The influence of strength versus muscular endurance training on performance outcomes. *J Strength Cond Res* 27:2433-2443, 2013.

173. Semmler, J. Motor unit synchronization and neuromuscular performance. *Exerc Sport Sci Rev* 30:8-14, 2002.

174. Semmler, JG, Sale, MV, Meyer, FG, and Nordstrom, MA. Motor-unit coherence and its relation with synchrony are influenced by training. *J Neurophysiol* 92:3320-3331, 2004.

175. Sharp, RL, Costill, DL, Fink, WJ, and King, DS. Effects of eight weeks of bicycle ergometer sprint training on human muscle buffer capacity. *Int J Sports Med* 7, 13-17, 1986.

176. Shima, SN, Ishida, K, Katayama, K, Morotome, Y, Sato, Y, and Miyamura, M. Cross education of muscular strength during unilateral resistance training and detraining. *Eur J Appl Physiol* 86:287-294, 2002.

177. Shinohara, M, Kouzaki, M, Yoshihisa, T, and Fukunaga, T. Efficacy of tourniquet ischemia for strength training with low resistance. *Eur J Appl Physiol* 77:189-191, 1998.

178. Skerry, TM. Mechanical loading and bone: What sort of exercise is beneficial to the skeleton? *Bone* 20:179-181, 1997.

179. Spiering, BA, Kraemer, WJ, Anderson, JM, Armstrong, LE, Nindl, BC, Volek, JS, and Maresh, CM. Resistance exercise biology. Manipulation of resistance exercise programme variables determines the response of cellular and molecular signaling pathways. *Sports Med* 38:527-540, 2008.

180. Staff, PH. The effects of physical activity on joints, cartilage, tendons, and ligaments. *Scand J Med Sci Sports* 29:59-63, 1982.

181. Staron, RS. The classification of human skeletal muscle fiber types. *J Strength Cond Res* 11:67, 1997.

182. Staron, RS, Hagerman, FC, and Hikida, RS. The effects of detraining on an elite power lifter. A case study. *J Neurol Sci* 51:247-257, 1981.

183. Staron, RS, Karapondo, DL, Kraemer, WJ, Fry, AC, Gordon, SE, Falkel, JE, Hagerman, FC, and Hikida, RS. Skeletal muscle adaptations during the early phase of heavy-resistance training in men and women. *J Appl Physiol* 76:1247-1255, 1994.

184. Staron, RS, Malicky, ES, Leonardi, MJ, Falkel, JE, Hagerman, FC, and Dudley, GA. Muscle hypertrophy and fast fiber type conversions in heavy resistance-trained women. *Eur J Appl Physiol* 60:71-79, 1989.

185. Stone, MH, Keith, RE, Kearney, JT, Fleck, SE, Wilson, GD, and Triplett, NT. Overtraining: A review of the signs, symptoms and possible causes. *J Appl Sport Sci Res* 5:35-50, 1991.

186. Strope, MA, Nigh, P, Carter, MI, Lin, N, Jiang, J, and Hinton, PS. Physical activity-associated bone loading during adolescence and young adulthood is positively associated with adult bone mineral density in men. *Am J Mens Health,* 2014 [e-pub ahead of print].

187. Taaffe, DR, Robinson, TL, Snow, CM, and Marcus, R. High impact exercise promotes bone gain in well-trained female athletes. *J Bone Min Res* 12:255-260, 1997.

188. Takarada, Y, Sato, Y, and Ishii, N. Effects of resistance exercise combined with vascular occlusion on muscle function in athletes. *Eur J Appl Physiol* 86:308-314, 2002.

189. Ter Haar Romeny, BM, Dernier Van Der Goen, JJ, and Gielen, CCAM. Changes in recruitment order of motor units in the human biceps muscle. *Exp Neurol* 78:360-368, 1982.

190. Tesch, PA. Skeletal muscle adaptations consequent to longterm heavy-resistance exercise. *Med Sci Sports Exerc* 20:S124-S132, 1988.

191. Tesch, PA, and Larsson, L. Muscle hypertrophy in bodybuilders. *Eur J Appl Physiol* 49:310, 1982.

192. Tipton, KD, and Ferrando, AA. Improving muscle mass: Response of muscle metabolism to exercise, nutrition and anabolic agents. *Essays Biochem* 44:85-98, 2008.

193. Tremblay, MS, Copeland, JL, and Van Helder, W. Effect of training status and exercise mode on endogenous steroid hormones in men. *J Appl Physiol* 96, 531-539, 2003.

194. Urhausen, A, and Kinderman, W. Diagnosis of overtraining: What tools do we have? *Sports Med* 32:95-102, 2002.

195. Vanwanseele, B, Lucchinetti, E, and Stüssi, E. The effects of immobilization on the characteristics of articular cartilage: Current concepts and future directions. *Osteoarthritis Cartilage* 10:408-419, 2002.

196. Virvidakis, K, Georgion, E, Konkotsidis, A, Ntalles, K, and Proukasis, C. Bone mineral content of junior competitive weightlifters. *Int J Sports Med* 11:244-246, 1990.

197. Wilson, JM, Marin, PJ, Rhea, MR, Wilson, SM, Loenneke, JP, and Anderson, JC. Concurrent training: A meta-analysis examining interference of aerobic and resistance exercises. *J Strength Cond Res* 26:2293-2307, 2012.

198. Wittich, A, Mautalen, CA, Oliveri, MB, Bagur, A, Somoza, F, and Rotemberg, E. Professional football (soccer) players have a markedly greater skeletal mineral content, density, and size than age- and BMI-matched controls. *Calcif Tissue Int* 63:112-117, 1998.

CHAPTER 6 Adaptations to Aerobic Endurance Training Programs

1. Andersen, P. Capillary density in skeletal muscle of man. *Acta Physiol Scand* 95:203-205, 1975.

2. Andersen, P, and Henriksson, J. Training induced changes in the subgroups of human type II skeletal muscle fibres. *Acta Physiol Scand* 99:123-125, 1977.

3. Astrand, PO. Physical performance as a function of age. *JAMA* 205:729-733, 1968.

4. Astrand, PO, Cuddy, TE, Saltin, B, and Stenberg, J. Cardiac output during submaximal and maximal work. *J Appl Physiol* 19:268-274, 1964.

5. Åstrand, PO, Rodahl, K, Dahl, HA, and Strømme, SB. *Textbook of Work Physiology: Physiological Basis of Exercise.* Champaign, IL: Human Kinetics, 313-368, 2003.

6. Barcroft, H, and Swan, HJC. Sympathetic control of human blood vessels. *California Medicine* 79:337, 1953.

7. Beck, KC, and Johnson, BD. Pulmonary adaptations to dynamic exercise. In *ACSM's Resource Manual for Guidelines for Exercise Testing and Prescription.* Roitman, JL, ed. Baltimore: Williams and Wilkins, 305-313, 1998.

8. Blaauw, B, Schiaffino, S, and Reggiani, C. Mechanisms modulating skeletal muscle phenotype. *Compr Physiol* 3:1645-1687, 2013.

9. Bompa, TO, and Haff, GG. *Periodization: Theory and Methodology of Training.* Champaign, IL: Human Kinetics, 156-160, 2009.

10. Borer, KT. Physical activity in the prevention and amelioration of osteoporosis in women: Interaction of mechanical, hormonal, and dietary factors. *Sports Med* 35:779-830, 2005.

11. Borresen, J, and Lambert, MI. Autonomic control of heart rate during and after exercise: Measurements and implications for monitoring training status. *Sports Med* 38:633-646, 2008.

12. Boudenot, A, Presle, N, Uzbekov, R, Toumi, H, Pallu, S, and Lespes-sailles, E. Effect of interval-training exercise on subchondral bone in a chemically-induced osteoarthritis model. *Osteoarthritis Cartilage* 22:1176-1185, 2014.

13. Brooks, GA, Fahey, TD, and Baldwin, KM. *Exercise Physiology: Human Bioenergetics and Its Applications.* 4th ed. Mountain View, CA: Mayfield, 2004.

14. Buchheit, M, and Laursen, PB. High-intensity interval training, solutions to the programming puzzle: Part I: Cardiopulmonary emphasis. *Sports Med* 43:313-338, 2013.

15. Buckwalter, JA. Osteoarthritis and articular cartilage use, disuse, and abuse: Experimental studies. *J Rheumatol Suppl* 43:13-15, 1995.

16. Burke, LM, Hawley, JA, Wong, SH, and Jeukendrup, AE. Carbohydrates for training and competition. *J Sports Sci* 29(Suppl 1):S17-S27, 2011.

17. Callister, R, Shealy, MJ, Fleck, SJ, and Dudley, GA. Performance adaptations to sprint, endurance and both modes of training. *J Appl Sport Sci Res* 2:46-51, 1988.

18. Charkoudian, N, and Joyner, MJ. Physiologic considerations for exercise performance in women. *Clin Chest Med* 25:247-255, 2004.

19. Costill, DL, Daniels, J, Evans, W, Fink, W, Krahenbuhl, G, and Saltin, B. Skeletal muscle enzymes and fiber composition in male and female track athletes. *J Appl Physiol* 40:149-154, 1976.

20. Coyle, EF, Hemmert, MK, and Coggan, AR. Effects of detraining on cardiovascular responses to exercise: Role of blood volume. *J Appl Physiol* 60:95-99, 1986.

21. Coyle, EF, Martin, WH, Bloomfield, SA, Lowry, OH, and Holloszy, JO. Effects of detraining on responses to submaximal exercise. *J Appl Physiol* 59:853-859, 1985.

22. Coyle, EF, Martin, WH, Sinacore, DR, Joyner, MJ, Hagberg, JM, and Holloszy, JO. Time course of loss of adaptations after stopping prolonged intense endurance training. *J Appl Physiol Respir Environ Exerc Physiol* 57:1857-1864, 1984.

23. Drinkwater, BL, and Horvath, SM. Detraining effects on young women. *Medicine and Science in Sports* 4:91-95, 1972.

24. Durstine, JL, and Davis, PG. Specificity of exercise training and testing. In *ACSM's Resource Manual for Guidelines for Exercise Testing and Prescription.* Roitman, JL, ed. Baltimore: Williams and Wilkins, 472-479, 1998.

25. Fardy, PS. Effects of soccer training and detraining upon selected cardiac and metabolic measures. *Res Q* 40:502-508, 1969.

26. Fardy, PS. Training for aerobic power. In *Toward an Understanding of Human Performance.* Burke, EJ. ed. Ithaca, NY: Mouvement, 10-14, 1977.

27. Fink, WJ, Costill, DL, and Pollock, ML. Submaximal and maximal working capacity of elite distance runners: Part II. Muscle fiber composition and enzyme activities. *Ann N Y Acad Sci* 301:323-327, 1977.

28. Fleck, SJ, and Kraemer, WJ. The overtraining syndrome. *NSCA J* 4:50-51, 1982.

29. Fleck, SJ, and Kraemer, WJ. *Periodization Breakthrough: The Ultimate Training System.* Ronkonkoma, NY: Advanced Research Press, 1996.

30. Flynn, MG, Pizza, FX, Boone, JB, Jr., Andres, FF, Michaud, TA, and Rodriguez-Zayas, JR. Indices of training stress during competitive running and swimming seasons. *Int J Sports Med* 15:21-26, 1994.

31. Franch, J, Madsen, K, Djurhuus, MS, and Pedersen, PK. Improved running economy following intensified training correlates with reduced ventilatory demands. *Med Sci Sports Exerc* 30:1250-1256, 1998.

32. Franklin, BA. Normal cardiorespiratory responses to acute exercise. In *ACSM's Resource Manual for Guidelines for Exercise Testing and Prescription.* Roitman, JL, ed. Baltimore: Williams and Wilkins, 137-145, 1998.

33. Franklin, BA, and Roitman, JL. Cardiorespiratory adaptations to exercise. In *ACSM's Resource Manual for Guidelines for Exercise Testing and Prescription.* Roitman, JL, ed. Baltimore: Williams and Wilkins, 146-155, 1998.

34. Frost, HM. Why do marathon runners have less bone than weight lifters? A vital-biomechanical view and explanation. *Bone* 20:183-189, 1997.

35. Fry, AC, and Kraemer, WJ. Resistance exercise overtraining and overreaching: Neuroendocrine responses. *Sports Med* 23:106-129, 1997.

36. Fry, AC, Kraemer, WJ, and Ramsey, LT. Pituitary-adrenal-gonadal responses to high-intensity resistance exercise overtraining. *J Appl Physiol* 85:2352-2359, 1998.

37. Gaesser, GA, and Wilson, LA. Effects of continuous and interval training on the parameters of the power-endurance time relationship for high-intensity exercise. *Int J Sports Med* 9:417-421, 1988.

38. Galbo, H. Endocrinology and metabolism in exercise. *Curr Probl Clin Biochem* 11:26-44, 1982.

39. Galbo, H. *Hormonal and Metabolic Adaptation to Exercise.* New York: Thieme-Stratton, 1983.

40. Gibala, MJ, and Mcgee, SL. Metabolic adaptations to short-term high-intensity interval training: A little pain for a lot of gain? *Exerc Sport Sci Rev* 36:58-63, 2008.

41. Gollnick, PD. Relationship of strength and endurance with skeletal muscle structure and metabolic potential. *Int J Sports Med* 3(Suppl 1):26-32, 1982.

42. Gollnick, PD, Armstrong, RB, Saltin, B, Saubert, CWT, Sembrowich, WL, and Shepherd, RE. Effect of training on enzyme activity and fiber composition of human skeletal muscle. *J Appl Physiol* 34:107-111, 1973.

43. Gollnick, PD, Armstrong, RB, Saubert, CWT, Piehl, K, and Saltin, B. Enzyme activity and fiber composition in skeletal muscle of untrained and trained men. *J Appl Physiol* 33:312-319, 1972.

44. Gonzalez-Alonso, J, Mortensen, SP, Jeppesen, TD, Ali, L, Barker, H, Damsgaard, R, Secher, NH, Dawson, EA, and Dufour, SP. Haemodynamic responses to exercise, ATP infusion and thigh compression in humans: Insight into the role of muscle mechanisms on cardiovascular function. *J Physiol* 586:2405-2417, 2008.

45. Green, HJ, Jones, LL, and Painter, DC. Effects of short-term training on cardiac function during prolonged exercise. *Med Sci Sports Exerc* 22:488-493, 1990.

46. Guyton, AC, and Hall, JE. *Textbook of Medical Physiology.* 10th ed. Philadelphia: Saunders, 101-114, 2000.

47. Halson, SL, and Jeukendrup, AE. Does overtraining exist? An analysis of overreaching and overtraining research. *Sports Med* 34:967-981,

2004.

48. Harber, M, and Trappe, S. Single muscle fiber contractile properties of young competitive distance runners. *J Appl Physiol* 105:629-636, 2008.

49. Havenith, G, and Holewijn, M. Environmental considerations: Altitude and air pollution. In *ACSM's American College of Sports Medicine Resource Manual for Guidelines for Exercise Testing and Prescription.* Roitman, JL, ed. Baltimore: Williams and Wilkins, 215-222, 1998.

50. Hedelin, R, Kentta, G, Wiklund, U, Bjerle, P, and Henriksson-Larsen, K. Short-term overtraining: Effects on performance, circulatory responses, and heart rate variability. *Med Sci Sports Exerc* 32:1480-1484, 2000.

51. Hermansen, L, and Wachtlova, M. Capillary density of skeletal muscle in well-trained and untrained men. *J Appl Physiol* 30:860-863, 1971.

52. Hickson, RC. Skeletal muscle cytochrome c and myoglobin, endurance, and frequency of training. *J Appl Physiol Respir Environ Exerc Physiol* 51:746-749, 1981.

53. Hickson, RC, Bomze, HA, and Holloszy, JO. Linear increase in aerobic power induced by a strenuous program of endurance exercise. *J Appl Physiol Respir Environ Exerc Physiol* 42:372-376, 1977.

54. Hickson, RC, Dvorak, BA, Gorostiaga, EM, Kurowski, TT, and Foster, C. Potential for strength and endurance training to amplify endurance performance. *J Appl Physiol* 65:2285-2290, 1988.

55. Hickson, RC, Hagberg, JM, Ehsani, AA, and Holloszy, JO. Time course of the adaptive responses of aerobic power and heart rate to training. *Med Sci Sports Exerc* 13:17-20, 1981.

56. Holloszy, JO. Adaptation of skeletal muscle to endurance exercise. *Med Sci Sports* 7:155-164, 1975.

57. Holloszy, JO. Biochemical adaptations in muscle: Effects of exercise on mitochondrial oxygen uptake and respiratory enzyme activity in skeletal muscle. *J Biol Chem* 242:2278-2282, 1967.

58. Holloszy, JO. Regulation by exercise of skeletal muscle content of mitochondria and GLUT4. *J Physiol Pharmacol* 59(Suppl 7):5-18, 2008.

59. Holloszy, JO, Kohrt, WM, and Hansen, PA. The regulation of carbohydrate and fat metabolism during and after exercise. *Front Biosci* 3:D1011-D1027, 1998.

60. Houston, ME, Bentzen, H, and Larsen, H. Interrelationships between skeletal muscle adaptations and performance as studied by detraining and retraining. *Acta Physiol Scand* 105:163-170, 1979.

61. Howald, H. Training-induced morphological and functional changes in skeletal muscle. *Int J Sports Med* 3:1-12, 1982.

62. Jones, AM, and Carter, H. The effect of endurance training on parameters of aerobic fitness. *Sports Med* 29:373-386, 2000.

63. Jones, M, and Tunstall Pedoe, DS. Blood doping—a literature review. *Br J Sports Med* 23:84-88, 1989.

64. Joseph, V, and Pequignot, JM. Breathing at high altitude. *Cell Mol Life Sci* 66:3565-3573, 2009.

65. Kim, V, and Criner, GJ. Chronic bronchitis and chronic obstructive pulmonary disease. *Am J Respir Crit Care Med* 187:228-237, 2013.

66. Kiviranta, I, Tammi, M, Jurvelin, J, Arokoski, J, Saamanen, AM, and Helminen, HJ. Articular cartilage thickness and glycosaminoglycan distribution in the canine knee joint after strenuous running exercise. *Clin Orthop Relat Res*:302-308, 1992.

67. Kiviranta, I, Tammi, M, Jurvelin, J, Saamanen, AM, and Helminen, HJ. Moderate running exercise augments glycosaminoglycans and thickness of articular cartilage in the knee joint of young beagle dogs. *J Orthop Res* 6:188-195, 1988.

68. Konopka, AR, and Harber, MP. Skeletal muscle hypertrophy after aerobic exercise training. *Exerc Sport Sci Rev* 42:53-61, 2014.

69. Kraemer, WJ, and Baechle, TR. Development of a strength training program. In *Sports Medicine.* Allman, FL, and Ryan, AJ, eds. Orlando, FL: Academic Press, 113-127, 1989.

70. Kraemer, WJ, and Fleck, SJ. Aerobic metabolism, training, and evaluation. *NSCA J* 5:52-54, 1982.

71. Kraemer, WJ, Fry, AC, Warren, BJ, Stone, MH, Fleck, SJ, Kearney, JT, Conroy, BP, Maresh, CM, Weseman, CA, Triplett, NT, et al. Acute hormonal responses in elite junior weightlifters. *Int J Sports Med* 13:103-109, 1992.

72. Kraemer, WJ, Marchitelli, L, Gordon, SE, Harman, E, Dziados, JE, Mello, R, Frykman, P, McCurry, D, and Fleck, SJ. Hormonal and growth factor responses to heavy resistance exercise protocols. *J Appl Physiol* 69:1442-1450, 1990.

73. Kraemer, WJ, and Nindl, BC. Factors involved with overtraining for strength and power. In *Overtraining in Sport.* Kreider, RB, Fry, AC, and O'Toole, ML, eds. Champaign, IL: Human Kinetics, 69-86, 1998.

74. Kraemer, WJ, Patton, JF, Knuttgen, HG, Marchitelli, LJ, Cruthirds, C, Damokosh, A, Harman, E, Frykman, P, and Dziados, JE. Hypothalamic-pituitary-adrenal responses to short-duration high-intensity cycle exercise. *J Appl Physiol* 66:161-166, 1989.

75. Kraemer, WJ, and Ratamess, NA. Endocrine responses and adaptations to strength training. In *The Encyclopedia of Sports Medicine: Strength and Power in Sport.* Komi, PV, ed. Malden, MA: Blackwell Scientific, 361-386, 1992.

76. Kraemer, WJ, Volek, JS, and Fleck, SJ. Chronic musculoskeletal adaptations to resistance training. In *ACSM's Resource Manual for Guidelines for Exercise Testing and Prescription.* Roitman, JL, ed. Baltimore: Williams and Wilkins, 174-181, 1998.

77. Kuipers, H, and Keizer, HA. Overtraining in elite athletes: Review and directions for the future. *Sports Med* 6:79-92, 1988.

78. Kyle, UG, Genton, L, Hans, D, Karsegard, L, Slosman, DO, and Pichard, C. Age-related differences in fat-free mass, skeletal muscle, body cell mass and fat mass between 18 and 94 years. *Eur J Clin Nutr* 55:663-672, 2001.

79. Landi, F, Marzetti, E, Martone, AM, Bernabei, R, and Onder, G. Exercise as a remedy for sarcopenia. *Curr Opin Clin Nutr Metab Care* 17:25-31, 2014.

80. Laursen, PB. Training for intense exercise performance: High-intensity or high-volume training? *Scand J Med Sci Sports* 20(Suppl 2):1-10, 2010.

81. Lehmann, MJ, Lormes, W, Opitz-Gress, A, Steinacker, JM, Netzer, N, Foster, C, and Gastmann, U. Training and overtraining: An overview and experimental results in endurance sports. *J Sports Med Phys Fitness* 37:7-17, 1997.

82. Lemon, PW, and Nagle, FJ. Effects of exercise on protein and amino acid metabolism. *Med Sci Sports Exerc* 13:141-149, 1981.

83. Lester, M, Sheffield, LT, Trammell, P, and Reeves, TJ. The effect of age and athletic training on the maximal heart rate during muscular exercise. *Am Heart J* 76:370-376, 1968.

84. Lewis, DA, Kamon, E, and Hodgson, JL. Physiological differences between genders: Implications for sports conditioning. *Sports Med* 3:357-369, 1986.

85. Louie, D. The effects of cigarette smoking on cardiopulmonary function and exercise tolerance in teenagers. *Can Respir J* 8:289-291, 2001.

86. Lovasi, GS, Diez Roux, AV, Hoffman, EA, Kawut, SM, Jacobs, DR, Jr., and Barr, RG. Association of environmental tobacco smoke exposure in childhood with early emphysema in adulthood among nonsmokers: The MESA-lung study. *Am J Epidemiol* 171:54-62, 2010.

87. Luger, A, Deuster, PA, Kyle, SB, Gallucci, WT, Montgomery, LC, Gold, PW, Loriaux, DL, and Chrousos, GP. Acute hypothalamic-pituitary-adrenal responses to the stress of treadmill exercise: Physiologic adaptations to physical training. *N Engl J Med* 316:1309-1315, 1987.

88. Lundback, B, Lindberg, A, Lindstrom, M, Ronmark, E, Jonsson, AC, Jonsson, E, Larsson, LG, Andersson, S, Sandstrom, T, and Larsson, K. Not 15 but 50% of smokers develop COPD? Report from the Obstructive Lung Disease in Northern Sweden Studies. *Respir Med* 97:115-122, 2003.

89. Madsen, K, Pedersen, PK, Djurhuus, MS, and Klitgaard, NA. Effects of detraining on endurance capacity and metabolic changes during prolonged exhaustive exercise. *J Appl Physiol* 75:1444-1451, 1993.

90. Martin, WH, Coyle, EF, Bloomfield, SA, and Ehsani, AA. Effects of physical deconditioning after intense endurance training on left ventricular dimensions and stroke volume. *J Am Coll Cardiol* 7:982-989, 1986.

91. McArdle, WD, Katch, FI, and Katch, VI. *Exercise Physiology.* Philadelphia: Lea and Febiger, 2014.

92. Meeusen, R, Duclos, M, Foster, C, Fry, A, Gleeson, M, Nieman, D, Raglin, J, Rietjens, G, Steinacker, J, and Urhausen, A. Prevention, diagnosis, and treatment of the overtraining syndrome: Joint consensus statement of the European College of Sport Science and the American College of Sports Medicine. *Med Sci Sports Exerc* 45:186-205, 2013.

93. Moreno, AH, Burchell, AR, Van Der Woude, R, and Burke, JH. Respiratory regulation of splanchnic and systemic venous return. *Am J Physiol* 213:455-465, 1967.

94. Morgan, T, Cobb, L, Short, F, Ross, R, and Gunn, D. Effects of long-term exercise on human muscle mitochondria. In *Muscle Metabolism During Exercise.* Pernow, B, and Saltin, B, eds. New York: Plenum Press, 87-95, 1971.

95. Mujika, I, and Padilla, S. Detraining: Loss of training-induced physiological and performance adaptations: Part I. Short term insufficient training stimulus. *Sports Med.* 30:79-87, 2000.

96. Mujika, I. and Padilla, S. Detraining: Loss of training-induced physiological and performance adaptations: Part II. Long term insufficient training stimulus. *Sports Med.* 30:145-154, 2000.

97. Muza, SR, Sawka, MN, Young, AJ, Dennis, RC, Gonzalez, RR, Martin, JW, Pandolf, KB, and Valeri, CR. Elite special forces: Physiological description and ergogenic influence of blood reinfusion. *Aviat Space Environ Med* 58:1001-1004, 1987.

98. Oettmeier, R, Arokoski, J, Roth, AJ, Helminen, HJ, Tammi, M, and Abendroth, K. Quantitative study of articular cartilage and subchondral bone remodeling in the knee joint of dogs after strenuous running training. *J Bone Miner Res* 7(Suppl 2):S419-S424, 1992.

99. Ogawa, T, Spina, RJ, Martin, WH, Kohrt, WM, Schechtman, KB, Holloszy, JO, and Ehsani, AA. Effects of aging, sex, and physical training on cardiovascular responses to exercise. *Circulation* 86:494-503, 1992.

100. Oliveira, CD, Bairros, AV, and Yonamine, M. Blood doping: Risks to athletes' health and strategies for detection. *Subst Use Misuse* 49:1168-1181, 2014.

101. Papathanasiou, G, Georgakopoulos, D, Georgoudis, G, Spyropoulos, P, Perrea, D, and Evangelou, A. Effects of chronic smoking on exercise tolerance and on heart rate-systolic blood pressure product in young healthy adults. *Eur J Cardiovasc Prev Rehabil* 14:646-652, 2007.

102. Pette, D, and Staron, RS. Transitions of muscle fiber phenotypic profiles. *Histochem Cell Biol* 115:359-372, 2001.

103. Ploutz-Snyder, LL, Simoneau, JA, Gilders, RM, Staron, RS, and Hagerman, FC. Cardiorespiratory and metabolic adaptations to hyperoxic training. *Eur J Appl Physiol Occup Physiol* 73:38-48, 1996.

104. Pollock, ML. Submaximal and maximal working capacity of elite distance runners: Part I. Cardiorespiratory aspects. *Ann N Y Acad Sci* 301:310-322, 1977.

105. Raglin, J, and Wilson, G. Overtraining and staleness in athletes. In *Emotions in Sports.* Hanin, YL, ed. Champaign, IL: Human Kinetics, 191-207, 2000.

106. Rankinen, T, Sung, YJ, Sarzynski, MA, Rice, TK, Rao, DC, and Bouchard, C. Heritability of submaximal exercise heart rate response to exercise training is accounted for by nine SNPs. *J Appl Physiol* 112:892-897, 2012.

107. Robertson, RJ, Gilcher, R, Metz, KF, Skrinar, GS, Allison, TG, Bahnson, HT, Abbott, RA, Becker, R, and Falkel, JE. Effect of induced erythrocythemia on hypoxia tolerance during physical exercise. *J Appl Physiol Respir Environ Exerc Physiol* 53:490-495, 1982.

108. Sale, DG. Influence of exercise and training on motor unit activation. *Exerc Sport Sci Rev* 15:95-151, 1987.

109. Saltin, B, Blomqvist, G, Mitchell, JH, Johnson, RL, Jr., Wildenthal, K, and Chapman, CB. Response to exercise after bed rest and after training. *Circulation* 38:1-78, 1968.

110. Saltin, B, Nazar, K, Costill, D.L, Stein, E, Jansson, E, Essen, B, and Gollnick, D. The nature of the training response: Peripheral and central adaptations of one-legged exercise. *Acta Physiol Scand* 96:289-305, 1976.

111. Sawka, MN, Dennis, RC, Gonzalez, RR, Young, AJ, Muza, SR, Martin, JW, Wenger, CB, Francesconi, RP, Pandolf, KB, and Valeri, CR. Influence of polycythemia on blood volume and thermoregulation during exercise-heat stress. *J Appl Physiol* 62:912-918, 1987.

112. Sawka, MN, Gonzalez, RR, Young, AJ, Muza, SR, Pandolf, KB, Latzka, WA, Dennis, RC, and Valeri, CR. Polycythemia and hydration: Effects on thermoregulation and blood volume during exercise-heat stress. *Am J Physiol* 255:R456-R463, 1988.

113. Sawka, MN, Joyner, MJ, Miles, DS, Robertson, RJ, Spriet, LL, and Young, AJ. American College of Sports Medicine position stand: The use of blood doping as an ergogenic aid. *Med Sci Sports Exerc* 28:i-viii, 1996.

114. Seene, T, Alev, K, Kaasik, P, Pehme, A, and Parring, AM. Endurance training: Volume-dependent adaptational changes in myosin. *Int J Sports Med* 26:815-821, 2005.

115. Silverman, HG, and Mazzeo, RS. Hormonal responses to maximal and submaximal exercise in trained and untrained men of various ages. *J Gerontol A Biol Sci Med Sci* 51:B30-B37, 1996.

116. Skoluda, N, Dettenborn, L, Stalder, T, and Kirschbaum, C. Elevated hair cortisol concentrations in endurance athletes. *Psychoneuroendocrinology* 37:611-617, 2012.

117. Sperlich, B, Zinner, C, Krueger, M, Wegrzyk, J, Achtzehn, S, and Holmberg, HC. Effects of hyperoxia during recovery from 5×30-s bouts of maximal-intensity exercise. *J Sports Sci* 30:851-858, 2012.

118. Sperlich, B, Zinner, C, Krueger, M, Wegrzyk, J, Mester, J, and Holmberg, HC. Ergogenic effect of hyperoxic recovery in elite swimmers performing high-intensity intervals. *Scand J Med Sci Sports* 21:e421-e429, 2011.

119. Staff, PH. The effects of physical activity on joints, cartilage, tendons and ligaments. *Scand J Soc Med Suppl* 29:59-63, 1982.

120. Staton, GW. Chronic obstructive diseases of the lung. In *ACP Medicine.* Dale, DC, and Federman, DD, eds. New York: WebMD Professional, 2720-2743, 2007.

121. Stone, MH, Keith, RE, Kearney, JT, Fleck, SJ, Wilson, GD, and Triplett, NT. Overtraining: A review of the signs, symptoms and possible causes. *Journal of Strength and Conditioning Research* 5:35-50, 1991.

122. Tamaki, H, Kitada, K, Akamine, T, Murata, F, Sakou, T, and Kurata, H. Alternate activity in the synergistic muscles during prolonged low-level contractions. *J Appl Physiol* 84:1943-1951, 1998.

123. Tanaka, H, Monahan, KD, and Seals, DR. Age-predicted maximal heart rate revisited. *J Am Coll Cardiol* 37:153-156, 2001.

124. Tipton, KD, and Wolfe, RR. Exercise-induced changes in protein metabolism. *Acta Physiol Scand* 162:377-387, 1998.

125. Tomlin, DL, and Wenger, HA. The relationship between aerobic fitness and recovery from high intensity intermittent exercise. *Sports Med* 31:1-11, 2001.

126. Trappe, S, Harber, M, Creer, A, Gallagher, P, Slivka, D, Minchev, K, and Whitsett, D. Single muscle fiber adaptations with marathon training. *J Appl Physiol* 101:721-727, 2006.

127. Triplett-McBride, NT, Mastro, AM, McBride, JM, Bush, JA, Putukian, M, Sebastianelli, WJ, and Kraemer, WJ. Plasma proenkephalin peptide F and human B cell responses to exercise stress in fit and unfit women. *Peptides* 19:731-738, 1998.

128. Tuna, Z, Güzel, NA, Aral, AL, Elbeg, S, Özer, C, Erikoglu, G, Atak, A, and Pinar, L. Effects of an acute exercise up to anaerobic threshold on serum anabolic and catabolic factors in trained and sedentary young males. *Gazi Med J* 25:47-51, 2014.

129. Urhausen, A, Gabriel, H, and Kindermann, W. Blood hormones as markers of training stress and overtraining. *Sports Med* 20:251-276, 1995.

130. Urhausen, A, and Kindermann, W. Diagnosis of overtraining: What

tools do we have? *Sports Med* 32:95-102, 2002.

131. Vogel, JA, Patton, JF, Mello, RP, and Daniels, WL. An analysis of aerobic capacity in a large United States population. *J Appl Physiol* 60:494-500, 1986.

132. Vollaard, NB, Constantin-Teodosiu, D, Fredriksson, K, Rooyackers, O, Jansson, E, Greenhaff, PL, Timmons, JA, and Sundberg, CJ. Systematic analysis of adaptations in aerobic capacity and submaximal energy metabolism provides a unique insight into determinants of human aerobic performance. *J Appl Physiol* 106:1479-1486, 2009.

133. Wilkinson, SB, Phillips, SM, Atherton, PJ, Patel, R, Yarasheski, KE, Tarnopolsky, MA, and Rennie, MJ. Differential effects of resistance and endurance exercise in the fed state on signalling molecule phosphorylation and protein synthesis in human muscle. *J Physiol* 586:3701-3717, 2008.

134. Wilson, JM, Loenneke, JP, Jo, E, Wilson, GJ, Zourdos, MC, and Kim, JS. The effects of endurance, strength, and power training on muscle fiber type shifting. *J Strength Cond Res* 26:1724-1729, 2012.

135. Wilt, F. Training for competitive running. In *Exercise Physiology*. Fall, HB, ed. New York: Academic Press, 395-414, 1968.

136. Wyatt, FB, Donaldson, A, and Brown, E. The overtraining syndrome: A meta-analytic review. *J Exerc Physiol Online* 16:12-23, 2013.

137. Zhou, B, Conlee, RK, Jensen, R, Fellingham, GW, George, JD, and Fisher, AG. Stroke volume does not plateau during graded exercise in elite male distance runners. *Med Sci Sports Exerc* 33:1849-1854, 2001.

138. Zouhal, H, Jacob, C, Delamarche, P, and Gratas-Delamarche, A. Catecholamines and the effects of exercise, training and gender. *Sports Med* 38:401-423, 2008.

CHAPTER 7   Age- and Sex-Related Differences and Their Implications for Resistance Exercise

1. Alentorn-Geli, E, Myer, GD, Silvers, HJ, Samitier, G, Romero, D, Lázaro-Haro, C, and Cugat, R. Prevention of non-contact anterior cruciate ligament injuries in soccer players. Part 2: A review of prevention programs aimed to modify risk factors and to reduce injury rates. *Knee Surg Sports Traumatol Arthrosc* 17:859-879, 2009.

2. American Academy of Pediatrics. Intensive training and sports specialization in young athletes. *Pediatrics* 106:154-157, 2000.

3. American Academy of Pediatrics. Strength training by children and adolescents. *Pediatrics* 121:835-840, 2008.

4. American College of Sports Medicine. *ACSM's Guidelines for Exercise Testing and Prescription*. 9th ed. Philadelphia: Lippincott Williams & Wilkins, 184, 2014.

5. American College of Sports Medicine position stand. Exercise and physical activity for older adults. *Med Sci Sports Exerc* 41:1510-1530, 2009.

6. American College of Sports Medicine position stand. The female athlete triad. *Med Sci Sports Exerc* 39:1867-1882, 2007.

7. American Orthopaedic Society for Sports Medicine. *Proceedings of the Conference on Strength Training and the Prepubescent*. Chicago: American Orthopaedic Society for Sports Medicine, 1-14, 1988.

8. Annesi, J, Westcott, W, Faigenbaum, AD, and Unruh, JL. Effects of a 12 week physical activity program delivered by YMCA after-school counselors (Youth Fit for Life) on fitness and self-efficacy changes in 5–12 year old boys and girls. *Res Q Exerc Sport* 76:468-476, 2005.

9. Arendt, E, and Dick, R. Knee injury patterns among men and women in collegiate basketball and soccer: NCAA data and review of literature. *Am J Sports Med* 23:694-701, 1995.

10. Bailey, D, and Martin, A. Physical activity and skeletal health in adolescents. *Pediatr Exerc Sci* 6:330-347, 1994.

11. Bassey, E, Fiatarone, M, O'Neill, E, Kelly, M, Evans, W, and Lipsitz, L. Leg extensor power and functional performance in very old men and women. *Clin Sci* 82:321-327, 1992.

12. Behm, DG, Faigenbaum, AD, Falk, B, and Klentrou, P. Canadian Society for Exercise Physiology position paper: Resistance training in children and adolescents. *Appl Physiol Nutr Metab* 33:547-561,

2008.

13. Behringer, M, vom Heede, A, Matthews, M, and Mester, J. Effects of strength training on motor performance skills in children and adolescents: A meta-analysis. *Pediatr Exerc Sci* 23:186-206, 2011.

14. Behringer, M, vom Heede, A, Yue, Z, and Mester, J. Effects of resistance training in children and adolescents. A meta-anlaysis. *Pediatrics* 126:e1199-e1210, 2010.

15. Benson, AC, Torode, ME, and Fiatarone Singh, MA. The effect of high intensity progressive resistance training on adiposity in children: A randomized controlled trial. *Int J Obes* 32:1016-1027, 2008.

16. Binzoni, T, Bianchi, S, Hanquinet, S, Kaelin, A, Sayegh, Y, Dumont, M, and Jéquier, S. Human gastrocnemius medialis pennation angle as a function of age: From newborn to the elderly. *J Physiol Anthropol* 20:293-298, 2001.

17. Bishop, P, Cureton, K, and Collins, M. Sex difference in muscular strength in equally-trained men and women. *Ergonomics* 30:675-687, 1987.

18. Blanksby, B, and Gregor, J. Anthropometric, strength, and physiological changes in male and female swimmers with progressive resistance training. *Aust J Sport Sci* 1:3-6, 1981.

19. Blimkie, C. Benefits and risks of resistance training in youth. In *Intensive Participation in Children's Sports*. Cahill, B, and Pearl, A, eds. Champaign, IL: Human Kinetics, 133-167, 1993.

20. Boden, BP, Dean, GS, Feagin, JA, and Garrett, WE. Mechanisms of anterior cruciate ligament injury. *Orthopedics* 23:573-578, 2000.

21. Brenner, JS. Overuse injuries, overtraining, and burnout in child and adolescent athletes. *Pediatrics* 119:1242-1245, 2007.

22. British Association of Exercise and Sport Sciences. BASES position statement on guidelines for resistance exercise in young people. *J Sports Sci* 22:383-390, 2004.

23. Buenen, G, and Malina, R. Growth and physical performance relative to the timing of the adolescent growth spurt. In *Exercise and Sport Science Reviews*. Pandolf, K, ed. New York: Macmillan, 503-540, 1988.

24. Bulgakova, N, Vorontsov, A, and Fomichenko, T. Improving the technical preparedness of young swimmers by using strength training. *Soviet Sports Rev* 25:102-104, 1990.

25. Byrd, R, Pierce, K, Rielly, L, and Brady, J. Young weightlifters' performance across time. *Sports Biomech* 2:133-140, 2003.

26. Campbell, AJ, Borrie, MJ, Spears, GF, Jackson, SL, Brown, JS, and Fitzgerald, JL. Circumstances and consequences of falls experienced by a community population 70 years and over during a prospective study. *Age Ageing* 19:136-141, 1990.

27. Campbell, W, Crim, M, Young, V, and Evans, W. Increased energy requirements and changes in body composition with resistance training in older adults. *Am J Clin Nutr* 60:167-175, 1994.

28. Campbell, W, Crim, M, Young, V, Joseph, J, and Evans, W. Effects of resistance training and dietary protein intake on protein metabolism in older adults. *Am J Appl Physiol* 268:E1143-E1153, 1995.

29. Castro, M, McCann, D, Shaffrath, J, and Adams, W. Peak torque per unit cross-sectional area differs between strength-training and untrained adults. *Med Sci Sports Exerc* 27:397-403, 1995.

30. Castro-Piñero, J, Ortega, FB, Artero, EG, Girela-Rejón, MJ, Sjöström, M, and Ruiz, JR. Assessing muscular strength in youth: Usefulness of standing long jump as a general index of muscular fitness. *J Strength Cond Res* 24:1810-1817, 2010.

31. Centers for Disease Control and Prevention. Strength training among adults >65 years United States, 2001. *MMWR* 53:1-4, 2004.

32. Charette, S, McEvoy, L, Pyka, G, Snow-Harter, C, Guido, D, Wiswell, R, and Marcus, R. Muscle hypertrophy response to resistance training in older women. *J Appl Physiol* 70:1912-1916, 1991.

33. Chilibeck, P, Calder, A, Sale, D, and Webber, C. A comparison of strength and muscle mass increases during resistance training in young women. *Eur J Appl Physiol* 77:170-175, 1998.

34. Christmas, C, and Andersen, R. Exercise and older patients. Guidelines for the clinician. *J Am Geriatr Soc* 48:318-324, 2000.

35. Chu, D, Faigenbaum, A, and Falkel, J. *Progressive Plyometrics for*

Kids. Monterey, CA: Healthy Learning, 15-19, 2006.

36. Cohen, DD, Voss, C, Taylor, MJD, Delextrat, A, Ogunleye, AA, and Sandercock, G. Ten-year secular changes in muscular fitness in English children. *Acta Paediatr* 100:e175-e177, 2011.

37. Colliander, E, and Tesch, P. Bilateral eccentric and concentric torque of quadriceps and hamstrings in females and males. *Eur J Appl Physiol* 59:227-232, 1989.

38. Colliander, E, and Tesch, P. Responses to eccentric and concentric resistance training in females and males. *Acta Physiol Scand* 141:149-156, 1990.

39. Comstock, RD, Collins, CL, Corlette, JD, Fletcher, EN, and Center for Injury Research and Policy of the Research Institute at Nationwide Children's Hospital. National high-school sports-related injury surveillance study, 2011-2012 school year. www.nationwide childrens.org/cirp-rio-study-reports. Accessed June 10, 2014.

40. Conroy, B, Kraemer, W, Maresh, C, Fleck, S, Stone, M, Fry, A, Miller, P, and Dalsky, G. Bone mineral density in elite junior Olympic weightlifters. *Med Sci Sports Exerc* 25:1103-1109, 1993.

41. Cooper, R, Kuh, D, and Hardy, R. Objectively measured physical capability levels and mortality: Systematic review and meta-analysis. *Br Med J* 341:c4467, 2010.

42. Cumming, D, Wall, S, Galbraith, M, and Belcastro, A. Reproductive hormone responses to resistance exercise. *Med Sci Sports Exerc* 19:234-238, 1987.

43. Cureton, K, Collins, M, Hill, D, and McElhannon, F. Muscle hypertrophy in men and women. *Med Sci Sports Exerc* 20:338-344, 1988.

44. Dalsky, G, Stocke, K, Ehasani, A, Slatopolsky, E, Lee, W, and Birge, S. Weight-bearing exercise training and lumbar bone mineral content in post menopausal women. *Ann Intern Med* 108:824-828, 1988.

45. Davies, B, Greenwood, E, and Jones, S. Gender differences in the relationship of performance in the handgrip and standing long jump tests to lean limb volume in young athletes. *Eur J Appl Physiol* 58:315-320, 1988.

46. De Loes, M, Dahlstedt, L, and Thomeé, R. A 7-year study on risks and costs of knee injuries in male and female youth participants in 12 sports. *Scand J Med Sci Sports* 10:90-97, 2000.

47. De Souza, MJ, Nattiv, A, Joy, E, Misra, M, Williams, NI, Mallinson, RJ, Gibbs, JC, Olmstead, M, Goolsby, M, and Matheson, G. Female athlete triad coalition consensus statement on treatment and return to play of the female athlete triad. *Clin J Sports Med* 24:96-119, 2014.

48. De Vos, N, Singh, N, Ross, D, Stavrinos, T, Orr, R, and Singh, M. Optimal load for increasing muscle power during explosive resistance training in older adults. *J Gerontol A Biol Sci Med Sci* 60:638-647, 2005.

49. DiFiori, JP, Benjamin, HJ, Brenner, J, Gregory, A, Jayanthi, N, Landry, G, and Luke, A. Overuse injuries and burnout in youth sports: A position statement from the American Medical Society for Sports Medicine. *Clin J Sports Med* 24:3-20, 2014.

50. Docherty, D, Wenger, H, Collis, M, and Quinney, H. The effects of variable speed resistance training on strength development in prepubertal boys. *J Hum Mov Stud* 13:377-382, 1987.

51. Drinkwater, B. Weight-bearing exercise and bone mass. *Phys Med Rehabil Clin* 6:567-578, 1995.

52. Emery, C. Injury prevention and future research. *Med Sci Sports Exerc* 48:179-200, 2005.

53. Evans, W. Exercise training guidelines for the elderly. *Med Sci Sports Exerc* 31:12-17, 1999.

54. Faigenbaum, A. Strength training for children and adolescents. *Clin Sports Med* 19:593-619, 2000.

55. Faigenbaum, AD, Farrell, A, Fabiano, M, Radler, T, Naclerio, F, Ratamess, NA, Kang, J, and Myer, GD. Effects of integrative neuromuscular training on fitness performance in children. *Pediatr Exerc Sci* 23:573-584, 2011.

56. Faigenbaum, AD, Farrell, A, Fabiano, M, Radler, T, Naclerio, F, Ratamess, NA, Kang, J, and Myer, GD. Effects of detraining on fitness performance in 7-year-old children. *J Strength Cond Res* 27:323-330, 2013.

57. Faigenbaum, AD, Kraemer, WJ, Blimkie, CJ, Jeffreys, I, Micheli, LJ, Nitka, M, and Rowland, TW. Youth resistance training: Updated position statement paper from the National Strength and Conditioning Association. *J Strength Cond Res* 23:S60-S79, 2009.

58. Faigenbaum, AD, Lloyd, RS, and Myer, GD. Youth resistance training: Past practices, new perspectives and future directions. *Pediatr Exerc Sci* 25:591-604, 2013.

59. Faigenbaum, AD, Lloyd, RS, Sheehan, D, and Myer, GD. The role of the pediatric exercise specialist in treating exercise deficit disorder in youth. *Strength Cond J* 35:34-41, 2013.

60. Faigenbaum, AD, and McFarland, JE. Criterion repetition maximum testing. *Strength Cond J* 36:88-91, 2014.

61. Faigenbaum, AD, McFarland, JE, Herman, RE, Naclerio, F, Ratamess, NA, Kang, J, and Myer, GD. Reliability of the one-repetition-maximum power clean test in adolescent athletes. *J Strength Cond Res* 26:432-437, 2012.

62. Faigenbaum, A, and Mediate, P. The effects of medicine ball training on fitness performance of high school physical education students. *Physical Educator* 63:160-167, 2006.

63. Faigenbaum, A, Milliken, L, LaRosa-Loud, R, Burak, B, Doherty, C, and Westcott, W. Comparison of 1 and 2 days per week of strength training in children. *Res Q Exerc Sport* 73:416-424, 2002.

64. Faigenbaum, A, Milliken, L, Moulton, L, and Westcott, W. Early muscular fitness adaptations in children in response to two different resistance training regimens. *Pediatr Exerc Sci* 17:237-248, 2005.

65. Faigenbaum, A, Milliken, L, and Westcott, W. Maximal strength testing in healthy children. *J Strength Cond Res* 17:162-166, 2003.

66. Faigenbaum, AD, and Myer, GD. Resistance training among young athletes: Safety, efficacy and injury prevention effects. *Br J Sports Med* 44:56-63, 2010.

67. Faigenbaum, A, and Polakowski, C. Olympic-style weightlifting, kid style. *Strength Cond J* 21:73-76, 1999.

68. Faigenbaum, A, and Schram, J. Can resistance training reduce injuries in youth sports? *Strength Cond J* 26:16-21, 2004.

69. Faigenbaum, A, Westcott, W, Long, C, LaRosa-Loud, R, Delmonico, M, and Micheli, L. Relationship between repetitions and selected percentages of the one repetition maximum in healthy children. *Pediatr Phys Ther* 10:110-113, 1998.

70. Faigenbaum, A, Westcott, W, Micheli, L, Outerbridge, A, Long, C, LaRosa-Loud, R, and Zaichkowsky, L. The effects of strength training and detraining on children. *J Strength Cond Res* 10:109-114, 1996.

71. Faigenbaum, A, Zaichkowsky, L, Westcott, W, Micheli, L, and Fehlandt, A. The effects of a twice per week strength training program on children. *Pediatr Exerc Sci* 5:339-346, 1993.

72. Falk, B, and Eliakim, A. Resistance training, skeletal muscle and growth. *Pediatr Endocrinol Rev* 1:120-127, 2003.

73. Falk, B, and Mor, G. The effects of resistance and martial arts training in 6 to 8 year old boys. *Pediatr Exerc Sci* 8:48-56, 1996.

74. Falk, B, and Tenenbaum, G. The effectiveness of resistance training in children. A meta-analysis. *Sports Med* 22:176-186, 1996.

75. Fiatarone, M, Marks, E, Ryan, N, Meredith, C, Lipsitz, L, and Evans, W. High-intensity strength training in nonagenarians: Effects on skeletal muscle. *JAMA* 263:3029-3034, 1990.

76. Fiatarone, M, O'Neill, E, Ryan, N, Clements, K, Solares, G, Nelson, M, Roberts, S, Kehayias, J, Lipsitz, L, and Evans, W. Exercise training and nutritional supplementation for physical frailty in very elderly people. *New Engl J Med* 330:1769-1775, 1994.

77. Fielding, RA, LeBrasseur, NK, Cuoco, A, Bean, J, Mizer, K, and Fiatarone Singh, MA. High-velocity resistance training increases skeletal muscle peak power in older women. *J Am Geriatr Soc* 50:655-662, 2002.

78. Ford, H, and Puckett, J. Comparative effects of prescribed weight training and basketball programs on basketball test scores of ninth grade boys. *Percept Mot Skills* 56:23-26, 1983.

79. Fransen, J, Pion, J, Vandendriessche, J, Vandorpe, B, Vaeyens, R, Lenoir, M, and Philippaerts, RM. Differences in physical fitness and gross motor coordination in boys aged 6-12 years specializing in one

versus sampling more than one sport. *J Sports Sci* 30:379-386, 2012.

80. Frontera, W, Meredith, C, O'Reilly, K, Knuttgen, H, and Evans, W. Strength conditioning of older men: Skeletal muscle hypertrophy and improved function. *J Appl Physiol* 42:1038-1044, 1988.

81. Fukunga, T, Funato, K, and Ikegawa, S. The effects of resistance training on muscle area and strength in prepubescent age. *Ann Physiol Anthropol* 11.357-364, 1992.

82. Galvao, D, and Taaffe, D. Resistance training for the older adult: Manipulating training variables to enhance muscle strength. *J Strength Cond Res* 27:48-54, 2005.

83. Garhammer, J. A comparison of maximal power outputs between elite male and female weightlifters in competition. *Int J Sports Biomech* 7:3-11, 1991.

84. Garhammer, J. A review of power output studies of Olympic and powerlifting: Methodology, performance prediction and evaluation tests. *J Strength Cond Res* 7:76-89, 1993.

85. Gonzalez-Badillo, JJ, Gorostiaga, EM, Arellano, R, and Izquierdo, M. Moderate resistance training volume produces more favorable strength gains than high or low volumes during a short-term training cycle. *J Strength Cond Res* 19:689-697, 2005.

86. Gonzalez-Badillo, JJ, Izquierdo, M, and Gorostiaga, EM. Moderate volume of high relative training intensity produces greater strength gains compared with low and high volume in competitive weightlifters. *J Strength Cond Res* 20:73-81, 2006.

87. Granacher, U, Goesele, A, Roggo, K, Wischer, T, Fischer, S, Zuerny, C, Gollhofer, A, and Kriemler, S. Effects and mechanisms of strength training in children. *Int J Sports Med* 32:357-364, 2011.

88. Granacher, U, Muehlbauer, T, Zahner, L, Gollhofer, A, and Kressig, RW. Comparison of traditional and recent approaches in the promotion of balance and strength in older adults. *Sports Med* 41:377-400, 2011.

89. Greulich, WW, and Pyle, SI. *Radiographic Atlas of Skeletal Development of the Hand and Wrist.* 2nd ed. Los Angeles: Stanford University Press, 1959.

90. Gumbs, V, Segal, D, Halligan, J, and Lower, G. Bilateral distal radius and ulnar fractures in adolescent weight lifters. *Am J Sports Med* 10:375-379, 1982.

91. Gunter, K, Almstedt, H, and Janz, K. Physical activity in childhood may be the key to optimizing lifespan skeletal health. *Exerc Sport Sci Rev* 40:13-21, 2012.

92. Häkkinen, K, and Häkkinen, A. Muscle cross-sectional area, force production and relaxation characteristics in women at different ages. *Eur J Appl Physiol* 62:410-414, 1991.

93. Häkkinen, K, Pakarinen, A, and Kallinen, M. Neuromuscular adaptations and serum hormones in women during short-term intensive strength training. *Eur J Appl Physiol* 64:106-111, 1992.

94. Häkkinen, K, Pakarinen, A, Kyrolainen, H, Cheng, S, Kim, D, and Komi, P. Neuromuscular adaptations and serum hormones in females during prolonged power training. *Int J Sports Med* 11:91-98, 1990.

95. Hamill, B. Relative safety of weight lifting and weight training. *J Strength Cond Res* 8:53-57, 1994.

96. Hardy, LL, King, L, Farrell, L, Macniven, R, and Howlett, S. Fundamental movement skills among Australian preschool children. *J Sci Med Sport* 13:503-508, 2010.

97. Harries, SK, Lubans, DR, and Callister, R. Resistance training to improve power and sports performance in adolescent athletes: A systematic review and meta-analysis. *J Sci Med Sport* 15:532-540, 2012.

98. Henwood, T, and Taaffe, D. Improved physical performance in older adults undertaking a short-term programme of high-velocity resistance training. *Gerontology* 51:108-115, 2005.

99. Hetherington, M. Effect of isometric training on the elbow flexion force torque of grade five boys. *Res Q* 47:41-47, 1976.

100. Hetzler, R, DeRenne, C, Buxton, B, Ho, KW, Chai, DX, and Seichi, G. Effects of 12 weeks of strength training on anaerobic power in prepubescent male athletes. *J Strength Cond Res* 11:174-181, 1997.

101. Hewett, T. Neuromuscular and hormonal factors associated with knee injuries in female athletes: Strategies for intervention. *Sports Med* 29:313-327, 2000.

102. Hewett, TE, and Myer, GD. The mechanistic connection between the trunk, hip, knee, and anterior cruciate ligament injury. *Exerc Sport Sci Rev* 39:161-166, 2011.

103. Hewett, T, Myer, G, and Ford, K. Reducing knee and anterior cruciate ligament injuries among female athletes. *J Knee Surg* 18:82-88, 2005.

104. Hind, K, and Burrows, M. Weight-bearing exercise and bone mineral accrual in children and adolescents: A review of controlled trials. *Bone* 40:14-27, 2007.

105. Holloway, J. A summary chart: Age related changes in women and men and their possible improvement with training. *J Strength Cond Res* 12:126-128, 1998.

106. Hurley, B, and Hagberg, J. Optimizing health in older persons: Aerobic or strength training? In *Exercise and Sport Sciences Reviews.* Holloszy, J, ed. Philadelphia: Williams & Wilkins, 61-89, 1998.

107. Imamura, K, Ashida, H, Ishikawa, T, and Fujii, M. Human major psoas muscle and sacrospinalis muscle in relation to age: A study by computed tomography. *J Gerontol* 38:678-681, 1983.

108. Ingle, L, Sleap, M, and Tolfrey, K. The effect of a complex training and detraining programme on selected strength and power variables in early pubertal boys. *J Sports Sci* 24:987-997, 2006.

109. Iwamoto, J, Takeda, T, and Ichimura, S. Effect of exercise training and detraining on bone mineral density in postmenopausal women with osteoporosis. *J Orthop Sci* 6:128-132, 2001.

110. Jette, A, and Branch, L. The Framingham disability study: II. Physical disability among the aging. *Am J Public Health* 71:1211-1216, 1981.

111. Joseph, AM, Collins, CL, Henke, NM, Yard, EE, Fields, SK, and Comstock, DA. A multisport epidemiological comparison of anterior cruciate ligament injuries in high school athletes. *J Athl Train* 48:810-817, 2013.

112. Kanis, J, Melton, L, Christiansen, C, Johnson, C, and Khaltaev, N. The diagnosis of osteoporosis. *J Bone Miner Res* 9:1137-1141, 1994.

113. Karlsson, MK, Vonschewelov, T, Karlsson, C, Cöster, M, and Rosengen, BE. Prevention of falls in elderly: A review. *Scand J Public Health* 41:442-454, 2013.

114. Katzmarzyk, P, Malina, R, and Beunen, G. The contribution of biologic maturation to the strength and motor fitness of children. *Ann Hum Biol* 24:493-505, 1997.

115. Kaufman, LB, and Schilling, DL. Implementation of a strength training program for a 5-year-old child with poor body awareness and developmental coordination disorder. *Phys Ther* 87:455-467, 2007.

116. Kelley, GA, Kelley, KS, and Tran, ZV. Resistance training and bone mineral density in women: A meta-analysis of controlled trials. *Am J Phys Med Rehabil* 80:65-77, 2001.

117. Kinugasa, T, and Kilding, AE. A comparison of post-match recovery strategies in youth soccer players. *J Strength Cond Res* 23:1402-1407, 2009.

118. Komi, P, and Karlsson, J. Skeletal muscle fibre types, enzyme activities and physical performance in young males and females. *Acta Physiol Scand* 103:210-218, 1978.

119. Kraemer, W. Endocrine responses to resistance exercise. *Med Sci Sports Exerc* 20(Suppl):152-157, 1988.

120. Kraemer, W, Adams, K, Cafarelli, E, Dudley, G, Dooly, C, Feigenbaum, M, Fleck, S, Franklin, B, Newtown, R, Potteiger, J, Stone, M, Ratamess, N, and Triplett-McBride, T. Progression models in resistance training for healthy adults. *Med Sci Sports Exerc* 34:364-380, 2002.

121. Kraemer, W, Fry, A, Frykman, P, Conroy, B, and Hoffman, J. Resistance training and youth. *Pediatr Exerc Sci* 1:336-350, 1989.

122. Kraemer, W, Mazzetti, S, Nindl, B, Gotshalk, L, Bush, J, Marx, J, Dohi, K, Gomez, A, Miles, M, Fleck, S, Newton, R, and Häkkinen, K. Effect of resistance training on women's strength/power and occupational performances. *Med Sci Sports Exerc* 33:1011-1025, 2001.

123. Kravitz, L, Akalan, C, Nowicki, K, and Kinzey, SJ. Prediction of 1 repetition maximum in high-school power lifters. *J Strength Cond*

Res 17:167-172, 2003.

124. Lauback, L. Comparative muscle strength of men and women: A review of the literature. *Aviat Space Environ Med* 47:534-542, 1976.

125. Layne, J, and Nelson, M. The effects of progressive resistance training on bone density: A review. *Med Sci Sports Exerc* 31:25-30, 1999.

126. Lexell, J, and Downham, D. What is the effect of ageing on Type II muscle fibers? *J Neurol Sci* 107:250-251, 1992.

127. Lillegard, W, Brown, E, Wilson, D, Henderson, R, and Lewis, E. Efficacy of strength training in prepubescent to early postpubescent males and females: Effects of gender and maturity. *Pediatr Rehabil* 1:147-157, 1997.

128. Ling, CHY, Taekema, D, de Craen, AJM, Gussekloo, J, Westendorp, RGJ, and Maier, AB. Handgrip strength and mortality in the oldest old population: The Leiden 85-plus study. *Can Med Assoc J* 182:429-435, 2010.

129. Lloyd, RS, Faigenbaum, AD, Stone, MH, Oliver, JL, Jeffreys, I, Moody, JA, Brewer, C, Pierce, K, McCambridge, TM, Howard, R, Herrington, L, Hainline, B, Micheli, LJ, Jaques, R, Kraemer, WJ, McBride, MG, Best, TM, Chu, DA, Alvar, BA, and Myer, GD. Position statement on youth resistance training: The 2014 international consensus. *Br J Sports Med* 48:498-505, 2014.

130. Lloyd, RS, and Oliver, JL. The Youth Physical Development model: A new approach to long-term athletic development. *Strength Cond J* 34:61-72, 2012.

131. Lloyd, RS, Oliver, JL, Faigenbaum, AD, Myer, GD, and De Ste Croix, M. Chronological age versus biological maturation: Implications for exercise programming in youth. *J Strength Cond Res* 28:1454-1464, 2014.

132. Lopopolo, R, Greco, M, Sullivan, D, Craik, R, and Mangione, K. Effect of therapeutic exercise on gait speed in community-dwelling elderly people: A meta analysis. *Phys Ther* 86:520-540, 2006.

133. Maddalozzo, GF, and Snow, CM. High intensity resistance training: Effects of bone in older men and women. *Calcif Tissue Int* 66:399-404, 2000.

134. Magill, R, and Anderson, D. Critical periods as optimal readiness for learning sports skills. In *Children and Youth in Sport: A Biopsychosocial Perspective.* Smoll, F, and Smith, R, eds. Madison, WI: Brown & Benchmark, 57-72, 1995.

135. Malina, R. Physical activity and training: Effects on stature and the adolescent growth spurt. *Med Sci Sports Exerc* 26:759-766, 1994.

136. Malina, R, Bouchard, C, and Bar-Or, O. *Growth, Maturation, and Physical Activity.* Champaign, IL: Human Kinetics, 2004.

137. Mayhew, J, and Salm, P. Gender differences in anaerobic power tests. *Eur J Appl Physiol* 60:133-138, 1990.

138. McCartney, N. Acute responses to resistance training and safety. *Med Sci Sports Exerc* 31:31-37, 1999.

139. McKay, H, MacLean, L, Petit, M, MacKelvie-O'Brien, K, Janssen, P, Beck, T, and Khan, K. "Bounce at the Bell": A novel program of short bursts of exercise improves proximal femur bone mass in early pubertal children. *Br J Sports Med* 39:521-526, 2005.

140. Meltzer, D. Age dependence of Olympic weightlifting ability. *Med Sci Sports Exerc* 26:1053-1067, 1994.

141. Meredith, C, Frontera, W, and Evans, W. Body composition in elderly men: Effect of dietary modification during strength training. *J Am Geriatr Soc* 40:155-162, 1992.

142. Metter, E, Conwit, R, Tobin, J, and Fozard, J. Age-associated loss of power and strength in the upper extremities in women and men. *J Gerontol Biol Sci Med* 52:B267-B276, 1997.

143. Micheli, L. The child athlete. In *ACSM's Guidelines for the Team Physician.* Cantu, R, and Micheli, L, eds. Philadelphia: Lea & Febiger, 228-241, 1991.

144. Micheli, L, and Natsis, KI. Preventing injuries in sports: What the team physician needs to know. In *F.I.M.S. Team Physician Manual.* 3rd ed. Micheli, LJ, Pigozzi, F, Chan, KM, Frontera, WR, Bachl, N, Smith, AD, and Alenabi, T, eds. London: Routledge, 505-520, 2013.

145. Micheli, L. Strength training in the young athlete. In *Competitive Sports for Children and Youth.* Brown, E, and Branta, C, eds. Champaign, IL: Human Kinetics, 99-105, 1988.

146. Micheli, L, Glassman, R, and Klein, M. The prevention of sports injuries in children. *Clin Sports Med* 19:821-834, 2000.

147. Mihata, LC, Beutler, AI, and Boden, BP. Comparing the incidence of anterior cruciate ligament injury in collegiate lacrosse, soccer, and basketball players: Implications for anterior cruciate ligament mechanism and prevention. *Am J Sports Med* 34:899-904, 2006.

148. Miller, A, MacDougall, J, Tarnopolsky, M, and Sale, D. Gender differences in strength and muscle fiber characteristics. *Eur J Appl Physiol* 66:254-262, 1992.

149. Milliken, LA, Faigenbaum, AD, and LaRousa-Loud, R. Correlates of upper and lower body muscular strength in children. *J Strength Cond Res* 22:1339-1346, 2008.

150. Moeller, J, and Lamb, M. Anterior cruciate ligament injuries in female athletes. *Phys Sportsmed* 25:31-48, 1997.

151. Moesch, K, Elbe, AM, Hauge, MLT, and Wikman, JM. Late specialization: The key to success in centimeters, grams, or seconds (cgs) sports. *Scand J Med Sci Sports* 21:e282-e290, 2011.

152. Moliner-Urdiales, D, Ruiz, JR, Ortega, FB, Jiménez-Pavón, D, Vicente-Rodriguez, G, Rey-López, JP, Martinez-Gómez, D, Casajus, JA, Mesana, MI, Marcos, A, Noriega-Borge, MJ, Sjöström, M, Castillo, MJ, and Moreno, LA. Secular trends in health-related physical fitness in Spanish adolescents: The AVENA and HELENA studies. *J Sci Med Sport* 13:584-588, 2010.

153. Morris, F, Naughton, G, Gibbs, J, Carlson, J, and Wark, J. Prospective ten-month exercise intervention in premenarcheal girls: Positive effects on bone and lean mass. *J Bone Miner Res* 12:1453-1462, 1997.

154. Myer, GD, Ford, KR, Divine, JG, Wall, EJ, Kahanov, L, and Hewett, TE. Longitudinal assessment of noncontact anterior cruciate ligament injury risk factors during maturation in a female athlete: A case report. *J Athl Train* 44:101-109, 2009.

155. Myer, GD, Ford, KR, Brent, JL, and Hewett, TE. The effects of plyometric versus dynamic balance training on power, balance and landing force in female athletes. *J Strength Cond Res* 20:345-353, 2006.

156. Myer, GD, Ford, KR, Palumbo, JP, and Hewett, TE. Neuromuscular training improves performance and lower-extremity biomechanics in female athletes. *J Strength Cond Res* 19:51-60, 2005.

157. Myer, GD, Lloyd, RS, Brent, JL, and Faigenbaum, AD. How young is "too young" to start training? *ACSM Health Fit J* 17:14-23, 2013.

158. Myer, GD, Quatman, CE, Khoury, J, Wall, EJ, and Hewett, TE. Youth versus adult "weightlifting" injuries presenting to United States emergency rooms: Accidental versus nonaccidental injury mechanisms. *J Strength Cond Res* 23:2054-2060, 2009.

159. Myer, GD, Sugimoto, D, Thomas, S, and Hewett, TE. The influence of age on the effectiveness of neuromuscular training to reduce anterior cruciate ligament injury in female athletes: A meta-analysis. *Am J Sports Med* 41:203-215, 2013.

160. National Collegiate Athletic Association. Injury rate for women's basketball increases sharply. *NCAA News* 31(May 11):9, 13, 1994.

161. National Strength and Conditioning Association. Strength training for female athletes. *NSCA J* 11:43-55, 29-36, 1989.

162. Naylor, LH, Watts, K, Sharpe, JA, Jones, TW, Davis, EA, Thompson, A, George, K, Ramsay, JM, O'Driscoll, G, and Green, DJ. Resistance training and diastolic myocardial tissue velocities in obese children. *Med Sci Sports Exerc* 40:2027-2032, 2008.

163. Nelson, M, Fiatarone, M, Morganti, C, Trice, I, Greenberg, R, and Evans, W. Effects of high intensity strength training on multiple risk factors for osteoporotic fractures. *JAMA* 272:1909-1914, 1994.

164. Nelson-Wong, E, Appell, R, McKay, M, Nawaz, H, Roth, J, Sigler, R, 3rd, and Walker, M. Increased fall risk is associated with elevated co-contraction about the ankle during static balance challenges in older adults. *Eur J Appl Physiol* 112:1379-1389, 2012.

165. Ng, M, Fleming, T, Robinson, M, Thomson, B, Graetz, N, Margano, C, et al. Global, regional and national prevalence of overweight and obesity in children and adults during 1980-2013: A systematic analysis for the Global Burden of Disease study 2013. *Lancet* 384:766-781, 2014.

166. Nichols, D, Sanborn, C, and Love, A. Resistance training and bone mineral density in adolescent females. *J Pediatr* 139:494-500, 2001.

167. Nielsen, B, Nielsen, K, Behrendt-Hansen, M, and Asmussen, E. Training of "functional muscular strength" in girls 7-19 years old. In *Children and Exercise IX.* Berg, K, and Eriksson, B, eds. Baltimore: University Park Press, 69 77, 1980.

168. Ogden, CL, Carroll, MD, Kit, BK, and Flegal, KM. Prevalence of childhood and adult obesity in the United States, 2011-2012. *JAMA* 311:806-814, 2014.

169. Ormsbee, MJ, Pdaro, CM, Ilich, JZ, Purcell, S, Siervo, M, Folsom, A, and Panton, L. Osteosarcopenic obesity: The role of bone, muscle, and fat on health. *J Cachexia Sarcopenia Muscle* 5:183-192, 2014.

170. Orr, R, de Vos, N, Singh, N, Ross, D, Stavrinos, T, and Fiatarone-Singh, M. Power training improves balance in healthy older adults. *J Gerontol A Biol Sci Med Sci* 61:78-85, 2006.

171. Otis, C, Drinkwater, B, and Johnson, M. ACSM position stand: The female athlete triad. *Med Sci Sports Exerc* 29:i-ix, 1997.

172. Ozmun, J, Mikesky, A, and Surburg, P. Neuromuscular adaptations following prepubescent strength training. *Med Sci Sports Exerc* 26:510-514, 1994.

173. Padua, DA, Carcia, CR, Arnold, BL, and Granata, KP. Sex differences in leg stiffness and stiffness recruitment strategy during two-legged hopping. *J Mot Behav* 37:111-125, 2005.

174. Park, CH, Elavsky, S, and Koo, KM. Factors influencing physical activity in older adults. *J Exerc Rehabil* 10:45-52, 2014.

175. Pfeiffer, R, and Francis, R. Effects of strength training on muscle development in prepubescent, pubescent and postpubescent males. *Phys Sportsmed* 14:134-143, 1986.

176. Piirainen, JM, Cronin, NJ, Avela, J, and Linnamo, V. Effects of plyometric and pneumatic explosive strength training on neuromuscular function and dynamic balance control in 60-70 year old males. *J Electromyogr Kinesiol* 24:246-252, 2014.

177. Pizzigalli, L, Filippini, A, Ahmaidi, S, Jullien, H, and Rainoldi, A. Prevention of falling risk in elderly people: The relevance of muscular strength and symmetry of lower limbs in postural stability. *J Strength Cond Res* 25:567-574, 2011.

178. Pollock, ML, Franklin, BA, Balady, GJ, Chaitman, BL, Fleg, JL, Fletcher, B, Limacher, M, Piña, IL, Stein, RA, Williams, M, and Bazzare, T. Resistance exercise in individuals with and without cardiovascular disease: Benefits, rationale, safety, and prescription. *Circulation* 101:828-833, 2000.

179. Porter, MM. Power training for older adults. *Appl Physiol Nutr Metab* 31:87-94, 2006.

180. Potdevin, FJ, Alberty, ME, Chevutschi, A, Pelayo, P, and Sidney, MC. Effects of a 6-week plyometric training program on performances in pubescent swimmers. *J Strength Cond Res* 25:80-86, 2011.

181. Purves-Smith, FM, Sgarioto, N, and Hepple, RT. Fiber typing in aging muscle. *Exerc Sport Sci Rev* 42:45-52, 2014.

182. Quatman, CE, Ford, KR, Myer, GD, and Hewett, TE. Maturation leads to gender differences in landing force and vertical jump performance. *Am J Sports Med* 34:806-813, 2006.

183. Quatman-Yates, CC, Myer, GD, Ford, KR, and Hewett, TE. A longitudinal evaluation of maturational effects on lower extremity strength in female adolescent athletes. *Pediatr Phys Ther* 25:271-276, 2013.

184. Ramsay, J, Blimkie, C, Smith, K, Garner, S, and MacDougall, J. Strength training effects in prepubescent boys. *Med Sci Sports Exerc* 22:605-614, 1990.

185. Reid, KF, Callahan, DM, Carabello, RJ, Phillips, EM, Frontera, WR, and Fielding, RA. Lower extremity power training in elderly subjects with mobility limitations: A randomized controlled trial. *Aging Clin Exp Res* 20:337-343, 2008.

186. Roche, AF, Chumlea, WC, and Thissen, D. *Assessing the Skeletal Maturity of the Hand-Wrist: Fels Method.* Springfield, IL: Charles C Thomas, 1988.

187. Rowe, P. Cartilage fracture due to weight lifting. *Br J Sports Med* 13:130-131, 1979.

188. Rubenstein, LZ. Falls in older people: Epidemiology, risk factors and strategies for prevention. *Age Ageing* 35:ii37-ii41, 2006.

189. Runhaar, J, Collard, DCM, Kemper, HCG, van Mechelen, W, and Chinapaw, M. Motor fitness in Dutch youth: Differences over a 26-year period (1980-2006). *J Sci Med Sport* 13:323-328, 2010.

190. Ryan, J, and Salciccioli, G. Fractures of the distal radial epiphysis in adolescent weight lifters. *Am J Sports Med* 4:26-27, 1976.

191. Ryushi, T, Häkkinen, K, Kauhanen, H, and Komi, P. Muscle fiber characteristics, muscle cross sectional area and force production in strength athletes, physically active males and females. *Scand J Sports Sci* 10:7-15, 1988.

192. Sadres, E, Eliakim, A, Constantini, N, Lidor, R, and Falk, B. The effect of long term resistance training on anthropometric measures, muscle strength and self-concept in pre-pubertal boys. *Pediatr Exerc Sci* 13:357-372, 2001.

193. Shaibi, G, Cruz, M, Ball, G, Weigensberg, MJ, Salem, GJ, Crespo, NC, and Goran, MI. Effects of resistance training on insulin sensitivity in overweight Latino adolescent males. *Med Sci Sports Exerc* 38:1208-1215, 2006.

194. Shambaugh, J, Klein, A, and Herbert, J. Structural measures as predictors of injury in basketball players. *Med Sci Sports Exerc* 23:522-527, 1991.

195. Shaw, C, McCully, K, and Posner, J. Injuries during the one repetition maximum assessment in the elderly. *J Cardiopulm Rehabil* 15:283-287, 1995.

196. Shephard, R. Exercise and training in women, part 1: Influence of gender on exercise and training response. *Can J Appl Physiol* 25:19-34, 2000.

197. Sherrington, C, Whitney, JC, Lord, SR, Herbert, RD, Cumming, RG, and Close, JCT. Effective exercise for the prevention of falls: A systematic review and meta-analysis. *J Am Geriatr Soc* 56:2234-2243, 2008.

198. Smith, JJ, Eather, N, Morgan, PJ, Plotnikoff, RC, Faigenbaum, AD, and Lubans, DR. The health benefits of muscular fitness for children and adolescents: A systematic review and meta-analysis. *Sports Med* 44:1209-1223, 2014.

199. Society of Health and Physical Educators. *National Standards & Grade-Level Outcomes for K-12 Physical Education.* Champaign, IL: Human Kinetics, 11-13, 2014.

200. Steib, S, Schoene, D, and Pfeifer, K. Dose–response relationship of resistance training in older adults: A meta-analysis. *Med Sci Sports Exerc* 42:902-914, 2010.

201. Stewart, CHE, and Rittweger, J. Adaptive processes in skeletal muscle: Molecular and genetic influences. *J Musculoskelt Neuronal Interact* 6:73-86, 2006.

202. Straight, CR, Lofgren, IE, and Delmonico, MJ. Resistance training in older adults: Are community-based interventions effective for improving health outcomes? *Am J Lifestyle Med* 6:407-414, 2012.

203. Strong, W, Malina, R, Blimkie, C, Daniels, S, Dishman, R, Gutin, B, Hergenroeder, A, Must, A, Nixon, P, Pivarnik, J, Rowland, T, Trost, S, and Trudeau, F. Evidence based physical activity for school-age youth. *J Pediatr* 46:732-737, 2005.

204. Sugimoto, D, Myer, GD, Foss, KD, and Hewett, TE. Dosage effects of neuromuscular training intervention to reduce anterior cruciate ligament injuries in female athletes: Meta- and sub-group analyses. *Sports Med* 44:551-562, 2014.

205. Tanner, JM, Healy, MJR, Goldstein, H, and Cameron, N. *Assessment of Skeletal Maturity and Prediction of Adult Height (TW3 Method).* 3rd ed. London: Saunders, 2001.

206. Tanner, JM, Whitehouse, RH, Cameron, N, Marshall, WA, Healy, MJR, and Goldstein, H. *Assessment of Skeletal Maturity and Prediction of Adult Height (TW2 Method).* New York: Academic Press, 1975.

207. Tanner, JM, Whitehouse, RH, and Healy, MJR. *A New System for Estimating Skeletal Maturity From the Hand and Wrist, with Standards Derived From a Study of 2,600 Healthy British Children.* Paris: International Children's Centre, 1962.

208. Telama, R, Yang, X, Viikari, J, Valimaki, I, Wanne, O, and Raitakari, O. Physical activity from childhood to adulthood: A 21 year tracking

734 ストレングストレーニング＆コンディショニング

study. *Am J Prev Med* 28:267-273, 2005.

209. Tiedemann, A, Sherrington, C, Close, JCT, and Lord, SR. Exercise and Sports Science Australia position statement on exercise and falls prevention in older people. *J Sci Med Sport* 14:489-495, 2011.

210. Tremblay, MS, Gray, CE, Akinroye, K, Harrington, DM, Katzmarzyk, PT, Lambert, EV, Liukkonen, J, Maddison, R, Ocansey, RT, Onywera, VO, Prista, A, Reilly, JJ, Martínez, MDPR, Duenas, OLS, Standage, M, and Tomkinson, G. Physical activity of children: A global matrix of grades comparing 15 countries. *J Phys Act Health* 11 (Suppl 1):s113-s125, 2014.

211. Tsolakis, C, Vagenas, G, and Dessypris, A. Strength adaptations and hormonal responses to resistance training and detraining in preadolescent males. *J Strength Cond Res* 18:625-629, 2004.

212. Valovich-McLeod, TC, Decoster, LC, Loud, KJ, Micheli, LJ, Parker, T, Sandrey, MA, and White, C. National Athletic Trainers' Association position statement: Prevention of pediatric overuse injuries. *J Athl Train* 46:206-220, 2011.

213. Van der Sluis, A, Elferink-Gemser, MT, Coelho-e-Silva, MJ, Nijboer, JA, Brink, MS, and Visscher, C. Sports injuries aligned to peak height velocity in talented pubertal soccer players. *Int J Sports Med* 35:351-355, 2014.

214. Vandervoot, A, and McComas, A. Contractile changes in opposing muscle of the human ankle joint with aging. *J Appl Physiol* 61:361-367, 1986.

215. Vicente-Rodriguez, G. How does exercise affect bone development during growth? *Sports Med* 36:561-569, 2006.

216. Virvidakis, K, Georgiu, E, Korkotsidis, A, Ntalles, K, and Proukakis, C. Bone mineral content of junior competitive weightlifters. *Int J Sports Med* 11:244-246, 1990.

217. Wallerstein, LF, Tricoli, V, Barroso, R, Rodacki, ALF, Russo, L, Aihara, AY, Fernandes, ARC, de Mello, MT, and Ugrinowitsch, C. Effects of strength and power training on neuromuscular variables in older adults. *J Aging Phys Act* 20:171-185, 2012.

218. Watts, K, Beye, P, and Siafarikas, A. Exercise training normalizes vascular dysfunction and improves central adiposity in obese adolescents. *J Am Coll Cardiol* 43:1823-1827, 2004.

219. Watts, K, Jones, T, Davis, E, and Green, D. Exercise training in obese children and adolescents. *Sports Med* 35:375-392, 2005.

220. Weltman, A, Janney, C, Rians, C, Strand, K, Berg, B, Tippet, S, Wise, J, Cahill, B, and Katch, F. The effects of hydraulic resistance strength training in pre-pubertal males. *Med Sci Sports Exerc* 18:629-638, 1986.

221. West, R. The female athlete: The triad of disordered eating, amenorrhoea and osteoporosis. *Sports Med* 26:63-71, 1998.

222. Westcott, W, and Baechle, T. *Strength Training for Seniors.* Champaign, IL: Human Kinetics, 1-13, 1999.

223. Winter, DA. *Biomechanics and Motor Control of Human Movement.* 3rd ed. New York: Wiley, 151-152, 2005.

224. Wojtys, E, Huston, L, Lindenfeld, T, Hewett, T, and Greenfield, M. Association between the menstrual cycle and anterior cruciate injuries in female athletes. *Am J Sports Med* 26:614-619, 1998.

225. Yarasheski, K, Zachwieja, J, and Bier, D. Acute effects of resistance exercise on muscle protein synthesis in young and elderly men and women. *Am J Appl Physiol* 265:210-214, 1993.

CHAPTER 8   Psychology of Athletic Preparation and Performance

1. Bandura, A. Self-efficacy: Toward a unifying theory of behavioral change. *Psychol Rev* 84:191-215, 1977.

2. Burton, D, Naylor, S, and Holliday, B. Goal setting in sport: Investigating the goal effectiveness paradox. In *Handbook of Sport Psychology.* Singer, R, Hausenblas, H, and Janelle, C, eds. New York: Wiley, 497-528, 2001.

3. Cahill, L, McGaugh, JL, and Weinberger, NM. The neurobiology of learning and memory: Some reminders to remember. *Trends Neurosci* 24:578-581, 2001.

4. Chiviacowsky, S, and Wulf, G. Self-controlled feedback is effective if it is based on the learner's performance. *Res Q Exerc Sport* 76:42-48, 2005.

5. Chiviacowsky, S, Wulf, G, and Lewthwaite, R. Self-controlled learning: The importance of protecting perceptions of competence. *Front Psychol* 3:458, 2012.

6. Chiviacowsky, S, Wulf, G, Lewthwaite, R, and Campos, T. Motor learning benefits of self-controlled practice in persons with Parkinson's disease. *Gait Posture* 35:601-605, 2012.

7. Deci, EL. Intrinsic motivation: Theory and application. In *Psychology of Motor Behavior and Sport.* Landers, DM, and Christina, RW, eds. Champaign, IL: Human Kinetics, 388-396, 1978.

8. Feltz, DL, and Landers, DM. The effects of mental practice on motor skill learning and performance: A meta-analysis. *J Sport Psychol* 5,1:25-57, 1983.

9. Fitts, PM, and Posner, MI. *Human Performance.* Belmont, CA: Brooks/Cole, 1967.

10. Gill, D, and Williams, L. *Psychological Dynamics of Sport and Exercise.* Champaign, IL: Human Kinetics, 2008.

11. Gould, D, and Udry, E. Psychological skills for enhancing performance: Arousal regulation strategies. *Med Sci Sports Exerc* 26:478-485, 1994.

12. Hanin, YL. Interpersonal and intragroup anxiety in sports. In *Anxiety in Sports: An International Perspective.* Hackfort, D, and Spielberger, CD, eds. New York: Taylor & Francis, 19-28, 1989.

13. Hardy, L. Testing the predictions of the cusp catastrophe model of anxiety and performance. *Sport Psychol* 10:140-156, 1996.

14. Hatfield, BD, and Walford, GA. Understanding anxiety: Implications for sport performance. *NSCA J* 9:60-61, 1987.

15. Jacobson, E. *Progressive Relaxation.* Chicago: University of Chicago Press, 1929.

16. Kantak, SS, and Winstein, CJ. Learning-performance distinction and memory processes for motor skills: A focused review and perspective. *Behav Brain Res* 228:219-231, 2012.

17. Kerr, JH. *Motivation and Emotion in Sport: Reversal Theory.* East Sussex, UK: Psychology Press, 1999.

18. Landin, D, and Hebert, EP. A comparison of three practice schedules along the contextual interference continuum. *Res Q Exerc Sport* 68:357-361, 1997.

19. Landin, DK, Hebert, EP, and Fairweather, M. The effects of variable practice on the performance of a basketball skill. *Res Q Exerc Sport* 64:232-237, 1993.

20. Lewthwaite, R, and Wulf, G. Social-comparative feedback affects motor skill learning. *Q J Exp Psychol* 63:738-749, 2010.

21. Locke, EA, and Latham, GP. The application of goal setting to sports. *J Sport Psychol* 7:205-222, 1985.

22. Martens, R. *Social Psychology and Physical Activity.* New York: Harper & Row, 1975.

23. McClelland, DC, Atkinson, JW, Clark, RA, and Lowell, EL. *The Achievement Motive.* New York: Appleton-Century-Crofts, 1953.

24. Naylor, JC, and Briggs, GE. Effects of task complexity and task organization on the relative efficiency of part and whole training methods. *J Exp Psychol* 65:217-224, 1963.

25. Nideffer, RM. Test of attentional and interpersonal style. *J Pers Soc Psychol* 34:394-404, 1976.

26. Oxendine, JB. Emotional arousal and motor performance. *Quest* 13:23-32, 1970.

27. Plautz, EJ, Milliken, GW, and Nudo, RJ. Effects of repetitive motor training on movement representations in adult squirrel monkeys: Role of use versus learning. *Neurobiol Learn Mem* 74:27-55, 2000.

28. Porges, S, McCabe, P, and Yongue, B. Respiratory-heart rate interactions: Psychophysiological implications for pathophysiology and behavior. In *Perspectives in Cardiovascular Psychophysiology.* Caccioppo, JT, and Petty, RE, eds. New York: Guilford, 223-264, 1982.

29. Sakadjian, A, Panchuk, D, and Pearce, AJ. Kinematic and kinetic improvements associated with action observation facilitated learning of the power clean in Australian footballers. *J Strength Cond Res* 28:1613-1625, 2014.

30. Schmidt, RA, and Lee, T. *Motor Control and Learning.* 5th ed. Champaign, IL: Human Kinetics, 327-329, 1988.

31. Selye, H. The stress concept: Past, present and future. In *Stress Research: Issues for the Eighties.* Cooper, CL, ed. New York: Wiley, 1983.

32. Shea, CH, Wright, DL, Wulf, G, and Whitacre, C. Physical and observational practice afford unique learning opportunities. *J Mot Behav* 32:27-36, 2000.

33. Shea, JB, and Morgan, RL. Contextual interference effects on the acquisition, retention, and transfer of a motor skill. *J Exp Psychol Hum Learn* 5:179, 1979.

34. Smeeton, NJ, Williams, AM, Hodges, NJ, and Ward, P. The relative effectiveness of various instructional approaches in developing anticipation skill. *J Exp Psychol Appl* 11:98 110, 2005.

35. Spence, JT, and Spence, KW. The motivational components of manifest anxiety: Drive and drive stimuli. In *Anxiety and Behavior.* Spielberger, CD, ed. New York: Academic Press, 291-326, 1966.

36. Spielberger, CD. *Understanding Stress and Anxiety.* London: Harper & Row, 1979.

37. Spielberger, CD, Gorsuch, RL, and Lushene, RE. *Manual for the State-Trait Anxiety Inventory.* Palo Alto, CA: Consulting Psychologists Press, 1970.

38. Van Raalte, JL. Self talk. In *Routledge Handbook of Applied Psychology.* Anderson, SHM, ed. New York: Routledge, 210-517, 2010.

39. Weinberg, RS. Activation/arousal control. In *Routledge Handbook of Applied Sport Psychology.* Anderson, SHM, ed. New York: Routledge, 471-480, 2010.

40. Weinberg, RS, and Gould, D. *Foundations of Sport and Exercise Psychology.* 3rd ed. Champaign, IL: Human Kinetics, 2015.

41. Wightman, DC, and Lintern, G. Part-task training for tracking and manual control. *Hum Factors* 27:267-283, 1985.

42. Williams, JM, and Krane, V. Psychological characteristics of peak performance. In *Applied Sport Psychology: Personal Growth to Peak Performance.* Williams, JM, ed. Mountain View, CA: Mayfield, 158-170, 1998.

43. Winstein, CJ, Pohl, PS, Cardinale, C, Green, A, Scholtz, L, and Waters, CS. Learning a partial-weight-bearing skill: Effectiveness of two forms of feedback. *Phys Ther* 76:985-993, 1996.

44. Winstein, CJ, and Schmidt, RA. Reduced frequency of knowledge of results enhances motor skill learning. *J Exp Psychol Learn Mem Cogn* 16:677-691, 1990.

45. Wolpe, J. Psychotherapy by reciprocal inhibition. *Cond Reflex* 3:234-240, 1968.

46. Wood, JV, Perunovic, WE, and Lee, JW. Positive self-statements: Power for some, peril for others. *Psychol Sci* 20:860-866, 2009.

47. Wulf, G, Shea, C, and Lewthwaite, R. Motor skill learning and performance: A review of influential factors. *Med Educ* 44:75-84, 2010.

48. Wulf, G, Shea, CH, and Matschiner, S. Frequent feedback enhances complex motor skill learning. *J Mot Behav* 30:180-192, 1998.

49. Wulf, G, and Weigelt, C. Instructions about physical principles in learning a complex motor skill: To tell or not to tell. *Res Q Exerc Sport* 68:362-367, 1997.

50. Yerkes, RM, and Dodson, JD. The relation of strength of stimulus to rapidity of habit-formation. *J Comp Neurol Psychol* 18:459-482, 1908.

CHAPTER 9   Basic Nutritional Factors in Health

1. Acheson, KJ, Schutz, Y, Bessard, T, Anantharaman, K, Flatt, JP, and Jequier, E. Glycogen storage capacity and de novo lipogenesis during massive carbohydrate overfeeding in man. *Am J Clin Nutr* 48:240-247, 1988.

2. Akermark, C, Jacobs, I, Rasmusson, M, and Karlsson, J. Diet and muscle glycogen concentration in relation to physical performance in Swedish elite ice hockey players. *Int J Sport Nutr* 6:272-284, 1996.

3. Allen, S, McBride, WT, Young, IS, MacGowan, SW, McMurray, TJ, Prabhu, S, Penugonda, SP, and Armstrong, MA. A clinical, renal and immunological assessment of surface modifying additive treated (SMART) cardiopulmonary bypass circuits. *Perfusion* 20:255-262, 2005.

4. Almond, CS, Shin, AY, Fortescue, EB, Mannix, RC, Wypij, D, Binstadt, BA, Duncan, CN, Olson, DP, Salerno, AE, Newburger, JW, and Greenes, DS. Hyponatremia among runners in the Boston Marathon. *New Engl J Med* 352:1550-1556, 2005.

5. Anderson, GH, Tecimer, SN, Shah, D, and Zafar, TA. Protein source, quantity, and time of consumption determine the effect of proteins on short-term food intake in young men. *J Nutr* 134:3011-3015, 2004.

6. Arieff, AI, Llach, F, and Massry, SG. Neurological manifestations and morbidity of hyponatremia: Correlation with brain water and electrolytes. *Medicine* 55:121-129, 1976.

7. Armstrong, LE, Maresh, CM, Castellani, JW, Bergeron, MF, Kenefick, RW, LaGasse, KE, and Riebe, D. Urinary indices of hydration status. *Int J Sport Nutr* 4:265-279, 1994.

8. Atkinson, FS, Foster-Powell, K, and Brand-Miller, JC. International tables of glycemic index and glycemic load values: 2008. *Diabetes Care* 31:2281-2283, 2008.

9. Bailey, RL, Dodd, KW, Goldman, JA, Gahche, JJ, Dwyer, JT, Moshfegh, AJ, Sempos, CT, and Picciano, MF. Estimation of total usual calcium and vitamin D intakes in the United States. *J Nutr* 140:817-822, 2010.

10. Balsom, PD, Wood, K, Olsson, P, and Ekblom, B. Carbohydrate intake and multiple sprint sports: With special reference to football (soccer). *Int J Sports Med* 20:48-52, 1999.

11. Bangsbo, J, Graham, TE, Kiens, B, and Saltin, B. Elevated muscle glycogen and anaerobic energy production during exhaustive exercise in man. *J Physiol* 451:205-227, 1992.

12. Bar-Or, O, Blimkie, CJ, Hay, JA, MacDougall, JD, Ward, DS, and Wilson, WM. Voluntary dehydration and heat intolerance in cystic fibrosis. *Lancet* 339:696-699, 1992.

13. Bardis, CN, Kavouras, SA, Kosti, L, Markousi, M, and Sidossis, LS. Mild hypohydration decreases cycling performance in the heat. *Med Sci Sports Exerc* 45:1782-1789, 2013.

14. Batchelder, BC, Krause, BA, Seegmiller, JG, and Starkey, CA. Gastrointestinal temperature increases and hypohydration exists after collegiate men's ice hockey participation. *J Strength Cond Res* 24:68-73, 2010.

15. Bermejo, F, and Garcia-Lopez, S. A guide to diagnosis of iron deficiency and iron deficiency anemia in digestive diseases. *World J Gastroenterol* 15:4638-4643, 2009.

16. Borzoei, S, Neovius, M, Barkeling, B, Teixeira-Pinto, A, and Rossner, S. A comparison of effects of fish and beef protein on satiety in normal weight men. *Eur J Clin Nutr* 60:897-902, 2006.

17. Bozian, RC, Ferguson, JL, Heyssel, RM, Meneely, GR, and Darby, WJ. Evidence concerning the human requirement for vitamin B12. Use of the whole body counter for determination of absorption of vitamin B12. *Am J Clin Nutr* 12:117-129, 1963.

18. Brownlie, T, 4th, Utermohlen, V, Hinton, PS, Giordano, C, and Haas, JD. Marginal iron deficiency without anemia impairs aerobic adaptation among previously untrained women. *Am J Clin Nutr* 75:734-742, 2002.

19. Buyken, AE, Goletzke, J, Joslowski, G, Felbick, A, Cheng, G, Herder, C, and Brand-Miller, JC. Association between carbohydrate quality and inflammatory markers: Systematic review of observational and interventional studies. *Am J Clin Nutr* 99:813-833, 2014.

20. Cahill, GF, Jr. Starvation in man. *Clin Endocrinol Metab* 5:397-415, 1976.

21. Campbell, B, Kreider, RB, Ziegenfuss, T, La Bounty, P, Roberts, M, Burke, D, Landis, J, Lopez, H, and Antonio, J. International Society of Sports Nutrition position stand: Protein and exercise. *J Int Soc Sports Nutr* 4:8, 2007.

22. Casa, DJ, Armstrong, LE, Hillman, SK, Montain, SJ, Reiff, RV, Rich, BS, Roberts, WO, and Stone, JA. National Athletic Trainers' Association position statement: Fluid replacement for athletes. *J Athl Train* 35:212-224, 2000.

23. Cermak, NM, and van Loon, LJ. The use of carbohydrates during exercise as an ergogenic aid. *Sports Med* 43:1139-1155, 2013.

24. Chen, HY, Cheng, FC, Pan, HC, Hsu, JC, and Wang, MF. Magnesium enhances exercise performance via increasing glucose availability in the blood, muscle, and brain during exercise. *PLoS One* 9:e85486, 2014.

25. Cheuvront, SN, Carter, R, 3rd, Castellani, JW, and Sawka, MN. Hypohydration impairs endurance exercise performance in temperate but not cold air. *J Appl Physiol* 99:1972-1976, 2005.

26. Cheuvront, SN, Carter R, 3rd, and Sawka, MN. Fluid balance and endurance exercise performance. *Curr Sports Med Rep* 2:202-208, 2003.

27. Chiu, YT, and Stewart, ML. Effect of variety and cooking method on resistant starch content of white rice and subsequent postprandial glucose response and appetite in humans. *Asia Pac J Clin Nutr* 22:372-379, 2013.

28. Churchward-Venne, TA, Burd, NA, and Phillips, SM. Nutritional regulation of muscle protein synthesis with resistance exercise: Strategies to enhance anabolism. *Nutr Metab* 9:40, 2012.

29. Cogswell, ME, Zhang, Z, Carriquiry, AL, Gunn, JP, Kuklina, EV, Saydah, SH, Yang, Q, and Moshfegh, AJ. Sodium and potassium intakes among US adults: NHANES 2003-2008. *Am J Clin Nutr* 96:647-657, 2012.

30. Committee on Sports Medicine and Fitness. Climatic heat stress and the exercising child and adolescent. *Pediatrics* 106:158-159, 2000.

31. Coris, EE, Ramirez, AM, and Van Durme, DJ. Heat illness in athletes: The dangerous combination of heat, humidity and exercise. *Sports Med* 34:9-16, 2004.

32. Costabile, A, Kolida, S, Klinder, A, Gietl, E, Bauerlein, M, Frohberg, C, Landschutze, V, and Gibson, GR. A double-blind, placebo-controlled, cross-over study to establish the bifidogenic effect of a very-long-chain inulin extracted from globe artichoke (Cynara scolymus) in healthy human subjects. *Br J Nutr* 104:1007-1017, 2010.

33. Currell, K, and Jeukendrup, AE. Superior endurance performance with ingestion of multiple transportable carbohydrates. *Med Sci Sports Exerc* 40:275-281, 2008.

34. Davis, SE, Dwyer, GB, Reed, K, Bopp, C, Stosic, J, and Shepanski, M. Preliminary investigation: The impact of the NCAA Wrestling Weight Certification Program on weight cutting. *J Strength Cond Res* 16:305-307, 2002.

35. DeMarco, HM, Sucher, KP, Cisar, CJ, and Butterfield, GE. Pre-exercise carbohydrate meals: Application of glycemic index. *Med Sci Sports Exerc* 31:164-170, 1999.

36. Devaney, BL, and Frazão, E. *Review of Dietary Reference Intakes for Selected Nutrients: Challenges and Implications for Federal Food and Nutrition Policy.* Washington, DC: U.S. Department of Agriculture, Economic Research Service, 1, 2007.

37. Distefano, LJ, Casa, DJ, Vansumeren, MM, Karslo, RM, Huggins, RA, Demartini, JK, Stearns, RL, Armstrong, LE, and Maresh, CM. Hypohydration and hyperthermia impair neuromuscular control after exercise. *Med Sci Sports Exerc* 45:1166-1173, 2013.

38. Djousse, L, Pankow, JS, Eckfeldt, JH, Folsom, AR, Hopkins, PN, Province, MA, Hong, Y, and Ellison, RC. Relation between dietary linolenic acid and coronary artery disease in the National Heart, Lung, and Blood Institute Family Heart Study. *Am J Clin Nutr* 74:612-619, 2001.

39. Drewnowski, A. Concept of a nutritious food: Toward a nutrient density score. *Am J Clin Nutr* 82:721-732, 2005.

40. Drinkwater, BL, Kupprat, IC, Denton, JE, Crist, JL, and Horvath, SM. Response of prepubertal girls and college women to work in the heat. *J Appl Physiol* 43:1046-1053, 1977.

41. Duraffourd, C, De Vadder, F, Goncalves, D, Delaere, F, Penhoat, A, Brusset, B, Rajas, F, Chassard, D, Duchampt, A, Stefanutti, A, Gautier-Stein, A, and Mithieux, G. Mu-opioid receptors and dietary protein stimulate a gut-brain neural circuitry limiting food intake. *Cell* 150:377-388, 2012.

42. Esmarck, B, Andersen, JL, Olsen, S, Richter, EA, Mizuno, M, and Kjaer, M. Timing of postexercise protein intake is important for muscle hypertrophy with resistance training in elderly humans. *J Physiol* 535:301-311, 2001.

43. Evans, WJ, and Hughes, VA. Dietary carbohydrates and endurance exercise. *Am J Clin Nutr* 41:1146-1154, 1985.

44. Fan, J, and Watanabe, T. Inflammatory reactions in the pathogenesis of atherosclerosis. *J Atheroscler Thromb* 10:63-71, 2003.

45. Foster-Powell, K, Holt, SH, and Brand-Miller, JC. International table of glycemic index and glycemic load values: 2002. *Am J Clin Nutr* 76:5-56, 2002.

46. Fulgoni, VL, 3rd, Keast, DR, Auestad, N, and Quann, EE. Nutrients from dairy foods are difficult to replace in diets of Americans: Food pattern modeling and an analyses of the National Health and Nutrition Examination Survey 2003-2006. *Nutr Res* 31:759-765, 2011.

47. Garfinkel, D, and Garfinkel, L. Magnesium and regulation of carbo-hydrate metabolism at the molecular level. *Magnesium* 7:249-261, 1988.

48. Geigy, LC. *Units of Measurement, Body Fluids, Composition of the Body, Nutrition.* West Caldwell, NJ: Ciba-Geigy Corporation, 217, 1981.

49. Gerber, GS, and Brendler, CB. Evaluation of the urologic patient: History, physical examination, and urinalysis. In *Campbell-Walsh Urology.* 10th ed. Wein, AJ, Kavoussi, LR, Novick, AC, Partin, AW, and Peters, CA, eds. Philadelphia: Elsevier Saunders, 73-98, 2011.

50. Godek, SF, Godek, JJ, and Bartolozzi, AR. Hydration status in college football players during consecutive days of twice-a-day preseason practices. *Am J Sports Med* 33:843-851, 2005.

51. Godek, SF, Peduzzi, C, Burkholder, R, Condon, S, Dorshimer, G, and Bartolozzi, AR. Sweat rates, sweat sodium concentrations, and sodium losses in 3 groups of professional football players. *J Athl Train* 45:364-371, 2010.

52. Gonzalez-Alonso, J, Calbet, JA, and Nielsen, B. Muscle blood flow is reduced with dehydration during prolonged exercise in humans. *J Physiol* 513:895-905, 1998.

53. Hall, KD. What is the required energy deficit per unit weight loss? *Int J Obes* 32:573-576, 2008.

54. Hawley, JA, Schabort, EJ, Noakes, TD, and Dennis, SC. Carbo-hydrate-loading and exercise performance. An update. *Sports Med* 24:73-81, 1997.

55. Hayes, LD, and Morse, CI. The effects of progressive dehydration on strength and power: Is there a dose response? *Eur J Appl Physiol* 108:701-707, 2010.

56. Heaney, RP, and Layman, DK. Amount and type of protein influences bone health. *Am J Clin Nutr* 87:1567S-1570S, 2008.

57. Helge, JW, Watt, PW, Richter, EA, Rennie, MJ, and Kiens, B. Fat utilization during exercise: Adaptation to a fat-rich diet increases utilization of plasma fatty acids and very low density lipoprotein-triacylglycerol in humans. *J Physiol* 537:1009-1020, 2001.

58. Henry, YM, Fatayerji, D, and Eastell, R. Attainment of peak bone mass at the lumbar spine, femoral neck and radius in men and women: Relative contributions of bone size and volumetric bone mineral density. *Osteoporos Int* 15:263-273, 2004.

59. Henson, S, Blandon, J, Cranfield, J, and Herath, D. Understanding the propensity of consumers to comply with dietary guidelines directed at heart health. *Appetite* 54:52-61, 2010.

60. Hermansen, K, Rasmussen, O, Gregersen, S, and Larsen, S. Influence of ripeness of banana on the blood glucose and insulin response in type 2 diabetic subjects. *Diabet Med* 9:739-743, 1992.

61. Hinton, PS, Giordano, C, Brownlie, T, and Haas, JD. Iron supplemen-tation improves endurance after training in iron-depleted, nonanemic women. *J Appl Physiol* 88:1103-1111, 2000.

62. Hornick, BA. *Job Descriptions: Models for the Dietetics Profession.* Chicago: American Dietetic Association, 9-14, 2008.

63. Hosseinpour-Niazi, S, Sohrab, G, Asghari, G, Mirmiran, P, Moslehi, N, and Azizi, F. Dietary glycemic index, glycemic load, and cardio-vascular disease risk factors: Tehran Lipid and Glucose Study. *Arch Iran Med* 16:401-407, 2013.

64. Howarth, KR, Phillips, SM, MacDonald, MJ, Richards, D, Moreau,

NA, and Gibala, MJ. Effect of glycogen availability on human skeletal muscle protein turnover during exercise and recovery. *J Appl Physiol* 109:431-438, 2010.

65. Huang, PC, and Chiang, A. Effects of excess protein intake on nitrogen utilization in young men. *J Formos Med Assoc* 91:659-664, 1992.

66. Hulston, CJ, Venables, MC, Mann, CH, Martin, C, Philp, A, Baar, K, and Jeukendrup, AE. Training with low muscle glycogen enhances fat metabolism in well-trained cyclists. *Med Sci Sports Exerc* 42:2046-2055, 2010.

67. Institute of Medicine (U.S.). Panel on Dietary Antioxidants and Related Compounds. *Dietary Reference Intakes for Vitamin C, Vitamin E, Selenium, and Carotenoids.* Washington, DC: National Academy Press, 2000.

68. Institute of Medicine (U.S.). Panel on Dietary Reference Intakes for Electrolytes and Water. *Dietary Reference Intakes for Water, Potassium, Sodium, Chloride, and Sulfate.* Washington, DC: National Academies Press, 1-405, 2005.

69. Institute of Medicine (U.S.). Panel on Macronutrients. *Dietary Reference Intakes for Energy, Carbohydrate, Fiber, Fat, Fatty Acids, Cholesterol, Protein, and Amino Acids.* Washington, DC: National Academies Press, 589-738, 2005.

70. Institute of Medicine (U.S.). Panel on Micronutrients. *Dietary Reference Intakes for Vitamin A, Vitamin K, Arsenic, Boron, Chromium, Copper, Iodine, Iron, Manganese, Molybdenum, Nickel, Silicon, Vanadium, and Zinc.* Washington, DC: National Academy Press, 82-161, 290-393, 2001.

71. Institute of Medicine (U.S.). Standing Committee on the Scientific Evaluation of Dietary Reference Intakes. *Dietary Reference Intakes for Calcium, Phosphorus, Magnesium, Vitamin D, and Fluoride.* Washington, DC: National Academy Press, 71-145, 1997.

72. Institute of Medicine (U.S.). Panel on Folate, Other B Vitamins, and Choline. *Dietary Reference Intakes for Thiamin, Riboflavin, Niacin, Vitamin B_6, Folate, Vitamin B_{12}, Pantothenic Acid, Biotin, and Choline.* Washington, DC: National Academy Press, 1-400, 1998.

73. Institute of Medicine (U.S.). Committee on Military Nutrition Research. *Fluid Replacement and Heat Stress.* Washington, DC: National Academy Press, 8, 1994.

74. Ivy, JL. Glycogen resynthesis after exercise: Effect of carbohydrate intake. *Int J Sports Med* 19 (Suppl):S142-S145, 1998.

75. Jacobs, KA, and Sherman, WM. The efficacy of carbohydrate supplementation and chronic high-carbohydrate diets for improving endurance performance. *Int J Sport Nutr* 9:92-115, 1999.

76. Jenkins, DJ, Wolever, TM, Taylor, RH, Barker, H, Fielden, H, Baldwin, JM, Bowling, AC, Newman, HC, Jenkins, AL, and Goff, DV. Glycemic index of foods: A physiological basis for carbohydrate exchange. *Am J Clin Nutr* 34:362-366, 1981.

77. Jensen, J, Rustad, PI, Kolnes, AJ, and Lai, YC. The role of skeletal muscle glycogen breakdown for regulation of insulin sensitivity by exercise. *Front Physiol* 2:112, 2011.

78. Jequier, E, and Schutz, Y. Long-term measurements of energy expenditure in humans using a respiration chamber. *Am J Clin Nutr* 38:989-998, 1983.

79. Jeukendrup, AE. Regulation of fat metabolism in skeletal muscle. *Ann NY Acad Sci* 967:217-235, 2002.

80. Jeukendrup, AE, Jentjens, RL, and Moseley, L. Nutritional considerations in triathlon. *Sports Med* 35:163-181, 2005.

81. Jones, LC, Cleary, MA, Lopez, RM, Zuri, RE, and Lopez, R. Active dehydration impairs upper and lower body anaerobic muscular power. *J Strength Cond Res* 22:455-463, 2008.

82. Joy, JM, Lowery, RP, Wilson, JM, Purpura, M, De Souza, EO, Wilson, SM, Kalman, DS, Dudeck, JE, and Jager, R. The effects of 8 weeks of whey or rice protein supplementation on body composition and exercise performance. *Nutr J* 12:86, 2013.

83. Judelson, DA, Maresh, CM, Anderson, JM, Armstrong, LE, Casa, DJ, Kraemer, WJ, and Volek, JS. Hydration and muscular performance: Does fluid balance affect strength, power and high-intensity endurance? *Sports Med* 37:907-921, 2007.

84. Katsanos, CS, Kobayashi, H, Sheffield-Moore, M, Aarsland, A, and Wolfe, RR. A high proportion of leucine is required for optimal stimulation of the rate of muscle protein synthesis by essential amino acids in the elderly. *Am J Physiol* 291:E381-E387, 2006.

85. Kerksick, C, Harvey, T, Stout, J, Campbell, B, Wilborn, C, Kreider, R, Kalman, D, Ziegenfuss, T, Lopez, H, Landis, J, Ivy, JL, and Antonio, J. International Society of Sports Nutrition position stand: Nutrient timing. *J Int Soc Sports Nutr* 5:17, 2008.

86. Kerstetter, JE, O'Brien, KO, and Insogna, KL. Dietary protein affects intestinal calcium absorption. *Am J Clin Nutr* 68:859-865, 1998.

87. Kerstetter, JE, O'Brien, KO, and Insogna, KL. Dietary protein, calcium metabolism, and skeletal homeostasis revisited. *Am J Clin Nutr* 78:584S-592S, 2003.

88. Kilding, AE, Tunstall, H, Wraith, E, Good, M, Gammon, C, and Smith, C. Sweat rate and sweat electrolyte composition in international female soccer players during game specific training. *Int J Sports Med* 30:443-447, 2009.

89. Kim, SK, Kang, HS, Kim, CS, and Kim, YT. The prevalence of anemia and iron depletion in the population aged 10 years or older. *Korean J Hematol* 46:196-199, 2011.

90. Kirwan, JP, Barkoukis, H, Brooks, LM, Marchetti, CM, Stetzer, BP, and Gonzalez, F. Exercise training and dietary glycemic load may have synergistic effects on insulin resistance in older obese adults. *Ann Nutr Metab* 55:326-333, 2009.

91. Krieger, JW, Sitren, HS, Daniels, MJ, and Langkamp-Henken, B. Effects of variation in protein and carbohydrate intake on body mass and composition during energy restriction: A meta-regression. *Am J Clin Nutr* 83:260-274, 2006.

92. Kurnik, D, Loebstein, R, Rabinovitz, H, Austerweil, N, Halkin, H, and Almog, S. Over-the-counter vitamin K1-containing multivitamin supplements disrupt warfarin anticoagulation in vitamin K1-depleted patients. A prospective, controlled trial. *Thromb Haemost* 92:1018-1024, 2004.

93. Layman, DK. Dietary Guidelines should reflect new understandings about adult protein needs. *Nutr Metab* 6:12, 2009.

94. Layman, DK, Clifton, P, Gannon, MC, Krauss, RM, and Nuttall, FQ. Protein in optimal health: Heart disease and type 2 diabetes. *Am J Clin Nutr* 87:1571S-1575S, 2008.

95. Lemon, PW, and Mullin, JP. Effect of initial muscle glycogen levels on protein catabolism during exercise. *J Appl Physiol* 48:624-629, 1980.

96. Lemon, PW, Tarnopolsky, MA, MacDougall, JD, and Atkinson, SA. Protein requirements and muscle mass/strength changes during intensive training in novice bodybuilders. *J Appl Physiol* 73:767-775, 1992.

97. Levenhagen, DK, Gresham, JD, Carlson, MG, Maron, DJ, Borel, MJ, and Flakoll, PJ. Postexercise nutrient intake timing in humans is critical to recovery of leg glucose and protein homeostasis. *Am J Physiol* 280:E982-E993, 2001.

98. Levine, E, Abbatangelo-Gray, J, Mobley, AR, McLaughlin, GR, and Herzog, J. Evaluating MyPlate: An expanded framework using traditional and nontraditional metrics for assessing health communication campaigns. *J Nutr Educ Behav* 44:S2-S12, 2012.

99. Liu, S, Willett, WC, Stampfer, MJ, Hu, FB, Franz, M, Sampson, L, Hennekens, CH, and Manson, JE. A prospective study of dietary glycemic load, carbohydrate intake, and risk of coronary heart disease in US women. *Am J Clin Nutr* 71:1455-1461, 2000.

100. Ludwig, DS. Dietary glycemic index and obesity. *J Nutr* 130:280S-283S, 2000.

101. Luhovyy, BL, Akhavan, T, and Anderson, GH. Whey proteins in the regulation of food intake and satiety. *J Am Coll Nutr* 26:704S-712S, 2007.

102. Malczewska, J, Raczynski, G, and Stupnicki, R. Iron status in female endurance athletes and in non-athletes. *Int J Sport Nutr Exerc Metab* 10:260-276, 2000.

103. Manoguerra, AS, Erdman, AR, Booze, LL, Christianson, G, Wax, PM, Scharman, EJ, Woolf, AD, Chyka, PA, Keyes, DC, Olson, KR, Caravati, EM, and Troutman, WG. Iron ingestion: An evidence-based consensus guideline for out-of-hospital management. *Clin Toxicol*

104. Marlett, JA, Hosig, KB, Vollendorf, NW, Shinnick, FL, Haack, VS, and Story, JA. Mechanism of serum cholesterol reduction by oat bran. *Hepatology* 20:1450-1457, 1994.

105. Martin, WF, Armstrong, LE, and Rodriguez, NR. Dietary protein intake and renal function. *Nutr Metab* 2:25, 2005.

106. Martini, WZ, Chinkes, DL, and Wolfe, RR. The intracellular free amino acid pool represents tracer precursor enrichment for calculation of protein synthesis in cultured fibroblasts and myocytes. *J Nutr* 134:1546-1550, 2004.

107. Mattar, M, and Obeid, O. Fish oil and the management of hypertriglyceridemia. *Nutr Health* 20:41-49, 2009.

108. Maughan, RJ, and Leiper, JB. Sodium intake and post-exercise rehydration in man. *Eur J Appl Physiol Occup Physiol* 71:311-319, 1995.

109. Maughan, RJ, Watson, P, and Shirreffs, SM. Heat and cold: What does the environment do to the marathon runner? *Sports Med* 37:396-399, 2007.

110. Millward, DJ, Layman, DK, Tome, D, and Schaafsma, G. Protein quality assessment: Impact of expanding understanding of protein and amino acid needs for optimal health. *Am J Clin Nutr* 87:1576S-1581S, 2008.

111. Monsen, ER. Iron nutrition and absorption: Dietary factors which impact iron bioavailability. *J Am Diet Assoc* 88:786-790, 1988.

112. Montain, SJ, and Coyle, EF. Influence of graded dehydration on hyperthermia and cardiovascular drift during exercise. *J Appl Physiol* 73:1340-1350, 1992.

113. Mori, TA. Omega-3 fatty acids and hypertension in humans. *Clin Exp Pharmacol Physiol* 33:842-846, 2006.

114. Moshfegh, AJ, Goldman, JA, Jaspreet, A, Rhodes, D, and LaComb, R. *What We Eat in America: NHANES 2005-2006: Usual Nutrient Intakes From Food and Water Compared to 1997 Dietary Reference Intakes for Vitamin D, Calcium, Phosphorus, and Magnesium.* U.S. Department of Agriculture, Agricultural Research Service, 6-16, 2009.

115. Murphy, SP. Using DRIs for dietary assessment. *Asia Pac J Clin Nutr* 17 (Suppl):299-301, 2008.

116. Musunuru, K. Atherogenic dyslipidemia: Cardiovascular risk and dietary intervention. *Lipids* 45:907-914, 2010.

117. Nadel, ER. Control of sweating rate while exercising in the heat. *Med Sci Sports* 11:31-35, 1979.

118. Naghii, MR, and Fouladi, AI. Correct assessment of iron depletion and iron deficiency anemia. *Nutr Health* 18:133-139, 2006.

119. Neale, RJ, and Waterlow, JC. The metabolism of 14C-labelled essential amino acids given by intragastric or intravenous infusion to rats on normal and protein-free diets. *Br J Nutr* 32:11-25, 1974.

120. Osterberg, KL, Horswill, CA, and Baker, LB. Pregame urine specific gravity and fluid intake by National Basketball Association players during competition. *J Athl Train* 44:53-57, 2009.

121. Paddon-Jones, D, Short, KR, Campbell, WW, Volpi, E, and Wolfe, RR. Role of dietary protein in the sarcopenia of aging. *Am J Clin Nutr* 87:1562S-1566S, 2008.

122. Paddon-Jones, D, Westman, E, Mattes, RD, Wolfe, RR, Astrup, A, and Westererp-Plantenga, M. Protein, weight management, and satiety. *Am J Clin Nutr* 87:1558S-1561S, 2008.

123. Parr, EB, Camera, DM, Areta, JL, Burke, LM, Phillips, SM, Hawley, JA, and Coffey, VG. Alcohol ingestion impairs maximal post-exercise rates of myofibrillar protein synthesis following a single bout of concurrent training. *PLoS One* 9:e88384, 2014.

124. Pastori, D, Carnevale, R, Cangemi, R, Saliola, M, Nocella, C, Bartimoccia, S, Vicario, T, Farcomeni, A, Violi, F, and Pignatelli, P. Vitamin E serum levels and bleeding risk in patients receiving oral anticoagulant therapy: A retrospective cohort study. *J Am Heart Assoc* 2:e000364, 2013.

125. Pejic, RN, and Lee, DT. Hypertriglyceridemia. *J Am Board Fam Med* 19:310-316, 2006.

126. Pendergast, DR, Horvath, PJ, Leddy, JJ, and Venkatraman, JT. The role of dietary fat on performance, metabolism, and health. *Am J Sports Med* 24:S53-S58, 1996.

127. Phillips, SM. A brief review of critical processes in exercise-induced muscular hypertrophy. *Sports Med* 44 (Suppl):71-77, 2014.

128. Phillips, SM, Moore, DR, and Tang, JE. A critical examination of dietary protein requirements, benefits, and excesses in athletes. *Int J Sport Nutr Exerc Metab* 17 (Suppl):S58-S76, 2007.

129. Pitsiladis, YP, Duignan, C, and Maughan, RJ. Effects of alterations in dietary carbohydrate intake on running performance during a 10 km treadmill time trial. *Br J Sports Med* 30:226-231, 1996.

130. Plourde, M, and Cunnane, SC. Extremely limited synthesis of long chain polyunsaturates in adults: Implications for their dietary essentiality and use as supplements. *Appl Physiol Nutr Metab* 32:619-634, 2007.

131. Poole, C, Wilborn, C, Taylor, L, and Kerksick, C. The role of postexercise nutrient administration on muscle protein synthesis and glycogen synthesis. *J Sport Sci Med* 9:354-363, 2010.

132. Poortmans, JR, and Dellalieux, O. Do regular high protein diets have potential health risks on kidney function in athletes? *Int J Sport Nutr Exerc Metab* 10:28-38, 2000.

133. Popowski, LA, Oppliger, RA, Patrick Lambert, G, Johnson, RF, Kim Johnson, A, and Gisolf, CV. Blood and urinary measures of hydration status during progressive acute dehydration. *Med Sci Sports Exerc* 33:747-753, 2001.

134. Raben, A, Agerholm-Larsen, L, Flint, A, Holst, JJ, and Astrup, A. Meals with similar energy densities but rich in protein, fat, carbohydrate, or alcohol have different effects on energy expenditure and substrate metabolism but not on appetite and energy intake. *Am J Clin Nutr* 77:91-100, 2003.

135. Ramnani, P, Gaudier, E, Bingham, M, van Bruggen, P, Tuohy, KM, and Gibson, GR. Prebiotic effect of fruit and vegetable shots containing Jerusalem artichoke inulin: A human intervention study. *Br J Nutr* 104:233-240, 2010.

136. Reimers, KJ. Evaluating a healthy, high performance diet. *Strength Cond* 16:28-30, 1994.

137. Risser, WL, Lee, EJ, Poindexter, HB, West, MS, Pivarnik, JM, Risser, JM, and Hickson, JF. Iron deficiency in female athletes: Its prevalence and impact on performance. *Med Sci Sports Exerc* 20:116-121, 1988.

138. Rivera-Brown, AM, Ramirez-Marrero, FA, Wilk, B, and Bar-Or, O. Voluntary drinking and hydration in trained, heat-acclimatized girls exercising in a hot and humid climate. *Eur J Appl Physiol* 103:109-116, 2008.

139. Robins, AL, Davies, DM, and Jones, GE. The effect of nutritional manipulation on ultra-endurance performance: A case study. *Res Sports Med* 13:199-215, 2005.

140. Romijn, JA, Coyle, EF, Sidossis, LS, Gastaldelli, A, Horowitz, JF, Endert, E, and Wolfe, RR. Regulation of endogenous fat and carbohydrate metabolism in relation to exercise intensity and duration. *Am J Physiol* 265:E380-E391, 1993.

141. Ross, AC. *Modern Nutrition in Health and Disease.* Philadelphia: Wolters Kluwer Health/Lippincott Williams & Wilkins, 17-18, 2014.

142. Ross, AC, and Institute of Medicine (U.S.). Committee to Review Dietary Reference Intakes for Vitamin D and Calcium. *Dietary Reference Intakes: Calcium, Vitamin D.* Washington, DC: National Academies Press, 1-512, 2011.

143. Rowlands, DS, and Hopkins, WG. Effects of high-fat and high-carbohydrate diets on metabolism and performance in cycling. *Metabolism* 51:678-690, 2002.

144. Ryan, MF. The role of magnesium in clinical biochemistry: An overview. *Ann Clin Biochem* 28:19-26, 1991.

145. Saunders, MJ, Kane, MD, and Todd, MK. Effects of a carbohydrate-protein beverage on cycling endurance and muscle damage. *Med Sci Sports Exerc* 36:1233-1238, 2004.

146. Sawka, MN, Burke, LM, Eichner, ER, Maughan, RJ, Montain, SJ, and Stachenfeld, NS. American College of Sports Medicine position stand. Exercise and fluid replacement. *Med Sci Sports Exerc* 39:377-390, 2007.

147. Sawka, MN, and Coyle, EF. Influence of body water and blood volume on thermoregulation and exercise performance in the heat. *Exerc Sport Sci Rev* 27:167-218, 1999.

148. Sawka, MN, Latzka, WA, Matott, RP, and Montain, SJ. Hydration effects on temperature regulation. *Int J Sports Med* 19 (Suppl):S108-S110, 1998.

149. Schoffstall, JE, Branch, JD, Leutholtz, BC, and Swain, DE. Effects of dehydration and rehydration on the one-repetition maximum bench press of weight-trained males. *J Strength Cond Res* 15:102-108, 2001.

150. Schrauwen-Hinderling, VB, Hesselink, MK, Schrauwen, P, and Kooi, ME. Intramyocellular lipid content in human skeletal muscle. *Obesity* 14:357-367, 2006.

151. Schurch, MA, Rizzoli, R, Slosman, D, Vadas, L, Vergnaud, P, and Bonjour, JP. Protein supplements increase serum insulin-like growth factor-I levels and attenuate proximal femur bone loss in patients with recent hip fracture. A randomized, double-blind, placebo-controlled trial. *Ann Int Med* 128:801-809, 1998.

152. Schwingshackl, L, and Hoffmann, G. Long-term effects of low glycemic index/load vs. high glycemic index/load diets on parameters of obesity and obesity-associated risks: A systematic review and meta-analysis. *Nutr Metab Cardiovasc Dis* 23:699-706, 2013.

153. Sherman, WM, Doyle, JA, Lamb, DR, and Strauss, RH. Dietary carbohydrate, muscle glycogen, and exercise performance during 7 d of training. *Am J Clin Nutr* 57:27-31, 1993.

154. Shils, ME, and Shike, M. *Modern Nutrition in Health and Disease.* Philadelphia: Lippincott Williams & Wilkins, 141-156, 2006.

155. Shirreffs, SM, and Maughan, RJ. Volume repletion after exercise-induced volume depletion in humans: Replacement of water and sodium losses. *Am J Physiol* 274:F868-F875, 1998.

156. Shirreffs, SM, Taylor, AJ, Leiper, JB, and Maughan, RJ. Post-exercise rehydration in man: Effects of volume consumed and drink sodium content. *Med Sci Sports Exerc* 28:1260-1271, 1996.

157. Siraki, AG, Deterding, LJ, Bonini, MG, Jiang, J, Ehrenshaft, M, Tomer, KB, and Mason, RP. Procainamide, but not N-acetylprocainamide, induces protein free radical formation on myeloperoxidase: A potential mechanism of agranulocytosis. *Chem Res Toxicol* 21:1143-1153, 2008.

158. Smith, MF, Newell, AJ, and Baker, MR. Effect of acute mild dehydration on cognitive-motor performance in golf. *J Strength Cond Res* 26:3075-3080, 2012.

159. Soetan, KO, and Oyewole, OE. The need for adequate processing to reduce the antinutritional factors in plants used as human foods and animal feeds: A review. *Afr J Food Sci* 3:223-232, 2009.

160. Sparks, MJ, Selig, SS, and Febbraio, MA. Pre-exercise carbohydrate ingestion: Effect of the glycemic index on endurance exercise performance. *Med Sci Sports Exerc* 30:844-849, 1998.

161. Stoltzfus, R. Defining iron-deficiency anemia in public health terms: A time for reflection. *J Nutr* 131:565S-567S, 2001.

162. Stone, NJ, Robinson, JG, Lichtenstein, AH, Bairey Merz, CN, Blum, CB, Eckel, RH, Goldberg, AC, Gordon, D, Levy, D, Lloyd-Jones, DM, McBride, P, Schwartz, JS, Shero, ST, Smith, SC, Jr., Watson, K, and Wilson, PW. Guideline on the treatment of blood cholesterol to reduce atherosclerotic cardiovascular risk in adults: A report of the American College of Cardiology/American Heart Association Task Force on Practice Guidelines. *J Am Coll Cardiol* 63:2889-2934, 2014.

163. Sugiura, K, and Kobayashi, K. Effect of carbohydrate ingestion on sprint performance following continuous and intermittent exercise. *Med Sci Sports Exerc* 30:1624-1630, 1998.

164. Tapiero, H, Gate, L, and Tew, KD. Iron: Deficiencies and requirements. *Biomed Pharmacother* 55:324-332, 2001.

165. Tarnopolsky, M. Protein requirements for endurance athletes. *Nutrition* 20:662-668, 2004.

166. Taylor, R, Magnusson, I, Rothman, DL, Cline, GW, Caumo, A, Cobelli, C, and Shulman, GI. Direct assessment of liver glycogen storage by 13C nuclear magnetic resonance spectroscopy and regulation of glucose homeostasis after a mixed meal in normal subjects. *J Clin Invest* 97:126-132, 1996.

167. Thomas, DE, Brotherhood, JR, and Brand, JC. Carbohydrate feeding before exercise: Effect of glycemic index. *Int J Sports Med* 12:180-186, 1991.

168. Tripette, J, Loko, G, Samb, A, Gogh, BD, Sewade, E, Seck, D, Hue, O, Romana, M, Diop, S, Diaw, M, Brudey, K, Bogui, P, Cisse, F, Hardy-Dessources, MD, and Connes, P. Effects of hydration and dehydration on blood rheology in sickle cell trait carriers during exercise. *Am J Physiol* 299:H908-H914, 2010.

169. Trumbo, P, Schlicker, S, Yates, AA, and Poos, M. Dietary reference intakes for energy, carbohydrate, fiber, fat, fatty acids, cholesterol, protein and amino acids. *J Am Diet Assoc* 102:1621-1630, 2002.

170. Tsuji, T, Fukuwatari, T, Sasaki, S, and Shibata, K. Twenty-four-hour urinary water-soluble vitamin levels correlate with their intakes in free-living Japanese schoolchildren. *Public Health Nutr* 14:327-333, 2011.

171. U.S. Department of Agriculture. http://choosemyplate.gov/food-groups/oils.html.

172. U.S. Department of Agriculture, Agricultural Research Service. *Nutrient Intakes From Food: Mean Amounts and Percentages of Calories From Protein, Carbohydrate, Fat, and Alcohol, One Day, 2005-2006.* www.ars.usda.gov/ba/bhnrc/fsrg, 2008. Accessed February 15, 2015.

173. U.S. Department of Agriculture, Agricultural Research Service. *Nutrient Intakes From Food: Mean Amounts Consumed per Individual, by Gender and Age. What We Eat in America, NHANES 2009-2010,* 2012.

174. U.S. Department of Agriculture, Agricultural Research Service. *Report of the Dietary Guidelines Advisory Committee on the Dietary Guidelines for Americans, 2010.* Washington, DC: U.S. Department of Agriculture, 2010.

175. U.S. Department of Agriculture, Agricultural Research Service. *USDA National Nutrient Database for Standard Reference, Release 27.* Washington, DC: U.S. Department of Agriculture, 2014.

176. U.S. Department of Health and Human Services. *Scientific Report of the 2015 Dietary Guidelines Advisory Committee.* Washington, DC: U.S. Department of Health and Human Services, 2015.

177. Valko, M, Rhodes, CJ, Moncol, J, Izakovic, M, and Mazur, M. Free radicals, metals and antioxidants in oxidative stress-induced cancer. *Chem Biol Interact* 160:1-40, 2006.

178. Volpe, SL, Poule, KA, and Bland, EG. Estimation of prepractice hydration status of National Collegiate Athletic Association Division I athletes. *J Athl Train* 44:624-629, 2009.

179. Wallace, KL, Curry, SC, LoVecchio, F, and Raschke, RA. Effect of magnesium hydroxide on iron absorption after ferrous sulfate. *Ann Emerg Med* 34:685-687, 1999.

180. Wee, SL, Williams, C, Gray, S, and Horabin, J. Influence of high and low glycemic index meals on endurance running capacity. *Med Sci Sports Exerc* 31:393-399, 1999.

181. Wenos, DL, and Amato, HK. Weight cycling alters muscular strength and endurance, ratings of perceived exertion, and total body water in college wrestlers. *Percept Mot Skills* 87:975-978, 1998.

182. Wilk, B, and Bar-Or, O. Effect of drink flavor and NaCl on voluntary drinking and hydration in boys exercising in the heat. *J Appl Physiol* 80:1112-1117, 1996.

183. World Health Organization. Worldwide prevalence of anaemia 1993-2005. WHO Global Database on Anaemia. www.who.int/vmnis/database/anaemia/en. Accessed February 15, 2015.

184. Young, VR, and Pellett, PL. Plant proteins in relation to human protein and amino acid nutrition. *Am J Clin Nutr* 59:1203S-1212S, 1994.

185. Zawila, LG, Steib, CS, and Hoogenboom, B. The female collegiate cross-country runner: Nutritional knowledge and attitudes. *J Athl Train* 38:67-74, 2003.

CHAPTER 10 Nutritional Strategies to Maximize Performance

1. Acheson, KJ, Schutz, Y, Bessard, T, Anantharaman, K, Flatt, JP, and Jequier, E. Glycogen storage capacity and de novo lipogenesis during massive carbohydrate overfeeding in man. *Am J Clin Nutr* 48:240-247, 1988.

2. Ainsworth, BE, Haskell, WL, Herrmann, SD, Meckes, N, Bassett, DR, Jr., Tudor-Locke, C, Greer, JL, Vezina, J, Whitt-Glover, MC, and Leon, AS. 2011 Compendium of Physical Activities: A second update of codes and MET values. *Med Sci Sports Exerc* 43:1575-1581, 2011.

3. Ali, A, and Williams, C. Carbohydrate ingestion and soccer skill performance during prolonged intermittent exercise. *J Sports Sci* 27:1499-1508, 2009.

4. American Academy of Pediatrics. Climatic heat stress and the exercising child and adolescent. *Pediatrics* 106:158-159, 2000.

5. American College of Sports Medicine, American Dietetic Association, and Dietitians of Canada. Joint position statement: Nutrition and athletic performance. *Med Sci Sports Exerc* 41:709-731, 2009.

6. American Psychiatric Association, DSM-5 Task Force. *Diagnostic and Statistical Manual of Mental Disorders.* Washington, DC: American Psychiatric Association, 329-354, 2013.

7. Andrews, JL, Sedlock, DA, Flynn, MG, Navalta, JW, and Ji, H. Carbohydrate loading and supplementation in endurance-trained women runners. *J Appl Physiol* 95:584-590, 2003.

8. Aragon, AA, and Schoenfeld, BJ. Nutrient timing revisited: Is there a post-exercise anabolic window? *J Int Soc Sports Nut* 10:5, 2013.

9. Asp, S, Rohde, T, and Richter, EA. Impaired muscle glycogen resynthesis after a marathon is not caused by decreased muscle GLUT-4 content. *J Appl Physiol* 83:1482-1485, 1997.

10. Balsom, PD, Gaitanos, GC, Soderlund, K, and Ekblom, B. High-intensity exercise and muscle glycogen availability in humans. *Acta Physiol Scand* 165:337-345, 1999.

11. Bangsbo, J, Norregaard, L, and Thorsoe, F. The effect of carbohydrate diet on intermittent exercise performance. *Int J Sports Med* 13:152-157, 1992.

12. Bennett, CB, Chilibeck, PD, Barss, T, Vatanparast, H, Vandenberg, A, and Zello, GA. Metabolism and performance during extended high-intensity intermittent exercise after consumption of low- and high-glycaemic index pre-exercise meals. *Br J Nutr* 108 (Suppl):S81-S90, 2012.

13. Bergeron, M, Devore, C, and Rice, S. Climatic heat stress and exercising children and adolescents. *Pediatrics* 128:e741-e747, 2011.

14. Biolo, G, Maggi, SP, Williams, BD, Tipton, KD, and Wolfe, RR. Increased rates of muscle protein turnover and amino acid transport after resistance exercise in humans. *Am J Physiol* 268:E514-E520, 1995.

15. Boisseau, N, and Delamarche, P. Metabolic and hormonal responses to exercise in children and adolescents. *Sports Med* 30:405-422, 2000.

16. Borsheim, E, Cree, MG, Tipton, KD, Elliott, TA, Aarsland, A, and Wolfe, RR. Effect of carbohydrate intake on net muscle protein synthesis during recovery from resistance exercise. *J Appl Physiol* 96:674-678, 2004.

17. Bradley, U, Spence, M, Courtney, CH, McKinley, MC, Ennis, CN, McCance, DR, McEneny, J, Bell, PM, Young, IS, and Hunter, SJ. Low-fat versus low-carbohydrate weight reduction diets: Effects on weight loss, insulin resistance, and cardiovascular risk: A randomized control trial. *Diabetes* 58:2741-2748, 2009.

18. Breen, L, Philp, A, Witard, OC, Jackman, SR, Selby, A, Smith, K, Baar, K, and Tipton, KD. The influence of carbohydrate-protein co-ingestion following endurance exercise on myofibrillar and mitochondrial protein synthesis. *J Physiol* 589:4011-4025, 2011.

19. Burke, LM. Nutrition strategies for the marathon: Fuel for training and racing. *Sports Med* 37:344-347, 2007.

20. Burke, LM. Fueling strategies to optimize performance: Training high or training low? *Scand J Med Sci Sports* 20 (Suppl):48-58, 2010.

21. Centers for Disease Control. Body Mass Index: Considerations for Practitioners. www.cdc.gov/obesity/downloads/BMIforPactitioners.pdf, 2010. Accessed February 6, 2015.

22. Cermak, NM, Res, PT, de Groot, LC, Saris, WH, and van Loon, LJ. Protein supplementation augments the adaptive response of skeletal muscle to resistance-type exercise training: A meta-analysis. *Am J Clin Nutr* 96:1454-1464, 2012.

23. Chryssanthopoulos, C, and Williams, C. Pre-exercise carbohydrate meal and endurance running capacity when carbohydrates are ingested during exercise. *Int J Sports Med* 18:543-548, 1997.

24. Chryssanthopoulos, C, Williams, C, Nowitz, A, Kotsiopoulou, C, and Vleck, V. The effect of a high carbohydrate meal on endurance running capacity. *Int J Sport Nutr Exerc Metab* 12:157-171, 2002.

25. Coyle, EF. Timing and method of increased carbohydrate intake to cope with heavy training, competition and recovery. *J Sports Sci* 9:29-52, 1991.

26. Coyle, EF, Coggan, AR, Hemmert, MK, and Ivy, JL. Muscle glycogen utilization during prolonged strenuous exercise when fed carbohydrate. *J Appl Physiol* 61:165-172, 1986.

27. Coyle, EF, Coggan, AR, Hemmert, MK, Lowe, RC, and Walters, TJ. Substrate usage during prolonged exercise following a preexercise meal. *J Appl Physiol* 59:429-433, 1985.

28. Currell, K, and Jeukendrup, AE. Superior endurance performance with ingestion of multiple transportable carbohydrates. *Med Sci Sports Exerc* 40:275-281, 2008.

29. Fletcher, GO, Dawes, J, and Spano, M. The potential dangers of using rapid weight loss techniques. *Strength Cond J* 36:45-48, 2014.

30. Foster, GD, Wyatt, HR, Hill, JO, Makris, AP, Rosenbaum, DL, Brill, C, Stein, RI, Mohammed, BS, Miller, B, Rader, DJ, Zemel, B, Wadden, TA, Tenhave, T, Newcomb, CW, and Klein, S. Weight and metabolic outcomes after 2 years on a low-carbohydrate versus low-fat diet: A randomized trial. *Ann Int Med* 153:147-157, 2010.

31. Frost, E, Redman, L, and Bray, G. Effect of dietary protein intake on diet-induced thermogenesis during overfeeding [abstract]. The 32nd Annual Scientific Meeting of The Obesity Society, 2014. www.obesity.org/news-center/study-suggests-the-human-body-cannot-be-trained-to-maintain-a-higher-metabolism.htm.

32. Garby, L, Lammert, O, and Nielsen, E. Changes in energy expenditure of light physical activity during a 10 day period at 34 degrees C environmental temperature. *Eur J Clin Nutr* 44:241-244, 1990.

33. Garthe, I, Raastad, T, and Sundgot-Borgen, J. Long-term effect of nutritional counselling on desired gain in body mass and lean body mass in elite athletes. *Appl Physiol Nutr Metab* 36:547-554, 2011.

34. Gilson, SF, Saunders, MJ, Moran, CW, Moore, RW, Womack, CJ, and Todd, MK. Effects of chocolate milk consumption on markers of muscle recovery following soccer training: A randomized cross-over study. *J Int Soc Sports Nutr* 7:19, 2010.

35. Glynn, EL, Fry, CS, Drummond, MJ, Dreyer, HC, Dhanani, S, Volpi, E, and Rasmussen, BB. Muscle protein breakdown has a minor role in the protein anabolic response to essential amino acid and carbohydrate intake following resistance exercise. *Am J Physiol* 299:R533-R540, 2010.

36. Goh, Q, Boop, CA, Luden, ND, Smith, AG, Womack, CJ, and Saunders, MJ. Recovery from cycling exercise: Effects of carbohydrate and protein beverages. *Nutrients* 4:568-584, 2012.

37. Goltz, FR, Stenzel, LM, and Schneider, CD. Disordered eating behaviors and body image in male athletes. *Rev Bras Psiquiatr* 35:237-242, 2013.

38. Gomes, RV, Moreira, A, Coutts, AJ, Capitani, CD, and Aoki, MS. Effect of carbohydrate supplementation on the physiological and perceptual responses to prolonged tennis match play. *J Strength Cond Res* 28:735-741, 2014.

39. Haff, GG, Lehmkuhl, MJ, McCoy, LB, and Stone, MH. Carbohydrate supplementation and resistance training. *J Strength Cond Res* 17:187-196, 2003.

40. Hansen, M, Bangsbo, J, Jensen J, Bibby, BM, and Madsen, K. Effect of whey protein hydrolysate on performance and recovery of top-class orienteering runners. *Int J Sport Nutr Exerc Metab,* 2014. [e-pub ahead of print].

41. Harris, EC, and Barraclough, B. Excess mortality of mental disorder. *Br J Psychiatry* 173:11-53, 1998.

42. Harris, J, and Benedict, F. *A Biometric Study of Basal Metabolism in Man.* Washington, DC: Carnegie Institution, 370-373, 1919.

43. Harvie, M, Wright, C, Pegington, M, McMullan, D, Mitchell, E, Martin, B, Cutler, RG, Evans, G, Whiteside, S, Maudsley, S, Camandola, S, Wang, R, Carlson, OD, Egan, JM, Mattson, MP, and Howell,

A. The effect of intermittent energy and carbohydrate restriction v. daily energy restriction on weight loss and metabolic disease risk markers in overweight women. *Br J Nutr* 110:1534-1547, 2013.

44. Hatfield, DL, Kraemer, WJ, Volek, JS, Rubin, MR, Grebien, B, Gomez, AL, French, DN, Scheett, TP, Ratamess, NA, Sharman, MJ, McGuigan, MR, Newton, RU, and Hakkinen, K. The effects of carbohydrate loading on repetitive jump squat power performance. *J Strength Cond Res* 20:167-171, 2006.

45. Helge, JW, Watt, PW, Richter, EA, Rennie, MJ, and Kiens, B. Fat utilization during exercise: Adaptation to a fat-rich diet increases utilization of plasma fatty acids and very low density lipoprotein-triacylglycerol in humans. *J Physiol* 537:1009-1020, 2001.

46. Hession, M, Rolland, C, Kulkarni, U, Wise, A, and Broom, J. Systematic review of randomized controlled trials of low-carbohydrate vs. low-fat/low-calorie diets in the management of obesity and its comorbidities. *Obes Rev* 10:36-50, 2009.

47. Hill, RJ, and Davies, PS. The validity of self-reported energy intake as determined using the doubly labelled water technique. *Br J Nutr* 85:415-430, 2001.

48. Hoek, HW. Classification, epidemiology and treatment of DSM-5 feeding and eating disorders. *Curr Opin Psychiatry* 26:529-531, 2013.

49. Howarth, KR, Moreau, NA, Phillips, SM, and Gibala, MJ. Coingestion of protein with carbohydrate during recovery from endurance exercise stimulates skeletal muscle protein synthesis in humans. *J Appl Physiol* 106:1394-1402, 2009.

50. Hudson, JI, Hiripi, E, Pope, HG, Jr., and Kessler, RC. The prevalence and correlates of eating disorders in the National Comorbidity Survey Replication. *Biol Psychiatry* 61:348-358, 2007.

51. Institute of Medicine (U.S.). Panel on Dietary Reference Intakes for Electrolytes and Water. *Dietary Reference Intakes for Water, Potassium, Sodium, Chloride, and Sulfate.* Washington, DC: National Academies Press, 2005.

52. Institute of Medicine (U.S.). Panel on Macronutrients. *Dietary Reference Intakes for Energy, Carbohydrate, Fiber, Fat, Fatty Acids, Cholesterol, Protein, and Amino Acids.* Washington, DC: National Academies Press, 111-121, 2005.

53. Institute of Medicine (U.S.). Committee on Military Nutrition Research. *Fluid Replacement and Heat Stress.* Washington, DC: National Academy Press, 8, 1994.

54. Jacobs, I, Kaiser, P, and Tesch, P. Muscle strength and fatigue after selective glycogen depletion in human skeletal muscle fibers. *Eur J Appl Physiol Occup Physiol* 46:47-53, 1981.

55. Jacobs, I, Westlin, N, Karlsson, J, Rasmusson, M, and Houghton, B. Muscle glycogen and diet in elite soccer players. *Eur J Appl Physiol Occup Physiol* 48:297-302, 1982.

56. Jensen, J, Rustad, PI, Kolnes, AJ, and Lai, YC. The role of skeletal muscle glycogen breakdown for regulation of insulin sensitivity by exercise. *Front Physiol* 2:112, 2011.

57. Jentjens, R, and Jeukendrup, A. Determinants of post-exercise glycogen synthesis during short-term recovery. *Sports Med* 33:117-144, 2003.

58. Jentjens, RL, Achten, J, and Jeukendrup, AE. High oxidation rates from combined carbohydrates ingested during exercise. *Med Sci Sports Exerc* 36:1551-1558, 2004.

59. Jequier, E, and Schutz, Y. Long-term measurements of energy expenditure in humans using a respiration chamber. *Am J Clin Nutr* 38:989-998, 1983.

60. Jeukendrup, AE. Oral carbohydrate rinse: Placebo or beneficial? *Curr Sports Med Rep* 12:222-227, 2013.

61. Jeukendrup, AE, and Jentjens, R. Oxidation of carbohydrate feedings during prolonged exercise: Current thoughts, guidelines and directions for future research. *Sports Med* 29:407-424, 2000.

62. Jeukendrup, AE, Wagenmakers, AJ, Stegen, JH, Gijsen, AP, Brouns, F, and Saris, WH. Carbohydrate ingestion can completely suppress endogenous glucose production during exercise. *Am J Physiol* 276:E672-E683, 1999.

63. Joy, JM, Lowery, RP, Wilson, JM, Purpura, M, De Souza, EO, Wilson, SM, Kalman, DS, Dudeck, JE, and Jager, R. The effects of 8 weeks

of whey or rice protein supplementation on body composition and exercise performance. *Nutr J* 12:86, 2013.

64. Khan, Y, and Tisman, G. Pica in iron deficiency: A case series. *J Med Case Rep* 4:86, 2010.

65. Kovacs, MS. A review of fluid and hydration in competitive tennis. *Int J Sports Physiol Perform* 3:413-423, 2008.

66. Kreider, RB. Physiological considerations of ultraendurance performance. *Int J Sport Nutr* 1:3-27, 1991.

67. Kreitzman, SN, Coxon, AY, and Szaz, KF. Glycogen storage: Illusions of easy weight loss, excessive weight regain, and distortions in estimates of body composition. *Am J Clin Nutr* 56:292S-293S, 1992.

68. Krustrup, P, Mohr, M, Ellingsgaard, H, and Bangsbo, J. Physical demands during an elite female soccer game: Importance of training status. *Med Sci Sports Exerc* 37:1242-1248, 2005.

69. Kutz, MR, and Gunter, MJ. Creatine monohydrate supplementation on body weight and percent body fat. *J Strength Cond Res* 17:817-821, 2003.

70. Lambert, BS, Oliver, JM, Katts, GR, Green, JS, Martin, SE, and Crouse, SF. DEXA or BMI: Clinical considerations for evaluating obesity in collegiate division I-A American football athletes. *Clin J Sport Med* 22:436-438, 2012.

71. Lee, JD, Sterrett, LE, Guth, LM, Konopka, AR, and Mahon, AD. The effect of pre-exercise carbohydrate supplementation on anaerobic exercise performance in adolescent males. *Pediatr Exerc Sci* 23:344-354, 2011.

72. Lemon, PW, and Mullin, JP. Effect of initial muscle glycogen levels on protein catabolism during exercise. *J Appl Physiol* 48:624-629, 1980.

73. Levenhagen, DK, Gresham, JD, Carlson, MG, Maron, DJ, Borel, MJ, and Flakoll, PJ. Postexercise nutrient intake timing in humans is critical to recovery of leg glucose and protein homeostasis. *Am J Physiol* 280:E982-E993, 2001.

74. MacDougall, JD, Ray, S, Sale, DG, McCartney, N, Lee, P, and Garner, S. Muscle substrate utilization and lactate production. *Can J Appl Physiol* 24:209-215, 1999.

75. Maclean, WC, Jr., Placko, RP, and Graham, GC. Plasma free amino acids of children consuming a diet with uneven distribution of protein relative to energy. *J Nutr* 106:241-248, 1976.

76. Makris, A, and Foster, GD. Dietary approaches to the treatment of obesity. *Psychiatr Clin North Am* 34:813-827, 2011.

77. Mamerow, MM, Mettler, JA, English, KL, Casperson, SL, Arentson-Lantz, E, Sheffield-Moore, M, Layman, DK, and Paddon-Jones, D. Dietary protein distribution positively influences 24-h muscle protein synthesis in healthy adults. *J Nutr* 144:876-880, 2014.

78. Marmy-Conus, N, Fabris, S, Proietto, J, and Hargreaves, M. Preexercise glucose ingestion and glucose kinetics during exercise. *J Appl Physiol* 81:853-857, 1996.

79. Maughan, RJ, and Shirreffs, SM. Development of individual hydration strategies for athletes. *Int J Sport Nutr Exerc Metab* 18:457-472, 2008.

80. Millard-Stafford, M, Warren, GL, Thomas, LM, Doyle, JA, Snow, T, and Hitchcock, K. Recovery from run training: Efficacy of a carbohydrate-protein beverage? *Int J Sport Nutr Exerc Metab* 15:610-624, 2005.

81. Mitchell, CJ, Churchward-Venne, TA, Parise, G, Bellamy, L, Baker, SK, Smith, K, Atherton, PJ, and Phillips, SM. Acute post-exercise myofibrillar protein synthesis is not correlated with resistance training-induced muscle hypertrophy in young men. *PLoS One* 9:e89431, 2014.

82. Mitchell, JB, Costill, DL, Houmard, JA, Fink, WJ, Robergs, RA, and Davis, JA. Gastric emptying: Influence of prolonged exercise and carbohydrate concentration. *Med Sci Sports Exerc* 21:269-274, 1989.

83. Muller, MJ, Bosy-Westphal, A, Klaus, S, Kreymann, G, Luhrmann, PM, Neuhauser-Berthold, M, Noack, R, Pirke, KM, Platte, P, Selberg, O, and Steiniger, J. World Health Organization equations have shortcomings for predicting resting energy expenditure in persons from a modern, affluent population: Generation of a new reference standard

from a retrospective analysis of a German database of resting energy expenditure. *Am J Clin Nutr* 80:1379-1390, 2004.

84. Murphy, CH, Hector, AJ, and Phillips, SM. Considerations for protein intake in managing weight loss in athletes. *Eur J Sport Sci* 15:1-8, 2014.

85. Murray, R, Paul, GL, Seifert, JG, and Eddy, DE. Responses to varying rates of carbohydrate ingestion during exercise. *Med Sci Sports Exerc* 23:713-718, 1991.

86. National Heart, Lung, and Blood Institute. Clinical guidelines on the identification, evaluation, and treatment of overweight and obesity in adults. The evidence report. *Obes Res* 6:464, 1998.

87. National Institute of Mental Health. What are eating disorders? www. nimh.nih.gov/health/publications/eating-disorders-new-trifold/index. shtml, 2014. Accessed February 7, 2015.

88. Nelson, KM, Weinsier, RL, Long, CL, and Schutz, Y. Prediction of resting energy expenditure from fat-free mass and fat mass. *Am J Clin Nutr* 56:848-856, 1992.

89. Nicholas, CW, Green, PA, Hawkins, RD, and Williams, C. Carbohydrate intake and recovery of intermittent running capacity. *Int J Sport Nutr* 7:251-260, 1997.

90. Nieman, DC. Influence of carbohydrate on the immune response to intensive, prolonged exercise. *Exerc Immunol Rev* 4:64-76, 1998.

91. Norton, LE, Layman, DK, Bunpo, P, Anthony, TG, Brana, DV, and Garlick, PJ. The leucine content of a complete meal directs peak activation but not duration of skeletal muscle protein synthesis and mammalian target of rapamycin signaling in rats. *J Nutr* 139:1103-1109, 2009.

92. Ogden, CL, Carroll, MD, Kit, BK, and Flegal, KM. Prevalence of childhood and adult obesity in the United States, 2011-2012. *JAMA* 311:806-814, 2014.

93. Okano, G, Takeda, H, Morita, I, Katoh, M, Mu, Z, and Miyake, S. Effect of pre-exercise fructose ingestion on endurance performance in fed men. *Med Sci Sports Exerc* 20:105-109, 1988.

94. Oosthuyse, T, and Bosch, AN. The effect of the menstrual cycle on exercise metabolism: Implications for exercise performance in eumenorrhoeic women. *Sports Med* 40:207-227, 2010.

95. Ormsbee, MJ, Bach, CW, and Baur, DA. Pre-exercise nutrition: The role of macronutrients, modified starches and supplements on metabolism and endurance performance. *Nutrients* 6:1782-1808, 2014.

96. Ostojic, SM, and Mazic, S. Effects of a carbohydrate-electrolyte drink on specific soccer tests and performance. *J Sports Sci Med* 1:47-53, 2002.

97. Paddon-Jones, D, Sheffield-Moore, M, Zhang, XJ, Volpi, E, Wolf, SE, Aarsland, A, Ferrando, AA, and Wolfe, RR. Amino acid ingestion improves muscle protein synthesis in the young and elderly. *Am J Physiol* 286:E321-E328, 2004.

98. Parkin, JA, Carey, MF, Martin, IK, Stojanovska, L, and Febbraio, MA. Muscle glycogen storage following prolonged exercise: Effect of timing of ingestion of high glycemic index food. *Med Sci Sports Exerc* 29:220-224, 1997.

99. Pascoe, DD, Costill, DL, Fink, WJ, Robergs, RA, and Zachwieja, JJ. Glycogen resynthesis in skeletal muscle following resistive exercise. *Med Sci Sports Exerc* 25:349-354, 1993.

100. Paul, D, Jacobs, KA, Geor, RJ, and Hinchcliff, KW. No effect of pre-exercise meal on substrate metabolism and time trial performance during intense endurance exercise. *Int J Sport Nutr Exerc Metab* 13:489-503, 2003.

101. Perez-Schindler, J, Hamilton, DL, Moore, DR, Baar, K, and Philp, A. Nutritional strategies to support concurrent training. *Eur J Sport Sci,* 2014. [e-pub ahead of print].

102. Pettersson, S, Ekstrom, MP, and Berg, CM. Practices of weight regulation among elite athletes in combat sports: A matter of mental advantage? *J Athl Train* 48:99-108, 2013.

103. Phillips, SM. A brief review of critical processes in exercise-induced muscular hypertrophy. *Sports Med* 44 (Suppl):S71-S77, 2014.

104. Phillips, SM, Tipton, KD, Aarsland, A, Wolf, SE, and Wolfe, RR.

Mixed muscle protein synthesis and breakdown after resistance exercise in humans. *Am J Physiol* 273:E99-E107, 1997.

105. Pizza, FX, Flynn, MG, Duscha, BD, Holden, J, and Kubitz, ER. A carbohydrate loading regimen improves high intensity, short duration exercise performance. *Int J Sport Nutr* 5:110-116, 1995.

106. Rankin, JW. Weight loss and gain in athletes. *Curr Sports Med Rep* 1:208-213, 2002.

107. Ravussin, E, Burnand, B, Schutz, Y, and Jequier, E. Twenty-four-hour energy expenditure and resting metabolic rate in obese, moderately obese, and control subjects. *Am J Clin Nutr* 35:566-573, 1982.

108. Ravussin, E, Lillioja, S, Anderson, TE, Christin, L, and Bogardus, C. Determinants of 24-hour energy expenditure in man. Methods and results using a respiratory chamber. *J Clin Invest* 78:1568-1578, 1986.

109. Rico-Sanz, J, Zehnder, M, Buchli, R, Dambach, M, and Boutellier, U. Muscle glycogen degradation during simulation of a fatiguing soccer match in elite soccer players examined noninvasively by 13C-MRS. *Med Sci Sports Exerc* 31:1587-1593, 1999.

110. Rowlands, DS, Nelson, AR, Phillips, SM, Faulkner, JA, Clarke, J, Burd, NA, Moore, D, and Stellingwerff, T. Protein-leucine fed dose effects on muscle protein synthesis after endurance exercise. *Med Sci Sports Exerc,* 2014. [e-pub ahead of print].

111. Saunders, MJ, Luden, ND, and Herrick, JE. Consumption of an oral carbohydrate-protein gel improves cycling endurance and prevents postexercise muscle damage. *J Strength Cond Res* 21:678-684, 2007.

112. Sawka, MN, Burke, LM, Eichner, ER, Maughan, RJ, Montain, SJ, and Stachenfeld, NS. American College of Sports Medicine position stand: Exercise and fluid replacement. *Med Sci Sports Exerc* 39:377-390, 2007.

113. Schabort, EJ, Bosch, AN, Weltan, SM, and Noakes, TD. The effect of a preexercise meal on time to fatigue during prolonged cycling exercise. *Med Sci Sports Exerc* 31:464-471, 1999.

114. Schoeller, DA. Limitations in the assessment of dietary energy intake by self-report. *Metabolism* 44:18-22, 1995.

115. Schoenfeld, BJ, Aragon, AA, and Krieger, JW. The effect of protein timing on muscle strength and hypertrophy: A meta-analysis. *J Int Soc Sports Nutr* 10:53, 2013.

116. Shepherd, SJ, and Gibson, PR. Fructose malabsorption and symptoms of irritable bowel syndrome: Guidelines for effective dietary management. *J Am Diet Assoc* 106:1631-1639, 2006.

117. Sherman, WM, Costill, DL, Fink, WJ, Hagerman, FC, Armstrong, LE, and Murray, TF. Effect of a 42.2-km footrace and subsequent rest or exercise on muscle glycogen and enzymes. *J Appl Physiol* 55:1219-1224, 1983.

118. Shirreffs, SM, and Maughan, RJ. Volume repletion after exercise-induced volume depletion in humans: Replacement of water and sodium losses. *Am J Physiol* 274:F868-F875, 1998.

119. Skoog, SM, and Bharucha, AE. Dietary fructose and gastrointestinal symptoms: A review. *Am J Gastroenterol* 99:2046-2050, 2004.

120. Stearns, RL, Emmanuel, H, Volek, JS, and Casa, DJ. Effects of ingesting protein in combination with carbohydrate during exercise on endurance performance: A systematic review with meta-analysis. *J Strength Cond Res* 24:2192-2202, 2010.

121. Sundgot-Borgen, J, and Torstveit, MK. Prevalence of eating disorders in elite athletes is higher than in the general population. *Clin J Sport Med* 14:25-32, 2004.

122. Tarnopolsky, M, Bosman, M, Macdonald, J, Vandeputte, D, Martin, J, and Roy, B. Postexercise protein-carbohydrate and carbohydrate supplements increase muscle glycogen in men and women. *J Appl Physiol* 83:1877-1883, 1997.

123. Tarnopolsky, MA, Atkinson, SA, Phillips, SM, and MacDougall, JD. Carbohydrate loading and metabolism during exercise in men and women. *J Appl Physiol* 78:1360-1368, 1995.

124. Tarnopolsky, MA, Gibala, M, Jeukendrup, AE, and Phillips, SM. Nutritional needs of elite endurance athletes. Part I: Carbohydrate and fluid requirements. *Eur J Sport Sci* 5:3-14, 2005.

125. Tarnopolsky, MA, Zawada, C, Richmond, LB, Carter, S, Shearer,

J, Graham, T, and Phillips, SM. Gender differences in carbohydrate loading are related to energy intake. *J Appl Physiol* 91:225-230, 2001.

126. Thompson, J, and Manore, MM. Predicted and measured resting metabolic rate of male and female endurance athletes. *J Am Diet Assoc* 96:30-34, 1996.

127. Tipton, KD, Ferrando, AA, Phillips, SM, Doyle, D, Jr., and Wolfe, RR. Postexercise net protein synthesis in human muscle from orally administered amino acids. *Am J Physiol* 276:E628-E634, 1999.

128. Triplett, D, Doyle, JA, Rupp, JC, and Benardot, D. An isocaloric glucose-fructose beverage's effect on simulated 100-km cycling performance compared with a glucose-only beverage. *Int J Sport Nutr Exerc Metab* 20:122-131, 2010.

129. U.S. Department of Agriculture, Agricultural Research Service. *National Nutrient Database for Standard Reference, Release 26*, 2013. http://ndb.nal.usda.gov/ndb/search. Accessed February 15, 2015.

130. U.S. Department of Agriculture, Human Nutrition Information Service. *Report of the Dietary Guidelines Advisory Committee on the Dietary Guidelines for Americans, 2010*. Washington, DC: U.S. Department of Agriculture, 40-41, 2010.

131. U.S. Food and Drug Administration. Part 180—Food additives permitted in food or in contact with food on an interim basis pending additional study. Subpart B—Specific requreiments for certain food additives. www.accessdata.fda.gov/scripts/cdrh/cfdocs/cfcfr/CFRSearch.cfm?fr=180.30, 2014. Accessed February 7, 2015.

132. Vergauwen, L, Brouns, F, and Hespel, P. Carbohydrate supplementation improves stroke performance in tennis. *Med Sci Sports Exerc* 30:1289-1295, 1998.

133. Walker, JL, Heigenhauser, GJ, Hultman, E, and Spriet, LL. Dietary carbohydrate, muscle glycogen content, and endurance performance in well-trained women. *J Appl Physiol* 88:2151-2158, 2000.

134. Warhol, MJ, Siegel, AJ, Evans, WJ, and Silverman, LM. Skeletal muscle injury and repair in marathon runners after competition. *Am J Pathol* 118:331-339, 1985.

135. Weinheimer, EM, Sands, LP, and Campbell, WW. A systematic review of the separate and combined effects of energy restriction and exercise on fat-free mass in middle-aged and older adults: Implications for sarcopenic obesity. *Nutr Rev* 68:375-388, 2010.

136. Welsh, RS, Davis, JM, Burke, JR, and Williams, HG. Carbohydrates and physical/mental performance during intermittent exercise to fatigue. *Med Sci Sports Exerc* 34:723-731, 2002.

137. Widrick, JJ, Costill, DL, Fink, WJ, Hickey, MS, McConell, GK, and Tanaka, H. Carbohydrate feedings and exercise performance: Effect of initial muscle glycogen concentration. *J Appl Physiol* 74:2998-3005, 1993.

138. Wilk, B, and Bar-Or, O. Effect of drink flavor and NaCl on voluntary drinking and hydration in boys exercising in the heat. *J Appl Physiol* 80:1112-1117, 1996.

139. Williams, C, Brewer, J, and Walker, M. The effect of a high carbohydrate diet on running performance during a 30-km treadmill time trial. *Eur J Appl Physiol Occup Physiol* 65:18-24, 1992.

140. Wilson, JM, Marin, PJ, Rhea, MR, Wilson, SM, Loenneke, JP, and Anderson, JC. Concurrent training: A meta-analysis examining interference of aerobic and resistance exercises. *J Strength Cond Res* 26:2293-2307, 2012.

141. Yamada, Y, Uchida, J, Izumi, H, Tsukamoto, Y, Inoue, G, Watanabe, Y, Irie, J, and Yamada, S. A non-calorie-restricted low-carbohydrate diet is effective as an alternative therapy for patients with type 2 diabetes. *Int Med* 53:13-19, 2014.

142. Zeederberg, C, Leach, L, Lambert, EV, Noakes, TD, Dennis, SC, and Hawley, JA. The effect of carbohydrate ingestion on the motor skill proficiency of soccer players. *Int J Sport Nutr* 6:348-355, 1996.

143. Zucker, NL, Womble, LG, Williamson, DA, and Perrin, LA. Protective factors for eating disorders in female college athletes. *Eat Disord* 7:207-218, 2007.

CHAPTER 11 Performance-Enhancing Substances and Methods

1. Abrahamsen, B, Nielsen, TL, Hangaard, J, Gregersen, G, Vahl, N, Korsholm, L, Hansen, TB, Andersen, M, and Hagen, C. Dose-, IGF-I- and sex-dependent changes in lipid profile and body composition during GH replacement therapy in adult onset GH deficiency. *Eur J Endocrinol* 150:671-679, 2004.

2. Alén, M, and Häkkinen, K. Physical health and fitness of an elite bodybuilder during 1 year of self-administration of testosterone and anabolic steroids: A case study. *Int J Sports Med* 6:24-29, 1985.

3. Alén, M, Häkkinen, K, and Komi, PV. Changes in neuromuscular performance and muscle fiber characteristics of elite power athletes self-administering androgenic and anabolic steroids. *Acta Physiol Scand* 122:535-544, 1984.

4. Alford, C, Cox, H, and Wescott, R. The effects of red bull energy drink on human performance and mood. *Amino Acids* 21:139-150, 2001.

5. Alvares, TS, Conte-Junior, CA, Silva, JT, and Paschoalin, VM. Acute L-arginine supplementation does not increase nitric oxide production in healthy subjects. *Nutr Metab* 9:54, 2012.

6. Anderson, RL, Wilmore, JH, Joyner, MJ, Freund, BJ, Hartzell, AA, Todd, CA, and Ewy, GA. Effects of cardioselective and nonselective beta-adrenergic blockade on the performance of highly trained runners. *Am J Cardiol* 55:149D-154D, 1985.

7. Antal, LC, and Good, CS. Effects of oxprenolol on pistol shooting under stress. *Practitioner* 224:755-760, 1980.

8. Arenas, J, Ricoy, JR, Encinas, AR, Pola, P, D'Iddio, S, Zeviani, M, Didonato, S, and Corsi, M. Carnitine in muscle, serum, and urine of nonprofessional athletes: Effects of physical exercise, training, and L-carnitine administration. *Muscle Nerve* 14:598-604, 1991.

9. Artioli, GG, Gualano, B, Smith, A, Stout, J, and Lancha, AH, Jr. Role of beta-alanine supplementation on muscle carnosine and exercise performance. *Med Sci Sports Exerc* 42:1162-1173, 2010.

10. Aschenbach, W, Ocel, J, Craft, L, Ward, C, Spangenburg, E, and Williams, J. Effect of oral sodium loading on high-intensity arm ergometry in college wrestlers. *Med Sci Sports Exerc* 32:669-675, 2000.

11. Astorino, TA, Matera, AJ, Basinger, J, Evans, M, Schurman, T, and Marquez, R. Effects of red bull energy drink on repeated sprint performance in women athletes. *Amino Acids* 42:1803-1808, 2012.

12. Astrup, A, Breum, L, Toubro, S, Hein, P, and Quaade, F. The effect and safety of an ephedrine/caffeine compound compared to ephedrine, caffeine and placebo in obese subjects on an energy restricted diet. A double blind trial. *Int J Obes Relat Metab Disord* 16:269-277, 1992.

13. Bacurau, RF, Navarro, F, Bassit, RA, Meneguello, MO, Santos, RV, Almeida, AL, and Costa Rosa, LF. Does exercise training interfere with the effects of L-carnitine supplementation? *Nutrition* 19:337-341, 2003.

14. Bahrke, MS, and Yesalis, CE. Abuse of anabolic androgenic steroids and related substances in sport and exercise. *Curr Opin Pharmacol* 4:614-620, 2004.

15. Ball, D, and Maughan, RJ. The effect of sodium citrate ingestion on the metabolic response to intense exercise following diet manipulation in man. *Exp Physiol* 82:1041-1056, 1997.

16. Barnett, C, Costill, DL, Vukovich, MD, Cole, KJ, Goodpaster, BH, Trappe, SW, and Fink, WJ. Effect of L-carnitine supplementation on muscle and blood carnitine content and lactate accumulation during high-intensity sprint cycling. *Int J Sport Nutr* 4:280-288, 1994.

17. Baumann, GP. Growth hormone doping in sports: A critical review of use and detection strategies. *Endocrinol Rev* 33:155-186, 2012.

18. Behre, H, and Nieschlag, E. Testosterone buciclate (20 Aet-1) in hypogonadal men: Pharmacokinetics and pharmacodynamics of the new long-acting androgen ester. *J Clin Endocrinol Metab* 75:1204-1210, 1992.

19. Bell, DG, and Jacobs, I. Combined caffeine and ephedrine ingestion improves run times of Canadian forces warrior test. *Aviat Space Environ Med* 70:325-329. 1999.

20. Bell, DG, Jacobs, I, McLellan, TM, and Zamecnik, J. Reducing the dose of combined caffeine and ephedrine preserves the ergogenic effect. *Aviat Space Environ Med* 71:415-419, 2000.

21. Bell, DG, Jacobs, I, and Zamecnik, J. Effects of caffeine, ephedrine and their combination on time to exhaustion during high-intensity exercise. *Eur J Appl Physiol Occup Physiol* 77:427-433, 1998.

22. Bell, GJ, and Wenger, HA. The effect of one-legged sprint training on intramuscular pH and nonbicarbonate buffering capacity. *Eur J Appl Physiol Occup Physiol* 58:158-164, 1988.

23. Bemben, MG, Bemben, DA, Loftiss, DD, and Knehans, AW. Creatine supplementation during resistance training in college football athletes. *Med Sci Sports Exerc* 33:1667-1673, 2001.

24. Bergen, WG, and Merkel, RA. Body composition of animals treated with partitioning agents: Implications for human health. *FASEB J* 5:2951-2957, 1991.

25. Berglund, B, and Ekblom, B. Effect of recombinant human erythropoietin treatment on blood pressure and some haematological parameters in healthy men. *J Intern Med* 229:125-130, 1991.

26. Berning, JM, Adams, KJ, and Stamford, BA. Anabolic steroid usage in athletics: Facts, fiction, and public relations. *J Strength Cond Res* 18:908-917, 2004.

27. Bhasin, S, Storer, TW, Berman, N, Callegari, C, Clevenger, B, Phillips, J, Bunnell, TJ, Tricker, R, Shirazi, A, and Casaburi, R. The effects of supraphysiologic doses of testosterone on muscle size and strength in normal men. *New Engl J Med* 335:1-7, 1996.

28. Bishop, D, Edge, J, Davis, C, and Goodman, C. Induced metabolic alkalosis affects muscle metabolism and repeated-sprint ability. *Med Sci Sports Exerc* 36:807-813, 2004.

29. Bishop, D, Lawrence, S, and Spencer, M. Predictors of repeated-sprint ability in elite female hockey players. *J Sci Med Sport* 6:199-209, 2003.

30. Bode-Böger, SM, Böger, RH, Schröder, EP, and Frölich, JC. Exercise increases systemic nitric oxide production in men. *J Cardiovasc Risk* 1:173-178, 1994.

31. Bogdanis, GC, Nevill, ME, Boobis, LH, and Lakomy, HK. Contribution of phosphocreatine and aerobic metabolism to energy supply during repeated sprint exercise. *J Appl Physiol* 80:876-884, 1996.

32. Børsheim, E, Cree, MG, Tipton, KD, Elliott, TA, Aarsland, A, and Wolfe, RR. Effect of carbohydrate intake on net muscle protein synthesis during recovery from resistance exercise. *J Appl Physiol* 96:674-678, 2004.

33. Brandsch, C, and Eder, K. Effect of L-carnitine on weight loss and body composition of rats fed a hypocaloric diet. *Ann Nutr Metab* 46:205-210, 2002.

34. Broeder, CE, Quindry, J, Brittingham, K, Panton, L, Thomson, J, Appakondu, S, Breuel, K, Byrd, R, Douglas, J, Earnest, C, Mitchell, C, Olson, M, Roy, T, and Yarlagadda, C. The Andro Project: Physiological and hormonal influences of androstenedione supplementation in men 35 to 65 years old participating in a high-intensity resistance training program. *Arch Intern Med* 160:3093-3104, 2000.

35. Brown, CM, McGrath, JC, Midgley, JM, Muir, AG, O'Brien, JW, Thonoor, CM, Williams, CM, and Wilson, VG. Activities of octopamine and synephrine stereoisomers on alpha-adrenoceptors. *Br J Pharmacol* 93:417-429, 1988.

36. Brown, GA, Vukovich, M, and King, DS. Testosterone prohormone supplements. *Med Sci Sports Exerc* 38:1451-1461, 2006.

37. Brown, GA, Vukovich, MD, Sharp, RL, Reifenrath, TA, Parsons, KA, and King, DS. Effect of oral DHEA on serum testosterone and adaptations to resistance training in young men. *J Appl Physiol* 87:2274-2283, 1999.

38. Bruce, CR, Anderson, ME, Fraser, SF, Stepto, NK, Klein, R, Hopkins, WG, and Hawley, JA. Enhancement of 2000-m rowing performance after caffeine ingestion. *Med Sci Sports Exerc* 32:1958-1963, 2000.

39. Buckley, WE, Yesalis, CE, Friedl, KE, Anderson, WA, Streit, AL, and Wright, JE. Estimated prevalence of anabolic steroid use among male high school seniors. *JAMA* 260:3441-3445, 1988.

40. Buford, TW, Kreider, RB, Stout, JR, Greenwood, M, Campbell, B, Spano, M, Ziegenfuss, T, Lopez, H, Landis, J, and Antonio, J. International Society of Sports Nutrition position stand: Creatine supplementation and exercise. *J Int Soc Sports Nutr* 4:6, 2007.

41. Cafri, G, Thompson, JK, Ricciardelli, L, McCabe, M, Smolak, L, and Yesalis, C. Pursuit of the muscular ideal: Physical and psychological consequences and putative risk factors. *Clin Psychol Rev* 25:215-239, 2005.

42. Campbell, B. Dietary protein strategies for performance enhancement. In *Sports Nutrition: Enhancing Athletic Performance.* Campbell, B, ed. Boca Raton, FL: CRC Press, 163-164, 2014.

43. Campbell, B, Wilborn, C, La Bounty, P, Taylor, L, Nelson, MT, Greenwood, M, Ziegenfuss, TN, Lopez, HL, Hoffman, JR, Stout, JR, Schmitz, S, Collins, R, Kalman, DS, Antonio, J, and Kreider, RB. International Society of Sports Nutrition position stand: Energy drinks. *J Int Soc Sports Nutr* 10:1, 2013.

44. Candow, DG, Kleisinger, AK, Grenier, S, and Dorsch, KD. Effect of sugar-free Red Bull energy drink on high-intensity run time-to-exhaustion in young adults. *J Strength Cond Res* 23:1271-1275, 2009.

45. Carpene, C, Galitzky, J, Fontana, E, Atgie, C, Lafontan, M, and Berlan, M. Selective activation of beta3-adrenoreceptors by octopamine: Comparative studies in mammalian fat cells. *Naunyn Schmiedebergs Arch Pharmacol* 359:310-321, 1999.

46. Casal, DC, and Leon, AS. Failure of caffeine to affect substrate utilization during prolonged running. *Med Sci Sports Exerc* 17:174-179, 1985.

47. Cazzola, M. A global strategy for prevention and detection of blood doping with erythropoietin and related drugs. *Haematologica* 85:561-563, 2000.

48. Cheetham, ME, Boobis, LH, Brooks, S, and Williams, C. Human muscle metabolism during sprint running. *J Appl Physiol* 61:54-60, 1986.

49. Choong, K, Lakshman, KM, and Bhasin, S. The physiological and pharmacological basis for the ergogenic effects of androgens in elite sports. *Asian J Androl* 10:351-363, 2008.

50. Cohen, PA, Travis, JC, and Venhuis, BJ. A synthetic stimulant never tested in humans, 1,3-dimethylbutylamine (DMBA), is identified in multiple dietary supplements. *Drug Test Anal,* 2014. [e-pub ahead of print].

51. Collier, SR, Casey, DP, and Kanaley, JA. Growth hormone responses to varying doses of oral arginine. *Growth Horm IGF Res* 15:136-139, 2005.

52. Collomp, K, Ahmaidi, S, Audran, M, Chanal, JL, and Prefaut, C. Effects of caffeine ingestion on performance and anaerobic metabolism during the Wingate test. *Int J Sports Med* 12:439-443, 1991.

53. Collomp, K, Ahmaidi, S, Chatard, JC, Audran, M, and Prefaut, C. Benefits of caffeine ingestion on sprint performance in trained and untrained swimmers. *Eur J Appl Physiol* 64:377-380, 1992.

54. Cooke, RR, McIntosh, RP, McIntosh, JG, and Delahunt, JW. Serum forms of testosterone in men after an hCG stimulation: Relative increase in non-protein bound forms. *Clin Endocrinol* 32:165-175, 1990.

55. Coombes, J, and McNaughton, L. Effects of bicarbonate ingestion on leg strength and power during isokinetic knee flexion and extension. *J Strength Cond Res* 7:241-249, 1993.

56. Costill, DL, Dalsky, GP, and Fink, WJ. Effects of caffeine ingestion on metabolism and exercise performance. *Med Sci Sports* 10:155-158, 1978.

57. Cox, G, and Jenkins, DG. The physiological and ventilatory responses to repeated 60 s sprints following sodium citrate ingestion. *J Sports Sci* 12:469-475, 1994.

58. Crist, DM, Peake, GT, Loftfield, RB, Kraner, JC, and Egan, PA. Supplemental growth hormone alters body composition, muscle protein metabolism and serum lipids in fit adults: Characterization of dose-dependent and response-recovery effects. *Mech Ageing Dev* 58:191-205, 1991.

59. Curry, LA, and Wagman, DF. Qualitative description of the prevalence and use of anabolic androgenic steroids by United States powerlifters. *Percept Mot Skills* 88:224-233, 1999.

60. Dalbo, VJ, Roberts, MD, Stout, JR, and Kerksick, CM. Putting to rest the myth of creatine supplementation leading to muscle cramps and dehydration. *Br J Sports Med* 42:567-573, 2008.

61. David, KG, Dingemanse, E, Freud, J, Laqueur, E. Über krystallinisches mannliches Hormon aus Hoden (Testosteron) wirksamer als aus harn oder aus Cholesterin bereitetes Androsteron [On crystalline male hormone from testicles (testosterone) effective as from urine or from cholesterol]. *Hoppe Seylers Z Physiol Chem* 233:281, 1935.

62. Dawson, B, Cutler, M, Moody, A, Lawrence, S, Goodman, C, and Randall, N. Effects of oral creatine loading on single and repeated maximal short sprints. *Aust J Sci Med Sport* 27:56-61, 1995.

63. Del Coso, J, Salinero, JJ, González-Millán, C, Abián-Vicén, J, and Pérez-González, B. Dose response effects of a caffeine-containing energy drink on muscle performance: A repeated measures design. *J Int Soc Sports Nutr* 9:21, 2012.

64. Deutz, NE, Pereira, SL, Hays, NP, Oliver, JS, Edens, NK, Evans, CM, and Wolfe, RR. Effect of β-hydroxy-β-methylbutyrate (HMB) on lean body mass during 10 days of bed rest in older adults. *Clin Nutr* 32:704-712, 2013.

65. Dickman, S. East Germany: Science in the disservice of the state. *Science* 254:26-27, 1991.

66. Dodge, T, and Hoagland, MF. The use of anabolic androgenic steroids and polypharmacy: A review of the literature. *Drug Alcohol Depend* 114:100-109, 2011.

67. Duncan, MJ, and Oxford, SW. The effect of caffeine ingestion on mood state and bench press performance to failure. *J Strength Cond Res* 25:178-185, 2011.

68. Dunnett, M, and Harris, RC. Influence of oral beta-alanine and L-histidine supplementation on the carnosine content of the gluteus medius. *Equine Vet J* (Suppl) 30:499-504, 1999.

69. Dvorak, J, Baume, N, Botre, F, Broseus, J, Budgett, R, Frey, WO, Geyer, H, Harcourt, PR, Ho, D, Howman, D, Isola, V, Lundby, C, Marclay, F, Peytavin, A, Pipe, A, Pitsiladis, YP, Reichel, C, Robinson, N, Rodchenkov, G, Saugy, M, Sayegh, S, Segura, J, Thevis, M, Vernec, A, Viret, M, Vouillamoz, M, and Zorzoli, M. Time for change: A roadmap to guide the implementation of the World Anti-Doping Code 2015. *Br J Sports Med* 48:801-806, 2014.

70. Edge, J, Bishop, D, and Goodman, C. The effects of training intensity on muscle buffer capacity in females. *Eur J Appl Physiol* 96:97-105, 2006.

71. Edge, J, Bishop, D, Goodman, C, and Dawson, B. Effects of high- and moderate-intensity training on metabolism and repeated sprints. *Med Sci Sports Exerc* 37:1975-1982, 2005.

72. Eichner, ER. Blood doping: Infusions, erythropoietin and artificial blood. *Sports Med* 37:389-391, 2007.

73. Ekblom, B, and Berglund, B. Effect of erythropoietin administration on mammal aerobic power. *Scand J Med Sci Sports* 1:88-93, 1991.

74. Eley, HL, Russell, ST, Baxter, JH, Mukerji, P, and Tisdale, MJ. Signaling pathways initiated by beta-hydroxy-beta-methylbutyrate to attenuate the depression of protein synthesis in skeletal muscle in response to cachectic stimuli. *Am J Physiol* 293:E923-E931, 2007.

75. Fahey, TD, and Brown, CH. The effects of an anabolic steroid on the strength, body composition, and endurance of college males when accompanied by a weight training program. *Med Sci Sports* 5:272-276, 1973.

76. Fahs, CA, Heffernan, KS, and Fernhall, B. Hemodynamic and vascular response to resistance exercise with L-arginine. *Med Sci Sports Exerc* 41:773-779, 2009.

77. Fayh, AP, Krause, M, Rodrigues-Krause, J, Ribeiro, JL, Ribeiro, JP, Friedman, R, Moreira, JC, and Reischak-Oliveira, A. Effects of L-arginine supplementation on blood flow, oxidative stress status and exercise responses in young adults with uncomplicated type I diabetes. *Eur J Nutr* 52:975-983, 2013.

78. Febbraio, MA, Flanagan, TR, Snow, RJ, Zhao, S, and Carey, MF. Effect of creatine supplementation on intramuscular TCr, metabolism and performance during intermittent, supramaximal exercise in humans. *Acta Physiol Scand* 155:387-395, 1995.

79. Finkelstein, BS, Imperiale, TF, Speroff, T, Marrero, U, Radcliffe, DJ, and Cuttler, L. Effect of growth hormone therapy on height in children with idiopathic short stature: A meta-analysis. *Arch Pediatr Adolesc Med* 156:230-240, 2002.

80. Fong, Y, Rosenbaum, M, Tracey, KJ, Raman, G, Hesse, DG, Matthews, DE, Leibel, RL, Gertner, JM, Fischman, DA, and Lowry, SF. Recombinant growth hormone enhances muscle myosin heavy-chain mRNA accumulation and amino acid accrual in humans. *Proc Natl Acad Sci U S A* 86.3371-3374, 1989.

81. Forbes, G. The effect of anabolic steroids on lean body mass: The dose response curve. *Metabolism* 34:571-573, 1985.

82. Forbes, GB, Porta, CR, Herr, BE, and Griggs, RC. Sequence of changes in body composition induced by testosterone and reversal of changes after drug is stopped. *JAMA* 267:397-399, 1992.

83. Forbes, SC, Candow, DG, Little, JP, Magnus, C, and Chilibeck, PD. Effect of Red Bull energy drink on repeated Wingate cycle performance and bench-press muscle endurance. *Int J Sport Nutr Exerc Metab* 17:433-444, 2007.

84. Foster, ZJ, and Housner, JA. Anabolic-androgenic steroids and testosterone precursors: Ergogenic aids and sport. *Curr Sports Med Rep* 3:234-241, 2004.

85. Fowler, WM, Jr., Gardner, GW, and Egstrom, GH. Effect of an anabolic steroid on physical performance of young men. *J Appl Physiol* 20:1038-1040, 1965.

86. Franke, WW, and Berendonk, B. Hormonal doping and androgenization of athletes: A secret program of the German Democratic Republic government. *Clin Chem* 43:1262-1279, 1997.

87. Frankos, VH, Street, DA, and O'Neill, RK. FDA regulation of dietary supplements and requirements regarding adverse event reporting. *Clin Pharmacol Ther* 87:239-244, 2010.

88. Friedl, K, Dettori, J, Hannan, C, Jr., Patience, T, and Plymate, S. Comparison of the effects of high dose testosterone and 19-nortestosterone to a replacement dose of testosterone on strength and body composition in normal men. *J Steroid Biochem* 40:607-612, 1991.

89. Frishman, WH. Beta-adrenergic receptor blockers. Adverse effects and drug interactions. *Hypertension* 11:1121-1129, 1988.

90. Froiland, K, Koszewski, W, Hingst, J, and Kopecky, L. Nutritional supplement use among college athletes and their sources of information. *Int J Sport Nutr Exerc Metab* 14:104-120, 2004.

91. Fudala, PJ, Weinrieb, RM, Calarco, JS, Kampman, KM, and Boardman, C. An evaluation of anabolic-androgenic steroid abusers over a period of 1 year: Seven case studies. *Ann Clin Psychiatry* 15:121-130, 2003.

92. Fugh-Berman, A, and Myers, A. Citrus aurantium, an ingredient of dietary supplements marketed for weight loss: Current status of clinical and basic research. *Exp Biol Med* 229:698-704, 2004.

93. Gaitanos, GC, Williams, C, Boobis, LH, and Brooks, S. Human muscle metabolism during intermittent maximal exercise. *J Appl Physiol* 75:712-719, 1993.

94. Gallagher, PM, Carrithers, JA, Godard, MP, Schulze, KE, and Trappe, SW. Beta-hydroxy-beta-methylbutyrate ingestion, part I: Effects on strength and fat free mass. *Med Sci Sports Exerc* 32:2109-2115, 2000.

95. Gareau, R, Audran, M, Baynes, RD, Flowers, CH, Duvallet, A, Senécal, L, and Brisson, GR. Erythropoietin abuse in athletes. *Nature* 380:113, 1996.

96. Garlick, PJ, and Grant, I. Amino acid infusion increases the sensitivity of muscle protein synthesis in vivo to insulin. Effect of branched-chain amino acids. *Biochem J* 254:579-584, 1988.

97. Giamberardino, MA, Dragani, L, Valente, R, Di Lisa, F, Saggini, R, and Vecchiet, L. Effects of prolonged L-carnitine administration on delayed muscle pain and CK release after eccentric effort. *Int J Sports Med* 17:320-324, 1996.

98. Goldstein, ER, Ziegenfuss, T, Kalman, D, Kreider, R, Campbell, B, Wilborn, C, Taylor, L, Willoughby, D, Stout, J, Graves, BS, Wildman, R, Ivy, JL, Spano, M, Smith, AE, and Antonio, J. International Society of Sports Nutrition position stand: Caffeine and performance. *J Int Soc Sports Nutr* 7:5, 2010.

99. Goodbar, NH, Foushee, JA, Eagerton, DH, Haynes, KB, and Johnson, AA. Effect of the human chorionic gonadotropin diet on patient

outcomes. *Ann Pharmacother* 47:e23, 2013.

100. Gonzalez, AM, Walsh, AL, Ratamess, NA, Kang, J, and Hoffman, JR. Effect of a pre-workout energy supplement on acute multi-joint resistance exercise. *J Sports Sci Med* 10:261-266, 2011.

101. Graham, TE, Hibbert, E, and Sathasivam, P. Metabolic and exercise endurance effects of coffee and caffeine ingestion. *J Appl Physiol* 85:883-889, 1998.

102. Greenhaff, PL. Creatine and its application as an ergogenic aid. *Int J Sport Nutr* 5 (Suppl):S100-S110, 1995.

103. Greenwood, M, Kreider, RB, Melton, C, Rasmussen, C, Lancaster, S, Cantler, E, Milnor, P, and Almada, A. Creatine supplementation during college football training does not increase the incidence of cramping or injury. *Mol Cell Biochem* 244:83-88, 2003.

104. Greer, BK, and Jones, BT. Acute arginine supplementation fails to improve muscle endurance or affect blood pressure responses to resistance training. *J Strength Cond Res* 25:1789-1794, 2011.

105. Greer, F, McLean, C, and Graham, TE. Caffeine, performance, and metabolism during repeated Wingate exercise tests. *J Appl Physiol* 85:1502-1508, 1998.

106. Griggs, RC, Kingston, W, Jozefowicz, RF, Herr, BE, Forbes, G, and Halliday, D. Effect of testosterone on muscle mass and muscle protein synthesis. *J Appl Physiol* 66:498-503, 1989.

107. Haaz, S, Fontaine, KR, Cutter, G, Limdi, N, Perumean-Chaney, S, and Allison, DB. Citrus aurantium and synephrine alkaloids in the treatment of overweight and obesity: An update. *Obes Rev* 7:79-88, 2006.

108. Haff, GG, Kirksey, KB, Stone, MH, Warren, BJ, Johnson, RL, Stone, M, O'Bryant, H, and Proulx, C. The effect of 6 weeks of creatine monohydrate supplementation on dynamic rate of force development. *J Strength Cond Res* 14:426-433, 2000.

109. Haller, CA, Benowitz, NL, and Jacob, P. Hemodynamic effects of ephedra-free weight-loss supplements in humans. *Am J Med* 118:998-1003, 2005.

110. Harris, RC, Tallon, MJ, Dunnett, M, Boobis, L, Coakley, J, Kim, HJ, Fallowfield, JL, Hill, CA, Sale, C, and Wise, JA. The absorption of orally supplied beta-alanine and its effect on muscle carnosine synthesis in human vastus lateralis. *Amino Acids* 30:279-289, 2006.

111. Hartgens, F, Van Marken Lichtenbelt, WD, Ebbing, S, Vollaard, N, Rietjens, G, and Kuipers, H. Body composition and anthropometry in bodybuilders: Regional changes due to nandrolone decanoate administration. *Int J Sports Med* 22:235-241, 2001.

112. Hausswirth, C, Bigard, AX, Lepers, R, Berthelot, M, and Guezennec, CY. Sodium citrate ingestion and muscle performance in acute hypobaric hypoxia. *Eur J Appl Physiol Occup Physiol* 71:362-368, 1995.

113. Hervey, GR, Knibbs, AV, Burkinshaw, L, Morgan, DB, Jones, PR, Chettle, DR, and Vartsky, D. Effects of methandienone on the performance and body composition of men undergoing athletic training. *Clin Sci* 60:457-461, 1981.

114. Hill, CA, Harris, RC, Kim, HJ, Harris, BD, Sale, C, Boobis, LH, Kim, CK, and Wise, JA. Influence of beta-alanine supplementation on skeletal muscle carnosine concentrations and high intensity cycling capacity. *Amino Acids* 32:225-233, 2007.

115. Hirvonen, J, Nummela, A, Rusko, H, Rehunen, S, and Härkönen, M. Fatigue and changes of ATP, creatine phosphate, and lactate during the 400-m sprint. *Can J Sport Sci* 17:141-144, 1992.

116. Ho, JY, Kraemer, WJ, Volek, JS, Fragala, MS, Thomas, GA, Dunn-Lewis, C, Coday, M, Häkkinen, K, and Maresh, CM. l-Carnitine l-tartrate supplementation favorably affects biochemical markers of recovery from physical exertion in middle-aged men and women. *Metabolism* 59:1190-1199, 2010.

117. Hobson, RM, Harris, RC, Martin, D, Smith, P, Macklin, B, Elliott-Sale, KJ, and Sale, C. Effect of sodium bicarbonate supplementation on 2000-m rowing performance. *Int J Sports Physiol Perform* 9:139-144, 2014.

118. Hoffman, JR, Kang, J, Ratamess, NA, Hoffman, MW, Tranchina, CP, and Faigenbaum, AD. Examination of a pre-exercise, high energy supplement on exercise performance. *J Int Soc Sports Nutr* 6:2, 2009.

119. Hoffman, JR, Kang, J, Ratamess, NA, Jennings, PF, Mangine, G, and Faigenbaum, AD. Thermogenic effect from nutritionally enriched coffee consumption. *J Int Soc Sports Nutr* 3:35-41, 2006.

120. Hoffman, AR, Kuntze, JE, Baptista, J, Baum, HB, Baumann, GP, Biller, BM, Clark, RV, Cook, D, Inzucchi, SE, Kleinberg, D, Klibanski, A, Phillips, LS, Ridgway, EC, Robbins, RJ, Schlechte, J, Sharma, M, Thorner, MO, and Vance, ML. Growth hormone (GH) replacement therapy in adult-onset GH deficiency: Effects on body composition in men and women in a double-blind, randomized, placebo-controlled trial. *J Clin Endocrinol Metab* 89:2048-2056, 2004.

121. Hoffman, JR, Kraemer, WJ, Bhasin, S, Storer, T, Ratamess, NA, Haff, GG, Willoughby, DS, and Rogol, AD. Position stand on androgen and human growth hormone use. *J Strength Cond Res* 23 (Suppl):S1-S59, 2009.

122. Hoffman, J, Ratamess, N, Kang, J, Mangine, G, Faigenbaum, A, and Stout, J. Effect of creatine and beta-alanine supplementation on performance and endocrine responses in strength/power athletes. *Int J Sport Nutr Exerc Metab* 16:430-446, 2006.

123. Hoffman, J, Ratamess, NA, Ross, R, Kang, J, Magrelli, J, Neese, K, Faigenbaum, AD, and Wise, JA. Beta-alanine and the hormonal response to exercise. *Int J Sports Med* 29:952-958, 2008.

124. Holmgren, P, Nordén-Pettersson, L, and Ahlner, J. Caffeine fatalities—four case reports. *Forensic Sci Int* 139:71-73, 2004.

125. Horn, S, Gregory, P, and Guskiewicz, KM. Self-reported anabolic-androgenic steroids use and musculoskeletal injuries: Findings from the center for the study of retired athletes health survey of retired NFL players. *Am J Phys Med Rehabil* 88:192-200, 2009.

126. Horswill, CA, Costill, DL, Fink, WJ, Flynn, MG, Kirwan, JP, Mitchell, JB, and Houmard, JA. Influence of sodium bicarbonate on sprint performance: Relationship to dosage. *Med Sci Sports Exerc* 20:566-569, 1988.

127. Howland, J, and Rohsenow, DJ. Risks of energy drinks mixed with alcohol. *JAMA* 309:245-246, 2013.

128. Hsu, KF, Chien, KY, Chang-Chien, GP, Lin, SF, Hsu, PH, and Hsu, MC. Liquid chromatography-tandem mass spectrometry screening method for the simultaneous detection of stimulants and diuretics in urine. *J Anal Toxicol* 35:665-674, 2011.

129. Huang, A, and Owen, K. Role of supplementary L-carnitine in exercise and exercise recovery. *Med Sport Sci* 59:135-142, 2012.

130. Hülsmann, WC, and Dubelaar, ML. Carnitine requirement of vascular endothelial and smooth muscle cells in imminent ischemia. *Mol Cell Biochem* 116:125-129, 1992.

131. Hultman, E, Cederblad, G, and Harper, P. Carnitine administration as a tool of modify energy metabolism during exercise. *Eur J Appl Physiol Occup Physiol* 62:450, 1991.

132. Hultman, E, Söderlund, K, Timmons, JA, Cederblad, G, and Greenhaff, PL. Muscle creatine loading in men. *J Appl Physiol* 81:232-237, 1996.

133. Irving, LM, Wall, M, Neumark-Sztainer, D, and Story, M. Steroid use among adolescents: Findings from Project EAT. *J Adolesc Health* 30:243-252, 2002.

134. Ivy, JL, Kammer, L, Ding, Z, Wang, B, Bernard, JR, Liao, YH, and Hwang, J. Improved cycling time-trial performance after ingestion of a caffeine energy drink. *Int J Sport Nutr Exerc Metab* 19:61-78, 2009.

135. Jabłecka, A, Bogdański, P, Balcer, N, Cieślewicz, A, Skołuda, A, and Musialik, K. The effect of oral L-arginine supplementation on fasting glucose, HbA1c, nitric oxide and total antioxidant status in diabetic patients with atherosclerotic peripheral arterial disease of lower extremities. *Eur Rev Med Pharmacol* 16:342-350, 2012.

136. Jabłecka, A, Checiński, P, Krauss, H, Micker, M, and Ast, J. The influence of two different doses of L-arginine oral supplementation on nitric oxide (NO) concentration and total antioxidant status (TAS) in atherosclerotic patients. *Med Sci Monit* 10:CR29-CR32, 2004.

137. Jacobs, I, Pasternak, H, and Bell, DG. Effects of ephedrine, caffeine, and their combination on muscular endurance. *Med Sci Sports Exerc* 35:987-994, 2003.

138. Kamalakkannan, G, Petrilli, CM, George, I, LaManca, J, McLaughlin, BT, Shane, E, Mancini, DM, and Maybaum, S. Clenbuterol increases

lean muscle mass but not endurance in patients with chronic heart failure. *J Heart Lung Transpl* 27:457-461, 2008.

139. Katsanos, CS, Kobayashi, H, Sheffield-Moore, M, Aarsland, A, and Wolfe, RR. A high proportion of leucine is required for optimal stimulation of the rate of muscle protein synthesis by essential amino acids in the elderly. *Am J Physiol* 291:E381-E387, 2006.

140. Kendrick, IP, Harris, RC, Kim, HJ, Kim, CK, Dang, VH, Lam, TQ, Bui, TT, Smith, M, and Wise, JA. The effects of 10 weeks of resistance training combined with beta-alanine supplementation on whole body strength, force production, muscular endurance and body composition. *Amino Acids* 34:547-554, 2008.

141. Kerksick, CM, Wilborn, CD, Campbell, B, Harvey, TM, Marcello, BM, Roberts, MD, Parker, AG, Byars, AG, Greenwood, LD, Almada, AL, Kreider, RB, and Greenwood, M. The effects of creatine monohydrate supplementation with and without D-pinitol on resistance training adaptations. *J Strength Cond Res* 23:2673-2682, 2009.

142. Kerner, J, and Hoppel, C. Fatty acid import into mitochondria. *Biochim Biophys Acta* 1486:1-17, 2000.

143. Kerrigan, S, and Lindsey, T. Fatal caffeine overdose: Two case reports. *Forensic Sci Int* 153:67-69, 2005.

144. King, DS, Sharp, RL, Vukovich, MD, Brown, GA, Reifenrath, TA, Uhl, NL, and Parsons, KA. Effect of oral androstenedione on serum testosterone and adaptations to resistance training in young men: A randomized controlled trial. *JAMA* 281:2020-2028, 1999.

145. Kinugasa, R, Akima, H, Ota, A, Ohta, A, and Kuno, SY. Short-term creatine supplementation does not improve muscle activation or sprint performance in humans. *Eur J Appl Physiol* 91:230-237, 2004.

146. Knitter, AE, Panton, L, Rathmacher, JA, Petersen, A, and Sharp, R. Effects of beta-hydroxy-beta-methylbutyrate on muscle damage after a prolonged run. *J Appl Physiol* 89:1340-1344, 2000.

147. Kraemer, WJ, Spiering, BA, Volek, JS, Ratamess, NA, Sharman, MJ, Rubin, MR, French, DN, Silvestre, R, Hatfield, DL, Van Heest, JL, Vingren, JL, Judelson, DA, Deschenes, MR, and Maresh, CM. Androgenic responses to resistance exercise: Effects of feeding and L-carnitine. *Med Sci Sports Exerc* 38:1288-1296, 2006.

148. Kraemer, WJ, Volek, JS, French, DN, Rubin, MR, Sharman, MJ, Gómez, AL, Ratamess, NA, Newton, RU, Jemiolo, B, Craig, BW, and Häkkinen, K. The effects of L-carnitine L-tartrate supplementation on hormonal responses to resistance exercise and recovery. *J Strength Cond Res* 17:455-462, 2003.

149. Kreider, RB. Effects of creatine supplementation on performance and training adaptations. *Mol Cell Biochem* 244:89-94, 2003.

150. Kreider, RB, Ferreira, M, Wilson, M, and Almada, AL. Effects of calcium beta-hydroxy-beta-methylbutyrate (HMB) supplementation during resistance-training on markers of catabolism, body composition and strength. *Int J Sports Med* 20:503-509, 1999.

151. Kreider, RB, Melton, C, Rasmussen, CJ, Greenwood, M, Lancaster, S, Cantler, EC, Milnor, P, and Almada, AL. Long-term creatine supplementation does not significantly affect clinical markers of health in athletes. *Mol Cell Biochem* 244:95-104, 2003.

152. Kruse, P, Ladefoged, J, Nielsen, U, Paulev, PE, and Sørensen, JP. Beta-blockade used in precision sports: Effect on pistol shooting performance. *J Appl Physiol* 61:417-420, 1986.

153. Kuipers, H, Wijnen, JA, Hartgens, F, and Willems, SM. Influence of anabolic steroids on body composition, blood pressure, lipid profile and liver functions in body builders. *Int J Sports Med* 12:413-418, 1991.

154. LaBotz, M, and Smith, BW. Creatine supplement use in an NCAA Division I athletic program. *Clin J Sport Med* 9:167-169, 1999.

155. Liddle, DG, and Connor, DJ. Nutritional supplements and ergogenic AIDS. *Prim Care* 40:487-505, 2013.

156. Linderman, JK, and Gosselink, KL. The effects of sodium bicarbonate ingestion on exercise performance. *Sports Med* 18:75-80, 1994.

157. Lindh, AM, Peyrebrune, MC, Ingham, SA, Bailey, DM, and Folland, JP. Sodium bicarbonate improves swimming performance. *Int J Sports Med* 29:519-523, 2008.

158. Linossier, MT, Dormois, D, Brégère, P, Geyssant, A, and Denis, C. Effect of sodium citrate on performance and metabolism of human skeletal muscle during supramaximal cycling exercise. *Eur J Appl Physiol Occup Physiol* 76:48-54, 1997.

159. Liu, TH, Wu, CL, Chiang, CW, Lo, YW, Tseng, HF, and Chang, CK. No effect of short-term arginine supplementation on nitric oxide production, metabolism and performance in intermittent exercise in athletes. *J Nutr Biochem* 20:462-468, 2009.

160. Llewellyn, W. *Anabolics 2005: Anabolic Steroid Reference Manual.* Jupiter, FL: Body of Science, 267-331, 2005.

161. Loughton, SJ, and Ruhling, RO. Human strength and endurance responses to anabolic steroid and training. *J Sports Med Phys Fitness* 17:285-296, 1977.

162. MacRae, JC, Skene, PA, Connell, A, Buchan, V, and Lobley, GE. The action of the beta-agonist clenbuterol on protein and energy metabolism in fattening wether lambs. *Br J Nutr* 59:457-465, 1988.

163. Mahesh, VB, and Greenblatt, RB. The in vivo conversion of dehydroepiandrosterone and androstenedione to testosterone in the human. *Acta Endrocrinol* 41:400-406, 1962.

164. Maltin, CA, Delday, MI, Hay, SM, Smith, FG, Lobley, GE, and Reeds, PJ. The effect of the anabolic agent, clenbuterol, on overloaded rat skeletal muscle. *Biosci Rep* 7:143-149, 1987.

165. Maltin, CA, Delday, MI, Watson, JS, Heys, SD, Nevison, IM, Ritchie, IK, and Gibson, PH. Clenbuterol, a beta-adrenoceptor agonist, increases relative muscle strength in orthopaedic patients. *Clin Sci* 84:651-654, 1993.

166. Martineau, L, Horan, MA, Rothwell, NJ, and Little, RA. Salbutamol, a beta 2-adrenoceptor agonist, increases skeletal muscle strength in young men. *Clin Sci* 83:615-621, 1992.

167. McCabe, SE, Brower, KJ, West, BT, Nelson, TF, and Wechsler, H. Trends in non-medical use of anabolic steroids by U.S. college students: Results from four national surveys. *Drug Alcohol Depend* 90:243-251, 2007.

168. McCartney, N, Spriet, LL, Heigenhauser, GJ, Kowalchuk, JM, Sutton, JR, and Jones, NL. Muscle power and metabolism in maximal intermittent exercise. *J Appl Physiol* 60:1164-1169, 1986.

169. McNaughton, L, Backx, K, Palmer, G, and Strange, N. Effects of chronic bicarbonate ingestion on the performance of high-intensity work. *Eur J Appl Physiol Occup Physiol* 80:333-336, 1999.

170. McNaughton, L, and Cedaro, R. Sodium citrate ingestion and its effects on maximal anaerobic exercise of different durations. *Eur J Appl Physiol Occup Physiol* 64:36-41, 1992.

171. McNaughton, LR, Ford, S, and Newbold, C. Effect of sodium bicarbonate ingestion on high intensity exercise in moderately trained women. *J Strength Cond Res* 11:98-102, 1997.

172. McNaughton, LR, Siegler, J, and Midgley, A. Ergogenic effects of sodium bicarbonate. *Curr Sports Med Rep* 7:230-236, 2008.

173. Menon, DK. Successful treatment of anabolic steroid-induced azospermia with human chorionic gonadotropin and human menopausal gonadotropin. *Fertil Steril* 79:1659-1661, 2003.

174. Midgley, SJ, Heather, N, and Davies, JB. Levels of aggression among a group of anabolic-androgenic steroid users. *Med Sci Law* 41:309-314, 2001.

175. Migeon, CJ. Adrenal androgens in man. *Am J Med* 53:606-626, 1972.

176. Moss, JL, Crosnoe, LE, and Kim, ED. Effect of rejuvenation hormones on spermatogenesis. *Fertil Steril* 99:1814-1820, 2013.

177. Mujika, I, Chatard, JC, Lacoste, L, Barale, F, and Geyssant, A. Creatine supplementation does not improve sprint performance in competitive swimmers. *Med Sci Sports Exerc* 28:1435-1441, 1996.

178. Nevill, ME, Boobis, LH, Brooks, S, and Williams, C. Effect of training on muscle metabolism during treadmill sprinting. *J Appl Physiol* 67:2376-2382, 1989.

179. Nissen, S, Sharp, R, Ray, M, Rathmacher, JA, Rice, D, Fuller, JC, Jr., Connelly, AS, and Abumrad, N. Effect of leucine metabolite beta-hydroxy-beta-methylbutyrate on muscle metabolism during resistance-exercise training. *J Appl Physiol* 81:2095-2104, 1996.

180. Norton, LE, Wilson, GJ, Layman, DK, Moulton, CJ, and Garlick, PJ. Leucine content of dietary proteins is a determinant of postprandial skeletal muscle protein synthesis in adult rats. *Nutr Metab* 9:67, 2012.

181. O'Connor, DM, and Crowe, MJ. Effects of beta-hydroxy-beta-methylbutyrate and creatine monohydrate supplementation on the aerobic and anaerobic capacity of highly trained athletes. *J Sports Med Phys Fitness* 43:64-68, 2003.

182. Oöpik, V, Saaremets, I, Medijainen, L, Karelson, K, Janson, T, and Timpmann, S. Effects of sodium citrate ingestion before exercise on endurance performance in well trained college runners. *Br J Sports Med* 37:485-489, 2003.

183. Pagonis, TA, Angelopoulos, NV, Koukoulis, GN, and Hadjichristodoulou, CS. Psychiatric side effects induced by supraphysiological doses of combinations of anabolic steroids correlate to the severity of abuse. *Eur Psychiatry* 21:551-562, 2006.

184. Panton, LB, Rathmacher, JA, Baier, S, and Nissen, S. Nutritional supplementation of the leucine metabolite beta-hydroxy-beta-methylbutyrate (HMB) during resistance training. *Nutrition* 16:734-739, 2000.

185. Pasiakos, SM, McClung, HL, McClung, JP, Margolis, LM, Andersen, NE, Cloutier, GJ, Pikosky, MA, Rood, JC, Fielding, RA, and Young, AJ. Leucine-enriched essential amino acid supplementation during moderate steady state exercise enhances postexercise muscle protein synthesis. *Am J Clin Nutr* 94:809-818, 2011.

186. Pearson, DR, Hamby, DG, Russel, W, and Harris, T. Long-term effects of creatine monohydrate on strength and power. *J Strength Cond Res* 13:187-192, 1999.

187. Perry, P, Lund, B, Deninger, M, Kutscher, E, and Schneider, J. Anabolic steroid use in weightlifters and bodybuilders: An internet survey of drug utilization. *Clin J Sport Med* 15:326-330, 2005.

188. Petroczi, A, Naughton, D, Pearce, G, Bailey, R, Bloodworth, A, and McNamee, M. Nutritional supplement use by elite young UK athletes: Fallacies of advice regarding efficacy. *J Int Soc Sports Nutr* 5:22, 2008.

189. Poortmans, JR, Auquier, H, Renaut, V, Durussel, A, Saugy, M, and Brisson, GR. Effect of short-term creatine supplementation on renal responses in men. *Eur J Appl Physiol Occup Physiol* 76:566-567, 1997.

190. Poortmans, J, and Francaux, M. Long-term oral creatine supplementation does not impair renal function in healthy athletes. *Med Sci Sports Exerc* 31:1108-1110, 1999.

191. Pope, HG, Jr., Gruber, AJ, Choi, P, Olivardia, R, and Phillips, KA. Muscle dysmorphia. An underrecognized form of body dysmorphic disorder. *Psychosomatics* 38:548-557, 1997.

192. Pope, HG, Jr., and Katz, DL. Psychiatric and medical effects of anabolic-androgenic steroid use. A controlled study of 160 athletes. *Arch Gen Psychiatry* 51:375-382, 1994.

193. Pope, HG, Jr., Katz, DL, and Hudson, JI. Anorexia nervosa and "reverse anorexia" among 108 male bodybuilders. *Comp Psychiatry* 34:406-409, 1993.

194. Pope, HG, Jr., Kouri, EM, and Hudson, JI. Effects of supraphysiologic doses of testosterone on mood and aggression in normal men: A randomized controlled trial. *Arch Gen Psychiatry* 57:133-140, 2000.

195. Prather, ID, Brown, DE, North, P, and Wilson, JR. Clenbuterol: A substitute for anabolic steroids? *Med Sci Sports Exerc* 27:1118-1121, 1995.

196. Ransone, J, Neighbors, K, Lefavi, R, and Chromiak, J. The effect of beta-hydroxy beta-methylbutyrate on muscular strength and body composition in collegiate football players. *J Strength Cond Res* 17:34-39, 2003.

197. Rasmussen, BB, Tipton, KD, Miller, SL, Wolf, SE, and Wolfe, RR. An oral essential amino acid-carbohydrate supplement enhances muscle protein anabolism after resistance exercise. *J Appl Physiol* 88:386-392, 2000.

198. Reardon, CL, and Creado, S. Drug abuse in athletes. *Subst Abuse Rehabil* 14:95-105, 2014.

199. Rieu, I, Balage, M, Sornet, C, Giraudet, C, Pujos, E, Grizard, J, Mosoni, L, and Dardevet, D. Leucine supplementation improves muscle protein synthesis in elderly men independently of hyperaminoacidaemia. *J Physiol* 575:305-315, 2006.

200. Robergs, RA, Ghiasvand, F, and Parker, D. Biochemistry of exercise-induced metabolic acidosis. *Am J Physiol* 287:R502-R516, 2004.

201. Roy, BD, Tarnopolsky, MA, MacDougall, JD, Fowles, J, and Yarasheski, KE. Effect of glucose supplement timing on protein metabolism after resistance training. *J Appl Physiol* 82:1882-1888, 1997.

202. Rubin, MR, Volek, JS, Gómez, AL, Ratamess, NA, French, DN, Sharman, MJ, and Kraemer, WJ. Safety measures of L-carnitine L-tartrate supplementation in healthy men. *J Strength Cond Res* 15:486-490, 2001.

203. Russell, C, Papadopoulos, E, Mezil, Y, Wells, GD, Plyley, MJ, Greenway, M, and Klentrou, P. Acute versus chronic supplementation of sodium citrate on 200 m performance in adolescent swimmers. *J Int Soc Sports Nutr* 11:26, 2014.

204. Salomon, F, Cuneo, RC, Hesp, R, and Sönksen, PH. The effects of treatment with recombinant human growth hormone on body composition and metabolism in adults with growth hormone deficiency. *New Engl J Med* 321:1797-1803, 1989.

205. Schabort, EJ, Wilson, G, and Noakes, TD. Dose-related elevations in venous pH with citrate ingestion do not alter 40-km cycling time-trial performance. *Eur J Appl Physiol* 83:320-327, 2000.

206. Schilling, BK, Stone, MH, Utter, A, Kearney, JT, Johnson, M, Coglianese, R, Smith, L, O'Bryant, HS, Fry, AC, Starks, M, Keith, R, and Stone, ME. Creatine supplementation and health variables: A retrospective study. *Med Sci Sports Exerc* 33:183-188, 2001.

207. Schwarz, S, Onken, D, and Schubert, A. The steroid story of Jenapharm: From the late 1940s to the early 1970s. *Steroids* 64:439-445, 1999.

208. Schwedhelm, E, Maas, R, Freese, R, Jung, D, Lukacs, Z, Jambrecina, A, Spickler, W, Schulze, F, and Böger, RH. Pharmacokinetic and pharmacodynamic properties of oral L-citrulline and L-arginine: Impact on nitric oxide metabolism. *Br J Clin Pharmacol* 65:51-59, 2008.

209. Sepkowitz, KA. Energy drinks and caffeine-related adverse effects. *JAMA* 309:243-244, 2013.

210. Shekelle, P, Hardy, M, Morton, S, Maglione, M, Suttorp, M, Roth, E, and Jungvig, L. Ephedra and ephedrine for weight loss and athletic performance enhancement: Clinical efficacy and side effects. *Evid Rep Technol Assess (Summ)* 76:1-4, 2003.

211. Smith, HJ, Mukerji, P, and Tisdale, MJ. Attenuation of proteasome-induced proteolysis in skeletal muscle by {beta}-hydroxy-{beta}-methylbutyrate in cancer-induced muscle loss. *Cancer Res* 65:277-283, 2005.

212. Snow, RJ, McKenna, MJ, Selig, SE, Kemp, J, Stathis, CG, and Zhao, S. Effect of creatine supplementation on sprint exercise performance and muscle metabolism. *J Appl Physiol* 84:1667-1673, 1998.

213. Souissi, M, Abedelmalek, S, Chtourou, H, Atheymen, R, Hakim, A, and Sahnoun, Z. Effects of morning caffeine ingestion on mood states, simple reaction time, and short-term maximal performance on elite judoists. *Asian J Sports Med* 3:161-168, 2012.

214. Spiering, BA, Kraemer, WJ, Vingren, JL, Hatfield, DL, Fragala, MS, Ho, JY, Maresh, CM, Anderson, JM, and Volek, JS. Responses of criterion variables to different supplemental doses of L-carnitine L-tartrate. *J Strength Cond Res* 21:259-264, 2007.

215. Spriet, LL. Caffeine and performance. *Int J Sport Nutr* 5:S84-S99, 1995.

216. Spriet, LL, MacLean, DA, Dyck, DJ, Hultman, E, Cederblad, G, and Graham, TE. Caffeine ingestion and muscle metabolism during prolonged exercise in humans. *Am J Physiol* 262:E891-E898, 1992.

217. Stamford, BA, and Moffatt, R. Anabolic steroid: Effectiveness as an ergogenic aid to experienced weight trainers. *J Sports Med Phys Fitness* 14:191-197, 1974.

218. Stein, MR, Julis, RE, Peck, CC, Hinshaw, W, Sawicki, JE, and Deller, JJ, Jr. Ineffectiveness of human chorionic gonadotropin in weight reduction: A double-blind study. *Am J Clin Nutr* 29:940-948, 1976.

219. Stephens, TJ, McKenna, MJ, Canny, BJ, Snow, RJ, and McConell, GK. Effect of sodium bicarbonate on muscle metabolism during intense endurance cycling. *Med Sci Sports Exerc* 34:614-621, 2002.

220. Stohs, SJ, Preuss, HG, and Shara, M. A review of the human clinical studies involving Citrus aurantium (bitter orange) extract and its

primary protoalkaloid p-synephrine. *Int J Med Sci* 9:527-538, 2012.

221. Stout, JR, Cramer, JT, Zoeller, RF, Torok, D, Costa, P, Hoffman, JR, Harris, RC, and O'Kroy, J. Effects of beta-alanine supplementation on the onset of neuromuscular fatigue and ventilatory threshold in women. *Amino Acids* 32:381-386, 2007.

222. Striley, CL, Griffiths, RR, and Cottler, LB. Evaluating dependence criteria for caffeine. *J Caffeine Res* 1:219-225, 2011.

223. Stromme, SB, Meen, HD, and Aakvaag, A. Effects of an androgenic-anabolic steroid on strength development and plasma testosterone levels in normal males. *Med Sci Sports* 6:203-208, 1974.

224. Suzuki, Y, Ito, O, Mukai, N, Takahashi, H, and Takamatsu, K. High level of skeletal muscle carnosine contributes to the latter half of exercise performance during 30-s maximal cycle ergometer sprinting. *Jpn J Physiol* 52:199-205, 2002.

225. Swirzinski, L, Latin, RW, Berg, K, and Grandjean, A. A survey of sport nutrition supplements in high school football players. *J Strength Cond Res* 14:464-469, 2000.

226. Tang, JE, Lysecki, PJ, Manolakos, JJ, MacDonald, MJ, Tarnopolsky, MA, and Phillips, SM. Bolus arginine supplementation affects neither muscle blood flow nor muscle protein synthesis in young men at rest or after resistance exercise. *J Nutr* 141:195-200, 2011.

227. Tarnopolsky, MA. Caffeine and endurance performance. *Sports Med* 18:109-125, 1994.

228. Tavares, AB, Micmacher, E, Biesek, S, Assumpção, R, Redorat, R, Veloso, U, Vaisman, M, Farinatti, PT, and Conceição, F. Effects of growth hormone administration on muscle strength in men over 50 years old. *Int J Endocrinol* 2013:942030, 2013.

229. Tesch, PA. Exercise performance and beta-blockade. *Sports Med* 2:389-412, 1985.

230. Tipton, KD, Ferrando, AA, Phillips, SM, Doyle, D, Jr., and Wolfe, RR. Postexercise net protein synthesis in human muscle from orally administered amino acids. *Am J Physiol* 276:E628-E634, 1999.

231. Tipton, KD, Gurkin, BE, Matin, S, and Wolfe, RR. Nonessential amino acids are not necessary to stimulate net muscle protein synthesis in healthy volunteers. *J Nutr Biochem* 10:89-95, 1999.

232. Tipton, KD, Rasmussen, BB, Miller, SL, Wolf, SE, Owens-Stovall, SK, Petrini, BE, and Wolfe, RR. Timing of amino acid-carbohydrate ingestion alters anabolic response of muscle to resistance exercise. *Am J Physiol* 281:E197-E206, 2001.

233. Tiryaki, GR, and Atterbom, HA. The effects of sodium bicarbonate and sodium citrate on 600 m running time of trained females. *J Sports Med Phys Fitness* 35:194-198, 1995.

234. Torpy, JM, and Livingston, EH. JAMA patient page. Energy drinks. *JAMA* 309:297, 2013.

235. Transparency Market Research. Sports nutrition market—global industry analysis, size, share, growth, trends and forecast, 2013-2019. www.transparencymarketresearch.com/sports-nutrition-market.html. Accessed January 9, 2015.

236. Trice, I, and Haymes, EM. Effects of caffeine ingestion on exercise-induced changes during high-intensity, intermittent exercise. *Int J Sport Nutr* 5:37-44, 1995.

237. Underwood, LE, Attie, KM, and Baptista, J. Growth hormone (GH) dose-response in young adults with childhood-onset GH deficiency: A two-year, multicenter, multiple-dose, placebo-controlled study. *J Clin Endocrinol Metab* 88:5273-5280, 2003.

238. vandenBerg, P, Neumark-Sztainer, D, Cafri, G, and Wall, M. Steroid use among adolescents: Longitudinal findings from Project EAT. *Pediatrics* 119:476-486, 2007.

239. Vanhatalo, A, Bailey, SJ, DiMenna, FJ, Blackwell, JR, Wallis, GA, and Jones, AM. No effect of acute L-arginine supplementation on O$_2$ cost or exercise tolerance. *Eur J Appl Physiol* 113:1805-1819, 2013.

240. van Marken Lichtenbelt, WD, Hartgens, F, Vollaard, NB, Ebbing, S, and Kuipers, H. Bodybuilders' body composition: Effect of nandrolone decanoate. *Med Sci Sports Exerc* 36:484-489, 2004.

241. van Someren, K, Edwards, AJ, Howatson, G. Supplementation with beta-hydroxy-beta-methylbutyrate (HMB) and alpha-ketoisocaproic acid (KIC) reduces signs and symptoms of exercise-induced muscle damage in man. *Int J Sport Nutr Exerc Metab* 15:413-424, 2005.

242. van Someren, K, Fulcher, K, McCarthy, J, Moore, J, Horgan, G, and Langford, R. An investigation into the effects of sodium citrate ingestion on high-intensity exercise performance. *Int J Sport Nutr* 8:356-363, 1998.

243. Volek, JS, Duncan, ND, Mazzetti, SA, Staron, RS, Putukian, M, Gómez, AL, Pearson, DR, Fink, WJ, and Kraemer, WJ. Performance and muscle fiber adaptations to creatine supplementation and heavy resistance training. *Med Sci Sports Exerc* 31:1147-1156, 1999.

244. Volek, JS, and Kraemer, WJ. Creatine supplementation: Its effect on human muscular performance and body composition. *J Strength Cond Res* 10:200-210, 1996.

245. Volek, JS, Kraemer, WJ, Rubin, MR, Gómez, AL, Ratamess, NA, and Gaynor, P. L-carnitine L-tartrate supplementation favorably affects markers of recovery from exercise stress. *Am J Physiol* 282:E474-E482, 2002.

246. Volek, JS, Ratamess, NA, Rubin, MR, Gómez, AL, French, DN, McGuigan, MM, Scheett, TP, Sharman, MJ, Häkkinen, K, and Kraemer, WJ. The effects of creatine supplementation on muscular performance and body composition responses to short-term resistance training overreaching. *Eur J Appl Physiol* 91:628-637, 2004.

247. Wächter, S, Vogt, M, Kreis, R, Boesch, C, Bigler, P, Hoppeler, H, and Krähenbühl, S. Long-term administration of L-carnitine to humans: Effect on skeletal muscle carnitine content and physical performance. *Clin Chim Acta* 318:51-61, 2002.

248. Wallace, MB, Lim, J, Cutler, A, and Bucci, L. Effects of dehydro-epiandrosterone vs androstenedione supplementation in men. *Med Sci Sports Exerc* 31:1788-1792, 1999.

249. Walsh, AL, Gonzalez, AM, Ratamess, NA, Kang, J, and Hoffman, JR. Improved time to exhaustion following ingestion of the energy drink Amino Impact. *J Int Soc Sports Nutr* 7:14, 2010.

250. Ward, P. The effect of an anabolic steroid on strength and lean body mass. *Med Sci Sports* 5:277-282, 1973.

251. Webster, MJ, Webster, MN, Crawford, RE, and Gladden, LB. Effect of sodium bicarbonate ingestion on exhaustive resistance exercise performance. *Med Sci Sports Exerc* 25:960-965, 1993.

252. Welle, S, Jozefowicz, R, Forbes, G, and Griggs, RC. Effect of testosterone on metabolic rate and body composition in normal men and men with muscular dystrophy. *J Clin Endocrinol Metab* 74:332-335, 1992.

253. Wiles, JD, Bird, SR, Hopkins, J, and Riley, M. Effect of caffeinated coffee on running speed, respiratory factors, blood lactate and perceived exertion during 1500-m treadmill running. *Br J Sports Med* 26:116-120, 1992.

254. Williams, AD, Cribb, PJ, Cooke, MB, and Hayes, A. The effect of ephedra and caffeine on maximal strength and power in resistance-trained athletes. *J Strength Cond Res* 22:464-470, 2008.

255. Willoughby, DS, and Rosene, J. Effects of oral creatine and resistance training on myosin heavy chain expression. *Med Sci Sports Exerc* 33:1674-1681, 2001.

256. Wilson, J. Androgen abuse by athletes. *Endocr Rev* 9:181-199, 1988.

257. Wilson, JM, Lowery, RP, Joy, JM, Andersen, JC, Wilson, SM, Stout, JR, Duncan, N, Fuller, JC, Baier, SM, Naimo, MA, and Rathmacher, J. The effects of 12 weeks of beta-hydroxy-beta-methylbutyrate free acid supplementation on muscle mass, strength, and power in resistance-trained individuals: A randomized, double-blind, placebo-controlled study. *Eur J Appl Physiol* 114:1217-1227, 2014.

258. Windsor, RE, and Dumitru, D. Anabolic steroid use by athletes. How serious are the health hazards? *Postgrad Med* 84:37-38, 41-43, 47-49, 1988.

259. Zoeller, RF, Stout, JR, O'Kroy, JA, Torok, DJ, and Mielke, M. Effects of 28 days of beta-alanine and creatine monohydrate supplementation on aerobic power, ventilatory and lactate thresholds, and time to exhaustion. *Amino Acids* 33:505-510, 2007.

CHAPTER 12 Principles of Test Selection and Administration

1. Anastasi, A. *Psychological Testing.* 7th ed. Upper Saddle River, NJ: Prentice Hall, 113-139, 1997.

2. Baumgartner, TA, and Jackson, AS. *Measurement for Evaluation in Physical Education and Exercise Science.* 8th ed. Madison, WI: Brown & Benchmark, 69-107, 2007.

3. Ben Abdelkrim, N, Castagna, C, Jabri, I, Battikh, T, El Fazaa, S, and El Ati, J. Activity profile and physiological requirements of junior elite basketball players in relation to aerobic-anaerobic fitness. *J Strength Cond Res* 24:2330-2342, 2010.

4. Bergeron, MF, Bahr, R, Bartsch, P, Bourdon, L, Calbet, JA, Carlsen, KH, Castagna, O, Gonzalez-Alonso, J, Lundby, C, Maughan, RJ, Millet, G, Mountjoy, M, Racinais, S, Rasmussen, P, Singh, DG, Subudhi, AW, Young, AJ, Soligard, T, and Engebretsen, L. International Olympic Committee consensus statement on thermoregulatory and altitude challenges for high-level athletes. *Br J Sports Med* 46:770-779, 2012.

5. Bogdanis, GC, Nevill, ME, Boobis, LH, Lakomy, HK, and Nevill, AM. Recovery of power output and muscle metabolites following 30 s of maximal sprint cycling in man. *J Physiol* 482 (Pt 2):467-480, 1995.

6. Brukner, P, and Khan, K. *Clinical Sports Medicine.* 4th ed. New York: McGraw-Hill, 1142-1143, 2012.

7. Buchheit, M, and Laursen, PB. High-intensity interval training, solutions to the programming puzzle. Part II: Anaerobic energy, neuromuscular load and practical applications. *Sports Med* 43:927-954, 2013.

8. Chu, D, and Vermeil, A. The rationale for field testing. *NSCA J* 5:35-36, 1983.

9. Dawson, B, Goodman, C, Lawrence, S, Preen, D, Polglaze, T, Fitzsimons, M, and Fournier, P. Muscle phosphocreatine repletion following single and repeated short sprint efforts. *Scand J Med Sci Sports* 7:206-213, 1997.

10. Fox, EL, Bowers, RW, and Foss, ML. *The Physiological Basis for Exercise and Sport.* 5th ed. Dubuque, IL: Brown, 338-340, 1993.

11. Fulco, CS, Rock, PB, and Cymerman, A. Maximal and submaximal exercise performance at altitude. *Aviat Space Environ Med* 69:793-801, 1998.

12. Gillam, GM, and Marks, M. 300 yard shuttle run. *NSCA J* 5:46, 1983.

13. Hayes, M, Castle, PC, Ross, EZ, and Maxwell, NS. The influence of hot humid and hot dry environments on intermittent-sprint exercise performance. *Int J Sports Physiol Perform* 9:387-396, 2014.

14. Heyward, VH. *Advanced Fitness Assessment and Exercise Prescription.* 7th ed. Champaign, IL: Human Kinetics, 47-78, 2014.

15. Hopkins, WG. Measures of reliability in sports medicine and science. *Sports Med* 30:1-15, 2000.

16. Joyce, D, and Lewindon, D. *High-Performance Training for Sports.* Champaign, IL: Human Kinetics, 3-5, 2014.

17. Kraning, KK, and Gonzalez, RR. A mechanistic computer simulation of human work in heat that accounts for physical and physiological effects of clothing, aerobic fitness, and progressive dehydration. *J Therm Biol* 22:331-342, 1997.

18. Larsen, GE, George, JD, Alexander, JL, Fellingham, GW, Aldana, SG, and Parcell, AC. Prediction of maximum oxygen consumption from walking, jogging, or running. *Res Q Exerc Sport* 73:66-72, 2002.

19. Matuszak, ME, Fry, AC, Weiss, LW, Ireland, TR, and McKnight, MM. Effect of rest interval length on repeated 1 repetition maximum back squats. *J Strength Cond Res* 17:634-637, 2003.

20. McArdle, WD, Katch, FI, and Katch, VL. *Exercise Physiology: Energy, Nutrition, and Human Performance.* 7th ed. Baltimore: Lippincott Williams & Wilkins, 648-661, 2007.

21. Messick, S. Validity. In *Educational Measurement,* Linn, R, ed. New York: Macmillan, 13-104, 1989.

22. Morrow, JR. *Measurement and Evaluation in Human Performance.* 4th ed. Champaign, IL: Human Kinetics, 102-108, 2011.

23. Narazaki, K, Berg, K, Stergiou, N, and Chen, B. Physiological demands of competitive basketball. *Scand J Med Sci Sports* 19:425-432, 2009.

24. Negrete, RJ, Hanney, WJ, Pabian, P, and Kolber, MJ. Upper body push and pull strength ratio in recreationally active adults. *Int J Sports Phys Ther* 8:138-144, 2013.

25. Newton, R, and Dugan, E. Application of strength diagnosis. *Strength Cond J* 24:50-59, 2002.

26. Parkin, JM, Carey, MF, Zhao, S, and Febbraio, MA. Effect of ambient temperature on human skeletal muscle metabolism during fatiguing submaximal exercise. *J Appl Physiol* 86:902-908, 1999.

27. Pescatello, LS, ed. *ACSM's Guidelines for Exercise Testing and Prescription.* 9th ed. Philadelphia: Wolters Kluwer Health/Lippincott Williams & Wilkins, 201-202, 216-223, 2014.

28. Ratamess, NA. *ACSM's Foundations of Strength Training and Conditioning.* Philadelphia: Lippincott Williams & Wilkins, 451-454, 2012.

29. Read, PJ, Hughes, J, Stewart, P, Chavda, S, Bishop, C, Edwards, M, and Turner, AN. A needs analysis and field-based testing battery for basketball. *J Strength Cond Res* 36:13-20, 2014.

30. Reilly, T, and Waterhouse, J. Sports performance: Is there evidence that the body clock plays a role? *Eur J Appl Physiol* 106:321-332, 2009.

31. Schuler, B, Thomsen, JJ, Gassmann, M, and Lundby, C. Timing the arrival at 2340 m altitude for aerobic performance. *Scand J Med Sci Sports* 17:588-594, 2007.

32. Sparks, SA, Cable, NT, Doran, DA, and Maclaren, DP. Influence of environmental temperature on duathlon performance. *Ergonomics* 48:1558-1567, 2005.

33. Turner, AN, and Stewart, PF. Repeat sprint ability. *Strength Cond J* 35:37-41, 2013.

34. Wisloff, U, Castagna, C, Helgerud, J, Jones, R, and Hoff, J. Strong correlation of maximal squat strength with sprint performance and vertical jump height in elite soccer players. *Br J Sports Med* 38:285-288, 2004.

CHAPTER 13 Administration, Scoring, and Interpretation of Selected Tests

1. Andersson, H, Raastad, T, Nilsson, J, Paulsen, G, Garthe, I, and Kadi, F. Neuromuscular fatigue and recovery in elite female soccer: Effects of active recovery. *Med Sci Sports Exerc* 40:372-380, 2008.

2. Arnason, A, Sigurdsson, SB, Gudmundsson, A, Holme, I, Engebretsen, L, and Bahr, R. Physical fitness, injuries, and team performance in soccer. *Med Sci Sports Exerc* 36:278-285, 2004.

3. Atkins, S, Hesketh, C, and Sinclair, J. The presence of bilateral imbalance of the lower limbs in elite youth soccer players of different ages. *J Strength Cond Res,* 2013.

4. Atkins, SJ. Performance of the Yo-Yo intermittent recovery test by elite professional and semiprofessional rugby league players. *J Strength Cond Res* 20:222-225, 2006.

5. Baker, D. 10-year changes in upper body strength and power in elite professional rugby league players: The effect of training age, stage, and content. *J Strength Cond Res* 27:285-292, 2013.

6. Baker, D, and Newton, RU. Discriminative analyses of various upper body tests in professional rugby-league players. *Int J Sports Physiol Perform* 1:347-360, 2006.

7. Baker, D, and Newton, RU. Comparison of lower body strength, power, acceleration, speed, agility, and sprint momentum to describe and compare playing rank among professional rugby league players. *J Strength Cond Res* 22:153-158, 2008.

8. Baker, DG, and Newton, RU. An analysis of the ratio and relationship between upper body pressing and pulling strength. *J Strength Cond Res* 18:594-598, 2004.

9. Bangsbo, J, Iaia, FM, and Krustrup, P. The Yo-Yo intermittent recovery test: A useful tool for evaluation of physical performance in intermittent sports. *Sports Med* 38:37-51, 2008.

10. Barr, MJ, and Nolte, VW. The importance of maximal leg strength for female athletes when performing drop jumps. *J Strength Cond*

Res 28:373-380, 2014.

11. Baumgartner, TA, and Jackson, AS. *Measurement for Evaluation in Physical Education and Exercise Science.* 8th ed. Madison, WI: Brown & Benchmark, 255-256, 2007.

12. Black, W, and Roundy, E. Comparisons of size, strength, speed, and power in NCAA Division 1-A football players. *J Strength Cond Res* 8:80-85, 1994.

13. Bradley, PS, Bendiksen, M, Dellal, A, Mohr, M, Wilkie, A, Datson, N, Orntoft, C, Zebis, M, Gomez-Diaz, A, Bangsbo, J, and Krustrup, P. The application of the Yo-Yo intermittent endurance level 2 test to elite female soccer populations. *Scand J Med Sci Sports* 24:43-54, 2014.

14. Bressel, E, Yonker, JC, Kras, J, and Heath, EM. Comparison of static and dynamic balance in female collegiate soccer, basketball, and gymnastics athletes. *J Athl Train* 42:42-46, 2007.

15. Burr, JF, Jamnik, RK, Baker, J, Macpherson, A, Gledhill, N, and McGuire, EJ. Relationship of physical fitness test results and hockey playing potential in elite-level ice hockey players. *J Strength Cond Res* 22:1535-1543, 2008.

16. Butler, RJ, Plisky, PJ, Southers, C, Scoma, C, and Kiesel, KB. Biomechanical analysis of the different classifications of the Functional Movement Screen deep squat test. *Sports Biomech* 9:270-279, 2010.

17. Castagna, C, and Castellini, E. Vertical jump performance in Italian male and female national team soccer players. *J Strength Cond Res* 27:1156-1161, 2013.

18. Church, JB. Basic statistics for the strength and conditioning professional. *Strength Cond J* 30:51-53, 2008.

19. Cohen, JA. *Statistical Power Analysis for the Behavioural Sciences.* Hillsdale, NJ: Erlbaum, 273-379, 1988.

20. Comfort, P, Graham-Smith, P, Matthews, MJ, and Bamber, C. Strength and power characteristics in English elite rugby league players. *J Strength Cond Res* 25:1374-1384, 2011.

21. Crewther, BT, McGuigan, MR, and Gill, ND. The ratio and allometric scaling of speed, power, and strength in elite male rugby union players. *J Strength Cond Res* 25:1968-1975, 2011.

22. Cullen, BD, Cregg, CJ, Kelly, DT, Hughes, SM, Daly, PG, and Moyna, NM. Fitness profiling of elite level adolescent Gaelic football players. *J Strength Cond Res* 27:2096-2103, 2013.

23. Davlin, CD. Dynamic balance in high level athletes. *Percept Mot Skills* 98:1171-1176, 2004.

24. Department of the Army. *Physical Fitness Training: Field Manual No. 21-20.* Washington, DC: Headquarters, Department of the Army, 1998.

25. Deprez, D, Coutts, AJ, Lenoir, M, Fransen, J, Pion, J, Philippaerts, R, and Vaeyens, R. Reliability and validity of the Yo-Yo intermittent recovery test level 1 in young soccer players. *J Sports Sci* 32:903-910, 2014.

26. Desgorces, FD, Berthelot, G, Dietrich, G, and Testa, MS. Local muscular endurance and prediction of 1 repetition maximum for bench in 4 athletic populations. *J Strength Cond Res* 24:394-400, 2010.

27. Driss, T, and Vandewalle, H. The measurement of maximal (anaerobic) power output on a cycle ergometer: A critical review. *Biomed Res Int* 2013:589361, 2013.

28. Evans, EM, Rowe, DA, Misic, MM, Prior, BM, and Arngrímsson, SA. Skinfold prediction equation for athletes developed using a four-component model. *Med Sci Sports Exerc* 37:2006-2011, 2005.

29. Flanagan, E. The effect size statistic-applications for the strength and conditioning coach. *Strength Cond J* 35:37-40, 2013.

30. Fox, EL, Bowers, RW, and Foss, ML. *The Physiological Basis for Exercise and Sport.* 5th ed. Dubuque, IL: Brown, 676, 1993.

31. Fry, AC, and Kraemer, WJ. Physical performance characteristics of American collegiate football players. *J Appl Sport Sci Res* 5:126-138, 1991.

32. Fry, AC, Schilling, BK, Staron, RS, Hagerman, FC, Hikida, RS, and Thrush, JT. Muscle fiber characteristics and performance correlates of male Olympic-style weightlifters. *J Strength Cond Res* 17:746-754, 2003.

33. Gabbett, T, and Georgieff, B. Physiological and anthropometric characteristics of Australian junior national, state, and novice volleyball players. *J Strength Cond Res* 21:902-908, 2007.

34. Gabbett, T, Jenkins, D, and Abernethy, B. Relationships between physiological, anthropometric, and skill qualities and playing performance in professional rugby league players. *J Sports Sci* 29:1655-1664, 2011.

35. Gabbett, T, Kelly, J, and Pezet, T. Relationship between physical fitness and playing ability in rugby league players. *J Strength Cond Res* 21:1126-1133, 2007.

36. Gabbett, T, Kelly, J, Ralph, S, and Driscoll, D. Physiological and anthropometric characteristics of junior elite and sub-elite rugby league players, with special reference to starters and non-starters. *J Sci Med Sport* 12:215-222, 2009.

37. Garcia-Lopez, J, Morante, JC, Ogueta-Alday, A, and Rodriguez-Marroyo, JA. The type of mat (Contact vs. Photocell) affects vertical jump height estimated from flight time. *J Strength Cond Res* 27:1162-1167, 2013.

38. Gillam, GM, and Marks, M. 300 yard shuttle run. *NSCA J* 5:46, 1983.

39. Gorostiaga, EM, Granados, C, Ibanez, J, Gonzalez-Badillo, JJ, and Izquierdo, M. Effects of an entire season on physical fitness changes in elite male handball players. *Med Sci Sports Exerc* 38:357-366, 2006.

40. Granados, C, Izquierdo, M, Ibanez, J, Ruesta, M, and Gorostiaga, EM. Effects of an entire season on physical fitness in elite female handball players. *Med Sci Sports Exerc* 40:351-361, 2008.

41. Gribble, PA, Hertel, J, and Plisky, P. Using the Star Excursion Balance Test to assess dynamic postural-control deficits and outcomes in lower extremity injury: A literature and systematic review. *J Athl Train* 47:339-357, 2012.

42. Haugen, TA, Tonnessen, E, and Seiler, S. Speed and countermovement-jump characteristics of elite female soccer players, 1995-2010. *Int J Sports Physiol Perform* 7:340-349, 2012.

43. Hertel, J, Braham, RA, Hale, SA, and Olmsted-Kramer, LC. Simplifying the star excursion balance test: Analyses of subjects with and without chronic ankle instability. *J Orthop Sports Phys Ther* 36:131-137, 2006.

44. Hetzler, RK, Stickley, CD, Lundquist, KM, and Kimura, IF. Reliability and accuracy of handheld stopwatches compared with electronic timing in measuring sprint performance. *J Strength Cond Res* 22:1969-1976, 2008.

45. Heyward, VH. *Advanced Fitness Assessment and Exercise Prescription.* Champaign, IL: Human Kinetics, 47-56, 222, 235-244, 2014.

46. Heyward, VH, and Stolarczyk, LM. *Applied Body Composition Assessment.* Champaign, IL: Human Kinetics, 106-134, 1996.

47. Hoffman, J. *Norms for Fitness, Performance, and Health.* Champaign, IL: Human Kinetics, 36-38, 55-58, 113, 2006.

48. Hoffman, JR, Ratamess, NA, Klatt, M, Faigenbaum, AD, Ross, RE, Tranchina, NM, McCurley, RC, Kang, J, and Kraemer, WJ. Comparison between different off-season resistance training programs in Division III American college football players. *J Strength Cond Res* 23:11-19, 2009.

49. Hoffman, JR, Ratamess, NA, Neese, KL, Ross, RE, Kang, J, Magrelli, JF, and Faigenbaum, AD. Physical performance characteristics in National Collegiate Athletic Association Division III champion female lacrosse athletes. *J Strength Cond Res* 23:1524-1529, 2009.

50. Hoffman, JR, Vazquez, J, Pichardo, N, and Tenenbaum, G. Anthropometric and performance comparisons in professional baseball players. *J Strength Cond Res* 23:2173-2178, 2009.

51. Hopkins, WG. Progressive statistics for studies in sports medicine and exercise science. *Med Sci Sports Exerc* 41:3-13, 2009.

52. Hrysomallis, C. Balance ability and athletic performance. *Sports Med* 41:221-232, 2011.

53. Hrysomallis, C. Injury incidence, risk factors and prevention in Australian rules football. *Sports Med* 43:339-354, 2013.

54. Iverson, GL, and Koehle, MS. Normative data for the balance error

752 ストレングストレーニング&コンディショニング

scoring system in adults. *Rehabil Res Pract* 2013:846418, 2013.

55. Jackson, AS, and Pollock, ML. Generalized equations for predicting body density of men. *Br J Nutr* 40:497-504, 1978.

56. Jackson, AS, Pollock, ML, and Gettman, LR. Intertester reliability of selected skinfold and circumference measurements and percent fat estimates. *Res Q* 49:546-551, 1978.

57. Jackson, AS, Pollock, ML, and Ward, A. Generalized equations for predicting body density of women. *Med Sci Sports Exerc* 12:175-181, 1980.

58. Krustrup, P, Bradley, PS, Christensen, JF, Castagna, C, Jackman, S, Connolly, L, Randers, MB, Mohr, M, and Bangsbo, J. The Yo-Yo IE2 Test: Physiological response for untrained men vs trained soccer players. *Med Sci Sports Exerc* 47, 100-108, 2015.

59. Krustrup, P, Zebis, M, Jensen, JM, and Mohr, M. Game-induced fatigue patterns in elite female soccer. *J Strength Cond Res* 24:437-441, 2010.

60. Leger, L, and Boucher, R. An indirect continuous running multistage field test: The Université de Montréal track test. *Can J Appl Sport Sci* 5:77-84, 1990.

61. Leger, L, and Mercier, D. Gross energy cost of horizontal treadmill and track running. *Sports Med* 1:270-277, 1984.

62. Lloyd, RS, Oliver, JL, Hughes, MG, and Williams, CA. Reliability and validity of field-based measures of leg stiffness and reactive strength index in youths. *J Sports Sci* 27:1565-1573, 2009.

63. Magal, M, Smith, RT, Dyer, JJ, and Hoffman, JR. Seasonal variation in physical performance-related variables in male NCAA Division III soccer players. *J Strength Cond Res* 23:2555-2559, 2009.

64. Mann, JB, Stoner, JD, and Mayhew, JL. NFL-225 test to predict 1RM bench press in NCAA Division I football players. *J Strength Cond Res* 26:2623-2631, 2012.

65. McArdle, WD, Katch, FI, and Katch, VL. *Exercise Physiology: Energy, Nutrition, and Human Performance.* 8th ed. Baltimore: Lippincott Williams & Wilkins, 236-237, 749-752, 2015.

66. McCurdy, K, and Langford, G. The relationship between maximum unilateral squat strength and balance in young adult men and women. *J Sports Sci Med* 5:282-288, 2006.

67. McCurdy, K, Walker, JL, Langford, GA, Kutz, MR, Guerrero, JM, and McMillan, J. The relationship between kinematic determinants of jump and sprint performance in division I women soccer players. *J Strength Cond Res* 24:3200-3208, 2010.

68. McGill, SM, Andersen, JT, and Horne, AD. Predicting performance and injury resilience from movement quality and fitness scores in a basketball team over 2 years. *J Strength Cond Res* 26:1731-1739, 2012.

69. McGuigan, MR, Doyle, TL, Newton, M, Edwards, DJ, Nimphius, S, and Newton, RU. Eccentric utilization ratio: Effect of sport and phase of training. *J Strength Cond Res* 20:992-995, 2006.

70. McGuigan, MR, Sheppard, JM, Cormack, SJ, and Taylor, K. Strength and power assessment protocols. In *Physiological Tests for Elite Athletes.* Tanner, RK, and Gore, CJ, eds. Champaign, IL: Human Kinetics, 207-230, 2013.

71. McMaster, DT, Gill, N, Cronin, J, and McGuigan, M. A brief review of strength and ballistic assessment methodologies in sport. *Sports Med* 44:603-623, 2014.

72. Meir, R, Newton, R, Curtis, E, Fardell, M, and Butler, B. Physical fitness qualities of professional rugby league football players: Determination of positional differences. *J Strength Cond Res* 15:450-458, 2001.

73. Miller, T. *NSCA's Guide to Tests and Assessments.* Champaign, IL: Human Kinetics, 10-29, 193-199, 229-247, 295-315, 2012.

74. Mohr, M, Krustrup, P, and Bangsbo, J. Match performance of top-level soccer players with special reference to development of fatigue. *J Sports Sci* 21:519-528, 2003.

75. Moresi, MP, Bradshaw, EP, Greene, D, and Naughton, G. The assessment of adolescent female athletes using standing and reactive long jumps. *Sports Biomech* 10:73-84, 2011.

76. Mujika, I, Santisteban, J, Impellizzeri, FM, and Castagna, C. Fitness

determinants of success in men's and women's football. *J Sports Sci* 27:107-114, 2009.

77. Newton, R, and Dugan, E. Application of strength diagnosis. *Strength Cond J* 24:50-59, 2002.

78. Nieman, DC. *Fitness and Sports Medicine.* 3rd ed. Palo Alto, CA: Bull, 504, 1995.

79. Nieman, DC. *Exercise Testing and Prescription: A Health-Related Approach.* 7th ed. New York: McGraw-Hill, 148-150, 2011.

80. Nimphius, S, McGuigan, MR, and Newton, RU. Relationship between strength, power, speed, and change of direction performance of female softball players. *J Strength Cond Res* 24:885-895, 2010.

81. Nimphius, S, McGuigan, MR, and Newton, RU. Changes in muscle architecture and performance during a competitive season in female softball players. *J Strength Cond Res* 26:2655-2666, 2012.

82. Oba, Y, Hetzler, RK, Stickley, CD, Tamura, K, Kimura, IF, and Heffernan, T. Allometric scaling of strength scores in NCAA Division IA football athletes. *J Strength Cond Res* 28:3330-3337, 2014.

83. Olmsted, LC, Carcia, CR, Hertel, J, and Shultz, SJ. Efficacy of the star excursion balance tests in detecting reach deficits in subjects with chronic ankle instability. *J Athl Train* 37:501-506, 2002.

84. Parchmann, CJ, and McBride, JM. Relationship between functional movement screen and athletic performance. *J Strength Cond Res* 25:3378-3384, 2011.

85. Parsonage, JR, Williams, RS, Rainer, P, McKeown, I, and Williams, MD. Assessment of conditioning-specific movement tasks and physical fitness measures in talent identified under 16-year-old rugby union players. *J Strength Cond Res* 28:1497-1506, 2014.

86. Pauole, K, Madole, K, Garhammer, J, Lacourse, M, and Rozenek, R. Reliability and validity of the t-test as a measure of agility, leg power, and leg speed in college-aged men and women. *J Strength Cond Res* 14:443-450, 2000.

87. Pearson, SN, Cronin, JB, Hume, PA, and Slyfield, D. Kinematics and kinetics of the bench-press and bench-pull exercises in a strength-trained sporting population. *Sports Biomech* 8:245-254, 2009.

88. Pescatello, LS, ed. *ACSM's Guidelines for Exercise Testing and Prescription.* 9th ed. Philadelphia: Wolters Kluwer Health/Lippincott Williams & Wilkins, 62-109, 2014.

89. Ransdell, LB, and Murray, T. A physical profile of elite female ice hockey players from the USA. *J Strength Cond Res* 25:2358-2363, 2011.

90. Ratamess, NA. *ACSM's Foundations of Strength Training and Conditioning.* Philadelphia: Lippincott Williams & Wilkins, 451-486, 2012.

91. Reid, DD, and Sandland, RL. New lamps for old? *J Roy Statist Soc Ser C* 32:86-87, 1983.

92. Reilly, T, and Waterhouse, J. Sports performance: Is there evidence that the body clock plays a role? *Eur J Appl Physiol* 106:321-332, 2009.

93. Reiman, MP, and Manske, R. *Functional Testing in Human Performance.* Champaign, IL: Human Kinetics, 108-109, 2009.

94. Rhea, MR. Determining the magnitude of treatment effects in strength training research through the use of the effect size. *J Strength Cond Res* 18:918-920, 2004.

95. Riemann, BL, Guskiewicz, KM, and Shields, EW. Relationship between clinical and forceplate measures of postural stability. *J Sport Rehabil* 8:71-82, 1999.

96. Sanchez-Medina, L, Gonzalez-Badillo, JJ, Perez, CE, and Pallares, JG. Velocity- and power-load relationships of the bench pull vs. bench press exercises. *Int J Sports Med* 35:209-216, 2014.

97. Sassi, RH, Dardouri, W, Yahmed, MH, Gmada, N, Mahfoudhi, ME, and Gharbi, Z. Relative and absolute reliability of a modified agility T-test and its relationship with vertical jump and straight sprint. *J Strength Cond Res* 23:1644-1651, 2009.

98. Schaal, M, Ransdell, LB, Simonson, SR, and Gao, Y. Physiologic performance test differences in female volleyball athletes by competition level and player position. *J Strength Cond Res* 27:1841-1850,

2013.

99. Sedano, S, Vaeyens, R, Philippaerts, RM, Redondo, JC, and Cuadrado, G. Anthropometric and anaerobic fitness profile of elite and non-elite female soccer players. *J Sports Med Phys Fitness* 49:387-394, 2009.

100. Semenick, D. The T-test. *NSCA J* 12:36-37, 1990.

101. Sheppard, JM, and Young, WB. Agility literature review: Classifications, training and testing. *J Sports Sci* 24:919-932, 2006.

102. Silvestre, R, West, C, Maresh, CM, and Kraemer, WJ. Body composition and physical performance in men's soccer: A study of a National Collegiate Athletic Association Division I team. *J Strength Cond Res* 20:177-183, 2006.

103. Slaughter, MH, Lohman, TG, Boileau, RA, Horswill, CA, Stillman, RJ, Van Loan, MD, and Bemben, DA. Skinfold equations for estimation of body fatness in children and youth. *Hum Biol* 60:709-723, 1988.

104. Sloan, AW, and Weir, JB. Nomograms for prediction of body density and total body fat from skinfold measurements. *J Appl Physiol* 28:221-222, 1970.

105. Spiteri, T, Nimphius, S, Hart, NH, Specos, C, Sheppard, JM, and Newton, RU. The contribution of strength characteristics to change of direction and agility performance in female basketball players. *J Strength Cond Res* 28:2415-2423, 2014.

106. Sporis, G, Jukic, I, Ostojic, SM, and Milanovic, D. Fitness profiling in soccer: Physical and physiologic characteristics of elite players. *J Strength Cond Res* 23:1947-1953, 2009.

107. Sporis, G, Ruzic, L, and Leko, G. The anaerobic endurance of elite soccer players improved after a high-intensity training intervention in the 8-week conditioning program. *J Strength Cond Res* 22:559-566, 2008.

108. Stewart, PF, Turner, AN, and Miller, SC. Reliability, factorial validity, and interrelationships of five commonly used change of direction speed tests. *Scand J Med Sci Sports* 24:500-506, 2014.

109. Stockbrugger, BA, and Haennel, RG. Contributing factors to performance of a medicine ball explosive power test: A comparison between jump and nonjump athletes. *J Strength Cond Res* 17:768-774, 2003.

110. Thomas, JR, Nelson, JK, and Silverman, SJ. *Research Methods in Physical Activity.* 6th ed. Champaign, IL: Human Kinetics, 99-112, 2011.

111. Thorpe, JL, and Ebersole, KT. Unilateral balance performance in female collegiate soccer athletes. *J Strength Cond Res* 22:1429-1433, 2008.

112. Till, K, Cobley, S, O'Hara, J, Brightmore, A, Cooke, C, and Chapman, C. Using anthropometric and performance characteristics to predict selection in junior UK Rugby League players. *J Sci Med Sport* 14:264-269, 2011.

113. Till, K, Cobley, S, O'Hara, J, Morley, D, Chapman, C, and Cooke, C. Retrospective analysis of anthropometric and fitness characteristics associated with long-term career progression in Rugby League. *J Sci Med Sport* 18:310-314, 2015.

114. Till, K, Tester, E, Jones, B, Emmonds, S, Fahey, J, and Cooke, C. Anthropometric and physical characteristics of English academy rugby league players. *J Strength Cond Res* 28:319-327, 2014.

115. Turner, AN, and Stewart, PF. Repeat sprint ability. *Strength Cond J* 35:37-41, 2013.

116. Vernillo, G, Silvestri, A, and Torre, AL. The yo-yo intermittent recovery test in junior basketball players according to performance level and age group. *J Strength Cond Res* 26:2490-2494, 2012.

117. Vescovi, JD, Brown, TD, and Murray, TM. Descriptive characteristics of NCAA Division I women lacrosse players. *J Sci Med Sport* 10:334-340, 2007.

118. Vescovi, JD, and McGuigan, MR. Relationships between sprinting, agility, and jump ability in female athletes. *J Sports Sci* 26:97-107, 2008.

119. Volek, JS, Ratamess, NA, Rubin, MR, Gomez, AL, French, DN, McGuigan, MM, Scheett, TP, Sharman, MJ, Hakkinen, K, and Kraemer, WJ. The effects of creatine supplementation on muscular performance and body composition responses to short-term resistance training overreaching. *Eur J Appl Physiol* 91:628-637, 2004.

120. Walklate, BM, O'Brien, BJ, Paton, CD, and Young, W. Supplementing regular training with short-duration sprint-agility training leads to a substantial increase in repeated sprint-agility performance with national level badminton players. *J Strength Cond Res* 23:1477-1481, 2009.

121. Whitehead, PN, Schilling, BK, Peterson, DD, and Weiss, LW. Possible new modalities for the Navy physical readiness test. *Mil Med* 177:1417-1425, 2012.

122. Whitmer, T, Fry, AC, Forsythe, C, Andre, MJ, Lane, MT, Hudy, A, and Honnold, D. Accuracy of a vertical jump contact mat for determining jump height and flight time. *J Strength Cond Res* 29:877-881, 2015.

123. Wisloff, U, Castagna, C, Helgerud, J, Jones, R, and Hoff, J. Strong correlation of maximal squat strength with sprint performance and vertical jump height in elite soccer players. *Br J Sports Med* 38:285-288, 2004.

124. Wisloff, U, Helgerud, J, and Hoff, J. Strength and endurance of elite soccer players. *Med Sci Sports Exerc* 30:462-467, 1998.

125. YMCA. *YMCA Fitness Testing and Assessment Manual.* Champaign, IL: Human Kinetics, 2000.

126. Young, W, Russell, A, Burge, P, Clarke, A, Cormack, S, and Stewart, G. The use of sprint tests for assessment of speed qualities of elite Australian rules footballers. *Int J Sports Physiol Perform* 3:199-206, 2008.

127. Young, WB, and Pryor, L. Relationship between pre-season anthropometric and fitness measures and indicators of playing performance in elite junior Australian Rules football. *J Sci Med Sport* 10:110-118, 2007.

CHAPTER 14 Warm-Up and Flexibility Training

1. Andersen, JC. Stretching before and after exercise: Effect on muscle soreness and injury risk. *J Athl Train* 40:218-220, 2005.

2. Anthony, CP, and Kolthoff, NJ. *Textbook of Anatomy and Physiology.* 9th ed. St. Louis: Mosby, 1975.

3. Asmussen, E, Bonde-Peterson, F, and Jorgenson, K. Mechano-elastic properties of human muscles at different temperatures. *Acta Physiol Scand* 96:86-93, 1976.

4. Bandy, WD, and Irion, JM. The effect of time on static stretch on the flexibility of the hamstring muscles. *Phys Ther* 74:845-852, 1994.

5. Bandy, WD, Irion, JM, and Briggler, M. The effect of static stretch and dynamic range of motion training on the flexibility of the hamstring muscles. *J Orthop Sports Phys Ther* 27:295-300, 1998.

6. Bandy, WD, Irion, JM, and Briggler, M. The effect of time and frequency of static stretching on flexibility of the hamstring muscles. *Phys Ther* 77:1090-1096, 1997.

7. Behm, DG, Bambury, A, Cahill, F, and Power, K. Effect of acute static stretching on force, balance, reaction time, and movement time. *Med Sci Sports Exerc* 36:1397-1402, 2004.

8. Behm, DG, Button, DC, and Butt, JC. Factors affecting force loss with prolonged stretching. *Can J Appl Physiol* 26:261-272, 2001.

9. Bergh, U, and Ekblom, B. Influence of muscle temperature on maximal strength and power output in human muscle. *Acta Physiol Scand* 107:332-337, 1979.

10. Bishop, D. Warm-up. Potential mechanisms and the effects of passive warm-up on performance. *Sports Med* 33:439-454, 2003.

11. Bishop, D. Warm up II. Performance changes following active warm-up and how to structure the warm-up. *Sports Med* 33:483-498, 2003.

12. Blazevich, AJ, Cannavan, D, Waugh, CM, Fath, F, Miller, SC, and Kay, AD. Neuromuscular factors influencing the maximum stretch limit of the human plantar flexors. *J Appl Physiol* 113(9):1446-1455, 2012

13. Brodowicz, GR, Welsh, R, and Wallis, J. Comparison of stretching with ice, stretching with heat, or stretching alone on hamstring flexibility. *J Athl Train* 31:324-327, 1996.

14. Burkett, LN, Phillips, WT, and Ziuraitis, J. The best warm-up for the vertical jump in college-age athletic men. *J Strength Cond Res* 19:673-676, 2005.

15. Cherry, DB. Review of physical therapy alternatives for reducing muscle contracture. *Phys Ther* 60:877-881, 1980.

16. Church, JB, Wiggins, MS, Moode, FM, and Crist, R. Effect of warm-up and flexibility treatments on vertical jump performance. *J Strength Cond Res* 15:332-336, 2001.

17. Cipriani, D, Abel, B, and Pirrwitz, D. A comparison of two stretching protocols on hip range of motion: Implications for total daily stretch duration. *J Strength Cond Res* 17:274-278, 2003.

18. Condon, SM, and Hutton, RS. Soleus muscle electromyographic activity and ankle dorsiflexion range of motion during four stretching procedures. *Phys Ther* 67:24-30, 1987.

19. Cook, G. *Movement: Functional Movement Systems: Screening Assessment and Corrective Strategies.* Aptos, CA: On Target, 19, 2010.

20. Corbin, CB, Dowell, LJ, Lindsey, R, and Tolson, H. *Concepts in Physical Education.* Dubuque, IA: Brown, 1-320, 1978.

21. Cornelius, WJ. The effective way. *NSCA J* 7:62-64, 1985.

22. Cornelius, WJ, and Hinson, MM. The relationship between isometric contractions of hip extensors and subsequent flexibility in males. *Sports Med Phys Fitness* 20:75-80, 1980.

23. Cornwell, A, Nelson, AG, and Sidaway, B. Acute effects of stretching on the neuromechanical properties of the triceps surae muscle complex. *Eur J Appl Physiol* 86:428-434, 2002.

24. Covert, CA, Alexander, MP, Petronis, JJ, and Davis, DS. Comparison of ballistic and static stretching on hamstring muscle length using an equal stretching dose. *J Strength Cond Res* 24:3008-3014, 2010.

25. Cramer, JT, Housh, TJ, Coburn, JW, Beck, TW, and Johnson, GO. Acute effects of static stretching on maximal eccentric torque production in women. *J Strength Cond Res* 20:354-358, 2006.

26. Cramer, JT, Housh, TJ, Johnson, GO, Miller, JM, Coburn, JW, and Beck, TW. Acute effects of static stretching on peak torque in women. *J Strength Cond Res* 18:236-241, 2004.

27. Cramer, JT, Housh, TJ, Weir, JP, Johnson, GO, Coburn, JW, and Beck, TW. The acute effects of static stretching on peak torque, mean power output, electromyography, and mechanomyography. *Eur J Appl Physiol* 93:530-539, 2005.

28. Davis, DS, Ashby, PE, McCale, KL, McQuain, JA, and Wine, JM. The effectiveness of 3 stretching techniques on hamstring flexibility using consistent stretching parameters. *J Strength Cond Res* 19:27-32, 2005.

29. Depino, GM, Webright, WG, and Arnold, BL. Duration of maintained hamstring flexibility after cessation of an acute static stretching protocol. *J Athl Train* 35:56-59, 2000.

30. deVries, HA, and Housh, TJ. *Physiology of Exercise for Physical Education, Athletics and Exercise Science.* 5th ed. Dubuque, IA: Brown, 1995.

31. de Weijer, VC, Gorniak, GC, and Shamus, E. The effect of static stretch and warm-up exercise on hamstring length over the course of 24 hours. *J Orthop Sports Phys Ther* 33:727-733, 2003.

32. Earle, RW, and Baechle, TR, eds. *NSCA's Essentials of Personal Training.* Champaign, IL: Human Kinetics, 267-294, 2004.

33. Enoka, RM. *Neuromechanics of Human Movement.* 4th ed. Champaign, IL: Human Kinetics, 305-309, 2008.

34. Etnyre, BR, and Abraham, LD. Gains in range of ankle dorsiflexion using three popular stretching techniques. *Am J Phys Med* 65:189-196, 1986.

35. Evetovich, TK, Nauman, NJ, Conley, DS, and Todd, JB. Effect of static stretching of the biceps brachii on torque, electromyography, and mechanomyography during concentric isokinetic muscle actions. *J Strength Cond Res* 17:484-488, 2003.

36. Faigenbaum, AD, Bellucci, M, Bernieri, A, Bakker, B, and Hoorens, K. Acute effects of different warm-up protocols on fitness performance in children. *J Strength Cond Res* 19:376-381, 2005.

37. Fleck, SJ, and Kraemer, WJ. *Designing Resistance Training Programs.* 3rd ed. Champaign, IL: Human Kinetics, 142, 2004.

38. Fletcher, IM, and Jones, B. The effect of different warm-up stretch protocols on 20 meter sprint performance in trained rugby union players. *J Strength Cond Res* 18:885-888, 2004.

39. Flexibility: Roundtable. *NSCA J* 6:10-22, 71-73, 1984.

40. Fox, EL. *Sports Physiology.* Philadelphia: Saunders, 240-350, 1979.

41. Fradkin, AJ, Gabbe, BJ, and Cameron, PA. Does warming up prevent injury in sport? The evidence from randomised controlled trials. *J Sci Med Sport* 9:214-220, 2006.

42. Fradkin, AJ, Zazryn, TR, and Smoliga, JM. Effects of warming up on physical performance: A systematic review with meta analysis. *J Strength Cond Res* 24:140-148, 2010.

43. Funk, DC, Swank, AM, Mikla, BM, Fagan, TA, and Farr, BK. Impact of prior exercise on hamstring flexibility: A comparison of proprioceptive neuromuscular facilitation and static stretching. *J Strength Cond Res* 17:489-492, 2003.

44. Getchell, B. *Physical Fitness: A Way of Life.* New York: Wiley, 1-53, 1979.

45. Gleim, GW, and McHugh, MP. Flexibility and its effects on sports injury and performance [review]. *Sports Med* 24:289-299, 1997.

46. Gremion, G. Is stretching for sports performance still useful? A review of the literature. *Rev Med Suisse* 27:1830-1834, 2005.

47. Hart, L. Effect of stretching on sport injury risk: A review. *Med Sci Sports Exerc* 36:371-378, 2004.

48. Hedrick, A. Dynamic flexibility training. *Strength Cond J* 22:33-38, 2000.

49. Hedrick, A. Flexibility, body-weight and stability ball exercises. In *NSCA's Essentials of Personal Training.* Earle, RW, and Baechle, TR, eds. Champaign, IL: Human Kinetics, 268-294, 2004.

50. Herbert, RD, and Gabriel, M. Effects of stretching before and after exercise on muscle soreness and risk of injury: A systematic review. *Br Med J* 325:468-470, 2002.

51. Hoffman, J. *Physiological Aspects of Sports Training and Performance.* Champaign, IL: Human Kinetics, 156, 2002.

52. Holland, GJ. The physiology of flexibility: A review of the literature. *Kinesthesiol Rev* 1:49-62, 1966.

53. Holt, LE, Travis, TM, and Okia, T. Comparative study of three stretching techniques. *Percept Mot Skills* 31:611-616, 1970.

54. Jeffreys, I. Warm-up revisited: The ramp method of optimizing warm-ups. *Prof Strength Cond* 6:12-18, 2007.

55. Johansson, PH, Lindstrom, L, Sundelin, G, and Lindstrom, B. The effects of pre-exercise stretching on muscular soreness, tenderness and force loss following heavy eccentric exercise. *Scand J Med Sci Sports* 9:219-225, 1999.

56. Kay, AD, and Blazevich, AJ. Effect of acute static stretching on maximal muscle performance: A systematic review. *Med Sci Sports Exerc* 44:154-164, 2012.

57. Knapik, JJ, Bauman, CL, and Jones, BH. Preseason strength and flexibility imbalances associated with athletic injuries in female collegiate athletes. *Am J Orthop Soc Sports Med* 19:76-81, 1991.

58. Knapik, JJ, Jones, BH, Bauman, CL, and Harris, JM. Strength, flexibility and athletic injuries. *Sports Med* 14:277-288, 1992.

59. Knudson, DV, Magnusson, P, and McHugh, M. Current issues in flexibility fitness. *Pres Counc Phys Fit Sports Res Dig* 3:1-6, 2000.

60. Leighton, JR. A study of the effect of progressive weight training on flexibility. *J Assoc Phys Ment Rehabil* 18:101, 1964.

61. Lund, H, Vestergaard-Poulsen, P, Kanstrup, IL, and Sejrsen, P. The effect of passive stretching on delayed onset muscle soreness, and other detrimental effects following eccentric exercise. *Scand J Med Sci Sports* 8:216-221, 1998.

62. Magnusson, SP, Simonsen, EB, Aagaard, P, Boesen, J, Johannsen, F, and Kjaer, M. Determinants of musculoskeletal flexibility: Viscoelastic properties, cross-sectional area, EMG and stretch tolerance. *Scand J Med Sci Sports* 7:195-202, 1997.

63. Mahieu, NN, McNair, P, De Muynck, M, Stevens, V, Blanckaert, I, Smits, N, and Witvrouw, E. Effect of static and ballistic stretching on the muscle-tendon tissue properties. *Med Sci Sports Exerc* 39:494-501, 2007.

64. Mann, DP, and Jones, MT. Guidelines to the implementation of a dynamic stretching program. *Strength Cond J* 21:53-55, 1999.

65. Marek, SM, Cramer, JT, Fincher, AL, Massey, LL, Dangelmaier, SM, Purkayastha, S, Fitz, KA, and Culbertson, JY. Acute effects of static and proprioceptive neuromuscular facilitation stretching on muscle strength and power output. *J Athl Train* 40:94-103, 2005.

66. Marshall, JL, Johanson, N, Wickiewicz, TL, Tishler, HM, Koslin, BL, Zeno, S, and Myers, A. Joint looseness: A function of the person and the joint. *Med Sci Sports Exerc* 12:189-194, 1980.

67. Massis, M. Flexibility: The missing link in the Power Jigsaw. *Prof Strength Cond* 14:16-19, 2009.

68. McArdle, WD, Katch, FI, and Katch, VL. *Exercise Physiology: Energy, Nutrition and Human Performance.* 6th ed. Baltimore: Lippincott Williams & Wilkins, 574-575, 2007.

69. McAtee, RE, and Charland, J. *Facilitated Stretching.* 3rd ed. Champaign, IL: Human Kinetics, 13-20, 2007.

70. McFarland, B. Developing maximum running speed. *NSCA J* 6:24-28, 1984.

71. McNeal, JR, and Sands, WA. Stretching for performance enhancement. *Curr Sports Med Rep* 5:141-146, 2006.

72. Moore, MA, and Hutton, RS. Electromyographic investigation of muscle stretching techniques. *Med Sci Sports Exerc* 12:322-329, 1980.

73. Nelson, AG, Kokkonen, J, and Arnall, DA. Acute muscle stretching inhibits muscle strength endurance performance. *J Strength Cond Res* 19:338-343, 2005.

74. Nelson, RT, and Bandy, WD. Eccentric training and static stretching improve hamstring flexibility of high school males. *J Athl Train* 39:254-258, 2004.

75. Pope, RP, Herbert, RD, Kirwan, JD, and Graham, BJ. A randomised trial of pre-exercise stretching for prevention of lower limb injury. *Med Sci Sports Exerc* 32:271-277, 2000.

76. Power, K, Behm, D, Cahill, F, Carroll, M, and Young, W. An acute bout of static stretching: Effects on force and jumping performance. *Med Sci Sports Exerc* 36:1389-1396, 2004.

77. Prentice, WE. A comparison of static stretching and PNF stretching for improving hip joint flexibility. *Athl Train* 18(1):56-59, 1983.

78. Riewald, S. Stretching the limits of knowledge on stretching. *Strength Cond J* 26:58-59, 2004.

79. Roberts, JM, and Wilson, K. Effect of stretching duration on active and passive range of motion in the lower extremity. *Br J Sports Med* 33:259-263, 1999.

80. Sady, SP, Wortman, M, and Blanket, D. Flexibility training: Ballistic, static or proprioceptive neuromuscular facilitation? *Arch Phys Med Rehabil* 63:261-263, 1992.

81. Safran, MR, Garrett, WE, Seaber, AV, Glisson, RR, and Ribbeck, BM. The role of warm-up in muscular injury prevention. *Am J Sports Med* 16:123-129, 1988.

82. Sands, WA. Flexibility. In *Strength and Conditioning: Biological Principles and Practical Applications.* Cardinale, M, Newton, R, and Nosaka, K, eds. Hoboken, NJ: Wiley, 389-398, 2011.

83. Shrier, I. Does stretching improve performance? A systematic and critical review of the literature [review]. *Clin J Sport Med* 14:267-273, 2004.

84. Shrier, I. Meta-analysis on pre-exercise stretching. *Med Sci Sports Exerc* 36:1832, 2004.

85. Shrier, I. Stretching before exercise: An evidence based approach. *Br J Sports Med* 34:324-325, 2000.

86. Shrier, I. Stretching before exercise does not reduce the risk of local muscle injury: A critical review of the clinical and basic science literature. *Clin J Sport Med* 9:221-227, 1999.

87. Simic, L, Sarabon, N, and Markovic, G. Does pre-exercise static stretching inhibit maximal muscular performance? A meta-analytical review. *Scand J Med Sci Sports* 23:131-148, 2013.

88. Tanigawa, MC. Comparison of the hold relax procedure and passive mobilization on increasing muscle length. *Phys Ther* 52:725-735, 1972.

89. Thacker, SB, Gilchrist, J, Stroup, DF, and Kimsey, CD, Jr. The impact of stretching on sports injury risk: A systematic review of the literature. *Med Sci Sports Exerc* 36:371-378, 2004.

90. Todd, T. Historical perspective: The myth of the muscle-bound lifter. *NSCA J* 6:37-41, 1985.

91. Voss, DE, Ionta, MK, and Myers, BJ. *Proprioceptive Neuromuscular Facilitation: Patterns and Techniques.* 3rd ed. Philadelphia: Harper & Row, 1-370, 1985.

92. Wallmann, HW, Mercer, JA, and McWhorter, JW. Surface electromyographic assessment of the effect of static stretching of the gastrocnemius on vertical jump performance. *J Strength Cond Res* 19:684-688, 2005.

93. Walter, SD, Figoni, SF, Andres, FF, and Brown, E. Training intensity and duration in flexibility. *Clin Kinesthesiol* 50:40-45, 1996.

94. Weiss, LW, Cureton, KJ, and Thompson, FN. Comparison of serum testosterone and androstenedione responses to weight lifting in men and women. *Eur J Appl Physiol* 50:413-419, 1983.

95. Wilmore, JH, Parr, RB, Girandola, RN, Ward, P, Vodak, PA, Barstow, TJ, Pipes, TV, Romero, GT, and Leslie, P. Physiological alterations consequent to circuit weight training. *Med Sci Sport* 10:79-84, 1978.

96. Winters, MV, Blake, CG, Trost, JS, Marcello-Brinker, TB, Lowe, LM, Garber, MB, and Wainner, RS. Passive versus active stretching of hip flexor muscles in subjects with limited hip extension: A randomized clinical trial. *Phys Ther* 84:800-807, 2004.

97. Witvrouw, E, Mahieu, N, Danneels, L, and McNair, P. Stretching and injury prevention: An obscure relationship. *Sports Med* 34:443-449, 2004.

98. Yamaguchi, T, and Ishii, K. Effects of static stretching for 30 seconds and dynamic stretching on leg extension power. *J Strength Cond Res* 19:677-683, 2005.

99. Young, WB, and Behm, DG. Effects of running, static stretching and practice jumps on explosive force production and jumping performance. *J Sports Med Phys Fitness* 43:21-27, 2003.

100. Young, WB, and Behm, DG. Should static stretching be used during a warm up for strength and power activities? *Strength Cond J* 24:33-37, 2002.

CHAPTER 15   Exercise Technique for Free Weight and Machine Training

1. Bartelink, DL. The role of abdominal pressure in relieving the pressure on the lumbar intervertebral discs. *J Bone Joint Surg* 39B:718-725, 1957.

2. Bauer, JA, Fry, A, and Carter, C. The use of lumbar-supporting weight belts while performing squats: Erector spinae electromyographic activity. *J Strength Cond Res* 13:384-388, 1999.

3. Hackett, DA, and Chow, C. The Valsalva maneuver: Its effect on intra-abdominal pressure and safety issues during resistance exercise. *J Strength Cond Res* 27:2338-2345, 2013.

4. Harman, EA, Rosenstein, RM, Frykman, PN, and Nigro, GA. Effects of a belt on intra-abdominal pressure during weight lifting. *Med Sci Sports Exerc* 21:186-190, 1989.

5. Herbert, L, and Miller, G. Newer heavy load lifting methods help firms reduce back injuries. *Occup Health Saf* (February):57-60, 1987.

6. Ikeda, ER, Borg, A, Brown, D, Malouf, J, Showers, KM, and Li, SL. The Valsalva maneuver revisited: The influence of voluntary breathing on isometric muscle strength. *J Strength Cond Res* 23:127-132, 2009.

7. Lander, JE, Hundley, JR, and Simonton, RL. The effectiveness of weight belts during multiple repetitions of the squat exercise. *Med Sci Sports Exerc* 24:603-609, 1992.

8. Morris, JM, Lucas, BD, and Bresler, B. Role of the trunk in stability of the spine. *J Bone Joint Surg* 43A:327-351, 1961.

9. Sogabe, A, Iwasaki, S, Gallager, PM, Edinger, S, and Fry, A. Influence of stance width on power production during the barbell squat. *J Strength Cond Res* 24(Suppl):1, 2010.

10. Tillaar, RVD, and Saeterbakken, A. The sticking region in three chest-press exercises with increasing degrees of freedom. *J Strength Cond*

Res 26:2962-2969, 2012.

CHAPTER 16 Exercise Technique for Alternative Modes and Nontraditional Implement Training

1. Anderson, CE, Sforzo, GA, and Sigg, JA. The effects of combining elastic and free weight resistance on strength and power in athletes. *J Strength Cond Res* 22:567-574, 2008.

2. Anderson, K, and Behm, DG. Trunk muscle activity increases with unstable squat movements. *Can J Appl Physiol* 30:33-45, 2005.

3. Ariel, G. Variable resistance versus standard resistance training. *Scholastic Coach* 46:68-69, 74, 1976.

4. Baker, D. Using strength platforms for explosive performance. In *High Performance Training for Sports.* Joyce, D, and Lewindon, D, eds. Champaign, IL: Human Kinetics, 127-144, 2014.

5. Baker, D, and Newton, RU. Methods to increase the effectiveness of maximal power training for the upper body. *Strength Cond J* 27:24-32, 2005.

6. Baker, DG, and Newton, RU. Effect of kinetically altering a repetition via the use of chain resistance on velocity during the bench press. *J Strength Cond Res* 23:1941-1946, 2009.

7. Beardsley, C, and Contreras, B. The role of kettlebells in strength and conditioning: A review of the literature. *Strength Cond J* 36:64-70, 2014.

8. Behm, DG, Anderson, K, and Curnew, RS. Muscle force and activation under stable and unstable conditions. *J Strength Cond Res* 16:416-422, 2002.

9. Behm, DG, Drinkwater, EJ, Willardson, JM, and Cowley, PM. Canadian Society for Exercise Physiology position stand: The use of instability to train the core in athletic and nonathletic conditioning. *Appl Physiol Nutr Metab* 35:109-112, 2010.

10. Behm, DG, Drinkwater, EJ, Willardson, JM, and Cowley, PM. The use of instability to train the core musculature. *Appl Physiol Nutr Metab* 35:91-108, 2010.

11. Bennett, S. Using "Strongman" exercises in training. *Strength Cond J* 30:42-43, 2008.

12. Berning, JM, Adams, KJ, Climstein, M, and Stamford, BA. Metabolic demands of "junkyard" training: Pushing and pulling a motor vehicle. *J Strength Cond Res* 21:853-856, 2007.

13. Berning, JM, Coker, CA, and Adams, KJ. Using chains for strength and conditioning. *Strength Cond J* 26:80-84, 2004.

14. Berning, JM, Coker, CA, and Briggs, D. The biomechanical and perceptual influence of chain resistance on the performance of the Olympic clean. *J Strength Cond Res* 22:390-395, 2008.

15. Bobbert, MF, and Van Soest, AJ. Effects of muscle strengthening on vertical jump height: A simulation study. *Med Sci Sports Exerc* 26:1012-1020, 1994.

16. Bullock, JB, and Aipa, DMM. Coaching considerations for the tire flip. *Strength Cond J* 32:75-78, 2010.

17. Campbell, BI, and Otto, WHI. Should kettlebells be used in strength and conditioning? *Strength Cond J* 35:27-29, 2013.

18. Caraffa, A, Cerulli, G, Projetti, M, Aisa, G, and Rizzo, A. Prevention of anterior cruciate ligament injuries in soccer. A prospective controlled study of proprioceptive training. *Knee Surg Sports Traumatol Arthrosc* 4:19-21, 1996.

19. Cosio-Lima, LM, Reynolds, KL, Winter, C, Paolone, V, and Jones, MT. Effects of physioball and conventional floor exercises on early phase adaptations in back and abdominal core stability and balance in women. *J Strength Cond Res* 17:721-725, 2003.

20. Cotter, S. *Kettlebell Training.* Champaign, IL: Human Kinetics, 1-24, 2014.

21. Cressey, EM, West, CA, Tiberio, DP, Kraemer, WJ, and Maresh, CM. The effects of ten weeks of lower-body unstable surface training on markers of athletic performance. *J Strength Cond Res* 21:561-567, 2007.

22. DeGarmo, R. University of Nebraska in-season resistance training for horizontal jumpers. *Strength Cond J* 22:23, 2000.

23. Drinkwater, EJ, Prichett, EJ, and Behm, DG. Effect of instability and

resistance on unintentional squat-lifting kinetics. *Int J Sports Physiol Perform* 2:400-413, 2007.

24. Ebben, WP, and Jensen, RL. Electromyographic and kinetic analysis of traditional, chain, and elastic band squats. *J Strength Cond Res* 16:547-550, 2002.

25. Escamilla, RF, Zheng, N, Imamura, R, Macleod, TD, Edwards, WB, Hreljac, A, Fleisig, GS, Wilk, KE, Moorman, CT, 3rd, and Andrews, JR. Cruciate ligament force during the wall squat and the one-leg squat. *Med Sci Sports Exerc* 41:408-417, 2009.

26. Farrar, RE, Mayhew, JL, and Koch, AJ. Oxygen cost of kettlebell swings. *J Strength Cond Res* 24:1034-1036, 2010.

27. Findley, BW. Training with rubber bands. *Strength Cond J* 26:68-69, 2004.

28. Fitzgerald, GK, Axe, MJ, and Snyder-Mackler, L. The efficacy of perturbation training in nonoperative anterior cruciate ligament rehabilitation programs for physically active individuals. *Phys Ther* 80:128-140, 2000.

29. Fleck, SJ, and Kraemer, WJ. *Designing Resistance Training Programs.* 4th ed. Champaign, IL: Human Kinetics, 15-61, 2014.

30. Frost, DM, Cronin, J, and Newton, RU. A biomechanical evaluation of resistance: Fundamental concepts for training and sports performance. *Sports Med* 40:303-326, 2010.

31. Grimm, NL, Shea, KG, Leaver, RW, Aoki, SK, and Carey, JL. Efficacy and degree of bias in knee injury prevention studies: A systematic review of RCTs. *Clin Orthop Relat Res* 471:308-316, 2013.

32. Hackett, DA, and Chow, CM. The Valsalva maneuver: Its effect on intra-abdominal pressure and safety issues during resistance exercise. *J Strength Cond Res* 27:2338-2345, 2013.

33. Haff, GG. Roundtable discussion: Machines versus free weights. *Strength Cond J* 22:18-30, 2000.

34. Hakkinen, K, Pastinen, UM, Karsikas, R, and Linnamo, V. Neuromuscular performance in voluntary bilateral and unilateral contraction and during electrical stimulation in men at different ages. *Eur J Appl Physiol Occup Physiol* 70:518-527, 1995.

35. Hamlyn, N, Behm, DG, and Young, WB. Trunk muscle activation during dynamic weight-training exercises and isometric instability activities. *J Strength Cond Res* 21:1108-1112, 2007.

36. Harman, E. Resistance training modes: A biomechanical perspective. *Strength Cond* 16:59-65, 1994.

37. Harrison, JS. Bodyweight training: A return to basics. *Strength Cond J* 32:52-55, 2010.

38. Harrison, JS, Schoenfeld, B, and Schoenfeld, ML. Applications of kettlebells in exercise program design. *Strength Cond J* 33:86-89, 2011.

39. Hedrick, A. Implement training. In *Conditioning for Strength and Human Performance.* Chandler, TJ, and Brown, LE, eds. Philadelphia: Lippincott Williams & Wilkins, 537-558, 2013.

40. Hulsey, CR, Soto, DT, Koch, AJ, and Mayhew, JL. Comparison of kettlebell swings and treadmill running at equivalent rating of perceived exertion values. *J Strength Cond Res* 26:1203-1207, 2012.

41. Israetel, MA, McBride, JM, Nuzzo, JL, Skinner, JW, and Dayne, AM. Kinetic and kinematic differences between squats performed with and without elastic bands. *J Strength Cond Res* 24:190-194, 2010.

42. Jakobi, JM, and Chilibeck, PD. Bilateral and unilateral contractions: Possible differences in maximal voluntary force. *Can J Appl Physiol* 26:12-33, 2001.

43. Jay, K, Frisch, D, Hansen, K, Zebis, MK, Andersen, CH, Mortensen, OS, and Andersen, LL. Kettlebell training for musculoskeletal and cardiovascular health: A randomized controlled trial. *Scand J Work Environ Health* 37:196-203, 2011.

44. Keogh, JW, Payne, AL, Anderson, BB, and Atkins, PJ. A brief description of the biomechanics and physiology of a strongman event: The tire flip. *J Strength Cond Res* 24:1223-1228, 2010.

45. Kobayashi, Y, Kubo, J, Matsuo, A, Matsubayashi, T, Kobayashi, K, and Ishii, N. Bilateral asymmetry in joint torque during squat exercise performed by long jumpers. *J Strength Cond Res* 24:2826-2830, 2010.

46. Kozub, FM, and Voorhis, T. Using bands to create technique-specific

resistance training for developing explosive power in wrestlers. *Strength Cond J* 34:92-95, 2012.

47. Lederman, E. The myth of core stability. *J Bodyw Mov Ther* 14:84-98, 2010.

48. Matthews, M, and Cohen, D. The modified kettlebell swing. *Strength Cond J* 35:79-81, 2013.

49. McBride, JM, Cormie, P, and Deane, R. Isometric squat force output and muscle activity in stable and unstable conditions. *J Strength Cond Res* 20:915-918, 2006.

50. McCurdy, KW, Langford, GA, Doscher, MW, Wiley, LP, and Mallard, KG. The effects of short-term unilateral and bilateral lower-body resistance training on measures of strength and power. *J Strength Cond Res* 19:9-15, 2005.

51. McGill, SM, Cannon, J, and Andersen, JT. Analysis of pushing exercises: Muscle activity and spine load while contrasting techniques on stable surfaces with a labile suspension strap training system. *J Strength Cond Res* 28:105-116, 2014.

52. McGill, SM, and Marshall, LW. Kettlebell swing, snatch, and bottoms-up carry: Back and hip muscle activation, motion, and low back loads. *J Strength Cond Res* 26:16-27, 2012.

53. McGill, SM, McDermott, A, and Fenwick, CM. Comparison of different strongman events: Trunk muscle activation and lumbar spine motion, load, and stiffness. *J Strength Cond Res* 23:1148-1161, 2009.

54. McMaster, DT, Cronin, J, and McGuigan, M. Forms of variable resistance training. *Strength Cond J* 31:50-64, 2009.

55. McMaster, DT, Cronin, J, and McGuigan, MR. Quantification of rubber and chain-based resistance modes. *J Strength Cond Res* 24:2056-2064, 2010.

56. Moffroid, MT, Haugh, LD, Haig, AJ, Henry, SM, and Pope, MH. Endurance training of trunk extensor muscles. *Phys Ther* 73:10-17, 1993.

57. Morriss, CJ, Tolfrey, K, and Coppack, RJ. Effects of short-term isokinetic training on standing long-jump performance in untrained men. *J Strength Cond Res* 15:498-502, 2001.

58. Myer, GD, Ford, KR, and Hewett, TE. New method to identify athletes at high risk of ACL injury using clinic-based measurements and freeware computer analysis. *Br J Sports Med* 45:238-244, 2011.

59. Myer, GD, Paterno, MV, Ford, KR, and Hewett, TE. Neuromuscular training techniques to target deficits before return to sport after anterior cruciate ligament reconstruction. *J Strength Cond Res* 22:987-1014, 2008.

60. Nuzzo, JL, McCaulley, GO, Cormie, P, Cavill, MJ, and McBride, JM. Trunk muscle activity during stability ball and free weight exercises. *J Strength Cond Res* 22:95-102, 2008.

61. Otto, WH, 3rd, Coburn, JW, Brown, LE, and Spiering, BA. Effects of weightlifting vs. kettlebell training on vertical jump, strength, and body composition. *J Strength Cond Res* 26:1199-1202, 2012.

62. Patterson, RM, Stegink Jansen, CW, Hogan, HA, and Nassif, MD. Material properties of Thera-Band Tubing. *Phys Ther* 81:1437-1445, 2001.

63. Pipes, TV. Variable resistance versus constant resistance strength training in adult males. *Eur J Appl Physiol* 39:27-35, 1978.

64. Ratamess, N. *ACSM's Foundations of Strength and Conditioning.* Philadelphia: Lippincott Williams & Wilkins, 229-253, 2012.

65. Reed, CA, Ford, KR, Myer, GD, and Hewett, TE. The effects of isolated and integrated "core stability" training on athletic performance measures: A systematic review. *Sports Med* 42:697-706, 2012.

66. Santana, JC, and Fukuda, DH. Unconventional methods, techniques, and equipment for strength and conditioning in combat sports. *Strength Cond J* 33:64-70, 2011.

67. Santana, JC, Vera-Garcia, FJ, and McGill, SM. A kinetic and electromyographic comparison of the standing cable press and bench press. *J Strength Cond Res* 21:1271-1277, 2007.

68. Schoenfeld, BJ, and Contreras, BM. The long-lever posterior-tilt plank. *Strength Cond J* 35:98-99, 2013.

69. Simmons, LP. Chain reaction: Accomodating leverages. *Powerlifting USA* 19:2-3, 1996.

70. Simmons, LP. Bands and chains. *Powerlifting USA* 22:26-27, 1999.

71. Snarr, R, and Esco, MR. Push-up with knee tuck using a suspension device. *Strength Cond J* 35:30-32, 2013.

72. Snarr, RL, and Esco, MR. Electromyographic comparison of traditional and suspension push-ups. *J Hum Kinet* 39:75-83, 2013.

73. Stanton, R, Reaburn, PR, and Humphries, B. The effect of short term Swiss ball training on core stability and running economy. *J Strength Cond Res* 18:522-528, 2004.

74. Stevenson, MW, Warpeha, JM, Dietz, CC, Giveans, RM, and Erdman, AG. Acute effects of elastic bands during the free-weight barbell back squat exercise on velocity, power, and force production. *J Strength Cond Res* 24:2944-2954, 2010.

75. Stone, MH, Plisk, S, and Collins, D. Training principles: Evaluation of modes and methods of resistance-training—a coaching perspective. *Sports Biomech* 1:79-104, 2002.

76. Thomas, JF, Larson, KL, Hollander, DB, and Kraemer, RR. Comparison of two-hand kettlebell exercise and graded treadmill walking: Effectiveness as a stimulus for cardiorespiratory fitness. *J Strength Cond Res* 28:998-1006, 2014.

77. Tobin, DP. Advanced strength and power training for the elite athlete. *Strength Cond J* 36:59-65, 2014.

78. Tvrdy, D. The reverse side plank/bridge: An alternate exercise for core training. *Strength Cond J* 34:86-88, 2012.

79. Wallace, BJ, Winchester, JB, and McGuigan, MR. Effects of elastic bands on force and power characteristics during the back squat exercise. *J Strength Cond Res* 20:268-272, 2006.

80. Waller, M, Piper, T, and Townsend, R. Strongman events and strength and conditioning programs. *Strength Cond J* 25:44-52, 2003.

81. Willardson, JM. Core stability training: Applications to sports conditioning programs. *J Strength Cond Res* 21:979-985, 2007.

82. Willson, JD, Dougherty, CP, Ireland, ML, and Davis, IM. Core stability and its relationship to lower extremity function and injury. *J Am Acad Orthop Surg* 13:316-325, 2005.

83. Winwood, PW, Cronin, JB, Posthumus, LR, Finlayson, S, Gill, ND, and Keogh, JW. Strongman versus traditional resistance training effects on muscular function and performance. *J Strength Cond Res*, 2015. [e-pub ahead of print].

84. Winwood, PW, Keogh, JW, and Harris, NK. The strength and conditioning practices of strongman competitors. *J Strength Cond Res* 25:3118-3128, 2011.

85. Zatsiorsky, VM, and Kraemer, WJ. *Science and Practice of Strength Training.* 2nd ed. Champaign, IL: Human Kinetics, 109-136, 2006.

86. Zemke, B, and Wright, G. The use of strongman type implements and training to increase sport performance in collegiate athletes. *Strength Cond J* 33:1-7, 2011.

CHAPTER 17 Program Design for Resistance Training

1. Anderson, T, and Kearney, JT. Muscular strength and absolute and relative endurance. *Res Q Exerc Sport* 53:1-7, 1982.

2. Baechle, TR, and Earle, RW. Learning how to manipulate training variables to maximize results. In *Weight Training: Steps to Success.* 4th ed. Champaign, IL: Human Kinetics, 177-188, 2011.

3. Baker, D, and Newton, RU. Acute effect of power output of alternating an agonist and antagonist muscle exercise during complex training. *J Strength Cond Res* 19(1):202-205, 2005.

4. Baker, D, Wilson, G, and Carlyon, R. Periodization: The effect on strength of manipulating volume and intensity. *J Strength Cond Res* 8:235-242, 1994.

5. Berger, RA. Comparative effects of three weight training programs. *Res Q* 34:396-398, 1963.

6. Berger, RA. Effect of varied weight training programs on strength. *Res Q* 33:168-181, 1962.

7. Berger, RA. Optimum repetitions for the development of strength. *Res Q* 33:334-338, 1962.

8. Bompa, TA, and Haff, GG. *Periodization: Theory and Methodology of Training.* 5th ed. Champaign, IL: Human Kinetics, 31-122, 259-286, 2009.

9. Chapman, PP, Whitehead, JR, and Binkert, RH. The 225-lb reps-to-fatigue test as a submaximal estimate of 1RM bench press performance in college football players. *J Strength Cond Res* 12(4):258-261, 1998.

10. Cormie, P, McBride, JM, and McCaulley, GO. The influence of body mass on calculation of power during lower-body resistance exercises. *J Strength Cond Res* 21(4):1042-1049, 2007.

11. Cormie, P, McCaulley, GO, Triplett, NT, and McBride, JM. Optimal loading for maximal power output during lower-body resistance exercises. *Med Sci Sports Exerc* 39(2):340-349, 2007.

12. Cormie, P, McBride, JM, and McCaulley, GO. Power-time, force-time, and velocity-time curve analysis during the jump squat: Impact of load. *J Appl Biomech* 24(2):112-120, 2008.

13. Craig, BW, Lucas, J, Pohlman, R, and Schilling, H. The effect of running, weightlifting and a combination of both on growth hormone release. *J Appl Sport Sci Res* 5(4):198-203, 1991.

14. DeLorme, TL. Restoration of muscle power by heavy-resistance exercises. *J Bone Joint Surg* 27:645, 1945.

15. DeLorme, TL, and Watkins, AL. Technics of progressive resistance exercise. *Arch Phys Med Rehabil* 29:263-273, 1948.

16. DeRenne, C, Hetzler, RK, Buxton, BP, and Ho, KW. Effects of training frequency on strength maintenance in pubescent baseball players. *J Strength Cond Res* 10:8-14, 1996.

17. Dudley, GA, Tesch, PA, Miller, BJ, and Buchanan, P. Importance of eccentric actions in performance adaptations to resistance training. *Aviat Space Environ Med* 62:543-550, 1991.

18. Earle, RW. Weight training exercise prescription. In *Essentials of Personal Training Symposium Workbook.* Lincoln, NE: NSCA Certification Commission, 3-39, 2006.

19. Edgerton, VR. Neuromuscular adaptation to power and endurance work. *Can J Appl Sport Sci* 1:49-58, 1976.

20. Fleck, SJ, and Kraemer, WJ. *Designing Resistance Training Programs.* 4th ed. Champaign, IL: Human Kinetics, 1-62, 179-296, 2014.

21. Garhammer, J. A review of power output studies of Olympic and powerlifting: Methodology, performance prediction and evaluation tests. *J Strength Cond Res* 7(2):76-89, 1993.

22. Garhammer, J, and McLaughlin, T. Power output as a function of load variation in Olympic and power lifting [abstract]. *J Biomech* 13(2):198, 1980.

23. Gettman, LR, and Pollock, ML. Circuit weight training: A critical review of its physiological benefits. *Phys Sportsmed* 9:44-60, 1981.

24. Graves, JE, Pollock, ML, Leggett, SH, Braith, RW, Carpenter, DM, and Bishop, LE. Effect of reduced training frequency on muscular strength. *Int J Sports Med* 9:316-319, 1988.

25. Häkkinen, K. Factors affecting trainability of muscular strength during short-term and prolonged training. *NSCA J* 7(2):32-37, 1985.

26. Häkkinen, K. Neuromuscular responses in male and female athletes to two successive strength training sessions in one day. *J Sports Med Phys Fitness* 32:234-242, 1992.

27. Häkkinen, K, Pakarinen, A, Alén, M, Kauhanen, H, and Komi, PV. Daily hormonal and neuromuscular responses to intensive strength training in 1 week. *Int J Sports Med* 9:422-428, 1988.

28. Häkkinen, K, Pakarinen, A, Alén, M, Kauhanen, H, and Komi, PV. Neuromuscular and hormonal responses in elite athletes to two successive strength training sessions in one day. *Eur J Appl Physiol* 57:133-139, 1988.

29. Harman, E, and Frykman, P. CSCS coaches' school: Order of exercise: The multiple mini-circuit weight-training program. *NSCA J* 14(1):57-61, 1992.

30. Harman, E, Johnson, M, and Frykman, P. CSCS coaches' school: Program design: A movement-oriented approach to exercise prescription. *NSCA J* 14(1):47-54, 1992.

31. Hather, BM, Tesch, PA, Buchanan, P, and Dudley, GA. Influence of eccentric actions on skeletal muscle adaptations to resistance training. *Acta Physiol Scand* 143:177-185, 1992.

32. Hedrick, A. Training for hypertrophy. *Strength Cond* 17(3):22-29, 1995.

33. Herrick, AR, and Stone, MH. The effects of periodization versus progressive resistance exercise on upper and lower body strength in women. *J Strength Cond Res* 10(2):72-76, 1996.

34. Hickson, R, Rosenkoetter, MA, and Brown, MM. Strength training effects on aerobic power and short-term endurance. *Med Sci Sports Exerc* 12:336-339, 1980.

35. Hoeger, W, Barette, SL, Hale, DF, and Hopkins, DR. Relationship between repetitions and selected percentages of one repetition maximum. *J Appl Sport Sci Res* 1(1):11-13, 1987.

36. Hoeger, W, Hopkins, DR, Barette, SL, and Hale, DF. Relationship between repetitions and selected percentages of one repetition maximum: A comparison between untrained and trained males and females. *J Appl Sport Sci Res* 4:47-54, 1990.

37. Hoffman, JR, Kraemer, WJ, Fry, AC, Deschenes, M, and Kemp, M. The effects of self-selection for frequency of training in a winter conditioning program for football. *J Appl Sport Sci Res* 4:76-82, 1990.

38. Hoffman, JR, Maresh, CM, Armstrong, LE, and Kraemer, WJ. Effects of off-season and in-season resistance training programs on a collegiate male basketball team. *J Hum Muscle Perform* 1:48-55, 1991.

39. Hunter, GR. Changes in body composition, body build, and performance associated with different weight training frequencies in males and females. *NSCA J* 7(1):26-28, 1985.

40. Ikai, M, and Fukunaga, T. Calculation of muscle strength per unit cross-sectional area of human muscle by means of ultrasonic measurement. *Int Z Angew Physiol* 26:26-32, 1968.

41. Komi, PV. Neuromuscular performance: Factors influencing force and speed production. *Scand J Sports Sci* 1:2-15, 1979.

42. Kraemer, WJ. Endocrine responses and adaptations to strength and power training. In *The Encyclopaedia of Sports Medicine: Strength and Power in Sport.* 2nd ed. Komi, PV, ed. Malden, MA: Blackwell Scientific, 361-386, 2003.

43. Kraemer, WJ. Exercise prescription in weight training: A needs analysis. *NSCA J* 5(1):64-65, 1983.

44. Kraemer, WJ. A series of studies: The physiological basis for strength training in American football: Fact over philosophy. *J Strength Cond Res* 11(3):131-142, 1997.

45. Kraemer, WJ, and Koziris, LP. Muscle strength training: Techniques and considerations. *Phys Ther Pract* 2:54-68, 1992.

46. Kraemer, WJ, Newton, RU, Bush, J, Volek, J, Triplett, NT, and Koziris, LP. Varied multiple set resistance training program produces greater gain than single set program. *Med Sci Sports Exerc* 27:S195, 1995.

47. Kraemer, WJ, Noble, BJ, Clark, MJ, and Culver, BW. Physiologic responses to heavy resistance exercise with very short rest periods. *Int J Sports Med* 8:247-252, 1987.

48. Kramer, JB, Stone, MH, O'Bryant, HS, Conley, MS, Johnson, RL, Nieman, DC, Honeycutt, DR, and Hoke, TP. Effects of single vs. multiple sets of weight training: Impact of volume, intensity, and variation. *J Strength Cond Res* 11(3):143-147, 1997.

49. Lander, J. Maximum based on reps. *NSCA J* 6(6):60-61, 1984.

50. Larson, GD, Jr., and Potteiger, JA. A comparison of three different rest intervals between multiple squat bouts. *J Strength Cond Res* 11(2):115-118, 1997.

51. LeSuer, DA, McCormick, JH, Mayhew, JL, Wasserstein, RL, and Arnold, MD. The accuracy of predicting equations for estimating 1RM performance in the bench press, squat, and deadlift. *J Strength Cond Res* 11(4):211-213, 1997.

52. Luthi, JM, Howald, H, Claassen, H, Rosler, K, Vock, P, and Hoppler, H. Structural changes in skeletal muscle tissue with heavy-resistance exercise. *Int J Sports Med* 7:123-127, 1986.

53. Marcinik, EJ, Potts, J, Schlabach, G, Will, S, Dawson, P, and Hurley, BF. Effects of strength training on lactate threshold and endurance performance. *Med Sci Sports Exerc* 23:739-743, 1991.

54. Mayhew, JL, Ball, TE, Arnold, ME, and Bowen, JC. Relative muscular

endurance performance as a predictor of bench press strength in college men and women. *J Appl Sport Sci Res* 6(4):200-206, 1992.

55. Mayhew, JL, Ware, JS, Bemben, MG, Wilt, B, Ward, TE, Farris, B, Juraszek, J, and Slovak, JP. The NFL-225 test as a measure of bench press strength in college football players. *J Strength Cond Res* 13(2):130-134, 1999.

56. Mayhew, JL, Ware, JS, and Prinster, JL. Using lift repetitions to predict muscular strength in adolescent males. *NSCA J* 15(6):35-38, 1993.

57. McBride, JM, Triplett-McBride, T, Davie, A, and Newton, RU. The effect of heavy- vs. light-load jump squats on the development of strength, power, and speed. *J Strength Cond Res* 16(1):75-82, 2002.

58. McBride, JM, McCaulley, GO, Cormie, P, Nuzzo, JL, Cavill, MJ, and Triplett, NT. Comparison of methods to quantify volume during resistance exercise. *J Strength Cond Res* 23(1):106-110, 2009.

59. McBride, JM, Kirby, TJ, Haines, TL, and Skinner, J. Relationship between relative net vertical impulse and jump height in jump squats performed to various squat depths and with various loads. *Int J Sports Physiol Perform* 5(4):484-496, 2010.

60. McBride, JM, Skinner, JW, Schafer, PC, Haines, TL, and Kirby, TJ. Comparison of kinetic variables and muscle activity during a squat vs. a box squat. *J Strength Cond Res* 24(12):3195-3199, 2010.

61. McBride, JM, Haines, TL, and Kirby, TJ. Effect of loading on peak power of the bar, body, and system during power cleans, squats, and jump squats. *J Sports Sci* 29(11):1215-1221, 2011.

62. McBride, JM, and Snyder, JG. Mechanical efficiency force–time curve variation during repetitive jumping in trained and untrained jumpers. *Eur J Appl Physiol* 112(10):3469-3477, 2012.

63. McDonagh, MJN, and Davies, CTM. Adaptive response of mammalian skeletal muscle to exercise with high loads. *Eur J Appl Physiol* 52:139-155, 1984.

64. McGee, D, Jessee, TC, Stone, MH, and Blessing, D. Leg and hip endurance adaptations to three weight-training programs. *J Appl Sport Sci Res* 6:92-95, 1992.

65. Morales, J, and Sobonya, S. Use of submaximal repetition tests for predicting 1-RM strength in class athletes. *J Strength Cond Res* 10(3):186-189, 1996.

66. Newton, RU, and Kraemer, WJ. Developing explosive muscular power: Implications for a mixed methods training strategy. *NSCA J* 16(5):20-31, 1994.

67. Newton, RU, Kraemer, WJ, Häkkinen, K, Humphries, BJ, and Murphy, AJ. Kinematics, kinetics, and muscle activation during explosive upper body movements: Implications for power development. *J Appl Biomech* 12:31-43, 1996.

68. Nuzzo, JL, and McBride, JM. The effect of loading and unloading on muscle activity during the jump squat. *J Strength Cond Res* 27(7):1758-1764, 2013.

69. O'Bryant, HS, Byrd, R, and Stone, MH. Cycle ergometer performance and maximum leg and hip strength adaptations to two different methods of weight training. *J Appl Sport Sci Res* 2:27-30, 1988.

70. O'Shea, P. Effects of selected weight training programs on the development of strength and muscle hypertrophy. *Res Q* 37:95-102, 1966.

71. Ostrowski, KJ, Wilson, GJ, Weatherby, R, Murphy, PW, and Lyttle, AD. The effect of weight training volume on hormonal output and muscular size and function. *J Strength Cond Res* 11(3):148-154, 1997.

72. Pauletto, B. Choice and order of exercise. *NSCA J* 8(2):71-73, 1986.

73. Pauletto, B. Intensity. *NSCA J* 8(1):33-37, 1986.

74. Pauletto, B. Rest and recuperation. *NSCA J* 8(3):52-53, 1986.

75. Pauletto, B. Sets and repetitions. *NSCA J* 7(6):67-69, 1985.

76. Richardson, T. Program design: Circuit training with exercise machines. *NSCA J* 15(5):18-19, 1993.

77. Robinson, JM, Stone, MH, Johnson, RL, Penland, CM, Warren, BJ, and Lewis, RD. Effects of different weight training exercise/rest intervals on strength, power, and high intensity exercise endurance. *J Strength Cond Res* 9(4):216-221, 1995.

78. Roundtable: Circuit training. *NSCA J* 12(2):16-27, 1990.

79. Roundtable: Circuit training—part II. *NSCA J* 12(3):10-21, 1990.

80. Sale, DG, MacDougall, JD, Jacobs, I, and Garner, S. Interaction between concurrent strength and endurance training. *J Appl Physiol* 68:260-270, 1990.

81. Santa Maria, DL, Grzybinski, P, and Hatfield, B. Power as a function of load for a supine bench press exercise. *NSCA J* 6(6):58, 1984.

82. Sewall, LP, and Lander, JE. The effects of rest on maximal efforts in the squat and bench press. *J Appl Sport Sci Res* 5:96-99, 1991.

83. Sforzo, GA, and Touey, PR. Manipulating exercise order affects muscular performance during a resistance exercise training session. *J Strength Cond Res* 10(1):20-24, 1996.

84. Sobonya, S, and Morales, J. The use of maximal repetition test for prediction of 1 repetition maximum loads [abstract]. *Sports Med Train Rehabil* 4:154, 1993.

85. Staron, RS, Malicky, ES, Leonardi, MJ, Falkel, JE, Hagerman, FC, and Dudley, GA. Muscle hypertrophy and fast fiber type conversions in heavy resistance-trained women. *Eur J Appl Physiol Occup Physiol* 60:71-79, 1989.

86. Stone, MH, and O'Bryant, HS. *Weight Training: A Scientific Approach.* Minneapolis: Burgess, 104-190, 1987.

87. Stone, MH, O'Bryant, HS, Garhammer, J, McMillan, J, and Rozenek, R. A theoretical model of strength training. *NSCA J* 4(4):36-40, 1982.

88. Stone, MH, and Wilson, D. Resistive training and selected effects. *Med Clin N Am* 69:109-122, 1985.

89. Stowers, T, McMillan, J, Scala, D, Davis, V, Wilson, D, and Stone, MH. The short-term effects of three different strength-power training methods. *NSCA J* 5(3):24-27, 1983.

90. Tan, B. Manipulating resistance training program variables to optimize maximum strength in men. *J Strength Cond Res* 13(3):289-304, 1999.

91. Tesch, PA. Training for bodybuilding. In *The Encyclopaedia of Sports Medicine: Strength and Power in Sport.* 1st ed. Komi, PV, ed. Malden, MA: Blackwell Scientific, 370-380, 1992.

92. Tesch, PA, and Larson, L. Muscle hypertrophy in body builders. *Eur J Appl Physiol* 49:301-306, 1982.

93. Wagner, LL, Evans, SA, Weir, JP, Housh, TJ, and Johnson, GO. The effect of grip width on bench press performance. *Int J Sport Biomech* 8:1-10, 1992.

94. Ware, JS, Clemens, CT, Mayhew, JL, and Johnston, TJ. Muscular endurance repetitions to predict bench press and squat strength in college football players. *J Strength Cond Res* 9(2):99-103, 1995.

95. Weir, JP, Wagner, LL, and Housh, TJ. The effect of rest interval length on repeated maximal bench presses. *J Strength Cond Res* 8(1):58-60, 1994.

96. Weiss, L. The obtuse nature of muscular strength: The contribution of rest to its development and expression. *J Appl Sport Sci Res* 5(4):219-227, 1991.

97. Wilk, KE, Escamilla, RF, Fleisig, GS, Barrentine, SW, Andrews, JR, and Boyd, ML. A comparison of tibiofemoral joint forces and electromyographic activity during open and closed chain exercises. *Am J Sports Med* 24(4):518-527, 1996.

98. Wilk, KE, Yenchak, AJ, Arrigo, CA, and Andrews, JR. The advanced throwers ten exercise program: A new exercise series for enhanced dynamic shoulder control in the overhead throwing athlete. *Phys Sportsmed* 39:90-97, 2011.

99. Willoughby, DS. The effects of mesocycle-length weight training programs involving periodization and partially equated volumes on upper and lower body strength. *J Strength Cond Res* 7:2-8, 1993.

100. Wilson, G, Elliott, B, and Kerr, G. Bar path and force profile characteristics for maximal and submaximal loads in the bench press. *Int J Sport Biomech* 5:390-402, 1989.

CHAPTER 18 Program Design and Technique for Plyometric Training

1. Albert, M. *Eccentric Muscle Training in Sports and Orthopaedics.* New York: Churchill Livingstone, 1995.

2. Allerheilegen, B, and Rogers, R. Plyometrics program design. *Strength Cond* 17:26-31, 1995.

3. Asmussen, E, and Bonde-Peterson, F. Storage of elastic energy in skeletal muscles in man. *Acta Physiol Scand* 91:385-392, 1974.

4. Aura, O, and Viitasalo, JT. Biomechanical characteristics of jumping. *Int J Sports Biomech* 5:89-97, 1989.

5. Bobbert, MF. Drop jumping as a training method for jumping ability. *Sports Med* 9:7-22, 1990.

6. Bobbert, MF, Gerritsen, KGM, Litjens, MCA, and Van Soest, AJ. Why is countermovement jump height greater than squat jump height? *Med Sci Sports Exerc* 28:1402-1412, 1996.

7. Borkowski, J. Prevention of pre-season muscle soreness: Plyometric exercise [abstract]. *Athl Train* 25:122, 1990.

8. Bosco, C, Ito, A, Komi, PV, Luhtanen, P, Rahkila, P, Rusko, H, and Viitasalo, JT. Neuromuscular function and mechanical efficiency of human leg extensor muscles during jumping exercises. *Acta Physiol Scand* 114:543-550, 1982.

9. Bosco, C, and Komi, PV. Potentiation of the mechanical behavior of the human skeletal muscle through prestretching. *Acta Physiol Scand* 106:467-472, 1979.

10. Bosco, C, Komi, PV, and Ito, A. Prestretch potentiation of human skeletal muscle during ballistic movement. *Acta Physiol Scand* 111:135-140, 1981.

11. Bosco, C, Viitasalo, JT, Komi, PV, and Luhtanen, P. Combined effect of elastic energy and myoelectrical potentiation during stretch shortening cycle exercise. *Acta Physiol Scand* 114:557-565, 1982.

12. Cavagna, GA. Storage and utilization of elastic energy in skeletal muscle. In *Exercise and Sport Science Reviews*, vol. 5. Hutton, RS, ed. Santa Barbara, CA: Journal Affiliates, 80-129, 1977.

13. Cavagna, GA, Dusman, B, and Margaria, R. Positive work done by a previously stretched muscle. *J Appl Physiol* 24:21-32, 1968.

14. Cavagna, GA, Saibere, FP, and Margaria, R. Effect of negative work on the amount of positive work performed by an isolated muscle. *J Appl Physiol* 20:157-158, 1965.

15. Chambers, C, Noakes, TD, Lambert, EV, and Lambert, MI. Time course of recovery of vertical jump height and heart rate versus running speed after a 90-km foot race. *J Sports Sci* 16:645-651, 1998.

16. Chu, D. *Jumping Into Plyometrics.* 2nd ed. Champaign, IL: Human Kinetics, 1998

17. Chu, D, Faigenbaum, A, and Falkel, J. *Progressive Plyometrics for Kids.* Monterey, CA: Healthy Learning, 2006.

18. Chu, D, and Plummer, L. Jumping into plyometrics: The language of plyometrics. *NSCA J* 6:30-31, 1984.

19. Dillman, CJ, Fleisig, GS, and Andrews, JR. Biomechanics of pitching with emphasis upon shoulder kinematics. *J Orthop Sports Phys Ther* 18:402-408, 1993.

20. Dursenev, L, and Raeysky, L. Strength training for jumpers. *Soviet Sports Rev* 14:53-55, 1979.

21. Enoka, RM. *Neuromechanical Basis of Kinesiology.* 2nd ed. Champaign, IL: Human Kinetics, 1994.

22. Escamilla, RF, Fleisig, GS, Barrentine, SW, and Andrews, JR. Kinematic comparisons of throwing different types of baseball pitches. *J Appl Biomech* 14:1-23, 1998.

23. Feltner, M, and Dapena, J. Dynamics of the shoulder and elbow joints of the throwing arm during a baseball pitch. *Int J Sport Biomech* 2:235, 1986.

24. Fowler, NE, Lees, A, and Reilly, T. Changes in stature following plyometric drop-jump and pendulum exercises. *Ergonomics* 40:1279-1286, 1997.

25. Fowler, NE, Lees, A, and Reilly, T. Spinal shrinkage in unloaded and loaded drop-jumping. *Ergonomics* 37:133-139, 1994.

26. Gambetta, V. Plyometric training. *Track Field Q Rev* 80:56-57, 1978.

27. Guyton, AC, and Hall, JE. *Textbook of Medical Physiology.* 10th ed. Philadelphia: Saunders, 2000.

28. Halling, AH, Howard, ME, and Cawley, PW. Rehabilitation of anterior cruciate ligament injuries. *Clin Sports Med* 12:329-348, 1993.

29. Harman, EA, Rosenstein, MT, Frykman, PN, and Rosenstein, RM. The effects of arms and countermovement on vertical jumping. *Med Sci Sports Exerc* 22:825-833, 1990.

30. Hewett, TE, Stroupe, AL, Nance, TA, and Noyes, FR. Plyometric training in female athletes. *Am J Sports Med* 24:765-773, 1996.

31. Hill, AV. *First and Last Experiments in Muscle Mechanics.* Cambridge: Cambridge University Press, 1970.

32. Holcomb, WR, Kleiner, DM, and Chu, DA. Plyometrics: Considerations for safe and effective training. *Strength Cond* 20:36-39, 1998.

33. Kaeding, CC, and Whitehead, R. Musculoskeletal injuries in adolescents. *Prim Care* 25:211-223, 1998.

34. Karst, GM, and Willett, GM. Onset timing of electromyographic activity in the vastus medialis oblique and vastus lateralis muscles in subjects with and without patellofemoral pain syndrome. *Phys Ther* 75:813-823, 1995.

35. Kilani, HA, Palmer, SS, Adrian, MJ, and Gapsis, JJ. Block of the stretch reflex of vastus lateralis during vertical jump. *Hum Mov Sci* 8:247-269, 1989.

36. Knowlton, GC, and Britt, LP. Relation of height and age to reflex time [abstract]. *Am J Physiol* 159:576, 1949.

37. Korchemny, R. Evaluation of sprinters. *NSCA J* 7:38-42, 1985.

38. Kroll, W. Patellar reflex time and reflex latency under Jendrassik and crossed extensor facilitation. *Am J Phys Med* 47:292-301, 1968.

39. LaChance, P. Plyometric exercise. *Strength Cond* 17:16-23, 1995.

40. Lipp, EJ. Athletic physeal injury in children and adolescents. *Orthop Nurs* 17:17-22, 1998.

41. Luhtanen, P, and Komi, P. Mechanical factors influencing running speed. In *Biomechanics VI-B.* Asmussen, E, ed. Baltimore: University Park Press, 23-29, 1978.

42. Matthews, PBC. The knee jerk: Still an enigma? *Can J Physiol Pharm* 68:347-354, 1990.

43. Myer, GD, Paterno, MV, Ford, KR, and Hewett, TE. Neuromuscular training techniques to target deficits before return to sport after anterior cruciate ligament reconstruction. *J Strength Cond Res* 22:987-1014, 2008.

44. National Strength and Conditioning Association. Position statement: Explosive/plyometric exercises. *NSCA J* 15:16, 1993.

45. Newton, RU, Murphy, AJ, Humphries, BJ, Wilson, GJ, Kraemer, WJ, and Häkkinen, K. Influence of load and stretch shortening cycle on the kinematics, kinetics and muscle activation that occurs during explosive upper-body movements. *Eur J Appl Physiol* 75:333-342, 1997.

46. Pappas, AM, Zawacki, RM, and Sullivan, TJ. Biomechanics of baseball pitching: A preliminary report. *Am J Sports Med* 13:216-222, 1985.

47. Potach, DH, Katsavelis, D, Karst, GM, Latin, RW, and Stergiou, N. The effects of a plyometric training program on the latency time of the quadriceps femoris and gastrocnemius short-latency responses. *J Sports Med Phys Fitness* 49:35-43, 2009.

48. Radcliffe, JC, and Osternig, LR. Effects on performance of variable eccentric loads during depth jumps. *J Sport Rehabil* 4:31-41, 1995.

49. Stone, MH, and O'Bryant, HS. *Weight Training: A Scientific Approach.* Minneapolis: Burgess International, 1987.

50. Svantesson, U, Grimby, G, and Thomeé, R. Potentiation of concentric plantar flexion torque following eccentric and isometric muscle actions. *Acta Physiol Scand* 152:287-293, 1994.

51. Voight, ML, Draovitch, P, and Tippett, S. Plyometrics. In *Eccentric Muscle Training in Sports and Orthopaedics.* Albert, M, ed. New York: Churchill Livingstone, 61-88, 1995.

52. Wathen, D. Literature review: Plyometric exercise. *NSCA J* 15:17-19, 1993.

53. Wilk, KE, Voight, ML, Keirns, MA, Gambetta, V, Andrews, JR, and Dillman, CJ. Stretch-shortening drills for the upper extremities: Theory and clinical applications. *J Orthop Sports Phys Ther* 17:225-239, 1993.

54. Wilson, GJ, Murphy, AJ, and Giorgi, A. Weight and plyometric training: Effects on eccentric and concentric force production. *Can J Appl Physiol* 21:301-315, 1996.

55. Wilson, GJ, Newton, RU, Murphy, AJ, and Humphries, BJ. The optimal training load for the development of dynamic athletic performance. *Med Sci Sports Exerc* 25:1279-1286, 1993.

56. Wilt, F. Plyometrics: What it is and how it works. *Athl J* 55:76, 89-90, 1975.

CHAPTER 19   Program Design and Technique for Speed and Agility Training

1. Aagaard, P, Simonsen, EB, Andersen, JL, Magnusson, P, and Dyhre-Poulsen, P. Increased rate of force development and neural drive of human skeletal muscle following resistance training. *J Appl Physiol* 93:1318-1326, 2002.

2. Alcaraz, PE, Palao, JM, and Elvira, JLL. Determining the optimal load for resisted sprint training with sled towing. *J Strength Cond Res* 23:480-485, 2009.

3. Alexander, RM. Mechanics of skeleton and tendons. In *Handbook of Physiology, Section 1: The Nervous System.* Brookhardt, JM, Mountcastle, VB, Brooks, VB, and Greiger, SR, eds. Bethesda, MD: American Physiological Society, 17-42, 1981.

4. Alexander, RM. *Principles of Animal Locomotion.* Princeton, NJ: Princeton University Press, 2003.

5. Angelozzi, M, Madama, M, Corsica, C, Calvisi, V, Properzi, G, McCaw, ST, and Cacchio, A. Rate of force development as an adjunctive outcome measure for return-to-sport decisions after anterior cruciate ligament reconstruction. *J Orthop Sports Phys Ther* 42:772-780, 2012.

6. Arabatzi, F, and Kellis, E. Olympic weightlifting training causes different knee muscle-coactivation adaptations compared with traditional weight training. *J Strength Cond Res* 26:2192-2201, 2012.

7. Åstrand, PO, Rodahl, K, Dahl, HA, and Stromme, SB. *Textbook of Work Physiology.* Champaign, IL: Human Kinetics, 2003.

8. Barnes, JL, Schilling, BK, Falvo, MJ, Weiss, LW, Creasy, AK, and Fry, AC. Relationship of jumping and agility performance in female volleyball athletes. *J Strength Cond Res* 21:1192-1196, 2007.

9. Biewener, AA. *Animal Locomotion.* Oxford: Oxford University Press, 230-262, 2003.

10. Blickhan, R. The spring-mass model for running and hopping. *J Biomech* 22:1217-1227, 1989.

11. Bloomfield, J, Polman, R, O'Donoghue, P, and McNaughton, L. Effective speed and agility conditioning methodology for random intermittent dynamic type sports. *J Strength Cond Res* 21:1093-1100, 2007.

12. Bosquet, L, Berryman, N, and Dupuy, O. A comparison of 2 optical timing systems designed to measure flight time and contact time during jumping and hopping. *J Strength Cond Res* 23:2660-2665, 2009.

13. Bundle, MW, Hoyt, RW, and Weyand, PG. High-speed running performance: A new approach to assessment and prediction. *J Appl Physiol* 95:1955-1962, 2003.

14. Burke, RE. Motor units: Anatomy, physiology, and functional organization. In *Handbook of Physiology, Section 1: The Nervous System.* Brookhart, JM, Mountcastle, VB, Brooks, VB, and Greiger, SR, eds. Bethesda, MD: American Physiological Society, 345-422, 1981.

15. Castillo-Rodríguez, A, Fernández-García, JC, Chinchilla-Minguet, JL, and Carnero, EÁ. Relationship between muscular strength and sprints with changes of direction. *J Strength Cond Res* 26:725-732, 2012.

16. Chaouachi, A, Brughelli, M, Chamari, K, Levin, GT, Abdelkrim, NB, Laurencelle, L, and Castagna, C. Lower limb maximal dynamic strength and agility determinants in elite basketball players. *J Strength Cond Res* 23:1570-1577, 2009.

17. Clark, KP, and Weyand, PG. Are running speeds maximized with simple-spring stance mechanics? *J Appl Physiol* 117:604-615, 2014.

18. Comfort, P, Udall, R, and Jones, PA. The effect of loading on kinematic and kinetic variables during the midthigh clean pull. *J Strength Cond Res* 26:1208-1214, 2012.

19. Cormie, P, McGuigan, MR, and Newton, RU. Influence of strength on magnitude and mechanisms of adaptation to power training. *Med Sci Sports Exerc* 42:1566-1581, 2010.

20. Cottle, CA, Carlson, LA, and Lawrence, MA. Effects of sled towing on sprint starts. *J Strength Cond Res* 28:1241-1245, 2014.

21. Dalleau, G, Belli, A, Bourdin, M, and Lacour, JR. The spring-mass model and the energy cost of treadmill running. *Eur J Appl Physiol Occup Physiol* 77:257-263, 1998.

22. DeWeese, BH, Grey, HS, Sams, ML, Scruggs, SK, and Serrano, AJ. Revising the definition of periodization: Merging historical principles with modern concern. *Olympic Coach* 24:5-19, Winter 2013.

23. DeWeese, BH, Sams, ML, and Serrano, AJ. Sliding toward Sochi—part 1: A review of programming tactics used during the 2010-2014 Quadrennial. *NSCA Coach* 1:30-43, 2014.

24. DeWeese, BH, Serrano, AJ, Scruggs, SK, and Burton, JK. The midthigh pull: Proper application and progressions of a weightlifting movement derivative. *Strength Cond J* 35:54-58, 2013.

25. Dietz, V. Neuronal control of functional movement. In *The Encyclopedia of Sports Medicine: Strength and Power in Sport.* Komi, PV, ed. Oxford: Blackwell Science, 11-26, 2003.

26. Dillman, CJ. Kinematic analyses of running. *Exerc Sport Sci Rev* 3:193-218, 1975.

27. Dutto, DJ, and Smith, GA. Changes in spring-mass characteristics during treadmill running to exhaustion. *Med Sci Sports Exerc* 34:1324-1331, 2002.

28. Enoka, RM. Eccentric contractions require unique activation strategies by the nervous system. *J Appl Physiol* 81:2339-2346, 1996.

29. Farley, CT, and Gonzalez, O. Leg stiffness and stride frequency in human running. *J Biomech* 29:181-186, 1996.

30. Fry, AC, Schilling, BK, Staron, RS, Hagerman, FC, Hikida, RS, and Thrush, JT. Muscle fiber characteristics and performance correlates of male Olympic-style weightlifters. *J Strength Cond Res* 17:746-754, 2003.

31. Gabbett, TJ, Kelly, JN, and Sheppard, JM. Speed, change of direction speed, and reactive agility of rugby league players. *J Strength Cond Res* 22:174-181, 2008.

32. Haff, GG, and Nimphius, S. Training principles for power. *Strength Cond J* 34:2-12, 2012.

33. Hakkinen, K. Neuromuscular adaptation during strength training, age, detraining, and immobilization. *Crit Rev Phys Rehabil Med* 6:161-198, 1994.

34. Hakkinen, K, and Komi, PV. Changes in electrical and mechanical behavior of leg extensor muscle during heavy resistance strength training. *Scand J Sport Sci* 7:55-64, 1985.

35. Hartmann, J, and Tunneemann, H. *Fitness and Strength Training.* Berlin: Sportverlag, 50-69, 1989.

36. Hawley, JA, ed. *Running.* Oxford: Blackwell Science, 28-43, 2000.

37. Hodgson, M, Docherty, D, and Robbins, D. Post-activation potentiation: Underlying physiology and implications for motor performance. *Sports Med* 35:585-595, 2005.

38. Houck, J. Muscle activation patterns of selected lower extremity muscles during stepping and cutting tasks. *J Electromyogr Kinesiol* 13:545-554, 2003.

39. Houk, JC, and Rymer, WZ. Neural control of muscle length and tension. In *Handbook of Physiology, Section 1: The Nervous System.* Brookhart, JM, Mountcastle, VB, Brooks, VB, and Greiger, SR, eds. Bethesda, MD: American Physiological Society, 257-323, 1981.

40. Jakalski, K. The pros and cons of using resisted and assisted training methods with high school sprinters parachutes, tubing, and towing. *Track Coach,* 4585-4589, 1998.

41. Jones, P, Bampouras, T, and Marrin, K. An investigation into the physical determinants of change of direction speed. *J Sports Med Phys Fitness* 49:97-104, 2009.

42. Kawamori, N, Newton, RU, Hori, N, and Nosaka, K. Effects of weighted sled towing with heavy versus light load on sprint acceleration ability. *J Strength Cond Res* 28:2738-2745, 2014.

43. Komi, PV. Neuromuscular performance: Factors inflencing force and speed production. *Scand J Sport Sci* 1:2-15, 1979.

44. Komi, PV. Training of muscle strength and power: Interaction of neuromotoric, hypertrophic, and mechanical factors. *Int J Sports Med* 7 suppl 1:10-15, 1986.

45. Komi, PV. Stretch-shortening cycle. In *The Encyclopedia of Sports Medicine: Strength and Power in Sport.* Komi, PV, ed. Oxford: Blackwell Science, 184-202, 2003.

46. Komi, PV, and Nicol, C. Stretch-shortening cycle of muscle function. In *Biomechanics in Sport.* Zatsiorsky, VM, ed. Oxford: Blackwell Science, 87-102, 2000.

47. Kraemer, WJ, and Looney, D. Underlying mechanisms and physiology of muscular power. *Strength Cond J* 34:13-19, 2012.

48. Kyröläinen, H, Komi, PV, and Belli, A. Changes in muscle activity patterns and kinetics with increasing running speed. *J Strength Cond Res* 13:400-406, 1999.

49. Letzelter, M, Sauerwein, G, and Burger, R. Resistance runs in speed development. *Modern Coach and Athlete* 33:7-12, 1995.

50. Lloyd, RS, Read, P, Oliver, JL, Meyers, RW, Nimphius, S, and Jeffreys, I. Considerations for the development of agility during childhood and adolescence. *Strength Cond J* 35:2-11, 2013.

51. Lockie, RG, Murphy, AJ, and Spinks, CD. Effects of resisted sled towing on sprint kinematics in field sport athletes. *J Strength Cond Res* 17:760-767, 2003.

52. Mann, RV. *The Mechanics of Sprinting and Hurdling.* Lexington, KY: CreateSpace, 89-125, 2011.

53. Mann, RV, and Herman, J. Kinematic analysis of Olympic sprint performance: Men's 200 meters. *Int J Sports Biomech* 1:151-162, 1985.

54. Marshall, BM, Franklyn-Miller, AD, King, EA, Moran, KA, Strike, SC, and Falvey, EC. Biomechanical factors associated with time to complete a change of direction cutting maneuver. *J Strength Cond Res* 28:2845-2851, 2014.

55. Mero, A, and Komi, PV. Electromyographic activity in sprinting at speeds ranging from sub-maximal to supra-maximal. *Med Sci Sports Exerc* 19:266-274, 1987.

56. Moolyk, AN, Carey, JP, and Chiu, LZ. Characteristics of lower extremity work during the impact phase of jumping and weightlifting. *J Strength Cond Res* 27:3225-3232, 2013.

57. Naczk, M, Naczk, A, Brzenczek-Owczarzak, W, Arlet, J, and Adach, Z. Relationship between maximal rate of force development and maximal voluntary contractions. *Studies in Physical Culture and Tourism* 17:301-306, 2010.

58. Nimphius, S. Increasing agility. In *High-Performance Training for Sports.* Joyce, D, and Lewindon, D, eds. Champaign, IL: Human Kinetics, 185-198, 2014.

59. Nimphius, S, Geib, G, Spiteri, T, and Carlisle, D. "Change of direction deficit" measurement in Division I American football players. *Journal of Australian Strength and Conditioning* 21:115-117, 2013.

60. Nimphius, S, McGuigan, MR, and Newton, RU. Changes in muscle architecture and performance during a competitive season in female softball players. *J Strength Cond Res* 26:2655-2666, 2012.

61. Nimphius, S, Spiteri, T, Seitz, L, Haff, E, and Haff, G. Is there a pacing strategy during a 505 change of direction test in adolescents? *J Strength Cond Res* 27:S104-S105, 2013.

62. Paddon-Jones, D, Leveritt, M, Lonergan, A, and Abernethy, P. Adaptation to chronic eccentric exercise in humans: The influence of contraction velocity. *Eur J Appl Physiol* 85:466-471, 2001.

63. Pauole, K, Madole, K, Garhammer, J, Lacourse, M, and Rozenek, R. Reliability and validity of the T-test as a measure of agility, leg power, and leg speed in college-aged men and women. *J Strength Cond Res* 14:443-450, 2000.

64. Porter, JM, Nolan, RP, Ostrowski, EJ, and Wulf, G. Directing attention externally enhances agility performance: A qualitative and quantitative analysis of the efficacy of using verbal instructions to focus attention. *Front Psychol* 1:216, 2010.

65. Putnam, CA, and Kozey, JW. Substantive issues in running. In *Biomechanics of Sport.* Vaughn, CL, ed. Boca Raton, FL: CRC Press, 1-33, 1989.

66. Robbins, DW. Postactivation potentiation and its practical applicability: A brief review. *J Strength Cond Res* 19:453-458, 2005.

67. Ross, A, and Leveritt, M. Long-term metabolic and skeletal muscle adaptations to short-sprint training: Implications for sprint training and tapering. *Sports Med* 31:1063-1082, 2001.

68. Ross, A, Leveritt, M, and Riek, S. Neural influences on sprint running: Training adaptations and acute responses. *Sports Med* 31:409-425, 2001.

69. Sale, DG. Postactivation potentiation: Role in human performance. *Exerc Sport Sci Rev* 30:138-143, 2002.

70. Sasaki, S, Nagano, Y, Kaneko, S, Sakurai, T, and Fukubayashi, T. The relationship between performance and trunk movement during change of direction. *J Sports Sci Med* 10:112, 2011.

71. Schmidtbleicher, D. Strength training (part 1): Structural analysis of motor strength qualities and its application to training. *Sci Per Res Tech Sport: Phys Training/Strength* W-4:1-12, 1985.

72. Schmidtbleicher, D. Strength training (part 2): Structural analysis of motor strength qualities and its applications to training. *Sci Per Res Tech Sport: Phys Training/Strength* W-4:1-10, 1985.

73. Schmidtbleicher, D. Training for power events. In *The Encyclopaedia of Sports Medicine: Strength and Power in Sport.* Komi, PV, ed. Oxford, UK: Blackwell, 169-179, 1992.

74. Schmolinsky, G. *Track and Field: The East German Textbook of Athletics.* Toronto: Sports Book, 1993.

75. Serpell, BG, Young, WB, and Ford, M. Are the perceptual and decision-making components of agility trainable? A preliminary investigation. *J Strength Cond Res* 25:1240-1248, 2011.

76. Sheppard, J, Dawes, J, Jeffreys, I, Spiteri, T, and Nimphius, S. Broadening the view of agility: A scientific review of the literature. *Journal of Australian Strength and Conditioning* 22:6-25, 2014.

77. Sheppard, JM, and Young, W. Agility literature review: Classifications, training and testing. *J Sports Sci* 24:919-932, 2006.

78. Shimokochi, Y, Ide, D, Kokubu, M, and Nakaoji, T. Relationships among performance of lateral cutting maneuver from lateral sliding and hip extension and abduction motions, ground reaction force, and body center of mass height. *J Strength Cond Res* 27:1851-1860, 2013.

79. Sierer, SP, Battaglini, CL, Mihalik, JP, Shields, EW, and Tomasini, NT. The National Football League combine: Performance differences between drafted and nondrafted players entering the 2004 and 2005 drafts. *J Strength Cond Res* 22:6-12, 2008.

80. Siff, MC. *Supertraining.* Denver: Supertraining Institute, 267-284, 2003.

81. Spiteri, T, Cochrane, JL, Hart, NH, Haff, GG, and Nimphius, S. Effect of strength on plant foot kinetics and kinematics during a change of direction task. *Eur J Sport Sci* 13:646-652, 2013.

82. Spiteri, T, Cochrane, JL, and Nimphius, S. The evaluation of a new lower-body reaction time test. *J Strength Cond Res* 27:174-180, 2013.

83. Spiteri, T, Hart, NH, and Nimphius, S. Offensive and defensive agility: A sex comparison of lower body kinematics and ground reaction forces. *J Appl Biomech* 30:514-520, 2014.

84. Spiteri, T, and Nimphius, S. Relationship between timing variables and plant foot kinetics during change of direction movements. *Journal of Australian Strength and Conditioning* 21:73-77, 2013.

85. Spiteri, T, Nimphius, S, and Cochrane, JL. Comparison of running times during reactive offensive and defensive agility protocols. *Journal of Australian Strength and Conditioning* 20:73-78, 2012.

86. Spiteri, T, Nimphius, S, Hart, NH, Specos, C, Sheppard, JM, and Newton, RU. The contribution of strength characteristics to change of direction and agility performance in female basketball athletes. *J Strength Cond Res* 28:2415-2423, 2014.

87. Stone, M, Stone, M, and Sands, WA. *Principles and Practice of Resistance Training.* Champaign, IL: Human Kinetics, 45-62, 2007.

88. Stone, MH, O'Bryant, HS, McCoy, L, Coglianese, R, Lehmkuhl, M, and Schilling, B. Power and maximum strength relationships during performance of dynamic and static weighted jumps. *J Strength Cond Res* 17:140-147, 2003.

89. Stone, MH, Sanborn, K, O'Bryant, HS, Hartman, M, Stone, ME, Proulx, C, Ward, B, and Hruby, J. Maximum strength-power-performance relationships in collegiate throwers. *J Strength Cond Res* 17:739-745, 2003.

90. Vescovi, JD, and McGuigan, MR. Relationships between sprinting, agility, and jump ability in female athletes. *J Sports Sci* 26:97-107, 2008.

91. Vescovi, JD, Rupf, R, Brown, TD, and Marques, MC. Physical performance characteristics of high-level female soccer players 12-21 years of age. *Scand J Med Sci Sports* 21:670-678, 2011.

92. Weyand, PG, Bundle, MW, McGowan, CP, Grabowski, A, Brown, MB, Kram, R, and Herr, H. The fastest runner on artificial legs: Different limbs, similar function? *J Appl Physiol* 107:903-911, 2009.

93. Weyand, PG, Sandell, RF, Prime, DN, and Bundle, MW. The biological limits to running speed are imposed from the ground up. *J Appl Physiol* 108:950-961, 2010.

94. Weyand, PG, Sternlight, DB, Bellizzi, MJ, and Wright, S. Faster top running speeds are achieved with greater ground forces not more rapid leg movements. *J Appl Physiol* 89:1991-1999, 2000.

95. Wood, GA. Biomechanical limitations to sprint running. In *Medicine and Sport Science*. Hebbelink, M, Shephard, RJ, Van Gheluwe, B, and Atha, J, eds. Basel: Karger, 58-71, 1987.

96. Young, WB. Transfer of strength and power training to sports performance. *Int J Sports Physiol Perform* 1:74-83, 2006.

97. Young, W, and Farrow, D. The importance of a sport-specific stimulus for training agility. *Strength Cond J* 35:39-43, 2013.

98. Young, W, Farrow, D, Pyne, D, McGregor, W, and Handke, T. Validity and reliability of agility tests in junior Australian football players. *J Strength Cond Res* 25:3399-3403, 2011.

99. Zatsiorsky, VM, and Kraemer, WJ. *Science and Practice of Strength Training*. Champaign, IL: Human Kinetics, 47-66, 2006.

CHAPTER 20 Program Design and Technique for Aerobic Endurance Training

1. Åstrand, PO, Rodahl, K, Dahl, HA, and Stromme, SB. *Textbook of Work Physiology*. 4th ed. Champaign, IL: Human Kinetics, 242-243, 2003.

2. Banister, EW. Modeling elite athletic performance. In *Physiological Testing of the High-Performance Athlete*. 2nd ed. MacDougall, JD, Wenger, HA, and Green, HJ, eds. Champaign, IL: Human Kinetics, 403-424, 1991.

3. Beck, TW. Cardiovascular training methods. In *NSCA's Essentials of Personal Training*. 2nd ed. Coburn, JW, and Malek, MH, eds. Champaign, IL: Human Kinetics, 329-346, 2012.

4. Beneke, R. Anaerobic threshold, individual anaerobic threshold, and maximal lactate steady state in rowing. *Med Sci Sports Exerc* 27:863-867, 1995.

5. Boulay, MR, Simoneau, JA, Lortie, G, and Bouchard, C. Monitoring high-intensity endurance exercise with heart rate and thresholds. *Med Sci Sports Exerc* 29:125-132, 1997.

6. Boutcher, SH, Seip, RL, Hetzler, RK, Pierce, EF, Snead, D, and Weltman, A. The effects of specificity of training on rating of perceived exertion at the lactate threshold. *Eur J Appl Physiol Occup Physiol* 59:365-369, 1989.

7. Brooks, GA, and Mercier, J. Balance of carbohydrate and lipid utilization during exercise: The "crossover" concept. *J Appl Physiol* 76:2253-2261, 1994.

8. Buchheit, M, and Laursen, PB. High-intensity interval training, solutions to the programming puzzle. Part I: Cardiopulmonary emphasis. *Sports Med* 43:313-338, 2013.

9. Buchheit, M, and Laursen, PB. High-intensity interval training, solutions to the programming puzzle: Part II: Anaerobic energy, neuromuscular load and practical applications. *Sports Med* 43:927-954, 2013.

10. Burke, EJ. Physiological effects of similar training programs in males and females. *Res Q* 48:510-517, 1977.

11. Burke, ER, Cerny, F, Costill, D, and Fink, W. Characteristics of skel-

etal muscle in competitive cyclists. *Med Sci Sports Exerc* 9:109-112, 1977.

12. Cavanagh, PR, Pollock, ML, and Landa, J. Biomechanical comparison of elite and good distance runners. *Ann NY Acad Sci* 301:328-345, 1977.

13. Ceci, R, and Hassmén, P. Self-monitored exercise at three different RPE intensities in treadmill vs. field running. *Med Sci Sports Exerc* 23:732-738, 1991.

14. Conley, DL, and Krahenbuhl, GS. Running economy and distance running performance of highly trained athletes. *Med Sci Sports Exerc* 12:357-360, 1980.

15. Costill, DL. *Inside Running: Basics of Sports Physiology.* Indianapolis: Benchmark Press, 101-103, 117-118, 1986.

16. Costill, DL, Fink, WJ, and Pollock, ML. Muscle fiber composition and enzyme activities of elite distance runners. *Med Sci Sports Exerc* 8:96-100, 1976.

17. Costill, DL, King, R, Thomas, DC, and Hargreaves, M. Effects of reduced training on muscular power in swimmers. *Phys Sportsmed* 13:94-101, 1985.

18. Costill, DL, Thomas, R, Roberts, RA, Pascoe, D, Lambert, C, Barr, S, and Fink, WJ. Adaptations to swimming training: Influence of training volume. *Med Sci Sports Exerc* 23:371-377, 1991.

19. Costill, DL, Thomason, H, and Roberts, E. Fractional utilization of the aerobic capacity during distance running. *Med Sci Sports Exerc* 5:248-252, 1973.

20. Coyle, EF, Coggan, AR, Hemmert, MK, and Ivy, JL. Muscle glycogen utilization during prolonged strenuous exercise when fed carbohydrate. *J Appl Physiol* 61:165-172, 1986.

21. Coyle, EF, Coggan, AR, Hopper, MK, and Walters, TJ. Determinants of endurance in well-trained cyclists. *J Appl Physiol* 64:2622-2630, 1988.

22. Coyle, EF, Feltner, ME, Kautz, SA, Hamilton, MT, Montain, SJ, Baylor, AM, Abraham, LD, and Petrek, GW. Physiological and biomechanical factors associated with elite endurance cycling performance. *Med Sci Sports Exerc* 23:93-107, 1991.

23. Coyle, EF, Hagberg, JM, Hurley, BF, Martin, WH, Ehsani, AA, and Holloszy, JO. Carbohydrate feeding during prolonged strenuous exercise can delay fatigue. *J Appl Physiol* 55:230-235, 1983.

24. Daniels, J. Training distance runners—primer. *Gatorade Sports Science Exchange* 1:1-5, 1989.

25. Davidson, CJ, Pardyjak, ER, and Martin, JC. Training with power measurement: A new era in cycling training. *Strength Cond J* 25:28-29, 2003.

26. Dishman, RK, Patton, RW, Smith, J, Weinberg, R, and Jackson, A. Using perceived exertion to prescribe and monitor exercise training heart rate. *Int J Sports Med* 8:208-213, 1987.

27. Drinkwater, BL, and Horvath, SM. Detraining effects on young women. *Med Sci Sports* 4:91-95, 1972.

28. Dudley, GA, Abraham, WM, and Terjung, RL. Influence of exercise intensity and duration on biochemical adaptations in skeletal muscle. *J Appl Physiol* 53:844-850, 1982.

29. Ehsani, AA, Hagberg, JM, and Hickson, RC. Rapid changes in left ventricular dimensions and mass in response to physical conditioning and deconditioning. *Am J Cardiol* 42:52-56, 1978.

30. Epthorp, JA. Altitude training and its effects on performance: Systematic review. *J Aust Strength Cond* 22:78-88, 2014.

31. Farrell, PA, Wilmore, JH, Coyle, EF, Billing, JE, and Costill, DL. Plasma lactate accumulation and distance running performance. *Med Sci Sports Exerc* 11:338-344, 1979.

32. Foster, C, Daniels, JT, and Yarbrough, RA. Physiological and training correlates of marathon running performance. *Aust J Sports Med* 9:58-61, 1977.

33. Foster, C, Hector, LL, Welsh, R, Schrager, M, Green, MA, and Snyder, AC. Effects of specific versus cross-training on running performance. *Eur J Appl Physiol Occup Physiol* 70:367-372, 1995.

34. Foxdal, P, Sjödin, B, Sjödin, A, and Ostman, B. The validity and accuracy of blood lactate measurements for prediction of maximal

endurance running capacity. Dependency of analyzed blood media in combination with different designs of the exercise test. *Int J Sports Med* 15:89-95, 1994.

35. Garber, CE, Blissmer, B, Deschenes, MR, Franklin, BA, Lamonte, MJ, Lee, IM, Nieman, DC, and Swain, DP. American College of Sports Medicine position stand. Quantity and quality of exercise for developing and maintaining cardiorespiratory, musculoskeletal, and neuromotor fitness in apparently healthy adults: Guidance for prescribing exercise. *Med Sci Sports Exerc* 43:1334-1359, 2011.

36. Gardner, AS, Stephens, S, Martin, DT, Lawton, E, Lee, H, and Jenkins, D. Accuracy of SRM and power tap power monitoring systems for bicycling. *Med Sci Sports Exerc* 36:1252-1258, 2004.

37. Gergley, TJ, McArdle, WD, DeJesus, P, Toner, MM, Jacobowitz, S, and Spina, RJ. Specificity of arm training on aerobic power during swimming and running. *Med Sci Sports Exerc* 16:349-354, 1984.

38. Gettman, LR, Pollock, ML, Durstine, JL, Ward, A, Ayres, J, and Linnerud, AC. Physiological responses of men to 1, 3, and 5 day per week training programs. *Res Q* 47:638-646, 1976.

39. Glass, SC, Knowlton, RG, and Becque, MD. Accuracy of RPE from graded exercise to establish exercise training intensity. *Med Sci Sports Exerc* 24:1303-1307, 1992.

40. Gollnick, PD. Metabolism of substrates: Energy substrate metabolism during exercise and as modified by training. *Fed Proc* 44:353-357, 1985.

41. Haddad, M, Padulo, J, and Chamari, K. The usefulness of session rating of perceived exertion for monitoring training load despite several influences on perceived exertion. *Int J Sport Physiol Perform* 9:882-883, 2014.

42. Hagerman, PS. Aerobic endurance training program design. In *NSCA's Essentials of Personal Training*. 2nd ed. Coburn, JW, and Malek, MH, eds. Champaign, IL: Human Kinetics, 389-410, 2012.

43. Hansen, AK, Fischer, CP, Plomgaard, P, Andersen, JL, Saltin, B, and Pedersen, BK. Skeletal muscle adaptation: Training twice every second day vs. training once daily. *J Appl Physiol* 98:93-99, 2005.

44. Hermansen, L, Hultman, E, and Saltin, B. Muscle glycogen during prolonged severe exercise. *Acta Physiol Scand* 71:129-139, 1967.

45. Hickson, RC, Dvorak, BA, Gorostiaga, EM, Kurowski, TT, and Foster, C. Potential for strength and endurance training to amplify endurance performance. *J Appl Physiol* 65:2285-2290, 1988.

46. Hickson, RC, and Rosenkoetter, MA. Reduced training frequencies and maintenance of increased aerobic power. *Med Sci Sports Exerc* 13:13-16, 1981.

47. Holloszy, JO, and Booth, FW. Biochemical adaptations to endurance exercise in muscle. *Annu Rev Physiol* 38:273-291, 1976.

48. Holloszy, JO, and Coyle, EF. Adaptations of skeletal muscle to endurance exercise and their metabolic consequences. *J Appl Physiol* 56:831-838, 1984.

49. Hootman, JM, Macera, CA, Ainsworth, BE, Martin, M, Addy, CL, and Blair, SN. Association among physical activity level, cardiorespiratory fitness, and risk of musculoskeletal injury. *Am J Epidemiol* 154:251-258, 2001.

50. Hoppeler, H. Exercise-induced ultrastructural changes in skeletal muscle. *Int J Sports Med* 7:187-204, 1986.

51. Humberstone-Gough, CE, Saunders, PU, Bonetti, DL, Stephens, S, Bullock, N, Anson, JM, and Gore, CJ. Comparison of live high: train low altitude and intermittent hypoxic exposure. *J Sports Sci Med* 12:394-401, 2013.

52. Klausen, K, Andersen, LB, and Pelle, I. Adaptive changes in work capacity, skeletal muscle capillarization and enzyme levels during training and detraining. *Acta Physiol Scand* 113:9-16, 1981.

53. Kohrt, WM, Morgan, DW, Bates, B, and Skinner, JS. Physiological responses of triathletes to maximal swimming, cycling, and running. *Med Sci Sports Exerc* 19:51-55, 1987.

54. Lamb, DR. Basic principles for improving sport performance. *Gatorade Sports Science Exchange* 8:1-5, 1995.

55. Laursen, PB, and Jenkins, DG. The scientific basis for high-intensity interval training: Optimising training programmes and maximising performance in highly trained endurance athletes. *Sports Med* 32:53-73, 2002.

56. Magel, JR, Foglia, GF, McArdle, WD, Gutin, B, Pechar, GS, and Katch, FI. Specificity of swim training on maximum oxygen uptake. *J Appl Physiol* 38:151-155, 1975.

57. Martin, JC, Milliken, DL, Cobb, JE, McFadden, KL, and Coggan, AR. Validation of a mathematical model for road cycling power. *J Appl Biomech* 14:276-291, 1998.

58. Matoba, H, and Gollnick, PD. Response of skeletal muscle to training. *Sports Med* 1:240-251, 1984.

59. Maughan, RJ. Physiology and biochemistry of middle distance and long distance running. In *Handbook of Sports Medicine and Science: Running.* Hawley, JA, ed. Oxford, UK: Blackwell Science, 14-27, 2000.

60. Maughan, RJ, and Leiper, JB. Aerobic capacity and fractional utilisation of aerobic capacity in elite and non-elite male and female marathon runners. *Eur J Appl Physiol Occup Physiol* 52:80-87, 1983.

61. McCole, SD, Claney, K, Conte, JC, Anderson, R, and Hagberg, JM. Energy expenditure during bicycling. *J Appl Physiol* 68:748-753, 1990.

62. Mikkola, J, Vesterinen, V, Taipale, R, Capostagno, B, Häkkinen, K, and Nummela, A. Effect of resistance training regimens on treadmill running and neuromuscular performance in recreational endurance runners. *J Sports Sci* 29:1359-1371, 2011.

63. Mujika, I, Padilla, S, Pyne, D, and Busso, T. Physiological changes associated with the pre-event taper in athletes. *Sports Med* 34:891-927, 2004.

64. Neary, JP, Martin, TP, Reid, DC, Burnham, R, and Quinney, HA. The effects of a reduced exercise duration taper programme on performance and muscle enzymes of endurance cyclists. *Eur J Appl Physiol Occup Physiol* 65:30-36, 1992.

65. O'Toole, ML, Douglas, PS, and Hiller, WDB. Use of heart rate monitors by endurance athletes: Lessons from triathletes. *J Sports Med Phys Fitness* 38:181-187, 1998.

66. Peacock, AJ. ABC of oxygen: Oxygen at high altitude. *Br Med J* 317:1063-1066, 1998.

67. Perrault, H. Cardiorespiratory function. In *Exercise and the Female: A Life Span Approach (Perspectives in Exercise Science and Sports Medicine series, vol. 9).* Carmel, IN: Cooper Publishing Group, 147-214, 1996.

68. Pette, D. Historical perspectives: Plasticity of mammalian skeletal muscle. *J Appl Physiol* 90:1119-1124, 2001.

69. Pollock, ML, Gettman, LR, Milesis, CA, Bah, MD, Durstine, L, and Johnson, RB. Effects of frequency and duration of training on attrition and incidence of injury. *Med Sci Sports Exerc* 9:31-36, 1977.

70. Potteiger, JA, and Evans, BW. Using heart rate and ratings of perceived exertion to monitor intensity in runners. *J Sport Med Phys Fit* 35:181-186, 1995.

71. Potteiger, JA, and Weber, SF. Rating of perceived exertion and heart rate as indicators of exercise intensity in different environmental temperatures. *Med Sci Sports Exerc* 26:791-796, 1994.

72. Powers, SK, and Howley, ET. *Exercise Physiology: Theory and Application to Fitness and Performance.* 8th ed. New York: McGraw-Hill, 283-284, 2011.

73. Saltin, B, Henriksson, J, Nygaard, E, Andersen, P, and Jansson, E. Fiber types and metabolic potentials of skeletal muscles in sedentary man and endurance runners. *Ann NY Acad Sci* 301:3-29, 1977.

74. Sharkey, BJ. Intensity and duration of training and the development of cardiorespiratory endurance. *Med Sci Sports Exerc* 2:197-202, 1970.

75. Shepley, B, MacDougall, JD, Cipriano, N, Sutton, JR, Tarnopolsky, MA, and Coates, G. Physiological effects of tapering in highly trained athletes. *J Appl Physiol* 72:706-711, 1992.

76. Short, KR, Vittone, JL, Bigelow, ML, Proctor, DN, Coenen-Schimke, JM, Rys, P, and Nair, KS. Changes in myosin heavy chain mRNA and protein expression in human skeletal muscle with age and endurance exercise training. *J Appl Physiol* 99:95-102, 2005.

77. Svedenhag, J. Endurance conditioning. In *Endurance in Sport (Encyclopaedia of Sports Medicine Series)*. 2nd ed. Shephard, RJ, and Åstrand, PO, eds. London: Blackwell Science, 402-408, 2008.

78. Swain, DP, Coast, JR, Clifford, PS, Milliken, MC, and Stray-Gundersen, J. Influence of body size on oxygen consumption during bicycling. *J Appl Physiol* 62:668-672, 1987.

79. Thomas, L, Mujika, I, and Busso, T. A model study of optimal training reduction during pre-event taper in elite swimmers. *J Sports Sci* 26:643-652, 2008.

80. Troup, JP. The physiology and biomechanics of competitive swimming. *Clin Sports Med* 18:267-285, 1999.

81. Van Handel, PJ, Katz, A, Troup, JP, and Bradley, PW. Aerobic economy and competitive swim performance of U.S. elite swimmers. In *Swimming Science V.* Ungerechts, BE, Wilke, K, and Reischle, K, eds. Champaign, IL: Human Kinetics, 219-227, 1988.

82. Wells, CL, and Pate, RR. Training for performance of prolonged exercise. In *Perspectives in Exercise Science and Sports Medicine.* Lamb, DL, and Murray, R, eds. Indianapolis: Benchmark Press, 357-388, 1995.

83. Wenger, HA, and Bell, GJ. The interactions of intensity, frequency and duration of exercise training in altering cardiorespiratory fitness. *Sports Med* 3:346-356, 1986.

84. Wilber, RL. Application of altitude/hypoxic training by elite athletes. *Med Sci Sports Exerc* 39:1610-1624, 2007.

85. Wilber, RL, Moffatt, RJ, Scott, BE, Lee, DT, and Cucuzzo, NA. Influence of water run training on the maintenance of aerobic performance. *Med Sci Sports Exerc* 28:1056-1062, 1996.

86. Wyatt, FB. Physiological responses to attitude: A brief review. *J Exerc Physiol Online* 17:90-96, 2014.

87. Zupan, MF, and Petosa, PS. Aerobic and resistance cross-training for peak triathlon performance. *Strength Cond J* 17:7-12, 1995.

CHAPTER 21 Periodization

1. Baker, D, Wilson, G, and Carlyon, R. Periodization: The effect on strength of manipulating volume and intensity. *J Strength Cond Res* 8:235-242, 1994.

2. Bompa, TO. Antrenamentul in perooda, pregatitoare. *Caiet Pentre Sporturi Nautice* 3:22-24, 1956.

3. Bompa, TO, and Haff, GG. *Periodization: Theory and Methodology of Training.* Champaign, IL: Human Kinetics, 1-424, 2009.

4. Bondarchuk, AP. Track and field training. *Legkaya Atletika* 12:8-9, 1986.

5. Bondarchuk, AP. Constructing a training system. *Track Tech* 102:254-269, 1988.

6. Bondarchuk, AP. The role and sequence of using different training-load intensities. *Fit Sports Rev Inter* 29:202-204, 1994.

7. Bosquet, L, Montpetit, J, Arvisais, D, and Mujika, I. Effects of tapering on performance: A meta-analysis. *Med Sci Sports Exerc* 39:1358-1365, 2007.

8. Bradley-Popovich, GE, and Haff, GG. Nonlinear versus linear periodization models. *Strength Cond J* 23:42-44, 2001.

9. Bruin, G, Kuipers, H, Keizer, HA, and Vander Vusse, GJ. Adaptation and overtraining in horses subjected to increasing training loads. *J Appl Physiol* 76:1908-1913, 1994.

10. Buford, TW, Rossi, SJ, Smith, DB, and Warren, AJ. A comparison of periodization models during nine weeks with equated volume and intensity for strength. *J Strength Cond Res* 21:1245-1250, 2007.

11. Charniga, A, Gambetta, V, Kraemer, W, Newton, H, O'Bryant, HS, Palmieri, G, Pedemonte, J, Pfaff, D, and Stone, MH. Periodization: Part 1. *NSCA J* 8:12-22, 1986.

12. Charniga, A, Gambetta, V, Kraemer, W, Newton, H, O'Bryant, HS, Palmieri, G, Pedemonte, J, Pfaff, D, and Stone, MH. Periodization: Part 2. *NSCA J* 8:17-24, 1986.

13. Charniga, A, Gambetta, V, Kraemer, W, Newton, H, O'Bryant, HS, Palmieri, G, Pedemonte, J, Pfaff, D, and Stone, MH. Periodization: Part 3. *NSCA J* 9:16-26, 1987.

14. Chiu, LZF, and Barnes, JL. The fitness-fatigue model revistited: Implications for planning short- and long-term training. *NSCA J* 25:42-51, 2003.

15. Counsilman, JE, and Counsilman, BE. *The New Science of Swimming.* Englewood Cliffs, NJ: Prentice Hall, 229-244, 1994.

16. de Lima, C, Boullosa, DA, Frollini, AB, Donatto, FF, Leite, RD, Gonelli, PR, Montebello, MI, Prestes, J, and Cesar, MC. Linear and daily undulating resistance training periodizations have differential beneficial effects in young sedentary women. *Int J Sports Med* 33:723-727, 2012.

17. Edington, DW, and Edgerton, VR. *The Biology of Physical Activity.* Boston: Houghton Mifflin, 1-120, 1976.

18. Fleck, S, and Kraemer, WJ. *Designing Resistance Training Programs.* 4th ed. Champaign, IL: Human Kinetics, 1-375, 2004.

19. Foster, C. Monitoring training in athletes with reference to overtraining syndrome. *Med Sci Sports Exerc* 30:1164-1168, 1998.

20. Fry, AC. The role of training intensity in resistance exercise overtraining and overreaching. In *Overtraining in Sport.* Kreider, RB, Fry, AC, and O'Toole, ML, eds. Champaign, IL: Human Kinetics, 107-127, 1998.

21. Garhammer, J. Periodization of strength training for athletes. *Track Tech* 73:2398-2399, 1979.

22. Haff, GG. Periodization of training. In *Conditioning for Strength and Human Performance.* 2nd ed. Brown, LE, and Chandler, J, eds. Philadelphia: Wolters-Kluwer/Lippincott Williams & Wilkins, 326-345, 2012.

23. Haff, GG. Peaking for competition in individual sports. In *High-Performance Training for Sports.* Joyce, D, and Lewindon, D, eds. Champaign, IL: Human Kinetics, 524-540, 2014.

24. Haff, GG. Periodization strategies for youth development. In *Strength and Conditioning for Young Athletes: Science and Application.* Lloyd, RS, and Oliver, JL, eds. London: Routledge, Taylor & Francis, 149-168, 2014.

25. Haff, GG. The essentials of periodization. In *Strength and Conditioning for Sports Performance.* Jeffreys, I, and Moody, J, eds. London: Routledge, Taylor & Francis, in press

26. Haff, GG, and Burgess, SJ. Resistance training for endurance sports. In *Developing Endurance.* Reuter, BH, ed. Champaign, IL: Human Kinetics, 135-180, 2012.

27. Haff, GG, and Haff, EE. Resistance training program design. In *Essentials of Periodization.* Malek, MH, and Coburn, JW, eds. Champaign, IL: Human Kinetics, 359-401, 2012.

28. Haff, GG, and Haff, EE. Training integration and periodization. In *Strength and Conditioning Program Design.* Hoffman, J, ed. Champaign, IL: Human Kinetics, 209-254, 2012.

29. Haff, GG, Kraemer, WJ, O'Bryant, HS, Pendlay, G, Plisk, S, and Stone, MH. Roundtable discussion: Periodization of training—part 1. *NSCA J* 26 (Pt 1):50-69, 2004.

30. Haff, GG, Kraemer, WJ, O'Bryant, HS, Pendlay, G, Plisk, S, and Stone, MH. Roundtable discussion: Periodization of training—part 2. *NSCA J* 26 (Pt 2):56-70, 2004.

31. Haff, GG, and Nimphius, S. Training principles for power. *Strength Cond J* 34:2-12, 2012.

32. Harre, D. Principles of athletic training. In *Principles of Sports Training: Introduction to the Theory and Methods of Training.* Harre, D, ed. Berlin: Sportverlag, 73-94, 1982.

33. Harre, D. *Principles of Sports Training.* Berlin: Sportverlag, 10-94, 1982.

34. Hartmann, H, Bob, A, Wirth, K, and Schmidtbleicher, D. Effects of different periodization models on rate of force development and power ability of the upper extremity. *J Strength Cond Res* 23:1921-1932, 2009.

35. Hoffman, JR, Ratamess, NA, Klatt, M, Faigenbaum, AD, Ross, RE, Tranchina, NM, McCurley, RC, Kang, J, and Kraemer, WJ. Comparison between different off-season resistance training programs in Division III American college football players. *J Strength Cond Res* 23:11-19, 2009.

766 ストレングストレーニング&コンディショニング

36. Issurin, V. *Block Periodization: Breakthrough in Sports Training.* Muskegon, MI: Ultimate Athlete Concepts, 1-213, 2008.

37. Issurin, VB. New horizons for the methodology and physiology of training periodization. *Sports Med* 40:189-206, 2010.

38. Kawamori, N, Crum, AJ, Blumert, P, Kulik, J, Childers, J, Wood, J, Stone, MH, and Haff, GG. Influence of different relative intensities on power output during the hang power clean: Identification of the optimal load. *J Strength Cond Res* 19:698-708, 2005.

39. Kawamori, N, and Haff, GG. The optimal training load for the development of muscular power. *J Strength Cond Res* 18:675-684, 2004.

40. Komi, PV. Training of muscle strength and power: Interaction of neuromotoric, hypertrophic, and mechanical factors. *Int J Sports Med* 7:10-15, 1986.

41. Kraemer, WJ. A series of studies: The physiological basis for strength training in American football: Fact over philosophy. *J Strength Cond Res* 11:131-142, 1997.

42. Kraemer, WJ, and Fleck, SJ. *Optimizing Strength Training: Designing Nonlinear Periodization Workouts.* Champaign, IL: Human Kinetics, 1-245, 2007.

43. Matveyev, L. *Periodization of Sports Training.* Moscow: Fizkultura i Sport, 1965.

44. Matveyev, LP. *Fundamentals of Sports Training.* Moscow: Fizkultua i Sport, 86-298, 1977.

45. McNamara, JM, and Stearne, DJ. Flexible nonlinear periodization in a beginner college weight training class. *J Strength Cond Res* 24:17-22, 2010.

46. Meeusen, R, Duclos, M, Foster, C, Fry, A, Gleeson, M, Nieman, D, Raglin, J, Rietjens, G, Steinacker, J, and Urhausen, A. Prevention, diagnosis, and treatment of the overtraining syndrome: Joint consensus statement of the European College of Sport Science and the American College of Sports Medicine. *Med Sci Sports Exerc* 45:186-205, 2013.

47. Miranda, F, Simao, R, Rhea, M, Bunker, D, Prestes, J, Leite, RD, Miranda, H, de Salles, BF, and Novaes, J. Effects of linear vs. daily undulatory periodized resistance training on maximal and submaximal strength gains. *J Strength Cond Res* 25:1824-1830, 2011.

48. Nádori, L. *Training and Competition.* Budapest: Sport, 1962.

49. Nádori, L, and Granek, I. *Theoretical and Methodological Basis of Training Planning With Special Considerations Within a Microcycle.* Lincoln, NE: NSCA, 1-63,1989.

50. Painter, KB, Haff, GG, Ramsey, MW, McBride, J, Triplett, T, Sands, WA, Lamont, HS, Stone, ME, and Stone, MH. Strength gains: Block vs daily undulating periodization weight-training among track and field athletes. *Int J Sports Physiol Perform* 7:161-169, 2012.

51. Plisk, SS, and Stone, MH. Periodization strategies. *Strength Cond* 25:19-37, 2003.

52. Prestes, J, Frollini, AB, de Lima, C, Donatto, FF, Foschini, D, de Cassia, Marqueti, R, Figueira, A, Jr., and Fleck, SJ. Comparison between linear and daily undulating periodized resistance training to increase strength. *J Strength Cond Res* 23:2437-2442, 2009.

53. Rhea, MR, Ball, SD, Phillips, WT, and Burkett, LN. A comparison of linear and daily undulating periodized programs with equated volume and intensity for strength. *J Strength Cond Res* 16:250-255, 2002.

54. Selye, H. *The Stress of Life.* New York: McGraw-Hill, 1-324, 1956.

55. Selye, H. A syndrome produced by diverse nocuous agents. 1936. *J Neuropsych Clin Neurosci* 10:230-231, 1998.

56. Stone, MH, and O'Bryant, HO. *Weight Training: A Scientific Approach.* Edina, MN: Burgess, 1-361, 1987.

57. Stone, MH, O'Bryant, H, and Garhammer, J. A hypothetical model for strength training. *J Sports Med* 21:342-351, 1981.

58. Stone, MH, O'Bryant, HS, and Garhammer, J. A theoretical model of strength training. *NSCA J* 3:36-39, 1982.

59. Stone, MH, Stone, ME, and Sands, WA. *Principles and Practice of Resistance Training.* Champaign, IL: Human Kinetics, 241-287, 2007.

60. Stone, MH, and Wathen, D. Letter to the editor. *NSCA J* 23:7-9, 2001.

61. Tschiene, P. Finally a theory of training to overcome doping. *Athletics Science Bulletin* 1:30-34, 1989.

62. Tschiene, P. A necessary direction in training: The integration of biological adaptation in the training program. *Coach Sport Sci J* 1:2-14, 1995.

63. Verkhoshansky, YU. Theory and methodology of sport preparation: Block training system for top-level athletes. *Teoria i Practica Physicheskoj Culturi* 4:2-14, 2007.

64. Verkhoshansky, YU, and Verkhoshansky, N. *Special Strength Training Manual for Coaches.* Rome: Verkhosansky STM, 27-142, 2011.

65. Zatsiorsky, VM. *Science and Practice of Strength Training.* Champaign, IL: Human Kinetics, 3-18, 108-133, 1995.

66. Zatsiorsky, VM, and Kraemer, WJ. *Science and Practice of Strength Training.* 2nd ed. Champaign, IL: Human Kinetics, 3-14, 89-108, 2006.

CHAPTER 22 Rehabilitation and Reconditioning

1. Adams, D, Logerstedt, DS, Hunter-Giordano, A, Axe, MJ, and Snyder-Mackler, L. Current concepts for anterior cruciate ligament reconstruction: A criterion-based rehabilitation progression. *J Orthop Sports Phys Ther* 42:601-614, 2012.

2. Alentorn-Geli, E, Myer, G, Silvers, H, Samitier, G, Romero, D, Lázaro-Haro, C, and Cugat, R. Prevention of non-contact anterior cruciate ligament injuries in soccer players. Part 1: Mechanisms of injury and underlying risk factors. *Knee Surg Sports Traumatol Arthrosc* 17:705-729, 2009.

3. Behrens, SB, Deren, ME, Matson, A, Fadale, PD, and Monchik, KO. Stress fractures of the pelvis and legs in athletes: A review. *Sports Health* 5:165-174, 2013.

4. Burkhart, SS, Johnson, TC, Wirth, MA, and Athanasiou, KA. Cyclic loading of transosseous rotator cuff repairs: Tension overload as a possible cause of failure. *Arthroscopy* 13:172-176, 1997.

5. Byl, NN, McKenzie, AL, West, JM, Whitney, JD, Hunt, TK, and Scheuenstuhl, HA. Low-dose ultrasound effects on wound healing: A controlled study with yucatan pigs. *Arch Phys Med Rehabil* 73:656-664, 1992.

6. Byram, IR, Bushnell, BD, Dugger, K, Charron, K, Harrell, FE, and Noonan, TJ. Preseason shoulder strength measurements in professional baseball pitchers: Identifying players at risk for injury. *Am J Sports Med* 38:1375-1382, 2010.

7. Clarsen, B, Bahr, R, Andersson, SH, Munk, R, and Myklebust, G. Reduced glenohumeral rotation, external rotation weakness and scapular dyskinesis are risk factors for shoulder injuries among elite male handball players: A prospective cohort study. *Br J Sports Med* 48:1327-1333, 2014.

8. Courson, R, Goldenberg, M, Adams, KG, Anderson, SA, Colgate, B, Cooper, L, Dewald, L, Floyd, RT, Gregory, DB, Indelicato, PA, Klossner, D, O'Leary, R, Ray, T, Selgo, T, Thompson, C, and Turbak, G. Inter-association consensus statement on best practices for sports medicine management for secondary schools and colleges. *J Athl Train* 49:128-137, 2014.

9. De Lorme, TL. Restoration of muscle power by heavy resistance exercise. *J Bone Joint Surg* 27:645-667, 1945.

10. De Lorme, TL, and Watkins, AL. Technics of progressive resistance exercise. *Arch Phys Med* 29:263-273, 1948.

11. Dwelly, PM, Tripp, BL, Tripp, PA, Eberman, LE, and Gorin, S. Glenohumeral rotational range of motion in collegiate overhead-throwing athletes during an athletic season. *J Athl Train* 44:611-616, 2009.

12. Fleck, SJ, and Kraemer, WJ. *Designing Resistance Training Programs.* Champaign, IL: Human Kinetics, 2014.

13. Freeman, MAR, and Wybe, B. Articular contributions to limb muscle reflexes: The effects of a partial neurectomy of the knee joint on postural reflexes. *Br J Surg* 53:61, 1966.

14. Fukuda, TY, Melo, WP, Zaffalon, BM, Rossetto, FM, Magalhaes, E, Bryk, FF, and Martin, RL. Hip posterolateral musculature strengthening in sedentary women with patellofemoral pain syndrome: A randomized controlled clinical trial with 1-year follow-up. *J Orthop Sports Phys Ther* 42:823-830, 2012.

15. Gilchrist, J, Mandelbaum, BR, Melancon, H, Ryan, GW, Silvers, HJ, Griffin, LY, Watanabe, DS, Dick, RW, and Dvorak, J. A randomized controlled trial to prevent noncontact anterior cruciate ligament injury in female collegiate soccer players. *Am J Sports Med* 36:1476-1483, 2008.

16. Grindstaff, TL, and Potach, DH. Prevention of common wrestling injuries. *Strength Cond J* 28:20-28, 2006.

17. Grooms, DR, Palmer, T, Onate, JA, Myer, GD, and Grindstaff, T. Soccer-specific warm-up and lower extremity injury rates in collegiate male soccer players. *J Athl Train* 48:782-789, 2013.

18. Gross, MT. Chronic tendinitis: Pathomechanics of injury, factors affecting the healing response, and treatment. *J Orthop Sports Phys Ther* 16:248-261, 1992.

19. Hägglund, M, Waldén, M, and Ekstrand, J. Previous injury as a risk factor for injury in elite football: A prospective study over two consecutive seasons. *Br J Sports Med* 40:767-772, 2006.

20. Herring, SA, Kibler, WB, and Putukian, M. Team physician consensus statement: 2013 update. *Med Sci Sports Exerc* 45:1618-1622, 2013.

21. Hewett, TE, Lindenfeld, TN, Riccobene, JV, and Noyes, FR. The effect of neuromuscular training on the incidence of knee injury in female athletes: A prospective study. *Am J Sports Med* 27:699-706, 1999.

22. Hildebrand, KA, Gallant-Behm, CL, Kydd, AS, and Hart, DA. The basics of soft tissue healing and general factors that influence such healing. *Sports Med Arthrosc* 13:136-144, 2005.

23. Hillman, S. Principles and techniques of open kinetic chain rehabilitation: The upper extremity. *J Sport Rehabil* 3:319-330, 1994.

24. Houglum, PA. Soft tissue healing and its impact on rehabilitation *J Sport Rehabil* 1:19-39, 1992.

25. Hurd, WJ, Kaplan, KM, Eiattrache, NS, Jobe, FW, Morrey, BF, and Kaufman, KR. A profile of glenohumeral internal and external rotation motion in the uninjured high school baseball pitcher, part I: Motion. *J Athl Train* 46:282-288, 2011.

26. Ireland, ML, Willson, JD, Ballantyne, BT, and Davis, IM. Hip strength in females with and without patellofemoral pain. *J Orthop Sports Phys Ther* 33:671-676, 2003.

27. Jackson, BA, Schwane, JA, and Starcher, BC. Effect of ultrasound therapy on the repair of achilles tendon injuries in rats. *Med Sci Sports Exerc* 23:171-176, 1991.

28. Knapik, JJ, Mawdsley, RH, and Ramos, MU. Angular specificity and test mode specificity of isometric and isokinetic strength training. *J Orthop Sports Phys Ther* 5:58-65, 1983.

29. Knight, KL. Knee rehabilitation by the daily adjustable progressive resistive exercise technique. *Am J Sports Med* 7:336-337, 1979.

30. Knight, KL. Quadriceps strengthening with the dapre technique: Case studies with neurological implications. *Med Sci Sports Exerc* 17:646-650, 1985.

31. Lankhorst, NE, Bierma-Zeinstra, SMA, and Middelkoop, MV. Risk factors for patellofemoral pain syndrome: A systematic review. *J Orthop Sports Phys Ther* 42:81-94, 2012.

32. Leadbetter, WB. Cell-matrix response in tendon injury. *Clin Sports Med* 11:533-578, 1992.

33. Lee, M, and Carroll, TJ. Cross education: Possible mechanisms for the contralateral effects of unilateral resistance training. *Sports Med* 37:1-14, 2007.

34. Lee, M, Gandevia, SC, and Carroll, TJ. Unilateral strength training increases voluntary activation of the opposite untrained limb. *Clin Neurophysiol* 120:802-808, 2009.

35. Leggin, BG, Sheridan, S, and Eckenrode, BJ. Rehabilitation after surgical management of the thrower's shoulder. *Sports Med Arthrosc* 20:49-55, 2012.

36. Leighton, JR, Holmes, D, Benson, J, Wooten, B, and Schmerer, R. A study of the effectiveness of ten different methods of progressive resistance exercise on the development of strength, flexibility, girth, and body weight. *J Assoc Phys Ment Rehabil* 21:78-81, 1967.

37. Logerstedt, D, Lynch, A, Axe, M, and Snyder-Mackler, L. Symmetry restoration and functional recovery before and after anterior cruci-

ate ligament reconstruction. *Knee Surg Sports Traumatol Arthrosc* 21:859-868, 2013.

38. Lorenz, D, and Reiman, M. The role and implementation of eccentric training in athletic rehabilitation: Tendinopathy, hamstring strains, and ACL reconstruction. *Int J Sports Phys Ther* 6:27-44, 2011.

39. Mandelbaum, BR, Silvers, HJ, Watanabe, DS, Knarr, JF, Thomas, SD, Griffin, LY, Kirkendall, DT, and Garrett, W Jr. Effectiveness of a neuromuscular and proprioceptive training program in preventing anterior cruciate ligament injuries in female athletes: 2-year follow-up. *Am J Sports Med* 33:1003-1010, 2005.

40. Martimbianco, ALC, Gomes-da Silva, BN, de Carvalho, APV, Silva, V, Torloni, MR, and Peccin, MS. Effectiveness and safety of cryo-therapy after arthroscopic anterior cruciate ligament reconstruction. A systematic review of the literature. *Phys Ther Sport* 15:261-268, 2014.

41. Mascal, CL, Landel, R, and Powers, C. Management of patellofemoral pain targeting hip, pelvis, and trunk muscle function: 2 case reports. *J Orthop Sports Phys Ther* 33:647-660, 2003.

42. McMorris, RO, and Elkins, EC. A study of production and evaluation of muscular hypertrophy. *Arch Phys Med Rehabil* 35:420-426, 1954.

43. Mellion, MB, Walsh, WM, and Shelton, GL. *The Team Physician's Handbook.* Philadelphia: Hanley & Belfus, 1-150, 1997.

44. Mueller, MJ, and Maluf, KS. Tissue adaptation to physical stress: A proposed "physical stress theory" to guide physical therapist practice, education, and research. *Phys Ther* 82:383-403, 2002.

45. Myer, GD, Martin, L, Ford, KR, Paterno, MV, Schmitt, LC, Heidt, RS, Colosimo, A, and Hewett, TE. No association of time from surgery with functional deficits in athletes after anterior cruciate ligament reconstruction: Evidence for objective return-to-sport criteria. *Am J Sports Med* 40:2256-2263, 2012.

46. Nichols, AW. Does eccentric training of hamstring muscles reduce acute injuries in soccer? *Clin J Sport Med* 23:85-86, 2013.

47. Nilstad, A, Andersen, TE, Bahr, R, Holme, I, and Steffen, K. Risk factors for lower extremity injuries in elite female soccer players. *Am J Sports Med* 42:940-948, 2014.

48. Olsen, OE, Myklebust, G, Engebretsen, L, Holme, I, and Bahr, R. Exercises to prevent lower limb injuries in youth sports: Cluster randomised controlled trial. *Br Med J* 330:449, 2005.

49. Paterno, MV, Rauh, MJ, Schmitt, LC, Ford, KR, and Hewett, TE. Incidence of second ACL injuries 2 years after primary ACL reconstruction and return to sport. *Am J Sports Med,* 42:1567-1573, 2014.

50. Petersen, J, Thorborg, K, Nielsen, MB, Budtz-Jørgensen, E, and Hölmich, P. Preventive effect of eccentric training on acute hamstring injuries in men's soccer: A cluster-randomized controlled trial. *Am J Sports Med* 39:2296-2303, 2011.

51. Ramirez, A, Schwane, JA, McFarland, C, and Starcher, BC. The effect of ultrasound on collagen synthesis and fibroblast proliferation in vitro. *Med Sci Sports Exerc* 29:326-332, 1997.

52. Rees, JD, Maffulli, N, and Cook, J. Management of tendinopathy. *Am J Sports Med* 37:1855-1867, 2009.

53. Riemann, BL, and Lephart, SM. The sensorimotor system, part II: The role of proprioception in motor control and functional joint stability. *J Athl Train* 37:80-84, 2002.

54. Saragiotto, B, Yamato, T, Hespanhol, L, Jr., Rainbow, M, Davis, I, and Lopes, A. What are the main risk factors for running-related injuries? *Sports Med* 44:1153-1163, 2014.

55. Schmitt, LC, Paterno, MV, and Hewett, TE. The impact of quadriceps femoris strength asymmetry on functional performance at return to sport following anterior cruciate ligament reconstruction. *J Orthop Sports Phys Ther* 42:750-759, 2012.

56. Steindler, A. *Kinesiology of the Human Body Under Normal and Pathological Conditions.* Springfield, IL: Charles C Thomas, 82, 1955.

57. Stone, M, and O'Bryant, H. *Weight Training: A Scientific Approach.* Minneapolis: Burgess International, 1987.

58. Sugimoto, D, Myer, G, Barber-Foss, K, and Hewett, T. Dosage effects of neuromuscular training intervention to reduce anterior cruciate

ligament injuries in female athletes: Meta- and sub-group analyses. *Sports Med* 44:551-562, 2014.

59. Tate, A, Turner, GN, Knab, SE, Jorgensen, C, Strittmatter, A, and Michener, LA. Risk factors associated with shoulder pain and disability across the lifespan of competitive swimmers. *J Athl Train* 47:149-158, 2012.

60. Tippett, SR. *Coaches Guide to Sport Rehabilitation.* Champaign, IL: Leisure Press, 1990.

61. Tordi, N, Belli, A, Mougin, F, Rouillon, JD, and Gimenez, M. Specific and transfer effects induced by arm or leg training. *Int J Sports Med* 22:517-524, 2001.

62. van den Bekerom, MP, Struijs, PA, Blankevoort, L, Welling, L, van Dijk, CN, and Kerkhoffs, GM. What is the evidence for rest, ice, compression, and elevation therapy in the treatment of ankle sprains in adults? *J Athl Train* 47:435-443, 2012.

63. Voight, ML, and Cook, G. Clinical application of closed kinetic chain exercises. *J Sport Rehabil* 5:25-44, 1996.

64. Voight, ML, and Thomson, BC. The role of the scapula in the rehabilitation of shoulder injuries. *J Athl Train* 35:364-372, 2000.

65. Wathen, D. Communication: Athletic trainer/conditioning coach relations—communication is the key. *NSCA J* 6:32-33, 1984.

66. Wilder, RP, and Sethi, S. Overuse injuries: Tendinopathies, stress fractures, compartment syndrome, and shin splints. *Clin Sports Med* 23:55-81, 2004.

67. Wilk, KE, and Arrigo, CA. An integrated approach to upper extremity exercises. *Orthop Phys Ther Clin N Am* 1:337, 1992.

68. Wilk, KE, Arrigo, CA, and Andrews, JR. The rehabilitation program of the thrower's elbow. *J Orthop Sports Phys Ther* 17:225-239, 1993.

69. Wilk, KE, Macrina, LC, Cain, EL, Dugas, JR, and Andrews, JR. Rehabilitation of the overhead athlete's elbow. *Sports Health* 4:404-414, 2012.

70. Wilk, KE, Macrina, LC, Fleisig, GS, Aune, KT, Porterfield, RA, Harker, P, Evans, TJ, and Andrews, JR. Deficits in glenohumeral passive range of motion increase risk of elbow injury in professional baseball pitchers: A prospective study. *Am J Sports Med* 42:2075-2081, 2014.

71. Wilk, KE, Yenchak, AJ, Arrigo, CA, and Andrews, JR. The advanced throwers ten exercise program: A new exercise series for enhanced dynamic shoulder control in the overhead throwing athlete. *Phys Sportsmed* 39:90-97, 2011.

72. Willems, TM, Witvrouw, E, Delbaere, K, Mahieu, N, De Bourdeaudhuij, I, and De Clercq, D. Intrinsic risk factors for inversion ankle sprains in male subjects: A prospective study. *Am J Sports Med* 33:415-423, 2005.

73. Zinovieff, AN. Heavy resistance exercise: The Oxford technique. *Br J Phys Med* 14:129, 1951.

CHAPTER 23 Facility Design, Layout, and Organization

1. Abbott, AA. Fitness facility orientation. *ACSMs Health Fit J* 15(3):38-40, 2011.

2. *ACSM's Health/Fitness Facility Standards and Guidelines.* Champaign, IL: Human Kinetics, 49-72, 2012.

3. Armitage-Johnson, S. Providing a safe training environment for participants, part I. *Strength Cond* 16(1):64, 1994.

4. Armitage-Johnson, S. Providing a safe training environment, part II. *Strength Cond* 16(2):34, 1994.

5. Hypes, MG. Planning and designing facilities. *JOPHERD* 77(4):18-22, 2006.

6. Kroll, B. Facility design: Developing the strength training facility. *NSCA J* 11(6):53, 1989.

7. Kroll, W. Structural and functional considerations in designing the facility, part I. *NSCA J* 13(1):51-58, 1991.

8. Kroll, W. Structural and functional considerations in designing the facility, part II. *NSCA J* 13(3):51-57, 1991.

CHAPTER 24 Policies, Procedures and Legal Issues

1. Baley, JA, and Matthews, DL. *Law and Liability in Athletics, Physical Education, and Recreation.* Boston: Allyn & Bacon, 1984.

2. Bart, CK. Industrial firms and the power of mission. *Industrial Marketing Management* 26(4):371-383, 1997.

3. Boyle, M. Creating efficient and effective workouts. In *Designing Strength Training Programs and Facilities.* Reading, MA: Elite Conditioning, 219-227, 2006.

4. Brown, VA. *Boston University Strength and Conditioning Internship Manual.* Boston: Boston University, 4-13, 2014.

5. Bucher, CA, and Krotee, ML. *Management of Physical Education & Sport,* 11th ed. Boston: McGraw-Hill, 1998.

6. Casa, DJ, Anderson, SA, Baker, L, Bennett, S, Bergeron, MF, Connolly, D, Courson, R, Drezner, JA, Eichner, R, Epley, B, Fleck, S, Franks, R, Gilchrist, J, Guskiewicz, KM, Harmon, KG, Hoffman, J, Holschen, J, Indelicato, P, Jost, J, Kinniburgh, A, Klossner, D, Lawless, C, Lopez, RM, Martin, G, McDermott, BP, Mihalik, JP, Moreau, B, Myslinski, T, Pagnotta, K, Poddar, S, Robinson, B, Rogers, G, Russell, A, Sales, L, Sandler, D, Stearns, RL, Stiggins, C, Thompson, C, and Washington, R. The Inter-Association Task Force for Preventing Sudden Death in Collegiate Conditioning Sessions: Best practices recommendations. *J Athl Train* 47(4):477-480, 2012.

7. Earle, RW. *Staff and Facility Policies and Procedures Manual.* Omaha, NE: Creighton University, 1993.

8. Epley, BD. *Flight Manual.* Lincoln, NE: University of Nebraska Printing, 1998.

9. Epley, BD. *Make the Play.* Lincoln, NE: University of Nebraska Printing, 1998.

10. Gentil, P, and Bottaro, M. Influence of supervision ratio on muscle adaptations to resistance training in nontrained subjects. *J Strength Cond Res* 24(3):639-643, 2010.

11. Halling, D. Legal terminology for the strength and conditioning specialist. *NSCA J* 13(4):59-61, 1991.

12. Herbert, DL. A good reason for keeping records. *Strength Cond* 16(3):64, 1994.

13. Herbert, DL. Legal aspects of strength and conditioning. *NSCA J* 15(4):79, 1993.

14. Kleiner, DM, Holcomb, W, and Worley, M. Role of the strength and conditioning professional in rehabilitating an injured athlete. *Strength Cond* 18(2):49-54, 1996.

15. Kroll, B. Liability considerations for strength training facilities. *Strength Cond* 17(6):16-17, 1995.

16. NCAA. *Proposal Number 2013-18.* Indianapolis: NCAA, 2014.

17. NSCA. *National Strength and Conditioning Association Code of Ethics.* Colorado Springs, CO: NSCA, 2008.

18. NSCA. *NSCA Performance Center Emergency Policies and Procedures.* Colorado Springs, CO: NSCA, 2011.

19. NSCA. *Strength and Conditioning Professional Standards and Guidelines.* Colorado Springs, CO: NSCA, 2001.

20. NSCA. *Strength and Conditioning Professional Standards and Guidelines (Revised).* Colorado Springs, CO: NSCA, 1-26, 2009.

21. Rabinoff, R. Weight room litigation: What's it all about. *Strength Cond* 16(2):10-12, 1994.

22. Stern, GJ. *The Drucker Foundation Self-Assessment Tool: Process Guide.* San Francisco: Jossey-Bass, 133-140, 1999.

23. Taylor, JH. *Performance Training Program Manual.* Las Cruces, NM: New Mexico State University, 2006.

索引

数字

12分間走　309
1.5マイル走　309
1RM（最大反復回数）
　　RM連続体　498, 486（表17.3）
　　推定　494, 497（表17.8）
　　定義　493, 494（表17.7）
　　でテストを行う　494
　　トレーニング負荷の計算　500, 500
　　の使用　494
　　パワートレーニングのパーセンテージ　500
　　パーセンテージ　498
　　複数回数テスト　496
20ヤードシャトルラン　314
22kDa成長ホルモン　81
300ヤード（274m）シャトル　305, 336（表13.9）
37m（40ヤード）ダッシュ　283
505てすと　579
505てすと　579
5ポイントコンタクト　391

A

ACE（米国運動評議会）　197
ACL（前十字靭帯）　163, 451, 667
ACTH（副腎皮質刺激ホルモン）　69, 87
ADA（障害を持つアメリカ人法）　677
ADP（アデノシン二リン酸）　8, 48, 49（図3.1）, 51（図3.2）, 271
AI（目安量）　201
ALA（αリノレン酸）　210
AMDR（許容主要栄養素分布範囲）　203
AMP（アデノシン一リン酸）　48, 49（図3.1）, 104
APMHR（年齢から推定する最大心拍数）　608
AR（アンドロゲン受容体）　114
ARFID（回避性・制限性食物摂取障害）　248
ATC（公認アスレティックトレーナー）　652
Akt/メカニスティックラパマイシン標的（mTOR）　71, 104, 266
ATP　アデノシン三リン酸を参照
ATPアーゼ　8, 48, 106
ATPアーゼ　8, 48, 106
AV（房室）束・結節・弁　14
Aスキップ　594
A帯　7

B

BCAA（分岐鎖アミノ酸）　58, 266
BBSS（バランス・エラー・スコアリング・システム）　294, 316, 347（表13.24）
BMD（骨密度）　109, 156, 160, 162, 164, 166, 167, 217
BMI（体格指数）　243, 243（表10.5）, 244（表10.6）, 244（表10.7）
BMR（基礎代謝率）　240

C

cAMP（サイクリックAMP）　69
CISSN（認定スポーツ栄養士）　197
CK（クレアチンキナーゼ）　50, 143
CPR（心肺蘇生法）　695
CSCS（認定ストレングス＆コンディショニングスペシャリスト）　653, 673
CSSD（スポーツ栄養スペシャリスト）　196, 197
Cunninghamの式　241

D

De Lormeの方式　664, 664
DEXA（二重X線吸収法）　295
DHA（ドコサヘキサエン酸）　210
DHEA（デヒドロエピアンドロステロン）　260
DRI（食事摂取基準）　200
DSHEA（栄養補助食品健康教育法）　253

E

EAA（必須アミノ酸）　265, 266（図11.3）
EAR（推定平均必要量）　201
ECG（心電図）　15（図1.14）, 15
EIMD（運動誘発性筋損傷）　104
EPA（エイコサペンタエン酸）　210
EPO（エリスロポエチン）　141, 263
EPOC（運動後過剰酸素消費）　63
ETC（電子伝達系）　54, 57, 58, 136

F

FADH2（フラビンアデニンジヌクレオチド）　57, 58
FDA（米国食品医薬品局）　252
FOR（機能的オーバーリーチ）　119, 142

G

GI（グリセミック指数）　207, 207（表9.5）, 208（表9.6）
GRF（地面反力）　454, 578, 582
GTO（ゴルジ腱器官）　12, 358

H

H-RC（ホルモン−受容体複合体）　74
Harris-Benedictの式　241
HCG（ヒト絨毛性性腺刺激ホルモン）　261
HDL（高密度リポタンパク質）　211, 211（表9.7）, 260
HGH（ヒト成長ホルモン）　81, 261
HIPAA（医療保険の相互運用性と説明責任に関する法律）　196
HMB（βヒドロキシβメチルブチレート）　267
HRR（予備心拍数）　608
H帯　6, 7

I

IGF-I（インスリン様成長因子I）　69, 71, 85, 87（図4.7）, 113, 204

IOC（国際オリンピック委員会）　197, 254, 276
IOM（米国医学研究所）　203
ISSN（国際スポーツ栄養学会）　197
I帯　7

J

JAK/STAT経路　74

K

Knightの方式　664, 664（表22.2）

L

L-カルニチン　271
LDH（乳酸脱水素酵素）　52, 55（図3.4）
LDL（低密度リポタンパク質）　211（表9.7）, 210
LHTL（高地に滞在し、低地でトレーニングする）　618
long, slow distance（LSD）トレーニング　612（表20.4）, 612
LSDトレーニング（Long Slow Distance）　612（表20.4）, 612
LT（乳酸性作業閾値）　55, 605
Lラン　579

M

MAF（失敗を避けようとする動機）　179
MAPK（マイトジェン活性化プロテインキナーゼ）　104
MAS（失敗を避けようとする動機）　179
Matveyevのモデル　628, 633（図21.4）
MBC（筋の緩衝能力）　65, 66, 107
MES（ミニマルエッセンシャルストレイン）　109
MHC（ミオシン重鎖）　10, 106
MHR（最大心拍数）　129
mRNA（メッセンジャーRNA）　74
mTOR（Akt/メカニスティックラパマイシン標的）　71, 104, 266
Mノリッジ　6

N

NADH（ニコチンアミドアデニンジヌクレオチド）　51（図3.2）, 53, 57, 58
National Athletic Trainers' Association　652
National Strength and Conditioning Association（NSCA）　653
NHANES（米国国民健康栄養調査）　215
MNJ（神経筋接合部）　5, 5（図1.4）, 9, 102
NSCA（National Strength and Conditioning Association）　653

O

OBLA（血中乳酸蓄積開始点）　56, 134
OTS（オーバートレーニング症候群）　119, 142, 143
Oxfordの方式　664, 664

769

P

PCr（フォスフォクレアチン） 50, 61
PDCAAS（タンパク質消化吸収率補正アミノ酸スコア） 203
PEP（Prevent Injury and Enhance Performance） 667
PHV（身長の最大成長速度） 151
PNF（固有受容性神経筋促通法） 360, 361（図14.1-14.16）
POMS（気分プロフィール検査） 123
Prevent Injury and Enhance Performance（PEP） 667
P波 15

Q

QRS複合体 15
Q波 15

R

RD（登録栄養士） 653
RDA（栄養所要量） 201
RFD（力の立ち上がり速度） 567, 567, 567（図19.1）
RM（反復回数）
RMR（安静時代謝率） 240
ROM（可動域） 355, 391
RPE（自覚的運動強度） 608, 609（表20.2）
R波 15

S

SA（洞房）結節 14
SAID（課せられた負荷に対する特異的な適応） 480, 485, 664
SD（系統的脱感作法） 183
SEBT（スター・エクスカージョン・バランス・テスト） 294, 317
SEC（直列弾性要素） 514
SI（国際単位系） 30
SIT（ストレス予防接種トレーニング） 184
SMM　ばね質量モデルを参照
SMT（認知-情動ストレスマネジメントトレーニング） 184
SSC（ストレッチ-ショートニングサイクル、伸張-短縮サイクル） 514, 515（表18.1）, 515, 516（図18.3）, 570
SWOT分析 672
S波 15

T

T3（トリヨードチロニン） 90
Tannerの評価 151
TE（測定の典型的な誤差） 282
T管 7
Tテスト 312
T波 15

U

UL（許容上限量） 201

V

V̇O₂max（最大酸素摂取量） 311, 342（表13.18）

W

WADA（世界アンチドーピング機構） 254

Y

YMCAベンチプレステスト 308, 339（表13.13）
Yo-Yo間欠的リカバリーテスト 310, 344（表13.20）

Z

Z線 6, 7

あ

アイソレーションエクササイズ 449
アクチン 5, 6（図1.6）, 103
アクティブ（能動的）ストレッチ 359
アゴニストコントラクション（主働筋収縮） 361, 363
アジリティ　スピードおよびアジリティトレーニングを参照
　　影響する要因 579（図19.11）, 578
　　技術的なガイドラインとコーチング 580
　　強化プログラム 584, 584（表19.4）, 586（表19.5）, 590
　　向上のための戦略 589
　　測定 293
　　知覚認知能力と 580
　　定義 566
　　テスト 312, 345（表13.21）
　　ドリル 597
　　トレーニングの目標 581
　　のパフォーマンス 578
　　方向転換能力 579, 592（表19.7）
アスレティックトレーナー 652
アセチルコリン 9
亜脱臼 656
圧-心拍数積 115, 130
アデニル酸キナーゼ反応（ 50
アデノシン一リン酸（AMP） 48, 49（図3.1）, 104
アデノシン三リン酸（ATP） 8, 48, 49（図3.1）
　　解糖と 51, 51（図3.2）, 54
　　ホスファゲン機構と 50
　　無酸素性トレーニングと 98, 107, 292
　　有酸素性トレーニングと 135
アデノシン二リン酸（ADP） 8, 48, 49（図3.1）, 51（図3.2）, 271
アナボリックステロイド 255（表11.1）, 255, 258（図11.2）
アナボリックステロイド規制法 260
アミノ酸　タンパク質も参照 202, 202（表9.3）
アメリカスポーツ医学会（ACSM） 142
アルギニン 266
αリノレン酸（ALA） 210
アロステリック活性化・阻害 55
アロステリック結合部位 72
安静時代謝率（RMR） 240
アンダーハンドグリップ 390, 390（図15.1）
安定性 294, 317
アンドロゲン 255, 256, 258, 260
アンドロゲン受容体（AR） 114
アンドロステンジオール・アンドロステンジオン 260
アンドロプロジェクト 260

い

異化作用 48
異化ホルモン 71
閾値トレーニング 613
維持プログラム 636
異食症 248
1回換気量 130, 131（図6.1）

1

1回拍出量 115, 128
一価不飽和脂肪酸 210
一酸化炭素 141
一酸化窒素 266
一定の外的抵抗 452
遺伝的潜在能力と有酸素性トレーニング適応 245
意図的に行う脱水操作 245
イメージ 184
イリノイアジリティテスト 578
医療保険の相互運用性と説明責任に関する法律（HIPAA） 196
インシーズン 615
インスリン 71, 261
インスリン様成長因子I（IGF-I） 69, 71, 84, 87（図4.7）, 113, 204
インターバルトレーニング 64, 136, 612（表20.4）, 613
インフォームドコンセント 697

う

ウェイト 30
ウェイトスタック・マシーン 37
ウェイトベルト 392
ウェイトリフティング 43
ウォームアップとストレッチング 352, 355, 522（表18.5）
右脚 14
羽状角 33
羽状角 33, 107
羽状筋 33
腕のストレッチ 369
運動後過剰酸素消費（EPOC） 63
運動神経 5
運動生理学者 653
運動単位 5, 11, 11（表1.2）, 100, 101（図5.2）
運動の経済性 605
運動誘発性筋損傷（EIMD） 104
運動誘発性喘息 17
運動歴 482

え

エイコサペンタエン酸（EPA） 210
栄養 195, 223
　　胃腸の問題を最小限に抑える 225
　　栄養補給障害 246
　　栄養密度 217
　　カルシウム 216
　　競技中の 229, 229
　　筋持久力のための 240
　　筋肥大のための 240
　　筋力のための 239
　　試合後 233
　　試合前の栄養 224
　　主要栄養素　炭水化物、脂質、タンパク質を参照
　　情報源 201
　　食事摂取基準 200
　　身体組成と　身体組成を参照
　　水分と電解質 217
　　スポーツ栄養の専門職 196
　　鉄 214
　　ビタミン 212, 213（表9.8）
　　標準的ガイドライン 198, 199（表9.1）, 200（表9.2）
　　ミネラル 215（表9.9）, 212
　　有酸素性持久力のパフォーマンスとリカバリー 231, 239

栄養士　653
栄養所要量（RDA）　201
栄養補助食品　栄養も参照
　　アルギニン　266
　　L-カルニチン　271
　　クレアチン　271
　　経口筋緩衝剤　268
　　興奮剤　274
　　情報源　201
　　定義　253, 253
　　必須アミノ酸　265, 266, 266（図11.3）
　　βヒドロキシβメチルブチレート　267
　　マーケット規模　265
　　薬物vs　252
栄養補助食品健康教育法（DSHEA）　253
栄養密度　217
エクササイズテクニックの経験　483
エクササイズの順序　490
エクササイズの量　505
エストロゲン　69
エネルギー　48
エネルギー機構
　　エネルギー産生とその能力　59, 59（表3.2）
　　解糖　50, 51（図3.2）
　　概要　49
　　酸化機構　56, 57（図3.7）
　　ホスファゲン機構　50
エネルギー基質　52
エピネフリン　69, 89
エフェドリン、エフェドラ　276
エラスチン　111
エリスロポエチン（EPO）　141, 263
エリプティカルトレーナー　624
エルゴジェニックエイド　252, 702
エルゴジェニックエイドとしてのホルモン
　　HCG　261
　　アナボリックステロイド　255
　　インスリン　261
　　エリスロポエチン　263
　　成長ホルモン　81, 261
　　テストステロン前駆体　260
　　広く用いられている物質　255
　　βアドレナリン作用薬　264
　　β遮断剤　264
エルゴリティック作用　265
遠位　5, 22
炎症　656
炎症反応段階　656, 658

お

横隔膜　16, 17, 42, 43
横隔膜式呼吸　182, 184
嘔吐　摂食障害を参照
大きな損傷　656
オステオペニア（骨量減少）　164
遅い解糖　52
オフシーズン　615
オペラント　180
オメガ-6およびオメガ-3脂肪酸　210
オートクリン（自己分泌）　69
オーバートレーニング　118
　　タイプ　120
　　の指標　144
　　有酸素性トレーニング適応　143
　　用語　142
　　予防戦略　144
オーバートレーニング症候群（OTS）　119, 142,

　　143
オーバーハンドグリップ　390, 390（図15.1）
オーバーヘッドスクワット　319
オーバーユース傷害　152, 656
オーバーリーチング　119, 142
オープンドキネティックチェーン・エクササイズ
　　662（図22.6）, 662（図22.7）, 662

か

下位　5
階段スプリントテスト　336（表13.8）
回転運動のパワーと仕事　32
解糖　50
解糖　49
　　エネルギー産生　54
　　クレブス回路と　53
　　血中乳酸蓄積と　55
　　乳酸性作業閾値　55
　　乳酸の形成　52
　　の制御　55
解糖系酵素　52, 55, 135
解糖系代謝　83
解糖系代謝経路　55
ガイドつき発見　191
外胚葉型　153
外発的モチベーション　179
回避性・制限性食物摂取障害（ARFID）　248
回復　636
解剖学的コア　449
解剖学的肢位　27
解剖学的死腔　130, 131（図6.1）
解剖学的平面　27, 27（図2.9）, 28（図2.10）
海綿骨　108
海綿骨　108
カウンセラー　653
過換気　138
鍵と鍵穴の理論　72
可逆性の原理　123
架橋結合　111
拡散　17, 131（図6.1）
覚醒　173, 176（図8.1）, 177（図8.2）, 182, 259
角速度　32
拡張期　14, 130
拡張期血圧　130
拡張終期容量　128
角変位　32
過失　698
過食障害　245, 247
過食障害　247
下垂体　69（図4.1）, 69
加水分解　48
課せられた負荷に対する特異的な適応（SAID）
　　480, 485, 664
加速　38, 567
可塑性　357
過体重と肥満　243, 243（表10.5）, 244（表10.6）,
　　244（表10.7）
下腿部　377, 408
片側でのトレーニング　461
カタストロフィー理論　178
肩のエクササイズ　432
肩のストレッチ　368
滑液と関節　2
滑走説　7（図1.7）, 7
活動後増強　570
活動電位　7, 9
過程目標　187

カテコールアミン　89, 144
可動域（ROM）　355, 391
可動性とスピード　582
可動性ドリル　359
下半身プライオメトリックドリル
　　その場ジャンプ　528
　　デプスジャンプ　551
　　バウンド　540
　　複数ホップおよびジャンプ　535
　　プログラムデザイン　517
　　ボックスドリル　546
　　立位でのジャンプ　533
カフェイン　274
過負荷　480
可変抵抗トレーニング　452, 454（図16.1-16.4）
可変練習　190
下方制御（ダウンレギュレーション）　73
ガラクトース　205
カルシウム　7, 8, 216
カルシウムATPアーゼ　48
カルノシン　269
カルボーネン法　608
カロリー摂取　栄養を参照
換気当量　116, 130
環境要因
　　施設デザインにおける　676
　　テストの選択　283
観察学習　190
観察学習　190
感情　173
緩衝地帯　679
感情と身体の関係　192
緩衝能力、筋の（MBC）　65, 66, 107, 268
慣性　38
慣性力　38
関節　2, 22, 356
関節軟骨　112, 449
関節の角速度　35
肝臓　69（図4.1）

き

機械的受容器　358
気管　16
気管支、細気管支　16
起始（筋の付着部）　22
基質レベルのリン酸化　54
記述統計学　323
基準関連妥当性　281
基礎筋力段階　634, 635（表21.2）
基礎代謝率（BMR）　240
基礎トレーニング　615
喫煙と有酸素性トレーニング　140
拮抗筋　22, 103, 165, 357, 485
拮抗条件づけ　184
規定、倫理　702
機能的オーバーリーチ（FOR）　119, 142
機能的能力　608
気分プロフィール検査（POMS）　123
基本計画　672
義務　697
義務不履行　698
逆U字理論　177（図8.2）, 177
客観性　283
吸エルゴン反応　48
球関節　356
救急箱（ファーストエイドキット）　707
休息時間　507, 510

急速な体重減少 245
仰臥位のエクササイズ 391
競技中の栄養 229
競技パフォーマンス 292
競技プロフィール 325, 481, 524
胸腔内圧 16
強縮 9, 9 (図1.8)
強度 493, 606, 608 (表20.1)
協働筋 22
共同収縮 165
胸部のレジスタンストレーニングエクササイズ 409
胸膜 16
局所筋持久力 293, 306
許容主要栄養素分布範囲 (AMDR) 203
許容上限量 (UL) 201
記録の管理 699
筋　神経筋系を参照
　　運動神経 5
　　運動単位 5, 11, 11 (表1.2), 100, 101 (図5.2)
　　筋線維 5, 4 (図1.3), 9, 10 (表1.1), 106 (図5.3), 105
　　子どもにおける骨の成長 152, 152 (図7.1)
　　ホルモンと骨の成長 71
　　無酸素性トレーニングへの適応 103, 106 (図5.3)
近位、定義 5
近位の付着部 5
近因 698
筋外膜 3
筋活動 449
禁忌 654
緊急時の計画と対応 705, 707 (表24.2)
筋形質 5 (図1.5)
筋原線維 5
筋骨格系
　　起始 22
　　筋収縮の滑走説 7 (図1.7), 7
　　筋の付着部 22
　　骨格 2, 3 (図1.1)
　　骨格の成長因子 2
　　身体の運動 27, 28 (図2.10)
　　全体構造と微細構造 3, 4 (図1.2) - 7 (図1.7)
　　停止 22
　　てこと―― 22, 23 (図2.1)-25 (図2.6)
　　発達による筋力の変化 153
　　付着部位のバリエーション (変異) 25 (図2.6), 25, 26 (図2.8)
筋骨格系のてこ 22, 23 (図2.1)-24 (図2.4)
禁止薬物および物質 252, 254, 254
筋収縮速度 35
筋収縮に対する抵抗を生み出すもの 36
筋周膜 5
筋鞘 5
筋小胞体 5 (図1.5), 7
筋新生 104
筋伸張反射 102
筋性付着 22
筋線維 5, 4 (図1.3), 9, 10 (表1.1), 106 (図5.3), 105
筋線維束 5
筋増殖 105
筋タンパク質合成 204
筋ディスモルフィア (筋異形症) 257
筋電図法 (EMG) 103

筋内膜 5
筋の活動 35
筋の緩衝能力 (MBC) 65, 66, 107, 268
筋の収縮期 8
筋の張力 23
筋バランス 485
筋パワー 292, 299
筋肥大 103, 107
　　サイズの原理 101
　　定義 104
　　に必要な休息時間 507
　　に必要な量 507
　　のための栄養 240
　　ホルモンの相互作用と 76, 78
筋肥大／筋力-持久力段階 634
筋フィラメント 5, 6 (図1.6)
筋紡錘 12 (図1.9), 12, 358, 514
筋膜 108, 111, 111 (図5.5)
筋力 297
筋力-体重比 35
筋力・パワー段階 635
筋力とパワー
　　角運動量とパワー 31
　　加速と 30, 30
　　換算 30
　　関節角速度 35
　　関節角度 35
　　筋収縮速度 35
　　筋線維の配列 33, 33 (図2.11)
　　筋長 34
　　筋の横断面積 32
　　筋力-体重比 35
　　筋力 vs. パワー 32
　　計算で用いられる単位 30
　　神経制御 32
　　スピードとアジリティ 567
　　速度と 30
　　定義された筋力 27
　　定義されたパワー 30
　　ネガティブおよびポジティブなワークとパワー 30

く
グアニン三リン酸 (GTP) 57
空気の交換 16
クエン酸ナトリウム 270
駆出率 129
グラウンドベースでのフリーウェイトエクササイズ 449, 451
繰り返しパートトレーニング 190
グリコーゲン 61, 205
グリコーゲン合成 207
グリコーゲン合成 233
グリコーゲンの酸化 56
グリコーゲン分解 55
グリセミック指数 (GI) 207, 207 (表9.5), 208 (表9.6)
グリセミック負荷 207, 208 (表9.6)
グリップ幅 390, 390 (図15.2)
クリーングリップ 391
グルコース 56, 57 (図3.7), 205
クルーズインターバル 613
クレアチンキナーゼ (CK) 50, 143
クレアチン摂取 272, 273, 277
クレアチンリン酸 (CP) 50, 60, 107, 271, 271, 272 (図11.4)
クレブス回路 49, 53, 56, 58, 136

クレンブテロール 264
クロスエデュケーション 103
クロストレーニング 616
クロスブリッジ 5
クロスリアクティビティ (交差反応性) 72
クローズドキネティックチェーン・エクササイズ 662, 662 (図22.5), 662 (図22.7)
クローズドグリップ 390

け
計画、緊急時の 705, 707 (表24.2)
経口筋緩衝剤 268
形状抵抗 40
形成的評価 280
継続時間、運動 611
形態測定 295, 322
系統的脱感作法 183
頸部のストレッチ 367
下剤 218, 246
血圧 129
血液 15, 15 (図1.14)
　　脂質とオーバートレーニング症候群 143
　　ドーピング効果 141
結果の知識 191
結果目標 187
血管の拡張 130, 267
血管の収縮 130
月経周期 84
結合組織　骨と結合組織を参照
結合タンパク質 69
血中乳酸蓄積開始点 (OBLA) 56, 134
ケトルベルトレーニング 459, 473
腱 3, 22, 25 (図2.5), 25, 26 (図2.8), 111, 111 (図5.5)
腱炎 656

こ
コアスタビリティとバランストレーニング 449, 465
抗エストロゲン薬 254 (図11.1), 259
効果量 325
交換、空気 16
交感神経系 14
交感神経性オーバートレーニング症候群 120, 121
高強度インターバルトレーニング (HIIT) 65, 605, 612 (表20.4), 613
攻撃-逃避 89, 136, 182, 184
抗酸化物質 213 (表9.8)
高酸素呼吸 140
高重量のレジスタンスエクササイズとホルモン 75, 76, 79, 83, 89, 89
甲状腺 69 (図4.1)
甲状腺ホルモン 69
高スピードでの筋力 292
構成概念妥当性 281
高地に滞在し、低地でトレーニングする (LHTL) 618
高度 (高地)
　　持久力テストと 285
　　有酸素性持久力トレーニングプログラムと 617
　　有酸素性トレーニングの適応 138, 140 (表6.3)
公認アスレティックトレーナー (ATC) 652
興奮剤 274
興奮-収縮期 8

高密度リポタンパク質（HDL） 211（表9.7), 211, 260
抗力 23
高齢者 150
高齢者、定義 150
高齢者と運動
　安全に関する指針 168
　筋骨格系の健康と 164, 165（図7.3)
　神経運動機能 165
　適応に関するまとめの表 165（表7.1)
　パフォーマンスの低下 164
　プライオメトリックトレーニングと 523
　プログラムデザインにおける考慮 167
　レジスタンストレーニングと 166
股関節および大腿部のエクササイズ 417
股関節および大腿部のストレッチ 372, 374, 375
呼吸ガスの交換 17
呼吸系 16, 17（図1.15)
　無酸素性トレーニングの応答 116
　有酸素性トレーニングの適応 130, 131（図6.2), 134
国際オリンピック委員会（IOC） 197, 254, 276
国際スポーツ栄養学会（ISSN） 197
国際単位系（SI） 30
個人の最適機能領域理論 178
骨格 2, 3（図1.1)
骨格筋　骨格筋系を参照
骨格筋のポンプ 16
骨芽細胞 108
骨幹 152
骨基質 108
骨形成 109
骨形成刺激 109
骨髄 108
骨折
　骨粗鬆症と 157, 167
　骨端軟骨板 153, 157
　年齢に関連した 164, 165
　疲労骨折 110, 162, 656
　分類 656
骨粗鬆症 109, 157, 164
骨端軟骨板 152, 158
骨端に付着する部位 152
骨年齢 151
骨への力学的負荷 108
骨膜 3
骨膜 108
骨密度（BMD） 109, 156, 160, 162, 164, 166, 167, 217
骨量 109, 110, 112, 135, 157, 162, 217, 244
古典的公式 36
子どもと運動
　安全性の問題 154
　オーバーユース障害のリスクの低減 158
　カルシウム摂取と 217
　筋と骨の成長中の 152, 152（図7.1)
　推奨される水分摂取 220
　水分摂取ガイドライン 229
　成長ホルモンと 82
　脱水のリスク 217
　トレーニングガイドライン 160
　のためのBMIカテゴリー
　発達による筋力の変化 153
　プライオメトリックトレーニングと 521
　プログラムデザインにおける考慮 154, 155（図7.2), 158

用語 150
　暦年齢と生物学的な年齢 150
　レジスタンストレーニングと 153,155（図7.2)
コバラミン 213（表9.8)
固有受容器 358
固有受容性神経筋促通法（PNF） 360, 361（図14.1-14.16)
固有受容感覚 12（図1.9), 11, 12（図1.10), 660
コラーゲン細線維 111
コラーゲン線維 110
ゴルジ腱器官（GTO） 12, 358
コルチゾール 69, 87, 143
コレステロール 211（表9.7), 210
コントラクト−リラックステクニック 363, 361（図14.3-14.5)
コンパウンドセット 492
コンプレックス（複合）トレーニング 524, 570
コーチング
　技術的なガイドライン 574, 576（表19.1), 580
　効果的な行動の 182, 188
　正の強化と負の強化 180
　ヘッドストレングス＆コンディショニングコーチ 694, 695（図24.2)
コーリ回路 53, 53（図3.3), 132

さ

サイクリックアデノシン一リン酸（cAMP） 69
最終生成物制御 55
再充填期 8
細静脈 15
最小有効変化 325
サイズの原理 101, 101（図5.2), 106
最大筋パワー 299
最大筋力 292, 297
最大酸素摂取量 129, 137, 339（表13.14-13.17)
最大心拍数（MHR） 129
最大乳酸定常状態 605
最大反復回数（RM）　1RMを参照
最大無酸素性筋パワー 292
最大有酸素性スピードテスト 311
最大有酸素性能力（VO₂max） 605
最大有酸素性能力 605
再テストの信頼性 282
細動脈 15
最頻値 323, 606
細分化 189
再分極 15
細胞の代謝回転 203
左脚 14
作業／休息比 64
挫傷 656
サプリメント 702
サルコペニア 164
サルコメア 5
酸化（有酸素性）機構 49, 56, 57（図3.7), 59（図3.8)
酸化的代謝 56, 61, 67
酸化的リン酸化 54
三尖弁 14
酸素 132
酸素借 63
酸素摂取量 56, 129
酸素負債 63
産熱 264
散布度 323
サーキットトレーニング 491

し

試合期 636
試合後の栄養 233, 237（表10.3)
試合前の栄養 224, 226（表10.1), 230（表10.2)
自覚的運動強度（RPE） 608, 609（表20.2)
弛緩期 8
識別的妥当性 282
死腔 130, 131（図6.1)
刺激−疲労−回復−適応理論 630, 630（図21.2)
自己効力感 185
自己コントロールされた練習 180
事後テスト 281
自己抑制 358, 358
脂質 58, 143, 209, 211（表9.7)
脂質 143
思春期 150
視床下部 69（図4.1)
矢状面 27
自信 185
施設
　新しい施設の設計 672
　安全性のチェックリスト 687（表23.6)
　管理　施設の管理を参照
　機器の配置 678, 681（表23.2), 684（図23.3-23.4)
　既存施設の手直し 674, 675（図23.2)
　競技プログラムのニーズ評価 674
　設計における考慮 675
　設備のメンテナンスと清掃 680, 682（表23.3), 686
　法的問題　施設の法的問題を参照
施設における機器の配置 678, 681（表23.2), 684（図23.3-23.5)
施設における法的問題
　規律 701
　記録の管理 699
　サプリメント、エルゴジェニックエイド、禁止物質 702
　事前スクリーニングおよび医師の許可 698
　製造物責任 700
　適格基準 698, 700（図24.5)
　法律用語 697
　保険 699
　リスクマネジメント 697
施設の運営前段階 673
施設の管理
　運営 705, 706（図24.6)
　緊急時の計画と対応 705, 707（表24.2)
　ヘッドストレングス＆コンディショニングコーチ 694, 695（図24.2)
　スタッフ（個人の資質） 696（図24.3), 695, 697（図24.4), 702
　チームの構成 693（表24.1)
　プログラムの目的 692
　法律的・倫理的問題 697
　ミッションステート 692
施設の建設段階 673
施設のスタッフ配置　施設の管理を参照
施設のための火災への対応計画 707
施設のデザイン段階 673
施設のデザイン前段階 672
事前スクリーニング 698
事前テスト 280
自体重トレーニング 448, 463
実現可能性に関する調査 672
湿重量 52

実践範囲 698
失敗を避けようとする動機（MAS） 179
失敗を避けようとする動機（MAF） 179
質量作用の影響 50
質量作用の法則 50
支点 22
自転車エルゴメータ 39, 63, 293, 293
シネフリン 276
脂肪酸 209
脂肪分解 264
地面反力（GRF） 454, 578, 582
シャトルラン、300ヤード 305, 336（表13.9）
ジャンプ、デプス 551
周径測定 322
しゅうしゅくき 14, 129
収縮期血圧 129
収縮タンパク質 71, 104, 104
収束の妥当性 282
重炭酸ナトリウム 270
柔軟性 294, 318, 355
重力とレジスタンストレーニング 36
出訴期限 699
主働筋 22, 103, 165, 357, 361, 363, 451, 461, 485
受動的ストレッチ 358
主要栄養素 炭水化物、脂質、タンパク質を参照
受容体、内分泌系 72, 72（図4.2）
循環系 15, 115, 129
順序立てられたトレーニング 585
純粋な分習法 189
順応 103
準備期 633, 635（表21.2）
上位 5
傷害 リハビリテーションとリコンディショニングを参照
　　Ⅰ度からⅢ度 656
　　オーバーユース 152, 656
　　高齢者における 166, 523
　　子どもにおけるリスクの低減 158
　　修復段階 657
　　女性選手における 163
　　肘と手首 44
　　分析 481
　　レジスタンストレーニングにおける懸念事項 41
傷害、Ⅰ度からⅢ度 656
傷害のための修復段階 657
障害を持つアメリカ人法（ADA） 677
硝子軟骨 2, 112
上昇、活性化と可動化、増強（RAMP） 353
状態不安 174
小児期 150
小児期、定義 150
上背部の静的ストレッチのテクニック 340
上半身のプライオメトリックドリル 558, 558
消費 60
静脈 15
静脈還流 128
静脈系 15
上腕の静的ストレッチのテクニック 369
食事 栄養を参照
食事ガイドライン助言委員会 211
食事摂取基準（DRI） 200
食事誘発性熱産生 240
食物繊維 205
食物繊維 205

初経 150
除脂肪量（LBM） 241
女性競技選手 女性と運動を参照
女性と運動
　　ACL損傷と 163
　　一日当たりのカロリーのニーズの推定 241（表10.4）
　　上半身の筋力の発達 163
　　女性選手の三主徴 162
　　成長ホルモン応答 84
　　炭水化物ローディングと 227
　　テストステロン応答 80（図4.5）, 80
　　プログラムデザインにおける考慮 162
　　レジスタンストレーニングの利点 160
暑熱と有酸素性持久力テスト 288
徐脈 15, 134
自律訓練法 183
心筋 14
神経筋系
　　運動単位の動員パターン 11, 11（表1.2）
　　筋線維のタイプ 10, 10（表1.1）, 11（表1.2）
　　筋の興奮 9
　　固有受容感覚 12（図1.9）, 11, 12（図1.10）, 660
　　ゴルジ腱器官 12, 12（図1.10）
神経筋コントロール 659
神経筋接合部 5, 5（図1.4）, 9, 102
神経筋における反射の増強効果 102
神経駆動 570
神経系 神経筋系も参照
　　神経生理学的な基礎 569
　　発達における筋力の変化 153
　　方向転換とアジリティにおける神経生理学的な基礎 571
　　無酸素性トレーニングへの神経の適応 103, 100（図5.1）, 101（図5.2）
神経性食欲不振症 246
神経内分泌学 68
神経内分泌免疫学 71
心室 13
心臓 心臓血管系を参照
腎臓 69（図4.1）
　　系と構造 13, 13（図1.11）, 14（図1.12）
　　疾病のリスクファクター 210, 243, 244, 260
　　心拍数と有酸素性トレーニング 129, 608（表20.1）, 607, 609
心臓血管系 13, 15（図1.14）
　　安静時の適応 115
　　オーバートレーニング症候群と 142
　　無酸素性エクササイズに対する応答 114
　　有酸素性運動に対する適応 128, 132
靭帯 111, 111
身体組成
　　BMIと 243, 243（表10.5）, 244（表10.6）, 244（表10.7）
　　一日当たりのカロリーのニーズの推定 241（表10.4）
　　エネルギー必要量 240
　　記述統計データ 339（表13.14）
　　測定 295
　　体重増加あるいは減少 241, 242
　　低炭水化物食 242
　　テストプロトコルとデータの記録 320
　　における性差 160
靭帯による連結 22
身体不安 174, 178
身体密度 320, 348（表13.25-13.26）

伸張性筋活動 35
身長の最大成長速度（PHV） 151
伸張反射 358, 358
心電図（ECG） 15（図1.14）, 15
心肺蘇生法（CPR） 695
心房 13
心理学、スポーツ スポーツ心理学を参照
心理学者 653
心理学的効率 172
心理的な効率 175

す

錘外線維 12
膵臓 69（図4.1）, 207, 261
水中体重法 295
垂直跳び 300, 334（表13.5-13.7）
推定平均必要量（EAR） 201
錘内線維 12
水分と電解質 217, 219（表9.10）
水分補給 217, 229
水分補給不足 217
水平面 27
推論統計学 325
スクロース 205
スクワット 329（表13.1-13.3）, 332（表13.4）
スコア差 323
スタッキング 256, 276
スタッフ選手比 675, 704
スター・エクスカージョン・バランス・テスト（SEBT） 294
ステアステッパー 623
スティッキングポイント 391, 448
ステロイドホルモン 69, 73, 73（図4.3）
ステロール 209
ステーショナリーバイク 621
ストラクチュラルエクササイズ 110, 392, 485
ストレス 175
ストレス予防接種トレーニング（SIT） 184
ストレッサー 175
ストレッチ－ショートニングサイクル（伸張－短縮サイクル, SSC） 514, 515（表18.1）, 515, 516（図18.3）, 570
ストレッチング
　　PNFと 358, 360, 361（図14.1-14.16）
　　ストレッチへの耐性 357
　　ストレッチを行う場合 358
　　静的 358, 360
　　ダイナミック 359, 378
　　バリスティック 358
　　頻度、継続時間、強度 358
ストレングス＆コンディショニング専門職 652, 694（図24.1）, 695, 707
ストレングス＆コンディショニング専門職の基準とガイドライン 694, 695, 698, 703
ストロングマントレーニング 456, 468, 470
スナッチグリップ 391
スピネイティッドグリップ 390, 390（図15.1）
スピード
　　スプリントのメカニクスと 567
　　測定 294
　　テストプロトコルとデータの記録 315
　　プログラムデザイン スピードおよびアジリティトレーニング
スピードおよびアジリティトレーニング 565
　　RFDと 567, 567, 567（図19.1）
　　アジリティドリル 597
　　アジリティパフォーマンスと方向転換能力

579（図19.11）, 578, 579（表19.2）
　現場への活用　569
　神経生理学的な基礎　569, 571（図19.3）, 572（図19.4）
　身体的パフォーマンスの基本的な質　566
　スピードテスト　346（表13.23）
　スピードドリル　594
　物理学　567
　プログラムデザイン　585
　方向転換能力と　579（図19.11）, 578, 579（表19.2）
　ランニングスピード　スプリントを参照
　力積と　567, 568, 568（図19.2）
スプリットルーティン　488, 489（表17.5）
スプリント
　アジリティ向上のプログラム例　590
　技術的な誤りとコーチング　574, 576（表19.1）
　スピード強化のモニタリング　589（表19.6）
　スピードの強化法　581, 583（表19.3）
　スピードのための神経生理学的な基礎　569, 571（図19.3）, 572（図19.4）
　スプリントアジリティのモニタリング　587
　テクニックのガイドライン　573, 574（図19.7）
　トレーニングのピリオダイゼーション　585
　トレーニングの目標　574, 577
　プログラムデザイン　585, 586
　メカニクス　567
　ランニングスピードと　572, 573（図19.5）, 573（図19.6）
スポーツ医学チーム　652
スポーツ栄養・食事学会（AND）　196, 197, 653
スポーツ栄養士　196
スポーツ栄養スペシャリスト（CSSD）　196, 197
スポーツ栄養スペシャリスト　197
スポーツ栄養のディプロマ，IOC　197
スポーツ施設　施設を参照
スポーツ心理学　171
　覚醒　173, 176（図8.1）, 182
　カタストロフィー理論　178
　感情とスポーツ　173
　逆U字理論　177（図8.2）, 177
　個人の最適機能領域理論　178
　ストレス　175
　注意と集中　180
　定義　172
　ドライブ理論　175
　の役割　172
　パフォーマンス促進のテクニック　188
　不安　174, 176（図8.1）, 182
　モチベーション　178
　理想的なパフォーマンス状態　172
　リバーサル理論　178
スポーツスキル向上　184
スポーツドリンク　219
スポーツのシーズン
　種類　615
　トレーニングのピリオダイゼーション　637（図21.5）, 637
　トレーニング頻度と　488, 489（表17.5-17.6）
　に基づくニーズ分析　484（表17.2）
　有酸素性持久力トレーニングプログラム　615, 616（表20.5）
スポーツメトリクス（Sportsmetrics）　667
スロー、プライオメトリック　558
スーパーセット　492

せ

性差と運動　160
静止期　8
成熟－リモデリング段階　657, 660（図22.3）-662（図22.7）, 660
青少年（ユース）　150
精神科医　653
精神障害の診断と統計マニュアル　247
製造物責任　700
生体エネルギー論　47
　用語　48, 49（図3.1）
　運動パフォーマンスの制限因子　62
　解糖　50, 51（図3.2）
　概要　49
基質の消費と補給　60
　酸化機構　56, 57（図3.7）
　酸素摂取と　62（表3.4）, 62, 64（図3.10）, 64（表3.5）
　代謝における特異性　48, 64, 66（表3.6）
　ホスファゲン機構　50
生体利用能　203
成長　150
成長軟骨　152
成長ホルモン　82
静的柔軟性　355
静的ストレッチング　358, 367
静的な垂直跳び　302
静的な跳躍　334（表13.5-13.7）
制動力積　569
青年期　子どもと運動も参照
青年期　子どもと運動、カルシウム摂取と、も参照　217
青年期　子どもと運動、筋と骨の成長中の、も参照　152
青年期　子どもと運動、女性選手の三主徴も参照　162
青年期　子どもと運動、定義も参照　150
青年期　子どもと運動、プライオメトリックトレーニングと、も参照　521
青年期　子どもと運動、レジスタンストレーニングと、も参照　155, 155（図7.2）
正の強化・罰　180
生物学的な年齢　150
性ホルモン結合グロブリン（SHBG）　69
声門　17, 42, 43, 392, 448
生理学的な覚醒　175, 177, 178, 182
生理学的死腔　131
生理学的分析　482
世界アンチドーピング機構（WADA）　254
脊柱　3, 41
脊柱の後弯　42
脊柱の前弯　42
脊柱の腹側　42
責任
　製造物責任　700
　定義　697
積極的な休養　616, 636, 638, 640
赤血球　16
摂食障害　246
接地時間　568
接地準備　574
セット　505
セット間休息　507
セルフトーク　186
腺、内分泌　68, 70（表4.1）
線維芽細胞修復段階　657, 659
線維症　356

そ

線維性付着　22
線維性連結　2
線維軟骨　112
前額面　27
全か無かの法則　9
線形ピリオダイゼーションモデル　638
前十字靭帯（ACL）　163, 451, 667
全習法　189
選手の心理状態　スポーツ心理学を参照
漸進性　480
漸進的筋弛緩法　183
漸進的筋弛緩法　183
漸進的パートトレーニング　189
前青年期　153, 153, 162
漸増性過負荷　110
喘息　17, 121, 276
選択的注意集中　180
選択的動員　101
全米大学体育協会（NCAA）　253, 673
専門資格　694（図24.1）, 695, 707
前腕のエクササイズ　415

そ

走、1.5マイル　309
走、12分間　309
増強　355, 514
総コレステロール　211（表9.7）
相反抑制　359
僧帽弁　14
測定　280
測定者間の信頼性　283
測定者内の変動性　283
測定の典型的な誤差（TE）　282
速度　567
鼠径部のストレッチングテクニック　376
組織の治癒　657（表22.1）, 656
訴訟　692
速筋線維　10
その場ジャンプ　528
ソマトメジン　85
損害　698
損害賠償保険　699

た

第1移行期　634
第一種のてこ　22
体格指数（BMI）　243, 243（表10.5）, 244（表10.6）, 244（表10.7）
体幹骨格（体軸性骨格）　2, 448
体幹のストレッチングテクニック　373
体幹のドリル、プライオメトリック　518, 518
第三種のてこ　23, 24（図2.4）
体肢骨格　2
体脂肪率　349（表13.26）, 350（表13.27）
代謝　48
代謝性アシドーシス　52, 54
代謝当量（MET）　129
体重（脂肪）減少　242
体重増加　241
代替的なグリップ　390, 390（図15.1）
代替的様式のエクササイズ　447
　一般的ガイドライン　448
　エクササイズ　472
　可変抵抗トレーニング法　452
　コアスタビリティとバランストレーニング　449, 465
　自体重トレーニング法　448

776 ストレングストレーニング＆コンディショニング

大腿部および股関節のエクササイズ　417
大腿部と股関節のストレッチングテクニック　374
タイチン　104
大動脈弁　14
第2移行期　636
第二種のてこ　23, 24（図2.3）
代表値　323
タイプⅠおよびタイプⅡ筋線維　10
　　移行　106
　　サイズの原理　106
　　乳酸生成速度　52
　　有酸素性トレーニングへの筋の適応　135
タイヤフリップ　456, 468
楕円関節　356
多価飽和脂肪酸　210
多関節運動　484
多軸関節　3
立ち幅跳び　299, 334（表13.5-13.7）
脱臼　656
脱水　217, 219（表9.10）, 218
達成のモチベーション　179
脱分極　15
多糖類　205
単関節運動　485
短期から長期のスプリントトレーニング　587
短期的目標　187
単軸関節　2
単収縮　9, 9（図1.8）
単収縮の加重　9, 9（図1.8）
短縮性筋活動　35
単純化　189
炭水化物　205, 207（表9.5）, 207, 208（表9.6）, 212
炭水化物ローディング（カーボローディング）225, 227, 230（表10.2）
弾性　41, 357
弾性抵抗　41
突然死予防のための団体間提携タスクフォース 701
単糖類　205
タンパク質　202, 202（表9.3）, 206（表9.4）, 237（表10.3）
タンパク質消化吸収率補正アミノ酸スコア（PDCAAS）　203
タンパク質の酸化　58
タンパク質の消化のしやすさ　202
タンパク質分解酵素　88

ち

チアミン　213（表9.8）
チェーンを付加したエクササイズ　452, 453（表16.1）, 454（図16.1-16.2）
力　567
力の立ち上がり速度（RFD）　567, 567, 567（図19.1）
遅筋線維　10
チトクローム　57
注意　180
注意集中の4つの象限　182, 182（図8.3）
注意の基準　698
注意のレベル　181
注意様式　181, 182（図8.3）
中央値　323
中間テスト　280
中心的エクササイズ　484
中枢神経系　神経系を参照
中胚葉型　153

超回復　629
長期的目標　188
長距離走　11, 517, 664
長座体前屈（シット＆リーチ）テスト　318, 339（表13.14-13.17）
蝶番関節　356
超低密度リポタンパク質（VLDL）　211
直線スプリントテスト　315
直列弾性要素（SEC）　514
チームドクター　652

つ

椎骨（頸椎、胸椎、腰椎、仙椎、尾椎）　3
強み、弱み、機会、脅威（SWOT）　672
ツーフォーツー（2 for 2）ルール　503

て

抵抗の調節　452
低酸素　83, 138, 140, 140（表6.3）, 271
停止（筋の付着部）　22
ディストレス（悪いストレス）　175
低スピード筋力　292, 297
ディトレーニング　123, 145, 154, 616
低ナトリウム血症　219
低密度リポタンパク質（LDL）　210, 211（表9.7）
ディレクターオブストレングス＆コンディショニング　694, 695（図24.2）
適応　68
適応　654
デキストロース　205
手順　692
テスト　280
テストステロン　71, 255
　　アナボリックステロイド　255
　　エルゴジェニックエイドとしての前駆体の使用　260
　　オーバートレーニングへの応答　143
　　筋組織への影響　78
　　筋の収縮　77
　　結合タンパク質と　69, 78
　　女性における応答　80（図4.5）, 80
　　トレーニングに対する適応　80
　　日内変動　79
　　遊離　79
　　レジスタンスエクササイズと　79
テストの信頼性　282
テストの選択と実施
　　記録用紙　286
　　健康面と安全面に関する考慮　285, 286（図12.1）, 288
　　信頼性　282
　　選手の準備　288
　　選択における考慮　285
　　測定者の選抜と訓練　286
　　妥当性　281
　　テスト実施の理由　280
　　テストの形式　286
　　テストの順序　287
　　テストバッテリー　287
　　パフォーマンス測定　292
　　用語　280
テストの妥当性　281
テストバッテリー　287
テストプロトコルとデータの記録
　　アジリティ　312
　　安定性
　　記述統計データ　332（表13.4-13.27）

競技プロフィールの作成　325
局所筋持久力　306
形態測定　322
最大筋パワー　299
最大筋力　297
柔軟性　318
身体組成　320
スピード　315
選択した筋力テストのためのパーセンタイル値　329（表13.1-13.4）
データの統計的評価　323
バランス　316
無酸素性能力　305
有酸素性能力　309
鉄　214
デヒドロエピアンドロステロン（DHEA）　260
デプスジャンプ　551
電解質　212, 218
電子伝達系（ETC）　54, 57, 58, 136
伝導系　14
伝統的なピリオダイゼーションモデル　638
デンプン　205
テンポインターバル　613
データの記録　テストプロトコルとデータの記録を参照
データの統計的評価　323
テーパリング　145, 617

と

動員、運動単位　32
同化作用　48
同化ホルモン
　　インスリン様成長因子　85
　　成長　81
　　定義　71
　　テストステロン　77, 255
　　無酸素性トレーニングと　113
　　レジスタンストレーニングと　75
等カロリーの　231
動作分析　482
糖質コルチコイド　88
等尺性エクササイズ
　　PNFストレッチングと　360
　　筋力測定と　30, 30, 292
　　リハビリテーションプログラムにおける 659, 663
等尺性筋活動　35, 449
動静脈酸素較差　129
糖新生　52, 58, 205
等速性エクササイズ
　　筋力測定と　30
　　調節できる抵抗　452
　　定義　35
　　バランスおよびプライオメトリックトレーニング
　　ヒト成長ホルモンと　262
　　リハビリテーションプログラムにおける　659, 663
動的柔軟性　355
動的ストレッチ　359
動的ストレッチングテクニック　378
橙皮（トウヒ）　276
洞房（SA）結節　14
動脈　15
動脈系　15
登録している栄養士（RD）　653
特異性の原則　480, 485

索引　777

特異的ウォームアップ　353
特性不安　174
特定のポジティブフィードバック　180
ドコサヘキサエン酸（DHA）　210
年ごとのトレーニング計画　631, 639
ドライブ理論　175
トリグリセリド　58
トリヨードチロニン（T3）　90
トルク　23
トレッドミル　620
トレーニング強度　607, 608（表20.1）
トレーニング状態　482
トレーニング適応　68
トレーニングの特異性　48, 64, 66（表3.6）, 604
トレーニングの特異性（特性）　48, 64, 66（表3.6）, 604
トレーニングのピリオダイゼーション　628
　　基本モデル　633（図21.4）, 632
　　競技シーズンの対応　637（図21.5）, 637
　　試合期　635
　　刺激−疲労−回復−適応理論　630, 630（図21.2）
　　準備期　633, 635（表21.2）
　　スプリントのためのプログラムデザイン　585
　　第1移行期　634
　　第2移行期　636
　　年間トレーニング計画の例　639
　　波状モデルと線形モデル　638
　　汎適応症候群　629, 629（図21.1）
　　ピリオダイゼーションのヒエラルキー　632（表21.1）, 631
　　フィットネス−疲労パラダイム　630（図21.3）, 631
　　プログラムの順序立て　632
トレーニング頻度　488, 489（表17.5-17.6）, 606
トレーニングと反復回数
　　1RMと複数RMテストの選択肢　1RMを参照
　　ガイドラインの適用　502
　　との関係　493
　　負荷の漸増　502, 502（表17.10）
　　負荷の変化　501
　　目標設定　496, 498
　　用語　493
トレーニング歴　151
トロポニン　6（図1.6）, 8
トロポミオシン　8
貪食作用　657
ドーパミン　89, 144
ドーピング　141, 254

な
ないあしん　213（表9.8）
内在的フィードバック　191
内胚葉型　153
内発的モチベーション　179
内分泌系　67
　　アミンホルモンの相互作用　74
　　インスリン様成長因子　85, 87（図4.7）
　　オーバートレーニング反応　122, 143
　　筋とホルモンの相互作用　71
　　高重量のレジスタンスエクササイズと　75
　　合成、貯蔵、分泌　69（図4.1）, 68, 70（表4.1）, 71
　　ステロイドホルモンの相互作用　73, 73（図4.3）

成長ホルモン　81
　　その他のホルモンについての考察　90
　　テストステロン　テストステロンを参照
　　副腎ホルモン　87
　　分泌腺と選択されたホルモン
　　変化を仲介する受容体の役割　72, 72（図4.2）
　　ポリペプチドホルモンの相互作用　74（図4.4）, 74
　　ホルモンの相互作用のメカニズム　75
　　末梢の血液でのホルモンの変化　76
　　無酸素性トレーニングに対する応答　113
　　有酸素性トレーニングの適応　136
　　レジスタンストレーニングと　68, 77, 90
内容的妥当性　281
ナトリウム−カリウムATPアーゼ　48
軟骨　112
軟骨細胞　112
軟骨性連結　2, 22

に
肉ばなれ　656
ニコチンアミドアデニンジヌクレオチド（NADH）　51（図3.2）, 53, 57, 58
二酸化炭素　16, 17, 130, 132, 132
二軸関節　3
二次メッセンジャー　72, 74,
二重X線吸収法（DEXA）　295
二重積　130
二尖（僧帽）弁　14
日単位調整漸増抵抗運動（DAPRE）　664, 664（表22.2）
日単位波状ピリオダイゼーションモデル　638
日内変動　79
二糖類　205
乳酸　52, 143
乳酸　52
乳酸性アシドーシス　54
乳酸性作業閾値（LT）と　55, 605
乳酸脱水素酵素（LDH）　52, 55（図3.4）
血中乳酸蓄積開始点（OBLA）　56, 134
ニュートラルグリップ　390
ニュートンの第二法則　30
尿比重（USG）　218
認知−情動ストレスマネジメントトレーニング（SMT）　184
認知不安　174, 178
認定（資格）　196, 197, 652, 653, 673
認定ストレングス＆コンディショニングスペシャリスト（CSCS）　653, 673
認定スポーツ栄養士（CISSN）　197
ニーズ分析
　　競技プログラムのための　674
　　施設の設計のための　672
　　スポーツのシーズンに基づく　484（表17.2）
　　プライオメトリックトレーニングプログラムにおける　517
　　プログラムデザインのための　481, 484（表17.2）

ね
ネガティブワークとネガティブパワー　31
ネブリン　104
捻挫　656
年齢から推定する最大心拍数（APMHR）　608
年齢と運動
　　高齢者と　高齢者と運動を参照

子どもと　子どもと運動を参照
　　柔軟性と　356
　　プライオメトリックトレーニングと　521
　　有酸素性トレーニング適応と　142

の
ノルエピネフリン　89

は
肺　呼吸器系を参照
バイオメカニクス　21
　　解剖学的平面　27（図2.9）, 27
　　筋力とパワーと　筋力とパワーを参照
　　骨格筋　22, 23（図2.1）〜26（図2.8）
　　体格と　36
　　定義　22
　　抵抗を生み出すもの　36
　　レジスタンストレーニングにおける傷害　41
背景、トレーニングの　482
バイセップス　405
背側　42
肺動脈弁　14
ハイドロキシアパタイト　108
背部　41, 340, 400
肺胞　16
肺胞内圧　17
バウンド　540, 560
波状ピリオダイゼーションモデル　638
走り幅跳び　299, 334（表13.5-13.7）, 516, 555
発育　150
発エルゴン反応　48
発火頻度　11, 11
発汗率　218
バックスクワット　298
発見　191
発達、子どもの成長と　150
ばね質量モデル（SMM）　570, 571（図19.3）, 584（表19.4）, 586（表19.5）
幅跳び　334（表13.5-13.7）
パフォーマンス向上のための心理学的テクニック
　　イメージ　184
　　覚醒をコントロール　184
　　自己効力感　185
　　セルフトーク　186
　　目標設定　186
　　リラクセーション　182
パフォーマンスの知識　191
パフォーマンスを促進する物質
パフォーマンスを促進する物質　251
　　アナボリックステロイド　アナボリックステロイドを参照
　　栄養補助食品　栄養補助食品を参照
　　禁止薬物および物質　252, 254, 254
　　興奮剤　274
　　徴候と症状　259
　　ドーピング規制　253
　　のタイプ　252
　　ホルモン　ホルモンとエルゴジェニックエイドを参照
速い解糖　52
バランス　294, 316, 524, 525（表18.7）
バランス・エラー・スコアリング・システム（BESS）　294, 316, 347（表13.24）
バリスティックストレッチ　359
バルサルバ法　42, 115, 168, 392, 448
パワー
　　筋力と　筋力とパワーを参照

スピードと 569
測定 609
のためのエクササイズ 438, 485
プライオメトリックエクササイズと 514
パワークリーン 299, 329 (表13.1-13.3), 332 (表13.4)
パワーストローク (首ふり運動) 8
範囲 323
半月弁 14
反芻性障害 248
汎適応症候群 (GAS) 68, 629, 629 (図21.1)
反動動作 101, 191, 514, 517, 570, 584
パントテン酸 213 (表9.8)
反応筋力指数 303
反応時間
結果目標 187
高齢者における 165
集中と 180
測定者の 187, 294
知覚認知能力と 580
反応性充血 115
反復回数 492
反復回数−量 492
パーシャルカールアップ 306, 337 (表13.10)
パーセンタイル順位 324
%最大心拍数法 (MHR) 608
パートナーの補助による動作 392

ひ

ビオチン 213 (表9.8)
非機能的オーバーリーチング (NFOR) 119, 142
被験者内の変動性 283
腺 2, 22, 25 (図2.5), 28 (図2.10), 356
高齢者における傷害 523
女性選手における傷害 163
ストレッチングテクニック 359
トレーニングのための不安定デバイスの使用と 450
プライオメトリックエクササイズと 523, 525
方向転換ドリルと 580
レジスタンストレーニングによる傷害 43
微細な損傷 656
皮脂厚測定法 295
皮質骨 108
肘と手首の傷害 44
非線形ピリオダイゼーションモデル 638
ビタミン 212, 213 (表9.8)
ビターオレンジ 276
必須アミノ酸 (EAA) 265, 266 (図11.3)
レジスタンスバンドエクササイズ 472
ケトルベルトレーニング 459, 473
ストロングマントレーニング 456, 468
非伝統的用具を用いたエクササイズ
一般的ガイドライン 448
ヒト絨毛性腺刺激ホルモン (HCG) 261
ヒト成長ホルモン (HGH) 81, 262
非必須アミノ酸 265
腓腹筋 107, 482, 516, 518
肥満 243, 243 (表10.5), 244 (表10.6), 244 (表10.7)
評価 テストの選択と実施も参照 280
標準偏差 323
標的組織の細胞 69
表面抵抗 40
表面的妥当性 281
ピリオダイゼーションの一般的準備期 634
ピリオダイゼーションの筋力−持久力段階 634

ピリオダイゼーションの特異的準備期 634
ピリドキシン 213 (表9.8)
微量栄養素 201
ピルビン酸 52
ピルビン酸と乳酸の変換 52
疲労骨折 110, 162, 656
貧血 214
頻度、定義 606
頻脈 15
ピーキング 636
ピーク骨量 110

ふ

ファルトレクトレーニング 612 (表20.4), 614
不安 174, 176 (図8.1), 181, 182, 264
不安定デバイス 450
ファーマーズウォーク 459
フィックの式 129
フィットネス−疲労パラダイム 630 (図21.3), 631
フィットネス栄養スペシャリスト 197
フィードバック 191
フィードバック制御 55
フィールドテスト 280
フォスフォクレアチン (PCr) 50, 61
フォーストレペティション 392
フォールスグリップ 390
負荷 492
付加的フィードバック 191
負荷の特異性 109
腹腔内圧とリフティングベルト 42
副交感神経系 14
副交感神経性オーバートレーニング症候群 120
副甲状腺 69 (図4.1)
複合トレーニング 66
副腎髄質 69
副腎皮質 69
副腎皮質刺激ホルモン (ACTH) 69, 87
副腎ホルモン 87, 143
複数回のテストトライアル 287
複数ホップおよびジャンプ 535
腹部のエクササイズ 397
浮腫 657
フックグリップ 390, 390 (図15.1)
フックの法則 455
プッシュアップ 307, 337 (表13.11-13.12), 562
物理的手段 658
物理療法 652, 659
負の強化・罰 180
プライオメトリックエクササイズの償却局面 516, 516 (図18.3)
プライオメトリックエクササイズの伸張性局面 514, 515, 516 (図18.3)
プライオメトリックエクササイズの短縮性局面 516, 516 (図18.3)
プライオメトリックトレーニング 513
神経生理学的モデル 514, 515 (図18.2)
ストレッチ−ショートニングサイクル 515 (図18.2), 515, 516 (図18.3)
定義 514
トレーニング前の評価 525 (表18.7), 524
年齢にまつわる考慮すべき事柄 521
プログラムデザイン プライオメトリックトレーニングプログラムを参照
有酸素性運動と 524
用具と施設の安全性 526
力学的モデル 514 (図18.1), 514
レジスタンストレーニングと 524 (表18.6),

524
プライオメトリックトレーニングプログラム
ウォームアップ 521, 522 (表18.5)
回復 520
下半身のドリル 下半身のプライオメトリックドリルを参照
強度
継続期間 520
高齢者と 523
実施のステップ 521
上半身のプライオメトリックドリル 上半身のプライオメトリックドリルを参照
青年期 521
漸進 521
着地姿勢 522 (図18.4)
ニーズ分析 517
頻度 519
様式 517
量 520, 520 (表18.4)
ブラケットテクニック 39
フラビンアデニンジヌクレオチド (FADH2) 57, 58
フランク・スターリング機構 128
プラント局面 571, 572 (図19.4)
フリーウェイト
機器の配置 678
補助 392, 703
マシーンvs 37, 40, 450
力学的モーメントと 24
フリーウェイトエクササイズの補助
エクササイズの種類 393
ガイドライン 395, 703
顔の上 393
コミュニケーションと 394
頭上 393
パワーエクササイズと 394
補助者の数 394
補助の度合いとタイミング 395
リフトオフと 394
プルキンエ線維 14
フルクトース 205
プレシーズン 615
プロアジリティテスト 314
プログラムデザイン
ガイドラインの適用 509
高齢者とレジスタンストレーニング 167
子どもとレジスタンスエクササイズ 153, 155 (図7.2), 158
女性とレジスタンスエクササイズ 162
スピードとアジリティのための スピードおよびアジリティトレーニングを参照
プライオメトリックトレーニングプログラムを参照
無酸素性トレーニング 無酸素性トレーニングプログラムを参照
有酸素性トレーニング 有酸素性持久力トレーニングプログラムを参照
リハビリテーションとリコンディショニング 663
レジスタンストレーニングエクササイズ、レジスタンストレーニングテクニックを参照
プログラムの目標および目的 692
プロゲステロン 71
プロコラーゲン 111
プロネイティッドグリップ 390, 390 (図15.1)
プロフィール 競技プロフィールを参照
プロホルモン 260

分割　189
分岐鎖アミノ酸（BCAA）　58, 266
分時換気量　130

へ

平均　323
平均動脈圧　130
平衡に近い反応　51
米国アンチ・ドーピング機構（USADA）　254
米国医学研究所（IOM）　203
米国運動評議会（ACE）　197
米国国民健康栄養調査（NHANES）　215
米国小児科学会　220
米国食品医薬品局（FDA）　252
併存的妥当性　282
平面、解剖学的　27, 27（図2.9）-28（図2.10）
ヘキサゴンテスト　313
ヘキソキナーゼ　55, 57
ベジタリアンやビーガン　203
ヘッドストレングス＆コンディショニングコーチ　694, 695（図24.2）
ペプチドF　87
ぺぷちどほるもん　69
ヘマトクリット　141, 263
ヘモグロビン　16, 132, 140, 214, 216, 263
変化率　323
変形性関節症　113, 136
変時作用　15
ベンチプル　297, 332（表13.4）
ベンチプレス　297, 308, 329（表13.1-13.3）, 332（表13.4）
ペース・テンポトレーニング　613
βアドレナリン作用薬　264
βアラニン　269
ベータカロテン　213（表9.8）
β酸化　58
β遮断剤　264
βヒドロキシβメチルブチレート（HMB）　267

ほ

方向転換能力　566, 578, 584, 589
房室（AV）束・結節・弁
紡錘、筋　12（図1.9）, 12, 358, 514
飽和脂肪酸　210
補給　60
保険、損害賠償　699
ポジティブワークとポジティブパワー　30
補助者　392
補助的エクササイズ　484
ポストシーズン　616
ホスファゲン機構　49, 50, 60
ホスホフルクトキナーゼ（PFK）　55
ボックスドリル　546
骨と結合組織　筋骨格系を参照
　結合組織の適応　112
　腱、靭帯、筋膜　111, 111（図5.5）
　骨形成　110
　骨密度　109, 156, 160, 162, 164, 166, 167, 217
　骨量　157, 162, 217, 244
　柔軟性と　356
　ストレングストレーニングの原則
　軟骨　112
　骨の成長と無酸素性トレーニング
　骨の生理学　108（図5.4）, 108
　有酸素性トレーニングの適応　135
　力学的負荷への応答　108

ポリシー、施設　692
ポリペプチドホルモン　202
ポリペプチドホルモンの相互作用　74（図4.4）, 74
ホルモン　68
ホルモン-受容体複合体（H-RC）　74
ホールドーリラックステクニック　361, 361（図14.1-14.11）, 363

ま

マイトジェン活性化プロテインキナーゼ（MAPK）　104
マイプレート（MyPlate）　198, 199（表9.1）, 200（表9.2）, 200
マオウ（麻黄）　276
マグニチュード統計学　325
マクロサイクル、ピリオダイゼーション　631
摩擦　39
マシーン vs. フリーウェイト　37, 40, 450
マスターズ　高齢者と運動を参照
末端肥大症　263
マルガリア・カラメンテスト　304, 336（表13.8）
マルトース　205

み

ミオキナーゼ反応　50, 60
ミオグロビン　135, 214, 216
ミオシン　5, 6（図1.6）, 104
ミオシンATPアーゼ　48
ミオシン重鎖（MHC）　10
ミクロサイクル、ピリオダイゼーション　631
乱れた摂食　摂食障害を参照
ミッションステート　692
ミトコンドリア　49, 135
ミニマルエッセンシャルストレイン（MES）　109
ミネラル　215（表9.9）, 212

む

無機リン酸　48
無月経　162
向ける（注意を）　180
無作為の薬物検査　262
無酸素性トレーニング　97
　オーバートレーニング　オーバートレーニングを参照
　競技ごとの主な代謝的要求　99（表5.1）
　筋の適応　104
　結合組織の適応　108, 111（図5.5）
　呼吸応答　116
　神経的な適応　98, 100（図5.1）, 101（図5.2）
　心肺系の応答　115
　生理学的適応　100（表5.2）
　ディトレーニング　123
　適応の概略　98
　内分泌応答と適応　113
　によるパフォーマンス向上　118
　プライオメトリックトレーニング　プライオメトリックトレーニングを参照
　プログラムデザイン　無酸素性トレーニングプログラムを参照
　有酸素性トレーニングとの互換性　117
　リハビリテーションとリコンディショニング　664
　レジスタンストレーニングと　レジスタンストレーニングを参照
無酸素性トレーニングプログラム
　エクササイズの順序　490

休息時間　507, 510
種目の選択　484
処方における原則　480
トレーニング頻度　488（表17.4）, 488, 489（表17.5-17.6）
トレーニング負荷と反復回数　トレーニング負荷と反復回数を参照
ニーズ分析　481, 482（表17.1）
変数　480
量　505
無酸素性乳酸機構　98
無酸素性能力　293, 305
無酸素性の代謝過程　49
無酸素性パワー　292
無酸素性非乳酸機構　98
無酸素的解糖　52
無負荷の週　636, 639
無酸素性、定義　49

め

明示的指示　191
メイラード反応　203
メゾサイクル、ピリオダイゼーション　631
メッセンジャーRNA（mRNA）　74
目安量（AI）　201
メンタルイメージ　185

も

毛細血管　15
目標心拍数　608, 609
目標設定　186
目標反復回数　496
モチベーション　178
モーメント　568
モーメントアーム　23

や

薬物検査　254, 258, 274

ゆ

遊脚局面　574
有酸素・無酸素性インターバルトレーニング　613
有酸素性、定義　49
有酸素性持久力トレーニング　127, 603
　プログラムデザイン　有酸素性持久力トレーニングプログラムを参照
　遺伝的潜在能力　142
　オーバートレーニング　142
　ガス応答　132
　喫煙の影響　140
　局所循環の調節　130
　筋の適応　134
　血圧　129
　血液ドーピングの影響　141
　血液によるガスの輸送　132
　高酸素呼吸　140
　高度（高地）の影響　138
　呼吸器系の応答　130, 134
　骨と結合組織の適応　135
　酸素摂取と　62, 129
　神経的な適応　134
　心臓血管系の応答　128, 132
　生理学的適応　134, 138, 137（表6.2）
　ディトレーニング　145
　内分泌系の適応　136
　によるパフォーマンスの向上　139, 293
　年齢と性別　142

無酸素性トレーニングとの相互作用　117
リハビリテーションとリコンディショニング　664
有酸素性持久力トレーニングプログラム
　トレーニングの特異性　604
　HIIT　612（表20.4），613
　LSDトレーニング　612（表20.4），612
　インターバルトレーニング　612（表20.4），613
　運動の経済性　605
　運動の継続時間　611
　運動の漸進　611
　運動様式　606
　エクササイズ　620
　各選手の焦点　606
　競技中の栄養　229，229
　クロストレーニング　616
　高所　617
　最大有酸素性能力　605
　試合後の栄養　233
　試合前の栄養　224
　ディトレーニング　616
　テーパリング　617
　トレーニング強度　607，608（表20.1-20.3）
　トレーニングシーズン　615，616（表20.5）
　トレーニング頻度　606
　乳酸性作業閾値と　605
　ファルトレクトレーニング　612（表20.4），614
　プライオメトリックトレーニングと　524
　プログラム例　614
　ペース・テンポトレーニング　612（表20.4），613
　レジスタンストレーニングと　617
有酸素性トレーニングへのガス応答　131（図6.2），132
有酸素性能力　293，309
有酸素性の代謝過程　49
有酸素性パワー　138
有酸素的解糖　52
遊離テストステロン　79
ユーストレス（よいストレス）　175

よ
葉酸　213（表9.8）
予測的妥当性　282
予備緊張　165
予備心拍数（HRR）　608
予備的負荷　515
ヨーロッパスポーツ医学会（ECSM）　142

ら
ライディッヒ細胞　255，261
ラクトース　205
ラック外で行うエクササイズ　393
卵巣　69（図4.1），78
ランダム練習　190
ランド研究所　276
ランニングスピード　スプリントを参照

り
理学療法士　652
理学療法士　652
リカバリー　574，606，628

リカバリーエクササイズ　486
力学的仕事　492
力学的成長因子　114
力学的有効性　23，24
力積　567，568，568（図19.2）
リスクの引き受け　698
リスクマネジメント　697
理想的なパフォーマンス状態　172
立位でのジャンプ　533
立脚局面　572（図19.4）
律速段階　55
利尿剤　218，245，246，259
リハビリテーションとリコンディショニング　651
　受傷リスクの低減　667，666（図22.8）
　傷害の種類　656
　スポーツ医学チームのメンバー　652
　組織の治癒　657（表22.1），656
　治療の目標とエクササイズ戦略　658，661（図22.4）-662（図22.7）
　チームコミュニケーション　653，654（図22.1），655（図22.2）
　デザインの原則の適用例の原則　653
　プログラムデザイン　663
リバーサル理論　178
リフティングベルト　42
リフトオフ　394
リボフラビン　213（表9.8）
リモデリング段階　657，660（図22.3），662（図22.7），660
流体抵抗　40
量－負荷　492
両側性の機能低下　103，461
両側性の促進　103，461
両側性の非対称性　461
リラクセーションテクニック　182
リン酸　8
リン酸化　54
リン酸カルシウム
リン脂質　209
倫理規定、NSCA　702
倫理規定と専門意識　702

る
ルーティン　181

れ
暦年齢　150
レジスタンストレーニング　479
　エクササイズテクニック　レジスタンストレーニングテクニックを参照
　高齢者と運動を参照
　呼吸ガスの交換　17
　子どもと　子どもと運動を参照
　柔軟性と　357
　重力の利用　37
　スピードの強化法　581，583（表19.3）
　性差と　性差と運動を参照
　生理学的適応　100（表5.2）
　定義　150
　テストステロンと　79
　同化ホルモンと　75

内分泌系と　68，77，90
における傷害　41
プライオメトリックトレーニングと　524（表18.6），524
プログラムデザイン　レジスタンストレーニングエクササイズ、レジスタンストレーニングテクニックを参照
有酸素性持久力トレーニングプログラムと　617
リハビリテーションとリコンディショニング　664，667
レジスタンストレーニングエクササイズ
　肩　432
　下腿部　408
　胸部　409
　股関節および大腿部　417
　前腕　415
　トライセップス　436
　の選択　484，486（表17.3）
　バイセップス　405
　背部　400
　パワーエクササイズ　438
　腹部
レジスタンストレーニング中の呼吸　391，448
レジスタンストレーニングテクニック
　ウェイトベルト　392
　片側でのトレーニング　461
　可動域とスピード　391
　グリップ　390，390（図15.1）
　呼吸に関する注意点　391
　体幹および四肢の位置（姿勢）　391
　代替的様式　代替的様式のエクササイズを参照
　非伝統的用具を用いた、非伝統的用具を用いたエクササイズを参照
　補助　フリーウェイトエクササイズの補助を参照
レジスタンストレーニングにおける肩の傷害　41
レジスタンストレーニングにおける性差　性別と運動を参照
レジスタンストレーニングのためのグリップ　390，390（図15.1）
レジスタンスバンドエクササイズ　454，455（表16.2），456（図16.3），472
レートコーディング　32，582

ろ
ロイシン　266
ロウイングマシーン　622
ログクリーン＆プレス　470
ログリフト　458

わ
若い競技選手　150
ワーク（仕事）　30
ワークアウトシート（ワークアウトカード）　704
ワークアウト前のエナジードリンク　275

単位の換算

物質量

1 mol（モル）＝ 1,000 mmol（ミリモル）

1 mmol ＝ 1,000 mmol

1 mol の気体 ＝ 22.5 L（標準状態）

1 L の気体（標準状態）＝ 44.6 mmol

mol ＝ g/分子量

溶液中のモル濃度 ＝ mol/L

体積における mol ＝ 体積（L）× モル濃度

体積における mmol ＝ 体積（ml）× モル濃度

距離

1 インチ ＝ 0.0254 m ＝ 2.54 cm ＝ 25.4 mm

1 フィート ＝ 12 インチ ＝ 0.3048 m ＝ 30.48 cm ＝ 304.8 mm

1 ヤード ＝ 3 フィート ＝ 0.9144 m

1 mile ＝ 5,280 フィート ＝ 1,760 ヤード ＝ 1609.35 m ＝ 1.61 km

1 cm ＝ 0.3937 インチ

1 m ＝ 100 cm ＝ 1,000 mm ＝ 39.37 インチ ＝ 3.28 フィート ＝ 1.09 ヤード

1 km ＝ 0.62 マイル

1 mm ＝ 1 ミクロン ＝ 10^{-6} m ＝ 10^{-3} mm

エネルギー

1 kcal ＝ 1 Calorie ＝ 1,000 cal ＝ 4,184 J ＝ 4.184 kJ

1 BTU（イギリス熱単位）＝ 0.2522 kcal ＝ 1.055 kJ

1 L の酸素消費 ＝ 5.05 kcal ＝ 21.1 kJ

質量と重量

1 kg ＝ 1,000 g ＝ 2.205 ポンド

1 g ＝ 1,000 mg ＝ 0.03527 オンス

1 mg ＝ 1,000 mg

1 ポンド ＝ 16 オンス ＝ 453.6 g ＝ 0.454 kg

1 オンス ＝ 28.35 g

1 ml の水の重さは 1 mg

パワー

1 W ＝ 0.0143 kcal/min ＝ 1 J/s ＝ 60 J/min

1 W ＝ 60 Nm/min ＝ 6.118 kg × m/min

1 kcal/min ＝ 69.78 W

圧力

標準大気圧 ＝ 1 atm（気圧）＝ 760 mmHg

温度

℃ ＝ 0.555（℉ − 32）

℉ ＝ 1.8（℃）＋ 32

速度

1 km/h（kph）＝ 16.7 m/min ＝ 0.28 m/s ＝ 0.91 フィート/s ＝ 0.62 マイル/h（mph）

1 mph ＝ 88 フィート/min ＝ 1.47 フィート/s ＝ 1,609.3 m/h ＝ 26.8 m/min ＝ 0.447 m/s ＝ 1.6093 km/h（kph）

量

1 L ＝ 1,000 ml ＝ 10^6 ml

1 ml ＝ 1,000 ml

1 L ＝ 1.057 クォート

1 クォート ＝ 0.9463 L ＝ 946.3 ml ＝ 2 パイント ＝ 32 fluid オンス

1 ガロン ＝ 4 クォート ＝ 128 液量オンス ＝ 3,785.2 ml ＝ 3.7852 L

1 カップ ＝ 8 液量オンス ＝ 236.6 ml

1 液量オンス ＝ 29.57 ml ＝ 大さじ 2 ＝ 小さじ 6

大さじ 1（tsp）＝ 約 5 ml

科学技術における略語、記号

mol（モル）

mmol（ミリモル）

m mol（マイクロモル）

km ＝ キロメートル

m ＝ メートル

cm ＝ センチメートル

mm ＝ ミリメートル

μm ＝ マイクロメートル、またはミクロン

kcal ＝ キロカロリー

cal ＝ カロリー

J ＝ ジュール

kJ ＝ キロジュール

BTU ＝ イギリス熱単位

kg ＝ キログラム

g ＝ グラム

mg ＝ ミリグラム

mg ＝ マイクログラム

W ＝ ワット

Nm ＝ ニュートンメートル

atm ＝ 気圧

mmHg ＝ ミリメートル水銀柱

℃ ＝ 摂氏温度

℉ ＝ 華氏温度

h ＝ 時

min ＝ 分

s ＝ 秒

L（または ℓ）＝ リットル

ml ＝ ミリリットル

ml ＝ マイクロリットル

編者紹介

G. Gregory Haff, PhD, CSCS,*D, FNSCA は、オーストラリア Joondalup にある Edith Cowan 大学のストレングス＆コンディショニングの大学院課程のコースコーディネーターである。彼は長であり、また Journal of Strength and Conditioning Research の上席共同編集者である。Dr. Haff は、2014年に United Kingdom Strength and Conditioning Association（UKSCA、英国）のコーチオブザイヤー（研究・教育）、2011年に NSCA William J. Kraemer Outstanding Sport Scientist として表彰された。CSCS*D、UKSCA 認定ストレングス＆コンディショニングコーチ、ASCA（豪州）レベル2ストレングス＆コンディショニングコーチである。加えて、彼は米国およびオーストラリアのナショナルレベルのウェイトリフティングコーチである。Australian Football League、Australian Rugby Union、Australian Basketball Association、National Football League（米国）など、多くの競技団体コンサルタントとしての役割を果たしている。

N. Travis Triplett, PhD, CSCS,*D, FNSCA は、Appalachian 州立大学（米国 North Carolina, Boone）健康運動科学部の教授および学部長である。National Strength and Conditioning Association（NSCA）の理事会の財務担当理事であり、また2010年に NSCA William J. Kraemer Outstanding Sport Scientist として表彰された。NASA の2つの委員会（うち1つは国際宇宙ステーションの微小重力環境対策のためのレジスタンスエクササイズの開発）に関わっており、また米国オリンピックトレーニングセンター（コロラド州コロラドスプリングス）でスポーツ生理学リサーチアシスタントであった。Dr. Triplett は、現在、Journal of Strength and Conditioning Research の上席共同編集者であり、CSCS*D、米国ウェイトリフティングクラブのコーチである。

NSCAについて

National Strength and Conditioning Association（NSCA）はストレングストレーニングに関する意見交換の場として、1978年に数人のコーチ、アスレティックトレーナーおよびスポーツ科学者によって設立された。設立当時はパワーリフティング、オリンピックリフティング、およびボディビルディングといったスポーツ競技現場由来の知識が大部分であり、ストレングストレーニングに関する科学的知識は十分でなかったが、その後の成長は目覚ましく、現在では全世界で33,000人以上の会員を有する会へと発展し、ストレングス＆コンディショニングについての情報源としては世界随一の組織となった。NSCAは非営利の教育団体として、ストレングス＆コンディショニングに関する情報提供、教育、研究を行っている。またNSCAの基本的な使命である「研究と現場の橋渡し役として」に従い、ストレングス＆コンディショニング専門職が、指導現場で科学的な事実と法則に基づいて判断を下すことができるようにするため、NSCAは専門職向けジャーナル（Strength and Conditioning Journal）および研究ジャーナル（Journal of Strength and Conditioning Research: JSCR）など、4種の機関誌を発行している。JSCR誌は健康・スポーツ科学の分野における研究ジャーナルとして高い評価を得ており、一般雑誌検索エンジンであるIndex Medicusのみならず、PubMed、Medlineといった医学専門検索エンジンによってオンライン検索が可能となっている。ジャーナルのほか、NSCAではさまざまな指導マニュアル、ビデオ、書籍などを発行しており、そのうちの1冊が本書である。

NSCAジャパンについて

NSCAジャパンは、NSCAの日本支部として1991年に創立された。2001年4月には特定非営利活動法人として認証され、「特定非営利活動法人NSCAジャパン」として活動の幅を広げている。2016年1月現在の会員数は約6,000名である。日本においてストレングス＆コンディショニング専門職を育成するため、カンファレンスや各種セミナーの開催、日本語でのCSCSおよびNSCA-CPT認定試験の実施を行っている。NSCAジャパンの定期刊行物である『ストレングス＆コンディショニングジャーナル』では、NSCA定期刊行物の日本語訳記事、および会員からの投稿記事などを掲載している。

CSCSとNSCA-CPT

NSCAは、専門職の人材育成としてCSCSとNSCA-CPTという2つの資格を認定している。

CSCSは、Certified Strength and Conditioning Specialistの略であり、主として競技選手に対し、傷害予防と競技力向上を目的として安全かつ効果的なストレングストレーニング＆コンディショニングのプログラムをデザインし、実施させる専門職とされる。1985年から資格認定試験が実施され、日本でもアメリカと同一内容の試験が実施されてきたが、1999年からは日本語での受験が可能となった。2016年現在、日本には約1,500名のCSCS認定者がいる。なお、日本でCSCSを受験するためには、NSCAジャパン会員であることと、CPR／AED（心肺蘇生法）と大学卒の資格が必要。

NSCA-CPTは、Certified Personal Trainerの略であり、個人の特性や目的、ライフスタイルに合わせたトレーニングプログラムをデザインし、マンツーマンの指導を行う専門職とされる。その指導対象は、競技選手から高齢者、生活習慣病の危険因子をもつ人々（生活習慣病予備群）まで広範囲にわたる。そのため、トレーニングに関する知識に加え、医学的知識や個人的な指導における動機づけといった心理学的知識など、高度で広範囲な知識と能力が要求される。NSCA-CPT認定試験はアメリカでは1993年から開始され、日本では1995年の開始時から日本語での受験が可能である。2016年現在、日本には約3,000名のNSCA-CPT認定者がいる。日本でNSCA-CPTを受験するためには、NSCAジャパン会員であることと、CPR／AED（心肺蘇生法）と高校卒（と同等）の資格が必要。

資格認定試験の詳細については、NSCAジャパン事務局にお問い合わせいただきたい。

NSCAジャパン概要

創立：1991年
所在地：〒270-0152　千葉県流山市前平井85　NSCAジャパン事務局　TEL.04-7197-2064
公式ホームページ：URL http://www.nsca-japan.or.jp

総監修者紹介

篠田　邦彦（しのだ・くにひこ）

1952年生まれ。福島県出身。福島大学教育学部、福島大学教育専攻科、筑波大学大学院体育研究科で体育学を学ぶ。新潟大学に奉職後、新潟大学大学院医歯学総合研究科博士課程地域疾病制御医学専攻で公衆衛生学を学ぶ。

中学時代は体操競技。高校では飛込競技でインターハイ出場。柔道初段、剣道三段、全日本スキー連盟正指導員、同B級検定員、日本バドミントン協会公認1級審判員、同公認審判員資格審査認定委員。日本ウオーキング協会公認専門講師。

中高齢者の介護予防・転倒予防の研究と実践的な運動指導（介護予防・転倒予防の理論と実技：「3つの8」と「4色の運動」を提唱している）。実践的な運動指導の一環で、各地の行政とともに企画する健康増進事業（ウオーキング教室、ウオーキングをきっかけとしたまちづくりなどを行っている）。また、子どもの体力向上支援のための基礎研究と実践的運動指導を行っている。

著書に「体力つくりハンドブック」（新潟県教育委員会）、「小学生のための体力つくりハンドブック Part 2」（新潟県教育委員会）。

新潟大学教授。CSCS*D　博士（医学）。日本公衆衛生学会認定専門家。専門は健康教育科学（運動疫学）。

翻訳・編集／浅野将志
ブックデザイン／青野哲之（ハンプティー・ダンプティー）

NSCA決定版
ストレングストレーニング＆コンディショニング
第4版

2018年1月25日　第1版第1刷発行
2023年10月31日　第1版第3刷発行

編　者	G. Gregory Haff
	N. Travis Triplett
総監修者	篠田邦彦
監　修	岡田純一
発行者	松葉谷勉
発行所	有限会社ブックハウス・エイチディ
	〒164-8604 東京都中野区弥生町1丁目30番17号
	電話03-3372-6251
印刷所	シナノ印刷株式会社

方法の如何を問わず、無断での全部もしくは一部の複写、複製、転載、デジタル化、映像化、公衆送信を禁ず。
©2018 by Book House HD,　Ltd. Printed in Japan
落丁、乱丁本はお取り替えいたします。